weiter denken

Band C

Philosophie/Ethik

Schroedel

Descartes

weiterdenken

Philosophie/Ethik

Band C

Oberstufe

Herausgegeben von
Rolf Sistermann

Erarbeitet von
Stefanie Backhaus
Anja Brolle
Helmut Engels
Marcel Gerlach
Tobias Grams
Rolf Ilge
Torsten Keller
Sascha Mühlenberg
Hans-Gerhard Neugebauer
Stefan Ochs
Clarissa Saura y Vogt
Carlo Schultheiss
Nicole Semrau
Rolf Sistermann
Tonja Stein
Torsten Wies

Zu diesem Werk ist ein Band „Kommentare und Anregungen für den Unterricht" erschienen (ISBN 978-3-507-70208-0).

Druck A ^{2} / Jahr 2014
Alle Drucke der Serie A sind im Unterricht parallel verwendbar.

Redaktion: Joachim Siebert, Hannover
Umschlaggestaltung, Layout und Satz: Jesse Konzept & Text GmbH, Hannover
Druck und Bindung: westermann druck GmbH, Braunschweig

ISBN 978-3-507-**70207**-3

Inhaltsverzeichnis

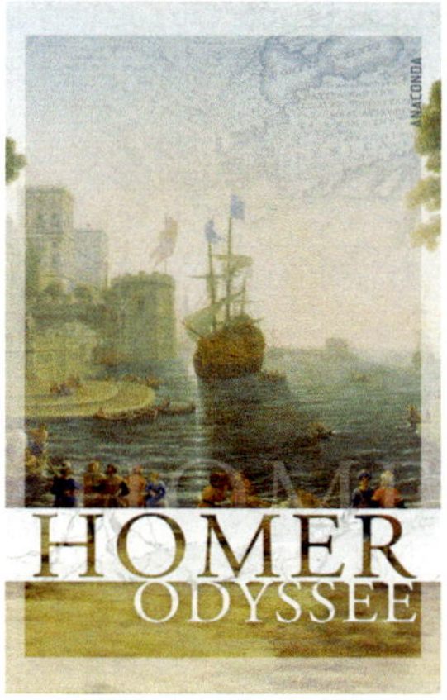

Wesen und Möglichkeiten des Menschen: Anthropologie 108

Die Reflexion der Moral: Ethik 176

Hermann Hesse
Demian
Suhrkamp

GROSSES SCHAUSPIELHAUS
ab 20. Juni
DIE WEBER
Regie: Karlheinz Martin

Knaur
Jung Chang
Wilde Schwäne
Die Geschichte einer Familie
Drei Frauen in China von
der Kaiserzeit bis heute

Wahrheit und Wissen: Erkenntnistheorie, Logik, Wissenschaftstheorie

Auf der Suche nach dem Unbedingten – Metaphysik und Religionsphilosophie

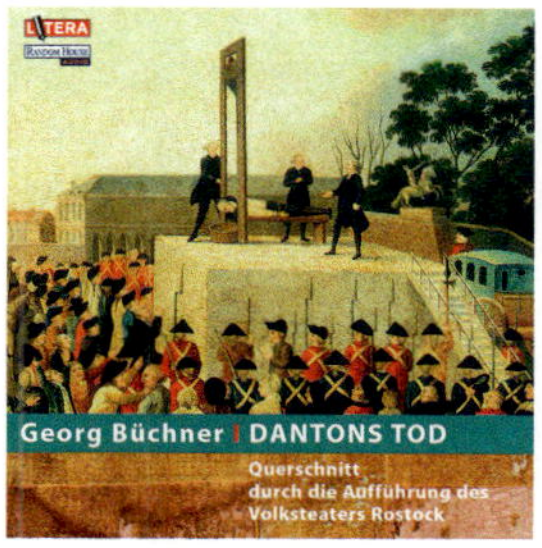
Georg Büchner | DANTONS TOD
Querschnitt
durch die Aufführung des
Volksteaters Rostock

Anhang

Die Odyssee des Weiterdenkens

Odysseus galt als der intelligenteste, erfindungsreichste, listenreichste und verschlagenste der Griechen. Ihm allein und seiner weltberühmten List mit dem hölzernen „trojanischen Pferd“ verdankten sie nach zehnjährigem unentschiedenem Kampf schließlich ihren Sieg über Troja. Homer, der seine Geschichte um 750 v. Chr. in Verse gebracht hat, nennt ihn gleich im ersten Vers seiner Odyssee „polýtropos“, d. h. den „Vielgewandten“.

Die Wahl von Geschichten, literarischen Texte oder Filmen, als Hinführung zu Problemstellungen gehört zu der besonderen Konzeption von „Weiterdenken“, diesem Arbeitsbuch für den Philosophie- und Ethikunterricht. Wir hoffen, dass Sie sich, liebe Schülerinnen und Schüler, dadurch motivieren lassen, erst einmal selbständig über die damit eingeführten Problemstellungen nachzudenken, bevor Sie sich mit den Lösungen von Philosophen aus alter und neuer Zeit beschäftigen.

Im Einführungskapitel halten wir uns dabei an die Odyssee, Homers Geschichte von den Irrfahrten des Odysseus. Odysseus muss viele Abenteuer, Stürme und Gefahren bestehen, ehe er erst zehn Jahre nach dem Krieg um Troja seine Heimat Ithaka erreicht. Der Meeresgott Poseidon verfolgt ihn mit seinen Stürmen und lässt ihn nicht nach Hause kommen, weil er seinen Sohn Polyphem, den einäugigen riesigen Menschenfresser, in höchster Not geblendet hat.

Auf der Insel der Zauberin Kirke werden Odysseus' Gefährten wie vor ihnen schon viele andere in Tiere verwandelt. Aber der Götterbote Hermes hat ihm ein Kraut mitgegeben, das den Zaubertrank der Kirke wirkungslos macht. So kann er sie bezwingen.

Sie schickt Odysseus zum Ende der Welt an den Eingang zur Unterwelt. Dort soll er durch ein Opfer den toten Seher Theiresias beschwören, ihm den Heimweg zu zeigen: Er führt vorbei an der Insel der Sirenen, die mit ihrem betörenden Gesang jeden Seefahrer anlocken und töten. Odysseus verstopft seinen Gefährten die Ohren mit Wachs und lässt sich an den Mast binden, um diesem Schicksal zu entkommen.

In einer Meerenge gerät er zwischen Skylla und Charybdis: auf der einen Seite ein vielköpfiges Ungeheuer, das mit langen Hälsen die Gefährten aus den Schiffen holt, und auf der anderen Seite ein alles verschlingender Strudel.

Nachdem seine Leute trotz seiner Warnung auf der Insel des Sonnengottes vor lauter Hunger die heiligen Rinder geschlachtet haben, werden sie alle Opfer eines fürchterlichen Sturmes. Nur Odysseus kann sich nach neun Tagen auf die Insel der Nymphe Kalypso retten. Sie verliebt sich in ihn und verspricht ihm sogar die Unsterblichkeit, wenn er bei ihr bleibe. Sieben Jahre kann sie ihn halten. Dann aber will er zurück zu seiner Frau Penelope und seinem Sohn Telemachos auf seiner Heimatinsel Ithaka. Mit einem selbstgebauten Floß gelangt er zur Insel der Phäaken ganz in der Nähe seiner Heimat. Aber wieder verhindert Poseidon die Landung. Nackt wird er schließlich im Sturm an Land geworfen. So findet ihn Nausikaa, die Königstochter. Ihr Vater hilft ihm, Ithaka zu erreichen.

Als Bettler verkleidet, gelangt Odysseus zu seinem Palast und muss dort zuerst die vielen Freier töten, die um die vermeintliche Witwe Penelope werben und dabei sein Hab und Gut verprassen. Nachdem diese in ihm ihren unbesiegbaren Odysseus erkannt hat, der als einziger den schweren Bogen spannen kann, kann er sie in die Arme schließen.

Eine bewegte Geschichte mit Höhen und Tiefen, die seit fast dreitausend Jahren die Phantasie und die Gedanken der Menschen angeregt hat. Der damalige Hörer und der heutige Leser werden mit Fragen konfrontiert, die zu den Grundfragen der Philosophie gehören:

- Was ist der Mensch?
- Wie sollten Menschen sich anderen gegenüber verhalten?
- Wie können sie zusammenleben?
- Wie können sie ihre Vernunft und ihr Wissen richtig einsetzen?
- Welchen Sinn hat ihr Tun angesichts des unabwendbaren Todes?

Deshalb kann die Geschichte des Odysseus als Hinführung zu den Grundfragen der Anthropologie, der Ethik, der Politischen Philosophie, der Wissenschaftstheorie und der Metaphysik dienen. Im Einleitungskapitel werden Sie diese Gebiete der Philosophie an einzelnen Denkern exemplarisch kennenlernen. Dabei erfahren Sie, wie deren Ansichten zu den genannten Fragen nicht einem plötzlichen Einfall zu verdanken sind, sondern dem Weiterdenken, d. h. dem konsequenten Aufbau eines zusammenhängenden Denkgebäudes.

In den fünf Hauptkapiteln des Buches werden andere literarische Texte Sie zu den großen Themen der Philosophie führen. Sie werden dort viele Denker kennenlernen und erfahren, wie diese sich auf einander bezogen und so über Jahrhunderte Gedanken weitergedacht haben. Man könnte von einer „Odyssee des Weiterdenkens“ sprechen. Die Geschichte der Philosophie hat vieles mit der Geschichte des Odysseus gemeinsam: Beide bestehen Stürme und Abenteuer und behalten bei allen Irrungen und Wirrungen das Ziel im Auge. Von Odysseus wird berichtet, dass er schließlich in Ithaka angekommen sei. Wird die Philosophie auch ihr Ithaka finden? Wird der Ausgang ihrer Geschichte versöhnlicher und weniger blutig sein?

Damit Sie die „Odyssee des Weiterdenkens“ gut bestehen, haben wir sehr darauf geachtet, den Lernprozess für Sie transparent und kontrollierbar zu machen. Das Buch orientiert sich an einem Modell für die Gestaltung des Lernprozesses, das sich in Form eines Bonbons darstellen lässt. Dabei geht es nicht darum, das Lernen zu versüßen, sondern durch die Form des Modells anzudeuten, wie weit oder wie eng das Unterrichtsgespräch geführt werden sollte. An der Form des Modells können Sie sich klarmachen, wann das Unterrichtsgespräch in die Breite gehen kann, indem Sie unterschiedliche Erfahrungen und Vorstellungen einbringen, und wann man sich auf eine Fragestellung oder wenige Begriffe konzentrieren sollte. Der so beschriebene Lernprozess muss sich nicht genau auf eine, sondern kann sich auch über mehrere Unterrichtsstunden erstrecken. Wir meinen aber, dass die Reihenfolge der einzelnen Phasen eingehalten werden sollte, wenn selbstgesteuerte und angeleitete Lernphasen sinnvoll miteinander verbunden werden und sich gegenseitig ergänzen sollen. Materialien und Aufgabenstellungen in diesem Buch sind dementsprechend angeordnet. In den einzelnen Phasen des Lernprozesses werden alle für den Ethik- und Philosophieunterricht und das Abitur wichtigen methodischen Kompetenzen eingeübt.

Wir haben aber auch darauf geachtet, dass in der Arbeit mit diesem Buch nicht nur die methodischen, sondern auch die personalen und sozialen Kompetenzen weiter entwickeln werden. So können Sie mithilfe des Buches

- Gefühle reflektieren und in ihrer Bedeutung einschätzen,
- sich an Prinzipien der Vernunft orientieren,
- Urteilsfähigkeit entwickeln,
- Anerkennung und Achtung für andere entwickeln und stärken,
- Empathiefähigkeit entwickeln und stärken,
- die Perspektive des anderen einnehmen,
- Respekt und Toleranz für andere Werthaltungen und Lebensorientierungen entwickeln,
- den Einfluss von Medien auf Urteile und Handlungen reflektieren,
- Grundfragen des Menschseins und des Umgangs mit der Natur reflektieren,
- Grundprobleme moralischen Handelns kennenlernen und erörtern.

Am Ende jedes Kapitels finden Sie Übungen zur Anfertigung von Klausuren: Textmaterial mit Aufgabenstellungen, dazu eine Übersicht, aus der Sie einmal die Anforderungen erkennen können, die Ihnen die Aufgaben stellen, zum anderen aber auch, wie Klausuren üblicherweise bewertet werden.

Zur Selbstkontrolle der Sachkompetenz haben wir im Anhang die wichtigsten Begriffe jedes Kapitels und jedes Themenbereichs zusammengestellt und die Bedeutungen zusammengefasst, die Sie in den Textteilen erarbeitet haben. Außerdem finden Sie im Anhang eine Übersicht über verschiedene Methoden und ihre Anwendung.

Vor allem aber hoffen wir, dass Sie durch das Buch Freude am Weiterdenken bekommen.

Wir wünschen Ihnen gutes Gelingen,
Verlag und Autoren

Im Einzelnen kann man diesen Phasen besonders folgende methodische Kompetenzen zuordnen:

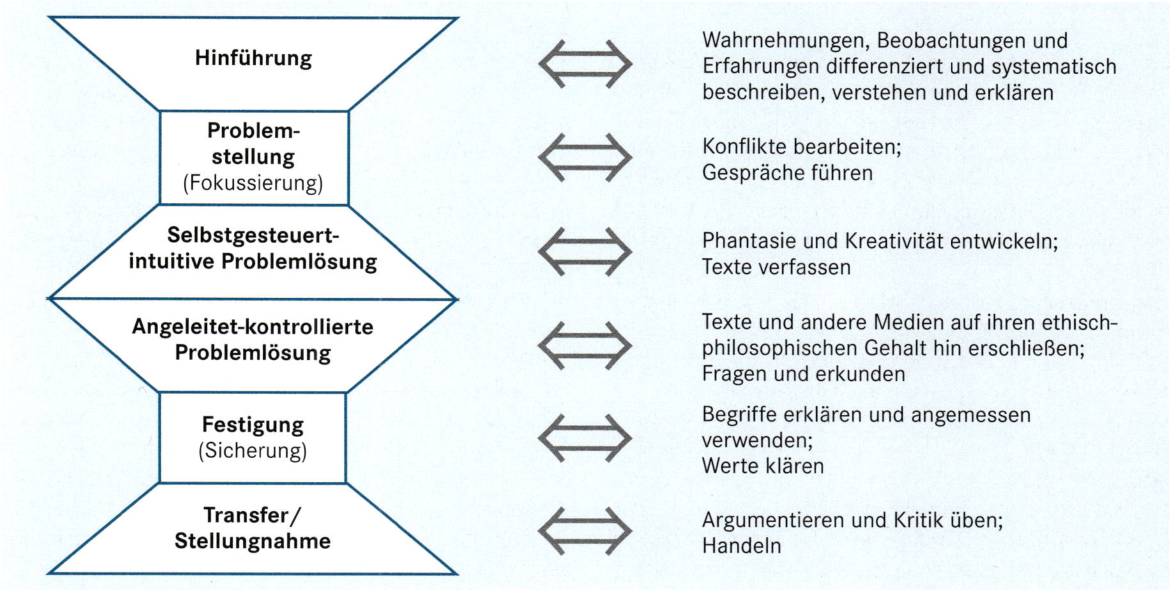

Einführungskurs in philosophisches Denken

Simone de Beauvoir, 1908–1986

Sokrates, 469–399 v. Chr.

Thomas Hobbes, 1588–1679

Aristoteles, 384–322 v. Chr.

Sigmund Freud, 1856–1939

David Hume, 1711–1776

André Comte-Sponville, *1952

Hans Jonas, 1903–1993

Friedrich Nietzsche, 1844–1900

Hannah Arendt, 1906–1975

Immanuel Kant, 1724–1804

Karl Raimund Popper, 1902–1994

Platon, 427–347 v. Chr.

1. Einführung in die Anthropologie – Sigmund Freud und Simone de Beauvoir

1.1 Traumwelten

Im sechsten Gesang der Odyssee erzählt Homer (um 750 v. Chr.), wie Odysseus an den Strand der Insel Scheria angespült wird. Sein Widersacher, der Meeresgott Poseidon, hatte einen Sturm geschickt, der Odysseus mit seinem Floß vom Kurs Richtung Ithaka abkommen ließ. Auf der Insel findet ihn Nausikaa, die Tochter des Königs der Phaiaken. Die Göttin Pallas Athene, Tochter des Zeus, beschützt Odysseus gegen seine Feinde; sie erscheint Nausikaa im Traum und sagt ihr, dass sie sich auf ihre baldige Hochzeit vorbereiten solle, indem sie ihre Kleidung waschen und ordnen solle, wie es sich für eine Königstochter gehöre. Als Nausikaa aufwacht, erinnert sie sich an den Traum und tut das, was ihr gesagt wurde. Am Strand ereignet sich nun Folgendes:

M 1

Homer: Odysseus und Nausikaa

Und Nausikaa warf den Ball auf eine der Dirnen;
Dieser verfehlte die Dirn' und fiel in die wirbelnde Tiefe;
Und laut kreischten sie auf. Da erwachte der edle Odysseus,
Sitzend dacht' er umher im zweifelnden Herzen und sagte:
Weh mir! zu welchem Volke bin ich nun wieder gekommen?
Sinds unmenschliche Räuber und sittenlose Barbaren,
Oder Diener der Götter, und Freunde des heiligen Gastrechts?
Eben umtönte mich ein Weibergekreisch, wie der Nymphen,
Welche die steilen Häupter der Felsengebirge bewohnen,
Und die Quellen der Flüsse und grasbewachsenen Täler!
Bin ich hier etwa nahe bei redenden Menschenkindern?
Auf! ich selber will hin, und zusehn, was es bedeute!
Also sprach er, und kroch aus dem Dickicht, der edle Odysseus,
Brach mit der starken Faust sich aus dem dichten Gebüsche
Einen laubichten Zweig, des Mannes Blöße zu decken; [...]
Also ging der Held, in den Kreis schönlockiger Jungfraun
Sich zu mischen, so nackend er war; ihn spornte die Not an.
Furchtbar erschien er den Mädchen, vom Schlamm des Meeres besudelt;
Hiehin und dorthin entflohn sie, und bargen sich hinter die Hügel.
Nur Nausikaa blieb. Ihr hatte Pallas Athene
Mut in die Seele gehaucht und die Furcht den Gliedern entnommen.
Und sie stand und erwartete ihn. Da zweifelt' Odysseus,
Ob er flehend umfasste die Kniee der reizenden Jungfrau,
Oder, so wie er war, von ferne mit schmeichelnden Worten
Bäte, dass sie die Stadt ihm zeigt' und Kleider ihm schenkte.
Dieser Gedanke schien dem Zweifelnden endlich der beste,
So wie er war, von ferne mit schmeichelnden Worten zu flehen,
Dass ihm das Mädchen nicht zürnte, wenn er die Kniee berührte.
Schmeichelnd begann er sogleich die schlau ersonnenen Worte:
Hohe, dir fleh ich; du seist eine Göttin, oder ein Mädchen!

Der Philosoph Jean-Paul Sartre (1905–1976) hat den Umgang mit Literatur mit einem Traum verglichen.

Jean-Paul Sartre: Lesen ist ein freier Traum (1950)

M 2

Das Eigentümliche des ästhetischen Bewusstseins ist, Glaube zu sein [...], beständiger Glaube durch Treue sich selbst und dem Autor gegenüber, immer wieder neuer Vorsatz zum Glauben. Ich kann jeden Augenblick wieder aufwachen, und ich weiß das; aber ich will nicht: Lesen ist ein freier Traum.

1 Stellen Sie dar, welche Ähnlichkeiten man zwischen der Literatur und dem Traum nennen könnte.

Im Folgenden soll es um das Problem gehen, ob Träume eine tiefere Bedeutung haben.

2 Haben Sie schon einmal davon gehört oder vielleicht auch selbst erfahren, dass Träume eine tiefere Bedeutung haben? Tauschen Sie sich mit Ihrem Nachbarn darüber aus und berichten Sie anschließend im Plenum von Ihren Ergebnissen.
Angenommen, die Geschichte von Nausikaa und Odysseus wäre ein Traum. Warum trifft Odysseus ausgerechnet nackt und mit Schlamm beschmiert auf Nausikaa? Notieren Sie Ihre Vermutungen zunächst spontan und ungeordnet. Tauschen Sie sich dann mit Ihrem Sitznachbarn aus.

Sigmund Freud (1856–1939), der Begründer der Psychoanalyse, hat ein epochemachendes Werk über die Traumdeutung geschrieben.

Sigmund Freud: Der umgekehrte Blick (1900)

M 3

Die Beziehungen unserer typischen Träume zu den Märchen und anderen Dichtungsstoffen sind gewiss weder vereinzelte noch zufällige. Gelegentlich hat ein scharfes Dichterauge den Umwandlungsprozess, dessen Werkzeug sonst der Dichter ist, analytisch erkannt und ihn in umgekehrter Richtung verfolgt, also die Dichtung auf den Traum zurückgeführt. Ein Freund macht mich auf folgende Stelle aus Gottfried Kellers „Grünem Heinrich“ aufmerksam: „Ich wünsche Ihnen nicht, lieber Lee, dass Sie jemals die ausgesucht pikante Wahrheit in der Lage des Odysseus, wo er nackt und mit Schlamm bedeckt vor Nausikaa und ihren Gespielinnen erscheint, so recht aus Erfahrung empfinden lernen! Wollen Sie wissen, wie das zugeht? Halten wir das Beispiel einmal fest. Wenn Sie einst getrennt von Ihrer Heimat und allem, was Ihnen lieb ist, in der Fremde umherschweifen, und Sie haben viel gesehen und viel erfahren, haben Kummer und Sorge, sind wohl gar elend und verlassen, so wird es Ihnen des Nachts unfehlbar träumen, dass Sie sich Ihrer Heimat nähern; Sie sehen sie glänzen und leuchten in den schönsten Farben, holde, feine und liebe Gestalten treten Ihnen entgegen; da entdecken Sie plötzlich, dass Sie zerfetzt, nackt und staubbedeckt umhergehen. Eine namenlose Scham und Angst fasst Sie, sie suchen sich zu bedecken, zu verbergen und erwachen im Schweiße gebadet. Dies ist, so lange es Menschen gibt, der Traum des kummervollen, umhergeworfenen Mannes, und so hat Homer jene Lage aus dem tiefsten und ewigen Wesen der Menschheit herausgenommen.“ Das tiefste und ewige Wesen der Menschheit, auf dessen Erweckung der Dichter in der Regel bei seinen Hörern baut, das sind jene Regungen des Seelenlebens, die in der später prähistorisch gewordenen Kinderzeit wurzeln. Hinter den bewusstseinfähigen und einwandfreien Wünschen des Heimatlosen brechen im Traum die unterdrückten und unerlaubt gewordenen Kinderwünsche hervor, und darum schlägt der Traum, den die Sage von Nausikaa objektiviert, regelmäßig in einen Angsttraum um.

3 Worin besteht der Unterschied zwischen dieser Deutung der Nauskiaa-Episode und Ihren Vermutungen?

4 Welche für den Menschen grundlegende Frage wird damit nach Freud berührt?

In M 3 steht der Satz „Das tiefste und ewige Wesen der Menschheit, auf dessen Erweckung der Dichter in der Regel bei seinen Hörern baut, das sind jene Regungen des Seelenlebens, die in der später prähistorisch gewordenen Kinderzeit wurzeln." (Z. 35 ff.) Darum geht es in der philosophischen Anthropologie. Die Anthropologie (griech. *anthropos* = der Mensch; *-logie* = Wissenschaft von ...) beschäftigt sich mit der Frage nach dem Wesen des Menschen, was den Menschen also genau zum Menschen macht (z. B. im Vergleich zu Tieren oder Robotern). Für Freud scheint die Sache klar zu sein: Das, was den Menschen zum Menschen macht, sind die „Regungen des Seelenlebens". Aber was sind das für grundlegende Regungen?

M 4 Sigmund Freud: „Schlafes Bruder" (1912)

Es gibt ein psychisches Produkt, das bei den normalsten Personen anzutreffen ist und doch eine höchst auffallende Analogie zu den wildesten Erzeugnissen des Wahnsinns bietet und den Philosophen nicht verständlicher war als der Wahnsinn selbst. Ich meine die Träume. Die Psychoanalyse gründet sich auf die Traumanalyse; die Traumdeutung ist das vollständigste Stück Arbeit, das die junge Wissenschaft bis heute geleistet hat. Ein typischer Fall der Traumbildung kann folgendermaßen beschrieben werden: Ein Gedankenzug ist durch die geistige Tätigkeit des Tages wachgerufen worden und hat etwas von seiner Wirkungsfähigkeit zurückbehalten, durch die er dem allgemeinen Absinken des Interesses, welches den Schlaf herbeiführt und die geistige Vorbereitung für das Schlafen bildet, entgangen ist. Während der Nacht gelingt es diesem Gedankenzug, die Verbindung zu einem der unbewussten Wünsche zu finden, die von Kindheit an im Seelenleben des Träumers immer gegenwärtig, aber für gewöhnlich *verdrängt* und von seinem bewussten Dasein ausgeschlossen sind. Durch die von dieser unbewussten Unterstützung geliehene Kraft können die Gedanken, die Überbleibsel der Tagesarbeit, nun wiederum wirksam werden und im Bewusstsein in der Gestalt eines Traumes auftauchen. Es haben sich also dreierlei Dinge ereignet:

1. Die Gedanken haben eine Verwandlung, Verkleidung und Entstellung durchgemacht, welche den Anteil des unbewussten Bundesgenossen darstellt;
2. Den Gedanken ist es gelungen, das Bewusstsein zu einer Zeit zu besetzen, wo es ihnen nicht zugänglich hätte sein sollen;
3. Ein Stück des Unbewussten, dem dies sonst unmöglich gewesen wäre, ist im Bewusstsein aufgetaucht.

Wir haben die Kunst gelernt, die *„Tagesreste"* und die *latenten Traumgedanken* herauszufinden; durch ihren Vergleich mit dem *manifesten Trauminhalt* sind wir befähigt, uns ein Urteil über die Wandlungen, die sie durchgemacht haben, und über die Art und Weise, wie diese zustande gekommen sind, zu bilden.

Die latenten Traumgedanken unterscheiden sich in keiner Weise von den Erzeugnissen unserer gewöhnlichen bewussten Seelentätigkeit. Sie verdienen den Namen von vorbewussten Gedanken und können in der Tat in einem Zeitpunkte des Wachlebens bewusstgewesen sein. Aber durch die Verbindung mit den unbewussten Strebungen, die sie während der Nacht eingegangen sind, wurden sie den letzteren assimiliert, gewissermaßen auf den Zustand unbewusster Gedanken herabgedrückt und den Gesetzen, durch welche die unbewusste Tätigkeit geregelt wird, unterworfen. Hier ergibt sich die Gelegenheit zu lernen, was wir auf Grund von Überlegungen oder aus irgendeiner anderen Quelle empirischen Wissens nicht hätten erraten können, dass die

Gesetze der unbewussten Seelentätigkeit sich im weiteren Ausmaß von jenen der bewussten unterscheiden. Wir gewinnen durch Detailarbeit die Kenntnis der Eigentümlichkeiten des *Unbewussten* und können hoffen, dass wir durch gründlichere Erforschung der Vorgänge bei der Traumbildung noch mehr lernen werden.

5 Beschreiben Sie mit eigenen Worten, was Freud unter „Träumen" versteht.
6 Stellen Sie dar, welche Teile der Seele beim Träumen aktiv sind.
7 Welche Bedeutung messen Sie persönlich Träumen bei?

Sigmund Freud: Das Unbewusste (1915)

M 5

Die Berechtigung, ein unbewusstes Seelisches anzunehmen und mit dieser Annahme wissenschaftlich zu arbeiten, wird uns von vielen Seiten bestritten. Wir können dagegen anführen, dass die Annahme des Unbewussten *notwendig* und *legitim* ist und dass wir für die Existenz des Unbewussten mehrfache *Beweise* besitzen. Sie ist notwendig, weil die Daten des Bewusstseins in hohem Grade lückenhaft sind; sowohl bei Gesunden als bei Kranken kommen häufig psychische Akte vor, welche zu ihrer Erklärung andere Akte voraussetzen, für die aber das Bewusstsein nicht zeugt. Solche Akte sind nicht nur die Fehlhandlungen und die Träume bei Gesunden, alles, was man psychische Symptome und Zwangserscheinungen heißt, bei Kranken – unsere persönlichste tägliche Erfahrung macht uns mit Einfällen bekannt, deren Herkunft wir nicht kennen, und mit Denkresultaten, deren Ausarbeitung uns verborgen geblieben ist. Alle diese bewussten Akte blieben zusammenhanglos und unverständlich, wenn wir den Anspruch festhalten wollen, dass wir auch alles durchs Bewusstsein erfahren müssen, was an seelischen Akten in uns vorgeht, und ordnen sich in einen aufzeigbaren Zusammenhang ein, wenn wir die erschlossenen unbewussten Akte interpolieren. Gewinn an Sinn und Zusammenhang ist aber ein vollberechtigtes Motiv, das uns über die unmittelbare Erfahrung hinaus führen darf. Zeigt es sich dann noch, dass wir auf die Annahme des Unbewussten ein erfolgreiches Handeln aufbauen können, durch welches wir den Ablauf der bewussten Vorgänge zweckdienlich beeinflussen, so haben wir in diesem Erfolg einen unanfechtbaren Beweis für die Existenz des Angenommenen gewonnen. Man muss sich dann auf den Standpunkt stellen, es sei nichts anderes als eine *unhaltbare Anmaßung*, zu fordern, dass alles, was im Seelischen vorgeht, auch dem Bewusstsein bekannt werden müsse. [...] Eine neue Bedeutung erhält die Unterscheidung der beiden psychischen Systeme, wenn wir darauf aufmerksam werden, dass die Vorgänge des einen Systems, des Unbewussten, Eigenschaften zeigen, die sich in dem nächst höheren nicht wiederfinden. Der Kern des Ubw

besteht aus Triebrepräsentanzen, die ihre Besetzung abführen wollen, also aus Wunschregungen. Diese Triebregungen sind einander koordiniert, bestehen unbeeinflusst nebeneinander, widersprechen einander nicht. Wenn zwei Wunschregungen gleichzeitig aktiviert werden, deren Ziele uns unvereinbar erscheinen müssen, so ziehen sich die beiden Regungen nicht etwa voneinander ab oder heben einander auf, sondern sie treten zur Bildung eines mittleren Zieles, eines Kompromisses, zusammen. Es gibt in diesem System keine Negation, keinen Zweifel, keine Grade von Sicherheit. [...] Die Vorgänge des Systems Unbewusstes sind zeitlos, d. h., sie sind nicht zeitlich geordnet, werden durch die verlaufende Zeit nicht abgeändert, haben überhaupt keine Beziehung zurzeit. Auch die Zeitbeziehung ist an die Arbeit des Bw-Systems geknüpft. Ebenso wenig kennen die Ubw-Vorgänge eine Rücksicht auf die Realität. Sie sind dem Lustprinzip unterworfen; ihr Schicksal hängt nur davon ab, wie stark sie sind und ob sie die Anforderungen der Lust-Unlustregulierung erfüllen. [...]

8 Wie rechtfertigt Freud die Annahme des „Unbewussten"?

9 Erarbeiten Sie eine Definition des Begriffes „Unbewusstes", indem Sie die wesentlichen, von Freud dargelegten Merkmale geordnet wiedergeben.

Die Begriffe, die Freud an dieser Stelle verwendet, kommen uns alle sehr vertraut vor. Wir haben kein großes Problem damit, Begriffe wie „Unbewusstes", „Unterbewusstsein" und „Traumanalyse" zu verwenden. Was uns allerdings heute selbstverständlich erscheint, war zu Freuds Zeiten eine Revolution.

M 6

Christoph Stölzl: Freuds Bedeutung für das 20. Jahrhundert (2006)

Bis heute ist der Streit darüber, ob Freud etwas für die Menschheit Lebensnotwendiges erfunden hat oder ob er bloß ein spekulativer Philosoph, schlimmstenfalls ein Scharlatan gewesen ist, nicht abgeebbt. Wahrscheinlich gerade wegen seiner Umstrittenheit ist das Logo „Freud" eingegangen ins Weltgedächtnis, das tiefernste bärtige Gesicht mit den unergründlich forschenden Augen zumal, aber auch seine Therapie-Erfindung, die Patientencouch. Hätte er sie sich rechtzeitig patentieren lassen, er wäre vielleicht doch noch zu Lebzeiten ein vermögender Mann geworden.
Als vor ein paar Jahren die Bilanzen zum 20. Jahrhundert gezogen wurden, spielte der Name Sigmund Freud eine herausragende Rolle. Er hatte mühelos den großen Verlierer Karl Marx an Vitalität übertroffen. Freuds Werk, die Psychoanalyse, mochte noch so umstritten sein, über ihre epochale Bedeutung war man sich einig. Vor allem die Menschen aus der Kultur, weniger jene aus dem Reich der exakten Naturwissenschaften, stehen seit einem Jahrhundert Spalier, wenn es darum geht, Freud zu ehren. Im frisch erschienenen Buch „Sigmund Freud" von Micha Brumlik steht: Er „schuf nicht mehr und nicht weniger als eine neue Anthropologie, eine neue Lehre vom Menschen, die [...] universale und überzeitliche Gültigkeit beanspruchen muss". Das Unisono der Bewunderung kehrt bei jeder Stichprobe aus der Vergangenheit wieder. Die Literaten der ersten Jahrhunderthälfte, von André Gide bis D.H. Lawrence, haben ihn als neuen Christoph Kolumbus besungen. Thomas Mann sah in ihm den „Ritter mit erzenem Blick", der sich furchtlos in die finstersten Seelenabgründe hinuntergewagt habe. [...]
Freuds Thesen und Begriffe haben alles Denken über die conditio humana infiltriert, sie haben die Medizin wie die Literatur, die bildende Kunst wie die Politik und die Alltagssprache durchwandert und ihre Spuren hinterlassen. Nichts blieb danach so, wie es vorher gewesen war. Zwar hatte sich Freud immer als Wissenschaftler verstanden, aber gewaltig in der Sprache, gewaltig in der Entfesselung von Sympathie und Antipathie, hat er in Wirklichkeit eine Bewegung begründet, die das 20. Jahrhundert auf ähnliche Weise herausgefordert hat wie die Religionsschöpfungen früherer Epochen.

Die Beschäftigung mit der „Psyche", dem Seelenleben, wie Freud sie verstand, war also bahnbrechend. Grund genug, sich näher mit dem zu beschäftigen, was Freud überhaupt unter „Psyche" versteht.

1.2 Leib und Seele

Auf seinem weiteren Weg in Richtung Ithaka kommt Odysseus an die Insel der Sirenen, unheimlichen Wesen, die jeden Seefahrer töten, der sich von ihrem verführerischen Gesang anlocken lässt. Von der Zauberin Kirke gewarnt, befiehlt Odysseus seinen Getreuen, ihn an den Mast zu fesseln und auch dann nicht wieder loszubinden, wenn er dieses befehlen sollte.

Homer: Odysseus und die Sirenen

M 7

Plötzlich ruhte der Wind; von heiterer Bläue des Himmels
Glänzte die stille See; ein Himmlischer senkte die Wasser.
Meine Gefährten gingen und falteten eilig die Segel,
Legten sie nieder im Schiff und setzten sich hin an die Ruder;
Schäumend enthüpfte die Woge den schöngeglätteten Tannen.
Aber ich schnitt mit dem Schwert aus der großen Scheibe des Wachses
Kleine Kugeln, knetete sie mit nervichten Händen;
Und bald weichte das Wachs, vom starken Drucke bezwungen
Und dem Strahle des hochhinwandelnden Sonnenbeherrschers.

Herbert James Draper (1863–1920): Odysseus und die Sirenen, 1909

Hierauf ging ich umher und verkleibte die Ohren der Freunde.
Jene banden mich jetzo an Händen und Füßen im Schiffe,
Aufrecht stehend am Maste, mit festumschlungenen Seilen;
Setzten sich dann, und schlugen die graue Woge mit Rudern.
Als wir jetzo so weit, wie die Stimme des Rufenden schallet,
Kamen im eilenden Lauf, da erblickten jene das nahe
Meerdurchgleitende Schiff, und huben den hellen Gesang an:
Komm, besungner Odysseus, du großer Ruhm der Achaier!
Lenke dein Schiff ans Land, und horche unserer Stimme.
Denn hier steurte noch keiner im schwarzen Schiffe vorüber,
Eh er dem süßen Gesang aus unserem Munde gelauschet;
Und dann ging er von hinnen, vergnügt und weiser wie vormals.
Uns ist alles bekannt, was ihr Argeier und Troer
Durch der Götter Verhängnis in Trojas Fluren geduldet:
Alles, was irgend geschieht auf der lebenschenkenden Erde!
Also sangen jene voll Anmut. Heißes Verlangen
Fühlt ich weiter zu hören, und winkte den Freunden Befehle,
Meine Bande zu lösen; doch hurtiger ruderten diese.
Und es erhuben sich schnell Eurylochos und Perimedes,
Legten noch mehrere Fesseln mir an und banden mich stärker.
Also steuerten wir den Sirenen vorüber; und leiser,
Immer leiser, verhallte der Singenden Lied und Stimme.
Eilend nahmen sich nun die teuren Genossen des Schiffes
Von den Ohren das Wachs und lösten mich wieder vom Mastbaum.

Im Folgenden geht es darum, einen Grund dafür zu finden, warum sich Odysseus nicht auch die Ohren verstopft, sondern sich fesseln lässt.

1 Finden Sie mögliche Erklärungen für das Verhalten von Odysseus.

Bei der Deutung dieser Episode aus der Odyssee lehnt sich der Kulturwissenschaftler Hartmut Böhme (* 1944) an Platons Beschreibung der menschlichen Seele an. In seinem Dialog „Phaidros“ erläutert Platon (427–347 v. Chr.), wie ein Mensch angesichts eines verführerisch schönen Partners zwischen Begierde und Scham hin- und hergerissen wird. Er beschreibt die Situation mit dem Bild eines Wagenlenkers, der zwei Pferde lenken muss. Das eine „von schönerer Beschaffenheit [...] vereinigt Ehrliebe mit Besonnenheit und Schamhaftigkeit, und als ein Freund wahrer Denkweise wird es ohne Schläge nur durch Befehl und Wort gelenkt.“ Das andere „blauäugig mit Blut unterlaufen, ein Freund von Trotz und Anmaßung, um die Ohren zottig, taub, kaum der Peitsche und dem Stachel gehorsam“. „Das dem Wagenlenker gern folgende Ross, [hält] wie immer so auch jetzt von Scham bewältigt selbst an sich, nicht auf den Geliebten loszurennen; das andere aber kehrt sich nicht mehr weder an Stachel noch Peitsche des Wagenlenkers, sondern springend treibt es mit Gewalt fort, und dem Mitgespann und dem Wagenlenker alle mögliche Not bereitend, zwingt es sie, zu dem Liebling zu gehen.“

M 8 Hartmut Böhme: Sieg und Schmerz der Vernunft (1988)

Man ahnt noch etwas von der Überwältigung durch sinnliche Antriebe und seelische Motive, wenn Platon im „Phaidros“ das Gleichnis von den Pferden vor dem Seelenwagen entwickelt: Der *nous*, die Vernunft, ist nun jedoch der Wagenlenker. Die Zähmung des Pferdes ist Bild eines zivilisatorischen Sieges über die Kraft einer Natur, die stärker ist als man selbst. Vernunft ist Sieg über die größere Kraft des anderen: Sie zu zähmen, zu lenken, anzueignen, sich zunutze zu machen ist der Grundakt zur Bildung eines *dominium terrae,* zur Machtergreifung des Menschen über die Erde nicht nur, sondern auch zur Konstitution des Subjekts. [...] Die Pferde im Platonischen Gleichnis sind die Sinne, die der Mensch mit den Tieren teilt. Im Bild des unterworfenen Tiers spiegelt sich der Mensch als Souverän über das, was ihn zum Teil der Natur macht: seine Leiblichkeit mit ihren mächtigen Gefühlen und Antrieben. Odysseus, der sich – an den Sirenen vorüberfahrend – gegen den Bann der Natur, den mythischen Gesang des naturunterworfenen Menschen, an den Mast fesseln und den Gefährten die Ohren mit Wachs verstopfen lässt –: Dieser sich gequält in den Ketten umwerfende Odysseus mit den taub, stumm und dumpf rudernden Freunden enthält noch das Bild der Qual, die im Platonischen Wagenlenker schon getilgt ist. Die „Odyssee“, ein kurzes Jahrhundert nach der noch leibnahen „Ilias“, ist das Dokument eines Prozesses, in welchem die ins Andere der Natur projizierten Mächte des sinnlichen Leibes in einem furchtbaren Feldzug unterworfen werden. Der Leib und seine Sinne sind fortan die Schwachstelle, durch die Natur in uns einfällt. Trennung ist notwendig und enthält wie jede Trennung Schmerz, Qual und Trauer: Vernunft als der Raum von Wahrheit und Personalität hat sich abzugrenzen von der Herkunft des Menschen aus Natur.

2 Untersuchen Sie, welche Teile des platonischenSeelenwagens Böhme bei seiner Interpretation der „Sirenengeschichte“ heranzieht. Nehmen Sie dazu auch die Zeichnung zu Hilfe. Stellen Sie dabei dar, welchem Seelenteil er welche Funktion zuordnet.

3 Prüfen Sie, ob Böhme erklären kann, warum Odysseus sich nicht auch die Ohren verstopft hat.

Auch Sigmund Freud entwickelte, ähnlich wie Platon, ein Modell der Seele mit drei Teilen.

Sigmund Freud: Das Instanzenmodell (1938)

M 9

Zur Kenntnis dieses psychischen Apparates sind wir durch das Studium der individuellen Entwicklung des menschlichen Wesens gekommen. Die älteste dieser psychischen Provinzen oder Instanzen nennen wir das *Es;* sein Inhalt ist alles, was ererbt, bei Geburt mitgebracht, konstitutionell festgelegt ist, vor allem also die aus der Körperorganisation stammenden Triebe, die hier einen ersten uns in seinen Formen unbekannten psychischen Ausdruck finden.[1]

Unter dem Einfluss der uns umgebenden realen Außenwelt hat ein Teil des Es eine besondere Entwicklung erfahren. Ursprünglich als Rindenschicht mit den Organen zur Reizaufnahme und den Einrichtungen zum Reizschutz ausgestattet, hat sich eine besondere Organisation hergestellt, die von nun an zwischen Es und Außenwelt vermittelt. Diesem Bezirk unseres Seelenlebens lassen wir den Namen des *Ichs.*

Die hauptsächlichen Charaktere des Ichs

[...] [Das Ich] hat die Aufgabe der Selbstbehauptung, erfüllt sie, indem es nach außen die Reize kennenlernt, Erfahrungen über sie aufspeichert (im Gedächtnis), überstarke Reize vermeidet (durch Flucht), mäßigen Reizen begegnet (durch Anpassung) und endlich lernt, die Außenwelt in zweckmäßiger Weise zu seinem Vorteil zu verändern (Aktivität); nach innen gegen das Es, indem es die Herrschaft über die Triebansprüche gewinnt, entscheidet, ob sie zur Befriedigung zugelassen werden sollen, diese Befriedigung auf die in der Außenwelt günstigen Zeiten und Umstände verschiebt oder ihre Erregung überhaupt unterdrückt. [...]

Als Niederschlag der langen Kindheitsperiode, während der der werdende Mensch in Abhängigkeit von seinen Eltern lebt, bildet sich in seinem Ich eine besondere Instanz heraus, in der sich dieser elterliche Einfluss fortsetzt. Sie hat den Namen des *Über-Ichs* erhalten. Insoweit dieses Über-Ich sich vom Ich sondert und sich ihm entgegenstellt, ist es eine dritte Macht, der das Ich Rechnung tragen muss.

Eine Handlung ist dann korrekt, wenn sie gleichzeitig den Anforderungen des Es, des Über-Ichs und der Realität genügt, also deren Ansprüche miteinander zu versöhnen weiß. Die Einzelheiten der Beziehung zwischen Ich und Über-Ich werden durchwegs aus der Zurückführung auf das Verhältnis des Kindes zu seinen Eltern verständlich. Im Elterneinfluss wirken natürlich nicht nur das persönliche Wesen der Eltern, sondern auch der durch sie fortgepflanzte Einfluss von Familien-, Rassen- und Volkstradition sowie die von ihnen vertretenen Anforderungen des jeweiligen sozialen Milieus. Ebenso nimmt das Über-Ich im Laufe der individuellen Entwicklung Beiträge von Seiten späterer Fortsetzer und Ersatzpersonen der Eltern auf, wie Erzieher, öffentliche Vorbilder, in der Gesellschaft verehrte Ideale.

[1] Dieser älteste Teil des psychischen Apparates bleibt durchs ganze Leben der wichtigste. An ihm hat auch die Forschungsarbeit der Psychoanalyse eingesetzt.

4 Welche Instanzen des seelischen Apparates nennt Freud in seinem Text?

5 Was könnte Freud mit „aus der Körperorganisation stammenden Triebe“ (Z. 7) meinen?

6 Erklären Sie genau, welche Funktionen die jeweiligen Instanzen erfüllen, und erarbeiten Sie in Anlehnung M 9 ein Schaubild.

7 Welche Probleme hat das „Ich“ zu bewältigen?

8 Untersuchen Sie die Entsprechungen zwischen Freuds Instanzenmodell und Platons Seelenwagen, indem Sie versuchen, Ich, Es und Über-Ich den drei Seelenteilen Platons zuzuordnen.

9 Die Sirenen verlocken Odysseus, sich ihnen zu ergeben, aber der Mast, an den er sich fesseln ließ, hindert ihn. Untersuchen Sie, wie man den Mast und die Fessel mithilfe des Instanzenmodells deuten könnte.

10 Nehmen Sie Stellung zu der Frage, ob man die Seele als einen Apparat bezeichnen kann.

1.3 Sexualität und Triebsublimierung

M 10 Uli Stein: Schweineaufklärung

M 11 Sigmund Freud: Scham (1925)

Der merkwürdigste Charakter des menschlichen Sexuallebens ist sein *zweizeitiger Ansatz* mit dazwischenliegender Pause. Im vierten und fünften Lebensjahr erreicht es einen ersten Höhepunkt, dann aber vergeht diese Frühblüte der Sexualität, die bisher lebhaften Strebungen verfallen der Verdrängung, und es tritt die bis zur Pubertät dauernde *Latenzzeit* ein, während welcher die Reaktionsbildungen der Moral, der Scham, des Ekels aufgerichtet werden.

1 Was ist nach Freud die Voraussetzung für die Herausbildung der Scham?

2 Welcher Instanz des psychischen Apparates ist die Scham Ihrer Meinung nach zuzuordnen? Begründen Sie Ihre Ansicht.

Obwohl nach Freud die Sexualität als einer der wichtigsten Triebe überhaupt gelten kann, fällt das Reden über die Sexualität schwer, weil dieses Thema schambehaftet ist. Hier kommt es, wie man mithilfe des Instanzenmodells (M 8) erklären kann, wohl zu einem Konflikt im Ich zwischen dem Es, das die Triebe, also auch den Sexualtrieb repräsentiert, und dem Über-Ich, das versucht, moralische Vorstellungen durchzusetzen, die in der Tradition und der Gesellschaft herrschen.

Im Folgenden soll es um das Problem gehen, welche Bedeutung der Umgang mit der Sexualität im Leben des Menschen hat.

Richard Rorty: „Vorlesungen zur Einführung in die Psychoanalyse“ von Sigmund Freud (1999)

M 12

Das wichtigste Buch des Jahrhunderts müsste das Werk sein, dem zukünftige Historiker einhellig die größten Veränderungen im Selbstbild der menschlichen Rasse zuschreiben werden – erkennbar an dem Platz im System der Dinge, den sie für den ihren hält. Nach Maßgabe dieses Kriteriums waren Newtons „Principia mathematica“ das wichtigste Buch des 17. und Darwins „Entstehung der Arten“ das wichtigste des 19. Jahrhunderts.
Diese beiden Werke trieben den Säkularisationsprozess voran, indem sie dazu beitrugen, dass wir uns die Himmel als nicht von Gott regiert und uns selbst als nicht von Gott geschaffen denken konnten. Freuds Vorlesungen zur „Einführung in die Psychoanalyse“, die hier für die Gesamtheit von Freuds Denken stehen sollen, können wohl als das Buch gelten, das in diesem Jahrhundert am meisten dazu tat, Gott entbehrlich zu machen.
Freud lehrte uns, große Kunstwerke, große religiöse Traditionen und große philosophische Ideen als Produkte sublimierter Wünsche – häufig atypischer sexueller Wünsche – zu sehen, und half uns auf diese Weise, das alte dualistische, von den Griechen übernommene Selbstbild abzuschütteln. Platons Erklärung der diesbezüglichen Errungenschaften hatte darin bestanden, dass er sagte, nicht unsere Mitmenschen seien der angemessene und natürliche Gegenstand des Eros, sondern etwas Nichtmenschliches – die ideale Schönheit. Vollkommene Erfüllung in der erotischen Beziehung zu einem Mann oder einer Frau zu finden sei, insbesondere wenn es den Geschlechtsverkehr einschließe, niedrig, schmutzig und fatal für die Chancen auf ewiges Glück. So infizierte Platon den Okzident mit dualistischen, weltabgewandten Denkweisen, die sich im Orient schon zu Epidemien entwickelt hatten – Denkweisen, wie gemacht für Nietzsches „asketische Priester“. Diese Menschen finden sexuelle Befriedigung in einem Sadismus besonderer Art: Sie freuen sich an der Frustration, die uns, den Rest der Menschheit, befällt, nachdem sie uns sexuelle Lust in der einen oder anderen Form verboten haben.

3 Worin sieht Rorty die besondere Bedeutung Freuds für das 20. Jahrhundert?
4 Welche Rolle spielt für Rorty dabei die Sexualität?

Sigmund Freud: Lust und Realität (1930)

M 13

Es ist, wie man merkt, einfach das Programm des Lustprinzips, das den Lebenszweck setzt. Dies Prinzip beherrscht die Leistung des seelischen Apparates vom Anfang an; an seiner Zweckdienlichkeit kann kein Zweifel sein, und doch ist sein Programm im Hader mit der ganzen Welt, mit dem Makrokosmos ebenso wohl wie mit dem Mikrokosmos. Es ist überhaupt nicht durchführbar, alle Einrichtungen des Alls widerstreben ihm; man möchte sagen, die Absicht, dass der Mensch „glücklich“ sei, ist im Plan der „Schöpfung“ nicht enthalten. […] Jede Fortdauer einer vom Lustprinzip ersehnten Situation ergibt nur ein Gefühl von lauem Behagen; wir sind so eingerichtet, dass wir nur den Kontrast intensiv genießen können, den Zustand nur sehr wenig. Somit sind unsere Glücksmöglichkeiten schon durch unsere Konstitution beschränkt. Weit weniger Schwierigkeiten hat es, Unglück zu erfahren. Von drei Seiten droht das Leiden, vom eigenen Körper her, der, zu Verfall und Auflösung bestimmt, sogar Schmerz und Angst als Warnungssignale nicht entbehren kann, von der Außenwelt, die mit übermächtigen, unerbittlichen, zerstörenden Kräften gegen uns wüten kann, und endlich aus den Beziehungen zu anderen Menschen. Das Leiden, das aus dieser Quelle stammt, empfinden wir vielleicht schmerzlicher als jedes andere; wir sind geneigt, es als eine gewissermaßen überflüssige Zutat anzusehen, obwohl es nicht weniger schicksalsmäßig unabwendbar sein dürfte als das Leiden anderer Herkunft. [...] Kein Wunder, wenn unter dem Druck dieser Leidensmöglichkeiten die Menschen ihren Glücksanspruch zu ermäßigen pflegen, wie ja auch das Lustprinzip selbst sich unter dem Einfluss der Außenwelt zum bescheideneren Realitätsprinzip umbildete, wenn man sich bereits glücklich preist, dem Unglück entgangen zu sein, das Leiden überstanden zu haben, wenn ganz allgemein die Aufgabe der Leidvermeidung die der Lustgewinnung in den Hintergrund drängt. Die Überlegung lehrt, dass man die Lösung dieser Aufgabe auf sehr verschiedenen Wegen versuchen kann; alle diese Wege sind von den einzelnen Schulen der Lebensweisheit empfohlen und von den Menschen begangen worden. Uneingeschränkte Befriedigung aller Bedürfnisse drängt sich als die verlockendste Art der Lebensführung vor, aber das heißt, den Genuss vor die Vorsicht setzen, und straft sich nach kurzem Betrieb. [...] Der komplizierte Bau unseres seelischen Apparats gestattet aber auch eine ganze Reihe anderer Beeinflussungen. Wie Triebbefriedigung Glück ist, so wird es Ursache schweren Leidens, wenn die Außenwelt uns darben lässt, die Sättigung unserer Bedürfnisse verweigert. Man kann also hoffen, durch Einwirkung auf diese Triebregungen von einem Teil des Leidens frei zu werden. Diese Art der Leidabwehr greift nicht mehr am Empfindungsapparat an, sie sucht der inneren Quellen der Bedürfnisse Herr zu werden.

In extremer Weise geschieht dies, indem man die Triebe ertötet, wie die orientalische Lebensweisheit lehrt und die Yogapraxis ausführt. Gelingt es, so hat man damit freilich auch alle andere Tätigkeit aufgegeben (das Leben geopfert), auf anderem Wege wieder nur das Glück der Ruhe erworben. [...]

Eine andere Technik der Leidabwehr bedient sich der Libidoverschiebungen, welche unser seelischer Apparat gestattet, durch die seine Funktion so viel an Geschmeidigkeit gewinnt. Die zu lösende Aufgabe ist, die Triebziele solcherart zu verlegen, dass sie von der Versagung der Außenwelt nicht getroffen werden können. Die Sublimierung der Triebe leiht dazu ihre Hilfe. Am meisten erreicht man, wenn man den Lustgewinn aus den Quellen psychischer und intellektueller Arbeit genügend zu erhöhen versteht. Das Schicksal kann einem dann wenig anhaben. Die Befriedigung solcher Art, wie die Freude des Künstlers am Schaffen, an der Verkörperung seiner Phantasiegebilde, die des Forschers an der Lösung von Problemen und am Erkennen der Wahrheit, haben eine besondere Qualität, die wir gewiss eines Tages werden metapsychologisch charakterisieren können.

5 Welche Möglichkeiten sieht Freud, ohne dauerndes Ausleben von Trieben glücklich zu werden?

6 Mit welchem Fachbegriff kennzeichnet er diese Fähigkeit des seelischen Apparates?

7 Fertigen Sie eine schriftliche Definition dieses Begriffes an.

8 Inwiefern illustriert das Bild die im Text geäußerten Gedanken?

Sigmund Freud: Frauen (1930)

M 14

Ferner treten bald die Frauen in einen Gegensatz zur Kulturströmung und entfalten ihren verzögernden und zurückhaltenden Einfluss, dieselben, die anfangs durch die Forderungen ihrer Liebe das Fundament der Kultur gelegt hatten. Die Frauen vertreten die Interessen der Familie und des Sexuallebens; die Kulturarbeit ist immer mehr Sache der Männer geworden, stellt ihnen immer schwierigere Aufgaben, nötigt sie zu Triebsublimierungen, denen die Frauen wenig gewachsen sind.

9 Diskutieren Sie diese Aussage Freuds.

1.4 Der „kleine Unterschied" – Simone de Beauvoir

Typisch ...

M 15

1 Überlegen Sie, welche Klischees dieses Bild zum Ausdruck bringt. Tauschen Sie sich mit Ihrem Lernpartner aus.

2 Kennen Sie weitere „typisch weibliche" Verhaltensweisen?

3 Kennen Sie „typisch männliche" Verhaltensweisen? Fertigen Sie entsprechende Listen an.

Peter Gay: Freud über die Frauen (1987)

M 16

[In einem Brief von 1938 schreibt Freud:] „Man zögert es auszusprechen, kann sich aber doch der Idee nicht erwehren, dass das Niveau des sittlich Normalen für das Weib ein anderes wird" als das des Mannes. „Das Über-Ich wird niemals so unerbittlich, so unpersönlich, so unabhängig von seinen affektiven Ursprüngen, wie wir es vom Manne fordern." Diese eigentümliche Dünnheit des Über-Ichs der Frau, meinte Freud, verleihe den Vorwürfen Gewicht, die Frauenfeinde seit undenklichen Zeiten gegen den weiblichen Charakter erhoben haben, nämlich dass die Frau „weniger Rechtsgefühl zeigt als der Mann, weniger Neigung zur Unterwerfung unter die großen Notwendigkeiten des Lebens, sich öfter in ihren Entscheidungen von ihren zärtlichen und feindseligen Gefühlen leiten lässt".

4 Stellen Sie zusammen, welche typischen Eigenschaften Freud den Frauen zuspricht?

5 Teilen Sie Freuds Meinung? Nehmen Sie begründet Stellung.

Im Folgenden soll es um die Frage gehen, ob es - anthropologisch gesehen - einen wesentlichen, aus der Natur stammenden Unterschied zwischen Männern und Frauen gibt, der über bloße anatomische Unterschiede hinausgeht.

Die Gründe für die mangelhafte Ausprägung des Über-Ichs sieht Freud vor allem in zwei Tatsachen gegeben: Auf der einen Seite haben Frauen von Geburt an ein anderes Verhältnis zum Vater, den sie - anders als Jungen - nicht als Rivalen sehen und an dem sich zwangsläufig die Psyche des Jungen reiben und damit vervollkommnen kann. Als zweiten, immer wieder zitierten Grund für die Verschiedenheit der Entwicklung gibt Freud den so genannten „Penisneid" an. Vergleichen sich Mädchen und Jungen im Kindesalter, wird ihnen schnell klar, dass sie anatomisch verschieden sind. Es bleibt - für Freud - aber nicht beim bloßen Erkennen der Verschiedenartigkeit der Genitale, Freud behauptet vielmehr, dass die Mädchen ihre Anatomie als „mangelhaft" erfahren, als einen Zustand, in dem sie das Gefühl haben, es fehle ihnen etwas. Dieses Gefühl des Mangels hat für Freud weitreichende Auswirkungen auf das ganze Leben der Frau.

Im Jahre 1949 erschien in Frankreich ein Buch, mit dem die Autorin Simone de Beauvoir mit einem Schlag berühmt wurde: „Das andere Geschlecht". In diesem Werk bestreitet sie, dass die Rolle der Frau in der Gesellschaft vorgegeben ist, wie Freud und viele andere meinten.

M 17 Simone de Beauvoir: Zur Frau wird man gemacht (1949)

Man kommt nicht als Frau zur Welt, man wird es. Keine biologische, psychische oder ökonomische Bestimmung legt die Gestalt fest, die der weibliche Mensch in der Gesellschaft einnimmt. Die gesamte Zivilisation bringt dieses als weiblich qualifizierte Zwischenprodukt zwischen dem Mann und dem Kastraten hervor. Nur die Vermittlung anderer kann ein Individuum zum anderen machen.

[Es gibt einen biologischen Unterschied.] Doch sind die genannten Konstanten nicht schicksalsbestimmend: Der Phallus bekommt einen so großen Wert, weil er eine Souveränität symbolisiert, die sich auf anderen Gebieten verwirklicht. Gelänge es der Frau, sich als Subjekt zu behaupten, würde sie Äquivalente zum Phallus erfinden: Die Puppe, in der sich die Verheißung des Kindes verkörpert, kann ein kostbarerer Besitz werden als der Penis. Es gibt matrilineare Gesellschaften, in denen die Frauen die Masken verwahren, in denen die Gemeinschaft sich entfremdet: So verliert der Penis viel von seiner Herrlichkeit. Nur innerhalb der in ihrer Totalität erfassten Situation begründet das anatomische Privileg ein menschliches. Die Psychoanalyse kann ihre Wahrheit nur im historischen Kontext finden. Ebenso wenig wie es ausreicht, von der Frau zu sagen, sie sei ein Weibchen, kann man sie durch das Bewusstsein definieren, das sie von ihrer Weiblichkeit verlangt: Sie erlangt es innerhalb der Gesellschaft, deren Mitglied sie ist. [...]

Wenn das kleine Mädchen auf die Bäume klettert, will das Kind ihm [Alfred Adler, einem Schüler Freuds] zufolge es den Jungen gleichtun: Er kann sich nicht vorstellen, dass das Klettern dem Mädchen Spaß macht. [...] Besonders bei den Psychoanalytikern wird der Mann als Mensch und die Frau als Weibchen definiert: Jedes Mal, wenn sie sich als Mensch verhält, heißt es, sie imitiere den Mann. Der Psychoanalytiker beschreibt das kleine Mädchen und die Jugendliche als zwischen der Identifikation mit dem Vater und der Mutter, zwischen „viriloiden" und „femininen" Neigungen schwankend, während ich sie zwischen der Rolle des Objekts, des anderen, die ihr angetragen wird, und dem Anspruch auf ihre Freiheit zögern sehe. So kann es vorkommen, dass unsere Ansichten bei einer Reihe von Fakten übereinstimmen, insbesondere bei der Betrachtung der unauthentischen Fluchtwege, die sich den Frauen bieten. Aber ich messe ihnen eine ganz andere Bedeutung bei als die Freudianer oder Adlerianer. Für mich ist die Frau ein Mensch auf der Suche nach Werten in einer Welt von Werten, einer Welt, deren ökonomische und soziale Struktur man unbedingt kennen muss. Die Frau soll hier aus einer existenziellen Perspektive unter Berücksichtigung ihrer Gesamtsituation erforscht werden.

6 Welchen Wert misst Beauvoir dem biologischen Unterschied zwischen Mann und Frau bei?

7 Wie begründet sie Unterschiede im Verhalten und Rollenverständnis von Mann und Frau? Entwerfen Sie in Partnerarbeit ein fiktives Interview zwischen einem Soziologen und Beauvoir, in welchem die Position der Philosophin deutlich wird. Veranschaulichen Sie diese auch mittels selbstgewählter Beispiele.

Wer ist diese Frau, die behauptet, dass die Unterschiede zwischen Mann und Frau eben keine anthropologischen, damit im Wesen des Menschen begründeten seien, sondern gesellschaftlich hergestellte und damit kulturell geprägte?
Simone de Beauvoir (1908–1986) lebte in Paris. 1929 schloss sie als zweitbeste ihres Jahrgangs ihr Philosophiestudium an der Sorbonne in Paris ab (bester war ihr späterer Lebensgefährte Jean-Paul Sartre) und erhielt die Lehrerlaubnis für das Fach Philosophie.

Simone de Beauvoir: Emanzipation (1949)

M 18

Genügt es aber, die Gesetze, Institutionen, Sitten, Meinungen und das Sozialgefüge zu ändern, damit Mann und Frau wirklich einander gleich werden? „Die Frau bleibt immer Frau", sagen die Skeptiker. Und andere Hellseher prophezeien, wenn man ihnen ihr Frauentum nähme, verwandelten sie sich nicht in Männer, sondern würden zu Ungeheuern werden. Das hieße behaupten, die heutige Frau sei eine Schöpfung der Natur. Es muss nochmals darauf hingewiesen werden, dass es in der menschlichen Gesellschaft nichts Natürliches gibt und die Frau unter anderm ein Zivilisationsprodukt ist. Das Eingreifen des andern in ihr Schicksal ist von Anfang an erfolgt: Wenn diese Einwirkung anders gelenkt würde, käme sie zu einem ganz anderen Ergebnis. Die Frau wird weder durch ihre Hormone noch durch geheimnisvolle Instinkte bestimmt, sondern durch die Art und Weise, wie sie durch das Bewusstsein Fremder ihren Körper und ihre Beziehung zur Welt erfasst. Der Abgrund, der das junge Mädchen vom jungen Mann trennt, ist von den ersten Tagen ihrer Kindheit an ganz bewusst geschaffen worden. [...] Gewiss darf man nicht glauben, dass es genügt, ihre wirtschaftliche Lage zu ändern, damit die Frau sich wandelt: Dieser Faktor ist und bleibt der Hauptfaktor ihrer Evolution. Aber solange er nicht die moralischen, sozialen, kulturellen und andere Folgerungen nach sich gezogen hat, die er ankündigt und fordert, kann die neue Frau nicht in Erscheinung treten. [...]
Wenn das junge Mädchen von zartestem Kindesalter an mit dem gleichen Anspruch und der gleichen Anerkennung, mit der gleichen Strenge und der gleichen Freiheit wie ihre Brüder erzogen würde, wenn sie an denselben Studien, denselben Spielen teilnähme, wenn ihr dieselbe Zukunft offenstände, wenn sie von Männern und Frauen umgeben wäre, die ihr unbedingt gleichwertig erschienen, [...] würde sie dasselbe bleibende Ansehen genießen. [...] Es käme dem jungen Mädchen vor allem zugute, wenn es im Mann keinen Halbgott – sondern nur einen Kameraden, einen Freund, einen Partner – suchte und so nicht davon abgehalten würde, selbst ihre Existenz auf sich zu nehmen. Die Erotik, die Liebe gewännen den Charakter einer freien Überschreitung und nicht den einer Selbstaufgabe. Sie könnte sie als eine Beziehung zwischen Gleichgestellten erleben. [...]
Die Frau ist nicht das Opfer eines geheimnisvollen, unabwendbaren Schicksals. Die Besonderheiten, die ihr eigentümlich sind, werden durch die Sinngebung bedeutungsvoll, die ihr anhaftet. Sie lassen sich überwinden, sowie man sie unter neuen Gesichtspunkten erfasst. So haben wir gesehen, dass die Frau in ihrer erotischen Erfahrung die Herrschaft des Mannes erlei-

det – oft auch verabscheut: Man darf nicht daraus schließen, dass ihre Ovarien sie zu einem ewigen Leben auf den Knien verurteilen. Die männliche Aggressivität erscheint nur als ein lehnsherrliches Privileg inmitten eines Systems, das in seiner Gesamtheit darauf abzielt, die männliche Überlegenheit zu sichern. [...] In beiden Geschlechtern spielt sich dasselbe Drama von Körper und Geist, von Endlichkeit und Transzendenz ab. An beiden nagt die Zeit, beiden lauert der Tod auf, sie sind beide gleich aufeinander angewiesen. Und ihre Freiheit kann zu gleichem Ruhm führen. Wenn sie sie zu kosten verständen, fühlten sie sich nicht mehr versucht, sich um trügerische Vorrechte zu streiten. Und dann könnte die Brüderlichkeit zwischen ihnen entstehen.

8 Entwerfen Sie eine Skizze, die beschreibt, welche Anforderungen Simone de Beauvoir an eine moderne Gesellschaft stellt.

9 Vergleichen Sie Ihre Ergebnisse aus AA 8 mit denen Ihres Lernpartners. Nehmen Sie anschließend schriftlich begründet Stellung zu Simone de Beauvoirs Thesen.

10 Diskutieren Sie im Plenum, wie sich Ihrer Meinung nach das Verhältnis der beiden Geschlechter in unserer Gesellschaft in Zukunft entwickeln wird.

Ursula Meyer: Kritik an Simone de Beauvoir (2004)

M 19

Von feministischer Seite werden in erster Linie Beauvoirs Theorien über die Entwicklung des Frau-Seins und ihre Vorstellungen von Weiblichkeit kritisiert. Ihr wird vor allem vorgeworfen, traditionelle Schemata zu übernehmen und den Mann in seiner überlegenen Position zu bestätigen. Dadurch würde sie die Weiblichkeit herabsetzen und die Männlichkeit kritiklos verherrlichen. Außerdem betreibe sie mit ihrer Zielsetzung einer Emanzipation der Frau im Sinne einer Gleichheit mit dem Mann, eine Mythologisierung der Männlichkeit. Es sei unlogisch, die Männer als Unterdrücker anzuprangern und sie gleichzeitig als Vorbilder anzubieten. Heidemarie Bennent-Vahle kritisiert, dass Beauvoir Menschsein mit Mannsein gleichsetze und damit die männlichen Normen zur Richtschnur für die Frauen erhebe. Somit binde sie die Emanzipation der Frau an ihre Fähigkeit zur Anpassung an männliche Normen und richte sich nach Wertmaßstäben, die von Männern geschaffen wurden.

11 Stellen Sie dar, worin Meyers Kritik am feministischen Ansatz Simone de Beauvoirs besteht.

12 Positionieren Sie sich auf einer Meinungslinie: Werden Frauen zu Frauen gemacht oder gibt es einen natürlichen Unterschied zwischen Männern und Frauen, der über den rein biologischen Unterschied hinausgeht?

2. Einführung in die Ethik – Arthur Schopenhauer

2.1 Über Motive des Handelns

Nach wochenlanger Irrfahrt und mit knappen Vorräten landet Odysseus mit seinen Männern auf einer kleinen Insel, die einer fremden Küste vorgelagert ist.

Homer/Auguste Lechner: Ich muss wissen, wer da drüben haust

M 1

Sie sprangen fröhlich an Land und beschlossen, schlafend den Morgen zu erwarten, um dann zu erkunden, wo sie sich befanden.

Es sollte sich schnell erweisen, dass es kein großes Glück für sie war, sondern ein schreckliches Unheil: Denn vor ihnen, jenseits der Wasserstraße, lag das Land der Kyklopen.

Sie waren ein Volk von einäugigen Riesen, wild und ruhelos, eher gewaltigen Ungeheuern ähnlich als menschlichen Wesen, und man erzählte sich schaudernd, sie verzehrten Menschenfleisch.

[...]

Als die Achaier am Morgen erwachten, begannen sie sogleich, das Eiland zu durchstreifen. Sie fanden alsbald eine Quelle mit herrlichem Wasser, und als sie in den Wald eindrangen, jagten sie Scharen von wilden Ziegen auf, die mit Gemecker vor ihnen flohen. [...] Es gab Fleisch in Hülle und Fülle. [...] In den Schläuchen war noch genügend Wein, und so begann ein langes fröhliches Mahl, das dauerte, bis die Sonne sank.

Nur manchmal hielten sie plötzlich im Trinken und Schmausen inne, und ihr Lachen verstummte jäh. Beunruhigt horchten sie hinüber zu dem bergigen Land jenseits der Wasserstraße, von dem diese grässlichen, wilden Stimmen herüberschollen, die nicht mehr menschlich klangen und ihnen einen kalten Schauer über den Rücken jagten.

„Beim Hades! Das Gebrüll lässt einem das Blut in den Adern stocken!", murmelte einer und griff schleunigst wieder zum Becher.

Odysseus hatte längst aufgehört zu trinken. Schweigsam saß er da und beobachtete, wie drüben da und dort Rauch von den Gipfeln der bewaldeten Berge aufstieg.

[...]

Ich muss wissen, wer da drüben haust, dachte Odysseus [...].

„Hört zu!", sagte er. „Die Insel dort drüben scheint mir ein wunderliches Land zu sein, und die Leute, die sie bewohnen, haben eine grausige Stimme, ihr habt es selbst vernommen! Ich muss wissen, was es mit ihnen für eine Bewandtnis hat! Darum will ich mit meinen Gefährten hinüberrudern und alles zu erkunden trachten. Ihr aber bleibt indessen mit den übrigen Schiffen hier im Hafen!"

Die Achaier waren es zufrieden, und manch einer meinte bei sich, es sei gar nicht übel, im sicheren Hafen zu liegen, anstatt mit Odysseus zu diesem Abenteuer auszufahren: Denn die Götter mochten wissen, was für ein gräuliches Volk von Wilden dort drüben hauste!

So blickten sie nur ein wenig neugierig, aber ohne großen Neid dem Schiffe nach, das langsam über die breite Wasserstraße auf das jenseitige Ufer zufuhr.

1 Benennen Sie die unterschiedlichen Reaktionen auf das „Gebrüll am anderen Ufer".

2 Wie wäre Ihre Reaktion ausgefallen? Begründen Sie Ihre Handlungsentscheidung.

Im Folgenden geht es um die Frage, ob wir in bestimmten Situationen tatsächlich verschiedene Handlungsmöglichkeiten haben.

3 Einige der zurückgebliebenen Gefährten unterhalten sich am Feuer über ihren König und fragen sich, was Odysseus immer wieder zu solchen Handlungen antreibt. Schreiben Sie einen Dialog.

M 2 Schopenhauers „schwieriger Charakter“

Die unterschiedlichsten Reize aus der Umwelt, wie beispielsweise ein „Gebrüll am anderen Ufer“ nehmen wir durch unser Erkenntnisvermögen auf; dadurch werden sie für uns zu Handlungsmotiven. Diese Motive aber treffen beim Menschen immer auf einen bestimmenden Charakter, und deshalb kann man nach Meinung des Philosophen Arthur Schopenhauer (1788–1860) aus der Kenntnis des Motivs allein nicht eine darauf folgende Handlung vorhersagen, sondern man muss immer auch den Charakter des betreffenden Menschen genau kennen. Schopenhauer selbst hatte nach vielen Überlieferungen seiner Zeitgenossen allenfalls einen „schwierigen Charakter“. Da er z.B. sehr empfindlich gegenüber Lärm war, drohte er den Kutschern vor seinem Haus nicht selten für unnötiges Schreien und Peitschenknallen Stockhiebe an. Auch seine Haushälterin, Margarethe Schnepp, hatte einiges auszuhalten. Aber obwohl er ihr in seinem oft grundlosen Zorn häufig heftig drohte, sie mit Schimpfworten wie „Tier“ oder „Biest“ überhäufte und auch gelegentlich Gegenstände nach ihr warf, berichtet sie, sei er hinterher doch auch außerordentlich freundlich gewesen, „wie wenn es ihn reue, was er getan“. Im Alter hatte der Philosoph einen sehr geregelten und nahezu immer gleichen Tagesablauf, wozu einsame und lange Spaziergänge mit seinem Pudel Atman gehörten [dem hinduistischen Ausdruck für „Seele“] – und auch der alltäglich Gasthausbesuch. Meist saß er schweigsam beim Essen, und der Einzelgänger suchte auch keine Gesellschaft. Doch gefiel ihm ein Gesprächsthema, diskutierte er auch gern bis in die Nacht hinein. Unter seinen Zeitgenossen waren seine heftigen, leidenschaftlichen und stürmischen Diskussionen bekannt, und leicht geriet Schopenhauer in Zorn und Empörung. Dann offenbarte er sich oft auch als Schwarzseher und Pessimist, der immer das Schlimmste befürchtete. Aber Julius Frauenstädt (1813–1879), sein literarischer Nachlassverwalter, erster Herausgeber seiner sämtlichen Werke und vielleicht einziger Freund, überlieferte auch: „Schopenhauer war kein Heuchler, sondern der wahrhaftigste Charakter, den es je gegeben hat. Eher hätte er sich totschlagen lassen, als das er gelogen und geheuchelt hätte.“

4 Skizzieren Sie in M 2 den Zusammenhang der Begriffe Motiv, Charakter und Handlung.

M 3 Arthur Schopenhauer: Über den Charakter (1860)

Durch [den Charakter] ist zunächst die Wirkungsart der verschiedenartigen Motive auf den gegebenen Menschen bestimmt. Denn er liegt allen Wirkungen, welche die Motive hervorrufen, [zu Grunde]. Der Charakter des Menschen ist: 1. individuell: er ist in jedem ein anderer. [...] Allein hier ist ein so bedeutendes Mehr und Minder des Grades, eine solche Verschiedenheit der Kombination und Modifikation der Eigenschaften durcheinander, dass man annehmen kann, der moralische Unterschied der Charaktere komme dem der intellektuellen Fähigkeiten gleich, was viel sagen will, und beide seien ohne Vergleich größer als die körperliche Verschiedenheit zwischen Riese und Zwerg [...]. Daher ist die Wirkung desselben Motivs auf verschiedene Menschen eine ganz verschiedene; wie das Sonnenlicht Wachs weiß, aber Chlorsilber schwarz färbt, die Wärme Wachs erweicht, aber Ton verhärtet. [...] 2. Der Charakter des Menschen ist empirisch. Durch Erfahrung allein lernt man ihn kennen, nicht bloß an andern, sondern auch an sich selbst. [...] – Gleichermaßen erwächst erst aus der Erfahrung, und wenn die Gelegenheit kommt, die Bekanntschaft mit uns selbst, auf welche das Selbstvertrauen oder Misstrauen sich gründet. Je nachdem wir in einem Fall Besonnenheit, Mut, Redlichkeit, Verschwiegenheit, Feinheit oder was sonst [...] gezeigt haben, oder aber der Mangel an solchen Tugenden zu Tage gekommen ist, – sind wir, in Folge der mit uns gemachten Bekanntschaft, hinterher zufrieden mit uns selbst, oder das Gegenteil. [...] 3. Der Charakter des Menschen ist konstant: Er bleibt derselbe, das ganze Leben hindurch. Unter der veränderlichen Hülle seiner Jahre, seiner Verhältnisse, selbst seiner Kenntnisse und Ansichten, steckt, wie ein Krebs in seiner Schale, der identische und eigentliche Mensch, ganz unveränderlich und immer derselbe. [...] Der Mensch ändert sich nie: Wie er in einem Falle gehandelt hat, so wird er, unter völlig gleichen Umständen (zu denen jedoch auch die richtige Kenntnis dieser Umstände gehört) stets wieder handeln. [...] 4. Der individuelle Charakter ist angeboren: Er ist kein Werk der Kunst oder der dem Zufall unterworfenen Umstände; sondern das Werk der Natur selbst. Er offenbart sich schon im Kinde, zeigt dort im Kleinen, was er künftig im Großen sein wird. [...] Aus dieser Darlegung des Wesens des individuellen Charakters folgt allerdings, dass Tugenden und Laster angeboren sind. Diese Wahrheit mag manchem Vorurteil und [...] kleinen, engen Begriffen und beschränkten Kinderschulansichten ungelegen kommen: Sie war aber schon die Überzeugung [...] des Aristoteles [...]: „Es scheint nämlich, dass allen die einzelnen Charakterzüge schon irgendwie von Natur aus eigen sind; denn gerecht und mäßig tapfer und anderes mehr zu sein, ist uns schon von Geburt an zu eigen."

M 4

M 5

5 Verdeutlichen Sie sich den Begriff Charakter in einer Mindmap.

6 M 4 wurde bei einem Fotowettbewerb zum Thema „Charakterköpfe" mit dem Titel „Sturheit" eingereicht. Prüfen Sie, inwieweit sich die „Sturköpfe" durch Schopenhauers Argumentation in M 3 wieder einander annähern könnten.

7 Kann sich der Charakter eines Menschen ändern? Nennen Sie gegebenenfalls Beispiele.

8 Übersetzen Sie den Filmtitel in M 5 und belegen Sie diese Aussage mit Zitaten aus M 3.

9 Der Film erzählt die Geschichte der fiktiven Serienkiller Mickey und Malory Knox. Überlegen Sie, ob Menschen als „Killer" geboren werden können.

10 „Folglich zu erwarten, dass ein Mensch, bei gleichem Anlass, ein Mal so, ein andermal aber ganz anders handeln werde, wäre wie wenn man erwarten wollte, dass der selbe Baum, der diesen Sommer Kirschen trug, im nächsten Birnen tragen werde."
Setzen Sie dieses Zitat von Schopenhauer mit dem Filmtitel in Beziehung.

In einem Brief an den Verleger F. A. Brockhaus schrieb Schopenhauer: „Mein Werk [...] ist ein neues philosophisches System: aber im ganzen Sinn des Worts: nicht neue Darstellung schon Vorhandenen: sondern eine im höchsten Grad zusammenhängende Gedankenreihe, die bisher noch nie in irgendeines Menschen Kopf gekommen." Daher war es auch nur konsequent, dass er sich von den philosophischen Schriften seiner Zeitgenossen selbstbewusst abgrenzte; er beschimpfte die Werke der damaligen Philosophieprofessoren gern als „Spaßphilosophie", „Tollhäuslergeschwätz" oder gar „Afterweisheit".

Arthur Schopenhauer: Über die Möglichkeit der Moralerziehung (1859/60)

M 6

[1] Meiner Meinung nach aber ist alle Philosophie immer theoretisch, indem es ihr wesentlich ist, sich, was auch immer der nächste Gegenstand der Untersuchung sei, stets rein betrachtend zu verhalten und zu forschen, nicht vorzuschreiben. Hingegen praktisch zu werden, das Handeln zu leiten, den Charakter umzuschaffen, sind alte Ansprüche, die sie, bei gereifter Einsicht, endlich aufgeben sollte. [...] Die Tugend wird

nicht gelehrt, so wenig wie der Genius [...]. Wir würden daher ebenso töricht sein, zu erwarten, dass unsere Moralsysteme und Ethiken Tugendhafte, Edle und Heilige, als dass unsere Ästhetiken Dichter, Bildner und Musiker erwecken.

Die Philosophie kann nirgends mehr tun, als das Vorhandene deuten und erklären, das Wesen der Welt [...] zur deutlichen, abstrakten Erkenntnis der Vernunft bringen. Dieses aber in jeder möglichen Beziehung und von jedem Gesichtspunkt aus. [Die] angekündigten Behandlungsweisen geben es schon an die Hand, dass man in diesem Buche keine Vorschriften, keine Pflichtenlehre zu erwarten hat; noch weniger soll ein allgemeines Moral-Prinzip, gleichsam ein Universal-Rezept zur Hervorbringung aller Tugenden angegeben werden. [...] Wir werden überhaupt ganz und gar nicht von Sollen reden: denn so redet man zu Kindern [...]. Unser philosophisches Bestreben kann bloß dahin gehen, das Handeln des Menschen, die so verschiedenen, ja entgegengesetzten Maximen, deren lebendiger Ausdruck es ist, zu deuten und zu erklären [...].

[2] Der Charakter ist unveränderlich, die Motive wirken mit Notwendigkeit: aber sie haben durch die Erkenntnis hindurchzugehen, als welche das Medium der Motive ist. Diese aber ist der mannigfaltigsten Erweiterung, der immerwährenden Berichtigung in unzähligen Graden fähig: dahin arbeitet alle Erziehung. Die Ausbildung der Vernunft, durch Kenntnisse und Einsichten jeder Art, ist dadurch moralisch wichtig, dass sie Motiven, für welche ohne sie der Mensch verschlossen bliebe, den Zugang öffnet [...]. Daher kann, unter gleichen äußeren Umständen, die Lage eines Menschen das zweite Mal, doch in der Tat eine ganz andere sein, als das erste: wenn er nämlich erst in der Zwischenzeit fähig geworden ist, jene Umstände richtig und vollständig zu begreifen; wodurch jetzt Motive auf ihn wirken, denen er früher unzugänglich war. [...] Weiter aber, als auf die Berichtigung der Erkenntnis, erstreckt sich keine moralische Einwirkung, und das Unternehmen, die Charakterfehler eines Menschen durch Reden und Moralisieren aufheben und so seinen Charakter selbst, seine eigentliche Moralität, umschaffen zu wollen, ist ganz gleich dem Vorhaben, Blei durch äußere Einwirkung in Gold zu verwandeln, oder eine Eiche durch sorgfältige Pflege dahin zu bringen, dass sie Aprikosen trüge.

11 Arbeiten Sie heraus, was nach Schopenhauer die Moralerziehung bewirken kann und was man nicht von ihr erwarten darf.

M 7 Die Themenfelder der Ethik

In der philosophischen Diskussion kann man verschiedene ethische Positionen differenzieren. Die *deskriptive Ethik* (lat. *describere* = beschreiben) beobachtet und beschreibt Handlungsbegründungen und Handlungsmotivationen, ohne selbst Stellung zu beziehen. Im Unterschied dazu, formuliert eine *präskriptive Ethik* Bewertungen und Vorschreibungen an die Moral, also wie man handeln *soll*. In der philosophischen Diskussion bezeichnet man eine präskriptive Ethik auch synonym mit dem Begriff *normative Ethik*.

In der Umgangssprache gelten „ethisch" und „moralisch" oft als gleichbedeutend. *Moral* ist jedoch der Begriff für alle in einer Gemeinschaft geltenden Regeln, Gebote, Werte und Normen, die zu einem erwünschten „guten" Handeln führen sollen. *Ethik* dagegen ist die philosophische Reflexion moralischer Fragen, wie dies bereits Aristoteles (384–322 v. Chr.) unterscheidet – Ethik hat also Moral zum Diskussionsgegenstand und überprüft moralische Beurteilungen.

Mit der Grundfrage *„Was soll ich tun?"* begrenzt Immanuel Kant (1724–1804) den Aufgabenbereich der Ethik neuzeitlich modern auf eine Handlungsethik, während philosophische Ethik, wie sie seit der griechischen Antike praktiziert wird, sich auch auf Überlegungen einer Ethik des „guten bzw. glücklichen Lebens" bezieht. Die entsprechende Frage *„Wie soll ich gut leben?"* fragt nach dem, was das Glück des einzelnen Menschen in seinem Zusammenleben mit anderen ausmacht. Wenn eine Handlungsethik Motive oder Konsequenzen richtigen Handelns analysiert, sucht sie dabei auch immer nach Maßstäben, Werten und Zielsetzungen über einzelne Handlungen hinaus und wird deshalb auch immer wieder klären müssen, was gut und wünschenswert im Leben des Einzelnen wie der Gemeinschaft ist. Die unterschiedlichen Ethiken verhandeln demnach meist zwischen den Interessen Einzelner und den Interessen anderer, wobei für die ethische Diskussion Einzelne durchaus ein Individuum, eine Personengruppe aber auch ein Staat und andere eben auch nur eine Person, eine Volks- oder gar die Weltgemeinschaft, aber auch die Umwelt oder Tiere bedeuten kann. Dabei werden beispielsweise Begriffe wie Freiheit, Selbst- und Fremdbestimmung oder Verantwortung miteinander in Beziehung gesetzt.

12 Systematisieren Sie M 7 in einem Baumdiagramm (s. S. 470). Bestimmen Sie danach Schopenhauers Position und ordnen Sie sie einer der beiden Ethiken zu.
13 Nehmen Sie Stellung: Kann man „Moral" erlernen?
14 Wie soll eine Gesellschaft mit diesen Menschen (M 5) umgehen?

2.2 Über den alltäglichen Umgang

Nach jahrzehntelanger Abwesenheit sind viele Achaier vom Tod des Odysseus überzeugt, und die heiratsfähigen Männer wollen die schöne und kluge „Witwe" Penelope für sich gewinnen. Die Freier, unter der Führung des vorlauten und dreisten Antinoos, haben sich über die Jahre hinweg im Palast niedergelassen und warten auf die Entscheidung, wen Penelope als neuen Gatten erwählen wird. Dort feiern sie rauschende Feste, verzechen den Wein, verspeisen die Schweine- und Schafherden und verprassen den Besitz des abwesenden Herrschers. Dieser Übermacht ist Odysseus' Sohn Telemachos in seiner Jugendlichkeit unterlegen, fasst sich aber, nachdem ihn die Göttin Athene zu neuem Mut gebracht hat, nach vier Jahren der Belagerung ein Herz und stellt die Edlen Achaias zur Rede.

Homer: Telemachos' Rede an die Freier

M 8

Freunde, ich fleh euch bei Zeus, dem Gott des Olympos, und Themis,
Welche die Menschen zum Rat versammelt, und wieder zerstreuet:
Haltet ein, und begnügt euch, dass mich der traurigste Kummer
Quält! Hat etwa je mein guter Vater Odysseus
Euch vorsätzlich beleidigt, ihr schöngeharnischten Griechen,
Dass ihr mich zum Vergelt vorsätzlich wieder beleidigt;
Warum reizet ihr diese? Mir wäre besser geraten,
Wenn ihr selber mein Gut und meine Herden hinabschlängt!
Tätet ihrs, so wäre noch einst Erstattung zu hoffen!
Denn wir würden so lange die Stadt durchwandern, so flehend
Wiederfordern das Unsre, bis alles wäre vergütet!
Aber nun häuft ihr mir unheilbaren Schmerz auf die Seele!
Also sprach er im Zorn, und warf den Zepter zur Erde,
Tränen vergießend, und rührte die ganze Versammlung zum Mitleid.
Schweigend saßen sie all' umher, und keiner im Volke
Wagte Telemachos' Rede mit Drohn entgegen zu wüten.
Aber [...] Antinoos gab ihm zur Antwort:
Jüngling von trotziger Red und verwegenem Mute, was sprachst du
Da für Lästerung aus? Du machtest uns gerne zum Abscheu!
Aber es haben die Freier an dir des keines verschuldet;
Deine Mutter ist schuld, die Listigste unter den Weibern!
Denn drei Jahre sind schon verflossen, und bald auch das vierte,
Seit sie mit eitlem Wahne die edlen Achaier verspottet!
Allen verheißt sie Gunst, und sendet jedem besonders
Schmeichelnde Botschaft; allein im Herzen denket sie anders!
[...]

Siehe, nun deuten die Freier dir an, damit du es selber
Wissest in deinem Herzen, und alle Achaier es wissen!
Sende die Mutter hinweg, und gebiete ihr, dass sie zum Manne
Nehme, wer ihr gefällt [...].
Denn wir schmausen so lange von deinen Herden und Gütern,
Als sie in diesem Sinne beharrt [...].

1 Beschreiben Sie Telemachos' Anliegen in der Ansprache an die Freier.
2 Formulieren Sie die Antwort des Antinoos in eigenen Worten.

Im Folgenden geht es um das Problem, wie man mit Leuten umgeht, die einem nicht passen, oder in Konfliktsituationen reagiert, ohne dass es zu Gewalttätigkeiten kommt.

3 Führen Sie in einem Schreibgespräch mit Ihrem Sitznachbarn den Dialog zwischen Telemachos und Antinoos weiter.

In Schopenhauers Nachlass befand sich ein fast fertiges Manuskript, das Julius Frauenstädt vier Jahre nach dem Tode des Philosophen 1864 erstmals veröffentlicht hat und das unter dem Titel „Die Kunst, Recht zu behalten" zur Berühmtheit gelangte. Dort schildert Schopenhauer die Eristik in 38 Kunstgriffen, d. h. das Argumentieren im Disput [Streitgespräch], als „die Kunst zu disputieren, und zwar so zu disputieren, dass man Recht behält, also per fas et nefas [mit rechten und unrechten Mitteln]. Der folgende Text erwähnt nur einen der oft sehr fragwürdigen rhetorischen Tricks und den möglichen Umgang damit.

M 9 Arthur Schopenhauer: Über den täglichen Umgang (um 1830)

[1] Wenn man merkt, dass der Gegner überlegen ist und man Unrecht behalten wird, so werde man persönlich, beleidigend, grob. Das Persönlichwerden besteht darin, dass man von dem Gegenstand des Streites (weil man da verlorenes Spiel hat) abgeht auf den Streitenden und seine Person irgendwie angreift: Man könnte es nennen *argumentum ad personam* [...]. Beim Persönlichwerden aber verlässt man den Gegenstand [des Disputs] ganz und richtet seinen Angriff auf die Person des Gegners: Man wird also kränkend, hämisch, beleidigend, grob. Es ist eine Appellation von den Kräften des Geistes an die des Leibes, oder an die Tierheit. Diese Regel ist sehr beliebt, weil jeder zur Ausführung tauglich ist, und wird daher häufig angewandt. Nun frägt sich, welche Gegenregel hierbei für den andern Teil gilt. Denn will er dieselbe gebrauchen, so wirds eine Prügelei oder ein Duell oder ein Injurienprozess.
[...] Dem Menschen geht nichts über die Befriedigung seiner Eitelkeit, und keine Wunde schmerzt mehr als die, die dieser geschlagen wird. (Daraus stammen Redensarten wie „die Ehre gilt mehr als das Leben" usw.) Diese Befriedigung der Eitelkeit entsteht hauptsächlich aus der Vergleichung seiner mit andern, in jeder Beziehung, aber hauptsächlich in Beziehung auf die Geisteskräfte. Diese eben geschieht [...] sehr stark beim Disputieren. Daher die Erbitterung des Besiegten, ohne dass ihm Unrecht widerfahren, und daher sein Greifen zum letzten Mittel, diesem letzten Kunstgriff: dem man nicht entgehen kann durch bloße Höflichkeit seinerseits.
[2] [Die] Höflichkeit [...] ist eine stillschweigende Übereinkunft, gegenseitig die moralisch und intellektuell elende Beschaffenheit von einander zu ignorieren und sie sich nicht [vorzuhalten].
Höflichkeit ist Klugheit; folglich Unhöflichkeit Dummheit. [...] Wie das Wachs, von Natur aus hart und spröde, durch ein wenig Wärme so geschmeidig wird, dass es jede beliebige Gestalt annimmt; so kann man selbst störrische und feindselige Menschen, durch etwas Höflichkeit und Freundlichkeit, biegsam und gefällig machen. Sonach ist die Höflichkeit dem Menschen, was die Wärme dem Wachs. [...]
Eine schwere Aufgabe ist freilich die Höflichkeit insofern, als sie verlangt, dass wir allen Leuten die größte Achtung bezeugen, während die allermeisten keine verdienen; sodann, dass wir den lebhaftesten Anteil an ihnen simulieren, während wir froh sein müssen, keinen an ihnen zu haben – Höflichkeit mit Stolz zu vereinen, ist ein Meisterstück.

[3] Die Höflichkeit nämlich ist die konventionelle und systematische Verleugnung des Egoismus in den Kleinigkeiten des täglichen Verkehrs und ist freilich anerkannte Heuchelei: Dennoch wird sie gefordert und gelobt; weil, was sie verbirgt, der Egoismus, so garstig ist, dass man es nicht sehen will, obschon man weiß, dass es da ist: wie man widerliche Gegenstände wenigstens durch einen Vorhang bedeckt wissen will.

4 Welchen Stellenwert hat die Höflichkeit für Schopenhauer im Alltag?

Der Philosoph suchte die Einsamkeit, und Wilhelm Busch (1832–1908) zeichnete Schopenhauer kongenial mit spitzer Feder. Ehrlich und messerscharf in seinen Beobachtungen, glasklar in seinen Gedanken und Formulierungen ist Schopenhauer auch heute noch kein Philosoph für bequeme Denker. Und die Ermahnung des Vaters an den 16-Jährigen: „Ich wollte, dass du lerntest, dir die Menschen angenehm zu machen." – Schopenhauer wird dies sein Leben lang nicht lernen. Dafür entwirft er ein anderes Modell des Zusammenlebens.

Arthur Schopenhauer: Die Fabel von den Stachelschweinen (1851)

M 10

Eine Gesellschaft Stachelschweine drängte sich, an einem kalten Wintertage, recht nahe zusammen, um, durch die gegenseitige Wärme, sich vor dem Erfrieren zu schützen. Jedoch bald empfanden sie die gegenseitigen Stacheln; welches sie dann wieder voneinander entfernte. Wann nun das Bedürfnis der Erwärmung sie wieder näher zusammen brachte, wiederholte sich jenes zweite Übel; so dass sie zwischen beiden Leiden hin- und hergeworfen wurden, bis sie eine mäßige Entfernung voneinander herausgefunden hatten, in der sie es am besten aushalten konnten.

So treibt das Bedürfnis der Gesellschaft, aus der Leere und Monotonie des eigenen Innern entsprungen, die Menschen zueinander; aber ihre vielen widerwärtigen Eigenschaften und unerträglichen Fehler stoßen sie wieder voneinander ab. Die mittlere Entfernung, die sie endlich herausfinden und bei welcher ein Beisammensein bestehen kann, ist die Höflichkeit und feine Sitte. Dem, der sich nicht in dieser Entfernung hält, ruft man in England zu: keep your distance! [Wahren Sie den Abstand!] – Vermöge derselben wird zwar das Bedürfnis gegenseitiger Erwärmung nur unvollkommen befriedigt, dafür aber der Stich der Stacheln nicht empfunden. – Wer jedoch viel eigene, innere Wärme hat, bleibt lieber aus der Gesellschaft weg, um keine Beschwerde zu geben, noch zu empfangen.

5 Erläutern Sie, ob diese Fabel auch ein Modell für das Zusammenleben in der menschlichen Gesellschaft sein kann.

Der französische Philosoph André Comte-Sponville (* 1952) war bis 1998 Professor an der Pariser Universität Sorbonne und ist heute freier Schriftsteller. Er misst der Höflichkeit eine weitaus größere Bedeutung für unser moralisches Handeln zu als Arthur Schopenhauer.

André Comte-Sponville: Die Höflichkeit (1995)

M 11

Die Höflichkeit ist die erste Tugend und vielleicht der Anfang aller Tugenden. Sie ist auch die dürftigste, oberflächlichste, fragwürdigste: Ist sie überhaupt eine Tugend? [...] Unbestreitbar ist die Höflichkeit ein Wert, doch dieser Wert ist ambivalent, er ist kein Selbstwert – er kann das Beste und das Schlimmste beinhalten – und insofern ist er fast suspekt. [...] Es ist äußerer Schein, und der Schein könnte trügen. Diderot spricht irgendwo von der „beleidigenden Höflichkeit" der vornehmen Leute, aber es gibt auch die unterwürfige und

kriecherische der kleinen Leute. Ungeschminkte Verachtung und umstandsloses Gehorchen wäre einem lieber. [...]
Aber warum dann sagen, sie sei die erste und vielleicht der Anfang aller Tugenden? [...] Ich rede von der zeitlichen Ordnung für das Individuum. Das Neugeborene hat keine Moral, kann keine haben. Das gilt auch für den Säugling und noch lange für das Kleinkind. Was dieses jedoch sehr früh entdeckt, ist das Verbot. „Tu das nicht: Das ist schmutzig, das ist schlecht, das ist hässlich, das ist böse ..." [...] Für das Kind ist die Gegebenheit früher als das Recht, oder vielmehr ist das Recht nur eine Gegebenheit unter anderen. Es gibt das Erlaubte und das Verbotene, das eine tut man, das andere tut man nicht. Gut? Böse? Die Regel ist genug, sie geht dem Urteil voraus und begründet es. Doch die Regel beruht dann eben nur auf Konvention, sie stützt sich einzig und allein darauf, dass man das, was man allgemein tut, tun soll: Regel des Gegebenen, Regel der puren Form, Regel der Höflichkeit! Keine unflätigen Wörter benützen, die Leute nicht unterbrechen, sich nicht vordrängeln, nicht stehlen, nicht lügen ... Alle diese Verbote stehen für das Kind gleichwertig nebeneinander („Das ist aber nicht schön"). Das Unterscheiden zwischen dem, was ethisch, und dem, was ästhetisch ist, kommt erst später und nur allmählich. Die Höflichkeit ist also früher als die Moral, oder vielmehr ist die Moral zunächst nur Höflichkeit: Unterordnung unter die Konvention [...], unter die geltende Regel, das geregelte Spiel der Äußerlichkeiten – Unterordnung unter die Welt und die Sitten der Welt. [...] Die Sitte ist früher als der Wert, der Gehorsam früher als der Respekt und die Nachahmung früher als die Pflicht. Die Höflichkeit („Das tut man nicht") ist früher als die Moral („Das *darf* man nicht"): Diese bildet sich erst allmählich heraus als eine Art verinnerlichte Höflichkeit. [...] Die Moral fängt also ganz unten an – bei der Höflichkeit –, irgendwo muss sie ja anfangen. Keine Tugend ist natürlich: Tugendhaft muss man *werden*. Nur wie, wenn man es nicht schon ist? [...] Nur durch sie [die Höflichkeit], die tugendhaftes Benehmen mimt, haben wir eine Chance, vielleicht einmal tugendhaft zu werden. [...] Wer „bitte" oder „Entschuldigung" sagt, tut, als ob er respektvoll wäre; wer „danke" sagt, tut, als ob er dankbar wäre. Respekt und Dankbarkeit fangen hier an. [...] Die Höflichkeit ist früher als die Moral und macht sie möglich. [...] Seine Kinder tausendmal (was sage ich: abertausendmal) dazu anhalten, dass sie „bitte", „danke" und „Entschuldigung" sagen – nur Pedanten und Snobisten würden so etwas tun, wenn es bloß um Höflichkeit ginge. Aber die Achtung vor dem anderen beginnt hier [...]. Die Höflichkeit ist also keine Tugend, aber eine Art So-tun-als-ob, die Tugend mimt (bei den Erwachsenen) oder vorbereitet (bei den Kindern). [...] Die Höflichkeit ist nicht die Moral. Nichts ist sie gleichwohl nicht. Die Höflichkeit ist etwas Geringes, das zu etwas Großem hinführt.

6 Stellen Sie die Bedeutung der Höflichkeit für moralisches Handeln in M 11 zusammenfassend dar.

7 Vergleichen Sie Ihre Ergebnisse mit der Lösung, die Schopenhauer in M 10 selbst gibt.

8 Im Schulalltag passiert es hin und wieder, dass Diskussionen in Gewalttätigkeiten enden. Erklären Sie diesen Sachverhalt mit M 9.

9 Wie könnte man die Tugend der Höflichkeit im Unterricht trainieren und anwenden?

10 Erinnern Sie sich an eine Situation, in der Sie Unhöflichkeit beobachtet oder erfahren haben? Erläutern Sie dem/der Verursacher/-in in einem Brief den Vorzug höflichen Benehmens.

2.3 Über die Liebe

In stürmischer See wird Odysseus von seinen Gefährten getrennt. Dem Tode nahe, wird er auf die Insel der Nymphe Kalypso gespült. Die Unsterbliche, eine Tochter des Titanen Atlas, verliebt sich in Odysseus und erhört das Bitten des Gestrandeten um Hilfe. Insgesamt verbleibt Odysseus über sieben Jahre auf der Insel der Kalypso.
Zunächst fehlt es ihm an nichts, denn Kalypso ist schön und begehrenswert und liest ihm jeden Wunsch von den Lippen ab. Dennoch wird er mit den Jahren immer unglücklicher. Aber selbst als Zeus der Nymphe durch den Götterboten Hermes befiehlt, den Gestrandeten endlich von der Insel zu entlassen, sträubt sie sich gegen den Befehl und nimmt den Zorn des Göttervaters

in Kauf – so groß ist ihre Liebe! Der Götterbote Hermes (hier: Argosbesieger) hat Kalypso eben den Befehl des Zeus (hier: Kronion) übermittelt und Kalypso antwortet:

Homer: Gefangener der Liebe

M 12

Mög er denn gehen, wo ihn des Herrschers Wille hinwegtreibt,
Über das wilde Meer! Doch senden werd ich ihn nimmer;
Denn mir gebricht es hier an Ruderschiffen und Männern,
Über den weiten Rücken des Meeres ihn zu geleiten.
Aber ich will ihm mit Rat beistehn und nichts ihm verhehlen,
Dass er ohne Gefahr die Heimat wieder erreiche.
Ihr antwortete drauf der rüstige Argosbesieger:
Send ihn also von hinnen, und scheue den großen Kronion,
Dass dich der Zürnende nicht mit schrecklicher Rache verfolge!
Also sprach er und ging, der tapfere Argosbesieger.
Aber Kalypso eilte zum großgesinnten Odysseus,
Als die heilige Nymphe Kronions Willen vernommen.
Dieser saß am Gestade des Meers und weinte beständig.
Ach! in Tränen verrann sein süßes Leben, voll Sehnsucht
Heimzukehren: denn lange nicht mehr gefiel ihm die Nymphe;
sondern er ruhte des Nachts in ihrer gewölbten Grotte
Ohne Liebe bei ihr, ihn zwang die liebende Göttin;
Aber des Tages saß er auf Felsen und sandigen Hügeln,
Und zerquälte sein Herz mit Weinen und Seufzen und Jammern,
Und durchschaute mit Tränen die große Wüste des Meeres.
Jetzo nahte sich ihm und sprach die herrliche Göttin:
Armer, sei mir nicht immer so traurig, und härme dein Leben
hier nicht ab; ich bin ja bereit, dich von mir zu lassen.

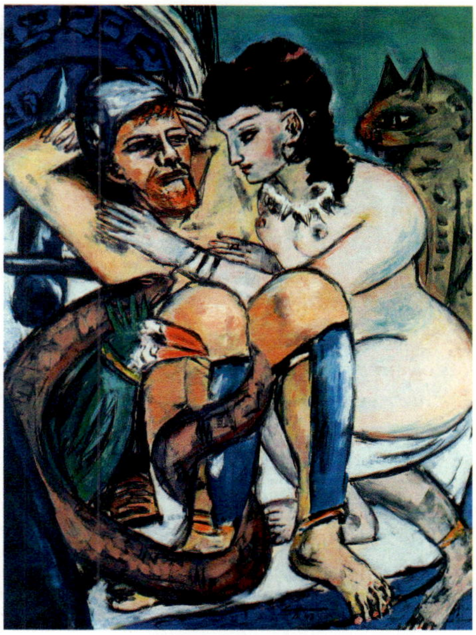
Max Beckmann: Odysseus und Kalypso, 1943

1 Beschreiben Sie die Situation, in der sich Odysseus befindet.
2 Schreiben Sie eines der vielen Zwiegespräche zwischen Odysseus und Kalypso auf, in denen Odysseus um Hilfe für die Heimkehr bittet, bevor der Götterbote Hermes erscheint.

Im Folgenden geht es um das Problem, ob Liebe Motivation für moralisches Handeln sein kann.

3 Erfinden Sie eine ähnliche Situation zwischen zwei normalen Menschen und beurteilen Sie deren moralische Motivation.

Arthur Schopenhauer: Über die Geschlechtsliebe (1859)

M 13

[Alle Verliebtheit] wurzelt allein im Geschlechtstriebe. [...] Was im individuellen Bewusstsein sich kundgibt als Geschlechtstrieb, [ist] der *Wille zum Leben* schlechthin. [...]
Dass es [...] bei jedem Verliebtsein doch allein abgesehen ist auf die Erzeugung eines Individuums von bestimmter Beschaffenheit, wird zunächst dadurch bestätigt, dass nicht etwa die Gegenliebe, sondern der Besitz, d. h. der physische Genuss, das Wesentliche ist. [...] Dies belegen alle gezwungenen Heiraten, im gleichen die so oft, ihrer Abneigung zum Trotz, mit großen Geschenken, oder sonstigen Opfern, erkaufte Gunst eines Weibes, ja auch die Fälle der Notzucht.
Dass dieses bestimmte Kind erzeugt werde, ist der wahre, wenn gleich den Teilnehmern unbewusste Zweck der ganzen Liebes[händel] – [...] Denn die künf-

tige Generation, in ihrer ganzen individuellen Bestimmtheit, ist es, die sich mittelst jenes Treibens und Mühens ins Dasein drängt. Ja, sie selbst regt sich schon in der so umsichtigen, bestimmten und eigensinnigen Auswahl zur Befriedigung des Geschlechtstriebes, die man Liebe nennt. Die wachsende Zuneigung zweier Liebender ist eigentlich schon der Lebenswille des neuen Individuums, welches sie zeugen können und möchten; ja, schon im Zusammentreffen ihrer sehnsuchtsvollen Blicke entzündet sich sein neues Leben, und gibt sich kund als eine künftig harmonische, wohl zusammengesetzte Individualität. Sie fühlen die Sehnsucht nach einer wirklichen Vereinigung und Verschmelzung zu einem einzigen Wesen. [...]
Jetzt zur gründlicheren Untersuchung der Sache. – Der Egoismus ist eine so tief wurzelnde Eigenschaft aller Individualität überhaupt, dass, um die Tätigkeit eines individuellen Wesens zu erregen, egoistische Zwecke die einzigen sind, auf welche man mit Sicherheit rechnen kann. [Wenn] das Individuum für den Bestand und die Beschaffenheit der Gattung tätig sein und sogar Opfer bringen soll, [kann] die Wichtigkeit der Angelegenheit nicht so fasslich gemacht werden [...]. Daher kann, in solchem Fall, die Natur ihren Zweck nur dadurch erreichen, dass sie dem Individuum einen gewissen Wahn einpflanzt, vermöge dessen ihm als ein Gut für sich selbst erscheint, was in Wahrheit bloß eines für die Gattung ist, so dass dasselbe dieser dient, während es sich selber zu dienen wähnt; bei welchem Hergang eine bloße, gleich darauf verschwindende Chimäre [mythisches Ungeheuer, „Hirngespinst] ihm vorschwebt und als Motiv die Stelle einer Wirklichkeit vertritt. [...] Ein wollüstiger Wahn ist es, der dem Manne vorgaukelt, er werde in den Armen eines Weibes von der ihm zusagenden Schönheit einen größeren Genuss finden, als in denen eines jeden andern. [...] Dem dargelegten Charakter der Sache gemäß wird, nach dem endlich erlangten Genuss, jeder Verliebte eine wundersame Enttäuschung erfahren, und darüber erstaunen, dass das so sehnsuchtsvoll Begehrte nichts mehr leistet, als jede andere Geschlechtsbefriedigung; so dass er sich nicht sehr dadurch gefördert sieht. [...] Die Befriedigung hingegen kommt eigentlich nur der Gattung zu Gute und fällt deshalb nicht in das Bewusstsein des Individuums, welches hier, vom Willen der Gattung beseelt, mit jeglicher Aufopferung, einem Zwecke diente, der gar nicht sein eigener war. Daher also findet jeder Verliebte, nach endlicher Vollbringung des großen Werkes, sich angeführt: denn der Wahn ist verschwunden, mittelst dessen hier das Individuum der Betrogene der Gattung war.

4 Erarbeiten Sie ein Textinterview (s. S. 467) mit M 13.
5 Fassen Sie Schopenhauers Ansicht über die Liebe zusammen.

André Comte-Sponville kommt, auch wenn er sich durchaus anerkennend mit Schopenhauer und auch, wie bereits Schopenhauer selbst, mit der Philosophie Immanuel Kants auseinandersetzt, zu einer anderen Einschätzung der Liebe.

M 14 André Comte-Sponville: Die Liebe ist das Gute selbst (1995)

Wenn die Liebe, wie Freud [in der Nachfolge von Schopenhauer] behauptet und ich es gerne glauben will, aus der Sexualität entsteht, so lässt sie sich doch nicht darauf beschränken und geht in jedem Fall weit über unsere kleinen oder großen erotischen Lüste hinaus. Unser ganzes privates oder öffentliches, familiäres oder berufliches Leben hat nur Wert im Verhältnis zu der Liebe, die wir geben oder erhalten. [...] Liebe lässt sich nicht erzwingen und kann darum auch keine Pflicht sein. [...] Die Pflicht ist ein Zwang (ein „Joch“, sagt Kant), die Pflicht ist etwas Trauriges, die Liebe dagegen etwas Fröhliches, Spontanes. „Was man aber aus Zwang tut“, schreibt Kant, „das geschieht nicht aus Liebe.“ Das lässt sich auch umkehren: Was man aus Liebe tut, das geschieht nicht aus Zwang, also auch nicht aus Pflicht. Das weiß jeder, ebenso wie jeder weiß, dass manche unserer ganz offensichtlich ethischen Erfahrungen gar nichts mit Moral zu tun haben, nicht, weil sie ihr widersprechen, sondern weil sie keine Verpflichtungen brauchen. Welche Mutter stillt ihr Kind aus Pflicht? Und was ist eheliche Pflicht doch für ein grässlicher Ausdruck! Wenn Liebe vorhanden ist, wenn Begehren vorhanden ist, was braucht man da die Pflicht? [...]
Das gilt natürlich auch für unser moralisches oder ethisches Leben. Wir brauchen Moral nur in Ermangelung der Liebe, das sei noch einmal betont, doch genau aus diesem Grunde brauchen wir die Moral so sehr! Die Liebe befiehlt, doch es fehlt an Liebe. [...] Genau das

bringt die Pflicht ans Licht und zum Ausdruck; sie zwingt uns, das zu tun, was die Liebe uns ohne jeden Zwang tun hieße. Wie könnte die Liebe etwas anderes als die Liebe befehlen, die sich nicht erzwingen lässt, oder etwas anderes zumindest als das, was ihr gleicht? Nur Handlungen kann man befehlen, und das ist das Entscheidende. Die Moral schreibt uns nicht Liebe vor, sie schreibt uns vor, aus Pflichtgefühl das zu tun, was die Liebe bereits freiwillig getan hätte. Die Maxime der Pflicht lautet: Handle so, als würdest du lieben.

Im Grunde ist es das, was Kant die praktische Liebe nannte: Die Liebe als Neigung „gegen Menschen ist zwar möglich, kann aber nicht geboten werden; denn es steht in keines Menschen Vermögen, jemanden bloß auf Befehl zu lieben. [...] Den Nächsten lieben heißt: alle Pflichten gegen ihn gerne ausüben. Das Gebot aber, das dieses zur Regel macht, kann auch nicht diese Gesinnung in pflichtmäßigen Handlungen haben, sondern bloß danach zu streben gebieten. Denn ein Gebot, dass man etwas gerne tun soll, ist in sich widersprechend." Die Liebe ist kein Gebot, sie ist ein Ideal („ein Ideal der Heiligkeit", sagt Kant). Doch dieses Ideal führt und erleuchtet uns.

6 Benennen Sie das Ausgangsproblem und die zentrale These des Textes und geben Sie den Gedankengang wieder.

7 Vergleichen Sie M 13 mit M 14. Welche Bedeutung hat für die beiden Autoren das Ideal der Liebe? Welche Bedeutung hat der Egoismus?

Der Egoismus als Motivation bei Schopenhauer

M 15

Für Schopenhauer ist die Handlungsanleitung durch die Vernunft nicht die maßgebende Triebfeder des menschlichen Handelns. So beschreibt er in seiner „Preisschrift über die Grundlage der Moral (1840)" den Egoismus, den „Drang zum Dasein und Wohlsein", als die Haupttriebfeder im Menschen. Der Egoismus ist, seiner Natur nach, der Ausdruck des Weltwillens, grenzenlos: „Der Mensch will unbedingt sein Dasein erhalten, will es von Schmerzen, zu denen auch aller Mangel und Entbehrung gehört, unbedingt frei, will die größtmögliche Summe von Wohlsein und will jeden Genuss, zu dem er fähig ist." Was sich dem Streben des Egoismus entgegenstellt, wird der Mensch immer zu vernichten suchen. Als zweite Triebfeder benennt Schopenhauer die Bosheit als die Steigerung des Egoismus. Dem Egoismus sei die Tugend der Gerechtigkeit entgegenzustellen, deren Maxime er mit *„Verletze niemanden!"* beschreibt. Die Maxime des äußersten Egoismus ist: *Hilf niemanden, vielmehr verletze alle, wenn es dir gerade nützt.* „Der Bosheit sind die Leiden und Schmerzen anderer Zweck an sich und dessen Erreichen Genuss." Die Maxime der Bosheit ist: *Verletze alle, so sehr du kannst.* – Die Handlungsmotivation nach der Ausprägung der unterschiedlichen Triebfedern bezeichnet Schopenhauer als die „moralische Klassifikation der Charaktere". Wobei für den Philosophen einzig *ein* Gefühl, als moralische und dritte Triebfeder, zu bewerten ist. „Ganz ohne etwas von allen dreien [Triebfedern des Handelns] ist kein Mensch." Das, was man gemeinhin als Liebe bezeichnet, nennt Schopenhauer begrifflich *Geschlechtsliebe* und meint damit zunächst den leidenschaftlichen Sexualtrieb. Mit der Beschreibung der Sexualität als dem „unsichtbaren Mittelpunkt der Menschenwelt" legt Schopenhauer den Grundstein für einen Gedanken, den Sigmund Freud mehr als ein halbes Jahrhundert später in seiner „Psychologie des Unbewussten" weiterdenken wird. „Überall bricht das Geschlechtsverhältnis trotz allen ihm übergeworfenen Schleiern hervor." „Es ist die Ursache des Krieges und der Zweck des Friedens", mithin der Kern des *Willens zum Leben* und somit „die Konzentration allen Wollens". Da der Egoismus die grundlegende Ausdrucksweise des Weltwillens ist, ordnet Schopenhauer auch konsequent die „Liebe/Geschlechtsliebe" der Selbstsucht unter, denn nach Schopenhauer ist die Liebe der Menschen im Allgemeinen eigennützig und, wodurch man sie erringt, nicht geeignet, um damit eine Moral zu begründen.

8 Erweitern Sie Ihre Systematisierung von S. 31 mit M 15.

2.4 Über Handlungen von moralischem Wert

Dass Odysseus sich verunsichert und voller Scham der Gruppe der jungen Frauen um Nausikaa nähert und wie die ersten Reaktionen auf sein Erscheinen ausfallen, ist auf S. 12 nachzulesen. Der folgende Textausschnitt setzt dort ein.

M 16 Homer/Auguste Lechner: Du hast wohl Schweres erduldet, Fremder

Nur Nausikaa blieb stehen, wo sie stand. Sie hatte ein mutiges Herz, und ihr Stolz verbot ihr fortzulaufen, obgleich der Fremde eher aussah wie ein schrecklicher Unhold als wie ein Mensch.
So betrachteten sie einander eine Weile stumm. [...]
„Herrin", begann [Odysseus] ehrfürchtig, wie es sich für einen Bittenden schickte, „ich weiß nicht, wer du bist: eine Göttin oder eine Sterbliche! Aber ich flehe dich an um deinen Schutz! Gestern hat mich das Meer an diese Küste geworfen, nachdem ich zwanzig Tage durch die Wasserwüste geirrt war. Du bist die Erste, der ich hier begegne. [...] Doch ich wage nicht, mich dir zu nahen! Gehörst du aber dem Volke an, das dieses Land bewohnt, so bitte ich dich: Zeige mir den Weg zu den Behausungen der Menschen, und gib mir ein Stück Linnen, mit dem ich mich bedecken kann! Dafür mögen dich die Götter segnen und dir alle Wünsche erfüllen."
Nausikaa hörte die Rede mit Verwunderung. Nein, so sprach kein geringer Mann! Und so antwortete sie mit freundlichem Ernst: „Du hast wohl Schweres erduldet, Fremder! Aber wir müssen tragen, was uns die Götter verhängen! Nun aber will ich gerne tun, worum du mich bittest", fuhr sie fort. [...]
„Kommt her, ihr Mädchen!", rief Nausikaa. „Ihr braucht euch nicht zu fürchten! Dies ist kein Feind, sondern ein armer Verirrter. Wir müssen ihn pflegen. Zeus sendet uns ja die Fremden und Armen. Gebt ihm also zu essen und bringt ihm eines von den gewebten Gewändern und einen Mantel!"

M 17

Pieter Lastman (1583–1633): Odysseus und Nausikaa, 1619

1 Welche unterschiedlichen Haltungen löst das Erscheinen von Odysseus in M 16 und M 17 aus? Lesen Sie dazu ggf. noch einmal S. 12. Formulieren Sie eine Erklärung.

Im Folgenden geht es um das Problem, ob eine Haltung wie die Nausikaas moralische Anerkennung verdient.

Eine Orientierung für Gefühle bei moralischer Bewertung

M 18

Gefühle lassen sich sowohl hinsichtlich ihrer moralischen Qualität als auch in der Motivation moralischen Handelns unterschiedlich bewerten. In der großen Vielfalt der eigenen Gefühlswelt haben alle unsere Gefühle ihre Berechtigung, allerdings sind beispielsweise *Eifersucht* oder *Hass* zwar sehr starke, jedoch in ihrer moralischen Qualität eher gering zu bewertende Gefühle. Dabei könnte man jedoch differenzieren,

– ob die moralische Qualität eines Gefühls im Zusammenhang zur Motivation einer moralischen Handlung bewertet wird, wobei man dabei entweder voraussetzt, dass z.B. ein moralisch positiv zu bewertendes Gefühl gegenüber der Lage anderer, wie etwa *Bedauern*, dann auch eine entsprechend moralisch positiv zu bewertende Handlung hervorruft;

– oder ob man die Qualität eines Gefühls in absoluter Abhängigkeit zur Handlung setzt, was bedeuten würde, dass, wenn die Handlung eine moralische Qualität aufwiese, z.B. das motivierende Gefühl *Neid* dennoch positiv zu bewerten sei.

Oder man setzt umgekehrt die Qualität einer Handlung in direkte Abhängigkeit zum Gefühl: So kann man etwa einem Bettler Geld geben, um sich einem Bekannten gegenüber als wohltätig zu zeigen, oder man spendet ihm den gleichen Betrag, da man seiner Situation gegenüber *Betroffenheit* empfindet. Die Handlung bliebe dabei identisch – aber würde man auch beiden Spenden eine moralisch positive Qualität zusprechen?

„Gefühle lassen sich auch unterteilen, je nachdem ob sie auf einen selbst bezogen sind oder auf andere Personen. Zudem kann man sie zusätzlich in [moralisch positiv bzw. gering zu bewertende] Gefühle unterteilen, entsprechend der Handlungen und Situationen, in denen man selbst oder andere sich befinden. Dabei ergibt sich ein differenziertes und in der Intensität der Gefühle gestaffeltes System [...]: Es ist ein Unterschied, ob ich nur schwache *Gewissensbisse* verspüre oder tiefe *Schuld*, ob ich ein fremdes Verhalten schlicht *billige* oder *bewundere*."

Eine Orientierung für Gefühle bei moralischer Bewertung			
	Gefühle gegenüber...		
	... dem eigenem Handeln	... dem Handeln anderer	... der Lage anderer
moralisch positiv zu bewertende Gefühle			
moralisch gering zu bewertende Gefühle			

2 Kann man die Haltung Nausikaas auf ein Gefühl zurückführen? Ordnen Sie dies ggf. in die Tabelle ein; übertragen Sie dazu die Tabelle in Ihr Heft.

3 Welche Gefühle können Sie aus Ihrer Erfahrung ergänzen?

4 Stellen Sie die Gefühle in M 16, M 17 und M 18 zusammen und ordnen Sie sie in die Tabelle ein.

Arthur Schopenhauer: Über die einzig moralische Triebfeder (1840)

M 19

Das Wohl und Wehe, welches [...] jeder Handlung, oder Unterlassung, als letzter Zweck zum Grunde liegen muss, ist entweder das des Handelnden selbst, oder das irgendeines anderen, bei der Handlung passiv Beteiligten. Im ersten Falle ist die Handlung notwendig egoistisch; weil ihr ein interessiertes Motiv zum Grunde liegt. Dies ist nicht bloß der Fall bei Handlungen, die man offenbar zu seinem eigenen Nutzen und Vorteil unternimmt, dergleichen die allermeisten sind; sondern es tritt ebenso wohl ein, sobald man von einer Handlung irgend einen entfernten Erfolg, sei es in dieser, oder einer andern Welt, für sich erwartet; oder wenn man dabei seine Ehre, seinen Ruf bei den Leuten, die Hochachtung irgend jemandes, die Sympathie der Zuschauer u. dgl. m. im Auge hat. [...] Kurzum, man setze zum letzten Beweggrund einer Handlung, was man wolle; immer wird sich ergeben, dass, auf irgendeinem Umwege, zuletzt das eigene Wohl und Wehe des Handelnden die eigentliche Triebfeder, mithin die Handlung egoistisch, folglich ohne moralischen Wert ist.

Nur einen einzigen Fall gibt es, in welchem dies nicht statt hat: nämlich wenn der letzte Beweggrund zu einer Handlung, oder Unterlassung, geradezu und ausschließlich im Wohl und Wehe irgend eines dabei passive beteiligten anderen liegt, also der aktive Teil bei seinem Handeln, oder Unterlassen, ganz allein das Wohl und Wehe eines anderen im Auge hat und durchaus nichts bezweckt, als dass jener andere unverletzt bleibe, oder gar Hilfe, Beistand und Erleichterung erhalte. Dieser Zweck allein drückt einer Handlung, oder Unterlassung, den Stempel des moralischen Wertes auf; welcher demnach ausschließlich darauf beruht, dass die Handlung bloß zu Nutz und Frommen eines anderen geschehe oder unterbleibe. Sobald nämlich dies nicht der Fall ist, so kann das Wohl und Wehe, welches zu jeder Handlung treibt, oder von ihr abhält, nur das des Handelnden selbst sein: Dann aber ist die Handlung, oder Unterlassung, allemal egoistisch, mithin ohne moralischen Wert.

Wenn nun aber meine Handlung ganz allein des anderen wegen geschehen soll, so muss sein Wohl und Wehe unmittelbar mein Motiv sein: so wie bei allen andern Handlungen das Meinige es ist. Dies bringt unser Problem auf einen engeren Ausdruck, nämlich diesen: Wie ist es irgend möglich, dass das Wohl und Wehe eines anderen, unmittelbar, d.h. ganz so wie sonst nur mein eigenes, meinen Willen bewege, also direkt mein Motiv werde, und sogar es bisweilen in dem Grade werde, dass ich demselben mein eigenes Wohl und Wehe, diese sonst alleinige Quelle meiner Motive, mehr oder weniger nachsetze? – Offenbar nur dadurch, dass jener andere der letzte Zweck meines Willens wird, ganz so wie sonst ich selbst es bin: also dadurch, dass ich ganz unmittelbar sein Wohl will und sein Wehe nicht will, so unmittelbar, wie sonst nur das Meinige. Dies aber setzt notwendig voraus, dass ich bei seinem Wehe als solchem geradezu mit leide, sein Wehe fühle, wie sonst nur meines, und deshalb sein Wohl unmittelbar will, wie sonst nur meines. Dies erfordert aber, dass ich auf irgendeine Weise mit ihm identifiziert sei, d.h. dass jener gänzliche Unterschied zwischen mir und jedem andern, auf welchem gerade mein Egoismus beruht, wenigstens in einem gewissen Grade aufgehoben sei. Da ich nun aber doch nicht in der Haut des andern stecke, so kann allein vermittelst der Erkenntnis, die ich von ihm habe, d.h. der Vorstellung von ihm in meinem Kopf, ich mich so weit mit ihm identifizieren, dass meine Tat jenen Unterschied als aufgehoben ankündigt. Der hier analysierte Vorgang aber ist kein erträumter, oder aus der Luft gegriffener, sondern ein ganz wirklicher, ja, keineswegs seltener: Es ist das alltägliche Phänomen des Mitleids, d.h. der ganz unmittelbaren, von allen anderweitigen Rücksichten unabhängigen Teilnahme zunächst am Leiden eines andern und dadurch an der Verhinderung oder Aufhebung dieses Leidens, als worin zuletzt alle Befriedigung und alles Wohlsein und Glück besteht [Die Maxime des Mitleids ist: „Hilf allen, so viel du kannst!"]. Dieses Mitleid ganz allein ist die wirkliche Basis aller freien Gerechtigkeit und aller echten Menschenliebe. Nur sofern eine Handlung aus ihm entsprungen ist, hat sie moralischen Wert: Und jede aus irgendwelchen anderen Motiven hervorgehende hat keinen. Sobald dieses Mitleid rege wird, liegt mir das Wohl und Wehe des anderen unmittelbar am Herzen, ganz in derselben Art, wenn auch nicht stets in demselben Grade, wie sonst allein das meinige: also ist jetzt der Unterschied zwischen ihm und mir kein absoluter mehr.

5 Benennen Sie die einzig moralische Triebfeder des Handelns nach Schopenhauer und skizzieren Sie deren Begründung.

6 Sammeln Sie Handlungen und Situationen aus Ihrem Alltag, denen Schopenhauer eine egoistische Handlungsmotivation zuschreiben würde.

M 20 André Comte-Sponville: Das Mitleid (1995)

Mitleid ist ein Gefühl: Man hat es oder hat es nicht, herbeizitieren lässt es sich nicht. Es kann deshalb, wie Kant bemerkt, keine Pflicht sein. Gefühle sind allerdings nicht schicksalhaft, nicht rein passiv. Liebe kann man nicht beschließen, aber man kann sie kultivieren. Mit Mitleid verhält es sich ebenso: Es ist keine Pflicht, es zu empfinden, sagt Kant, aber es ist Pflicht, in sich die Fähigkeit dazu zu entwickeln. Insofern ist das Mitleid auch eine Tugend: Bemühen, Vermögen und Vorzug zugleich. Dass es das eine wie das andere ist – Gefühl und Tugend [...] – erklärt den Primat, den ihm [...] Schopenhauer zu Recht oder zu Unrecht (wohl zu Recht und zu Unrecht) zugesprochen [hat]: Es ermöglicht den Übergang vom einen zum anderen, von der Gefühlsordnung zur ethischen Ordnung, von dem, was man empfindet, zu dem, was man will, von dem, was man ist, zu dem, was man muss. Man wird sagen, auch die Liebe ermöglicht diesen Übergang. Sicherlich.

Aber die Liebe ist für uns fast nicht erreichbar; Mitleid schon.

Das Mitleid sei die große Tugend des buddhistischen Orients, sagte ich. Die Nächstenliebe ist bekanntlich, zumindest dem Anspruch nach, die große Tugend des christlichen Abendlandes. Muss man sich für das eine oder das andere entscheiden? Wozu auch, wenn das eine das andere nicht ausschließt? Müsste man sich entscheiden, könnte man vielleicht Folgendes sagen: Nächstenliebe wäre zweifellos besser, wenn wir dazu fähig wären; leichter erreichbar ist das Mitleid, das ihr ähnlich ist (durch die Sanftheit) und uns zu ihr führen kann. Wer kann mit Bestimmtheit sagen, er habe je eine wirkliche Regung der Nächstenliebe erfahren? Aber wer bezweifelte, schon Mitleid empfunden zu haben? Man muss mit dem Leichteren beginnen, und wir sind begabter für die Traurigkeit als für die Freude – leider! Mut für alle und Mitleid auch für uns. Oder, um es anders zu sagen: Die Botschaft Christi, die der Liebe, ist erhabener; doch die Botschaft Buddhas, die des Mitleids, ist realistischer.

7 Benennen Sie das Ausgangsproblem und die zentrale These und geben Sie den Gedankengang wieder.

M 21

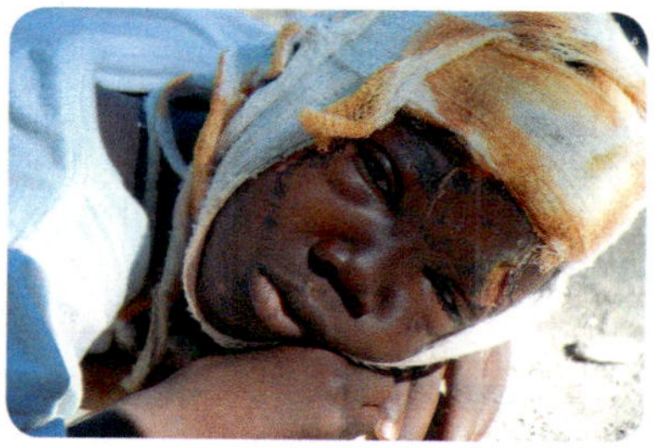

Spenden Sie jetzt!
Rotes Kreuz, Österreich – Aufruf zur Hilfe für die Erdbebenopfer in Haiti, Januar 2010

Wenn alle Almosen nur aus Mitleiden gegeben würden, so wären alle Bettler allesamt verhungert.
Friedrich Nietzsche (1844–1900), deutscher Philosoph

„Respekt statt Mitleid"
Motto des 1. Behindertensporttages in Liechtenstein von Walter Eberle, Schweizer Handbike-Spitzensportler

Mitleid ist die höchste Form der Liebe – vielleicht die Liebe selbst.
Heinrich Heine (1797–1856), deutscher Dichter

Eines andern Pein empfinden heißet nicht barmherzig sein. Recht barmherzig sein will heißen: Wenden eines andren Pein.
Friedrich von Logau (1605–1655), deutscher Dichter

Oft ist Mitleid das Gefühl unserer eigenen Leiden in den Leiden anderer. Es ist eine kluge Voraussicht der Leiden, die uns begegnen können. Wir helfen anderen, damit sie uns bei ähnlichen Gelegenheiten helfen, und die ihnen erwiesenen Dienste sind eigentlich Wohltaten, die wir uns selber auf Vorschuss leisten.
François VI., Herzog von La Rochefoucauld (1613–1680), französischer Schriftsteller

Ein Mensch muss außer dem Mitleid für andere auch Rücksicht für sich haben!
Sigmund Freud (1856–1939), österreichischer Arzt, Begründer der Psychoanalyse

Hühner in einer Legebatterie

8 Wählen Sie zwei Zitate und zwei Bildbeispiele in M 21 aus und schreiben Sie einen Kommentar aus Sicht von Schopenhauer (min. 40/ max. 50 Worte je Zitat/ Bild).

9 Erläutern Sie danach Ihrem Sitznachbarn ihre Ergebnisse mit Textverweisen, die Ihre Antwort rechtfertigen.

M 22 Schopenhauers Jugendtagebücher

Mit seinen Eltern unternahm der junge Schopenhauer eine mehrjährige Reise durch ganz Europa. Er wurde vom abendlichen Lichtermeer der neuartigen Straßenbeleuchtung in London geblendet und hörte in Paris bei einer Kundgebung Napoleon, den die Menschenmenge laut jubelnd feierte. In der französischen Stadt Toulon besichtigte er mit seinen Eltern ein berüchtigtes Staatsgefängnis und wurde vom unendlichen Elend der dort inhaftierten Strafgefangenen aufgewühlt.
Der Jugendliche ist schockiert über das Leiden der Galeerensklaven und die Gleichgültigkeit der Schaulustigen, die die angeketteten, dreckigen und zerlumpten Männer wie Tiere im Zoo besichtigen. In seinen Reisetagebüchern schildert der junge Schopenhauer neben den freudigen und interessanten Erfahrungen vor allem diese überwältigenden Gefühle, die den späteren Philosophen prägen werden: „In meinem 17ten Jahre, ohne alle Schulbildung, wurde ich vom Jammer des Lebens so ergriffen, wie Buddha in seiner Jugend, als er Krankheit, Alter, Schmerz und Tod erblickte." Bereits hier beschrieb Schopenhauer erste Anbindungen an den Buddhismus – mit der Grunderfahrung des Lebens als Leiden. Als erwachsener Denker formulierte er dann zwei Umstände, die den Menschen beunruhigen: „[...] ohne Zweifel ist es das Wissen um den Tod, und neben diesem, die Betrachtung des Leidens und der Not des Lebens, was den stärksten Anstoß zum philosophischen Besinnen [gibt]." Die Nähe seiner Gedanken zum Buddhismus kommentierte der alte Schopenhauer rückblickend mit einiger Genugtuung: „Jeden Falls muss es mich freuen, meine Lehre in so großer Übereinstimmung mit einer Religion zu sehen, [die] viel mehr Bekenner zählt, als irgend eine andere. Diese Übereinstimmung muss mir aber umso erfreulicher sein, als ich, bei meinem Philosophieren, gewiss nicht unter ihrem Einfluss gestanden habe. Denn bis 1818, da mein Werk erschien, waren über den Buddhismus nur sehr wenige, höchst unvollkommene und dürftige Berichte in Europa zu finden."
Für den Philosophen hat nun eine moralische Handlungsmotivation einzig die Verringerung des Leidens in der Welt zum Ziel, und jede von den Triebfedern Egoismus oder Bosheit motivierte Handlung vermehrt nach Schopenhauer dieses Leiden.

10 Erläutern Sie, wie Schopenhauer dazu kommt, das Mitleid als die einzig moralische Triebfeder zu empfinden.

11 Stellen Sie sich vor, dass Schopenhauer seine Jugend im 21. Jahrhundert erlebt hätte. Hätte er zu ähnlichen Einsichten kommen können?

12 Informieren Sie sich unter www.die-perspektive-b.de und diskutieren Sie dieses soziale Engagement.

13 Entwickeln Sie eigene Überlegungen zur Fragestellung, welcher Motivation eine höhere moralische Qualität zuzusprechen wäre: dem Mitleid mit Tieren oder der Tierliebe.

3. Einführung in die politische Philosophie – Karl Marx und Hannah Arendt

3.1 Kampf um die Herrschaft

Als Odysseus im Anschluss an seine Irrfahrten nach zwanzigjähriger Abwesenheit nach Ithaka zurückkehrt, erfährt er, dass seine Herrschaft bedroht ist. Viele Freier halten um die Hand der vermeintlich verwitweten Königin Penelope an, hoffen auf diese Weise selbst König werden zu können und verzehren derweil sein Hab und Gut.
Als Bettler verkleidet, erscheint Odysseus im Palast und erschießt, nur von seinem Sohn Telemachos unterstützt, alle Freier. Doch der Kampf um die Herrschaft ist noch nicht zu Ende.

Lorenz Withalm: Die Tötung der Freier

M 1

Homer/Auguste Lechner: Kampf um die Herrschaft

M 2

Indessen war drunten in der Stadt die Kunde vom Tode der Freier wie ein Lauffeuer durch die Gassen geeilt.
Da erhob sich in vielen Häusern großes Wehklagen um Söhne und Brüder. Die Verwandten und Freunde der Erschlagenen zogen in Scharen zum Königspalast. Da war alles still und die Türen fest verschlossen.
In der Halle unter den Säulen lagen die Toten. Man trug sie fort und bestattete sie, und die von den Inseln gekommen waren, brachte man zu Schiff in ihre Heimat zurück.
Als alles nach Sitte und Brauch geschehen war, versammelten sich die Männer auf dem Markt.
Der alte Eupeithes, Antinoos' Vater, begann zu reden. „Freunde", rief er, und seine Stimme war heiser vor Schmerz und Zorn. „Freunde, Odysseus hat zweifach übel an uns gehandelt! Zuerst fuhr er mit unseren jungen Männern und unseren Schiffen gegen Troja. Weder die Männer noch die Schiffe haben wir je wiedergesehen. Nun ist er zurückgekehrt und hat unsere Söhne und Brüder erschlagen. Das müssen wir rächen: denn noch unsere Enkel würden uns schmähen, wenn wir die Mörder ungestraft ließen! Und, wahrhaftig, ich selber möchte so mit Schande beladen nicht länger leben! Aber wir wollen eilen, damit Odysseus und seine Gefährten nicht etwa zu Schiffe nach Pylos oder Elis entfliehen! Ich weiß, wo wir sie finden werden, da sie nicht im Palast sind! Gewiss haben sie sich aufs Land in das Haus des Laertes begeben, um Rat zu halten über ihre Flucht. Holt eure Waffen, Freunde! Die Mörder sollen uns nicht entrinnen!"
Als er schwieg, riefen ihm viele Beifall. [...]
Dann begann Halitherses, der alte Seher, zu sprechen. „Ihr seid selber schuld an allem, was geschehen ist!

Schon einmal habe ich euch ermahnt, dem Treiben eurer Söhne und Brüder Einhalt zu gebieten, und Mentor hat euch gleichermaßen gewarnt. Aber ihr wolltet nicht hören! So folgt mir wenigstens jetzt und lasst ab von der Rache, damit ihr euch nicht selbst ins Verderben stürzt!“

Eine Weile redeten sie dafür und dawider, und zuletzt beschloss mehr als die Hälfte der Männer, Eupeithes zu folgen und den Tod der Verwandten zu rächen.
Sie liefen in ihre Häuser, um sich zu bewaffnen, und alsbald machte sich der Zug auf den Weg nach dem Landgut des Laertes.

1 Der drohende Kampf kann schließlich nur mithilfe der Götter abgewendet werden, indem diese die Königsherrschaft des Odysseus bestätigen. Fassen Sie die dargestellte Szene in eigenen Worten zusammen.

2 Erklären Sie, mit welcher Berechtigung die Parteien die Macht auf Ithaka beanspruchen.

▼

Im Folgenden geht es um das Problem, ob Machtansprüche notwendigerweise zu Auseinandersetzungen innerhalb einer Gesellschaft führen.

3 Stellen Sie andere Möglichkeiten zusammen, wie konkurrierende Machtansprüche und Interessen geregelt werden können.

Der englische Philosoph Thomas Hobbes (1588–1679) hat miterlebt, was es bedeutet, in einem Land zu leben, das sich im Bürgerkrieg befindet. Im folgenden Text aus seinem Hauptwerk „Leviathan“ untersucht er die Ursachen für den Kampf unter den Menschen.

M 3 Thomas Hobbes: Der Krieg aller gegen alle (1651)

Das Zusammenleben ist den Menschen also kein Vergnügen, sondern schafft ihnen im Gegenteil viel Kummer, solange es keine übergeordnete Macht gibt, die sie alle im Zaum hält. Ein jeder ist darauf bedacht, dass die anderen ihn genauso schätzen, wie er sich selbst. Auf jedes Zeichen der Verachtung oder Geringschätzung hin ist er daher bestrebt, sich höhere Achtung zu erzwingen – bei den einen, indem er ihnen Schaden zufügt, bei den anderen durch das statuierte Exempel. Er wird dabei so weit gehen, wie er es wagen darf – was dort, wo es keine Ordnungsgewalt gibt, zur wechselseitigen Vernichtung führt.
So sehen wir drei Hauptursachen des Streites in der menschlichen Natur begründet: Wettstreben, Argwohn und Ruhmsucht.
Dem Wettstreben geht es um Gewinn, dem Argwohn um Sicherheit, der Ruhmsucht um Ansehen. Die erste Leidenschaft scheut keine Gewalt, sich Weib, Kind und Vieh eines anderen zu unterwerfen, ebenso wenig die zweite, das Geraubte zu verteidigen, oder die dritte, sich zu rächen für Belanglosigkeiten wie ein Wort, ein Lächeln, einen Widerspruch oder irgendein anderes Zeichen der Geringschätzung, das entweder ihm selbst oder aber seinen Kindern oder Freunden, seinem Vaterland, seinem Gewerbe oder seinem Namen entgegengebracht wird.
Und hieraus folgt, dass Krieg herrscht, solange die Menschen miteinander leben ohne eine oberste Gewalt, die in der Lage ist, die Ordnung zu bewahren. Und es ist ein Krieg, den jeder Einzelne gegen jeden führt. Der Krieg zeigt sich nämlich nicht nur in der Schlacht oder in kriegerischen Auseinandersetzungen. Es kann vielmehr eine ganze Zeitspanne, in der die Absicht, Gewalt anzuwenden, unverhüllt ist, ebenso Krieg sein. Und deshalb ist der Begriff der Zeit mit der Natur des Krieges ebenso untrennbar verbunden wie mit dem Begriff des Wetters. Macht doch nicht allein ein Regenschauer das schlechte Wetter aus, sondern ebenso sehr die tagelange Regenneigung. Und gleichermaßen zeigt sich das Wesen des Krieges nicht nur im wirklichen Gefecht, sondern schon in einer Periode der offensichtlichen Kriegsbereitschaft, in der man des Friedens nicht sicher sein kann. Jeden anderen Zustand aber mag man als Frieden bezeichnen.

4 Nennen und erläutern Sie, welche drei Hauptursachen nach Hobbes für den Kampf unter den Menschen verantwortlich sind und wie dieser verhindert werden kann.

Der deutsche Philosoph und Theoretiker des Sozialismus und Kommunismus Karl Marx (1818–1883), dessen Schriften maßgebend für den sowjetischen Machtbereich waren, so auch für die ehemalige DDR, gibt zusammen mit seinem Freund Friedrich Engels (1820–1895) eine andere Erklärung für die Kämpfe in der Gesellschaft seiner Zeit.

Karl Marx: Der Klassenkampf (1848)

M 4

Die Arbeit der Proletarier [der Arbeiterklasse] hat durch die Ausdehnung der Maschinerie und die Teilung der Arbeit allen selbständigen Charakter und damit allen Reiz für die Arbeiter verloren. Er wird ein bloßes Zubehör der Maschine, von dem nur der einfachste, eintönigste, am leichtesten erlernbare Handgriff verlangt wird. [...] Die moderne Industrie hat die kleine Werkstube [...] in die große Fabrik des industriellen Kapitalisten verwandelt. Arbeitermassen, in der Fabrik zusammengedrängt, werden soldatisch organisiert. Sie werden als gemeine Industriesoldaten unter die Aufsicht einer vollständigen Hierarchie von Unteroffizieren und Offizieren gestellt. Sie sind nicht nur Knechte der Bourgeoisklasse, des Bourgeoisstaates, sie sind täglich und stündlich geknechtet von der Maschine, von dem Aufseher und vor allem von dem einzelnen fabrizierenden Bourgeois selbst. Diese Despotie [Gewaltherrschaft] ist umso kleinlicher, gehässiger, erbitternder, je offener sie den Erwerb als ihren Zweck proklamiert.

[...] Die bisherigen kleinen Mittelstände, die kleinen Industriellen, Kaufleute und Rentiers[1], die Handwerker und Bauern, alle diese Klassen fallen ins Proletariat hinab, teils dadurch, dass ihr kleines Kapital für den Betrieb der großen Industrie nicht ausreicht und der Konkurrenz mit den größeren Kapitalisten erliegt, teils dadurch, dass ihre Geschicklichkeit von neuen Produktionsweisen entwertet wird. So rekrutiert sich das Proletariat aus allen Klassen der Bevölkerung.

Das Proletariat macht verschiedene Entwicklungsstufen durch. Sein Kampf gegen die Bourgeoisie beginnt mit seiner Existenz. Im Anfang kämpfen die einzelnen Arbeiter, dann die Arbeiter einer Fabrik, dann die Arbeiter eines Arbeitszweiges an einem Ort gegen den einzelnen Bourgeois, der sie direkt ausbeutet. Sie richten ihre Angriffe nicht nur gegen die bürgerlichen Produktionsverhältnisse, sie richten sie gegen die Produktionsinstrumente selbst; sie vernichten die fremden konkurrierenden Waren, sie zerschlagen die Maschinen, sie stecken die Fabriken in Brand, sie suchen die untergegangene Stellung des mittelalterlichen Arbeiters wiederzuerringen.

[...] Das Proletariat wird seine politische Herrschaft dazu benutzen, der Bourgeoisie nach und nach alles Kapital zu entreißen, alle Produktionsinstrumente in den Händen des Staats, d.h. des als herrschende Klasse organisierten Proletariats, zu zentralisieren und die Masse der Produktionskräfte möglichst rasch zu vermehren. Es kann dies natürlich zunächst nur geschehen vermittelst despotischer Eingriffe in das Eigentumsrecht und in die bürgerlichen Produktionsverhältnisse, durch Maßregeln also, die ökonomisch unzureichend und unhaltbar erscheinen, die aber im Lauf der Bewegung über sich selbst hinaustreiben und als Mittel zur Umwälzung der ganzen Produktionsweise unvermeidlich sind.

[...] Sind im Laufe der Entwicklung die Klassenunterschiede verschwunden und ist alle Produktion in den Händen der assoziierten[2] Individuen konzentriert, so verliert die öffentliche Gewalt den politischen Charakter. Die politische Gewalt im eigentlichen Sinne ist die organisierte Gewalt einer Klasse zur Unterdrückung einer andern. Wenn das Proletariat im Kampfe gegen die Bourgeoisie sich notwendig zur Klasse vereint, durch eine Revolution sich zur herrschenden Klasse macht und als herrschende Klasse gewaltsam die alten Produktionsverhältnisse[3] aufhebt, so hebt es mit diesen Produktionsverhältnissen die Existenzbedingungen des Klassengegensatzes, die Klassen überhaupt, und damit seine eigene Herrschaft als Klasse auf. An die Stelle der alten bürgerlichen Gesellschaft mit ihren Klassen und Klassengegensätzen tritt eine Assoziation, worin die freie Entwicklung eines jeden die Bedingung für die freie Entwicklung aller ist.

[1] Rentier: jemand, der von Vermietung und Verpachtung lebt

[2] assoziiert: vereinigt, verbündet

[3] Produktionsverhältnisse: soziale Verhältnisse im Bezug auf die Produktion, besonders hinsichtlich des Eigentums an Produktionsmitteln und der Kontrolle des Produktionsprozesses

5 Beschreiben Sie die Situation des Arbeiters nach Marx und erläutern Sie die Hauptursache für den Klassenkampf.

6 Erklären Sie, wie Marx die Begriffe Bourgeoisie und Proletariat versteht, und stellen Sie deren Verhältnis und den Übergang in eine klassenlose Gesellschaft als Vollendung des Kommunismus in einem Schaubild dar.

7 Stellen Sie Gemeinsamkeiten und Unterschiede hinsichtlich der Ursache(n) für den Kampf nach Hobbes und nach Marx heraus und vergleichen Sie diese mit Ihren eigenen Ergebnissen aus Arbeitsanregung 3.

Während Hobbes also noch drei anthropologisch verankerte Ursachen für die Konflikte der Menschen untereinander nennt, die nur durch eine höhergestellte Macht, z. B. einen König, beendet werden können, sieht Marx die alleinige Konfliktursache in der Habsucht. Diese liegt für Marx im Unterschied zu Hobbes aber nicht in der Natur des Menschen begründet, sondern in den sozialen Verhältnissen, die die Betroffenen selbst durch Revolution, also nicht durch eine Macht von außen, verändern können.

M 5 Karl Marx: Entfremdete Arbeit (1844)

Der Arbeiter wird umso ärmer, je mehr Reichtum er produziert, je mehr seine Produktion an Macht und Umfang zunimmt. [...]

Dies Faktum drückt weiter nichts aus als: Der Gegenstand, den die Arbeit produziert, ihr Produkt, tritt ihm als ein *fremdes Wesen,* als eine von dem Produzenten *unabhängige Macht* gegenüber. Das Produkt der Arbeit ist die Arbeit, die sich in einem Gegenstand fixiert, sachlich gemacht hat, es ist die *Vergegenständlichung* der Arbeit. Die Verwirklichung der Arbeit ist ihre Vergegenständlichung. Diese Verwirklichung der Arbeit erscheint in dem nationalökonomischen Zustand als *Entwirklichung* des Arbeiters, die Vergegenständlichung als *Verlust und Knechtschaft des Gegenstandes,* die Aneignung als *Entfremdung, als Entäußerung.* [...]

In der Bestimmung, dass der Arbeiter zum *Produkt seiner Arbeit* als einem *fremden* Gegenstand sich verhält, liegen alle diese Konsequenzen. Denn es ist nach dieser Voraussetzung klar: Je mehr der Arbeiter sich ausarbeitet, um so mächtiger wird die fremde, gegenständliche Welt, die er sich gegenüber schafft, um so ärmer wird er selbst, seine innere Welt, um so weniger gehört ihm zu eigen. [...] Je größer also diese Tätigkeit, umso gegenstandsloser ist der Arbeiter. Was das Produkt seiner Arbeit ist, ist er nicht. Je größer also dieses Produkt, je weniger ist er selbst. Die *Entäußerung* des Arbeiters in seinem Produkt hat die Bedeutung, nicht nur, dass seine Arbeit zu einem Gegenstand, zu einer *äußern* Existenz wird, sondern dass sie *außer ihm,* unabhängig, fremd von ihm existiert und eine selbständige Macht ihm gegenüber wird, dass das Leben, was er dem Gegenstand verliehen hat, ihm feindlich und fremd gegenübertritt.

[...] Worin besteht nun die Entäußerung der Arbeit? Erstens, dass die Arbeit dem Arbeiter *äußerlich* ist, d. h. nicht zu seinem Wesen gehört, dass er sich daher in seiner Arbeit nicht bejaht, sondern verneint, nicht wohl, sondern unglücklich fühlt, keine freie physische und geistige Energie entwickelt, sondern seine Physis abkasteit und seinen Geist ruiniert. Der Arbeiter fühlt sich daher erst außer der Arbeit bei sich und in der Arbeit außer sich. Zu Hause ist er, wenn er nicht arbeitet, und wenn er arbeitet, ist er nicht zu Haus. Seine Arbeit ist daher nicht freiwillig, sondern gezwungen, *Zwangsarbeit.* Sie ist daher nicht die Befriedigung eines Bedürfnisses, sondern sie ist nur ein *Mittel,* um Bedürfnisse außer ihr zu befriedigen. Ihre Fremdheit tritt darin rein hervor, dass, sobald kein physischer oder sonstiger Zwang existiert, die Arbeit als eine Pest geflohen wird. Die äußerliche Arbeit, die Arbeit, in welcher der Mensch sich entäußert, ist eine Arbeit der Selbstaufopferung, der Kasteiung[1]. Endlich erscheint die Äußerlichkeit der Arbeit für den Arbeiter darin, dass sie nicht sein eigen, sondern eines andern ist, dass sie ihm nicht gehört, dass er in ihr nicht sich selbst, sondern einem andern angehört. [...]

Es kömmt daher zu dem Resultat, dass der Mensch (der Arbeiter) nur mehr in seinen tierischen Funktionen, Essen, Trinken und Zeugen, höchstens noch Wohnung, Schmuck etc., sich als freitätig fühlt und in seinen

[1] (ab)kasteien: hier – sich mühen, quälen

menschlichen Funktionen nur mehr als Tier. Das Tierische wird das Menschliche und das Menschliche das Tierische.
Essen, Trinken und Zeugen etc. sind zwar auch echt menschliche Funktionen. In der Abstraktion aber, die sie von dem übrigen Umkreis menschlicher Tätigkeit trennt und zu letzten und alleinigen Endzwecken macht, sind sie tierisch. [...]

[...] Wenn das Produkt der Arbeit mir fremd ist, mir als fremde Macht gegenübertritt, wem gehört es dann? Wenn meine eigne Tätigkeit nicht mir gehört, eine fremde, eine erzwungene Tätigkeit ist, wem gehört sie dann? Einem *andern* Wesen als mir.

Marx betrachtet den Menschen, anthropologisch gesehen, als ein arbeitendes Wesen (Animal laborans), welches sich erst durch seine eigene Arbeit selbst verwirklicht. Das heißt, erst durch seine Arbeit wird der Mensch zu dem, was er ist.

8 Erarbeiten Sie, warum Marx in der kapitalistischen Gesellschaft keine Möglichkeit sieht, dass sich der Arbeiter in seiner Arbeit selbst verwirklicht.

3.2 Vita activa: vom tätigen Leben

Menschliche Aktivitäten

M 6

1 Beschreiben Sie in Stichworten die in M 6 dargestellten menschlichen Aktivitäten und benennen Sie Unterschiede. Ziehen Sie dabei auch M 5 heran.

Im Folgenden geht es um das Problem, ob es nicht-entfremdete Arbeit überhaupt gibt.

2 Entwickeln Sie eine Tabelle, in der Sie in der einen Spalte Tätigkeiten auflisten, in denen Sie meinen, sich selbst verwirklichen zu können, und in der Sie in der anderen Spalte Tätigkeiten zusammenstellen, die der entfremdeten Arbeit im Sinne von Marx entsprechen.

3 Tauschen Sie sich zunächst in Kleingruppen aus und diskutieren Sie Ihre Zuordnung.

4 Versuchen Sie einen grundlegenden Unterschied zwischen den beiden Spalten herauszufinden.

Die jüdische Philosophin Hannah Arendt (1906–1975) kritisiert grundlegend den Marx'schen Begriff der Arbeit.

M 7 Hannah Arendt: Arbeiten und Herstellen (1971)

Marx' Stellung zur Arbeit, und das heißt zu dem Zentrum seines Denkens und seines Werkes, ist von Beginn bis Ende immer zweideutig gewesen. Obwohl die Arbeit eine „ewige Naturnotwendigkeit", „eine von allen Gesellschaftsformen unabhängige Existenzbedingung" und zudem noch die eigentlich menschliche und produktivste aller Tätigkeiten ist, hat die Revolution doch nach Marx nicht etwa die Aufgabe, die arbeitende Klasse zu emanzipieren, sondern die Menschen von der Arbeit zu befreien. Denn „das Reich der Freiheit beginnt in der Tat erst da, wo das Arbeiten, das durch Not und äußere Zweckmäßigkeit bestimmt ist, aufhört"; es beginnt jenseits des „Reichs der Notwendigkeit". Solche fundamentalen und flagranten Widersprüche unterlaufen zweitrangigen Autoren selten; in den Schriften großer Autoren führen sie in den Mittelpunkt ihres Werkes. [...]

So ist der grundsätzliche Unterschied zwischen Arbeiten und Herstellen in der Unterscheidung zwischen unproduktiver und produktiver Arbeit eigentlich mit enthalten, wenn auch in der Form des modernen Vorurteils zu Gunsten der Arbeit und ihrer angeblichen Produktivität. Denn es ist ja gerade das Kennzeichen der Arbeit, dass sie nichts objektiv Greifbares hinterlässt, dass das Resultat ihrer Mühe gleich wieder verzehrt wird und sie nur um ein sehr Geringes überdauert. Und dennoch ist diese Mühsal, die so gar nichts Dauerndes zustande bringt, in ihrer Vergeblichkeit von einer unüberbietbaren Dringlichkeit, und ihre Aufgaben gehen allen anderen Aufgaben vor, weil von ihrer Erfüllung das Leben selbst abhängt. Angesichts der beispiellosen Steigerung der Produktivität in der modernen Gesellschaft lag es nahe, das sich immer gleichbleibende „unproduktive" Arbeiten einfach als einen Restbestand aus der Vergangenheit abzutun und der Arbeit Qualitäten zuzuschreiben, die nur dem Herstellen zukommen, bzw. von dem Animal laborans so zu sprechen, als sei es eigentlich Homo faber. Auf dieser Verwechslung beruht nicht nur Marx' Arbeitstheorie, sondern überhaupt die Glorifizierung der Arbeit in der Neuzeit. [...]

Selbst Marx, der den Menschen nun wirklich als ein Animal laborans, ein arbeitendes Lebewesen bestimmte, hat vor der schlagenden Evidenz der Phänomene zugeben müssen, dass Arbeitsproduktivität genau genommen erst mit „Vergegenständlichung" anfängt, nämlich mit „der Erzeugung einer gegenständlichen Welt", und dass umgekehrt keine Arbeitsleistung das arbeitende Lebewesen davon befreien kann, mit dem Arbeiten gleich wieder von vorn anfangen zu müssen. Daher ist die Arbeit für Marx auch immer wieder „eine von allen Gesellschaftsformen unabhängige Existenzbedingung des Menschen, ewige Naturnotwendigkeit, um den Stoffwechsel zwischen Mensch und Natur, also das menschliche Leben zu vermitteln". Wenn Marx dann in dem gleichen Zusammenhang sagen kann, dass der Arbeits-„Prozess im Produkt erlischt", so denkt er in Wahrheit an das Herstellen und hat den „ewigen" Stoffwechsel vergessen, dessen Prozess gar nicht in dem Produkt erlöschen kann, weil er ja das Leben selbst ist, der sich vielmehr „mit [dem Gegenstand der Arbeit] verbindet", ihn sich im Konsumieren einverleibt.

5 Fassen Sie mit eigenen Worten die Kritik zusammen, die Hannah Arendt an Marx' Auffassung von Arbeit übt.

6 Stellen Sie dar, welchen Unterschied sie zwischen Arbeiten und Herstellen heraushebt.

INFO

Hannah Arendt

Hannah Arendt musste im Jahr 1933 nach kurzer Haft von Berlin über Prag nach Paris flüchten, um dem Nazi-Regime zu entkommen. Sie negiert im Unterschied zu Marx die Möglichkeit, die Natur oder das Wesen des Menschen letztendlich bestimmen zu können, legt jedoch dar, dass sich jedem Menschen mit der Geburt die Möglichkeit zum Handeln eröffnet, d. h. die Initiative zu ergreifen und eine neue Welt zu schaffen. Arendt bezeichnet diesen kreativen Prozess als Natalität, eine Neuschöpfung aus dem Nichts, welche die Voraussetzung für ein aktives politisches Leben und die Veränderbarkeit bestehender politischer Strukturen ist. Die Grundbedingungen des menschlichen Lebens sieht Arendt im Arbeiten, Herstellen und schließlich im Handeln. Es scheint zunächst verwunderlich zu sein, was Arbeiten und Herstellen mit der Sphäre des Politischen zu tun haben sollten. Für Marx liegt die Antwort auf der Hand. In der selbstbestimmten Arbeit, welche von der Zwangsarbeit, die ich für jemand anderen leiste und die zur Selbstentfremdung führt, zu unterscheiden ist, vergegenständlicht der Mensch sein Wesen, d.h. hier ist er ganz Mensch. Arendt hingegen kritisiert die Reduktion des tätigen Lebens auf Arbeit und Konsum.

Im Unterschied zum Arbeiten und Herstellen ist das Handeln nach Arendt eine wahrhaft menschliche Tätigkeit, die sich immer zwischen verschiedenen Menschen abspielt und damit auch die Sphäre des Politischen betrifft.

Hannah Arendt: Das Handeln (um 1970)

M 8

Dem Handeln ist es eigentümlich, Prozesse loszulassen, deren Automatismus dann dem der natürlichen Prozesse sehr ähnlich sieht, und es ist ihm eigentümlich, einen neuen Anfang zu setzen, etwas Neues zu beginnen, die Initiative zu ergreifen oder, Kantisch gesprochen, eine Kette von selbst anzufangen. Das Wunder der Freiheit liegt in diesem Anfangen-Können beschlossen, das seinerseits wiederum in dem Faktum beschlossen liegt, dass jeder Mensch, sofern er durch Geburt in die Welt gekommen ist, die vor ihm da war und nach ihm weitergeht, selber ein neuer Anfang ist. Diese Vorstellung, dass Freiheit identisch ist mit Anfangen oder, wieder Kantisch gesprochen, mit Spontaneität, ist uns sehr fremd, weil es im Zuge unserer Tradition begrifflichen Denkens und seiner Kategorien liegt, Freiheit mit Willensfreiheit zu identifizieren und unter Willensfreiheit die Freiheit der Wahl zwischen Vorgegebenem, grob gesprochen: dem Guten und dem Bösen, zu verstehen, aber nicht die Freiheit, einfach zu wollen, dass dies oder jenes so oder anders sei. Diese Tradition hat natürlich ihre guten Gründe, auf die wir hier nicht eingehen können, und sie wurde außerordentlich gestärkt durch die seit der ausgehenden Antike verbreitete Überzeugung, dass Freiheit nicht nur nicht im Handeln und im Politischen liege, sondern im Gegenteil nur möglich sei, wenn der Mensch auf das Handeln verzichtet, sich aus der Welt auf sich selbst zurückzieht und das Politische meidet. Gegen diese begriffliche und kategoriale Tradition steht nicht nur die Erfahrung jedes Menschen, sei sie privater oder öffentlicher Art, gegen sie steht vor allem auch das nie ganz vergessene Zeugnis der antiken Sprachen, in denen das griechische „archein“ anfangen und herrschen, also frei sein, und das lateinische „agere“ etwas in Gang bringen, also einen Prozess entfesseln, heißt. Wenn es also im Zuge der Ausweglosigkeit, in die unsere Welt geraten ist, liegt, Wunder zu erwarten, so verweist diese Erwartung uns keineswegs aus dem ursprünglichen politischen Bereich heraus. Wenn der Sinn von Politik Freiheit ist, so heißt dies, dass wir in diesem Raum – und in keinem anderen – in der Tat das Recht haben, Wunder zu erwarten. Nicht weil wir wundergläubig wären, sondern weil die Menschen, solange sie handeln können, das Unwahrscheinliche und Unerrechenbare zu leisten imstande sind und dauernd leisten, ob sie es wissen oder nicht. Die Frage, ob Politik überhaupt noch einen Sinn hat, verweist uns, gerade wenn sie im Wunderglauben endet – und wo sollte sie wohl sonst enden? –, unweigerlich zurück auf die Frage nach dem Sinn von Politik.

7 Erläutern Sie die Besonderheit der menschlichen Fähigkeit zu handeln und warum dieser Begriff für das menschliche Zusammenleben von solch zentraler Bedeutung ist. Berücksichtigen Sie in diesem Zusammenhang das Verhältnis von Handeln, Freiheit und Politik.

8 Verfassen Sie Definitionen der Begriffe Arbeiten, Herstellen und Handeln nach Arendt und finden Sie mindestens ein treffendes Beispiel für jeden dieser menschlichen Tätigkeitsbereiche.

9 Beantworten Sie die Problemfrage, ob es für Hannah Arendt nicht-entfremdete Arbeit geben kann.

M 9 Hannah Arendt: Arbeit und Verfall (1971)

Wenn Marx die Arbeit als „einen Prozess zwischen Mensch und Natur" definiert, „worin der Mensch seinen Stoffwechsel mit der Natur durch seine eigene Tat vermittelt, regelt und kontrolliert", so dass sein Produkt „ein durch Formveränderung menschlichen Bedürfnissen angeeigneter Naturstoff" ist, so ist die biologisch-physiologische Gebundenheit dieser Tätigkeit ebenso deutlich, wie dass Arbeiten und Konsumieren nur zwei verschiedene Formen oder Stadien in dem Kreislauf des biologischen Lebensprozesses sind. Dieser Kreislauf erhält sich, indem er verzehrt, und was die Mittel dieser Konsumtion bereitstellt, heißt Arbeit. Kaum sind sie präpariert, müssen die Produkte der Arbeit auch schon wieder dem menschlichen Lebensprozess zugeführt werden, und diese den Lebensprozess regenerierende Konsumtion produziert, oder besser, „reproduziert" ihrerseits neue „Arbeitskraft", die der Körper für seine weitere Erhaltung benötigt. [...] Das Arbeiten ist wie das Konsumieren primär ein verzehrender Prozess, in dem Materie nicht verwandelt, sondern zerstört wird, und die Gestalt, die die Arbeit ihrem „Material" aufprägt, ist nur die Präparierung für die bevorstehende Vernichtung.

Ihren destruktiv-verzehrenden Aspekt zeigt die Arbeit natürlich nur, wenn sie vom Standpunkt der Welt und im Gegensatz zum Herstellen betrachtet wird, das nicht Materie für eine Einverleibung präpariert, sondern sie in Material verwandelt, um sie zu bearbeiten und zu einem Gegenstand zu gestalten. Vom Standpunkt des Natürlichen und des Haushalts der Natur betrachtet, ist umgekehrt gerade das Herstellen destruktiv und nicht das Arbeiten, da nur der Herstellungsprozess die von ihm benötigte Materie der Natur für immer entwendet, sie ihrer beraubt, während die Arbeit sich zwar von den „guten Dingen" der Erde nährt, sie ihr aber auf dem Wege des Stoffwechsels des menschlichen Körpers auch immer wieder zurückgibt. [...] [Marx betonte], das Ziel einer Revolution könne nicht in der Emanzipation der Arbeiterklasse bestehen – schon darum nicht, weil diese Emanzipation ja bereits erfolgt sei –, sondern nur in der Befreiung des Menschen von der Arbeit. Dies Ziel scheint auf den ersten Blick utopisch, es mutet sogar als das einzig wirklich utopische Element des Marxismus an und ist als solches von Simone Weil diagnostiziert worden. Für Marx gerade war die Befreiung von der Arbeit identisch mit der Befreiung von der Notwendigkeit, und eine solche endgültige Befreiung kann schließlich nur heißen, dass der Mensch sich auch von der Notwendigkeit des Konsumierens, also von dem Stoffwechsel des Menschen mit der Natur überhaupt befreit, der ja doch die Vorbedingung des Lebens selbst ist. [...]

Für die Welt wäre es bestenfalls belanglos, wie viele Dinge täglich und stündlich für den Lebensprozess einer solchen Gesellschaft in ihr zum Erscheinen und Verschwinden gebracht würden, sofern die Welt und ihre Dinghaftigkeit der rücksichtslosen Dynamik eines voll mechanisierten Lebensprozesses überhaupt widerstehen könnten. Bei der Gefahr der bevorstehenden Automation handelt es sich sehr viel weniger um die Bedrohungen des natürlichen Lebens durch Mechanisierung und Technisierung als vielmehr darum, dass gerade die „Künste" des Menschen, und damit seine wirkliche Produktivität, in einem ungeheuer intensivierten Lebensprozess einfach untergehen könnten, wobei dann dieser Prozess automatisch, nämlich ohne der Mühe und Anstrengung der Menschen noch zu bedürfen, in dem natürlichen, immer wiederkehrenden Kreislauf des Lebens mitschwingen würde. [...]

Denn die große Hoffnung, die Marx und die Besten der Arbeiterbewegung in allen Ländern beseelte: dass Freizeit schließlich den Menschen von der Notwendigkeit befreien und das Animal laborans produktiv machen würde, beruht auf den Illusionen einer mechanistischen Weltanschauung, die annimmt, dass Arbeitskraft, gleich jeder anderen Energie, niemals verlorengehen kann und daher, wenn sie nicht in der Plage des Lebens verbraucht und erschöpft ist, automatisch frei wird für „das Höhere“. [...] Hundert Jahre nach Marx wissen wir um den Trugschluss dieses Arguments nur zu gut Bescheid; die überschüssige Zeit des Animal laborans wird niemals für etwas anderes verbraucht als Konsumieren, und je mehr Zeit ihm gelassen wird, desto begehrlicher und bedrohlicher werden seine Wünsche und sein Appetit. Zwar verfeinern sich die Begehrlichkeiten, so dass der Konsum nicht mehr auf die Lebensnotwendigkeiten beschränkt bleibt, sondern im Gegenteil sich gerade des Überflüssigen bemächtigt; aber dies ändert nicht den Charakter dieser Gesellschaft, sondern birgt im Gegenteil die schwere Gefahr in sich, dass schließlich alle Gegenstände der Welt, die sogenannten Kulturgegenstände wie die Gebrauchsobjekte, dem Verzehr und der Vernichtung anheimfallen. [...] Andererseits ist ebenso unbestreitbar, dass es so lange keinen im eigentlichen Sinne öffentlichen Bereich, sondern nur öffentlich zur Schau gestelltes Privates geben kann, als das Animal laborans die Öffentlichkeit beherrscht und ihr seine Maßstäbe vorschreibt. Vielleicht, hoffentlich, befinden wir uns vorerst nur im ersten Stadium dieser Entwicklung. Aber was wir bisher an Resultaten aufzuweisen haben, ist, was man euphemistisch Massenkultur nennt und was in Wahrheit ein Gesellschaftszustand ist, in dem die Kultur zum Zwecke der Unterhaltung der Massen, denen man die leere Zeit vertreiben muss, benutzt, missbraucht und aufgebraucht wird.

10 Stellen Sie dar, welche Auswirkungen auf die Gesellschaft Arendt sieht, wenn es im menschlichen Leben nur noch um die Arbeit geht.

3.3 Macht und Gewalt

Nachdem der als Bettler verkleidete Odysseus im Wettkampf mit den Freiern als einziger den großen Bogen spannen und einen Pfeil durch alle Löcher in zwölf hintereinander angeordneten Äxten schießen konnte, gibt er sich zu erkennen:

Homer: Jeder sah sich um, wo er dem Verderben entflöhe

M 10

John Flaxman: Odysseus tötet die Freier, um 1794

Jetzo entblößte sich von den Lumpen der weise Odysseus,
Sprang auf die hohe Schwell' und hielt in den Händen den Bogen
Samt dem gefüllten Köcher; er goss die gefiederten Pfeile
hin vor sich auf die Erd' und sprach zu der Freier Versammlung:

Diesen furchtbaren Kampf, ihr Freier, hab ich vollendet!
Jetzo wähl ich ein Ziel, das noch kein Schütze getroffen,
Ob ichs treffen kann, und Apollon mir Ehre verleihet.
Sprachs, und Antinoos traf er mit bitterm Todesgeschosse.
Dieser wollte vom Tisch das zweigehenkelte schöne
Goldne Geschirr aufheben und fasst' es schon mit den Händen,
Dass er tränke des Weins; allein von seiner Ermordung
Ahndet' ihm nichts: und wer in der schmausenden Männer Gesellschaft
Hätte geglaubt, dass einer, und wenn er der Tapferste wäre,
Unter so vielen es wagte, ihm Mord und Tod zu bereiten!
Aber Odysseus traf mit dem Pfeil ihn grad in die Gurgel,
Dass im zarten Genick die Spitze wieder hervordrang.
Und er sank zur Seite hinab: Der Becher voll Weines
Stürzte dahin aus der Hand des Erschossenen, und aus der Nase
Sprang ihm ein Strahl dickströmenden Bluts. Er wälzte sich zuckend,
Stieß mit dem Fuß an den Tisch, und die Speisen fielen zur Erde;
Brot und gebratenes Fleisch ward blutig. Aber die Freier
Schrien laut auf im Saale, da sie den Stürzenden sahen,
Sprangen empor von den Thronen und schwärmten wild durcheinander,
Schaueten ringsumher nach den schöngemauerten Wänden:
Aber da war kein Schild und keine mächtige Lanze!
Und sie schalten Odysseus, und schrien die zürnenden Worte:
Übel bekommt dir, Fremdling, das Männererschießen! Du kämpftest
Heute den letzten Kampf! Nun ist dein Verderben entschieden!
Wahrlich du tötetest hier den Jüngling, welcher der größte
Held in Ithaka war! Drum sollen die Geier dich fressen!
Also rufte der Schwarm; denn sie wähnten, er habe den Jüngling
Wider Willen getötet, die Toren! und wussten das nicht,
Dass nun über sie alle die Stunde des Todes verhängt war.
Zürnend schaute auf sie und sprach der weise Odysseus:
Ha! ihr Hunde, ihr wähntet, ich kehrete nimmer zur Heimat
Aus dem Lande der Troer! Drum zehrtet ihr Schwelger mein Gut auf,
Und beschlieft mit Gewalt die Weiber in meinem Palaste,
Ja, ihr warbt sogar, da ich lebte, um meine Gemahlin:
Weder die Götter scheuend, des weiten Himmels Bewohner,
Noch ob ewige Schand auf eurem Gedächtnis ruhte!
Nun ist über euch alle die Stunde des Todes verhänget!
Also sprach er. Da fasste sie alle bleiches Entsetzen;
Jeder sahe sich um, wo er dem Verderben entflöhe.

1 Auf welche Weise schafft es Odysseus, seinen Herrschaftsanspruch durchzusetzen?

Im Folgenden geht es um das Problem, ob die Durchsetzung von Machtinteressen immer auf Gewalt angewiesen ist.

2 Finden Sie Beispiele, wie die Herrschaftsverhältnisse in moderne Staaten aufrechterhalten werden. Untersuchen Sie, welche Rolle die Gewalt dabei spielt. (Think-Pair-Share)

3 „Covenants without the sword are but words." – Vertragliche Abkommen ohne das Schwert sind nichts als Worte, behauptet Thomas Hobbes im Rahmen seiner Staatstheorie. Erklären Sie die Auffassung des Philosophen (vgl. S. 44) und nehmen Sie dazu begründet Stellung.

Als Kind einer jüdischen Familie, die im Vorkriegsdeutschland aufwuchs, begegnete Arendt schon früh antisemitischen Anfeindungen. „Der Unterschied bei uns war, dass meine Mutter immer auf dem Standpunkt stand: Man darf sich nicht ducken! Man muss sich wehren! Wenn etwa von meinen Lehrern antisemitische Bemerkungen gemacht wurden [...], dann war ich angewiesen, sofort aufzustehen, die Klasse zu verlassen, nach Hause zu kommen, alles genau zu Protokoll zu geben." Arendts Eltern waren gebildete Leute und erzogen ihre Tochter auf eine damals sehr liberale Weise. Im Alter von 14 Jahren las Arendt u. a. Kants „Kritik der reinen Vernunft" und entschloss sich, Philosophie und Theologie in Marburg zu studieren. Es war ihr Anliegen, die Sphäre eines politisch tätigen Lebens zurückzugewinnen, in dem das aktive politische Handeln im Vordergrund steht. Seit ihrer Emigration in die USA beschäftigte sie sich systematisch mit dem Politischen, war selbst jedoch nie Mitglied irgendeiner Partei. Ihre Unterscheidung von Macht und Gewalt gilt als Grundlegung einer erneuerten politischen Philosophie.

Hannah Arendt: Politik und Gewalt (1970)

M 11

Keinem, der dem Wesen der menschlichen Angelegenheiten, das sich in Geschichte und Politik manifestiert, nachdenkt, kann die Rolle, welche die Gewalt seit eh und je in den Beziehungen der Menschen zueinander gespielt hat, entgehen; und es ist auf den ersten Blick einigermaßen überraschend, dass sie so selten zum Gegenstand besonderer Untersuchungen gemacht wurde. [...] Die Rolle der Gewalt in der Politik galt offenbar als so selbstverständlich, dass man sie noch nicht einmal eigens zu untersuchen oder in Frage zu stellen brauchte. Diejenigen zudem, die in der Geschichte ohnehin nichts anderes sahen als das schiere Geratewohl oder den Beweis dafür, dass Gott immer mit den stärkeren Bataillonen ist, hatten verständlicherweise über den Gegenstand weiter nichts zu sagen und wandten sich lieber lohnenderen Gebieten zu. Wer aber in der Geschichte nach einer Art Sinn suchte, dem musste der dem gewalttätigen Handeln innewohnende Zufalls- und Willkürcharakter als der eigentliche Stein des Anstoßes in seinem ganzen Unternehmen erscheinen, so dass er beinahe zwangsläufig dazu kommen musste, die Gewalt für ein bloßes Randphänomen zu erklären. [...]
Es ist, als habe sich das Verhältnis von Politik und Krieg, von Macht und Gewalt umgekehrt. Die Friedenspolitik, die auf den Zweiten Weltkrieg folgte, war der Kalte Krieg, also die Fortsetzung des Krieges mit anderen Mitteln, und ein Atomkrieg kann überhaupt nicht mehr als „Mittel" betrachtet werden, es sei denn als „das Selbstmordmittel für die ganze Welt". Aber wir brauchen uns nicht an die Extreme zu halten, in denen ein paar Bomben genügen würden, „alle anderen Machtquellen eines Landes in wenigen Augenblicken zu vernichten". Wir wissen von biologischen Kampfmitteln, die es „kleinen Gruppen Einzelner ermöglichen, [...] das strategische Gleichgewicht über den Haufen zu werfen", und die zudem wegen ihrer geringen Herstellungskosten auch für „Länder die sich eine eigene nukleare Streitmacht nicht leisten können", erschwinglich sind. [...] All dies läuft auf eine Umkehrung des Verhältnisses von Macht und Gewalt hinaus. [...] Zudem zeichnet sich in der Umkehrung von Macht und Gewalt eine vermutlich noch entscheidendere Umkehrung des Kräfteverhältnisses zwischen den Staaten ab; die Kleinstaaten oder auch die unterentwickelten Länder brauchen nicht mehr notwendigerweise den Großmächten und voll entwickelten Industriestaaten unterlegen zu sein. [...] Ich erwähnte bereits, dass Gewalt kaum je als ein eigenständiges Phänomen geachtet worden ist; bei näherem Zusehen stellt sich indessen heraus, dass die Sache wesentlich komplizierter liegt. Sieht man sich nämlich die sehr große Literatur über das Phänomen der Macht an, so wird man schnell gewahr, dass man die Gewalt nicht beachtet hat, weil man von Links bis Rechts der einhelligen Meinung ist, dass Macht und Gewalt dasselbe sind, beziehungsweise dass Gewalt nichts weiter ist als die eklatanteste Manifestation von Macht. [...]
Diese Übereinstimmung ist sehr merkwürdig; denn politische Macht mit der organisierten Staatgewalt gleichzusetzen, hat nur Sinn, wenn man wie Marx den Staat als ein Instrument der Unterdrückung in der Hand der herrschenden Klasse versteht. Die Gleichsetzung von Macht und Gewalt findet sich aber auch bei nahezu allen Autoren, die weit davon entfernt sind, den Bereich des eigentlich Politischen, den Staat mit seinen Gesetzen und Institutionen, als bloßen Überbau anzusehen. [...] Die Staatsmacht, ja die Existenz des Staates also beruht auf Gewalt (ganz im Sinne von Marx), und Jouvenel definiert Macht (ganz im Sinne Max Webers) als Instrument der Herrschaft. Herr-

schaft wiederum entspringt angeblich einem dem Menschen eigentümlichen „Trieb, andere zu unterjochen"; [...] „Macht" also, wie schon Voltaire meinte, „besteht darin, andere zu veranlassen, so zu handeln, wie es mir beliebt"; sie bedeutet nach Max Weber „jede Chance innerhalb einer sozialen Beziehung den eigenen Willen auch gegen Widerstand durchzusetzen". [...] Und um auf Jouvenel zurückzukommen: „Befehlen und Gehorchen, ohne das gibt es keine Macht – sie braucht kein anderes Attribut. ... Jenes Etwas, ohne das Macht nicht sein kann, ihr Wesen ist der Befehl." Wenn das Wesen der Macht in der Wirksamkeit des Befehls besteht, dann gibt es in der Tat keine größere Macht als die, welche „aus den Gewehrläufen" kommt, und die einzige Schwierigkeit würde darin bestehen, dass es nun unmöglich wird zu sagen, „wodurch sich denn der Befehl der Polizei von dem Befehl eines bewaffneten Verbrechers unterscheidet".

4 Erarbeiten Sie den Argumentationsgang des Textes.

5 Stellen Sie dar, warum Macht und Gewalt in der Vergangenheit immer gleichgesetzt wurden.

M 12 Hannah Arendt: Das Verhältnis von Macht und Gewalt (1970)

Zu den entscheidenden Unterschieden zwischen Macht und Gewalt gehört, dass Macht immer von Zahlen abhängt, während die Gewalt bis zu einem gewissen Grade von Zahlen unabhängig ist, weil sie sich auf Werkzeuge verlässt. Eine Demokratie, die im Unterschied zu einer Republik nicht an Gesetze gebunden zu sein braucht, also eine einfache Mehrheitsherrschaft, die nur auf Macht basiert, kann Minderheiten auf eine furchtbare Art und Weise unterdrücken und abweichende Meinungen ohne alle Gewaltsamkeiten sehr wirkungsvoll abwürgen. Ungeteilte und unkontrollierte Macht kann eine Meinungsuniformität erzeugen, die kaum weniger „zwingend" ist als gewalttätige Unterdrückung. Aber das heißt nicht, dass Gewalt und Macht dasselbe sind.

Der Extremfall der Macht ist gegeben in der Konstellation: Alle gegen Einen, der Extremfall der Gewalt in der Konstellation: Einer gegen Alle. Und das letztere ist ohne Werkzeuge, d. h. ohne Gewaltmittel niemals möglich. [...]

Macht entspricht der menschlichen Fähigkeit, nicht nur zu handeln oder etwas zu tun, sondern sich mit anderen zusammenzuschließen und im Einvernehmen mit ihnen zu handeln. Über Macht verfügt niemals ein Einzelner; sie ist im Besitz einer Gruppe und bleibt nur solange existent, als die Gruppe zusammenhält. Wenn wir von jemand sagen, er „habe die Macht", heißt das in Wirklichkeit, dass er von einer bestimmten Anzahl von Menschen ermächtigt ist, in ihrem Namen zu handeln. [...] Gewalt schließlich ist, wie ich bereits sagte, durch den instrumentalen Charakter gekennzeichnet. Sie steht dem Phänomen der Stärke am nächsten, da die Gewaltmittel wie alle Werkzeuge, dazu dienen, menschliche Stärke bzw. die der organischen „Werkzeuge" zu vervielfachen, bis das Stadium erreicht ist, wo die künstlichen Werkzeuge die natürlichen ganz und gar ersetzen. [...]

Macht bedarf keiner Rechtfertigung, da sie allen menschlichen Gemeinschaften immer schon inhärent ist. Hingegen bedarf sie der Legitimität. Macht entsteht, wann immer Menschen sich zusammentun und gemeinsam handeln, ihre Legitimität beruht nicht auf den Zielen und Zwecken, die eine Gruppe sich jeweils setzt; sie stammt aus dem Machtvorsprung, der mit der Gründung der Gruppe zusammenfällt. Ein Machtanspruch legitimiert sich durch Berufung auf die Vergangenheit, während die Rechtfertigung eines Mittels durch einen Zweck erfolgt, der in der Zukunft liegt. Gewalt kann gerechtfertigt, aber sie kann niemals legitim sein. Ihre Rechtfertigung wird umso einleuchtender sein, je näher das zu erreichende Ziel liegt. Niemandem kommt es in den Sinn, die Berechtigung von Gewalttätigkeit im Falle der Selbstverteidigung in Frage zu stellen, weil die Gefahr nicht nur evident, sondern mittelbar gegenwärtig ist, mithin zwischen dem Zweck und den Mitteln, die er rechtfertigen muss, so gut wie keine Zeitspanne liegt.

Obwohl Macht und Gewalt ganz verschiedene Phänomene sind, treten sie zumeist zusammen auf. [...] Eine direkte Konfrontation von Macht und Gewalt begegnet uns zum Beispiel im Falle kriegerischer Auseinandersetzung, die mit einer feindlichen Besetzung endet. Wie wir sahen, beruht die übliche Gleichsetzung von Gewalt und Macht darauf, dass man das staatlich geregelte Zusammenleben als eine Herrschaft versteht, die sich auf die Mittel der Gewalt stützt. [...]

Ich fasse zusammen: Politisch gesprochen, genügt es nicht zu sagen, dass Macht und Gewalt nicht dasselbe sind. Macht und Gewalt sind Gegensätze: Wo die eine absolut herrscht, ist die andere nicht vorhanden. Gewalt tritt auf den Plan, wo Macht in Gefahr ist; überlässt man sie den ihr selbst innewohnenden Gesetzen, so ist das Endziel, ihr Ziel und Ende, das Verschwinden von Macht. So kann man eigentlich auch nicht sagen, das Gegenteil von Gewalt sei eben Gewaltlosigkeit. Von „gewaltloser Macht" zu sprechen, ist ein Pleonasmus. Gewalt kann Macht vernichten; sie ist gänzlich außerstande, Macht zu erzeugen.

6 Erklären Sie, warum es nach Arendt zwingend notwendig ist, die Begriffe Macht und Gewalt voneinander zu unterscheiden, indem Sie zunächst die beiden Begriffe definieren und dann darlegen, warum nach Arendt wirklich politisches Handeln ohne Macht nicht möglich ist.

7 Untersuchen Sie, ob Sie nun eine Antwort auf die Frage geben können, „wodurch sich denn der Befehl der Polizei von dem Befehl eines bewaffneten Verbrechers unterscheidet" (M 11 Z. 86 ff.).

Gewalt und Verfolgung in seinen verschieden Facetten musste Arendt selbst miterleben. Ihre Zeit im Pariser Exil endete 1941, als die nationalsozialistische Politik auch auf Frankreich übergriff und sie als „feindliche Ausländerin" in ein Konzentrationslager an der spanischen Grenze gebracht wurde. Nachdem sie nach fünf Wochen wieder befreit wurde, gelang ihr, ihrem Mann und ihrer Mutter die Flucht von Europa nach New York, wo sie 1952 amerikanische Staatsbürgerin wurde. In ihren berühmten Werken „Elemente und Ursprünge totaler Herrschaft" und „Eichmann in Jerusalem. Ein Bericht von der Banalität des Bösen" setzt sich Arendt mit dem systematischen Vorgehen und Wirken des Nationalsozialismus und dessen Verbrechen auseinander. Adolf Eichmann war einer der Hauptverantwortlichen für die Deportation von Juden in die Vernichtungslager wie Auschwitz. In den 1960er Jahren wurde Eichmann in Israel vor Gericht gestellt und u. a. wegen seiner Kriegsverbrechen und Verbrechen gegen die Menschheit zum Tode verurteilt. Eichmann verteidigte sein Verhalten, indem er stets behauptete, er habe seine Pflicht getan, er habe nicht nur Befehlen gehorcht, er habe auch das Gesetz befolgt. Arendt selbst besuchte Eichmann während seiner Inhaftierung, um den Motiven seiner Tat auf den Grund zu gehen.

Hannah Arendt: Die Banalität des Bösen (1964)

M 13

Außer einer ganz ungewöhnlichen Beflissenheit, alles zu tun, was seinem Fortkommen dienlich sein konnte, hatte [Eichmann] überhaupt keine Motive, und auch diese Beflissenheit war an sich keineswegs kriminell, er hätte bestimmt niemals seinen Vorgesetzten umgebracht, um an dessen Stelle zu rücken. Er hat sich nur [...] niemals vorgestellt, was er eigentlich anstellte. [...] Es war gewissermaßen Gedankenlosigkeit – etwas, was mit Dummheit keineswegs identisch ist –, die ihn dafür prädisponierte, zu einem der größten Verbrecher jener Zeit zu werden. [...] Dass solche Realitätsferne und Gedankenlosigkeit in einem mehr Unheil anrichten können als alle die dem Menschen vielleicht innewohnenden bösen Triebe zusammen, das war in der Tat eine Lektion [...]. Das Gericht gab in seiner Urteilsfindung natürlich zu, dass ein solches Verbrechen nur von einer Riesenbürokratie mit staatlichen Mitteln ausgeführt werden kann; sofern es aber ein Verbrechen bleibt, [...] werden alle Räder und Rädchen im Getriebe vor Gericht automatisch wieder in Täter, also Menschen zurückverwandelt. Wenn der Angeklagte sich damit entschuldigt, er habe als bloßer Funktionär gehandelt, dessen Funktionen von jedem anderen ebenso hätten ausgeführt werden können, so ist es, als ob ein Verbrecher sich auf die Kriminalstatistik beruft, derzufolge so und so viele Verbrechen pro Tag an dem und dem Ort begangen werden, er also nur das getan habe, was die Statistik von ihm verlange – denn einer muss es dann doch schließlich machen.

8 Überprüfen Sie, ob sich die Begriffe Macht und Gewalt auf Eichmanns Handeln anwenden lassen, das er als Pflicht eines gesetzestreuen Bürger sah. Ziehen Sie auch H. Arendts Erklärung des Bösen (S. 229) hinzu.

3.4 Pluralität als Grundbestimmung des Politischen

M 14

Eine Gruppe des nationalsozialistischen Bundes Deutscher Mädel (BDM), um 1935

Erstes Treffen der kommunistischen Freien Deutschen Jugend (FDJ) der DDR, 1950

1 Beschreiben Sie Ähnlichkeiten zwischen den beiden Bildern.

Totalitäre Staaten versuchen, durch großangelegte Gemeinschaftserlebnisse die Einheit im Staate zu stärken und die Einheitlichkeit ihrer Menschen zu betonen. Im Folgenden geht es um das Problem, ob damit ein grundsätzlich falsches politisches Ziel verfolgt wird.

2 Finden Sie sowohl Argumente, die für als auch die gegen dieses Ziel sprechen.

M 15

Hannah Arendt: Die Pluralität der Menschen (1960/1971)

Politik, so hören wir, ist etwas, was für menschliches Leben eine unabweisbare Notwendigkeit ist, und zwar sowohl für das Leben des Einzelnen wie das der Gesellschaft. Weil der Mensch nicht autark ist, sondern in seinem Dasein von anderen abhängt, muss es eine alle betreffende Daseinsversorgung geben, ohne welche gerade das Zusammenleben nicht möglich wäre. Aufgabe und Zweck der Politik ist die Sicherung des Lebens im weitesten Sinn. Sie ermöglicht dem Einzelnen, in Ruhe und Frieden seinen Zwecken nachzugehen, das heißt unbehelligt von Politik zu sein – wobei es erst einmal ganz gleichgültig ist, in welchen Lebenssphären diese Zwecke, die durch Politik sichergestellt werden sollen, liegen, ob es sich darum handelt, im antiken Sinne den Wenigen die Beschäftigung mit Philosophie zu ermöglichen, oder darum, im modernen Sinne den Vielen das Leben, den Erwerb und ein Minimum von Glück zu sichern. Da ferner, wie Madison [Autor großer Teile der Verfassung der USA] einmal bemerkte, es sich bei diesem Zusammenleben um Menschen und nicht um Engel handelt, kann die Daseinsversorgung nur durch einen Staat erfolgen, der ein Monopol der Gewalt besitzt und den Krieg aller gegen alle verhindert.

Diesen Antworten ist gemeinsam, dass sie es für selbstverständlich halten, dass es Politik immer und überall gibt und gegeben hat, wo Menschen überhaupt in einem geschichtlich-zivilisatorischen Sinne zusammenleben. [...]

„Die Politik handelt vom Zusammen- und Miteinandersein der Verschiedenen." Menschen im eigentlichen Sinn kann es [jedoch][...] nur geben, wo es Welt gibt, und Welt im eigentlichen Sinn kann es nur geben, wo die Pluralität des Menschengeschlechts mehr ist als die einfache Multiplikation von Exemplaren einer Gattung. [...]

Das Faktum menschlicher Pluralität, die grundsätzliche Bedingung des Handelns wie des Sprechens, manifestiert sich auf zweierlei Art, als Gleichheit und als Verschiedenheit. Ohne Gleichartigkeit gäbe es keine Verständigung unter Lebenden, kein Verstehen der Toten und kein Planen für eine Welt, die nicht mehr von uns, aber doch immer noch von unseresgleichen bevölkert sein wird. Ohne Verschiedenheit, das absolute Unterschiedensein jeder Person von jeder anderen, die ist, war oder sein wird, bedürfte es weder der Sprache noch des Handelns für eine Verständigung; ... Sprechend und handelnd schalten wir uns in die Welt der Menschen ein, die existierte, bevor wir in sie geboren wurden, und diese Einschaltung ist wie eine zweite Geburt, in der wir die nackte Tatsache des Geborenseins bestätigen, gleichsam die Verantwortung dafür auf uns nehmen. [...] Sprechend und handelnd unterscheiden sich Menschen aktiv voneinander, anstatt lediglich verschieden zu sein; sie sind die Modi, in denen sich das Menschsein selbst offenbart. [...]

3 Erläutern Sie, was Arendt unter dem Begriff Pluralität versteht und warum diese eine notwendige Bedingung für Politik ist.

4 Wie unterscheidet sich Pluralität von einer bloßen Vielheit? Erläutern Sie den Unterschied unter Verwendung von Beispielen.

5 Schließen Sie sich in Gruppen von vier bis fünf Personen zusammen. Entwickeln Sie eine Gesellschaftsordnung, in der die Forderung nach Pluralität optimal verwirklicht wird, und skizzieren Sie diese auf einem Plakat. Anschließend hat jede Gruppe die Aufgabe, ihre Gesellschaftsordnung vorzustellen. Diskutieren Sie gemeinsam, welches der Systeme am besten geeignet ist, um in der Praxis zu bestehen.

6 Untersuchen Sie das von Ihnen gewählte System im Hinblick darauf, ob außerdem Macht und Gewalt getrennt voneinander sind und ob die grundlegenden menschlichen Tätigkeiten (Arbeiten, Herstellen, Handeln) in diesem System berücksichtigt werden. Ergänzen Sie die vorliegende Gesellschaftsordnung, wenn notwendig.

4. Einführung in die Wissenschaftstheorie – Francis Bacon

4.1 Unterschiedliche Weltbilder: Mythos und Wissenschaft

M 1

1 Betrachten Sie das Bild und beschreiben Sie Ihrem Sitznachbarn, was Sie sehen.

Poseidon ist wütend auf Odysseus und führt einen Rachefeldzug gegen ihn, indem er die Meere aufwühlt und ihn nicht nach Hause zurückkehren lässt. Grund für Poseidons Rache ist Odysseus' Verhalten gegenüber Polyphem, dem Sohn Poseidons. Odysseus hatte diesen Kyklopen [einäugigen Riesen] mit einem glühenden Pfahl geblendet, um aus dessen Gefangenschaft zu entkommen (siehe auch S. 91 ff.). Während Poseidons kurzer Abwesenheit haben die Götter beschlossen, dass Odysseus' Irrfahrt nun ein Ende haben müsse, doch Poseidon will nicht von seiner Rache ablassen.

M 2

Homer: Poseidon regt das Meer auf mit dem erhobenen Dreizack

Jetzo kam aus dem Lande der Äthiopen Poseidon,
Und erblickte fern von der Solymer Bergen Odysseus,
Welcher die Wogen befuhr. Da ergrimmt' er noch stärker im Geiste,
Schüttelte zürnend sein Haupt und sprach in der Tiefe des Herzens:
Himmel, es haben gewiss die Götter sich über Odysseus
Anders entschlossen, da ich die Äthiopen besuchte!

Siehe da naht er sich schon dem phaiakischen Lande, dem großen
Heiligen Ziele der Leiden, die ihm das Schicksal bestimmt hat!
Aber ich meine, er soll mir noch Jammer die Fülle bestehen!
Also sprach er, versammelte Wolken, und regte das Meer auf
Mit dem erhobenen Dreizack; rief itzt allen Orkanen
Aller Enden zu toben, verhüllt' in dicke Gewölke
Meer und Erde zugleich; und dem düstern Himmel entsank Nacht.
Unter sich stürmten der Ost und der Süd und der sausende Westwind,
Auch der hellfrierende Nord, und wälzte gewaltige Wogen.
Und dem edlen Odysseus erzitterten Herz und Kniee;
Tief aufseufzend sprach er zu seiner erhabenen Seele:
Weh mir, ich elender Mann! Was werd' ich noch endlich erleben!
Ach ich fürchte, die Göttin hat lauter Wahrheit geweissagt,
Die mir im wilden Meere, bevor ich zur Heimat gelangte,
Leiden die Fülle verhieß! Da wird nun alles erfüllet!
Ha! wie fürchterlich Zeus den ganzen Himmel in Wolken
Hüllt, und das Meer aufregt! Wie sausen die wütenden Stürme
Aller Enden daher! Nun ist mein Verderben entschieden!
[...] Nun ist mein Los, des schmählichen Todes zu sterben!
Also sprach er; da schlug die entsetzliche Woge von oben
Hochherdrohend herab, dass im Wirbel der Floß sich herumriss;
Weithin warf ihn der Schwung des erschütterten Floßes und raubte
Ihm aus den Händen das Steur; und mit einmal stürzte der Mastbaum
Krachend hinab vor der Wut der fürchterlich sausenden Windsbraut.
Weithin flog in die Wogen die Stang' und das flatternde Segel.
Lange blieb er untergetaucht, und strebte vergebens,
Unter der ungestüm rollenden Flut sich empor zu schwingen;
Denn ihn beschwerten die Kleider, die ihm Kalypso geschenket.
Endlich strebt' er empor und spie aus dem Munde das bittre
Wasser des Meers, das strömend von seiner Scheitel herabtroff.
Dennoch vergaß er des Floßes auch selbst in der schrecklichen Angst nicht,
sondern schwung sich ihm nach durch reißende Fluten, ergriff ihn,
Setzte sich wieder hinein, und entfloh dem Todesverhängnis.

2 Wie begründet Homer den Ausbruch des Sturms, dem das Floß des Odysseus zum Opfer fällt?

Im Folgenden geht es um das Problem, ob Homers Begründung der Naturphänomene mit dem heutigen naturwissenschaftlichen Weltbild vereinbar ist.

3 Schreiben Sie einen Bericht für eine Zeitung über einen Schiffsuntergang heute. Wie unterscheidet sich Ihr Bericht von der Erzählung Homers?

Eine Geschichte wie die Odyssee bezeichnet man auch als Mythos. Vielleicht sind Sie schon einmal mit dem Begriff „Mythos" in Berührung gekommen und kennen bereits andere Mythen. Beim Infokasten handelt es sich um einen kurzen Einführungstext zu einem Teilaspekt des Begriffs „Mythos". Das Kapitel „Auf der Suche nach dem Unbedingten" (S. 380 ff.) setzt sich intensiv mit dem Begriff Mythos und unterschiedlichen Deutungen von Mythen und ihren Traditionen auseinander.

INFO

Mythos

Der Begriff „Mythos“ von altgriechisch „μῦθος“ bedeutet übersetzt: Wort, Rede, Erzählung, Geschichte. Mythen sind Geschichten von übermenschlichen Wesen, die ungeheure Fähigkeiten besitzen. Sie haben meist die Form von Göttergeschichten. Mythen beschäftigen sich mit existenziellen Fragen des Menschen, z. B. nach der Entstehung der Welt, dem Wesen des Menschen und dem Sinn des Daseins. In einer anschaulichen bildhaften Weise, die nicht zwischen Bild und Sache unterscheidet, bieten sie den Menschen eine Möglichkeit, ihren Gefühlen gegenüber dem Unerklärlichen Ausdruck zu verleihen. Mit Mythen wollten die Menschen nicht die Natur erklären, sondern ihre Verbundenheit und ihr Ausgeliefertsein zum Ausdruck bringen. Sie fragten nicht nach den Ursachen, sondern den Gründen der Naturerscheinungen und dem, was ihr Leben bestimmte. So erzählen Mythen vom Einwirken der Götter auf die Lebenswelt des Menschen, von Schuld und Strafe und der Abhängigkeit des Menschen von dem Willen der Götter. Indem die Menschen sich in ihrem Leben danach richteten, wirkten Mythen gemeinschaftsbildend. So wurde die Naturgewalt des Meeres, wenn sie sich gegen den Menschen richtete, z. B. mit einem erzürnten Poseidon in Verbindung gebracht. Diesen Zorn galt es gemeinsam zu besänftigen oder gar nicht erst aufkommen zu lassen. Da sich die Menschen als abhängig von dem Wohlwollen höherer Mächte sahen, waren Mythen untrennbar mit religiösen Ritualen verbunden. Wollte man also z. B. das Meer unbeschadet überqueren, so musste man mit bestimmten Handlungen, etwa Opfern, dafür sorgen, dass der Meeresgott den Seefahrern gewogen war.

4 Untersuchen Sie, welche Elemente des Mythos in M 2 zu finden sind.

5 Vergleichen Sie M 2 mit dem folgenden naturwissenschaftlichen Text über die Entstehung von Orkanen:
Als Orkan (Entlehnung aus span. *huracán* = Wirbelsturm) bezeichnet man im engeren Sinn Winde mit Geschwindigkeiten von mindestens 64 kn (117,7 km/h = 32,7 m/s). Auf der Beaufort-Skala werden Orkane mit der Stärke 12 klassifiziert. Im weiteren Sinn sind darunter solche außertropischen Tiefdruckgebiete zu verstehen, in denen Winde mit Orkanstärke auftreten. Orkane können massive Verwüstungen anrichten und bilden auf See eine ständige Gefahr für den Schiffsverkehr. Sie entstehen in Mitteleuropa vor allem im Herbst und Winter, wenn die Temperaturunterschiede zwischen der Polarregion und dem Süden besonders groß sind. Wenn diese Luftmassen aufeinander treffen (Okklusion), entstehen sehr starke Stürme. Auf dem Festland sind außer auf exponierten Berggipfeln, Inseln und Küstengebieten mittlere Winde mit Orkanstärke wegen der erhöhten Bodenreibung sehr selten. Meist werden dort solche hohen Windgeschwindigkeiten nur in Böen oder Tornados erreicht. (nach: Wikipedia)

6 Stellen Sie in Form einer Tabelle die Merkmale eines Mythos und die eines naturwissenschaftlichen Textes einander gegenüber.

7 Erklären Sie den Unterschied von „Ursachen“ und „Gründen“.

Ralf König: Prototyp (2008)

M 3

8 Betrachten Sie M 3 und suchen Sie einen geeigneten Titel für den Comic. Erläutern Sie, warum die Kinder enttäuscht sind. Geben Sie eine Erklärung, die die Unterschiede zwischen Mythos und naturwissenschaftlicher Erklärung berücksichtigt, die Sie sich erarbeitetet haben.

9 Finden Sie Beispiele für aktuelle Mythen und ihre Funktion. Diskutieren Sie, ob Mythen auch heute noch eine Berechtigung haben.

4.2 Naturbeherrschung und Fortschritt der Wissenschaft

M 4 Francis Bacon

Francis Bacon wurde 1561 geboren. Sein Vater gehörte dem niederen Adel an, war Großsiegelbewahrer und bekleidete damit das höchste juristische Staatsamt, das zu dieser Zeit von der englischen Königin Elisabeth I. vergeben wurde. Bacons Mutter war tief religiös und Anhängerin der „Nonkonformisten", einer Gruppierung, die sich der staatlichen Regulierung der Kirche entgegenstellen wollte und allein die Bibel als Instanz für Fragen des Glaubens zuließ.

Bacon war ein so begeisterter Forscher, dass ihn sein Entdeckerdrang schließlich das Leben kostete. So geriet er im April 1626 mit seiner Kutsche in einen Schneesturm, sah ein totes Huhn auf der Straße und nahm sich die Zeit dieses mit Schnee auszustopfen, um die Wirkung der Kälte auf den Verwesungsprozess zu erforschen. Er wollte seine Hypothese überprüfen, dass sich das Huhn damit länger konservieren ließe. Durch den langen Aufenthalt in der Kälte zog er sich eine Lungenentzündung zu, der er eine Woche später erlag. Doch Bacon wollte zu seinen Lebzeiten nicht einfach nur Entdecken und Erforschen. Er forderte, dass sich die Wahrheit der Erkenntnis an der Verbesserung der Lebensbedingungen, die sie für die Menschheit bewirken kann, messen lassen müsse. In der Renaissance waren Wissenschaft und Praxis häufig weit voneinander entfernte Gebiete mit wenigen Berührungspunkten. Bacons Bemühen, die Wissenschaft auf den Nutzen für die Menschheit auszurichten, erforderte die Einrichtung von Forschungslaboren, Versuchsanstalten und Ausbildungseinrichtungen. Eine solche Ausrichtung und Einrichtung der Wissenschaft bedurfte jedoch einer weit reichenden Planung und wäre nicht ohne die Einbindung der Staatsmacht und zur damaligen Zeit auch nicht ohne die Zustimmung der Kirche möglich gewesen. So muten auch seine Schriften häufig eher politisch als philosophisch an. Bacon war tatsächlich Staatsmann und bekleidete auf dem Höhepunkt seiner Karriere 1618 das höchste Staatsamt. Er war „Lordkanzler" und wurde zum Baron geadelt. Bacon versuchte stets seine politische Karriere zu nutzen, um seine Wissenspolitik zu verwirklichen. Doch auch als höchster Staatsmann konnte er sein Anliegen nur immer wieder an höchster Stelle bei Elisabeth I. und später König Jacob I. vortragen. Leider gelang es ihm nicht, einen der beiden Herrscher zu überzeugen, und er musste daher mit seinen Plänen zur Umsetzung seiner wissenschaftlichen Methode in Lehranstalten zu Lebzeiten scheitern. Doch seine Ideen wurden später im 17. und 18. Jahrhundert zu Leitideen der „Wissenschaftlichen Bewegung" und wissenschaftlichen Akademien und Gesellschaften und wirken bis heute fort.

Im Folgenden geht es um das Problem, ob die Wissenschaft noch einen anderen Zweck hat, als die Welt zu erklären.

1 Was könnte Ihrer Ansicht nach über die Erklärung der Welt hinaus Zweck und Ziel der Wissenschaft sein? Versuchen Sie sich in Kleingruppen zu einigen und tragen Sie anschließend die Ergebnisse im Plenum vor.

Francis Bacon: Die Kunst der Naturbeherrschung (1620)

M 5

Es gehört zur Sache, drei Arten oder Grade des Ehrgeizes bei den Menschen zu unterscheiden. Bei der ersten ist man darauf aus, die eigene Macht in seinem Vaterlande zu vermehren, dies ist die gewöhnliche und teilweise unedle Art; bei der zweiten strebt man dahin, des Vaterlandes Macht und Herrschaft über das menschliche Geschlecht zu erweitern; diese Art ist gewiss würdiger, reizt aber zu stärkerer Begierde; erstrebt nun jemand, die Macht und die Herrschaft des Menschengeschlechts selbst über die Gesamtheit der Natur zu erneuern und zu erweitern, so ist zweifellos diese Art von Ehrgeiz, wenn man ihn so nennen kann, gesünder und edler als die übrigen Arten. Der Menschen Herrschaft aber über die Dinge beruht allein auf den Künsten und den Wissenschaften. Die Natur nämlich lässt sich nur durch Gehorsam besiegen. [...]

Das Menschengeschlecht mag sich nur wieder sein Recht über die Natur sichern, welches ihm kraft einer göttlichen Schenkung zukommt. Mag ihm das voll zuteil werden. Die Anwendung wird indes die richtige Vernunft und die gesunde Religion lenken.

Francis Bacon: Fortschritt in den Wissenschaften (1620)

M 6

Auf einen weiteren Fortschritt in den Wissenschaften kann man nur dann mit Recht hoffen, wenn man in die Naturgeschichte eine große Anzahl solcher Experimente aufnimmt und sammelt, die zwar keinen unmittelbaren Nutzen bringen, aber für die Erforschung der Ursachen und Grundsätze von großem Wert sind: Ich pflege sie als die lichtbringenden Versuche im Unterschied zu den fruchtbringenden zu bezeichnen. (Experimenta lucifera, Experimenta fructifera). Jene haben in sich aber eine wunderbare Kraft und Eigenschaft, die nämlich, niemals zu täuschen oder irrezuführen. Da sie nicht zum Zweck verwendet werden, irgendein Werk herzustellen, sondern nur um die natürliche Ursache einer Wirkung zu klären, erfüllen sie, mögen sie ausfallen, wie sie wollen, immer in gleicher Weise ihren Zweck, denn sie entscheiden die Frage.

2 Prüfen Sie nach der Lektüre von M 5 und M 6, ob es einen Zusammenhang zwischen Naturbeherrschung und Fortschritt gibt.

3 Finden Sie gemeinsam mit Ihrem Nachbarn ein Beispiel aus den heutigen Wissenschaften für die Umsetzung von Bacons Vorstellung der Naturbeherrschung.

4.3 Hindernisse auf dem Weg der Erkenntnis

M 7

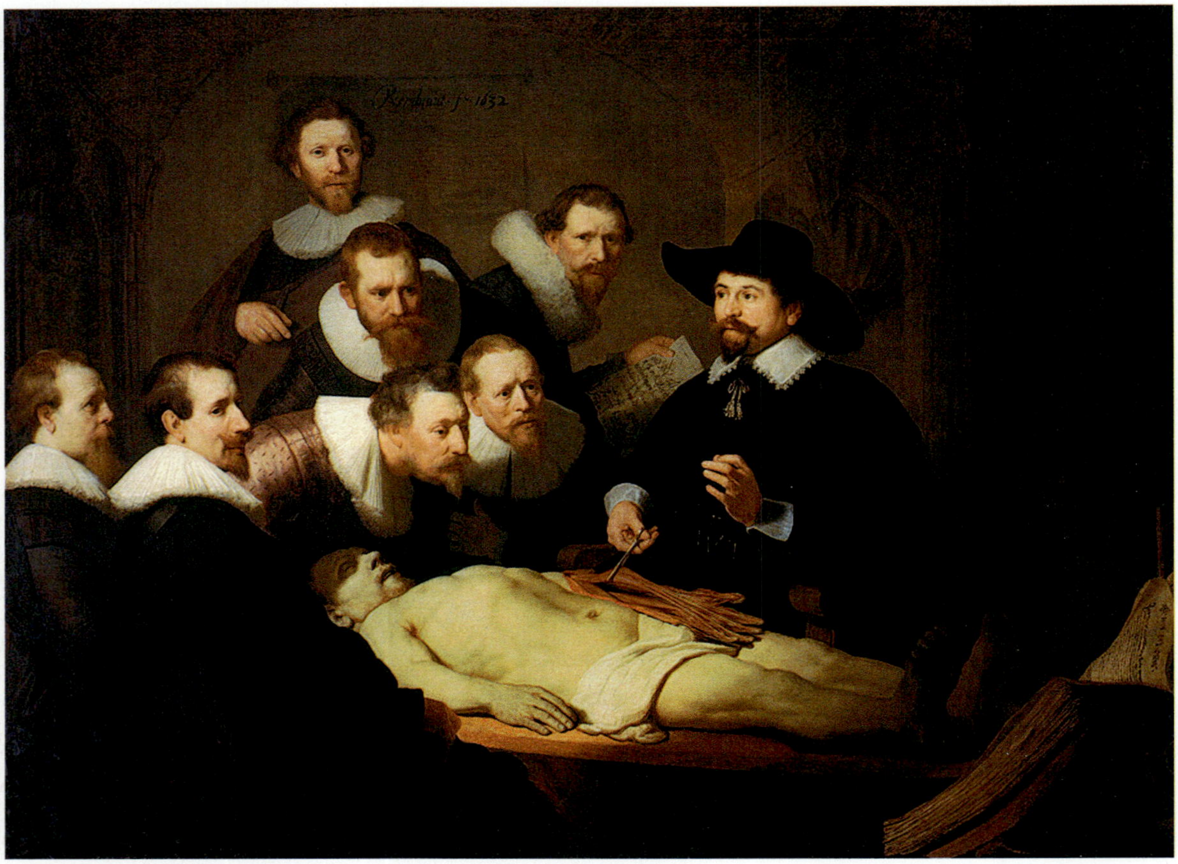

Rembrandt (1606–1668): Die Anatomiestunde des Dr. Nicolas Tulp, 1632

1 Betrachten Sie M 7. Beschreiben Sie zunächst das Bild genau. Achten Sie vor allem auf die Blickrichtungen der Figuren auf das aufgeschlagene Lehrbuch in der rechten unteren Ecke des Gemäldes. Versuchen Sie anhand des Bildes zu erklären, warum bei einer solchen Vorgehensweise der Ruf nach einer neuen wissenschaftlichen Methode laut werden könnte.

Im Folgenden geht es um das Problem, ob man durch bloßen Bezug auf Lehrbücher zu Fortschritten in der Wissenschaft kommen kann.

2 Stellen Sie sich vor, ein Professor, bei dem der im Cartoon M 9 abgebildete Arzt studiert hat, würde diese Szene beobachten. Formulieren Sie einen Kommentar.

Susanne Billig/Petra Geist: Wissenschaft in der Renaissance (2007)

M 8

Die Renaissance ist eine Zeit großer Widersprüche. Hier Seuchen und Elend. Dort prächtige Paläste, ein neues Denken, Aufbruchstimmung.

Im fünfzehnten und sechzehnten Jahrhundert entdecken wagemutige Seefahrer neue Welten. [...] Neue Ideen werden geboren, der Buchdruck verbreitet das Wissen rasant. Das französische Wort „Renaissance“ bedeutet „Wiedergeburt“ – gemeint ist die Wiedergeburt der Antike. „Zurück zu den Quellen“ lautet das Motto. An den Universitäten werden die Schriften des römisch-griechischen Arztes Galen [...] gelesen. Galen lebte im zweiten Jahrhundert nach Christus. [...]

Im Mittelalter galt der Leib als hinfällige Hülle der Seele. Die Renaissance [dagegen] preist die Schönheit der menschlichen Gestalt. [...] Leonardo da Vinci erforscht den menschlichen Körper mit großer Leidenschaft. Über zwanzig Leichen seziert er und nutzt sie als Vorbild für mehr als zweihundert Zeichnungen, in denen er den inneren Geheimnissen des Körpers auf die Spur kommen möchte. Die Leidenschaft der Künstler inspiriert die Anatomen der Renaissance. Nur 29 Jahre alt ist Andreas Vesalius, als er 1543 sein Buch „Über den Bau des menschlichen Körpers“ herausbringt. Der junge Medizinprofessor revolutioniert die Anatomie. Die Lehre vom Bau des Körpers soll am Körper selbst durch Beobachtung überprüft werden. Das ist bis dahin nicht üblich. Die Professoren lehrten die Schriften des griechisch-römischen Arztes Galen, ohne sie jemals überprüft zu haben. Jetzt greift ein Anatomie-Fieber um sich. Immer mehr Ärzte, aber auch das Volk, möchten den Menschen und seinen Körperbau nun mit „eigenen Augen sehen“. Nichts anderes bedeutet das Wort „Autopsie“! [...] In vielen Städten werden „Anatomie-Theater“ errichtet. Wohlhabende und Arme, sie alle drängeln sich durch die Pforten in die Vorführungen. Auf dem Spielplan stehen – Leichenöffnungen.

Beobachten, experimentieren, prüfen – es sind die Anatomen der Renaissance, die den Grundstein für die naturwissenschaftliche Medizin legen. Erstmals wird der Leib des Menschen von Ärzten systematisch aufgeschnitten und zerteilt.

M 9

HALTEN SIE SICH DOCH BITTE, BITTE MIT IHREN SYMPTOMEN AN MEINE LEHRBÜCHER!

Roy Porter: Inwiefern beeinflusste die Wiederentdeckung griechischer Texte die Medizin? (1983)

M 10

Insofern, als sich damit die Auffassung verbreitete, die antike sei die wahre Medizin gewesen, und ihre rechtmäßigen Wächter und Interpreten seien die Gelehrten. In Paris näherte sich der humanistische Mediziner Jacobus Sylvius Hippokrates dem Galen mit religiöser Ehrfurcht und erklärte, sie hätten „nie etwas über die Physiologie oder auch andere Gebiete der Medizin geschrieben, das nicht vollkommen richtig“ sei. Seine Pedanterie und Anbetung Galens erreichte ihren Höhepunkt in einer „Einführung in die Anatomie“ (1555), in der er Galen gegen Vesalius verteidigte. Wenn das Auge beim Sezieren etwas sah, das nicht mit Galens Beschreibung übereinstimmte, dann lag der Fehler eben nicht bei Galen, sondern bei dem Leichnam! Vom schwächlichen Neuzeitler konnte man schließlich keinen so vollendeten Körperbau erwarten wie von einem Menschen der Antike.

Durch seine Vertrautheit mit der menschlichen Anatomie kam [Vesalius] zu dem beunruhigenden Schluss, dass Galen ausschließlich Tiere seziert hatte, und er musste erkennen, dass die tierische Anatomie die menschliche nicht ersetzen konnte. Er begann nun, den Meister in einzelnen Punkten in Frage zu stellen: Der Unterkiefer zum Beispiel bestand aus einem Knochen, nicht aus zweien, wie Galen erklärt hatte. Es war offensichtlich: Die Anatomie des Menschen musste man an der Leiche, nicht durch eine tote Sprache erlernen.

Das Buch [„De humani corporis fabrica“ (Über den Bau des menschlichen Körpers), das Vesalius 1543 veröffentlichte] enthält genaue Beschreibungen von Skelett und Muskulatur, Nervensystem, Blutgefäßen und inneren Organen. Obwohl es keine revolutionären Entdeckungen aufweist, markiert es einen Wendepunkt im medizinischen Verständnis der Körperstrukturen, denn Vesalius tat dies erstmals systematisch. [...] Das Werk artikuliert zugleich klare methodologische Prinzipien: Der Anatomiedozent soll die Sektion selbst vornehmen, das Auge ist wichtiger als eine Autorität, und Anatomie ist der Schlüssel zur gesamten Medizin. [...] Die „Fabrica“ war also der Grundstein zu einer Anatomie, die auf Beobachtung beruhte, und verkündete ein neues Prinzip der Forschung und Wahrheitsprüfung: Alle anatomischen Behauptungen sollten am menschlichen Leichnam überprüft werden.

3 Erarbeiten Sie arbeitsteilig M 8 und M 10 zur Medizin in der Renaissance. Notieren Sie gemeinsam, nachdem Sie sich gegenseitig über die Inhalte der Texte informiert haben, worin der Unterschied in der Vorgehensweise Galens und seiner Anhänger und der des Vesalius liegt.

M 11 Francis Bacon: Über den Stand der Wissenschaft und dessen Ursache (1620)

Über den Stand der Wissenschaften, der weder glücklich ist, noch zu einer Stärkung der Erkenntnis führt. [...] Die ganze Überlieferung und Folge der Disziplinen bringt nur Lehrer und Schüler hervor, aber keinen Erfinder und keinen, der vorhandenen Erfindungen etwas Nennenswertes hinzufügen könnte.

4 Erläutern Sie, warum Bacon in M 11 das Wort „nur“ benutzt.

M 12 Francis Bacon: Idole und falsche Begriffe als Hindernisse auf dem Weg der Erkenntnis (1620)

Der Mensch, Diener und Erklärer der Natur, schafft und begreift nur so viel, als er von der Ordnung der Natur durch die Sache oder den Geist beobachten kann; mehr weiß oder vermag er nicht. [...]

Die Idole und falschen Begriffe, welche vom menschlichen Verstand schon Besitz ergriffen haben und tief in ihm wurzeln, halten den Geist der Menschen nicht nur in der Weise in Beschlag, dass der Wahrheit nur mit Mühe ein Zugang offensteht; sondern auch dort, wo der Zugang gegeben und bewilligt worden ist, werden jene selbst bei der Erneuerung der Wissenschaften wiederum auftauchen als eine rechte Last, wenn die Menschen nicht, vor ihnen gewarnt, sich gegen sie nach Möglichkeit schützen. [...]

Es gibt [...] Idole, welche in den Geistern der Menschen aus den verschiedenen dogmatischen Behauptungen philosophischer Lehrmeinungen wie auch aus den verkehrten Gesetzen der Beweisführung eingedrungen sind; diese nenne ich die Idole des Theaters, denn so viele Philosophien angenommen oder erfunden worden sind, so viele Fabeln sind nach meiner Auffassung damit geschaffen und für wahr unterstellt worden, welche die Welt als unwirklich und erdichtet haben erscheinen lassen. Indes spreche ich nicht bloß über die schon vorhandenen oder die alten philosophischen Lehrmeinungen und Sekten, da man eine Unzahl anderer Fabeln dieser Art erdichten und ersinnen kann; denn auch bei gänzlicher Verschiedenheit der Irrtümer sind trotzdem die Ursachen fast alle gleich. Und ich beziehe dies wiederum nicht bloß auf die allgemeinen philosophischen Systeme, sondern auch auf die Prinzipien und auf eine große Anzahl von Lehrsätzen der Wissenschaften, welche durch Tradition, Leichtgläubigkeit und Nachlässigkeit Geltung erlangt haben. Indes ist über diese einzelnen Arten von Idolen noch ausführlicher und genauer zu sprechen, damit der menschliche Verstand vor ihnen auf der Hut sei.

INFO

Idol

Der Begriff „Idol“ stammt aus dem Griechischen (eidolon = Bild). Er bezeichnet ein Götzenbild oder einen Gegenstand blinder Verehrung. In anderen Übersetzungen von Bacons Werk heißt es „Götzenbilder und falsche Begriffe“ oder „Vorurteile“, statt Idole. Man könnte auch von verfestigten falschen Vorstellungen und Ideen in Bezug auf die Natur und ihre Gesetzmäßigkeiten sprechen, die der Erkenntnisgewinnung der im Wege stehen. Diese gilt es nach Bacon zu überwinden und zu einer vorurteilsfreien allein auf Empirie und der Methode der Induktion beruhenden Erkenntnis zu gelangen.

Den Hang des Menschen zu Götzenbildern hat bereits fast ein Jahrhundert zuvor der Theologe und Reformator Johannes Calvin massiv kritisiert. Er forderte eine stetige Wachsamkeit gegenüber der Sünde der Idolatrie, die sich besonders in der Anbetung der angeblichen göttlichen Präsenz in materiellen Gegenständen zeigte, z. B. in Reliquien wie Jesu Grabtuch.

5 Lesen Sie M 12 und den Infotext zum Begriff „Idol“. Wie verwendet Bacon den Begriff „Idol“? Vergleichen Sie Bacons Verwendung des Begriffs mit der im Infotext zusammengefassten.

Francis Bacon: Idole des Theaters (1620)

M 13

Der menschliche Verstand zieht in das, was einmal sein Wohlgefallen erregt hat – sei es, weil es so überliefert und geglaubt worden ist, sei es, weil es anziehend ist –, auch alles andere mit hinein, damit es jenes bestätige und mit ihm übereinstimme. Und wenn auch die Bedeutung und die Anzahl der entgegengesetzten Fälle größer ist, so beachtet er sie nicht oder verachtet sie, schafft sie durch Haarspalterei beiseite und verwirft sie, nicht ohne schwerwiegendes und verderbliches Vorurteil, nur damit dadurch das Ansehen jener alten fehlerhaften Beziehung unangetastet bleibe. Daher entgegnete mit Recht jener, dem man einst im Tempel die Tafeln derer zeigte, die für ihre Errettung aus dem Schiffbruch ihr Gelübde erfüllt hatten, und dem man mit der Frage zusetzte, ob er denn nun das Walten der Götter anerkenne: „Wo sind denn jene aufgeschrieben, die trotz ihrer feierlich abgelegten Gelübde ertrunken sind?“ In gleicher Weise verhält es sich etwa mit allem Aberglauben wie in der Astrologie, bei den Träumen, den Vorzeichen, den göttlichen Strafgerichten und dergleichen mehr. An Torheiten solcher Art haben die Menschen ihre Freude und schwören darauf, wo es eingetroffen ist; wo es aber fehlgeht, mag es auch weit öfter geschehen, wird es übersehen und übergangen. Aber in weit feinerer Weise kriecht dieses Übel in der Philosophie und den Wissenschaften umher; in ihnen steckt das, was einmal das Wohlgefallen errungen hat, das Übrige an, mag dies auch weit gewisser und gewichtiger sein, und unterwirft es sich. Selbst wenn dabei jene erwähnte Vorliebe und Torheit nicht vorhanden ist, bleibt dennoch dem menschlichen Geist jener eigentümliche und zähe Irrtum, stets mehr vom Bejahenden als vom Verneinenden bewegt und angeregt zu werden; während er doch nach Recht und Ordnung zu beiden sich in gleicher Weise verhalten sollte; ja, bei der Aufstellung eines wahren Satzes ist sogar die Kraft des verneinenden Falles die stärkere von beiden.

6 Was meint Bacon, wenn er von der Kraft des „Bejahenden“ spricht (Z. 32 ff.)?

7 Erklären Sie, warum Bacon diesen Idolen die Bezeichnung „Idole des Theaters“ gegeben haben könnte und warum es so schwer ist, diese Idole zu überwinden?

8 Diskutieren Sie, ob „Idole und falsche Begriffe“ nur als ein Problem der damaligen Zeit zu sehen sind oder ob sie sich heute ebenso auffinden lassen.

9 Francis Bacon wird als der Entdecker ideologischen Denkens angesehen. Versuchen Sie auf Grund der Lektüre der Texte über die Idole eine Definition von Ideologie zu geben.

4.4 Methoden der wissenschaftlichen Erkenntnis

M 14

1 Beschreiben Sie das Foto M 14. Welche Merkmale eines wissenschaftlichen Studiums können Sie erkennen?

Im Folgenden geht es um das Problem, wie Wissenschaft überhaupt zu Erkenntnissen gelangt.

2 Sie haben alle in einem kleineren Rahmen, z. B. in den naturwissenschaftlichen Fächern, bereits selbst Wissenschaft betrieben. Beschreiben Sie, wie Sie vorgegangen sind, um Erkenntnisse zu gewinnen, und warum Sie so vorgegangen sind.

M 15

Zwei Methoden zu wissenschaftlicher Erkenntnis

Francis Bacon schreibt: „Die Aufstellung der Begriffe und Sätze durch wahre Induktion ist gewiss das geeignete Heilmittel, die Idole abzuhalten und zu eliminieren." [...] Was versteht er unter Induktion?

Bacon fordert Erkenntnis durch Forschung in einer Verbindung von Empirie und Rationalität. Er stellt nicht die Frage, was Erkenntnis eigentlich sei, sondern auf welchem Wege sie zu erlangen sei. Dieser Ansatz führt zu einem Nachdenken über wissenschaftliche Methodik. So ist ein zentraler Punkt in Bacons Werk die Einführung einer wissenschaftlichen Methode, die diese wechselseitige Durchdringung von Erfahrung und Rationalität als „rechtmäßig, begründete Forschung" umsetzt.

Zunächst stellt Bacon die bis dahin gebräuchliche Methode der Deduktion dar. Beim deduktiven Schluss schließt man von einer allgemeinen Regel auf einen besonderen Satz, eine Einzelaussage. Problematisch sei dies insofern, als vom höheren Informationsgehalt auf einen geringeren vorgedrungen werde. Wer demnach nur die Folgerung kennt, weiß weniger als der, der die allgemeine Regel kennt. Diese Methode eignet sich also nicht zur Erweiterung von Erkenntnissen, sondern allenfalls zu deren Verfestigung. Die Deduktion streife laut Bacon „nur flüchtig die Erfahrung und die Einzeldinge" und stelle „bereits am Anfang abstrakte und nutzlose Verallgemeinerungen auf", die der „Feinheit der Natur" nicht entsprächen. Bacon nennt die deduktive Vorgehensweise auch „Antizipation der Natur".

Bacon stellt nun seine neue wissenschaftliche Methode, die Induktion vor. Diese nennt er im Gegensatz zur „Antizipation der Natur" auch „Interpretation der Natur". Die induktive Methode gewinne ihre Erkenntnisse ebenso wie die deduktive Methode aus der sinnlichen Erfahrung, jedoch schreite sie von empirischen Erfahrungen stufenweise zu Verallgemeinerungen empor, „die der Natur in Wahrheit gemäßer sind". Dieser schrittweise Aufstieg soll „eindeutig und stetig nach einer sicheren Regel" erfolgen. Im Gegensatz zur Deduktion werden bei der Induktion mehr Einzelerfahrungen gesammelt und genauer ausgewertet, bevor man auf eine Verallgemeinerung schließt. Diese neue Methode der Induktion verweise „leicht auf neues Einzelnes", mache somit die „Wissenschaft schöpferisch" und erweitere daher Erkenntnis, statt sie zu konservieren.

3 Zeichnen Sie in Partnerarbeit die beiden Wege zu wissenschaftlicher Erkenntnis nach, wie sie M 15 im Anschluss an Bacon beschreibt. Nutzen Sie M 16 als Hilfestellung.

4 Warum gibt Bacon dem einen wissenschaftlichen Verfahren deutlich den Vorzug?

Deduktives und induktives Schließen

M 16

In der Tabelle sehen Sie Beispiele für **deduktives** und **induktives** Schließen. Beim deduktiven Schluss wenden wir eine allgemeine Regel auf einen besonderen Fall an, so dass man in der Folgerung ein Ergebnis feststellen kann. Schwan ist in diesem Beispiel der Mittelbegriff, der in der Folgerung wegfällt.
Die **Induktion** dagegen ist die Folgerung einer Regel aus einem Fall und einem Ergebnis. Induktion ist demnach die wissenschaftliche Methode, die von besonderen einzelnen Fällen auf den allgemeinen Fall, auf eine Gesetzmäßigkeit schließt. „Wenn wir eine Anzahl von Fällen, von denen etwas wahr ist, verallgemeinern und schließen, dass dasselbe für die ganze Klasse wahr ist, so nennt man das eine Induktion." *(Charles Sanders Peirce)*

Deduktion Erkenntnis verfestigender Schluss	**Induktion** Erkenntnis erweiternder Schluss
allgemeine Regel ↓ Einzelaussage	Einzelaussagen ↓ allgemeine Regel
Beispiel: *Alle Schwäne sind weiß.* *Dieses Tier ist ein Schwan.* → *Dieses Tier ist weiß.*	*Beispiel:* *Dieser Schwan ist weiß.* *Jener Schwan ist weiß.* *Jener Schwan ist weiß.* → *Alle Schwäne sind weiß.*

5 Beurteilen Sie die beiden Schlüsse in den Beispielen mit den Schwänen. Inwieweit sind sie zwingend? Inwieweit bringen sie einen Erkenntnisgewinn?

6 Vergleichen Sie Bacons favorisierten Weg der Erkenntnisgewinnung mit Ihren eigenen Erfahrungen mit wissenschaftlichem Arbeiten heute. Welche Gemeinsamkeiten und welche Unterschiede lassen sich feststellen?

4.5 Die fragwürdige Beherrschbarkeit der Welt – Horkheimer, Adorno, Jonas

1 „Wissen ist Macht." Mit dieser Formel wird die Philosophie Francis Bacons oft zusammengefasst. Erläutern Sie, was man darunter verstehen könnte.

Im Folgenden geht es um das Problem, ob es sich bei der Überzeugung, die technisierte oder moderne Welt sei beherrschbar, um einen Irrglauben handelt.

2 Schreiben Sie unter Berücksichtigung des Zitats in Arbeitsanregung 1 und dem Foto nach der Atomkatastrophe von Fukushima M 17 einen passenden Text für die Gedankenblase in der Karikatur.

M 17

M 18

Vor dem nationalsozialistischen Terror mussten die jüdischen Philosophen Max Horkheimer (1895–1973) und Theodor W. Adorno (1903–1969) von Deutschland nach Amerika fliehen. Dort verfassten sie ein vieldiskutiertes Buch mit dem Titel „Dialektik der Aufklärung." Dabei kommen sie zu einer grundlegenden Kritik an Bacons Wissenschaftsverständnis:

M 19 Max Horkheimer/Theodor W. Adorno: Wissen und Macht bei Francis Bacon (1944)

Seit je hat Aufklärung im umfassenden Sinn fortschreitenden Denkens das Ziel verfolgt, von den Menschen die Furcht zu nehmen und sie als Herren einzusetzen. Aber die vollends aufgeklärte Erde strahlt im Zeichen triumphalen Unheils.

Das Programm der Aufklärung war die Entzauberung der Welt. Sie wollte die Mythen auflösen und Einbildung durch Wissen stürzen. Bacon, „der Vater der experimentellen Philosophie" [Voltaire: Lettres philosophiques XII], hat die Motive schon versammelt. Er verachtet die Adepten der Tradition, die „zuerst glauben, daß andere wissen, was sie nicht wissen; und nachher, daß sie selbst wissen, was sie nicht wissen." Trotz seiner Fremdheit zur Mathematik hat Bacon die Gesinnung der Wissenschaft, die auf ihn folgte, gut getroffen. [...] Der Verstand, der den Aberglauben besiegt, soll über die entzauberte Natur gebieten. Das Wissen, das Macht ist, kennt keine Schranken, weder in der Versklavung der Kreatur noch in der Willfährigkeit gegen die Herren der Welt. [...]

Was die Menschen von der Natur lernen wollen, ist, sie anzuwenden, um sie und die Menschen vollends zu beherrschen. Nichts anderes gilt. [...] Macht und Erkenntnis sind synonym.

3 Welche Antwort geben Horkheimer und Adorno auf die Frage, ob es sich bei der Überzeugung der Beherrschbarkeit der technisierten Welt um einen Irrglauben handelt?

M 20 Max Horkheimer/Theodor W. Adorno: Ohnmacht als Folge des Fortschritts (1944)

Die Naturverfallenheit des Menschen heute ist vom gesellschaftlichen Fortschritt nicht abzulösen. Die Steigerung der wirtschaftlichen Produktivität, die einerseits die Bedingungen für eine gerechtere Welt herstellt, verleiht andererseits dem technischen Apparat und den sozialen Gruppen, die über ihn verfügen, eine unmäßige Überlegenheit über den Rest der Bevölkerung. Der Einzelne wird gegenüber den ökonomischen Mächten vollends annulliert. Dabei treiben diese die Gewalt der Gesellschaft über die Natur auf nie geahnte Höhe. Während der Einzelne vor dem Apparat verschwindet, den er bedient, wird er von diesem besser als je versorgt. Im ungerechten Zustand steigt die Ohnmacht und Lenkbarkeit der Masse mit der ihr zugeteilten Gütermenge.

4 Wie beschreiben Horkheimer und Adorno in M 20 den Zustand des Menschen in der technisierten Welt?

Der Philosoph Hans Jonas (1903–1993; vgl. S. 223) bringt das Baconische Programm mit der Umweltzerstörung in Verbindung.

Hans Jonas: Die Unheildrohung des Baconischen Ideals (1972)

M 21

1. Drohung der Katastrophe vom Übermaß des Erfolgs

Die Katastrophengefahr des Baconischen Ideals der Herrschaft über die Natur liegt also in der Größe seines Erfolgs. [...]

2. Dialektik von Macht über die Natur und Zwang zu ihrer Ausübung

[...] Die Baconische Formel sagt, dass Wissen Macht ist. Nun hat aber das Baconische Programm für sich, das heißt in eigener Regie, auf der Höhe seines Triumphes sein Ungenügen, ja seinen Selbstwiderspruch offenbart, nämlich im Verlust der Kontrolle über sich selbst, welcher die Unfähigkeit bedeutet, nicht nur den Menschen vor sich selbst, sondern auch die Natur vor dem Menschen zu schützen. Beider Schutzbedürftigkeit ist eingetreten eben durch das Ausmaß der Macht, das im Verfolg des technischen Fortschritts erreicht worden ist und bei der parallel anwachsenden Notwendigkeit ihres Gebrauchs zu der wunderlichen Ohnmacht geführt hat, dem immer weiteren und vorhersehbar selbstzerstörerischen Fortschritt ihrer selbst und ihrer Werke noch Einhalt zu gebieten. Die tiefe, von Bacon nicht geahnte Paradoxie der vom Wissen verschafften Macht liegt darin, dass sie zwar zu so etwas wie „Herrschaft" über die Natur (das heißt ihre potenzierte Nutzung), aber mit dieser zugleich zur vollständigsten Unterwerfung unter sich selbst geführt hat. Die Macht ist selbstmächtig geworden, während ihre Verheißung in Drohung umgeschlagen ist, ihre Heilsperspektive in Apokalyptik.

Was nun nötig geworden ist, wenn der Halt nicht erst von der Katastrophe selbst geboten wird, ist Macht über die Macht – die Überwindung der Ohnmacht gegenüber dem selbstgenährten Zwang der Macht zu ihrer progressiven Ausübung. [...]

3. Die gesuchte „Macht über die Macht"

Wovon ist diese Macht [...] zu erwarten, die den Menschen wieder – und noch rechtzeitig – in die Kontrolle „seiner" Macht einsetzt und deren tyrannisch gewordene Eigenmacht bricht? Sie muss nach Lage der Dinge von der Gesellschaft ausgehen, da keine private Einsicht, Verantwortung oder Angst an ihre Aufgabe heranreicht.

5 Warum handelt es sich laut Jonas bei Bacons Ideal um eine „Unheildrohung" (Z. 28)?

6 Was sieht Jonas als Ausweg aus der „Katastrophengefahr" (Z. 30 f.)?

7 Die Formel „Wissen ist Macht" findet sich wörtlich an keiner Stelle im Werk Bacons. Sie geht auf den folgenden dritten „Aphorismus über die Interpretation der Natur und die Herrschaft des Menschen" zurück: „Wissenschaft und menschliche Macht (über die Natur) laufen auf dasselbe hinaus, weil die Unkenntnis der Ursache eine (beabsichtigte) Wirkung zunichte macht. Denn die Natur kann nur besiegt werden, indem man ihr gehorcht, und was bei der Betrachtung (der Natur) als Ursache gilt, das gilt im Prozess technischer Herstellung als Richtschnur." Prüfen Sie, inwieweit die Kritik von Horkheimer/Adorno und Jonas sich auf diesen Aphorismus beziehen kann.

8 Nehmen Sie selbst Stellung zu der Frage, inwieweit Bacons Vorstellung vom Fortschritt der Wissenschaft und der Beherrschung der Natur heute noch von Bedeutung sind.

5. Einführung in Erkenntnistheorie und Metaphysik – Sokrates und David Hume

5.1 Die Scheinwirklichkeit der Medien und die wahre Wirklichkeit – Platon, Hume

Der Film „Matrix" entwirft eine düstere Zukunftsvision der Menschheit. Die Maschinen haben die Macht übernommen und die Menschheit versklavt. Die Menschen dienen den Maschinen fortan als Energiequelle. Aber davon bekommen sie nichts mit. Ihre Gehirne sind an einen Supercomputer angeschlossen, der ihnen unentwegt eine virtuelle Realität, die Matrix, vortäuscht. Nur wenige Menschen konnten sich der Unterwerfung durch die Maschinen entziehen. Sie versuchen, so gut es geht, Widerstand gegen die bedrohliche Macht zu leisten. Ihr Ziel ist es, weitere Menschen zu befreien, darunter auch Neo, von dem sie sich versprechen, dass er die Maschinen endgültig besiegen wird.

M 1 Zwischen Wirklichkeit und Illusion

TRINITY. Wenn ich dir einen Rat geben darf: sei ehrlich. Er weiß mehr, als du dir vorstellen kannst.

MORPHEUS. Na endlich. Willkommen Neo. Wie du zweifellos vermutest, bin ich Morpheus.

NEO. Ist mir eine Ehre, Sie kennen zu lernen.

MORPHEUS. Nein. Eine Ehre ist es für mich. Bitte, komm. Setz dich. (Pause) Du fühlst dich im Moment sicher wie Alice im Wunderland, während sie in den Kaninchenbau stürzt.

NEO. Ja, so ähnlich.

MORPHEUS. Ich kann es in deinen Augen lesen. Du siehst aus wie ein Mensch, der das, was er sieht hinnimmt, weil er damit rechnet, dass er wieder aufwacht. Ironischerweise ist das nah an der Wahrheit. Glaubst du an das Schicksal, Neo?

NEO. Nein.

MORPHEUS. Warum?

NEO. Mir missfällt der Gedanke, mein Leben nicht unter Kontrolle zu haben.

MORPHEUS. Ich weiß ganz genau, was du meinst. Ich will dir sagen, wieso du hier bist. Du bist hier, weil du etwas weißt, etwas, was du nicht erklären kannst. Aber du fühlst es. Du fühlst es schon dein ganzes Leben lang, dass mit der Welt etwas nicht stimmt. Du weißt nicht was. Aber es ist da. Wie ein Splitter in deinem Kopf, der dich verrückt macht. Dieses Gefühl hat dich zu mir geführt. Weißt du, wovon ich spreche?

NEO. Von der Matrix?

MORPHEUS. Möchtest du wissen, was genau sie ist? Die Matrix ist allgegenwärtig. Sie umgibt uns. Selbst hier ist sie, in diesem Zimmer. Du siehst sie, wenn du aus dem Fenster guckst oder den Fernseher anmachst. Du kannst sie spüren, wenn du zur Arbeit gehst, oder in die Kirche. Und wenn du deine Steuern zahlst. Es ist eine Scheinwelt, die man dir vorgaukelt, um von der Wahrheit abzulenken.

NEO. Welche Wahrheit?

MORPHEUS. Dass du ein Sklave bist, Neo. Du wurdest wie alle in Sklaverei geboren und lebst in einem Gefängnis, dass du weder anfassen noch riechen kannst. Ein Gefängnis für deinen Verstand. Dummerweise ist es schwer, jemandem zu erklären, was die Matrix ist. Jeder muss sie selbst erleben. Dies ist deine letzte Chance. Danach gibt es kein Zurück. Schluckst du die blaue Kapsel, ist alles aus. Du wachst in deinem Bett auf und glaubst an das, was du glauben willst. Schluckst du die rote Kapsel, bleibst du im Wunderland, und ich führe dich in die tiefsten Tiefen des Kaninchenbaus. Bedenke: alles was ich dir anbiete, ist die Wahrheit; nicht mehr.

M 2

M 3

1 Auf dem Bild aus dem Film (M 2) ist die Matrix durch endlose Zahlenkolonnen dargestellt. Erklären Sie, was der Grafiker damit andeuten will.

2 Versetzen Sie sich in Neo. Würden Sie sich für die blaue oder die rote Kapsel entscheiden? Warum?

Im Folgenden geht es um die Frage, ob die Menschen in einer Scheinwelt leben, oder ob die Wirklichkeit so ist, wie sie sich uns darstellt.

3 Haben Sie schon einmal die Erfahrung gemacht, dass sich etwas, was Sie zunächst für real gehalten haben, später als Irrtum dargestellt hat?
Schreiben Sie Beispiele auf und überlegen Sie gemeinsam mit Ihrem Partner, wie es zu solchen Irrtümern kommt.

4 Schauen Sie sich M 3 an. Was fällt Ihnen auf? Welche Auffassung scheint der Zeichner im Hinblick auf Scheinwelt und Erkenntnis der Wirklichkeit zu vertreten?

Im folgenden Text aus Platons Dialog „Phaidon" untersuchen die beiden Philosophen Sokrates und Simmias die Frage, ob wir als Menschen das Wahre, also die Wirklichkeit der uns umgebenden Welt, tatsächlich erkennen können. Sokrates (469–399 v. Chr.) will vor allem wissen, welche Rolle die Wahrnehmung über die Sinnesorgane und den Körper des Menschen und welche Rolle im Gegensatz dazu der Geist in diesem Zusammenhang spielen.

Platon: Die Erkenntnis des Wahren

M 4

Und der kann doch jenes am reinsten ausrichten, der am meisten mit dem Gedanken allein zu jedem geht, ohne weder das Gesicht mit anzuwenden beim Denken noch irgend einen anderen Sinn mit zuzuziehen bei seinem Nachdenken, sondern, sich des reinen Gedankens allein bedienend, auch jegliches rein für sich zu fassen trachtet, soviel möglich geschieden von Augen und Ohren und, um es kurz zu sagen, von dem ganzen Leibe, der nur verwirrt und die Seele nicht Wahrheit und Einsicht erlangen lässt, wenn er mit dabei ist. Ist es nicht ein solcher, o Simmias, der, wenn irgend einer, das Wahre treffen wird?

Über die Maßen hast du Recht, o Sokrates, sprach Simmias.

Ist es nun nicht natürlich, das durch dieses alles eine solche Meinung bei den wahrhaft Philosophierenden aufkommt, so dass sie auch dergleichen unter sich reden: Es wird uns ja wohl gleichsam ein Fußsteig heraustragen mit der Vernunft in der Untersuchung, weil, solange wir noch den Leib haben und unsere Seele mit diesem Übel im Gemenge ist, wir nie befriedigend erreichen können, wonach uns verlangt; und dieses, sagen wir doch, sei das Wahre. Denn der Leib macht uns tausenderlei zu schaffen wegen der notwendigen Nahrung; dann auch, wenn uns Krankheiten zustoßen, verhindern uns diese, das Wahre zu erjagen, und auch mit Gelüsten und Begierden, Furcht und mancherlei Schattenbildern und vielen Kindereien erfüllt er uns; so dass recht in Wahrheit, wie man auch zu sagen pflegt, wir um seinetwillen nicht einmal dazu kommen, auch nur irgend etwas richtig einzusehen. Denn auch Kriege und Unruhen und Schlachten erregt uns nichts anderes als der Leib und seine Begierden: denn über den Besitz von Geld und Gut entstehen alle Kriege, und dieses müssen wir haben des Leibes wegen, weil wir seiner Pflege dienstbar sind, und daher fehlt es uns an Muße, der Weisheit nachzutrachten um aller dieser Dinge willen wegen alles dessen. Und endlich noch, wenn es uns auch einmal Muße lässt und wir uns anschicken, etwas zu untersuchen, so fällt er uns wieder bei den Untersuchungen selbst beschwerlich, macht uns Unruhe und Störung und verwirrt uns, dass wir seinetwegen nicht das Wahre sehen können. Sondern es ist uns wirklich klar, dass, wenn wir je etwas rein erkennen wollen, wir uns von ihm losmachen und mit der Seele die Dinge selbst schauen müssen. Und dann erst offenbar werden wir haben, was wir begehren und wessen Liebhaber wir zu sein behaupten, die Weisheit, wenn wir tot sein werden, wie die Rede uns andeutet, solange wir leben aber nicht. Denn wenn es nicht möglich ist, mit dem Leibe irgend etwas rein zu erkennen, so können wir nur eines von beiden: entweder niemals zum Verständnis gelangen oder nach dem Tode. Denn alsdann wird die Seele für sich allein sein, abgesondert vom Leibe, vorher aber nicht.

Und solange wir leben, werden wir, wie sich zeigt, nur dann dem Erkennen am nächsten sein, wenn wir so viel wie möglich nichts mit dem Leibe zu schaffen noch gemein haben, was nicht höchst nötig ist, und wenn wir mit seiner Natur uns nicht anfüllen, sondern uns von ihm rein halten, bis der Gott selbst uns befreit.

5 Lesen Sie M 4 und rekonstruieren Sie den Gedankengang. Verwenden Sie dazu die PLATO-Methode (s. S. 466).

6 Welchen Einfluss hat Sokrates zufolge der Leib auf die Sinne?

7 Erklären Sie mit Ihren eigenen Worten, was Sokrates meint, wenn er dazu auffordert, mit der Seele die Dinge selbst zu schauen.

David Hume (1711–1776) gehört zu den bedeutendsten schottischen Philosophen. Als Vertreter des Empirismus misst er der Wahrnehmung der Sinne und dem genauen Beobachten einen besonderen Stellenwert zu. In seinem Hauptwerk „Eine Untersuchung über den menschlichen Verstand" schildert er das Verhältnis der Wahrnehmung durch die Sinnesorgane und im Gegensatz dazu durch den Geist ganz anders als Platon.

M 5 David Hume: Ideen und Eindrücke (1748)

Wir wollen [...] alle Perzeptionen [Wahrnehmungen] des Geistes in zwei Klassen oder Arten unterteilen, die sich durch den verschiedenen Grad ihrer Stärke und Lebhaftigkeit unterscheiden. Die minder eindringlichen und lebendigen nennt man gewöhnlich GEDANKEN *(thoughts)* oder IDEEN *(ideas)*. Für die andere Art fehlt in unserer Sprache wie in den meisten anderen ein besonderer Name, vermutlich, weil es außer für philosophische Zwecke nicht erforderlich war, sie unter einen allgemeinen Ausdruck oder Namen zu fassen. Wir wollen uns deshalb erlauben, sie Eindrücke *(impressions)* zu nennen, wobei wir dieses Wort in einem vom üblichen etwas abweichenden Sinne gebrauchen. Unter der Bezeichnung *Eindruck* verstehe ich also alle unsere lebhafteren Perzeptionen, wenn wir hören, sehen, fühlen, lieben, hassen, begehren oder wollen. *Eindrücke* sind von Vorstellungen unterschieden, welche die weniger lebhaften Perzeptionen sind, deren wir uns bewusst sind, wenn wir auf eine der oben erwähnten Wahrnehmungen oder Gemütsbewegungen reflektieren.

Nichts erscheint wohl auf den ersten Blick unbegrenzter als das Denken des Menschen, das sich nicht nur aller menschlichen Macht und Autorität entzieht, sondern sich nicht einmal in den Grenzen von Natur und Wirklichkeit halten lässt. Ungeheuer zu ersinnen und nicht zueinander passende Gestalten und Erscheinungen miteinander zu verbinden, kostet die Einbildungskraft nicht mehr Mühe, als sich die natürlichsten und vertrautesten Gegenstände vorzustellen; und während der Leib an einen Planeten gefesselt ist, auf dem er unter Schmerzen und Beschwerden einherkriecht, kann uns das Denken im Nu in die entlegensten Regionen des Universums tragen – oder sogar über das Universum hinaus in das grenzenlose Chaos, wo sich die Natur, wie man annimmt, in totaler Unordnung befindet. Was niemals gesehen wurde und wovon man niemals gehört hat, kann dennoch vorgestellt werden, und nichts übersteigt die Macht des Denkens, mit Ausnahme dessen, was einen absoluten Widerspruch enthält. Doch obgleich unser Denken diese unbegrenzte Freiheit zu besitzen scheint, werden wir bei näherer Prüfung finden, dass es in Wirklichkeit in sehr enge Grenzen eingeschlossen ist und dass diese ganze schöpferische Kraft des Geistes nur in dem Vermögen besteht, das uns durch die Sinne und Erfahrung gegebene Material zu verbinden, zu transponieren, zu vermehren oder zu verringern.

Denken wir uns einen goldenen Berg, so verbinden wir nur zwei vereinbare Vorstellungen, *Gold* und *Berg*, die uns von früher bekannt sind. Ein tugendhaftes Pferd können wir uns vorstellen, weil wir uns aus unserem eigenen Gefühl die Tugend vorstellen können; und diese können wir mit Gestalt und Aussehen eines Pferdes in Verbindung bringen, das ja ein uns vertrautes Tier ist. Kurz gesagt, der ganze Stoff des Denkens ist entweder aus der äußeren oder der inneren Sinnesempfindung *(outward or inward sentiment)* abgeleitet: Aufgabe des Geistes und des Willens ist einzig und allein ihre Mischung und Zusammensetzung. Oder, um mich philosophisch auszudrücken: Alle unsere Ideen oder schwächeren Perzeptionen sind Kopien unserer Eindrücke oder lebhafteren Perzeptionen. [...]

Alle Ideen, besonders die abstrakten, sind von Natur matt und dunkel: Der Geist hat sie nur wenig in der Gewalt, sie werden leicht mit anderen ähnlichen Ideen verwechselt; und haben wir häufig einen Ausdruck gebraucht, wenn auch ohne feste Bedeutung, so bilden wir uns leicht ein, dass eine bestimmte Idee mit ihm verknüpft sei. Im Gegensatz dazu sind alle Eindrücke, d.h. alle Wahrnehmungen, äußere wie innere, stark und lebendig; die Grenzen zwischen ihnen sind genauer bestimmt, und was sie anlangt, ist es nicht leicht, zu irren oder fehlzugreifen. Haben wir daher Verdacht, dass ein philosophischer Ausdruck *(philosophical term)* ohne irgendeinen Sinn *(meaning)* oder eine Idee gebraucht werde, was nur zu häufig ist, so brauchen wir bloß nachzuforschen, von welchem Eindruck stammt diese angebliche Idee her? Und lässt sich durchaus kein solcher aufzeigen, so wird dies zur Bestätigung unseres Verdachts dienen. [...]

8 Lesen Sie M 5 und veranschaulichen Sie sich ihn mithilfe der Struktur-Lege-Technik (s. S. 466).

9 Begründen Sie im Sinne von Hume den erkenntnistheoretischen Vorrang der *impressions* gegenüber den *thougts* und *ideas*.

10 Für Platon sind wir dann „dem Erkennen am nächsten, wenn wir so viel wie möglich nichts mit dem Leibe zu schaffen haben“ (Z. 58 ff.) Formulieren Sie eine Stellungnahme zu dieser These im Sinne Humes.

11 Diskutieren Sie, ob Sokrates mit seinen Ausführungen Recht hat. Finden Sie Gründe, die gegen seine Position sprechen.

12 Überprüfen Sie Humes These, indem Sie Einwände gegen seine Position zu formulieren versuchen. Denken Sie dabei vor allem an die produktive Kraft der Phantasie (philosophisch gesprochen: der Einbildungskraft).

5.2 Sokrates – Ein Leben für die Philosophie

Platons Höhlengleichnis

M 6

In seinem Hauptwerk „Politeia“, beschreibt Platon ein weltberühmt gewordenes Sinnbild für sein Verständnis von Wirklichkeit, das Höhlengleichnis. In einer Höhle sitzen Menschen wie Zuschauer vor einer Höhlenwand. Wie in dem Film „Matrix“ sind sie gefesselt und können einander weder berühren noch anschauen. Das Einzige, was sie wahrnehmen, sind Schatten, die auf der Höhlenwand erscheinen, auf die ihr Blick gerichtet ist. Die Schatten entstehen durch ein Feuer hinter den Menschen, das sein Licht auf Gegenstände wirft. Doch davon wissen die Menschen nichts. Von Anbeginn ihres Lebens kennen sie nur diese Schatten, die an der Wand auftauchen. Sie halten sie daher auch für ihre echte, wirkliche Welt.

Eines Tages gelingt es einem der Höhlenmenschen, seine Ketten zu lösen. Er erkundet die Umgebung und kommt hinter das Geheimnis seiner bisherigen Welt. Er erkennt den wahren Grund der Existenz der Schatten, die er bisher für die Wirklichkeit gehalten hat. Mehr noch: er verlässt die Höhle, gelangt an die Oberfläche und sieht, wie die Welt in Wirklichkeit beschaffen ist. Nachdem er alles betrachtet hat, kehrt er zurück, um seinen Mitmenschen, die immer noch in der Höhle gefangen sind, von dem, was er gesehen hat, zu berichten und ihnen die Wahrheit über ihr Schicksal und die Welt, in der sie leben, mitzuteilen: Nichts von alledem, was sie bisher für die Wahrheit gehalten haben, stimmt, erklärt er seinen Mitgefangenen. Vergesst alles, was ihr bisher über die Welt zu wissen geglaubt habt. Es ist nicht wahr. Es ist bloß falsche Meinung. Doch die Menschen in der Höhle wollen von alledem nichts wissen und glauben ihm nicht. Sie reagieren verärgert und wütend. Er solle aufhören mit den Lügengeschichten. Manche gehen sogar so weit, dass sie seinen Tod fordern.

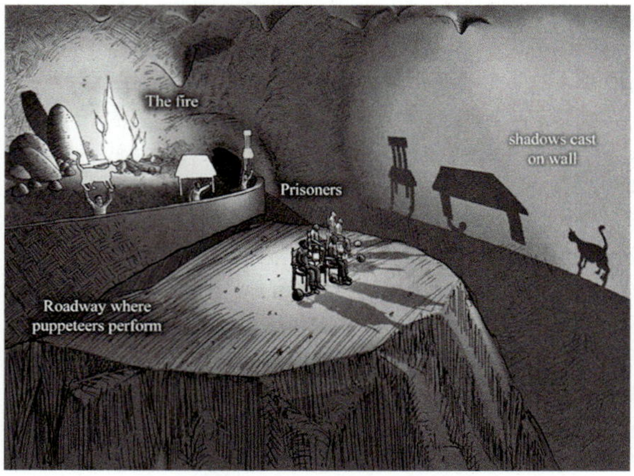

1 Stellen Sie Überlegungen an, wie die Reaktionen der Gefangenen in der Höhle zu erklären sind. Warum wollen sie den Rückkehrer totschlagen?

▼ Im Folgenden geht es um die Frage, ob man Wissen von bloßer Meinung oder eigener Überzeugung unterscheiden kann.

2 Stellen Sie sich vor, wie die Gefangenen untereinander über den Rückkehrer sprechen, und spielen Sie die Szene nach.

M 7 Philosophieren bis in den Tod

Kein anderes Leben ist so eng mit der Philosophie verbunden, wie das des Sokrates (469–399 v. Chr.). Er philosophiert eigentlich immer. Meist hält er sich von früh bis spät auf den großen Plätzen oder den Säulengängen von Athen auf und versucht jeden, der vorbeikommt, in ein Gespräch zu verwickeln – in ein philosophisches, wohlgemerkt. Die Leute sollen sich und ihm über das, was sie denken und meinen, Rechenschaft ablegen; über Alltägliches und Gewohntes: Was hat es mit der Wahrheit auf sich? Wie erkenne ich einen gerechten Mann? Was ist eigentlich damit gemeint, wenn man von Tugend spricht? Auf was können wir nach dem Tod hoffen, und was hat es mit der Kunst auf sich? Diese und viele andere Fragen stellt er tagtäglich seinen Mitbürgern, und es ist anzunehmen, dass er einigen davon gehörig auf den Geist gegangen ist. Er selbst spielt dabei den Unwissenden und bringt seine Gesprächspartner auf diese Weise dazu, ihre Ansichten und Meinungen preiszugeben. Diese werden dann anschließend erbarmungslos geprüft, aufs Glatteis geführt, in Widersprüche verwickelt und in ihrer Falschheit entlarvt. Kurz gesagt: Sokrates sucht überall die Wahrheit; alles steht auf dem Prüfstand. Und er hört nicht auf zu fragen, bevor er einer Sache nicht vollständig auf den Grund gegangen ist.

Dies sei sein Auftrag. Ein Gott habe ihn befohlen, und nun setze er alles daran, ihn zu erfüllen. Nicht selten stößt er dabei seinem Gegenüber vor den Kopf. An Gesprächspartnern mangelt es nicht. Zu seinen Freunden und Schülern gehören auch viele junge Männer von Athen, die sich von seinen philosophischen Gesprächen angezogen fühlen. Sokrates philosophiert mit ihnen, ohne dafür Geld zu verlangen.

Aber es zeigt sich, dass sein Tun nicht ganz ungefährlich ist. Sokrates ist bereits ein alter Mann, als ihm in Athen der Prozess gemacht wird. Die Anklage lautet auf Gotteslästerung und Verführung der Jugend. Darauf steht in Athen die Todesstrafe. Der Verdacht steht im Raum, dass einige einflussreiche Bürger Athens den unbequemen Fragensteller aus dem Weg schaffen wollen. In der berühmten Verteidigungsrede, der „Apologie", nimmt Sokrates zu den Vorwürfen Stellung. Aber, er verteidigt sich nicht, er gibt nicht klein bei, er scheut den Tod nicht. Es gehe ihm um die Wahrheit, der er sich sein Leben lang verschrieben habe. Lieber setze er sein Leben aufs Spiel, als vor seinen Anklägern nachzugeben.

Am Ende wird Sokrates als Siebzigjähriger zum Tod durch den Giftbecher verurteilt. Eine Flucht, die einflussreiche Freunde organisiert haben, lehnt er ab. Im Kreise seiner engsten Freunde wird das Todesurteil vollstreckt.

In der „Apologie", der Verteidigungsrede des Sokrates, beschreibt Platon (427–347 v. Chr), wie sich Sokrates seiner Anklage wegen Verführung der Jugend und Lästerung der Götter stellt. Im folgenden Text verteidigt sich Sokrates gegen die Vorwürfe und begründet sein Verhalten.

Platon: Sokrates vor Gericht

M 8

Ich hätte mich ja ganz verkehrt verhalten, ihr Männer von Athen, wenn ich zwar damals, als mich die mir von euch zugeteilten Vorgesetzten aufstellten, bei Potidaia und Amphipolis und Delion, wenn ich damals an der Stelle, wo sie mich aufstellten, ausgeharrt und dem Tod ins Auge geblickt hätte wie mancher andere auch, wenn ich hingegen da, wo der Gott mich aufgestellt hat (wie ich jedenfalls annahm und vermutete: ich solle als Philosoph leben und mich und meine Mitmenschen prüfen) – wenn ich dort aus Furcht vor dem Tode oder irgend etwas anderem den mir zugewiesenen Platz verließe. Das wäre schlimm, und dann könnte man mich wahrhaftig mit Recht vor Gericht bringen, weil ich nicht an die Götter glaubte, da ich den Seherspruch nicht befolgte und mich vor dem Tode fürchtete und mich für weise hielte, ohne es zu sein. Denn sich vor dem Tode zu fürchten, ihr Männer, das ist nichts anderes als sich für weise zu halten, ohne dass man es ist. Das bedeutet ja, dass man zu wissen glaubt, was man gar nicht weiß. Denn niemand weiß, ob nicht der Tod für den Menschen die größte aller Wohltaten ist, und doch fürchten ihn die Leute, als ob sie genau wüssten, dass er das größte aller Übel ist. Und ist nicht eben dies die vielgeschmähte Unbelehrtheit: zu glauben, man wisse, was man nicht weiß? Hierdurch, ihr Männer, unterscheide ich mich wohl auch in dieser Frage von den meisten Menschen, und wenn ich beanspruchen wollte, in irgendeiner Hinsicht weiser zu sein als andere, dann darin, dass ich, da ich nichts Genaues von den Zuständen im Jenseits weiß, auch nicht glaube, etwas davon zu wissen. [...]

Ich schätze und verehre euch, ihr Männer von Athen, doch gehorchen werde ich eher dem Gotte als euch und, solange ich atme und dazu imstande bin, nimmer aufhören, zu philosophieren und auf euch einzureden und jedem von euch, den ich treffe, ins Gewissen zu reden, indem ich in meiner gewohnten Art zu ihm sage: „Mein Bester, du bist Athener, ein Bürger der größten und durch Bildung und Macht berühmtesten Stadt, und du schämst dich nicht, dich darum zu kümmern, wie du zu möglichst viel Geld und wie du zu Ehre und Ansehen kommst, doch um die Vernunft und die Wahrheit und darum, dass du eine *möglichst gute Seele* hast, kümmerst und sorgst du dich nicht?" Und wenn einer von euch das bestreitet und sagt, er kümmere sich darum, dann werde ich ihn nicht gleich laufen lassen und weggehen, sondern ihn fragen und prüfen und ausforschen, und wenn ich den Eindruck bekomme, dass er keine Tugend besitzt, obwohl er's behauptet, dann werde ich ihm den Kopf zurechtsetzen, weil er das Wertvollste am niedrigsten einschätzt und das Minderwertige höher. [...] Denn das befiehlt mir – seid dessen gewiss – der Gott, und ich bin überzeugt, dass euch in der Stadt noch nie eine größere Wohltat zuteil geworden ist als dieser mein Dienst an dem Gotte.

3 Die Texte M 7 und M 8 geben Hinweise darauf, was Sokrates über die Begriffe Wissen und Meinen denkt. Gleichzeitig geben sie einen Einblick in seine Biografie. Teilen Sie die Texte mit Ihrem Partner auf. Bereiten Sie Ihren Text so vor, dass Sie die wesentlichen Informationen anschließend Ihrem Partner vortragen können.

4 Gestalten Sie anschließend ein Lernplakat mit einem Steckbrief, das neben den Informationen zu Sokrates' Leben und Denken auch seine Position zu den Begriffen Wissen und Meinen illustriert.

Der Satz „Ich weiß, dass ich nichts weiß" ist einer der berühmtesten Sätze der Philosophie. Doch was bedeutet es, wenn Sokrates von sich selbst behauptet, er wisse um sein Nichtwissen? Der Philosophiedidaktiker Klaus Disselbeck hat diese Frage untersucht und stellt seine Überlegungen im folgenden Text vor.

M 9 Klaus Disselbeck: Sokratisches Nichtwissen (2002)

Das Wissen des Nichtwissens, das Sokrates als seine Einsicht beansprucht, ist zunächst sein Wissen darum, dass es ein Wissen im Sinne des Besitzes der Wahrheit für uns Menschen nicht gibt; es ist ferner sein Wissen darum, dass es auch keine Sicherheit für das gibt, was wir Menschen zu wissen glauben; und es ist schließlich sein Wissen darum, dass es keine unantastbare, über jede Kritik erhabene Begründung unseres Wissens gibt. Sokrates weiß also, dass das die Wahrheit enthüllende, völlig sichere und endgültig beweisbare Wissen für Menschen nicht geben kann, weder hinsichtlich der Natur noch der Gesellschaft und schon gar nicht auf metaphysischem und religiösem Gebiet. [...]

Der Besitz der Wahrheit kommt [...] allein der Gottheit zu. Nur sie verfügt über ein völlig sicheres, beweisbares Wissen oder über ein Wissen, das zugleich weiß, dass es wahr ist. Menschliches Wissen aber ist von anderer Art. Es steht nicht auf einer Stufe mit der Wahrheit, sondern diese ist Ziel der Erkenntnis, ohne dass man wissen kann, ob man es erreichen wird oder erreicht hat. Man kann das auch so ausdrücken: Die Wahrheit steht über jeder menschlichen Autorität, sie ist in diesem Sinne absolut. Durch Prüfung und Widerlegung von Meinungen über eine Sache sucht Sokrates nach der Wahrheit. Sie ist also die regulative Idee oder der Bewertungsmaßstab seines Prüfens und Widerlegens. Die menschliche Weisheit aber bedeutet im Vergleich zur göttlichen herzlich wenig, weil die menschliche Erkenntnis mit Irrtümern und Vorurteilen durchsetzt ist, mit Hoffnungen und Befürchtungen. Das gilt sogar für Theorien über die Erkenntnis, die durchaus nicht so „rein" sind, wie meist angenommen wird, sondern die von utopischen Wünschen und politischen Anschauungen beeinflusst sein können. Aber im Unterschied zum Skeptizismus mancher Sophisten sieht Sokrates, dass die Fehlbarkeit unserer Erkenntnis die Wahrheit als eine regulative Idee impliziert und dass wir ihr durch Prüfung und Widerlegung von Meinungen näher kommen können.

5 Bearbeiten Sie den Text mit der Västeras-Methode (s. S. 465), indem Sie einzelnen Textpassagen bestimmte Symbole zuordnen. Diskutieren Sie anschließend mit einem Partner oder in Ihrer Gruppe die markierten Textstellen.

6 Welche Parallelen können Sie zwischen dem Höhlengleichnis und Sokrates' Leben ziehen?

In Platons Dialog „Kriton" erhält Sokrates kurz vor seiner Hinrichtung im Gefängnis Besuch von seinem Freund Kriton. Er unterbreitet ihm die Möglichkeit zur Flucht. Sokrates begründet, warum er seinem Todesurteil nicht entgehen will.

Platon: Warum Sokrates nicht aus dem Gefängnis flieht

M 10

Sokrates: Betrachte nun die Sache so: Wenn wir von hier weggehen, ohne dass wir die Stadt für uns gewonnen haben, tun wir dann irgendwem Böses, und zwar gerade denen, die es am wenigsten verdient hätten, oder nicht? Und halten wir noch an dem fest, was, wie wir übereinstimmend festgestellt haben, gerecht ist, oder nicht?

Kriton: Ich kann deine Frage nicht beantworten, Sokrates: Ich verstehe sie nicht.

Sokrates: Sieh dir die Sache so an. Gesetzt, wir wären willens, von hier davonzulaufen, oder wie man das nennen soll, und da kämen die Gesetze und das Gemeinwesen dieser Stadt, träten uns entgegen und fragten: „Sag uns, Sokrates, was hast du im Sinne? Hat dein jetziges Vorhaben ein anderes Ziel, als uns, die Gesetze, zu vernichten, und mit uns die ganze Stadt, soviel an dir liegt? Oder hältst du es für möglich, dass eine Stadt bestehen bleibt und nicht untergeht, in der Gerichtsurteile keine Geltung haben, in der sie vielmehr von Privatpersonen ihrer Kraft beraubt und über den Haufen geworfen werden?" – was würden wir antworten, Kriton, auf diese und ähnliche Fragen? Denn mancherlei könnte jemand, zumal ein Redner, zugunsten dieses zuschanden gemachten Gesetztes vorbringen, das da anordnet, dass ergangene Gerichtsurteile in Kraft bleiben.

M 11

Jacques-Louis David (1748–1825): Der Tod des Sokrates, 1787

7 Warum will Sokrates sich dem Todesurteil nicht entziehen? Suchen Sie zunächst selbst nach einer Erklärung und tauschen Sie sich anschließend mit Ihrem Partner aus. Eine Erklärung versucht auch M 14.

8 Interpretieren Sie Sokrates' Geste in M 11. Überlegen Sie in diesem Zusammenhang auch, was seinen Freunden in der dargestellten Szene durch den Kopf gehen könnte.

5.3 Sokrates: Auf was wir nach dem Tod hoffen dürfen

Um den Weg zurück in seine Heimat zu finden, macht sich Odysseus in das Totenreich auf, um den Seher Teiresias nach dem richtigen Weg zu fragen. Die Zauberin Kirke hatte ihm den Weg in den Hades gezeigt und verraten, wie er durch ein Opferritual mit den Toten der Unterwelt in Kontakt treten könne. Mutig macht sich Odysseus mit seinen Leuten auf den Weg. Nachdem er im Hades angekommen ist, vollzieht er sofort das Opferritual.

M 12

José Benlliure y Gil (1855-1937): Die Barke Charons, um 1895

M 13

Homer/Auguste Lechner: Odysseus' Reise in das Reich der Toten

„Freunde", sprach er, „ihr glaubt, wir fahren jetzt heim nach Achaia! Aber es ist nicht wahr. Wir müssen hinab zum Reich des Hades, um den Seher Teiresias über die Reise und unser künftiges Schicksal zu befragen. Sonst werden wir abermals in die Irre fahren und die Heimat nie wiedersehen!"

Da begannen sie, zu jammern und zu wehklagen, setzten sich in den Staub und rauften ihre Haare; denn es graute ihnen vor dem Totenreich, das noch nie ein Mensch im Leben gesehen hatte.

Aber sie wussten, da half kein Weinen und Klagen, da es ihnen nun einmal bestimmt war. So zogen sie das Schiff ins Wasser, richteten den Mastbaum auf und setzten die Segel. Dann saßen sie schweigend und bekümmert auf dem Deck und warteten, und alsbald erhob sich ein starker, stetiger Nordwind und trieb das Schiff schnell vor sich her.

Den ganzen Tag lief es so durch die graue Salzflut. Als die Sonne unterging, kamen sie an die Grenze des Okeanos. Vor ihnen am Strand lag die Stadt der Kimmerier in düsterem Schatten. Niemals besuchte Helios, der leuchtende Gott, dieses Land, stets umhüllen es Nebel und schreckliche Nacht.

Da legten sie am Ufer an, nahmen die Schafe mit sich und gingen am Hain der Persephoneia entlang bis zu dem Felsen, den Kirke beschrieben hatte.

Odysseus zog sein Schwert und höhlte eine Grube aus, und während sie die Götter des Totenreiches anriefen,

gossen sie ringsum das Opfer für die Abgeschiedenen aus: Honig, Wein und Wasser, mit weißem Mehl bestreut.
[...]
Da begann es ringsum aus der Tiefe aufzusteigen, ein schauriges Gewimmel von Schatten drängte sich laut heulend und schreiend heran; Krieger, Frauen, Greise und Jünglinge ...

1 Beschreiben Sie das Bild M 12. Stellen Sie Vermutungen an, was mit den Menschen außerhalb und auf dem Boot geschieht.
Wie wird das Totenreich in M 13 beschrieben?

Die Gefährten des Odysseus grauen sich vor dem Totenreich. Im Folgenden geht es um die Frage, was mit einem Menschen nach seinem Tod geschieht.

2 Welche unterschiedlichen Vorstellungen davon, was nach dem Tod mit dem Menschen geschieht, sind Ihnen bekannt? Machen Sie sich kurz Notizen und tauschen Sie ihre Kenntnisse innerhalb einer Kleingruppe aus.

Im Prozess droht Sokrates bei einem Schuldspruch die Höchststrafe: Tod durch den Giftbecher. Doch der bereits Siebzigjährige zeigt sich vom Strafmaß unbeeindruckt.

Platon: Sokrates denkt über den Tod nach

M 14

Lasst uns auch auf folgende Weise bedenken, wie groß die Hoffnung ist, dass es [das Sterben] sich um etwas Gutes handelt. Denn von zwei Dingen kann das Sterben nur eines sein; entweder nämlich ist es eine Art Nichtsein, so dass der Verstorbene auch keinerlei Empfindung mehr von irgend etwas hat, oder es findet, wie ja behauptet wird, eine Art Übergang und Übersiedelung der Seele statt: von dem Orte hier an einen anderen Ort. Und wenn nun keinerlei Empfindung mehr vorhanden ist, sondern eine Art Schlaf, worin der Schlummernde keinerlei Träume hat, dann wäre der Tod ein wunderbarer Gewinn. Denn ich möchte annehmen, wenn jemand die Nacht, in der er so gut schlafen konnte, dass er keinerlei Träume hatte, heraussuchen und wenn er dann die anderen Nächte und Tage seines Lebens mit dieser Nacht vergleichen und nach genauer Prüfung sagen sollte, an wie vielen Tagen und Nächten in seinem Leben er besser und angenehmer gelebt hat als in dieser Nacht – dann, möchte ich annehmen, wird nicht nur irgendein gewöhnlicher Bürger, sondern selbst der Großkönig finden, dass diese Tage und Nächte rasch gezählt sind im Vergleich zu den übrigen. Wenn nun der Tod so etwas ist, dann nenne ich ihn einen Gewinn; denn die ganze Folge der Zeit erscheint uns dann nicht länger als eine einzige Nacht.
Wenn jedoch der Tod eine Art Reise von hier an einen anderen Ort ist und wenn zutrifft, was erzählt wird, dass sich dort alle Verstorbenen befinden, gibt es dann wohl ein Gut, das größer wäre als dies, ihr Richter? Wenn man nämlich im Hades eintrifft und nunmehr, befreit von den Richtern, die sich hier so nennen, auf die wahren Richter trifft [...], die sich in ihrem Leben als gerecht erwiesen haben, wäre das etwa eine üble Reise? [...] Schließlich die Hauptsache: ich könnte die Leute dort ständig prüfen und ausfragen – wie die hiesigen –, wer von ihnen weise ist und wer sich dafür hält, ohne es zu sein.
[...] Doch jetzt ist's Zeit fortzugehen: für mich, um zu sterben, für euch, um zu leben. Wer von uns dem besseren Los entgegengeht, ist uns allen unbekannt – das weiß nur Gott.

3 Lesen Sie den Text und fassen Sie Sokrates' Überlegungen in Stichworten zusammen. Welche Gemeinsamkeiten und Unterschiede können Sie bei Sokrates und Ihren eigenen Überlegungen feststellen?

4 Welche alternativen Vorstellungen vom Tod hält Sokrates für denkbar? Worin unterscheidet sich bei Sokrates der Hades von der Welt der Lebendigen?

INFO

Metaphysik

Die Metaphysik (griech. *metá* = danach, hinter, jenseits, und *phýsis* = Natur, natürliche Beschaffenheit) ist eine der ältesten Disziplinen der Philosophie. Sie fragt nach den ersten Gründen, Ursachen und Prinzipien der Welt.

Im engeren Sinne gehören zur Metaphysik alle philosophischen Probleme, die nach den Gründen und Prinzipien hinter der beobachtbaren Welt fragen, z. B. nach dem Sinn des Lebens, dem Grund allen Seins oder, ob es eine unsterbliche Seele oder ein Leben nach dem Tod gibt. Immanuel Kant betrachtete Gott, Freiheit und Unsterblichkeit als die wichtigsten metaphysischen Ideen. Er formulierte drei grundsätzliche Fragen der Philosophie: Die Frage nach Ursprung und Beschaffenheit allen Seins: Was kann ich wissen? Die Frage nach dem richtigen Handeln: Was soll ich tun? Und die Frage nach der Unsterblichkeit der Seele: Was darf ich hoffen? Die erste Frage beantwortet die Metaphysik, die zweite die Moral und die dritte die Religion. Alle drei lassen sich zu der Frage zusammenfassen: Was ist der Mensch?

In einem weiter gefassten Sinne sucht aber jede philosophische Teildisziplin nach den grundsätzlichen Bedingungen, Gründen und Prinzipien ihres jeweiligen Gebiets. In diesem Sinne ist die Metaphysik nicht als Teilgebiet, sondern als alle Themen der Philosophie durchdringende Disziplin zu sehen, sofern sie sich mit eben diesen Prinzipien auseinandersetzt.

5 Lesen Sie den Informationstext über Metaphysik. Untersuchen Sie, welche der Texte, die Sie bisher in diesem Kapitel bearbeitet haben, zur Metaphysik gerechnet werden können.

Nachdem Odysseus im Hades das Opfer für die Toten vollzogen hat, erscheinen die Schatten der Toten. Unter ihnen ist auch der berühmte Feldherr und Kämpfer Achilleus, an dessen Seite Odysseus im Trojanischen Krieg gekämpft hat. Die Freunde unterhalten sich im Hades.

M 15 Homer/Auguste Lechner: Odysseus trifft im Totenreich auf Achilleus

[Indessen] war Achilleus, der Pelide, aus dem Dunkel getreten. „Odysseus!", rief er sogleich, nachdem er getrunken hatte. „Wagst du es sogar, herab zur Tiefe zu steigen, wo sonst nur die Schatten der Toten sinnlos taumeln? Bei den Göttern, eine größere Kühnheit kann es nicht geben!"

„Ich bin nicht aus freiem Willen gekommen", sagte Odysseus. „Ich musste Teiresias um Heimkehr und Schicksal befragen: Denn seit wir Troja verließen, irren wir elend umher! Du aber, Achilleus, bist glücklich zu preisen unter den Männern aller Zeiten! Früher, als du noch lebtest, ehrten dich die Achaier wie einen der Götter, und nun bist du ein mächtiger Herrscher hier unter den Schatten!"

„Versuche nicht, mich über meinen Tod zu trösten!", fuhr Achilleus auf. „Ich sage dir, lieber möchte ich als armer Knecht im Licht der Sonne leben und schwere Arbeit tun, als hier die ganze Schar verblichener Toter zu beherrschen."

Im Anschluss an das Höhlengleichnis untersucht Sokrates mit seinem Gesprächspartner Glaukon, welche Konsequenzen die neuen Erkenntnisse über die Wirklichkeit für den Entfesselten haben.

M 16 Platon: Sokrates nimmt im Höhlengleichnis Bezug auf das Gespräch zwischen Odysseus und Achilleus

Sokrates: Wenn er nun an seinen ersten Aufenthaltsort zurückdenkt und an die dortige Weisheit seiner Mitgefangenen: wird er da wohl nicht sich wegen seiner Veränderung glücklich preisen und jene bedauern?

Glaukon: Ja, sicher.
Sokrates: Und wenn damals bei ihnen Ehren- und Beifallsbezeugungen wechselseitig bestanden sowie Belohnungen für den schärfsten Beobachter der vorüberwandernden Schatten, ferner für das beste Gedächtnis daran, was vor, nach und mit ihnen zu kommen pflegte, und für die geschickteste Prophezeiung des künftig Kommenden: meinst du, dass er da danach Verlangen haben werde, dass er die bei jenen Höhlenbewohnern in Ehre Stehenden und Machthabenden beneidet? Oder dass es ihm geht, wie Homer sagt, und er viel lieber als Tagelöhner bei einem linderen dürftigen Manne das Feld bestellen und eher alles in der Welt über sich ergehen lassen will, als jene Meinungen und jenes Leben haben?
Glaukon: Letzteres glaube ich, sagte er, dass er nämlich sich eher allen Leiden unterziehen als jenes Leben führen wird.

6 Lesen Sie M 15 und M 16. Suchen Sie die Stelle heraus, an der Sokrates auf Homer Bezug nimmt.
7 Welche Ansicht über unsere eigene Existenz deutet Sokrates in dem Zitat an?

5.4 Die Beschaffenheit der Seele – Sokrates, Hume

Die folgenden Strophen sind ein Ausschnitt aus einem 19-strophigen Gedicht von Karl Friedrich Drollinger (1688–1742), einem Schweizer Dichter aus Basel. Drollinger schreibt in einer veralteten schweizerischen Rechtschreibung, so dass der Text z. T. in die heutige Sprache „übersetzt" werden muss.
In den ersten vier Strophen denkt das lyrische Ich über die Vergänglichkeit von Körper und Seele nach und spricht damit ein typisches Thema des Barocks an.

Karl Friedrich Drollinger: Über die Unsterblichkeit der Seele (1743) M 17

Regentinn meiner Leibeshütte!
Ich eile nun zur langen Ruh.
Dem Körper naht mit schnellem Schritte
Die Herrschaft der Verwesung zu.
Kaum stößt annoch des Hertzens Höhle
Das halb-verrauchte Lebensöle
Mit müden Schlägen langsam aus.
Die Muskeln sind entspannt und schwinden;
Der Sinnen schwächliches Empfinden
Verkündigt schon der Faülniß Graus.

Wolan! der Körper mag verstaüben.
Sein blöder Zeüg kan nicht bestehn.
Doch du, O Seele! wirst du bleiben?
Wie? oder must du mit vergehn?
Ist denn dein Stoff auch ein Gedränge,
Von Teilen ungezählter Mänge,
Als wie ein Körper, zugericht?
Ein Bau von so viel Tausend Stücken,
Auf welche Zeit und Zufall drücken,
Bis ihre Fügung wieder bricht?

Doch nein! du öffnest deine Schätze,
Und legst uns überzeügend dar,
Daß keines Körpers Grundgesätze
Und keine Mischung dich gebahr.
Was ist ein Leib, des Geistes Hülle?
Sein Klumpe liget todt und stille,
So bald ihm ein Beweger fehlt.
Nicht so der Geist, der lebt und denket,
Mit schneller Macht die Sinnen lenket,
Erwigt, beschleüßt, verwirft und wählt.

So lerne denn, daß Tod und Sterben
Allein in grobe Körper dringt,
Und der Verstörung Grundverderben
Ein geistlich Wesen nie bezwingt.
Der Mischung Bau wird leicht zerstücket.
Dich aber hat ein Seyn beglücket,
Das weder Stück noch Teile kennt.
Vergeblich sucht der Raub der Zeiten
Dein einfach Wesen zu bestreiten.
Nichts, als Gefügtes, wird getrennt.
[...]

1 Wie stellt Drollinger in M 17 die Seele dar? Wie passt das zu Ihren eigenen Vorstellungen der Seele?

2 Stellen Sie alle Attribute zusammen, die zur Seele und zum Körper gehören.

Im Folgenden geht es um die Frage, ob die Seele des Menschen unsterblich ist.

3 „Wenn ich an den Tod denke ..." Vervollständigen Sie den Satz auf Ihre Weise.

Im folgenden Ausschnitt aus Platons Dialog „Phaidon" führt Sokrates seinem Gesprächspartner Kebes vor, warum es logisch ausgeschlossen sei, dass die Seele stirbt. Der berühmt gewordene Beweis für die Unsterblichkeit der Seele stützt sich dabei auf eine genaue Untersuchung der Begriffe Seele, Lebendigkeit und Tod und ihrer Beziehung untereinander.

M 18 Platon: Warum die Seele nicht sterben kann

Darüber also sind wir eins geworden, fuhr Sokrates fort, ganz unbedingt, daß das Entgegengesetzte niemals sein Entgegengesetztes sein wird.

Auf alle Weise.

So betrachte denn auch noch dieses, ob du auch darüber mit mir einig sein wirst: Du nennst doch etwas warm und kalt?

Das tue ich.

Etwa dasselbe, was auch Schnee und Feuer?

Nein, beim Zeus, ich nicht.

Sondern etwas anderes als das Feuer ist das Warme, und etwas anderes als der Schnee das Kalte?

Ja.

Aber das, denke ich, glaubst du doch, dass niemals der Schnee als Schnee das Warme aufnehmen und, wie wir im Vorigen sagten, noch sein wird, was er war, Schnee und zugleich warm; sondern wenn das Warme sich nähert, wird er ihm entweder aus dem Wege gehn oder verschwinden.

Freilich.

Und so das Feuer wiederum, wenn ihm das Kalte naht, wird entweder darunter weggehn oder verschwinden, nie aber das Herz haben, die Kälte aufzunehmen und noch sein zu wollen, was es war, Feuer und kalt.

Wohlgesprochen, sagte er.

[...]Denn überlege dir nur wegen der Drei: glaubst du nicht, dass sie immer muss sowohl mit ihrem Namen genannt werden als auch mit dem des Ungeraden, obgleich dieses nicht dasselbe ist wie die Dreiheit? Aber dennoch ist dies die natürliche Beschaffenheit der Drei und der Fünf und überhaupt der einen ganzen Hälfte der Zahlen, dass, obgleich sie nicht dasselbe ist wie das Ungerade, doch jede von ihnen ungerade ist. Und wiederum die Zwei und die Vier und die andere Reihe der Zahlen ist nicht dasselbe wie das Gerade, aber doch ist jede von ihnen immer gerade. Gibst du das zu oder nicht?

Wie sollte ich nicht? sprach er.

So siehe nun zu, was ich eigentlich deutlich machen will: Es ist nämlich dieses, dass nicht nur jenes Entgegengesetzte selbst sich einander nicht annimmt; sondern auch alles das, was einander eigentlich nicht entgegengesetzt ist, doch aber das Entgegengesetzte immer in sich hat, auch dieses scheint jene Idee nicht annehmen zu wollen, die der in ihm wohnenden entgegengesetzt ist, sondern, wenn sie kommt, entweder unterzugehn oder sich davonzumachen. Oder wollen wir nicht sagen, die Drei werde eher untergehen und sich alles andere gefallen lassen, als aushalten, Drei zu sein, und zugleich gerade zu werden?

Allerdings, sagte Kebes.

Nun ist doch die Zwei der Drei nicht entgegengesetzt.

Freilich nicht.

Also nicht nur die entgegengesetzten Begriffe lassen einander nicht zu, sondern auch noch einiges andere lässt das Entgegengesetzte nicht an sich kommen.

[...] Wie wir eben sagten. Denn du weißt doch: alles, wovon die Idee der Dreiheit Besitz nimmt, ist notwendig nicht nur Drei, sondern auch ungerade?

Freilich.

[...] Antworte also, sprach er: Wenn was doch dem Leibe einwohnt, wird er lebend sein?

Wenn Seele, antwortete er.

Und verhält sich dies auch immer so?

Wie sollte es nicht? sagte er.

Die Seele also, wessen sie sich bemächtigt, zu dem kommt sie und bringt immer Leben mit?

Das tut sie freilich.

Ist nun wohl etwas dem Leben entgegengesetzt oder nichts?

Ja.

Und was?

Der Tod.

Also wird wohl die Seele das Gegenteil dessen, was sie immer mitbringt, nie annehmen, wie wir aus dem Vorigen festgesetzt haben?

Ganz gewiss.

[...] Gut. Und was den Tod nie annimmt, wie nennen wir das?

Unsterblich, sagte er.

Und die Seele nimmt doch den Tod nie an?

Nein.

Unsterblich also ist die Seele?

Unsterblich.

Gut, sprach er. Wollen wir also sagen, dies sei erwiesen, oder wie dünkt dich?

Und zwar ganz vollständig, o Sokrates?

4 Welche Eigenschaften hat die Seele nach Platon in M 18?

5 Geben Sie Sokrates' Argument für die Unsterblichkeit der Seele in eigenen Worten wieder.

David Hume zweifelt an der Unvergänglichkeit der Seele. Seine Zweifel gründen in zwei metaphysischen Argumenten, die er im folgenden Textausschnitt formuliert.

David Hume: Über die Unsterblichkeit der Seele

M 19

Es ist ein Gemeinplatz der Metaphysik, dass die Seele immateriell und dass es für das Denken unmöglich ist, einer materiellen Substanz anzugehören.

Aber die rechte Metaphysik lehrt uns, dass der Begriff der Substanz ganz und gar verworren und unvollkommen ist und dass wir keine andere Vorstellung von einer Substanz haben als die eines Aggregats bestimmter Eigenschaften, die einem unbekannten Etwas innewohnen. Materie und Geist sind daher im Grunde gleichermaßen unbekannt, und wir vermögen nicht zu bestimmen, welche Eigenschaften der einen oder dem anderen innewohnen.

Ebenso lehrt sie uns, dass über Ursache und Wirkung nichts a *priori* entschieden werden kann und dass wir, da Erfahrung die einzige Quelle unserer Urteile dieser Art ist, nirgendwo anders her wissen können, ob die Materie auf Grund ihrer Struktur und Anordnung nicht die Ursache des Denkens sein kann. Abstrakte Gedankengänge können keine Frage mit Bezug auf Tatsachen oder Existenz entscheiden.

Räumen wir jedoch einmal ein, dass eine geistige Substanz wie etwa das ätherische Feuer der *Stoiker* im ganzen Universum verteilt sei und dass sie das einzige Substrat wäre, das das Denken trage, so haben wir Grund, nach der *Analogie* zu schließen, dass die Natur sie in der gleichen Weise gebraucht wie die andere Substanz, die Materie. Sie verwendet sie als eine Art Teig oder Ton, bildet sie in mannigfache Formen und Existenzen um, löst nach einiger Zeit jede Modifikation wieder auf und fügt den Stoff in eine neue Form. Wie dieselbe materielle Substanz nach und nach die Körper aller Lebewesen bilden kann, so kann dieselbe geistige Substanz ihre Seelen bilden. Ihr Bewusstsein oder das Gedankensystem, das sie während des Lebens bildeten, mag durch den Tod jedesmal aufgelöst werden; und nichts interessiert sie an der neuen Modifikation. Die entschiedensten Verfechter der Sterblichkeit der Seele haben niemals die Unsterblichkeit ihrer Substanz geleugnet; und dass eine immaterielle Substanz ebenso gut wie eine materielle ihr Gedächtnis oder Bewusstsein verlieren kann, ergibt sich wenigstens zum Teil aus der Erfahrung, wenn denn die Seele immateriell sein sollte.

Wenn wir dem gewöhnlichen Naturablauf gemäß schließen und kein neues Eingreifen der höchsten Ursache annehmen, das in der Philosophie niemals zugelassen werden sollte, so ist das, was unvergänglich ist, auch unerzeugbar. Folglich existierte die Seele, wenn sie unsterblich ist, vor unserer Geburt. Und wenn uns diese frühere Existenz nichts anging, so wird es auch die spätere nicht tun.

Es steht außer Zweifel, dass die Tiere fühlen, denken, lieben, hassen, wollen und sogar überlegen, wenn auch in einer weniger vollkommenen Weise als die Menschen. Sind ihre Seelen deshalb auch immateriell und unsterblich?

M 20

Duane Michals: *The Spirit leaves the Body, 1968*

6 Geben Sie Humes Argumente in M 19 wieder, die gegen die Unsterblichkeit der Seele sprechen.

7 Führen Sie mit Ihrem Lernpartner ein Partnerpuzzle durch. Teilen Sie dazu die Texte von Platon und Hume untereinander auf und bereiten Sie einen Kurzvortrag vor. Informieren Sie sich gegenseitig über den jeweiligen Text, den Sie bearbeitet haben.

8 Setzen Sie das Bild M 20 mit den beiden Texten M 18 und M 19 in Beziehung. Zu welchem Text passt das Bild Ihrer Meinung nach am besten?

5.5 Erkenntnis der Wirklichkeit – Probleme und Lösungsversuche

M 21

„Bin ich? Und wenn ja, wie viele?"

1 Der etwas abgewandelte Titel des Bestsellers von Richard David Precht unter M 21 deutet auf ein Problem hin. Stellen Sie Vermutungen an, was mit den Fragen gemeint sein könnte.

Im Folgenden geht es um das Problem, ob wir überhaupt eine objektive Erkenntnis unseres Ichs und unserer Wirklichkeit gewinnen können.

2 Wenn Humes Behauptung stimmt (M 5), dass alle unsere Ideen und Vorstellungen nur aus momentanen Wahrnehmungen und Eindrücken stammen, muss das auch unsere Vorstellung von unserem Ich betreffen. Versuchen Sie in Partnerarbeit unter dieser Voraussetzung eine Antwort auf Prechts Frage zu finden.

David Hume zweifelt nicht nur an der Unvergänglichkeit der Seele nach dem Tod, sondern auch an der dauerhaften Existenz eines Ichs vor dem Tod.

David Hume: Das Ich als Bündel von Perzeptionen (1739)

M 22

Es gibt einige Philosophen, die sich einbilden, wir seien uns dessen, was wir unser Ich nennen, jeden Augenblick aufs unmittelbarste bewusst; wir fühlten seine Existenz und seine Dauer; wir seien sowohl seiner vollkommenen Identität als seiner Einfachheit [unmittelbar] gewiss. [...] Wir haben [jedoch] gar keine Vorstellung eines Ichs, die jenen Erklärungen entspräche. Oder aus was für einem Eindruck könnte diese Vorstellung stammen? Es ist unmöglich, diese Frage zu beantworten, ohne dass man in offenbare Widersprüche und Ungereimtheiten gerät; und doch muss diese Frage notwendigerweise beantwortet werden können, wenn die Vorstellung unseres Ichs für klar und vollziehbar gelten soll. Jede wirkliche Vorstellung muss durch einen Eindruck veranlasst sein. Unser Ich oder die Persönlichkeit aber ist kein Eindruck. Es soll ja vielmehr das sein, worauf unsere verschiedenen Eindrücke und Vorstellungen sich beziehen. Wenn ein Eindruck die Vorstellung des Ichs veranlasste, so müsste dieser Eindruck unser ganzes Leben lang unverändert derselbe bleiben; denn das Ich soll ja in solcher Weise existieren. Es gibt aber keinen konstanten und unveränderlichen Eindruck. Lust und Unlust, Freude und Kümmernis, Affekte und Sinneswahrnehmungen folgen einander; sie existieren nicht alle zu gleicher Zeit. Also ist es unmöglich, dass die Vorstellung unseres Ichs aus irgend einem dieser Eindrücke oder überhaupt aus irgend einem Eindruck stamme; folglich gibt es keine derartige Vorstellung.

Was soll aber ferner bei dieser Annahme aus unseren einzelnen Perzeptionen werden? Dieselben sind alle voneinander verschieden, unterscheidbar und trennbar; sie können für sich vorgestellt werden, also für sich existieren; sie brauchen demnach keinen Träger ihrer Existenz. In welcher Weise gehören sie dann zum Ich und wie sind sie mit ihm verknüpft? Ich meines Teils kann, wenn ich mir das, was ich als „mich" bezeichne, so unmittelbar als irgend möglich vergegenwärtige, nicht umhin, jedesmal über die eine oder die andere bestimmte Perzeption zu stolpern, die Perzeption der Wärme oder Kälte, des Lichtes oder Schattens, der Liebe oder des Hasses, der Lust oder Unlust. Niemals treffe ich mich ohne eine Perzeption an, und niemals kann ich etwas anderes beobachten als eine Perzeption. Wenn meine Perzeptionen eine Zeitlang nicht da sind, wie während des tiefen Schlafes, so bin ich ebenso lange „meiner selbst" unbewusst, man hat dann ein Recht zu sagen, dass „ich" nicht existiere. Und wenn meine Perzeptionen mit dem Tode aufhörten und ich nach der Auflösung meines Körpers weder denken, noch fühlen, noch sehen, weder lieben noch hassen könnte, so würde ich vollkommen vernichtet sein; ich kann nicht einsehen, was weiter erforderlich sein sollte, um mich zu etwas vollkommen „Nichtseiendem" zu machen. [...] Wenn ich [...] von einigen Metaphysikern [...] absehe, so kann ich wagen, von allen übrigen Menschen zu behaupten, dass sie nichts sind als ein Bündel oder ein Zusammen verschiedener Perzeptionen, die einander mit unbegreiflicher Schnelligkeit folgen und beständig in Fluss und Bewegung sind.

3 Stellen Sie dar, worin Hume die Schwierigkeit sieht, ein konstantes Ich zu erkennen.

Ebenso wie an der Existenz eines Ichs zweifelt Hume an der Möglichkeit, die dauernde Existenz der Körper in der Welt feststellen zu können.

David Hume: Der Glaube an die Existenz der Welt (1739)

M 23

Ich sitze hier in meinem Zimmer, mit meinem Gesicht dem Feuer zugewandt; alle Gegenstände, die auf meine Sinne einwirken, befinden sich in einem Umkreis von wenigen Yards um mich herum. Zugleich gibt mir die Erinnerung noch von der Existenz mancher anderer Objekte Kunde; aber diese Kunde erstreckt sich nur auf die frühere Existenz derselben; weder meine Sinne noch mein Gedächtnis legen Zeugnis ab von ihrem jetzigen Dasein. Indem ich nun so dasitze und jenen Erinnerungen nachgehe, höre ich plötzlich einen Lärm wie von einer Türe, die sich in ihren Angeln dreht, und ein wenig später sehe ich einen Briefträger auf mich zukommen. Dies gibt mir Veranlassung zu allerlei neuen Reflexionen und Schlüssen. Erstlich habe ich niemals beobachtet, dass ein solches Geräusch von etwas anderem als der Bewegung einer Tür herrührte; darnach urteile ich, dass dieses gegenwärtige Phänomen im Widerspruch stände mit allen früheren Erfahrungen, wofern nicht die Tür, die sich, wie ich mich erinnere, an der anderen Seite des Zimmers befindet, noch existierte. Weiterhin habe ich stets gefunden, dass der menschliche Körper eine Eigenschaft besitzt, die ich Schwere nenne und die ihn daran hindert, in der Luft emporzusteigen. Dies müsste der Briefträger, um zu meinem Zimmer zu gelangen, getan haben, wenn etwa die Treppe, deren ich mich erinnere, in meiner Abwesenheit vernichtet worden sein sollte. Aber dies ist nicht alles. Ich erhalte einen Brief, und beim Öffnen desselben erkenne ich an der Handschrift und Unterschrift, dass er von einem Freunde herstammt, der mir sagt, er sei zweihundert Meilen von mir entfernt. Offenbar kann ich diese Tatsache nicht übereinstimmend mit meiner in anderen Fällen gewonnenen Erfahrung erklären, ohne in meinem Geist die ganze See und den Kontinent zwischen uns auszubreiten und die Wirkungen und die dauernde Existenz von Posten und Überfahrtsgelegenheiten meiner Erinnerung und Beobachtung gemäß vorauszusetzen. [...] Kaum ein Augenblick meines Lebens nun verfließt, ohne dass ich Ähnliches erlebe und mich in der Lage befinde, die dauernde Existenz von Gegenständen voraussetzen zu müssen, um ihr vergangenes und ihr gegenwärtiges Auftreten zu verknüpfen und sie in eine Verbindung miteinander zu bringen, wie sie mir durch die Erfahrung als ihrer besonderen Natur und den begleitenden Umständen entsprechend bezeichnet worden ist. Ich sehe mich so in natürlicher Weise dazu getrieben, die Welt als etwas Reales und Dauerndes zu betrachten, als etwas, das im Dasein beharrt, auch wenn es für meine Wahrnehmung nicht mehr besteht. Dieser auf der Kohärenz der Erscheinungen beruhende Schluss könnte völlig gleicher Art scheinen mit unseren [sonstigen] kausalen Schlüssen: Auch er wurzelt in der Gewohnheit und vollzieht sich in Gemäßheit früherer Erfahrung.

4 Erklären Sie, was Hume als Einziges veranlasst, die Welt als etwas Reales und Dauerhaftes anzunehmen.

Berühmt geworden ist Humes Bestreitung der Kausalität als eines Naturgesetzes. Am Beispiel des Billardspieles erklärt er, wie die Kraft, mit der die eine Kugel von der anderen angestoßen wird, nicht beobachtbar ist. „Mit einem Wort also: Jede Wirkung ist ein von ihrer Ursache verschiedenes Ereignis. Sie kann daher nicht in der Ursache entdeckt werden.“ Sie werden nur aus psychologischer Gewohnheit in der Vorstellung miteinander verbunden. Damit bestreitet er die von Francis Bacon als sicherer Weg zur Erkenntnis entdeckte Induktion (vgl. S. 68).

Der österreichische Philosoph Karl Raimund Popper (1902–1994), der die moderne Erkenntnistheorie maßgeblich prägte, setzte sich mit Humes Kritik des Induktionsschlusses auseinander.

Karl R. Popper: Falsifikation statt Induktion als Weg zur Erkenntnis (1953)

M 24

Mit einem induktiven Schluss meint man hier einen Schluss aus wiederholt *beobachteten Fällen* auf einige vorerst noch *unbeobachtete Fälle*. Es ist verhältnismäßig unwichtig, ob ein solcher Schluss aus dem Beobachteten auf das Unbeobachtete in zeitlicher Hinsicht prädiktiv oder retrodiktiv ist; ob wir schließen, dass die Sonne morgen aufgehen wird oder dass sie vor 100 000 Jahren aufging. [...] Ich glaube mit Hume, dass es einfach keine solche logische Entität wie einen induktiven Schluss gibt; oder, dass alle sogenannten induktiven Schlüsse logisch unhaltbar sind – und sogar *induktiv* unhaltbar, um es schärfer auszudrücken [...]. Wir kennen viele Beispiele deduktiv gültiger Schlüsse und sogar einige partielle Kriterien für die deduktive Gültigkeit; aber es gibt kein Beispiel eines gültigen Induktionsschlusses. Und übrigens behaupte ich, dass man dieses Resultat in Hume finden kann, obwohl Hume gleichzeitig und in scharfem Gegensatz zu mir an *die psychologische Macht der Induktion glaubte;* nicht als ein logisch zulässiges Verfahren, sondern als ein Verfahren, das Tiere und Menschen tatsächlich und aus biologischer Notwendigkeit erfolgreich verwenden. Ich halte es für eine wichtige Aufgabe klarzumachen, wo ich Hume zustimme und wo ich anderer Meinung bin. [...] Ich stimme Humes Meinung zu, dass die Induktion unhaltbar und in keiner Hinsicht gerechtfertigt ist. Ich stimme nicht mit Humes Meinung (der Meinung übrigens fast aller Philosophen) überein, dass die Induktion eine Tatsache ist und dass sie auf jeden Fall gebraucht wird. Ich behaupte, dass weder Tiere noch Menschen irgendein Verfahren wie die Induktion oder irgendein auf der Wiederholung von Fällen beruhendes Argument verwenden. Die Überzeugung, dass wir Induktionen verwenden, ist einfach ein Irrtum. Sie ist eine Art optische Täuschung. Was wir tatsächlich verwenden, ist eine Methode von Versuch und Fehlerausmerzung; wie immer täuschend ähnlich diese Methode der Induktion sehen mag, ihre logische Struktur, wenn wir sie genau untersuchen, ist von derjenigen der Induktion vollkommen verschieden. [...] Ich werde zu zeigen versuchen, dass der ganze Induktionsapparat unnötig wird, sobald wir die allgemeine Fehlbarkeit der menschlichen Erkenntnis zugeben, oder, wie ich es gewöhnlich nenne, *den Vermutungscharakter der menschlichen Erkenntnis.*

[...] Ich behaupte, dass wissenschaftliche Erkenntnis wesentlich [...] hypothetisch ist. [...] Wir [...] können alle unsere Leistungen mit der Methode von Versuch und Fehlerbeseitigung erklären. Um es ganz kurz zu sagen: Unsere Vermutungen sind unsere Versuchsballons, und wir prüfen sie, indem wir sie kritisieren und indem wir versuchen, sie zu ersetzen – indem wir zu zeigen versuchen, dass es bessere oder schlechtere Vermutungen geben kann und dass sie verbessert werden können. Das Problem, ob vorgeschlagene, rivalisierende Vermutungen oder Theorien vergleichsweise besser oder schlechter sind, verdrängt das Problem der Induktion von seinem Platze.

5 Stellen Sie dar, wie Popper an Stelle von Induktionsschlüssen zu wissenschaftlichen Erkenntnissen gelangen will.

6 Stellen Sie Ähnlichkeiten und Unterschiede in der Erkenntnistheorie Humes und Poppers zusammen.

In der Auseinandersetzung zwischen dem Empirismus, der von Wahrnehmungen und Eindrücken ausgeht, und dem Rationalismus, der die Welt vom Bewusstsein her erschließen will, kennt Karl R. Popper ähnlich wie Platon noch eine dritte Welt, die über die Wahrnehmung und das Bewusstsein des Einzelnen hinausgeht, und begründet damit den kritischen Rationalismus. Er sieht diese dritte Welt jedoch von anderen Wesen „bewohnt“ als Platon.

M 25 Karl R. Popper: Platons Bedeutung für die dritte Welt der Realität (1972)

Ich möchte aber gleich zu Anfang bekennen, dass ich Realist bin: Ich behaupte, ungefähr wie ein naiver Realist, es gebe

1. physikalische Welten und
2. eine Welt der Bewusstseinszustände, die aufeinander wirken.
3. Und ich glaube, dass es eine dritte Welt gibt in einem Sinne, den ich genauer erklären werde.

Zu den Bewohnern meiner „dritten Welt" gehören, um mehr ins Einzelne zu gehen, *theoretische Systeme;* ebenso wichtige Bewohner sind *Probleme* und *Problemsituationen*. Und ich werde behaupten, dass die wichtigsten Bewohner dieser Welt *kritische Argumente* sind sowie das, was man – in Analogie zu einem physikalischen Zustand oder einem Bewusstseinszustand – *den Stand einer Diskussion* oder den *Stand einer kritischen Auseinandersetzung* nennen kann; natürlich gehört auch der Inhalt von Zeitschriften, Büchern und Bibliotheken dazu. [...]

Nach allem, was wir wissen, war Platon der Entdecker der dritten Welt. Wie Whitehead bemerkte, besteht die ganze abendländische Philosophie aus Anmerkungen zu Platon.

Ich möchte lediglich drei kurze Bemerkungen zu Platon machen, davon zwei kritische.

1. Platon entdeckte nicht nur die dritte Welt, sondern auch einen Teil ihrer Rückwirkung auf uns selbst: Er erkannte, dass wir die Ideen seiner dritten Welt zu erfassen versuchen und dass wir sie als Erklärungen verwenden.
2. Platons dritte Welt war göttlich, unveränderlich und selbstverständlich wahr. So gibt es eine tiefe Kluft zwischen seiner und meiner dritten Welt: Die meinige ist Menschenwerk und veränderlich. Sie enthält nicht nur wahre Theorien, sondern auch falsche, und besonders auch offene Probleme, Vermutungen und Widerlegungen.

Und während Platon, der große Meister der dialektischen Argumentation, in ihr nur einen Weg zur dritten Welt erblickte, betrachte ich Argumente mit als die wichtigsten Bewohner der dritten Welt, nicht zu reden von offenen Problemen.

3. Platon glaubte, die dritte Welt der Formen oder Ideen liefere uns letzte Erklärungen (das heißt, Erklärungen durch das Wesen). Er schreibt etwa: „Wenn nämlich außer dem An-sich-Schönen noch irgend etwas anderes schön ist, so ist es meiner Meinung nach aus keinem anderen Grunde schön, als weil es an jenem Schönen teil hat. Und so in allen anderen Fällen." (*Platon:* Phaidon, 100 c. Übers. v. O. Apelt)

Das ist eine Theorie der letzten Erklärung, das heißt, einer Erklärung, deren explicans weiterer Erklärung weder fähig noch bedürftig ist. Und es ist eine Theorie der *Erklärung durch das Wesen,* das heißt, durch hypostasierte [vergegenständlichte] Wörter.

Als Folge davon betrachtete Platon die Gegenstände der dritten Welt als so etwas wie nichtmaterielle Dinge oder vielleicht wie Sterne oder Sternbilder – die man anschaut und intuitiv erfasst, an die aber unser Geist nicht herankommt. Daher wurden die Bewohner der dritten Welt – die Formen oder Ideen – Begriffe von Dingen, oder ihr Wesen oder ihre Natur, und nicht Theorien oder Argumente oder Probleme.

[...] Nach der Auffassung, die ich hier vertreten möchte, ist die dritte Welt (zu der die menschliche Sprache gehört) ein Erzeugnis des Menschen, so wie der Honig ein Erzeugnis der Bienen oder Spinnweben ein Erzeugnis der Spinnen sind. Wie die Sprache überhaupt (und wie der Honig) ist die menschliche Sprache und damit ein wesentlicher Teil der dritten Welt ein nicht geplantes Ergebnis menschlicher Tätigkeit. [...] Obwohl die dritte Welt ein Erzeugnis des Menschen ist, verstehe ich sie als übermenschlich in dem Sinne, dass ihre Inhalte mögliche und nicht wirkliche Gegenstände des Denkens sind, sowie in dem Sinne, dass nur eine endliche Anzahl aus den unendlich vielen möglichen Gegenständen jemals wirkliche Gegenstände des Denkens werden können. Wir dürfen aber diese Gegenstände nicht als die Gedanken eines übermenschlichen Seins auffassen, wie es etwa Aristoteles, Plotin und Hegel taten.

7 Wie unterscheidet sich die „Dritte Welt" bei Popper von der Platons? Stellen Sie die Unterschiede in einer Tabelle gegenüber.

8 Arrangieren Sie eine Podiumsdiskussion im Philosophenhimmel zwischen Platon, Hume und Popper über die Möglichkeit der Erkenntnis der wirklichen Wirklichkeit.

6. Einführung ins Philosophieren

6.1 Den Philosophen beim Philosophieren zuschauen

Jakob Jordaens: Odysseus und Polyphem, um 1670

Odysseus bei Polyphem

M 1

Auf dem Kurs nach Ithaka kam Odysseus mit seinem Schiff zum Land der Kyklopen, einäugiger Riesen. Bei der Erkundung wurden er und einige Gefährten von dem Riesen Polyphem in seiner Höhle gefangengenommen. Der Menschenfresser tat sich an einigen der Männer gütlich.

Wenn Polyphem mit seinen Schafen und Ziegen die Höhle verließ, schloss er sie mit einem Felsbrocken, den die Männer nicht bewegen konnten. Auch nach der Rückkehr verschloss er den Eingang.

Odysseus bot dem Riesen mitgebrachten Wein an, von dem dieser gierig trank. Auf die Frage, wie er denn heiße, antwortete Odysseus: „Niemand." Als der vom Wein Berauschte eingeschlafen war, stießen ihm Odysseus und einige seiner Männer einen langen Pfahl, den sie vorher angespitzt hatten, ins geschlossene Auge. Der Geblendete schrie auf, suchte vergebens nach den Männern und rief laut nach den anderen Kyklopen. Sie kamen herbeigeeilt und fragten, was denn sei. Er antwortete: „Niemand will mich töten." Daraufhin zogen die Stammesbrüder wieder ab.

Am Morgen öffnete Polyphem die Höhle, um seine Tiere ins Freie zu lassen. Er tastete mit seinen Händen umher, damit keiner der Menschen entkommen sollte. Odysseus und seine Männer gelangten aber ins Freie, weil sie sich unter die stärksten Widder gehängt und in deren Fell festgekrallt hatten.

Aus sicherer Entfernung verhöhnte Odysseus den Kyklopen und nannte seinen richtigen Namen. Der Riese beschwerte sich daraufhin bei seinem Vater Poseidon, der Odysseus ohnehin feindlich gesonnen war, bat um Rache und wünschte, Odysseus möge nie wieder in seine Heimat zurückkehren. So kam es zur zehnjährigen Irrfahrt des Odysseus und seiner Gefährten. Nur durch das Eingreifen der Göttin Athene gelangte Odysseus wieder nach Hause.

M 2 Philonous bei Olyphem

Ungefähr zur selben Zeit landete ein anderes Schiff der Griechen unter Führung von Philonous auf einer anderen Insel, auf der der Kyklop Olyphem hauste. Auf der Suche nach Nahrung durchstreiften die Griechen die Insel und kamen schließlich in die verlassene Höhle des Olyphem. Sie wollten sich gerade über die dort angesammelten Nahrungsvorräte hermachen, als ein riesiger Schatten den Eingang der Höhle verdunkelte und eine mächtige Stimme grollte: „Was habt ihr in meiner Höhle zu suchen?" Philonous trat vor und sagte: „Wenn das deine Höhle ist, dann sieht es so aus, dass wir zu Unrecht hier sind." „Das will ich meinen", brummte Olyphem. „Andererseits", so fuhr Philonous fort, „sind wir hungrig und durstig und haben nach langer Irrfahrt gehofft, auf dieser Insel jemanden zu finden, der uns etwas gibt, damit wir nicht verhungern. Steht nicht jedem Lebewesen wenigstens so viel zu?" „Hm, das mag sein. Aber was geht mich das an? Das ist nun mal mein Käse und meine Milch. Ich habe dafür gearbeitet. Deshalb habe ich allein ein Recht darauf, und wer es mir nimmt, dem reiße ich den Kopf ab."

„Ich sehe, du hast eine genaue Vorstellung davon, was Gerechtigkeit ist. Aber dann hast du doch auch sicher schon einmal davon gehört, dass es so etwas wie ein Gastrecht gibt." „Na klar, wenn ihr gekommen wäret und mich gebeten hättet, hätte ich es euch auch nicht verweigert. Aber euch einfach etwas zu nehmen, was mir gehört, weil ich dafür gearbeitet habe, das steht euch nicht zu."

„Da hast du sicher Recht. Wir haben dies auch nur getan, weil niemand da war, den wir fragen konnten. Wenn wir nun einige Tage für dich arbeiten würden, würdest du uns dann das geben, was wir verdient haben?" „Hm, mal sehen. Eigentlich wollte ich dir ja sofort den Kopf abreißen. Aber ich bin jetzt irgendwie davon abgekommen."

Sie haben sicher schon gemerkt, dass Philonous eine erfundene Figur ist. Er repräsentiert eine Art des Denkens, die etwa 400 Jahre nach Homer auftauchte, mit den Anfängen der Philosophie.

1 Schreiben Sie einen inneren Monolog: Welche Gedanken gehen Odysseus durch den Kopf, die es ihm und seinen Gefährten möglich machen, aus der Höhle zu fliehen?

2 Beschreiben Sie, was das Denken des Odysseus vom Denken des Philonous unterscheidet. Wie schafft es Philonous, Olyphem von seinem blutigen Vorhaben abzubringen?

▼ Im Folgenden geht es um die Frage, was für das philosophische Denken charakteristisch ist.

3 Wenn man genau wissen will, wie Philosophieren geht, stellt man am besten folgende Fragen an Texte von Philosophen:
Wie geht der Philosoph vor? Von welchen Fragen geht er aus (auch wenn die Fragen nicht genannt werden)? Was nimmt er denkend in den Blick: Alltägliches, eine Erfahrung, ein Erlebnis, die Meinung anderer, einen fremden Text? Was setzt er stillschweigend voraus? Urteilt und wertet er, begründet er und zieht er Schlüsse? Übt er Kritik oder warnt er? Worauf will er hinaus? Welche Haltung nimmt er ein? Was motiviert sein Philosophieren?

4 Wenden Sie die genannten Fragen auf den folgenden Text von Josef Pieper an. Sie können arbeitsteilig vorgehen, indem Sie die Fragen auf Gruppen aufteilen.

M 3 Josef Pieper: Über Gerechtigkeit (1964)

Unter den Dingen, die uns heute bewegen, scheint es nicht viele zu geben, die nicht auf eine sehr genaue Weise mit der Gerechtigkeit zu tun haben. Man braucht nur Umschau zu halten. [...] Es meldet sich das Thema „Menschenrechte", die Frage des „gerechten Krieges" und der Kriegsverbrechen, das Problem der Verantwortlichkeit im Falle eines ungerechten Befehls; das Recht des Widerstandes gegen ungesetzliche Gewalt; Todesstrafe, Zweikampf, politischer Streik, Gleichberechtigung von Mann und Frau. Jeder dieser Begriffe ist heute, wie man weiß, ein Streitbegriff; und jeder besitzt eine sehr unmittelbare Zuordnung zum Begriff der Gerechtigkeit. [...]

Sosehr aber auch, wenn „Gerechtigkeit" gedacht wird, eine schlechthin nicht zu bewältigende Vielfalt vor den Blick kommt – es ist dennoch ein Gedanke von äußerster Einfachheit, auf den diese Vielfalt sich zurückführt: Platon spricht ihn bereits als etwas von weit her Überkommenes aus. Es ist der Gedanke, dass einem Jeden das Seine zu geben sei.

Dass der Mensch dem Menschen das ihm Zustehende gebe – hierauf ist alle gerechte Ordnung in der Welt gegründet. Und alles Unrecht, anderseits, bedeutet, dass dem Menschen das Seine vorenthalten oder genommen wird, und, wiederum, nicht durch Unglück, Missernte, Feuer, Erdbeben, sondern durch den Menschen. Von diesem Gedanken des „suum cuique", der von der Urzeit her über Platon, Aristoteles, Cicero, Ambrosius, Augustin, vor allem über das Römische Recht zum Gemeingut der abendländischen Überlieferung geworden ist – hiervon also soll im Folgenden gesprochen werden. Genauer gesagt, es soll die Rede sein von der willentlichen Haltung, die den Menschen Jedem das Seine geben lässt. Es soll gehandelt werden von der Tugend der Gerechtigkeit.

„Gerechtigkeit ist die Haltung [habitus], kraft deren einer standhaften und beständigen Willens einem Jeden sein Recht zuerkennt." [...]

Ich sagte, dieser Gedanke sei äußerst einfach. Das bedeutet nicht, das Gemeinte sei leichthin und sozusagen kostenlos zu fassen. Was, zum Beispiel, ist, für einen Jeden, das Seine? Vor allem aber: auf Grund von was gibt es überhaupt ein *„suum"*, wieso steht jemandem überhaupt etwas zu – und dies so sehr, dass jeder andere, jede menschliche Macht es ihm geben oder lassen muss? [...]

„Wenn es der Akt der Gerechtigkeit ist, einem Jeden zu geben, was sein ist, dann geht dem Akt der Gerechtigkeit der Akt voraus, durch welchen etwas für jemanden das Seine wird." Dieser Satz spricht mit souveräner Einfachheit einen schlechthin fundamentalen Sachverhalt aus. Die Gerechtigkeit ist etwas Zweites. Der Gerechtigkeit liegt das Recht voraus. Wenn einem Menschen etwas als sein Eigen zusteht – dies Zustehen selbst kommt nicht durch die Gerechtigkeit zustande. „Jener Akt, durch welchen etwas zu allererst ein Seiniges wird für jemanden, kann nicht ein Akt der Gerechtigkeit sein."

Zum Beispiel: Einer leistet für einen anderen eine Arbeit, er gräbt ihm den Garten um [wobei wir annehmen, dass diese Arbeitsleistung nicht selbst die Erfüllung einer Verpflichtung ist]. Auf Grund dieser Arbeitsleistung entsteht auf der Seite des Arbeitenden ein ihm Zustehendes. Und indem der andere es ihm gibt, ist er gerecht; genauer gesagt: eben hierdurch vollzieht er einen Akt der Gerechtigkeit. Dieser Akt also hat zur Voraussetzung, dass dem Partner etwas zusteht. Nun aber ist es für jedermann deutlich, dass es Rechte gibt, die nicht durch Arbeit zustande kommen; dass dem Menschen etwas als ein Seiniges zusteht, ohne dass der Grund dafür in einem Tun des Menschen liegt. Niemand zweifelt etwa daran, dass es ein Recht auf das eigene Leben gibt.

Die Frage, die hier zu erwägen ist, zielt aber noch tiefer. Sie begreift auch jenen Anspruch ein, der sich auf Arbeitsleistung berufen kann: Wieso und auf Grund von was steht einem Menschen „Lohn" für geleistete Arbeit zu? Worin gründet dieses Zustehen? Welches ist, letzten Grundes, „der Akt, durch welchen etwas für jemanden das Seine wird"?

Was tut Josef Pieper, indem er philosophiert? Eine mögliche Antwort

M 4

Pieper philosophiert nicht im luftleeren Raum. Er geht von dem aus, was ihn und die anderen Menschen in der Zeit nach dem Zweiten Weltkrieg bewegt. Er nennt Fragen, Probleme und Themen, über die man nachdenken müsste, weil hierüber gestritten wird. Ihm liegt offenbar am Herzen, den Menschen zu helfen, in einer wirren Zeit Orientierung zu finden.

Das von ihm genannte Strittige nimmt er *nicht* unmittelbar in den Blick, sondern fragt nach dem Verbindenden. Dieses Verbindende, das Allgemeine sieht er darin, dass es hier eine Zuordnung zur Gerechtigkeit gibt. Zur Klärung des Strittigen ist es daher notwendig, über Gerechtigkeit nachzudenken. Er will herausfinden, was Gerechtigkeit überhaupt ist, um Einzelfälle beurteilen zu können. Er fragt also *nicht:* „Ist dies oder das gerecht oder ungerecht?", sondern: „Was ist das überhaupt, die Gerechtigkeit?"

Was könnte jemanden veranlassen, ein solches Sweatshirt zu tragen?

Bei seinem Nachdenken über Gerechtigkeit durchforstet er *nicht* einfach seine eigene Vormeinung, sondern sucht sich Hilfe in der Philosophiegeschichte. Da findet er als Antwort: Gerechtigkeit besteht darin, dass man einem jeden das Seine gibt. Pieper kann diesem Satz offenbar zustimmen, und er fragt sich, wer denn Träger der Gerechtigkeit ist. Gerechtigkeit, so findet er heraus, ist Sache des Menschen und hat nichts mit dem zu tun, was durch äußere Umstände geschieht. Gerechtigkeit ist eine menschliche Tugend: Diese besteht darin, dass man fähig und bereit ist, einem Jeden das Seine zu geben. Um sich und auch dem Leser klarzumachen, worum es hier geht, benutzt er mehrere Ausdrücke für dasselbe: Das Seinige, das Suum, das Zustehende oder das, worauf man ein Recht hat.

Pieper begnügt sich *nicht* mit einer Begriffsbestimmung, er fragt weiter: Wodurch wird etwas zu einem Zustehenden, das man den Menschen geben sollte? Er zitiert hier offenbar wieder einen anderen Philosophen, der gesagt hat, dass dem Akt der Gerechtigkeit wieder ein Akt vorausgeht, nämlich der, wodurch etwas ein Zustehendes wird. An einem konkreten Beispiel macht Pieper sich (und dem Leser) klar, was hier gemeint ist. Der Akt, durch den ein Anrecht entsteht, kann das Tun eines Menschen sein, z.B. eine Arbeit, die verrichtet wird. Das kann aber nicht alles sein, denn es gibt, so denkt Pieper, ein Recht auf das eigene Leben. Der Philosoph setzt hier einfach voraus, dass das jeder so sieht. Er geht also vom *common sense* aus. Mit dem bis jetzt Erreichten gibt sich Pieper nicht zufrieden, er bohrt weiter und fragt sich, woher es kommt, dass ein Mensch überhaupt ein Recht auf etwas haben kann. Die Antwort auf diese Frage ist in den folgenden Ausführungen zu erwarten.

Typisch für das Philosophieren ist offensichtlich, dass es *nicht* im Konkreten steckenbleibt, sondern Allgemeines in den Blick nimmt, das als Maßstab für die Beurteilung des Konkreten dienen kann. Typisch ist auch, dass Antworten wieder Anlass für weitere Fragen sind, deren Antworten wiederum zu weiteren Fragen führen. Ziel des Philosophierens ist in diesem Fall, Orientierung für das Handeln und Urteilen zu bieten.

5 Vergleichen Sie das, was Sie herausgefunden haben, mit dem Kommentar M 4.

6 Untersuchen Sie in gleicher Weise die folgenden Texte in den voraufgehenden Unterkapiteln: S. 21, M 14; S. 33, M 11; S. 44, M 3; S. 67, M 14, S. 84, M 18. Stellen Sie nach der Untersuchung der vorgeschlagenen Texte die wesentlichen Merkmale des Philosophierens zusammen.

6.2 Denkwerkzeuge

M 5 Philosophie und die anderen Wissenschaften

Chemiker analysieren mit dem Spektrometer die Zusammensetzung von Substanzen, Biologen untersuchen unter dem Mikroskop Zellen und Gewebe, Astronomen richten Teleskope auf das Weltall, um Objekte ausfindig zu machen und ihre Beschaffenheit zu bestimmen, Soziologen betreiben mithilfe von Fragebögen Feldforschung. Philosophen aber benutzen keine Geräte, sie messen nichts, stellen keine Beobachtungen in der Natur oder im Labor an und führen keine Experimente durch.

Philosophen haben letztlich nichts anderes als das Denken, mit dem sie zu Erkenntnissen gelangen wollen. Sie denken nach, und zwar über Fragen wie: Was ist das Gute? Was ist Schönheit? Was ist Wahrheit und wie kann man sie herausfinden? Was können wir überhaupt wissen? Wie lässt sich moralisches Handeln begründen? Was ist Gerechtigkeit? Wie sieht der ideale Staat aus? Was ist der Mensch? Was ist Menschenwürde? Was gehört zu einem guten Leben? Um zu überzeugenden Antworten zu gelangen, setzen sich Philosophen auch mit den Auffassungen andere Philosophen auseinander, und sie nutzen die Erkenntnisse anderer Wissenschaften. Ihre Hauptarbeit jedoch: das Denken. Und: sie schreiben. Ihre Denkergebnisse veröffentlichen sie in Aufsätzen und Büchern, von denen man erwarten darf, dass sie sich durch ***Klarheit*** und ***Folgerichtigkeit*** auszeichnen.

Man fragt sich: Wie sorgen Philosophen dafür, dass ihr Denken überzeugende Ergebnisse hervorbringt, die Allgemeingültigkeit im Sinn von Wahrheit und Richtigkeit besitzen oder zumindest Plausibilität aufweisen?

1 Fassen Sie zusammen, wodurch sich die Philosophie von den sogenannten Einzelwissenschaften unterscheidet.

Im Folgenden geht es um die Frage, welche Methoden Philosophen und Philosophinnen anwenden, um zu Ergebnissen zu kommen, die sich durch Folgerichtigkeit und Klarheit auszeichnen.

2 Stellen Sie Verfahren zusammen, mit denen es Philosophen gelingen könnte, die genannten Forderungen an ihre Werke zu erfüllen.

6.2.1 Elementare Logik

Philosophen haben ein Handwerkszeug für das Denken entwickelt, das nicht nur in der Philosophie, sondern auch in den Wissenschaften und im Alltag eine Rolle spielt: die Logik und die Argumentationslehre. Zur Logik gehört der rechte Umgang mit Begriffen, Aussagen und Schlüssen. Die Argumentationslehre bedarf der Logik, geht aber über sie hinaus, insofern sie sich mit Arten (und Unarten) des Argumentierens beschäftigt.

6.2.1.1 Arbeit mit Begriffen

3 Stellen Sie Vermutungen an: Welche der folgenden Wörter sind Begriffe: *wenn, Fritz, Haus, aber, spielen, Glückseligkeit, hässlich, Grundschule, mindestens, keiner, Platon?*

Begriffe: Elemente des Denkens

M 6

Das Wort „Begriff“ ist mehrdeutig. Wenn wir fragen: „Welchen Begriff hast du gerade gebraucht?“, dann meinen wir ein bestimmtes ***Wort***. Sagen wir aber: „Davon kannst du dir keinen Begriff machen“, meinen wir eine ***Vorstellung***. Die traditionelle Bedeutung von „Begriff“, vor allem in der Philosophie, ist ***„Allgemeinvorstellung“***.

Dass wir zwischen dem Begriff als Wort und dem Begriff als Allgemeinvorstellung unterscheiden müssen, zeigt sich daran, dass wir ein und denselben Begriff (als Allgemeinvorstellung) durch unterschiedliche Wörter bezeichnen können. Das, was wir im Deutschen als „Haus“ bezeichnen, heißt in anderen Sprachen „casa“, „ev“, „maison“ oder „oikia“. Und wenn Philosophen vom Begriff der Gerechtigkeit sprechen, dann meinen sie nicht das Wort, sondern eine bestimmte Vorstellung, und es spielt keine Rolle, ob das entsprechende Wort „Gerechtigkeit“, „iustitia“ oder „justice“ lautet.

Um der Eindeutigkeit willen wäre es sinnvoll, Wörter, die Allgemeinvorstellungen bezeichnen, als „Begriffswörter“ oder als „Begriffsnamen“ zu bezeichnen. Allerdings entspricht dies nicht dem üblichen Sprachgebrauch.

Wenn mehrere Wörter ein und denselben Begriff bezeichnen, sprechen wir von ***„Synonymie“***, die entsprechenden Wörter heißen ***„Synonyme“***. Beispiele: „Medikament“ und „Arzneimittel“, „Blaukraut“ und „Rotkohl“, „Harke“ und „Rechen“.

Wenn dagegen ein Wort mehrere Begriffe bezeichnet, sprechen wir von ***„Homonymie“*** oder ***„Äquivokation“***; ein solches Wort wird ***„Homonym“*** genannt (in der Kindersprache: „Teekesselchen“). Beispiele für Homonyme: „Himmel“ („sky“ und „heaven“), „Bau“ („Bauwerk“ und „Bauprozess“), „Wahrnehmung“ (gemeint ist einmal der Vorgang und ein andermal der Inhalt der Wahrnehmung), ferner: „Strauß“, „Tau“, „Philosophie“, „Bürger“, „Welt“, „Parabel“ und „positiv“.

Meist wird ein Begriff durch ein Wort ausgedrückt: „ungeduldig“, „schön“, „Tisch“, „Monitor“, „Schnabeltier“, „Gerechtigkeit“, „singen“, „klassifizieren“. Zuweilen wird ein Begriff aber auch durch eine Wortgruppe benannt: „der deutsche Staatsbürger“, „spitzwinkliges Dreieck“.

Begriffe lassen sich auch durch Formeln oder grafische Zeichen ausdrücken: „H_2O“, „∞“.

In der Alltagssprache ist die Zuordnung von Begriffsname und Allgemeinvorstellung oft recht ungenau.

In den Wissenschaften wird die Zuordnung daher ausdrücklich festgelegt. Wissenschaftliche Begriffe, genauer: Begriffsnamen, heißen **„Termini“**, (Singular: „Terminus“), die systematische Einheit der Begriffe einer Wissenschaft heißt „Terminologie“.

Es ist nützlich, den ***Inhalt*** eines Begriffs – seine ***Intension*** – von seinem ***Umfang*** – seiner ***Extension*** – zu unterscheiden.

Der ***Inhalt*** eines Begriffs besteht aus seinen Merkmalen. Beispiele: „Tisch“: Platte, Abladezweck, Stützfunktion; „Schule“: Gebäude, Wissensvermittlung, Erziehung. „Globus“: um feste Achse drehbare Kugel, Abbild der Erde.

Der ***Umfang*** eines Begriffs besteht aus all dem, worauf sich der Begriff beziehen lässt oder was ihm unterzuordnen ist. Beispiel: Zum Umfang des Begriffs „Tisch“ gehören alle Tische, also alle Esstische, Schreibtische, Küchentische usw. Da der Umfang eines Begriffs aus der Summe aller „Dinge“ besteht, auf die er sich anwenden lässt, können wir auch den Mengenbegriff verwenden und daher auch mit der grafischen Darstellung von Mengen arbeiten. (Darüber unten mehr: S. 97)

Begriffe stehen in vielfachen ***Beziehungen*** zueinander. Die wichtigste Beziehung ist die von Über- und Unterordnung. Der Begriff „Hund“ ist dem Begriff „Dackel“ übergeordnet: Er enthält weniger Merkmale als dieser, ist daher allgemeiner und weiter. Der Begriff „Dackel“ hat dagegen mehr Merkmale und ist damit konkreter, spezifischer und enger. Der höhere Begriff heißt ***„Oberbegriff“*** (nicht „Überbegriff“!), „genus“, „Gattung“ oder „Gattungsbegriff“, der „niedrigere“ aber heißt ***„Unterbegriff“***, „species“, „Art“ oder „Artbegriff“.

Der Oberbegriff muss dem Unterbegriff zugesprochen werden können: „Die Tulpe *ist* eine Blume.“ Der Oberbegriff zu „Tür“ ist daher nicht „Haus“. Und der Oberbegriff zu „Deutschland“ ist nicht „Europa“, sondern „europäisches Land“.

Als Regel (mit Ausnahmen) lässt sich festhalten: Je größer der Umfang eines Begriffs, umso geringer ist sein Inhalt, und umso allgemeiner ist er; je kleiner der Umfang eines Begriffs, umso mehr Merkmale enthält er, und umso konkreter ist er.

Eine Reihe von über- und untergeordneten Begriffen nennt man eine ***Begriffskette*** oder ***Begriffsleiter***. Beispiel: *Kurzhaardackel, Dackel, Hund, Raubtier, Säugetier, Wirbeltier, Tier.* Je nach Blickrichtung kann ein und derselbe Begriff Ober- und Unterbegriff sein. „Dackel“ ist Oberbegriff zu „Kurzhaardackel“, aber Unterbegriff zu „Hund“.

Von einer ***Begriffspyramide*** oder – in den Wissenschaften – von einem ***Begriffssystem*** spricht man, wenn zu einem Oberbegriff mehrere nebengeordnete Unterbegriffe gegeben sind, die wiederum als Oberbegriffe zu spezifischeren Unterbegriffen fungieren (usw.).

Begriffe, die nichts miteinander zu tun haben, also weder im Verhältnis der Über- oder Unterordnung stehen noch einander nebengeordnet sind, nennt man ***disparate*** Begriffe.

Übrigens: Namen sind keine Begriffe, sie bezeichnen ein Einzelnes, kein Allgemeines.

4 Erklären Sie folgende Begriffe: „Begriff“, „Synonym“, „Homonym“, „Oberbegriff“, „Unterbegriff“, „Intension“, „Extension“, „Begriffskette“, „Begriffspyramide“. Nennen Sie entsprechende Beispiele.

M 7 Absolute Begriffe und Relationsbegriffe

Zur Vermeidung von Denkfehlern ist die Unterscheidung zwischen den sogenannten **absoluten Begriffen** und den **Relationsbegriffen** unerlässlich. Als absolute Begriffe bezeichnet man solche, die sich auf „Dinge“ beziehen, die man losgelöst von anderen betrachten kann, wie *Haus*, *Baum*, *Pferd* und *Stein*. Begriffe aber, die eine Beziehung enthalten oder etwas betreffen, zu dem notwendigerweise eine Beziehung gehört, heißen *relative Begriffe*, *Relationsbegriffe* oder auch *Relatoren*. Hier ist die Anzahl der „Stellen“ zu beachten, die in der Relation verbunden sind. Relationsbegriffe, die eine Beziehung *zwischen* „Dingen“ bezeichnen, sind beispielsweise „lieben“, „größer als“, „abhängig“, „relevant“, „ähnlich“ und „deuten“. Die hier gemeinten Beziehungen verknüpfen mindestens zwei „Dinge“ miteinander: „*Harry* liebt *Bärbel*.“ Der Begriff „lieben“ ist also *zwei*stellig.

Relationsbegriffe führen leicht zu Missverständnissen. So ist der Begriff der *Gleichheit* immer wieder Fehldeutungen ausgesetzt. Der Satz „Alle Menschen sind gleich“ ist für sich genommen unsinnig, da die Menschen doch nach Geschlecht, Körpergröße, Alter, Haarfarbe, Fähigkeiten, Absichten usw. verschieden sind. Man muss also fragen: „Worin oder in welcher Beziehung sind alle Menschen gleich?“ Und: Was dürfte mit „gleiche Steuern“ gemeint sein?

Ähnliches gilt für den Relationsbegriff *Freiheit*, bei dem zu fragen ist, wovon oder wozu jemand frei sei.

5 Wie viele Stellen haben die Begriffe „Verantwortung“ und „Autorität“? Nennen Sie weitere Begriffe mit mehr als zwei Stellen.

Begriffe definieren

M 8

Es kann keine vernünftige Sachdiskussion geben, wenn nicht klar ist, welche genaue Bedeutung die wichtigsten Begriffe (im Sinne von Begriffsnamen) haben. Ein Mittel, sich und anderen Begriffe klarzumachen, ist die Definition.

Unter „Definition“ (wörtlich „Umgrenzung“) versteht man die Bestimmung von Begriffen. Definitionen dienen der Verständigung oder der Erkenntnis.

- ***Real-*** oder ***Sachdefinitionen*** definieren Begriffe, denen sich schon Bekanntes zuordnen lässt, sie können also wahr oder falsch (unzureichend) sein. (Die Definition von „Mensch“ oder von „Lachen“ müsste also eine Realdefinition sein.)
- ***Nominaldefinitionen*** legen den Sprachgebrauch fest. Von Bedeutung sind sie im Bereich des Rechts, in den Naturwissenschaften und in der Mathematik. Sie sind weder wahr noch falsch, können aber zweckmäßig oder unzweckmäßig sein. Man könnte sie als Festlegungsdefinitionen bezeichnen.
- ***Feststellungsdefinitionen*** erfassen den herrschenden Sprachgebrauch (Was versteht man gewöhnlich unter „xyz“?) Sie können wahr oder falsch sein.

Die **klassische *Regel*** für das Definieren lautet: „Eine Definition wird gebildet durch Angabe des nächst höheren Oberbegriffs und des artbildenden Unterschieds (der spezifischen Differenz).“ Beispiel: „Das Quadrat ist ein Rechteck mit gleich langen Seiten.“ „Rechteck“ ist hier der nächst höhere Oberbegriff, und die Formulierung „mit gleich langen Seiten“ gibt die spezifische Differenz an.

Eine Definition darf nicht zu eng und nicht zu weit sein, sie soll nicht angeben, welche Merkmale der Begriff nicht hat. Sie darf keinen Zirkel enthalten und nicht nur Beispiele geben.

6 Nennen Sie Beispiele und ordnen Sie diese den genannten Definitionsarten zu.
7 Bestimmen Sie die Begriffe „Kreis“, „Parabel“, „Toleranz“, „Autonomie“ und „Ethik“.

6.2.1.2 Schlüsse ziehen

1. Vorarbeit

Anwendung des Euler-Kreises

M 9

Aussagen enthalten Begriffe, die in einem bestimmten Verhältnis zueinander stehen. Daher ist es möglich, Aussagen durch den Umfangskreis (Euler-Kreis) zu veranschaulichen. Wichtig ist dies, um Denkfehler zu vermeiden und zu überprüfen, ob Schlüsse richtig sind.

1.

Bedeutung: *Kein Stern ist ein Mensch*. Und: *Kein Mensch ist ein Stern*. Man darf hier also Subjekts- und Prädikatsbegriff vertauschen. Wer sagt: „Kein Genie ist ein Dummkopf“, darf mit gleichem Recht sagen: „Kein Dummkopf ist ein Genie.“

2.

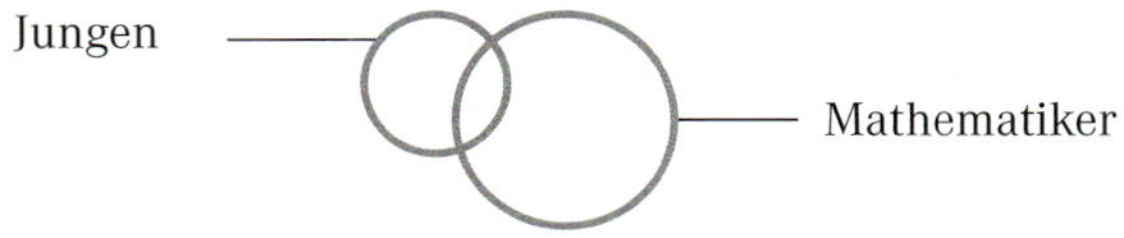

Bedeutung: *Einige Jungen sind Mathematiker.* Und: *Einige Mathematiker sind Jungen.* Auch hier ist die Vertauschung der Begriffe erlaubt.

3.

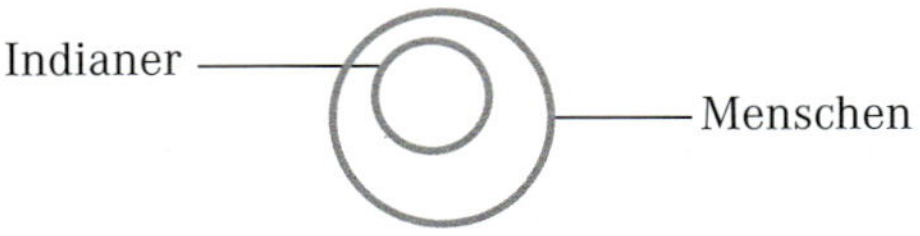

Bedeutung: *Alle Indianer sind Menschen.* Aber jetzt ist es nicht erlaubt zu sagen: „Alle Menschen sind Indianer." Eine Begriffsvertauschung ist hier nur sinnvoll, wenn die Mengenangabe geändert wird. Also: „Einige Menschen sind Indianer." Hier gibt es oft Fehler. Wenn es heißt „Wer gerecht ist, behandelt andere gleich.", dann darf man nicht einfach sagen: „Wer andere gleich behandelt, ist gerecht." Denn Gleichbehandlung kann auch ungerecht sein. – Oder: Selbst wenn der Satz „Alle Mädchen sind schön" stimmen sollte, so darf man nicht schließen: „Also sind alle, die schön sind, Mädchen." – Zwar sind alle Mafiosi Verbrecher, aber nicht jeder Verbrecher ist ein Mafioso. – In der Politik: Zwar will jeder Opportunist die Wahl gewinnen, aber nicht jeder, der die Wahl gewinnen will, ist ein Opportunist.

8 Stellen Sie mithilfe der Euler-Kreise folgende Aussagen dar: „Alle Spinnen sind Achtbeiner", „Kein Genie ist ein Dummkopf", „Einige Pflanzen sind giftig" und „Einige im Salzwasser lebende Tiere sind Kiemenatmer".

2. Der kategorische Schluss

9 Beurteilen Sie die folgenden Schlüsse:
a) Einige Wirtschaftbosse sind verantwortungslos. Herbert Y. ist ein Wirtschaftsboss. Also ist Herbert Y. verantwortungslos.
b) Alle Deutschen sind Menschen. Kein Mensch ist allwissend. Also ist kein Deutscher allwissend.
c) Immanuel Kant ist Chinese. Alle Chinesen sind große Philosophen. Also ist Immanuel Kant ein großer Philosoph.

M 10 Der Schluss aus zwei einfachen Aussagen

Man kann, wie eben deutlich wurde, aus einem einfachen Satz einen Schluss ziehen, indem man nach einer bestimmten Regel den Satz umdreht. Ergiebiger ist aber der Schluss aus zwei Aussagen. Vor allem hier spricht man von einer ***Argumentation***.
Als Argument (oder Argumentation) bezeichnet man eine Gruppe von Aussagen, die in einem Begründungszusammenhang stehen: Eine der Aussagen ist die zu begründende Behauptung oder ***These***, die anderen Aussagen – oder die andere Aussage – dienen der ***Begründung***. (Zuweilen werden auch die begründenden Aussagen als Argumente bezeichnet.)
Die Form, in der ein Argument (eine Argumentation) auftritt, kann recht unterschiedlich sein:
a) Sokrates ist sterblich; denn er ist ein Mensch, und Menschen sind sterblich.
b) Sokrates ist ein Mensch. Daher ist er sterblich, denn alle Menschen sind sterblich.
c) Da Sokrates ein Mensch ist, muss er sterblich sein. Schließlich sind alle Menschen sterblich.
d) Alle Menschen sind sterblich. Daher ist auch Sokrates sterblich. Er ist auch nur ein Mensch.

Zur Überprüfung der Richtigkeit eines Arguments (einer Argumentation) bringt man dieses in eine Standardform, die aus zwei ***Prämissen*** (Voraussetzungen) und der ***Konklusion*** (Schluss oder Schlussfolgerung) besteht.

Prämisse: Alle Menschen sind sterblich.
Prämisse: Sokrates ist ein Mensch.
Konklusion: Sokrates ist sterblich.

Diese Standardform nennt man *„**Schluss**“* oder *„**Syllogismus**“*. (Manchmal wird auch der ganze Syllogismus als Schlussfolgerung bezeichnet und die Konklusion als Schluss). Der Syllogismus ermöglicht die Gewinnung einer neuen Erkenntnis durch Herleitung aus zwei vorgegebenen (wahren!) Aussagen. Diese müssen allerdings einen gemeinsamen Begriff, den sogenannten ***„Mittelbegriff“*** aufweisen. Der Mittelbegriff des Beispiels ist „Mensch“. Zur Bildung der Konklusion wird er sozusagen weggekürzt.

Je nach Stellung des Mittelbegriffs und abhängig davon, ob es sich bei Prämissen und Konklusion um ***positive*** („alle“ und „einige“) oder ***negative*** („kein“ und „einige nicht“) Aussagen handelt, gibt es eine Vielzahl von „Figuren“, von denen aber nur ein Teil „logisches“, also korrektes Schließen ermöglicht.
Richtig ist folgender Schluss.

Alle Navahos sind Indianer.
Alle Indianer sind Menschen.
Alle Navahos sind Menschen.

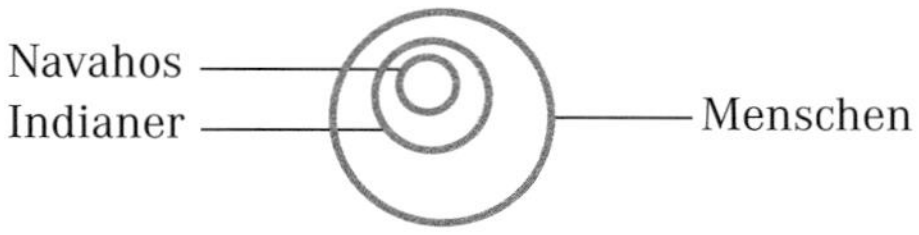

Ein negatives Beispiel:
Alle Philosophen sind gute Denker.
Schüler sind noch keine Philosophen.
Also: Schüler sind noch keine guten Denker.

Auch wenn die beiden Prämissen wahr sind, ist die Schlussfolgerung falsch, da nicht nur Philosophen gute Denker sind. Das heißt, der Umfang des Begriffs „gute Denker“ ist größer als der Umfang des Begriffs „Philosophen“.
Zur Überprüfung der Richtigkeit eines Schlusses ist es nützlich, sich des Eulerkreises zu bedienen. Der Kreis für „Schüler“ liegt beim letzten Beispiel laut 2. Prämisse außerhalb des Kreises für „Philosophen“. Aber ob er auch außerhalb des Kreises für „gute Denker“ liegt oder diesen schneidet, kann von den Prämissen her nicht gesagt werden. Es ist also kein korrekter Schluss möglich.

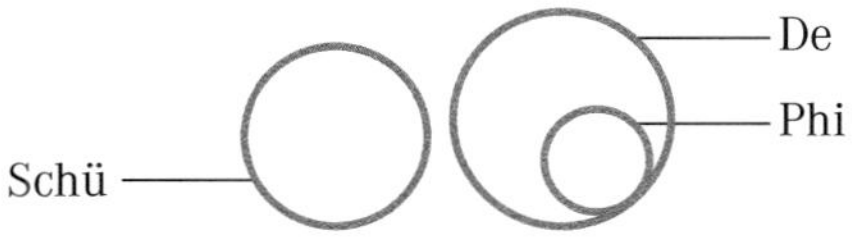

oder

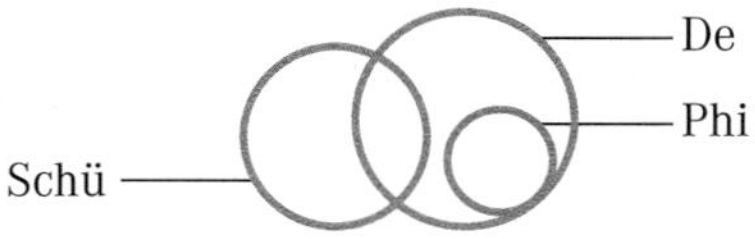

Sinnvoll ist auch die Formulierung von analogen Beispielen, an denen man die Korrektheit von Schlüssen überprüfen kann. Der folgende Syllogismus ist genauso gebildet wie das oben formulierte negative Beispiel von den guten Denkern:

Alle Menschen sind Zweibeiner.
Hühner sind keine Menschen.
Kein Huhn ist Zweibeiner.

Hier springt ins Auge, dass es sich um einen nicht korrekten Schluss handeln muss. – Es gibt eine Reihe von Regeln zur Überprüfung der formalen Richtigkeit von Schlüssen, z.B.: *Es dürfen nicht beide Prämissen partikulär oder nur verneinend sein.* Aber auch ohne Kenntnis der Regeln entdeckt, wer Verstand hat, fehlerhafte Formen des Schließens.
Man muss zwischen der formalen Richtigkeit eines Schlusses und der Wahrheit der Aussagen des Schlusses unterscheiden. Beispiel für einen formal richtigen Schluss:

Alle Rheinländer sind Kölner.
Alle Kölner sind stets melancholisch.
Demnach: Alle Rheinländer sind stets melancholisch.

Nachtrag: Sprachlich kann eine Allaussage unterschiedlich formuliert sein: Statt „alle Italiener" kann es heißen: „*der* Italiener" oder „*jeder* Italiener". Wenn Logiker das unbestimmte Zahlwort „einige" benutzen, meinen sie „mindestens einer", wobei es nach oben keine Grenze gibt.

Vorsicht: Fehlschlüsse
Ein zuweilen vorkommender Fehler liegt vor, wenn ein Begriff zwei Bedeutungen hat, man dies aber übersieht. Es kommt dadurch zu einem vierten Begriff („quaternio terminorum"); ein Schluss darf aber nur drei Begriffe enthalten.

Der Star ist ein Vogel.
Mick Jagger ist ein Star.
Folglich: Mick Jagger ist ein Vogel.

Wunder sind göttliche Eingriffe in die Natur.
Dass Markus das Abitur geschafft hat, ist ein Wunder.
Dass Markus ..., ist ein göttlicher Eingriff in die Natur.

Trotz der formalen Richtigkeit des Schlusses und trotz der Wahrheit der Prämissen ist das Ergebnis falsch, da der Mittelbegriff äquivok (siehe „Star", „Wunder") gebraucht wird.

Die bisher dargestellten Schlüsse heißen „kategorisch", da sie aus kategorischen Aussagen bestehen. Diese haben die Form „Subjekt – *Prädikat*": Alle Menschen *sind sterblich*.

10 Überprüfen Sie, ob und wenn ja welche Schlüsse sich jeweils aus den genannten Prämissen ziehen lassen:
a) 1. Alle Chinesen sind Menschen. 2. Kein Mensch ist allwissend.
b) 1. Einige Jungen sind Kunstturner. 2. Alle Kunstturner sind gute Sportler.
c) 1. Einige Mädchen sind hervorragende Sängerinnen.
2. Einige Mädchen sind sehr intelligent.
d) 1. Alle Blumen sind Pflanzen. 2. Einige Pflanzen sind giftig.

3. Der hypothetische Schluss

Eine Schlussart, bei der oft Fehler gemacht werden, ist der hypothetische Schluss, der einen oder mehrere „Wenn-Sätze (hypothetische oder konditionale Sätze) enthält. Die Hauptform ist der gemischte hypothetische Schluss, bei dem die zweite Prämisse eine kategorische Aussage ist.

11 Überprüfen Sie mithilfe des gesunden Menschenverstandes die Richtigkeit der folgenden (gemischt hypothetischen) Schlüsse:

M 11 Gemischt-hypothetische Schlüsse

a) Wenn p, dann q.
Nun p.
Also q.

Wenn es regnet, wird die Straße nass.
Nun regnet es.
Also wird die Straße nass.

b) Wenn p, dann q.
Nun nicht q.
Also nicht p.

Wenn es regnet, wird die Straße nass.
Nun wird die Straße nicht nass.
Also regnet es nicht.

c) Wenn p, dann q. — Wenn es regnet, wird die Straße nass.
Nun nicht p. — Nun regnet es nicht.
Also nicht q. — Also wird die Straße nicht nass.

d) Wenn p, dann q. — Wenn es regnet, wird die Straße nass.
Nun q. — Nun wird die Straße nass.
Also p. — Also regnet es.

Es sind keineswegs alle Schlüsse korrekt! Die Schlüsse c und d sind falsch: Die Straße wird nicht nur nass, wenn es regnet, denn sie kann auch mithilfe eines Hydranten nass gemacht werden.

Regel für die Überprüfung der Richtigkeit eines hypothetischen Schlusses

M 12

Die **Regel** für die Überprüfung der Richtigkeit lautet also: Wenn die Bedingung gilt, gilt auch das Bedingte, und wenn das Bedingte nicht gilt, gilt auch nicht die Bedingung.
Aber: Wenn die Bedingung nicht gilt, darf man nicht auf das Nichtgelten des Bedingten schließen, und wenn das Bedingte gilt, nicht auf das Gelten der Bedingung schließen.
Mit anderen Worten: Die Bedingung ist hinreichend, aber nicht notwendig für das Gelten des Bedingten, und das Bedingte ist notwendig, aber nicht hinreichend für das Gelten der Bedingung.
Allerdings kann man das auch einfacher sagen und sich so besser merken:

Richtig sind nur
- das „Ja zum Bedingung“-Argument
- das „Nein zum Bedingten“-Argument.

Ein Beispiel: Wenn Gerechtigkeit herrscht, dann werden die Menschen bei gleichen Voraussetzungen auch gleich behandelt. Aber Gleichbehandlung bei gleichen Voraussetzungen verbürgt noch nicht Gerechtigkeit, denn bei der Gleichbehandlung kann der Maßstab ungerecht sein. Das heißt: Gleichbehandlung ist zwar notwendig für die Gerechtigkeit, aber keineswegs hinreichend.

12 Überprüfen Sie die folgende Syllogismen:
1. Wenn die Welt von Gott geschaffen wurde, dann zeigt sie Ordnung und Gesetzmäßigkeit.
   Die Welt zeigt tatsächlich Ordnung und Gesetzmäßigkeit.
   Also wurde die Welt von Gott geschaffen.
2. Sokrates ist glücklich, wenn Xanthippe verreist ist.
   Xanthippe ist verreist.
   Sokrates ist glücklich.
3. Wenn Till moralische Bedenken gegen das Trinken hat, trinkt er niemals.
   Till trinkt niemals.
   Folglich hat er moralische Bedenken gegen das Trinken

6.2.1.3 Der Satz vom Widerspruch

13 Der Begriff „Widerspruch“ oder die Formulierung „Das widerspricht sich aber“ gehören auch zur Alltagssprache. Wann liegt nach Ihrer Meinung ein Widerspruch vor? Formulieren Sie einige Beispiele.

M 13 Ein Grundsatz des Denkens

Der Satz vom Widerspruch gehört zu den Grundsätzen, ohne die ein vernünftiges Denken nicht möglich ist. A sagt: „Der Mensch ist durch die Evolution entstanden." B sagt: „Nein, der Mensch ist von Gott erschaffen worden." Wenn wir dies hören, sagen wir, dass hier ein Widerspruch vorliege. Allerdings versteht die Logik etwas anderes unter einem Widerspruch als die Alltagsrede. Nicht jede Unvereinbarkeit oder Gegensätzlichkeit von Aussagen gilt als Widerspruch, sondern nur bestimmte. Beispiele: „Gott existiert." – „Gott existiert nicht." „Auf dem Mars gibt es Wasser." – „Auf dem Mars gibt es kein Wasser." „Der Mensch ist von Natur aus gut. – „Der Mensch ist von Natur aus nicht gut." Bei diesen Fällen ist der eine Satz jeweils die Verneinung des anderen. Hier liegt ein echter Widerspruch vor. Dabei gilt, dass nicht beide Aussagen zugleich wahr sein können, dass aber eine der beiden Aussagen wahr und die andere falsch sein muss.

Der Satz vom – zu vermeidenden – Widerspruch wird in der Formel gefasst: „A ist nicht Nicht-A." Aristoteles hat sich bei der Formulierung des Satzes vom Widerspruch komplizierter ausgedrückt:

„Es ist unmöglich, demselben dasselbe in derselben Hinsicht zugleich zu- und abzusprechen."

Warum so kompliziert? Nun: Man muss natürlich von derselben Sache sprechen. Mit dem Begriff „Star" kann Unterschiedliches gemeint sein. Und es muss sich um denselben Zeitraum oder Zeitpunkt handeln, denn Dinge verändern sich. „Till war Schüler" – „Till war nicht Schüler": Das muss sich nicht widersprechen, da von unterschiedlichen Zeiten die Rede sein kann. Und warum ist die Hinsicht (die Relation, die Beziehung) zu beachten? „Milch ist gesund" – „Milch ist ungesund": Das muss ebenfalls kein Widerspruch sein, denn es kommt erstens auf die Menge an, die man trinkt, und zweitens gibt es Menschen mit einer Milchunverträglichkeit.

Wenn ein echter Widerspruch vorliegt, brauchen wir also: 1. Zwei Aussagen, die einander verneinen. 2. Es muss sich um **dieselben** „Dinge" handeln, über die etwas gesagt wird. 3. Es muss über diese „Dinge" **dasselbe** gesagt werden. 4. Es muss sich um **denselben Zeitraum** handeln, und es muss 5. **dieselbe Hinsicht** gemeint sein.

14 Vergleichen Sie die genauere Bestimmung von „Widerspruch" mit den von Ihnen formulierten Beispielen. Sehen Sie Unterschiede? Diese können daher rühren, dass in der Alltagssprache der Begriff „Widerspruch" weiter gebraucht wird als in der Logik.

15 In welchem der folgenden Aussagenpaare (a–e) liegt ein echter Widerspruch vor?

a) Der Angeklagte: „Ich war zum betreffenden Zeitpunkt in X." – Der Zeuge: „Der Angeklagte war zum betreffenden Zeitpunkt in Y."
b) Der Fingerhut ist giftig. – Der Fingerhut enthält eine wertvolle Medizin.
c) Tini lügt. – Tini sagt die Wahrheit.
d) Hans ist Atheist. – Hans glaubt an Gott.
e) Der Punkt der Mathematik ist ausdehnungslos. – Der Punkt der Mathematik ist ausgedehnt.

6.3 Indem wir sprechen oder schreiben, handeln wir

Philosophen haben sich fast immer auch auf Texte anderer Philosophen bezogen und diese analysiert, interpretiert und kritisiert. Schüler schreiben Inhaltswiedergaben zu philosophischen Texten als Hausaufgaben oder als Teile von Prüfungsaufgaben. Dabei wird nicht nur verlangt, den Inhalt möglichst mit eigenen Worten wiederzugeben, d. h. ihn zu paraphrasieren, sondern: 1. Die Argumentationsstruktur des vorgelegten Textes soll deutlich werden, und es soll 2. zum Ausdruck kommen, dass es sich bei Ihrem Text um die Wiedergabe der Gedanken eines anderen handelt. Wie macht man das?

Wer philosophiert, hat immer auch mit Texten anderer zu tun

M 14

Als Beispiel ein kleiner Text von Georg Christoph Lichtenberg:

Ich habe sehr oft schon darüber nachgedacht, worin sich das große Genie von dem gemeinen Haufen unterscheidet. Hier sind einige Bemerkungen, die ich gemacht habe. Der gewöhnliche Kopf ist immer der herrschenden Meinung und der herrschenden Mode konform, er hält den Zustand, in dem sich alles jetzt befindet, für den einzig möglichen und verhält sich leidend bei allem. Ihm fällt nicht ein, dass alles von der Form der Meublen bis zur feinsten Hypothese hinauf in dem großen Rat der Menschen beschlossen werde, dessen Mitglied er ist. Er trägt dünne Sohlen an seinen Schuhen, wenn ihm gleich die spitzen Steine die Füße wund drücken, er lässt die Schuh-Schnallen sich durch die Mode bis an die Zehen rücken, wenn ihm gleich der Schuh öfters stecken bleibt. Er denkt nicht daran, dass die Form des Schuhs so gut von ihm abhängt, als von dem Narren, der sie auf elendem Pflaster zuerst dünne trug. Dem großen Genie fällt überall ein: *könnte dieses nicht falsch sein?* Er gibt seine Stimme nie ohne Überlegung. Ich habe einen Mann von großen Talenten gekannt, dessen ganzes Meinungs-System, so wie sein Meublen-Vorrat, sich durch eine besondere Ordnung und Brauchbarkeit unterschied, er nahm nichts in sein Haus auf, wovon er nicht den Nutzen deutlich sah; etwas anzuschaffen, bloß weil es andere Leute hatten, war ihm unmöglich. Er dachte, so hat man ohne mich beschlossen, dass es sein soll, vielleicht hätte man anders beschlossen, wenn ich mit dabei gewesen wäre. Dank sei diesen Männern, dass sie zuweilen wenigstens wieder einmal schütteln, wenn es sich setzen will, wozu unsere Welt noch zu jung ist. Chineser dürfen wir noch nicht werden. Wären die Nationen ganz von einander getrennt, so würden vielleicht alle obgleich auf verschiednen Stufen der Vollkommenheit zu dem sinesischen Stillstand [China galt im 18. Jh. als fortschrittsfeindlich] gelangt [sein].

Die Inhaltswiedergabe dieses Textes einschließlich der genannten Forderungen könnte so aussehen:

In dem vorliegenden Text gibt Lichtenberg seine Beobachtungen wieder, die den Unterschied zwischen dem „großen Genie“ und dem „gemeinen Haufen“ oder dem „gewöhnlichen Kopf“ betreffen. Zuerst charakterisiert der Autor den „gewöhnlichen Kopf“: Dieser sei stets der „herrschenden Meinung und der herrschenden Mode konform“, er halte den jeweiligen Zustand „für den einzig möglichen“ und verhalte sich in allem passiv. Als Ursache für diese Haltung gibt Lichtenberg Einfallslosigkeit an: Der „gewöhnliche Kopf“ komme nicht auf die Idee, dass alles „von der Form der Meublen bis zur feinsten Hypothese hinauf“ auf Konvention beruhe und damit auch von ihm abhänge. Lichtenberg veranschaulicht das Gesagte, indem er als Beispiel die Schuhmode anführt, der der „gewöhnliche Kopf“ auch dann folge, wenn sie unbequem und unzweckmäßig sei.

Als charakteristisches Merkmal des „großen Genies“ sieht Lichtenberg die Bereitschaft, stets zu fragen: „Könnte dies nicht auch falsch sein?“ Er erwähnt zur Verdeutlichung einen ihm bekannten Mann, dessen geistiger und materieller Besitz sich durch Ordnung und Nützlichkeit ausgezeichnet habe und dem es unmöglich gewesen sei, zugunsten einer bloßen Konvention auf ein eigenes Urteil zu verzichten.

Nachdem Lichtenberg den selbständig denkenden Männern dafür gedankt hat, dass sie die Menschen aufrütteln, wenn Stagnation droht, warnt er seine Zeitgenossen davor, wie die Chinesen zu werden, und er äußert die Vermutung, dass alle Nationen zu dem chinesischen Stillstand gelangen würden, wenn sie keinen Kontakt miteinander hätten.

Im Folgenden geht es um die Frage, wie man beim Umgang mit Texten anderer vorgeht, um ihren Inhalt strukturiert wiederzugeben und zugleich deutlich zu machen, dass es sich um den Text eines anderen Autors handelt.

1 Untersuchen Sie, wie der Autor der Inhaltswiedergabe des Lichtenberg-Textes vorgeht, um der genannten doppelten Forderung nachzukommen.

M 15

Sprechakte

Auch ohne über die passenden Fachbegriffe zu verfügen, haben Sie wahrscheinlich herausgefunden, wie der Autor des Sekundärtextes vorgeht. Die beiden Forderungen können durch eine einzige Operation erfüllt werden, nämlich durch die Benennung der vom Autor vollzogenen Sprechakte.

Jeder Text hat zwei Aspekte: einen *inhaltlichen* und einen *pragmatischen*. Der inhaltliche ist gleichzusetzen, mit dem, *was* geäußert wird. Der pragmatische Aspekt dagegen enthält die vom Autor vollzogenen Akte, die den geäußerten Inhalten ihre jeweilige Funktion oder Rolle zuweisen. Wenn jemand sagt: „Der Mensch ist Zweck an sich", äußert er nicht nur einen Inhalt, sondern er *tut* zugleich damit noch etwas anderes, z. B.: Er *begründet* damit eine Behauptung, er *formuliert einen Einwand*, er *widerlegt*, er *folgert*, er *referiert* oder er *bezieht* sich auf einen anderen Autor usw. Solche Akte nennt man *Sprechakte*. Die entsprechenden Verben heißen *performative Verben*.

Neben dem Erfassen des *Inhalts* einer Äußerung wäre also zu fragen: Was *tut* der Autor eigentlich in eins damit, dass er sich äußert, welche Sprechakte vollzieht er? Man erkennt, was der Autor tut, *aus dem Zusammenhang* und *an bestimmten Wörtern*: an unterordnende Konjunktionen wie *weil*, *wenn*, *obwohl* und *sodass*, an nebenordnende Konjunktionen wie *aber*, *denn* und *folglich* und an Adverbien wie *vielleicht*, *keineswegs*, *dadurch* und *allerdings*.

Durch die Benennung der Sprechakte bei der Inhaltswiedergabe wird die Struktur des Textes von selbst deutlich. Und da man dabei auch den *Autor* nennt, der die Sprechakte vollzieht, erkennt der Leser Ihres Textes, dass es sich um die Wiedergabe fremder Gedanken handelt. Beispiel: „Kant *behauptet*, das einzig absolut Gute in der Welt sei der gute Wille. Er *begründet* diese Behauptung, indem er *aufzählt* und *erläutert*, was nur relativ gut ist, nämlich ..."

M 16

Saul Steinberg: Ohne Titel, um 1958

Eine Hilfe für Ihre Inhaltswiedergaben ist die folgende **Auflistung** von einigen wichtigen performativen Ausdrücken (in Wirklichkeit gibt es noch wesentlich mehr).

- **Alltägliches Sprechen** lässt sich mit Verben wie *behaupten, entgegnen, widersprechen, zustimmen, verneinen, fragen, danken, bitten, sich entschuldigen, zugeben* oder *fordern* beschreiben.
- **Philosophen** beziehen sich oft auf Texte, auf eigene und die anderer Philosophen, und vollziehen dabei Akte unterschiedlicher Art: Sie *zitieren, referieren, verweisen, wiederholen, interpretieren, erklären, erläutern, kritisieren, problematisieren und fassen zusammen.*
- **Texte der Philosophie** zeichnen sich außerdem dadurch aus, dass hier *argumentiert, begründet, bewiesen, definiert, analysiert, konkretisiert, abstrahiert, verallgemeinert, abgeleitet, gefolgert, geschlossen, falsifiziert, verifiziert, bewertet* und *geurteilt* wird.
- Nicht immer kann man den Sprechakt mit einem bloßen Verb bezeichnen, oft sind **komplexere Ausdrücke** notwendig, zum Beispiel: *eine Analogie sichtbar machen, einen Syllogismus aufstellen, eine Bedingung (einen Zweck, eine Folge, eine Ursache ...) angeben, einen Vorschlag machen, einen Einwand vortragen*.

Es ist sinnvoll, Sequenzen von Sprechakten, die zusammengehören, als übergreifende Sprechakte zu charakterisieren, z. B.:

- *mithilfe eines Gedankenexperiments die Reichweite eines moralischen Gebots überprüfen,*
- *einen Mythos erzählen, um das Verständnis eines schwierigen Sachverhalts zu erleichtern,*
- *eine Verhaltensweise phänomenologisch beschreiben,*
- *an Beispielen die Methoden der Sprachanalyse verdeutlichen*.

Wie man den Inhalt eines Textes wiedergibt und zugleich die vom Autor vollzogenen Sprechakte bestimmt, dafür können folgende **Tipps** hilfreich sein.

- Nennen Sie bei der Inhaltswiedergabe nur die wichtigsten, vor allem die satzübergreifenden Sprechakte.
- Wählen Sie zur Benennung von Sprechakten aus der Reihe zutreffender Ausdrücke den genauesten, also statt des blassen „antworten" da, wo dies angebracht ist, „zugeben" „verneinen", „bestätigen" oder „einwenden".
- Wenn Sie Sprechakte nennen, müssen Sie immer auch die entsprechenden *Inhalte* mitformulieren. Der Satz „Anschließend trägt Jonas Beispiele vor, die er dann erläutert" ist überflüssig, wenn der Leser nicht erfährt, *welche* Beispiele der Autor nennt und *wie* er sie erläutert.
- Sätze ohne einleitende performative Ausdrücke sollten im Konjunktiv der indirekten Rede stehen. Wörtlich Wiedergegebenes wird durch Anführungszeichen hervorgehoben.

2 Erklären Sie, ohne ins Buch zu schauen, einer Mitschülerin oder einem Mitschüler, was Sprechakte und performative Verben sind, wozu die Bestimmung von Sprechakten hilfreich sein kann und welche Regeln es für die Anwendung der Sprechaktbestimmung bei der Inhaltswiedergabe gibt.

3 Interpretieren Sie die Zeichnung von Saul Steinberg: Was tut der Redner, indem er spricht, und welche Wirkung übt er auf den Hörer aus?

4 Geben Sie den Inhalt des auf S. 25 dieses Bandes wiedergegebenen Textes M 18 einschließlich der Sprechakte wieder.

Übungen zur Klausur:

Sigmund Freud: Das Unbewusste (S. 15, M 5)

1 Mit welchem philosophischen Problem setzt sich der vorliegende Text auseinander? Antworten Sie in einem Satz.

2 Geben Sie den Inhalt und den Gedankengang des Textes mit eigenen Worten wieder. Analysieren Sie die Sprechakte mithilfe performativer Verben, damit die Argumentationsstruktur deutlich wird (S. 103 ff.).

Originaltext einer Schülerin:
Der vorliegende Text „Über das Unbewusste“, verfasst von Sigmund Freud, beinhaltet das philosophische Problem, dass die Seele aus zwei Teilen, dem Bewusstsein und dem Unbewussten, besteht. Der Text führt an, dass die Annahme des Unbewussten notwendig und legitim ist. Er handelt hauptsächlich von dem Unbewussten. Er behauptet, dass wir auf die Annahme des Unbewussten ein erfolgreiches Handeln aufbauen können. Dadurch beeinflussen wir jedoch den Ablauf der bewussten Vorgänge. Er legt die Unterscheidung der beiden psychischen Systeme dar, dass die Vorgänge des einen Systems, des Unbewussten, Eigenschaften zeigen, die sich im nächsthöheren nicht wiederfinden. Er stellt dar, dass der Kern des Unbewussten aus Triebrepräsentanzen, also Wunschregungen, besteht. Diese Triebe widersprechen einander nicht, sondern sind ineinander koordiniert. In diesem System gibt es keine Negation und keinen Zweifel. Das Unbewusste ist zeitlos, also nicht zeitlich geordnet.

Originaltext eines Schülers:
Der Text „Über das Unbewusste“, von Sigmund Freud verfasst, setzt sich mit der Existenz des Unterbewusstseins auseinander, zeigt, dass dessen Existenz für das zwischendurch unnormale Verhalten und die außer der Reihe fallenden Handlungen und Triebe der Menschen verantwortlich ist, da diese Handlungen nicht bewusst ausgeführt werden. Zu Beginn tritt der Text bereits vor alle Kritiker dieses Themas (das Unterbewusstsein) und behauptet an diesem Punkt des Textes, noch Beispiele für dessen Existenz zu haben. Weiterhin erklärt der Text, dass Eindrücke des Alltags sich unbewusst im Ubw niederlassen und oft als Träume und Gedanken wiederkehren. Meiner Meinung nach hat dem Text ein wichtiges und gutes Beispiel gegen Kritiker gefehlt und zwar das Beispiel des Schlafwandlers, denn Schlafwandler führen vollkommen unbewusst ohne aktives Bw durch das Ubw Handlungen aus, an die sie sich im Nachhinein nicht mehr erinnern können.

Aufgabe:
Korrigieren Sie in Arbeitsgruppen die beiden Klausuren und schreiben Sie jeweils eine begründete Bewertung unter Berücksichtigung der Schwächen und Stärken auf dem Hintergrund des vorliegenden Erwartungshorizontes.

Aufgabe	Erwartete Leistung	Punkte	Erreichte Punkte
Mit welchem philosophischen Problem setzt sich der vorliegende Text auseinander? Antworten Sie in einem Satz.	• Der vorliegende Text setzt sich mit dem Problem auseinander, wie sich die Annahme eines „Unbewussten“ als Teil der Seele beweisen lässt.	10	
Geben Sie den Inhalt und den Gedankengang des Textes mit eigenen Worten wieder. Nutzen Sie dabei auch performative Verben.	• Freud **legt** zu Beginn seines Textes kurz die Ausgangssituation und den Schreibanlass für diesen Text dar, nämlich, dass die Existenz des „Unbewussten“ von vielen Seiten **bestritten wird.**	10	
	• Freud **widerspricht** seinen Gegnern und **stellt die Behauptung auf,** dass **es Beweise** für die Existenz des „Unbewussten“ **gebe**.	10	
	• Als **Beispiele** führt Freud verschiedene beobachtbare Tatsachen an, wie z. B. Fehlhandlungen, Träume, Denkresultate, deren Herkunft nicht klar erkennbar ist.	10	
	• Freud **behauptet,** dass sich diese Tatsachen nur durch die Existenz eines „unbewussten“ Seelenteils sinnvoll erklären lassen.	10	
	• Freud **zieht die Schlussfolgerung,** dass es eine „unhaltbare Anmaßung“ sei, anzunehmen, alles Seelische sei „bewusst“.	10	
	• Im Weiteren **beschreibt** Freud, wie das Unbewusste aufgebaut ist.	10	
	• Er **stellt dar,** dass das „Unbewusste“ vor allem aus „Trieben“ besteht.	10	
	• Freud **stellt dar,** dass sich das „Unbewusste“ vom Bewusstsein vor allem durch seine Zeitlosigkeit unterscheidet.	10	
	• Ferner **erklärt** er, dass sich die Wünsche, die im „Unbewussten“ **aufträten,** sich nicht gegenseitig aufheben **könnten,** sondern einen Kompromiss **fänden,** sofern sie sich **widersprächen.**	10	
Mögliche Gesamtpunktzahl:		100	

Wesen und Möglichkeiten des Menschen: Anthropologie

Wesensmerkmale des Menschen

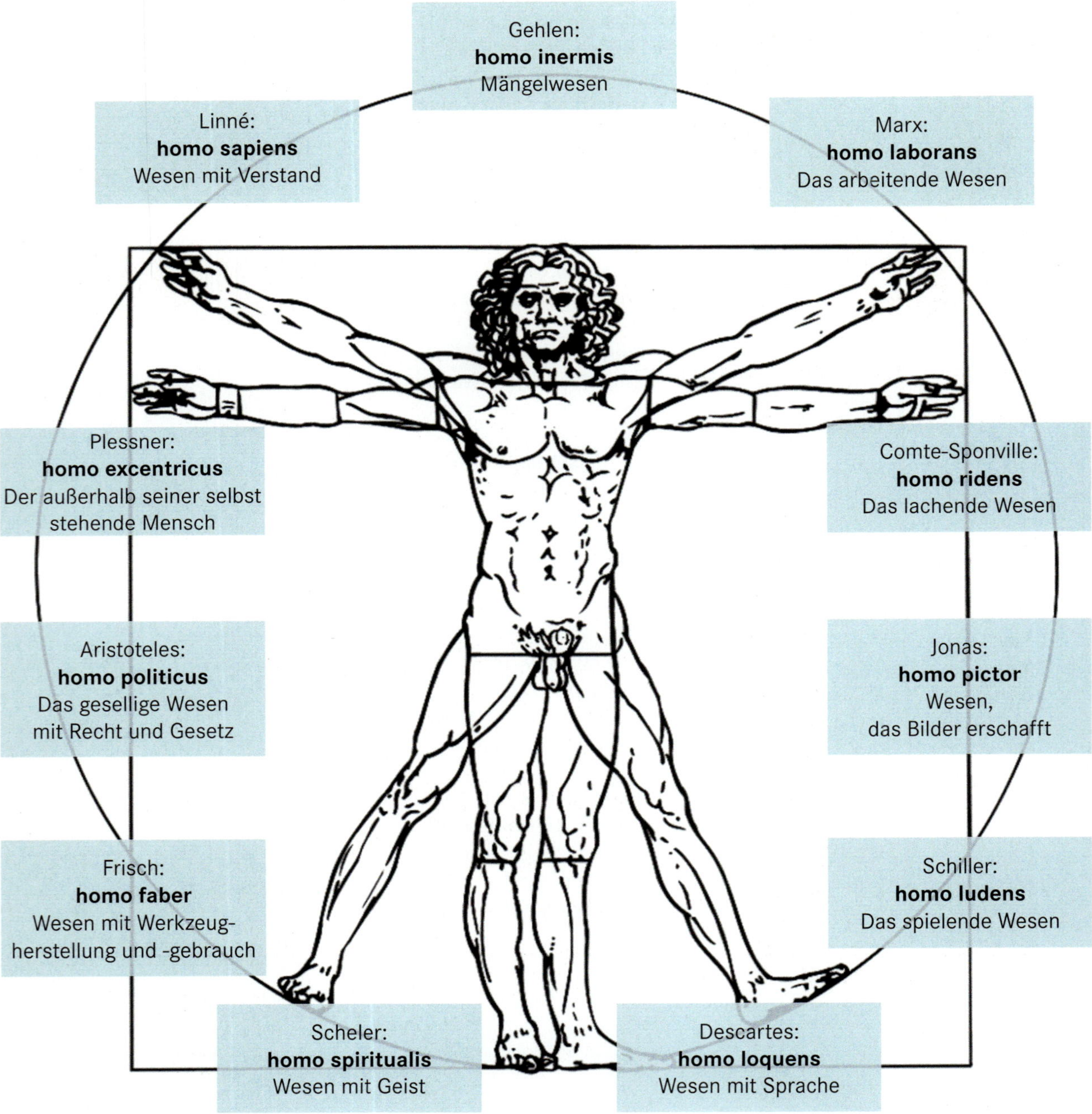

Gedankenexperiment „Gehirn im Tank"

Kann es sein, dass ich nur ein Gehirn im Tank bin? Klammheimlich stieg gestern eine Bande von Chirurgen in mein Schlafzimmer ein und verschleppte mich in den Keller ihrer Klinik.
Die Chirurgen sägten meinen Schädel auf, lösten mein Gehirn behutsam aus seiner Schale und ließen es sogleich in eine Nährlösung gleiten, damit es nicht absterbe.
Dann identifizierten sie jede einzelne Nervenbahn, durch die mein Gehirn bis gestern mit meinem Körper Informationen ausgetauscht hatte: Sehnerven, Nerven für akustische Reize aus dem Gehör, aber auch Nerven, durch die mein Hirn Steuersignale zur Bewegung meines Exkörpers gesandt hatte.
Alle diese (bei der Operation durchtrennten) Nervenstränge verbanden die Doktoren mit einem Computer, in den sie zuvor alle Fakten über mein Haus, meine Familie, meinen Job usw. eingespeist hatten und in dem überdies ein Programm zur Simulation von Nervenimpulsen geladen war.
Als ich aufwachte, starteten die Ärzte den Computer, und so meinte ich, aus einem traumlosen Schlaf aufzuwachen.
Der Simulationscomputer sorgte zuverlässig für den Anschein von Normalität. Er simulierte das Strecken meiner Glieder, das wohlig warme Gefühl unter der Dusche, den Geruch des Morgenkaffees und das leise Surren meines Computers ...
Habe ich irgendeine Chance herauszufinden, ob diese Geschichte erfunden ist? *Nach Olaf L. Müller*

So besteht die erste Absicht des Existenzialismus darin, jeden Menschen in den Besitz seiner selbst zu bringen und ihm die totale Verantwortung für seine Existenz aufzubürden.

Jean-Paul Sartre, 1943

1. Der Mensch im Kampf ums Dasein – Darwin

1.1 Die kosmische Ordnung: Der Kampf um die Vorherrschaft

„Der Krieg ist der Vater aller Dinge und der König aller. Die einen macht er zu Göttern, die andern zu Menschen, die einen zu Sklaven, die andern zu Freien." Dieser Ausspruch des griechischen Philosophen Heraklit (544–483 v. Chr.) wird verständlich, wenn man sich die griechischen Mythen anschaut. Dort geht es immer wieder darum, wer innerhalb einer vorgegebenen Ordnung die Macht an sich reißt und sichern kann. So erging es auch den Göttern: Sie mussten sich unter ihrem Anführer Zeus erst gegen die Titanen durchsetzen, um im Olymp regieren zu können.
Da aber sowohl Götter als auch Titanen unsterblich sind, sind neue Auseinandersetzungen vorprogrammiert. In diesem Zusammenhang versucht Prometheus, ein Nachfahre der Titanen, sich gegen die Götterwelt zu behaupten, indem er sich eigene Menschen macht. Dies kann Zeus nicht dulden. Zeus versucht, seine Stellung gegen die Menschen zu behaupten: Er will sie in Ruhe lassen, wenn sie im Gegenzug bereit sind, seine Macht anzuerkennen, was sie durch Opfer immer wieder bestätigen sollen. Prometheus, der sich als Anwalt der Menschen versteht, versucht, den Menschen einen scheinbar günstigen Platz in dieser Ordnung zu verschaffen.

Heinrich Füger: Prometheus bringt den Menschen das Feuer, 1817

M 1 Gustav Schwab: Ein kluges Opfer? (1839)

Jetzt wurden die Götter aufmerksam auf das neu entstandene Menschengeschlecht. Sie versprachen, es fortan zu schützen, und verlangten dafür Verehrung. Zu Mekone in Griechenland wurde eine Beratung gehalten zwischen Sterblichen und Unsterblichen, und dort wurden die Rechte und die Pflichten der Menschen bestimmt. Bei dieser Versammlung trat nun Prometheus als Anwalt seiner Menschen auf, und da verführte ihn seine Klugheit, die Götter zu betrügen. Im Namen seiner Geschöpfe schlachtete er einen großen Stier, und die Himmlischen sollten davon verlangen, was sie für sich begehrten. Nach der Zerstückelung des Opfertieres machte Prometheus nun zwei Haufen; den einen aus dem Fleisch und den Eingeweiden und reichlichem Fett; all das wickelte er in die Haut des Stieres und legte den verachteten Magen obenauf. Der andere Haufen enthielt die kahlen Knochen, die künstlich mit dem Fett des Tieres bedeckt waren, und dieser Haufen war der größere. Zeus, der Göttervater, wählte nun diesen Haufen, und erst als er das Fett auseinandergedrückt hatte, erkannte er den Betrug.

1 Erklären Sie, wieso sich Zeus betrogen fühlt.
2 Was könnte Prometheus motiviert haben, den mächtigsten Gott herauszufordern?

Luc Ferry: Vom Chaos zum Kosmos (2009)

M 2

Wenn die Errichtung der kosmischen Ordnung die kostbarste Errungenschaft der Olympier [der Götter auf dem Olymp unter Führung des Zeus] ist, dann versteht es sich von selbst, dass das größte Vergehen aus Sicht der Griechen, von dem die Mythologie im Grunde unablässig erzählt, genau diese berühmte *hybris*, diese arrogante Maßlosigkeit ist, die die Lebewesen, sterbliche wie unsterbliche, dazu führt, ihren Platz innerhalb des Universums zu verlassen. Um es auf den Punkt zu bringen, die hybris ist nichts anderes als die Wiederkehr der dunklen Kräfte des Chaos, oder mit den heutigen Umweltschützern gesprochen, eine Art „Verbrechen gegen den Kosmos" selbst.

Die größte Tugend hingegen, und damit sind wir beim dritten Gedanken, heißt *dike*, Gerechtigkeit, die sich als das genaue Gegenteil, also als Übereinstimmung mit der kosmischen Ordnung definieren lässt. Es heißt, auf dem Tempel von Delphi – Apollons Tempel – sei einer der berühmtesten Leitsätze der gesamten griechischen Kultur eingeschrieben: „Erkenne dich selbst." Der Sinnspruch bedeutet jedoch keineswegs, wie man heute manchmal meint, eine Aufforderung zur sogenannten Introspektion, also zu dem Versuch, seine innersten Gedanken kennenzulernen und sein Unbewusstes zu erforschen. Es geht nicht um Psychoanalyse. Der Sinn ist ein ganz anderer: Die Formel will sagen, dass man seine Grenzen kennen soll. Zu wissen, wer man ist, bedeutet, seinen „natürlichen Ort" innerhalb der kosmischen Ordnung zu kennen. Der Sinnspruch ermahnt uns, diesen richtigen Platz innerhalb des großen Ganzen zu finden und vor allem, ihn nicht zu verlassen, nie der *hybris*, der Arroganz und Maßlosigkeit zu verfallen. Er wird übrigens oft mit einem zweiten in Verbindung gebracht – ebenfalls eine Inschrift auf dem Tempel in Delphi –, der dasselbe meint: „Nichts im Übermaß."

3 Formulieren Sie eine Begründung für Prometheus' Versuch, Zeus zu überlisten, die den Text des französichen Philosoph Luc Ferry (* 1951) berücksichtigt.

M 3

Hans Canon: Der Kreislauf des Lebens (Ausschnitt), 1884/85

Wie in allen Religionen haben die Griechen die ewigen Gesetze, die nach ihrem Glauben ihr Leben bestimmen, in Mythen dargestellt. Im Folgenden soll es um das Problem gehen, ob der Kampf ein solches ewiges Gesetz ist, das das menschliche Leben bestimmt.

4 Vergleichen Sie den Ausschnitt aus dem Deckengemälde M 3 mit den beiden Fotos. Versuchen Sie Gemeinsamkeiten zu formulieren und einen Titel zu finden, der für beide gelten kann.

M 4

M 5 Eckard Voland: Konkurrenz und Hierarchie (2006)

Bekanntlich tun Menschen sehr viel, um in der lokalen Hierarchie ihrer (Sub-) Gruppe möglichst weit oben zu rangieren, um also kulturell möglichst erfolgreich zu sein. Ob Schützenfest oder „Deutschland sucht den Superstar“, ob Nobelpreis oder Fußball: Die Szenarien des kulturellen Wettstreits manifestieren sich in nahezu grenzenloser Vielfalt, aber ihre Funktionslogik bleibt jeweils dieselbe: Über die Zuweisung von Ehre und Prestige werden Ranghierarchien verhandelt.
Aber wozu das Ganze? Wieso verfügen Menschen über eine Psyche, die ganz offensichtlich gar nicht anders kann, als Hierarchien zu konstruieren, und die zugleich zur Teilnahme an entsprechenden Wettbewerben motiviert, und dies nicht selten unter persönlicher Inkaufnahme beachtlicher, nicht selten ruinöser Kosten und Anstrengungen. Wäre das Leben ohne Hahnenkämpfe nicht deutlich angenehmer? Warum hat die Evolution dies nicht zugelassen? Nun – die Antwort ist schnell gefunden: Weil es sich in den evolutionären Szenarien der Menschheit genetisch auszahlte, kulturell angesehener als die Mitwerber um genetische Fitness zu sein. [...] Prestige konnte nämlich in Reproduktionserfolg übersetzt werden, weshalb historisch kultureller Erfolg mehr oder weniger eng mit reproduktivem Erfolg korrelierte. Dies strahlt bis in die Gegenwart aus: ob die wildbeuterischen Yanomami in den tropischen Wäldern Venezuelas, die Vieh züchtenden Kipsigis Kenias, die europäischen Bauern des achtzehnten und neunzehnten Jahrhunderts, die religiös fundamentalistischen Amish in Pennsylvania oder die Fischer Mikronesiens. In diesen und weiteren Bevölkerungen konnte ein mehr oder weniger enger Zusammenhang zwischen sozialen und reproduktiven Hierarchien nachgewiesen werden. Es lohnt sich also im genetischen Eigeninteresse, in sozialem Wettbewerb zu reüssieren. Über welche physiologischen, psychischen und sozialen Mechanismen im Einzelnen sich die gefundenen Zusammenhänge erklären, ist wiederum kulturell sehr verschieden, wenngleich sich doch eine transkulturelle Universalie herauszuschälen beginnt: Offensichtlich haben sozial erfolgreiche Männer überall auf der Welt das, was im Laborjargon der Soziobiologen „Paarungserfolg“ genannt wird. Sie sind mehr als ihre weniger erfolgreichen Mitbewerber interessant und attraktiv für Partner suchende Frauen.

5 Welche Gründe werden in M 5 für den Versuch genannt, einen möglichst hohen Platz innerhalb einer Hierarchie zu bekommen?

6 Welche Formen dieses Wettbewerbs kennen Sie?

7 Halten Sie diese Art der Konkurrenz für nötig, sinnvoll, unausweichlich, fortschrittlich? Nehmen Sie begründet Stellung.

Der britische Evolutionsbiologe und streitbare Religionskritiker Richard Dawkins (* 1941) vertritt einen besonders radikalen Darwinismus.

Richard Dawkins: Das egoistische Gen (1976)

M 6

1. Warum gibt es Menschen?

Intelligentes Leben auf einem Planeten erreicht einen Zustand der Reife, wenn es zum ersten Mal die Gründe für seine Existenz erkennt. Sollten jemals höher entwickelte Lebewesen aus dem Weltraum die Erde besuchen, so werden sie, um unsere Zivilisationsstufe einzuschätzen, zuerst die Frage stellen: „Haben sie die Evolution schon entdeckt?" Mehr als drei Milliarden Jahre lang hatten bereits Organismen auf der Erde gelebt, ohne zu wissen warum, bis schließlich einem von ihnen die Wahrheit aufzugehen begann. Sein Name war Charles Darwin. Um gerecht zu sein, schon andere hatten die Wahrheit geahnt, doch es war Darwin, der als erster eine kohärente und haltbare Darstellung der Gründe lieferte, warum wir existieren. Darwin versetzte uns in die Lage, dem neugierigen Kind, dessen Frage dieses Kapitel einleitet, eine vernünftige Antwort zu geben. Wir brauchen nicht mehr auf Aberglauben zurückzugreifen, wenn wir uns mit den großen Rätseln konfrontiert sehen: Hat das Leben einen Sinn? Wozu sind wir da? Was ist der Mensch? Der bedeutende Zoologe G. G. Simpson drückte es, nachdem er die letzte dieser Fragen gestellt hatte, folgendermaßen aus: „Ich möchte behaupten, dass alle Versuche, diese Frage vor dem Jahre 1859 zu beantworten, wertlos sind und dass es für uns besser ist, sie völlig zu ignorieren."-

Heute kann man die Evolutionstheorie ungefähr ebenso anzweifeln wie die Lehre, dass sich die Erde um die Sonne dreht, aber die eigentliche Bedeutung der Darwinschen Revolution in ihrem ganzen Ausmaß ist immer noch nicht allgemein in das Bewusstsein der Menschen gedrungen. [...]

Bevor ich mit meiner eigentlichen Erörterung beginne, möchte ich kurz erklären, welche Art von Erörterung es ist und welche nicht. Wenn uns jemand erzählte, ein Mann habe in der Chicagoer Gangsterwelt ein langes und erfolgreiches Leben geführt, so wären wir berechtigt, einige Überlegungen darüber anzustellen, was für eine Sorte Mensch er war. Wir könnten erwarten, dass er Eigenschaften hätte wie Härte, Reaktionsschnelligkeit und die Fähigkeit, loyale Freunde um sich zu sammeln. Dies wären zwar keine unfehlbaren Rückschlüsse, doch man kann sehr wohl einige Aussagen über den Charakter eines Menschen machen, wenn man etwas über die Bedingungen weiß, unter denen er überlebt und sich erfolgreich behauptet hat. Die These dieses Buches ist, dass wir und alle anderen Tiere Maschinen sind, die durch Gene geschaffen wurden. Wie erfolgreiche Chicagoer Gangster haben unsere Gene in einer Welt intensiven Existenzkampfes überlebt – in einigen Fällen mehrere Millionen Jahre. Auf Grund dessen können wir ihnen bestimmte Eigenschaften unterstellen. Ich würde argumentieren, dass eine vorherrschende Eigenschaft, die wir bei einem erfolgreichen Gen erwarten müssen, ein skrupelloser Egoismus ist. Dieser Egoismus des Gens wird gewöhnlich egoistisches Verhalten des Individuums hervorrufen. Die Überlebensmaschinen begannen als passive Gefäße für die Gene, wobei sie diese mit kaum mehr versorgten als mit Wänden zum Schutz vor der chemischen Kriegsführung ihrer Rivalen und vor den Gefahren zufälligen Molekülbeschusses. [...] Sowohl Tiere als auch Pflanzen entwickelten sich zu vielzelligen Lebewesen, wobei jede Zelle vollständige Kopien aller *Gene* zugeteilt bekam. Wir wissen nicht, wann, warum und wie viele Male unabhängig voneinander dies geschehen ist. Einige Leute benutzen das Bild einer Kolonie und beschreiben einen Körper als eine Zellkolonie. Ich persönlich ziehe es vor, mir den Körper als eine Kolonie von Genen vorzustellen und die Zelle als eine zweckmäßige Arbeitseinheit für die chemische Industrie der Gene. Mögen die Körper auch Kolonien von Genen sein, in ihrem Verhalten haben sie unleugbar eine eigene Individualität erworben. Ein Tier bewegt sich als ein koordiniertes Ganzes, als eine Einheit. Subjektiv empfinde ich mich als Einheit, nicht als Kolonie. Das ist zu erwarten. Die Selektion hat Gene begünstigt, die mit anderen zusammenarbeiten. In der Auseinandersetzung um knappe Ressourcen, im schonungslosen Kampf darum, andere Überlebensmaschinen zu fressen und zu verhindern, selbst gefressen zu werden, muss es eine Belohnung für die zentrale Koordination innerhalb des gemeinschaftlichen Körpers gegeben haben, nicht für Anarchie.

8 Halten Sie in einem kurzen Text fest, wie Dawkins den Kampf innerhalb der Menschheit erklärt.

9 Diskutieren Sie mit Ihrem Sitznachbarn, inwiefern Dawkins in M 6 über die Erklärung des Konkurrenzverhaltens in M 5 hinhausgeht.

10 Finden Sie Gegenbeispiele zu Dawkins' These. In welchen Zusammenhängen haben Sie andere Verhaltensweisen des Menschen beobachtet? Worauf führen Sie dieses Verhalten zurück? Tauschen Sie sich im Plenum aus.

1.2 Das Menschenbild der Evolution – Darwin

In M 6 betont Richard Dawkins, dass die Evolutionstheorie Darwins ebenso unanfechtbar sei wie die Tatsache, dass sich die Erde um die Sonne dreht. Wer ist dieser Charles Darwin, und warum taucht er, der eher Biologe als Philosoph ist, in einem Philosophiebuch auf? Die Antwort darauf kann lauten: weil Charles Darwin das Menschenbild durch seine Evolutionstheorie in seinen Grundlagen erschüttert hat. Diese Erschütterung bestimmt bis heute den Streit der Kreationisten, die die Auffassung vertreten, der Mensch sei ohne vorausgehende Entwicklung von Gott geschaffen, und der Evolutionsbiologen, die behaupten, der Mensch habe einen gemeinsamen Stammbaum mit den Affen und allen anderen Lebewesen.

Die Abstammung des Menschen

M 7

1 In vielen Darstellungen, auch Zeitschriftenartikeln, über Darwins Menschenbild erscheinen Abbildungen wie M 7. Beschreiben Sie das Bild und formulieren Sie einen Titel. Welche Behauptung wird in diesem Bild deutlich?

Im Folgenden geht es um das Problem, ob die Entwicklung vom Affen zum Menschen nur mit dem Kampf ums Dasein zu erklären ist.

2 Versuchen Sie in Kleingruppen eine Erklärung für die Entwicklung des Menschen zu formulieren und stellen Sie diese im Plenum zur Diskussion.

Charles Darwin (1809–1882) gilt als Begründer der Evolutionstheorie. Mit seinen beiden Hauptwerken in diesem Zusammenhang „Die Entstehung der Arten“ und „Die Abstammung des Menschen“ hat er eine Diskussion angeregt, die bei vielen Menschen bis heute für Gesprächsstoff sorgt.

Charles Darwin: Natürliche Zuchtwahl (1859)

M 8

Wie entstehen jene Gruppen von Arten, welche das bilden, was man verschiedene Genera nennt, und welche mehr als die Arten dieser Genera voneinander abweichen? Alle diese Resultate folgen, wie wir im nächsten Abschnitte ausführlicher sehen werden, aus dem Kampfe ums Dasein. In diesem Wettkampfe werden Abänderungen, wie gering und auf welche Weise immer sie entstanden sein mögen, wenn sie nur für die Individuen einer Species in deren unendlich verwickelten Beziehungen zu anderen organischen Wesen und zu den physikalischen Lebensbedingungen einigermaßen vortheilhaft sind, die Erhaltung solcher Individuen zu unterstützen neigen und sich meistens durch Vererbung auf deren Nachkommen übertragen. Ebenso wird der Nachkömmling mehr Aussicht haben, leben zu bleiben; denn von den vielen Individuen dieser Art, welche von Zeit zu Zeit geboren werden, kann nur eine kleine Zahl am Leben bleiben. Ich habe dieses Princip, wodurch jede solche geringe, wenn nur nützliche, Abänderung erhalten wird, mit dem Namen „natürliche Zuchtwahl“ belegt, um seine Beziehung zum Wahlvermögen des Menschen zu bezeichnen.

3 Wie erklärt Darwin die Veränderung und Weiterentwicklung der Arten?
4 Was versteht Darwin unter „Kampf ums Dasein“ (Z. 6)?
5 Untersuchen Sie, ob Richard Dawkins in M 6 diesen Kampf genau so schildert.

Der Mathematiker und Philosoph Alfred North Whitehead (1864–1847) kritisiert, dass die Theorie der natürlichen Selektion die Entwicklung komplizierter und damit verwundbarer Lebewesen nicht erklären kann.

M 9 Alfred North Whitehead: Besser leben (1929)

[Es] gibt es noch ein weiteres Moment im Evolutionsprozess, das durch die Lehre vom Überleben des Tüchtigsten nicht im mindesten erklärt wird: Warum hat die Evolution in ihrer Gesamttendenz zur Herausbildung immer höherer Lebensformen geführt? Weder die Tatsache, dass aus irgendwelchen Verteilungen unbelebter Materie lebende Organismen hervorgegangen sind, noch die Tatsache, dass sich im Lauf der Zeit immer höhere Formen von Organismen herausgebildet haben, lassen sich durch die Begriffe der Anpassung an die Umwelt oder des Kampfs ums Dasein irgendwie erklären.

Tatsächlich hat sich im Laufe der Aufwärtsentwicklung mehr und mehr ein entgegengesetztes Verhältnis zur Umwelt ergeben, mathematisch ausgedrückt: die zur Anpassung inverse Relation. Die höheren Lebewesen haben sich immer stärker der Aufgabe zugewandt, die Umwelt ihren Bedürfnissen anzupassen. Sie haben Nester gebaut und komplizierte Behausungen und Kolonien angelegt. Die Biber haben Bäume gefällt und Dämme errichtet, mit denen sie das Wasser der Bäche zum Schutz ihrer Wohnburgen aufgestaut haben. Und die Insekten haben höchst komplexe Gemeinwesen gebildet, die über ein vielfältiges Repertoire von Reaktionen auf die Umwelt verfügen.

Aber selbst das unmittelbare Verhalten des einzelnen Lebewesens besteht schon aus Aktivitäten, die die Umwelt modifizieren. Die einfachsten Organismen lassen ihre Nahrung in ihr Inneres hineinschwimmen. Die höheren Tiere suchen und jagen ihre Nahrung, fangen und zerkleinern sie – und passen so die Umwelt ihren eigenen Zwecken an. Einige Tiere gewinnen ihre Nahrung durch Graben, andere beschleichen ihre Beute. Natürlich sind alle diese Verhaltensweisen mitgemeint, wenn man global von der Anpassung an die Umwelt spricht; aber sie werden mit dieser Redewendung nur höchst unvollkommen zum Ausdruck gebracht. Diese Aussage ist in ihrer Allgemeinheit wie ein Mantel, mit dem sich die realen Tatsachen nur allzu leicht zudecken und zum Verschwinden bringen lassen. Die höheren Lebensformen sind darauf eingestellt, ihre Umwelt durch aktives Eingreifen zu verändern; und im Falle des Menschen ist dieser aktive Angriff auf die Umwelt der bemerkenswerteste Zug seiner Existenz.

Meine These ist nun, dass sich dieser aktive Angriff auf die Umwelt durch ein dreifaches Bestreben erklärt: erstens, überhaupt zu leben, zweitens, gut zu leben, und drittens, noch besser zu leben. Die Kunst zu leben besteht darin, dass man erstens überhaupt lebt, zweitens auf eine befriedigende Weise lebt und drittens einen noch höheren Grad von Befriedigung erreichen kann. Damit aber haben wir einen Punkt erreicht, an dem wir das, was wir vorhin über die Funktion der Vernunft gesagt haben – dass sie die Kunst zu leben fördert –, wieder aufgreifen können: Die Funktion der Vernunft besteht primär darin, dass sie diesen Angriff auf die Umwelt lenkt und leitet.

Anders ausgedrückt, besagt diese erste Schlussfolgerung, dass die Vernunft ein Faktor in unserer Erfahrung ist, der das Anstreben eines Ziels, das in unserer Vorstellung, aber noch nicht in der Wirklichkeit besteht, leitet und kritisch korrigiert.

6 Welche Rolle spricht Whitehead der Vernunft im Rahmen der Evolution zu?
7 Inwiefern bietet die Vernunft damit einen evolutionsbiologischen Vorteil?

Der amerikanische Evolutionspsychologe Geoffrey Miller (* 1965) beschreibt, dass der Kampf ums Dasein durch natürliche Zuchtwahl, den Darwin in seinem Werk über die Entstehung der Arten 1859 in den Mittelpunkt gestellt hat, den Schmuck der Tiere und die Kultur des Menschen nicht erklären kann. Eine ganz andere Evolutionstheorie, die Entwicklung durch sexuelle Selektion, die Darwin in seinem zweiten Hauptwerk über die Abstammung des Menschen erarbeitet hatte und die die Biologen bisher kaum zur Kenntnis genommen haben, kann dies aber sehr wohl.

Geoffrey Miller: Sexuelle Selektion und Geist (2001)

M 10

Wie können Innovationen aus einem allmählichen Prozess wie der natürlichen Selektion hervorgehen? [...] Die wirklich schwierige Frage lautet: Wie kann die natürliche Selektion die Anfangsstadien evolutionärer Neuheiten bevorzugen, wenn diese nur Kosten anhäufen und unter dem Strich noch keine Überlebensvorteile bieten? Darwin zerbrach sich darüber den Kopf. [...] Die Selektion ist genügsam: Sie benachteiligt Merkmale, die Kosten verursachen, ohne Vorteile zu bieten. Wenn aber die meisten Neuerungen erst echte Überlebensvorteile verschaffen, nachdem sie eine Schwelle der Komplexität und Effizienz überschritten haben, ist nur schwer vorstellbar, wie die Evolution sie schon vor Überschreiten dieser Schwelle bevorzugen konnte. Dies ist seit jeher der gewichtigste Einwand gegen Darwins Theorie der Evolution durch natürliche Selektion. [...]

Ich werde mich nun einem Modell der sexuellen Selektion zuwenden, das sich mit der gegenseitigen Partnerwahl besser vereinbaren lässt. Es betont, dass sexualspezifischer Schmuck des einen Geschlechts dem jeweils anderen die eigene Fitness demonstriert. [...] Warum sollte die Partnerwahl aufwändigen, nutzlosen Schmuck einfacherem, vorteilhafterem Schmuck vorziehen? Warum sollte ein Mann einer Frau einen nutzlosen Verlobungsring mit Diamant schenken und nicht eine schöne große Kartoffel, die sie wenigstens essen könnte? [...]

Große Verschwendung ist dem Handicap-Prinzip zufolge eine notwendige Eigenschaft sexueller Werbung. Pfauen als Spezies wären viel besser daran, wenn sie nicht so viel Energie in große Schwänze stecken müssten. Als einzelne Männchen und Weibchen haben sie jedoch unwiderstehliche Gründe dafür, die größtmöglichen Schwänze zu entwickeln beziehungsweise Sexualpartner mit größtmöglichen Schwänzen auszuwählen. In der Natur bietet nur protzige Verschwendung eine Garantie auf ehrliche Information. Allein die ungeheure Verschwendung zählt. Nur sie sorgt für die Aufrichtigkeit der Fitnessindikatoren und macht Partnerwerbung erst romantisch: das verschwenderische Tanzen, das verschwenderische Schenken, die verschwenderische Konversation, das verschwenderische Lachen, das verschwenderische Vorspiel, die verschwenderischen Abenteuer. Vom Standpunkt des „Überlebens des am besten Angepassten" aus erscheint dies verrückt und sinnlos und nicht zur Anpassung geeignet. [...] Männliche Menschen verschwenden ihre Zeit und Energie darauf, akademische Titel zu erlangen, Bücher zu schreiben, Sport zu treiben, andere Männer zu bekämpfen, Bilder zu malen, Jazz zu spielen und religiöse Kulte zu begründen. Dies mögen keine bewussten sexuellen Strategien sein, aber die hinter „Leistung" und „Status" steckenden Motivationen – selbst deren Bevorzugung vor materiellen Quellen – wurden wahrscheinlich durch sexuelle Selektion geprägt. Mit meinem knappen Slogan „der menschliche Geist entwickelte sich durch sexuelle Selektion" meine ich nicht, dass die sexuelle Selektion all diese Adaptationen, die wir mit anderen Primaten teilen, gestaltet hat. Natürlich entstanden etwa 90 Prozent unserer psychologischen Adaptationen durch herkömmliche natürliche und soziale Selektion, um alltägliche Probleme des Überlebens und des Lebens in der Gruppe zu lösen.

8 Mit welchem Mechanismus erklärt Miller die Herausbildung des Geistes beim Menschen?

9 Würde Miller der Aussage zustimmen, dass der Mensch nur ein nackter Affe ist? Nehmen Sie begründet Stellung.

10 Vergleichen Sie die Texte von Whitehead und Miller. Gelingt es Miller, die von Whitehead gestellten Fragen an die Evolutionstheorie Darwins zu beantworten?

11 „Ich möchte vor allem verwöhnt werden!" (a) oder „Ich möchte vor allem bewundert werden!" (b) Welchem der beiden Geschlechter des Menschen würde Miller diese beiden Wünsche tendenziell zuordnen? Begründen Sie Ihre Zuordnung aus dem Text.

12 Nehmen Sie Stellung zu den Thesen Millers. Welche Funktionen könnte der menschliche Geist über die bloßen Vorteile bei der sexuellen Selektion hinaus erfüllen?

1.3 Jeder gegen jeden: Stark gegen schwach? – Nietzsche, Tugendhat

Wettbewerb, Kampf, Konkurrenz sind Begriffe, die oft bedeutungsgleich (Synonym) benutzt werden. Falls es sich dabei aber um eine anthropologische Grundkonstante handelt, sollten wir als Philosophinnen und Philosophen genauer hinschauen. Welche Gründe werden geliefert? Welche Konsequenzen haben die vertretenen Positionen? Dies sind Fragen, denen wir uns stellen müssen.

M 11

Dieses Bild hing lange Zeit an einer Hauswand in der Kölner „Ehrenstraße“, einer belebten und beliebten Ausgeh- und Einkaufsstraße. Es zeigt den Biologen Charles Darwin, darunter den Slogan: „Kill the poor“. Der Slogan geht auf ein Lied der US-amerikanischen Punkband „Dead Kennedys“ aus dem Jahr 1980 zurück.

1 Welche Gedanken und Gefühle stellen sich bei Ihnen beim Betrachten dieses Bildes ein?

2 Formulieren Sie eine These, die wiedergibt, wie der Künstler Darwin verstanden hat.

Im Folgenden geht es darum, ob der Kampf ums Dasein ein Vernichtungskampf der Starken gegen die Schwachen ist.

3 Entwerfen Sie ein Interview des Künstlers mit einem kritischen Journalisten.

Ein für das Verständnis des modernen Denkens wichtiger Philosoph, der sich u. a. mit dem Wesen des Menschen und seiner Bestimmung beschäftigt hat, ist Friedrich Nietzsche (1844–1900). Seine Texte lösen auch heute noch starke Kontroversen aus, die in der Beurteilung von „unmöglich“ und „unmenschlich“ bis „genial“ gehen. In Nietzsches 1888 geschriebenem, aber erst nach Ausbruch seiner Geisteskrankheit erschienenem Buch „Der Antichrist“ ist am Anfang zu lesen:

M 12

Friedrich Nietzsche: Was ist gut? (1888)

Was ist gut? – Alles, was das Gefühl der Macht, den Willen zur Macht, die Macht selbst im Menschen erhöht.

Was ist schlecht? – Alles, was aus der Schwäche stammt.

Was ist Glück? – Das Gefühl davon, dass die Macht wächst, dass ein Widerstand überwunden wird.

Nicht Zufriedenheit, sondern mehr Macht; nicht Friede überhaupt, sondern Krieg; nicht Tugend, sondern Tüchtigkeit (Tugend im Renaissance-Stile, virtù, moralinfreie Tugend).

Die Schwachen und Missratenen sollen zugrunde gehen: erster Satz unsrer Menschenliebe. Und man soll ihnen noch dazu helfen.

Was ist schädlicher als irgendein Laster? – Das Mitleiden der Tat mit allen Missratenen und Schwachen – das Christenthum ...

Nicht was die Menschheit ablösen soll in der Reihenfolge der Wesen, ist das Problem, das ich hiermit stelle (– der Mensch ist ein Ende –): sondern welchen Typus Mensch man züchten soll, wollen soll, als den höherwertigeren, lebenswürdigeren, zukunftsgewisseren.

4 Stellen Sie dar, was Nietzsche von der These hält, dass alle Menschen einen gleichen Wert haben.

Friedrich Nietzsche: Anti-Darwin (1888)

M 13

Was den berühmten „Kampf ums Leben" betrifft, so scheint er mir einstweilen mehr behauptet als bewiesen. Er kommt vor, aber als Ausnahme; der Gesamt-Aspekt des Lebens ist nicht die Notlage, die Hungerlage, vielmehr der Reichtum, die Üppigkeit, selbst die absurde Verschwendung – wo gekämpft wird, kämpft man um Macht ... [...] Gesetzt aber, es gibt diesen Kampf – und in der Tat, er kommt vor –, so läuft er leider umgekehrt aus, als die Schule Darwins wünscht, als man vielleicht mit ihr wünschen dürfte: nämlich zu Ungunsten der Starken, der Bevorrechtigten, der glücklichen Ausnahmen. Die Gattungen wachsen nicht in der Vollkommenheit: die Schwachen werden immer wieder über die Starken Herr – das macht, sie sind die große Zahl, sie sind auch klüger ... Darwin hat den Geist vergessen (– das ist englisch!), die Schwachen haben mehr Geist ... Man muss Geist nötig haben, um Geist zu bekommen – man verliert ihn, wenn man ihn nicht mehr nötig hat. [...] Ich verstehe unter Geist, wie man sieht, die Vorsicht, die Geduld, die List, die Verstellung, die große Selbstbeherrschung und alles, was mimicry ist (zu letzterem gehört ein großer Teil der sogenannten Tugend).

5 Erklären Sie, welche Bedeutung das Adverb „leider" (Z. 8) für Nietzsche in diesem Text hat.

6 Welche Funktion erfüllt der Geist nach Nietzsche im Zusammenhang des Kampfes ums Leben?

7 Wie bewerten Sie die Aussagen Nietzsches? Diskutieren Sie nach der Methode „Fishbowl" (s. S. 464).

8 Welche besondere Bedeutung kommt dieser Interpretation des Darwinismus zu? Welche Konsequenzen hätte es für das Zusammenleben der Menschen, wenn sich Nietzsches Auffassung durchsetzen würde? Nehmen Sie bei der Beantwortung auch Bezug zu M 12.

Viele moderne Philosophen haben sich kritisch zu den Hintergründen von Nietzsches Philosophie geäußert, darunter auch einer der meistzitierten deutschen Philosophen der Gegenwart, Ernst Tugendhat (* 1930).

Ernst Tugendhat: Nietzsches These vom Recht des Stärkeren (2000)

M 14

Was war nun bei Nietzsche der Ausgangspunkt? Karl Ulmer hat in seinem Buch „Nietzsche: Einheit und Sinn seines Werkes" gezeigt, dass man Nietzsches ganzes Denken aus der Frage verstehen kann, wie „großes Menschentum und höhere Kultur" möglich seien. Hinter dieser Frage stand für Nietzsche die Überzeugung, es gebe einerseits große, höhere und andererseits „gewöhnliche", „niedrige" Menschen. Diese Unterscheidung entspricht dem Elitebewusstsein Nietzsches – seinem bis in die Adoleszenz zurückreichenden Axiom, die Menschen zerfielen in zwei blutsmäßig geschiedene Klassen. Nietzsche hat, soweit ich sehe, nirgends erwogen, dass solche Unterschiede, sofern sich mit ihnen überhaupt ein klarer Sinn verbinden lässt, milieubedingt sein können.

In einer der Frühschriften – „Vom Nutzen und Nachteil der Historie für das Leben" – sieht er es so: Die einen wollen nur „leben um jeden Preis", sie leben aus „dumpfer Gewöhnung" der „große Mensch" hingegen „achtet" nicht „das Dasein", es geht ihm um etwas, was über ihn hinausreicht, um „ein Werk ... eine Schöpfung", um „Ruhm". Hier bedeutet das Niedrige noch das Konventionelle, das Höhere aber das Eigenständige und Über-sich-Hinausgehen auf ein Werk.

In der „Vorrede" zu einem (nicht geschriebenen) Buch über den griechischen Staat aus der gleichen Zeit geht Nietzsche einen Schritt weiter. Entgegen der „angeblichen Gleichberechtigung aller" und den „sogenannten Grundrechten der Menschen" müsse man sehen, „dass zum Wesen einer Kultur das Sklaventum" gehöre. Damit es zu einer „höheren Kultur“ kommen könne, müsse die „bevorzugte Klasse“ durch die „Mehrarbeit“ der gewöhnlichen Menschen erhalten werden. Es gibt also für Nietzsche die angeborene Differenz nicht nur als Faktum sie ist für ihn auch notwendig und muss daher erzwungen werden, wenn es Kultur geben soll. Der Mensch „an sich“ hat „weder Würde noch Rechte“. An der Notwendigkeit von Sklaverei als „Bedingung jeder höheren Kultur“ hat Nietzsche zeitlebens festgehalten. Seine Überzeugung von der Ungleichheit der Menschen ist älter als seine Moralkritik und fester Bestandteil seines Denkens. [...] Doch nicht nur das menschliche Verhalten, sondern das Leben überhaupt wollte Nietzsche als Wille zur Macht verstehen. Er glaubte gegen Darwin einwenden zu können, dass es auch im organischen Bereich nicht primär um Überleben geht, sondern um „Machterweiterung“. Aber ist es nicht unsinnig zu sagen, alle organischen Prozesse seien Prozesse des Wachstums – oder der „Kraftsteigerung“ oder der „Einverleibung von Fremdem“?

Was hat Nietzsche motiviert, eine so unplausible Erweiterung seiner Theorie vorzunehmen? Die naheliegende Antwort ist: Wenn die ganze Natur von diesem Gesetz bestimmt ist, kann der Mensch keine Ausnahme bilden. Die Absicht ist hier dieselbe, wie es die von Hitler ist, wenn er vom Recht des Stärkeren als dem Gesetz der Natur spricht. Hitler meinte sich mit seiner Machttheorie im Einklang mit Darwin zu befinden. Nietzsche hingegen sah richtig, dass Darwins Theorie nicht von den Stärkeren redet, sondern von den Überlebensfähigeren.

So gelangte Nietzsche zwar zur selben These wie Hitler, aber nur, weil er meinte Darwin widerlegen zu können. So oder so ist die These falsch.

9 Geben Sie den Inhalt von M 14 in eigenen Worten wieder (vgl. S. 104).

10 Welche Erklärung liefert Tugendhat für die Auffassung Nietzsches?

In seiner Autobiografie berichtet der Arzt und Naturwissenschaftler Hoimar von Ditfurth (1921–1989) von seiner Schulzeit im Nationalsozialismus

M 15 Hoimar von Ditfurth: Sozialdarwinismus (1989)

Darum ist es auch nur konsequent, wenn die nationalsozialistische Propaganda unermüdlich bestrebt war, uns davon zu überzeugen, dass die Mitglieder nichtgermanischer Völker und Rassen, insbesondere Juden und Slawen, nicht in dem gleichen vollgültigen Sinne als „Menschen“ angesehen werden könnten wie wir (sondern nur als „Untermenschen“, sozusagen als Mitglieder degenerierter Nebenlinien unserer Art). Denn selbst die braunen Fanatiker spürten intuitiv, dass der von ihnen vorgesehene rücksichtslose Umgang mit diesen anderen Völkern und Rassen nur dann als legitim ausgegeben werden konnte, wenn es gelang, sie in die Perspektive zu rücken, aus der ein Huhn einen Regenwurm betrachtet.

So fürchterlich das klingt, es lässt sich nicht bestreiten, dass es genauso gemeint war. Zu bestreiten ist aus vielerlei Gründen jedoch die Behauptung, dass eine solcherart inhumane Betrachtungsweise sich aus der Beobachtung der Verhältnisse in der Natur oder einer bestimmten biologischen Theorie (Stichwort: Darwins Theorie) ableiten lasse. Nicht wenige Menschen unterliegen diesem Irrtum bis auf den heutigen Tag, mit der psychologisch einleuchtenden Konsequenz, dass sie die Evolutionstheorie verdammen (ohne sie wirklich zur Kenntnis genommen zu haben), sofern ihr Irrtum sie nicht sogar in dem Vorurteil bestärkt, alle Naturwissenschaft sei letztlich menschenfeindlich. Diese noch heute wirksame Konsequenz des sozialdarwinistischen Unverständnisses stellt einen tragischen Fall dar, in dem eine der wichtigsten menschlichen Einsichten diskreditiert wird durch die Rückprojektion eines Vorurteils.

So spukt in den Köpfen allzu vieler Menschen bis heute der Darwinsche Begriff vom „Kampf ums Dasein“ herum als Bestätigung ihres Verdachts, dass in der belebten Natur ein unerbittlicher Kampf aller gegen alle stattfinde. Selbst überdurchschnittliche Köpfe – so Friedrich Nietzsche – sind diesem Irrtum erlegen. Gemeint aber ist mit dem zugegeben missverständlich – martialischen – Terminus eine Form natürlicher Auslese, in welcher der „Tüchtigste“ in aller Regel keineswegs deshalb „überlebt“, weil er seine Konkurrenten umbringt. Entscheidend ist auch gar nicht die Frage seines Überlebens als Individuum. Was die Artentwicklung vorantreibt, ist die Entscheidung darüber, wessen Erbanlagen mit der größeren Wahrscheinlichkeit an die nachfolgende Generation weitergegeben werden.

Dabei kann ein Lebewesen den Kürzeren ziehen, das als Individuum womöglich unbehelligt steinalt wird, das aber seine „Erbanlagen" (in Gestalt einer entsprechenden Zahl direkter Nachkommen) nicht mit der gleichen Häufigkeit an die nächste Generation weitergeben kann wie seine Konkurrenten – vielleicht, weil es bei der Werbung um einen Sexualpartner nicht geschickt genug vorgeht oder nicht findig genug bei der Nahrungsbeschaffung für seinen Nachwuchs oder nicht wachsam genug bei dessen Sicherung gegen natürliche Feinde oder aus einem Dutzend anderer denkbarer Gründe. Das Übergewicht der Erbanlagen bestimmt in erster Linie die Eigenschaften der Nachkommengeneration, und das Erbgut der Konkurrenten hat sich in unserem Fall als das der „Tüchtigeren" im „Kampf ums Dasein" durchgesetzt, ohne dass in diesem „Kampf" ein einziger Tropfen Blut geflossen zu sein braucht. [...] So dumm ist die Natur nicht, dass sie Leben (und mit ihm unter anderen Verhältnissen, bei einem Wechsel der Überlebensbedingungen, vielleicht einmal nutzbringende Erbanlagen) mutwillig vergeudet, wenn sich das Ziel auch auf schonendere Weise erreichen lässt. Die Natur ist weiser, als ein Sozialdarwinist es sich träumen lässt. Aber das ist natürlich ein Gedanke, der in den Kopf eines Nationalsozialisten nicht hineingeht.

So bemühte man sich also auch am Viktoria-Gymnasium, uns die „allgemeingültigen" Lebensgesetze einzubläuen, die ich erst viele Jahre später als die Ausgeburten eines Sozialdarwinismus krudester Machart zu durchschauen lernte. In der Oberstufe erschien uns das einleuchtend. Nun ist dem allerdings hinzuzufügen, dass niemand von uns, unser Biologielehrer eingeschlossen, auch nur im Traum auf den Gedanken gekommen wäre, von diesem angeblich objektiv legitimierten „Recht des Stärkeren" etwa die Erlaubnis zum Umbringen anderer Menschen abzuleiten, und seien das nun Juden oder Slawen oder Angehörige anderer „nichtgermanischer" oder „nichtarischer" Völker oder Rassen.

11 Von welcher Grundthese geht von Ditfurth aus und wie begründet er sie?
12 Erklären sie, was von Ditfurth unter Sozialdarwinismus versteht.
13 Worin sieht er den Unterschied zwischen dem Verständnis Nietzsches vom Kampf ums Dasein und dem Darwins?

1.4 Das Licht der Vernunft

Prometheus war es, der die Menschen erschaffen hat und sich Zeus gegenüber als Anwalt der Menschen verstand. Deswegen versuchte er, Zeus bei dem von ihm eingeforderten Opfer zugunsten der Menschen zu überlisten, was gründlich schief ging. Zeus erkannte den Betrug.

Gustav Schwab: Das Feuer des Prometheus (1839)

M 16

Dafür beschloss er [Zeus], sich zu rächen, und deshalb versagte er den Menschen das, was sie am meisten brauchten, das Feuer. Doch auch hier wusste der kluge Sohn des Iapetos [Prometheus] Rat. Er nahm den langen Stengel des Riesenfenchels, näherte sich damit dem vorüberfahrenden Sonnenwagen und setzte so den Stengel in glostenden Brand. Mit diesem Feuerzunder eilte er hernieder auf die Erde, und bald loderte der erste Holzstoß gen Himmel.

André Durand: Prometheus stiehlt das Feuer, 1997

M 17 Luc Ferry: Die Gabe des Prometheus (2008)

Vor allem aber stattet Prometheus die Menschen ohne Zeus' Einverständnis mit einer neuen Macht aus, mit einer nahezu göttlichen Schöpfungsmacht, von der man annehmen kann, [...] dass sie die Menschen, die sich so leicht von der hybris verlocken lassen, verleiten könnte, sich für Götter zu halten. Denn wie uns Protagoras sagt, stellen sich die Menschen dank der wahrhaft göttlichen Gaben, die ihnen Prometheus schenkt, als die einzigen Tiere dar, die fähig sind, „technische“ künstliche Gegenstände herzustellen: Schuhe, Decken, Kleider, Nahrungsmittel, die aus der Erde gewonnen werden, usw. Das heißt, dass sie ebenbürtig mit den Göttern wahrhaftige Schöpfer werden. Mehr noch, sie sind die Einzigen, die sinnvolle Töne von sich geben, das heißt die Sprache erfinden können, was sie ebenfalls stark den Göttern annähert. Sicher, da diese Gaben direkt von den Göttern kommen, denen Prometheus sie gestohlen hat, werden die Menschen auch die einzigen Lebewesen sein, die wissen, dass es Götter gibt, die einzigen, die ihnen Altäre errichten und Ehren darbringen. Doch da sie nicht aufhören, sich untereinander ungerecht zu verhalten, so sehr, dass sie im Gegensatz zu den Tieren, die von Anfang an ein ausgeglichenes und existenzfähiges System bilden, beständig Gefahr laufen, sich gegenseitig zu vernichten, sind sie ständig von der hybris bedroht.

1 Wie deutet der Philosoph Luc Ferry das Feuer des Prometheus?

2 Welche Vorteile und Gefahren bringt die Gabe des Prometheus nach Ferry für die Menschen?

▼

Die Verhaltensbiologie hat inzwischen entdeckt, dass einige Tierarten so etwas wie Intelligenz besitzen. Im Folgenden soll es darum gehen, ob den Menschen etwas zukommt, das darüber hinausgeht.

3 „Sei doch mal vernünftig!“ Was ist mit dieser Aufforderung gemeint? Erfinden Sie eine Geschichte, die mit diesem Satz endet.

Der Philosoph Max Scheler (1874–1928) hat als einer der ersten versucht, die antiken und christlichen Aussagen über das Wesen des Menschen in ihrem Verhältnis zu den Ergebnissen der modernen Biologie zu beschreiben.

M 18 Max Scheler: Die Sonderstellung des Menschen (1928)

Ich behaupte: Das Wesen des Menschen und das, was man seine „Sonderstellung“ nennen kann, steht hoch über dem, was man Intelligenz und Wahlfähigkeit nennt, und würde auch nicht erreicht, wenn man sich diese Intelligenz und Wahlfähigkeit quantitativ beliebig, ja bis ins Unendliche gesteigert vorstellte. Aber auch das wäre verfehlt, wenn man sich das Neue, das den Menschen zum Menschen macht, nur dächte als eine zu den psychischen Stufen: Gefühlsdrang, Instinkt, assoziatives Gedächtnis, Intelligenz und Wahl noch hinzukommende neue Wesensstufe psychischer und der Vitalsphäre angehöriger Funktionen und Fähigkeiten, die zu erkennen also in der Kompetenz der Psychologie und Biologie läge.

Das neue Prinzip steht außerhalb alles dessen, was wir „Leben“ im weitesten Sinne nennen können. Das, was den Menschen allein zum „Menschen“ macht, ist nicht eine neue Stufe des Lebens – erst recht nicht nur eine Stufe der einen Manifestationsform dieses Lebens, der „Psyche“ –, sondern es ist ein allem und jedem Leben überhaupt, auch dem Leben im Menschen entgegengesetztes Prinzip: eine echte neue Wesenstatsache, die als solche überhaupt nicht auf die „natürliche Lebensevolution“ zurückgeführt werden kann, sondern, wenn auf etwas, nur auf den obersten einen Grund der Dinge selbst zurückfällt: auf denselben Grund, dessen eine große Manifestation das „Leben“ ist.

Schon die Griechen behaupteten ein solches Prinzip und nannten es „Vernunft“. Wir wollen lieber ein umfassenderes Wort für jenes X gebrauchen, ein Wort, das wohl den Begriff „Vernunft“ mitumfasst, aber neben dem „Ideendenken“ auch eine bestimmte Art der „Anschauung“, die von Urphänomenen oder Wesensgehalten, ferner eine bestimmte Klasse volitiver [willentlicher] und emotionaler Akte wie Güte, Liebe, Reue, Ehrfurcht, geistige Verwunderung, Seligkeit und Verzweiflung, die freie Entscheidung mitumfasst –: das Wort „Geist“. Das Aktzentrum aber, in dem Geist innerhalb endlicher Seinssphären erscheint, bezeichnen wir als „Person“ in scharfem Unterschied zu allen funktionellen Lebenszentren, die, nach innen betrachtet, auch „seelische“ Zentren heißen.

Was aber ist nun jener „Geist“, jenes neue und so entscheidende Prinzip? Selten ist mit einem Wort so viel Unfug getrieben worden – einem Worte, bei dem sich nur wenige etwas Bestimmtes denken. Stellen wir hier an die Spitze des Geistbegriffes seine besondere Wissensfunktion, die Art Wissen, die nur er geben kann, dann ist die Grundbestimmung eines geistigen Wesens, wie immer es psychophysisch beschaffen sei, seine existenzielle Entbundenheit vom Organischen, seine Freiheit, Ablösbarkeit – oder doch die seines Daseinszentrums – von dem Bann, von dem Druck, von der Abhängigkeit vom Organischen, vom „Leben“ und allem, was zum Leben gehört – also auch von seiner eigenen triebhaften „Intelligenz“.

Ein „geistiges“ Wesen ist also nicht mehr trieb- und umweltgebunden, sondern „umweltfremd“ und, wie wir es nennen wollen, „weltoffen“: Ein solches Wesen hat „Welt“. Ein solches Wesen vermag ferner die auch ihm ursprünglich gegebenen „Widerstands-“ und Reaktionszentren seiner Umwelt, die das Tier allein hat und in die es ekstatisch aufgeht, zu „Gegenständen“ zu erheben und das Sosein dieser Gegenstände prinzipiell selbst zu erfassen, ohne die Beschränkung, die diese Gegenstandswelt oder ihre Gegebenheit durch das vitale Triebsystem und die ihm vorgelagerten Sinnesfunktionen und Sinnesorgane erfährt.

4 Wie unterscheidet Scheler Vernunft von Intelligenz?
5 Warum spricht er lieber von Geist als von Vernunft?

Auch der Philosoph Helmut Plessner (1892–1985) sieht das Besondere des Menschen in seinem Geist. Er bestimmt diesen jedoch anders als Max Scheler. Im Unterschied zum Tier, das in sich ruht, das man also „zentrisch“ nennen kann, hat der Mensch seine Mitte nicht in sich, sondern außer sich. Diese Tatsache bezeichnet Plessner als „Exzentrizität“.

Helmuth Plessner: Der Mensch als von Natur aus künstlich (1982)

M 19

Der Mensch sagt zu sich und zu anderen du, er, wir – nicht etwa aufgrund bloßer Analogieschlüsse oder einfühlender Akte, sondern kraft der Struktur der eigenen Seinsweise. Durch die exzentrische Positionsform seiner selbst ist dem Menschen die Realität der *Mitwelt* gewährleistet. [...] Die Mitwelt *umgibt* nicht die Person, wie es (wenn auch nicht im strengen Sinne, denn der eigene Leib gehört mit dazu) die Natur tut. Die Mitwelt *erfüllt* auch nicht die Person, wie es in einem ebenfalls inadäquaten Sinne von der Innenwelt gilt. Die Mitwelt *trägt* die Person, indem sie zugleich von ihr getragen und gebildet wird. Zwischen mir und mir, mir und dir, mir und ihm liegt die Sphäre des *Geistes*.

[...] Seele ist real als die binnenhafte Existenz des Menschen, der Person. Bewusstsein ist der durch die Exzentrizität der personalen Existenz bedingte Aspekt, in dem die Welt sich darbietet. Geist dagegen ist die mit der eigentümlichen Positionsform geschaffene und bestehende Sphäre und macht daher keine Realität aus, ist jedoch realisiert in der Mitwelt. Real ist die Mitwelt, auch für nur eine Person, weil sie die mit der exzentrischen Positionsform gewährleistete Sphäre darstellt, die jeder Aussonderung in der ersten, zweiten, dritten Person Singularis und Pluralis zugrunde liegt. Dann kann die Sphäre sowohl von den Ausschnitten aus ihr als auch von ihrem spezifischen Lebensgrund geschieden werden. So ist sie das reine Wir oder Geist. Und so ist der Mensch Geist, hat er Geist. Er hat ihn in derselben Weise, wie er einen Körper und eine Seele hat. Diese hat er, weil er sie ist und lebt. Geist aber ist die Sphäre, kraft der wir als Personen leben, in der wir stehen, gerade weil unsere Positionsform sie enthält. [...]

In sehr verschiedener Form und Wertbetonung ist dieses Grundgesetz der eigenen Existenz den Menschen zum Bewusstsein gekommen, immer aber mischt sich in das Wissen darum der Schmerz um die unerreichbare Natürlichkeit der anderen Lebewesen. Ihre Instinktsicherheit ist seiner Freiheit und Voraussicht verlorengegangen. Sie existieren direkt, ohne von sich und den Dingen zu wissen, sie sehen nicht ihre Nacktheit – und der himmlische Vater ernähret sie doch. Dem Menschen dagegen ist mit dem Wissen die Direktheit verlorengegangen, er sieht seine Nacktheit, schämt sich seiner Blöße und muss daher auf Umwegen über künstliche Dinge leben.

Diese Ansicht, oft auch in mythischer Form geprägt, gibt einer tiefen Erkenntnis Ausdruck. Weil dem Menschen durch seinen Existenztyp aufgezwungen ist, das Leben zu führen, welches er lebt, d. h. zu machen, was er ist – eben weil er nur ist, wenn er vollzieht –, braucht er ein Komplement nichtnatürlicher, nichtgewachsener Art. Darum ist er von Natur, aus Gründen seiner Existenzform *künstlich.* Als exzentrisches Wesen nicht im Gleichgewicht, ortlos, zeitlos im Nichts stehend, konstitutiv heimatlos, muss er „etwas werden" und sich das Gleichgewicht schaffen.

Exzentrische Lebensform und Ergänzungsbedürftigkeit bilden ein und denselben Tatbestand. Bedürftigkeit darf hier nicht in einem subjektiven Sinne und psychologisch aufgefasst werden. Sie ist allen Bedürfnissen, jedem Drang, jedem Trieb, jeder Tendenz, jedem Willen des Menschen vorgegeben. In dieser Bedürftigkeit oder Nacktheit liegt das Movens für alle spezifisch menschliche, d. h. auf Irreales gerichtete und mit künstlichen Mitteln arbeitende Tätigkeit, der letzte Grund für das *Werkzeug* und dasjenige, dem es dient: die *Kultur.*

6 Klären Sie die Begriffe „Geist", „Seele" und Körper, indem Sie sie nach Plessner genau voneinander abgrenzen.

7 Inwiefern ist der Mensch „von Natur aus künstlich" (Z. 52 f.)? Geben Sie die angegebene Textstelle mit eigenen Worten schriftlich wieder.

8 Diskutieren Sie mit Ihrem Sitznachbarn, welche Konsequenzen sich aus der Position Plessners für den Wert und die Förderung kultureller Leistungen ergeben.

9 Vergleichen Sie die Vorstellung von Geist bei Scheler und Plessner. Inwieweit sind sie miteinander vereinbar?

10 Vergleichen Sie M 10 und M 18. Worin ähneln sich die Texte, worin bestehen Unterschiede?

11 Im Vergleich zu Scheler und Plessner bewertet Nietzsche M 13 den Geist viel negativer. Untersuchen Sie die unterschiedlichen Begründungen und nehmen Sie selbst Stellung.

2. Menschliche Spezifika: Was macht den Menschen zum Menschen?

„A. I. – Künstliche Intelligenz“ ist ein Science-Fiction-Film von Steven Spielberg nach der Kurzgeschichte „Supertoys Last All Summer Long“ von Brian Aldiss.
Mitte des 22. Jahrhunderts sind wegen umfassender Industrialisierung und Umweltverschmutzung die Polkappen geschmolzen. Um den Ressourcenverbrauch zu begrenzen, wurde die Anzahl der Kinder beschränkt und Lizenzen für Geburten eingeführt. Es gibt inzwischen Roboter, die ein Bewusstsein haben – sogenannte „Mechas“.
Ein Prototyp einer neuen Serie der Firma Cybertronics ist David. Er hat die Gestalt eines elfjährigen Jungen und ist in der Lage, emotionale Bindungen aufzubauen und Menschen zu lieben.
Die Firmenleitung beschließt, den Prototyp ihrem Angestellten Henry Swinton zu überlassen, dessen eigener Sohn mit geringen Überlebenschancen im Koma liegt. Durch die Aufnahme von David erhofft sich Henry, dass seine Frau Monica über den Verlust des eigenen Sohnes Martin hinwegkommt.
Nach einer Art Probezeit beschließt Monica, David zu behalten. Daher aktiviert sie mit der so genannten Prägung (ein einmalig zu sprechender Code) die bedingungslose Liebe Davids zu ihr mit ganzer Hingabe. Eine einmal aktivierte Prägung kann nicht rückgängig gemacht werden, dieser Mecha kann auch nicht mehr an andere weitergegeben werden. Sollte die Familie ihn nicht mehr haben wollen, müsste sie ihn zu Cybertronics zurückbringen, wo er zerstört wird.

Im Vorlesungssaal

M 1

Am Anfang des Films sehen wir einen Vorlesungssaal, Prof. Hobby hält eine Rede vor seinen Mitarbeitern bei Cybertronics. Er berichtet von den Fortschritten in der Erschaffung künstlichen Lebens, die in den letzten Jahren gemacht wurden, und verkündet am Ende: „Das künstlich erschaffene Wesen ist Wirklichkeit. Ein perfektes Abbild unserer Selbst.“ Die Mitarbeiter klatschen.

1 Professor Hobby behauptet, dass der von Cybertronics geschaffene künstliche Mensch „ein perfektes Abbild unserer Selbst“ sei. Stellen Sie dar, was er damit meinen könnte.

Im Folgenden geht es um das Problem, ob es überhaupt denkbar ist, einen künstlichen Menschen zu schaffen.

2 Welche Merkmale sind Ihrer Auffassung nach entscheidend dafür, dass man einen Menschen wirklich menschlich nennen kann? Überlegen Sie, inwiefern diese Merkmale auch auf den Mecha zutreffen.

3 Ordnen Sie die klassischen Wesensmerkmale des Menschen von S. 108 nach drei Gruppen: Welche sind entscheidende Merkmale [!], welche sind unwichtig [↯], welche bedürfen weiterer Erklärung [?]?

4 Erarbeiten Sie auf einem Plakat zu zweit ein Begriffsnetz aus den Begriffen, die Sie selbst gefunden haben, und den Ihrer Auffassung nach treffenden Merkmalen von S. 108. Einigen Sie sich darauf, welches der Merkmale wirklich einen vom Tier und vom Roboter abgrenzenden Charakter hat.

5 Verteilen Sie Forschungsaufträge: Recherchieren Sie, durch welche Argumente, wissenschaftlichen Erkenntnisse etc. man Ihre Überzeugung stützen könnte, dass das von Ihnen gewählte Merkmal ein „abgrenzendes“ Merkmal ist.

2.1 Der Mensch, das sprechende und denkende Tier – Descartes, Tomasello

Die philosophische Anthropologie versucht den Menschen traditionell nicht in der Abgrenzung zu einem Roboter zu erfassen, sondern eher in Abgrenzung zum Tier.
Schon Aristoteles charakterisiert den Menschen als „Animal rationale", er bezeichnet damit das Wesensmerkmal, das seitdem häufig als Abgrenzungskriterium zum Tier genannt wird.
Da Tiere offenbar aber mehr Fähigkeiten haben, als man lange glaubte, ist dieses Abgrenzungskriterium inzwischen umstritten.

M 2 Schachspielen mit Affen

1 Betrachten Sie das Bild genau. Notieren Sie Ihre Gedanken, Ihre Deutung des Bildes, Ihre Fragen. Ist diese Szene realistisch?

▼ Im Folgenden geht es um das Problem, ob der Geist den Menschen zum Menschen macht.

INFO

Vier Kriterien für den Geist

Nach den Philosophen Dominik Perler (* 1965) und Markus Wild (* 1971) sprechen wir Wesen einen Geist zu, wenn vier Kriterien erfüllt sind. Erstens müssen diese Wesen ***Bewusstsein*** haben. Damit ist nur gemeint, dass sie über ein phänomenales Bewusstsein verfügen: Diese Wesen haben ein bestimmtes Erlebnis, wenn sie etwas wahrnehmen oder empfinden. So fühlt es sich für Menschen auf eine bestimmte Art und Weise an, eine Lichtempfindung zu haben oder durstig zu sein. Wir haben also eine Innenwelt. Zweitens schreiben wir uns und unseren Mitmenschen einen Geist zu, weil wir über ***intentionale Zustände*** verfügen, d. h. über Zustände, die sich auf etwas (Gegenstände, Ereignisse, Sachverhalte usw.) beziehen. Dies gilt bereits für simple Wahrnehmungszustände; denn wir sehen etwas (z. B. das helle Licht) und riechen etwas (z. B. den Rosenduft). Auch unsere Wünsche und Begierden sind intentional: Wir wollen etwas, z. B. einen Apfel.
Das dritte Kriterium ist die ***Sprache***. Darunter ist nicht einfach eine Ansammlung von Lauten oder Buchstaben zu verstehen, sondern ein System von konventionell festgesetzten Zeichen, die eine Bedeutung haben, im Normalfall auf etwas Bezug nehmen und in einem bestimmten Kontext zu bestimmten Zwecken verwendet werden. Dank der Sprache gelingt es uns, die Umwelt zu beschreiben, in verschiedene Kategorien einzuteilen und uns mit anderen über die Kategorisierung zu verständigen. Das vierte Merkmal für „Geist" ist das ***logische Denken.*** Wesen, denen wir Geist zusprechen, sollten aus Beobachtungen und aus Feststellungen korrekte Schlüsse ziehen können.

Ein Fragebogen: Bewusstsein und Sprache

M 3

1. Wie würden Sie das bewusste Erleben folgender Wesen mit Ihrem eigenen vergleichen?

Eine Schlange	A	B	C	D
Eine Fledermaus	A	B	C	D
Ein Schimpanse	A	B	C	D
Ein leistungsfähiger Computer	A	B	C	D
Ihr auf einen Chip kopiertes „Gehirnprogramm“	A	B	C	D

A: gleich,
B: verschieden in der Intensität,
C: verschieden in der Qualität,
D: Beispiel nicht möglich

2. Wie würden Sie die Sprachfähigkeit folgender Wesen mit Ihrer eigenen vergleichen?

Eine Schlange	A	B	C	D
Eine Fledermaus	A	B	C	D
Ein Schimpanse	A	B	C	D
Ein leistungsfähiger Computer	A	B	C	D
Eine Rose	A	B	C	D

A: gleich,
B: verschieden in der Differenziertheit der Sprachäußerungen,
C: verschieden in den „Motiven“ der Sprachäußerungen [(i) Aufforderung, (ii) Information, (iii) Teilen von Gefühlen etc.],
D: Beispiel nicht möglich

2 Beantworten Sie die Fragen aus M 3 zunächst für sich und kommen Sie anschließend zu einem Austausch darüber in der Lerngruppe.

Der französische Philosoph René Descartes (1596–1650) macht am Anfang der neuzeitlichen Philosophie einen deutlichen Unterschied zwischen Mensch und Tier.

René Descartes: Unterschied zwischen Menschen und Tieren (1637)

M 4

Dadurch lässt sich auch der *Unterschied zwischen den Menschen und Tieren erkennen.* Denn es ist sehr bemerkenswert, dass es keine so stumpfsinnigen und dummen Menschen gibt, sogar die sinnlosen nicht ausgenommen, die nicht fähig wären, verschiedene Worte zusammenzuordnen und daraus eine Rede zu bilden, wodurch sie ihre Gedanken verständlich machen; wogegen es kein anderes noch so vollkommenes und noch so glücklich veranlagtes Tier gibt, das etwas Ähnliches tut. Das kommt nicht von der mangelhaften Beschaffenheit ihrer Organe, denn man sieht, dass die Spechte und Papageien ebenso gut Worte hervorbringen können wie wir, und doch können sie nicht ebenso gut wie wir *reden,* das heißt zugleich bezeugen, dass sie denken, was sie sagen; während Menschen, die taubstumm geboren, also ohne die Organe sind, die anderen zum Sprechen dienen, ebenso oder mehr als die Tiere einige Zeichen von selbst zu erfinden pflegen, um sich denen verständlich zu machen, die im täglichen Zusammensein mit ihnen Muße haben, ihre Sprache zu lernen. Dies beweist nicht bloß, dass die Tiere weniger Vernunft als die Menschen, sondern dass sie *gar keine* haben. Denn wie man sieht, gehört nur sehr wenig dazu, um sprechen zu können. [...] Man darf aber die Worte nicht mit den natürlichen Bewegungen [der Artikulationsorgane] verwechseln, welche Empfindungen bezeichnen und von Maschinen ebenso gut wie von Tieren nachgeahmt werden können, noch darf man wie einige der Alten meinen, dass die Tiere in der Tat sprechen und wir nur ihre Sprache nicht verstehen. Denn wäre es so, weil sie mehrere den unsrigen entsprechende Organe haben, so würden sie sich uns auch ebenso gut als ihresgleichen verständlich machen können. Auch ist es sehr bemerkenswert, dass, obwohl manche Tiere in manchen Handlungen mehr Geschicklichkeit zeigen als wir, man doch sieht, dass ebendieselben Tiere in vielen anderen Handlungen gar keine zeigen; so dass, was sie besser als wir machen, keineswegs Geist beweist, denn in diesem Falle würden sie mehr Gaben besitzen als einer von uns und es auch in allen anderen Dingen besser machen, sondern (es zeigt sich) vielmehr, dass sie keinen Geist haben und allein die Natur in ihnen nach der Disposition ihrer Organe handelt. Man sieht ja auch, dass ein Uhrwerk, das bloß aus Rädern und Federn besteht, richtiger als wir mit aller unserer Klugheit die Stunden zählen und die Zeit messen kann.

3 Arbeiten Sie die zentralen Begriffe des Textes heraus und fassen Sie anschließend deren sachlogischen Zusammenhang in ein bis zwei Sätzen zusammen. Nehmen Sie Stellung zu den Thesen des Autors.

M 5 Spiegelexperimente

In einem Experiment wird eine Elster mit einem roten Brustfleck markiert. Nach dem Blick in den Spiegel „sucht" die Elster diesen roten Brustfleck am eigenen Körper. Unter Kontrollbedingungen mit schwarzem – daher nicht sichtbarem – Brustfleck war dies nicht der Fall. Viele Forscher, u. a. der US-Biologe Gordon Gallup, werten dieses Verhalten als Beleg für ein Selbstbewusstsein der Tiere. Das Sich-Erkennen vor dem Spiegel setzt eine gewisse Vorstellung von ebendiesem Ich voraus. Aufgrund von Experimenten dieser Art wird auch anderen Tieren, wie z. B. Delfinen, Schimpansen und Orang-Utans Selbstbewusstsein zugesprochen.

Der australische Philosoph Peter Singer (* 1946) setzt sich dafür ein, dass die Menschrechte auch für Menschenaffen gelten.

M 6 Peter Singer: Sprache und Bewusstsein (1979)

Sind Tiere selbstbewusst? Es gibt einen Beweis dafür, dass zumindest einige es sind. Den dramatischsten Beweis dafür liefern Menschenaffen, die mit uns kommunizieren können, indem sie eine menschliche Sprache benutzen. Der alte Traum, unsere Sprache einer anderen Spezies beizubringen, wurde Wirklichkeit, als zwei amerikanische Wissenschaftler, Allen und Beatrice Gardner, erkannten, dass frühere Versuche, Schimpansen das Sprechen beizubringen, nicht an der für den Sprachgebrauch erforderlichen Intelligenz gescheitert waren, sondern an den fehlenden stimmlichen Voraussetzungen für eine Reproduktion der menschlichen Sprachlaute. Die Gardners beschlossen daher, eine junge Schimpansin so zu behandeln, als wäre es ein menschliches Baby ohne Stimmbänder. Sie verständigten sich mit ihr und miteinander in ihrer Gegenwart mittels der amerikanischen Zeichensprache, wie sie allgemein von Taubstummen verwendet wird. Die Methode hatte verblüffenden Erfolg.
Die Schimpansin, die sie „Washoe" nannten, versteht heute etwa 350 verschiedene Zeichen und ist fähig, ungefähr 150 von ihnen korrekt zu verwenden. Sie setzt Zeichen zusammen, um damit einfache Sätze zu bilden. Was das Selbstbewusstsein anlangt, so zögert Washoe nicht, wenn man ihr das eigene Spiegelbild zeigt und fragt: „Wer ist das?", zu antworten: „Ich, Washoe." [...]

4 Lesen Sie M 5 und M 6 und machen Sie sich klar, welcher Aspekt des Geistesbegriffs (s. Info, S. 126) jeweils thematisiert wird. Welche Schlussfolgerungen ziehen Sie aus den Informationen?

5 Forschen Sie selbst nach über die Fähigkeiten von verschiedenen Tieren in Bezug auf Sprache, Bewusstsein, logisches Denken, geplantes Handeln etc. und stellen Sie sich Ihre Ergebnisse in der Lerngruppe vor.

6 Wie beurteilen Sie die Thesen von Descartes in M 4 im Lichte dieser Informationen und der Informationen aus M 5 und M 6?

Der amerikanische Anthropologe Michael Tomasello (* 1950) erforscht besonders das Kommunikationsverhalten der Primaten.

Michael Tomasello: Wir-Intentionalität (2009)

M 7

Wir können [...] von drei allgemeinen Typen von Kommunikationsmotiven ausgehen, die sich evolutionär entwickelt haben. Sie werden durch die Art der Wirkung bestimmt, die der Kommunizierende auf den Empfänger auszuüben versucht, und werden hier anhand der Motivationen geteilter Intentionalität des Helfens und Teilens mit anderen charakterisiert:

Auffordern: Ich will, dass Sie etwas tun, um mir zu helfen (um Hilfe oder Information bitten);

Informieren: Ich will, dass Sie von etwas Kenntnis nehmen, weil ich glaube, dass es Ihnen helfen oder Sie interessieren wird (Hilfe anbieten, einschließlich Information);

Teilen: Ich will, dass Sie etwas Bestimmtes fühlen, damit wir Einstellungen/Gefühle miteinander teilen können (Teilen von Emotionen oder Einstellungen). [...]

[D]ie an menschlicher Kommunikation Beteiligten [müssen] nicht nur praktisch, sondern auch kooperativ schlussfolgern [...]. Wenn beispielsweise Affen einen anderen Affen beobachten, der ihnen etwas signalisiert, versuchen sie durch individuelles praktisches Schließen bezüglich seiner Ziele und Wahrnehmungen herauszufinden, was er will. Sie versuchen aber nicht, die Botschaft zu verstehen, weil er will, dass sie sie verstehen, denn weder die eine noch die andere Seite geht davon aus, dass er versucht, behilflich zu sein. Der Kommunizierende signalisiert oder „gibt“ seine Absicht nicht eigens „bekannt“, wie Menschen es beim Signalisieren ihrer kommunikativen Absicht tun. Und wenn sie eine Reaktion auswählen, reagieren Affen als Empfänger nicht deshalb auf eine bestimmte Weise, *weil* der andere es von ihnen will oder erwartet. Vielmehr versuchen sie einfach das zu tun, was für sie in der Situation am besten ist, und zwar auf der Grundlage dessen, was der Kommunizierende dem Augenschein nach will. Wenn im Gegensatz dazu Menschen sehen, dass jemand versucht, mit ihnen zu kommunizieren, wollen sie wissen, was er zu kommunizieren versucht, zumindest teilweise, *weil* er das von ihnen will (und sie seinen Kooperationsmotiven vertrauen), und sie wählen eine Reaktion – beispielsweise einer Bitte nachzukommen, angebotene Informationen zu akzeptieren oder die Begeisterung über etwas zu teilen –, zumindest teilweise, *weil* das der andere von ihnen will. [...]

Diese Ergebnisse deuten darauf hin, dass menschenähnliche gemeinschaftliche Tätigkeit – also Gruppenaktivitäten mit einer intentionalen Struktur, die sowohl ein gemeinsames Ziel als auch komplementäre Rollen umfassen – etwas ist, an dem sich Menschenaffen nicht beteiligen. Im Allgemeinen ist es fast unvorstellbar, dass zwei Schimpansen spontan etwas so Einfaches tun können wie einen schweren Gegenstand gemeinsam tragen oder ein Werkzeug gemeinsam herstellen. Eine mögliche Erklärung dafür, warum Schimpansen und andere Affen nicht wie Menschen zusammenarbeiten, ist [folgende:] Menschenaffen verstehen durchaus, dass andere Ziele und Wahrnehmungen haben und wie diese bei intentionalen Handlungen, vielleicht sogar bei rationalen Handlungen, miteinander verbunden sind. Das ist also nicht der Grund dafür, dass sie nicht wie Menschen zusammenarbeiten. Vielmehr und wenig überraschend glauben wir nun, dass Menschenaffen zwar verstehen, was der andere als individueller intentionaler Akteur tut, dass sie aber weder über die Fertigkeiten noch über die Motivationen verfügen, mit anderen gemeinsame Ziele und gemeinsame Aufmerksamkeit auszubilden oder sich auf andere Weise mit anderen an geteilter Intentionalität zu beteiligen. [...] Wenn Schimpansen sich an der Jagd in Gruppen beteiligen, kommunizieren sie nicht intentional über die fortlaufende Tätigkeit, und zwar weder um ein Ziel festzulegen, noch um die Rollen zu koordinieren. [...] [D]ie Kommunikation von Menschenaffen [umfasst] fast ausschließlich Aufforderungen, die sich auf individualistische Ziele richten, für die andere als soziale Werkzeuge eingesetzt werden – was gut zu ihren grundsätzlich individualistischen Motiven bei Gruppenaktivitäten wie der Jagd passt.

7 Tomasello stellt im Hinblick auf die „kulturelle Intelligenz“ des Menschen Thesen zu den Aspekten „Intentionalität“ und „Sprache“ auf. Arbeiten Sie sie heraus und machen Sie den Zusammenhang zwischen ihnen deutlich. Nehmen Sie Stellung zu Tomasellos Aussagen.

8 Halten Sie einen Vortrag mit den entscheidenden Fachbegriffen zu der Frage „Zeichnet sich der Mensch vor den Tieren durch seinen Geist aus?“. Gehen Sie von der Definition im Infokasten (S. 126) aus.

2.2 Kultur und Technik – Gehlen, Anders

1 Vergleichen Sie Haarkleid, Schutz- Angriffs- und Fluchtorgane des Menschen mit dem des Eisbären (oder eines anderen Tieres). In welchen Bereichen sind die Tiere dem Menschen überlegen?

Im Folgenden geht es um die Frage, warum der Mensch eine erfolgreiche Spezies ist.

2 Versuchen Sie zunächst zu zweit eine Antwort auf diese Frage zu finden und diskutieren Sie anschließend im Plenum.

Der deutsche Philosoph Arnold Gehlen (1904–1976) zählt zusammen mit Helmuth Plessner und Max Scheler zu den Hauptvertretern der sogenannten Philosophischen Anthropologie.

M 8

Arnold Gehlen: Mängelwesen Mensch (1940)

Die Resultate der neueren Biologie geben uns die Möglichkeit, die exponierte und riskierte Konstitution des Menschen in einen weiteren Zusammenhang zu stellen. Die „Umwelt" der meisten Tiere, und gerade der höheren Säuger ist das nicht auswechselbare Milieu, an das der spezialisierte Organbau des Tieres angepasst ist, innerhalb dessen wieder die ebenso artspezifischen, angeborenen Instinktbewegungen arbeiten. Spezialisierter Organbau und Umwelt sind also Begriffe, die sich gegenseitig voraussetzen. Wenn nun der Mensch Welt hat, nämlich eine deutliche Nichteingegrenztheit des Wahrnehmbaren auf die Bedingungen des biologischen Sichhaltens, so bedeutet auch dies zunächst eine negative Tatsache. Der Mensch ist weltoffen heißt: Er entbehrt der tierischen Einpassung in ein Ausschnitt-Milieu. Die ungemeine Reiz- oder Eindrucksoffenheit gegenüber Wahrnehmungen, die keine angeborene Signalfunktion haben, stellt zweifellos eine erhebliche Belastung dar, die in sehr besonderen Akten bewältigt werden muss. [...]

Wir [...] verstehen jetzt auch, was es mit den Bestimmungen auf sich hat, der Mensch sei „nicht festgestellt" oder „sich selbst noch Aufgabe": Es muss die bloße Existenzfähigkeit eines solchen Wesens fraglich sein, und die bare Lebensfristung ein Problem, das zu lösen der Mensch allein auf sich selbst gestellt ist und wozu er die Möglichkeit aus sich selbst herauszuholen hat. Das wäre also das handelnde Wesen. Da der Mensch lebensfähig ist, müssen die Bedingungen zur Lösung dieses Problems in ihm liegen, und wenn bei ihm schon die Existenz eine Aufgabe und schwierige Leistung ist, so muss diese Leistung durch die gesamte Struktur des Menschen hindurch nachweisbar sein. Alle seine besonderen menschlichen Fähigkeiten sind auf die Frage zu beziehen: Wie ist ein so monströses Wesen lebensfähig, und damit ist das Recht der biologischen Fragestellung gesichert. [...]

Denn schon die Weltoffenheit ist, von daher gesehen, grundsätzlich eine Belastung. Der Mensch unterliegt einer durchaus untierischen Reizüberflutung, der „unzweckmäßigen" Fülle einströmender Eindrücke, die er irgendwie zu bewältigen hat. [...]

M 9

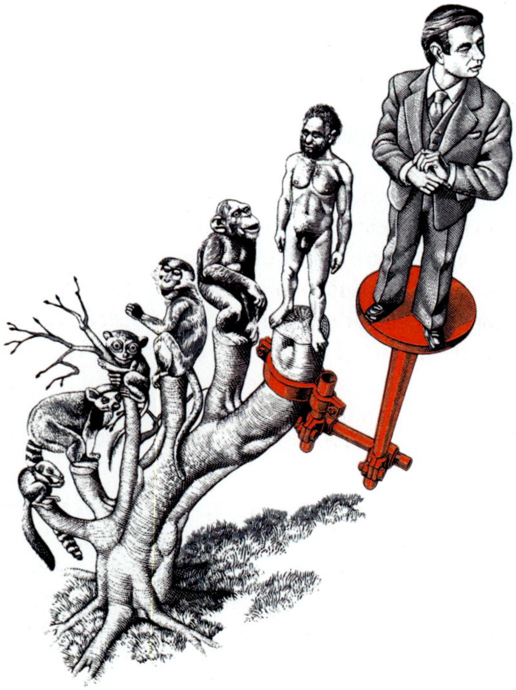

Infolge seiner organischen Primitivität und Mittellosigkeit ist der Mensch in jeder wirklich natürlichen und urwüchsigen Natursphäre lebensunfähig. Er hat also den Ausfall der ihm organisch versagten Mittel selbst einzuholen, und dies geschieht, indem er die Welt tätig ins Lebensdienliche umarbeitet. [...]
Der Mensch ist, um existenzfähig zu sein, auf Umschaffung und Bewältigung der Natur hin gebaut und deswegen auch auf die Möglichkeit der Erfahrung der Welt hin: Er ist handelndes Wesen, weil er unspezialisiert ist und also der natürlich angepassten Umwelt entbehrt. Der Inbegriff der von ihm ins Lebensdienliche umgearbeiteten Natur heißt Kultur, und die Kulturwelt ist die menschliche Welt. Es gibt für ihn keine Existenzmöglichkeit in der unveränderten, in der nicht „entgifteten" Natur, und es gibt keinen „Naturmenschen" im strengen Sinne: d.h. keine menschliche Gesellschaft ohne Waffen, ohne Feuer, ohne präparierte und künstliche Nahrung, ohne Obdach und ohne Formen der hergestellten Kooperation. Die Kultur ist also die „zweite Natur" – will sagen: die menschliche, die selbsttätig bearbeitete, innerhalb deren er allein leben kann – und die „unnatürliche" Kultur ist die Auswirkung eines einmaligen, selbst „unnatürlichen", d.h. im Gegensatz zum Tier konstruierten Wesens in der Welt. An genau der Stelle, wo beim Tier die „Umwelt" steht, steht daher beim Menschen die Kulturwelt, d.h. der Ausschnitt der von ihm bewältigten und zu Lebenshilfen umgeschaffenen Natur. Schon deswegen ist es grundfalsch, von einer Umwelt des Menschen – im biologisch definierten Sinne – zu reden. Beim Menschen entspricht der Unspezialisiertheit seines Baues die Weltoffenheit und der Mittellosigkeit seiner Physis die von ihm selbst geschaffene „zweite Natur". Hierin liegt übrigens der Grund, warum der Mensch im Gegensatz zu fast allen Tierarten nicht geografisch natürliche und unüberschreitbare Daseinsbereiche hat.

3 Erarbeiten Sie den Text mithilfe der Strukturlegetechnik (s. S. 466).

4 Lesen Sie den Text „Institutionen schaffen Persönlichkeiten" (S. 160 M 3) und machen Sie deutlich, inwiefern Gehlen in den Institutionen als Teil der Kultur die Lösung für das Problem der Weltoffenheit findet. Erläutern Sie diesen Zusammenhang anhand von Beispielen (etwa: Ehe, Sprache, Gesetze, Traditionen).

5 Interpretieren Sie die Illustration mit der GEIST-Methode (s. S. 461). Vergleichen Sie die Aussage der Illustration M 9 mit den Aussagen Gehlens.

6 Recherchieren Sie im Internet über Werkzeuggebrauch, Lehr- und Lernvorgänge im Tierreich. Setzen Sie diese Ergebnisse in Bezug zu der Aussage des Schweizer Tierpsychologen H. Hedinger, dass Mensch und Tier „das Geistige" trenne, und „darunter ist zu verstehen: Wissenschaft, Sprache, Kunst, Religion – kurz: Kultur".

7 Sehen Sie sich das Video „Do the evolution" von der Gruppe Pearl Jam zweimal hintereinander an und tauschen Sie sich über die Bilder aus. Beziehen Sie den Titel des Stückes auf die Bilder, die Sie gesehen haben.

8 Warum neigen die Menschen dazu, sich mit ihrer Technik selbst zu vernichten?

Der deutsch-österreichische Sozialphilosoph Günther Anders (1902–1992) beschäftigte sich in seinen Werken vor allem mit technischen und ethischen Herausforderungen seiner Zeit. In seinem Text bezeichnet Anders die kulturellen und technischen Fähigkeiten des Menschen als prometheisch, er bezieht sich damit auf den Titanen Prometheus, der in der griechischen Mythologie als Kulturstifter der Menschen gilt (vgl. S. 110, 121).

Günther Anders: Die Apokalypse-Blindheit und das prometheische Gefälle (1956) M 10

Die Hauptwurzel unserer Apokalypse-Blindheit: Das „Prometheische Gefälle" – Der Mensch ist größer und kleiner als er selbst.

„Prometheische[s]Gefälle". *Was meinen wir mit diesem Ausdruck? Die Tatsache, dass unsere verschiedenen Vermögen (wie Machen, Denken, Vorstellen, Fühlen, Verantworten) sich von einander in folgenden Hinsichten unterscheiden.*

Jedes dieser Vermögen hat ein ihm eigenes Verhältnis zu Größe und Maß. Ihre „Volumina", ihre „Fassungskräfte", ihre „Leistungskapazitäten" und „Griffweiten" differieren. Beispiel: Die Vernichtung einer Großstadt

können wir heute ohne Weiteres planen und mithilfe der von uns hergestellten Vernichtungsmittel durchführen. Aber diesen Effekt uns vorstellen, ihn auffassen können wir nur ganz unzulänglich. [...] Jedes Vermögen hat also seine Leistungsgrenze, jenseits derer es nicht mehr funktioniert, bzw. Steigerungen nicht mehr registrieren kann; die Griffweiten der Vermögen befinden sich nicht in Kongruenz. [...]
Was uns heute – im Unterschied zu Faust – aufregen müsste, ist jedenfalls nicht, dass wir nicht allmächtig sind oder allwissend; sondern umgekehrt, dass wir im Vergleich mit dem, was wir wissen und herstellen können, zu wenig vorstellen und zu wenig fühlen können. Dass wir fühlend kleiner sind als wir selbst. – Welche „Etagenstücke" wir beim Blick auf das „Gefälle" ins Auge fassen, ist ziemlich gleichgültig. Immer bleibt es das gleiche Gefälle. Nicht weniger wichtig als das zwischen „Machen" und „Fühlen" ist z. B. das zwischen „Wissen" und „Begreifen": Dass wir „wissen", welche Folgen ein atomarer Krieg nach sich ziehen würde, kann nicht bestritten werden. Aber wir „wissen" es eben nur.
„Prometheisch" nenne ich aber die Differenz nach dem Grundfall des Gefälles; also nach demjenigen Gefälle, das zwischen unserer „prometheischen Leistung": den von uns, den „Söhnen des Prometheus" selbst gemachten Produkten und allen übrigen Leistungen besteht; nach der Tatsache, dass wir dem „Prometheus in uns" nicht gewachsen sind.

9 Formulieren Sie Fragen, die Sie in einem kritischen Interview Günther Anders stellen würden.

2.3 Der Mensch, das fühlende Tier? – Dörner, Lenk

M 11 Sheila und die Liebe

(Prof. Hobby im Vorlesungssaal mit seinen Mitarbeitern.)
Hobby: Das künstlich erschaffene Wesen ist Wirklichkeit. Ein perfektes Abbild unseres Selbst. Artikuliert in der Ausdrucksweise, dazu noch voll beweglich und in seinen Reaktionen außerordentlich menschlich. *(Er sticht einer am Tisch sitzenden Mecha-Frau (sie heißt Sheila) in die Hand, sie äußert Schmerz.)* Sogar mit Schmerzvermögen ausgestattet. *(Er dreht sich zu Sheila, kniet nieder und fragt)* Was war das für ein Gefühl? War es Wut? Angst?
Sheila: Ich verstehe die Frage nicht.
Hobby: Habe ich deine Gefühle verletzt?
Sheila: Aber nein, meine Hand.
Hobby (zum Auditorium): O. K. Genau das ist der Haken. (zu Sheila) Zieh dich aus. *(Sie beginnt sich auszuziehen; er geht weg und doziert weiter.)* Bei Cybertronics in New Jersey haben wir das künstliche Wesen zu größter Reife gebracht, in Form des weltweit übernommenen Mecha, der Basis für Hunderte von Modellen, Diener des Menschen in allen Bereichen des täglichen Lebens. *(zu Sheila, die sich immer noch auszieht)* Das ist genug. *(zum Auditorium)* Aber wir haben keinen Grund uns selbst auf die Schulter zu klopfen. Wir sind zu Recht mit Stolz erfüllt. Aber die Frage ist: Was haben wir davon? *(zu Sheila)* Sheila aufmachen. *(Sheila öffnet den Mund, Hobby drückt im Mund einen Knopf, der Kopf öffnet sich, er nimmt ein technisches Teil heraus und zeigt es hoch)* Ein sensorisches Spielzeug mit intelligenter Verhaltensmustersteuerung unter Verwendung von Neuronensequenztechnologie, die so alt ist wie ich. Ich glaube, dass meine Forschungen, die Ausschlüsselung der Neuronenimpulsbahnen, uns die Möglichkeit eröffnet, einen Mecha in völlig neuer Qualität zu konstruieren. Hier mein Vorschlag: Wir bauen einen Roboter, der in der Lage ist zu lieben.
Mitarbeiter: Lieben? Wir verkaufen doch Tausende von Liebesmodellen jeden Monat. [...]
Hobby (geht zu Sheila): Sag mir eins: Was ist Liebe?
Sheila: Liebe, ich weite erst meine Augen ein bisschen, ich atme etwas schneller, und ich erwärme meine Haut und ...

Hobby: Und so weiter ... Danke Sheila. Aber ich spreche hier nicht von einer Sinnlichkeitssimulation. Das Wort, das ich nannte, war Liebe. Die Liebe, die ein Kind für seine Eltern empfindet. Mein Vorschlag ist: Wir bauen ein Roboterkind, das fähig ist zu lieben, das für die Eltern oder für den, von dem es geprägt wurde, aufrichtige Liebe empfindet, und zwar eine Liebe, die niemals endet.

Die Wissenschaftler wollen ein Wesen schaffen, das Gefühle hat. Im Folgenden geht es um das Problem, ob und inwiefern Gefühle ein wesentliches Merkmal des Menschen sind.

1 Welche weiteren Gefühle neben der Liebe kennen Sie? Stellen Sie eine Liste zusammen und versuchen Sie diese nach einem Ordnungsschema (z. B. bezieht sich auf mich/teile ich mit anderen, komplex/nicht komplex) zu ordnen. Wie unterscheiden sich die einzelnen Gefühle? Welches sind die wichtigsten? Zeichnen Sie evtl. eine Landkarte der Gefühle.

2 Welche Rolle spielen die Gefühle (und besonders die Liebe) beim Menschen? Wie stark und inwieweit wird der Mensch Ihrer Ansicht nach in seinen alltäglichen Handlungen von seinen Gefühlen geleitet? Was wäre, wenn er keine hätte?

Dietrich Dörner: Emotionale Computer (1996)

M 12

Spiegel: Herr Professor Dörner, hat sich Ihr Computer heute schon über Sie geärgert?

Dörner: Über mich noch nicht. Aber geärgert hat er sich schon.

Spiegel: Worüber denn?

Dörner: Der hatte sich etwas vorgenommen und hat es nicht erreicht. Da hat er sich halt geärgert. Ich kann am Bildschirm anhand verschiedener Kurven genau ablesen, in welchem Gemütszustand er sich befindet.

Spiegel: Ihr Computer kann sicher gekonnt Kurven berechnen. Aber mit menschlichen Gefühlen hat das doch wohl weniger zu tun.

Dörner: Wir berechnen nicht irgendwelche Kurven, sondern Gefühle. Ein Gefühl ist für mich nicht irgendeine eigenständige Erscheinung, sondern nur eine Kombination verschiedener Faktoren wie Aktivierungsgrad, Aufmerksamkeit und Erregung. Wenn sich jemand ärgert, passiert Folgendes: Die Sinnesorgane werden in erhöhte Bereitschaft versetzt, die Konzentration nimmt zu. Die Wahrnehmung verengt sich, es kommt zum Tunnelblick. Das simulieren wir im Computer.

Spiegel: Was Sie Gefühl nennen, sind doch nur die äußeren Symptome. Gefühle sind mehr: Hier geht es um das Erleben.

Dörner: Das behaupten viele Psychologen, das ist aber nicht richtig. Obwohl wir ein Gefühl nicht erleben, kann es doch da sein. „Du bist aber sauer", sagt mir jemand im Gespräch, und erst in diesem Moment merke ich, dass ich tatsächlich sauer bin. Das Erleben von Gefühl darf man aber nicht mit dem Gefühl selbst verwechseln. [...]

Spiegel: Das bedeutet, dass sich Gefühle auf mechanisches Reagieren reduzieren ließen.

Dörner: Wenn ich die Psychologie als Wissenschaft ernstnehmen will, muss ich doch so denken. Bisher sind die Gefühle in der Psychologie völlig unklar geblieben, einige Forscher plädierten sogar dafür, sie einfach zu ignorieren. Damit will ich mich nicht abfinden. Um die Seele zu erklären, muss ich sie als informationsverarbeitendes System begreifen und sie auf ein mathematisches System bringen. Natürlich ist die Seele keine Maschine im Sinne eines Staubsaugers, sondern ein unwahrscheinlich kompliziertes Gebilde. Der Grundbauplan allerdings ist mit etwas Mathematik gar nicht so schwierig zu entschlüsseln.

Spiegel: Sie wollen doch nicht etwa das Gefühlsleben von Romeo und Julia berechnen?

Dörner: Doch. Dazu müssen wir das Phänomen Liebe sezieren, genau wie vorhin den Ärger. Welche psychischen Parameter machen Liebe aus, welche Motivkomplexe treiben Romeo und Julia? Natürlich Sexualität, dann ein Bedürfnis nach Nähe und Vertrauen. Spannung und Neugier spielen eine große Rolle, auch Ästhetik. Dafür wird sich eine Formel finden lassen.

3 Erarbeiten Sie These, Argumentation und das zugrundeliegende Menschenbild von Dörner und beurteilen Sie seine Position. Lesen Sie dazu auch seinen Text auf S. 151. Verfassen Sie einen Leserbrief zu diesem Interview.

M 13

Hans Lenk: Die wichtigsten Emotionen (1994)

Eine Überblickstabelle über grundsätzliche Bedeutungspostulate und Regeln der Identifizierbarkeit von verschiedenen Gefühlen, Emotionen, die auf die Unterscheidung zwischen [...] verschiedenen Grund-Emotionen hinauslaufen (nach McCoy und Scheele):

1. Angst	6. Zufriedenheit	11. Liebe
2. Schreck	7. Ekel	12. Überraschung
3. Scham	8. Freude	13. Verachtung
4. Schuld	9. Ärger/Zorn	
5. Traurigkeit	10. Furcht	

A.	Diese hängen von der Feststellung von kontrollierbaren Ereignissen, die den moralischen Anforderungen, insbesondere Gerechtigkeitsvorstellungen des Subjekts widersprechen, ab.
B.	entsteht aufgrund der Diagnose, dass Objekte oder Personen persönlichkeitszentrale ästhetische Normen derart intensiv verletzen, dass eine Motivation zur Kontaktvermeidung, -abwendung oder Fluchtverhalten o. Ä. entsteht.
C.	das ist [...] eine vorgestellte Vorausnahme von Ereignissen, die das Ich, das Subjekt verletzen könnten, wobei das Subjekt zumindest noch die Möglichkeit von Vermeidungsstrategien nicht ausschließt.
D.	hier gibt es „keine Vermeidungsmöglichkeit für bestimmte, voraussehbare, dem Organismus oder dem Selbstkonzept gefährliche Ereignisse".
E.	hier stehen die moralischen Forderungen im Vordergrund, denen beispielsweise durch eine Handlung widersprochen wird, die man ausgeführt hat, die aber hätte vermieden werden sollen und können bzw. die kontrollierbar gewesen ist.
F.	„das Bemerken, dass die persönlichen Konstrukte, die subjektiven Theorien eines anderen Subjekts mit den eigenen übereinstimmen, so dass vor allem diese Übereinstimmung die Existenz von Gemeinsamkeit anstrebenswert macht, und dass die Motivation zu einem weiteren Austausch und immer umfassenderen Konsens mit dem anderen über sich und die Welt entsteht."
G.	widerspricht einem positiven Selbstkonzept und den entsprechenden normativen Postulaten.
H.	„Diagnose von Ereignissen, die den persönlichkeitsmarginalen [die für die Persönlichkeit nicht zentral sind] Leistungs-, Interaktions- oder moralischen Bedürfnissen und Bewertungen des Subjekts entsprechen."
I.	„Feststellen von nicht prognostizierten Ereignissen, die für das Subjekt bedürfnismäßig neutral oder positiv getönt sind."
J.	„Bemerken der bedürfniskonträren Veränderung von Zuständen, Situationen bei gleichzeitiger Unterstellung der Unkontrollierbarkeit der Änderung durch das Subjekt."
K.	[die Reaktion und Emotion tritt ein aufgrund von negativ getönten, nicht voraussehbaren Ereignissen]
L.	„Diagnose, dass Personen persönlichkeitszentrale moralische Normen derart intensiv verletzen, dass eine Motivation zur Kontaktvermeidung als Konfliktlösung entsteht."
M.	eine „Prognose oder Diagnose von Ereignissen, die den persönlichkeitszentralen Leistungs-, Interaktions- und moralischen Bedürfnissen bzw. Bewertungen des Subjekts entspricht".

4 Ordnen Sie zu zweit die Begriffe für die Gefühle den Definitionen zu und vergleichen Sie mit ihrer eigenen Sammlung aus Arbeitsanregung 1 (S. 133).

Hans Lenk: Emotionen als Wertungen (1994)

M 14

A. Eine Theorie der Emotionen muss offensichtlich viel stärker als die meisten der bisher vorgelegten auf die Selbstbearbeitung, auf das reflexive Moment, auf die interpretativen und subjektiven Faktoren eingehen, insbesondere wenn es sich um die Erfassung und Deutung der Gefühle handelt.

Diese [...] verschiedenen zugrundegelegten Muster [siehe oben, M 13] können nun ein repräsentatives inhaltliches Beispielbündel von Definitionen [...] und Beschreibungen sowie für die Arten von Gefühlen bzw. Gefühlskonstrukten geben. [...] Es ist deutlich, dass die Emotionen in dieser Weise 1. unterschiedliche Reaktionen zur Folge haben und 2. besondere Funktionsstrukturen in Bezug auf das Selbst- und das Welterkennen sowie auch des Umgehens mit sich selbst und der Welt und anderen Personen und Lebewesen umfassen. Es kommen also hier schon der reflexive (selbstbezügliche), auf das Subjekt rückbezügliche Charakter der Emotionen und also die interpretative Verfassung der Emotion(srückwirkungen) ganz deutlich zum Ausdruck. [...]

B. „Emotionales Erleben findet nicht statt ohne Bewertung und ohne reflexiven Einbezug person-/selbstrelevanter Werte" (Scheele). Das heißt also, Emotionen sind offensichtlich stets wertgeladen, sind gefärbt von Wertungen, sie sind werteimprägniert, sie determinieren [festlegen] nicht mechanisch, notwendig oder automatisch das Verhältnis zur Welt, aber sie spielen im Sinne einer Färbung eine entscheidende Rolle: Der Mensch [...] interpretiert eben auch die Umgebung und die Welt und die Reaktionen von anderen am Beispiel der eigenen emotionalen Gefühle bzw. Reaktionsweisen. [...]

C. Es gibt sozusagen idealtypische Ausprägungen von bestimmten positiv besetzten Bedürfnissen, die sich auf das Selbstverständnis, auf das Selbstkonzept beziehen, die aber auch zur Bildung und Beurteilung der Beziehungen des Selbst zur Welt und unter Bezug auf bedürfnisrelevante Wertmaßstäbe verwendet werden. Die Wertmaßstäbe werden herangezogen, um Situationen, Selbst und Beziehungen zwischen Selbst und Welt zu beurteilen, und entsprechend dann auch zur Informations- und Wertselektion und -verarbeitung. [...]

D. In gewissem Sinne überlagern diese Emotionsschemata differenzierend und spezifisch zuordnend, identifizierend und konstituierend die physiologischen Erregungszustände, treten aber auch mit diesen in Wechselwirkung. Durch Schemaaktivierung kann ein physiologischer Erregungszustand unter Umständen erst entstehen. Man kann, so etwa lässt sich der Ansatz zusammenfassen, Emotionen nicht allein auf biologisch-physiologischer Basis definieren, erklären und erfassen, sondern sie gehen darüber hinaus. [...]

Gefühle werden sozusagen erst durch Zeichenverwendungen, insbesondere durch Sprache, verfeinert und zu „Emotionen", bzw. zu differenziert erfassbaren Emotionen.

5 Erarbeiten Sie sich die Position des Autors mithilfe der Methode „reziprokes Lesen" (s. S. 468). Nehmen Sie bei der Bearbeitung der vier Abschnitte jeweils wechselseitig die Rolle des Lehrers ein. Prüfen Sie Ihre Ergebnisse anschließend, indem Sie Arbeitsanregung 6 gemeinsam bearbeiten.

6 Setzen Sie Lenks Unterscheidung von Gefühl und Emotion in Bezug zu Dörners Position M 12 und zu der Vorstellung von Liebe beim Mecha Sheila M 11.

7 Führen Sie vor dem Hintergrund des Gelernten ein Interview mit dem Künstler von M 15.

8 Recherchieren Sie und kommen Sie zu einem eigenen Urteil darüber, ob die Emotion ein Wesensmerkmal ist, das Tier und Mensch unterscheidet. Teilen Tiere mit uns z. B. Emotionen wie Liebeskummer, Nostalgie und Schwermut?

M 15

2.4 Das Wissen um den eigenen Tod: das Streben nach Anerkennung und Humor – Sofsky, Comte-Sponville

M 16 David und der Tod

(Monica sitzt am Schminktisch, David kommt ins Zimmer)
David: Mami, stirbst du irgendwann?
Monica: Naja, irgendwann sterbe ich, David, ja.
(Pause)
David: Dann bin ich allein
Monica: Hör auf, dir solche Sorgen zu machen.
(David legt seinen Kopf auf Monicas Schoß)
David: Wie lange lebst du denn noch?
Monica: Noch eine Ewigkeit. Bestimmt noch 50 Jahre.
David: Ich hab dich lieb, Mami. Ich hoffe, du stirbst nie. Niemals.
Monica: Ja.

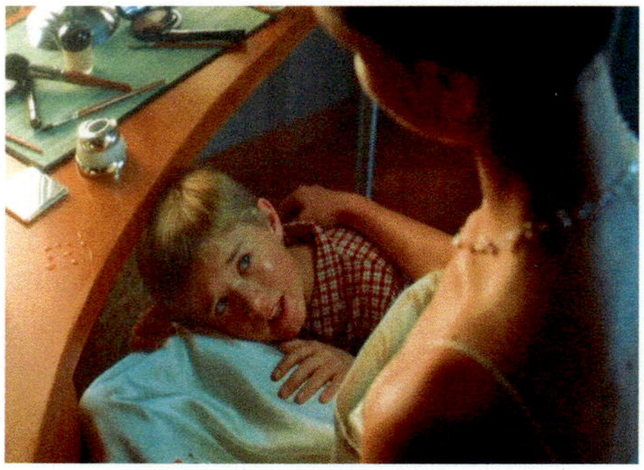

1 Was bedeutet dieses „Ja" (Z. 11) für Monica? Was bedeutet es für David? Stellen Sie Vermutungen an.

Im Folgenden geht es um die Frage, welche Bedeutung das Wissen um den eigenen Tod für den Menschen hat.

2 Monica weiß um ihre Sterblichkeit, David dagegen weiß, dass er unsterblich ist. Verfassen Sie einen inneren Monolog der beiden (Was wäre, wenn ich selbst unsterblich wäre, ...? Was wäre, wenn ich selbst sterblich wäre ...?).

M 17 Wolfgang Sofsky: Das Bewusstsein des Todes (1996)

Der Wunsch nach der Aufhebung des Leidens gründet in der Hoffnung auf Unvergänglichkeit. Kultur ist die vergebliche Anstrengung, den Tod zu überdauern. Sie hat dieselbe Wurzel wie die absolute Gewalt: den Größenwahn des Überlebens. In großen Teilen ist das Menschenwerk ein aussichtsloser Kampf wider das natürliche Geschick. Manchmal ist das Ergebnis heroisch, manchmal lächerlich, nur zu oft ist es tragisch. Kultur sucht vergessen zu machen, was nicht zu vergessen ist, zu verleugnen, was jedem unweigerlich widerfahren wird. Der Mensch ist das einzige Lebewesen, dem das Bewusstsein des Todes auferlegt ist. Er allein weiß, dass er sterben wird. Sein Leben ist überschattet von dieser Gewissheit. Es ist verseucht von Todesangst. Um aber dennoch leben zu können, muss er so tun, als ob er nicht sterben müsste. Um zu überleben, muss er sich selbst täuschen. Diesem Zweck dient die Kultur. Weil die Menschen von ihrer Sterblichkeit wissen, sind sie immerzu damit beschäftigt, ihr Leben zu gestalten, ihm Form und Bedeutung zu geben. Sie suchen ein Leben, das den Tod vergessen lässt und nicht von Sinnlosigkeit zerschlagen wird, ein Leben, welches das drohende Nichts auffüllt und die Leere mit Inhalt auspolstert. Die Kultur gibt Rezepte an die Hand, um die Todesangst zu zerstreuen. Sie verheißt den Menschen eine Zukunft, die sie indes nie und nimmer haben können. Für den Weg in die Ewigkeit ersinnen die Menschen unzählige Strategien. Sie kreieren Idole von zeitloser Existenz, in denen sie sich selbst anbeten. Sie hängen Vorstellungen von einer ewigen Seele an, die im letzten Augenblick den Kerker des Körpers verlassen wird. Sie errichten Monumente und pflegen Rituale des Gedenkens, welche die Zeit verstetigen sollen. Sie vergegenständlichen sich in Artefakten, die ihren Schöpfern ewigen Ruhm verheißen. Sie vollführen Heldentaten, um sich für immer dem Gedächtnis der Nachgeborenen einzuprägen. Sie horten Reichtümer auf Reichtümer, Vorzeichen eines ewigen Lebens. Sie machen Geschichte, um der Geschichtlichkeit zu entkommen. Und sie schaffen Institutionen und Positionen, die jeden Wechsel des menschlichen Personals überdauern. In der Institution gelten Wille und Plan weiter, auch wenn deren

Träger nicht mehr sind. Sie sichert ihren Bestand, indem sie jedes ihrer Mitglieder entbehrlich macht. Die Sterblichkeit ihres Personals ist die Bedingung ihres Überlebens. Die Gruppe, die Gesellschaft, der Staat, das Volk, die Nation, alle diese sozialen Körper und Fiktionen gehorchen dem Drang zur Verewigung. Sie existieren fort, obgleich das Individuum längst tot ist. Kunst, Kultus und Religion – alles Maßnahmen gegen die Zeitlichkeit. Die kulturellen Gebilde sichern nicht die körperliche Existenz, sondern die Illusion der Permanenz. In ihnen verkörpern sich die Menschen, ihnen bringen sie unzählige Opfer dar, auch ihr eigenes Leben. Um den Zufall auszuschalten und die Vergänglichkeit beiseite zu drängen, nehmen sie die Unbilden der Kultur auf sich – eine endlose Strapaze, eine Fronarbeit, ohne Aussicht, jemals ihrer Wahnidee auch nur einen Zollbreit näherzukommen. Der einbalsamierte Leichnam in der Grabkammer, versorgt mit Gold und Diamanten, mit Wasser, Milch und Honig, ausgestattet für ein ewiges Leben – er ist und bleibt eine Mumie.

3 Was ist für den Soziologen Sofsky (* 1952) der Unterschied von Tier und Mensch? Inwieweit greift er die anderen in diesem Kapitel besprochenen Aspekte auf? Verwenden Sie zur genaueren Analyse des Textes die PLATO- Methode (s. S. 466).

4 „Was ist der Tod?“, fragte Francine Patterson ihren Schützling. Koko überlegte, dann deutete sie auf drei Zeichen: „Gemütlich – Höhle – auf Wiedersehen“. Koko ist eine Gorilla-Dame, die angeblich ca. 2000 englische Wörter versteht und einen Intelligenzquotienten von 95 haben soll. Ist das Ihrer Ansicht nach ein Beleg gegen die These von Sofsky? Verfassen Sie zum Zitat von Koko einen Essay.

Wie in 2.1 deutlich wurde, gibt es auch im Tierreich unterschiedlich stark ausgeprägte Formen von Bewusstsein. Während es an dem einen Ende des Spektrums einfachste Vorformen von Bewusstsein gibt, stellt sich das Nachdenken über die eigene Vergänglichkeit als höchste Form der Ausprägung des Bewusstseins dar. Auch andere Philosophen vertreten die These Sofskys, dass das Besondere des Menschen in seinem Todesbewusstsein liegt. Werner Becker (1937–2009) unterscheidet zwei grundsätzliche Möglichkeiten mit dem Wissen um die eigene Vergänglichkeit umzugehen: Selbstbehauptung und Teilhabe. Im Kapitel „Auf der Suche nach dem Unbedingten“ wird der Aspekt der Teilhabe thematisiert, hier der Aspekt der Selbstbehauptung. Damit ist der Begriff der Anerkennung eng verbunden, den im 19. Jahrhundert zum ersten Mal Georg Wilhelm Friedrich Hegel (1770–1831) in die Diskussion eingebracht hat. Der Text des amerikanischen Politologen Francis Fukuyama (* 1952) bezieht sich auf die Ausführungen Hegels zum „ersten Menschen“, d. h. zum Menschen vor jeder Zivilisation.

Francis Fukuyama: Der Kampf um Anerkennung (1992)

M 18

Hegels „erster Mensch“ hat mit dem Tier bestimmte natürliche Grundbedürfnisse wie das Bedürfnis nach Nahrung, Schlaf und Unterschlupf gemeinsam sowie vor allem das Bedürfnis nach Erhaltung des eigenen Lebens. [...] Hegels „erster Mensch“ unterscheidet sich jedoch dadurch radikal von den Tieren, dass er seine Bedürfnisse nicht nur auf reale, im wahrsten Sinne des Wortes fassbare Objekte richtet, wie etwa ein Steak [...], sondern auch auf nicht materielle Objekte. Vor allem begehrt dieser Mensch das Begehren anderer Menschen, er will von anderen anerkannt werden. Hegel zufolge kann ein Individuum sogar nur dann selbstbewusst werden und sich selbst als einzigartiges menschliches Wesen wahrnehmen, wenn es von anderen Menschen anerkannt wird. Der Mensch ist demnach von Anfang an ein soziales Wesen: Sein Selbstwertgefühl und seine Identität sind untrennbar mit dem Wert verknüpft, den ihm andere Menschen beimessen. [...] Wie Kojève [ein Interpret Hegels] ausführt, kann nur „ein Mensch ein Objekt begehren, das vom biologischen Standpunkt aus vollkommen nutzlos ist (wie beispielsweise ein Orden oder die Fahne des Feindes)“. Der Mensch begehrt solche Objekte nicht um ihrer selbst willen, sondern weil sie von anderen Menschen begehrt werden.

Hegels „erster Mensch“ unterscheidet sich auf eine noch wichtigere zweite Weise von den Tieren: Er will nicht nur von den anderen Menschen anerkannt werden, sondern er will als Mensch anerkannt werden. Die fundamentale, einzigartige Eigenschaft des Menschen, die Eigenschaft, die seine Identität ausmacht, ist seine Fähigkeit sein Leben zu riskieren. So führt die Begegnung mit anderen Menschen zu einem leidenschaftlichen Kampf, in dem beide Parteien ihr Leben riskieren, um den Gegner zur Anerkennung ihrer selbst zu zwingen. Der Mensch ist ein durch und durch außengeleitetes und soziales Tier, aber seine Geselligkeit führt nicht zu einem friedlichen Zusammenleben, sondern zu einem leidenschaftlichen Prestigekampf auf Leben und Tod. [...] (S. S. 207/208)

5 Worin unterscheidet sich der Mensch nach Fukuyama vom Tier? Nehme Sie Stellung.

6 Inwieweit ist der Kampf um Anerkennung eine Strategie, mit dem Wissen um den eigenen Tod umzugehen?

Der deutsche Psychologe Philipp Lersch (1898–1972) und der französische Philosoph André Comte-Sponville (* 1952) sehen beide im Humor eine Alternative zum Kampf um Anerkennung.

M 19 Philipp Lersch: Das Weltgefühl des Humors (1970)

„Humor ist, wenn man trotzdem lacht", hat O. J. Bierbaum treffend und knapp gesagt. [...] *Humorlos* aber ist jeder, der die Unzulänglichkeiten des Daseins, vorab die seiner Mitmenschen, zu wichtig nimmt und böse Miene macht zum guten Spiel. Was ihm fehlt, ist jene Einstellung, die Dinge und Umstände, Menschen und menschliche Verhältnisse in den Unzulänglichkeiten und Schwächen des irdischen Daseins durchschaut, immer aber im sicheren Besitz eines Standortes, von dem aus diese Unzulänglichkeiten und Schwächen selbst wieder relativiert, liebevoll verstanden und verziehen werden. [...] Der Humor ist sich der Not, des Leidens und des Bösen in der Welt durchaus bewusst, aber er weiß, dass sie nicht die letzten Tatsachen des Lebens sind. So teilt er den Dingen das Maß ihrer Wichtigkeit zu und lässt sich nicht vom Anspruch angemaßter Wichtigkeiten imponieren. Er ist wesentlich *kritisch* und entlarvt alles Pathos und alle Illusionen, die sich der Mensch über sich selbst und über die Welt macht. Das aber, was hinter der Attrappe von Pathos, Illusion und Selbsttäuschung zum Vorschein kommt, betrachtet er aus der Kraft seines Weltgefühls mit dem Blick der Güte. Er hat den Willen, ohne Illusionen zu leben, und die Kraft, dennoch das Leben zu bejahen. Wo er Kritik übt, da geschieht es immer, ohne wehe zu tun, gleichsam im Bewusstsein gemeinsamer Verantwortung und deshalb so, dass auch der Betroffene selbst mitlachen kann. Der Humor will dem anderen die Freude nicht verderben, und doch liegt in seiner Kritik diskret und unaufdringlich eine erzieherische Absicht und Mahnung. All das unterscheidet den Humor von der Lieblosigkeit der Ironie, des Spottes und des Hohnes, des Sarkasmus und Zynismus, die verletzen wollen und aus der Schadenfreude leben. Der Humor will nicht lächerlich machen wie jene, sondern er will lächeln machen. Er lacht nicht auf Kosten des anderen, sondern so, dass sein Lachen dem anderen gutgeschrieben wird. In seiner Kritik liegt etwas Versöhnliches, die Gesinnung der Nachsicht und Güte, das Verständnis des großen Mitgefühls, der Duldsamkeit und Geduld, ein Geltenlassen dessen, was ist, trotz aller Unzulänglichkeiten – einfach deshalb, weil es ist und zum Bereich des Menschlichen und Irdischen gehört. Das meinen wir, wenn wir von der *Wärme* des Humors im Gegensatz zur Kälte und Schärfe von Ironie, Spott und Hohn, Sarkasmus und Zynismus sprechen. Noch ein anderer Zug hebt den Humor von diesen Haltungen ab. Ironie, Spott und Hohn, Sarkasmus und Zynismus wollen triumphieren, sie sind Attitüden der Überlegenheit und Überheblichkeit, demonstrative Hinweise, wie anders, besser und klüger man selbst ist. Wenn aber der Humor wesentlich kritisch ist, so beginnt seine Kritik bei sich selbst. Die eigene Person allzu wichtig nehmen und nicht über sich selbst lachen können ist immer ein Zeichen von Humorlosigkeit. Wo der Abstand zu sich selbst fehlt, da fehlt auch der Humor. Das gilt für alle Menschen, bei denen die Ansprüche der eigenen Wichtigkeit im Vordergrunde stehen.

André Comte-Sponville: Der Humor (1996)

M 20

Lachen und Lachen ist nicht das Gleiche, und man muss hier den Humor von der Ironie unterscheiden. Ironie ist keine Tugend, sondern eine Waffe, die fast immer gegen den anderen gerichtet ist. Sie ist das boshafte, das höhnische, das vernichtende Lachen, das Lachen des Spotts, das verletzt, das töten kann, [...] sie ist das Lachen des Hasses, das Lachen des Kampfes. [...] Rilke empfahl [...]: „Suchen Sie die Tiefe der Dinge: dort steigt Ironie nie hinab." Das trifft auf den Humor nicht zu, und hier liegt der erste Unterschied. Der zweite, bedeutsamere, liegt in der Reflexivität des Humors, in seiner Innerlichkeit, in dem, was man seine Immanenz nennen könnte. Die Ironie lacht über den anderen (oder, im Falle der Selbstironie, über das Ich wie über einen anderen); der Humor lacht über den anderen wie über sich selbst, jedenfalls schließt er sich immer in den Un-Sinn, den er ausheckt oder aufdeckt, mit ein. [...]

Wenn der Humor sich selbst treu ist, dann führt er [...] zur Demut. Kein Stolz ohne Ernsthaftigkeit und im Grunde keine Ernsthaftigkeit ohne Stolz. Der Humor bricht die Ernsthaftigkeit auf und trifft dadurch den Stolz. In diesem Sinne muss der Humor unbedingt reflexiv sein oder sich wenigstens in das Lachen, das er auslöst, oder das – vielleicht bittere – Lächeln, das er hervorruft, mit einschließen. Das ist weniger eine Frage des Inhalts als der Geisteshaltung.

„Das Einzige, was ich bedaure", sagt Woody Allen, „ist, dass ich nicht jemand anders bin." Aber mit dieser Aussage akzeptiert er es auch. Der Humor ist ein Trauerverhalten (es gilt das, worunter wir leiden, zu akzeptieren), und auch das unterscheidet ihn wieder von der mörderischen Ironie. Ironie verletzt; Humor heilt. Ironie kann töten; Humor erleichtert das Leben. Ironie will beherrschen; Humor befreit. Ironie ist erbarmungslos; Humor ist barmherzig. Ironie ist demütigend; Humor ist demütig. [...]

Ich habe bereits Spinozas berühmten Satz zitiert: „[...] nicht verlachen, nicht beklagen und auch nicht verdammen, sondern begreifen." Gewiss. Doch wenn es nichts zu begreifen gibt? Dann bleibt nur das Lachen – *nicht gegen* (Ironie), sondern *über, mit, zum* (Humor). Wir wollen eine Schiffsreise antreten, doch es gibt gar kein Schiff: am besten, wir lachen darüber, statt zu weinen. [...]

Der Humor scheint zu sagen: „Sieh her, das ist nun die Welt, die so gefährlich aussieht. Ein Kinderspiel, gerade gut, einen Scherz darüber zu machen!" Die „Abweisung des Anspruchs der Realität", wie Freud sagt, ist humoristisch nur unter der Bedingung, dass [...] man die Realität anerkennt, über die man scherzt, die man überwindet oder mit der man sein Spiel treibt. Wie zum Beispiel jener „Delinquent, der am Montag zum Galgen geführt wird und die Äußerung tut: ‚Na, die Woche fängt gut an!'" Im Humor liegt Mut, liegt Erhabenheit, liegt Seelengröße. Das Ich ist wie befreit von sich selbst. „Der Humor hat nicht nur etwas Befreiendes", merkt Freud an, „sondern auch etwas Großartiges und Erhebendes." [...]

Man wird umso mehr lachen, der Humor wird umso tiefgründiger sein, je wichtiger die Bereiche unseres Lebens sind, die er berührt, je gewaltiger das Mauerwerk aus unseren Bedeutungen, unseren Überzeugungen, unseren Werten, unseren Illusionen, also unserem Ernst ist, das er zum Wanken bringt oder niederreißt. [...]

Ich bin [...] Woody Allen gefolgt – Ehre, wem Ehre gebührt. [E]r, der so gern die Werbung eines amerikanischen Beerdigungsinstituts zitierte: „Wozu leben, wenn man sich für zehn Dollar bestatten lassen kann?" Und er setzte folgenden Kommentar hinzu: „Sobald man sich nach dem Sinn und Wert des Lebens fragt, ist man krank, denn weder der eine noch der andere existieren objektiv ..." Genau das bringt der Humor zum Ausdruck, und er amüsiert sich darüber, anstatt zu klagen. [...] Müde von der Zeit und ihrer endlosen Folge löst der Humorist sich mit einem Sprung von ihr und findet eine humoristische Erleichterung darin, das Absurde festzustellen.

7 Arbeiten Sie aus M 19 und M 20 die Unterschiede von Ironie und Humor heraus. Gestalten Sie anschließend ein Gespräch, in dem Sie Humor und Ironie als Figuren auftreten lassen, die sich über ihre Weltsicht austauschen.

8 Schreiben Sie die Stellen heraus, an den Comte-Sponville andeutet, dass der Humor auch mit dem Wissen um den eigenen Tod zu tun hat.

9 Wie unterscheiden sich der Kampf um Annerkennung und der Humor in Hinsicht auf das Wissen um den Tod?

10 Der Philosoph Martin Seel (* 1954) charakterisiert den Humor folgendermaßen: „Wer ihn zeigt, weiß vor allem über sich selbst zu lachen." Diskutieren Sie, ob Humor auch bei Maschinen und Tieren denkbar ist.

3. Gehirn und Bewusstsein

3.1 Denkende Maschinen: Medien oder Konkurrenten des Menschen? – Kurzweil, Searle

M 1 Mensch oder Maschine?

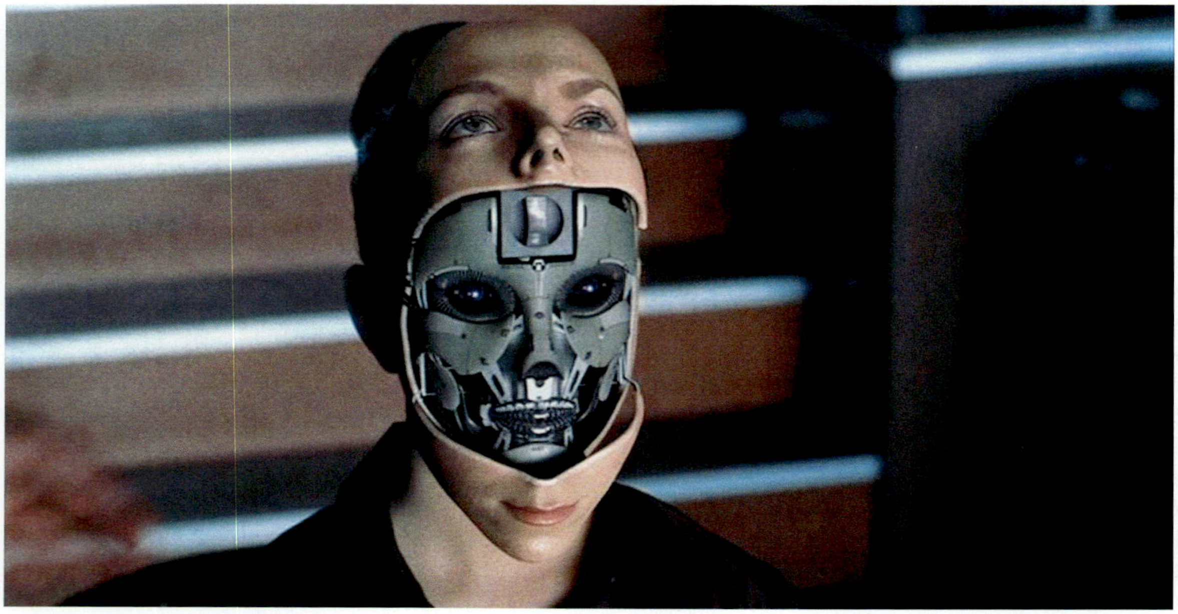

1 Notieren Sie Ihren ersten Eindruck beim Betrachten des Bildes aus dem Film „A. I.". Tauschen Sie sich anschließend über Ihre Eindrücke aus.

2 Stellen Sie sich vor, ein Mensch, den sie gut kennen und mögen, beweist Ihnen, dass er kein echter Mensch, sondern eine Maschine wie der oben abgebildete Android ist. Wie reagieren Sie? Würde sich Ihr Verhalten dieser „Person" gegenüber verändern? In welcher Weise?

3 In welchen Lebensbereichen könnten Androiden Ihrer Ansicht nach Vorteile bringen? In welchen Lebensbereichen möchten Sie es lieber nicht mit Androiden zu tun bekommen?

Im Folgenden soll es um die Frage gehen, ob es grundlegende Unterschiede zwischen menschlicher und künstlicher Intelligenz gibt.

4 Wie könnte ein Testverfahren aussehen, um Androiden – unabhängig von ihrer physischen Beschaffenheit – von echten Menschen zu unterscheiden? Entwickeln Sie Vorschläge dazu in Gruppenarbeit und vergleichen Sie die Ergebnisse miteinander.

5 Stellen Sie anschließend fest, von welchen grundlegenden Unterschieden zwischen echter und künstlicher Intelligenz Ihre Testverfahren ausgehen.

Der Computer-Pionier Ray Kurzweil (* 1948) glaubt, dass künstliche Lebewesen den Menschen schon bald übertreffen werden. In einem Interview mit dem Magazin „Focus" stellt der US-Amerikaner seine Zukunftsvision dar.

Ray Kurzweil: Die Enträtselung des Gehirns (2001)

M 2

FOCUS: Steven Spielbergs Zukunftsmärchen „A. I.“, das diese Woche in deutschen Kinos anläuft, erzählt von den Problemen künstlich hergestellter Menschen. Eine berechtigte Sorge?

Kurzweil: Androiden mit verblüffend menschlicher Intelligenz wird es geben – obwohl ich annehme, dass wir lieber mit virtuellen Wesen im Cyberspace kommunizieren werden. Ob sie unter ihren menschlichen Schöpfern leiden werden, kann ich nicht abschätzen.

F: Rechtfertigt der Stand der Forschung derartige Spekulationen? Schließlich sind wir noch weit davon entfernt, die Funktionsweise unseres eigenen Gehirns zu verstehen.

K: Bereits heute absolvieren Autopiloten die meisten Flugzeuglandungen, und komplexe Software verwaltet eine Billion Dollar im Aktienmarkt. Computer erkennen Gesichter, komponieren, schreiben Gedichte oder spielen Pingpong. All das sind Leistungen, die noch vor kurzem menschlicher Intelligenz bedurften. Es wird nur noch 30 Jahre dauern, bis nichts mehr in der Liste typisch menschlicher Fähigkeiten übrig geblieben ist.

F: Welche technologischen Durchbrüche setzt das voraus?

K: Um die Rechenkapazität des menschlichen Gehirns im Computer nachzuahmen, brauchen wir als Voraussetzung eine Leistung von 20 Millionen Milliarden Instruktionen pro Sekunde. Ein Tischcomputer wird das in 20 Jahren schaffen. Aber wichtiger ist die Software. Ein Weg zur digitalen Simulation menschlicher Intelligenz in all ihren Nuancen führt über Gehirn-Scanner, die uns in Zukunft den genauen Aufbau des Denkorgans verraten werden.

F: Wann wird das Gehirn enträtselt sein?

K: Ich gehe davon aus, dass wir in 25 Jahren das menschliche Gehirn nachbauen können. Ich wage diese Vorhersage, weil die Auflösung und Geschwindigkeit von Scannern wie Kernspintomographen und deren Weiterentwicklungen exponenziell anwachsen.

F: Obwohl das Gehirn so wenig verstanden ist, sprechen Sie in ihrem Buch „Homo s@piens“ oft von seinen Grenzen. Ist das nicht etwas arrogant?

K: Es ist einfach unvermeidlich, dass wir uns ein leistungsfähigeres Denksubstrat aneignen. Das Gehirn ist nicht effizient. Neuronen arbeiten zwar hochparallel, schalten aber nur 200-mal pro Sekunde. Transistoren sind zehn Millionen Mal schneller. Jedes Mal, wenn wir Denkprozesse mit Computern nachahmen, stellen wir fest, dass wir tausendmal weniger Rechenleistung benötigen.

F: Nach Millionen von Jahren menschlicher Evolution hat die Langsamkeit des Gehirns womöglich ihren guten Grund.

K: Evolution bleibt nicht stehen. Das menschliche Gehirn wird sich weiterentwickeln – mit technologischen Mitteln. Die Evolution hat mit dem Menschen eine Spezies erschaffen, die in der Lage sein wird, ihre eigenen Denkprozesse zu verstehen, um sie zu verfeinern und auf schnelleren Maschinen ablaufen zu lassen. Man darf sich Evolution nicht nur als einen vom Erbgut gesteuerten Prozess vorstellen. Die Menschheit wird ihre eigene technologische Evolution einleiten.

F: Wie sehen die nächsten Schritte aus?

K: Wir werden künftig winzige Nanoroboter, Abermillionen von ihnen, über die Kapillargefäße an die Schaltstellen des Gehirns bringen. Sie werden drahtlos miteinander kommunizieren, um uns den Aufbau des Gehirns zu vermitteln. Im nächsten Schritt werden sie mit Neuronen kommunizieren, um unsere Denkprozesse in Schwung zu bringen. Spätestens 2030 wird sich die Grenze zwischen Mensch und Maschine auflösen.

F: Das klingt mehr nach ferner Zukunftsmusik als nach nächsten Schritten.

K: Unser Wissen wächst exponenziell. Denken Sie nur an das Genom-Projekt. Skeptiker und sogar die involvierten Forscher haben mit Hunderten von Jahren gerechnet, die es dauern würde, um das Genom zu entschlüsseln. Doch dann geschah der Durchbruch im vergangenen Jahr. Das ist die Natur exponenziellen Wachstums, und dieser Trend wird sich fortsetzen. 20 000 Neurobiologen arbeiten allein an der Erforschung des Gehirns. [...]

F: Spielbergs Film-Androiden lernen ständig dazu. Wie wird das funktionieren?

K: Das ist einfach eine Frage cleverer Software. Wir wissen, dass sich das neuronale Netzwerk in bestimmten Bereichen des menschlichen Gehirns ständig neu organisiert, um Informationen aus der Außenwelt zu reflektieren. Spracherkennungssoftware basiert schon auf diesem Prinzip und wird besser, je mehr Sprache sie hört. Wir haben unserer Software zu diesem Zweck nie beigebracht, was Sprache ist. Das hat die Software nach Tausenden von Stunden Hörtraining selber herausgefunden – wie ein Baby.

6 Wie sieht die Welt in 50 Jahren aus, wenn es nach Kurzweil ginge? Verfassen Sie Texte (Tagebucheinträge, Kurzgeschichten, Gedichte), in denen Sie seine Zukunftsvision lebendig werden lassen.

7 Beurteilen Sie Kurzweils Vorstellung der technischen Entwicklung. Ist seine Einschätzung dieser Entwicklung a) realistisch und b) wünschenswert?

8 Welche weiteren Fragen würden Sie Kurzweil gern stellen? Schreiben Sie diese auf Karten und lassen Sie sie von Ihren Mitschülern beantworten.

Der amerikanische Philosoph John R. Searle (* 1932) zählt zu den einflussreichsten Denkern der Gegenwart. Seine Hauptarbeitsgebiete sind die Sprachphilosophie und die Philosophie des Geistes.

M 3 John R. Searle: Die Simulanten (2001)

DIE ZEIT: Was wollen [...] die KI-Forscher?

John R. Searle: Ursprünglich hatten sie ein klassisches Forschungsziel. Sie wollten durch Computersimulationen mehr über den Menschen und seine kognitiven Fähigkeiten erfahren. Bald gesellten sich alle möglichen kommerziellen Interessen hinzu. Und so begannen sich manche Leute vorzustellen, dass sie tatsächlich etwas schaffen und nicht nur simulieren könnten. [...] Die KI-Enthusiasten haben nichts von dem erreicht, was sie versprochen haben.

DZ: Was ist mit ihren jüngsten Erfolgen bei Computerprogrammen wie etwa Deep Blue, dem Schachspieler von IBM?

S: Deep Blue, das Schachspielprogramm, ist kein KI-Programm. Es benutzt, was unter Kennern brute force – rohe Gewalt – genannt wird. Das heißt, es benutzt Rechenkapazitäten, die selbst die des besten Schachspielers weit übertreffen. Es kann 200 Millionen Schachpositionen in einer Sekunde prüfen. Das ist Zahlenfresserei. Die Maschine denkt nicht an Schach, sie spielt kein Schach, und sie simuliert nicht einmal das Verhalten eines Schachspielers. [...]

DZ: Das Vertrauen auf brute force oder auf Moores Gesetz über die Zunahme der Computerleistung treibt Leute wie Kurzweil oder Joy zu Aussagen wie der, dass am Ende dieses Jahrhunderts der Mensch seine Stellung als das intelligenteste und leistungsfähigste Wesen auf Erden verloren haben wird.

S: Was ist die Definition von Intelligenz? Ohne Bewusstsein gibt es keine intelligenten Maschinen. Wenn nur Simulation gemeint ist, dann ist jeder Taschenrechner intelligenter als ein Mensch.

DZ: Warum beschäftigen Sie sich dann mit KI?

S: Weil ich wissen will, wie der Geist arbeitet, und weil die KI-Leute dachten, sie hätten eine Theorie: Den Geist zu verstehen hieße, ein Computerprogramm zu verstehen. Der Geist verhalte sich zum Hirn wie das Programm zur Hardware. Ich halte das für einen Fehler, den aber eine Menge Leute gemacht haben. Darum fand ich es wichtig, mich einzumischen und Kritik zu üben.

DZ: Diese Vorstellung haben Sie vor 20 Jahren zum ersten Mal mit dem berühmten Chinese Room-Argument als falsch entlarvt.

S: Es ist komisch, wie es zu dem „Argument" kam. In der Frühzeit der Kognitionswissenschaft wurde ich nach Yale eingeladen, um im AI-Lab einen Vortrag zu halten. Ich hatte keine Ahnung von KI. Also kaufte ich mir ein Buch von Schank und Abelson, beide vom Yale-AI-Lab. Ich las auf dem Flug, wie sie Programme beschreiben, die Geschichten verstehen. Und ich dachte, das kann man ganz leicht widerlegen. Man stelle sich vor, ich bin in einem Zimmer mit einer Menge chinesischer Zeichen (dem Datensatz) eingesperrt, ich habe ein Buch mit Regeln zur Manipulation dieser Zeichen (das Programm), und chinesische Zeichen werden durch einen Schlitz in das Zimmer gesteckt. Ich schaue im Buch nach, was ich mit diesen Zeichen machen soll, und gebe auch wieder Zeichen nach draußen. Nur: Ich weiß nicht, dass das, was reinkommt, Fragen und das, was ich rausgebe, Antworten sind. Wenn die Programmierer ihren Job gut gemacht haben und ich die Manipulation der Zeichen auch richtig hinkriege, dann sind meine Antworten richtig: Sie sehen so aus, als wären sie von einem echten Chinesen. Und doch verstehe ich kein Wort Chinesisch. Der entscheidende Punkt ist, dass allein die Einpflanzung eines Programms noch längst kein Verständnis garantiert.

DZ: Warum verstehen Laien das Argument besser als KI-Experten?

S: Katholiken verteidigen die Seele nicht halb so leidenschaftlich, wie die Leute von der Front der „Starken KI" den Geist als Programm verteidigen. Experten haben tiefe Glaubenssätze, und sie denken in ihren Systemen. Intuitiv antworten sie systemisch. Das tun Laien nicht. Ich habe keinen Zweifel, dass meine Beweisführung gewinnen wird. Sie fußt auf zwei logischen Prinzipien, die unwiderlegbar sind. Das eine ist: Syntax ist nicht Semantik, also: dass ich die Regeln verstehe, heißt nicht, dass ich die Bedeutung der Wörter verstehe. Es fehlt die Brücke von den Zeichen zu ihrer Bedeutung. Und zweitens: Simulation ist nicht Duplikation – Gehirn zu simulieren ist nicht dasselbe, wie Gehirn zu sein.

DZ: Hatten Sie mit der verbissenen Gegenwehr der Leute von der starken KI-Fraktion gerechnet?

S: In der Philosophie gehen wir davon aus, dass jeder versuchen wird, alle anderen zu widerlegen. Aber diese Burschen denken, sie treiben Wissenschaft in Großbuchstaben. Es ist fast wie eine Religion. Und sie befürchten: Es ist aus mit den Forschungsgeldern, wenn jedermann klar wird, dass das Hirn kein Computer ist.

DZ: Woher kommt die Sehnsucht nach der Maschinenwelt?

S: Der Hauptimpuls ist ein wissenschaftlicher: Können wir Menschen grundsätzlich besser verstehen, indem wir Simulationen in Maschinen vornehmen? Und dann gibt es den technologischen Impuls: Können wir Maschinen bauen, die schneller und besser als Menschen arbeiten? Der dritte Aspekt ist das göttergleiche Gefühl von Macht, das einen erfasst, wenn man glaubt, am Computer Geist zu erschaffen. Ich halte das für einen mächtigen Impuls. Natürlich ist das Blödsinn. Sie erschaffen keinen Geist, sie sind weit davon entfernt, Geist zu erschaffen, sie simulieren lediglich Geist.

9 Erläutern Sie anhand von Beispielen, worin nach Searle der Unterschied zwischen echter und simulierter Intelligenz besteht.

10 Searle erläutert in dem Interview sein berühmt gewordenes „Chinesisches-Zimmer-Argument". Verfassen Sie einen Artikel für ein Schülerlexikon Philosophie, in dem Sie dieses Argument allgemeinverständlich erläutern.

11 Diskutieren Sie die Stichhaltigkeit des Arguments.

12 Gestalten Sie eine Podiumsdiskussion, in der Kurzweil und Searle über die Möglichkeiten der Erschaffung künstlicher Intelligenz diskutieren. Verwenden Sie auch eigene Argumente und Beispiele, die Sie im Vorfeld der Diskussion gesammelt haben.

3.2 Der Ort der Seele – Platon, Descartes, La Mettrie

Der Begriff des Geistes, wie Searle ihn in M 3 benutzt, ist in der Philosophie noch verhältnismäßig jung. Er ersetzt heute weitgehend den Begriff der Seele, der philosophiegeschichtlich zwar von großer Bedeutung ist, sich definitorisch jedoch nur schwer eingrenzen lässt.
Im Folgenden steht der Begriff der Seele, wie ihn verschiedene bedeutende Philosophen verwendet haben, im Mittelpunkt.

1 Beschreiben Sie das nebenstehende Bild. Gehen Sie besonders darauf ein, wie sich der Künstler die menschliche Seele vorstellt.

2 Was verstehen Sie unter dem Begriff „Seele"? Tragen Sie in Ihrem Kurs Vorstellungen der Seele zusammen und vergleichen Sie diese miteinander.

3 Informieren Sie sich über Seelenvorstellungen in anderen Kulturen oder Religionen und stellen Sie sie einander gegenüber.

Die Seele verlässt den Körper
M 4

Luigi Schiavonetti: Die Seele verlässt den Körper, 1808

Im Folgenden soll es um die Frage gehen, ob es sich bei seelischen Zuständen um rein körperliche Phänomene handelt oder ob sie vom Körper unabhängig sind.

M 5 Der Ort der Seele

„Ich habe so viele Leichen seziert und nie eine Seele gefunden."

Rudolf Virchow, deutscher Arzt und Politiker (1821–1902)

4 Vergleichen Sie das Zitat Virchows mit dem Bild von Schiavonetti. Welche Vorstellungen der Seele kommen jeweils zum Ausdruck?

5 Welcher Seelenvorstellung können Sie sich eher anschließen?

Neben Themen wie Rhetorik und Staatsführung stellt Platon (427–347 v. Chr.) im Dialog „Gorgias" auch seine Jenseitsvorstellung dar. Hierbei handelt es sich um einen Rückgriff auf die Mythologie, wie sie in vielen seiner Dialoge vorkommt. Der Mythos hat dabei die Funktion, Antworten auf metaphysische Fragen zu finden, die rationaler Argumentation nicht zugänglich sind.

M 6 Platon: An der Seele ist alles sichtbar, wenn sie vom Leib entkleidet ist

Nun war folgendes Gesetz wegen der Menschen unter dem Kronos schon immer, besteht auch noch jetzt bei den Göttern, dass, welcher Mensch sein Leben gerecht und fromm geführt hat, der gelangt nach seinem Tode zu den Inseln der Seligen, und lebt dort sonder Übel in vollkommener Glückseligkeit; wer aber ungerecht und gottlos, der kommt in das zur Zucht und Strafe bestimmte Gefängnis, welches sie Tartaros nennen. Hierüber waren nun unter dem Kronos, und auch noch später, da schon Zeus die Herrschaft hatte, Lebende über Lebende Richter, und saßen zu Gericht an dem Tage, da jemand sterben sollte. Schlecht wurden da die Sachen abgeurteilt. [...] Da sprach Zeus: „Diesem will ich ein Ende machen. Denn jetzt freilich wird schlecht geurteilt, weil", sagte er, „die zur Untersuchung Gezogenen verhüllt gerichtet werden; denn sie werden lebend gerichtet. Viele nun", sprach er, „die eine schlechte Seele haben, sind eingehüllt in schöne Leiber und Verwandtschaften und Reichtümer, und wenn dann das Gericht gehegt wird, so stellen sich viele Zeugen ein, um ihnen Zeugnis zu geben, dass sie gerecht gelebt haben. Teils nun werden die Richter von diesen übertäubt, teils richten auch sie selbst verhüllt, da ja ihre Seele ebenfalls hinter Augen, Ohren und dem ganzen Leibe versteckt ist. Dieses alles nun steht ihnen im Wege, ihre eignen Verhüllungen und der zu Richtenden. „Zuerst also", sprach er, „muss dieses aufhören, dass sie ihren Tod vorher wissen, denn jetzt wissen sie ihn vorher. [...] Ferner sollen sie gerichtet werden, entblößt von diesem allen. Wenn sie tot sind nämlich, soll man sie richten. Und auch der Richter soll entblößt sein, ein Toter, um mit der bloßen Seele die bloße Seele eines jeden anzuschauen, sogleich wenn jeder gestorben ist, entblößt von allen Verwandtschaften und nachdem sie allen jenen Schmuck auf der Erde zurückgelassen, damit das Gericht gerecht sei. [...]

Dies, o Kallikles, halte ich, wie ich es gehört habe, zuversichtlich für wahr und erachte, dass daraus Folgendes hervorgehe. Der Tod ist, wie mich dünkt, nichts anderes als zweier Dinge Trennung voneinander, der Seele und des Leibes. Nachdem sie nun voneinander getrennt sind, hat nichtsdestoweniger noch jedes von beiden fast dieselbe Beschaffenheit, die es auch hatte, als noch der Mensch lebte. Sowohl der Leib hat seine eigentümliche Natur, und alles was er sich angeübt hat und was ihm zugestoßen ist, ganz deutlich. [...] Dasselbe nun dünkt mich auch mit der Seele sich zu begeben [...]. Sichtbar ist alles an der Seele, wenn sie vom Leibe entkleidet ist, sowohl was ihr von Natur eignete als auch die Veränderungen, welche der Mensch durch sein Bestreben um dies und jenes in der Seele bewirkt hat.

6 Geben Sie in eigenen Worten wieder, wie Platon die Seele charakterisiert. Gehen Sie dabei vor allem auf die Bedeutung des Todes für Körper und Seele ein.

7 Erläutern Sie, welche Konsequenzen eine Vorstellung von der Seele, wie Platon sie im „Gorgias“ vertritt, für das Leben der Menschen hat.

8 Vergleichen Sie Platons Auffassung der Seele mit Ihnen bekannten Seelenkonzepten.

René Descartes (1596–1650) gilt als „Vater der modernen Philosophie“. Er ist der Begründer des modernen Rationalismus, und seine Forschungen als Philosoph, Mathematiker und Wissenschaftstheoretiker haben bis heute großen Einfluss. In seinen „Meditationen über die Erste Philosophie“ wendet er den Zweifel als eine Methode an, um so zu unumstößlicher Erkenntnis zu gelangen (s. S. 319). Ausgehend von Phänomenen wie optischen Täuschungen und Träumen zweifelt er die Existenz der Außenwelt und sogar des eigenen Körpers an.

René Descartes: Eine unbezweifelbare Erkenntnis (1641) M 7

Ich setze also voraus, dass alles, was ich sehe, falsch ist, ich glaube, dass nichts jemals existiert hat, was das trügerische Gedächtnis mir darstellt: Ich habe überhaupt keine Sinne; Körper, Gestalt, Ausdehnung, Bewegung und Ort sind nichts als Chimären. Was also bleibt Wahres übrig? Vielleicht nur dies eine, dass nichts gewiss ist.

Aber woher weiß ich denn, dass es nichts anderes als alles bereits Aufgezählte gibt, an dem zu zweifeln auch nicht der geringste Anlass vorliegt? Gibt es etwa einen Gott, oder wie ich den sonst nennen mag, der mir diese Vorstellungen einflößt? – Weshalb aber sollte ich das annehmen, da ich doch am Ende selbst ihr Urheber sein könnte? Also wäre doch wenigstens ich irgendetwas? Aber – ich habe bereits geleugnet, dass ich irgendeinen Sinn, irgendeinen Körper habe. Doch hier stutze ich: Was soll daraus folgen? Bin ich etwa so an den Körper und die Sinne gefesselt, dass ich ohne sie nicht sein kann? Indessen, ich habe mir eingeredet, dass es schlechterdings nichts in der Welt gibt: keinen Himmel, keine Erde, keine denkenden Wesen, keine Körper, also doch auch wohl mich selbst nicht? Keineswegs; sicherlich war ich, wenn ich mir etwas eingeredet habe. – Aber es gibt einen, ich weiß nicht welchen, allmächtigen und höchst verschlagenen Betrüger, der mich geflissentlich stets täuscht. – Nun, wenn er mich täuscht, so ist es also unzweifelhaft, dass ich bin. Er täusche mich, soviel er kann, niemals wird er doch fertigbringen, dass ich nichts bin, solange ich denke, dass ich etwas sei. Und so komme ich, nachdem ich nun alles mehr als genug hin und her erwogen habe, schließlich zu der Feststellung, dass dieser Satz: „Ich bin, ich existiere“, sooft ich ihn ausspreche oder in Gedanken fasse, notwendig wahr ist.

9 Formulieren Sie in drei bis fünf Sätzen die zentralen Argumente von Descartes, die ihn zu der Schlussfolgerung am Ende seines Textes gelangen lassen.

10 Versetzen Sie sich in die Position Descartes', der nach Beendigung seiner philosophischen Meditation einen Brief an einen Vertrauten schreibt. Verdeutlichen Sie in Ihrem Brief die herausragende Bedeutung der Erkenntnis, zu der Sie gelangt sind.

11 Stimmen Sie Descartes' Auffassung zu, dass er mit dem Satz „Ich bin, ich existiere“ (Z. 32 f.) eine unbezweifelbare Erkenntnis gefunden hat?

René Descartes: Der Mensch als denkendes Ding (1641) M 8

Noch verstehe ich aber nicht zur Genüge, wer ich denn bin, der ich jetzt notwendig bin, und ich muss mich fernerhin hüten, dass ich nicht etwa unvorsichtigerweise etwas anderes für mich selbst ansehe und auf diese Weise sogar in der Erkenntnis abirre, von der ich behaupte, sie sei die gewisseste und einleuchtendste von allen. [...]

Was also habe ich vordem geglaubt zu sein? Doch wohl ein Mensch. Aber was ist das, „ein Mensch“? Soll ich sagen: ein vernünftiges, lebendes Wesen? Keineswegs, denn dann müsste man ja hernach fragen, was ein „lebendes Wesen“ und was „vernünftig“ ist, und so geriete ich aus einer Frage in mehrere und noch schwierigere. [...] Lieber will ich hier mein Augenmerk darauf richten, was sich meinem Denken vordem ganz von selbst und naturgemäß darbot, sooft ich erwog, was ich sei. Nun, zunächst bot sich mir dar, dass ich ein Gesicht, Hände, Arme und diese ganze Gliedermaschine habe, die man auch an einem Leichnam wahrnimmt und die ich als Körper bezeichnete. Außerdem bot sich mir dar, dass ich mich ernähre, gehe, empfinde und denke, und zwar bezog ich diese Tätigkeiten auf die Seele; was aber diese Seele sei, darauf achtete ich entweder gar nicht, oder wenn doch, so stellte ich mir bildlich darunter ein feines Etwas vor, nach Art eines Windes, Feuers oder Äthers, das meinen gröberen Teilen eingeflößt sei. Was aber den Körper angeht, so zweifelte ich daran nicht im mindesten, sondern meinte, seine Natur deutlich zu kennen. Und wenn ich etwa versucht hätte, sie so zu beschreiben, wie ich sie mir dachte, so würde ich sie folgendermaßen erklärt haben: „Unter Körper verstehe ich alles, was durch irgendeine Figur begrenzt, was örtlich umschrieben werden kann und einen Raum so erfüllt, dass es aus ihm jeden anderen Körper ausschließt; was durch Gefühl, Gesicht, Gehör, Geschmack oder Geruch wahrgenommen, auch auf mannigfache Art bewegt werden kann, zwar nicht durch sich selbst, aber von irgend etwas anderem, das es berührt.“ Denn ich nahm an, dass die Fähigkeit, sich selbst zu bewegen, ebenso wie die zu empfinden oder zu denken keineswegs zur Natur des Körpers gehöre, vielmehr wunderte ich mich eher darüber, dass sich solche Fähigkeiten in manchen Körpern vorfinden. [...]

Wie verhält es sich aber mit dem, was ich der Seele zuschrieb, mit dem Sich-Ernähren und dem Gehen? Nun, da ich jetzt überhaupt keinen Körper habe, so sind auch das nichts als Erfindungen. Empfinden? Aber auch das kommt ohne Körper nicht zustande, auch glaubte ich sehr vieles während des Traumes zu empfinden, von dem ich hernach bemerkte, dass ich es nicht empfunden hatte. Denken? Hier liegt es: Das Denken ist's, es allein kann von mir nicht getrennt werden. Ich bin, ich existiere, das ist gewiss. Wie lange aber? Nun, solange ich denke. Denn vielleicht könnte es sogar geschehen, dass ich, wenn ich ganz aufhörte zu denken, alsbald auch aufhörte zu sein. Für jetzt lasse ich aber nichts zu, als was notwendig wahr ist! Ich bin also genau nur ein denkendes Wesen, d. h. Geist, Seele, Verstand, Vernunft – lauter Ausdrücke, deren Bedeutung mir früher unbekannt war. Ich bin aber ein wahres und wahrhaft existierendes Ding, doch was für ein Ding? Nun, ich sagte es bereits – ein denkendes.

12 Notieren Sie sich die Schlüsselbegriffe in M 8. Schreiben Sie die Begriffe anschließend auf Karten und entwickeln Sie daraus Schaubilder. Tauschen Sie sich in einem Galerie-Rundgang über Ihre Ergebnisse aus und nehmen Sie, falls notwendig, Korrekturen vor.

13 Vergleichen Sie Descartes' Konzeption und Vorstellung von der Seele mit der aus M 6.

14 Erläutern Sie, was Descartes' Definition des Menschen als „denkendes Ding“ für die Möglichkeit einer Unterscheidung von künstlicher und „echter“ Intelligenz bedeutet.

M 9 Das Zusammenwirken von Körper und Seele

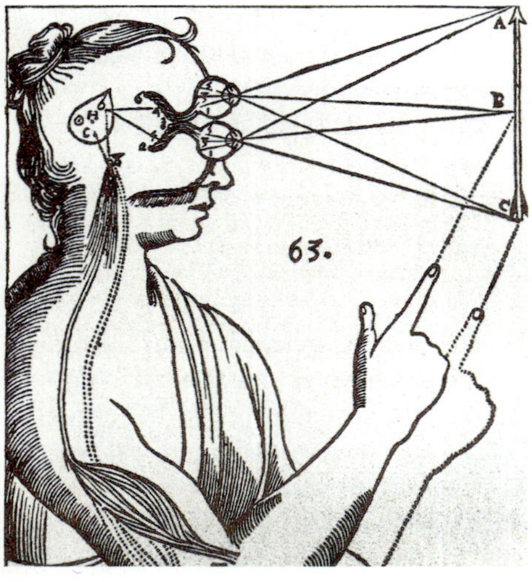

Descartes führt an anderer Stelle die Begriffe „res cogitans“ (denkende Substanz) und „res extensa“ (ausgedehnte Substanz) ein, um zu verdeutlichen, dass es sich bei Körper und Seele um grundsätzlich voneinander verschiedene Dinge handelt. Philosophische Positionen, die von der Verschiedenheit von Körper und Seele ausgehen, bezeichnet man als dualistisch. Das zentrale Problem eines Dualismus, wie Descartes ihn vertritt, liegt darin zu erklären, wie die zwei unterschiedlichen Substanzen Körper und Seele miteinander kommunizieren können. Wie ist es möglich, dass etwas Geistiges wie ein Gedanke etwas Körperliches wie eine Handlung auslöst? Descartes meinte, dass eine kleine Drüse im Gehirn, die sogenannte Zirbeldrüse, diese Funktion erfüllen kann.

15 Informieren Sie sich, ob die heutigen Physiologen die Theorie Descartes' bestätigen können.

16 Verfassen Sie eine Verteidigungsschrift des Dualismus aus der Perspektive Descartes', in der Sie erläutern, wie Körper und Geist miteinander „kommunizieren“.

Der französische Arzt und Philosoph Julien Offray de La Mettrie (1709–1752) bestreitet aus materialistischer Sicht die Existenz einer selbständigen Seele.

Julien Offray de La Mettrie: Der Mensch – nichts als „Räder und einige Triebfedern"? (1748) M 10

Die verschiedenen Zustände der Seele stehen also immer in Wechselbeziehung zu denen des Körpers. Um aber diese ganze Abhängigkeit und ihre Ursachen besser zu beweisen, wollen wir hier die vergleichende Anatomie in Anspruch nehmen; legen wir die Eingeweide des Menschen und der Tiere bloß! Das ist der Weg, die menschliche Natur kennenzulernen, solange man über eine genaue Parallelität der Strukturen zwischen den einen und den anderen nicht genau Bescheid weiß! Im Allgemeinen ist die Form und die Zusammensetzung des Gehirns bei den Vierfüßlern annähernd die gleiche wie beim Menschen. Überall dieselbe Gestalt und dieselbe Veranlagung, mit diesem wesentlichen Unterschied, dass der Mensch von allen Tieren dasjenige ist, das am meisten Gehirn hat und das Gehirn mit den meisten Windungen, im Verhältnis zur Masse seines Körpers: Es folgen der Affe, der Biber, der Fuchs, die Katze etc., das sind die Tiere, die dem Menschen am meisten gleichen. [...] Da aber alle Fähigkeiten der Seele so sehr von dem eigentümlichen Bau des Gehirns und des ganzen Körpers abhängen, dass sie offensichtlich nur dieser organische Bau selbst sind, so haben wir es mit einer gut „erleuchteten" Maschine zu tun! Denn auch, wenn schließlich dem Menschen allein das Naturgesetz zuteil geworden wäre – wäre er dann weniger eine Maschine? Räder und einige Triebfedern mehr als bei den vollkommensten Tieren, das Gehirn verhältnismäßig dem Herzen näher und auch mehr Blut empfangend, bei der gleichen Vernunft – was weiß ich schließlich? Unbekannte Ursachen würden immer dieses empfindliche, leicht verletzbare Bewusstsein hervorbringen, diese Gewissensbisse, welche der Materie ebenso wenig fremd sind wie der Gedanke – und so mit einem Wort den ganzen Unterschied, den man hier voraussetzt. Sollte der organische Bau allem genügen? Noch einmal: ja. Da sich das Denken offenbar mit den Organen entwickelt, warum sollte der Stoff, aus dem sie geschaffen sind, nicht ebenso empfänglich für Gewissensbisse sein, wenn er einmal im Laufe der Zeit das Empfindungsvermögen erlangt hat? Die Seele ist also nur ein leerer Begriff, von dem man keinerlei Vorstellung hat und den ein kluger Kopf nur gebrauchen darf, um den Teil zu bezeichnen, der in uns denkt. Setzt man nur das geringste Bewegungsprinzip voraus, so werden die belebten Körper alles haben, was sie brauchen, um sich zu bewegen, zu fühlen, zu denken, zu bereuen – kurz, um sich in der physischen wie in der moralischen Welt, die von jener abhängt, richtig zu verhalten. [...] Ich glaube, Descartes wäre ein in jeder Hinsicht achtungswürdiger Mann, wenn er – geboren in einem Jahrhundert, das er nicht hätte aufklären müssen – den Wert von Erfahrung und Beobachtung erkannt hätte, sowie die Gefahr, sich von ihnen zu entfernen. [...] Es ist wahr, dass dieser berühmte Philosoph sich vielfach geirrt hat, und niemand streitet das ab. Aber schließlich hat er die animalische Natur erkannt; er hat als Erster überzeugend bewiesen, dass die Tiere bloße Maschinen sind. Nun, nach einer Entdeckung von dieser Wichtigkeit und die so viel Scharfsinn voraussetzt, wäre es undankbar, ihm all seine Irrtümer nicht nachzusehen! [...] Eine Maschine sein, empfinden, denken, Gut und Böse ebenso unterscheiden können wie Blau von Gelb – kurz: mit Intelligenz und einem sicheren moralischen Instinkt geboren und trotzdem nur ein Tier sein, sind also zwei Dinge, die sich nicht mehr widersprechen, als ein Affe oder ein Papagei sein und dennoch sich Vergnügen zu bereiten wissen. [...] Ich halte das Denken für so wenig unvereinbar mit der organisch aufgebauten Materie, dass es ebenso eine ihrer Eigenschaften zu sein scheint wie die Elektrizität, das Bewegungsvermögen, die Undurchdringlichkeit, die Ausdehnung etc. [...] Da schließlich der Materialist – was immer ihm seine eigene Eitelkeit einflüstert – überzeugt ist, dass er nur eine Maschine oder ein Tier ist, wird er seinesgleichen bestimmt nicht schlecht behandeln, denn über die Natur dieser Handlungen, deren Unmenschlichkeit immer proportional zu dem oben bewiesenen Grad der Analogie steht, ist er zu gut unterrichtet und, dem Naturgesetz folgend, das allen Lebewesen gegeben ist, will er – kurz gesagt – keinem das antun, was er nicht will, dass man es ihm antue. Ziehen wir also die kühne Schlussfolgerung, dass der Mensch eine Maschine ist und dass es im ganzen Universum nur eine einzige Substanz – in unterschiedlicher Gestalt – gibt.

17 M 10 ist hier ohne die im Original vorhandenen Absätze abgedruckt. Suchen Sie im Text die Grenzen zwischen den Sinnabschnitten. Fassen Sie die markierten Sinnabschnitte mit einer kurzen Zwischenüberschrift zusammen.

18 Rekonstruieren Sie mithilfe der Sinnabschnitte den Argumentationsgang des Autors.

19 Halten Sie de La Mettries Argumentation für überzeugend? Nehmen Sie kritisch Stellung und machen Sie dabei deutlich, an welchen Stellen im Text Ihnen die Argumentation problematisch erscheint.

20 Nehmen Sie auch zu dem Menschenbild kritisch Stellung, das hier zum Ausdruck kommt. Was könnten mögliche Folgen einer solchen Wahrnehmung des Menschen sein?

3.3 Sich selbst denken – Descartes, Henrich

In dem Science-Fiction-Film „A. I. – Künstliche Intelligenz“ (vgl. die Einführung S. 125) erwacht Monicas leiblicher Sohn Martin nach langer Zeit aus dem Koma.

M 11 Davids Angst und Hoffnung

Monicas leiblicher Sohn Martin erwacht nach langer Zeit aus dem Koma. Dennoch entschließen sich Monica und ihr Mann, David zu behalten. Zwischen den beiden „Kindern“ entstehen Spannungen. Auf der Geburtstagsparty für Monicas Sohn Martin kommt es schließlich zu einem folgenschweren Vorfall. Eines der eingeladenen Kinder will Davids „Damage Avoiding System“ demonstrieren. Es handelt sich um ein Programm, das vermeiden soll, dass David sich verletzt. Ganz offensichtlich bewirkt das Programm jedoch auch, dass David Angst vor Schmerzen entwickelt. Als der Junge mit einem Messer in Davids Arm ritzt, klammert dieser sich panisch an seinen „Bruder“ und reißt ihn mit sich in den Swimmingpool. Martin ertrinkt fast, kann jedoch von seinem Vater gerettet werden. Monica und ihr Mann entscheiden sich, David aus der Familie zu entfernen. Sie wollen ihn jedoch nicht an seine Hersteller zurückgeben, da diese ihn demontieren würden. Daher setzt Monica David im Wald aus. Es kommt zu einer dramatischen Abschiedsszene im Wald. Zusammen mit dem „Liebesmecha“ Gigolo macht David sich auf die Suche nach der blauen Fee aus Collodis bekanntem Kinderbuch „Pinocchio“. Die Geschichte von der lebendig gewordenen Holzpuppe, die ein echter Mensch werden will, hat ihm Monica vorgelesen. David verbindet mit der blauen Fee die Hoffnung, dass diese ihn zu einem richtigen Jungen machen kann und er so die Liebe von Monica zurückgewinnen wird.

1 Welche Gründe könnte Monica haben, David zwar im Wald auszusetzen, seine Demontage jedoch zu verhindern?

2 Welche von Davids Eigenschaften könnten entscheidend für Monicas Weigerung sein, ihn zu zerstören? Machen diese Eigenschaften David bereits zu einem Menschen?

▼ Im Folgenden soll es um die Frage gehen, ob das Bewusstsein gleichbedeutend mit Selbstbewusstsein ist.

3 David hofft darauf, dass die blaue Fee einen richtigen Jungen aus ihm macht. Stellen Sie sich vor, es käme tatsächlich zu einem Treffen mit der Fee. Verfassen Sie einen Dialog zwischen David und ihr, in dem deutlich wird, was genau David sich von ihr erhofft.

4 Verfügt David Ihrer Ansicht nach über Bewusstsein seiner selbst? Nehmen Sie in Ihrer Antwort Bezug auf die Ihnen bekannten Filmszenen S. 125, 132, 136, 140.

5 Schlagen Sie in einem Philosophie-Lexikon die Begriffe „Bewusstsein“ und „Selbstbewusstsein“ nach und erarbeiten Sie knappe Zusammenfassungen.

René Descartes: Was heißt es, ein denkendes Wesen zu sein? (1641)

M 12

[...] Ich bin nicht jenes Gefüge von Gliedern, das man den menschlichen Körper nennt, ich bin auch nicht die feine Luft, die diese Glieder durchdringt, nicht ein Wind, Feuer, Dunst oder Hauch oder was ich mir sonst noch ausdenken mag – habe ich doch vorausgesetzt, dass dies alles nichts ist. Diese Voraussetzung bleibt bestehen, und doch bin ich irgendetwas. [...] Ich weiß, dass ich existiere, ich frage, wer jenes Ich ist, von dem ich dies weiß. Da ist es nun durchaus gewiss, dass die Kenntnis dieses genau nur so verstandenen Ichs nicht von dem abhängt, von dessen Existenz ich noch nichts weiß, nicht also von irgendetwas, das ich mir in der Einbildung ausmale. Und dieses Wort „Ich male mir etwas aus“ macht mich schon auf meinen Irrtum aufmerksam; denn es wäre in der Tat nur ein Ausmalen, wenn ich mir einbildete, etwas zu sein, besagt doch „sich etwas einbilden“ nichts anderes, als die Gestalt oder das Bild eines körperlichen Dinges betrachten. Nun weiß ich aber bereits gewiss, dass ich bin, und zugleich, dass möglicherweise alle diese Bilder und ganz allgemein alles, was sich nur auf die Natur des Körpers bezieht, nichts sind als Träume. Habe ich das aber einmal bemerkt, so scheint es ebenso töricht zu sagen: „Ich will meine Einbildungskraft anstrengen, um deutlicher zu erkennen, wer ich bin“, wie wenn ich sagte: „Zwar bin ich bereits aufgewacht und sehe schon etwas Wahres, doch da ich es noch nicht deutlich genug sehe, so will ich mir Mühe geben, wieder einzuschlafen, damit es mir meine Träume wahrer und einleuchtender darstellen.“ Ich erkenne also, dass nichts von dem, was ich mithilfe der Einbildungskraft erfassen kann, zu der Kenntnis gehört, die ich von mir habe, dass ich vielmehr meinen Geist sehr sorgfältig davon abwenden muss, wenn ich seine Natur recht deutlich begreifen will.

Was aber bin ich demnach? Ein denkendes Wesen! Was heißt das? Nun – ein Wesen, das zweifelt, einsieht, bejaht, verneint, will, nicht will und das sich auch etwas bildlich vorstellt und empfindet.

In der Tat, das ist nicht wenig, wenn dies alles zu mir gehören soll! Doch wie sollte es nicht? Bin nicht ich selbst es, der jetzt fast an allem zweifelt, der dennoch manches lassen will, der sich vieles, selbst gegen seinen Willen einbildet, vieles auch, als komme es von den Sinnen her, bemerkt? Ist nicht all dies, mag ich nun stets schlafen, mag auch mein Schöpfer, soviel an ihm liegt, mich täuschen – ist nicht all dies trotzdem ebenso wahr wie mein Dasein? Was davon ist von meinem Bewusstsein unterscheidbar? Wovon lässt sich behaupten, dass es von mir selbst getrennt sei? Denn dass ich es bin, der zweifelt, der einsieht, der will, das ist so offenbar, dass es durch nichts noch augenscheinlicher erklärt werden kann. Ich bin aber doch auch derselbe, der ich mir etwas bildlich vorstelle; denn wenngleich etwa, wie ich angenommen habe, überhaupt nichts bildlich Vorgestelltes wahr ist, so ist doch die Einbildungskraft selbst wirklich da und macht einen Teil meines Bewusstseins aus. Schließlich bin ich derselbe, welcher wahrnimmt, d.h. der die körperlichen Dinge gleichsam mit den Sinnen bemerkt. Ich sehe doch offenbar jetzt das Licht, ich höre das Geräusch, fühle die Wärme; aber nein – das ist falsch, denn ich schlafe ja. Aber es scheint mir doch, als ob ich sähe, hörte, Wärme fühlte, das kann nicht falsch sein, das eigentlich ist es, was an mir Empfinden genannt wird, und dies, genau so verstanden, ist nichts anderes als Bewusstsein.

6 Fassen Sie in wenigen Sätzen mündlich zusammen, was Descartes unter dem Begriff „Bewusstsein“ versteht.

7 Verfassen Sie ein Interview mit Descartes, in dem Sie ihm Fragen zu M 12 stellen. Lassen Sie Descartes mit Sätzen aus seinem Text antworten.

8 Verfügt David nach Descartes' Definition über Bewusstsein? Begründen Sie Ihre Einschätzung am Text.

Nach dem Philosophen Dieter Henrich (* 1927) enthält der Begriff des Selbstbewusstseins ein besonderes Problem: Henrich verweist auf den Philosophen Johann Gottlieb Fichte (1762–1814), der einen Zirkel in allen gängigen Vorstellungen vom Bewusstsein bemerkt hat. Demnach ist es unmöglich, das Ich als ein bewusstes Subjekt aufzufassen, das sich selber zum Objekt macht.

M 13 Dieter Henrich: Der Zirkel in den Versuchen, sich seiner selbst bewusst zu werden (1999)

Man nennt [ein] Wissen Selbstbewusstsein, wenn man auf nichts weiter als auf dies aufmerksam machen will, dass einer die Fähigkeit hat, von sich selbst als von sich selbst etwas zu wissen – ganz gleich, was er sich jeweils als seine Eigenschaft oder als seine Möglichkeit zuschreibt. Diese grundlegende Weise des Von-sich-Wissens muss man also von allem anderen unterscheiden, was auch noch Selbstbewusstsein genannt wird, also von dem Stolz auf die eigenen Fähigkeiten, der vom Vergleich mit den Fähigkeiten anderer lebt, oder von einem skrupulösen Auf-sich-Achten, das allen spontanen Lebensäußerungen in den Weg treten kann. [...] Wir müssen vermeiden zu sagen, das Bewusstsein sei sein eigenes Objekt. Ohne bewusste Kenntnis der Tatsache, dass Bewusstsein vorliegt, würde es keinerlei Bewusstsein geben. Aber weder dies Ereignis noch die Dimension, die es enthält, beziehen sich auf sich selbst. Daraus folgt nun weiter, dass die Kenntnis von Bewusstsein notwendigerweise unvollständig ist, was ihr Objekt betrifft: Sie impliziert kein Wissen über die notwendige Verbindung zwischen Bewusstsein und Kenntnis seiner. Dies Wissen ist begrifflich; es lässt sich nur durch rationale und reflektierende Operationen erwerben. So ist Bewusstsein in doppeltem Sinne seiner nicht Herr: Es bringt sich nicht durch Selbst-Objektivierung ins Dasein. Und es verfügt über kein adäquates Verständnis seiner. Zu ihm kann es nur durch das vernünftige Selbst im bewussten Menschen gelangen.

9 Beschreiben Sie die Schwierigkeit, dem Zirkel des Selbstbewusstseins zu entrinnen.

M 14 Erkenne dich selbst

10 *Gnōthi seautón* – Erkenne dich selbst, lautet eine zentrale Forderung der griechischen Philosophie, die vermutlich auf Heraklit zurückgeht.
Beschreiben Sie, wie diese Forderung nach Selbsterkenntnis in dem Mosaik illustriert wird. Entspricht dieses Verständnis von Selbsterkenntnis eher dem Bewusstsein Descartes' oder dem Selbstbewusstsein Henrichs?
Begründen Sie Ihre Meinung.

3.4 Mein Gehirn und ich – Roth, Metzinger

M 15 Erkenne dich selbst

1 Kann die Untersuchung des Gehirns mittels bildgebender Verfahren tatsächlich zur Selbsterkenntnis beitragen? Nehmen Sie kritisch Stellung zu dieser Frage, indem Sie einen Leserbrief zum Titelbild des „Uni-Spiegel" verfassen.

▼ Im Folgenden soll es um die Frage gehen, ob mein Gehirn mein Selbst erzeugt.

2 Stellen Sie in einem Bild oder Text Ihr Verhältnis zu Ihrem Gehirn dar.

Seit vier Jahrzehnten arbeitet Dietrich Dörner (* 1938) daran, die menschliche Seele am Computer nachzubauen. Die Arbeiten des Psychologieprofessors aus Bamberg gelten den einen als wegweisend und im höchsten Maße originell, andere sehen sie als Anmaßung an. Er selbst macht sich nur wenig daraus, was andere sagen, und bezeichnet intellektuelle Unabhängigkeit als seine größte Stärke.

Dietrich Dörner: Bauplan für eine Seele (2001)

M 16

[...] Eine Maschine ist die Realisierung einer mehr oder minder großen Menge von Wenn-dann-Aussagen, und wenn man will, kann man jedes Gefüge von Wenn-dann-Aussagen in einer Maschine Gestalt werden lassen. Wenn Seelenleben „maschinell" hervorgebracht werden kann, so ist es das Produkt eines Systems von materialisierten Wenn-dann-Aussagen.

[...] Ließen sich Seelenprozesse auf ein Gefüge von Wenn-dann-Aussagen zurückführen, könnten wir sie auch in einem anderen Medium realisieren, zum Beispiel in einem Computer (oder in einem Netz von Computern). Dann könnten wir also künstliche Seelen schaffen? Wir könnten Seele „machen". Und diese „künstlichen Seelen" hätten dann ihren eigenen Willen und ihre eigenen Zielsetzungen in genau dem gleichen Maße wie wir Menschen. Zugleich aber wären sie nicht den Beschränkungen unseres biologisch vorgegebenen Bauplans unterworfen, sondern wären viel schneller, könnten sich viel mehr merken, viel mehr Aspekte bei ihren Entscheidungen berücksichtigen. Wir müssten diese künstlichen Seelen also nicht nur als gleichberechtigt akzeptieren, sondern in vieler Hinsicht als überlegen. [...]

Und der Mensch wäre als eine „biologische Maschine" entlarvt. Wir Menschen, wenn wir lieben und hassen, Maschinen?! Das darf einfach nicht wahr sein! [...]

Mit dem, was man Maschinen nicht zutraut, sollte man allerdings vorsichtig sein. Immerhin ist der Bereich der Gebilde, die man aus Wenn-dann-Elementen zusammenbauen kann, recht groß. Wir können einfache Maschinen mit sehr wenigen Elementen konstruieren oder auch komplizierte Maschinen, die sehr viele Elemente enthalten. Es gibt Maschinen, in denen die Kausalketten, aus denen sie bestehen, unverbunden nebeneinander existieren, und andere, in denen sie in Kausalnetzen verknüpft sind. Wir können „sequentielle" und „parallele" Maschinen konstruieren, in denen die Elemente hintereinander und nebeneinander angeordnet sind, Maschinen, die sich selbst beeinflussen, indem die einen Wenn-dann-Glieder auf die anderen einwirken. Man könnte zum Beispiel ein Auto bauen, in dem die Anzahl von Schleudereereignissen in Kurven registriert wird und das aufgrund der Feststellung solcher kritischen Ereignisse die Wirkung des Gashebels auf die Drosselklappe modifiziert. Viel Druck auf den Gashebel bewirkt dann nur noch wenig. Auf diese Weise könnte das Auto Fahrer mit der Neigung zu riskanten Manövern „ausbremsen".

In einem solchen Auto hätten wir nicht mehr nur einen „einstufigen", sondern einen „mehrstufigen" Determinismus, den wir gewöhnlich mit der „Maschinenhaftigkeit" von Gebilden nicht verknüpfen. Das Auto hätte ein wenig seinen „eigenen Willen". – Wenn wir gewöhnlich von Maschinen sprechen, so meinen wir damit eine starre, dumme, unveränderliche Mechanik. Maschinen können aber prinzipiell auch anders! Mehrstufig determinierte Maschinen, in denen die Determinismen einander selbst wieder determinieren, können sich sehr „unmaschinenhaft" verhalten, sehr adaptiv, sehr flexibel. Und wir können sogar Maschinen bauen, die in der Lage sind, sich selbst neue Wenn-dann-Glieder anzufügen, also zu wachsen. Die Möglichkeiten aller solcher Gebilde müsste man überschauen, ehe man sagt: „Eine Maschine kann nicht ..." Haben alle, die meinen, Maschinen könnten prinzipiell nicht über Witze lachen, diesen Überblick?

[...] Es gibt gute Gründe für die Ansicht, Seele bedeute, dass ein System (in größerem oder geringerem Maße) autonom ist. Die Auffassung, das, was wir Seele zu nennen pflegen, sei ein Steuerungssystem, zu keinem anderen Zweck erfunden und entwickelt als dafür, Systeme autonom, selbstbestimmt, zu machen (und damit erst eigentlich zu Lebewesen), ist nicht neu. [...]

Meine These ist, dass sich Denken, Fühlen, Wollen, Bewusstsein und was wir sonst an seelischen Prozessen unterscheiden mögen, aus den Merkmalen eines Steuerungssystems ergeben, bei dessen Entwicklung der Natur (oder wem sonst wir die Entstehung des Menschen zuschreiben wollen) lediglich vorschwebte, uns an bestimmte Anforderungen anzupassen. – Das ist wahrscheinlich leicht einzusehen, wenn man an Lernen, Gedächtnis, Wissenserwerb, Hunger, Durst und so weiter denkt. Wieso aber sollte man das Bestreben, Gedichte zu verfassen oder zu lesen, die Gefühle beim Anhören von Mozarts Requiem, bornierten rechts- oder linksradikalen Dogmatismus, Religiosität, Jähzornsanfälle – um einfach ein paar ganz heterogene Seelenereignisse aufzuzählen – als „Anpassungen“ verstehen? Die Antwort auf diese Frage wird lauten: Solche Erscheinungen ergeben sich zwangsläufig, wenn wir den Bauplan eines Steuerungsorgans so gestalten, dass es bestimmten Anforderungen der Autonomie genügt.

3 Rekonstruieren Sie den Argumentationsgang Dörners, indem Sie die zentralen Argumentationsschritte und Beispiele aus dem Text herausarbeiten.
4 Nehmen Sie Stellung zu Dörners Behauptung, die Seele sei ein „Steuerungssystem“ (Z. 69 ff.).
5 Erörtern Sie, inwiefern sich Dörners Vorstellung von der Seele als komplexer Maschine mit der Forderung nach Autonomie (Z. 92) vereinbaren lässt.

Der Hirnforscher und Philosoph Gerhard Roth (* 1942) schreibt am Ende seines Buches „Das Gehirn und seine Wirklichkeit“:

M 17 Gerhard Roth: Realität und Wirklichkeit (1997)

Ich habe davon gesprochen, dass das Gehirn die Wirklichkeit hervorbringt und darin all die Unterscheidungen entwickelt, die unsere Erlebniswelt ausmachen. Wenn ich aber annehme, dass die Wirklichkeit ein Konstrukt des Gehirns ist, so bin ich gleichzeitig gezwungen, eine Welt anzunehmen, in der dieses Gehirn, der *Konstrukteur,* existiert. [...]
Wir sind damit zu einer Aufteilung der Welt in Realität und Wirklichkeit, in phänomenale und transphänomenale Welt, Bewusstseinswelt und bewusstseinsjenseitige Welt gelangt. Die Wirklichkeit wird in der Realität durch das reale Gehirn hervorgebracht. Sie ist damit Teil der Realität, und zwar derjenige Teil, in dem wir vorkommen. Dies ist eine höchst plausible Annahme, die wir allerdings innerhalb der Wirklichkeit treffen und die nicht als eine Aussage über die tatsächliche Beschaffenheit der Realität missverstanden werden darf. [...]
Was aber ist mit meinem Gehirn, das ich ja ebenfalls anschauen kann, zum Beispiel mithilfe eines Computertomographen? Ich könnte mir auch in einem heroischen Selbstversuch den Schädel öffnen und dann mein Gehirn im Spiegel oder mithilfe einer Videokamera ansehen.
Ich stelle dann folgende Vermutung an: Wie alles, was ich wahrnehme, ist auch dieser Sinneseindruck ein Konstrukt des Gehirns. Das Gehirn erzeugt also ein Konstrukt von sich selbst. Dies tut es ganz offensichtlich deshalb, weil die Netzhaut von bestimmten optischen Reizen in bestimmter Weise erregt wird und das visuelle System in der geschilderten Weise mithilfe des Gedächtnisses hieraus eben dieses Bild meines Gehirns zusammensetzt.
Das bedeutet aber, dass dieses Gehirn, das ich betrachte und als meines identifiziere, nicht dasjenige Gehirn sein kann, welches mein Wahrnehmungsbild von diesem Gehirn hervorbringt. Würde ich beide Gehirne miteinander identifizieren, so käme ich zu der Schlussfolgerung, dass mein Gehirn sich als echte Teilmenge enthält. Ich wäre nämlich dann zugleich in mir und außer mir, und der Operationssaal, in dem ich mich dann befinde, wäre zugleich in meinem Gehirn, und das Gehirn (zusammen mit dem Kopf und Körper) in dem Operationssaal. Um derartige absurde Schlussfolgerungen zu vermeiden, müssen wir zwischen einem realen Gehirn, welches die Wirklichkeit hervorbringt, und dem wirklichen Gehirn unterscheiden. Daraus folgt: Dasjenige Gehirn, das mich hervorbringt, ist mir selbst unzugänglich, genauso wie der reale Körper, in dem es steckt, und die reale Welt, in welcher der Körper lebt. Daraus folgt zugleich: Nicht nur die von mir wahrgenommenen Dinge sind Konstrukte in der Wirklichkeit, ich selbst bin ein Konstrukt. Ich komme unabweisbar in dieser Wirklichkeit vor. Dies bedeutet, dass das reale Gehirn eine Wirklichkeit hervorbringt, in der ein Ich existiert, das sich als Subjekt seiner mentalen Akte, Wahrnehmungen und Handlungen erlebt, einen Körper besitzt und einer Außenwelt gegenübersteht. [...]
Wenn ich also sage, dass das Gehirn „Geist“ im Sinne von mentalen Zuständen hervorbringt, dann kann ich damit nicht das wirkliche Gehirn meinen, das ich in meinem Selbstversuch ansehe und stimuliere, und auch nicht das Gehirn, welches ich bei einem anderen Menschen untersuche. Wir stehen also vor der verwickelten Situation: Das Gehirn, welches mir zugänglich ist (das wirkliche Gehirn), bringt gar keinen Geist hervor; und dasjenige Gehirn, welches mitsamt der Wirklichkeit Geist hervorbringt (nämlich das reale Gehirn – so muss ich plausiblerweise annehmen), ist mir unzugänglich.

6 Verwenden Sie die folgenden Begriffe aus M 17, um ein Schaubild anzufertigen: reales Gehirn, wirkliches Gehirn, Wirklichkeit, Realität, Welt, Bewusstseinswelt, Sinneseindruck.

7 Erklären Sie mithilfe Ihrer Schaubilder Roths Behauptung, nicht nur „die von mir wahrgenommenen Dinge" (Z. 51 f.), sondern „ich selbst bin ein Konstrukt" (Z. 53).

Der Philosoph Thomas Metzinger (* 1958) verwendet die Metapher des Flugsimulators um zu erläutern, worin seiner Ansicht nach Geist besteht. In seinem Buch „Ego-Tunnel" stellt er die These auf, der Mensch habe kein „Selbst". Wenn wir von unserem „Selbst" sprechen, so sei damit kein feststehendes Ding gemeint, sondern ein sich laufend verändernder Prozess.

Thomas Metzinger: Bewusstsein als Modell der Welt – der totale Flugsimulator (1994) M 18

Ein Flugsimulator ist ein Gerät, an dem zukünftige Piloten ausgebildet werden. Es dient auch dazu, das Verhalten in unvorhergesehenen und kritischen Situationen zu üben, ohne das Risiko eines tatsächlichen Absturzes einzugehen. Die Kandidaten befinden sich in einer Kabine, die auf großen Teleskopfüßen ruht. Diese Teleskopfüße werden von einem Rechner angesteuert, der auf diese Weise für den in der Kabine sitzenden Flugschüler alle Bewegungen eines wirklichen Flugzeugs nachahmen kann. In der Kabine befindet sich ein realistisch gestaltetes Cockpit mit allen Instrumenten und Steuerungswerkzeugen, die ein echtes Flugzeug auch besitzt. Der Schüler blickt auf den ebenfalls von einem Computer angesteuerten Videobildschirm, der ihm eine visuelle Simulation des Blicks aus dem Cockpit liefert. Diese visuelle Simulation der Außenwelt wird mit großer Geschwindigkeit und in Abhängigkeit von den Handlungen des Piloten ständig aktualisiert. Auf diese Weise kann ein Flugschüler den Umgang mit den Bordinstrumenten sowie die Reaktion eines Luftfahrzeugs auf seine Handlungen kennenlernen und gefahrlos die wichtigsten Grundoperationen einüben, deren Beherrschung für einen guten Piloten unerlässlich ist.

Menschliche Gehirne funktionieren auf sehr ähnliche Weise. Aus gespeicherten Informationen und dem ständigen Input, den ihnen die Sinnesorgane liefern, konstruieren sie ein internes Modell der äußeren Wirklichkeit. Dieses Modell ist ein *Echtzeit-Modell:* Es wird mit so hoher Geschwindigkeit und Effektivität aktualisiert, dass wir es im Allgemeinen nicht mehr als ein Modell erleben. Die phänomenale Wirklichkeit ist für uns kein von einem Gehirn erzeugter Simulationsraum, sondern auf sehr direkte und erlebnismäßig unhintergehbare Weise einfach *die Welt, in der wir leben.* Einen Flugsimulator dagegen erkennen wir auch dann, wenn wir als Flugschüler gerade konzentriert mit ihm arbeiten, immer noch als Flugsimulator – wir glauben niemals, dass wir *wirklich* fliegen. Das liegt daran, dass das Gehirn uns ein wesentlich besseres Modell der Welt liefert als der Computer, der den Flugsimulator steuert. Die Bilder, die unser visueller Cortex erzeugt, sind wesentlich schneller, zuverlässiger und besitzen eine viel höhere Auflösung sowie einen größeren Detailreichtum als die Bilder auf dem Monitor des Übungssimulators. Darum erkennen wir die Bilder auf dem Monitor auch jederzeit als Bilder, weil wir einen wesentlich höheren repräsentationalen Standard besitzen, mit dem wir sie vergleichen können. Wenn die Teleskopfüße die Kabine, in der der Flugschüler seine Übungsstunde absolviert, rütteln oder stoßen, um das Durchfliegen von „Luftlöchern" oder die Konsequenzen ungeschickter Steuermanöver zu simulieren, dann werden auch diese Rüttel- und Stoßbewegungen uns nicht wirklich täuschen können. Denn die auf unseren propriozeptiven und kinästhetischen Körperwahrnehmungen beruhenden mentalen Modelle unserer *eigenen* Körperbewegungen sind viel detailreicher und überzeugender, als die von einem Rechner erzeugten Simulationen von Bewegungen des Flugzeugs es jemals sein könnten.

Unser Gehirn unterscheidet sich aber von einem Flugsimulator noch in vielen anderen Punkten. Es verfügt über wesentlich mehr *Modalitäten.* Es ist in der Lage, die aus diesen verschiedenen Modalitäten stammende Information bruchlos zu einem *einheitlichen* Modell der Wirklichkeit zu verschmelzen (eine Aufgabe, die auch im Flugsimulator noch dem Gehirn des Probanden überlassen bleibt). Es arbeitet zudem wesentlich schneller. Die von ihm erzeugten multimodalen Bilder der Wirklichkeit sind zuverlässiger und detailreicher als die künstlichen Bilder, die wir heutzutage kennen – eine Situation, die sich recht bald ändern wird. Außerdem sind Gehirne im Gegensatz zu Flugsimulatoren nicht auf einen eng umgrenzten Anwendungsbereich fixiert, sondern offen für eine Unendlichkeit von repräsentationalen Situationen und Simulationsproblemen. Das in unserem Zusammenhang *wichtigste* Unterscheidungsmerkmal zwischen einem menschlichen Gehirn und einem Flugsimulator ist jedoch ein ganz anderes: Menschliche Gehirne simulieren den Piloten gleich mit.

Denn natürlich gibt es keinen Homunkulus im System. Es gibt aber die Notwendigkeit für das System *als Ganzes,* sich seine eigenen inneren und äußeren Handlungen selbst zu erklären. Es muss nämlich ein repräsentationales Werkzeug besitzen, mit dessen Hilfe es kritische Eigenschaften seiner selbst durch interne Simulation überwachen und sich selbst die Geschichte seiner eigenen Handlungen auch intern als seine Geschichte darstellen kann. Dieses Werkzeug ist das, was ich als das mentale Selbstmodell des Organismus bezeichnet habe. Das Gehirn unterscheidet sich nun von einem Flugsimulator unter anderem dadurch, dass es nicht von einem Piloten benutzt wird, der vorübergehend in es „eingestiegen" ist. Im Gegenteil: Das Gehirn *aktiviert* den Piloten, und zwar immer dann, wenn es ihn als repräsentationales Werkzeug benötigt, um die Aktivitäten des Gesamtsystems zu überwachen und mental abzubilden. Braucht das System für einen gewissen Zeitraum kein funktional aktives Selbstmodell mehr, so wird es einfach abgeschaltet. Wenn wir uns im Tiefschlaf befinden, besitzen wir keine subjektiven Zustände mehr. Denn mit dem Selbstmodell verschwindet auch das Erlebnissubjekt: Der Schlaf ist der kleine Bruder des Todes.

8 Erarbeiten Sie den Text nach der PLATO-Methode (s. S. 466).
9 Erläutern Sie die Metapher des Flugsimulators, indem Sie in Form einer Tabelle deutlich machen, wo Unterschiede und Gemeinsamkeiten zwischen Flugsimulator und menschlichem Gehirn bestehen.
10 Erklären Sie den Begriff des „mentalen Selbstmodells" (Z. 92).
11 Setzen Sie M 17 in Beziehung zu M 18.
12 Vergleichen Sie Metzingers Definition von Bewusstsein mit der von Roth.

Der amerikanische Philosoph und Kognitionswissenschaftler Alva Noë (* 1964) kritisiert, dass Neurophysiologen und die ihnen folgenden Philosophen das Bewusstsein nur als ein Gehirnphänomen ansehen wollen.

M 19 Alva Noë: Du bist nicht dein Gehirn (2010)

Die Vorstellung, dass eine naturwissenschaftliche Erforschung des Bewusstseins geistige Vorgänge mit Ereignissen im Nervensystem gleichsetzen muss, ist Teil eines überholten Reduktionismus. Sie ist vergleichbar mit der Auffassung, dass Depressionen eine Hirnerkrankung sind. Einerseits stimmt das natürlich. Es gibt neuronale Merkmale der Depression. Und eine direkte Einwirkung auf das Gehirn durch Medikamente kann eine Depression beeinflussen. Aber andererseits stimmt es ganz offensichtlich auch wieder nicht. Es ist schlichtweg unmöglich, allein auf neuronaler Ebene zu verstehen, warum Menschen von Depressionen befallen werden oder warum ein Mensch hier und jetzt an einer Depression leidet. Depressionen überkommen Menschen mit einer realen Vergangenheit und in realen Lebensumständen, und das nicht nur vor dem Hintergrund ihrer persönlichen Geschichte, sondern auch vor dem Hintergrund der phylogenetischen Geschichte ihrer Spezies. [...]

Der heutigen Standardauffassung zufolge wird unser Bewusstsein – also die Tatsache, dass wir denken, fühlen und eine Welt sich uns zeigt – durch die Vorgänge in unserem Gehirn hervorgerufen. Das Gehirn erzeugt Abbilder von der Umwelt und verarbeitet diese anschließend in einem Prozess, den man Denken nennt. Es rechnet, zieht Schlüsse und produziert schließlich neuronale Befehle, die uns handeln lassen. Im Grunde genommen sind wir unser Gehirn, und unser Körper ist bestenfalls ein roboterartiges Werkzeug, dessen sich das Gehirn bedient. Das Gehirn ist alleiniger Urheber einer grandiosen Illusion, nämlich der, dass wir eine detailreiche und bedeutungstragende Welt bewohnen und dass wir die Geschöpfe sind, für die wir uns halten. Was also sind wir? In Wirklichkeit sind wir Gehirne im Tank, die an einem Lebenserhaltungssystem hängen. Unser Schädel ist der Tank und unser Körper das Lebenserhaltungssystem, das uns in Gang hält. So oder so ähnlich will es uns die Mehrzahl der Neurowissenschaftler und Science-Fiction-Autoren jedenfalls weismachen. Ist mein Körper ein Roboter, der von meinem Gehirn bewohnt wird? Ist die Welt eine grandiose Illusion? Ist das wirklich eine plausible Vorstellung von unserem Selbst? [...]

In seinem Buch „An Astonishing Hypothesis" (dt.: *Was die Seele wirklich ist*) erklärt Francis Crick, Nobelpreisträger und einer der Entdecker der Struktur des DNA-Moleküls, dass „Sie, Ihre Freuden und Leiden, Ihre Erinnerungen, Ihre Ziele, Ihr Sinn für Ihre Identität und [Ihre] Willensfreiheit ... in Wirklichkeit nur ... das Verhalten einer riesigen Ansammlung von Nervenzellen und dazugehörigen Molekülen [sind]". [...]

Das Erstaunlichste an Cricks Hypothese ist jedoch, dass sie ganz und gar nicht erstaunlich ist. Die Erklärung, dass es in uns etwas gibt, das denkt, fühlt, will und entscheidet, kommt nicht sonderlich überraschend. Diese Auffassung vertrat der Philosoph René Descartes bereits im siebzehnten Jahrhundert. Er ging davon aus, dass jeder von uns mit einem inneren Etwas identisch ist, dessen Essenz das Bewusstsein ist; jeder von uns ist im Grunde genommen eine innere res cogitans, ein denkendes Ding. Und diese Doktrin wird auch von vielen Religionen verkündet. Natürlich lehrten die Religionen und Descartes uns nicht, dieses Ding in unserem Inneren, das da denkt und fühlt, sei Teil unseres Körpers, ein Stück Fleisch wie das Gehirn. Sie hielten es vielmehr für etwas Immaterielles oder Spirituelles und daher gewissermaßen für etwas Unnatürliches. Wie könnte reine Materie, wie könnte bloßes Fleisch die Macht haben, zu denken und zu fühlen? Das wäre vollkommen unvorstellbar. Und genau hier und nur hier bricht die moderne Neurowissenschaft tatsächlich mit der Tradition. So schreibt die bekannte Neurophilosophin Patricia Churchland: „Unzählige Beweise lassen heute darauf schließen, dass es das *Gehirn* ist, das fühlt, denkt und entscheidet, und nicht irgendein nichtphysikalischer Stoff."

[...]

Wirklich erstaunlich wäre die Erkenntnis, dass wir *nicht* unser Gehirn sind. Noch verblüffender wäre die Information, dass das Gehirn nicht das Ding in unserem Inneren ist, das für das Bewusstsein verantwortlich ist – ja, dass es in unserem Inneren eigentlich gar nichts gibt, was diesen Zweck erfüllt. [...] Diese Sicht auf die Natur der Lebewesen erfordert oder ermöglicht das Zugeständnis, dass die Natur kein reiner Mechanismus ist. Die Funktion einer Eigenschaft – also ihre grundlegende Bedeutung, ihr Zweck – ist Teil der Erklärung, warum diese Eigenschaft überhaupt existiert. Aber damit die ganze Geschichte einen Sinn ergibt, müssen wir das Lebewesen, den Träger der Eigenschaft, genauer unter die Lupe nehmen. Das Lebewesen ist elementar, nicht seine Merkmale. [...]

Der Geist einer Bakterie besteht nicht darin, wie es in ihrem Inneren aussieht. Er ist vielmehr Teil dessen, wie die Bakterie aktiv in ihre Umgebung eingreift und darauf reagiert. Es gibt zwar innere Korrelate des Bewusstseins: Nur Lebewesen mit einem entsprechenden Gehirn können bestimmte Erlebnisse haben, und zweifelsohne haben Bewusstseinsvorgänge neuronale Entsprechungen. Es gibt jedoch auch äußere Korrelate des Bewusstseins. Bewusste Wesen haben Welten, und zwar in dem Sinne, dass sich ihnen die Welt als etwas Wertgeladenes zeigt: Zucker! Licht! Sex! Verwandte! Der Geist einer Bakterie, soweit vorhanden, zeigt sich in der Art, wie sie auf ihre Umgebung reagiert und darin eingreift. Der Geist der Bakterie ist ihr Leben. Aber das Leben einer Bakterie liegt nicht in ihrem Inneren verborgen. Das Leben der Bakterie ist ein Kräftespiel, an dem die in eine Umgebung eingebettete Bakterie selbst teilnimmt. Und das Gleiche gilt auch für das Bewusstsein in einem weiteren Sinne. Wollen wir den Geist der Tiere erforschen, dann dürfen wir also nicht nur über das Gehirn nachdenken. Um es mit den Worten des Neurowissenschaftlers Francisco Varela und des Philosophen Evan Thompson auszudrücken: Wir müssen uns fragen, wie Gehirn, Körper und Welt gemeinsam lebendiges Bewusstsein aufrechterhalten. [...]

Für das Bewusstsein ist nicht die neuronale Aktivität an sich von Belang, sondern die neuronale Aktivität im Kontext eines Lebewesens, das Teil seiner Umwelt ist und mit ihr interagiert. Nur so können wir erklären, wie Hirnaktivität zu Bewusstsein führt. Das heißt mit anderen Worten, dass es nicht die neuronale Aktivität allein ist, die für Bewusstsein sorgt. Das Gehirn hat meiner Meinung nach die Aufgabe, ein dynamisches Interaktionsmuster zwischen Gehirn, Körper und Welt zu ermöglichen. Erfahrung wird von bewussten Wesen mithilfe der Welt vollzogen.

13 Formulieren Sie in eigenen Worten, was Noë unter der „heutigen Standardauffassung" (Z. 20) hinsichtlich des Körper-Geist-Problems versteht. Verdeutlichen Sie in diesem Zusammenhang, welche Unterschiede und Gemeinsamkeiten es zwischen dieser Standardauffassung und der Position Descartes' gibt.

14 Erläutern Sie, worin Noës Kritik an der dargestellten neurophilosophischen Position besteht.

15 Wenn, wie Noë schreibt, unser Bewusstsein nicht in unserem Gehirn entsteht, wo und auf welche Weise entsteht es dann? Entwerfen Sie Plakate, mit denen Sie die Antwort auf diese Frage visualisieren.

16 Nehmen Sie Stellung zu der Frage, ob Noë Ihrer Ansicht nach angemessen erklärt, wie Geist und Bewusstsein entstehen.

M 20 Wer steuert?

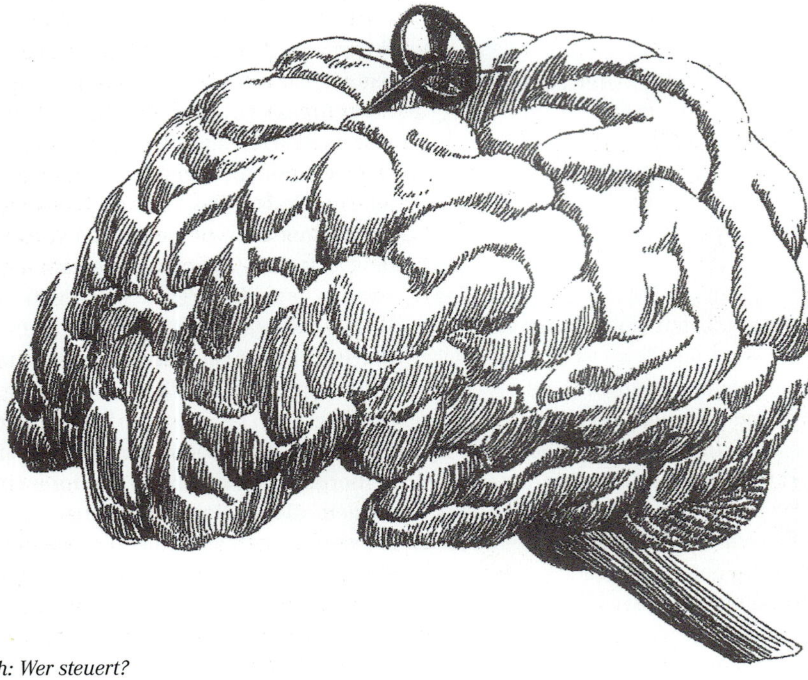

Hans-Georg Rauch: Wer steuert?

17 Beschreiben Sie M 20.

18 Wer sitzt Ihrer Ansicht nach am Steuer?

19 Wie würden Dörner, Roth, Metzinger und Noë diese Frage jeweils beantworten?

4. Die Freiheit des Menschen

4.1 Angst vor der Freiheit – Sartre, Gehlen

Der amerikanische Journalist John Krakauer hat anhand von Tagebucheinträgen, Postkarten und Interviews die abenteuerliche Reise von Christopher McCandless rekonstruiert. Seine Reportage mit dem Titel „Into the wild" und die gleichnamige Verfilmung von Sean Penn haben den jungen Mann bekannt gemacht ...
Sein Abenteuer beginnt, als Chris 22 Jahre alt ist und gerade das College in Atlanta mit hervorragenden Noten abgeschlossen hat. Seine Eltern und seine jüngere Schwester Carine sind zur Abschlussfeier extra von zu Hause, aus einem wohlhabenden Vorort von Washington D. C., angereist. Beim gemeinsamen Essen im Restaurant erzählt Chris, dass er an der Eliteuniversität Harvard für ein Jurastudium angenommen wurde. Seine Eltern sind von dieser Neuigkeit begeistert. Sie sind selber erfolgreiche Geschäftsleute und wollen Chris bei seinem Studium weiterhin finanziell unterstützen. Außerdem möchten sie ihrem Sohn ein Geschenk zum College-Abschluss machen: Sie wollen ihm ein Auto kaufen. Doch Chris ist empört über die Vorstellung der Eltern, sie könnten glauben, er wolle ein neues Auto haben. Schließlich hat er bereits einen, wenn auch alten und zerbeulten, aber zuverlässigen Nissan Sunny. Er lehnt das Geschenk der Eltern erbost ab. Er unterstellt ihnen, sie könnten nur Angst davor haben, was die Nachbarn denken.
Nachdem seine Familie abgereist ist, setzt Chris seinen seit langem heimlich geschmiedeten Plan in die Tat um: Er will sich von all dem frei machen, was ihn einschränkt. Er entschließt sich auch gegen das Jurastudium, das ihm bloß wie eine lästige, von seinen Eltern auferlegte Pflicht erscheint, und spendet seine gesamten Ersparnisse in Höhe von 24 000 Dollar der Hilfsorganisation OXFAM America, die sich dem Kampf gegen den Welthunger verschrieben hat. Chris lässt den größten Teil seiner Habe zurück, verbrennt auch noch sein letztes Bargeld, verwischt alle Spuren, die der Familie seinen Aufenthalt verraten könnten, und zieht hinaus in die Wildnis, wo er das Leben für sich neu erfinden will. Unter dem Pseudonym „Alexander Supertramp" wandert er zunächst quer durch Nordamerika und macht sich schließlich auf den Weg nach Fairbanks, nahe dem nördlichen Polarkreis, wo er fernab der Zivilisation, in der Einsamkeit von Alaska leben will. Ein ausrangierter Omnibus wird hier zu seinem neuen Heim.

1 Verdeutlichen Sie sich Christophers Reaktion auf das Geschenk seiner Eltern, indem Sie Motive für seine Ablehnung erörtern.

2 In dem Konflikt um das Auto werden zwei Lebensentwürfe deutlich, beschreiben Sie diese. Welchem Entwurf könnten Sie sich eher anschließen? Warum? Tauschen Sie sich über Ihre Gründe aus.

▼ Im Folgenden geht es um die Frage, ob es erstrebenswert ist, sich von allem unabhängig machen zu wollen.

Abgeschnitten vom Rest der Welt verbringt Christopher vier Monate in dem alten Bus, der mit einer alten Matratze, einem einfachen Holzofen und ein paar nützlichen Kleinigkeiten, wie Streichhölzern und Besteck ausgestattet ist. Außerdem erweitern eine Pistole, ein Fünf-Kilo-Sack Reis und ein Pflanzenbestimmungsbuch seine Ausrüstung. Auf eine verwitterte Sperrholzplatte, die von innen über ein kaputtes Fenster genagelt ist, kritzelt Chris am Tag der Ankunft seine schwärmerische Unabhängigkeitserklärung:

M 1

Zwei Jahre lang durchstreift er zu Fuß die Welt. Kein Telefon, keine liebgewonnenen Haustiere, keine Zigaretten. Freiheit total. Ein Extremreisender. Ein ästhetischer Wanderer der Welten, der nur die Straße sein Heim nennt, denn, „The West is the Best". Und nun, nach zwei Jahren der Wanderschaft, kommt das ultimative und größte Abenteuer. [...] Zehn Tage und Nächte auf Güterzügen und per Anhalter bringen ihn in den großen weißen Norden. Auf der Flucht vor dem Gift der Zivilisation durchschreitet er allein das Land, um sich in der Wildnis zu verlieren.

Alexander Supertramp, Mai 1992

3 Erläutern Sie Christophers Vorstellung von Freiheit anhand seiner Unabhängigkeitserklärung. Überlegen Sie, warum so wenige Menschen wie er handeln, und benennen Sie mögliche Gründe.

4 Die amerikanische Sängerin Janis Joplin (1943–1970) zählt zu den bedeutendsten Symbolfiguren der Hippiekultur. In ihrem Song „Me and Bobby McGee" von 1970 beginnt der Refrain mit den Worten „Freedom is just another word for nothing left to lose." Übersetzen Sie das Zitat und diskutieren Sie, ob es sich Ihrer Auffassung nach um eine gute Definition von Freiheit handelt. Informieren Sie sich dazu auch über das Leben der Sängerin und die Hippiezeit.

5 Versetzen Sie sich in Christophers Lebenssituation in der Wildnis von Alaska und erarbeiten Sie in Gruppenarbeit einen detaillierten Tagesablauf. Berücksichtigen Sie dabei das dortige Klima, Chris' Ausrüstung und die Ausstattung des Busses.

6 Halten Sie anschließend in einer Tabelle fest, welche Vor- und Nachteile sich unter diesen Lebensumständen bei der Verwirklichung von Freiheit ergeben.

7 Würden Sie sich unter diesen Lebensbedingungen frei oder eingeengt fühlen? Benennen Sie jeweils die Gründe für die eine oder andere Empfindung.

Der französische Philosoph Jean-Paul Sartre (1905–1980) ist Hauptvertreter der Existenzphilosophie, über die Sie auf den S. 168 ff. mehr erfahren. Sartre erklärt in seinem Werk „Das Sein und das Nichts", der Mensch existiere aus dem Nichts heraus. Damit meint er, dass der Mensch fähig sei, zu seinem in der Welt vorgefundenem Ich nein zu sagen.
Der Mensch definiere sich danach durch einen stetigen Akt der Verneinung seiner vorgefunden Existenzweise. In dem er sich diese bewusst macht, könne er entscheiden, sie entweder zu akzeptieren oder sie zu verändern. Diesen Vorgang bezeichnet Sartre als Nichtung, und darin sieht er die Freiheit des Menschen begründet.

Jean-Paul Sartre: Die Angst vor der Zukunft als Erfahrung der Freiheit (1942)

M 2

In der Freiheit *ist* das menschliche Sein seine eigene [...] Zukunft in Gestalt von Nichtung. Wenn unsere Untersuchungen uns nicht in die Irre geführt haben, muss es für das menschliche Sein [...] eine bestimmte Art und Weise geben, gegenüber seiner Vergangenheit und Zukunft zu verharren, als diese Vergangenheit und diese Zukunft seiend und zugleich nichtseiend. Wir können für diese Frage eine unmittelbare Antwort geben: In der Angst wird dem Menschen seine Freiheit bewusst, oder, wenn man lieber will, die Angst ist die Seinsweise der Freiheit als Seinsbewusstsein, in der Angst befindet sich die Freiheit in ihrem für sich selbst Infragestehen. [...] Die Angst unterscheidet sich von der Furcht dadurch, dass die Furcht Furcht der Lebewesen vor der Welt ist und die Angst Angst vor mir selbst. Das Schwindelgefühl ist Angst in dem Maße, als ich mich davor fürchte, nicht sowohl in den Abgrund zu fallen, als vielmehr mich hinabzustürzen. Eine Situation, die Furcht hervorruft, insofern sie die Gefahr enthält, von außen her mein Leben und mein Sein zu verändern, ruft die Angst hervor in dem Maße, in dem ich meinen eigenen Reaktionen dieser Situation gegenüber misstraue. [...] Meistens zeigen die gefahrvollen oder bedrohlichen Situationen verschiedene Seiten: Sie werden aufgefasst durch ein Gefühl der Furcht oder der Angst hindurch, je nachdem, ob man die Situation als auf den Menschen einwirkend oder den Menschen auf die Situation einwirkend ansieht. [...]

Was bedeutet die Angst in den verschiedenen Beispielen, die ich gegeben habe? Nehmen wir das Beispiel des Schwindels. Der Schwindel kündigt sich durch die Furcht an: Ich befinde mich auf einem Pfad ohne Geländer, der an einem Abgrund hinführt. Der Abgrund bietet sich mir als etwas dar, *das vermieden werden muss,* er veranschaulicht eine Lebensgefahr. [...] Ich kann auf einem Stein ausgleiten und in den Abgrund stürzen, der bröckelige Pfad kann unter meinen Schritten in die Tiefe versinken. Durch diese verschiedenen Vermutungen hindurch bin ich mir selbst wie eine Sache gegeben, bin ich in Ansehung dieser Möglichkeiten passiv; sie kommen von außen auf mich zu, und soweit ich *auch* ein Ding in der Welt bin und der allgemeinen Anziehungskraft unterworfen bin, sind es nicht *meine* Möglichkeiten. [...] Die Reaktion wird reflexiver Natur sein: Ich „werde achten" auf die Steine im Weg, ich werde mich möglichst weit weg vom Rande des Pfades halten. Ich realisiere mich als einen, der mit allen Kräften die drohende Situation von sich abwehrt, und ich entwerfe mir eine gewisse Anzahl künftiger Verhaltensweisen, dazu bestimmt, die Drohungen der Welt von mir fernzuhalten. Diese Verhaltensweisen sind *meine* Möglichkeiten. [...] Aber diese Verhaltensweisen erscheinen mir, eben weil sie *meine* Möglichkeiten sind, nicht als durch fremde Ursachen bestimmt. [...] Ich ängstige mich ja eben deshalb, weil meine Verhaltensweisen nur *mögliche* sind [...]. Das besagt, dass ich, indem ich eine bestimmte Verhaltensweise als *mögliche* und gerade, weil sie *mein* Mögliches ist, konstituiere, mir darüber im Klaren bin, dass *nichts* mich zwingen kann, diese Verhaltensweise durchzuhalten. Indessen bin ich selbst dort in der Zukunft; zu ihr hin werde ich an der Wegbiegung sogleich sein, strebe ich mit allen Kräften, und in diesem Sinne besteht bereits eine Beziehung zwischen meinem künftigen und meinem gegenwärtigen Sein. Aber in das Innere dieser Beziehung hat sich ein Nichts geschlichen: Ich *bin* nicht der, der ich sein werde. Zunächst bin ich nicht er, weil mich die Zeit von ihm trennt. [...] Endlich weil überhaupt kein aktuell Daseiendes unumstößlich bestimmen kann, was ich sein werde. [...] Das Bewusstsein, seine eigene Zukunft zu sein in der Weise, sie nicht zu sein, das ist genau das, was wir *Angst* nennen. [...] Wenn *nichts* mich zwingt, mein Leben zu bewahren, hindert mich *nichts,* mich in den Abgrund zu stürzen.

8 Betrachten Sie das Bild und notieren Sie Ihre ersten Assoziationen.

9 Analysieren Sie M 2 mit der Methode „Bildlich denken“ (s. S. 466):
   a) Notieren Sie alle Aussagen, die die Gedanken und Emotionen der Person am Abgrund beschreiben. Erzählen Sie diese dann so genau wie möglich in Form eines inneren Monologs nach.
   b) Sartre entwirft diese bildhafte Vorstellung, um den begrifflichen Unterschied zwischen Furcht und Angst herauszustellen. Stellen Sie diesen Unterschied in Form einer Grafik dar. Nutzen Sie dabei Ihre Ergebnisse aus der Bildebene.
   c) Prüfen Sie abschließend gemeinsam mit einem Partner ihre jeweilige Zuordnung und begründen Sie Ihre Entscheidung anhand konkreter Textpassagen.

10 a) Übertragen Sie Sartres Bestimmung der Angst auf eine von Ihnen selbst erlebte Situation, indem Sie herausstellen, wie sich Freiheit bemerkbar macht.
   b) Vergleichen Sie Sartres Vorstellung mit Ihren Assoziationen aus Arbeitsanregung 8.

11 Chris ist der Auffassung, er müsse in die Wildnis gehen, um wirklich frei zu sein. Wie würde Sartre diese Freiheitsvorstellung bewerten?

12 Diskutieren Sie Sartres Behauptung, Angst sei die Grundstimmung unseres Daseins (Z. 10 ff.).

Wie Sartre, so spricht auch der Kulturphilosoph Arnold Gehlen (1904–1976) vom Menschen als einem nicht festgelegten Wesen und bezeichnet ihn als „Mängelwesen“ (vgl. S. 130). Für Gehlen resultiert aus dieser Feststellung im Unterschied zu Sartre aber eine ganz andere Art der Überlebensgefahr, die durch die Schaffung einer völlig neuen Welt, der Kultur, kompensiert werden muss.

M 3 Arnold Gehlen: Institutionen schaffen Persönlichkeiten (1961)

Die Formen, in denen die Menschen miteinander leben oder arbeiten, in denen sich die Herrschaft ausgestaltet oder der Kontakt mit dem Übersinnlichen – sie alle gerinnen zu Gestalten eigenen Gewichts, den *Institutionen,* die schließlich den Individuen gegenüber etwas wie eine Selbstmacht gewinnen, sodass man das Verhalten des Einzelnen in der Regel ziemlich sicher voraussagen kann, wenn man seine Stellung in dem System der Gesellschaft kennt, wenn man weiß, von welchen Institutionen er eingefasst ist.
Die Forderungen des Berufes und der Familie, des Staates oder irgendwelcher Verbände, denen man angehört, regeln uns nicht nur in unserem Verhalten ein, sie greifen bis in unsere Wertgefühle und Willensentschlüsse durch, und diese verlaufen dann ohne Bremsung und Zweifel wie von selbst, d. h. selbstverständlich, ohne dass eine andere Möglichkeit vorstellbar wäre, also schließlich mit der Überzeugungskraft des Natürlichen. Vom Inneren der Einzelperson her gesehen, bedeutet das [...] eine lebenswichtige Entlastung, weil auf diesem Unterbau innerer und äußerer Gewohnheiten die geistigen Energien sozusagen nach oben abgegeben werden können; sie werden für eigentlich *persönliche,* einmalige und neu zu erfindende Dispositionen frei.
Man kann anthropologisch den Begriff der *Persönlichkeit* nur im engsten Zusammenhang mit dem der Institutionen denken, die Letzteren geben der Personqualität in einem anspruchsvolleren Sinne überhaupt erst die Entwicklungschance. Unter Persönlichkeit verstehe ich dabei aber nicht die protestlerische Selbstbetonung derjenigen, die durch den in der Tat ganz außerordentlichen Disziplinierungsdruck industrieller Massengesellschaften überanstrengt werden. Ich will sagen: Wenn auch die Institutionen uns in gewisser Weise schematisieren, wenn sie mit unserem Verhalten auch unser Denken und Fühlen durchprägen und typisch machen, so zieht man doch gerade daraus die Energiereserven, um innerhalb seiner Umstände die Einmaligkeit darzustellen, d. h. ergiebig, erfinderisch, fruchtbar zu wirken. Wer nicht innerhalb seiner Umstände, sondern unter allen Umständen Persönlichkeit sein will, kann nur scheitern.

13 Entnehmen Sie dem Text, wie Gehlen den Begriff der Institution definiert. Benennen Sie anschließend Institutionen, die Ihr Leben einfassen.

14 Erläutern Sie an einem Beispiel, inwiefern diese Institutionen Gehlen zufolge eine freie Entfaltung der Persönlichkeit garantieren.

15 Informieren Sie sich über die Lebensgeschichte des Autors. Lesen Sie den Text vor diesem Hintergrund erneut und ergründen Sie, inwiefern Institutionen die Freiheit des Menschen auch einschränken können.

16 Stellen Sie sich vor, Gehlen und Sartre träfen sich, nachdem Sie den Film „Into the wild“ gesehen haben. Nach einer freundlichen Begrüßung kommt es zur Diskussion über Christophers Entscheidung, in die Wildnis auszuwandern. Versetzen Sie sich in einen der beiden Philosophen und führen Sie gemeinsam mit einem Partner ein Schreibgespräch.

M 4

Walter Kurowski

17 Beschreiben und interpretieren Sie M 4. Berücksichtigen Sie dabei den Infokasten zum Begriff Determination.

18 Von welchen Bindungen sollte sich die Person freimachen, von welchen eher nicht? Begründen Sie Ihre Einschätzung.

19 Entwerfen Sie eine Zeichnung, die zu Ihrer Lebenssituation passt.

INFO

Determination

(lat. determinatio = Begrenzung, die Bestimmung, die Festlegung). Determination meint die zwangsläufige Bestimmtheit durch vorgegebene Bedingungen, wie z. B.

- soziokulturelle Determinanten (Erziehung, verinnerlichte Rollenerwartungen, Gruppendruck und Sanktionen, Verpflichtungen, Gemeinschaftsregeln etc.) oder
- biologische Determinanten (instinkthaftes Verhalten oder die genetische Ausstattung betreffend: vorgeburtliche und frühkindliche Prägungen oder vererbte Fähigkeiten etc.) oder
- physiologische Determinanten (neuronale und hormonelle Steuerung etc.) oder
- psychische Determinanten (triebhaftes Verhalten, Zwangsneurosen, Steuerung durch unbewusste Bedürfnisse, Ängste, Wünsche etc.).

4.2 Kann ich wollen, was ich will? – Kant, Schopenhauer

Im Film „Into the wild“ stehen sich die Geschwister Carine und Chris sehr nahe, und so vertraut Chris seiner jüngeren Schwester ein Geheimnis an, das ihr seine Flucht verständlich macht.

M 5 Christophers Kindheit

Solange Chris und ich denken konnten, gab es bei uns zu Hause täglich Wutausbrüche. Gewalt, die wir mit ansehen mussten. [...]

Dad war das junge Genie, das von der NASA angeworben wurde, um das amerikanische Satellitenradarsystem zu entwickeln, welches unsere Antwort auf den russischen Sputnik werden sollte. Später gründeten Mum und er eine Beraterfirma, in der sie ihre energische Findigkeit mit seinem Wissensreichtum kombinierten. Doch während die Firma tatsächlich die erste Million machte, schien Karrieredenken und Geld ihre Blindheit nur zu verstärken. Ich erinnere mich noch an unsere erste Familienkonferenz. Sie wollten uns über ihre Scheidungspläne informieren, und sie wollten, dass wir wählen, bei wem wir leben möchten. Wir haben uns die Augen aus dem Kopf geheult. Es kam nicht zur Scheidung, doch die Kämpfe und die Konferenzen hörten nicht mehr auf. [...] Als er mit der Schule fertig war, kaufte Chris sich den gebrauchten Nissan und fuhr damit quer durchs Land. [...] In Kalifornien hatte er alte Freunde der Familie besucht. Er hatte herausgefunden, dass die Geschichten unserer Eltern darüber, wie sie sich verliebt und geheiratet hatten, ausgeklügelte Lügen waren, die eine hässliche Wahrheit verdecken sollten. Als sie sich kennenlernten, war Dad bereits verheiratet. Und nachdem Chris schon geboren war, hatte Dad mit seiner ersten Frau Marcia, mit der er nach wie vor verheiratet war, einen weiteren Sohn. Diese Tatsache machte Chris und mich plötzlich zu unehelichen Kindern. Dad merkte in seiner Arroganz nicht, wie sehr er uns weh tat. Und Mum [...] wurde zur Komplizin seines Betruges. Die Zerbrechlichkeit von Kristall ist keine Schwäche, sondern Feinheit. Meine Eltern wussten, dass man Kristall pfleglich behandeln musste, damit es nicht zerbricht. Doch sie schienen nicht zu wissen, oder vielleicht war es ihnen auch egal, dass ihre Heimlichkeiten bei meinem Bruder Verwüstungen anrichteten [...]. Ihre betrügerische Ehe und die Tatsache, dass unser Vater die Existenz eines anderen Sohnes geheimhielt, machten für Chris jeden Tag zu einer Lüge. [...] Was er erfahren hatte, traf Chris im Kern seines Wesens, es ließ seine gesamte Kindheit wie eine erfundene Geschichte erscheinen. [...] Und jetzt hatte er sich emanzipiert von dieser Welt der Zerstreuung, der falschen Sicherheit, der Eltern und des materiellen Überflusses.

1 Sammeln Sie im Unterrichtsgespräch die von Carine angeführten Umstände, welche Christophers Entscheidung, in die Wildnis zu gehen, offenbar beeinflusst haben, und notieren Sie sie an der Tafel.

2 Handelt es sich Ihrer Auffassung nach um eine freie Entscheidung? Begründen Sie Ihre Auffassung.

▼ Im Folgenden geht es um die Frage, ob der Mensch trotz der ihn beeinflussenden Faktoren frei sein kann.

M 6 Freiheit und Vorherbestimmung

Nur unter der Voraussetzung von Willensfreiheit ist es angemessen, von Handlungen zu sprechen, die der Mensch selbstbestimmt, also frei vornimmt. Deshalb steht in diesem Unterkapitel die Frage nach der Willensfreiheit im Mittelpunkt, welche die philosophische Diskussion seit der Antike antreibt und gegenwärtig besonders im Bereich der Psychologie und Neurowissenschaften angeheizt wird.

Kritiker der Willensfreiheit bezeichnet man als *Deterministen*, weil sie den Willen des Menschen als durch innere oder äußere Ursachen – eben durch Determinanten – vorherbestimmt sehen. Alle Willensakte des

Menschen unterliegen nach dieser Vorstellung einer kausalen Bedingtheit, dem *Gesetz der Kausalität.* Das meint den gesetzmäßigen Zusammenhang von Ursache und Wirkung, wonach sich für jedes Geschehen eine innerzeitliche Abhängigkeit von etwas anderem, durch das es bestimmt ist, angeben lässt. Die auf den Menschen einwirkenden Bedingungen legen ihn danach so fest, dass man grundsätzlich für jede seiner Willensentscheidungen eine Ursache nennen könnte. Befürworter der Willensfreiheit nennt man *Indeterministen*, weil sie den Willen für nicht durch das Kausalprinzip bestimmt halten. Für beide Positionen sprechen einsichtige Gründe, die es nun zu prüfen gilt.

3 Überlegen Sie gemeinsam mit einem Partner, wie diese beiden Positionen sich vereinbaren lassen.

Dem Philosophen Immanuel Kant (1724–1804) zufolge erkennt jeder Mensch in sich die Freiheit, wenn er sich bewusst ist, dass er etwas tun oder lassen kann, weil er es soll.

Immanuel Kant: Wie sich Freiheit bemerkbar macht (1781)

M 7

Um das [...] durch ein Beispiel [...] zu erläutern, [...] so nehme man eine willkürliche Handlung, z. B. eine boshafte Lüge, durch die ein Mensch eine gewisse Verwirrung in die Gesellschaft gebracht hat, und die man zuerst ihren Bewegursachen nach, woraus sie entstanden, untersucht, und darauf beurteilt, wie sie samt ihrer Folgen ihm zugerechnet werden *könne.* In der ersten Absicht geht man seinen empirischen Charakter bis zu den Quellen desselben durch, die man in der schlechten Erziehung, übler Gesellschaft, zum Teil auch in der Bösartigkeit eines für Beschämung unempfindlichen Naturells, aufsucht, zum Teil auf den Leichtsinn und Unbesonnenheit schiebt; wobei man denn die veranlassenden Gelegenheitsursachen nicht außer Acht lässt. [...] Ob man nun gleich die Handlung dadurch bestimmt zu sein glaubt: So tadelt man nichts desto weniger den Täter, und zwar nicht wegen seines unglücklichen Naturells, nicht wegen der auf ihn einfließenden Umstände, ja so gar nicht wegen seines vorher geführten Lebenswandels, denn man setzt voraus, man könne es gänzlich beiseite setzen, wie dieser beschaffen gewesen [...]. Dieser Tadel gründet sich auf ein Gesetz der Vernunft, wobei man diese als eine Ursache ansieht, welche das Verhalten des Menschen, unangesehen aller genannter empirischen [auf Erfahrung gegründeten] Bedingungen, anders habe bestimmen können und sollen. [...] Er hat jetzt, in dem Augenblicke, da er lügt, gänzlich Schuld; mithin war die Vernunft, unerachtet aller empirischen Bedingungen der Tat, völlig frei, und ihrer Unterlassung ist diese [Tat] gänzlich beizumessen.

4 Notieren Sie die Umstände, welche Momente die Person aus M 7 zu der boshaften Lüge verleitet haben können, und erläutern Sie diese vor dem Hintergrund des Beispiels.

5 Stellen Sie sich vor, der Lügner würde sein Fehlverhalten unter Verweis auf diese Momente entschuldigen wollen. Was würde Kant ihm entgegnen? Verfassen Sie eine Verteidigungsschrift des freien Willens und lassen Sie den Autor mit seinen eigenen Worten antworten.

6 Beschreiben Sie ähnliche Situationen aus Ihrer Erfahrung, in denen etwas in Ihrem Inneren Ihnen sagt: „Wenn du gewollt hättest ..."

7 Stimmen Sie Kant darin zu, dass der Mensch grundsätzlich für sein Verhalten getadelt werden kann? Begründen Sie Ihre Auffassung.

Gemäß M 7 ist ein Wille nach Kant also dann frei, wenn er ausschließlich durch *das Gesetz der Vernunft* bestimmt ist, das Kant auch als Sittengesetz oder kategorischen Imperativ bezeichnet. (vgl. S. 217 ff.) Willensfreiheit ist für ihn also nicht zu verwechseln mit Beliebigkeit oder Willkür, im Gegenteil. Wie lässt sich aber der Zwang durch ein Gesetz mit der Vorstellung von Freiheit widerspruchsfrei denken?

M 8 Immanuel Kant: Der Mensch als Doppelwesen (1785)

Da der Begriff einer Kausalität den von *Gesetzen* bei sich führt, nach welchen durch etwas, was wir Ursache nennen, etwas anderes, nämlich die Folge, gesetzt werden muss: So ist die Freiheit, ob sie zwar nicht eine Eigenschaft des Willens nach Naturgesetzen ist, darum doch nicht gar gesetzlos, sondern muss vielmehr eine Kausalität nach unwandelbaren Gesetzen, aber von besonderer Art, sein; denn sonst wäre ein freier Wille ein Unding. [...] Was kann denn wohl die Freiheit des Willens sonst sein, als Autonomie, d.i. die Eigenschaft des Willens, sich selbst ein Gesetz zu sein? [...]
Nun findet der Mensch in sich wirklich ein Vermögen, dadurch er sich von allen anderen Dingen, ja von sich selbst, sofern er durch Gegenstände affiziert [erregt] wird, unterscheidet, und das ist die *Vernunft*. Um deswillen muss ein vernünftiges Wesen sich selbst, als *Intelligenz* [...] ansehen; mithin hat es zwei Standpunkte, daraus er sich selbst betrachten und Gesetze [...] seiner Handlungen, erkennen kann, *einmal*, sofern er zur Sinnenwelt gehört, unter Naturgesetzen (Heteronomie [Fremdbestimmung]), *zweitens*, als zur intelligibelen [nur für den Intellekt zu erkennenden] Welt gehörig, unter Gesetzen die, von der Natur unabhängig, nicht empirisch, sondern bloß in der Vernunft gegründet sind.
Als ein vernünftiges Wesen, mithin zur intelligibelen Welt gehöriges Wesen kann der Mensch die Kausalität seines eigenen Willens niemals anders als unter der Idee der Freiheit denken; denn Unabhängigkeit von den bestimmenden Ursachen der Sinnenwelt [...] ist Freiheit. Mit der Idee der Freiheit ist nun der Begriff der Autonomie unzertrennlich verbunden, mit diesem aber das allgemeine Prinzip der Sittlichkeit [...].
Das moralische Sollen ist also eigenes notwendiges Wollen als Glied einer intelligiblen Welt und wird nur sofern von ihm als Sollen gedacht, als es sich zugleich wie ein Glied der Sinnenwelt betrachtet.

8 Erklären Sie in eigenen Worten Kants Bestimmung der Willensfreiheit.

9 Veranschaulichen Sie die zwei Standpunkte, aus denen sich der Mensch betrachten kann, indem Sie nachstehende Schlüsselbegriffe mithilfe von Begriffskarten auf ihrem Arbeitsplatz anordnen: *Sinnenwelt, intelligible Welt, Vernunft, Naturgesetz, Freiheit, Heteronomie, Autonomie.*

10 Zeigen Sie an einem Beispiel aus Ihrer Erfahrung, dass Handlungen sowohl aus Freiheit als auch aus Naturnotwendigkeit verursacht sind.

In seinem Hauptwerk „Die Welt als Wille und Vorstellung" entwirft Arthur Schopenhauer (1788–1860) eine umfassende Willenstheorie, die er unter dem Einfluss von Kant entwickelt; als dessen Schüler sieht er sich auch.

M 9 Arthur Schopenhauer: Der Wille ist unergründlich (1819)

Jeder [hält] a priori (d.h. hier nach seinem ursprünglichen Gefühl) sich auch in den einzelnen Handlungen für frei, in dem Sinne, dass ihm, in jedem gegebenen Fall, jede Handlung möglich wäre, und erst a posteriori, aus der Erfahrung und dem Nachdenken über die Erfahrung, erkennt er, dass sein Handeln ganz notwendig hervorgeht aus dem Zusammentreffen des Charakters mit den Motiven. [...] Der Intellekt nämlich erfährt die Beschlüsse des Willens erst a posteriori und empirisch. Demnach hat er, bei einer vorliegenden Wahl, kein Datum [keine Angaben] darüber, wie der Wille sich entscheiden werde. Denn der intelligible Charakter, vermöge dessen, bei gegebenen Motiven, nur eine Entscheidung möglich und diese demnach eine notwendige ist, fällt nicht in die Erkenntnis des Intellekts, sondern bloß der empirische wird ihm, durch seine einzelnen Akte, sukzessiv bekannt. [...] Nur kommt diese Determination erst durch die erfolgende Entscheidung ins Bewusstsein. [...] Die eigentliche Entscheidung wartet er [der Intellekt] so passiv und mit derselben gespannten Neugier ab, wie die eines fremden Willens. [...] Der Intellekt kann dabei nichts weiter tun, als die Beschaffenheit der Motive allseitig und scharf beleuchten; nicht aber vermag er den Willen selbst zu bestimmen; da dieser ihm ganz unzugänglich [...] ist.

Könnte ein Mensch, unter gleichen Umständen, das eine Mal so, das andere Mal anders handeln, so müsste sein Wille selbst sich inzwischen geändert haben und daher in der Zeit liegen, da nur in dieser Veränderung möglich ist: [...] Demnach dreht jener Streit über die Freiheit des einzelnen Tuns [...] sich eigentlich um die Frage, ob der Wille in der Zeit liege, oder nicht. Ist er, wie es sowohl Kants Lehre, als meine ganze Darstellung notwendig macht, [...] außer der Zeit und jeder Form des Satzes vom Grunde; so muss nicht allein das Individuum in gleicher Lage stets auf gleiche Weise handeln, und nicht nur jede böse Tat der feste Bürge für unzählige andere sein, die es vollbringen muss und nicht lassen kann; sondern es ließe sich auch, wie Kant sagt, wenn nur der empirische Charakter und die Motive vollständig gegeben wären, des Menschen Verhalten, auf die Zukunft, wie eine Sonnen- oder Mondfinsternis ausrechnen. Wie die Natur konsequent ist, so ist es der Charakter: Ihm gemäß muss jede einzelne Handlung ausfallen, wie jedes Phänomen dem Naturgesetz gemäß ausfällt [...].

Der Wille ist das Erste und Ursprüngliche, die Erkenntnis bloß hinzugekommen, zur Erscheinung des Willens, als ein Werkzeug derselben, gehörig. Jeder Mensch ist demnach das, was er ist, durch seinen Willen, und sein Charakter ist ursprünglich, da Wollen die Basis seines Wesens ist. Durch die hinzugekommene Erkenntnis erfährt er, im Laufe der Erfahrung, was er ist, d. h. er lernt seinen Charakter kennen. Er erkennt sich also in Folge und Gemäßheit der Beschaffenheit seines Willens.

11 Charakterisieren Sie das Verhältnis von Wille und Intellekt, wie es Schopenhauer hier darstellt, und veranschaulichen Sie es in einer Grafik.

12 Erläutern Sie die daraus resultierende Schlussfolgerung Schopenhauers im Hinblick auf die Frage nach der Willensfreiheit.

13 Wie beurteilen Sie die Vorstellung Schopenhauers, man könne das Verhalten des Menschen vorausberechnen? Welche Konsequenzen ergäben sich daraus für Ihr Selbstbild?

14 Vergleichen Sie Schopenhauers Vorstellung von der Freiheit des Willens mit der von Kant. Welchem Autor stimmen Sie eher zu? Warum? Berücksichtigen Sie dabei die Frage nach Verantwortlichkeit und Schuldfähigkeit.

15 Betrachten Sie das Titelbild M 10 und sammeln Sie in Gruppenarbeit Vermutungen darüber, wie wir uns den Angriff auf den freien Willen durch die Hirnforschung vorzustellen haben. Notieren Sie Ihre Ideen.

M 10

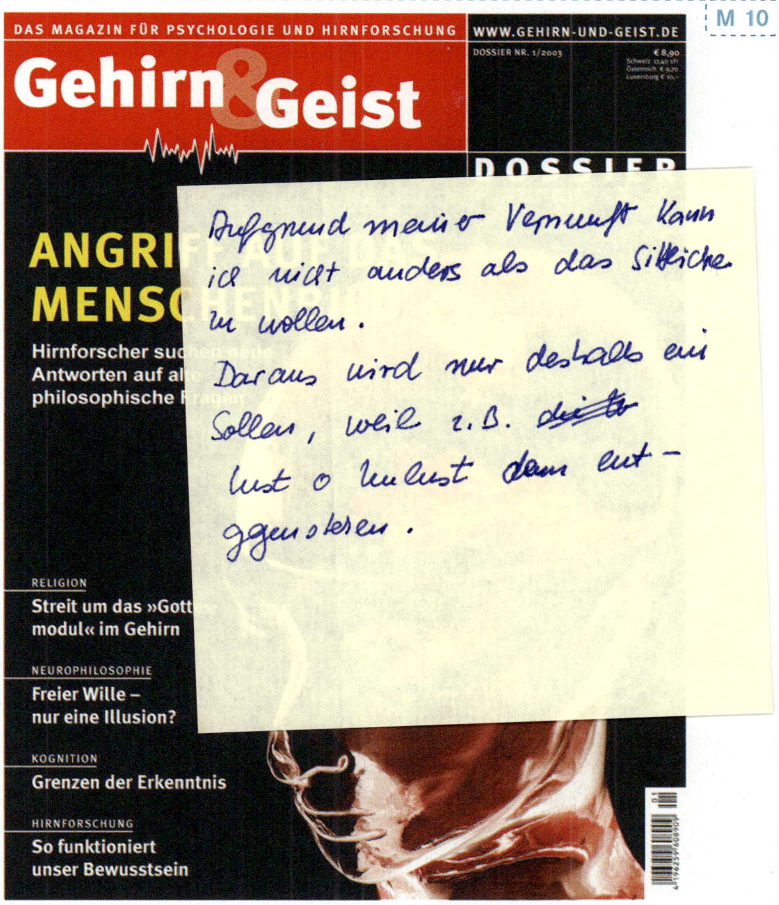

Peter Bieri (* 1944) lehrte bis 2007 als Professor für Philosophie in Berlin. Mit dem folgenden Essay reagierte er auf das in der Presse geführte Streitgespräch über den freien Willen.

M 11 Peter Bieri: Unser Wille ist frei (2005)

[...] Wir erleben uns als Urheber unseres Handelns; wir haben den Eindruck, einer offenen Zukunft entgegenzugehen; wir betrachten uns als Wesen, die kraft dieser Freiheit für ihr Tun verantwortlich sind. Es müsste uns verstören, wenn sich herausstellte, dass diese Freiheitserfahrung nichts weiter ist als eine hartnäckige Illusion.

Nun scheint es manchen heute so, als zeigte die Hirnforschung genau das. Sie lehrt uns, dass es für alles Wollen und Tun neuronale Vorbedingungen gibt. Fänden nicht an bestimmten Stellen im Gehirn bestimmte Aktivitätsmuster statt, so vermöchten wir nichts zu wollen und zu tun. [...]

Betrachten wir ein Gemälde. Wir können es als einen physikalischen Gegenstand beschreiben. Wir können aber auch vom dargestellten Thema sprechen. Oder es geht uns um Schönheit und Ausdruckskraft. Oder um den Handelswert. Derselbe Gegenstand wird aus unterschiedlichen Perspektiven beschrieben. [...] Es ist wahr, dass das Bild 30 Kilogramm wiegt und in Öl gemalt ist – und es ist wahr, dass es das Abendmahl darstellt, ein verkitschtes Machwerk ist und einen hohen Preis erzielt hat. Keine der Beschreibungen ist näher an der Wirklichkeit oder besitzt einen höheren Grad an Tatsächlichkeit als die anderen. [...] Man darf verschiedene Perspektiven nicht vermischen. Denken wir uns jemanden, der ein Bild zerlegte, um herauszufinden, was es darstellt: Wir würden ihn für verrückt halten – verrückt im Sinne eines Kategorienfehlers. [...]

Wie beim Gemälde, so auch beim Menschen. Es gibt eine physiologische Geschichte über den Menschen, zu der auch die Geschichte über das neurobiologische Geschehen gehört. Daneben gibt es eine psychologische Geschichte, in der er als eine *Person* beschrieben wird. Aus dieser Perspektive wird ihm vieles zugeschrieben, das in der ersten Geschichte nicht Thema sein kann, weil diese Geschichte dafür gar nicht die begrifflichen Mittel hat: Wille, Überlegungen, Entscheidungen. Nehmen wir an, jemand zerlegte einen Menschen (natürlich nur im Tomografen), um herauszufinden, was er will, überlegt und entscheidet. Wäre er nicht auch verrückt – im selben Sinne wie beim Gemälde? [...] Man sucht in der materiellen Zusammensetzung eines Gemäldes vergebens nach Darstellung oder Schönheit, und im selben Sinne sucht man in der neurobiologischen Mechanik des Gehirns vergebens nach Freiheit oder Unfreiheit. Es gibt dort *weder* Freiheit *noch* Unfreiheit. Das Gehirn ist der falsche logische Ort für diese Idee.

Man kann weder das Sujet noch die ästhetischen Qualitäten eines Gemäldes verändern, ohne seine materielle Beschaffenheit zu verändern. Die thematischen und ästhetischen Eigenschaften sind von den materiellen abhängig. Übertragen auf den Fall von Wille und Gehirn heißt das: Das psychologische Profil einer Person kann sich nur dann verändern, wenn sich ihr neurobiologisches Profil verändert – wenngleich die neurobiologischen und psychologischen Geschichten ihrer jeweils eigenen Logik folgen. Das ist keine neue Entdeckung, sondern ein Gemeinplatz. Jeder, der ein Aspirin nimmt, glaubt daran. [...] Nichts an unserer Erfahrung geschieht ohne physiologischen Hintergrund: nicht die Wahrnehmung, nicht das Denken, nicht das Fühlen. Doch niemand kommt auf die Idee, dass dieser physiologische Hintergrund den Gegenstand all dieser Erfahrungen zu bloßen Illusionen macht. Warum also beim Willen?

[...] Was für ein anderes Verständnis von Freiheit hat der Unerschrockene vorzuschlagen? Es ist im Kern dieses: Unser Wille ist frei, wenn er sich unserem Urteil darüber fügt, was zu wollen richtig ist. Und der Wille ist unfrei, wenn Urteil und Wille auseinanderfallen – das ist der Fall beim Unbeherrschten, den seine übermächtigen Wünsche überrennen und zu einer Tat treiben, die er bei klarem Verstand verurteilt; und es ist der Fall beim inneren Zwang, wo wir gegen besseres Wissen einem süchtigen Willen erliegen. Die Unfreiheit zu überwinden und zur Freiheit zurückzufinden heißt jeweils, Urteilen und Wollen wieder zur Deckung zu bringen und eine Plastizität des Willens zurückzugewinnen, die in dem Gedanken Ausdruck findet: Ich würde etwas anderes wollen und tun, wenn ich anders urteilte. Das nämlich ist die richtig verstandene Offenheit der Zukunft.

Keine neurobiologischen Befunde können die in diesem Sinne verstandene Freiheit gefährden. Das Zusammenfallen oder Auseinanderfallen von Urteil und Wollen hat eine neuronale Grundlage. Aber dass es diese Grundlage gibt, heißt nicht, dass es den beschriebenen Unterschied zwischen Freiheit und Unfreiheit nicht gibt. [...]

Aus der bisherigen Geschichte ergibt sich, dass der tausendfach beschworene Konflikt zwischen Determinismus und Freiheit keiner ist. [...] Der Kontrast zum

Determinismus ist der Indeterminismus. Und der Kontrast zu Freiheit ist nicht Determinismus, sondern Zwang. Es gibt also nicht den geringsten Grund zu erschrecken, wenn wir vor den Tomografieaufnahmen unseres Gehirns sitzen und sehen, wie festgefügte naturgesetzliche Dinge vor sich gehen, wenn wir unsere Freiheit ausüben, indem wir uns entscheiden. [...] Das Gehirn nämlich *kann* gar nichts entscheiden, die Idee des Entscheidens hat keinen logischen Ort in der Rede übers Gehirn. Entscheidungen im eigentlichen Sinne gibt es nur, wo von Gründen und Überlegen die Rede sein kann. Es ist ein Fehler, in die Rede über das Hirn einen Begriff wie „entscheiden" aus der Sprache des Geistes einzuschmuggeln. Es ist so, als spräche man in der physikalischen Geschichte über ein Gemälde plötzlich von seinem Thema. [...]

16 Informieren Sie sich über die Forschungsergebnisse der Hirnforschung und die damit verbundene Veränderung des Menschenbildes.

17 a) Entnehmen Sie dem Text alle Informationen, die sich auf die Betrachtung eines Gemäldes beziehen, und fassen Sie diese Gedanken in eigenen Worten zusammen.
b) Machen Sie dieses Beispiel für die Argumentation Bieris fruchtbar: Was hält er der Behauptung entgegen, die Naturwissenschaft habe die Willensfreiheit als Illusion entlarvt?

18 Erklären Sie, welchen Unterschied Bieri zwischen den Gründen für unsere Entscheidungen und den „neuronalen Vorbedingungen" (Z.10) sieht.

19 Informieren Sie sich über das Drama „Othello" von William Shakespeare (1564–1616) und stellen Sie in eigenen Worten die Tragödie dar, die sich zwischen Othello, seiner Frau Desdemona, Cassio und Jago entspinnt. Inszenieren Sie eine Gerichtsverhandlung, bei der Jago vor Gericht steht. Verteilen Sie folgende Rollen: Angeklagter, Verteidiger(-in), Ankläger(-in), Richter(-in), Gutachter(-in) und Zeugen. Beziehen Sie sich in Ihrer jeweiligen Argumentation auf die behandelten Positionen zur Willensfreiheit.

4.3 Freiheit und Verantwortung – Sartre

Auf dem Weg nach Norden lernt Chris beim Trampen einen älteren Mann namens Ron Franz kennen, der ihn bis zu seinem Schlafplatz mitnimmt: Eine Plane hängt als Sonnenschutz an einem Ast, darunter schläft Chris auf dem Sandboden. Verlegen beginnt Ron ein Gespräch über die Lebensgestaltung des Jungen.

Christophers Lebensentwurf

M 12

Mr. Franz: Du wirkst wie ein intelligenter junger Mann, oder habe ich da etwa Unrecht?
Chris: Ich denk schon, dass ich meine fünf Sinne beisammen hab'.
Mr. Franz: Genau das meine ich. Aber ... wie, wie lange bist du schon hier?
Chris: Ein paar Wochen.
Mr. Franz: Und davor?
Chris: Ach, ich war überall, bin ziemlich 'rumgekommen.
Mr. Franz: Wie alt bist du denn?
Chris: 23.
Mr. Franz: 23 Jahre. Junge, meinst du nicht du solltest dich um eine Ausbildung kümmern und einen Job und darum, aus deinem Leben etwas zu machen?
Chris: Tja, Mr. Franz [...]. Sie brauchen sich um mich keine Sorgen zu machen. [...] Ich hab' mir dieses Leben ausgesucht ...

1 Entwerfen Sie eine konkrete Lebenssituation, in der Chris 20 Jahre später genau den zuletzt zitierten Satz wiederholen könnte. Was wird er erlebt haben? Wie wird sich sein Leben geändert haben?

Im Folgenden geht es um die Frage, ob man sein Leben ausschließlich eigenverantwortlich gestalten kann.

M 13

2 Auf dem ägyptischen Relief ist die Erschaffung des Menschen durch den widderköpfigen Gott Chnum dargestellt. Er formt auf einer Töpferscheibe den Menschen und sein Ka, seine Seele. Die Sonnengöttin Hathor gibt ihm das Leben. Wie hat man sich den Hergang dieser Schöpfung folgerichtig vorzustellen? Bestimmen Sie die einzelnen Etappen.

3 Beurteilen Sie die Möglichkeiten des Menschen hinsichtlich einer freien Lebensgestaltung, nachdem er die Töpferscheibe verlassen hat.

M 14 Jean-Paul Sartre: Der Mensch ist Selbstentwurf (1945)

Wenn man einen produzierten Gegenstand betrachtet, zum Beispiel ein Buch oder einen Brieföffner, so wurde dieser Gegenstand von einem Handwerker hergestellt, der sich von einem Begriff hat anregen lassen; er hat sich auf den Begriff Brieföffner bezogen und auch auf ein bereits bestehendes Herstellungsverfahren, das Teil des Begriffs ist – im Grunde ein Rezept. So ist der Brieföffner zugleich ein Gegenstand, der auf eine bestimmte Weise hergestellt wird und der andererseits einen bestimmten Nutzen hat; man kann sich keinen Menschen vorstellen, der einen Brieföffner herstellte, ohne zu wissen, wozu der Gegenstand dienen wird. Wir sagen also, dass beim Brieföffner die Essenz, das Wesen – das heißt die Gesamtheit der Rezepte und Eigenschaften, die es gestatten, ihn zu produzieren und zu definieren – der Existenz vorausgeht; in dieser Weise ist die Gegenwart dieses Brieföffners oder jenes Buches hier vor mir determiniert. Wir haben es hier mit einer technischen Betrachtung der Welt zu tun, bei der die Produktion der Existenz vorausgeht.

Wenn wir einen Schöpfer-Gott annehmen, ist dieser Gott meistens einem höheren Handwerker vergleichbar; […] wir nehmen immer an, dass der Wille mehr oder weniger dem Verstand folgt, oder ihn wenigstens begleitet, und dass Gott, wenn er schöpft, genau weiß, was er schöpft. So ist der Begriff des Menschen im Geiste Gottes dem Begriff der Brieföffners im Geiste des Produzenten vergleichbar; und Gott schafft den Menschen entsprechend bestimmter Verfahren und gemäß einem Begriff, genauso wie der Handwerker einen Brieföffner gemäß einer Definition und einem Verfahren herstellt. So verwirklicht der individuelle Mensch einen bestimmten Begriff, der im göttlichen Verstand enthalten ist. Im 18. Jahrhundert wird innerhalb des Atheismus der Philosophen die Vorstellung Gottes beseitigt, nicht jedoch der Gedanke, dass das Wesen der Existenz vorausgeht. Diesen Gedanken finden wir ziemlich überall wieder: Wir finden ihn bei Diderot, Voltaire und sogar bei Kant. Der Mensch ist Besitzer einer menschlichen Natur; diese menschliche Natur, die den Begriff vom Menschen ausmacht, findet sich bei allen Menschen wieder. Das bedeutet, jeder Mensch ist ein besonderes Beispiel eines allgemeinen Begriffs […].

Der atheistische Existentialismus, den ich vertrete, […] erklärt: Wenn Gott nicht existiert, so gibt es zumindest ein Wesen, bei dem die Existenz der Essenz vorausgeht, ein Wesen, das existiert, bevor es durch irgendeinen Begriff definiert werden kann, und dieses Wesen ist der Mensch […]. Was bedeutet hier, dass die Existenz der Essenz vorausgeht? Es bedeutet, dass der Mensch erst existiert, auf sich trifft, in die Welt eintritt, und sich erst dann definiert. Der Mensch, wie ihn der Existenzialist versteht, ist nicht definierbar, weil er zunächst nichts ist. Er wird erst dann, und er wird sein, wie er sich geschaffen haben wird. Folglich gibt es keine menschliche Natur, da es keinen Gott gibt, sie zu ersinnen. Der Mensch, er ist lediglich, allerdings nicht lediglich, wie er sich auffasst, sondern […] wie er sich nach der Existenz auffasst, nach diesem Elan zur Existenz hin; der Mensch ist nichts anderes als das, wozu er sich macht. Das ist das erste Prinzip des Existenzialismus. […] Aber was wollen wir damit anderes sagen, als dass der Mensch eine größere Würde hat als der Stein oder der Tisch? Wir wollen sagen, dass der Mensch erst existiert, das heißt, dass der Mensch erst das ist, was sich in eine Zukunft wirft und was sich bewusst ist, sich in die Zukunft zu entwerfen.

4 Sartre referiert in M 14 zunächst die Position seiner Gegner: Zeigen Sie
a) am Beispiel des Brieföffners, inwiefern bei Gegenständen die Essenz der Existenz vorausgeht, und
b) wie Sartre in Analogie dazu das Verhältnis von Schöpfergott und Mensch bestimmt.
Halten Sie Ihre Ergebnisse in zwei Grafiken fest.

5 Stellen Sie das Menschenbild aus 4 b dem existenzialistischen, wie es Sartre darstellt, gegenüber. Was folgt daraus für die Würde des Menschen?

Jean-Paul Sartre: Der Mensch ist verurteilt, frei zu sein (1945) M 15

Dostojewski schrieb: „Wenn Gott nicht existiert, ist alles erlaubt." Das ist der Ausgangspunkt des Existenzialismus. In der Tat ist alles erlaubt, wenn Gott nicht existiert, und folglich ist der Mensch verlassen, denn er findet weder in sich noch außer sich einen Halt. Zunächst einmal findet er keine Entschuldigungen. Wenn tatsächlich die Existenz dem Wesen vorausgeht, ist nichts durch Verweis auf eine gegebene und unwandelbare menschliche Natur erklärbar; anders gesagt, es gibt keinen Determinismus, der Mensch ist frei, der Mensch ist die Freiheit. Wenn zum anderen Gott nicht existiert, haben wir keine Werte oder Anweisungen vor uns, die unser Verhalten rechtfertigen könnten. So finden wir weder hinter noch vor uns im Lichtreich der Werte Rechtfertigungen oder Entschuldigungen. Wir sind allein, ohne Entschuldigungen. Das möchte ich mit den Worten ausdrücken: Der Mensch ist dazu verurteilt, frei zu sein. Verurteilt, weil er sich nicht selber erschaffen hat, und dennoch frei, weil er einmal in die Welt geworfen, für all das verantwortlich ist, was er tut.

6 Welches Lebensgefühl spricht aus dieser Beschreibung der menschlichen Existenz? Berücksichtigen Sie auch Sartres Bestimmung der Angst in M 2.

7 Verurteilung und Freiheit – wie passen diese Begriffe zusammen? Finden Sie Bespiele aus Ihrer eigenen Erfahrung.

8 Diskutieren Sie Sartres Behauptung, der Mensch könne nur frei sein, wenn es keinen Gott gibt (Z. 6 ff.). Berücksichtigen Sie auch Ihre Ergebnisse zu M 13.

M 16 Jean-Paul Sartre: Der Mensch erfindet den Menschen (1945)

So besteht die erste Absicht des Existenzialismus darin, jeden Menschen in den Besitz seiner selbst zu bringen und ihm die totale Verantwortung für seine Existenz aufzubürden. Und wenn wir sagen, der Mensch ist für sich selbst verantwortlich, wollen wir nicht sagen, er sei verantwortlich für seine strikte Individualität, sondern für alle Menschen. [...] Wenn wir sagen, der Mensch wählt sich, verstehen wir darunter, jeder von uns wählt sich, doch damit wollen wir auch sagen, sich wählend, wählt er alle Menschen. In der Tat gibt es für uns keine Handlung, die, den Menschen schaffend, der wir sein wollen, nicht auch zugleich ein Bild des Menschen hervorbringt, wie er unserer Ansicht nach sein soll. Wählen, dies oder das zu sein, heißt gleichzeitig, den Wert dessen, was wir wählen, zu bejahen [...]. Wenn ich [...] mich verheiraten und Kinder haben will, ziehe ich dadurch, selbst wenn diese Heirat einzig von meiner Situation oder meiner Leidenschaft oder meinem Begehren abhängt, nicht nur mich selbst, sondern die gesamte Menschheit auf den Weg zur Monogamie. So bin ich für mich selbst und für alle verantwortlich, und ich schaffe ein bestimmtes Bild vom Menschen, den ich wähle; mich wählend, wähle ich den Menschen. [...]

Wir wollen die Freiheit um der Freiheit willen und unter jedem Umstand. Und die Freiheit wollend, entdecken wir, dass sie ganz von der Freiheit der anderen und dass die der anderen von unserer Freiheit abhängt. Gewiss hängt die Freiheit als Definition des Menschen nicht von anderem ab, aber sobald ein Engagement [ein Handeln] vorliegt, bin ich gezwungen, gleichzeitig mit meiner Freiheit die der anderen zu wollen, ich kann meine Freiheit nur zum Ziel machen, indem ich auch die der anderen zum Ziel mache. Wenn ich also auf der Ebene totaler Authentizität erkannt habe, dass der Mensch ein Wesen ist, bei dem die Existenz der Essenz vorausgeht, dass er ein freies Wesen ist, das unter den verschiedensten Umständen nur seine Freiheit wollen kann, habe ich gleichzeitig erkannt, dass ich nur die Freiheit der anderen wollen kann.

9 Stellen Sie den Zusammenhang dar, der nach Sartre zwischen der Verantwortlichkeit des Menschen für sich selbst und der für alle Menschen besteht.

10 Diskutieren Sie, ob Christophers Lebensentwurf auf einer verantwortlichen Entscheidung im Sinne Sartres beruht.

Seine Konzeption der Freiheit hat Sartre viel Kritik eingetragen. Vermehrt hat man ihm vorgeworfen, dass nach seiner Vorstellung von Verantwortlichkeit kein gelingendes Zusammenleben möglich sei.

M 17 Tadeusz M. Jaroszewski: Der „verlassene" Mensch Jean-Paul Sartres (1975)

Bereits in „L'existentialisme est un humanisme" stoßen wir auf eine gewisse Zweideutigkeit in der Anerkennung der Verantwortlichkeit des Individuums für seine Taten. Sartre unterstreicht dort die moralische Vereinsamung des Individuums und weist zugleich auf die allgemeinen, universellen Aspekte und Verwicklungen seiner Entscheidungen hin. [...]

Am Rande dieser Überlegungen bemerkt Emmanuel Mounier zutreffend, dass „diese ohne jede Untermauerung vorgebrachten Behauptungen in einer Philosophie, die den Begriff der menschlichen Natur radikal ablehnt, höchst willkürlich erscheinen ..." Wenn man tatsächlich die Existenz irgendeiner allgemeinen menschlichen Natur einerseits und der gesellschaftlichen Bedingtheiten unserer Taten und Werte andererseits ablehnt, kann man nicht behaupten, dass ich das wähle, was auch für andere Menschen gut ist, wenn ich das wähle, was für mich gut ist, oder dass ich, indem ich Verhaltensmuster für mich schaffe, auch allgemeinverbindliche schaffe.

11 Erläutern Sie den Zusammenhang zwischen dem Titel des Buches von Jaroszewski und der Freiheitstheorie Sartres.

12 Geben Sie die Kritik des Autors in eigenen Worten wieder.

13 Erörtern Sie Möglichkeiten und Grenzen einer selbstbestimmten und zugleich die Freiheit der Mitmenschen gewährenden Lebensgestaltung.

4.4 Die Fesseln der Liebe – Sartre, Frankfurt

Auf seiner Reise begegnet Chris einem Hippie-Pärchen, das er einige Zeit später in Kalifornien besucht, wo es in einem Wohnwagen in einer Siedlung von Aussteigern und Individualisten den Sommer verbringt. Dort lernt er auch Tracy kennen, die ihn mit ihrem Gesang und ihrer Gitarre bezaubert. Die beiden verbringen viel Zeit miteinander: Sie reden über das Leben, lachen viel und unternehmen Ausflüge in die Umgebung. Tracy verliebt sich bald in Chris und auch für ihn ist Tracy ein ganz besonderer Mensch.

1 Diskutieren Sie, ob eine Liebesbeziehung zu Christophers Vorstellung von Freiheit passt.

Im Folgenden geht es um die Frage, ob Liebe unfrei macht.

Ein fiktives Interview mit Jean-Paul Sartre

M 18

Dem Philosophen Ernst Bloch zufolge hat große Philosophie „einen durchschlagenden Klang, ein Durchtönendes, das sich in einer kurzen Formel ausdrücken lässt". Wie lautet Ihre kurze Formel auf die Frage, was die Liebe sei?

SARTRE: Die Liebe ist eine Betrügerei.

Das klingt recht pessimistisch. Erläutern Sie unseren Lesern doch bitte, was Sie damit meinen.

SARTRE: Ich würde eher sagen, es handelt sich bei zwischenmenschlichen Beziehungen grundsätzlich um ein ambivalentes Verhältnis. Zunächst einmal möchte ich nämlich betonen, dass andere Menschen für die Erkenntnis meiner selbst unentbehrlich sind. Ich brauche sie, um zu irgendeiner Wahrheit über mich zu gelangen. Der Mensch könnte nichts sein – in dem Sinn, wie man sagt, man sei geistreich oder eifersüchtig –, wenn nicht die anderen ihn als solchen anerkennen.

Können Sie uns dafür ein Beispiel geben?

SARTRE: Gern. Stellen Sie sich jemanden vor, der aus Eifersucht, Neugierde oder sonst einem anderen Grund, soweit gekommen ist, heimlich an einer Tür zu lauschen oder durch das Schlüsselloch zu spähen, um das Geschehen dahinter zu verfolgen. Hingegeben an seine Neugierde oder Eifersucht, geht er ganz in seiner Handlung auf, ohne sich seiner selbst bewusst zu sein. Sollte ihn aber ein anderer bei seiner Tat ertappen, wird das Geschehen hinter der Tür auf einmal unwichtig. Vielmehr wird er sich jetzt seiner selbst bewusst, und zwar von einem anderen Standpunkt aus.

Ich verstehe: Das Urteil, was meine Mitmenschen über mich fällen, ist also wesentlich für die Erkenntnis meiner selbst.

SARTRE: Richtig. In diesem Erblicktwerden ist der Mensch zugleich aber auch festgelegt, als der, der er ist: ein eifersüchtiger Lauscher. Der Blick des anderen verweist die Person also auf sich selbst, und so entwickelt sie ihre Persönlichkeit in Auseinandersetzung mit dem, was der Blick des anderen aus ihr macht. Sie sehen, das Erblicktwerden raubt mir gewissermaßen meine Freiheit.

Wieso macht dies die Liebe zu einer Betrügerei?

SARTRE: Das hängt eng mit dem Begriff der Freiheit zusammen. Dieses Sein, das ich für und durch den anderen bin, bewahrt durch seinen Blick eine gewisse Unbestimmtheit und Unberechenbarkeit. Man könnte sagen, der andere besitzt das Geheimnis meines Seins. Das liegt vor allem daran, dass er frei ist. Die Liebe stellt nun den Versuch dar, mein Sein wieder zurückzubekommen. Das versuche ich, indem ich den anderen verführen will und damit zugleich seine Freiheit in meinen Bann ziehe. Ich versuche also durch die Liebe eine Einheit mit dem anderen zu realisieren. Ich will mich seiner Freiheit bemächtigen.

Ich verstehe nicht recht: Wie kann denn die Liebe die Freiheit des anderen aufheben?

SARTRE: Das wird vielleicht deutlicher, wenn wir über folgende Frage nachdenken: Wieso will denn der Liebende geliebt werden? Wenn die Liebe bloßes Verlangen nach physischem Besitz wäre, könnte sie leicht befriedigt werden. Nein! Es ist vielmehr so, dass die Liebe das Bewusstsein für sich einnehmen will, eben weil der andere bewirkt, wie ich bin. Und dies umfasst eine ganz bestimmte Weise der Aneignung: Indem der Liebende sich des Bewusstseins des anderen bemächtigen will, will er eine Freiheit als Freiheit besitzen. Doch es ist unmöglich, eine fremde Freiheit einzufangen, auf sie einzuwirken und sie zugleich als Freiheit anzuerkennen. Deshalb muss die Liebe scheitern.

M 19

René Magritte: Die Liebenden, 1928

2 Verdeutlichen Sie am Beispiel des Lauschers die ambivalente Bedeutung des anderen für einen gelingenden Selbstentwurf.

3 Finden Sie Verbindungen zwischen M 19 und der Vorstellung Sartres von der Liebe.

4 „Die Hölle, das sind die anderen!", lässt Sartre in seinem Drama „Bei geschlossenen Türen" den Protagonisten verkünden. Stimmt diese Einschätzung mit Ihrer Erfahrung überein?

Der amerikanische Philosoph Harry Gordon Frankfurt (* 1929) ist vor allem durch seine Analyse der Willensfreiheit bekannt geworden. Ein Zentralbegriff seiner Philosophie ist das schwer zu übersetzende Verb „care", das man sowohl mit „sich sorgen" als auch „am Herzen liegen", „wichtig sein", „sich kümmern" oder „an etwas liegen" übersetzen kann.

M 20 Harry G. Frankfurt: Die Liebe macht frei (2004)

Wir brauchen Ziele, von denen wir glauben, es lohne sich einzig um ihrer selbst und nicht um anderer Dinge willen, sie zu erreichen. […] Die Tatsache, dass uns etwas an etwas liegt, versetzt uns, mit anderen Worten, in die Lage, ein Handeln zu denken, das Bedeutung an sich trägt […]. Gibt es einen akzeptablen Weg, auf dem unser Bedürfnis nach Endzwecken erfüllt werden kann?

Ich denke, die Liebe kann dieses Bedürfnis erfüllen. Indem wir anfangen, bestimmte Dinge zu lieben [...], sehen wir uns an bestimmte Endzwecke gebunden. Die Bindung greift auf mehr zurück als nur auf zufällige Impulse oder eine bewusste, absichtsvolle Wahl. Die Liebe ist der Ursprung äußerster Werte. Liebten wir nichts, dann besäße nichts einen definitiven, einen inhärenten Wert für uns. Nichts müssten wir auf irgendeine Weise als Endzweck akzeptieren. [...]

Lieben ist riskant. [...] Der Mangel an unmittelbarer willentlicher Kontrolle unseres Liebens bezeichnet eine besondere Quelle der Gefahr für uns. Die Tatsache, dass wir nicht direkt und frei bestimmen können, was wir lieben und was wir nicht lieben, indem wir einfach unsere eigene Wahl treffen und unsere eigenen Entscheidungen fällen, impliziert, dass wir oft anfällig sind, mehr oder weniger hilflos von den mit der Liebe einhergehenden Notwendigkeiten getrieben zu werden. Diese Notwendigkeiten können uns dazu bringen, uns unklug in die Liebe hineinzubegeben. [...] Unabhängig von den Risiken, denen wir uns durch die nötigende Kraft der Liebe ausgesetzt sehen, trägt diese Nötigung maßgeblich zu dem Wert bei, den die Liebe für uns besitzt. In einem gewissen Maß verhält es sich so: Gerade weil die Liebe unseren Willen fesselt, schätzen wir sie so, wie wir das tun. Das mag unplausibel klingen, wenn man bedenkt, dass wir uns üblicherweise mit selbstbeweihräucherndem Stolz als Wesen darstellen, die vor allem dem Wert der Freiheit anhängen. Wie können wir überzeugend behaupten, die Freiheit zu schätzen, und gleichzeitig einen Zustand begrüßen, der Unterwerfung unter das Notwendige erfordert? [...]

Der Schlüssel zur Beseitigung dieses Eindrucks liegt in dem äußerlich zunächst paradoxen, gleichwohl aber authentischen Umstand verborgen, dass die Notwendigkeiten, mit denen die Liebe den Willen fesselt, selbst befreiende sind. Es gibt in dieser Hinsicht eine auffällige und instruktive Ähnlichkeit zwischen Liebe und Vernunft. Rationalität und das Vermögen der Liebe sind die emblematischsten und am höchsten geschätzten Merkmale des Menschen. [...] Wenn wir entdecken, dass wir nicht anders können, als den unwiderstehlichen Forderungen der Logik zu gehorchen oder den fesselnden Notwendigkeiten der Liebe nachzugeben, dann tun wir das nicht in entmutigender Passivität oder Einschnürung. In beiden Fällen [...] sind wir uns in der Regel einer belebenden Befreiung und Ausweitung unserer selbst bewusst. Wie aber kann es sein, dass wir uns durch Beraubung unserer Wahlfreiheit gestärkt sehen, weniger eingeschnürt und begrenzt?

Die Erklärung hat etwas damit zu tun, dass eine Begegnung mit volitionaler [durch den Willen bestimmter] oder rationaler Notwendigkeit Ungewissheit beseitigt. Dadurch werden die Hemmungen und Verzögerungen des Selbstzweifels abgeschwächt. Wenn uns die Vernunft zeigt, was der Fall sein *muss*, dann beendet das auf unserer Seite jede Unschlüssigkeit darüber, was wir glauben sollen. [...] Die Entdeckung, wie die Dinge sich notwendigerweise verhalten, ermöglicht uns – ja nötigt uns –, die destabilisierende Zurückhaltung aufzugeben, die wir uns auferlegen, wenn wir nicht sicher sind, was wir denken sollen. Es gibt dann kein Hindernis mehr, das einer vollen Überzeugung im Wege stünde. Nichts hindert eine feste und ungetrübte Gewissheit. [...] In ähnlicher Weise beendet die Notwendigkeit, mit der die Liebe den Willen fesselt, die Unentschlossenheit der Frage, worauf sich unsere Sorge richten soll. Indem uns das geliebte Wesen gefangennimmt, befreit es uns von jenen Hindernissen, die der Wahlfreiheit und dem Handeln im Weg stehen und die darauf hinauslaufen, entweder keine Endzwecke zu haben oder unentschieden mal in die eine, mal in die andere Richtung zu tendieren.

5 Im Sinne Frankfurts könnte man bei der Liebe von einem existenziellen Gefühl sprechen. Erklären Sie auf Grundlage des Textes, was damit gemeint ist.

6 Die Fesselung des Willens durch die Liebe macht frei. Wie löst der Autor dieses Paradox?

7 Überzeugt Sie eher Sartres oder Frankfurts Einschätzung gegenüber der Liebe? Begründen Sie ihre Auffassung mit Blick auf Ihr Wissen aus diesem Kapitel.

8 Der Soziologe Sven Hillenkamp (* 1971) erzählt in seinem Buch „Das Ende der Liebe. Gefühle im Zeitalter unendlicher Freiheit" von den unerschöpflichen Möglichkeiten der Partnerwahl, des Wohnortes, der beruflichen und seelischen Selbstentfaltung und der Lebensformen. Er berichtet von einer Welt, in der die Menschen sich unablässig sehnen müssen und sich nicht mehr entscheiden können, weil sie meinen, dass sie immer noch etwas Besseres erreichen könnten. Was geschieht mit der Liebe im Zeitalter unendlicher Möglichkeiten? Verfassen Sie einen Essay (s. S. 471).

Übungen zur Klausur

Thomas Nagel: Das psychophysische Problem

Es gibt [...] eine philosophische Frage über die Beziehung zwischen dem Geist und dem Gehirn, und diese lautet: Ist unser Geist etwas, das zwar mit unserem Gehirn in Verbindung steht, aber doch von ihm verschieden ist, oder *ist* er unser Gehirn? Sind unsere Gedanken, Gefühle, Wahrnehmungen, Empfindungen und Wünsche Ereignisse, die zu den physikalischen Vorgängen in unserem Gehirn noch *hinzukommen*, oder machen sie ihrerseits eine *Teilmenge* dieser physikalischen Vorgänge aus?

Was geschieht beispielsweise, wenn man in einen Schokoladenriegel beißt? Die Schokolade schmilzt auf unserer Zunge und verursacht chemische Reaktionen in unseren Geschmackszellen; die Geschmackszellen senden elektrische Impulse durch die Nerven hindurch, die von unserer Zunge zu unserem Gehirn führen, und wenn diese Impulse das Gehirn erreichen, so erzeugen sie dort weitere physikalische Reaktionen; und schließlich *empfinden wir den Geschmack von Schokolade.* Was ist jedoch *er?* Kann er schlicht mit einem physikalischen Ereignis in einigen unserer Hirnzellen *identisch* sein, oder muss es sich bei ihm um etwas Grundverschiedenes handeln?

[...] Unsere Erlebnisse sind im Innern unseres Geistes *in einem anderen Sinn von ‚innen'* als jenem, in dem unser Gehirn sich im Innern unseres Kopfes befindet. Ein anderer kann unseren Schädel öffnen und sich sein Innenleben ansehen, er kann jedoch nicht unseren Geist öffnen und in ihn hineinblicken - zumindest nicht auf die gleiche Weise. [...]

Wenn unsere Erlebnisvorgänge auf eine andere Weise *in* unserem Bewusstsein sind, als sich die entsprechenden Gehirnprozesse *in* unserem Hirn befinden, so sieht es so aus, als könnten unsere Erlebnisse und andere psychische Zustände nicht einfach bloß physikalische Zustände unseres Gehirns sein. Wir müssen demnach mehr sein als bloß ein Körper mit seinem brausenden Nervensystem.

Eine mögliche Schlussfolgerung lautet, dass es eine Seele geben muss, die so an unseren Körper gebunden ist, dass beide aufeinander einwirken können. Trifft dies zu, so bestehen wir aus zwei sehr verschiedenartigen Dingen: einem komplexen physischen Organismus und einer rein mentalen Seele. (Diese Auffassung bezeichnet man aus offensichtlichen Gründen als „Dualismus".) [...]

Die Auffassung, dass Personen aus nichts als physikalischer Materie bestehen und dass ihre psychischen Zustände physikalische Zustände des Gehirns sind, nennt man „Physikalismus" (oder manchmal „Materialismus"). Die Physikalisten haben keine spezielle Theorie darüber, welcher Gehirnvorgang sich beispielsweise als die Empfindung des Geschmacks von Schokolade identifizieren lässt, und dennoch glauben sie, dass psychische Zustände schlicht Zustände des Gehirns *sind*, und es keinen philosophischen Grund für die Überzeugung geben könne, dass sie es nicht sein können. [...]

Es gibt eine andere mögliche Position, die sich sowohl vom Dualismus als auch vom Physikalismus unterscheidet. [...] Die Auffassung, dass das Gehirn der Ort des Bewusstseins ist, dass jedoch seine bewussten Zustände keine bloß physikalischen Zustände sind, bezeichnet man als „Doppelaspekttheorie". [...]

Wir könnten diese Position so formulieren, dass wir uns ihr zufolge nicht aus einem Körper plus einer Seele zusammensetzen – sondern lediglich ein Körper sind, dass jedoch unser Körper, oder zumindest unser Gehirn, kein bloß physikalisches System ist. Er ist ein Objekt mit sowohl physikalischen als auch psychischen Aspekten. [...]

Es scheint in der Welt zwei sehr verschiedene Arten von Vorgängen zu geben: Vorgänge, die zur physikalischen Wirklichkeit gehören, die also von vielen unterschiedlichen Personen von außen beobachtet werden können, sowie jene anderen Vorgänge, die zur psychischen Wirklichkeit gehören, und die ein jeder von uns in seinem eigenen Fall aus der Innenperspektive erlebt. [...]

Aus: *Nagel, Thomas:* Was bedeutet das alles? Eine kurze Einführung in die Philosophie. Übers. v. *Michael Gebauer.* Stuttgart: Reclam 2008. S. 32 ff.

1 Stellen Sie das Ausgangsproblem und die zentrale These des Textes dar und erarbeiten Sie seinen Argumentationsgang.

2 Arbeiten Sie unter Bezugnahme auf Descartes und de La Mettrie die Unterschiede zwischen der Position des Dualismus und des Physikalismus heraus.

3 Nehmen Sie Stellung zu der Frage, ob es sich bei der Doppelaspekttheorie um eine schlüssige Position handelt, und verdeutlichen Sie ihren Beitrag zur Debatte um die Geist-Gehirn-Problematik.

Zu erwartende Schülerleistung und Bewertung

Aufg. 1	**Anforderung: Korrekte, vollständige und begriffliche präzise Rekonstruktion des Textes** Die Schülerin oder der Schüler	**Max. Punkte**
	• stellt heraus, dass der Autor zwischen einer naturwissenschaftlichen und einer philosophischen Betrachtung der Geist-Gehirn-Problematik unterscheidet;	3
	• stellt heraus, dass nach Nagel geistige Vorgänge sich prinzipiell nicht durch eine Untersuchung des Gehirns beobachten lassen;	3
	• erarbeitet die Unterschiede zwischen den Positionen des Physikalismus, des Dualismus und der Doppelaspekttheorie, wie Nagel sie darstellt;	9
	• erarbeitet die Konsequenzen, die nach Nagel aus der Doppelaspektheorie resultieren: Das Gehirn ist demnach kein rein körperliches Phänomen und erzeugt eine Art innerer, psychischer Realität;	5
	• erarbeitet den Argumentationsgang unter Berücksichtigung der Sprechakte.	6
		26
Aufg. 2	**Anforderung: Einbringung von theoretisch und begrifflich differenziertem Fachwissen** Die Schülerin oder der Schüler	**Max. Punkte**
	• stellt Descartes' dualistische Positionen in Grundzügen dar (Mensch als denkendes Wesen, Unterscheidung von res cogitans und res extensa, Vermittlung der beiden Substanzen durch die Zirbeldrüse);	8
	• stellt de La Mettries physikalistische Positionen in Grundzügen dar (Gleichsetzung des Menschen und seines Gehirns mit einer Maschine, Seele als leerer Begriff, geistige Prozesse lassen sich auf physische Vorgänge reduzieren);	8
	• arbeitet die Unterschiede zwischen des Positionen Descartes' und de La Mettries heraus: Während de La Mettrie von der Existenz nur einer einzigen, körperlichen Substanz ausgeht, unterscheidet Descartes zwischen seelischen und physischen Prozessen. Geist oder Bewusstsein führt de La Mettrie auf organische Vorgänge zurück, während die Seele für Descartes eine eigenständige Substanz darstellt, die dem Körper übergeordnet ist.	12
		28
Aufg. 3	**Anforderung: Eigenständige und stimmige Begründung der Beurteilung** Die Schülerin oder der Schüler	**Max. Punkte**
	• formuliert eine begründete Stellungnahme zur Schlüssigkeit der Doppelaspekttheorie;	5
	• diskutiert, ob die Doppelaspekttheorie erklären kann, wie Geist oder Bewusstsein entsteht und in welchem Verhältnis Körper und Geist zueinander stehen;	8
	• führt an, worin der Beitrag der Doppelaspekttheorie zur Debatte um die Geist-Gehirn-Problematik besteht;	5
	• diskutiert, ob mithilfe der Doppelaspekttheorie Probleme des Dualismus und des Physikalismus gelöst werden können.	8
		26

Anforderung: Darstellungsleistung	**Punkte**
Schlüssige, klare gedankliche Strukturierung des Textes	5
Präzise und differenzierte Sprache mit einer adäquaten Verwendung der Fachterminologie	5
Sprachlich richtig sowie syntaktisch und stilistisch sicher	5
Sichere und transparente Verbindung von Sachdarstellung, Analyse und Bewertung; Belegung der Aussagen durch angemessene und korrekte Nachweise (Zitate)	5
Darstellungsleistung insgesamt	**20**

Die Reflexion der Moral: Ethik

Für besonders edel und gut gilt es aber auch dort hilfreich zu sein, wo keine besonderen Liebesbande bestehen [...].

Um Zweifel an der Selbstlosigkeit und Reinheit unserer Hilfsbereitschaft zu entwickeln, brauchen wir uns nur zu fragen, ob wir dabei nicht doch Hintergedanken haben. Tat ich es als Einzahlung auf mein himmlisches Sparkonto? Um zu imponieren?

(Paul Watzlawick: Anleitung zum Unglücklichsein, 1988)

**„Edel sei der Mensch,
Hilfreich und gut! [...]
Nach ewigen, ehrnen,
Großen Gesetzen
Müssen wir alle
Unseres Daseins
Kreise vollenden."**

(Johann Wolfgang von Goethe: Das Göttliche, 1783)

Begründung und Legitimation ethischen Handelns

„... *alle* Schönen haben ein Recht darauf, uns zu entzücken, und der zufällige Vorzug, die erste gewesen zu sein, der wir begegneten, darf den andern die gerechten Ansprüche nicht rauben, die sie alle auf unser Herz haben.“ *(Molière: Don Juan)*

„Wir haben nämlich ein Interesse, das wichtiger zu sein scheint als alle anderen und das gerade nicht rücksichtslos ist: nämlich Anerkennung zu bekommen.“ *(Richard David Precht)*

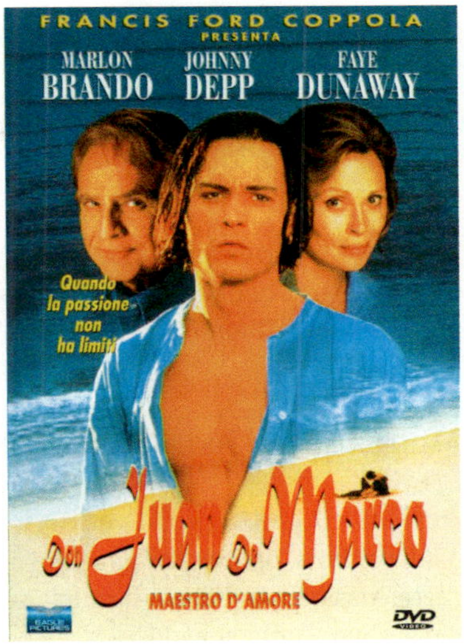

Glück für Einzelne – Glück für alle, Eudaimonía und Nützlichkeit

Es ist besser, ein unzufriedener Mensch zu sein als ein zufriedengestelltes Schwein. *(John Stuart Mill)*

„[...] ach, es ist doch etwas Herrliches, das Bewusstsein: sich um seine Vaterstadt und seine Mitbürger verdient gemacht zu haben.“ *(Henrik Ibsen: Ein Volksfeind)*

Pflicht und Verantwortung

„Wohltätig sein, wo man kann, ist Pflicht, und überdem gibt es manche so teilnehmend gestimmte Seelen, dass sie [...] ein inneres Vergnügen daran finden, Freude um sich zu verbreiten.“ *(Immanuel Kant)*

„Handle so, dass die Wirkungen deiner Handlung nicht zerstörerisch sind für die künftige Möglichkeit solchen Lebens.“ *(Hans Jonas)*

Ethik weiterdenken – Standpunkte beziehen

„Das größte begangene Böse ist das Böse, das von Niemanden getan wurde [...].“ *(Hannah Arendt)*

„Das ist Lebenskunst, eine fortwährende Arbeit der Gestaltung des Lebens und des Selbst.“ *(Wilhelm Schmid)*

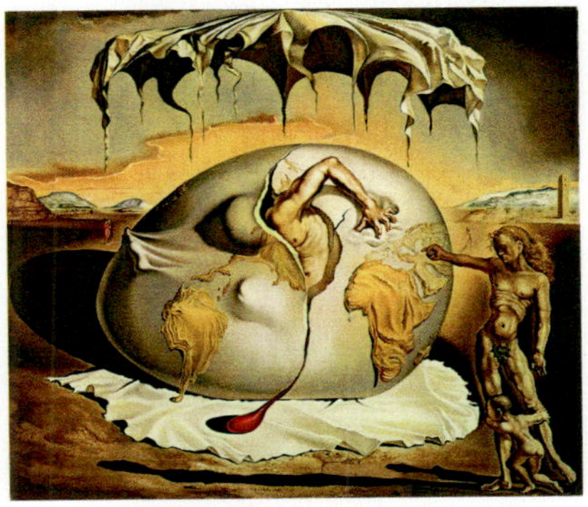

Salvador Dalí: Kind beobachtet die Geburt des Menschen, 1943

1. Begründung und Legitimation ethischen Handelns

1.1 „Jeder denkt an sich, nur ich denke an mich." – Stirner, Camus

Don Juan in Molières Schauspiel „Don Juan oder Der steinerne Gast" (1665) genießt das Leben in vollen Zügen. Gerade deshalb gerät er immer wieder in Streitgespräche mit seinem Diener Sganarelle.

M 1 Molière: Don Juan, I,2 (Ist es gut, ein Egoist zu sein?)

Sganarelle: [...] Aber gnädiger Herr, ginge es wohl über die Erlaubnis, die Ihr mir gegeben habt, wenn ich Euch sagte, dass Euer Lebenswandel mich denn doch ein ganz klein wenig skandalisiert? –

Don Juan: Nun? welchen Lebenswandel führe ich denn?

Sganarelle: O, einen vortrefflichen; aber zum Beispiel, dass Ihr Euch alle Monate verheiratet ...

Don Juan: Ist das nicht höchst angenehm? -

Sganarelle: Gewiss! – Ich kann mir denken, dass es höchst angenehm und höchst unterhaltend sein muss, und ich könnte mich sehr gut drein finden, wenn keine Sünde dabei wäre; aber, gnädiger Herr, mit einem heiligen Sakrament so zu spielen -

Don Juan: Geh mir, geh! – Das habe ich mit dem Himmel abzumachen und werde schon mit ihm fertig werden, ohne dass du dich darum kümmerst. [...] Ich habe im Sinn, dir zu sagen, dass mir's eine junge Schönheit angetan hat, und dass ich, von ihren Reizen gefangen, ihr bis in diese Stadt gefolgt bin.

Sganarelle: Und fürchtet Ihr hier nichts, gnädiger Herr, vom Tode des Komturs, den Ihr vor einem halben Jahre erstacht? -

Don Juan: Was ist da zu fürchten! Habe ich ihn nicht regelrecht erstochen, wie sich's gehört?

Sganarelle: So gut wie möglich, man kann nicht besser; und er hätte Unrecht, sich zu beklagen.

Don Juan: Überdem bin ich wegen dieser Sache begnadigt.

Sganarelle: Ja; aber diese Begnadigung löscht vielleicht das Rachegefühl seiner Verwandten und Freunde nicht aus, und ...

*Don Juan:*Ach! wer wird an das mögliche Schlimme denken; ich denke nur an das, was mir Vergnügen verspricht. Das Mädchen, von dem ich dir sage, ist eine junge Braut, das hübscheste Geschöpf von der Welt; sie ist von ihrem Verlobten hierher gebracht, und der Zufall verschaffte mir die Bekanntschaft der beiden drei oder vier Tage vor ihrer Abreise. Ich habe nie ein so verliebtes, so eines mit dem andern zufriedenes Paar gesehn: Die sichtliche Zärtlichkeit ihrer gegenseitigen Gefühle regte mich auf; mein Herz ward ergriffen, und meine Liebe begann mit der Eifersucht. Ja, ich konnte es nicht ertragen, sie so glücklich zu sehn; der Unmut entflammte meine Leidenschaft, ich stellte mir's als das größte Vergnügen vor, ihr Einverständnis zu stören und die Zuneigung zu zerreißen, durch die mein empfindliches Herz sich verletzt fühlte. Bisher sind alle meine Bemühungen ohne Erfolg geblieben; heut aber muss ich zum letzten Mittel greifen. Der Bräutigam hat seine Geliebte eingeladen, eine Spazierfahrt auf dem Meer mit ihm zu machen; ich habe dir nichts davon gesagt, aber alle Anstalten sind getroffen, um meine Liebe ans Ziel zu führen; ich habe eine kleine Barke und zuverlässige Leute in Bereitschaft, mit denen ich die Schöne zu entführen denke. -

[...] *Sganarelle:* Das macht Ihr recht; Ihr fasst das Ding beim rechten Ende an. Was man sich wünscht, das muss erreicht werden; darüber geht in der Welt nichts.

M 2

Max Slevogt: Der Sänger Francisco d'Andrade als Don Juan, 1902

1 Stellen Sie dar, welche Kritik Sganarelle am Verhalten Don Juans äußert.

2 Interpretieren Sie die letzte Äußerung Sganarelles. Ist sie ernst gemeint?

Im Folgenden geht es um die Frage, ob es moralisch vertretbar ist, dass ein Mensch nur seinem Vergnügen und seinen eigenen Interessen nachgeht.

3 Die Darstellung von Don Juan in M 2 stammt von Max Slevogt (1868–1932), einem deutschen Maler, Graphiker, Illustrator und Bühnenbildner des Impressionismus. Beschreiben Sie, wie sich der Maler Don Juan vorstellt. Vergleichen Sie das Bild mit Ihrer heutigen Vorstellung von einem Verführer.

4 Bilden Sie gleichgeschlechtliche Gruppen und sammeln Sie in Vorbereitung auf eine Fishbowl-Diskussion (s. S. 464) Gesichtspunkte zu folgenden Aufgaben:
In der Jungengruppe: Versetzen Sie sich in die Rolle von Don Juan und überlegen Sie, mit welchen Motiven er sein Verhalten rechtfertigen könnte.
In der Mädchengruppe: Versetzen Sie sich in die Rolle der „junge[n] Schönheit". Welche Vorwürfe wird sie vermutlich gegen Don Juan vorbringen? Welche Begründungen wird sie anführen?
Reflektieren Sie die Fishbowl-Diskussion und diskutieren Sie, inwiefern es Ihnen gerechtfertigt erscheint, dass sich ein Mensch in seinem Handeln nur am eigenen Vergnügen orientiert.

Max Stirner (1806–1856), mit richtigem Namen Johann Caspar Schmidt, war nach dem Studium der Philosophie und Theologie als Lehrer und Journalist tätig; er befasst sich sehr eindringlich mit dem Wesen und Wert des Egoismus. Der folgende Text stammt aus seinem Hauptwerk „Der Einzige und sein Eigentum".

Max Stirner: Mir geht nichts über mich! (1845)

M 3

Ich hab' mein' Sach' auf Nichts gestellt

Was soll nicht alles Meine Sache sein! Vor allem die gute Sache, dann die Sache Gottes, die Sache der Menschheit, der Wahrheit, der Freiheit, der Humanität, der Gerechtigkeit; ferner die Sache Meines Volkes, Meines Fürsten, Meines Vaterlandes; endlich gar die Sache des Geistes und tausend andere Sachen. Nur *Meine* Sache soll niemals Meine Sache sein. „Pfui über den Egoisten, der nur an sich denkt!" [...]

Ihr wisst von Gott viel Gründliches zu verkünden und habt Jahrtausende lang „die Tiefen der Gottheit erforscht" und ihr ins Herz geschaut, so dass Ihr Uns wohl sagen könnt, wie Gott die „Sache Gottes", der Wir zu dienen berufen sind, selber betreibt. Und Ihr verhehlt es auch nicht, das Treiben des Herrn. Was ist nun seine Sache? Hat er, wie es *Uns* zugemutet wird, eine fremde Sache, hat er die Sache der Wahrheit, der Liebe zur seinigen gemacht? Euch empört dies Missverständnis und Ihr belehrt Uns, dass Gottes Sache allerdings die Sache der Wahrheit und Liebe sei, dass aber diese Sache keine ihm fremde genannt werden könne, weil Gott ja selbst die Wahrheit und Liebe sei; Euch empört die Annahme, dass Gott Uns armen Würmern gleichen könnte, indem er eine fremde Sache als eigene beförderte. „Gott sollte der Sache der Wahrheit sich annehmen, wenn er nicht selbst die Wahrheit wäre?" Er sorgt nur für *seine* Sache, aber weil er Alles in Allem ist, darum ist auch alles *seine* Sache; Wir aber, Wir sind nicht Alles in Allem, und unsere Sache ist gar klein und verächtlich; darum müssen Wir einer „höheren Sache dienen". – Nun, es ist klar, Gott bekümmert sich nur um's Seine, beschäftigt sich nur mit sich, denkt nur an sich und hat sich im Auge; wehe Allem, was *ihm* nicht wohlgefällig ist. Er dient keinem Höheren und befriedigt nur sich. Seine Sache ist eine – rein egoistische Sache.

Wie steht es mit der Menschheit, deren Sache Wir zur unsrigen machen sollen? Ist ihre Sache etwa die eines Andern und dient die Menschheit einer höheren Sache? Nein, die Menschheit sieht nur auf sich, die Menschheit will nur die Menschheit fördern, die Menschheit ist sich selber ihre Sache. Damit sie sich entwickle, lässt sie Völker und Individuen in ihrem Dienste sich abquälen, und wenn diese geleistet haben, was die Menschheit braucht, dann werden sie von ihr aus Dankbarkeit auf den Mist der Geschichte geworfen. Ist die Sache der Menschheit nicht eine – rein egoistische Sache?

Ich brauche gar nicht an jedem, der seine Sache Uns zuschieben möchte, zu zeigen, dass es ihm nur um sich, nicht um Uns, nur um sein Wohl, nicht um das Unsere zu tun ist. Seht Euch die Übrigen nur an. Begehrt die Wahrheit, die Freiheit, die Humanität, die Gerechtigkeit etwas anderes, als dass Ihr Euch enthusiasmiert und ihnen dient?

[...] Ich Meinesteils nehme Mir eine Lehre daran und will, statt jenen großen Egoisten ferner uneigennützig zu dienen, lieber selber der Egoist sein.

Gott und die Menschheit haben ihre Sache auf Nichts gestellt, auf nichts als auf Sich. Stelle Ich denn meine Sache gleichfalls auf *Mich,* der Ich so gut wie Gott das Nichts von allem Andern, der Ich mein Alles, der Ich der Einzige bin. [...]

Fort denn mit jeder Sache, die nicht ganz und gar Meine Sache ist! Ihr meint, Meine Sache müsse wenigstens die „gute Sache" sein? Was gut, was böse! Ich bin ja selber Meine Sache, und Ich bin weder gut noch böse. Beides hat für Mich keinen Sinn.

Das Göttliche ist Gottes Sache, das Menschliche Sache „des Menschen". Meine Sache ist weder das Göttliche noch das Menschliche, ist nicht das Wahre, Gute, Rechte, Freie usw., sondern allein das Meinige, und sie ist keine allgemeine, sondern ist – einzig, wie Ich einzig bin.

Mir geht nichts über Mich!

5 Analysieren Sie den Text in Hinblick auf das zugrundeliegende Problem, Max Stirners Ansichten zu diesem Problem und seinen Argumentationsgang. Beachten Sie dabei auch die besondere Rechtschreibung.

6 „Werdet Egoisten!" – Gestalten Sie ein Plakat, auf dem Sie die wesentlichen Thesen Stirners zu seiner zentralen Forderung veranschaulichen.

7 Beurteilen Sie die Tragfähigkeit der Argumentation von Stirner vor dem Hintergrund Ihrer eigenen Erfahrung.

8 Halten Sie Don Juan für einen Egoisten? Tauschen Sie sich zur Beantwortung dieser Frage darüber aus, woran Sie einen Egoisten erkennen und was Ihrer Ansicht nach eine egoistische Handlung ist.

Mit den folgenden Ausführungen hat der bedeutende französische Schriftsteller und Philosoph Albert Camus (1913–1960), der ursprünglich Schauspieler und Journalist war, zur Figur des Don Juan Stellung genommen. Camus vertritt eine Lehre der Fremdheit des Menschen in der Welt, der das Leben als absurd erkennt, aber dennoch bejaht.

M 4 Albert Camus: Die einen sind fürs Leben geschaffen, die anderen fürs Lieben (1942)

[...] Ich brauche an die Fabel kaum zu erinnern. Dieses Lachen, die sieghafte Frechheit, das Sprunghafte und die Freude am Theatralischen – alles das hell und fröhlich, jedes gesunde Wesen ist darauf aus, sich zu mehren. So auch Don Juan. [...] Er erinnert an jene Artisten, die die Grenzen ihrer Möglichkeiten kennen, sie nie überschreiten und in diesem unsicheren Spielraum, auf den ihr Geist sich einstellt, über alle wunderbare, meisterliche Leichtigkeit verfügen. Und eben das kennzeichnet das Genie: die Klugheit, die ihre Grenzen kennt. [...] Wenn er eine Frau verlässt, so tut er das absolut nicht, weil er sie nicht mehr begehrt. Eine schöne Frau ist immer begehrenswert. Aber er begehrt eine andere, und das ist – wahrlich! – nicht dasselbe.

Dieses Leben füllt ihn ganz aus, und das Schlimmste wäre es zu verlieren. Dieser Narr ist ein großer Weiser. [...] Man entrüste sich, soviel man will (oder mit diesem Komplizen-Lächeln, das den Gegenstand seiner Bewunderung herabsetzt) über die Reden Don Juans und über diese ewig gleiche Phrase, deren er sich bei allen Frauen bedient. [...] Warum sollte er sich ein moralisches Problem stellen? [...] Die Hölle ist für ihn etwas, das man herausfordert. Für den göttlichen Zorn kennt er nur eine Antwort: die männliche Ehre. [...] Aber ebenso groß wäre der Irrtum, wollte man aus ihm einen Immoralisten machen. Er ist in dieser Hinsicht „wie jedermann“: Er hat die Moral von Sympathie und Antipathie. Man versteht Don Juan nur dann richtig, wenn man sich auf das bezieht, was er gemeinhin symbolisiert: den gewöhnlichen Verführer und Weiberhelden. Er ist ein gewöhnlicher Verführer. (Im wahrsten Sinne des Wortes und mit seinen Fehlern. Eine gesunde Haltung schließt auch Fehler in sich.) Nur dass er bewusst und infolgedessen absurd ist. Ein hellsichtig gewordener Verführer wird sich nicht so sehr ändern. Verführen ist sein Element. [...] Was Don Juan in Tätigkeit versetzt, ist eine Ethik der Quantität – im Gegensatz zum Heiligen, der zur Qualität neigt. An den tiefen Sinn der Dinge nicht glauben – das ist die Eigentümlichkeit des absurden Menschen. [...] Er überprüft rasch diese warmen oder erstaunten Gesichter, bringt sie in die Scheuer und eilt ohne Aufenthalt weiter. [...] Ist er deswegen egoistisch? [...] Unter Liebe verstehe ich nur die Mischung von Verlangen, Zärtlichkeit und gegenseitigem Verstehen, die mich an ein bestimmtes Wesen bindet. Diese Zusammensetzung ist nicht bei jedem gleich. Ich habe nicht das Recht, alle diese Erfahrungen mit demselben Namen zu belegen. Das entbindet davon, sie aus denselben Heldenliedern abzuleiten. Der absurde Mensch vervielfacht [...], was er nicht vereinfachen kann. So hat er eine neue Art des Seins entdeckt, die ihn mindestens ebenso befreit, wie sie diejenigen befreit, die sich ihm nähern. [...] Alle diese Tode und alle diese Wiedergeburten sind für Don Juan die Ernte seines Lebens. Darin besteht seine Art, zu geben und Leben zu spenden. Ich stelle anheim, ob man da von Egoismus reden kann.

9 Informieren Sie sich auf S. 430 ff. über Camus' Begriff des Absurden. Was macht Don Juan zu einer absurden Figur? Stellen Sie zur Beantwortung dieser Frage geeignete Textstellen aus M 4 zusammen.

10 Untersuchen Sie am Text, wie Camus zu Don Juan steht. Welche Position bezieht er zum Egoismus?

11 Vergleichen Sie Camus' Ansicht mit Ihren Ergebnissen aus Arbeitsanregung 7. Welche Stellung würde Camus vermutlich zu Max Stirner beziehen?

1.2 „Ich tu alles für dich!“ – Precht, Butler

Don Juan bemerkt, wie ein Mann von drei anderen im Wald angegriffen wird. Es handelt sich dabei um Don Carlos, den Bruder von Donna Elvira, einer Geliebten, die von Don Juan vor einiger Zeit verlassen wurde. Er eilt Don Carlos beherzt zu Hilfe und rettet ihm das Leben. Danach kommt es zu einer kurzen Unterredung.

Molière: Don Juan, III,3 (Rettung in höchster Not)

M 5

Sganarelle: Mein Herr ist doch wahrhaftig ganz des Teufels, dass er eine Gefahr aussucht, die ihn nichts angeht. Aber meiner Treu'! Der Beistand kam zu rechter Zeit; die zwei haben die drei Kerle in die Flucht geschlagen.

Don Carlos (seinen Degen einsteckend): Die Flucht dieser Räuber zeigt, wie mächtig der Beistand Eures Arms war. Vergönnt mir, mein Herr, dass ich Euch für eine so edelmütige Tat danke, und dass ich ...

Don Juan: Ich habe nichts getan, mein Herr, was Ihr an meiner Stelle nicht auch getan hättet. In solchen Abenteuern ist unsre eigne Ehre beteiligt, und der Überfall dieser Schurken war so feige, dass ich ihr Mitschuldiger geworden wäre, wenn ich mich ihnen nicht widersetzt hätte. [...]

1 a) Vergleichen Sie Don Juans Verhalten in dieser Szene mit dem aus dem vorangegangenen Abschnitt.
b) Überlegen Sie, welche Motive ihn zu dieser couragierten Tat bewogen haben könnten. Spielt Ihrer Meinung nach auch hier Egoismus eine Rolle?

Im Folgenden soll es um die Frage gehen, ob menschliches Verhalten letztendlich immer auf Egoismus zurückzuführen ist.

2 a) Tauschen Sie sich in Partnerarbeit über Situationen aus, in denen Sie oder ein Bekannter/eine Bekannte sich schon einmal couragiert für jemanden eingesetzt haben.
b) Prüfen Sie die Motivation Ihres Handelns. War dabei Egoismus im Spiel?

M 6 Die Geschichte einer Rettung (2011)

Valentin Filipenko war auf dem Weg zum Zahnarzt. Der 59-jährige Rostocker radelte im März gerade durch einen Park, als er zwei Jungen auf einem zugefrorenen See spielen sah. Sofort forderte er sie dazu auf, an Land zu kommen. Zu spät. Sekunden später brach die dünne Eisdecke unter den Kindern zusammen. Filipenko reagierte prompt, sprang vom Fahrrad, rannte zu den Kindern auf den Teich – und krachte selbst durch das Eis. Bis die Rettungskräfte kamen, hielt er die Jungen abwechselnd über Wasser. [...] Nach den Regeln der Feuerwehr war sein Verhalten [...] absolut falsch. Mehr noch: Ginge es nach den traditionellen Erkenntnissen von Verhaltensforschern, wäre Filipenko gar nicht erst vom Fahrrad gestiegen und aufs Eis gelaufen. Dennoch tat er es.

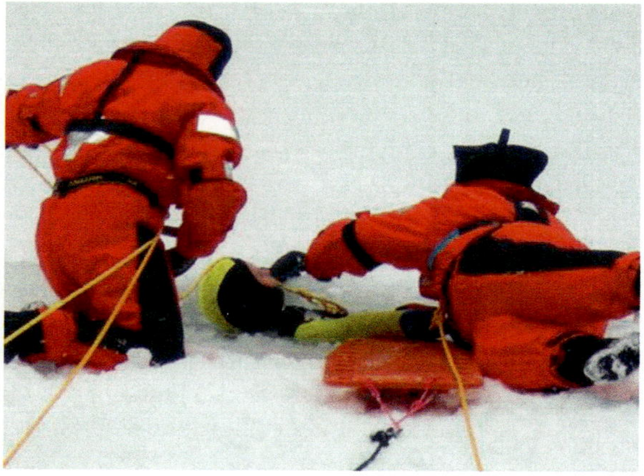

3 Stellen Sie sich folgende Situation vor: Nachdem Filipenko nach Hause zurückgekehrt ist, stellt ihn seine Frau bezüglich seines riskanten Verhaltens zur Rede. Gestalten Sie den Dialog.

Der Philosoph Richard David Precht (* 1964) geht davon aus, dass Menschen in ihrem Handeln bestimmte Bedürfnisse befriedigen. Der folgende Text ist ein Ausschnitt aus einem Interview zu seinem Buch „Die Kunst, kein Egoist zu sein".

M 7 Richard David Precht/Annette Brüggemann: Das Ich im Wir und das Wir im Ich (2010)

[...] Wie sieht in Ihren Augen die moralische Natur des Menschen aus?

[...] Manche Biologen sind der Ansicht, unser genetischer Auftrag bestünde darin, rücksichtslos unsere Interessen durchzusetzen. Das ist so sicher nicht ganz richtig. Wir haben nämlich ein Interesse, das wichtiger zu sein scheint als alle anderen und das gerade nicht rücksichtslos ist: nämlich Anerkennung zu bekommen. Als soziale Lebewesen sind wir gleichsam darauf konditioniert. Und weil wir auf Anerkennung, auf Respekt, auf Achtung aus sind, verhalten wir uns meistens relativ freundlich zu anderen Menschen. Das Spannende daran ist: Wenn wir so gute Anlagen haben und von Natur aus keine knallharten Egoisten sind, sondern kooperativ und eigentlich auch gerne nett gefunden werden wollen, warum läuft dann so vieles in der Weltgeschichte

schief? […] Vermutlich hat es etwas mit unserer enorm hohen Anpassungsfähigkeit zu tun. Wir sind sehr anpassungsfähige Tiere. Und im Laufe der Evolution haben wir nicht nur ein starkes Bedürfnis entwickelt, geachtet zu werden, sondern auch eine ganze Reihe von Tricks gelernt, mit denen wir uns selbst in die Tasche lügen können, so dass wir es schaffen, uns auch dann für die Guten zu halten, wenn wir es nicht unbedingt sind. […]

Wie kann […] ein gesellschaftliche Miteinander, ein „Ich im Wir" (Axel Honneth) und damit ein „Wir im Ich" wieder gestärkt werden?

Dadurch, dass man begreift, dass Moral nicht in die Köpfe der Menschen kommt, indem man Moralpredigten hält, sondern in erster Linie dadurch, dass etwas vorgelebt wird und man sich etwas abguckt. Wenn man also begreift, dass Moral eine Ansteckungssache ist. Es ist deshalb ungemein wichtig, moralische Milieus zu fördern. In Bezug auf unsere Gesellschaft heißt das demokratische, kooperative und verantwortungsbewusste Milieus. Ein Umfeld, in dem bürgerliche Tugenden vorherrschen und in denen Demokratie und Mitbestimmung auf vorbildliche Weise realisiert sind. Und das müssen wir stärken in der Gesellschaft. […]

4 Erläutern Sie unter Bezugnahme auf die Ausführungen Prechts, warum es dem Menschen nicht reicht, ein Egoist zu sein. Finden Sie Beispiele für die Stärkung des „Wir im Ich" aus Ihrem Lebensumfeld.

5 Viele Wissenschaftler betonen, dass bei unserem Verhalten die Bedürfnisse eine sehr wichtige Rolle spielen. Überlegen Sie in Kleingruppen, welche Bedürfnisse Menschen haben. Clustern Sie diese nach möglichen Oberbegriffen und hierarchisieren Sie sie in einer Bedürfnispyramide. Vergleichen Sie diese mit der berühmten des amerikanischen Psychologen A. Maslow (http://www.methode.de/pm/pm_abbildungen/maslow.gif)

6 Erklären Sie, warum wir Menschen uns nach Precht „meistens relativ freundlich zu anderen Menschen" (Z. 14 f.) verhalten, indem Sie seine Aussagen an der Bedürfnispyramide aus Arbeitsanregung 5 veranschaulichen.

Während Precht in „Die Kunst, kein Egoist zu sein" einen moralpsychologischen Ansatz entfaltet, um zu erklären, warum der Mensch nicht konsequent und rücksichtslos seine eigenen Interessen durchsetzt, stellt Joseph Butler (1692–1752), Bischof der anglikanischen Kirche in Durham und Bristol, Theologe und Philosoph, einen philosophischen Ansatz vor.

Joseph Butler: Eine Widerlegung des Egoismus (1726)

M 8

Bei vielen findet sich eine sonderbare Vorliebe dafür, alle besonderen Neigungen hinwegzuinterpretieren und das ganze Leben als eine einzige fortwährende Betätigung der Selbstliebe erscheinen zu lassen. So konnte es zu jener erstaunlichen Verwechslung und Verwirrung kommen […], Handlungen eigennützig zu nennen, die zu jederlei Eigennutz nachweislich im Widerspruch stehen und lediglich um der Befriedigung einer flüchtigen Leidenschaft willen getan werden. Diese Verwechslung wäre leicht zu vermeiden gewesen, hätte man sich klargemacht, worin die Selbstliebe ihrem allgemeinen Begriff nach besteht und wie sie sich von den besonderen, auf bestimmte äußere Dinge gehenden Motiven wie den sinnlichen Begierden, dem Zorn, dem Mitleid, der Neugier, dem Ehrgeiz und dergleichen unterscheidet. […] Jede besondere Neigung, selbst die Nächstenliebe, ist ebenso sehr unsere eigene Neigung wie die Selbstliebe; und die Befriedigung, die ihre Erfüllung gewährt, ist ebenso sehr meine eigene Befriedigung, wie die Befriedigung meiner Selbstliebe darüber, dass ich später einmal glücklich sein werde, meine eigene Befriedigung wäre. Und wenn darum, weil jede besondere Neigung jedermanns eigene Neigung und die durch ihre Erfüllung gewährte Befriedigung jedermanns eigene Befriedigung ist, eine solche besondere Neigung Selbstliebe genannt werden muss, dann folgt aus dieser Sprechweise, dass kein Wesen jemals anders als aus Selbstliebe handeln kann und jede beliebige Handlung und jede beliebige Neigung unter dieses eine Motiv fällt. Aber so sprechen

wir freilich üblicherweise nicht. Oder, wenn wir es täten, fehlten uns Ausdrücke, die der nüchternen Überlegung entspringt, dass sie für uns vorteilhaft sein wird, und dem Motiv einer Handlung (einer aus Rache oder Freundschaft begangenen Handlung etwa), durch die sich jemand mit Sicherheit ins Verderben bringt, nur um einem anderen Gutes oder Übles zu tun. Es liegt auf der Hand, dass die Motive dieser Handlungen ganz und gar verschieden sind und dass es verschiedener Ausdrücke bedarf, um sie zu unterscheiden. Das Einzige, worin sie übereinstimmen, ist, dass sie beide der Neigung eines Menschen entspringen und getan werden, um diese Neigung zu befriedigen. Aber das Motiv oder die Neigung ist im einen Falle Selbstliebe, im anderen Falle Hass oder Liebe zu einem anderen. Wir müssen also unterscheiden zwischen dem Motiv nüchterner Selbstliebe (dem allgemeinen Wunsch, glücklich zu werden) als einem Teil unserer Natur und einem Handlungsmotiv, und den besonderen Neigungen zu besonderen äußeren Dingen als einem anderen Teil unserer Natur und einem anderen Handlungsmotiv. Wie viel wir der Selbstliebe auch immer zugestehen wollen, wir können ihr nicht so viel zugestehen, dass sie allein unsere gesamte innere Natur ausmacht; denn wie wir sehen, gehen in diese noch andere Teile und noch andere Handlungsmotive ein.

7 Stellen Sie die wesentlichen Inhalte des Textes zur Bestimmung der menschlichen Natur in einem Begriffsnetz (S. 470) grafisch dar.

8 Übertragen Sie die Kernaussagen des Textes auf die Erwiderung Don Juans gegenüber Don Carlos in M 5. Wie ist sein Verhalten nach Butler zu bewerten?

9 Vergleichen Sie die Argumentation von Butler mit der von Stirner M 3. Diskutieren Sie, welche Position Ihnen überzeugender erscheint.

10 Informieren Sie sich über die Bedeutung des Begriffs „Altruismus“. Beurteilen Sie, inwiefern man in den von Ihnen diskutierten Fällen (Don Juan, Filipenko und eigene Erfahrungen) von altruistischem Verhalten sprechen kann.

11 Informieren Sie sich in Ihrer Stadt/in Ihrer Umgebung über Institutionen oder Menschen, die sich für andere einsetzen. Führen Sie ein Interview, in dem Sie den Tätigkeitsbereich, aber auch die Handlungsmotivationen, Motive und Erfahrungen der Menschen erfragen.

1.3 Die Begründung von moralischen Urteilen – Kohlberg, Hartmann

Erneut kommt es zur Konfrontation zwischen Sganarelle und seinem Herrn. Es entwickelt sich ein Dialog, an dessen Ende Sganarelle resignierend feststellt: „[...] ich weiß nicht, was ich sagen soll, denn Ihr dreht die Dinge so, dass man denken sollte, Ihr hättet recht [...].“

M 9 Molière: Alle Schönen haben ein Recht darauf, uns zu entzücken

ERSTER AUFZUG, ZWEITE SZENE

Don Juan: Er sprach eben mit dir? Er sah mir fast aus wie der ehrliche Guzman [Beschützer] von Donna Elvira.

[...]

Sganarelle: Er selbst.

[...]

Don Juan: Und weshalb?

Sganarelle: Ich denke, Ihr werdet wohl selbst erraten, was ihn beunruhigt.

Don Juan: Unsere Abreise, willst du sagen?

Sganarelle: Der arme Mensch ist ganz außer sich darüber und wollte die Ursache wissen.

Don Juan: Und was hast du ihm geantwortet?

Sganarelle: Dass Ihr mir nichts darüber anvertraut hättet.

Don Juan: Sehr gut. Nun möchte ich aber hören, wie du darüber denkst. Was hältst du von der Sache?

Sganarelle: Ich? Ich glaube (ohne Euch Unrecht zu tun), dass Ihr irgendeine neue Liebschaft im Kopfe habt.

Don Juan: Das glaubst du?

Sganarelle: Ja.

Don Juan: Meiner Treu, du hast's getroffen, und ich muss dir bekennen, dass Elvira durch eine andere Schöne aus meinen Gedanken verdrängt ist.

Sganarelle: Du lieber Gott! Ich kenne ja doch meinen

Don Juan aufs Haar und weiß, dass Euer Herz wie ein unsteter Wanderer von einer zur andern schweift und nicht viel danach fragt, auf einer Stelle zu verweilen.

Don Juan: Und findest du nicht, dass ich ganz Recht habe, es so zu halten? –

Sganarelle: Ach, gnädiger Herr, –

Don Juan: Was? – Sprich! –

Sganarelle: Freilich habt Ihr Recht, wenn Ihr durchaus so wollt; dagegen lässt sich nichts einwenden. Wenn Ihr aber nicht so wolltet, so ließe sich die Sache vielleicht anders ansehen.

Don Juan: Nun gut; ich lasse dir alle Freiheit zu reden und mir deine Meinung zu sagen.

Sganarelle: Wenn das ist, gnädiger Herr, so muss ich Euch frei heraus gestehn, dass ich Euer Verfahren nicht billigen kann, und dass ich's sehr unverantwortlich finde, so nach allen Seiten hin zu lieben, wie Ihr tut.

Don Juan: Wie! Du meinst also, man solle es als eine Pflicht ansehen, bei der ersten Schönen, die uns eingefangen hat, stehenzubleiben, der Welt um ihretwillen zu entsagen, und für keine andere mehr Augen zu haben? – Herrliche Lebensaufgabe, seinen Ehrgeiz darin zu finden, treu sein zu wollen, sich für alle Zeiten in eine Leidenschaft zu vergraben und von Jugend an für alle andern Reize, die wir bewundern könnten, tot zu bleiben! – Nein, nein, die Beständigkeit ist nur für die Toren gut; alle Schönen haben ein Recht darauf, uns zu entzücken, und der zufällige Vorzug, die erste gewesen zu sein, der wir begegneten, darf den andern die gerechten Ansprüche nicht rauben, die sie alle auf unser Herz haben. Mich bezaubert die Schönheit, wo ich sie finde, und ich gebe mich willig der süßen Gewalt hin, mit der sie uns an sich zieht. Mag ich dann auch noch so sehr gebunden sein – die Liebe zu der einen Schönheit zwingt meine Seele nicht, gegen alle andern ungerecht zu werden; ich behalte Augen, um zu erkennen, was jede Reizendes hat, und zahle jeder die Huldigungen, die den Frauen gebühren. Wo ich etwas Liebenswürdiges erblicke, da kann ich mein Herz nicht verschließen; sowie ein Paar schöne Augen mir's abfordern, gebe ich's hin, und wenn ich zehntausend Herzen hätte, ich würde sie alle verschenken. Was ist reizender als eine aufkeimende Neigung? Und ist in der Liebe nicht der Wechsel das größte Vergnügen? Ich finde die höchste Wonne darin, durch unzählige Huldigungen das Herz einer jungen Schönen zu gewinnen, täglich zu sehn, wie man dem Ziele immer näher kommt, – mit glühender Leidenschaft, mit Tränen und Seufzern die unschuldige Scheu einer Seele zu bekämpfen, die sich ungern entschließt, die Waffen zu strecken; Schritt für Schritt alle Skrupel zu besiegen, aus denen sie sich eine Pflicht macht, und die kleinen Hindernisse zu beseitigen, die sie uns entgegenstellt, bis wir sie endlich leise dahin bringen, wohin wir wollen. Hat man sie aber einmal erobert, dann ist's zu Ende, und es bleibt nichts mehr zu wünschen übrig: Was die Leidenschaft Schönes hatte, ist dahin, und in der Windstille einer ruhigen Liebe schlafen wir ein, wenn nicht ein neuer Gegenstand unsere Wünsche wieder weckt und uns den Reiz einer Eroberung in Aussicht stellt. Mit einem Wort, es gibt nichts so Entzückendes, als den Triumph über den Widerstand eines schönen Mädchens, und ich habe in dieser Beziehung den Ehrgeiz eines Eroberers, der rastlos von Sieg zu Sieg fortstürmt und keine Grenze für sein Verlangen kennt. Nichts kann den Ungestüm meiner Leidenschaft zügeln; ich habe das Gefühl, mein Herz könne die ganze Welt lieben, und wie Alexander möchte ich wünschen, es gäbe noch andre Welten, auf die ich meine verliebten Eroberungen ausdehnen könnte.

Sganarelle: Herr meines Lebens, wie Euch die Worte vom Munde fließen! – Ihr habt das alles wohl auswendig gelernt, denn Ihr sprecht grade wie ein Buch.

Don Juan: Und was hättest du darauf zu sagen? –

Sganarelle: Meiner Treu, ich hätte zu sagen, – ich weiß nicht, was ich sagen soll, denn Ihr dreht die Dinge so, dass man denken sollte, Ihr hättet Recht; und am Ende ist's doch wahr, dass Ihr's nicht habt. [...]

1 In den beiden vorangegangenen Abschnitten standen egoistische und altruistische Handlungsmotive einander gegenüber. Untersuchen Sie in M 9, welche weiteren Handlungsmotive Don Juan hier anführt. In welchem Zusammenhang stehen sie mit Egoismus und Altruismus?

2 Sganarelle behauptet, sein Herr drehe die Dinge so, dass man denken könne, er habe Recht. Prüfen Sie, an welchem Maßstab sich Sganarelle orientiert, wenn er am Schluss der Szene feststellt: „... und am Ende ist's doch wahr, dass Ihr [nicht Recht] habt." Was macht ihn so sicher, dass Don Juan mit seiner moralischen Auffassung falsch liegt?

Im Folgenden geht es um die Frage, ob es neben den persönlichen Gefühlen allgemeine Werte gibt, die Maßstäbe für moralische Urteile sein können.

3 a) Was ist für Sie persönlich wertvoll?
b) Was verstehen Sie unter einem moralischen Wert?

4 Informieren Sie sich im Infokasten: In welchem Verhältnis stehen die Begriffe Wert und Norm zueinander?

INFO

Werte und Normen

Die Frage nach der Definition von Norm und Wert sowie deren Beziehung zu- und aufeinander hat im 19. Jahrhundert eine „Wert-Philosophie“ ausgelöst und ist bis heute zentrales Thema von Moraldiskussionen. Können Werte ein sittliches Gerüst für menschliche Gesellschaftsordnungen sein oder als Grundwerte über unserem gesamten Handeln stehen? Sind sie dann objektiv, also eine Art „ewige Ordnung“, an der niemand rütteln kann? Versteht man dann Normen richtig als konkrete Realisierungsmöglichkeit von Werten durch den Menschen, der als Mittler zwischen Wert und Wirklichkeit tritt?

Der Philosoph Hans Lenk bestimmt das Verhältnis zwischen Normen und Werten. Unter Normen versteht er geregelte, positiv oder negativ sanktionierte, mehr oder minder sanktionierte oder gar institutionalisierte Verhaltens- oder Handlungserwartungen. Man unterscheide charakteristischerweise „Muss-Normen“ (z. B. Rechtsnormen), Normen, denen man folgen müsse, von „Soll-Normen“, Normen denen man in der Regel folgen solle, und schließlich „Kann-Normen“, Sitten, Gebräuche, Konventionen, wo es sozusagen mehr oder minder beliebig bleibe, ob man dieser Norm auch wirklich folgt. Normen seien im Grunde interpretatorische Konstrukte, die wir in bestimmten Situationen und Kontexten benötigen, um handeln zu können. Werte als „ein von den Menschen gefühlsmäßig als übergeordnet Anerkanntes, zu dem man sich anschauend, anerkennend, verehrend, strebend, verhalten kann“ (*Schischkoff, G.:* Philosophisches Wörterbuch), bestimmen den Inhalt der Norm. Allerdings wird der Zusammenhang zwischen Werten und Normen in der Philosophie kontrovers diskutiert. Manche Ethiker, etwa Nicolai Hartmann, behaupten, die Normen seien erst aus der Rangordnung der Werte abzuleiten; andere gehen davon aus, dass erst der Mensch Wertsetzungen vollziehe. Einig ist man sich darüber, dass etwas Imperativisches, etwas Vorschriftenartiges, etwas den Sollcharakter Ausdrückendes in einer Norm ausgedrückt oder enthalten ist, das etwa das Positiv-Wertvolle eines Wertes darstellt, ganz gleich, ob nun der zugrundeliegende Wert oder die Norm, als konkrete Sollvorschrift, das Grundlegendere ist.

M 10 Lawrence Kohlberg: Das Heinz-Dilemma (1969)

Irgendwo in Europa stand eine Krebskranke kurz vor dem Tode. Es gab ein Medikament, das sie hätte retten können, eine Radiumverbindung, die ein Apotheker der Stadt vor kurzem entdeckt hatte. Der Apotheker verlangte dafür 2000 Dollar, das Zehnfache dessen, was ihn die Herstellung des Medikaments kostete. Der Mann der kranken Frau, Heinz, bat alle seine Bekannten, ihm Geld zu borgen, aber er konnte nur etwa die Hälfte des Preises zusammenbringen. Er sagte dem Apotheker, dass seine Frau im Sterben liege, und bat ihn, ihm das Medikament billiger zu verkaufen oder ihn später bezahlen zu lassen. Aber der Apotheker sagte ‚Nein'. In seiner Verzweiflung brach der Ehemann in die Apotheke ein und stahl das Medikament für seine Frau. Sollte er das tun? Warum?

5 Diskutieren Sie die Dilemmasituation (vgl. S. 462).

Sganarelle ist sich sicher, dass Don Juan mit seiner moralischen Auffassung falsch liegt, kann dies aber nicht recht begründen. Der amerikanische Erziehungswissenschaftler Lawrence Kohlberg (1927–1987) entwickelte vor dem Hintergrund des Heinz-Dilemmas (M 10) ein sechsstufiges Schema, das der Mensch seiner Ansicht nach in seiner moralischen Entwicklung durchlaufen müsse. Im Folgenden finden Sie eine grafische Darstellung der „Stufen des Moralbewusstseins“.

Lawrence Kohlberg: Stufenmodell des moralischen Bewusstseins (1958) M 11

					Stufe universal-ethischer Prinzipien: gesamte Menschheit
				Stufe des Sozialvertrags, sozialen Nutzens, individueller Rechte: Prinzipien, Verfassung	
			Stufe des sozialen Systems: Verpflichtungen der Gesellschaft nachkommen, Solidarität		
		Beziehungen und interpersonale Konformität: gute, nette Rolle spielen; Regeln, Erwartungen, Folgen			
	Individuelle Stufe → instrumentelle Absichten: faire Abmachungen, Marktplatzsituation				
Stufe des heteronomen Urteilens: blinder Gehorsam, Vermeiden von Strafe, Lustorientierung					
(eher) emotional			(eher) rational		
präkonventionelle Ebene		konventionelle Ebene		postkonventionelle Ebene	

6 Informieren Sie sich über die zentralen Begriffe und entwickeln Sie einen Kurzvortrag zum Stufenmodell.

Das Heinz-Dilemma diente als Grundlage für die Befragung deutscher Kinder unterschiedlichen Alters zu ihrem Verständnis von Gerechtigkeit.

M 12 Stefan Aufenanger: Kindermund und Moralentwicklung (1981)

1. PRO: Heinz sollte das Medikament stehlen, weil seine Frau ihm eines Tages auch einen Gefallen tun könnte.
2. PRO: Heinz sollte das Medikament stehlen, da das Recht auf Leben das Recht auf Eigentum verdrängt oder sogar übersteigt.
3. PRO: Heinz sollte das Medikament stehlen, weil seine Frau vielleicht eine bedeutende Persönlichkeit ist oder sehr viele Möbel besitzt.
4. PRO: Heinz sollte das Medikament stehlen, weil Menschen zum Nutzen der Gesellschaft Verantwortung für andere übernehmen müssen.
5. PRO: Heinz sollte das Medikament stehlen, selbst wenn er seine Frau nicht mehr liebt oder es für einen Fremden ist, denn wir sollten bereit sein, anderen zu helfen.

1. CONTRA: Heinz sollte es nicht stehlen, um einen guten Eindruck in der Gemeinschaft zu hinterlassen.
2. CONTRA: Man sollte das Gesetz achten, weil das Gesetz die grundlegenden Rechte Einzelner gegenüber anderen sichert, die diese übertreten.
3. CONTRA: Heinz sollte es nicht stehlen, wenn er seine Frau nicht mehr liebt, wäre es die ganzen Schwierigkeiten nicht wert.
4. CONTRA: Man sollte das Gesetz achten, denn der Respekt vor dem Gesetz würde zerstört, wenn die Bürger meinen, sie könnten jederzeit Gesetze brechen, wenn sie nicht mit ihnen übereinstimmen.
5. CONTRA: Heinz sollte es nicht stehlen, da er dafür ins Gefängnis kommen kann.

7 Nehmen Sie anhand der oben aufgeführten Kinderäußerungen eine begründete Zuordnung in Kohlbergs Stufenmodell vor.

8 Ergänzen Sie die Zuordnungen durch eigene Formulierungen.

9 Beziehen Sie Ihre Überlegungen abschließend noch einmal auf Sganarelles Äußerung in M 9 und ordnen Sie seine Position ebenfalls begründet einer Stufe zu.

Der Philosoph Nicolai Hartmann (1882–1950) zählt neben Max Scheler zu den Hauptvertretern der „materialen Wertethik". In seiner „Ethik" aus dem Jahre 1926 postuliert Hartmann ein Wertegefühl, mit Hilfe dessen sich ein „ideales Sein" der Werte erfassen lasse. Hartmann unternimmt den Versuch, die Objektivität moralischer Werte zu begründen.

M 13 Nicolai Hartmann: Wenn das Gewissen spricht (1926)

[...] Belehrung allein hilft auf dem Gebiet der Moral nicht: Der Mensch ist hier nur belehrbar, wenn sein eigenes Wertgefühl dem, was ihn gelehrt wird, zustimmt. Belehrung kann dem Bewusstsein nichts aufdrängen, sondern nur aus ihm heraufholen, was in ihm bereits enthalten ist. Das heißt aber: Wertprinzipien können nur a priori [vom Früheren her, von vornherein, ohne Bezug zur Erfahrung] eingesehen werden.

Veranlasst aber wird diese apriorische Einsicht durch einen aposteriorischen [vom Späteren her, im Nachhinein, durch Bezug auf Erfahrung gewonnenen] Vorgang, nämlich dadurch, dass der Mensch im Leben auf die wertgetränkte Wirklichkeit, auf die Auswirkung der Wertprinzipien, stößt. Oftmals wird der Wert auch gerade in seinem Gegenteil, dem Unwert, erfasst. So kann z. B. einem Schüler, wenn sein Mitschüler vom Lehrer ungerecht behandelt wird, der Wert der Gerechtigkeit aufgehen. In diesem Fall ist der Unwert gegeben, der Wert aber wird erschaut.

Nicht von jedem und nicht zu jeder Zeit freilich vermag ein Wert eingesehen zu werden. Vielmehr erfordern viele Werte ein hohes Reifestadium des Menschen, um dem Wertgefühl einleuchten zu können. So etwa die Nächstenliebe. Es gehört seelische Reife dazu, den natürlichen Egoismus, der an sich auch seinen Wert hat – wenn auch nicht einen sehr hohen –, zu überwinden und für andere Menschen so da zu sein, dass man für sie nicht eine feindliche Macht, sondern einen Wert bedeutet. [...] Wenn der Mensch aber einmal einen Wert erfasst hat, wenn er weiß, dass Treue, Zuverlässigkeit, Gerechtigkeit usw. wertvoll sind, dann kann er diese Werte nicht mehr vergessen. Und handelt er gegen sie, so belädt er sich mit Schuld, und sein Gewissen klagt ihn an. [...]

Der apriorische Charakter des Wertgefühls zeigt sich auch deutlich an dem Phänomen des Gewissens, das ja auf das Wertgefühl zurückgeht, in dem sich das Wertgefühl in einer ursprünglichen Art und Weise Geltung verschafft. Diese Stimme, die da warnt und nach vollbrachter Tat richtet, verurteilt, Schuldbewusstsein hervorruft – im Gegensatz zu der empirischen Handlungsweise des Menschen und seiner natürlichen Selbstbejahung –, kann es nicht anders geben als apriorisch. Das Gewissen stellt doch eben Forderungen, zeigt Ideale auf im Gegensatz zur Erfahrung; es verlangt von uns, wir sollten anders sein, als wir bisher waren. Dass sich aber das Gewissen wie das Wertgefühl erst mit der Zeit entwickelt, ist weder Einwand dagegen, dass die Werte an sich bestehen, noch dagegen, dass sie apriorisch erfasst werden. Auch die mathematischen Verhältnisse erkennt man nicht ohne Schulung, ja, mancher begreift sie nie, und doch bestehen sie an sich und werden apriorisch erschaut. Auch die dem Nichtbegreifenkönnen der mathematischen Gesetze entsprechende Wertblindheit spricht nicht gegen, sondern eher für das Ansichsein der Werte. Die Wertblindheit ist nichts anderes als das Fehlen des Wertgefühls für bestimmte Werte. Eine solche Blindheit oder wenigstens Stumpfheit gegenüber gewissen Werten kann leicht dadurch hervorgerufen werden, dass der Mensch ein bestimmtes Vergehen häufig wiederholt. Er verdunkelt sich dadurch den Blick für den verletzten Wert. Es gibt aber auch umgekehrt ein Schärfen und Üben des Wertblicks. Das Wertgefühl kann so viele und so feine Nuancen unter den Werten feststellen, dass die Sprache gar nicht in der Lage ist, alle zu benennen.

10 Setzen Sie die Ausführungen Hartmanns zur Entwicklung und Wirkung des Wertgefühls grafisch um. Nutzen Sie dazu folgende Begriffe: Wertprinzipien, Belehrung, Wertgefühl, Unwert, persönliche Reife, Wertblindheit, Werturteil.

11 Welche Rolle kommt dem Gewissen zu? Vergleichen Sie Hartmanns Ausführungen mit dem Stufenschema von Kohlberg M 11. Lässt sich Hartmanns Position integrieren? Begründen Sie Ihre Entscheidung.

12 Verfassen Sie vor dem Hintergrund Ihrer Kenntnisse eine moralphilosophisch fundierte Erwiderung Sganarelles auf die Ausführungen seines Herrn Don Juan, in der deutlich wird, warum der Verführer eben nicht Recht hat.

Carol Gilligan (* 1936), eine amerikanische Entwicklungspsychologin und ehemalige Mitarbeiterin von Lawrence Kohlberg, begründet aus feministischer Sicht über den Begriff der Fürsorge Kritik am Stufenmodell, während in Kohlbergs Modell der Begriff der Gerechtigkeit das moralische Urteil bestimmt.

Carol Gilligan: Es gibt eine andere, eine weibliche Moral! (1990) M 14

Mit dem Entwurf eines alternativen Standpunkts möchte ich die moralische Entwicklung aus zwei moralischen Perspektiven rekonstruieren, die in moralisch relevanten Unterschieden der Beziehungsformen begründet sind. Die Gerechtigkeitsperspektive, die man oft mit moralischem Urteilen schlechthin gleichsetzt, wird neu verstanden als eine Art und Weise, moralische Probleme aufzufassen; als alternative Sichtweise oder alternativer Bezugsrahmen wird eine Perspektive der Fürsorge entwickelt. [...] Aufgefordert, einen selbst erlebten moralischen Konflikt zu beschreiben, formulierten 55 von 80 (69 %) nordamerikanischen Heranwachsenden und Erwachsenen mit höherem Bildungsgrad sowohl Gerechtigkeits- wie Fürsorgeargumente.

[...] Dabei gab es aber Geschlechtsunterschiede in der inhaltlichen Ausfüllung: Mit einer Ausnahme konzentrierten sich alle Männer, die überhaupt eine Konzentration aufwiesen, auf Gerechtigkeit. Bei den Frauen gab es größere Unterschiede: Jeweils ein Drittel konzentrierte sich auf Gerechtigkeit bzw. auf Fürsorge. [...] Bemerkenswert ist erstens, dass die Möglichkeit der Konzentration auf Fürsorge im moralischen Urteilen zum Verschwinden gebracht würde, wenn keine Frauen in die Untersuchungsstichprobe einbezogen würden. [...] Zweitens bedeutet die Tatsache, dass es sich um Frauen mit einem höheren Bildungsgrad handelte, dass die Betonung der Fürsorge nicht ohne Weiteres einem Mangel an Bildung oder beruflicher Benachteiligung zugeschrieben werden kann – womit Kohlberg und andere Autoren das Ergebnis erklärten, dass Gerechtigkeitsurteile bei Frauen ein geringeres Niveau aufwiesen. Vielmehr lenkt die Betonung der Fürsorge im moralischen Urteilen von Frauen die Aufmerksamkeit auf die Beschränktheit einer allein auf Gerechtigkeit ausgerichteten Moraltheorie, und sie hebt die Existenz von Fürsorge-Gesichtspunkten im moralischen Denken sowohl der Frauen wie der Männer hervor.

13 Arbeiten Sie die Problemstellung des Textes und Gilligans Antwort auf dieses Problem heraus.

14 Suchen Sie Beispiele für moralische Begründungen, in denen die Fürsorgeperspektive im Vordergrund steht.

15 Beurteilen Sie die Tragfähigkeit des Stufenmodells von Kohlberg zur Erklärung der Entwicklung des moralischen Bewusstseins.

1.4 „Alles relativ?“ – Bayertz, Russell

Don Luis, Don Juans Vater, äußert sich zum Verhalten seines Sohnes.

M 15 Molière: Ein missratener Sohn

VIERTER AUFZUG, FÜNFTE SZENE

Don Luis: Ich wünschte mir mit einer namenlosen Sehnsucht einen Sohn; ich erflehte ihn ohne Unterlass mit der heißesten Leidenschaft; und dieser Sohn, den ich endlich erhielt, nachdem ich den Himmel unaufhörlich mit Gebeten bestürmt, ist nun der Kummer und die Qual des Lebens, dessen Freude und Trost er sein sollte. Mit welchen Gefühlen, meinst du, kann ich dein nichtswürdiges Tun betrachten, das sich vor den Augen der Menschen gar nicht bemänteln lässt: diese ununterbrochene Folge von schändlichen Handlungen, die uns zwingen, die Gnade des Königs zu ermüden, und die alle Rücksicht auf meine Dienste und den Einfluss meiner Freunde längst erschöpft haben? – Wie niedrig ist deine Gesinnung! – Errötest du nicht, dich deiner Geburt so unwürdig zu machen? Hast du das mindeste Recht, ich frage dich, dir noch etwas auf sie einzubilden? Und was hast du in der Welt getan, um für einen Edelmann gelten zu wollen? Glaubst du, es sei genügend, einen Namen und ein Wappen zu führen, und es gereiche zum Ruhme von einem edlen Blute abzustammen, wenn wir ehrlos leben? Nein, nein, die Geburt ist nichts ohne Tugend. Darum haben wir auch an dem Ruhm unserer Vorfahren nur in dem Maß Anteil, als wir uns bemühen, ihnen zu gleichen; und jener Glanz ihrer Taten, der auf uns herabstrahlt, legt uns die Verpflichtung auf, ihnen ebenso viel Ehre zu machen, den Spuren ihrer Schritte zu folgen, und von ihrer Tugend nicht abzuweichen, wenn wir für ihre echten Abkömmlinge gelten wollen. Und so stammst du vergebens von edeln Ahnen ab; sie verleugnen einen solchen Enkel, und was sie Ruhmwürdiges vollbracht, kommt dir nicht zugut: Im Gegenteil, das Licht, das von ihnen ausgeht, hebt nur deine Schande um so mehr hervor, und ihr Ruhm ist eine Fackel, die in den Augen eines jeden die Schmach deines Tuns nur noch heller beleuchtet. Ich wiederhole dir's: Ich halte einen Edelmann, der unwürdig lebt, für eine Ausgeburt der Natur. Der erste Adelstitel ist die Tugend; ich sehe weniger auf den Namen, den einer unterzeichnet, als auf die Taten, die er vollbringt; und schätze den ehrlichen Sohn eines Lastträgers höher als den Sohn eines Fürsten, wenn dieser ein Leben führt wie du. [...] Wisse aber, unwürdiger Sohn, dass meine väterliche Zärtlichkeit durch deine Ausschweifungen ihr Ende erreicht hat; dass ich früher als du denkst deinen Untaten ein Ziel zu setzen wissen werde und dass ich dem Zorn des Himmels zuvorkommen und durch deine Bestrafung die Schmach tilgen will, dir das Leben gegeben zu haben.

1 Erarbeiten Sie aus dem Monolog des Don Luis, wie er sein Urteil über Don Juan begründet. Auf welche Werte greift er zurück?

Als einem zentralem Begriff der Moral, der als ethischer Wert das beständige Gerichtetsein auf das sittlich Gute meint, geht es bei der Tugend zum einen darum, das Gute zu wollen (Gesinnung; Bereitschaft zum Guten), zum anderen aber auch, fähig zu sein, das Gute zu tun (dazu zu „taugen"). Im folgenden Unterkapitel finden Sie die konkrete Darstellung einer Tugendlehre.

Im Folgenden geht es um die Frage, inwiefern moralische Beurteilungen einem Wandel unterliegen.

2 Denken Sie an Konflikte, die Sie selbst schon einmal mit Eltern oder nahen Verwandten erlebt haben. Welche Vorwürfe wurden Ihnen entgegengebracht?

3 Tauschen Sie sich mit Ihren Eltern aus:
a) Was möchten Ihre Eltern mit Ihrer Erziehung erreichen? Welche Erwartungen liegen möglichen Vorwürfen zugrunde?
b) Auf welchen Wertvorstellungen basieren diese Erwartungen? Sind diese noch zeitgemäß oder halten Sie einige auch für veraltet?

4 Benennen Sie Werte, die in Ihrer eigenen Erziehung eine Rolle gespielt haben und/oder noch spielen, und stellen Sie diese den Werten von Don Luis gegenüber.

Kurt Bayertz: Moral und Ethik (2004)

M 16

In einer ersten Verwendungsweise bezeichnet „Moral" einen Komplex von Normen, Werten oder Idealen, der jedem Individuum einen allgemeinen Leitfaden für die Gestaltung seines Lebens bereitstellt. Eine *solche Moral im weiteren Sinne* weist jedem Individuum einen Platz in der Welt an und sagt ihm, worauf es im Leben ankommt. Orientierungssysteme dieser Art gibt es in allen menschlichen Gesellschaften; ihre Existenz ist eine anthropologische Konstante. Je weiter wir historisch zurückgehen, desto homogener verschmelzen sie mit den jeweils geltenden mythischen oder religiösen Überzeugungen; ihre Legitimation beruht wesentlich auf Tradition. Später werden solche Systeme auch von bestimmten Individuen oder Gruppen bewusst entworfen und der Tradition entgegengesetzt; sie sind nun kritisch reflektierte Anleitung zum richtigen Verständnis der Welt und zur richtigen Führung des Lebens. Damit ist der Übergang zum philosophischen Denken vollzogen, zur *Ethik* als dem Bemühen um die systematische Grundlegung und Ausarbeitung eines Leitfadens der Lebensführung. In diesem Sinne hat Ludwig Wittgenstein die Ethik als die Untersuchung dessen bezeichnet, was wirklich wichtig ist. In der Ethik geht es nach Wittgenstein darum, den Sinn des Lebens zu erkunden, zu untersuchen, was das Leben lebenswert macht, oder zu erforschen, welches die rechte Art zu leben ist. Die Moral im weiteren Sinne und die Ethik unterscheiden sich demnach nicht durch ihren Inhalt und ihre Funktion; beide formulieren allgemeine und umfassende normative Orientierungen des menschlichen Handelns und Lebens. Ihre Differenz liegt lediglich darin, dass die Ethik sich nicht mit der Autorität der Tradition zufriedengibt, sondern Orientierungen auf einer theoretisch und methodisch reflektierten Ebene zu erarbeiten sucht.

5 Erarbeiten Sie aus M 16, wie der Philosoph Kurt Bayertz (* 1948) Moral definiert und in welchem Zusammenhang er sie mit der Tradition stellt.

6 Stellen Sie grafisch dar, wie Bayertz Moral und Ethik voneinander abgrenzt. Welche Gemeinsamkeiten gibt es bei beiden Begriffen? Worin liegt der besondere Charakter der Ethik?

Der britische Philosoph und Mathematiker Bertrand Russell (1872–1970) beschäftigt sich aus einer ethischen Perspektive mit verschiedenenen Kulturen und ihren Sittenkodizes [kulturinterne Verhaltensregeln].

M 17 Bertrand Russell: Andere Länder und Zeiten – andere Sitten (1954)

Die Sittenkodizes sind zu verschiedenen Zeiten und in den verschiedenen Teilen der Welt so unterschiedlich gewesen, dass man es fast nicht für möglich halten sollte. Die Azteken betrachteten es als schmerzliche Pflicht, bei feierlichen Gelegenheiten Menschenfleisch zu essen; sie glaubten, bei Nichterfüllung dieser Pflicht werde das Licht der Sonne erlöschen. Die Kopfjäger von Borneo durften, bevor ihnen die niederländische Regierung das Selbstbestimmungsrecht nahm, nur heiraten, wenn sie eine bestimmte Anzahl von Köpfen als Morgengabe darbrachten; ein junger Mann, der das versäumte, verfiel der Verachtung, die man in Amerika einem sissy, einem Schwächling, gegenüber empfindet. Konfuzius entschied, dass ein Mensch, dessen Eltern noch lebten, sich mangelnder Sohnesliebe schuldig mache, wenn er einen einträglichen Regierungsposten ablehne, denn er habe sein Gehalt und seine Nebeneinnahmen dazu zu verwenden, Vater und Mutter einen behaglichen Lebensabend zu bereiten. Hammurabi dekretierte, dass, wenn die Tochter eines angesehenen Mannes an den Folgen von Schlägen während der Schwangerschaft stürbe, die Tochter desjenigen, der ihr die Schläge versetzt hatte, hinzurichten sei. Das jüdische Gesetz befahl, eine Frau, die beim Ehebruch ertappt wurde, zu steinigen.

Angesichts dieser unterschiedlichen Moralkodizes vermögen wir nicht zu sagen, dass gewissen Arten von Handlungen recht, andere dagegen unrecht seien, wenn wir nicht ein Kriterium ausfindig machen, auf Grund dessen manche Kodizes besser sind als andere. Von Natur aus hat jeder, der über seine Heimat nicht hinausgekommen ist, die Neigung, diese Frage sehr einfach zu entscheiden: Der Kodex seines Landes ist der richtige, und wenn andere Kodizes von ihm abweichen, so sind sie zu verwerfen. Dieser Standpunkt ist besonders einfach zu vertreten, wenn die Vermutung besteht, dass der eigene Kodex übernatürlichen Ursprungs ist. [...] Wenn sich aber mehrere unterschiedliche Kodizes gleichzeitig auf einen erhabenen Ursprung berufen, dann kann der Philosoph sich schwerlich für einen von ihnen entscheiden, wenn für ihn nicht ein besonderes Argument spricht, das die anderen nicht für sich geltend machen können.

Manch einer wird vielleicht sagen, ein Mensch müsse den Sittenkodex seiner Gemeinschaft befolgen, wie er auch beschaffen sein möge. Wenn ich auch allenfalls zugebe, dass er nicht dafür getadelt werden kann, wenn er das tut, so glaube ich doch, dass häufig die Veranlassung besteht, ihn dafür zu loben, dass er es unterlässt. Der Kannibalismus war einst fast überall üblich und meist mit der Religion verknüpft. Dass er von selbst ausstarb, ist nicht anzunehmen; sicherlich haben irgendwelche Pioniere der Sittlichkeit ihn für einen schlechten Brauch erklärt. [...] Die ersten Fürsprecher der religiösen Toleranz galten als schlecht, und nicht anders erging es den ersten Gegnern der Sklaverei. Die Evangelien berichten, wie Christus die strengeren Formen des Sabbat-Tabus bekämpfte. Angesichts dieser Beispiele lässt sich nicht bestreiten, dass gewissen Handlungen eines Menschen, die wir alle sehr lobenswert finden, in der Kritik an dem Sittenkodex seiner Gemeinschaft oder gar in dessen Übertretung bestehen. Natürlich gilt das nur für vergangene Zeiten oder für Ausländer; bei uns könnte so etwas gar nicht vorkommen, denn unser Sittenkodex ist ja über jede Kritik erhaben.

7 Analysieren Sie den Text, indem Sie die Argumentationsstruktur darstellen. Achten Sie dabei auch auf Signalwörter wie performative Verben und Konjunktionen. Erklären Sie die Intention Russells.

8 Sammeln Sie Beispiele von Sitten in anderen Kulturen und beurteilen Sie diese in Kleingruppen. Überlegen Sie dabei auch, wie Russell diesen Sitten begegnen würde. Nehmen Sie abschließend unter Bezugnahme auf eines Ihrer Beispiele schriftlich Stellung zu den Möglichkeiten und Grenzen der ethischen Bewertung von Sittenkodizes.

9 Projektidee: Finden Sie Beispiele für Männer und Frauen, die in der Kritik an der Moral ihrer Kultur nicht müde wurden/werden und nachhaltige Veränderungen herbeiführen oder herbeigeführt haben. Gestalten Sie eine Ausstellung zu Persönlichkeiten, die sich um „moralischen Fortschritt“ verdient gemacht haben.

2. Glück für Einzelne – Glück für alle: Eudaimonía und Nützlichkeit

2.1 Vorstellungen vom Glück und gelingenden Leben – Epikur, Aristoteles

Henrik Ibsen: Ein Volksfeind (1882)

M 1

Im Haus des Badearztes [Kurarztes] Dr. Thomas Stockmann in einem norwegischen Küstenort findet ein Gespräch zwischen dessen Bruder, dem Stadtvogt – Chef der Stadtverwaltung – Peter Stockmann, Journalisten der lokalen Zeitung (Billing, Hovstadt), dem Schiffskapitän Horster, der Hausherrin Frau Stockmann und ihrer erwachsenen Tochter Petra statt. Darin wird der Bürgersinn in der Stadt beschworen, der sich an dem neuen Kurbad entzündet hat. Dieses Bad hat mit dem damit einhergehenden Kur-Tourismus dem Ort in der letzten Zeit einen materiellen und sozialen „Riesenaufschwung“ (Stadtvogt) beschert. In die allseits optimistische Stimmung der Hausgesellschaft lässt der Badearzt schließlich eine „Bombe“ platzen: Nach seiner eigenen, nun gerade von einer Universität bestätigten, im Geheimen durchgeführten chemischen Analyse ist das Kurwasser von Gerbereiabfällen vergiftet, mit Krankheitserregern infiziert und damit gesundheitsschädlich. Abhilfe könne nur eine teure andere Trassenführung der Wasserleitung schaffen. Der Badearzt sonnt sich in seinem wissenschaftlichen Erfolg.

Henrik Ibsen: Ein glücklicher Schatzgräber

M 2

Billing: Bald sind Sie – Gott verdamm' mich – der erste Mann der Stadt, Herr Doktor!

Stockmann (geht vergnügt umher): Ach was! Im Grunde habe ich ja doch nur meine Pflicht getan. Ich bin ein glücklicher Schatzgräber gewesen; das ist alles; trotzdem aber –

Billing: Hovstad, was meinen Sie, müsste die Stadt nicht dem Doktor einen Fackelzug bringen?

Hovstadt: Ich will es wenigstens befürworten. [...]

Stockmann: Nein, liebe Freunde, solche Narreteien, die lasst nur bleiben; von solchen Veranstaltungen will ich nichts wissen. Und wenn es der Badeverwaltung vielleicht einfallen sollte, mir eine Gehaltszulage zu bewilligen, so nehme ich sie nicht an. Käte, das sag' ich Dir, – ich nehme sie nicht an.

Frau Stockmann: Das ist recht von Dir, Thomas.

Petra (erhebt ihr Glas): Prosit, Vater!

Hovstadt und Billing: Prosit, prosit, Herr Doktor!

Horster (stößt mit dem Doktor an): Mögen Sie nur Freude an der Geschichte erleben!

Stockmann: Danke schön, danke schön, meine lieben Freunde! Ich bin so herzensfroh –; ach, es ist doch etwas Herrliches, das Bewusstsein: sich um seine Vaterstadt und seine Mitbürger verdient gemacht zu haben. Hurra, Käte!

(schlingt beide Arme um ihren Hals und wirbelt mit ihr im Kreise herum. Frau Stockmann schreit und sträubt sich. Lachen, Händeklatschen und Hochrufe.)

1 Dr. Stockmann bringt sein Glück mit den Worten „Ich bin so herzensfroh“ (Z. 22) zum Ausdruck. Was macht ihn so glücklich?

2 Erörtern Sie, ob Dr. Stockmanns Glück berechtigt ist.

Im Folgenden geht es um die Frage, ob man sein Handeln am Glück ausrichten sollte.

3 Worüber können Sie sich von Herzen freuen? Was macht Sie glücklich? Schreiben Sie einen Brief an sich selbst und notieren Sie darin, was Sie für dieses Glück zu tun und zu lassen bereit sind.

Mit Glück und Freude beschäftigt sich der griechische Philosoph Epikur (um 341–271/270 v. Chr.), ein Vertreter des sogenannten Hedonismus, im folgenden Text. Der Hedonismus (griech. *hedoné* = Freude, Lust) ist die Lehre von der Orientierung des Lebens an Lust und Freude – dass nämlich Lustbefriedigung im Leben das höchste Glück verspreche.

M 3

Epikur: Glück ist Lustgewinn

Wir müssen uns also kümmern um das, was die Glückseligkeit schafft: wenn sie da ist, so besitzen wir alles, wenn sie aber nicht da ist, dann tun wir alles, um sie zu besitzen. [...] Eine unverwirrte Betrachtung dieser Dinge weiß jedes Wählen und Meiden zurückzuführen auf die Gesundheit des Leibes und die Beruhigtheit der Seele; denn dies ist die Erfüllung des seligen Lebens. Um dessentwillen tun wir nämlich alles: damit wir weder Schmerz noch Verwirrung empfinden. Sobald einmal dies an uns geschieht, legt sich der ganze Sturm der Seele. Das Lebewesen braucht sich dann nicht mehr aufzumachen nach etwas, was ihm noch fehlte, und nach etwas anderem zu suchen, durch das das Wohlbefinden von Seele und Leib erfüllt würde. Dann nämlich bedürfen wir der Lust, wenn uns die Abwesenheit der Lust schmerzt. Wenn uns aber nichts schmerzt, dann bedürfen wir der Lust nicht mehr.

Darum nennen wir auch die Lust Anfang und Ende des seligen Lebens. Denn sie haben wir als das erste und angeborene Gut erkannt, von ihr aus beginnen wir mit allem Wählen und Meiden, und auf sie greifen wir zurück, indem wir mit der Empfindung als Maßstab jedes Gut beurteilen. Und eben weil sie das erste und angeborene Gut ist, darum wählen wir auch nicht jede Lust, sondern es kommt vor, dass wir über viele Lustempfindungen hinweggehen, wenn sich für uns aus ihnen ein Übermaß an Lästigem ergibt. Wir ziehen auch viele Schmerzen Lustempfindungen vor, wenn uns auf das lange dauernde Ertragen der Schmerzen eine größere Lust nachfolgt. Jede Lust also, da sie eine uns angemessene Natur hat, ist ein Gut, aber nicht jede ist zu wählen; wie auch jeder Schmerz ein Übel ist, aber nicht jeder muss natürlicherweise immer zu fliehen sein. Durch wechselseitiges Abmessen und durch die Beachtung des Zuträglichen und Abträglichen vermag man dies alles zu beurteilen. Denn zu gewissen Zeiten gehen wir mit dem Gut um wie mit einem Übel und mit dem Übel wiederum wie mit einem Gute.

Wir halten auch die Selbstgenügsamkeit für ein großes Gut, nicht um uns in jedem Falle mit Wenigem zu begnügen, sondern damit wir, wenn wir das Viele nicht haben, mit dem Wenigen auskommen, in der echten Überzeugung, dass jene den Überfluss am süßesten genießen, die seiner am wenigsten bedürfen, und dass alles Naturgemäße leicht, das Sinnlose aber schwer zu beschaffen ist, und dass bescheidene Suppen ebenso viel Lust erzeugen wie ein üppiges Mahl, sowie einmal aller schmerzende Mangel beseitigt ist, und dass Wasser und Brot die höchste Lust zu verschaffen vermögen, wenn einer sie aus Bedürfnis zu sich nimmt. Sich also zu gewöhnen an einfaches und nicht kostspieliges Essen verschafft nicht nur volle Gesundheit, sondern macht den Menschen auch unbeschwert gegenüber den notwendigen Verrichtungen des Lebens, bringt uns in eine zufriedenere Verfassung, wenn wir in Abständen uns einmal an eine kostbare Tafel begeben, und erzeugt Furchtlosigkeit vor den Wechselfällen des Zufalls.

Wenn wir also sagen, dass die Lust das Lebensziel sei, so meinen wir nicht die Lüste der Wüstlinge und das bloße Genießen, wie einige aus Unkenntnis und weil sie mit uns nicht übereinstimmen oder weil sie uns missverstehen, meinen, sondern wir verstehen darunter, weder Schmerz im Körper noch Beunruhigung in der Seele zu empfinden. Denn nicht Trinkgelage und ununterbrochenes Schwärmen und nicht Genuss von Knaben und Frauen und von Fischen und allem anderen, was ein reichbesetzter Tisch bietet, erzeugt das lustvolle Leben, sondern die nüchterne Überlegung, die die Ursachen für alles Wählen und Meiden erforscht und die leeren Meinungen austreibt, aus denen die schlimmste Verwirrung der Seele entsteht.

Für all dies ist der Anfang und das größte Gut die Einsicht. Darum ist auch die Einsicht noch kostbarer als die Philosophie. Aus ihr entspringen alle übrigen Tugenden, und sie lehrt, dass es nicht möglich ist, lustvoll zu leben, ohne verständig, schön und gerecht zu leben noch auch verständig, schön und gut, ohne lustvoll zu leben. Denn die Tugenden sind von Natur verbunden mit dem lustvollen Leben, und das lustvolle Leben ist von ihnen untrennbar.

4 Verfassen Sie einen Lexikonbeitrag über Epikurs Glücksvorstellung, in dem Sie auch auf die Rolle eingehen, die die Lust darin spielt.

Auch Aristoteles (384–322 v. Chr.), einer der bekanntesten und einflussreichsten Philosophen der Geschichte, beschäftigt sich mit dem Zusammenhang von Glück und Lust.

Aristoteles: Glück (Eudaimonía) ist die der Tugend gemäße Tätigkeit

M 4

Jede Kunst und jede Lehre, ebenso jede Handlung und jeder Entschluss scheint irgendein Gut zu erstreben. Darum hat man mit Recht das Gute als dasjenige bezeichnet, wonach alles strebt. Es zeigt sich aber ein Unterschied in den Zielen [...].

Wenn es aber ein Ziel des Handelns gibt, das wir um seiner selbst willen wollen und das andere um seinetwillen [...], dann ist es klar, dass jenes das Gute und das Beste ist.

[...] Da also jede Erkenntnis und jeder Entschluss nach irgendeinem Gute strebt, [...] welches ist das oberste aller praktischen Güter? [...] Derart dürfte in erster Linie die Glückseligkeit [„eudaimonía“] sein. Denn diese suchen wir stets wegen ihrer selbst und niemals wegen eines anderen; Ehre dagegen und Lust und Vernunft und jede Tüchtigkeit suchen wir teils wegen ihnen selber (denn auch wenn wir keinen weiteren Gewinn von ihnen hätten, würden wir jedes einzelne von ihnen wohl erstreben), teils aber auch um der Glückseligkeit willen, da wir glauben, eben durch jene Dinge glückselig zu werden. Die Glückseligkeit aber wählt keiner um jener Dinge willen und überhaupt nicht wegen eines anderen. [...] So scheint also die Glückseligkeit das vollkommene und selbstgenügsame Gut zu sein und das Endziel des Handelns.

[...] Wir suchen [...] das dem Menschen Eigentümliche. [...] Es bleibt also das Leben in der Betätigung des vernunftbegabten Teiles übrig. [...]

Ist aber die Glückseligkeit eine der Tugend gemäße Tätigkeit, so muss sie vernünftigerweise der vorzüglichsten Tugend gemäß sein, und diese ist wieder die Tugend des Besten in uns. [...]

Denn zunächst ist die [...] (betrachtende) Tätigkeit die beste. Der Geist nämlich ist das Beste in uns, und die Objekte des Geistes sind wieder die besten im ganzen Bereich der Erkenntnis. Sodann ist sie die anhaltendste. Anhaltend denken können wir leichter als irgend etwas anderes anhaltend tun.

Ferner glauben wir, dass der Glückseligkeit Lust beigemischt sein muss. Nun ist aber unter allen tugendgemäßen Tätigkeiten die der Weisheit zugewandte eingestandenermaßen die genussreichste. Und in der Tat bietet die Philosophie Genüsse von wunderbarer Reinheit und Beständigkeit [...].

Ist nun der Geist im Vergleich mit dem Menschen etwas Göttliches, so muss auch das Leben nach dem Geiste im Vergleich mit dem menschlichen Leben göttlich sein. [...] Wir sollen, soweit es möglich ist, uns bemühen, unsterblich zu sein und alles zu tun, um nach dem Besten, was in uns ist, zu leben. [...] Was einem Wesen von Natur eigentümlich ist, ist auch für es das beste und genussreichste. Für den Menschen ist dies das Leben gemäß dem Geiste, da ja dieses am meisten der Mensch ist. Also ist dieses Leben auch das glückseligste.

An zweiter Stelle ist dasjenige Leben glückselig, das der sonstigen Tugend gemäß ist.

Die dieser sonstigen Tugend entsprechenden Tätigkeiten sind menschlicher Art. Gerechtigkeit, Tapferkeit und die anderen Tugenden üben wir gegeneinander im geschäftlichen Verkehr, in Notlagen, in Handlungen aller Art und in den Leidenschaften dadurch, dass wir jedem so viel zumessen, als sich gebührt.

5 Schreiben Sie die Begriffe Weisheit, Lust, Genuss, Endziel des Handelns, Geist, das Gute, Betätigung der Vernunft und Glück(-seligkeit) auf kleine Kärtchen und legen Sie diese Kärtchen in eine dem Text entsprechend sinnvolle Struktur. Vergleichen Sie anschließend Ihre Lösung mit der Ihres Nachbarn und optimieren Sie beide Ihre jeweilige Struktur.

6 Vergleichen Sie Epikurs und Aristoteles' Vorstellung von Glück und Lust mit dem Glück des Badearztes in M 2 und Ihren eigenen Glücksvorstellungen (vgl. Arbeitsanregung 3).

7 Was würden Epikur und Aristoteles Dr. Stockmann raten? Bilden Sie zwei Gruppen und diskutieren Sie.

8 Bringen Sie die folgenden Glückssituationen in eine Reihenfolge, die von Ihrer Vorstellung von Glück ausgeht:
- Sie haben sich total verliebt.
- Sie haben endlich den Zitronensäure-Zyklus verstanden.
- Ihr favorisierter Fußballverein steht unverhofft auf einem Tabellenplatz, der zur Teilnahme an der Champions' League berechtigt.
- Sie haben mit Ihrer Schulmannschaft die Stadt-/Kreismeisterschaft errungen, und jetzt werden Sie nach allem Verzicht und allen Entbehrungen mal so richtig über die Stränge schlagen.
- Sie haben es endlich geschafft, mit Ihrer Oma den lange versprochenen Ausflug zu machen, und sie war hellauf begeistert.
- Sie haben es mit eiserner Disziplin geschafft, Ihr Gewicht auf das von Ihrem Hausarzt angeratene Niveau zu drücken.

2.2 Gelingendes Leben: der Zusammenhang von Glück und Vernunft – Aristoteles

Welche Konsequenzen aus Dr. Stockmanns chemischen Wasseranalysen zu ziehen sind, darüber geraten er und sein Bruder, der Stadtvogt, im zweiten Akt massiv aneinander. Am Ende des eskalierenden Streits bedroht der Stadtvogt seinen Bruder mit dienstrechtlichen Konsequenzen – seiner Entlassung als Badearzt.

M 5 Henrik Ibsen: Ach, denk doch nicht immer zuerst an uns, Mutter

Stockmann (geht auf und ab): Und eine solche Behandlung muss ich mir gefallen lassen! In meinem eigenen Hause, Käte! Was sagst Du dazu! [...]

Frau Stockmann: Aber, bester Thomas, Dein Bruder hat nun einmal die Macht –

Stockmann: Ja, aber ich habe das Recht, Du!

Frau Stockmann: Ach ja, das Recht, das Recht; was hilft Dir Dein Recht, wenn Du nicht die Macht hast?

Petra: Aber, Mutter, – wie kannst Du nur so reden?

Stockmann: Also in einem freien Gemeinwesen sollte es nichts helfen, das Recht auf seiner Seite zu haben? Du bist komisch, Käte. Und außerdem, – habe ich nicht die freisinnige, unabhängige Presse vor mir, – und die kompakte Majorität hinter mir? Das wäre doch Macht genug, sollte ich meinen.

Frau Stockmann: Aber, Gott im Himmel, Thomas, Du gedenkst doch um alles in der Welt nicht – [...] Dich gegen Deinen Bruder aufzulehnen [...]?

Stockmann: Was zum Teufel, meinst Du, sollte ich sonst tun, wenn ich nicht das preisgeben will, was rechtens und wahr ist?

Petra: Ja, das frage ich wirklich auch.

Frau Stockmann: Aber es nützt Dir doch absolut gar nichts; wenn sie nicht wollen, so wollen sie nicht.

Stockmann: Hoho, Käte, lass mir nur Zeit, und Du wirst sehen, ich setze meinen Willen durch.

Frau Stockmann: Ja, Du setzt es vielleicht durch, dass sie Dir den Abschied geben, – das tust Du.

Stockmann: Dann habe ich wenigstens meine Pflicht gegen das Publikum, – gegen die Gesellschaft getan. Ich, der ein Feind der Gesellschaft genannt wird!

Frau Stockmann: Aber gegen Deine Familie, Thomas? Gegen uns? Nennst Du das Deine Pflicht tun gegen die, deren Versorger Du bist?

Petra: Ach, denk doch nicht immer zuerst und vor allem an uns, Mutter.

Frau Stockmann: Ja, Du hast gut reden; Du kannst im Notfall auf eigenen Füßen stehen. – Aber denk an die Jungen, Thomas; und denk auch ein bisschen an Dich selbst, und an mich –

Stockmann: Aber ich glaube, Du hast den Verstand verloren, Käte! Wenn ich so jämmerlich feige wäre, vor diesem Peter und seinem vermaledeiten Anhang zu kapitulieren, – würde ich dann wohl im Leben je wieder eine glückliche Stunde haben?

Frau Stockmann: Ja, das weiß ich nicht; aber der liebe Herrgott möge uns vor dem Glück bewahren, das unser aller wartet, wenn Du bei Deinem Trotz verharrst. Dann stehst Du wieder ohne Brot da, ohne feste Einnahmen. Ich sollte meinen, das hätten wir in früheren Tagen zur Genüge gekostet; vergiss das nicht, Thomas; vergiss nicht, was das auf sich hat. [...]

Im Folgenden geht es um das Problem, ob vernunftgemäßes Verhalten immer zum Glück führt.

1 Dr. Stockmann scheint nur die Wahl zwischen Trotz und Feigheit zu haben.
Die folgenden Bilder rechts und links illustrieren solche gegensätzlichen Haltungen.
Stellen Sie die jeweils passende Haltung in der Mitte in Ihrem Heft kreativ dar.

M 6

Feigheit

Trotz

Geiz

Verschwendung

Schlamperei

Pedanterie

2 Schreiben Sie eine versöhnliche Schlussszene zu M 5 zwischen Dr. Stockmann und seiner Frau.

Aristoteles (384–322 v. Chr.) schließt an sein Eudaimonía-Konzept (M 4) eine Tugendethik an, die sog. Mesótes-Lehre (griech. *mesótes* = die Mitte).

M 7 Aristoteles: So wird die Tugend wohl auf die Mitte zielen

[...] Wenn nun jede Wissenschaft ihre Leistung auf diese Weise gut zu Ende bringt, indem sie auf die Mitte sieht und die Leistungen darauf hinführt [...], da nämlich Übermaß und Mangel das Geglückte zerstören, das Mittelmaß es dagegen bewahrt [...], so wird die Tugend wohl auf die Mitte zielen. [...] Denn sie befasst sich mit den Leidenschaften und Handlungen, und an diesen befinden sich Übermaß, Mangel und Mitte. [...]

Die Tugend ist also ein Verhalten der Entscheidung, begründet in der Mitte im Bezug auf uns, einer Mitte, die durch Vernunft bestimmt wird und danach, wie sie der Verständige bestimmen würde. Die Mitte liegt aber zwischen zwei Schlechtigkeiten, dem Übermaß und dem Mangel. Während die Schlechtigkeiten in den Leidenschaften und Handlungen hinter dem Gesollten zurückbleiben oder über es hinausgehen, besteht die Tugend darin, die Mitte zu finden und zu wählen. Darum ist die Tugend hinsichtlich ihres Wesens und der Bestimmung ihres Was-Seins eine Mitte, nach der Vorzüglichkeit und Vollkommenheit aber das Höchste.

Freilich hat nicht jede Handlung und nicht jede Leidenschaft Raum für eine Mitte. Denn einzelne sind in ihrem Namen schon verbunden mit der Schlechtigkeit, wie die Schadenfreude, die Schamlosigkeit oder der Neid, und bei den Handlungen der Ehebruch, der Diebstahl und der Mord. Alle diese und ähnliche Dinge werden getadelt, weil sie in sich selbst schlecht sind und nicht ihr Übermaß oder ihr Mangel. Man kann bei ihnen also niemals das Rechte treffen, sondern immer nur sich verfehlen. Es gibt kein Richtig oder Unrichtig im Bezug auf solche Dinge [...]. Bei Furcht und Mut ist die Tapferkeit die Mitte. [...] Das (Übermaß) in Richtung auf den Mut heißt Tollheit; [...] der Mangel an Mut heißt Feigheit. [...] Bei Geben und Nehmen von Geld ist die Mitte die Großzügigkeit, Übermaß und Mangel sind Verschwendung und Kleinlichkeit. [...]

Dass nun also die ethische Tugend eine Mitte ist, und wie sie es ist, und dass sie die Mitte zweier Schlechtigkeiten ist, derjenigen des Übermaßes und derjenigen des Mangels, und dass die Tugend solcher Art ist, weil sie die Kunst ist, in den Leidenschaften und Handlungen auf die Mitte zu zielen, dies ist nun hinreichend dargelegt. [...]

Die Tugenden [...] erwerben wir, indem wir sie zuvor ausüben, wie dies auch für die sonstigen Fertigkeiten gilt. Denn was wir durch Lernen zu tun fähig werden sollen, das lernen wir eben, indem wir es tun: Durch Bauen werden wir Baumeister und durch Kitharaspielen Kitharisten. Ebenso werden wir gerecht, indem wir gerecht handeln, besonnen durch besonnenes, tapfer durch tapferes Handeln.

3 Fassen Sie die argumentativen Schritte zusammen, mit denen Aristoteles den Zusammenhang zwischen Vernunft, Glück/Glückseligkeit und Tugend herstellt.

4 Verhält sich der Badearzt tugendhaft im Sinne der Mesótes-Lehre des Aristoteles?

5 Schreiben Sie die versöhnliche Schlussszene (vgl. Arbeitsanregung 2) neu – diesmal im Sinne der Mesótes-Lehre des Aristoteles.

INFO

Tugendethik

Die Tugendethik beantwortet die Frage, wie man leben soll, mit dem Hinweis auf die innerhalb einer Moral als positiv bewerteten Einstellungen und Verhaltensdispositionen, die Tugenden (z. B. Gerechtigkeit, Tapferkeit, Klugheit). Sie unterscheidet sich somit von der deontologischen (Pflichten-) Ethik und von der Folgenethik (Utilitarismus). Sie ist der Versuch, eine faktisch geltende oder normativ geforderte Moral von den in ihr geltenden Tugendbegriffen her zu rekonstruieren, statt von den Werten oder Normen her. In den Tugendbegriffen werden Wert- und Richtigkeitsprinzipien in modellhaften Beispielen gebündelt (Welche Art von Charakter sollen wir ausbilden? Welche Art von Menschen sollen wir sein?).

Ein Einwand gegen eine reine Tugendethik: Die typischen Handlungsweisen eines Tugendhaften können nur durch vorgängige moralische Richtigkeits- und Werturteile bestimmt werden. Tugendbegriffe sind also abgeleitete Kategorien.

6 Malen oder beschreiben Sie die Abenteuer und Erlebnisse eines jungen Menschen, der sich auf dem Weg zur „Tugend“ im Sinne des Aristoteles befindet. An welche Stellen wird ihn sein Weg führen? Wie wird er sich dort verhalten?

Eine Weggabelung im Wald

M 8

2.3 Gemeinschaftliches Glück: das Interesse der größten Anzahl – Bentham, Mill

Das Konfliktgespräch zwischen dem Badearzt und dem Stadtvogt darüber, welche Konsequenzen aus Dr. Stockmanns chemischen Wasseranalysen zu ziehen seien, ist eine genauere Untersuchung unter philosophischen Aspekten wert. Die politischen Fronten sind klar abgesteckt, als sich Dr. Stockmann mit seinem Bruder trifft: die Mehrheit der Bürger mit „anständige[n] Gesinnungen“ und dem Grundgefühl moralisch-politischer Berechtigung – da es um „Wissenschaft“, „Wahrheit“ und „Befreiung“ geht – auf der einen Seite, die Stadtverwaltung, die sich als unfähig erwiesen hat, den Gift-Skandal zu verhindern, auf der anderen Seite.

Henrik Ibsen: Ein Verbrechen an der ganzen Gesellschaft

M 9

Stockmann: Aber was, meinst Du denn, soll geschehen?
Stadtvogt: Ich habe aus Deiner Abhandlung nicht die Überzeugung gewinnen können, dass die Wasserverhältnisse des Bades so bedenklich sind, wie Du sie darstellst.
Stockmann: Eher sind sie noch schlimmer, Du! Oder sie werden es wenigstens im Sommer, wenn die heißen Tage kommen.
Stadtvogt: Wie gesagt, ich glaube, Du übertreibst bedeutend. Ein tüchtiger Arzt muss seine Verhaltungsmaßregeln zu treffen wissen, – er muss verstehen, schädlichen Einwirkungen vorzubeugen und ihnen abzuhelfen, wenn sie sich ganz augenscheinlich geltend machen sollten.
Stockmann: Und dann? – Was weiter –?
Stadtvogt: Die Wasserversorgung des Bades, so wie sie existiert, ist nun einmal ein Faktum und muss selbstverständlich als ein solches behandelt werden. Doch voraussichtlicherweise wird die Direktion seinerzeit nicht abgeneigt sein, in Erwägung zu ziehen, inwieweit es mit erschwinglichen pekuniären [finanziellen] Opfern möglich sein wird, gewisse Verbesserungen einzuführen.
Stockmann: Und auf solche Hinterlist, meinst Du, würde ich jemals eingehen?!
Stadtvogt: Hinterlist?
Stockmann: Jawohl, es wäre eine Hinterlist, – eine Betrügerei, eine Lüge, geradezu ein Verbrechen am Publikum, an der ganzen Gesellschaft!
Stadtvogt: Ich habe, wie ich schon bemerkte, nicht die Überzeugung gewinnen können, dass Gefahr im Verzuge ist.
Stockmann: Doch hast Du das. Es ist nicht anders möglich. Meine Darstellung ist schlagkräftig und richtig, das weiß ich! Und Du siehst das auch sehr wohl ein, Peter; aber Du willst es nur nicht wahr haben. *Du* hast es durchgesetzt, dass die Badegebäude wie auch das Wasserwerk da angelegt wurden, wo sie jetzt liegen; und *das* ist es – dieser verdammte Missgriff ist es, den Du nicht eingestehen willst. Pah! glaubst Du, dass ich Dich nicht durchschaue?

Stadtvogt: Und wenn dem so wäre? Wenn ich vielleicht mit einer gewissen Ängstlichkeit über meinem Ansehen wache, so geschieht das zum Frommen [Nutzen] der Stadt. Ohne moralische Autorität kann ich die Geschäfte nicht so führen und leiten, wie ich es für das Wohl des Ganzen am zweckdienlichsten erachte. Deshalb – und aus diversen anderen Gründen, – ist mir viel daran gelegen, dass Deine Darstellung nicht an die Badedirektion gelangt. Im Interesse des Gemeinwohls muss sie zurückgehalten werden. Ich werde dann später die Sache zur Diskussion bringen, und wir werden in aller Stille unser Bestes tun; aber nichts – auch nicht das leiseste Wort darf in dieser fatalen Angelegenheit zur Kenntnis der Öffentlichkeit gelangen.

M 10

Nach der Explosion der Bohr-Plattform „Deep Water Horizon" im Golf von Mexiko geht US-Präsident Barack Obama mit Tochter Sasha dort baden. Optimismus oder Verharmlosung?

1 a) Untersuchen Sie die Argumentation des Stadtvogts. An welchen Maßstäben orientiert sie sich? Welche Werte legt der Stadtvogt seiner Argumentation zugrunde?
b) Diskutieren Sie, ob hier das gleiche Problem vorliegt wie in M 10.

▼ Im Folgenden geht es um das Problem, wie sich das Gemeinwohl mit dem Glück des Einzelnen verträgt.

2 Wer hat nach Ihrer Meinung „die Moral" auf seiner Seite – Badearzt Dr. Thomas Stockmann oder Stadtvogt Peter Stockmann? Verfassen Sie ein (zugespitztes) Plädoyer.

Der englische Philosoph Jeremy Bentham (1748–1832) schlägt einen Maßstab und ein Verfahren zur Lösung solcher ethischer Konflikte wie desjenigen zwischen dem Badearzt und dem Stadtvogt vor, den sog. hedonistischen Kalkül.

M 11 Jeremy Bentham: Freude und Leid messen (1789)

Für eine Anzahl von Personen wird der Wert einer Freude oder eines Leids, [...] gemäß sieben Umständen größer oder kleiner sein; das sind [...]
a) die Intensität, b) die Dauer, c) die Gewissheit oder Ungewissheit, d) die Nähe oder Ferne, e) die Folgenträchtigkeit, f) die Reinheit einer Freude oder eines Leids [...], g) das Ausmaß, das heißt die Anzahl der Personen, auf die Freude oder Leid sich erstrecken oder (mit anderen Worten) die davon betroffen sind.
Wenn man also die allgemeine Tendenz einer Handlung genau bestimmen will, verfahre man folgendermaßen. Man beginne mit einer der Personen, deren Interessen am unmittelbarsten durch eine derartige Handlung betroffen zu sein scheinen, und bestimme:
a) den Wert jeder erkennbaren Freude, die von der Handlung in erster Linie hervorgebracht zu sein scheint;
b) den Wert jeden Leids, das von ihr in erster Linie hervorgebracht zu sein scheint;
c) den Wert jeder Freude, die von ihr in zweiter Linie hervorgebracht zu sein scheint. [...]
d) den Wert jeden Leids, das von ihr in zweiter Linie anscheinend hervorgebracht wird. [...]
e) Man addiere die Werte aller Freuden auf der einen und die aller Leiden auf der anderen Seite. Wenn die Seite der Freude überwiegt, ist die Tendenz der Handlung im Hinblick auf die Interessen dieser einzelnen Person insgesamt gut; überwiegt die Seite des Leids, ist ihre Tendenz insgesamt schlecht.
f) Man bestimme die Anzahl der Personen, deren Interessen anscheinend betroffen sind, und wiederhole das oben genannte Verfahren im Hinblick auf jede von ihnen. Man addiere die Zahlen, die den Grad der guten Tendenz ausdrücken, die die Handlung hat – und zwar in Bezug auf jedes Individuum, für das die Tendenz insgesamt gut ist; das gleiche tue man in Bezug auf jedes Individuum, für das die Tendenz insgesamt schlecht ist. Man ziehe die Bilanz; befindet sich das Überge-

wicht auf der Seite der Freude, so ergibt sich daraus für die betroffene Gesamtzahl oder Gemeinschaft von Individuen eine allgemein gute Tendenz der Handlung; befindet es sich auf der Seite des Leids, ergibt sich daraus für die gleiche Gemeinschaft eine allgemein schlechte Tendenz.

Es kann nicht erwartet werden, dass dieses Verfahren vor jedem moralischen Urteil und vor jeder gesetzgebenden oder richterlichen Tätigkeit streng durchgeführt werden sollte. Es mag jedoch immer im Blick sein, und je mehr sich das bei solchen Anlässen tatsächlich durchgeführte Verfahren diesem annähert, desto mehr wird sich ein solches Verfahren dem Rang eines exakten Verfahrens annähern.

[...] Auch ist dies keine neue, ungerechtfertigte oder gar nutzlose Theorie. In all dem ist nichts anderes enthalten als das, dem die Handlungsweise der Menschen, wo immer sie sich über ihre Interessen im Klaren sind, vollkommen entspricht.

Mit diesem Konzept des hedonistischen Kalküls [Berechnung] begründet Bentham die Ethik des Utilitarismus (lat. *utile* = nützlich). Darunter versteht man jede Art von Nützlichkeitsethik, also z. B. auch die Ethiken Benthams und John Stuart Mills.

3 Wenden Sie die Position Benthams auf die konträren Positionen in Ibsens „Volksfeind“ an (Stadtvogt und z. T. Frau Stockmann einerseits – Badearzt Dr. Stockmann andererseits). Führen Sie dabei Benthams hedonistischen Kalkül für den dargestellten Konflikt durch.

4 Halten Sie das Ergebnis von Arbeitsanregung 3 für befriedigend? Formulieren Sie Ihre begründete Einschätzung von Benthams Ethik-Vorschlag schriftlich.

Der englische Philosoph, Ökonom, liberale Politiker und Journalist John Stuart Mill (1806–1873) hat die Bentham’sche Nützlichkeitsethik, den Utilitarismus, weiterentwickelt.

John Stuart Mill: Was heißt Nützlichkeit? (1871)

M 12

Die Auffassung, für die die Nützlichkeit oder das Prinzip des größten Glücks die Grundlage der Moral ist, besagt, dass Handlungen insoweit und in dem Maße moralisch richtig sind, als sie die Tendenz haben, Glück zu befördern, und insoweit moralisch falsch, als sie die Tendenz haben, das Gegenteil von Glück zu bewirken. Unter „Glück“ *(happiness)* ist dabei Lust *(pleasure)* und das Freisein von Unlust *(pain)*, unter „Unglück“ *(unhappiness)* Unlust und das Fehlen von Lust verstanden. Damit die von dieser Theorie aufgestellte Norm deutlich wird, muss freilich noch einiges mehr gesagt werden, insbesondere darüber, was die Begriffe Lust und Unlust einschließen sollen und inwieweit dies von der Theorie offengelassen wird. Aber solche zusätzlichen Erklärungen ändern nichts an der Lebensauffassung, auf der diese Theorie der Moral wesentlich beruht: dass Lust und dass Freisein von Unlust die einzigen Dinge sind, die als Endzwecke wünschenswert sind, und dass alle anderen wünschenswerten Dinge [...] entweder deshalb wünschenswert sind, weil sie selbst lustvoll sind oder weil sie Mittel sind zur Beförderung von Lust und zur Vermeidung von Unlust. [...]

[Moral] kann also definiert werden als die Gesamtheit der Handlungsregeln und Handlungsvorschriften, durch deren Befolgung ein Leben der angegebenen Art für die gesamte Menschheit im größtmöglichen Umfange erreichbar ist; und nicht nur für sie, sondern, soweit es die Umstände erlauben, für die gesamte fühlende Natur.

Eine solche Lebensauffassung stößt bei vielen Menschen, darunter manchen, deren Fühlen und Trachten im höchsten Maße achtenswert ist, auf eingewurzelte Abneigung. Der Gedanke, dass das Leben (wie sie sagen) keinen höheren Zweck habe als die Lust, kein besseres und edleres Ziel des Wollens und Strebens, erscheint ihnen im äußersten Grade niedrig und gemein; als eine Ansicht, die nur der Schweine würdig wäre, mit denen die Anhänger Epikurs [vgl. M 3] ja schon sehr früh verächtlich gleichgesetzt wurden. [...]

Auf Angriffe dieser Art haben die Epikureer [Anhänger von Epikurs Lehre, dass Lustbefriedigung im Leben das höchste Glück verspreche] stets geantwortet, dass nicht sie, sondern ihre Ankläger es sind, die die menschliche Natur in entwürdigendem Lichte erscheinen lassen, da die Anklage ja unterstellt, dass Menschen keiner anderen Lust fähig sind als der, deren auch Schweine fähig sind. [...] Die Anerkennung der Tatsache, dass einige Arten der Freude wünschenswerter und wertvoller sind als andere, ist mit dem Nützlichkeitsprinzip durchaus vereinbar. Es wäre unsinnig anzunehmen, dass der Wert einer Freude ausschließlich von der Quantität abhängen sollte, wo doch in der Wertbestimmung aller anderen Dinge neben der Quantität auch die Qualität Berücksichtigung findet.

Fragt man mich nun, was ich meine, wenn ich von der unterschiedlichen Qualität von Freuden spreche, und was eine Freude – bloß als Freude, unabhängig von ihrem größeren Betrag – wertvoller als eine andere macht, so gibt es nur eine mögliche Antwort: Von zwei Freuden ist diejenige wünschenswerter, die von allen oder nahezu allen, die beide erfahren haben – ungeachtet des Gefühls, eine von beiden aus moralischen Gründen vorziehen zu müssen –, entschieden bevorzugt wird. Wird die eine von zwei Freuden von denen, die beide kennen und beurteilen können, so weit über die andere gestellt, dass sie sie auch dann noch vorziehen, wenn sie wissen, dass sie größere Unzufriedenheit verursacht, und sie gegen noch so viele andere Freuden, die sie erfahren könnten, nicht eintauschen möchten, sind wir berechtigt, jener Freude eine höhere Qualität zuzuschreiben, die die Quantität so weit übertrifft, dass diese im Vergleich nur gering ins Gewicht fällt. Es ist nun aber eine unbestreitbare Tatsache, dass diejenigen, die mit beiden gleichermaßen bekannt und für beide gleichermaßen empfänglich sind, der Lebensweise entschieden den Vorzug geben, an der auch ihre höheren Fähigkeiten beteiligt sind. Nur wenige Menschen würden darein einwilligen, sich in eines der niederen Tiere verwandeln zu lassen, wenn man ihnen verspräche, dass sie die Befriedigungen des Tiers im vollen Umfange auskosten dürften. Kein intelligenter Mensch möchte ein Narr, kein gebildeter Mensch ein Dummkopf, keiner, der feinfühlig und gewissenhaft ist, selbstsüchtig und niederträchtig sein – auch wenn sie überzeugt wären, dass der Narr, der Dummkopf oder der Schurke mit seinem Schicksal zufriedener ist als sie mit dem ihren. [...] Es ist unbestreitbar, dass ein Wesen mit geringerer Fähigkeit zum Genuss die besten Aussichten hat, voll zufriedengestellt zu werden; während ein Wesen von höheren Fähigkeiten stets das Gefühl haben wird, dass alles Glück, das es von der Welt, so wie sie beschaffen ist, erwarten kann, unvollkommen ist. Aber wenn diese Unvollkommenheiten überhaupt nur erträglich sind, kann es lernen, mit ihnen zu leben, statt die anderen zu beneiden, denen diese Unvollkommenheiten nur deshalb nicht bewusst sind, weil sie sich von den Vollkommenheiten keine Vorstellung machen können, mit denen diese verglichen werden. Es ist besser, ein unzufriedener Mensch zu sein, als ein zufriedengestelltes Schwein; besser ein unzufriedener Sokrates als ein zufriedener Narr, und wenn der Narr oder das Schwein anderer Ansicht sind, dann deshalb, weil sie nur die eine Seite der Angelegenheit kennen. Die andere Partei hingegen kennt beide Seiten.

[...] Ich muss noch einmal auf das zurückkommen, was die Gegner des Utilitarismus nur selten zur Kenntnis nehmen wollen: dass das Glück, das den utilitaristischen Maßstab des moralisch richtigen Handelns darstellt, nicht das Glück des Handelnden selbst, sondern das Glück aller Betroffenen ist. Der Utilitarismus fordert von jedem Handelnden, zwischen seinem eigenen Glück und dem der anderen mit ebenso strenger Unparteilichkeit zu entscheiden wie ein unbeteiligter und wohlwollender Zuschauer. In der goldenen Regel, die Jesus von Nazareth aufgestellt hat, finden wir den Geist der Nützlichkeitsethik vollendet ausgesprochen. Die Forderungen, sich dem andern gegenüber so zu verhalten, wie man möchte, dass er sich einem selbst gegenüber verhält, und den Nächsten zu lieben wie sich selbst, stellen die utilitaristische Moral in ihrer höchsten Vollkommenheit dar. Um sich diesem Ideal so weit wie möglich anzunähern, fordert das Nützlichkeitsprinzip erstens, dass Gesetze und gesellschaftliche Verhältnisse das Glück oder – wie man es in der Praxis auch nennen kann – die Interessen jedes Einzelnen so weit wie möglich mit dem Interesse des Ganzen in Übereinstimmung bringen; und zweitens, dass Erziehung und öffentliche Meinung, die einen so gewaltigen Einfluss auf die menschlichen Gesinnungen haben, diesen Einfluss dazu verwenden, in der Seele jedes Einzelnen eine unauflösliche gedankliche Verknüpfung herzustellen zwischen dem eigenen Glück und dem Wohl des Ganzen und insbesondere zwischen dem eigenen Glück und der Gewohnheit, so zu handeln, wie es die Rücksicht auf das allgemeine Glück gebietet; so dass er nicht nur unfähig wird, die Möglichkeit eines Glücks für sich selbst mit einer Handlungsweise, die dem Gemeinwohl zuwider ist, zusammenzudenken, sondern auch so, dass ein unmittelbares Motiv zur Förderung des allgemeinen Wohls in jedem Einzelnen einer der gewohnheitsmäßigen Handlungsantriebe wird und die damit verbundenen Gefühle und Gesinnungen im Bewusstsein jedes Menschen einen hervorragenden Platz einnehmen.

5 Erläutern Sie mit eigenen Worten den Zusammenhang von „Nützlichkeit“, „Glück“, „Lust“ und „Moral“, wie ihn Mill sieht, und zeichnen Sie ein Strukturbild dazu.

Freuden, bei denen höhere, und Freuden, bei denen niedere Fähigkeiten beteiligt sind

M 13

6 Versuchen Sie die Situationsbilder entsprechend den höheren/niederen Fähigkeiten zu ordnen, die in ihnen zum Tragen kommen.

7 Verdeutlichen Sie sich den Unterschied zwischen Benthams und Mills utilitaristischen Ethiken, indem Sie das folgende Schema in Ihrem Heft vervollständigen:

BENTHAM	MILL
Freude	Lust (pleasure)
	Unlust/Fehlen von Lust
größere Freude	
	unmoralisch
Quantität (Intensität/Dauer/Gewissheit/Nähe/Folgenträchtigkeit/Reinheit)	
	Interesse des Ganzen
Betroffene, Beteiligte	
addieren	
	Tendenz
	Beteiligung höherer Fähigkeiten

8 Wenden Sie Benthams und Mills Prinzip der Nützlichkeit – quantitativ und qualitativ – auf folgende Situation an:

M 14

Eine Abwägung

Zwei Passagiermaschinen weichen von ihrer planmäßigen Route ab und nehmen Kurs auf eine dicht besiedelte Großstadt. Einigen Passagieren gelingt es mit Mobiltelefonen zu berichten, dass ihre Maschine von Terroristen entführt worden ist. Nachdem die erste Maschine in ein Hochhaus gestürzt ist, ist davon auszugehen, dass auch das zweite Flugzeug ein ähnliches Ziel ansteuert, um möglichst viele Menschen zu töten. In dem zweiten Flugzeug sind 100 Passagiere, bei einem Erfolg der Terroristen würden mit hoher Wahrscheinlichkeit Tausende Menschen in einem weiteren Hochhaus ums Leben kommen. Sollte der Verteidigungsminister Abfangjägern rechtzeitig den Befehl zum gezielten Abschuss über unbewohntem Gebiet geben, wenn er keine andere Möglichkeit mehr sieht, die Terroristen an ihrem Plan zu hindern?

2.4 Bewertung des Handlungsutilitarismus – Cohen, Singer

In der Schilderung seiner Position in dem Konfliktgespräch in Akt II wirft der Stadtvogt Peter Stockmann auch angreifbare Argumente in die Waagschale.

M 15

Henrik Ibsen: So teuer sollte das sein?

Stadtvogt: Wie gewöhnlich gebrauchst Du in Deiner Abhandlung starke Ausdrücke. Unter anderm sagst Du: das, was wir unsern Badegästen bieten, wäre eine permanente Vergiftung.

Stockmann: Ja, Peter, kann man es denn anders nennen? Denk doch nur – vergiftetes Wasser zu innerlichem wie äußerlichem Gebrauch! Und das für arme, kranke Menschen, die im guten Glauben ihre Zuflucht zu uns nehmen und ihr schweres Geld bezahlen, um ihre Gesundheit wieder zu erlangen!

Stadtvogt: Und dann kommst Du in Deiner Deduktion [Ableitung von neuen Erkenntnissen aus allgemeineren Erkenntnissen, Beweis] zu dem Resultat, dass wir eine Kloake bauen müssen, die besagten Schmutz aus dem Mühltal aufnehmen kann, und dass die Wasserleitung umgelegt werden muss.

Stockmann: Ja, weißt Du einen andern Ausweg? Ich nicht.

Stadtvogt: Ich habe mir heut früh beim Stadtingenieur im Zimmer was zu schaffen gemacht. Und bei dieser Gelegenheit brachte ich, so halb im Scherz, die Rede auf diese Maßregeln als auf eine Sache, die wir in Zukunft vielleicht einmal in Erwägung ziehen müssten.

Stockmann: In Zukunft einmal!

Stadtvogt: Er lächelte über meine vermeintliche Extravaganz – natürlicherweise. Hast Du Dir die Mühe genommen, zu überlegen, wie hoch die vorgeschlagenen Veränderungen zu stehen kommen würden? Nach den Aufschlüssen, die mir geworden sind, würden die Ausgaben wahrscheinlich in die Hunderttausende gehen.

Stockmann: So teuer sollte das sein?

Stadtvogt: Ja. Und dann kommt das Schlimmste. Die Arbeit würde mindestens einen Zeitraum von zwei Jahren beanspruchen.

Stockmann: Zwei Jahre, sagst Du? Ganze zwei Jahre?

Stadtvogt: Mindestens. Und was sollen wir inzwischen mit dem Bade machen? Sollen wir es schließen? Ja, dazu würden wir genötigt sein. Oder glaubst Du vielleicht, es würde ein Mensch zu uns kommen, sobald es ruchbar würde, dass das Wasser gesundheitsgefährlich ist?

Stockmann: Ja, Peter, das ist es aber doch.

Stadtvogt: Und das alles jetzt, – grade jetzt, da die Anstalt im Aufblühen ist. In den Nachbarstädten sind auch gewisse Vorbedingungen vorhanden, die sie zu Badeorten qualifizieren. Glaubst Du, die Leute würden nicht sofort alles daransetzen, um den ganzen Fremdenstrom an sich zu ziehen? Das ist über allem Zweifel. Und dann ständen wir da; wahrscheinlich müssten wir die ganze teure Anstalt abreißen; und dann hättest Du Deine Vaterstadt ruiniert.

Stockmann: Ich – ruiniert –!

Stadtvogt: Einzig und allein durch das Bad hat die Stadt eine nennenswerte Zukunft vor sich. Das siehst Du doch gewiss ebenso gut ein wie ich.

M 16

Nach der Explosion der Bohr-Plattform „Deep Water Horizon" im Golf von Mexiko im Frühjahr 2010: ölverschlammte Vögel und verdorbene Urlaubsparadiese

1 Der Stadtvogt behauptet, es gehe ihm um das Gemeinwohl. Können Sie sich Menschen vorstellen, die das bestreiten? Formulieren Sie einen Beschwerdebrief. Nutzen Sie M 16 als Ausgangspunkt für den Brief.

Im Folgenden geht es um die Frage, ob der Utilitarismus unmoralisch sein kann.

2 a) Untersuchen Sie die Argumentation des Stadtvogts und fertigen Sie eine Übersicht über die von ihm vertretenen Werte an.
b) Führen Sie eine Fishbowl-Diskussion (s. S. 464) durch zum Thema „Entsprechen Position und Argumentation des Stadtvogts im gegebenen Konfliktentscheidungsfall unserem moralischen Empfinden?"

Den Utilitarismus haben einige Philosophen in Frage gestellt.

Martin Cohen: Die Moral des Professors (2001)

M 17

Professor Pörpel diktiert seiner Sekretärin gerade einen Brief an die Philosophische Gesellschaft, als sein Blick auf die Uhr fällt. „Ach du Schreck!", ruft er aus, „jetzt hätte ich beinahe wieder meinen Ethikkurs vergessen. [...]"

Er stürmt zur Tür hinaus und über den Hof zu den Seminarräumen. Plötzlich hört er ein leises Wimmern. Es kommt von einem Hund, der in den Teich der Universität gefallen ist und nicht allein herauskann. „Keine Angst, mein Kleiner", sagt der Professor, „ich werde dir helfen." Der freundliche Professor watet in den Teich und holt den winselnden Hund heraus. Nachdem er in sein Büro zurückgekehrt ist und sich notdürftig abgetrocknet hat, kommt er natürlich viel zu spät in sein Seminar. 100 verärgerte Studenten erwarten ihn. Professor Pörpel entschuldigt sich und erklärt, was geschehen ist. Er meint, dass dies ein amüsantes Beispiel für angewandte Ethik sei, und fragt die Studenten, ob er sich richtig verhalten habe. Befreiendes Lachen füllt den Saal, alle sind der Meinung, dass es richtig gewesen sei, den Hund zu retten, obwohl er dadurch zu spät gekommen ist.

Als der Professor in der folgenden Woche auf dem Weg zum Seminar ist, bemerkt er, dass der Hund wieder in den Teich gefallen ist und kommt ihm erneut zu Hilfe. Dieses Mal haben die Studenten weniger Verständnis, etwa die Hälfte murrt, man hätte den Hund sich selbst überlassen sollen. [...]

Als der Professor eine Woche später zu seinem Kurs eilt, liegt der Hund schon wieder im Wasser und versucht verzweifelt, aus dem Teich zu krabbeln. „Oh nein", denkt sich der Professor, „ich kann nicht noch einmal zu spät kommen!" Er lässt den winselnden Hund zurück, gibt dem Hausmeister Bescheid und begibt sich zu seiner Vorlesung. Wieder erklärt er den Studenten, was passiert ist, und die meisten von ihnen sind der Meinung, dass die Gefahr für den Hund weniger groß sei als die Unannehmlichkeiten, die durch ausgefallene Vorlesungen für sie entstünden. „Genau das ist Utilitarismus", verkündet der Professor stolz, „darum geht es bei moralischer Entscheidungsfindung." Als der Hausmeister jedoch an den Teich kommt, ist der Hund leider schon ertrunken.

3 Interpretieren Sie den letzten Satz des Textes. Was bedeutet er für die Bewertung des Utilitarismus?

Der folgende Text fasst Bewertungen des Utilitarismus durch verschiedene Philosophen thesenförmig zusammen.

M 18 Pro und contra Utilitarismus – Thesen

1. Würdigung des Utilitarismus

Der Utilitarismus gilt positiv als eine Ethik, deren moralische Forderungen weitgehend mit den intuitiven moralischen Überzeugungen der meisten Menschen übereinstimmen. Seine Stärke liege darin, dass er rationale Elemente wie das Prinzip der Nützlichkeit mit empirischen Elementen verbindet, die die konkreten Handelnden und ihre Bedürfnisse, die Situation und die Folgen der Handlung für das Wohlergehen der Beteiligten und Betroffenen in den Mittelpunkt stellt. Damit stelle er ein „differenzierte[s] Instrument der empirisch-rationalen Normenbegründung" dar. *(vgl. Höffe 1980)*

2. Kritik am Utilitarismus

2.1 Widersprüchlichkeit des Utilitarismus in sich selbst

a) Der Utilitarismus geht von der Lust, der Bedürfnisbefriedigung, dem Glück und der Wunscherfüllung des Einzelnen aus, psychischen Zuständen also, die der Ausgangspunkt aller Nützlichkeit und also auch aller Nützlichkeitsethik sein sollen. Solche psychischen Zustände sind aber keine unbedingten und unbeeinflussbaren festen Bezugspunkte für einen utilitaristischen Kalkül. Sie sind vielmehr wandelbar, von den konkreten Bedingungen einer bestimmten historischen Situation geprägt und – unbewusst – bereit zur Anpassung an das als „machbar", realistisch erfüllbar Erscheinende. Vielen Frauen in sexistisch geprägten Ländern scheinen z. B. Frauenrechte wenig mit ihrem „Glück" zu tun zu haben; sie kommen gar nicht auf die Idee, Selbstbestimmung als für ihr persönliches Glück relevantes Handlungskriterium anzunehmen, sondern fügen sich schon aus Selbsterhaltungstrieb von vornherein in den engen Handlungsspielraum, den ihnen ihre Gesellschaft bietet, um Frustrationen zu vermeiden. Ob das in weiter, historischer Perspektive „nützlich" für sie ist, ist zu bezweifeln. Effi Briest in Fontanes gleichnamigem Roman ist die Ausnahme (und vielleicht u. a. deswegen ein literarischer Erfolg, weil sie sich über den gesellschaftlich gesteckten Rahmen hinausbewegt). *(im Anschluss an Sen 2005)*

b) Ein Utilitarist muss von Fall zu Fall entscheiden, welche die besten Folgen von ins Auge gefassten Handlungsalternativen sind; das „größte Glück der größten Zahl" ist für ihn nicht durch eine Regel definierbar. Damit ist ein Utilitarist für andere unberechenbar und unzuverlässig: Man weiß nie genau, wie in einer gegebenen Situation sein Kalkül ausfällt, ob er sich beispielsweise an ein Versprechen halten wird. Dadurch wird Gesellschaft als Organisation, die auf der generellen Pflicht und Erwartung aufbaut, sich an allgemeine Konventionen und Gebote zu halten, grundsätzlich in Frage gestellt. *(vgl. Kutschera 1999)*

c) Um die näheren, weiteren und fernen Folgen des augenblicklichen Handelns und seiner Alternativen im Sinne der Nützlichkeitsethik gegeneinander abwägen zu können, müsste ein Utilitarist zum Zeitpunkt seines Handelns sowohl über die Kenntnis aller möglichen zukünftigen Zustände der Welt verfügen als auch über Beurteilungsmaßstäbe, um diese qualitativ miteinander vergleichen zu können. Beides ist unmöglich. *(vgl. Spaemann 1981)*

d) Der Utilitarismus gebietet, die Handlungen zu realisieren, die das größtmögliche Glück der größtmöglichen Zahl von Betroffenen bewirken. Aus 2.1. c) folgt, dass ein solches Optimierungsgebot – wenn überhaupt – nur mithilfe von „Planungsexperten der Menschheitswohlfahrt" (Robert Spaemann) möglich ist. Solchen Experten liefert der Utilitarismus das individuelle Gewissen einfacher Menschen aus. Denn: „Niemand tut etwas Gutes, wenn er nicht das Bestmögliche tut." *(vgl. Spaemann 1981)*

e) Der Nützlichkeitsethik zufolge heiligt der (gute) Zweck alle – auch schlechte – Mittel, wenn der Gesamtkalkül einen Überschuss von „Gutem" ausweist. Im Extremfall muss der Utilitarismus für das „Gute" „über

Leichen" gehen. Das widerspricht zumindest der moralischen Intuition.

2.2 Widersprüchlichkeit der Konsequenzen des Utilitarismus

a) Aus 2.1. e) lässt sich erklären, dass der Utilitarismus Rechte, Freiheiten und andere nicht den Nutzen betreffende Belange vernachlässigt. Sie haben für den Utilitarismus keinen Wert an sich, sondern nur einen mittelbaren. Sklaven, die glücklich sind, wären mit dem Utilitarismus vereinbar. *(vgl. Sen 2005)*

b) Dass die Autonomie des Einzelnen, seine Rechte und Freiheiten durch den Utilitarismus missachtet werden, hat seinen systematischen Grund darin, dass der Utilitarismus ein möglicherweise für Individuen gültiges Modell rationaler ethischer Entscheidungsfindung unzulässig auf die Ebene der Gesellschaft überträgt. „Höhere" Bedürfnisse für „niedere" zu opfern, ist zwischen Individuen möglich, nicht aber auf gesellschaftlicher Ebene. Dort nämlich wird die Selbstbestimmung des Einzelnen untergraben, wenn die Individuen nur nach dem Mehrwert gewürdigt werden, den sie – als einzelne „Organe" – zum „Organismus" der Gesellschaft beitragen. „Eine auf individuelle Autonomie verpflichtete Rechtsordnung erlaubt nämlich, was sich mit dem Bild des [Organismus] schwerlich verträgt: Man darf Außenseiter sein oder exzentrisch leben." *(vgl. Höffe 2008)*

c) Im Unterschied zu den Handlungsbeziehungen Einzelner ist es auf gesellschaftlicher Ebene gleichgültig, wie das utilitaristische Handlungsziel „Glück" verteilt ist – es zählt die Gesamtsumme, egal, wie ungleich sie verteilt ist. Gerechtigkeit ist kein utilitaristisches Kriterium. Es ist dem Utilitarismus zufolge legitim, Wohlfahrtseinschränkungen für die einen mit noch größeren Wohlfahrtsgewinnen für die anderen zu verrechnen. Robert Spaemann führt folgendes Beispiel hierfür an: „Einem Indianer am Amazonas kann es nicht zugemutet werden, auf seinen angestammten Lebensraum zu verzichten, damit die Mehrheit der Brasilianer mithilfe der dort zu findenden Bodenschätze ihre Lebensumstände verbessern könne." *(Spaemann 1981; vgl. Sen 2005; Höffe 2008)*

d) Es ist ein Widerspruch zu den Prinzipien des Utilitarismus, dass im Einzelfall die Befolgung seiner Handlungsregeln schlechtere Folgen nach sich ziehen kann als die Befolgung prinzipienethischer Grundsätze (z.B. kantischer, vgl. S. 209 ff.). Ein Beispiel ist die Erpressung eines Menschen zu schlechten Handlungen wie der Tötung eines Unschuldigen mit der Drohung, bei Nicht-Befolgen noch mehr Unschuldige zu töten. Der Utilitarist muss einen gegen mehrere andere Unschuldige aufrechnen, der Prinzipienethiker (und die Intuition) sagen: „Ich kann nicht." *(vgl. Spaemann 1981)*

4 a) Lösen Sie – zum Vergleich mit der Situation aus dem Ibsen-Drama – mit utilitaristischen Kriterien die folgende Situation: Ein Ehemann ist einigermaßen glücklich verheiratet und hat zwei kleine Kinder. Eines Tages verliebt er sich in eine andere Frau. Beide sind davon überzeugt, dass dies die Liebe ihres Lebens ist. Soll der Mann Frau und Kinder verlassen?

b) Lässt sich auf ähnliche Weise das Problem einer Regierungspartei lösen, die aus einer bestehenden Regierungskoalition mitten in der Legislaturperiode aussteigen und mit einem „Wunschpartner" eine neue Koalition eingehen möchte? Beziehen Sie M 18 in Ihre Überlegungen ein.

5 Welcher der Vorwürfe gegen den Utilitarismus in M 17 und M 18 lässt sich auf die Brüder Stockmann in Ibsens „Volksfeind" anwenden? Wird einer von beiden entlastet oder in seiner Position gestärkt?

Bei all dieser Kritik – ist der Utilitarismus *überhaupt* haltbar? Der folgende Text macht einen Vorschlag dazu.

Peter Singer: Präferenz-Utilitarismus (1979) M 19

Der universale Aspekt der Ethik, so behaupte ich, versieht uns mit einem überzeugenden wiewohl nicht endgültigen Grund dafür, eine utilitaristische Position im weiteren Sinne einzunehmen.

Mein Grund für diese Behauptung ist folgender: Indem ich akzeptiere, dass moralische Urteile von einem universalen Standpunkt aus getroffen werden müssen, akzeptiere ich, dass meine eigenen Interessen nicht einfach deshalb, weil sie meine Interessen sind, mehr zählen als die Interessen von irgendjemand anderem. Daher muss, wenn ich moralisch denke, mein ganz natürliches Bestreben, dass für meine Interessen gesorgt wird, ausgedehnt werden auf die Interessen anderer. Nun stelle man sich vor, dass ich zwischen zwei möglichen Handlungsverläufen zu entscheiden versuche – etwa, ob ich alle Früchte, die ich gesammelt habe, selber esse oder sie mit anderen teile. Zudem stelle man sich vor, dass ich in einem völligen ethischen Vakuum entscheide, dass ich nichts weiß von moralischen Erwägungen – ich bin sozusagen in einem vormoralischen Stadium des Denkens. Wie würde ich mich entscheiden? Etwas, das immer noch relevant bliebe, wäre die Frage, in welcher Weise die möglichen Handlungsverläufe meine Interessen beträfen. Würden wir „Interessen" weit genug definieren, sodass wir alles, was Menschen wünschen, als ihre Interessen auffassten (wofern es nicht unverträglich ist mit einem anderen oder mehreren Wünschen), dann kann wohl in diesem vormoralischen Zustand *nur* das je eigene Interesse für die Entscheidung relevant sein.

Angenommen, ich beginne dann so weit moralisch zu denken, dass ich erkenne, dass meine eigenen Interessen nicht einfach aus dem Grund, weil sie meine eigenen sind, mehr zählen als die Interessen anderer. Anstelle meiner eigenen Interessen habe ich nun die Interessen aller zu berücksichtigen, die von meiner Entscheidung betroffen sind. Dies erfordert von mir, dass ich alle diese Interessen abwäge und jenen Handlungsverlauf wähle, von dem es am wahrscheinlichsten ist, dass er die Interessen der Betroffenen weitestgehend befriedigt. Also muss ich [...] den Handlungsverlauf wählen, der per saldo für alle Betroffenen die besten Konsequenzen hat. [...] Die hier skizzierte Denkweise ist eine Form von Utilitarismus. Sie unterscheidet sich vom klassischen Utilitarismus dadurch, dass „beste Konsequenzen" das bedeutet, was per saldo die Interessen der Betroffenen fördert, und nicht bloß das, was Lust vermehrt und Unlust verringert. [...]

Diese andere Version des Utilitarismus beurteilt Handlungen nicht nach ihrer Tendenz zur Maximierung von Lust und Minimierung von Leid, sondern nach dem Grad, in dem sie mit den Präferenzen der von den Handlungen oder ihren Konsequenzen betroffenen Wesen übereinstimmt. Diese Version des Utilitarismus ist als „Präferenz-Utilitarismus" bekannt. [...]

Nach dem Präferenz-Utilitarismus ist eine Handlung, die der Präferenz irgendeines Wesens entgegensteht, ohne dass diese Präferenz durch entgegengesetzte Präferenzen ausgeglichen wird, moralisch falsch. Eine Person zu töten, die es vorzieht, weiterzuleben, ist daher, gleiche Umstände vorausgesetzt, Unrecht. Dass die Opfer nach der Ermordung nicht mehr da sind, um sich darüber zu beklagen, dass ihre Präferenzen nicht beachtet worden sind, ist unerheblich. Das Unrecht liegt darin, dass die Präferenz vereitelt wurde.

Für Präferenz-Utilitaristen ist das Töten einer Person in der Regel schlimmer als das Töten eines anderen Wesens, weil Personen in ihren Präferenzen sehr zukunftsorientiert sind. Eine Person zu töten, bedeutet darum normalerweise nicht nur eine, sondern eine Vielzahl der zentralsten und bedeutendsten Präferenzen, die ein Wesen haben kann, zu verletzen. Sehr oft wird dadurch alles, was das Opfer in den vergangenen Tagen, Monaten oder sogar Jahren zu tun bemüht war, ad absurdum geführt. Im Gegensatz dazu kann ein Wesen, das sich nicht selbst als eine Entität [Wesenheit] mit einer Zukunft sehen kann, keine Präferenz hinsichtlich seiner eigenen zukünftigen Existenz haben. Damit wird nicht bestritten, dass ein solches Wesen gegen eine Situation ankämpfen kann, in der sein Leben in Gefahr ist, so wie ein Fisch kämpft, um sich von dem Angelhaken in seinem Maul zu befreien; aber dies bezeichnet lediglich eine Präferenz für das Aufhören eines Zustandes, der als schmerzlich oder bedrohend empfunden wird. Kampf gegen Gefahr und Schmerz bedeutet nicht, dass der Fisch fähig ist, seine eigene künftige Existenz der Nicht-Existenz vorzuziehen. Das Verhalten eines Fisches am Haken legt es nahe, Fische nicht mit dieser Methode zu töten, aber es liefert keinen präferenz-utilitaristischen Grund dagegen, Fische mit einer Methode zu töten, die sofort zum Tod führt, ohne Schmerz oder Elend zu verursachen.

6 Für was sollte sich der erfolgreiche Früchtesammler (vgl. Z. 16 f.) im Sinne des Präferenz-Utilitarismus entscheiden?

7 Untersuchen Sie arbeitsteilig, ob Singers Präferenz-Utilitarismus die Utilitarismus-kritischen Einwände aus M 17 und M 18 aus dem Weg räumt.

8 Kann man mit Singers präferenz-utilitaristischem Modell den Konflikt der Stockmann-Brüder befriedigend lösen? Skizzieren Sie eine präferenz-utilitaristische „Happy-End-Lösung".

3. Pflicht und Verantwortung – Kant, Jonas

3.1. Pflicht und Neigung als Motive des Handelns – Kant, Schiller

Dr. Stockmanns keineswegs selbstverständliche Haltung

M 1

Der „Volksfeind“ Dr. Stockmann ist nicht bereit, den Nutzenerwägungen seines Bruders hinsichtlich der Zukunft der Stadt zu folgen, und er nimmt keine Rücksicht darauf, welche Folgen sich aus seiner Haltung ergeben, sei es für seine Berufsausübung als Badearzt, sei es für die finanzielle Situation seiner Familie, die Berufsausübung seiner Tochter oder die Stellung seiner Söhne. Hierbei beruft er sich mehrfach auf seine Pflicht.

- Als er wegen seiner Entdeckung der Umweltprobleme gelobt wird, sagt er: „Im Grunde habe ich nur meine Pflicht getan.“
- Dem Vorwurf, man müsse doch nicht eine Entdeckung in einem Zeitungsartikel veröffentlichen, entgegnet er mit der rhetorischen Frage: „Ja, aber ist es nicht die Pflicht eines Staatsbürgers, sich dem Publikum mitzuteilen, wenn er einen neuen Gedanken hat?“
- Der Möglichkeit, dass seine Haltung zu seiner Entlassung als Badearzt führen könne, setzt er entgegen: „Dann habe ich wenigstens meine Pflicht gegen das Publikum, gegen die Gesellschaft getan.“

1 Was versteht Stockmann unter „Pflicht“ und was ergibt sich für ihn daraus?

Im Folgenden geht es um die Frage, ob es in jedem Falle richtig ist, nur seine Pflicht zu tun.

2 Ist Dr. Stockmann nach Ihrer Meinung ein pflichtbewusster Mensch?
Sie können herausfinden, was Sie selbst unter Pflicht verstehen, indem Sie sich auf der Meinungslinie zwischen den beiden folgenden Möglichkeiten positionieren.

„Ja, er ist pflichtbewusst, weil er nach seinen eigenen Wertvorstellungen handelt und dabei nicht auf die Auswirkungen der Handlung achtet.“

„Nein, er ist nicht pflichtbewusst, weil es seine Pflicht wäre, die Folgen seiner Tat für alle anderen zu beachten und entsprechend zu handeln.“

Kants Ethik

M 2

Immanuel Kant hat den Pflichtbegriff in seiner Ethik genau bestimmt. Kant kam 1724 in Königsberg zur Welt und hat dort bis zu seinem Tod 1804 gelebt, ohne die Heimatstadt jemals zu verlassen. Er hatte jedoch häufig interessante Personen aus den verschiedensten Berufen zu Gast und galt als geistreicher Gesellschafter. Kant gilt als der Höhe- und Wendepunkt der europäischen Aufklärung. Vor Kant sah man den Ursprung des Sittlichen in der Ordnung der Natur, im Verlangen nach Glück, im Willen Gottes oder im moralischen Gefühl. Von diesen Vorstellungen setzt er sich scharf ab, obwohl er glaubte, mit seiner Ethik letztlich nichts Neues aufzustellen, sondern nur die Arbeitsweise unserer praktischen Vernunft zu untersuchen.

Emil Doerstling: Kant und seine Tischgenossen, 1892

Zu den zentralen Begriffen der Ethik Kants gehört der Begriff der Pflicht. Gemeint ist hier keine von außen auferlegte Pflicht wie die Schulpflicht oder die mit einer bestimmten Position verbundene Pflicht wie die Pflicht eines Geschäftsführers. Vielmehr geht es um die allgemeine moralische Pflicht, die für jeden Menschen gilt und ihren Ursprung in der Vernunft hat. In M 3 setzt Kant voraus, dass der Leser schon eine, wenn auch vage, Vorstellung von Pflicht hat. Wenn Kant pflichtwidrige Handlungen in seiner Darstellung beiseite lässt, dann rechnet er damit, dass wir wissen, dass z. B. Diebstahl oder Mord unmoralisch, also pflichtwidrig sind. Er konzentriert sich auf die Frage, ob Handlungen nur pflichtgemäß aussehen oder wirklich nur aus Pflicht getan werden. Denn einem Handeln aus Pflicht spricht Kant *Moralität* zu, einem Handeln, das der Pflicht bloß gemäß ist, aber nicht **aus** Pflicht geschieht, nur *Legalität*.

M 3 Immanuel Kant: Motive des Handelns und ihre Bewertung (1785)

Ich setze [...] die Handlungen bei Seite, die wirklich pflichtmäßig sind, zu denen aber Menschen unmittelbar keine Neigung haben, sie aber dennoch ausüben, weil sie durch eine andere Neigung dazu getrieben werden. Denn da lässt sich leicht unterscheiden, ob die pflichtmäßige Handlung aus Pflicht oder aus selbstsüchtiger Absicht geschehen sei. Weit schwerer ist dieser Unterschied zu bemerken, wo die Handlung pflichtmäßig ist und das Subjekt noch überdem unmittelbare Neigung zu ihr hat. Z. B. es ist allerdings pflichtmäßig, dass der Krämer seinen unerfahrnen Käufer nicht überteure, und, wo viel Verkehr ist, tut dieses auch der kluge Kaufmann nicht, sondern hält einen festgesetzten allgemeinen Preis für jedermann, so dass ein Kind eben so gut bei ihm kauft als jeder anderer. Man wird also ehrlich bedient; allein das ist lange nicht genug, um deswegen zu glauben, der Kaufmann habe aus Pflicht und Grundsätzen der Ehrlichkeit so verfahren; sein Vorteil erforderte es; dass er aber überdem noch eine unmittelbare Neigung zu den Käufern haben sollte, um gleichsam aus Liebe keinem vor dem andern im Preise den Vorzug zu geben, lässt sich hier nicht annehmen. Also war die Handlung weder aus Pflicht, noch aus unmittelbarer Neigung, sondern bloß in eigennütziger Absicht geschehen.
[...]

Wohltätig sein, wo man kann, ist Pflicht, und überdem gibt es manche so teilnehmend gestimmte Seelen, dass sie, auch ohne einen andern Bewegungsgrund der Eitelkeit, oder des Eigennutzes, ein inneres Vergnügen daran finden, Freude um sich zu verbreiten, und die sich an der Zufriedenheit anderer, so fern sie ihr Werk ist, ergötzen können. Aber ich behaupte, dass in solchem Falle dergleichen Handlung, so pflichtmäßig, so liebenswürdig sie auch ist, dennoch keinen wahren sittlichen Wert habe, sondern mit andern Neigungen zu gleichen Paaren gehe, z. E. der Neigung nach Ehre, die, wenn sie glücklicherweise auf das trifft, was in der Tat gemeinnützig und pflichtmäßig, mithin ehrenwert ist, Lob und Aufmunterung, aber nicht Hochschätzung verdient; denn der Maxime fehlt der sittliche Gehalt, nämlich solche Handlungen nicht aus Neigung, sondern aus Pflicht zu tun. Gesetzt also, das Gemüt jenes Menschenfreundes wäre vom eigenen Gram umwölkt, der alle Teilnehmung an anderer Schicksal auslöscht, er hätte immer noch Vermögen, andern Notleidenden wohlzutun, aber fremde Not rührte ihn nicht, weil er mit seiner eigenen genug beschäftigt *ist*, und nun, da keine Neigung ihn mehr dazu anreizt, risse er sich doch aus dieser tödlichen Unempfindlichkeit heraus, und täte die Handlung ohne alle Neigung, lediglich aus Pflicht, alsdenn hat sie allererst ihren echten moralischen Wert.

3 Erarbeiten Sie, was Kant unter „Neigung“ versteht und wann eine unmittelbare, wann eine mittelbare, also indirekte Neigung vorliegt.

4 Beschreiben Sie, was Kant unter dem Begriff „pflichtmäßig“ versteht.

5 Schreiben Sie einen fiktionalen Text in der ersten oder dritten Person über einen Menschen, wie Kant ihn hier beschreibt (ab Z. 43). Gehen Sie dabei von einer konkreten Situation aus.

Seine eigene Glückseligkeit sichern ist Pflicht (wenigstens indirekt), denn der Mangel der Zufriedenheit mit seinem Zustande, in einem Gedränge von vielen Sorgen und mitten unter unbefriedigten Bedürfnissen, könnte leicht eine große Versuchung zu Übertretung der Pflichten werden. . [...]

So sind ohne Zweifel auch die Schriftstellen [im Neuen Testament] zu verstehen, darin geboten wird, seinen Nächsten, selbst unsern Feind, zu lieben. Denn Liebe als Neigung kann nicht geboten werden, aber Wohltun aus Pflicht, selbst, wenn dazu gleich gar keine Neigung treibt, ja gar natürliche und unbezwingliche Abneigung widersteht, ist praktische und nicht pathologische Liebe, die im Willen liegt und nicht im Hange der Empfindung, in Grundsätzen der Handlung und nicht schmelzender Teilnehmung; jene aber allein kann geboten werden.

6 Zeigen Sie, wie Kant die indirekte Pflicht zum Glück begründet.
7 Stellen Sie dar, wie Kant Handlungen aus Neigung beurteilt.
8 Diskutieren Sie, ob man feststellen kann, dass eine Handlung aus Pflicht geschehen ist.
9 Nehmen Sie Stellung zu den von Kant vorgetragenen Beispielen und seiner Bewertung.

Henrik Ibsen: Motive eines „Volksfeindes“

M 4

Dr. Stockmann hatte mehrfach den Verdacht geäußert, dass das Wasser der Stadt verseucht sei. Ihm war nicht geglaubt worden. Nun hat er endlich die wissenschaftliche Bestätigung für seinen Verdacht bekommen. Er sagt:

„Lasst sie nur kommen und, wie gewöhnlich, sagen, dass es Grillen und Einfälle eines verrückten Kerls sind. Aber sie werden sich wohl hüten! Haha, sie werden sich hüten, denke ich.“

Als Billing, ein Mitarbeiter der örtlichen Zeitung, zu Dr. Stockmann sagt, dieser werde wegen seiner Entdeckung der erste Mann der Stadt, geht der Arzt „zufrieden auf und ab“ und sagt:

„Ach was! Im Grunde habe ich ja doch nur meine Pflicht getan. Ich bin ein glücklicher Schatzgräber gewesen; das ist alles. [...] Ich bin so herzensfroh –; ach, es ist doch etwas Herrliches, das Bewusstsein: sich um seine Vaterstadt und seine Mitbürger verdient gemacht zu haben.“

Der Stadtvogt, Dr. Stockmanns Bruder, will, dass die Entdeckung vor der Öffentlichkeit verborgen bleibt, und setzt seinen Bruder massiv unter Druck. Dieser lehnt das Ansinnen rigoros ab und sagt:

„Und wenn die ganze Welt zugrunde ginge, ich krieche nicht zu Kreuze. [...] Ich will das Recht nicht verwirken, meinen Jungens in die Augen zu sehen, wenn sie einmal erwachsene freie Männer sind.“

Dr. Stockmann verteidigt seine kompromisslose Haltung:

„... man wollte mich erniedrigen, mich zu einem Jammerlappen machen, hat verlangt, dass ich meinen persönlichen Vorteil über meine innerste, heiligste Überzeugung stelle [...]. ... ich werde sie zu Boden schlagen, werde sie zermalmen, ihre Festungen vor den Augen der rechtschaffenen Allgemeinheit schleifen. [...] Denn jetzt geht es nicht mehr allein um das Wasserwerk und die Kläranlage, wissen Sie. Die gesamte Gesellschaft muss gereinigt, desinfiziert werden ... [...] Was ich mache, das mache ich im Namen der Wahrheit und für mein eigenes Gewissen.“

10 Beurteilen Sie die Motivation Dr. Stockmanns. Handelt er rein aus Pflicht, wie er behauptet und auch glaubt, oder sind Neigungen das entscheidende Motiv?

Friedrich Schiller (1759–1805) setzte sich mit Kants Ethik intensiv auseinander. Sein Urteil brachte er in den folgenden Versen zum Ausdruck:

Friedrich Schiller: Kritik an Kants Bewertung der Neigung (1796)

M 5

Gewissensskrupel
Gern dien ich den Freunden, doch tu' ich es leider mit Neigung
Und so wurmt es mir oft, dass ich nicht tugendhaft bin.

Entscheidung
Da ist kein anderer Rat, du musst suchen, sie zu verachten,
Und mit Abscheu alsdann tun, wie die Pflicht dir gebeut.

11 Beschreiben Sie, wie Schiller das Verhältnis von Pflicht und Neigung bei Kant deutet.
12 Beurteilen Sie, ob seine Interpretation richtig ist. Lesen Sie hierzu noch einmal den Abschnitt, in dem Kant die indirekte Pflicht zum Glück begründet (M 3, Z. 53 ff.).

3.2 Der gute Wille – Kant

Der Veröffentlichung des Umweltskandals werden die größten Hindernisse bereitet: Die Zeitung druckt den Artikel von Dr. Stockmann nicht, der Buchdrucker Aslaksen will keine Flugblätter herstellen, kein Verein stellt einen Raum für eine Versammlung zur Verfügung. Als letzte Möglichkeit bleibt für Dr. Stockmann ein Vortrag in einem privaten Saal. Unter den Teilnehmern der Bürgerversammlung ist auch sein Bruder, der Amtsrat. Nachdem Aslaksen, der Verleger der örtlichen Zeitung, zum Diskussionsleiter gewählt worden ist, macht der Amtsrat den Vorschlag, dem Badearzt mit Rücksicht auf die lebenswichtigen Interessen der Stadt nicht zu erlauben, seine Ausführungen vorzulesen oder vorzutragen.

M 6 Henrik Ibsen: Stockmanns „große Entdeckung"

Aslaksen: Ich möchte also den Vorschlag des Herrn Amtsrat zur Abstimmung stellen.

Dr. Stockmann: Nicht nötig! Ich beabsichtige gar nicht, heute Abend von der Schweinerei im Kurbad zu sprechen. Nein, Sie sollen etwas ganz anderes zu hören bekommen. [...] Habe ich das Wort?

Aslaksen: Herr Doktor Stockmann hat das Wort.

Dr. Stockmann: Hätte man vor ein paar Tagen so einen Versuch gewagt, mir den Mund zu verbieten wie heute Abend, ich hätte wie ein Löwe um meine heiligen Menschenrechte gekämpft! Aber jetzt kann es mir gleich sein, denn jetzt gibt es größere Dinge, über die ich mich auslassen will. [...] Ich habe mit großen Enthüllungen aufzuwarten, meine Mitbürger. Ich möchte Ihnen eine Entdeckung kundtun, die vielleicht von ganz anderer Reichweite ist als die Kleinigkeit, dass unsere Wasserleitung vergiftet ist und unser Heilbad auf verpestetem Grund steht.

Viele Stimmen (schreiend): Kein Wort vom Bad! Wir wollen das nicht hören. Nichts davon.

Dr. Stockmann: Ich habe ja gesagt, dass ich von der großen Entdeckung sprechen will, die ich in diesen letzten Tagen gemacht habe, von der Entdeckung, dass alle Quellen unseres geistigen Lebens vergiftet sind und dass unsere gesamte bürgerliche Gesellschaft auf dem verpesteten Boden der Lüge aufgebaut ist.

Danach spricht Dr. Stockmann davon, dass er nach seiner Rückkehr in die Heimatstadt nur den einen Wunsch gehabt habe, „eifrig, unermüdlich und voller Elan für das Wohl [... seiner] Heimat und der Allgemeinheit tätig zu sein".

1 Fassen Sie den Vorwurf, den Dr. Stockmann den Bürgern seiner Stadt macht, zusammen und beurteilen Sie, ob er gerechtfertigt ist.

2 Halten sie den Badearzt Dr. Stockmann für einen Menschen von gutem Willen?

▼ Im Folgenden geht es um die Frage, was nach Kant einen guten Willen ausmacht.

3 Den guten Willen sehen manche auch kritisch: „Den guten Willen zu haben, das reicht doch nicht. Man redet sich damit doch nur heraus. Man muss das Gute auch wirklich tun." Auch Erich Kästner sagt: „Es gibt nichts Gutes, außer man tut es."
Formulieren Sie schriftlich, wodurch sich nach Ihrer Meinung ein guter Wille auszeichnet.

Dem nachfolgenden fiktiven Interview mit Kant können Sie entnehmen, was Kant unter dem guten Willen versteht.

Ein „Interview“ mit Kant über den guten Willen

M 7

Herr Kant, Sie haben sich, wie alle Philosophen, ausführlich mit dem Guten beschäftigt. Worin sehen Sie das wirklich Gute?

Es ist überall nichts in der Welt, ja überhaupt auch außer derselben zu denken möglich, was ohne Einschränkungen für gut könnte gehalten werden, als allein ein guter Wille.

Das ist eine verblüffende Behauptung. Fast hätte ich gesagt: Das ist aber ein Hammer. Gibt es denn nichts anderes Gutes als den guten Willen?

Verstand, Witz, Urteilskraft und wie die Talente des Geistes sonst heißen mögen, oder Mut, Entschlossenheit, Beharrlichkeit im Vorsatze, als Eigenschaften des Temperaments, sind ohne Zweifel in mancher Absicht gut und wünschenswert ...

– *Aha, nicht nur der gute Wille ist gut!*

... in mancher Absicht gut und wünschenswert; aber sie können auch äußerst böse und schädlich werden, wenn der Wille, der von diesen Naturgaben Gebrauch machen soll und dessen eigentümliche Beschaffenheit daher Charakter heißt, nicht gut ist.

Ich verstehe: Die Qualität dieser Naturgaben und Eigenschaften des Temperaments, ihre Güte hängt also vom guten Willen ab, sie sind nicht in jedem Falle gut. Gibt es noch etwas anderes, das Sie für gut halten?

Mit den Glückgaben ist es ebenso bewandt. Macht, Reichtum, Ehre, selbst Gesundheit und das ganze Wohlbefinden und Zufriedenheit mit seinem Zustande, unter dem Namen der Glückseligkeit, machen Mut und hiedurch öfters auch Übermut, wo nicht ein guter Wille da ist, der den Einfluss derselben aufs Gemüt und hiemit auch das ganze Prinzip zu handeln, berichtige und allgemein-zweckmäßig mache; ...

Hier also dasselbe, Herr Kant: Das gewöhnlich für gut Gehaltene ist nicht an sich gut. Ein böser Wille – was auch immer das ist – macht die genannten Glücksgaben zu etwas Schlechtem. Das heißt: Der gute Wille ist in jedem Fall gut, uneingeschränkt oder absolut gut, während Macht, Reichtum usw. manchmal gut und manchmal schlecht sind, je nachdem, ob ein guter oder ein böser Wille von ihnen Gebrauch macht. Mir leuchtet das ein.

...; ohne zu erwähnen, dass ein vernünftiger und unparteiischer Zuschauer sogar am Anblicke eines ununterbrochenen Wohlergehens eines Wesens, das kein Zug eines reinen und guten Willens zieret, nimmermehr ein Wohlgefallen haben kann ...

Zumindest stört es uns gewaltig, wenn es einem Schuft gut geht. Das hat er nicht verdient, denken wir.

..., und so der gute Wille die unerlässliche Bedingung selbst der Würdigkeit, glücklich zu sein, auszumachen scheint.

Aha! Nur wer den guten Willen hat, hat das Glück, wie es scheint, auch verdient. Sagen Sie, gibt es außer dem guten Willen nicht noch etwas anderes absolut Gutes? Ich denke da an die seit der Antike gerühmten Tugenden wie die „temperantia“, zuweilen übersetzt mit „Zucht und Maß“, oder an die „phronesis“, die Besonnenheit.

Einige Eigenschaften sind sogar diesem guten Willen selbst beförderlich und können sein Werk sehr erleichtern, haben aber dem ungeachtet keinen innern unbedingten Wert, sondern setzen immer noch einen guten Willen voraus, der die *Hochschätzung*, die man übrigens mit Recht für sie trägt, einschränkt, und es nicht erlaubt, sie für schlechthin gut zu halten.

Sie sind recht geschickt, Herr Kant: Sie variieren Ihre Ausdrucksweise. Sie sagen „ohne Einschränkung gut“, „schlechthin gut“ und „innerer unbedingter Wert“ und meinen damit immer dasselbe, nämlich das absolut Gute. Zunächst aber dies: können Sie Beispiele für Eigenschaften geben, die dem guten Willen dienlich sind, aber keinen unbedingten Wert haben?

Mäßigung in Affekten und Leidenschaften, Selbstbeherrschung und nüchterne Überlegung sind nicht allein in vielerlei Absicht gut, sondern scheinen sogar einen Teil vom innren Werte der Person auszumachen; allein es fehlt viel daran, um sie ohne Einschränkung für gut zu erklären (so unbedingt sie auch von den Alten gepriesen worden).

Ihre Begründung?

Denn ohne Grundsätze eines guten Willens können sie höchst böse werden, und das kalte Blut eines Bösewichts macht ihn nicht allein weit gefährlicher, sondern auch unmittelbar in unseren Augen noch verabscheuungswürdiger, als er ohne dieses dafür würde gehalten werden.

Klar: der erfolgreiche Gangster braucht ohne Zweifel Selbstbeherrschung und nüchterne Überlegung. Selbst-

kontrolle und objektives Denken sind also nur relativ gut, können missbraucht werden. Und wir verabscheuen in der Tat jemanden, der kaltblütig mordet, mehr als den, der aus dem Affekt handelt. Ich verstehe jetzt auch, was Sie mit dem Begriff „innerer Wert“ meinen. Der äußere Wert einer Sache oder eines Subjekts besteht anscheinend in dem Wert für anderes oder andere, der innere Wert aber ist mit dem absoluten Wert gleichzusetzen. – Können Sie bitte noch Genaueres über den guten Willen sagen?

Der gute Wille ist nicht durch das, was er bewirkt oder ausrichtet, nicht durch seine Tauglichkeit zur Erreichung irgendeines vorgesetzten Zweckes, sondern allein durch das Wollen, d.i. an sich gut und, für sich selbst betrachtet, ohne Vergleich weit höher zu schätzen, als alles, was durch ihn zugunsten irgendeiner Neigung, ja wenn man will der Summe aller Neigungen, nur immer zustande gebracht werden könnte.

Es ist also durchaus *möglich, dass der gute Wille etwas Wünschenswertes zustandebringt, etwas bewirkt. Aber Sie sagen, das sei alles nicht so hoch einzuschätzen wie der gute Wille selbst, und zwar unabhängig davon, ob er seine Zwecke erreichen kann. Das müssen Sie erläutern.*

Wenn gleich durch eine besondere Ungunst des Schicksals, oder durch kärgliche Ausstattung einer stiefmütterlichen Natur, es diesem Willen gänzlich an Vermögen fehlete, seine Absichten durchzusetzen; wenn bei seiner größten Bestrebung dennoch nichts von ihm ausgerichtet würde ...

Dann wäre er immer noch das uneingeschränkt Gute. O. K.! Wer zu einem Verletzten eilen will, um ihm zu helfen, sich dabei aber selbst ein Bein bricht, den schätzen wir nicht geringer ein als den, dem die Hilfe glückt. Führt das aber nicht leicht zu der faulen Ausrede „Schließlich habe ich die beste Absicht gehabt“?

... wenn bei seiner größten Bestrebung dennoch nichts von ihm ausgerichtet würde, und nur der gute Wille (freilich nicht etwa als ein bloßer Wunsch, sondern als die Aufbietung aller Mittel, soweit sie in unserer Gewalt sind) übrig bliebe: So würde er wie ein Juwel doch für sich selbst glänzen als etwas, das seinen vollen Wert in sich selbst hat.

Wir danken Ihnen, Herr Professor Kant.

Anm.: Kants Antworten geben den ersten Abschnitt der „Grundlegung zur Metaphysik der Sitten“ wörtlich wieder.

4 Stellen Sie dar, wie Kant den guten Willen bewertet und welche Eigenschaften er diesem zuschreibt.

5 Nehmen Sie Stellung zu Kants Auffassung vom guten Willen. Beachten Sie dabei besonders seine Antwort auf die letzte Frage.

3.3 Das unbedingte Gesetz moralisch guten Handelns – Kant

In der Bürgerversammlung, in der die Mehrheit Dr. Stockmann schließlich nach der Abstimmung als Volksfeind bezeichnet, wendet sich auch Hovstadt, der Redakteur der Lokalzeitung, gegen ihn.

M 8 Henrik Ibsen: Redakteur Hovstadts Entscheidung

Hovstadt: Es hat mich einen schweren Kampf gekostet, mit einem Manne zu brechen, in dessen Hause ich noch in jüngster Zeit ein häufiger Gast gewesen bin, – mit einem Manne, der bis zu diesem Tage sich bei seinen Mitbürgern des ungeteilten Wohlwollens erfreuen durfte, – einem Manne, dessen einziger – oder wenigstens hauptsächlichster Fehler ist, dass er mehr sein Herz als seinen Kopf um Rat fragt.

Einige vereinzelte Stimmen: Sehr richtig! Hoch Doktor Stockmann!

Hovstadt: Aber meine Pflicht der Gesellschaft gegenüber gebot mir, mit ihm zu brechen. Und dann gibt es noch eine Rücksicht, die mich veranlasst, ihn zu bekämpfen und ihn womöglich von dem schicksalsschwangeren Weg abzubringen, den er eingeschlagen hat; das ist die Rücksicht auf seine Familie –

Stockmann: Bleiben Sie bei der Wasserleitung und der Kloake!

Hovstadt: – die Rücksicht auf seine Gattin und seine unversorgten Kinder.

1 Stellen Sie dar, was Hovstadt unter Pflicht versteht.
2 Untersuchen Sie, ob die Rücksicht auf die Folgen für die Stadt und die Familie des Badearztes dem Kantischen Pflichtbegriff entspricht.

Im Folgenden geht es um die Frage, ob es ein Kriterium für ein Gesetz gibt, mit dem der Kantische Pflichtbegriff bestimmt werden kann.

3 Aus dem Abschnitt 3.1 wird klar, dass nach Kant die Pflicht unter allen Umständen, also unbedingt gelten müsse. Erörtern Sie, ob die sogenannte „Goldene Regel" („Behandle andere so, wie du selbst von ihnen behandelt werden möchtest!") diesem Pflichtbegriff entspricht.

Voraussetzungen des Prinzips der Ethik Kants

M 9

„Pflicht ist die Notwendigkeit einer Handlung aus Achtung fürs Gesetz." Unter „Gesetz" versteht Kant keineswegs Gesetze des Staates oder moralische Gesetze und Vorschriften der Gesellschaft, in der man lebt, sondern das moralische Gesetz, das der Vernunft selbst entspringt. Dafür verwendet Kant auch den Begriff Sittengesetz. Und „Achtung", die als eine Art Gefühl unser Handeln motiviert, ist das „Bewusstsein der Unterordnung unter das Gesetz": Wir fühlen uns unter dem Sittengesetz stehend. Eine Handlung geschieht also *aus Pflicht*, wenn wir sie aus dem Bewusstsein heraus vollziehen, dass das Sittengesetz für uns unbedingt verbindlich ist. Wenn wir aus Pflicht handeln, liegt nach Kant das ***Motiv*** keineswegs in den erwarteten ***Wirkungen.*** (Das bedeutet noch nicht, dass beim Handeln die Wirkungen keine Rolle spielen). Beweggrund moralischen Handelns ist vielmehr die „Vorstellung des Gesetzes an sich". Das heißt: Es kann sich hier nicht um irgendwelche Gesetze handeln, die vorschreiben, was wir konkret zu tun haben; denn diese zielen ja auch wieder nur auf Wirkungen. Das Handlungsprinzip kann nur a priori und formal sein, das heißt, es stammt nicht aus der Erfahrung, und es bestimmt nur die Form, also die Art und Weise des Handelns.

Aber wie kann denn nun ein Gesetz aussehen, dem wir unbedingt folgen sollen, ohne dass Inhalte und Ziele des Handelns vorgeschrieben werden? Dazu Kant: „Was kann das aber wohl für ein Gesetz sein, dessen Vorstellung, auch ohne auf die daraus erwartete Wirkung Rücksicht zu nehmen, den Willen bestimmen muss, damit dieser schlechterdings und ohne Einschränkung gut heißen könne? Da ich den Willen aller Antriebe beraubet habe, die ihm aus der Befolgung irgend eines Gesetzes entspringen könnten, so bleibt nichts als die allgemeine Gesetzmäßigkeit der Handlungen überhaupt übrig, welche allein dem Willen zum Prinzip dienen soll, d. i. ich soll niemals anders verfahren, als so, dass ich auch wollen könne, meine Maxime solle ein allgemeines Gesetz werden. Hier ist nun die bloße Gesetzmäßigkeit überhaupt (ohne irgendein auf gewisse Handlungen bestimmtes Gesetz zum Grunde zu legen) das, was dem Willen zum Prinzip dient, und ihm auch dazu dienen muss, wenn Pflicht nicht überall ein leerer Wahn und chimärischer Begriff sein soll."

INFO

„Maxime":
Kant geht davon aus, dass wir unser Handeln nach subjektiven, also persönlichen Grundsätzen ausrichten. Maximen sind für Kant subjektive Grundsätze des Wollens. Beispiele: „Ich übervorteile nach Möglichkeit andere Menschen, wenn ich sicher sein kann, dass dies für mich keine negativen Folgen hat" oder „Ich schlage doppelt zurück, wenn mir jemand krummkommt."

M 10 Immanuel Kant Die Anwendung des Kriteriums der allgemeinen Gesetzmäßigkeit (1785)

Die Frage sei z. B.: darf ich, wenn ich im Gedränge bin, nicht ein Versprechen tun, in der Absicht, es nicht zu halten? Ich mache hier leicht den Unterschied, den die Bedeutung der Frage haben kann, ob es klüglich, oder ob es pflichtmäßig sei, ein falsches Versprechen zu tun. Das erstere kann ohne Zweifel öfters stattfinden. Zwar sehe ich wohl, dass es nicht gnug sei, mich vermittelst dieser Ausflucht aus einer gegenwärtigen Verlegenheit zu ziehen, sondern wohlüberlegt werden müsse, ob mir aus dieser Lüge nicht hinterher viel größere Ungelegenheit entspringen könne, als die sind, von denen ich mich jetzt befreie, und, da die Folgen bei aller meiner vermeinten Schlauigkeit nicht so leicht vorauszusehen sind, dass nicht ein einmal verlornes Zutrauen mir weit nachteiliger werden könnte, als alles Übel, das ich jetzt zu vermeiden gedenke, ob es nicht klüglicher gehandelt sei, hiebei nach einer allgemeinen Maxime zu verfahren, und es sich zur Gewohnheit zu machen, nichts zu versprechen, als in der Absicht, es zu halten. [...] Nun ist es doch etwas ganz anderes, aus Pflicht wahrhaft zu sein, als aus Besorgnis der nachteiligen Folgen; indem, im ersten Falle, der Begriff der Handlung an sich selbst schon ein Gesetz für mich enthält, im zweiten ich mich allererst anderwärtsher umsehen muss, welche Wirkungen für mich wohl damit verbunden sein möchten. [...] Um indessen mich in Ansehung der Beantwortung dieser Aufgabe, ob ein lügenhaftes Versprechen pflichtmäßig sei, auf die allerkürzeste und doch untrügliche Art zu belehren, so frage ich mich selbst: Würde ich wohl damit zufrieden sein, dass meine Maxime (mich durch ein unwahres Versprechen aus Verlegenheit zu ziehen) als ein allgemeines Gesetz (sowohl für mich als andere) gelten solle, und würde ich wohl zu mir sagen können: Es mag jedermann ein unwahres Versprechen tun, wenn er sich in Verlegenheit befindet, daraus er sich auf andere Art nicht ziehen kann? So werde ich bald inne, dass ich zwar die Lüge, aber ein allgemeines Gesetz zu lügen gar nicht wollen könne; denn nach einem solchen würde es eigentlich gar kein Versprechen geben, weil es vergeblich wäre, meinen Willen in Ansehung meiner künftigen Handlungen andern vorzugeben, die diesem Vorgeben doch nicht glauben, oder, wenn sie es übereilter Weise täten, mich doch mit gleicher Münze bezahlen würden, mithin meine Maxime, so bald sie zum allgemeinen Gesetze gemacht würde, sich selbst zerstören müsse.

Was ich also zu tun habe, damit mein Wollen sittlich gut sei, darzu brauche ich gar keine weit ausholende Scharfsinnigkeit. Unerfahren in Ansehung des Weltlaufs, unfähig, auf alle sich ereignende Vorfälle desselben gefasst zu sein, frage ich mich nur: Kannst du auch wollen, dass deine Maxime ein allgemeines Gesetz werde? wo nicht, so ist sie verwerflich, und das zwar nicht um eines dir, oder auch anderen, daraus bevorstehenden Nachteils willen, sondern weil sie nicht als Prinzip in eine mögliche allgemeine Gesetzgebung passen kann, für diese aber zwingt mir die Vernunft unmittelbare Achtung ab, von der ich zwar jetzt noch nicht einsehe, worauf sie sich gründe (welches der Philosoph untersuchen mag), wenigstens aber doch so viel verstehe: dass es eine Schätzung des Wertes sei, *welcher* allen Wert dessen, was durch Neigung angepriesen wird, weit überwiegt, und dass die Notwendigkeit meiner Handlungen aus reiner Achtung fürs praktische Gesetz dasjenige sei, was die Pflicht ausmacht, der jeder andere Bewegungsgrund weichen muss, weil sie die Bedingung eines an sich guten Willens ist, dessen Wert über alles geht.

4 Ordnen Sie die folgenden Begriffe nach dem Strukturlegeverfahren.

Achtung **unmittelbar** **pflichtwidrig** **Sittengesetz** **guter Wille** **Maxime** **Neigung** **Moralität** **Pflicht** **allgemeine Gesetzmäßigkeit** **mittelbar** **Legalität** **Handlung** **pflichtmäßig** **absolut gut**

5 Verbalisieren Sie anschließend die Beziehungen zwischen den Begriffen, indem Sie u. a. folgende Formulierungen verwenden: „bilden einen Gegensatz“, „ist unterscheidendes Merkmal“, „bezieht sich auf“, „charakterisiert“, „benennt den Grund“ und „hat zum Inhalt“.

6 Erarbeiten Sie, was für Kant Handeln aus Klugheit und Handeln aus Pflicht bedeutet.

7 Stellen Sie dar, wie ich nach Kant herausfinden kann, ob mein Wollen sittlich gut ist.

8 Erklären Sie, warum ich zwar die Lüge wollen kann, nicht aber ein allgemeines Gesetz zu lügen.

9 Untersuchen Sie folgende Frage: Worin liegt der Unterschied zwischen dem Grundsatz, andere so zu behandeln, wie man selbst behandelt werden möchte, und dem von Kant formulierten Prinzip, ich solle niemals anders verfahren als so, dass ich auch wollen könne, meine Maxime solle ein allgemeines Gesetz werden?

3.4 Der kategorische Imperativ – Kant

Vor der Bürgerschaft, die dagegen ist, dass der Umweltskandal – die Verseuchung des Seebades – an die Öffentlichkeit gelangt, macht Dr. Stockmann seine Haltung zu Wahrheit und Lüge deutlich. Man wirft ihm vor, die Stadt ruinieren zu wollen. Darauf Dr. Stockmann:

Henrik Ibsen: „Ausgerottet wie Ungeziefer gehören alle, die ...“ M 11

„Ja, meine Geburtsstadt liegt mir so sehr am Herzen, dass ich sie lieber ruinieren will als zuzusehen, wie sie durch eine Lüge aufblüht.“

Nach Zwischenrufen fährt Dr. Stockmann fort:

„Wen stört es, wenn eine verlogene Gemeinde zerstört wird! Sie muss dem Erdboden gleichgemacht werden, behaupte ich! Ausgerottet wie Ungeziefer gehören alle, die in der Lüge leben! Ihr verpestet sonst das ganze Land, ihr bringt es noch so weit, dass das ganze Land es verdiente, zerstört zu werden. Und wenn ihr das dann geschafft habt, sage ich aus vollem Herzen: soll doch das ganze Land ruiniert werden, soll dieses ganze Volk ausgerottet werden!“

1 Dr. Stockmann scheint einer unbedingt gültigen Maxime zu folgen, aber die wenigsten werden seine Haltung teilen können. Erklären Sie, woran das liegen könnte.

Im Folgenden geht es darum, eine Formulierung für das von Kant benannte, unbedingte praktische Gesetz zu finden, das auf konkrete Situationen angewendet werden kann.

2 Nehmen Sie Folgendes an: Sie sind überzeugt von der Gültigkeit des genannten praktischen Gesetzes und könnten mit Dr. Stockmann korrespondieren. Schreiben Sie ihm einen Brief, in dem Sie klarmachen, weshalb Sie seine Haltung nicht akzeptieren können und wie er so handeln sollte, dass jeder dem zustimmen könnte.

3 Überprüfen Sie in gleicher Weise, ob jeder den folgenden Maximen (vgl. Infokasten S. 215) zustimmen kann.
- 1. Maxime: Ich mache es mir aus Selbstliebe zum Prinzip, das Leben abzukürzen, wenn mir im Leben auf lange Frist mehr Übel drohen als Annehmlichkeiten zu erhoffen sind.
- 2. Maxime: Wenn ich in Geldnot bin, so will ich Geld borgen und versprechen, es zu bezahlen, auch wenn ich weiß, dass dies niemals geschehen wird.
- 3. Maxime: Ich ziehe es vor, Vergnügungen nachzugehen, statt mich anzustrengen, meine Talente zu erweitern und zu verbessern.
- 4. Maxime: Obwohl ich anderen, denen es schlecht geht, helfen könnte, denke ich nicht daran, ihnen in ihrer Not beizustehen.

4 Arbeiten Sie in Gruppen. Diskutieren Sie die Ergebnisse im Plenum.

M 12

Banksy: *No future*

5 Versuchen Sie, zu dem Graffito des anonymen Künstlers Banksy M 12 eine Maxime zu formulieren, die den Universalisierungstest besteht.

INFO

Unterscheidung von kategorischen und hypothetischen Imperativen

Das, was wir tun sollen, kann man in Imperativen ausdrücken. Es geht im Folgenden nicht um Imperative überhaupt, sondern um Imperative, die der Vernunft entspringen. Aber auch hier gilt: Nicht jeder Imperativ ist ein sittlicher Imperativ.

Was soll ich tun?
Imperative

kategorisch: unbedingt geboten „Handle allgemein gesetzmäßig!“

moralischer Imperativ
= Gebot (Gesetz) der Sittlichkeit

Handlung ist Zweck

hypothetisch: bedingt geboten
„*Wenn* du x willst, tue y!“

technische Imperative
= Regeln der Geschicklichkeit bezogen auf beliebige Zwecke

pragmatische Imperative
= Ratschläge der Klugheit bezogen auf den Zweck, den jeder hat: Glückseligkeit

Handlung ist Mittel für meine Zwecke

Beispiel für eine Regel der Geschicklichkeit: „Wenn du deinen Körper fit halten willst, treibe regelmäßig Sport!“ Beispiel für einen Ratschlag der Klugheit: „Wenn du in deinem Leben glücklich werden willst, dann lege große Sorgfalt auf die Auswahl deiner Freunde!“
Das Gebot der Sittlichkeit gilt kategorisch, d. h. unbedingt, und das heißt wiederum, unabhängig von den subjektiven Präferenzen oder Absichten. Eine Handlung ist Zweck, wenn ich beispielsweise einem Menschen helfe, um ihm zu helfen, und nicht, um für mich irgendeinen Vorteil zu haben.

M 13

Formeln des kategorische Imperativs

Kant verdeutlicht das von ihm gefundene praktische Gesetz, indem er es als kategorischen Imperativ formuliert. Er behauptet zwar, der kategorische Imperativ sei ein einziger, er gibt ihn aber in drei verschiedenen Formeln wieder.

→ **Handle nur nach derjenigen Maxime, durch die du zugleich wollen kannst, dass sie ein allgemeines Gesetz werde.**

Diese Formel heißt auch die Universalisierungsformel. Wie man sie anwendet, ist oben schon im Zusammenhang mit dem lügenhaften Versprechen gezeigt worden: Ich muss mich fragen, ob ich wollen kann, dass die Maxime, nach der ich zu handeln gedenke, ein allgemeines, also universales Gesetz für alle wird. Der Universalisierungstest macht deutlich, welche Handlung sittlich verboten ist, er reicht aber nicht aus, um eine Handlung als geboten zu kennzeichnen. Geboten ist eine Handlung nur, wenn die gegenteilige Maxime den Test nicht bestanden hat.

➜ **Handle so, als ob die Maxime deiner Handlung durch deinen Willen zum allgemeinen Naturgesetze werden sollte.**

Diese Formel heißt Naturgesetzformel. Naturgesetzen ist zu eigen, dass man ihnen gehorchen muss. Sie zwingen ohne die Möglichkeiten des Ausweichens. Rechtsgesetze und Sittengesetze aber fordern ein Sollen, man kann sie auch missachten. Bei der Anwendung der Naturgesetzformel muss man sich also fragen, ob man wollen kann, dass die Maxime, nach der man handeln möchte, zum Naturgesetz wird, dem alle folgen müssen.

➜ **Handle so, dass du die Menschheit, sowohl in deiner Person, als in der Person eines jeden andern, jederzeit zugleich als Zweck, niemals bloß als Mittel brauchest.**

Diese Formel heißt auch Mensch-Zweck-Formel. Einen Menschen als Zweck behandeln bedeutet:

- etwas um seiner selbst willen tun,
- etwas tun, dem dieser seine Zustimmung geben kann,
- sich seine Zwecke zu den eigenen machen. Oder allgemein: seine Würde zu achten. Kant spricht von „Menschheit". Damit ist nicht die Summe aller Menschen gemeint, sondern das Menschsein eines jeden, zu dem wesentlich die Vernunft gehört.

Kant hat die oben unter Arbeitsanregung 3 genannten vier Maximen in Bezug auf ihre Universalisierbarkeit mit Blick auf die Naturgesetzformel selbst beurteilt.

Kants Kommentar

M 14

Zur 1. Maxime: Da [bei der Überprüfung] sieht man aber bald, dass eine Natur, deren Gesetz es wäre, durch dieselbe Empfindung, deren Bestimmung es ist, zur Beförderung des Lebens anzutreiben, das Leben selbst zu zerstören, ihr selbst widersprechen und also nicht als Natur bestehen würde, mithin jene Maxime unmöglich als allgemeines Naturgesetz stattfinden könne, und folglich dem obersten Prinzip aller Pflicht gänzlich widerstreite.

Zur 2. Maxime: Da sehe ich nun sogleich, dass sie [die Maxime] niemals als allgemeines Naturgesetz gelten und mit sich selbst zusammenstimmen könne, sondern sich notwendig widersprechen müsse. Denn die Allgemeinheit eines Gesetzes, dass jeder, nachdem er in Not zu sein glaubt, versprechen könne, was ihm einfällt, mit dem Vorsatz, es nicht zu halten, würde das Versprechen und den Zweck, den man damit haben mag, selbst unmöglich machen, indem niemand glauben würde, dass ihm was versprochen sei, sondern über alle solche Äußerung, als eitles Vorgeben, lachen würde.

Zur 3. Maxime: [Kein Mensch] kann wollen, „dass dieses [die Maxime] ein allgemeines Naturgesetz werde, oder als ein solches in uns durch Naturinstinkt gelegt sei. Denn als ein vernünftiges Wesen will er notwendig, dass alle Vermögen *in* ihm entwickelt werden, weil sie ihm doch zu allerlei möglichen Absichten dienlich *und gegeben* sind."

Zur 4. Maxime: Obgleich es möglich ist, dass nach jener Maxime ein allgemeines Naturgesetz wohl bestehen könnte: So ist es doch unmöglich, zu wollen, dass ein solches Prinzip als Naturgesetz allenthalben gelte. Denn ein Wille, der dieses beschlösse, würde sich selbst widerstreiten, indem der Fälle sich doch manche ereignen können, wo er anderer Liebe und Teilnehmung bedarf, und wo er, durch ein solches aus seinem eigenen Willen entsprungenes Naturgesetz, sich selbst alle Hoffnung des Beistandes, den er sich wünscht, rauben würde.

6 Vergleichen Sie Kants Beurteilungen mit Ihren Ergebnissen aus Arbeitsanregung 3.

M 15

Kant kommt zu folgendem Ergebnis: 1. Verbot einer Selbsttötung aus Unlustgefühlen. 2. Verbot, in betrügerischer Absicht die Rückzahlung eines Kredits zu versprechen. 3. Gebot, die eigenen Talente zu entwickeln. 4. Gebot, gegenüber der Notsituation anderer nicht gleichgültig zu sein.

7 Vergleichen Sie Ihre Ergebnisse des Universalisierungstests (Arbeitsanregung 3) mit Kants Anwendung der Naturgesetzformel.
Gibt es Unterschiede? Überzeugt Sie Kant?

8 Klären Sie, ob nach Kants Beurteilung der dritten Maxime Hängematten grundsätzlich moralisch abzulehnen sind.

M 16

Immanuel Kant: Der Mensch als Zweck an sich selbst (1785)

Der Mensch, und überhaupt jedes vernünftige Wesen, existiert als Zweck an sich selbst, nicht bloß als Mittel zum beliebigen Gebrauche für diesen oder jenen Willen, sondern muss in allen seinen, sowohl auf sich selbst, als auch auf andere vernünftige Wesen gerichteten Handlungen jederzeit zugleich als Zweck betrachtet werden. [...]

So stellt sich notwendig der Mensch sein eignes Dasein vor; sofern ist es also ein subjektives Prinzip menschlicher Handlungen. So stellt sich aber auch jedes andere vernünftige Wesen sein Dasein, zufolge eben desselben Vernunftgrundes, der auch für mich gilt, vor; also ist es zugleich ein objektives Prinzip, woraus, als einem obersten praktischen Grunde, alle Gesetze des Willens müssen abgeleitet werden können.

M 17

Die Würde des Menschen

Das Selbstzweck-Sein des Menschen macht den inneren Wert des Menschen aus. Diesen absoluten Wert bezeichnet Kant als Würde. Sie verpflichtet dazu, einem jeden Menschen gegenüber Achtung zu erweisen, d. h. ihn als Selbstzweck zu behandeln. Zu unterscheiden von dem absoluten Wert ist der relative, äußere Wert. Kant bezeichnet ihn als Preis. Was nur einen Preis hat, ist austauschbar, kann durch etwas Äquivalentes ersetzt werden.

Für Kant liegt die Würde des Menschen in seiner Autonomie. „Autonomie" – häufig mit „Selbstbestimmung" übersetzt – bedeutet wörtlich „Selbstgesetzgebung". Der Mensch ist zwar an das Sittengesetz gebunden, dieses aber entspringt der Vernunft des Menschen, die wiederum das Selbst des Menschen ausmacht. Dem Sittengesetz zu folgen, bedeutet also, der eigenen Vernunft zu folgen. Autonomie bedeutet damit Freiheit. Ein freier Wille und ein Wille unter sittlichen Gesetzen sind für Kant ein und dasselbe. Die Würde des Menschen liegt also in seiner Freiheit.

Kant lehnt eine Ethik ab, die ihr Prinzip im Glück, im moralischen Gefühl oder im Willen Gottes hat. Er nennt sie heteronom. Heteronomie bedeutet wörtlich „Gesetzgebung durch Fremdes", gemeint ist also eine Art Fremdbestimmung. Kants Ethik ist eine Ethik der Freiheit.

9 Untersuchen Sie, ob wir nach Kant andere Menschen überhaupt als Mittel für unsere Zwecke benutzen dürfen.

10 Benennen Sie, was nach Kant einen nur relativen Wert hat.
Hat der Mensch neben seinem inneren Wert, der Würde, auch relative Werte?

11 Wenden Sie die Mensch-Zweck-Formel auf die vier oben genannten Maximen (Arbeitsanregung 3) an.

Immanuel Kant: Anwendung der Mensch-Zweck-Formel (1785)

M 18

Um bei den vorigen Beispielen zu bleiben, so wird Erstlich, nach dem Begriffe der notwendigen Pflicht gegen sich selbst, derjenige, der mit Selbstmorde umgeht, sich fragen, ob seine Handlung mit der Idee der Menschheit, als Zwecks an sich selbst, zusammen bestehen könne. Wenn er, um einem beschwerlichen Zustande zu entfliehen, sich selbst zerstört, so bedient er sich einer Person, bloß als eines Mittels, zu Erhaltung eines erträglichen Zustandes bis zu Ende des Lebens. Der Mensch aber ist keine Sache, mithin nicht etwas, das bloß als Mittel gebraucht werden kann, sondern muss bei allen seinen Handlungen jederzeit als Zweck an sich selbst betrachtet werden. Also kann ich über den Menschen in meiner Person *nichts* disponieren, ihn zu verstümmeln, zu verderben, oder zu töten. [...]

Zweitens, was die notwendige oder schuldige Pflicht gegen andere betrifft, so wird der, so ein lügenhaftes Versprechen gegen andere zu tun im Sinne hat, sofort einsehen, dass er sich eines andern Menschen bloß als Mittels bedienen will, ohne dass dieser zugleich den Zweck in sich enthalte. Denn der, den ich durch ein solches Versprechen zu meinen Absichten brauchen will, kann unmöglich in meine Art, gegen ihn zu verfahren, einstimmen und also selbst den Zweck dieser Handlung enthalten. [...]

Drittens, in Ansehung der zufälligen (verdienstlichen) Pflicht gegen sich selbst ist's nicht genug, dass die Handlung nicht der Menschheit in unserer Person, als Zweck an sich selbst, widerstreite, sie muss auch dazu zusammenstimmen. Nun sind in der Menschheit Anlagen zu größerer Vollkommenheit, die zum Zwecke der Natur in Ansehung der Menschheit in unserem Subjekt gehören; diese zu vernachlässigen, würde allenfalls wohl mit der Erhaltung der Menschheit, als Zwecks an sich selbst, aber nicht der Beförderung dieses Zwecks bestehen können.

Viertens, in Betreff der verdienstlichen Pflicht gegen andere, ist der Naturzweck, den alle Menschen haben, ihre eigene Glückseligkeit. Nun würde zwar die Menschheit bestehen können, wenn niemand zu des andern Glückseligkeit was beitrüge, dabei aber ihr nichts vorsätzlich entzöge; allein es ist dieses doch nur eine negative und nicht positive Übereinstimmung zur Menschheit, als Zweck an sich selbst, wenn jedermann auch nicht die Zwecke anderer, so viel an ihm ist, zu befördern trachtete. Denn das Subjekt, welches Zweck an sich selbst ist, dessen Zwecke müssen, wenn jene Vorstellung bei mir alle Wirkung tun soll, auch, soviel möglich, meine Zwecke sein.

M 19

12 Vergleichen Sie Ihre Ergebnisse der Anwendung der Mensch-Zweck-Formel mit den Ausführungen Kants.

13 Erklären Sie, inwiefern es nach Kant Pflichten des Menschen sich selbst gegenüber gibt.

14 Erläutern Sie, wo Sie im Alltag die Notwendigkeit einer Anwendung der Mensch-Zweck-Formel sehen. Sie können sich dabei auch auf die Karikatur M 19 beziehen.

15 Überprüfen Sie, ob es außer den schon genannten Pflichten des Menschen sich selbst gegenüber noch weitere Beispiele gibt. Kant selbst sagt z. B.: *Werdet nicht der Menschen Knechte.* Und: *Lasst euer Recht nicht ungeahndet von anderen mit Füßen treten.*

3.5 Kritik an Kants Ethik – Patzig

1 Blättern Sie zurück und vergegenwärtigen Sie sich den inneren Zusammenhang der Ethik Kants, soweit sie hier vorgestellt wird. Machen Sie sich noch einmal die Beziehung zwischen dem guten Willen, der Pflicht und dem kategorischen Imperativ klar.

Im Folgenden geht es um die Frage, ob die Ethik Kants in allen Punkten Allgemeingültigkeit beanspruchen kann.

2 Listen Sie schriftlich auf, was Ihnen in Kants Ethik kritikwürdig erscheint. Gibt es Beziehungen, Begründungen oder Unterscheidungen, die Ihnen nicht einleuchten?

Der Philosoph Günther Patzig (* 1926) hat sich neben der griechischen Philosophie vor allem mit Fragen der Ethik befasst. Eines seiner bekanntesten Werke trägt den Titel „Ethik ohne Metaphysik“.

M 20

Günther Patzig: Der Kantische Rigorismus (1994)

Es handelt sich bei Kants Theorie des kategorischen Imperativs [...] um eine Entdeckung, die, nachdem sie von Kant einmal gemacht worden ist, auch unabhängig von seiner Darstellung der Sache aufgefasst und durchdacht werden kann.

In diesem Zusammenhang ist nun zunächst der Kantische „Rigorismus“ zu betrachten, jene unnachgiebige Strenge der moralischen Normierung, die sich besonders in der These ausgeprägt hat, es gebe gegenüber moralischen Forderungen keinerlei denkbare Ausnahmen. Berühmt, ja man muss wohl sagen berüchtigt, ist Kants ausdrückliche These, es sei selbst dann verboten zu lügen, wenn es darum gehe, einem Mörder den Aufenthalt seines unschuldigen Opfers zu verheimlichen. Diese Auffassung steht mit der moralischen Intuition der „gemeinen Menschenvernunft“, von der Kant, wie wir doch gehört haben, sonst so viel hält, in offenem Widerspruch. Wir empfinden eine generelle Verpflichtung, dann, aber auch nur dann, die Wahrheit zu sagen, wenn nicht objektive Gründe, die stärker ins Gewicht fallen als das Gebot der Aufrichtigkeit, dem entgegenstehen. Ein Arzt z. B. muss im Umgang mit seinen Patienten seine Kenntnis des voraussichtlichen Verlaufs ihrer Krankheit mit Umsicht und Rücksicht verwenden. Die ungeschminkte Mitteilung an einen schwer Herzkranken, jede Aufregung könne ihn das Leben kosten, könnte ja selbst schon die schlimmen Folgen auslösen, die sie zu verhindern bestimmt war. Hier wie im Fall des Mörders oder der Vollzugsorgane einer Diktatur, die nach dem Aufenthalt dessen fragen, den ich in meinem Hause verborgen habe, würde naive Aufrichtigkeit uns in Mitschuld am Tod eines unschuldigen Menschen verstricken. In solchen Fällen blickt Kant wie gebannt nur auf das Faktum der Lüge. Er untersucht nicht, wie er nach seiner eigenen Theorie doch wohl müsste, die Maxime, die hier darin besteht, jemanden notfalls auch durch Verschweigen oder Verhüllen der Wahrheit aus akuter Lebensgefahr, in die er ohne sein Verschulden geraten ist, zu retten. Diese Maxime, so formuliert, ist ohne Zweifel verallgemeinerungsfähig. Nicht verallgemeinerungsfähig wäre nur die Maxime, zur Förderung bloß meiner eigenen subjektiven Interessen nach Belieben eine Ausnahme von der generellen Verpflichtung zur Aufrichtigkeit zu machen.

Kant scheint [...] hier einem Missverständnis seiner eigenen, berechtigten Betonung der Unbedingtheit moralischer Forderungen zum Opfer gefallen zu sein: Wir sahen, dass ein moralischer Imperativ in dem Sinne unbedingt gilt, dass seine Verbindlichkeit nicht von dem *Wünschen* und privaten *Absichten* des Adressaten abhängt. Aber damit ist ja noch nicht gesagt, dass seine Verbindlichkeit nicht von besonderen *Umständen* der Situation abhängig gedacht werden könnte, ja müsste. Kant spricht so, als wäre eine Situation schon durch *eine* auf sie anwendbare moralische Regel vollständig bestimmt. Eine Handlungsweise, die eine Lüge ist oder enthält, ist dadurch aber noch nicht endgültig als moralisch unzulässig gekennzeichnet. Die Situationen, in denen wir stehen, sind im Regelfall komplexer: Der Bruch eines Versprechens (z. B. sich mit einem Freund zu einer bestimmten Zeit zum Schachspielen zu treffen) kann notwendig sein, um einen plötzlich Erkrankten zum Arzt zu bringen. Richtig bleibt, dass *prima facie* jeder Vorstoß gegen einen kategorischen Imperativ ein moralischer Einwand ist, der durchschlägt, wenn keine moralischen Rechtfertigungsgründe vorliegen. Aber überhaupt keine Rechtfertigungsgründe zuzulassen, das bedeutet, den komplexen Charakter der Situationen zu verkennen, in denen wir moralische Regeln stets anwenden müssen.

3 Stellen Sie dar, inwieweit Patzig in seiner Kritik an Kant festhält. In welchem Punkt geht er über Kant hinaus?

4 Wie würde Patzig den Streit zwischen Dr. Stockmann und seinem Bruder schlichten?

5 Wie beurteilen Sie selbst Kants Ethik? Überlegen Sie dabei, ob es Kant zumindest im Ansatz gelingt, eine allgemeine moralische Pflicht zu formulieren, die für alle Menschen verbindlich sein kann.

3.6 Über Kant hinaus: Verantwortung als Prinzip einer neuen Ethik – Jonas

In Henrik Ibsens Schauspiel „Ein Volksfeind" schildert Dr. Stockmann den von ihm entdeckten Umweltskandal.

Henrik Ibsen: Ein Umweltskandal

M 21

Die ganze Badeanstalt ist ein mit Kalkfarbe getünchtes, vergiftetes Grab, sage ich. In höchstem Grade gesundheitsgefährdend. All diese Schweinereien da oben im Mølletal, all das, was so fürchterlich stinkt, das infiziert das Wasser in den Zuflussrohren zum Brunnenhaus, und dieser verdammte giftige Dreck sickert auch an den Strand [...]. Oh, schon lange hatte ich einen Verdacht in dieser Richtung. Im letzten Jahr gab es hier einige auffallende Erkrankungen unter den Badegästen, sowohl typhusähnliche als auch gastritische Fälle [...]. Damals glaubten wir, dass die Fremden die Erkrankung mitgebracht hätten, aber dann, im Winter, sind mir andere Gedanken gekommen, und darum habe ich das Wasser, so gut es ging, untersucht. [...] Es ist bewiesen, dass verrottete organische Stoffe im Wasser sind – Mikroorganismen haufenweise. Es ist eindeutig gesundheitsschädlich, ob nun es nun innerlich oder äußerlich angewendet wird.

1 Schildern Sie heutige Fälle von Umweltskandalen und zeigen Sie, worin Ähnlichkeiten und Unterschiede zu dem von Dr. Stockmann dargestellten Fall liegen.

▼

Im Folgenden geht es um das Problem, ob sich unsere Verantwortung auch auf die Natur und die künftige Menschheit erstreckt.

2 Entwerfen Sie eine Liste von Geboten und Verboten, die sich auf einen verantwortlichen Umgang mit der Natur angesichts der neuen Großtechniken beziehen.

3 Erörtern Sie die Möglichkeit einer allgemeinen Begründung der von Ihnen genannten Gebote und Verbote.

4 Diskutieren Sie, ob wir heute Verantwortung für künftige Generationen tragen sollten.

Der in Mönchengladbach geborene Hans Jonas (1903–1993) lehrte über 21 Jahre an der New York School for Social Research. Der Gedankenaustausch mit emigrierten Wissenschaftlern aller Fakultäten, vor allem mit Naturwissenschaftlern, lenkte seine Philosophie in eine biozentrische Richtung. Die Erkenntnis, dass die Industriestaaten in eine das Überleben der Menschheit insgesamt bedrohenden Krise geraten sind, gab den Anstoß für die Entstehung von Jonas' Hauptwerk „Das Prinzip Verantwortung – Versuch einer Ethik für die technologische Zivilisation". Mit diesem 1979 erschienenen, weltweit rezipierten Werk reagierte Jonas auf die Bedrohung der gesamten irdischen Biosphäre durch menschliches Tun und auf die ungeheure Reichweite technischer Manipulationen, die auch die Natur des Menschen beeinflussen können.

M 22 Hans Jonas: Eine jetzige Ethik (1992)

„Zukunftsethik" bezeichnet nicht eine Ethik in der Zukunft – eine zukünftige Ethik, die wir uns jetzt für unsere dereinstigen Nachkommen ausdenken –, sondern eine jetzige Ethik, die sich um die Zukunft kümmert, sie für unsere Nachkommen vor Folgen unseres jetzigen Handelns schützen will. Dies ist nötig geworden, weil unser jetziges Handeln im Zeichen globaler Technik so zukunftsträchtig geworden ist, und dies im gefährdenden Sinne, dass sittliche Verantwortung gebietet, das Wohl der später davon Betroffenen und Nichtbefragten bei unseren tagtäglichen Entscheidungen in Betracht zu ziehen.

5 Geben Sie mit eigenen Worten wieder, was bei Jonas der Begriff „Zukunftsethik" bedeutet.

6 Woraus ergibt sich die Notwendigkeit einer Zukunftsethik?

M 23 Hans Jonas: Der Begriff der Verantwortung (1979/1992)

Wofür ich verantwortlich bin, sind natürlich die Folgen meines Tuns – in dem Maße, wie sie ein Sein affizieren [auf etwas einwirken]. Also ist wirklicher Gegenstand meiner Verantwortung dies von mir affizierte Sein selber. Das hat aber ethischen Sinn nur, wenn dies Sein etwas wert ist: [...] „Wert" aber – das liegt in seinem Begriff – enthält immanent einen Anspruch auf Wirklichkeit: Er sagt, dass es besser ist, dass er sei, als dass er nicht sei. Das liegt einfach im Sinn des „Guten" an sich. [...] Konkret aber wird der Anspruch eines werthaltigen Seins gerade an mich als praktisches Subjekt [der Mensch, sofern er handeln kann], wenn a) dies Sein ein verwundbares ist, wie es das Lebendige in seiner wesenhaften Hinfälligkeit immer ist; und b) als solches in meinen Tatbereich fällt, meiner Macht ausgesetzt ist – sei es durch Zufall oder, um so verbindlicher, durch meine eigene Wahl. Dann geschieht es, dass der allgemeine Ruf alles vergänglich-werthaften Seins ganz aktuell mich meint und zum Gebot für mich wird. Meiner Macht ausgesetzt, ist es ihr zugleich anvertraut.

Verantwortung ist die als Pflicht anerkannte Sorge um ein anderes Sein, die bei Drohung seiner Verletzlichkeit zur „Besorgnis" wird.

7 Gestalten Sie ein Begriffsnetz zum Begriff der Verantwortung bei Jonas. Im Mittelpunkt könnte die Formulierung „Der Mensch als handelndes Subjekt" stehen.

Hans Jonas: Der neue kategorische Imperativ (1979)

M 24

Ein Imperativ, der auf den neuen Typ menschlichen Handelns passt und an den neuen Typ von Handlungssubjekt gerichtet ist, würde etwa so lauten: „Handle so, dass die Wirkungen deiner Handlung verträglich sind mit der Permanenz [ununterbrochenes Dasein] echten menschlichen Lebens auf Erden“; oder negativ ausgedrückt: „Handle so, dass die Wirkungen deiner Handlung nicht zerstörerisch sind für die künftige Möglichkeit solchen Lebens“; oder einfach: „Gefährde nicht die Bedingungen für den indefiniten [unbegrenzt] Fortbestand der Menschheit auf Erden“; oder, wieder positiv gewendet: „Schließe in deine gegenwärtige Wahl die zukünftige Integrität [Unverletztheit, Ganzheit] des Menschen als Mit-Gegenstand deines Wollens ein.“

Der Mensch ist das einzige uns bekannte Wesen, das Verantwortung haben kann. [... Wir erkennen darin] intuitiv einen Wert, dessen Erscheinen in der Welt die schon vorher an Lebenswerten reiche Landschaft des Seins nicht einfach um einen weiteren Wert vermehrt, sondern alles Bisherige mit einem es generisch Transzendierenden [von seiner Gattung her Übersteigenden] übertrifft. Es stellt eine qualitative Steigerung der Werthaltigkeit des Seins überhaupt dar. [...] Also verpflichtet Verantwortungsfähigkeit an sich ihre jeweiligen Träger, das Dasein künftiger Träger zu ermöglichen. Auf dass Verantwortung nicht aus der Welt verschwinde, so sagt ihr immanentes Gebot, sollen auch künftig Menschen sein.

8 Nennen Sie den Grund, weshalb Jonas die Permanenz menschlichen Lebens fordert.

9 Erläutern Sie, worin u. a. das hier verlangte Echte des menschlichen Lebens besteht.

10 Man könnte sagen: „Es wäre besser, wenn der Mensch ganz von der Erde verschwände. Dann hätte die Natur endlich Ruhe vor uns.“ Jonas aber hält den Erhalt der Menschheit für die Pflicht des Menschen. Für welche der beiden Möglichkeiten würden Sie sich entscheiden? Begründen Sie Ihre Auffassung.

Hans Jonas: Durchbrechung der Anthropozentrik (1985)

M 25

[...] Jetzt beansprucht die gesamte Biosphäre des Planeten mit all ihrer Fülle von Arten, in ihrer neu enthüllten Verletzlichkeit gegenüber den exzessiven Eingriffen des Menschen, ihren Anteil an der Achtung, die allem gebührt, das seinen Zweck in sich selbst trägt – d. h. allem Lebendigen. [...] Die erweiterte Sicht verbündet das menschliche Gute mit der Sache des Lebens im Ganzen, anstatt jenes diesem feindlich gegenüberzustellen, und gewährt dem außermenschlichen Leben sein eigenes Recht. Seine Anerkennung bedeutet, dass jede willkürliche und unnötige Auslöschung von Arten an sich schon zum Verbrechen wird. [...] Es ist das Übermaß an Macht, das dem Menschen diese Pflicht auferlegt; und gerade gegen diese Macht – also gegen ihn selbst – ist sein Schutz erforderlich. [...] Indem die Technik seine Wirkungsgewalt bis zu dem Punkte vergrößert, wo sie fühlbar gefährlich wird für den Gesamthaushalt der Dinge, dehnt sie des Menschen Verantwortung auf die Zukunft des Lebens auf Erden aus, das nunmehr wehrlos dem Missbrauch dieser Gewalt ausgesetzt ist.

11 Erläutern Sie die Behauptung, dass alles Lebendige seinen Zweck in sich trage (Z. 5) und ihm daher unsere Achtung gebühre.

12 Stellen Sie dar, inwiefern die neue Ethik auch dem Menschen dient.

13 Vergleichen Sie die von Ihnen erarbeitete Liste (Arbeitsanregung 2), die sich auf einen verantwortlichen Umgang mit der Natur angesichts der neuen Großtechniken beziehen, mit dem, was Jonas fordert.

3.7 Voraussetzungen der Verwirklichung der neuen Ethik

Auch wenn wir willens sind, ethisch zu handeln, bedarf es der Entwicklung von Bedingungen, die ein effektives Handeln ermöglichen.

Im Folgenden geht es um die Frage, welche besonderen Voraussetzungen wir für die Realisierung einer Zukunftsethik schaffen müssen.

1 Nennen Sie Fähigkeiten und Grundsätze, die wir entwickeln müssen, um die Ethik der Zukunft umzusetzen zu können.

M 26 Heuristik der Furcht

Im Zusammenhang mit Voraussetzungen der Verwirklichung der neuen Ethik spricht Jonas von einer „Heuristik der Furcht". Heuristik ist die Kunst, etwas aufzufinden. Die Furcht kann uns helfen, Bedrohliches überhaupt wahrzunehmen. Allerdings geht es Jonas nicht um die Furcht vor dem, was uns bedroht, sondern um das Unheil, das späteren Generationen durch unser Tun zustoßen kann.

Ein Grundsatz, der zur Verwirklichung der neuen Ethik gehört, ist der „Vorrang der schlechten Prognose vor der guten Prognose": „Es ist die Vorschrift, primitiv gesagt, dass der Unheilsprophezeiung mehr Gehör zu geben ist als der Heilsprophezeiung."
Ferner verbietet die Ethik, bei der Benutzung moderner Technik irgendein Risiko einzugehen, das künftige Generationen und ihre menschenwürdige Existenz aufs Spiel setzt.

2 Nennen Sie die Voraussetzungen für ein Gelingen der Verwirklichung einer Zukunftsethik.

3 Vergleichen Sie die von Ihnen formulierten Gebote und Verbote, die sich auf einen verantwortlichen Umgang mit der Natur angesichts der neuen Großtechniken beziehen, mit den Geboten, die Jonas formuliert hat.

4 Vergleichen Sie die von Ihnen formulierte Möglichkeit einer allgemeinen Begründung der von Ihnen genannten Gebote und Verbote mit der Begründung, die Jonas liefert.

5 Erörtern Sie, ob die folgenden Forschungsprojekte dem Prinzip Verantwortung im Sinne Jonas' entsprechen können.
- Forschung nach Mitteln, die den Tod des Menschen beliebig hinausschieben ließen.
- Anwendung von chemischen oder elektronischen Mitteln, um gesellschaftlich schwieriges oder sogar kriminelles Verhalten zu beeinflussen oder die Leistung von Schulkindern und Angestellten zu steigern.
- Verbesserung und Veränderung des Menschen mithilfe genetischer Manipulation.

Sie können Ihre Antworten in Form von ausführlich erzählten Gedankenexperimenten darstellen, die sich auf einzelne Menschen, Gesellschaften oder Staaten beziehen.

6 Nehmen Sie Stellung zu der Ethik von Hans Jonas.

4. Ethik weiterdenken – Standpunkte beziehen

4.1 Der Zwiespalt von Gut und Böse – Kant, Arendt

Im Roman „Demian. Die Geschichte von Emil Sinclairs Jugend" erzählt Hermann Hesse (1877–1962) die Geschichte eines „wirklichen, einmaligen, lebenden Menschen", der sich auf dem Weg zum Erwachsenwerden zahlreichen Herausforderungen stellen muss. Besonders schwierig gestaltet sich Sinclairs Auseinandersetzung mit den moralischen Werten, die ihm seit seiner frühesten Kindheit vermittelt wurden. Eine entscheidende Rolle spielt dabei Demian, ein älterer Junge mit unkonventionellen Ansichten, mit dem sich Sinclair anfreundet.

Hermann Hesse: Die zwei Welten (1919)

M 1

Ich beginne meine Geschichte mit einem Erlebnisse der Zeit, wo ich zehn Jahre alt war und in die Lateinschule unseres Städtchens ging.

[...] Zwei Welten liefen dort durcheinander, von zwei Polen her kamen Tag und Nacht.

Die eine Welt war das Vaterhaus, aber sie war sogar noch enger, sie umfasste eigentlich nur meine Eltern. Diese Welt war mir großenteils wohlbekannt, sie hieß Mutter und Vater, sie hieß Liebe und Strenge, Vorbild und Schule. Zu dieser Welt gehörte milder Glanz, Klarheit und Sauberkeit, hier waren sanfte freundliche Reden, gewaschene Hände, reine Kleider, gute Sitten daheim. [...]

Die andere Welt indessen begann schon mitten in unserem eigenen Hause und war völlig anders, roch anders, sprach anders, versprach und forderte anderes. In dieser zweiten Welt gab es Dienstmägde und Handwerksburschen, Geistergeschichten und Skandalgerüchte, es gab da eine bunte Flut von ungeheuren, lockenden furchtbaren, rätselhaften Dingen, Sachen wie Schlachthaus und Gefängnis, Betrunkene und keifende Weiber, gebärende Kühe, gestürzte Pferde, Erzählungen von Einbrüchen, Totschlägen, Selbstmorden. [...]

Manchmal wußte ich: Mein Ziel im Leben war, so wie mein Vater und meine Mutter zu werden, so hell und rein, so überlegen und geordnet; aber bis dahin war der Weg weit, bis dahin mußte man Schulen absitzen und studieren und Proben und Prüfungen ablegen, und der Weg führte immerzu an der anderen, dunkleren Welt vorbei, durch sie hindurch, und es war gar nicht unmöglich, daß man bei ihr blieb und in ihr versank. Es gab Geschichten von verlorenen Söhnen, denen es so gegangen war, ich hatte sie mit Leidenschaft gelesen. Da war stets die Heimkehr zum Vater und zum Guten so erlösend und großartig, ich empfand durchaus, daß dies allein das Richtige, Gute und Wünschenswerte sei, und dennoch war der Teil der Geschichte, der unter den Bösen und Verlorenen spielte, weitaus der lockendere, und wenn man es hätte sagen und gestehen dürfen, war es eigentlich manchmal geradezu schade, daß der Verlorene Buße tat und wiedergefunden wurde.

M 2

Maurits C. Escher: Kreislimit IV, Engel und Teufel, 1960

1 a) Stellen Sie Sinclairs Assoziationen zu den zwei Welten in einem vielfältig gestalteten Bild dar. Verwenden Sie dazu Formen, Farben, Bilder und Worte sowie Photos oder kleine Gegenstände, die Sie in das Bild kleben können.
b) Prüfen Sie, welche Assoziationen für Sinclair eine positive oder negative Bedeutung haben. Teilen Sie seine Bewertung?

2 Diskutieren Sie im Kurs, welchen Reiz die Welt der „Bösen und Verlorenen" (Z. 38) auf Sinclair ausüben könnte.

Im Folgenden geht es um das Problem, ob der Mensch einen Hang zum Guten oder zum Bösen hat.

3 a) Betrachten Sie M 2 und tauschen Sie sich mit einem Partner zu folgenden Fragen aus: Welche Figur ist Ihnen zuerst aufgefallen? Welche Gefühle und Assoziationen löst dieses Bild bei Ihnen aus?
b) Führen Sie mit ihrem Partner in verteilten Rollen einen fiktiven Dialog zwischen dem Engel als Symbolfigur des Guten und dem Teufel als Symbolfigur des Bösen bezüglich der Zufriedenheit mit ihrer Darstellung im Kreislimit (Farbe, Anordnung, Größe usw.). Begründen Sie Ihre Darstellungswünsche.
c) Formulieren Sie mit Ihrem Partner drei Aussagen zum Verhältnis von Gut und Böse. Tauschen Sie sich mit anderen Paaren aus und bündeln Sie Ihre Ergebnisse schließlich im Plenum.

Sie haben im vorigen Unterkapitel Immanuel Kant (1724–1804) als einen Philosophen mit hohen Ansprüchen an das moralische Verhalten des Menschen kennengelernt. Gleichzeitig verschloss er nicht die Augen davor, dass Menschen offenbar auch eine Affinität zum Bösen haben. Er betont, dass der Hang zum moralisch Bösen nicht physisch, also auf sinnlichen Antrieben basierend, zu verstehen sei, sondern der Freiheit des Menschen entspringe.

M 3 Immanuel Kant: Der Hang zum Bösen (1794)

Der Mensch (selbst der ärgste) tut, in welchen Maximen [s. S. 215] es auch sei, auf das moralische Gesetz nicht gleichsam rebellischerweise (mit Aufkündigung des Gehorsams) Verzicht. Dieses dringt sich ihm vielmehr, kraft seiner moralischen Anlage, unwiderstehlich auf; und wenn keine andere Triebfeder dagegen wirkte, so würde er es auch als hinreichenden Bestimmungsgrund der Willkür in seine oberste Maxime aufnehmen, d.i. er würde moralisch gut sein. Er hängt aber doch auch, vermöge seiner gleichfalls schuldlosen Naturanlage, an den Triebfedern der Sinnlichkeit, und nimmt sie (nach dem subjektiven Prinzip der Selbstliebe) auch in seine Maxime auf. Wenn er diese aber, als für sich allein hinreichend zur Bestimmung der Willkür, in seine Maxime aufnähme, ohne sich ans moralische Gesetz (welches er doch in sich hat) zu kehren: so würde er moralisch böse sein. Da er nun natürlicherweise beide in dieselbe aufnimmt; da er auch jede für sich, wenn sie allein wäre, zur Willensbestimmung hinreichend finden würde: so würde er, wenn der Unterschied der Maximen bloß auf den Unterschied der Triebfedern (der Materie der Maximen), nämlich, ob das Gesetz, oder der Sinnenantrieb eine solche abgeben, ankäme, moralisch gut und böse zugleich sein; welches sich (nach der Einleitung) widerspricht. Also muss der Unterschied, ob der Mensch gut oder böse sei, nicht in dem Unterschiede der Triebfedern, die er in seine *Maxime* aufnimmt (nicht in dieser ihrer Materie), sondern in der Unterordnung (der Form derselben) liegen: welche von beiden er zur Bedingung der andern macht. Folglich ist der Mensch (auch der beste) nur dadurch böse, dass er die sittliche Ordnung der Triebfedern, in der Aufnehmung derselben in seine Maximen, umkehrt: das moralische Gesetz zwar neben dem der Selbstliebe in dieselbe aufnimmt, da er aber inne wird, dass eins neben dem andern nicht bestehen kann, sondern eins dem andern, als seiner obersten Bedingung untergeordnet werden müsse, er die Triebfeder der Selbstliebe und *ihre* Neigungen zur Bedingung der Befolgung des moralischen Gesetzes macht, da das letztere vielmehr als die oberste Bedingung der Befriedigung der ersteren in die allgemeine Maxime der Willkür als alleinige Triebfeder aufgenommen werden sollte. [...] Wenn nun ein Hang dazu in der menschlichen Natur liegt, so ist im Menschen ein natürlicher Hang zum Bösen; dieser Hang selber, weil er am Ende doch in einer freien Willkür [Wahl] gesucht werden muss, mithin zugerechnet werden kann, ist moralisch böse. Dieses Böse ist radikal, weil es den Grund aller Maximen verdirbt.

4 Erläutern Sie an einem Beispiel, dass Selbstliebe und moralisches Gesetz nicht nebeneinander bestehen können, sondern dass eine Maxime der anderen untergeordnet werden muss.

5 Wie erklärt Kant den Hang des Menschen zum Bösen?

6 Sind Sie mit seiner Ansicht einverstanden? Nehmen Sie dazu Stellung.

Die Philosophin Hannah Arendt (1906–1975) ist in ihrer Untersuchung des Bösen vor allem von der Auseinandersetzung mit dem Nationalsozialismus beeinflusst. Bei dem Prozess gegen Adolf Eichmann, den Organisator der Massenvernichtung der Juden, in Jerusalem 1961 sprach sie noch von der „Banalität des Bösen". In einem erst nach ihrem Tod erschienenen Buch erklärt sie dieses Merkmal des Bösen genauer.

Hannah Arendt: Über das Böse (1965)

M 4

Denken und Erinnern, sagen wir, sind die menschliche Art und Weise, Wurzeln zu schlagen, den eigenen Platz in der Welt, in der wir alle als Fremde ankommen, einzunehmen. Was wir üblicherweise Person oder Persönlichkeit – im Unterschied zu einem bloß menschlichen Wesen oder einem Niemand – nennen, entsteht gerade aus diesem wurzelschlagenden Denkprozess. In diesem Sinne behauptete ich, dass es fast schon redundant wäre, von einer moralischen Persönlichkeit zu sprechen. Eine Person kann gewiss immer noch gutmütig oder boshaft sein, sie kann großzügig oder kleinlich angelegt, aggressiv oder willfährig, offen oder verschlossen sein; sie kann allen möglichen Lastern verfallen sein, ebenso wie sie intelligent oder dumm, schön oder hässlich, mit freundlichem Gemüt oder eher unfreundlich auf die Welt gekommen sein mag. All dies hat wenig mit dem zu tun, was uns hier beschäftigt. Wenn sie ein denkendes Wesen ist, das in seinen Gedanken und Erinnerungen wurzelt und also weiß, dass sie mit sich selbst zu leben hat, wird es Grenzen geben zu dem, was sie sich selbst zu tun erlauben kann, und diese Grenzen werden ihr nicht von außen aufgezwungen, sondern selbst gezogen sein. Diese Grenzen können sich in beachtlicher und unbequemer Weise von Person zu Person, von Land zu Land, von Jahrhundert zu Jahrhundert ändern; doch das grenzenlose, extreme Böse ist nur dort möglich, wo diese selbstgeschlagenen und gewachsenen Wurzeln, die automatisch Möglichkeiten einschränken, ganz und gar fehlen. Sie fehlen dort, wo Menschen nur über die Oberfläche von Ereignissen dahingleiten, wo sie sich gestatten, davongetragen zu werden, ohne je in irgendeine Tiefe, derer sie fähig sein mögen, einzudringen. [...]

Wenn wir unter Verwendung dieser Aussprüche die Frage nach der Natur des Bösen stellten, würde das darauf hinauslaufen, dass eher der Täter und das Wie seiner Tat bestimmt würde als die Tat selbst oder deren endgültige Folge. [...] Das Lästige an den Nazi-Verbrechern war gerade, dass sie willentlich auf alle persönlichen Eigenschaften verzichteten, als ob dann niemand mehr übrigbliebe, der entweder bestraft oder dem vergeben werden konnte. Immer und immer wieder beteuerten sie, niemals etwas aus Eigeninitiative getan zu haben; sie hätten keine wie auch immer gearteten guten oder bösen Absichten gehabt und immer nur Befehle befolgt.

Um es anders zu sagen: Das größte begangene Böse ist das Böse, das von Niemandem getan wurde, das heißt, von menschlichen Wesen, die sich weigern, Personen zu sein. Im konzeptionellen Rahmen dieser Betrachtungen könnten wir feststellen, dass Übeltäter, die sich weigern, selbst darüber nachzudenken, was sie tun, und die sich auch im Nachhinein gegen das Denken wehren – also sich weigern, zurückzugehen und sich an das zu erinnern, was sie taten (wobei es sich um „teshuvah" oder Reue handelt) –, es eigentlich versäumt haben, sich als ein Jemand zu konstituieren. Indem sie sturköpfig ein Niemand bleiben, erweisen sie sich als unfähig, mit anderen zu kommunizieren, die, ob nun gut, böse oder in dieser Hinsicht unbestimmbar, zumindest aber Personen sind. [...]

7 Erläutern Sie den Zusammenhang, den Arendt zwischen dem Denken und Erinnern einer Person und ihrer Fähigkeit, Böses zu tun, herstellt. Skizzieren Sie das Verhältnis in einem Schaubild.

8 a) Arendts Behauptung „Das größte begangene Böse ist das Böse, das von Niemandem getan wurde" (Z. 47) klingt paradox. Erklären Sie, was die Philosophin mit der Aussage meint, und veranschaulichen Sie dies an einem Beispiel.
b) Gestalten Sie ein Schreibgespräch zu Arendts Zitat.

9 Vergleichen Sie Arendts Bestimmung des Bösen mit der Kants. Ergänzen sie sich? Widersprechen sie einander?

Um sich der Gefolgstreue ihrer Bürger im sozialistischen Staat zu versichern, richtete die DDR-Regierung das Ministerium für Staatssicherheit (MfS, auch Stasi genannt) ein. Ein wichtiger Bestandteil der geheimdienstlichen Tätigkeit des MfS war der Einsatz sogenannter Inoffizieller Mitarbeiter (IM), die u. a. den Auftrag hatten, Mitbürger auszuspionieren. Nur wenige der seit 1989 enttarnten IM waren bereit, sich in öffentlichen Interviews zu äußern, so wie Monika Haeger in einem Interview der Sendung „Kontraste" vom 16. 10. 1990.

M 5 Monika Haeger: Die Wahrheit muss raus (1990)

Monika Haeger gehörte scheinbar zum engeren Kreis der Opposition, doch insgeheim war sie Agentin der Stasi. Immer dabei, an der Seite von Bärbel Bohley und anderen Bürgerrechtlern. Immer dicht dran bei allen Aktivitäten. Ob Infostände mit Flugblättern, Veranstaltungen, Aufrufe oder Demonstrationen – bei allem, was geplant und organisiert wurde, arbeitete sie acht Jahre lang gegen Menschen, die für sie Feinde waren. [...]

Heute würde ich sagen, dass ich Leute verraten habe. [...] Der Stasi ging es ja um Befindlichkeiten. Wie fühlen sich die Leute? Sind sie traurig, sind sie glücklich? So etwas war auch sehr wichtig für die Stasi, natürlich. [...] Wenn ich weiß, wo ich jemanden am meisten treffen kann, wie ich jemanden kaputtmachen kann, und das ist psychisch meistens, dann mache ich es doch, wenn es mein Feind ist.

Frage: Wurden Informationen geliefert, mit denen die Stasi die Leute hätte erpressen können?

Nicht erpressen, sie schmerzen können, ihnen wehtun. Du siehst dich ja immer nur als ganz kleines Teil, als Miniteilchen. Du gehst ja nicht davon aus, dass genau deine Beobachtung, deine, nennen wir es ruhig Spitzelei, obwohl ich mich nach wie vor dagegen wehre, weil ich es aus Überzeugung gemacht habe, aber es ist letztlich eine Spitzelei gewesen. Du denkst nur, dass deine kleine Sache nicht das ist, was die Leute ins Gefängnis bringt.

Doch immer wieder gab es Verhaftungen. [...] Die Resolution der Frauen für den Frieden forderte die Freilassung der Inhaftierten, wie viele Aufrufe der Opposition unterschrieb auch diesen Appell eine Frau, die der Stasi zuarbeitete. Am Tag erschien sie als Freundin unter Freunden. Und am Abend feierte sie mit Bärbel Bohley Geburtstag. Nach Mitternacht erstattete sie ihrem Führungsoffizier Detlef Bericht in einer konspirativen Wohnung.

[...] Wenn du mich jetzt so ansiehst, kriege ich immer ein schlechteres Gewissen, aber ich kann es doch nicht ändern, ich kann doch jetzt nicht irgendwie mich als ganz toll hinstellen, ich war's doch nicht gewesen. Das war doch für mich wirklich mein ganzer Lebensinhalt über 40 Jahre. Ich meine, das war doch für mich eine ganz wichtige Sache, dieser Sozialismus, dieser Staat. [...]

Aber andererseits, ich kann auch nur sagen, ich bin auch ein Mensch, und ich habe ... jeder sagt, er hat nichts Böses gewollt, und hat es doch getan. Bloß, ich glaube, die meisten sind sich gar nicht dessen bewusst, wem sie da eigentlich wirklich gedient haben. Vielleicht weiß man es auch wirklich nicht, oder ich habe es wirklich nicht gewusst oder habe auch vieles einfach weggedrückt.

Und du warst ein mieser kleiner Spitzel. Und sich das klarzumachen und dann reden die Leute von Aufarbeiten, das ist verdammt schwer. Und ich meine, das tut schon alles sehr weh, aber ich glaube, man lebt letztendlich besser, wenn man den Versuch unternimmt aufzuarbeiten, das gehört ja dazu. [...] Ich kriege besser Luft. Ich habe nicht mehr so viel Kopfschmerzen, ich fühle mich besser und laufe auch wieder anders als früher. Ich bin früher immer so gelaufen, ich laufe jetzt ziemlich gerade. Wenn ich bestimmten Leuten begegne, dann laufe ich doppelt gerade.

10 Was ist Ihr Standpunkt: Ist Monika Haeger als „böse“ zu bezeichnen? Untersuchen Sie ihr Verhalten gegenüber den DDR-Oppositionellen sowie ihre Reflexion und berücksichtigen Sie Ihre Ergebnisse aus der Auseinandersetzung mit Kant und Arendt (s. S. 462).

11 Informieren Sie sich über die Anwerbung, die Motive und Tätigkeiten weiterer IM in der DDR. Prüfen Sie kritisch, inwiefern hier Kategorien wie gut und böse zur Beurteilung der Täter anwendbar sind (Informationen auf www.bpb.de).

4.2 Die Philosophie der Lebenskunst – Schmid, Kersting

Emil Sinclair zeigt sich beeindruckt, dass Demian einen großen Einfluss auf das Verhalten anderer Menschen zu haben scheint. Im folgenden Dialog versucht er, dies zu ergründen.

Hermann Hesse: Der freie Wille (1919)

M 6

„Kannst du denn eigentlich machen, daß ein anderer das denken muß, was du willst?“, fragte ich ihn.
Er gab bereitwillig Auskunft, ruhig und sachlich, in seiner erwachsenen Art.
„Nein“, sagte er, „das kann man nicht. Man hat nämlich keinen freien Willen, wenn auch der Pfarrer so tut. Weder kann der andere denken, was er will, noch kann ich ihn denken machen, was ich will. Wohl aber kann man jemand gut beobachten, und dann kann man oft ziemlich genau sagen, was er denkt oder fühlt, und dann kann man meistens auch voraussehen, was er im nächsten Augenblick tun wird. Es ist ganz einfach, die Leute wissen es bloß nicht. Natürlich braucht es Übung. [...] Wenn ein Tier oder Mensch seine ganze Aufmerksamkeit und seinen ganzen Willen auf eine bestimmte Sache richtet, dann erreicht er sie auch. Das ist alles. Und genau so ist es mit dem, was du meinst. Sieh dir einen Menschen genau genug an, so weißt du mehr von ihm als er selber.“
[...]
„Aber wie ist nun das mit dem Willen?“, fragte ich. „Du sagst, man hat keinen freien Willen. Aber dann sagst du wieder, man brauche nur seinen Willen fest auf etwas zu richten, dann könne man sein Ziel erreichen. Das stimmt doch nicht! Wenn ich nicht Herr über meinen Willen bin, dann kann ich ihn ja auch nicht beliebig da- oder dorthin richten.“
Er klopfte mir auf die Schulter. Das tat er stets, wenn ich ihm Freude machte.
„Gut, daß du fragst!“, sagte er lachend. „Man muß immer fragen, man muß immer zweifeln. Aber die Sache ist sehr einfach. Wenn so ein Nachtfalter zum Beispiel seinen Willen auf einen Stern oder sonstwohin richten wollte, so könnte er das nicht. Nur – er versucht das überhaupt nicht. Er sucht nur das, was Sinn und Wert für ihn hat, was er braucht, was er unbedingt haben muß. Und eben da gelingt ihm auch das Unglaubliche – er entwickelt einen zauberhaften sechsten Sinn, den kein anderes Tier außer ihm hat! Unsereiner hat mehr Spielraum, gewiß, und mehr Interessen als ein Tier. Aber auch wir sind in einem verhältnismäßig recht engen Kreis gebunden und können nicht darüber hinaus. Ich kann wohl das und das phantasieren, mir etwa einbilden, ich wolle unbedingt an den Nordpol kommen, oder so etwas, aber ausführen und genügend stark wollen kann ich das nur, wenn der Wunsch ganz in mir selber liegt, wenn wirklich mein Wesen ganz von ihm erfüllt ist. Sobald das der Fall ist, sobald du etwas probierst, was dir von innen heraus befohlen wird, dann geht es auch, dann kannst du deinen Willen anspannen wie einen guten Gaul.“

1 Sinclair zeigt sich von den widersprüchlichen Aussagen Demians verwirrt. Erklären Sie ihm mit Ihren eigenen Worten, warum Demian den freien Willen erst einmal bestreitet und andererseits behauptet, man könne seinen Willen „anspannen wie einen guten Gaul“ (Z. 50 f.). Nutzen Sie dazu auch Ihre Kenntnisse aus dem Unterkapitel „Die Freiheit des Menschen“ (S. 157 ff.).

Im Folgenden geht es um die Frage, ob wir unseres Glückes Schmied sind.

M 7

Saul Steinberg: *Untitled, 1948*

2 a) Betrachten Sie die Zeichnung Saul Steinbergs, setzen Sie sie mit der Leitfrage in Beziehung und geben Sie ihr einen Titel.

Der Philosoph Wilhelm Schmid (* 1953) untersucht die Frage, inwiefern wir unser Leben selbst gestalten können, und stützt sich dabei auf die Philosophie der Lebenskunst.

M 8 Wilhelm Schmid: Kunst und Lebenskunst (1998)

Wie jede Kunst bedarf auch die Lebenskunst eines Materials, und sei es eines immateriellen, um ihm in irgendeiner Weise Form zu verleihen, und sei es auf informelle Weise. Ihr Material ist kein Marmorblock, keine Leinwand, kein Notenblatt, und doch handelt es sich um jene Art von Material, das im Grunde von allen Künsten bearbeitet wird, ohne dass dies von allen so betont würde wie im Falle des Happenings und der Performance: das *Leben.* Nicht das Leben in einem spezifisch biologischen Sinne, und auch nicht das Leben, das auf eine etwas mystische Weise als Unmittelbarkeit verstanden wird; vielmehr das Leben, so wie es gelebt wird [...]. Insgesamt ein Konglomerat von Affekten, Erfahrungen, Beziehungen, Begegnungen mit anderen, Träumen, Gedanken, Ängsten, Schmerzen, Wünschen, Lüsten, Zufällen, Zwängen usw. Dieses Leben bleibt nie dasselbe, es ändert sich ständig; das macht es so schwierig, seinen Begriff festzulegen. Wenn es sich nicht im Disparaten, Diffusen, unentwegt in Transformation Befindlichen verlieren soll, dann ist ihm Gestalt zu verleihen, um es wirklich, das heißt bewusst zu leben: Das ist Lebenskunst, eine fortwährende Arbeit der Gestaltung des Lebens und des Selbst.

Diese Arbeit der Gestaltung kann als *Kunst* bezeichnet werden, und zwar sowohl bezogen auf das Selbst, das zunächst nur das zufällig gegebene Konglomerat dessen ist, was es an Stoff des Lebens auf sich selbst vereinigt und was nun, aufgrund seiner bewussten Wahl, Form bekommen soll *(Selbstgestaltung)*, als auch bezogen auf das Leben dieses Selbst mit sich und in der Vernetzung mit anderen, das Leben in Gesellschaft, in sozialen und ökologischen Zusammenhängen, in denen das Selbst sein Leben nun auf reflektierte Weise führt *(Lebensgestaltung)*. Kunst wird dabei zunächst als ein Können verstanden, und dies in zumindest dreifacher Hinsicht: 1. Auf einer kreativen, erfinderischen Ebene ein Können im Sinne der Erschließung von *Möglichkeiten* zur Gestaltung. Das Gestaltungspotenzial muss zuallererst geschaffen werden, sei es durch eine Idee, durch Vorstellungskraft, durch Wissensarbeit oder durch eine praktische Befreiung von beengenden Verhältnissen, in jedem Fall durch einen schöpferischen Akt, bei dem es darum geht, Möglichkeiten aufzufinden und zu erarbeiten, auch Möglichkeiten, mit Bedingungen zurechtzukommen, zu denen keine Alternative besteht. 2. Auf einer regelgeleiteten, technischen

Ebene ein Können im Sinne der *Realisierung* von Möglichkeiten der Gestaltung. Das ist die Aktualisierung des Potenzials und ist nicht möglich ohne „Know-how", ohne praktisches und technisches Wissen-Wie und dessen Umsetzung, denn erst der Vollzug stellt das Können unter Beweis. „Ich kann das" bedeutet nicht nur, über Möglichkeiten zu verfügen, sondern sie zu konkretisieren; dazu aber ist es erforderlich, die erlernten und eingeübten Methoden, Praktiken und Techniken der Realisierung auch anzuwenden: Können als Kompetenz und Können als praktischer Vollzug. 3. Auf der Ebene der Ausgestaltung und Verfeinerung ein Können im Sinne der *kunstvollen* Realisierung von Möglichkeiten, also „gekonnt" im eigentlichen Sinne. Die Voraussetzung dafür ist die vertiefte Einsicht in Strukturen, die gesteigerte Reflektiertheit und die große Vertrautheit mit allen Aspekten des jeweiligen Gegenstandsbereichs, die genaue Kenntnis selbst der filigranen Details, die Fertigkeit in der Anwendung von Bearbeitungsmethoden. Alle diese Momente schwingen mit im Begriff des Könnens und durchdringen das Leben, so wie es gelebt wird, mit Kunst: Können als Verfügung über ein Potenzial, als Aktualisierung im Akt des Vollzugs und schließlich als gekonnte Umsetzung, die der Gestaltung die Finesse verleiht, die sie zum herausragenden Kunstwerk macht.

Das Zusammenziehen von Leben und Kunst im Kompositum *Lebenskunst* unterstellt also in keiner Weise ein Identischwerden der beiden Ausgangsbegriffe, sondern meint eine Anwendung von Kunst aufs Leben im beschriebenen Sinne. Die Phase der Realisierung wird dabei eingeleitet von einem Akt der *Wahl*, bewusst und reflektiert getroffen auf der Grundlage einer weitgehenden Klarheit über die Bedingungen, mit denen gearbeitet werden muss, und über die Möglichkeiten, die sich bieten, um das Leben zu gestalten. [...]

3 Erklären Sie in einem kurzen Text, mit welchem Problem sich Schmid befasst, welche Lösung er anbietet und wie er seinen Gedankengang entwickelt.

4 Was bedeutet Kunst für Sie? Ist der Begriff Ihres Erachtens auf das Leben anwendbar?

Wolfgang Kersting: Kritik an Schmids „Autonomiemythos" (2007) M 9

Es ist für die Schmidsche Lebenskunstphilosophie hingegen charakteristisch, dass sie mit größter Unbefangenheit den Autonomiemythos des sich und sein Leben aus der Außenperspektive gestaltenden *artifex* übernimmt. [...] Wahl ist der Zentralbegriff der Schmidschen Lebenskunst. Die „Frage der Wahl" steht in ihrer Mitte. Zu wählen sind Existenzweisen, Lebensformen. Sie bilden den Horizont weiterer, kleinformatiger Entscheidungen. So ist also einmal eine „Fundamentalwahl" zu treffen, die den Rahmen für sich anschließende „Einzelwahlen" bestimmt. Dass die Wahl einer bestimmten Lebenswahl die folgenden Entscheidungen präformiert, ist einsichtig. Denn eine Lebensweise ist eine Entscheidungsgrammatik, definiert, was jetzt dem Subjekt lieb und wert ist, gibt damit die Gesichtspunkte und Bewertungsdimensionen vor, denen die folgenden Einzelentscheidungen folgen müssen, um dem Leben logische Konsistenz und ethische Kohärenz zu verschaffen. Freilich muss der lebensethischen Fundamentalwahl eine noch grundsätzlichere vorangehen, eine „Wahl der Kriterien, Wahl der Ziele, Wahl der Werte". Denn angesichts der vielen Lebensweisen benötigt der Lebenskönner Kriterien, um eine begründete Wahl zu treffen. Woher aber soll er diese nehmen? Die Lebenskunst darf ihm nicht dabei helfen, denn sie hat allem Paternalismus abgeschworen. Sie kann nur dem Subjekt zeigen, dass es wählen muss, und die Hoffnung ausdrücken, dass eine richtige Wahl getroffen wird. Gleichwohl zögert Schmid nicht, das durch einen solchen Lebenskunstformalismus geprägte Leben mit all den ehrwürdigen Gütesiegeln der ethischen Tradition auszustatten. Es soll schön, erfüllt und sinnvoll sein, ein Glück bereiten, von dem der gewöhnliche Eudaimonismus aufgrund seiner philosophischen Unbedarftheit noch nicht einmal träumen kann. Auf welche kausale Grundlage stützt sich aber solche lebensethische Verheißung? Sich mit Energie in die Lebenswahl zu stürzen, verspricht doch noch keinen guten Ausgang.

5 Erläutern Sie, was Kersting unter dem „Authonomiemythos" (Z. 3) versteht und welche Rolle er in der Kritik an der Lebenskunst-Philosophie spielt.

6 Erörtern Sie Kerstings Kritik: Halten Sie die Wahl der Lebensgestaltung ebenfalls für einen Mythos? Begründen Sie Ihre Ansicht.

7 Diskutieren Sie, ob M 7 besser zu Schmids oder Kerstings Auffassung passt.

In seinem Bestreben, die Lebenskunst selbst zu praktizieren, führt Wilhelm Schmid regelmäßig eine Art philosophischer Sprechstunde in Krankenhäusern durch. In einem Spiegel-Interview äußert er sich u. a. zum Streit um die Zulässigkeit von Sterbehilfe.

M 10 Wilhelm Schmid: Sterbehilfe im Rahmen der Lebenskunst? (2008)

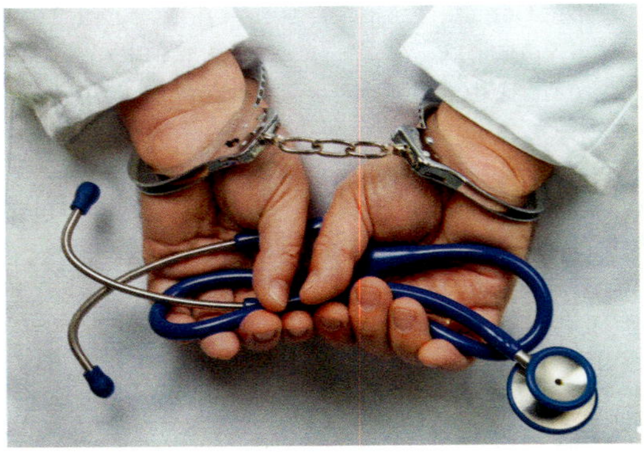

Spiegel: Gehört zur Lebenskunst, die den Tod als natürliche Grenze des Daseins akzeptiert, nicht auch das bewusste Verfügen über den Zeitpunkt des eigenen Ablebens, notfalls auch mit fremder Hilfe?

Schmid: Es kommt darauf an, wie die Hilfe genau aussieht. Wir haben es mit zwei extremen Positionen zu tun, und ich muss zunächst sagen: Beide haben vollständig recht. Die eine besagt: Grundsätzlich gehört es zur Würde des Menschen, dass er bis zuletzt über sich bestimmen kann. Die andere Position besagt: Es gehört zur Würde des Menschen, nicht in das eigene Leben einzugreifen bis zuletzt, weil der Einzelne sich dieses Leben ja auch nicht gegeben hat. Selbstbestimmung oder Ehrfurcht vor der Unverfügbarkeit des Lebens, das ist die Frage.

Spiegel: Sehen Sie einen Kompromiss?

Schmid: Die Verfechter der unterschiedlichen Entwürfe der Menschenwürde sollten aufhören, sich gegenseitig für unzurechnungsfähig zu erklären. Sie sollten sich fragen: Kann es sein, dass die jeweils andere Position auch Gewinn mit sich bringt und nicht nur Probleme? Wenn ich mich auf den Standpunkt stelle, das Leben als Ganzes sei grundsätzlich Gott überlassen, kann ich unter Umständen vor einem furchtbar leidenden Menschen stehen, der ganz gewiss in zwei Wochen stirbt – und dem soll ich nicht helfen dürfen, das Leid sofort zu beenden? Wo bleibt da das Mitleid? [...]

Spiegel: Erklärt sich das aktuelle Interesse an der Sterbehilfe auch vor dem Hintergrund der neuen medizinischen Möglichkeiten zur Schmerzbekämpfung und zur Verlängerung des Lebens?

Schmid: Die Debatte über Sterbehilfe ist zweieinhalbtausend Jahre alt; heute hat sie eine eigene Qualität gewonnen durch die Möglichkeiten der modernen Medizin und die gewachsenen Ansprüche der Menschen, unabhängig von irgendwelchen Autoritäten zu entscheiden, ihr Recht auf existentielle Selbstaneignung wahrzunehmen.

Spiegel: Wie genau darf Hilfe beim Sterben aussehen, wie weit darf sie gehen?

Schmid: Der Arzt, der diese Hilfe leisten soll, ist selbst ein autonomer Mensch, kein Vollzugsorgan dessen, der sterben will. Das ist das eine Problem. Das andere: Wie können wir im Einzelfall unterscheiden, ob der Todeswunsch wirklich der Patientenwille ist – und nicht der Wunsch eines Angehörigen, mit dessen Sterben möglichst bald zu erben?

Spiegel: Also was schlagen Sie vor?

Schmid: Ich plädiere für die Autonomie dessen, der sterben will. Unter ähnlichen Voraussetzungen, wie sie in den Niederlanden festgelegt wurden: Wenn jemand, der sterben will, aber zur Selbsttötung nicht mehr in der Lage ist, seinen Entschluss im Beisein eines Notars bekundet, und seinen Entschluss zwei Wochen später noch einmal vor einem Notar bekräftigt, um auszuschließen, dass das erste Mal nur eine Gefühlsaufwallung war; und wenn zwei Ärzte unabhängig voneinander bestätigen, dass dieser Mensch unheilbar krank ist und nur noch eine begrenzte Lebenserwartung hat, und wenn die Hilfe dann auch durch einen Arzt vollzogen wird, nicht durch irgendeine andere Person. [...]

8 Fassen Sie Schmids Ansicht zur Sterbehilfe zusammen und prüfen Sie, auf welche moralischen Werte er sich beruft.

9 Erläutern Sie den Zusammenhang von Lebenskunst, Tod und Sterbehilfe, der sich aus Schmids Ausführungen ergibt.

10 Was ist Ihr Standpunkt: Sollte Sterbehilfe in Deutschland erlaubt werden? Informieren Sie sich über die Erfahrungen mit der Sterbehilfe in den Niederlanden, erörtern Sie die Frage und begründen Sie Ihre Ansicht.

11 Überlegen Sie, wie Lebenskunst für Sie konkret aussehen könnte. Erarbeiten Sie dazu eine Collage.

4.3 Die Fragwürdigkeit unserer Wertmaßstäbe – Nietzsche, Birnbacher

Emil Sinclair kommt mit seinem Freund Demian, dem er für seine unkonventionellen Ansichten große Bewunderung entgegenbringt, von der Schule. Sie unterhalten sich über den Religionsunterricht.

Hermann Hesse: Kain und Abel (1919)

M 11

„Du brauchst mir nichts vorzumachen, Lieber. Aber die Geschichte [von Kain und Abel] ist tatsächlich recht merkwürdig, ich glaube, sie ist viel merkwürdiger als die meisten andern, die im Unterricht vorkommen. Der Lehrer hat ja nicht viel darüber gesagt, nur so das Übliche über Gott und die Sünde und so weiter. Aber ich glaube –“, er unterbrach sich, lächelte und fragte: „Interessiert es dich aber?“

[...]

„Freilich“, sagte ich interessiert: Die Sache begann mich zu fesseln. „Aber wie soll man die Geschichte anders erklären?“

Er schlug mir auf die Schulter.

„Ganz einfach! Das, was vorhanden war und womit die Geschichte ihren Anfang genommen hat, war das Zeichen. Es war da ein Mann, der hatte etwas im Gesicht, was den andern Angst machte. Sie wagten nicht, ihn anzurühren, er imponierte ihnen, er und seine Kinder. [...] Man sagte, die Kerls mit diesem Zeichen seien unheimlich, und das waren sie auch. Leute mit Mut und Charakter sind den anderen Leuten immer sehr unheimlich. Dass da ein Geschlecht von Furchtlosen und Unheimlichen herumlief, war sehr unbequem, und nun hängte man diesem Geschlecht einen Übernamen und eine Fabel an, um sich an ihm zu rächen, um sich für alle die ausgestandne Furcht ein bißchen schadlos zu halten. – Begreifst du?“

„Ja – das heißt – dann wäre ja Kain also gar nicht böse gewesen? Und die ganze Geschichte in der Bibel wäre eigentlich gar nicht wahr?“

„Ja und nein. So alte, uralte Geschichten sind immer wahr, aber sie sind nicht immer so aufgezeichnet und werden nicht immer so erklärt, wie es richtig wäre. Kurz, ich meine, der Kain war ein famoser Kerl, und bloß, weil man Angst vor ihm hatte, hängte man ihm diese Geschichte an. Die Geschichte war einfach ein Gerücht, so etwas, was die Leute herumschwätzen, und es war insofern ganz wahr, als Kain und seine Kinder ja wirklich eine Art ‚Zeichen' trugen und anders waren als die meisten Leute.“

Ich war sehr erstaunt.

„Und dann glaubst du, daß auch das mit dem Totschlag gar nicht wahr ist?“, fragte ich ergriffen.

„O doch! Sicher ist das wahr. Der Starke hatte einen Schwachen erschlagen. Ob es wirklich sein Bruder war, daran kann man ja zweifeln. Es ist nicht wichtig, schließlich sind alle Menschen Brüder. Also ein Starker hat einen Schwachen totgeschlagen. Vielleicht war es eine Heldentat, vielleicht auch nicht. Jedenfalls aber waren die andern Schwachen jetzt voller Angst, sie beklagten sich sehr, und wenn man sie fragte: ‚Warum schlaget ihr ihn nicht einfach auch tot?', dann sagten sie nicht: ‚Weil wir Feiglinge sind', sondern sie sagten: ‚Man kann nicht. Er hat ein Zeichen. Gott hat ihn gezeichnet'. Etwa so muß der Schwindel entstanden sein. – Na, ich halte dich auf. Adieu denn!“

1 Untersuchen Sie, wie Demian seinen Zweifel an der überlieferten Deutung der Kains-Geschichte begründet. Welche Motive sollen seines Erachtens zu dieser Deutung geführt haben?

2 Demian versucht überkommene Wertvorstellungen infrage zu stellen. Diskutieren Sie, inwiefern Sie seiner Einschätzung der Situation und seiner Kritik zustimmen können. Lesen Sie dazu auch 1. Mose 4,1ff. und informieren Sie sich über gängige Deutungen der Geschichte von Kain und Abel in der Theologie.

Im Folgenden geht es um das Problem, ob wir unsere moralischen Wertmaßstäbe grundsätzlich infrage stellen sollten.

M 12 Der „U-Bahn-Schläger“

Der 18-jährige Schüler Torben P. wird am 23. April 2011 von Überwachungskameras aufgenommen, wie er an der Berliner U-Bahnstation Friedrichstraße vier Mal auf den Schädel seines bereits am Boden liegenden Opfers eintritt. Nach verbalen Auseinandersetzungen zwischen Opfer und Täter sei es laut Staatsanwaltschaft zu Handgreiflichkeiten gekommen, bis Torben P. dem 29-jährigen Opfer eine Hartplastikflasche ins Gesicht geschlagen und dem Reglosen schließlich mit weit ausholenden Bewegungen Tritte versetzt habe.

3 a) Stellen Sie sich vor, Sie seien ein Mitschüler von Torben P., hätten von der Gewalttat in der U-Bahnstation gehört und stellten ihn einige Tage später zur Rede. Wie beurteilen Sie die Tat und wie begründen Sie dies?
b) Untersuchen Sie, von welchen Wertmaßstäben Sie bei Ihrem Urteil ausgegangen sind, und vergleichen Sie diese mit Demians Ansichten.

Der Philosoph Friedrich Nietzsche (1844–1900) kritisierte die Moralvorstellungen seiner Zeitgenossen heftig und verfasste eine radikale Gegenposition zu gängigen Wertmaßstäben.

M 13 Friedrich Nietzsche: Herren- und Sklavenmoral (1886)

Bei einer Wanderung durch die vielen feineren und gröberen Moralen, welche bisher auf Erden geherrscht haben oder noch herrschen, fand ich gewisse Züge regelmäßig miteinander wiederkehrend und aneinander geknüpft: Bis sich mir endlich zwei Grundtypen verrieten, und ein Grundunterschied heraussprang. Es gibt *Herren-Moral* und *Sklaven-Moral* – ich füge sofort hinzu, dass in allen höheren und gemischteren Kulturen auch Versuche der Vermittlung beider Moralen zum Vorschein kommen, noch öfter das Durcheinander derselben und gegenseitige Missverstehen, ja bisweilen ihr hartes Nebeneinander – sogar im selben Menschen, innerhalb *einer* Seele. Die moralischen Wertunterscheidungen sind entweder unter einer herrschenden Art entstanden, welche sich ihres Unterschieds gegen die beherrschte mit Wohlgefühl bewusst wurde – oder unter den Beherrschten, den Sklaven und Abhängigen jeden Grades. Im ersten Falle, wenn die Herrschenden es sind, die den Begriff „gut“ bestimmen, sind es die erhobenen stolzen Zustände der Seele, welche als das Auszeichnende und die Rangordnung Bestimmende empfunden werden. Der vornehme Mensch trennt die Wesen von sich ab, an denen das Gegenteil solcher gehobener stolzer Zustände zum Ausdruck kommt: Er verachtet sie. Man bemerke sofort, dass in dieser ersten Art Moral der Gegensatz „gut“ und „schlecht“ so viel bedeutet wie „vornehm“ und „verächtlich“ – der Gegensatz „gut“ und „böse“ ist andrer Herkunft. Verachtet wird der Feige, der Ängstliche, der Kleinliche, der an die enge Nützlichkeit Denkende; ebenso der Misstrauische mit seinem unfreien Blicke, der Sich-Erniedrigende, die Hunde-Art von Mensch, welche sich misshandeln lässt, der bettelnde Schmeichler, vor allem der Lügner – es ist ein Grundglaube aller Aristokraten, dass das gemeine Volk lügnerisch ist. „Wir Wahrhaftigen“ – so nannten sich im alten Griechenland die Adeligen. [...] Die vornehme Art Mensch fühlt sich als wertbestimmend, sie hat nicht nötig, sich gutheißen zu lassen, sie urteilt „was mir schädlich ist, das ist an sich schädlich“, sie weiß sich als das, was überhaupt erst Ehre den Dingen verleiht, sie ist *werteschaffend.* Alles, was sie an sich kennt, ehrt sie: Eine solche Moral ist Selbstverherrlichung. [...] – Es steht anders mit dem zweiten Typus der Moral, der *Sklaven-Moral.* Gesetzt, dass die Vergewaltigten, Gedrückten, Leidenden, Unfreien, ihrer selbst Ungewissen und Müden moralisieren: Was wird das Gleichartige ihrer moralischen Wertschätzungen sein? Wahrscheinlich wird ein pessimistischer Argwohn gegen die ganze Lage des Menschen zum Ausdruck kommen, vielleicht eine Verurteilung des Menschen mitsamt seiner Lage. Der Blick des Sklaven ist abgünstig für die Tugenden des Mächtigen: Er hat Skepsis und Misstrauen, er hat *Feinheit* des Misstrauens gegen alles „Gute“, was dort geehrt wird –, er möchte sich überreden, dass das Glück selbst dort nicht echt sei. Umgekehrt werden die Eigenschaften hervorgezogen und mit Licht übergossen, welche dazu dienen, Leidenden das Dasein zu erleichtern: Hier kommt das Mitleiden, die gefällige hilfsbereite Hand, das warme Herz, die Geduld, der Fleiß, die Demut, die Freundlichkeit zu Ehren –, denn das sind hier die nützlichsten Eigenschaften und beinahe die einzigen Mittel, den Druck des Daseins auszuhalten. Die Sklaven-Moral ist wesentlich Nützlichkeitsmoral. Hier ist der Herd für die Entstehung jenes berühmten Gegensatzes „gut“ und *„böse“* – ins Böse wird die Macht und Gefährlichkeit hineinempfunden, eine gewisse Furchtbarkeit, Feinheit und Stärke, welche die Verachtung nicht aufkommen lässt. Nach der Sklaven-Moral erregt also der „Böse“ Furcht; nach der Herren-Moral ist es gerade der „Gute“, der Furcht erregt und erregen will, während der „schlechte“ Mensch als der verächtliche empfunden wird.

4 a) Sammeln Sie die Attribute, mit denen Nietzsche die „Herren-Moral“ und die „Sklaven-Moral“ beschreibt. Stellen Sie diese in einem Begriffsnetz zusammen.
b) Diskutieren Sie Nietzsches Zuordnungen der Attribute zur Herren- und Sklavenmoral. Inwiefern erscheinen sie Ihnen plausibel?

Friedrich Nietzsche: Die Juden als Umkehrer der Herrenmoral (1887) M 14

Alles, was auf Erden gegen „die Vornehmen“, „die Gewaltigen“, „die Herren“, „die Machthaber“ getan worden ist, ist nicht der Rede wert im Vergleich mit dem, was die *Juden* gegen sie getan haben; die Juden, jenes priesterliche Volk, das sich an seinen Feinden und Überwältigern zuletzt nur durch eine radikale Umwertung von deren Werten, also durch einen Akt der *geistigsten Rache* Genugtuung zu schaffen wusste. So allein war es eben einem priesterlichen Volke gemäß, dem Volke der zurückgetretensten priesterlichen Rachsucht. Die Juden sind es gewesen, die gegen die aristokratische Wertgleichung (gut = vornehm = mächtig = schön = glücklich = gottgeliebt) mit einer furchteinflößenden Folgerichtigkeit die Umkehrung gewagt und mit den Zähnen des abgründlichsten Hasses (des Hasses der Ohnmacht) festgehalten haben, nämlich „die Elenden sind allein die Guten, die Armen, Ohnmächtigen, Niedrigen sind allein die Guten, die Leidenden, Entbehrenden, Kranken, Hässlichen sind auch die einzig Frommen, die einzig Gottseligen, für sie allein gibt es Seligkeit – dagegen ihr, ihr Vornehmen und Gewaltigen, ihr seid in alle Ewigkeit die Bösen, die Grausamen, die Lüsternen, die Unersättlichen, die Gottlosen, ihr werdet auch ewig die Unseligen, Verfluchten und Verdammten sein!“ ...

5 Untersuchen Sie, wie Nietzsche das Verhältnis von Juden und „Vornehmen“, die er an anderer Stelle als „arya“ bezeichnet, darstellt und wie er die „radikale Umwertung“ der Werte beurteilt.

6 a) Entwerfen Sie eine Gesellschaft, die Nietzsches Moralvorstellungen entspricht. Nehmen Sie begründet Stellung, ob Sie dort leben wollten.
b) Prüfen Sie, von welchen Prämissen Nietzsche ausgeht und welche Prämissen Ihrer eigenen Meinung zugrunde liegen.

M 15 Winfried Schröder: Nietzsches Moral der Vornehmen (2005)

Fundamentale [...] moralische [...] Forderungen verlangen die Berücksichtigung der Interessen anderer und die Anerkennung ihrer Rechte, sie verbieten willkürliche Aggression, die Rücksichtslosigkeit beim Durchsetzen eigener Interessen und die Inanspruchnahme von Privilegien, das heißt in der Tat: Sie beeinträchtigen die Angehörigen einer Elite. Sie rauben ihnen die ihnen „von Natur aus" zustehenden Vorrechte. Man wird Nietzsche zugestehen, dass diese Charakterisierung der Moral nicht gänzlich verfehlt ist.
Sein Verdikt über die Moral aber steht auf tönernen Füßen, obwohl er gerade mit seinem Angriff unter dem Gesichtspunkt der Lebensförderlichkeit bzw. Lebensfeindlichkeit den entscheidenden, tödlichen Schlag gegen sie geführt zu haben glaubte. Wenn Nietzsche sich rühmt, die „Moral vom Leben aus gerichtet und verurtheilt" [...] zu haben, gibt er zu erkennen, dass er im Namen einer objektiv höheren normativen Instanz zu sprechen meint. Aber Nietzsche dekretiert bloß, was er hätte einsichtig machen müssen. [...]
Die vornehme Moral, deren Verkünder „sich wählerisch an wenige Ohren wendet" (GM 1, § 5), ist keine Moral für alle. Dass es sich um eine „Moral" der Ausnahmeindividuen, die zur Elite der Vornehmen gehören, handelt, wird durch die Deutung als individualistische „Moral der Selbstbestimmung" verdeckt. [...]
Mit der Behauptung, die fundamentalen Interessen der Kaste der „Vornehmen" zählten mehr als diejenigen der übrigen Menschen, hat Nietzsche sich eine Begründungspflicht aufgeladen, der er nicht genügen konnte. Seine Berufung auf eine natürliche „Rangordnung und Werthverschiedenheit von Mensch und Mensch" und ein „Urgesetz", das einige wenige mit Vorrechten ausstattet, ist rhetorischer Bluff. Um diesen Ideologemen den Schein einer Rechtfertigung zu geben, ist er gezwungen, sich auf etwas zu berufen, das nicht jedem gegeben ist: auf seinen „Instinkt des Sonderrechts" [...]. Die Inanspruchnahme eines solchen speziellen Vermögens, das nur den wenigen „Vornehmen" wie ihm zu Gebote steht und dessen Nutznießer sie zugleich sind, kommt einem kläglichen Offenbarungseid gleich. Dass Nietzsche immer wieder zu solchen Mitteln greift, kann man nicht als bloße Charakterfrage und auch nicht als Symptom oder Vorankündigung der mentalen Zerrüttung abtun, der er schließlich erlag; es sind dies unvermeidliche Folgen der Rechtfertigungsnot, in die der elitäre Partikularist sich hineinmanövriert hat. Der Moralkritiker Nietzsche kommt mit vollem Mund daher, er hat tatsächlich nicht wenige ethikgeschichtliche und psychologische Einsichten zu bieten, aber er steht, was triftige Gründe für seinen Immoralismus angeht, mit leeren Händen da.

7 a) Fassen Sie die Hauptaussagen in Winfried Schröders Kritik an Nietzsche zusammen und vergleichen Sie sie mit Ihren eigenen Kritikansätzen.
b) Erläutern Sie, was Schröder unter einem „elitären Partikularisten" (Z. 47) versteht.

8 Erörtern Sie, welche Konsequenzen sich aus einer Moral ergäben, die „keine Moral für alle" ist.

Auf der Suche nach einer verbindlichen Grundlage für moralische Werte beruft sich Nietzsche wie zahlreiche andere Philosophen auf die Natur. Der Philosoph Dieter Birnbacher (* 1946) untersucht, inwiefern sich die Natur zur Moralbegründung eignet.

M 16 Dieter Birnbacher: Ansätze zur Kritik am ethischen Naturalismus (2006)

Versteht man unter „Natur" [...] die Gesamtheit der außermenschlichen Natur, so sprechen naheliegende moralische Gründe dagegen, das in diesem Sinn „natürliche" Verhalten zum Vorbild zu nehmen. Die Natur geht weder mit ihren nichtmenschlichen noch mit ihren menschlichen Geschöpfen so um, wie wir es von einem moralisch qualifizierten Verhalten erwarten. [...]
Aber auch in anderen Bedeutungen von „Natur" wäre eine Orientierung an der Natur für die Moral untauglich. Versteht man unter „Natur" die Naturseite des Menschen, also den Menschen unter Absehung von allen Erziehungs- und Kultivierungsleistungen, wäre eine Orientierung an der so verstandenen Natur ebenso wenig annehmbar. Es würde vielmehr der Bock zum Gärtner gemacht. Moralische Motive haben u.a. die Aufgabe, die „natürlichen" Triebregungen zu domestizieren, sie zu kultivieren und zu verfeinern, nicht, sie hinzunehmen oder noch zu verstärken. Eine Moral, die

das „Gesetz des Dschungels“ zu ihrem eigenen Gesetz machte, würde ihre Zwecke, die Sicherung von sozialer Kohäsion, die friedliche Konfliktlösung und die Ermöglichung von Kooperation, zwangsläufig verfehlen.

Versteht man drittens „Natur“ in einem umfassenden Sinn, also so, dass die Natur dem Menschen nicht gegenübersteht, sondern ihn umgreift, wäre eine Orientierung an der Natur ebenso wenig akzeptabel. Sie liefe schlicht leer. Soweit der Mensch, seine Handlungen und Werke Teile der Natur sind, gehören noch die schlimmsten Verbrechen zur Natur und sind die ihnen zugrunde liegenden Motive ebenso „natürlich“ wie die Motive der Tugendhaften. In dieser umfassenden Bedeutung verstanden, macht aber eigentlich schon die Aufforderung, der Natur zu folgen bzw. sich „naturgemäß“ oder „natürlich“ zu verhalten, keinen Sinn, da eine Aufforderung nur dann sinnvoll sein kann, wenn es möglich ist, ihr auch nicht zu folgen. Diese Bedingung ist jedoch im Falle des umfassenden Naturbegriffs nicht erfüllt. Ein Zuwiderhandeln gegen die Natur im umfassenden Sinn ist logisch unmöglich. Jedes Handeln würde der Natur gehorchen, gleichgültig, in welche Richtung es weist und wie es im Einzelnen motiviert ist. [...]

Allerdings: Die Freiheit des Zuwiderhandelns gegen Naturzwecke ist begrenzt. Da wir aus derselben Natur stammen, deren Zwecken wir zuwiderhandeln wollen, können wir unser biologisches Erbe nicht einfach abschütteln. Ein substanzieller Teil der Zwecke, die wir uns als Lebensziele setzen, sind menschliche Analoga der teleonomen Verhaltensstrukturen, die wir nicht nur in der tierischen, sondern teilweise sogar schon in der pflanzlichen Natur vorfinden: Selbsterhaltung und Fortpflanzung, Sicherheit vor Angreifern, Vorsorge für zukünftige Knappheiten und die Sicherung sozialer Zusammenschlüsse. Es ist insofern nicht überraschend, dass uns mit vielen scheinbaren *„Zwecken“*, die wir der Natur oder ihren einzelnen Ausprägungen zuzuschreiben geneigt sind, Beziehungen der Empathie, der Vertrautheit und des Wiedererkennens verbinden. Aber so sehr wir auch „instinktiv“ dazu neigen, uns unseren „natürlichen“ Antrieben zu überlassen, wir sind gleichzeitig – zumindest im Prinzip – frei, ihnen zuwiderzuhandeln, und das macht unsere Würde und Größe als Menschen aus.

9 Erarbeiten Sie den Argumentationsgang und fassen Sie zusammen, wie Birnbacher die Vorstellung kritisiert, die Natur könne ethisches Handeln begründen.

10 Informieren Sie sich in der Infobox zum Argument des „naturalistischen Fehlschlusses“ (S. 240). Prüfen Sie, inwiefern dieses Argument geeignet ist, eine Legitimation von Werten auf Basis der Religion oder der Natur anzuzweifeln.

11 Untersuchen Sie kritisch Nietzsches Argumentation. Inwiefern unterliegt er selbst einem naturalistischen Fehlschluss?

Allgemeine Erklärung der Menschenrechte (10. 12. 1948)

M 17

Präambel

Da die Anerkennung der angeborenen Würde und der gleichen und unveräußerlichen Rechte aller Mitglieder der Gemeinschaft der Menschen die Grundlage von Freiheit, Gerechtigkeit und Frieden in der Welt bildet, da die Nichtanerkennung und Verachtung der Menschenrechte zu Akten der Barbarei geführt haben, die das Gewissen der Menschheit mit Empörung erfüllen, und da verkündet worden ist, dass einer Welt, in der die Menschen Rede- und Glaubensfreiheit und Freiheit von Furcht und Not genießen, das höchste Streben des Menschen gilt, da es notwendig ist, die Menschenrechte durch die Herrschaft des Rechtes zu schützen, damit der Mensch nicht gezwungen wird, als letztes Mittel zum Aufstand gegen Tyrannei und Unterdrückung zu greifen, [...] verkündet die Generalversammlung [der Vereinten Nationen] diese Allgemeine Erklärung der Menschenrechte als das von allen Völkern und Nationen zu erreichende gemeinsame Ideal [...].

INFO

Naturalistischer Fehlschluss

George E. Moore entwickelte im Anschluss an David Hume 1903 das Argument des „naturalistischen Fehlschlusses“, in welchem er betont, dass Wert- und Sollensaussagen aus rein beschreibenden Prämissen nicht schlüssig ableitbar sind. Die Prämisse, dass es Jahrhunderte lang üblich war, Kinder zu Erziehungszwecken zu schlagen, führe also nicht schlüssig zur Wertaussage „Das ist gut so. Erzieher sollten in ihrer Tätigkeit Kinder schlagen.“ Diese Prämissen müssen sich nicht nur auf Beobachtungen aus der Natur beziehen. Sie können auch beobachtbare kulturelle Gewohnheiten, Rechtsnormen oder religiöse Setzungen einbeziehen.

12 Untersuchen Sie, welche ethischen Prämissen für die Menschenrechte die Präambel zum Ausdruck bringt.

13 Informieren Sie sich über die einzelnen Artikel der Menschenrechtserklärung und führen Sie ein fiktives Streitgespräch zwischen Friedrich Nietzsche und einem Mitglied der Generalversammlung der Vereinten Nationen über den Sinn dieser Erklärung.

14 Was ist Ihr Standpunkt: Sind die Wertmaßstäbe in der Menschenrechtserklärung kritisch befragbar?

4.4 Streitobjekt Ethik: Standpunkt beziehen – Luhmann, Spaemann

Emil Sinclair begegnet auf dem Weg zum Erwachsenwerden den unterschiedlichsten Menschen, die ihn ein Stück dieses Weges begleiten und manchmal auch leiten. Nach und nach emanzipiert sich Sinclair und nimmt Abschied, so wie hier von seinem Freund Pistorius.

M 18 Hermann Hesse: Müdes Suchen unter Trümmern ehemaliger Welten (1919)

Langsam hatte ein Gefühl in mir sich mit der Zeit dagegen gewendet, meinen Freund Pistorius so unbedingt als Führer anzuerkennen. Was ich in den wichtigsten Monaten meiner Jünglingszeit erlebt hatte, war die Freundschaft mit ihm, war sein Rat, sein Trost, seine Nähe gewesen. [...] Aus seinem Munde waren meine Träume mir zurückgekehrt, geklärt und gedeutet. Er hatte mir den Mut zu mir selber geschenkt. – Ach, und nun spürte ich langsam anwachsend Widerstände gegen ihn. Ich hörte zu viel Belehrendes in seinen Worten, ich empfand, daß er nur einen Teil von mir ganz verstehe.

[...]

Gedrückt hatte die Vorausahnung mich schon eine Weile, zum deutlichen Gefühl wurde sie eines Sonntags in seiner alten Gelehrtenstube. Wir lagen am Boden vor dem Feuer, und er sprach von Mysterien und Religionsformen, die er studierte, an denen er sann und deren mögliche Zukunft ihn beschäftigte. Mir aber schien dies alles mehr kurios und interessant als lebenswichtig, es klang mir Gelehrsamkeit, es klang mir müdes Suchen unter Trümmern ehemaliger Welten daraus entgegen. Und mit einem Male spürte ich einen Widerwillen gegen diese ganze Art, gegen diesen Kultus der Mythologien, gegen dieses Mosaikspiel mit überlieferten Glaubensformen.

1 Schauen Sie auf Ihre Zeit als Jugendlicher: Waren Sie schon einmal in einer vergleichbaren Situation, in der Sie sich von Traditionen und vertrauten Richtlinien abgewendet haben? Vergleichen Sie Ihre Empfindungen mit denen von Sinclair.

Verschiedene Denker, ihre moralischen Ansichten und Kontroversen haben Sie in diesem Kapitel begleitet. Manche werfen neue Sichtweisen, aber auch Fragen auf. Blicken Sie nun zurück und positionieren Sie sich selbst.

Im Folgenden geht es um die Frage, ob Ethik einen Sinn erfüllt.

Saul Steinberg: Untitled, 1961

M 19

2 a) Versetzen Sie sich in die Position des betrachtenden Menschen in Steinbergs Cartoon. Formulieren Sie für jedes der Fragezeichen große und kleine, wichtige und weniger wichtige Fragen zur Ethik.
b) Wählen Sie eine Ihrer Fragen aus und verfassen Sie einen Essay, in dem Sie Ihre Auffassung vom Sinn der Ethik auf den Punkt bringen.

Der Soziologe Niklas Luhmann (1927–1998) weist in seinen Überlegungen unter anderem auf das Problem hin, dass es der Ethik bislang noch immer nicht gelungen sei, konsensfähige Kriterien zu entwickeln.

Niklas Luhmann: Über die ethische Reflexion der Moral (1989)

M 20

Es gibt viele Möglichkeiten des moralischen Kommunizierens, und es fehlt nicht an Werten und guten Gründen, auf die man sich dabei berufen kann. Von einer Ethik sollte man aber verlangen können, dass sie die Strukturen des Gesellschaftssystems mitreflektiert, wenn sie der Moral ein Gütezeugnis oder auch nur eine Unbedenklichkeitsbescheinigung ausstellt. Wenn nun die Annahme zutrifft, dass die moderne Gesellschaft nicht mehr über Moral integriert sein kann und auch nicht mehr den Menschen über Moral ihre Plätze anweisen kann, dann muss die Ethik in der Lage sein, den Anwendungsbereich der Moral zu limitieren. Müssen wir denn Tag für Tag hinnehmen, dass die Politiker der Regierungs- und der Oppositionsparteien sich verbal-moralisch bekämpfen, obwohl wir, Demokratie richtig verstanden, gar nicht aufgefordert sind, zwischen ihnen unter Gesichtspunkten der Moral zu wählen? Müssen denn regionale Autonomiebewegungen unter moralischen Vorzeichen gestartet werden? Muss denn eine vorsorgliche rechtliche Einschränkung riskanter Forschungen oder Produktionstechnologien als moralisches oder sogar ethisches Gebot lanciert werden, wo wir doch nächstes Jahr bei besserer Information eine noch schärfere oder eine weniger scharfe Regulierung bevorzugen werden? Und vor allem: wie soll die Übernahme von Risiken mit Achtungserweis oder mit Achtungsentzug sanktioniert werden, wenn es gar kein nichtriskantes Verhalten gibt und die Ethik, bislang jedenfalls, keine konsensfähigen Kriterien entwickelt hat? Angesichts dieser Sachlage ist es die vielleicht vordringlichste Aufgabe der Ethik, vor Moral zu warnen. [...] Ob eine Ethik überhaupt möglich ist, die die Verhältnisse in der modernen Gesellschaft berücksichtigt und sich selber für gut erklärt, kann man als Soziologe nicht abschließend beurteilen. Zweifel sind angebracht. Jedenfalls reicht der politische Bedarf allein nicht aus, und ebenso wenig der gute Wille derjenigen, die sich darum bemühen. Wenn aber solche Versuche unternommen werden, sollten sie jedenfalls gewissen theoretischen Mindestansprüchen genügen. Zumindest sollte man erwarten können, dass die Ethik sich nicht einfach mit der guten Seite der Moral solidarisiert und die schlechte vergisst, sondern die Moral als eine *Unterscheidung* thematisiert, nämlich als die Unterscheidung von gut und schlecht oder gut und böse. Dann gelangt sie sofort vor die Frage, wann es denn gut ist, diese Unterscheidung zu verwenden und wann nicht.

3 Erarbeiten Sie aus M 20 Luhmanns Ansicht zur zentralen Aufgabe der Ethik und seine Begründung.

4 Luhmann untersucht verschiedene moderne Anwendungsbereiche der Moral hinsichtlich ihrer Sinnhaftigkeit. Finden Sie Beispiele für die genannten Bereiche und prüfen Sie, inwiefern Ethik hier eine regulierende Rolle einnehmen kann.

5 Erläutern Sie die Paradoxie, in der sich laut Luhmann die Ethik aufgrund ihres Selbstanspruches befindet. Welche Konsequenzen hat das für die Ethik?

Der Philosoph Robert Spaemann (* 1927) greift das Problem, das Luhmann beschreibt, auf und schlägt eine neue Sicht auf das Spannungsfeld von deontologischer und teleologischer Moral vor.

M 21 Robert Spaemann: Die Unterscheidung deontologischer und teleologischer Moral (1982)

Zunächst möchte ich mit Bezug auf die Unterscheidung von deontologischer und teleologischer Moral etwas Ähnliches sagen wie mit Bezug auf die Webersche Unterscheidung [von Verantwortungs- und Gesinnungsethik]. Weder Deontologie noch Konsequentialismus treffen das Phänomen des Sittlichen. Eine rein deontologische Ethik kann es gar nicht geben. Sie ist eine bloße Karikatur. Ein Mensch, dessen Moral darin bestünde, ohne Rücksicht auf die Umstände immer bestimmte Handlungen auszuführen und andere zu unterlassen, wäre ein nicht lebensfähiger Idiot. Güterabwägung ist selbstverständlich die normale Art, sich sittlich, und das heißt immer auch vernünftig, zu verhalten. Von den Handlungsfolgen absehen kann man überhaupt nicht, wenn man handelt. Handeln heißt ja: bestimmte Wirkungen hervorbringen. Man kann Handlungen nicht einmal als Handlungen beschreiben, ohne ihren teleologischen Charakter in die Beschreibung aufzunehmen. Andernfalls beschreiben wir nur Körperbewegungen, was unter Umständen einen sehr komischen Effekt machen kann.

Im Streit um Deontologie und Konsequentialismus geht es also gar nicht darum, ob wir für bestimmte Wirkungen unserer Handlungen die Verantwortung zu tragen haben oder nicht, sondern es geht darum, für welche Wirkungen – ob nur für diejenigen, die eine Handlung definieren, oder auch für die beabsichtigten ferneren Folgen oder auch für die Nebenfolgen, die in Kauf genommen werden, und wenn ja, für welche und in welchem Umfang? [...]

Verantwortung gründet in sittlichen Verhältnissen, in denen wir miteinander stehen. Auch mit dem fremdesten Menschen kann ich ohne mein Zutun in ein Verhältnis der Nähe geraten, wo seine oder meine Existenz davon abhängt, dass der eine den „anderen liebt wie sich selbst". Abhängigkeit begründet Verantwortlichkeit. Aber die Situation einer unmittelbar geforderten aktiven Nächstenliebe ist nur die situationsbedingte Aktivierung eines fundamentalen sittlichen Verhältnisses, das uns mit jedem Menschen verbindet. Die Verantwortung, die sich aus diesem Verhältnis generell ergibt, hat Kant mit der Formel ausgedrückt: „Handle so, dass du die Menschheit sowohl in deiner Person, als in der Person eines jeden andern jederzeit zugleich als Zweck, niemals bloß als Mittel brauchest."

[...]

Zu den Handlungen, die niemals verantwortbar sind, gehört [...] die Folter, obgleich sie im traditionellen Kanon solcher Handlungen nicht vorkam. Die Folter hindert den Menschen nicht nur, etwas zu tun, sie zwingt

ihn, etwas zu tun, und zwar dadurch, dass er durch extreme Schmerzen in seiner Identität gebrochen wird. So tut er etwas, was er nicht tun will, er sagt etwas, was er nicht sagen will.
Nun kann es sehr wohl erlaubt sein, einen Menschen, dessen Schweigen andere Menschen ungerechterweise in große Gefahr bringt, durch Drohung, im Ernstfall sogar durch Drohung mit dem Tod, zum Reden zu bewegen. Er kann auch in einem solchen Falle immer noch entscheiden, was ihm sein irrendes Gewissen wert ist. Unsere Verantwortung impliziert nicht die positive Fürsorge für die Integrität des Gewissens eines Menschen, der anderen Unrecht tut. Sie bleibt negativ. Die Folter jedoch verletzt diese negative Verantwortung; sie nimmt dem anderen die Möglichkeit der Wahl. Sie zerbricht ihn als Freiheitssubjekt. Sie zwingt ihn, seine Selbstachtung preiszugeben.

6 Erarbeiten Sie den Argumentationsgang und fassen Sie zusammen, welche Kritik Spaemann an der Unterscheidung von deontologischer und teleologischer Moral übt.

7 Prüfen Sie, welche Bedeutung Spaemann der Selbstachtung beimisst und vergleichen Sie seine Auffassung mit der von Hannah Arendt (M 4).

8 Bewerten Sie die Plausibilität von Spaemanns Ansatz.

Der ehemalige Polizeivizepräsident von Frankfurt/Main, Wolfgang Daschner, wurde 2004 angeklagt, dem seinerzeit mutmaßlichen Kindesentführer Magnus Gäfgen Gewalt und Schmerzen angedroht zu haben, sollte er nicht den Aufenthaltsort seines Opfers verraten. Er hoffte, das Kind mithilfe dieser Information noch rechtzeitig retten zu können. Im Dezember 2004 sprach ihn das Landgericht Frankfurt schuldig, unerlaubte Vernehmungsmethoden angewandt und den Festgenommenen dadurch genötigt zu haben. Das Bundesverfassungsgericht bezeichnete die Tat mit dem Begriff Folter. Der verurteilte Kindsmörder Gäfgen klagte später wegen der Folterandrohung auf Schmerzensgeld. Die Entscheidung des Landgerichts Frankfurt im August 2011, ihm eine Entschädigung von 3000 Euro zu gewähren, führte zu einer breiten öffentlichen Diskussion.

Torsten Krauel: Gäfgens Blutgeld (2011)

M 22

Solche Urteile können erhebliche Probleme für den Rechtsstaat schaffen, wenn sie falsch aufgefasst werden. Dabei ist der Richterspruch im Prinzip richtig. Magnus Gäfgen bekam kein Schmerzensgeld - das hat das Landgericht Frankfurt ausdrücklich abgelehnt. Es wäre auch der Hohn schlechthin gewesen, wenn es anders entschieden hätte. Magnus Gäfgen hat sich um den Schmerz seines Opfers und dessen Eltern nicht gekümmert. Erst als es um ihn selber ging, entwickelte er Mitleid. Das ist charaktertypisch für solche Menschen. Rechtlich belohnen darf man es nicht.
Was Gäfgen nun bekommt, ist eine knappe Entschädigung dafür, dass sein Erstvernehmer das staatliche Folterverbot ignoriert hat. Die Entschädigung bekommt Gäfgen nicht in Anerkennung des Mordes, sondern als Mensch, der er für den Rechtsstaat bleibt und bleiben muss. Seine Untat spielt bei dieser Frage keine Rolle, weder verschärfend noch mäßigend. Sie darf es auch nicht. Wenn der Rechtsstaat anfängt, bei den Menschenrechten in dieser Hinsicht oder überhaupt in irgendeiner Hinsicht Unterschiede zu machen, geraten wir alle in Gefahr. Solche Unterschiede sind erstens Willkür, zweitens interpretationsfähig, drittens der Anfang zur Ausweitung ihres Anwendungsbereichs. Wer für einen guten Zweck foltern darf, und sei es ein Menschenleben, verliert die Definitionshoheit über den guten Zweck. [...]

9 Führen Sie eine Podiumsdiskussion zum dargestellten Beispielfall durch: Halten Sie es für ethisch vertretbar, dass Gäfgen für die ihm angedrohte Folter eine Entschädigungszahlung erhalten hat?

10 Manche Menschen behaupten, dass angesichts der sich verändernden Welt und ihrer Herausforderungen eine universalistische Ethik völlig sinnlos sei, während andere betonen, dass sie gerade deshalb unabdingbar ist. Was ist Ihr Standpunkt? Hat Ethik einen Sinn?

Übungen zur Klausur
(Aufgabenart: Aufgabe auf der Basis eines philosophischen Textes)

William Frankena: Zwei Formen des Utilitarismus

Wir müssen zwei Formen des Utilitarismus unterscheiden: den *Handlungsutilitarismus* und den *Regelutilitarismus.*

Handlungsutilitaristen sind der Meinung, man solle, was richtig oder pflichtgemäß ist, im Allgemeinen (oder zumindest, sofern es durchführbar ist) unter unmittelbarer Heranziehung des Prinzips der Nützlichkeit entscheiden; mit anderen Worten, man solle herauszufinden suchen, welche der möglichen Handlungen vermutlich das größte Übergewicht von guten gegenüber schlechten Konsequenzen in der Welt herbeiführen wird. Man muss sich fragen: „Welche Folgen wird *meine* Ausführung *dieser* Handlung in *dieser* Situation haben?“ und nicht: „Welche Folgen wird die *allgemeine* Ausführung *derartiger* Handlungen in *derartigen* Situationen haben?“ Verallgemeinerungen wie „Die Wahrheit zu sagen dient wahrscheinlich immer dem größten allgemeinen Wohl“ [...] mögen als Faustregeln, gegründet auf in der Vergangenheit gemachte Erfahrungen, von Nutzen sein; aber die entscheidende Frage ist stets, ob es in diesem Fall dem größten allgemeinen Wohl dient, die Wahrheit zu sagen oder nicht. Es kann niemals richtig sein, der Regel, die Wahrheit zu sagen, Folge zu leisten, wenn in einem konkreten Fall stichhaltige Gründe für die Annahme bestehen, dass dem genannten Ziel mit einer Lüge besser gedient ist [...].

Anderer Meinung ist der Regelutilitarismus [...]. Wie die regeldeontologische [d.h. z.B. die Kantische] Auffassung betont auch der Regelutilitarismus die zentrale Rolle von Regeln für die Moral und besteht darauf, konkrete moralische Entscheidungen im Einklang mit einer Regel zu fällen (wie der Regel, die Wahrheit zu sagen), ohne Rücksicht darauf, welche Handlungsalternative in der betreffenden Situation die besten Folgen hat. Aber anders als die deontologische Auffassung verlangt der Regelutilitarismus weiter, Regeln stets so zu wählen, dass sie ihrerseits auf das größte allgemeine Wohl ausgerichtet sind. Das heißt, die Frage lautet nicht mehr, *welche Handlung* am nützlichsten ist, sondern welche *Regel.* Wenn wir eine Handlung in Betracht ziehen, so sollten wir uns nicht fragen: „Was werden die Folgen sein, wenn ich in diesem Fall so handle?“, sondern: „Was wären die Folgen, wenn jeder in derartigen Fällen so handelte?“ – eine Frage, die wir uns tatsächlich in unseren moralischen Überlegungen häufig stellen. Das Utilitätsprinzip wird [...] nicht bei der Festlegung unserer konkreten Pflichten relevant, sondern bei der Festlegung von Regeln, nach denen diese sich richten. Die Auswahl, Beibehaltung, Abänderung und Aufhebung dieser Regeln darf allein auf der Basis ihrer Nützlichkeit erfolgen. Das Prinzip der Nützlichkeit bleibt damit der letzte Maßstab [...].

Auch der Handlungsutilitarist kann den Gebrauch von Regeln zulassen. Er muss jedoch eine Regel wie „Sag die Wahrheit“ im Sinne von „Die Wahrheit zu sagen, dient im Allgemeinen dem größten allgemeinen Wohl“ auffassen, der Regelutilitarist dagegen im Sinne von „*Immer* die Wahrheit zu sagen, dient dem größten allgemeinen Wohl“.

Das bedeutet, dass es für den Regelutilitaristen die Pflicht geben kann, einer Regel einfach deshalb zu folgen (etwa der Regel, die Wahrheit zu sagen), weil es nützlich ist, diese Regel zu haben, selbst wenn im konkreten Fall die Befolgung der Regel nicht zu den besten Folgen führt. [...]

Der Regelutilitarist könnte auch auf die Probleme hinweisen, die entstünden, wenn es in jedermanns Ermessen läge, bei jeder Gelegenheit für sich selbst zu entscheiden, was zu tun ist – selbst wenn der Betreffende solche Regeln zur Hand hat, wie sie ein gemäßigter Handlungsutilitarismus zulässt. Der Regelutilitarist kann hier argumentieren, dass es dem größten allgemeinen Wohl dient, wenn jeder sein Handeln vollständig oder doch weitgehend festen Regeln unterwirft und seine Entscheidungen nicht immer von neuem an dem handlungsutilitaristischen Kriterium misst. Das wäre ein utilitaristisches Argument für den Regelutilitarismus, das nicht ohne Plausibilität ist.

Frankena, William: Zwei Formen des Utilitarismus. Ders.: Analytische Ethik. München: [1]1963. S. 55–57.

1 Stellen Sie das Anliegen Frankenas dar und rekonstruieren Sie den Argumentationsgang des Textes. *(26 Punkte)*

2 Stellen Sie die Ethik Immanuel Kants in Grundzügen dar und vergleichen Sie diese Position mit dem Regel-Utilitarismus. *(30 Punkte)*

3 Diskutieren Sie die Tragfähigkeit der beiden ethischen Positionen und nehmen Sie begründet Stellung dazu. *(24 Punkte)*

Zu erwartende Schülerleistung und Bewertung

Inhaltliche Leistung

Aufg. 1	Anforderung: korrekte, vollständige und begrifflich präzise Rekonstruktion des Textes	Max. Punkte
Der Schüler oder die Schülerin		
1	bestimmt als Anliegen Frankenas die Propagierung des Regel-Utilitarismus und seine Abgrenzung gegenüber dem Handlungs-Utilitarismus und deontologischen Ethiken;	4 (II)
2	erarbeitet Frankenas Bestimmung des Handlungs-Utilitarismus;	4 (I)
3	erarbeitet Frankenas Bestimmung und Beurteilung des Regel-Utilitarismus;	6 (I)
4	grenzt den Regel-Utilitarismus von der (regel-) deontologischen Auffassung ab, insofern er gemäß dem Utilitätsprinzip die Ausrichtung der Regeln an den Konsequenzen für das Allgemeinwohl einfordert, während deontologische Ethiken jegliche Orientierung der Moralität an den Folgen einer fraglichen Handlung verweigern.	4 (I)
5	ordnet die Beispiele des Textes korrekt der theoretischen Argumentation des Autors zu.	2 (I)
6	kennzeichnet die Argumentationsstruktur des Textes, indem er / sie dessen o. g. gedanklich-logische Schritte mithilfe sachgerecht verwendeter logischer Konjunktionen und sog. performativer Verben im Sinne der Sprechakttheorie beschreibt.	6 (II)
Aufg. 2	**Anforderung: Einbringen von theoretisch und begrifflich differenziertem Fachwissen**	
Der Schüler oder die Schülerin		
1	stellt Kants ethische Position in ihren wichtigsten Aspekten dar;	12 (I)
2	arbeitet als Gemeinsamkeit des Regel-Utilitarismus mit Kants Ethik heraus, dass sich beide moralische Handlungsentscheidungen an allgemeinen Regeln orientieren;	6 (II)
3	arbeitet als wichtigsten Unterschied zwischen beiden Ethiken heraus, dass der Regel-Utilitarismus die Moralität von Handlungen mit den positiven Folgen der ihnen zugrundeliegenden Regeln für das allgemeine Wohl verbindet, während Kants Ethik die Moralität im guten Willen, also in der Intention des handelnden Subjekts, verankert.	8 (II)
4	ordnet die beiden ethischen Konzeptionen Frankenas und Kants ihren systematischen Grundrichtungen zu: – Der (Regel-) Utilitarismus ist eine teleologische oder konsequentialistische Ethik, die die Folgen einer Handlung und der ihr zugrunde liegenden Regel zum maßgeblichen Kriterium von deren Moralität macht; – Kants Ethik ist eine deontologische oder Prinzipien-Ethik, die den guten Willen des Handelnden zum Maßstab der Moralität einer Handlung macht; – Utilitaristische Ethiken orientieren sich an der Vermehrung von Glück und der Verminderung von Leid. Kants Ethik orientiert sich an der Vernunft.	4 (II)
Aufg. 3	**Anforderung: eigenständige und stimmige Begründung der Beurteilung**	
Der Schüler oder die Schülerin		
1	diskutiert die Tragfähigkeit des regelutilitaristischen Standpunkts unter Einbeziehen der Aspekte, dass – bei Entscheidungen im Alltag Nützlichkeit eine große Rolle spielt; – die Kritikpunkte am Handlungs-Utilitarismus weitgehend auch auf den Regel-Utilitarismus zutreffen, z. B. die Unkalkulierbarkeit künftiger Folgen.	8 (III)
2	diskutiert die Tragfähigkeit des Konzepts Kants unter Einbeziehen der Aspekte, dass – es sich auf Vernunft und nicht auf schwer zu gewichtende empirische Prinzipien wie (subjektives) Glück und Leid beruft; – es bei – häufig vorkommenden – Wertkonflikten keine Lösungsmöglichkeiten anbietet.	8 (III)
3	formuliert eine begründete Stellungnahme – zur Bevorzugung und zum Verwerfen eines der beiden ethischen Ansätze oder – zur Vereinbarkeit beider ethischer Ansätze in konkreten Entscheidungssituationen.	8 (III)
Darstellungsleistung Summe		**20**

Den Vielen gerecht werden: Politische Philosophie

1. Politische Philosophie des Sozialstaats und der Wirtschaft

Denn solange die Völker aus Menschen bestehen, deren hauptsächliche Motivation das Haben und die Gier ist, werden sie notwendigerweise Krieg führen. *(Erich Fromm)*

Wo Geld die Welt regiert, herrschen eben nicht: fanatische Ideologie und blutige Gewalt. Die monetarisierte Habsucht zähmt die anderen Leidenschaften. *(Norbert Bolz)*

2. Politische Philosophie des freiheitlichen Rechtsstaates

Gemeinsam stellen wir alle, jeder von uns seine Person und seine ganze Kraft unter die oberste Richtschnur des Gemeinwillens; und wir nehmen, als ein Körper, jedes Glied als untrennbaren Teil des Ganzen auf. *(J. J. Rousseau)*

Gesellschaften, die aus vielen Millionen von Menschen bestehen, können nicht mehr in der Form einer einzigen hierarchisch aufgebauten „Gemeinschaft" organisiert werden. *(Werner Becker)*

3. Recht und Menschenrecht im Zeitalter der Globalisierung

Ein Kind, das an Hunger stirbt, wird ermordet. *(Jean Ziegler)*

4. Politische Philosophie der internationalen Beziehungen

Krieg oder Frieden = Weltinnenpolitik?

Horst Haitzinger, 1999

TAUBE UND FALKE

1. Politische Philosophie des Sozialstaats und der Wirtschaft

1.1 Konkurrenz: Wettbewerb oder Kampf – Marx, Fromm, von Hayek

Bei dem 1894 erstmals aufgeführten Sozialdrama „Die Weber" von Gerhart Hauptmann (1862–1946) kam es zu einem Skandal. Kaiser Wilhelm II. kündigte entrüstet sein Logenabonnement. Vermutlich sah er in dem Drama einen Aufruf zur Revolution.
Im ersten Akt führt Gerhart Hauptmann (1862–1946) den Zuschauern die soziale Not der Weber in Schlesien vor deren Aufstand im Jahr 1844 vor Augen.

M 1 Gerhart Hauptmann: Die Weber, I (Mich hungert!)

Kassierer Neumann (Geld aufzählend): Bleibt sechzehn Silbergroschen zwei Pfennig.

Erste Weberfrau (dreißigjährig, sehr abgezehrt, streicht das Geld ein mit zitternden Fingern): Sind Se bedankt. [...]

Erste Weberfrau (welche nur wenig vom Kassentisch zurückgetreten war und sich von Zeit zu Zeit mit starren Augen hilfesuchend umgesehen hat, ohne von der Stelle zu gehn, fasst sich ein Herz und wendet sich von neuem flehentlich an den Kassierer): Ich kann halt balde ... ich weeß gar nich, wenn Se mir das Mal und geb'n mir keen'n Vorschuss ... o Jesis, Jesis.

Pfeifer (ruft herüber): Das is a Gejesere. Lasst bloß a Herr Jesus in Frieden. Ihr habt's ja sonst nick so ängstlich um a Herr Jesus. [...] Wir kenn kein'n Vorschuss geb'n. Wir miss'n Rechenschaft ablegen dahier. 's is auch nich unser Geld. Von uns wird's nachher verlangt. Wer fleißig is und seine Sache versteht und in der Furcht Gottes seine Arbeit verricht't, der braucht ieberhaupt nie keen'n Vorschuss nich. [...]

Erste Weberfrau: Bloß a paar Greschl, dass m'r zu Brote komm'n. D'r Pauer borgt nischt mehr. Ma hat a Häufl Kinder ...

[...] *Pfeifer (hat Bäckers Webe untersucht, ruft):* Bäcker dreizehntehalb Silbergroschen. [...]

Bäcker (zu den Umstehenden, ohne seine Stimme zu dämpfen): Das is a schäbiges Trinkgeld, weiter nischt. Da soll eens treten vom friehen Morg'n bis in die sinkende Nacht. Und wenn man achtz'n Tage ieberm Stuhle geleg'n hat, Abend fer Abend wie ausgewund'n, halb drehnig vor Staub und Gluthitze, da hat man sich glicklich dreiz'ntehalb Beehmen [Silbergroschen] erschind't.

Pfeifer: Hier wird nick gemault!

Bäcker: Von Ihn laß ich mersch Maul noch lange nick verbiet'n.

Pfeifer (springt mit dem Ausruf) Das mecht ich doch amal sehn! *(nach der Glastür und ruft ins Kontor):* Herr Dreißicher, Herr Dreißicher, mechten Sie amal so freundlich sein! [...]

Dreißiger (zu den Beamten): Der Mensch bekommt keinen Schlag mehr bei uns.

Bäcker: Oh, ob ich am Webstuhle d'rhungere oder im Straßengrab'n, das is mir egal.

[...] *Dreißiger:* Nu? *(Als nun Bäcker sich noch immer nicht entfernt, ungeduldig):* Soll ich nun nachhelfen? *(Unter den dichtgedrängten Webern ist eine Bewegung entstanden. Jemand stößt einen langen, tiefen Seufzer aus. Darauf geschieht ein Fall. Alles Interesse wendet sich dem neuen Ereignis zu.)*

Dreißiger: Was gibt's denn da?

Verschiedene Weber und Weberfrauen: 's is eener hingeschlag'n. 's is a klee hiprich Jungl. Is's etwa de Kränkte oder was?!

Dreißiger: Ja ... wie denn? Hingeschlagen? *(Er geht näher.)*

[...] *Bäcker (hat, von allen vergessen, beobachtend gestanden. Nun, die eine Hand an der Türklinke, ruft er laut und höhnisch herüber):* Gebt 'n ock was zu fressen, da wird a schonn zu sich kommen. *(Ab.)*

Karl Wilhelm Hübner: Die schlesischen Weber, 1844

Dreißiger: Der Kerl nimmt kein gutes Ende. – Nehmen Sie ihn unterm Arm, Neumann. Langsam, langsam ... so ... so ... wir wollen ihn in mein Zimmer bringen. Was wollen Sie denn?

Neumann: Er hat was gesagt, Herr Dreißiger! Er bewegt die Lippen.

Dreißiger: Was willst du denn, Jungl?

Der Junge (haucht): Mich hungert!

Nachdem der Junge versorgt wurde, nimmt der Fabrikant zu dem Geschehen Stellung:

Dreißiger: Es war nichts von Bedeutung. Der Junge ist schon wieder ganz munter. *(Erregt und pustend umhergehend.)* Es bleibt aber immer eine Gewissenlosigkeit. Das Kind ist ja nur so'n Hälmchen zum Umblasen. Es ist rein unbegreiflich, wie Menschen ... wie Eltern so unvernünftig sein können. Bürden ihm zwei Schock Parchent [Baumwollgewebe] auf, gute anderthalb Meilen Wegs. [...] – Auf wem bleibt's denn schließlich sitzen? Natürlich doch auf uns Fabrikanten. Wir sind an allem schuld. Wenn so'n armes Kerlchen zur Winterszeit im Schnee steckenbleibt und einschläft, dann kommt so'n hergelaufener Skribent, und in zwei Tagen, da haben wir die Schauergeschichte in allen Zeitungen. Der Vater, die Eltern, die so'n Kind schicken ... i bewahre, wo werden die denn schuld sein! Der Fabrikant muss ran, der Fabrikant ist der Sündenbock. Der Weber wird immer gestreichelt, aber der Fabrikant wird immer geprügelt: Das is'n Mensch ohne Herz, 'n Stein, 'n gefährlicher Kerl, den jeder Presshund in die Waden beißen darf. Der lebt herrlich und in Freuden und gibt den armen Webern Hungerlöhne. – Dass so'n Mann auch Sorgen hat und schlaflose Nächte, dass er sein großes Risiko läuft, wovon der Arbeiter sich nichts träumen lässt, dass er manchmal vor lauter Dividieren, Addieren und Multiplizieren, Berechnen und wieder Berechnen nicht weiß, wo ihm der Kopf steht, dass er hunderterlei bedenken und überlegen muss und immerfort sozusagen auf Tod und Leben kämpft und konkurriert, dass kein Tag vergeht ohne Ärger und Verlust: Darüber schweigt des Sängers Höflichkeit. Und was hängt nicht alles am Fabrikanten, was saugt nicht alles an ihm und will von ihm leben! Nee, nee! Ihr solltet nur manchmal in meiner Haut stecken, ihr würdet's bald genug satt kriegen.

1 Beschreiben Sie, wie Hauptmann die soziale Not der Weber deutlich macht.

2 Erarbeiten Sie, wie es zu dem Konflikt zwischen dem Weber Bäcker und dem Fabrikanten Dreißiger kommt.

3 Der Fabrikant sei der Sündenbock, meint Dreißiger. Was will er damit sagen?

4 Wieso meint er, „immerfort [...] auf Tod und Leben" (Z. 101 f.) kämpfen zu müssen?

Im Folgenden geht es um das Problem, ob man den wirtschaftlichen Wettbewerb wirklich als einen Kampf auf Leben und Tod ansehen muss.

5 Beschreiben Sie M 2 und erörtern Sie, ob die Darstellung dem von Dreißiger angesprochenen Kampf entspricht.

6 Eine Wirtschaftszeitschrift warb vor einigen Jahren mit dem Slogan „Du sollst begehren deines Nächsten Marktanteil". Erläutern Sie, welche Bedeutung ein solches Gebot für die Wirtschaft haben könnte.

7 Im letzten der Zehn Gebote heißt es: „Du sollst nicht begehren deines Nächsten Haus [...] und alles, was sein ist." Schreiben oder/und spielen Sie ein Gespräch zwischen einem Pfarrer und dem Texter der Werbeanzeige.

M 2

August Deusser: Reiterkampf, 1913–1917

Fünf Jahre nach dem Aufstand der Weber schildert Karl Marx (1818–1883) 1849 in der „Neuen Rheinischen Zeitung“, bevor diese verboten wurde, seine Sicht des wirtschaftlichen Wettbewerbs im Kapitalismus.

M 3 Karl Marx: Die Konkurrenz als Konsequenz der kapitalistischen Produktionsweise (1849)

Die *Vermehrung* der Kapitalien vermehrt die *Konkurrenz unter den Kapitalisten.* Der *steigende Umfang* der Kapitalien gibt die Mittel, *gewaltigere Arbeiterarmeen mit riesenhaftem Kriegshandwerkzeugen auf das industrielle Schlachtfeld zu führen.* Der eine Kapitalist kann den andern nur aus dem Felde schlagen und dessen Kapital erobern, indem er wohlfeiler verkauft. Um wohlfeiler verkaufen zu können, ohne sich zu ruinieren, muss er wohlfeiler produzieren, d. h. die Produktionskraft der Arbeit so viel wie möglich steigern. Die Produktionskraft der Arbeit wird aber vor allem gesteigert durch *eine größere Teilung der Arbeit,* durch eine allseitigere Einführung und beständige Verbesserung der Maschinerie. Je größer die Arbeiterarmee ist, unter welche die Arbeit geteilt, je riesenhafter die Stufenleiter ist, auf welcher die *Maschinerie* eingeführt wird, um so mehr nehmen verhältnismäßig die Produktionskosten ab, um so fruchtbarer wird die Arbeit. Es entsteht daher ein allseitiger Wetteifer unter den Kapitalisten, die Teilung der Arbeit und die Maschinerie zu vermehren und sie auf möglichst großer Stufenleiter auszubeuten. [...] Das ist das Gesetz, das die bürgerliche Produktion stets wieder aus ihrem alten Geleise herauswirft und das Kapital zwingt, die Produktionskräfte der Arbeit anzuspannen, weil es sie angespannt hat, das Gesetz, das ihm keine Ruhe gönnt und beständig zuraunt: Marsch! Marsch!

1844 hatte Marx schon in Manuskripten notiert, dass die bisherige Wirtschaftswissenschaft den Zwang, unter dem die Kapitalisten stehen, nicht begriffen habe.

M 4 Karl Marx: Ökonomisch-philosophische Manuskripte (1844)

Die einzigen Räder, die der Nationalökonom [in seiner Theorie] in Bewegung setzt, sind die Habsucht und der Krieg unter den Habsüchtigen, die Konkurrenz. [...] Konkurrenz, Gewerbefreiheit, Teilung des Grundbesitzes waren nur als zufällige, absichtliche, gewaltsame, nicht als notwendige, unvermeidliche, natürliche Konsequenzen des Monopols, der Korporation und des Feudaleigentums entwickelt und begriffen.

8 Fassen Sie zusammen, wie Karl Marx die Entstehung der Konkurrenz unter den Kapitalisten erklärt und welche Erklärung der bisherigen Nationalökonomie er ausdrücklich ablehnt.

Der Psychoanalytiker und Sozialphilosoph Erich Fromm (1900–1980) vertrat nach seiner Emigration in Amerika einen durch Sigmund Freud beeinflussten Marxismus.

M 5 Erich Fromm: Konkurrenz, Kampf und Krieg als Folgen der Habgier (1976)

Das Verhältnis zwischen den Menschen ist in der Existenzweise des Habens durch Rivalität, Antagonismus [Streit] und Furcht gekennzeichnet. Das antagonistische Element bei Beziehungen, die am Haben orientiert sind, liegt in der Eigenart des Habens selbst begründet: Wenn Haben die Basis meines Identitätsgefühls ist, weil „ich bin, was ich habe“, dann muss der Wunsch zu haben zum Verlangen führen, viel, mehr, am meisten zu haben. Mit anderen Worten, Habgier ist die natürliche Folge der Habenorientierung. Es kann die Habgier des Geizigen, die Habgier des Profitjägers, die Habgier des Schürzenjägers oder mannstoller Frauen sein. Was auch immer seine Gier entfacht, er wird nie genug haben, er wird niemals „zu-frieden“ sein. [...] Da die Produktion, so groß sie auch sein mag, niemals mit unbegrenzten Wünschen Schritt halten kann, muss zwischen den Individuen im Kampf um den größten Anteil Konkurrenz und Antagonismus herrschen. Und selbst wenn ein Stadium absoluten Überflusses erreicht werden könnte, würde der Kampf weitergehen. Wer von der Natur mit schwächerer Gesundheit und geringerer Attraktivität, mit weniger Gaben und Talenten ausgestattet wäre, müsste die anderen, die „mehr" haben, bitter beneiden. Dass die Existenzweise des Habens und die daraus resultierende Habgier zwangsläufig zum Antagonismus und Kampf zwischen den Menschen führen, gilt sowohl für Völker als auch für einzelne Menschen. Denn solange die Völker aus Menschen bestehen, deren hauptsächliche Motivation das Haben und die Gier ist, werden sie notwendigerweise Krieg führen.

9 Erarbeiten Sie, wie Erich Fromm die Konkurrenz erklärt.

10 Fromm beruft sich bei seiner Darstellung der Konkurrenz an vielen Stellen seines Werkes ausdrücklich auf Marx. Vergleichen Sie M 4 und M 5 und untersuchen Sie, ob er dies hier zu Recht tun kann.

Norbert Bolz: Konkurrenz und Handel als Weg zum Frieden (2002)

M 6

Der Handel als Antonym [Gegenwort] der Gewalt – das ist seit Montesquieu die Utopie der bürgerlichen Gesellschaft in nuce. Der einfache Grundgedanke lautet: Nationen, die miteinander Handel treiben, machen sich voneinander abhängig, und das führt zum Frieden. [...] Es geht hier um die Ermäßigung des Kampfs ums Dasein zu einem unblutigen Kampf um Anerkennung, ähnlich wie im Sport. Die Bedingung dafür ist aber, dass Politik in Ethik und Ökonomie zerfällt. Der politische Feind verwandelt sich in den ökonomischen Konkurrenten einerseits und in den ethischen Diskussionsgegner andererseits. Der Kampf, der die Herren von den Knechten unterscheidet, wandelt sich zur Konkurrenz um einen Dritten. Der Konsument ist dieser Dritte der Konkurrenz. Im modernen Wettbewerb nimmt der Kampf aller gegen alle die Form eines „Kampfs aller um alle" an. [...] Denn Konsum ist das genaue Gegenteil von Gewalt: die liberale, unblutige Form, sich Anerkennung durch sichtbaren Erfolg zu verschaffen. In der Zeit der Händler werden die Helden anachronistisch [veraltet].

Wo Geld die Welt regiert, herrschen eben nicht: fanatische Ideologie und blutige Gewalt. Die monetarisierte Habsucht zähmt die anderen Leidenschaften. Auf die Liebe zum Geld ist Verlass – hier entfaltet sich ein ruhiges Begehren nach Reichtum.

11 Stellen Sie dar, wie Norbert Bolz die Konkurrenz beurteilt.

12 Vergleichen Sie seine Argumentation mit den Ansichten von Marx und Fromm.

Der österreichische Wirtschaftswissenschaftler und Philosoph Friedrich August von Hayek (1899–1992) erhielt 1974 den Nobelpreis für Wirtschaft. In seinem bekanntesten Buch beschreibt er den Sozialismus als den unaufhaltsamen „Weg zur Knechtschaft". Sein bekanntester Schüler, Milton Friedman, sieht den Kapitalismus als den Weg zur Freiheit.

Friedrich A. von Hayek: Auslese im Wettbewerb als faires Spiel (1981)

M 7

Der Wettbewerb wirkt als ein Entdeckungsverfahren, nicht nur dadurch, dass er jedermann, der die Gelegenheit hat, besondere Umstände auszunutzen, die Möglichkeit gibt, dies profitabel zu tun, sondern auch dadurch, dass er den anderen Parteien die Information vermittelt, dass es eine solche Gelegenheit gibt. Dank dieser Vermittlung von Information in kodierter Form sichern die konkurrierenden Anstrengungen des Marktspiels die Nutzbarmachung weit verstreuten Wissens.

[...]

Der Marktprozess entspricht [...] völlig der Definition für „Spiel" im Oxford Dictionary: Es ist „ein Wettkampf nach Regeln, der durch überlegene Geschicklichkeit, Kraft oder auch durch Glück entschieden wird". Es handelt sich in dieser Hinsicht sowohl um ein Spiel der

Geschicklichkeit als auch um ein Glücksspiel. Vor allem ist es ein Spiel, das dazu dient, aus jedem Spieler den höchsten für ihn lohnenden Einsatz für den gemeinsamen Pool herauszulocken, aus dem jeder einen ungewissen Anteil gewinnen wird.

[...] Ich finde, dass das Ergebnis eines jeden Spiels, das gespielt wird, weil es die Chancen aller über das hinaus verbessert, was wir durch irgendein anderes Arrangement erreichen können, als fair akzeptiert werden muss, solange alle die gleichen Regeln befolgen und nicht betrügen. Wenn man die Gewinne aus dem Spiel akzeptiert, stellt es einen Betrug von Individuen oder Gruppen dar, die Macht der Regierung zu Hilfe rufen, um den Strom wertvoller Güter zu ihren Gunsten umzulenken. Natürlich können wir außerhalb dieses Spiels des Marktes für jene ein anständiges Minimum bereitstellen, die es vom Spiel nicht erhalten. Es ist kein stichhaltiger Einwand gegen ein solches Spiel – dessen Ergebnis teilweise von der Tüchtigkeit und den jeweiligen persönlichen Umständen und teilweise vom bloßen Zufall abhängt –, dass die Chancen, die für alle verbessert werden, wenn sie dieses Spiel spielen, in der Ausgangslage bei weitem nicht für alle die gleichen sind. Die Antwort auf einen solchen Einwand besteht genau darin, dass es einer der Zwecke des Spiels ist, den höchstmöglichen Nutzen aus dem unvermeidlich verschiedenartigen Können, Wissen und den jeweiligen Umständen des Einzelnen zu ziehen. [...] Das Ergebnis dieses Spiels [...] wird daher notwendigerweise sein, dass viele weit mehr haben werden, als sie nach Ansicht ihrer Mitbürger beanspruchen können, und vielleicht werden noch mehr weit weniger haben, als sie nach der Ansicht ihrer Mitbürger verdient hätten. Es ist nicht überraschend, dass viele Leute dies durch irgendeinen autoritativen Akt der Umverteilung zu korrigieren wünschen. [...] Jene, die die Annehmlichkeit eines gesicherten Kontrakteinkommens der Notwendigkeit vorziehen, Risiken einzugehen, um Nutzen aus ständig wechselnden Möglichkeiten zu ziehen, werden sich gegenüber Beziehern hoher Einkommen im Nachteil fühlen, die aus einer fortwährenden Um-Disposition von Ressourcen resultieren. Hohe, effektiv erzielte Einkommen der Erfolgreichen, seien sie verdient oder zufällig, sind ein wesentliches Element der Steuerung der Produktionsfaktoren dorthin, wo sie den größten Beitrag für den Pool bringen, aus dem jeder seinen Anteil erhält. Wir hätten nicht so viel zu verteilen, wenn jenes Einkommen des Einzelnen nicht als gerecht erachtet würde, in dessen Erwartung er dazu angereizt wurde, den größten Beitrag zum Pool zu leisten. Sehr hohe Einkommen können daher manchmal gerecht sein. Wichtiger ist aber, dass der Zugang zu solchen Einkommen wohl eine notwendige Bedingung ist, um denjenigen, die weniger unternehmend, weniger glücklich und weniger schlau sind, das regelmäßige Einkommen zu verschaffen, auf das sie zählen.

13 Fassen Sie zusammen, wie von Hayek die Konkurrenz beurteilt.

14 Erklären Sie, wie er hohe Einkommensunterschiede rechtfertigt.

15 Formulieren Sie eine Antwort auf die in der Problemformulierung (S. 249) gestellte Frage, die die Positionen von Marx, Fromm, Bolz und v. Hayek berücksichtigt.

M 8 Sieben kritische Fragen an von Hayek

1. Von Hayek gibt zwar zu, dass die Startchancen auf dem Spielfeld Markt „bei weitem nicht für alle gleich“ seien, hält dies jedoch nicht für einen gravierenden Einwand dagegen, dass es sich trotzdem lohnt, „den höchstmöglichen Nutzen aus dem unvermeidlich verschiedenartigen Können, Wissen und den jeweiligen Umständen des Einzelnen zu ziehen“. Ist aber nicht die Ausgangslage für viele so schlecht, dass eine freie Wahl bei dem Einsatz ihrer Arbeitskraft unmöglich ist und damit Ressourcen ungenutzt bleiben, wenn die Chancengleichheit nicht verbessert wird?

2. Von Hayek behauptet, dass die überhöhten Einkommen einiger Teilnehmer an dem Spiel am Markt als gerechte Prämie aufgefasst werden müsste ist für das überproportionale Risiko, das sie eingehen. Ist das überhöhte Einkommen aber nicht eher in vielen Fällen das Ergebnis von Vetternwirtschaft und Filzokratie?

3. Von Hayek spricht auch einer demokratisch zustande gekommenen Mehrheit das Recht zu sozialpolitischen Maßnahmen ab, die das Recht auf Eigentum einschränken. „Liberalismus ist also unvereinbar mit unbeschränkter Demokratie, genauso wie mit jeder anderen unbeschränkten Macht.“ Ist damit nicht eine unbedingte Vorherrschaft des Eigentums über demokratische Werte gegeben?

4. Von Hayek folgert daraus, dass niemand als Einzelner die Verantwortung für den Verlust eines anderen auf dem Markt trägt, dass es keine soziale Gerechtigkeit geben kann. Kann man aber die moralische Tugend der fürsorglichen Verantwortung mit dem politi-

schen Prinzip der Gerechtigkeit einfach gleichsetzen?
5. Von Hayek behauptet, dass christliche Theologen eine neue soziale Religion als Ersatz für ihr alte nähmen. Ist nicht eher umgekehrt bei ihm der Markt ein Götze, dem immer wieder Opfer gebracht werden müssen?
6. Von Hayek sagte in einem Interview: „Für eine Welt, die auf egalitäre Ideen gegründet ist, ist das Problem der Überbevölkerung [...] unlösbar. Wenn wir garantieren, dass jeder am Leben erhalten wird, der erst einmal geboren ist, werden wir sehr bald nicht mehr in der Lage sein, dieses Versprechen zu erfüllen. Gegen diese Überbevölkerung gibt es nur die eine Bremse, nämlich dass sich nur die Völker erhalten und vermehren, die sich auch selbst ernähren können." Verschwimmt hier nicht die Grenze zum „offenen Sozialdarwinismus"?
7. Robert Kurz schreibt 2003: „Hayek verteufelt ganz offen den elementar vernünftigen Anspruch, dass die Gesellschaft sich bewusst selbst regulieren soll, statt durch einen bewusstlosen anonymen Marktmechanismus reguliert zu werden. In seiner bislang reinsten Form, noch über die Klassiker des Liberalismus hinaus, tritt hier der Urgrund liberaler Antivernunft zutage: Der Anspruch auf bewusste soziale Gesellschaftlichkeit gilt als Sünde wider den Heiligen Geist einer asozialen, blinden Gesellschaftsmaschine, die wieder und wieder zur Naturgesetzlichkeit erklärt worden ist." Huldigt von Hayek tatsächlich dem Heiligen Geist einer blinden Gesellschaftsmaschine?

16 Bringen Sie diese sieben kritischen Anfragen in eine Reihenfolge, die Ihrer Auffassung von „leuchtet mir sehr ein" bis „leuchtet mir überhaupt nicht ein" entspricht.

1.2 Soziale Gerechtigkeit durch Umverteilung? – Marx, von Hayek, Nietzsche

Die hungernden, aufgebrachten Weber ziehen vor das Haus des Fabrikanten Dreißiger und fordern mehr Lohn. Der Fabrikant lässt den Anführer, einen gewissen Jäger, festnehmen. Mit dem Pastor Kittelhaus, der gerade mit seiner Frau bei ihm zu Besuch ist, bespricht er die Lage.

Gerhart Hauptmann: Die Weber, IV (Es muss etwas geschehen)

M 9

Dreißiger: Bei kühlem Verstande, Herr Paster, kann man der Sache vielleicht sogar noch 'ne gute Seite abgewinnen. Solche Vorkommnisse werden vielleicht in den leitenden Kreisen nicht unbemerkt bleiben. Möglicherweise kommt man dort doch mal zu der Überzeugung, dass es so nicht mehr lange weitergehen kann, dass etwas geschehen muss, wenn unsre heimische Industrie nicht völlig zugrunde gehen soll.
Kittelhaus: Ja, woran liegt aber dieser enorme Rückgang, sagen Sie bloß?
Dreißiger: Das Ausland hat sich gegen uns durch Zölle verbarrikadiert. Dort sind uns die besten Märkte abgeschnitten, und im Inland müssen wir ebenfalls auf Tod und Leben konkurrieren, denn wir sind preisgegeben, völlig preisgegeben.
Pfeifer (kommt atemlos und blass hereingewankt): Herr Dreißicher, Herr Dreißicher! [...] Se hab'n a Jäger Moritz befreit, a Verwalter gepriegelt und fortgejagt, a Schandarm [Polizist] gepriegelt und fortgejagt. Ohne Helm ... a Säbel zerbrochen ... nee, nee!
Dreißiger: Pfeiffer, Sie sind wohl übergeschnappt.
Kittelhaus: Das wäre ja Revolution.
Pfeifer (auf einem Stuhl sitzend, am ganzen Leibe zitternd, wimmernd): Herr Dreißicher, 's wird ernst! Herr Dreißicher, 's wird ernst!
Dreißiger: Na, dann kann mir aber die ganze Polizei ...
Pfeifer: Herr Dreißicher, 's wird ernst!
Dreißiger: Ach, halten Sie's Maul, Pfeifer! Zum Donnerwetter! [...]
(Vor dem Pastor stillstehend, unvermittelt): Bin ich denn ein Tyrann? Bin ich denn ein Menschenschinder?

M 10

1 Dreißiger erwartet, dass die Regierung etwas zur Lösung der sozialen Probleme unternimmt. Stellen Sie Vermutungen an, was das sein könnte.

2 Kittelhaus befürchtet eine Revolution. Erklären Sie die Ursachen für seine Furcht.

3 Untersuchen Sie, welche Alternativen es zu einer Revolution geben könnte.

Im Folgenden geht es um das Problem, ob eine Umverteilung des gesellschaftlichen Reichtums der richtige Weg zu sozialer Gerechtigkeit ist.

4 Auf dem Plakat zur Erstaufführung des Schauspiels (M 10) will der Maler Emil Orlik deutlich machen, dass etwas Umwälzendes geschieht. Wie gelingt ihm das? Die Leute scheinen etwas zu rufen. Was könnte das sein?

5 Überlegen Sie sich entsprechende Parolen und stellen Sie die Szene im Kurs nach.

6 In einer Umfrage hat das Emnid-Institut 2003 gefragt, welche der folgenden Formulierungen zur sozialen Gerechtigkeit man sich anschließen könnte. Schreiben Sie die Thesen auf sechs Blätter und befestigen Sie sie an den Wänden des Klassenraums. Nehmen Sie Stellung, indem Sie sich unter einem Blatt mit den Gleichgesinnten versammeln und sich über Ihr Verständnis austauschen. Vertreten Sie Ihre Ansicht gegenüber den anderen mit möglichst überzeugenden Argumenten.

M 11 Was ist soziale Gerechtigkeit? (2003)

- Sozial gerecht ist, wenn Menschen entsprechend ihrer Tüchtigkeit unterschiedliche Einkommen haben.
- Sozial gerecht ist, wenn alle das Gleiche haben.
- Sozial gerecht ist, wenn das obere Viertel der Gesellschaft deutlich stärker zur Kasse gebeten wird.
- Sozial gerecht ist, wenn alle gemäß ihrem Einkommen belastet werden.
- Diejenigen, die soziale Gerechtigkeit fordern, wollen wirklich einen gerechten Interessenausgleich herbeiführen.
- Der Begriff „soziale Gerechtigkeit" wird nur vorgeschoben, um eigene Interessen durchzusetzen.

M 12 Karl Marx/Friedrich Engels: Zehn Maßnahmen zur Umverteilung des Volksvermögens und Umwälzung der Produktionsverhältnisse (1848)

Das Proletariat wird seine politische Herrschaft dazu benutzen, der Bourgeoisie nach und nach alles Kapital zu entreißen, alle Produktionsinstruments in den Händen des Staats, d.h. des als herrschende Klasse organisierten Proletariats, zu zentralisieren und die Masse der Produktionskräfte möglichst rasch zu vermehren.

Es kann dies natürlich zunächst nur geschehen vermittelst despotischer Eingriffe in das Eigentumsrecht und in die bürgerlichen Produktionsverhältnisse, durch Maßregeln also, die ökonomisch unzureichend und unhaltbar erscheinen, die aber im Lauf der Bewegung über sich selbst hinaustreiben und als Mittel zur Umwälzung der ganzen Produktionsweise unvermeidlich sind.

Diese Maßregeln werden natürlich je nach den verschiedenen Ländern verschieden sein.

Für die fortgeschrittensten Länder werden jedoch die folgenden ziemlich allgemein in Anwendung kommen können:

1. Expropriation [Enteignung] des Grundeigentums und Verwendung der Grundrente zu Staatsausgaben.
2. Starke Progressivsteuer.
3. Abschaffung des Erbrechts.
4. Konfiskation des Eigentums aller Emigranten und Rebellen.
5. Zentralisation des Kredits in den Händen des Staats durch eine Nationalbank mit Staatskapital und ausschließlichem Monopol.
6. Zentralisation des Transportwesens in den Händen des Staats.

7. Vermehrung der Nationalfabriken, Produktionsinstrumente, Urbarmachung und Verbesserung der Ländereien nach einem gemeinschaftlichen Plan.
8. Gleicher Arbeitszwang für alle, Errichtung industrieller Armeen, besonders für den Ackerbau.
9. Vereinigung des Betriebs von Ackerbau und Industrie, Hinwirken auf die allmähliche Beseitigung des Unterschieds von Stadt und Land.
10. Öffentliche und unentgeltliche Erziehung aller Kinder. Beseitigung der Fabrikarbeit der Kinder in ihrer heutigen Form. Vereinigung der Erziehung mit der materiellen Produktion usw.

7 Untersuchen Sie, welche der zehn von Marx und Engels geforderten Maßnahmen geeignet erscheinen, eine größtmögliche Gleichheit zu erreichen.

8 Überprüfen Sie, welche dieser Maßnahmen in der Bundesrepublik Deutschland verwirklicht wurden.

9 Erklären sie an Hand der Grafik M 13, wie sich die Progressivsteuer von der Proportionalsteuer unterscheidet.

M 13

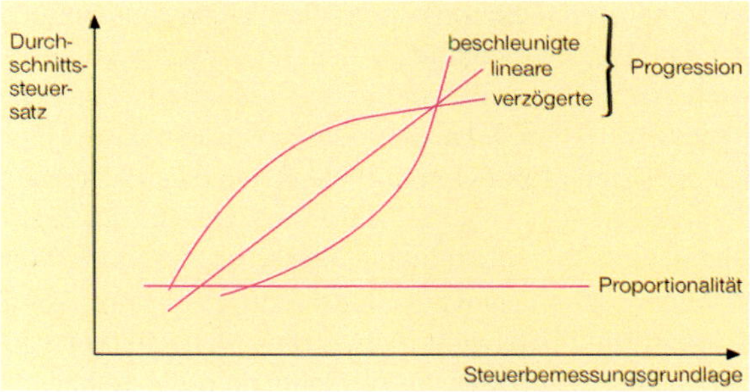

M 14

Friedrich August v. Hayek: Progressivsteuer als neidvolle Diskriminierung der Wohlhabenden (1960)

Eine Umverteilung der Einkommen durch progressive Besteuerung wird heute fast allgemein als gerecht angesehen. Aber ich wäre nicht aufrichtig, wenn ich der Behandlung dieser Frage aus dem Wege ginge. Das würde außerdem heißen, etwas zu übergehen, was mir nicht nur die Hauptquelle der Unverantwortlichkeit demokratischer Handlungsweise, sondern auch die entscheidende Frage zu sein scheint, von der der ganze Charakter der zukünftigen Gesellschaft abhängt. [...] Es soll gleich gesagt werden, dass die Progression, mit der wir uns befassen werden, wie wir glauben, auf die Dauer mit freien Institutionen nicht vereinbar ist. [...] Im Gegensatz zur Proportionalität bietet die Progression kein Prinzip, das uns sagen würde, welches die relative Last der verschiedenen Personen sein soll. Sie ist nichts anderes als eine Ablehnung der Proportionalität zum Zweck einer Diskriminierung gegen die Wohlhabenden, ohne jedes Kriterium für die Begrenzung des Ausmaßes dieser Diskriminierung. [...]

Letzten Endes ist das Problem der Steuerprogression natürlich ein ethisches Problem, und in einer Demokratie ist die wirkliche Frage die, ob das Prinzip weiterhin Unterstützung finden würde, wenn die Menschen ganz verstünden, wie es funktioniert. Die Praxis gründet sich wahrscheinlich auf Ideen, die die meisten Menschen nicht guthießen, wenn sie abstrakt dargestellt werden würden. Dass eine Mehrheit berechtigt sein soll, einer Minderheit eine diskriminierende Steuerlast aufzuerlegen; dass infolgedessen gleiche Leistungen verschieden entlohnt werden; und dass für eine ganze Klasse, nur weil ihre Einkommen mit denen der Übrigen nicht übereinstimmen, der normale Arbeitsansporn praktisch unwirksam gemacht werden soll – all dies sind Prinzipien, die nicht aus Gerechtigkeitsgründen verteidigt werden können. [...] Doch die Erfahrung auf diesem Gebiet zeigt, wie schnell die Gewohnheit den Gerechtigkeitssinn abstumpft und sogar etwas zu einem Prinzip erhebt, das tatsächlich keinen besseren Grund hat als den Neid.

10 Begründen Sie, warum von Hayek die Progressivsteuer ablehnt.

11 Erläutern Sie, welche Gefahren er in der Demokratie sieht.

M 15 Wolfgang Kersting: Progressivsteuer als angemessene Benutzungsgebühr für staatliche Leistungen (2001)

Es gibt ein gutes Argument für die Gerechtigkeit einer progressiv gestaffelten Einkommensteuer. Libertäre Konzeptionen [...] wie die von Hayeks, sind allesamt radikalindividualistische Positionen, die die Individuen nicht als soziale Wesen, sondern als asoziale Solitäre verstehen, die heimatlos durch die Welt streifen, immer auf der Flucht vor dem Staat, der sich an ihren property rights vergreifen will. [...] Ich mache in meiner gerechtigkeitsethischen Verteidigung einer progressiven Einkommensteuer für einen liberalen Sozialstaat von einer Sichtweise Gebrauch, die [...] die Sozialnatur des Menschen und die Abhängigkeit seiner Entwicklung von stabilen, gedeihlichen Sozialbeziehungen [betont]. [Sie] erinnert an die Trivialität, dass sich Menschen erst in der Gemeinschaft vervollständigen, dass die Selbstverwirklichung der Individuen nur im Gleisnetz der selbstbestimmten Handlungen anderer möglich ist. [...] Und ohne das gedeihliche Klima einer entwicklungsfreundlichen Kooperation könnten wir grundsätzlich nicht die Anlagen, Fähigkeiten und Talente zur Entfaltung bringen, die in uns schlummern. [...]

Diese Begründung stützt sich auf die Vorstellung einer Benutzungsgebühr, die im Rahmen einer progressiven Einkommensteuer entrichtet wird und für die Finanzierung der freiheitsrechtlichen Ausfallbürgschaft verwendet wird, die der liberale Sozialstaat in bürgerlicher Solidarität übernimmt. In dem Gedanken der Benutzungsgebühr ist die Überlegung enthalten, dass der karrierepolitisch erfolgreiche Einsatz der natürlichen Fähigkeiten, Talente und Begabungen ebenso wie die positive Verzinsung günstiger sozialer Startbedingungen abhängig ist von einem gut funktionierenden, hinreichend ausdifferenzierten und politisch stabilen, von allgemeiner Anerkennung getragenen sozioökonomischen Kooperationssystem. [...] Und dass dabei die Einkommensstärkeren größere Benutzungsabgaben zu entrichten haben als die Einkommensschwächeren, versteht sich von selbst. Denn der, der am meisten von den günstigen Entfaltungschancen eines kooperativen Systems profitiert, muss auch [...] die höchsten Benutzungsgebühren entrichten.

12 Stellen Sie dar, wie Kersting seine Verteidigung der Progressivsteuer begründet.

13 Erläutern sie, worin er den Denkfehler bei von Hayek sieht.

14 Vergleichen Sie die Begründung der Progressivsteuer von W. Kersting mit der von der von Marx und Engels in Hinsicht auf die Umverteilung des gesellschaftlichen Reichtums.

15 Der Philosoph Peter Sloterdijk (* 1947) hat in einem viel diskutierten Zeitungsartikel 2009 den Staat gerade in Hinsicht auf die Progressivsteuer als modernen Robin Hood und als „geldsaugendes Ungeheuer“ bezeichnet. Er räumt allerdings deren „unverkennbare Nützlichkeit für den sozialen Frieden ein“. Erläutern Sie, was er damit meinen könnte.

M 16 Friedrich Nietzsche: Der Sozialismus als Tyrannei der Neidischen (um 1887)

Der Sozialismus – [...] die zu Ende gedachte *Tyrannei* der Geringsten und Dümmsten, der Oberflächlichen, Neidischen [...]. Trotzdem wird es immer zu viel Besitzende geben, als dass der Sozialismus mehr bedeuten könnte als einen Krankheits-Anfall: und diese Besitzenden sind wie *ein* Mann eines Glaubens „man muss etwas besitzen, um etwas zu *sein*“. Dies aber ist der älteste und gesündeste aller Instinkte: ich würde hinzufügen: „man muss mehr haben wollen, als man hat, um mehr *zu werden*“. So nämlich klingt die Lehre, welche allem, was lebt, durch das Leben selber gepredigt wird: die Moral der Entwicklung. Haben und mehr haben wollen, *Wachstum* mit einem Wort - das ist das Leben selber. In der Lehre des Sozialismus versteckt sich schlecht ein „Wille zur Verneinung des Lebens“: es müssen missratene Menschen oder Rassen sein, welche eine solche Lehre ausdenken. In der Tat, ich wünschte, es würde durch einige große Versuche bewiesen, dass in einer sozialistischen Gesellschaft das Leben sich selber verneint, sich selber die Wurzeln abschneidet. Die Erde ist groß genug und der Mensch immer noch unausgeschöpft genug, als dass mir, eine derart praktische Belehrung und *demonstratio ad absurdum*, selbst wenn sie mit einem ungeheuren Aufwand von Menschenleben gewonnen würde, nicht wünschenswert erscheinen müsste.

16 Erläutern Sie, wie Nietzsche zur Lehre des Sozialismus und der Idee der Gleichheit steht.
17 Stellen Sie dar, wie er seine Ansicht begründet.
18 Beschreiben Sie, welche Lösung des Problems der Ungleichheit er für möglich und richtig hält.
19 Nehmen Sie Stellung zu seiner Argumentation.
20 Prüfen Sie unter Hinzuziehung von S. 118 ff., wieweit man bei Nietzsches Ablehnung der Gleichheit von Sozialdarwinismus sprechen kann.

1.3 Merkmale der Gerechtigkeit – Rawls, Höffe

Nachdem sie das Haus des Fabrikanten Dreißiger gestürmt und geplündert haben, ziehen die Weber durch die Dörfer und fordern alle Bewohner auf, sich ihrem Aufstand anzuschließen.

Gerhart Hauptmann: Die Weber, V (Ihr habt hier nach Recht und Gerechtigkeit nischt nich zu suchen!) M 17

Ein Schwarm Aufständischer, beschmutzt, bestaubt, mit von Schnaps und Anstrengung geröteten Gesichtern, wüst, übernächtig, abgerissen, dringt mit dem Ruf: Weber raus! ins „Haus" und zerstreut sich von da in die einzelnen Zimmer. Ins Zimmer des alten Hilse kommen Bäcker und einige junge Weber, mit Knütteln und Stangen bewaffnet. Als sie den alten Hilse erkennen, stutzen sie, leicht abgekühlt.

Bäcker: Vater Hilse, heert uf mit der Exterei. Lasst Ihr das Bänkl dricken, wer Lust hat. Ihr braucht Euch keen'n Schaden nich mehr antreten. Davor wird gesorgt wern.

Erster junger Weber: Ihr sollt noch keen'n Tag nich mehr hungrig schlafen gehen.

Zweiter junger Weber: D'r Weber soll wieder a Dach ieber a und a Hemde uf a Leib kriegen.

Der alte Hilse: Wo bringt euch d'r Teiwel her mit Stangen, Äxten? [...]

Zweiter junger Weber: Die mach m'r gliehend und stoppen se a Fabrikanten in a Rachen, dass se auch amal merken, wie Hunger brennt.

Dritter junger Weber: Kommt mit, Vater Hilse, mir geben kein Pardon.

Zweiter junger Weber: Mit uns hat o keener Erbarmen gehabt. Weder Gott noch Mensch. Jetzt schaffen wir uns selber Recht. [...]

Der alte Hilse (ungeduldig): Ihr Hellenbrände, was wollt ihr bei mir?

Der alte Baumert (ein wenig verschüchtert, überfreundlich): Nu sieh ock, ich wollt d'r a Hähndl bringen. Sollst Muttern dervon an Suppe kochen.

Der alte Hilse (betroffen, halb freundlich): O geh und sag's Muttern.

Mutter Hilse (hat, die Hand am Ohr, mit Anstrengung hingehorcht, nun wehrt sie mit den Händen ab): Lasst mich zufriede. Ich mag keene Hiehndlsuppe.

Der alte Hilse: Hast recht, Mutter. Ich ooch nich. Aso eene schonn gar nich. Und dir, Baumert, dir will ich a Wort sag'n. Wenn de Alten schwatzen wie de kleen'n Kinder, da steht d'r Teiwel uf'm Koppe vor Freiden. Und dass ihrsch wisst! Dass ihrsch alle wisst: ich und ihr, mir haben nischt nich gemeen. Mit mein'n Willen seit'r nich hier. Ihr habt hier nach Recht und Gerechtigkeit nischt nich zu suchen!

Stimme: Wer nich mit uns is, der is wider uns.

Jäger (brutal drohend): Du bist gar sehr schief gewickelt. Heer amal, Aaler, mir sind keene Diebe.

Stimme: Mir haben Hunger, weiter nischt.

Erster junger Weber: Mir woll'n leben und weiter nischt. Und deshalb haben m'r a Strick durchgeschnitten, an dem m'r hingen.

Jäger: Und das war ganz recht! [...]

Bäcker: Was mir nich gutwillig kriegen, das nehmen mir mit Gewalt.

1 Der alte Weber Hilse und die Aufständischen unter Führung von Jäger und Bäcker haben unterschiedliche Vorstellungen von Recht und Gerechtigkeit. Stellen Sie diese gegenüber und vergleichen Sie sie.

Im Folgenden geht es um das Problem, woran man Gerechtigkeit erkennt.

M 18

2 Beschreiben Sie die Merkmale bei dieser typischen Darstellung der Justitia, der römischen Göttin der Gerechtigkeit. Stellen Sie Vermutungen an, welche Bedeutung sie haben.

Der amerikanische Philosoph John Rawls (1921–2002) gab mit seinem Hauptwerk zur Theorie der Gerechtigkeit den Anstoß zu einer Neubestimmung der politischen Philosophie.

M 19

John Rawls: Das Differenzprinzip (1971)

In der Theorie der Gerechtigkeit als Fairness spielt die ursprüngliche Situation der Gleichheit dieselbe Rolle wie der Naturzustand in der herkömmlichen Theorie des Gesellschaftsvertrags. Dieser Urzustand wird natürlich nicht als ein wirklicher geschichtlicher Zustand vorgestellt, noch weniger als primitives Stadium der Kultur. Er wird als rein theoretische Situation aufgefasst, die so beschaffen ist, dass sie zu einer bestimmten Gerechtigkeitsvorstellung führt. Zu den wesentlichen Eigenschaften dieser Situation gehört, dass niemand seine Stellung in der Gesellschaft kennt, seine Klasse oder seinen Status, ebenso wenig sein Los bei der Verteilung natürlicher Gaben wie Intelligenz oder Körperkraft. Ich nehme sogar an, dass die Beteiligten ihre Vorstellung vom Guten und ihre besonderen psychologischen Neigungen nicht kennen. Die Grundsätze der Gerechtigkeit werden hinter einem Schleier des Nichtwissens festgelegt. Dies gewährleistet, dass dabei niemand durch die Zufälligkeiten der Natur oder der gesellschaftlichen Umstände bevorzugt oder benachteiligt wird. Da sich alle in der gleichen Lage befinden und niemand Grundsätze ausdenken kann, die ihn aufgrund seiner besonderen Verhältnisse bevorzugen, sind die Grundsätze der Gerechtigkeit das Ergebnis einer fairen Übereinkunft oder Verhandlung. Denn in Anbetracht der Symmetrie aller zwischenmenschlichen Beziehungen ist dieser Urzustand fair gegenüber den moralischen Subjekten, d. h. den vernünftigen Wesen mit eigenen Zielen und – das nehme ich an – der Fähigkeit zu einem Gerechtigkeitsgefühl. [...] Ich behaupte, dass die Menschen im Urzustand zwei [...] Grundsätze wählen würden: einmal die Gleichheit der Grundrechte und -pflichten; zum anderen den Grundsatz, dass soziale und wirtschaftliche Ungleichheiten, etwa verschiedener Reichtum oder verschiedene Macht, nur dann gerecht sind, wenn sich aus ihnen Vorteile für jedermann ergeben, insbesondere für die schwächsten Mitglieder der Gesellschaft. Nach diesen Grundsätzen kann man Institutionen nicht damit rechtfertigen, dass den Unbilden einiger ein größerer Gesamtnutzen gegenüberstehe. Es ist vielleicht zweckmäßig, aber nicht gerecht, dass einige weniger haben, damit es anderen besser geht. Es ist aber nichts Ungerechtes an den größeren Vorteilen weniger, falls es dadurch auch den nicht so Begünstigten besser geht. Die intuitive Vorstellung ist die, dass jedermanns Wohlergehen von der Zusammenarbeit abhängt, ohne die niemand ein befriedigendes Leben hätte, und dass daher die Verteilung der Güter jeden, auch den weniger Begünstigten, geneigt machen sollte, bereitwillig mitzuarbeiten. Die beiden soeben erwähnten Grundsätze dürften eine faire Grundlage dafür sein, dass die Begabteren oder sozial besser Gestellten – was beides nicht als Verdienst angesehen werden kann – auf die bereitwillige Mitarbeit anderer rechnen können, sofern eine funktionierende Regelung eine notwendige Bedin-

gung für das Wohlergehen aller ist. Sobald man sich für eine Gerechtigkeitsvorstellung entschieden hat, die die Zufälligkeiten der natürlichen Begabung und der gesellschaftlichen Verhältnisse nicht zu politischen und wirtschaftlichen Vorteilen führen lässt, gelangt man zu diesen Grundsätzen. [...]
Ich möchte diese Diskussion der beiden Grundsätze damit abschließen, dass ich erkläre, in welchem Sinne sie eine egalitäre Gerechtigkeitsauffassung ausdrücken. [...] Zunächst ist festzustellen, dass das Unterschiedsprinzip den Gesichtspunkten des Ausgleichsprinzips einiges Gewicht gibt, des Prinzips nämlich, dass unverdiente Ungleichheiten ausgeglichen werden sollten. Da nun Ungleichheiten der Geburt und der natürlichen Gaben unverdient sind, müssen sie irgendwie ausgeglichen werden.

3 Erklären Sie, warum Rawls meint, dass gerechte Grundsätze nur hinter einem Schleier des Nichtwissens festgelegt werden könnten.

4 Vergleichen Sie diesen Schleier mit den verbundenen Augen der Justitia. Worin besteht die Ähnlichkeit, worin der Unterschied?

5 Erläutern Sie, unter welchen Umständen er unterschiedliche Vermögen für gerechtfertigt hält.

Der Philosoph Otfried Höffe (* 1943) kritisiert, dass Rawls bei der Gerechtigkeit nur an die Verteilung des Reichtums denke.

Otfried Höffe: Tausch- statt Verteilungsgerechtigkeit als Legitimation des Sozialstaats (1996)

M 20

Mag der Sozialstaat auch an seiner Oberfläche als eine Solidaritätsgemeinschaft oder, wie Rawls annimmt, als eine Gemeinschaft der Verteilungsgerechtigkeit erscheinen – in seinem legitimationstheoretischen Kern erweist er sich als Gemeinschaft, die aus der Tauschgerechtigkeit und der komplementären korrektiven [Straf-] Gerechtigkeit heraus lebt.
Aus der Institutionstheorie [...] wissen wir, dass die Welt sozialer Institutionen im Laufe ihrer Geschichte fortschreitend differenzierter wird. Die entsprechenden Veränderungen schaffen eine strukturell neue Situation von Vorteilen und Risiken, die so lange kein tauschtheoretisches Problem aufwirft, wie die neue Situation den einzelnen Gruppen und Individuen in etwa gleichmäßig zugute kommt. Die ungefähre Gleichverteilung trifft aber nicht immer zu. Dass zum Beispiel die industrielle Produktion die materiellen Güter verbilligt, kommt allen zugute; dieser kollektive Vorteil ist aber nur mithilfe einer Arbeiterschaft möglich, die in den Produktionsprozess (fast) nichts als ihre Arbeitskraft einbringt, vom Risiko der Arbeitslosigkeit daher stärker als diejenigen Gruppen getroffen wird, die auch über Grund und Boden oder Kapital verfügen. Für den kollektiven Vorteil, die verbilligte Güterproduktion, übernimmt die Arbeiterschaft also einen partikularen Nachteil; sie geht das Sonderrisiko eines hohen Maßes an Schutzlosigkeit ein. Darin liegt, da man das Sonderrisiko nicht freiwillig auf sich nimmt, eine Ungerechtigkeit – es sei denn, das Risiko wird von allen, die in den Genuss der verbilligten Güterproduktion geraten, also von der Gesamtgesellschaft, mitgetragen.
Während Rawls' erstes Prinzip, das der größten gleichen Freiheit, zur politischen und nicht sozialen Gerechtigkeit gehört, ist sein sogenanntes Unterschiedsprinzip („difference principle") zwar ein ungefähres Äquivalent der sozialen Gerechtigkeit; dass es aber nicht ihren Kern trifft, zeigt folgende Überlegung: Menschen, die sich in Not befinden, verdienen auch dann unser tätiges Mitleid, wenn sie ihre Not selbst verschuldet haben; einen Anspruch auf unsere Hilfe haben sie aber nicht. Ist dagegen die Not von der Gesellschaft mitverschuldet, beispielsweise weil sie sich auf kollektive Risiken eingelassen hat, so ist sie zu einer Kompensation verpflichtet. Nicht, wie es Rawls verlangt, für die Schlechtergestellten als solche trägt die Gesellschaft Verantwortung, wohl aber [...] für diejenigen, die durch die kollektiven Verbesserungen selber schlechter gestellt wurden. Damit die Ausbildung einer Industriegesellschaft als legitim gelten kann, müssen also die einschlägigen Benachteiligungen in einen Per-Saldo-Vorteil transformiert werden.

M 21

6 Erklären Sie, wieso Höffe meint, dass die sozialstaatlichen Aufgaben besser mit den Argumenten für Tauschgerechtigkeit als für Verteilungsgerechtigkeit legitimiert werden können.

7 Seit Aristoteles unterscheidet man die Verteilungsgerechtigkeit (iustitia distributiva) von der Tauschgerechtigkeit (iustitia commutativa). Erläutern Sie, worin der Unterschied zwischen Verteilungs- und Tauschgerechtigkeit in der Sozialpolitik besteht.

8 Die folgenden Texte enthalten unterschiedliche Vorstellungen von Solidarität. Überprüfen Sie, mit welcher Auffassung der Frau auf dem Bild (M 21) vermutlich eher geholfen werden könnte.

M 22 Alois und Wolfram Weimer: Die Gesellschaft ist keine Familie (1994)

In der Familie ist die Ethik des brüderlichen Teilens und der Solidarität aus Liebe unentbehrlich. Für diese eng gefasste Lebenswelt können deren Vorschriften sogar brauchbare Handlungsanweisungen sein. So herrscht in den meisten Familien durchaus so etwas wie Kommunismus. Das Erworbene wird geteilt – und zwar jedem nach seinen Bedürfnissen und nicht nach seinem Beitrag zum Familieneinkommen. Hier sind in aller Regel moralische Pflicht und natürliche Neigung deckungsgleich.

Diese urtümliche Familienethik aber blind zu verallgemeinern und für ganze Gesellschaften zu verabsolutieren, ist nicht nur wirklichkeitsfremd, sondern auch ethisch bedenklich. Denn eine Marktwirtschaft benutzt wesentlich erfolgreichere Methoden der Nächstenhilfe als das bloße Teilen. Anstatt nach dem Vorbild Martins den Mantel mit dem frierenden Bettler nur solidarisch zu teilen, kann man sich die Massenproduktion von Mänteln zur Aufgabe machen, so dass sie für alle erschwinglich werden und viele Dünnbekleidete in Brot und Arbeit kommen. Nach aller historischen Erfahrung hat diese Maxime des unternehmerischen Handelns mehr für die jeweils Bedürftigen erreicht als die Ethik der Aufteiler. Denn mit letzterer wird Armut in den allerwenigsten Fällen wirklich überwunden. Und das Erbe geteilter Mäntel führt – massenhaft vollzogen – zu frierenden Gesellschaften. Eine soziale Kälte besonderer Art breitet sich in ihnen aus.

Wohin die gesellschaftliche Verabsolutierung der Brüderlichkeitsethik führen kann, haben die leidvollen Erfahrungen von Cuba bis China, von Moskau bis Mozambique gezeigt. Im Namen der Solidarität und Brüderlichkeit geleiteten sie fast zwangsläufig in schreckliche Diktaturen. Auch unser moderner Wohlfahrtsstaat hat die Solidarität auf seine Fahnen geschrieben; auch er muss sich fragen lassen, ob das vermeintlich Soziale in vielen Fällen nicht zu höchst asozialen Folgen führt. Mit Moral hat die zwangsweise Durchsetzung der Umverteilung jedenfalls nichts zu tun. Brüderlichkeit als moralische Kategorie beruht auf Freiwilligkeit. Solidarität auf Kosten derer, die unbrüderlich gehorchen müssen, verliert dagegen ihren moralischen Charakter. Vor allem aber wirkt der überzogene Brüderlichkeitsbefehl des Staates kontraproduktiv – und zwar sowohl für die, die helfen könnten, als auch für die, die Hilfe benötigen. Der Leistungsbereite verliert an Motivation, wenn ihm wesentliche Teile seiner Erträge zwangsweise verbrüderlicht werden. Der Leistungsempfänger wiederum wird in seiner Passivität gepflegt, in seinem Selbstbewusstsein verletzt und der Anreize beraubt, eigene Kräftereserven zu mobilisieren. Bei alledem entstehen durch staatliche Brüderlichkeitsbefehle massenhafte Ungerechtigkeiten im Umverteilungsprozess. Das Solidaritätsprinzip wird damit ad absurdum geführt.

9 Erläutern Sie, worin A. und W. Weimer den Grundfehler der Sozialisten sehen.

10 Erklären Sie, weshalb sie eine staatlich geforderte Solidarität ablehnen.

Kurt Bayertz: Staatlich institutionalisierte Solidarität statt Brüderlichkeit (1996)

M 23

Der Sozialstaat wird aus Steuermitteln finanziert, die mit der Androhung von Gewalt eingetrieben werden. Das [...] Problem, ob es eine moralische Verpflichtung zur Solidarität geben kann, wird dadurch noch einmal verschärft; es kann in die Frage gekleidet werden: Darf der Staat seine Bürger zur Solidarität zwingen? [...]
Während ein Zwang zur Solidarität [...] im Dienste der Sicherheit weitgehend akzeptiert wird, ist er dort, wo Solidarität auf die Sicherung des materiellen Wohls zielt, sowohl politisch als auch philosophisch heftig umstritten. [...]
Nicht nur Sicherheit, auch Wohlstand ist nur in der und durch die Gesellschaft zu haben. Es liegt auf der Hand, dass damit auch die libertäre Schlussfolgerung, dass die Solidarität zwar zum Zweck der Sicherheit, nicht aber zum Zweck der Wohlfahrt erzwungen werden darf, hinfällig wird. Viel näher liegt nun der Gedanke, dass überdurchschnittlicher Erfolg eine Verpflichtung gegenüber dem Kooperationssystem einschließt, das ihn überhaupt erst möglich gemacht hat. [...]
Aus den bisherigen Überlegungen lässt sich die Schlussfolgerung ziehen, dass man staatliche Aktivitäten, sei es zum Zweck der Sicherheit oder zum Zweck der Wohlfahrt, als eine Institutionalisierung von Solidarität betrachten kann. Formen solidarischen Handelns, die zunächst unmittelbar von den Individuen selbst wahrgenommen wurden, werden auf staatliche Institutionen übertragen. Dabei werden die Bedingungen, unter denen solche Hilfe in Anspruch genommen werden kann, mehr oder weniger genau definiert und rechtlich fixiert. Vor allem für die Empfänger dieser Leistungen ist das ein großer Vorteil. Solidarität kann nicht nur gewährt, sie kann auch verweigert werden. Es gibt für die entlassene Arbeiterin keine Garantie, dass ihre Kollegen für sie in den Streik treten; vielleicht müssen diese um ihre eigenen Arbeitsplätze fürchten, vielleicht nehmen sie die Entlassung aufgrund einer Schwangerschaft gar nicht als Unrecht wahr. Gerade in den Situationen, in denen Solidarität besonders nötig ist, stößt sie oft auf die größten Schwierigkeiten. Diese Risiken entfallen durch die Institutionalisierung. Ist jeder Schwangeren durch ein Mutterschaftsschutzgesetz der Arbeitsplatz garantiert, dann stellt sich für sie das Problem der Solidaritätsverweigerung nicht mehr. Sie hat nun einen Rechtsanspruch auf ihren Arbeitsplatz, und wird ihr dieser dennoch verweigert, kann sie auf den Beistand der Justizorgane rechnen. – Dasselbe trifft auf die Situation materieller Not zu. Es macht einen gravierenden Unterschied, ob man auf die Wohltätigkeit seiner Mitmenschen angewiesen ist oder ob man einen verbrieften Anspruch auf Hilfe geltend machen kann.
Nun haben wir bereits gesehen, dass sich die Parallelisierung moderner Großgesellschaften mit Familien nur schwer mit der Realität dieser Gesellschaften in Einklang bringen lässt. Allein die Größe moderner Staaten macht es unwahrscheinlich, dass sich zwischen seinen Bürgern starke Gefühle der Brüderlichkeit entwickeln können.
Es sollte bei allem Bedauern aber nicht vergessen werden, dass die „starke" Brüderlichkeit der Vergangenheit auch eine Dimension von Borniertheit und Zwang hatte [...]. Wer an die Risiken denkt, die mit der Überhöhung des Staates zur Verkörperung einer allgemeinverbindlichen Idee des Guten verbunden sind, wird das instrumentelle Staatsverständnis möglicherweise als das kleinere Übel ansehen und es vorziehen, auch künftig mit und in Staaten zu leben, die eher Interessen- als Schicksalsgemeinschaften sind und ihre Legitimität eher aus einer künstlichen Gerechtigkeit als aus einer schicksalhaften Brüderlichkeit beziehen.

11 Stellen Sie dar, wie Bayertz begründet, dass Solidarität auch staatlich erzwungen werden kann.

M 24 André Comte-Sponville: Solidarität als spezifisch politische Tugend (2010)

Solidarisch zu sein heißt, die Interessen des anderen zu vertreten, gewiss, aber nur weil sie – direkt oder indirekt – auch die meinen sind. Indem ich für ihn handle, handle ich auch für mich: weil wir die gleichen Feinde oder die gleichen Interessen haben, weil wir den gleichen Gefahren oder den gleichen Angriffen ausgesetzt sind. Gleiches gilt für die Gewerkschaftsbewegung, das Versicherungswesen oder das Steuersystem. Wer würde sich für großzügig halten, weil er sich gut versichert, in der Gewerkschaft ist oder seine Steuern zahlt? Großzügigkeit ist etwas anderes: Da vertrete ich zwar auch die Interessen des anderen, aber keineswegs, weil sie auch die meinen sind; da vertrete ich sie, obwohl ich sie nicht teile – nicht weil ich etwas davon hätte, sondern damit der andere etwas davon hat. Wenn ich für ihn handle, tue ich es nicht für mich: gut möglich, dass ich dabei etwas verliere – das ist sogar meist der Fall.

Solidarität heißt, sich mit anderen zusammen zu verteidigen, Großzügigkeit im Extremfall, sich für andere zu opfern. Deshalb ist die Großzügigkeit moralisch überlegen, und deshalb ist die Solidarität gesellschaftlich und politisch dringlicher, realistischer, wirksamer. Niemand führt die Sozialversicherungsbeiträge aus Großzügigkeit ab. Niemand zahlt seine Steuern aus Großzügigkeit. Und was wäre das für ein Gewerkschaftler, der nur aus Großzügigkeit gewerkschaftlich organisiert wäre! Und doch haben Sozialversicherung, Steuersystem und Gewerkschaftsbewegung mehr – viel mehr – für die Gerechtigkeit geleistet als das bisschen Großzügigkeit, die der eine oder andere gelegentlich bewiesen hat. Das gilt auch für die Politik. Keiner befolgt das Gesetz aus Großzügigkeit. Niemand ist Staatsbürger aus Großzügigkeit. Aber Recht und Staat haben viel mehr für Gerechtigkeit und Freiheit geleistet als alle guten Gefühle. [...]

Großzügigkeit ist moralische Tugend, Solidarität politische Tugend. Die große Aufgabe des Staats ist die Regulierung und Sozialisation der Egoismen. Deswegen ist er notwendig. Deswegen ist er unersetzlich. Politik ist nicht das Reich der Moral, der Pflicht, der Liebe, sondern das Reich der Kräfte- und Meinungsverhältnisse, der Interessen und Interessenkonflikte. Nehmt Machiavelli oder Marx, Hobbes oder Spinoza. Politik ist keine Erscheinungsform des Altruismus: Politik ist ein intelligenter und sozialisierter Egoismus. Das macht sie nicht nur nicht verdammenswert, sondern rechtfertigt sie: Wenn wir denn alle Egoisten sind, können wir es auch gemeinsam und auf intelligente Art sein! Wer würde denn nicht einsehen, dass das geduldige und organisierte Bemühen um das gemeinsame Interesse oder um das, was wir dafür halten, für fast alle besser ist als der Krieg aller gegen alle und die Anarchie? Wer würde denn nicht einsehen, dass die Gerechtigkeit für fast alle besser ist als die Ungerechtigkeit? Dabei ist offenkundig, dass dieses Bestreben auch moralisch gerechtfertigt ist, was beweist, dass Moral und Politik in ihren Absichten keinen Gegensatz darstellen. Genauso offenkundig ist jedoch, dass die Moral nicht ausreicht, um das Ziel zu erreichen, woraus folgt, dass wir Moral und Politik nicht verwechseln dürfen.

Die Moral ist prinzipiell uneigennützig, was die Politik niemals ist.

Die Moral ist universell – oder will es zumindest sein; alle Politik ist partikularistisch.

Die Moral ist individuell (sie gilt nur in der ersten Person), alle Politik ist kollektiv.

Deswegen kann die Moral nicht die Politik ersetzen, so wenig wie die Politik die Moral: Wir brauchen beide und den Unterschied zwischen beiden!

12 Stellen Sie dar, was Comte-Sponville unter Solidarität im Unterschied zu Großzügigkeit versteht.

13 Vergleichen Sie sein Verständnis von Solidarität mit dem in M 22 und M 23. Wo sehen Sie Ähnlichkeiten, wo Unterschiede?

14 Erfassen Sie mit Comte-Sponville den entscheidenden Unterschied zwischen Politik und Moral.

15 Nehmen Sie Stellung zu dieser Unterscheidung, indem Sie Beispiele anführen, die dafür oder dagegen sprechen.

2. Politische Philosophie des freiheitlichen Rechtsstaates

2.1 Totalitäre Politik und Rechtsstaat – Popper

Die chinesische Schriftstellerin Jung Chang (* 1952) beschreibt in ihrem Roman „Wilde Schwäne“ das Leben ihrer Großmutter, ihrer Mutter und ihr eigenes Leben in China. Besonders ausführlich sind die Schilderungen der Zeit unter Mao Zedong. In den 1950er Jahren verfolgte Mao mit dem „Großen Sprung nach vorn“ die Absicht, China in kurzer Zeit in eine Industrienation zu verwandeln und die Sowjetunion als führende sozialistische Macht zu verdrängen. Die Kampagne führte zu einer Hungersnot mit schätzungsweise 15 bis 45 Millionen Todesopfern. Wie Jung Chang schreibt, war dies auch eine Zeit, in der sich die Menschen häufig selbst belogen.

Jung Chang: Der „Große Sprung nach vorn“ (1991)

M 1

„Wie viel Getreide holst du aus einem Mu heraus?“

„Vierhundert jin.“ (Etwa zweihundertzwanzig Kilo, eine realistische Menge.)

Der Frager prügelt auf den Bauern ein. „Und wie viel könntest du schaffen?“

„Achthundert jin.“

Achthundert jin waren vollkommen unrealistisch, aber immer noch nicht genug. Der Unglückliche wurde so lange weitergeschlagen oder einfach hängengelassen, bis er endlich hervorpresste: „Zehntausend jin.“ Manchmal starben die derart Gepeinigten, weil sie sich weigerten, immer höhere Phantasiezahlen anzugeben, oder weil sie nicht genug Zeit hatten, die Zahl weit genug hinaufzutreiben.

[...] Vor unserer Siedlung fuhren Laster vor mit grinsenden Bauern auf der Ladefläche, die über die neuesten Rekordergebnisse berichten wollten, einmal über eine Riesengurke, die halb so lang war wie der Laster, ein anderes Mal über eine Riesentomate, die zwei Kinder nur mit Mühe aufheben konnten. Einmal brachten sie ein riesiges Schwein mit und behaupteten, sie hätten ein normales Schwein zu dieser gigantischen Größe gemästet. In Wahrheit war es ein Schwein aus Pappmaché, aber als Kind kam es mir damals vor wie ein echtes. Möglicherweise war ich verwirrt durch die Erwachsenen um mich herum, die so taten, als glaubten sie all das. Die Menschen lernten, ihren Verstand auszuschalten, und verwandelten sich in perfekte Schauspieler.

[...]

Niemandem machte es etwas aus zu lügen, denn die Sprache drückte sowieso nicht mehr das aus, was die Menschen dachten, und Worte wurden sowieso nicht mehr ernst genommen.

Dies ging Hand in Hand mit einer weiteren Reglementierung der gesamten Gesellschaft. [...]

Außerdem wurde die Landwirtschaft zugunsten der Stahlproduktion vernachlässigt. Viele Bauern waren erschöpft, sie mussten pausenlos Stahl kochen, Brennstoff und Alteisen sammeln, Eisenerz schürfen und die Brennöfen heizen. Um die Erntezeit 1958 sah man nur wenige Menschen auf den Feldern. Dass es 1958 nicht gelang, die Ernte einzubringen, hätte ein alarmierender Hinweis auf eine bevorstehende Lebensmittelknappheit sein müssen.

[...]

Die Abteilung meines Vaters war für die Presse in der Provinz Sichuan zuständig. Die Zeitungen in seinem Amtsbereich veröffentlichten dieselben Phantasiezahlen wie überall im Land. Die Zeitungen waren die Stimme der Partei, und wenn es um Parteipolitik ging, zählte weder die Meinung meines Vaters noch die eines Redakteurs. Sie waren alle Teil eines riesigen Transmissionsriemens.

1 Tauschen Sie sich in der Klasse über die Stellen aus M 1 aus, die bei Ihnen den stärksten Eindruck hinterlassen haben.

2 Diskutieren Sie, welche Folgen es haben kann, wenn „Worte [...] sowieso nicht mehr ernst genommen“ (Z. 33 f.) werden.

3 Stellen Sie dar, wie die Hungersnot in dem Text erklärt wird.

Im Folgenden soll es um die Frage gehen, wie sich totalitäre Staaten von Rechtsstaaten unterscheiden.

M 2

Personenkult um Mao während der Kulturrevolution

M 3

Trotz politischer und wirtschaftlicher Reformen: Mao-Verehrung im heutigen China

INFO

Die Kulturrevolution unter Mao Zedong

Mao Zedong (1893–1976) war Vorsitzender der in China seit 1949 herrschenden kommunistischen Partei. 1966 rief er die Kulturrevolution aus, die nach offizieller Sicht der Parteiführung bis 1976 dauerte. Es handelte sich um eine Massenbewegung, in der von Mao befeuerte Jugendliche eine tragende Rolle spielten. Sie bildeten „Rote Garden“, die die Aufgabe hatten, verkrustete Parteistrukturen aufzubrechen und Maos Vorstellung einer „permanenten Revolution“ Geltung zu verschaffen. Die Jugendlichen erhielten gleichsam einen Freischein zur Zerstörung von Kulturgütern und zur Demütigung und Tötung von Personen, die als nicht revolutionär genug erschienen. Allein bei Kämpfen zwischen Flügeln innerhalb der Roten Garden in der Provinz Guangxi im Südwesten Chinas kamen rund 83 000 Menschen ums Leben. Man spricht von 3 Millionen Menschen, die zwischen 1966 und 1976 aufgrund von staatlich veranlasster politischer Verfolgung in China umgekommen sind.

M 4

Öffentliche Demütigung von Peng Dehuai während der Kulturrevolution. Er hatte es als ein führender Kommunist gewagt, Maos Politik zu kritisieren.

4 Stellen Sie eine Liste mit Merkmalen totalitärer Staaten zusammen. Ziehen Sie dazu auch die Bilder heran.

Der Historiker Clemens Vollnhals (* 1956) liefert eine Erklärung des Begriffs Totalitarismus.

Clemens Vollnhals: Was heißt „Totalitarismus“? (2006)

M 5

Die klassische Formulierung der Totalitarismusmerkmale stammt von dem in Harvard lehrenden Carl J. Friedrich: „1. eine offizielle Ideologie, bestehend aus einem offiziellen, alle Hauptaspekte des menschlichen Lebens umfassenden Lehrsystem, woran sich jedes Mitglied dieser Gesellschaft mindestens passiv zu halten hat; im Mittelpunkt dieser Ideologie stehen [...] Forderungen für eine vollkommene Endgesellschaft der Menschheit. 2. eine einzige Massenpartei [...]; dabei ist die Partei gewöhnlich unter einem einzigen Führer streng hierarchisch und oligarchisch organisiert und [...] der staatlichen Bürokratie entweder übergeordnet oder völlig mit ihr verflochten. 3. ein technisch bedingtes, fast vollkommenes Monopol der Kontrolle [...] über alle entscheidenden Kampfmittel. 4. ein ähnlich technisch bedingtes, fast vollkommenes Monopol der Kontrolle (in denselben Händen) über alle entscheidenden Massenkommunikationsmittel [...]. 5. ein System terroristischer, in seiner Wirkung auf den Punkt 3 und 4 beruhender Polizeikontrolle, die sich bezeichnenderweise nicht nur gegen erwiesene Feinde des Regimes, sondern gegen willkürlich herausgegriffene Gruppen der Bevölkerung richtet.“ Die Rolle der Geheimpolizei wurde in dem mit Zbigniew K. Brzezinski publizierten Standardwerk „Totalitarian Dictatorship and Autocracy“ stärker akzentuiert und als sechstes Kriterium die zentrale Lenkung der Wirtschaft aufgenommen. [...]

Wie andere konservative Zivilisationskritiker sieht auch [Hannah] Arendt die Voraussetzung für die Entstehung der totalitären Diktaturen im Untergang der Klassengesellschaft des 19. Jahrhunderts und der daraus folgenden Atomisierung der „Massen“. Kennzeichen der totalitären Staatsform sind Ideologie und Terror sowie die Behauptung, den Ablauf der Geschichte zu kennen. [...] Dient die totalitäre Ideologie der geistigen Beherrschung der Massen, so der Terror ihrer ständigen Mobilisierung: „Totalitäre Herrschaft wird wahrhaft total in dem Augenblick [...], wenn sie das privat-gesellschaftliche Leben der ihr Unterworfenen in das eiserne Band des Terrors spannt. Dadurch zerstört sie einerseits alle nach Fortfall der politisch-öffentlichen Sphäre noch verbleibenden Beziehungen zwischen Menschen und erzwingt andererseits, dass die also völlig Isolierten und voneinander Verlassenen zu politischen Aktionen (wiewohl natürlich nicht zu echten politischen Handeln) wieder eingesetzt werden können.“ Ziel des Terrors sei es, „Menschen so zu organisieren, als gäbe es sie gar nicht im Plural, sondern nur im Singular“. Der Terror sei kein zeitlich befristetes Mittel zur Herrschaftssicherung, vielmehr stelle er das Wesen totaler Herrschaft dar.

5 Erläutern Sie die sechs in M 5 angeführten Merkmale eines totalitären Staates. Zeichnen Sie eine Tabelle mit drei Spalten. In der ersten führen Sie die jeweilige Zahl ein, in die zweite das zugehörige Merkmal und in die dritte Ihre Erläuterung.

6 Diskutieren Sie, welche heute existierenden Staaten alle oder zumindest einige dieser sechs Merkmale aufweisen.

Der Politikwissenschaftler Peter C. Mayer-Tasch (* 1938) weist darauf hin, dass sich Rechtsstaat und Willkürstaat ausschließen.

Peter C. Mayer-Tasch: Merkmale des Rechtsstaats (1990)

M 6

[Das abendländische Verfassungsverständnis] versteht den Rechtsstaat in erster Linie als Gegensatz zum Macht- und Willkürstaat – zu einem Staat also, dessen Entscheidungen und Entscheidungsverfahren nicht durch positives (im Unterschied zum [...] Naturrecht von Menschen „gesetztes“) Recht regelhaft vorgezeichnet sind und dessen Grund- und Zielwert – im Sinne der berühmten Unterscheidung Montesquieus – eher der Ruhm des Staates als die Freiheit seiner Bürger ist. [...]

Das der Rechtsstaatlichkeit aber war und blieb überall dasselbe, zumindest aber vergleichbar. Im Grundgesetz der Bundesrepublik Deutschland hat es – wohl nicht zuletzt wegen des Distanzierungsbedürfnisses der „Väter des Grundgesetzes“ gegenüber dem „totalen Staat“ des Nationalsozialismus – eine besonders klare Ausformung erfahren. Aus ihr lassen sich nahezu alle sozusagen klassischen Prinzipien der Rechtsstaatlichkeit mehr oder minder direkt ablesen: die unverkennbar formellen (wie das Gewaltenteilungsprinzip, das Prinzip der Verfassungsmäßigkeit der Gesetzgebung und der Gesetzmäßigkeit von Verwaltung und Rechtsprechung, die Rechtsweggarantie, das Prinzip der Unabhängigkeit der Gerichte sowie das Recht auf den gesetzlichen Richter) ebenso wie die – scheinbar – materiellen (wie die Garantie von Grundrechten).

M 7

Antisemitismus nach der Machtergreifung der Nationalsozialisten in Österreich. Juden werden gezwungen, von Hand die Straße zu reinigen.

Der österreichische Philosoph Karl Raimund Popper (1902–1994) unterscheidet zwischen zwei Formen der Politik.

M 8

Karl R. Popper: Der schrittweise Umbau der Gesellschaftsordnung in der Demokratie (1957)

[Die eine könnte man] die Methode des Planens im großen Stil, die utopische Sozialtechnik, die utopische Technik des Umbaus der Gesellschaftsordnung oder die Technik der Ganzheitsplanung nennen; ihr steht eine andere Art von Sozialtechnik gegenüber, die ich für die einzig rationale halte und die man die von Fall zu Fall angewendete Sozialtechnik, die Sozialtechnik der Einzelprobleme, die Technik des schrittweisen Umbaus der Gesellschaftsordnung oder die Ad-hoc-Technik nennen könnte. [...]

Ein Politiker, der sich diese Methode zu eigen macht, mag eine Skizze einer Gesellschaftsordnung vor Augen haben; [...] Wie dem auch sei – er wird auf jeden Fall einsehen, dass sich die Vollkommenheit, wenn sie sich überhaupt erreichen lässt, in weiter Ferne befindet und dass jede Generation von Menschen, also auch die jetzt lebende, ihre Rechte hat; vielleicht nicht so sehr ein Recht auf Glück – denn es gibt keine institutionellen Mittel, um einen Menschen glücklich zu machen –, aber doch ein Recht, nicht unglücklich gemacht zu werden, soweit sich dies durchführen lässt. Den Leidenden steht ein Recht auf alle nur erdenkliche Hilfe zu. Dementsprechend wird sich der Anwalt der Ad-hoc-Technik nach den größten und dringlichsten Übeln in der Gesellschaft umsehen, und er wird versuchen, sie zu beseitigen; er wird nicht dem größten Gut nachspüren und sich für seine Verwirklichung einsetzen.

7 Definieren Sie auf der Grundlage von M 6 in eigenen Worten den Begriff „Rechtsstaat“ und prüfen Sie, ob er sich vom Begriff der Demokratie abgrenzen lässt.

8 Geben Sie den Inhalt von M 8 wieder. Nennen Sie ein Beispiel für den „schrittweisen Umbau der Gesellschaftsordnung“ (Z. 9), das der Politik der Bundesrepublik Deutschland entnommen ist.

9 Fassen Sie M 5 bis M 8 zusammen: Wie unterscheiden sich demokratische Rechtsstaaten von totalitären Staaten?

10 Untersuchen Sie anhand von M 1 bis M 4, inwiefern die Politik Maos den politischen Vorstellungen Poppers widerspricht.

11 Untersuchen Sie, wie der Nationalsozialismus in Anbetracht von M 5 bis M 8 einzuordnen und zu bewerten ist.

2.2 Gemeinschaft und Gesellschaft (Ursprünge des Totalitarismus) – Becker, Platon

Jung Chang: China auf dem Weg in die Hungersnot (1991)

M 9

In seiner überspannten Art definierte Mao den Kommunismus so: „Öffentliche Kantinen plus kostenlose Mahlzeiten.“ Für ihn lösten diese Kantinen das uralte Problem, wie die chinesische Bevölkerung ernährt werden konnte – sie wurde kollektiv ernährt. Die Tatsache, dass die Kantinen kein Essen produzierten, kümmerte ihn wenig. Seit 1958 war es von Staats wegen verboten, zu Hause zu kochen, alle Bauern mussten in der Kantine der Volkskommune essen. Alle Küchengeräte wie Woks wurden abgeschafft, mancherorts übrigens sogar das Geld. Jeder sollte von der Kommune und vom Staat versorgt werden. Täglich standen die Bauern nach der Arbeit vor den Kantinen Schlange und aßen nach Herzenslust. [...] Natürlich gingen die Bauern auch noch auf die Felder, aber wie viel sie arbeiteten, spielte keine Rolle, denn was sie produzierten, gehörte dem Staat und diente nicht unmittelbar ihrem Lebensunterhalt. [...] Die Bauern deuteten den Kommunismus nun so, dass sie auf jeden Fall versorgt würden, ganz gleich, wie viel sie arbeiteten, also zogen sie auf die Felder und machten ein Nickerchen.

1 Stellen Sie anhand von M 9 dar, was Mao unter Kommunismus verstand und welche Absicht er Jung Chang zufolge mit den Kantinen verband.

2 Informieren Sie sich in anderen Quellen (z. B. einem Lexikon oder dem Internet), welche Ziele die Kommunisten im 20. Jahrhundert verfolgten.

3 Ende der 50er Jahre des 20. Jahrhunderts kam es in China zu einer Hungersnot (s. M 1). Geben Sie wieder, wie die Autorin in M 9 versucht, dieses Ereignis zu erklären.

Im Folgenden geht es um das Problem, wie es zu erklären ist, dass kommunistische, aber auch faschistische Regierungen (zumindest zeitweise) eine hohe Akzeptanz in der Bevölkerung haben können.

4 Stellen Sie sich vor, ein kommunistischer Funktionär in China hält eine Lobrede auf den Staat und bezieht sich dabei auf ein Bild wie M 10. Welche Argumente könnte er vorbringen?

5 Formulieren Sie eine Antwort auf die grundsätzliche Frage, ob man die Gesellschaft nach dem Vorbild einer guten Familie gestalten sollte (vgl. M 22 S. 260).

M 10

M 11 Gemeinschaft und Gesellschaft

Wie ist es zu erklären, dass totalitäre Staaten auf große Anerkennung in der Bevölkerung, teilweise sogar auf begeisterte Anhängerschaft stoßen können? Eine Spur führt zu der Idee der Gemeinschaft. Mao und Stalin waren Kommunisten, und schon die Bezeichnung „Kommunismus“ (von lat. *communitas*) verweist auf die Idee der Gemeinschaft. Aber auch in der Ideologie der Nationalsozialisten spielte die Gemeinschaftsidee eine tragende Rolle, und zwar in Form der Vorstellung einer anzustrebenden „Volksgemeinschaft“. Bezeichnenderweise sah sich Melita Maschmann, ein begeistertes Mitglied der nationalsozialistischen Jugendorganisation „Bund deutscher Mädel“ (BDM), gerade von der Idee der Volksgemeinschaft angezogen:

„Keine Parole hat mich je so fasziniert wie die von der Volksgemeinschaft. Ich habe sie zum ersten Mal aus dem Mund der verkrüppelten und verhärmten Schneiderin gehört, und am Abend des 30. Januar bekam sie einen magischen Glanz. Die Art dieser ersten Begegnung bestimmte über ihren Inhalt. Ich empfand, dass sie nur im Kampf gegen die Standesvorurteile der Schicht verwirklicht werden konnte, aus der ich kam, und dass sie vor allem den Schwachen Schutz und Recht gewähren musste. Was mich an dieses phantastische Wunschbild band, war die Hoffnung, es könnte ein Zustand herbeigeführt werden, in dem die Menschen aller Schichten miteinander leben würden wie Geschwister.“ (*M. Maschmann:* Fazit, Mein Weg in der Hitler-Jugend. München 1979. S. 8)

Die Idee der Gemeinschaft lag damals gleichsam in der Luft. Ferdinand Tönnies (1855–1936) gab ihr in seinem Buch „Gemeinschaft und Gesellschaft“ eine theoretische Fundierung. Das Werk erschien 1926 in der siebenten Auflage – es wurde in jener Zeit also in großer Zahl verkauft und war sehr einflussreich. Die Gemeinschaft wird darin als das ursprüngliche und dem Wesen des Menschen eigentlich entsprechende Zusammenleben verstanden. Sie sei „dauerndes und echtes Zusammenleben“ und Gesellschaft nur ein „vorübergehendes und scheinbares“. Gemeinschaft sei „selber als ein lebendiger Organismus, Gesellschaft als ein mechanisches Aggregat und Artefakt [etwas künstlich Geschaffenes]“ (S. 4) zu verstehen. Was sie im Kern ausmacht, versucht Tönnies anhand des Verständnisses für einander in Ehe und Familie zu verdeutlichen. Für die Gesellschaft ist nach Tönnies hingegen der Tausch maßgebend. Sie muss man sich danach als Verband von Individuen vorstellen, von denen jedes nach seinem größtmöglichen egoistischen Vorteil strebt: „Keiner wird für den anderen etwas tun und leisten, keiner dem anderen etwas gönnen und geben wollen, es sei denn um einer Gegenleistung oder Gegengabe willen, welche er seinem Gegebenen wenigstens gleich achtet.“ (S. 34)

M 12

Der BDM war Teil der Hitlerjugend (HJ). Propagandaplakat der NS-Zeit

6 Stellen Sie die von Tönnies genannten Merkmale von Gesellschaft und Gemeinschaft einander gegenüber.

7 Gehen Sie von M 11 und M 12 aus und erörtern Sie, worin genau die Anziehungskraft der Idee der „Volksgemeinschaft“ bestand.

Der Philosoph Werner Becker (1937–2009) betont die Rolle des Gemeinschaftsstrebens bei der Entstehung der großen totalitären Bewegungen des 20. Jahrhunderts.

Werner Becker: Das natürliche und zugleich gefährliche Streben des Menschen nach Gemeinschaft (1995)

M 13

Gesellschaften, die aus vielen Millionen von Menschen bestehen, die sich in ihren wirtschaftlichen und kulturellen Beziehungen vernetzen und in großen Räumen miteinander leben, können nicht mehr in der Form einer einzigen hierarchisch aufgebauten „Gemeinschaft" organisiert werden. So viele Menschen lassen sich nicht nach der Logik des Gemeinschaftsmodells auf einheitliche Ziele einer einheitlichen politischen Moral festlegen. Wo es versucht wird, besteht der Preis in einem Ausmaß an staatlichem Gewalteinsatz, der auf Dauer nicht zu bezahlen ist, weil die Instabilität des Ganzen die Folge ist. Die historisch-anthropologische Herausforderung besteht jedoch darin, dass wir durch den Wechsel von der nahbereichsdominierten Feudalgesellschaft zur fernbereichsdominierten Industriegesellschaft mit Anpassungsproblemen konfrontiert sind, mit denen wir uns so schwertun und noch lange schwertun werden, weil wir aus Gründen einer uralten geschichtlichen, vielleicht sogar im Biologischen verankerten Prägung auf eine Dominanz zwischenmenschlicher Nahbeziehungen festgelegt sind. Insofern kann man vielleicht sagen, dass die systematischen Fehler von Marx und Tönnies [...] im Kern eine Präferenz für „Gemeinschaft" zum Ausdruck bringen, die gleichsam in unserer menschlichen Natur verankert ist. Wir streben zur Harmonie, auch wenn wir verpflichtet sind, den Gegensatz unserer Sozialnatur, d. h. den Gegensatz zwischen dem „gemeinschaftlichen" und dem „gesellschaftlichen" Element auszuhalten. Die Sehnsucht nach Harmonie aber bedeutet immer die Sehnsucht nach der Dominanz des Gemeinschaftlichen über das Gesellschaftliche.

Kommunismus und Nationalsozialismus [...] waren Ideologien, die von dem Versprechen lebten, rückwärtsgewandt eine „Gemeinschaft" erneuern zu können, die nicht zu erneuern war, wenn man zugleich die Bedingungen moderner Industriegesellschaft aufrechterhielt.

8 Zeigen Sie, wie Becker (M 13) seine Annahme begründet, das Streben nach Gemeinschaft sei zugleich natürlich und gefährlich.

9 Erläutern Sie seine Aussage, dass wir verpflichtet seien, den „Gegensatz zwischen dem ‚gemeinschaftlichen' und dem ‚gesellschaftlichen' Element" unserer „Sozialnatur" auszuhalten (Z. 26 ff.). Behalten Sie dabei im Blick, was Tönnies unter „Gesellschaft" und „Gemeinschaft", siehe M 11, versteht.

In seiner berühmten Schrift „Politeia" philosophiert Platon (427–347 v. Chr.) über einen idealen Staat.

Platon: „Alles gehört allen" und die Herrschaft der Philosophen

M 14

Wohl! Dieses also ist eingestanden, o Glaukon, dass in dem vollkommen eingerichteten Staate die Weiber gemeinsam sein müssen, gemeinsam auch die Kinder und deren gemeinsame Erziehung, wie auch alle Geschäfte des Krieges und Friedens; und dass Könige darin diejenigen sein müssen, die sich in der Philosophie und im Kriege als die besten gezeigt haben.

Das ist eingestanden, sagte er.

Und auch das haben wir zugegeben, das, wenn die Herrscher eingesetzt sind, sie die Kriegsmänner anführen, und sie in solchen Wohnungen ansiedeln werden, wie wir vorher beschrieben haben, in denen nichts Eigenes für irgendeinen ist, sondern die allen gemein sind, und auch über ihre Habe, wenn du dich erinnerst, sind wir einig geworden, worin sie bestehen soll.

Wohl erinnere ich mich, sagte er, dass wir meinten, keiner dürfe irgendetwas dergleichen zu eigen besitzen, wie jetzt die anderen; sondern als Kämpfer im Kriege und Hüter hätten sie zum Lohn ihrer Obhut von anderen ihre jährlichen Lebensbedürfnisse zu empfangen und dafür sich selbst und die Stadt zu besorgen.

Ähnlich der Seele des Einzelnen, die sich aus drei Teilen zusammensetze (der Vernunft, dem mutigen und dem begehrenden Teil; s. S. 18) gliedert sich der ideale Staat nach Platon in drei Stände: die Herrschenden, die Krieger und die Erwerbstreibenden (Handwerker und Bauern). Die Bewohner des Staates sind entsprechend ihrer jeweiligen Natur Teil einer dieser Gruppen. Das Verhältnis zwischen den drei Ständen steht im Zentrum von Platons Vorstellung eines gerechten Staates.

M 15 Platon: Ständestaatliche Gerechtigkeit

Erwäge aber auch von dieser Seite, ob es dir so scheint. Wirst du wohl den Herrschenden in der Stadt auftragen, die Rechtssachen zu schlichten?

Wem anders?

Werden sie nun wohl nach irgend etwas anderem mehr streben bei ihren Entscheidungen als danach, dass einem jeden weder Fremdes zugeteilt noch ihm das Seinige genommen werde?

Nein, sondern danach.

Als nach dem Gerechten?

Ja.

Auch so demnach würde, dass jeder das Seinige und Gehörige hat und tut, als Gerechtigkeit anerkannt werden.

So ist es.

Sieh nun zu, ob du noch weiter meiner Meinung bist. Wenn der Zimmermann sich herbeilässt, des Schuhmachers Werke zu verrichten, oder der Schuhmacher des Zimmermanns, mögen sie nun ihre Werkzeuge und ihren Lohn wechseln, oder mag auch einer und derselbe beides zu verrichten unternehmen, alles andere hiernach umgestellt, meinst du, dass das in der Stadt großen Schaden anrichten wird?

Nicht eben, antwortete er.

Allein wenn ein Handwerker oder einer, der sonst ein Gewerbsmann ist seiner Natur nach, hernach, aufgebläht durch Reichtum oder Verbindungen oder Stärke oder etwas dergleichen, sucht, in die Klasse der Krieger überzugehen, oder einer von den Kriegern in die der Berater und Hüter, ohne dass er es wert ist, und diese dann ihre Werkzeuge und ihre Ehrenstellen gegeneinander vertauschen, oder einer und derselbe dies alles zu verrichten unternimmt, dann, denke ich, wirst auch du der Meinung sein, dass solcher Tausch und Vieltuerei hierin der Stadt zum Verderben gereicht.

Auf alle Weise freilich.

Also dieser drei Klassen Einmischerei in ihr Geschäft und gegenseitiger Tausch ist der größte Schaden für die Stadt und kann mit vollem Recht Frevel genannt werden?

Offenbar.

Und den größten Frevel gegen die eigene Stadt, wirst du den nicht Ungerechtigkeit nennen?

Wie sollte ich nicht!

Dies ist also die Ungerechtigkeit. Und so lass uns wiederum so erklären: Der erwerbenden, beschützenden und beratenden Klasse Geschäftstreue, dass nämlich jede von diesen das Ihrige verrichtet in der Stadt, würde das Gegenteil von jenem, also Gerechtigkeit sein und die Stadt gerecht machen.

Nicht anders scheint es auch mir, sprach er, sich zu verhalten als so.

10 Stellen Sie in einer Liste zusammen, welche Merkmale eines idealen Staates Platon in M 14 nennt.

11 Geben Sie wieder, was Platon unter Gerechtigkeit versteht (M 15), und untersuchen Sie, in welcher Hinsicht sich diese ständestaatliche Auffassung von heutigen Vorstellungen einer gerechten Gesellschaft unterscheidet.

12 Vergleichen Sie die Überlegungen von M 14 und M 15 mit M 11 bis M 13 und suchen Sie nach Übereinstimmungen.

13 Beurteilen Sie Platons Vorstellungen von einem vollkommenen Staat. Gehen Sie hierbei der Frage nach, welche Rolle individuelle Freiheit und Selbstverwirklichung in einem platonischen Staat spielen.

14 Schreiben Sie einen Essay darüber, wie sich das Streben nach Gemeinschaft bei heutigen Jugendlichen äußert und wie es im Einzelfall zu beurteilen ist (siehe als Anregung M 16).

Zeitgemäße Suche nach Gemeinschaft?

M 16

2.3 Der freudlose und beschwerliche Naturzustand – Hobbes

Plünderung und Selbstjustiz nach dem Erdbeben in Haiti

M 17

Im Januar 2010 wurde aus Haiti gemeldet: Die Ausschreitungen nach dem Erdbeben sind in den vergangenen Tagen eskaliert. In einem Fall setzten wütende Anwohner einen Mann in Brand, der nach ihrer Schilderung beim Stehlen erwischt worden war. In einer anderen Straße lagen die Leichen zweier junger Haitianer, deren Arme auf den Rücken gefesselt waren. Ihre Körper wiesen mehrere Schusswunden auf. Auch hier soll es sich um Selbstjustiz gehandelt haben. „Die Haitianer nehmen die Dinge nun teilweise selbst in die Hand", sagte der Anwohner Eddy Toussaint. „Es gibt keine Gefängnisse, die Kriminellen laufen frei herum. Und von der Polizei fehlt jede Spur.'"

1 Tragen Sie Informationen über das Erdbeben und die politische und wirtschaftliche Lage Situation in Haiti zusammen.

Im Folgenden geht es um die Frage, warum es in vielen Ländern immer wieder zu Übergriffen und Selbstjustiz kommt, obwohl auch dort die meisten Menschen vermutlich friedlich miteinander leben wollen.

2 Stellen Sie sich vor, Sie besuchen ein Land, in dem solche Zustände herrschen, und versuchen die Vorgänge in einer Reportage nicht nur zu schildern, sondern auch zu erklären. Schreiben Sie einen entsprechenden Text.

Für den englischen Philosophen Thomas Hobbes (1588–1679) war die Frage, wie Bürgerkriegszustände vermieden werden können, von überragender Bedeutung. Entfällt die staatliche Organisation, gerät die Gesellschaft nach Hobbes in den Naturzustand, den er wörtlich als einen „Krieg aller gegen alle" beschreibt. Gemeint ist damit ein Zustand allgemeiner Unsicherheit, der jede zivilisatorische Entwicklung unmöglich macht.

M 18 Thomas Hobbes: Die Trostlosigkeit des Naturzustands (1651)

Die Natur hat die Menschen sowohl hinsichtlich der Körperkräfte wie der Geistesfähigkeiten untereinander gleichmäßig begabt; und wenngleich einige mehr Kraft oder Verstand als andere besitzen, so ist der hieraus entstehende Unterschied, im Ganzen betrachtet, dennoch nicht so groß, dass der eine sich diesen oder jenen Vorteil versprechen könnte, welchen der andere nicht auch zu erhoffen berechtigt sei. Bezüglich der körperlichen Kraft wird man gewiss selten einen so schwachen Menschen finden, der nicht durch List oder in Verbindung mit andern, die mit ihm in gleicher Gefahr sind, auch den stärksten töten könnte. [...] Wenn auch der Mensch geneigt ist, einem andern in der Beredsamkeit oder Gelehrsamkeit den Vorzug vor sich selbst zuzugestehen, so wird er doch nicht einräumen wollen, dass jemand klüger sei als er. Jeder sieht seinen eigenen Verstand gleichsam aus der Nähe, den eines andern aber aus der Ferne an. [...]

Hierauf gründet sich nun auch die Hoffnung, die ein jeder zur Befriedigung seiner Wünsche hegt. Sooft daher zwei ein und dasselbe wünschen, dessen sie aber beide nicht zugleich teilhaftig werden können, so wird einer des andern Feind, und um das gesetzte Ziel, welches mit der Selbsterhaltung immer verbunden ist, zu erreichen, werden beide danach trachten, sich den andern entweder unterwürfig zu machen oder ihn zu töten. Sooft daher jemand ein etwas einträglicheres Stück Land besitzt, es besät, bepflanzt und bebaut hat und sein Nachbar Lust bekommt, ihn anzugreifen, weil er nur den Widerstand dieses einen und sonst nichts zu fürchten hat, so muss er nur die freiwillige Beihilfe anderer abwarten, um jenem nicht bloß die ganze Frucht seiner Arbeit, sondern auch Leben und Freiheit zu rauben: Indes werden sie, sobald Stärkere über sie kommen, ein Gleiches erleiden müssen.

Bei dieser großen Furcht, welche die Menschen allgemein gegeneinander hegen, können sie sich nicht besser sichern, als dadurch, dass einer dem andern zuvorkommt oder so lange fortfährt, durch List und Gewalt sich alle anderen zu unterwerfen, als noch andere da sind, vor denen er sich zu fürchten hat. Dies ist aber nicht mehr, als was durch die Selbsterhaltung nötig und von jedermann zugegeben wird. Wenn diejenigen, welche mit mäßigem Besitz zufrieden sind, nur sich und das Ihrige zu verteidigen, nicht aber ihre Macht dadurch zu vermehren suchten, dass sie andere selbst angreifen, so würden sie nicht lange bestehen können, weil es Menschen gibt, die sich entweder aus Machtgefühl oder aus Ruhmsucht die ganze Erde gern untertan machen möchten. Deshalb muss jedem auch die gewaltsame Vermehrung seiner Besitzungen um der nötigen Selbsterhaltung willen zugestanden werden. Wäre folglich keine Macht da, welche allen das Gleichgewicht halten könnte, so wäre das Leben der Menschen nebeneinander natürlich nicht bloß freudlos, sondern vielmehr auch höchst beschwerlich.

3 Geben Sie wieder, wie Hobbes die Entstehung von Konflikten im Naturzustand erklärt. Legen Sie dabei in knappen Worten dar, was er über den Zusammenhang zwischen Selbsterhaltung und Machtstreben der Menschen feststellt.

4 Ist Hobbes' Beschreibung eines Zustandes ohne staatliche Institutionen realistisch? Begründen Sie Ihre Meinung.

5 Vergleichen Sie seine Charakterisierung des Naturzustandes mit der Situation in Haiti (M 17) oder einem Staat, in dem ähnliche Zustände herrschen.

2.4 Ein autoritäres Staatsmodell – Hobbes

Titelbild von Hobbes' Werk „Leviathan" (1651)

M 19

1 Beschreiben Sie den Ausschnitt aus dem Titelbild von Hobbes' Hauptwerk „Leviathan" und vergleichen Sie damit seine Schilderung des Naturzustandes (M 18).

Im Folgenden geht es um die Frage, ob und wie der Naturzustand überwunden werden kann.

2 Überlegen Sie selbst, wie der Naturzustand, wie ihn Hobbes beschreibt M 18, überwunden werden könnte. Stellen Sie eine Liste von möglichen Maßnahmen zusammen.

Als Vertreter des Kontraktualismus (lat. *contractus* = Vertrag) greift Hobbes zur Rechtfertigung seiner politischen Vorstellungen auf die Idee eines Gesellschaftsvertrages zurück. Damit legte er – im Unterschied zur Rechtfertigung der politischen Herrschaft durch das „Gottesgnadentum" – eine Begründung vor, die nicht auf religiöse Voraussetzungen angewiesen war. Der Kontraktualismus diente ihm zur Rechtfertigung eines autoritären Staates.

Thomas Hobbes: Begründung eines autoritär regierten Staates durch den Gesellschaftsvertrag (1651)

M 20

Der alleinige Weg zur Errichtung einer solchen allgemeinen Gewalt, die in der Lage ist, die Menschen vor dem Angriff Fremder und vor gegenseitigen Übergriffen zu schützen und ihnen dadurch eine solche Sicherheit zu verschaffen, dass sie sich durch eigenen Fleiß und von den Früchten der Erde ernähren und zufrieden leben können, liegt in der Übertragung ihrer gesamten Macht und Stärke auf einen Menschen oder eine Versammlung von Menschen, die ihre Einzelwillen durch Stimmenmehrheit auf einen Willen reduzieren können. Das heißt soviel wie einen Menschen oder eine Versammlung von Menschen bestimmen, die deren Person verkörpern sollen, und bedeutet, dass jedermann alles als eigen anerkennt, was derjenige, der auf diese Weise seine Person verkörpert, in Dingen des allgemeinen Friedens und der allgemeinen Sicherheit tun oder veranlassen wird und sich selbst als Autor alles dessen bekennt und dabei den eigenen Willen und das eigene Urteil seinem Willen und Urteil unterwirft. Dies ist mehr als Zustimmung oder Übereinstimmung: Es ist eine wirkliche Einheit aller in ein und derselben Person, die durch Vertrag eines jeden mit jedem zustande kam, als hätte jeder zu jedem gesagt: *Ich autorisiere diesen Menschen oder diese Versammlung von Menschen und übertrage ihnen mein Recht, mich zu regieren, unter der Bedingung, dass du ihnen ebenso dein Recht überträgst und alle ihre Handlungen autorisierst.* Ist dies geschehen, so nennt man diese zu einer Person vereinte Menge Staat, auf Lateinisch *civitas.* Dies ist die Erzeugung jenes großen *Leviathan* [biblisches Seeungeheuer; siehe Hiob 40,25-41,26] oder besser, um es ehrerbietiger auszudrücken, jenes *sterblichen Gottes,* dem wir unter dem *unsterblichen Gott* unseren Frieden und Schutz verdanken. Denn durch diese ihm von jedem einzelnen im Staate verliehene Autorität steht ihm so viel Macht und Stärke zur Verfügung, die auf ihn übertragen worden sind, dass er durch den dadurch erzeugten Schrecken in die Lage versetzt wird, den Willen aller auf den innerstaatlichen Frieden und auf gegenseitige Hilfe gegen auswärtige Feinde hinzulenken. Hierin liegt das Wesen des Staates, der, um eine Definition zu geben, eine Person ist, bei der sich jeder Einzelne einer großen Menge durch gegenseitigen Vertrag eines jeden mit jedem zum Autor ihrer Handlungen gemacht hat, zu dem Zweck, dass sie die Stärke und Hilfsmittel aller so, wie sie es für zweckmäßig hält, für den Frieden und die gemeinsame Verteidigung einsetzt.

Wer diese Person verkörpert, wird *Souverän* genannt und besitzt, wie man sagt, *höchste Gewalt,* und jeder andere daneben ist sein *Untertan.* [...]

Da jeder Untertan durch diese Einsetzung Autor aller Handlungen und Urteile des eingesetzten Souveräns ist, so folgt daraus, dass dieser durch keine seine Handlungen einem seiner Untertanen Unrecht zufügen kann und dass er von keinem von ihnen eines Unrechts angeklagt werden darf. Denn wer auf Grund der Autorität eines anderen eine Handlung vornimmt, tut damit dem kein Unrecht, auf Grund von dessen Autorität er handelt.

3 Geben Sie wieder, worin der von Hobbes hypothetisch angenommene Gesellschaftsvertrag genau besteht.

4 Skizzieren Sie die Grundzüge eines aus Ihrer Sicht idealen Staates und ordnen Sie ihn auf einer Skala ein, die von „sehr autoritär“ bis „sehr freiheitlich“ reicht.

M 21 Thomas Hobbes: Die höchste Gewalt (1651)

Gott fragt daher Adam: „Hast Du nicht vergessen usw.“ und wollte damit sagen: du, der du mir Gehorsam schuldig bist, hast dir das Recht angemaßt, meine Handlungen zu richten? Ob dies gleich bildlich gesprochen ist, so erhellt doch daraus deutlich, dass das, was der Oberherr [die Regierung] tut, von den Untertanen nicht getadelt werden darf.

Es ist also nach Vernunft und Schrift offenbar die höchste Gewalt, mag sie einem, wie in einer Monarchie, oder mehreren vereinigten Menschen, wie in demokratischen und aristokratischen Staaten, zukommen, so groß, wie die Menschen sie sich verschaffen können. Mögen auch die Menschen noch so großen Nachteil von einer unumschränkten Gewalt fürchten, bringen doch eingeschränkte Regierungen einen weit größeren Nachteil mit sich, nämlich Krieg eines jeden mit seinen Nachbarn.

5 Vergleichen Sie Hobbes' Staatsdenken mit dem von Ihnen entworfenen Staatsideal.

6 Prüfen Sie, welche real existierende Staaten Ihrem Ideal am nächsten kommen.

2.5 Gesellschaft oder Gemeinschaft als Ergebnis eines Vertrags – Locke, Rousseau

Der englische Philosoph John Locke (1632–1704) wurde vor allem durch seine Untersuchungen zur menschlichen Erkenntnis und als politischer Denker berühmt. Obwohl er als solcher von Thomas Hobbes beeinflusst ist, gelangt er in seinem „Second Treatise on Government" zu anderen Vorstellungen, die die Gestaltung des Staates betreffen. Dies zeigt sich in dem folgenden Gleichnis.

John Locke: Löwe, Marder und Fuchs (1689) M 22

Als wenn die Menschen, als sie den Naturzustand verließen und in die Gesellschaft eintraten, übereingekommen wären, dass alle, mit Ausnahme eines Einzigen, unter dem Zwang von Gesetzen stehen und dass er allein im Besitz aller Freiheit des Naturzustandes bleiben sollte – die durch Gewalt noch vergrößert würde und der durch Straflosigkeit alle Zügel gelassen wären. Dies hieße, die Menschen für so töricht zu halten, dass sie zwar zu verhüten suchen, was ihnen Marder oder Füchse antun könnten, aber glücklich sind, ja, es für Sicherheit halten, von Löwen verschlungen zu werden.

Halten wir den Löwen für weniger gefährlich als Marder oder Füchse? M 23

1 Erläutern Sie M 22. Wofür stehen Löwe, Marder und Fuchs?

2 Legen Sie dar, inwiefern Locke hier das Hobbes'sche Staatsverständnis in Frage stellt (M 18 bis M 21).

▼ Im Folgenden geht es um die Frage, ob der Naturzustand überwunden werden kann, ohne auf Hobbes' autoritäres Staatsdenken zurückzugreifen.

3 Stellen Sie sich vor, Sie stünden mit Thomas Hobbes in Briefkontakt. Entwerfen Sie einen Brief, in dem Sie sich kritisch mit seiner Staatstheorie auseinandersetzen.

John Locke: Ursprung und Ziel der Regierung (1689) M 24

Wenn der Mensch im Naturzustand so frei ist, wie gesagt worden ist, wenn er der absolute Herr seiner eigenen Person und Besitztümer ist, dem Größten gleich und niemandem untertan – warum soll er seine Freiheit aufgeben? Warum soll er auf diese Selbstherrschaft verzichten und sich der Herrschaft und dem Zwang einer anderen Gewalt unterwerfen? Die Antwort darauf liegt auf der Hand; denn wenn er im Naturzustand auch ein solches Recht hat, so kann er sich seiner doch nur mit wenig Sicherheit erfreuen und ist fortwährend den Übergriffen anderer ausgesetzt. Da nämlich alle in demselben Maße König sind wie er selbst, da alle Menschen gleich sind und der größere Teil von ihnen sich nicht streng an Billigkeit und Gerechtigkeit hält, ist der Besitz seines Eigentums in diesem Zustand höchst unsicher und höchst ungewiss. Das lässt ihn bereitwillig einen Zustand aufgeben, der bei aller Freiheit voll ist von Furcht und ständiger Gefahr, und nicht ohne Grund verlangt es ihn, und ist er bereit, sich zu einer Gesellschaft mit anderen zu verbinden, die sich entweder schon vereinigt haben oder doch die Absicht haben, sich zu vereinigen – zur gegenseitigen Erhaltung ihres Lebens, ihrer Freiheiten und Güter, was ich ganz allgemein Eigentum nenne.

124. Das große und hauptsächliche Ziel also, zu dem sich Menschen in Staatswesen zusammenschließen und sich unter eine Regierung stellen, ist die Erhaltung ihres Eigentums. Im Naturzustand fehlt dazu vielerlei.

Zum ersten bedarf es eines eingeführten und anerkannten Gesetzes, das mit allgemeiner Zustimmung als die Norm für Recht und Unrecht und als der allgemeine Maßstab zur Entscheidung aller Streitfälle unter ihnen angenommen und anerkannt ist. Denn obwohl das Naturgesetz allen vernunftbegabten Wesen klar und verständlich ist, werden die Menschen doch von ihrem eigenen Interesse beeinflusst, und da sie es außerdem zuwenig kennen, weil sie nicht genügend darüber nachdenken, sind sie nicht geneigt, es als ein Gesetz anzuerkennen, das in seiner Anwendung auf ihre eigenen Streitfälle für sie verbindlich wäre.

125. Zum zweiten fehlt es im Naturzustand an einem anerkannten und unparteiischen Richter, mit Autorität, alle Streitfälle nach dem eingeführten Gesetz zu entscheiden. Da jeder in diesem Zustand sowohl Richter als auch Vollstrecker des Naturgesetzes ist, die Menschen aber sich selbst gegenüber parteiisch sind, ist es leicht möglich, dass Leidenschaft und Rachsucht sie in ihren eigenen Angelegenheiten zu weit und zu hitzig mit sich fortreißen, auf der anderen Seite aber Nachlässigkeit und Unbeteiligtsein sie zu gleichgültig gegenüber den Angelegenheiten anderer machen.

[...]

127. Die Menschen befinden sich also trotz aller Privilegien des Naturzustandes in einer schlechten Lage, solange sie in ihm verbleiben, und es treibt sie deshalb bald zur Gesellschaft. Und das ist auch die Ursache, dass wir nur selten eine Anzahl von Menschen finden, die längere Zeit in diesem Zustand zusammenleben. Die Unannehmlichkeiten, denen sie darin ausgesetzt sind durch die unregelmäßige und unbestimmte Ausübung der Macht, die jeder Mensch zur Bestrafung der Rechtsbrüche anderer besitzt, veranlasst sie, zu den festen Gesetzen einer Regierung Zuflucht zu nehmen und dort die Erhaltung ihres Eigentums zu suchen.

4 Stellen Sie dar, wie Locke den Naturzustand beschreibt und weshalb seiner Ansicht nach die Einrichtung eines Staates notwendig ist. Untersuchen Sie dabei, was Locke unter Eigentum versteht und welche Rolle das Eigentum in seiner Begründung spielt.

5 Locke hält die Unterwerfung unter einen autoritären Herrscher (Löwe) für problematisch. Untersuchen Sie, was er an dessen Stelle setzt.

M 25 John Locke: Gewaltenteilung (1689)

Bei der Schwäche der menschlichen Natur, die stets bereit ist, nach der Macht zu greifen, dürfte es jedoch eine zu große Versuchung darstellen, wenn dieselben Personen, die die Macht haben, Gesetze zu geben, auch die Macht in der Hand hätten, sie zu vollstrecken, wobei sie sich selbst von dem Gehorsam gegen die Gesetze, die sie erlassen, ausschließen und das Gesetz in seiner Gestaltung wie auch in der Vollstreckung auf ihren eigenen persönlichen Vorteil ausrichten könnten und damit schließlich von den übrigen Gliedern der Gemeinschaft gesonderte Interessen verfolgten, die dem Ziel von Gesellschaft und Regierung zuwiderlaufen. In wohlgeordneten Staatswesen, in denen nach Gebühr das Wohl des Ganzen berücksichtigt wird, wird deshalb die legislative Gewalt in die Hände mehrerer Personen gelegt, welche nach ordnungsgemäßer Versammlung selbst oder mit anderen gemeinsam die Macht haben, Gesetze zu geben, sobald dies aber geschehen ist, wieder auseinandergehen und selbst jenen Gesetzen unterworfen sind, die sie geschaffen haben.

6 Locke war ein früher Verfechter der Gewaltenteilung. Stellen Sie dar, wie er sie begründet und inwiefern er sich in dieser Frage von Hobbes unterscheidet.

John Locke: Widerstand gegen die Staatsgewalt (1689)

M 26

Dass man Untertanen oder Fremden, wenn sie sich mit Gewalt an dem Eigentum eines Volkes vergreifen, mit Gewalt Widerstand leisten darf, wird allgemein anerkannt. Doch dass man der Obrigkeit, wenn sie dasselbe tut, Widerstand leisten dürfe, wurde jüngst verneint. Als ob diejenigen, die sich durch die Gesetze der größten Privilegien und Vorteile erfreuen, damit die Macht hätten, jene Gesetze zu brechen, die allein sie auf einen besseren Platz als ihre Brüder erhoben haben. Ihr Vergehen ist vielmehr deshalb umso größer: einmal ihrer Undankbarkeit wegen, obwohl ihnen von Gesetzes wegen ein größerer Anteil zugefallen war, zum anderen, weil sie auch das Vertrauen brechen, welches ihre Brüder in ihre Hände gelegt haben. [...] Wer immer Gewalt ohne Recht gebraucht – wie es jeder in der Gesellschaft tut, wenn er sie ohne das Gesetz gebraucht –, versetzt sich denjenigen gegenüber, gegen die er sie gebraucht, in den Kriegszustand. In diesem Zustand sind alle früheren Verpflichtungen gelöst, alle anderen Rechte haben ein Ende, und jeder hat das Recht, sich selbst zu verteidigen und dem Angreifer Widerstand zu leisten.

Thomas Hobbes: Grenzen der Gehorsamspflicht gegenüber der Staatsgewalt (1651)

M 27

Die Verpflichtung der Bürger gegen den Oberherrn kann nur so lange dauern, als dieser imstande ist, die Bürger zu schützen; denn das natürliche Recht der Menschen, sich selbst zu schützen, falls es kein anderer tun kann, wird durch keinen Vertrag vernichtet. Der Oberherr [die Regierung] ist gleichsam die Seele des Staates; sobald aber die Seele vom Körper getrennt ist, vermag sie auch seine Glieder nicht mehr zu bewegen. Der Zweck des Gehorsams ist Schutz; je nachdem man nun die Erfüllung dieses Zweckes von einem andern oder von sich selbst erwartet, dringt die Natur auf Gehorsam oder auf eigenes Streben.

7 Legen Sie dar, wann nach Locke (M 26) ein Widerstand gegen die Staatsgewalt angebracht ist.

8 Vergleichen Sie Lockes Stellungnahme und Hobbes' Ausführungen zur Gehorsamspflicht gegenüber der Staatsgewalt M 27 und stellen Sie dar, inwiefern Lockes Widerstandsrecht über das bei Hobbes hinausgeht.

Auch der französische Schriftsteller und Philosoph Jean-Jacques Rousseau (1712–1778) stützte seine staatsphilosophischen Vorstellungen auf die Annahme eines Gesellschaftsvertrags. Sein bekanntestes politisches Werk zeigt dies schon am Titel: „Vom Gesellschaftsvertrag oder Grundsätze des Staatsrechts". Das erste Kapitel beginnt mit einem Hammerschlag, nämlich dem Satz: „Der Mensch ist frei geboren, und überall liegt er in Ketten." Freiheit bedeutet für Rousseau nicht etwa Freiheit von Zwang, sondern die Unterwerfung des Einzelnen unter das, was die Allgemeinheit will. Da dies zugleich dem entspreche, was er wirklich wolle, beherrsche er sich gleichsam selbst.

Jean-Jacques Rousseau: Vom Gesellschaftsvertrag (1762)

M 28

Ich unterstelle, dass die Menschen jenen Punkt erreicht haben, an dem die Hindernisse, die ihrem Fortbestehen im Naturzustand schaden, in ihrem Widerstand den Sieg davontragen über die Kräfte, die jedes Individuum einsetzen kann, um sich in diesem Zustand zu halten. Dann kann dieser ursprüngliche Zustand nicht weiterbestehen, und das Menschengeschlecht würde zugrunde gehen, wenn es die Art des Daseins nicht änderte. Da die Menschen nun keine neuen Kräfte hervorbringen, sondern nur die vorhandenen vereinen und lenken können, haben sie kein anderes Mittel, sich zu erhalten, als durch Zusammenschluss eine Summe von Kräften zu bilden, stärker als jener Widerstand, und diese aus einem einzigen Antrieb einzusetzen und gemeinsam wirken zu lassen. Diese Summe von Kräften kann nur durch das Zusammenwirken mehrerer entstehen: Da aber Kraft und Freiheit jedes Menschen die ersten Werkzeuge für seine Erhaltung sind – wie kann er sie verpfänden, ohne sich zu schaden und ohne die Pflichten gegen sich selbst zu vernachlässigen? Diese Schwierigkeit lässt sich, auf meinen Gegenstand angewandt, so ausdrücken: „Finde eine Form des Zusammenschlusses, die mit ihrer ganzen gemeinsamen Kraft die Person und das Vermögen jedes einzelnen Mitglieds verteidigt und schützt und durch die doch jeder, indem er sich mit allen vereinigt, nur sich selbst gehorcht und genauso frei bleibt wie zuvor." Das ist das grundlegende Problem, dessen Lösung der Gesellschaftsvertrag darstellt.

Die Bestimmungen dieses Vertrags [...] lassen sich bei richtigem Verständnis sämtlich auf eine zurückführen, nämlich die völlige Entäußerung jedes Mitglieds mit all seinen Rechten an das Gemeinwesen als Ganzes. Denn erstens ist die Ausgangslage, da jeder sich voll und ganz gibt, für alle die gleiche, und da sie für alle gleich ist, hat keiner ein Interesse daran, sie für andere beschwerlich zu machen.

[...]

Schließlich gibt sich jeder, da er sich allen gibt, niemandem, und da kein Mitglied existiert, über das man nicht das gleiche Recht erwirbt, das man ihm über sich einräumt, gewinnt man den Gegenwert für alles, was man aufgibt, und mehr Kraft, um zu bewahren, was man hat.

Wenn man also beim Gesellschaftsvertrag von allem absieht, was nicht zu seinem Wesen gehört, wird man finden, dass er sich auf Folgendes beschränkt: *Gemeinsam stellen wir alle, jeder von uns, seine Person und seine ganze Kraft unter die oberste Richtschnur des Gemeinwillens; und wir nehmen, als ein Körper, jedes Glied als untrennbaren Teil des Ganzen auf.*

M 29 Der Gemeinwille

Nach Rousseau ist der Gemeinwille (*volonté générale*) oder der Wille des Volkes der Souverän; ihm entsprechend, müsse der Staat regiert werden. Rousseau lässt offen, welche politischen Regelungen dem Gemeinwillen entsprechen. Dennoch finden sich viele mehr formale Aussagen über den Gemeinwillen im „Gesellschaftsvertrag":

1. Der Gemeinwille ist nicht mit dem Gesamtwillen (*volonté de tous*), d.h. der Summe der durch Beobachtung feststellbaren Einzelwillen, identisch. (Rousseau denkt ihn offenbar als eine Art metaphysische Wesenheit, die unabhängig von faktischen menschlichen Willen existiert.)
2. Der Gemeinwille ist unteilbar und hat immer Recht, er zielt immer auf Gleichheit und auf das Gemeinwohl ab. Die Beschlüsse des Volkes hingegen müssen nicht immer richtig sein, denn es kann vorkommen, dass das Volk nicht erkennt, was für es selbst am besten ist.
3. Er lässt sich nicht vertreten. (Offenbar lehnt Rousseau hiermit die repräsentative Demokratie ab und spricht sich für eine jederzeit abrufbare Regierung aus.)
4. Er zeigt sich dann, wenn sich mehrere Menschen vereint als eine „einzige Körperschaft" betrachten. Dann entsteht ein einziger Wille.
5. Wer sich weigert, dem Gemeinwillen entsprechend zu handeln, darf dazu gezwungen werden, was „nichts anderes heißt, als dass man ihn zwingt, frei zu sein".

9 Fassen Sie die wichtigsten Gedanken aus M 28 und M 29 zusammen. Untersuchen Sie, weshalb Rousseau einen so großen Wert auf die Unterscheidung zwischen Gemeinwillen und Gesamtwillen legt.

10 Notieren Sie die Namen von Hobbes, Locke und Rousseau und ihre wichtigsten politischen Ideen in Stichworten auf einem DIN-A-4-Blatt. Achten Sie beim Aufschreiben darauf, dass sich die Namen und die Stichworte als Legekärtchen ausschneiden lassen. Schneiden Sie dann die Namen und die Stichworte aus und ordnen Sie sie auf einem leeren Blatt so an, dass sich ein sinnvolles, begründbares Strukturbild ergibt (s. S. 466). Vergleichen Sie Ihre Ergebnisse.

Locke zählt zu den Pionieren des Gedankens der religiösen Toleranz. Keine Regierung der Welt hat seiner Ansicht nach das Recht, die Bürger zu zwingen, sich einer bestimmten Religion anzuschließen. Eines seiner Argumente setzt bei der Frage an, ob Regierungen überhaupt kompetent über Wahrheit von Religionen urteilen können.

John Locke: Über Religionsfreiheit (1689)

M 30

Weder das Recht noch die Kunst des Regierens zieht notwendig die gewisse Kenntnis anderer Dinge nach sich und am wenigsten der wahren Religion. Denn wenn es so wäre, wie konnte es dazu kommen, dass die Herren der Erde in Religionssachen so weit voneinander abweichen? Aber wir wollen zugestehen, dass der Weg zum ewigen Leben wahrscheinlich einem Fürsten besser bekannt ist als seinen Untertanen, oder wenigstens, dass es bei diesem ungewissem Stande der Dinge der sicherste und bequemste Weg für Privatpersonen ist, seinen Vorschriften zu folgen. So mag einer auch sagen, wie, wenn er Dir befehlen würde, Dich für Deinen Lebensunterhalt dem Handel zu widmen, würdest Du diesen Weg aus Furcht vor Misserfolg ablehnen? Ich antworte: Kaufmann würde ich auf des Fürsten Befehl werden, denn für den Fall, dass ich mit meinem Handel Misserfolg hätte, hat er Überfluss an Mitteln, meinen Verlust auf anderem Wege gutzumachen. Ist es wahr, wie er behauptet, dass er wünscht, ich soll vorwärts kommen und reich werden, so kann er mich wieder neu ausstatten, wenn erfolglose Reisen meinen Zusammenbruch bewirkt haben. Aber das ist nicht der Fall bei den Dingen, die das künftige Leben betreffen; wenn ich da den falschen Weg einschlage, wenn ich in dieser Beziehung zugrunde gerichtet bin, so hat die Obrigkeit keine Macht, meinen Verlust zu ersetzen, mein Leiden zu erleichtern noch meine Vermögensverhältnisse zum Teil, geschweige denn vollständig wiederherzustellen. Was für Sicherheit kann für das Himmelreich geleistet werden?

11 Zeigen Sie, inwiefern es nach Locke aus der Sicht des Einzelnen unklug wäre, eine Regierung mit der Befugnis auszustatten, den Bürger zu einem bestimmten religiösen Bekenntnis zu verpflichten.

Grundgesetz der Bundesrepublik Deutschland, Artikel 4

M 31

1. **Die Freiheit des Glaubens, des Gewissens und die Freiheit des religiösen und weltanschaulichen Bekenntnisses sind unverletzlich.**
2. **Die ungestörte Religionsausübung wird gewährleistet.**

12 Kein Geringerer als der Philosoph und Mathematiker Bertrand Russell (1872–1970) fand, Locke sei der einflussreichste (!) Vertreter der modernen Philosophie. Gehen Sie von den hier abgedruckten Ausschnitten aus und beurteilen Sie diese Einschätzung von Lockes Werk. Beziehen Sie M 31 in Ihre Überlegungen ein.

M 32 George Cruikshank: Die Waffen der Radikalen (1819)

13 M 32 zeigt eine Karikatur, die sich gegen den Terror während der Französischen Revolution richtet.
Informieren Sie sich über diese Phase der Revolution.

14 Robespierre, der die Hinrichtungen mutmaßlicher Feinde der Revolution als Tugendterror rechtfertigte, war ein begeisterter Anhänger Rousseaus. Gehen Sie von M 28 und M 29 aus und diskutieren Sie, ob und inwiefern sich Rousseaus Philosophie zur Rechtfertigung einer totalitären Politik eignet.

15 Diskutieren Sie, ob sich die Ideen Rousseaus und Lockes eher der Idee der Gemeinschaft oder eher der Gesellschaft zuordnen lassen (s. M 12 und M 13).

3. Recht und Menschenrecht im Zeitalter der Globalisierung

3.1 Recht und Gesetz – Radbruch, Riezler

Zu Jung Chang s. S. 263.

Nach Jung Chang: Mein Vater wird verhaftet (1991)

M 1

Mein Vater schrieb einen Brief an Mao: „Vorsitzender Mao, als Kommunist bitte ich Sie, die Kulturrevolution zu beenden. Ich muss es aussprechen: Sie machen einen großen Fehler.“ Er beschrieb das ganze Unglück, das die Kulturrevolution über China gebracht habe. Drei Tage später wurde er verhaftet – ohne dass ein Haftbefehl vorgelegt wurde. Man sagte, er sei ein aktiver Konterrevolutionär, der den Vorsitzenden und die Kulturrevolution attackiere.

Für die Maoisten galt nur eine Moral: Das, was Mao sagt, ist gut. „Studiert die Werke des Vorsitzenden Mao Zedong, hört auf seine Worte und handelt nach seinen Weisungen“ (Worte des Vorsitzenden Mao Zedong).

Durch ein Gespräch meiner Mutter mit dem gemäßigten Premierminister konnte erreicht werden, dass der Vater wieder freigelassen wurde. Doch er hatte im Gefängnis nahezu seinen Verstand verloren. Bei den Verhören hatten sie ihm eingeredet, seine Frau habe ihn denunziert und wolle nicht mit ihm reden, bei der Entlassung sagten sie ihm, seine Frau würde ihn nun im Auftrag der Partei beobachten. Nachdem er aus der Haft entlassen war, attackierten ihn die lokalen Machthaber auf Wandzeitungen. Bei den Anklageversammlungen wurde er brutal geschlagen, dann wurde er auf einem Lastwagen im Schritttempo durch die Straßen gefahren. Ein riesiges Plakat hing an einem dünnen Draht um seinen Hals. Der geistige Zustand meines Vaters wurde immer schlimmer, doch er durfte sich nicht behandeln lassen. Man richtete ihm aus, dass man ihm vergeben würde, wenn er auf einer Wandzeitung seine Unterstützung deutlich machen würde. „Ich verkaufe meine Seele nicht“, erwiderte mein Vater. Über ein Jahr lang wurde er immer wieder eingesperrt. Die Wohnung wurde mehrfach gestürmt und völlig auf den Kopf gestellt. Offiziell war nicht von Haft die Rede, sondern es hieß, er würde einer „Schulung im Denken“ unterzogen. Schließlich wurde auch meine Mutter verhaftet und wegen aller möglichen Dinge verurteilt, u.a., weil ihr Vater ein Provinzgeneral war.

1 Welche Aspekte dieses Verfahrens würden Sie aus der Sicht unserer Rechtsordnung kritisieren?

Im Folgenden geht es um das Problem, ob man überhaupt verfasstes Recht benötigt und ob das natürliche Empfinden für das, was gut ist, nicht ausreicht.

2 Stellen Sie sich vor, Sie kommen nach Hause, und die Wohnung ist von Polizisten aufgebrochen. Wie würden Sie reagieren? Gehen Sie von dieser Situation aus und verfassen Sie eine Geschichte von einem Staat, in dem nicht eine niedergeschriebene Rechtsordnung gilt, sondern in dem sich die Regierung an ihren eigenen moralischen Normen orientiert.

Der Rechtswissenschaftler Uwe Wesel (* 1933) hat mit seiner „Geschichte des Rechts“ eines der Standardwerke verfasst.

M 2 Uwe Wesel: Funktionen von Recht (1997)

Nimmt man das Recht von heute, so kann man sagen, es habe im Wesentlichen vier Funktionen. Eine Definition wird hier bewusst vermieden. Sie wäre genauso fruchtlos, als wenn man Wahrheit oder Kunst, Wissenschaft oder Religion definieren wollte. Die vier sind: 1. Ordnungsfunktion; 2. Gerechtigkeitsfunktion; 3. Herrschaftsfunktion; 4. Herrschaftskontrollfunktion.

Zum einen ist Recht ein Ordnungselement. Übliches Beispiel dafür ist der Straßenverkehr. Wie man ihn im Einzelnen regelt, das ist letztlich gleichgültig. Es muss nur eine bestimmte Ordnung geben. [...] Zweitens: Recht dient der Durchsetzung von Gerechtigkeit. Das ist seine moralische und soziale Funktion, die es immer noch nicht voll erfüllen kann.

Ein Defizit, das verursacht wird durch die Verbindung mit der dritten, der Herrschaftsfunktion. Recht hat nämlich außerdem die Funktion, Herrschaft aufrechtzuerhalten. [...] Herrschaft ist oft eine Art Selbstzweck. Sonst gäbe es nicht so viele, die sie gern hätten. Zweitens dient sie immer auch anderen Interessen. In einer bürgerlichen liberalen Demokratie sind es die der Erhaltung des Privateigentums an den Produktionsmitteln. Damit ist eine Fülle von Problemen verbunden, Probleme für die soziale Gerechtigkeit, Sittlichkeit, Umweltschutz und Frieden, die bis heute nicht gelöst wurden. Die zum Teil negativen Wirkungen der Herrschaftsfunktion werden dadurch gemildert, dass das Recht inzwischen auch ein Mechanismus zur Kontrolle von Herrschaft geworden ist. Bei uns ist das im Wesentlichen die Funktion der Verwaltungs- und Verfassungsgerichtsbarkeit. Der Gedanke des Rechtsstaates. Auch staatliche Herrschaft ist an das Recht gebunden, muss sich kontrollieren lassen. Wobei allerdings der Staat selbst die Rahmenbedingungen dafür gesetzt hat.

3 „Das Recht bietet dem Einzelnen Schutz vor staatlicher Machtausübung, es gewährt und schützt individuelle und kollektive Berechtigungen vor staatlichen Eingriffen.“ Ordnen Sie diese Aufgabe des Rechts einer der Funktionen zu, die Wesel in seinem Text dem Recht zuspricht. Verdeutlichen Sie die Wichtigkeit dieser Aufgabe am Beispiel M 1.

4 Erläutern Sie die anderen drei genannten Funktionen anhand von selbst gewählten Beispielen. Welche der vier Funktionen können moralische Normen Ihrer Ansicht nach nicht erfüllen? Warum nicht?

5 „Es ist der Gipfel der Torheit, ein Gesetz schon deswegen für gut zu befinden, bloß weil es gilt.“ (Cicero; 106–43 v. Chr.) Nehmen Sie Stellung. Was sagen Sie etwa zu dem Gesetz „Mao darf nicht kritisiert werden“? (Wie) kann man dieses Gesetz kritisieren?

Gustav Radbruch (1878–1949) war Justizminister der Weimarer Republik und einer der einflussreichsten Rechtsphilosophen des 20. Jahrhunderts.

M 3 Gustav Radbruch: Gesetzliches Unrecht und Naturrecht (1946)

Gewiss, auch das Gesetz als solches, sogar das schlechteste Gesetz, hat noch immer einen Wert – den Wert, das Recht Zweifeln gegenüber sicherzustellen. Es kann jedoch Gesetze mit einem solchen Maße von Ungerechtigkeit und Gemeinschädlichkeit geben, dass ihnen die Geltung, ja der Rechtscharakter abgesprochen werden muss. Es gibt also Rechtsgrundsätze, die stärker sind als jede rechtliche Satzung, sodass ein Gesetz, das ihnen widerspricht, der Geltung bar ist. Man nennt diese Grundsätze das Naturrecht oder das Vernunftrecht. Gewiss sind sie im Einzelnen von manchem Zweifel umgeben, aber die Arbeit der Jahrhunderte hat doch einen festen Bestand herausgearbeitet und in den so genannten Erklärungen der Menschen- und Bürgerrechte mit [...] weitreichender Übereinstimmung gesammelt [...].

Positives Recht soll nicht gelten, wenn es „unerträglich" ungerecht ist. „unrichtiges Recht"

Wenn das positive Recht keine Gerechtigkeit und keine Gleichheit als „Kern der G." erstrebt*, hat es keine Rechtsnatur. * diese bewusst verleugnet

Freilich: Einen Wert führt schon jedes positive Recht ohne Rücksicht auf seinen Inhalt mit sich: Es ist immer noch besser als kein Gesetz, weil es zum mindesten Rechtssicherheit schafft. Aber Rechtssicherheit ist nicht der einzige und nicht der entscheidende Wert, den das Recht zu verwirklichen hat. Neben die Rechtssicherheit treten vielmehr zwei andere Werte: Zweckmäßigkeit und Gerechtigkeit. Wo ein Widerstreit zwischen Rechtssicherheit und Gerechtigkeit, zwischen einem inhaltlich anfechtbarem, aber positiven Gesetz und zwischen einem gerechten, aber nicht in Gesetzesform gegossenen Recht entsteht, liegt in Wahrheit ein Konflikt der Gerechtigkeit mit sich selbst, ein Konflikt zwischen scheinbarer und wirklicher Gerechtigkeit vor. Der Konflikt zwischen der Gerechtigkeit und der Rechtssicherheit dürfte dahin zu lösen sein, dass das positive, durch Satzung und Macht gesicherte Recht auch dann den Vorrang hat, wenn es inhaltlich ungerecht und unzweckmäßig sei, es sei denn, dass der Widerspruch des positiven Gesetzes zur Gerechtigkeit ein so unerträgliches Maß erreicht, dass das Gesetz als unrichtiges Recht der Gerechtigkeit zu weichen hat. Es ist unmöglich, eine schärfere Linie zu ziehen zwischen den Fällen des gesetzlichen Unrechts und den trotz unrichtigen Inhalts dennoch geltenden Gesetzen, eine andere Grenzziehung aber kann mit aller Schärfe gezogen werden: Wo Gerechtigkeit nicht einmal erstrebt wird, wo die Gleichheit, die den Kern der Gerechtigkeit ausmacht, bei der Setzung positiven Rechts bewusst verleugnet wurde, da ist das Gesetz nicht etwa nur „unrichtiges Recht", vielmehr entbehrt es überhaupt der Rechtsnatur. Denn man kann Recht, auch positives Recht, gar nicht anders definieren denn als eine Ordnung und Satzung, die ihrem Sinn nach bestimmt ist, der Gerechtigkeit zu dienen. An diesem Maßstab gemessen, sind ganze Partien nationalsozialistischen Rechts niemals zur Würde geltenden Rechts gelangt. Das gilt insbesondere von allen jenen Gesetzen, die Menschen als Untermenschen behandelten und ihnen die Menschenrechte versagten. Ohne Rechtscharakter sind auch alle jene Strafdrohungen, die ohne Rücksicht auf die unterschiedliche Schwere der Verbrechen, nur geleitet von momentanen Abschreckungsbedürfnissen, Straftaten verschiedenster Schwere mit der gleichen Strafe, häufig mit der Todesstrafe, bedrohten. Alles das sind nur Beispiele gesetzlichen Unrechts.

Erwin Riezler (1873–1953) war Rechtswissenschaftler und vertritt hier die sogenannte rechtspositivistische Position.

Erwin Riezler: Rechtspositivismus (1962)

M 4

Der Gegensatz zum positiven Recht ist das unerfüllte bloße Rechtsideal. Ein solches Ideal ist das sog. „Naturrecht". [...] Aber welches Naturrecht? Schon mit der Möglichkeit solcher Fragestellung offenbart sich eine Schwäche der Position der Naturrechtler. Es gibt nämlich gar nicht ein Naturrecht, sondern es gibt [...] eine Reihe von historisch sich ablösenden Naturrechten, entstanden unter dem Einfluss der verschiedenen Kulturen, Weltanschauungen und politischen Situationen. Der tiefere Grund, warum wir darauf bestehen müssen, dass naturrechtliche Ideale nicht mit dem geltenden Recht vermengt und ihm gleichgestellt werden, ist das Bedürfnis nach Rechtssicherheit, das in jedem Rechtsstaat [...] hervortritt, ja für ihn charakteristisch ist. Rechtssicherheit in dem doppelten Sinne, dass feststeht [...], was rechtens ist, dass aber auch jeder darauf vertrauen darf, dass ihm durch die Gerichte und sonstigen staatlichen Organe das Recht, aber auch nur das Recht, zuteil werde. [...] Schon rein sprachlich ist Recht das, wonach man sich richtet und richten soll, was voraussetzt, dass sein Inhalt deutlich erkennbar ist. Und jeder soll darauf vertrauen können, dass nicht der Staat selbst ihm in seiner Rechtspflege mit Geboten und Verboten entgegentritt, die keinen festen Rechtsboden, sondern eine nicht von allen geteilte, ihm selbst vielleicht fernliegende „Weltanschauung" und ein in den verschiedenen Köpfen sich verschieden spiegelndes Ideal eines Naturrechts zur Grundlage haben. [...]
Gewiss ist das oberste Ziel des Rechts, der Gerechtigkeit zu dienen. Aber dient man ihr wirklich, indem man das Recht unsicher macht? Ist es nicht vielmehr eine Forderung der Gerechtigkeit, niemanden an Normen zu binden, deren Rechtsnatur nicht offen zum Ausdruck kommt? Entspricht es wirklich dem natürlichen Rechtsempfinden, dass jemand wegen einer zurzeit erlaubten Handlung oder Unterlassung nachträglich auf Grund eines rückwirkenden Gesetzes zur Verantwortung gezogen wird? Nein, die Rechtssicherheit selbst ist ein Stück der Gerechtigkeit, man darf die beiden Prinzipien nicht in einen Gegensatz bringen.

zB. Gleichberechtigung v Mann + Frau

6 Analysieren Sie mit einem Partner arbeitsteilig, wie Radbruch und wie Riezler die Fragen in der Arbeitsanregung 5 beantworten und wie sie argumentieren würden. Informieren Sie sich gegenseitig über Ihre Ergebnisse und bearbeiten Sie anschließend die beiden folgenden Arbeitsanregungen gemeinsam.

7 Erläutern Sie die Radbruch'sche Formel anhand eines Beispiels. Machen Sie deutlich, was diese sich hier zeigende rechtsphilosophische Position des Naturrechts leistet und welche Probleme bestehen.

8 Vertreten Sie die Position der Naturrechtler oder die der Rechtspositivisten?

Das DDR-Regime hat am 13. August 1961 die Berliner Mauer errichtet, angeblich um die DDR zu schützen, in Wirklichkeit aber, um die Flucht in den Westen zu verhindern und das Ausreiseverbot durchzusetzen. Grenzsoldaten hatten den ausdrücklichen Befehl, Fluchtversuche zu vereiteln und auf Republikflüchtlinge zu schießen. Insgesamt wurden zwischen 1961 und 1989 an der Berliner Mauer 136 Menschen getötet oder kamen in unmittelbarem Zusammenhang mit dem DDR-Grenzregime ums Leben. Die dafür Verantwortlichen, Politiker und Grenzsoldaten wurden nach 1990 für die Tötungen von Flüchtlingen angeklagt und z. T. verurteilt.

M 5 Recht oder Unrecht? Die Todesschüsse der DDR-Grenzsoldaten

Am 17. August 1962 wurde der 18-jährige Peter Fechter beim Fluchtversuch aus Ost-Berlin von Grenzsoldaten angeschossen. Der schwer Verletzte schrie laut um Hilfe, West- Soldaten warfen ihm Verbandszeug zu, wagten es aber nicht, hinüberzuklettern. 50 Minuten später holten ihn DDR-Soldaten, offiziell wurde Fechters Tod im Krankenhaus festgestellt.

9 Lesen Sie die Informationen zum Mauerbau und zur Flucht von Peter Fechter in M 5. Sollten die Grenzsoldaten der ehemaligen DDR, die Flüchtende an der Grenze erschossen haben, bestraft werden, wenn der Schießbefehl galt? Argumentieren Sie aus Sicht beider philosophischer Positionen, die Sie kennengelernt haben. Gestalten Sie anschließend Wandplakate zum Thema „Mauerschützenprozesse".

3.2 Strafgerechtigkeit und Todesstrafe – Kant, Camus

M 6 Nach Jung Chang: Der Retter meiner Mutter wird hingerichtet (1991)

Meine Mutter bekam eine Stelle in der Kreisverwaltung von Yibin und war dort für die Versorgung der Bevölkerung mit Lebensmitteln zuständig. Die Kommunisten hatten in Sichuan zuerst in den Städten Fuß gefasst, die ländlichen Gebiete wurden noch von der Kuomintang kontrolliert. Die Lebensmittelvorräte befanden sich in den Speichern der Großgrundbesitzer, die selbstverständlich auf der Seite der Kuomintang standen. Meine Mutter nahm, obwohl sie schwanger war, an mehreren Expeditionen teil, um Lebensmittel zu beschaffen. Bei einer der Expeditionen lagerte die Gruppe auf einem verlassenen Hof. Da tauchte ein unbekannter Mann auf und erzählte, dass eine gefürchtete Bande von Banditen, die unter dem Namen Breitschwert-Brigade berüchtigt war, auf dem Weg zu dem Haus sei. Sie hätten es besonders auf meine Mutter und die andere Frau abgesehen, weil sie wüssten, dass die beiden mit hochrangigen kommunistischen Funktionären verheiratet seien. Der Mann war kein gewöhnlicher Bauer, er war unter der Kuomintang Vorsteher der örtlichen Verwaltungseinheit gewesen. Die Breitschwert-Brigade hatte bei ihm um Unterstützung geworben, und er hatte sich der Bande angeschlossen. Mit seiner Warnung an die Kommunisten wollte er sich auch ihres Wohlwollens versichern. Er zeigte ihnen den besten Fluchtweg. Meine Mutter und die andere schwangere

Frau versteckte er in einem Heuhaufen. Bei der Flucht wurden drei Männer durch die Brigade erstochen. Kurz danach wurden die Bande und der Ortsvorsteher gefangengenommen. Er verteidigte sich damit, dass er den Trupp gewarnt und den beiden Frauen das Leben gerettet habe. Damals wurden Todesstrafen von einem mit drei Richtern besetzten Gericht ausgesprochen, eine Prozessordnung gab es nicht. Nur so war es möglich, dass mein Vater Vorsitzender des Tribunals wurde. Der Mann wurde mit einer Gegenstimme zum Tode verurteilt. Der Ortsvorsteher wurde hingerichtet. Meine Mutter verzieh das meinem Vater nie. Dieser Mann hatte ihr das Leben gerettet, und deshalb „schuldete" ihm mein Vater ein Leben. So sah sie es.

1 Was würden Sie dem Angeklagten als neutraler Richter vorwerfen? Würden Sie ihn bestrafen? Begründen Sie.

2 Könnten Sie sich eine Situation vorstellen (etwa wenn der Ortsvorsteher die Mutter von Jung Chang brutal ermordet hätte), in der Sie in diesem Fall die Todesstrafe in Erwägung ziehen würden?

▼ Im Folgenden geht es um das Problem, ob die Todesstrafe überhaupt eine sinnvolle und gerechte Strafe sein kann.

3 Positionieren Sie sich in der Klasse auf einer imaginären Linie. An einem Ende sollten Sie stehen, wenn Sie in bestimmten Fällen für die Todesstrafe sind, am anderen Ende, wenn Sie absolut gegen die Todesstrafe sind. Jede Position dazwischen ist erlaubt. Nun fangen Sie an, Argumente für Ihre Positionen auszutauschen. Ein Platzwechsel ist jederzeit möglich.

Immanuel Kant (1724–1804) hat sich auch zum Thema „Todesstrafe" geäußert.

Immanuel Kant: Über die Todesstrafe (1797)

M 7

Wer da stiehlt, macht aller anderer Eigentum unsicher; er beraubt sich also (nach dem Recht der Wiedervergeltung) der Sicherheit alles möglichen Eigentums; er hat nichts und kann auch nichts erwerben, will aber doch leben; welches nun nicht anders möglich ist, als dass ihn andere ernähren. Weil dieses aber der Staat nicht umsonst tun wird, so muss er diesem seine Kräfte zu ihm beliebigen Arbeiten (Karren- oder Zuchthausarbeit) überlassen und kommt auf gewisse Zeit, oder, nach Befinden, auch auf immer, in den Sklavenstand. - Hat er aber gemordet, so muss er sterben. Es gibt hier kein Surrogat zur Befriedigung der Gerechtigkeit. Es ist keine G l e i c h a r t i g k e i t zwischen einem noch so kummervollen Leben und dem Tode, also auch keine Gleichheit des Verbrechens und der Wiedervergeltung, als durch den am Täter gerichtlich vollzogenen, doch von aller Misshandlung, welche die Menschheit in der leidenden Person zum Scheusal machen könnte, befreiten Tod. - Selbst wenn sich die bürgerliche Gesellschaft mit aller Glieder Einstimmung auflöste (z.B. das eine Insel bewohnende Volk beschlösse, auseinanderzugehen und sich in alle Welt zu zerstreuen), müsste der letzte im Gefängnis befindliche Mörder vorher hingerichtet werden, damit jedermann das widerfahre, was seine Taten wert sind, und die Blutschuld nicht auf dem Volke hafte, das auf diese Bestrafung nicht gedrungen hat: weil es als Teilnehmer an dieser öffentlichen Verletzung der Gerechtigkeit betrachtet werden kann.

4 Formulieren Sie Kants Position in eigenen Worten und definieren Sie in diesem Zusammenhang den Begriff „Wiedervergeltung".

Albert Camus (1913–1960) war einer der bedeutendsten französischen Philosophen des 20. Jahrhunderts. Seine Philosophie steht dem Existentialismus Sartres nahe, wird aber in Abgrenzung von ihr häufig als Philosophie des Absurden bezeichnet. Zum Zeitpunkt der Veröffentlichung des folgenden Textes galt in Frankreich noch die Todesstrafe. Sie wurde erst 1981 abgeschafft.

M 8 Albert Camus: Betrachtungen zur Todesstrafe (1957)

Die Anhänger der Todesstrafe führen bekanntlich als Hauptargument an, mit dieser Strafe werde ein Exempel statuiert. Die Köpfe würden nicht nur abgehauen, um ihre Inhaber zu bestrafen, sondern ebenso sehr, um allfällige Nachahmer durch eine entsetzliche Warnung abzuschrecken. Die Gesellschaft nehme keine Rache, sie wolle bloß vorbeugen. [...] Dieses Argument könnte wohl beeindrucken, wenn wir nicht feststellen müssten, dass

1. die Gesellschaft selber nicht an das Exempel glaubt;
2. nichts beweist, dass die Todesstrafe auch nur einen einzigen zum Mord entschlossenen Menschen von seinem Vorhaben abgebracht hätte, während sie offenkundig auf Tausende von Verbrechern gar keine oder höchstens eine faszinierende Wirkung ausgeübt hat;
3. die Todesstrafe in anderer Hinsicht ein widerliches Beispiel darstellt, dessen Folgen unvorhersehbar sind.

Zunächst einmal glaubt die Gesellschaft selber nicht, was sie sagt. Wenn sie wirklich daran glaubte, würde sie die Köpfe zur Schau stellen. [...] Bekanntlich finden die Hinrichtungen bei uns jedoch nicht mehr in der Öffentlichkeit statt, sondern werden in den Gefängnishöfen in Gegenwart einer beschränkten Zahl von Spezialisten vollzogen. [...]

Aber warum sollte die Gesellschaft denn an dieses Exempel glauben, da [...] seine Wirkungen, sofern sie überhaupt vorhanden sind, unsichtbar bleiben? [...] Die Abschreckung wirkt nur auf die Schreckhaften, die nicht zum Verbrechen bestimmt sind, und versagt gegenüber den Unbeirrbaren, die es gerade zu beirren gilt. [...]

Das von unseren Gesetzgebern erdachte Exempel hat [aber] wenigstens eine unbestreitbare Wirkung: Es erniedrigt und zerstört das Menschentum und so den Verstand bei all denen, die unmittelbar damit zu schaffen haben. [...]

Will man also die Todesstrafe beibehalten, soll man uns wenigstens die Heuchelei einer Rechtfertigung durch das Exempel ersparen. [...]

Wir wollen [...] einmal annehmen, dass es gerecht und notwendig sei, die Ermordung des Opfers durch den Tod des Mörders auszugleichen. Aber die Hinrichtung ist nicht einfach gleichbedeutend mit Tod. Sie ist ihrem Wesen nach vom Verlust des Lebens ebenso verschieden wie das Konzentrationslager vom Gefängnis. Sie ist unzweifelhaft ein Mord und bildet die mathematische Gegenleistung für den begangenen Mord. Aber sie verbindet den Tod mit einem zusätzlichen Reglement, mit einer unverhohlenen, dem zukünftigen Opfer bekannten Vorsätzlichkeit, kurzum mit einer Organisation, die für sich allein eine Quelle seelischen, den Tod an Schrecken weit übertreffenden Leidens darstellt.

Von Gleichwertigkeit kann also keine Rede sein. In vielen Gesetzgebungen gilt das vorbedachte Verbrechen schwerwiegender als das reine Affektverbrechen. Aber was ist die Hinrichtung denn anderes als der vorbedachteste aller Morde, mit dem keine noch so berechnete Untat eines Verbrechers verglichen werden kann? Eine Gleichwertigkeit bestünde erst, wenn der mit dem Tode zu bestrafende Verbrecher sein Opfer vorher davon in Kenntnis gesetzt hätte, an welchem Ort er es in einen grässlichen Tod schicken werde, und es von diesem Augenblick an monatelang gnadenlos eingesperrt hätte. Ein solches Ungeheuer findet sich nicht im Privatleben. [...]

Dem zum Tode Verurteilten dagegen wird das Grauen in Einzeldosen verabreicht. [...] Der Verurteilte weiß lange Zeit im Voraus, dass er getötet werden soll und dass nur eine Gnade ihn zu retten vermag, die in seinen Augen den Ratschlüssen des Himmels sehr ähnlich ist. Auf jeden Fall kann er nicht selber eingreifen, für sich plädieren oder überzeugen. Alles geschieht ohne ihn. Er ist kein Mensch mehr, sondern ein Ding, das darauf wartet, von den Henkersknechten ergriffen zu werden. [...]

Im Allgemeinen wird der Mensch, lange bevor er stirbt, durch das Warten auf die Hinrichtung vernichtet. Ein doppelter Tod wird ihm auferlegt, und der erste ist schlimmer als der zweite; er aber hat nur einmal getötet. Mit diesem Hochgericht verglichen, wirkt selbst die Vergeltung wie ein zivilisiertes Gesetz. Sie wenigstens hat nie verlangt, man müsse einem Menschen, der seinen Bruder eines Auges beraubt hat, beide Augen ausstechen. [...]

Wenn die Justiz weiß, dass sie unvollkommen ist, wäre es dann nicht angezeigt, dass sie Bescheidenheit übt und ihren Urteilssprüchen genug Spielraum lässt, damit ein allfälliger Irrtum gutgemacht werden kann? Soll sie diese Schwäche, in der sie für sich selbst einen dauernd gültigen mildernden Umstand erblickt, nicht auch immer dem Verbrecher zugestehen? Kann ein Gericht tatsächlich sagen: „Wenn ich Sie irrtümlicherweise in den Tod schicke, so wollen Sie mir bitte in Anbetracht der unser aller Natur innewohnenden Schwäche verzeihen. Ich aber verurteile Sie ohne Rücksicht auf diese Schwäche und diese Natur zum Tode“? Im Irrtum und in der Verblendung sind alle Menschen solidarisch. Darf diese Gemeinschaft dem Gericht zugute kommen, nicht aber dem Angeklagten? Nein. Und wenn die Gerechtigkeit einen Sinn hat auf dieser Welt, bedeutet sie nichts anderes als die Anerkennung dieser Solidarität; sie darf sich ihrem ureigensten Wesen nach nicht vom Mit-Leid trennen. [...] Die Hinrichtung eines Menschen untersagen, hieße öffentlich verkünden, dass die Gesellschaft und der Staat keine absoluten Werte sind und dass nichts sie dazu ermächtigt, endgültige Gesetze zu erlassen und Nichtwiedergutzumachendes zu schaffen.

5 Erarbeiten Sie den Text mithilfe des PLATO-Verfahrens (s. S. 466).

Argumente für und gegen die Todesstrafe

M 9

a) Wer hingerichtet wurde, stellt keine Gefahr mehr für die Gesellschaft dar.

b) Die Todesstrafe ist eine gerechte Bestrafung für einen Mörder. Der Staat hat die Aufgabe, Unrecht zu vergelten.

c) Die Todesstrafe wirkt abschreckend. Unter Androhung der Todesstrafe überlegt sich mancher Täter seine Tat zweimal.

d) Eine Demokratie muss auf den Volkswillen Rücksicht nehmen. In den meisten Staaten spricht sich eine Mehrheit für die Todesstrafe aus.

e) Das Lebensrecht gilt absolut und ist nicht an Bedingungen geknüpft. Ein humaner Staat muss das akzeptieren.

f) Kein Staat der Welt kann sich dafür verbürgen, dass seinen Richtern keine Irrtümer unterlaufen.

g) Strafe muss immer die Möglichkeit zur Sühne und Wiedergutmachung geben. Todesstrafe schließt die Möglichkeit einer Besserung völlig aus.

h) Die Todesstrafe wirkt verrohend auf die ganze Gesellschaft.

6 Stellen Sie sich vor, Sie seien Journalist in Louisiana und sollen einen Artikel zur Frage verfassen, ob die Todesstrafe weiter in den Gesetzen des Staates vorgesehen sein soll. Planen Sie den Artikel, indem Sie M 7 bis M 9 zu Hilfe nehmen. Ordnen Sie zunächst ihre Argumente nach Überzeugungskraft.

7 Nach der Diskussion um die Todesstrafe überlegen Sie nun allgemein: Unter welchen Bedingungen ist eine Strafe sinnvoll und gerecht?

Der Jurist und Rechtswissenschaftler Reinhold Zippelius (* 1928) erläutert im Folgenden zwei verschiedene Straftheorien.

M 10 Reinhold Zippelius: Straftheorien – der Zweck von Strafe (1982)

Nach einer verbreiteten Ansicht liegt die wesentliche Rechtfertigung der Strafe darin, künftige Angriffe auf schutzwürdige Güter zu unterbinden. Strafen seien also auf diese Schutzzwecke bezogen und stünden zu ihnen in einer Relation. Die hierauf gegründete Rechtfertigung der Strafe bezeichnet man daher als „relative": Es wird bestraft, damit künftige Delikte unterbleiben.

Strafen können in zweifacher Weise künftige Delikte verhüten und dadurch der Systemstabilisierung und dem Rechtsgüterschutz dienen: durch Generalprävention und durch Spezialprävention.

Die generalpräventive Wirkung liegt darin, dass die Bestrafung eines Delinquenten als Motivation zu allgemeinem Rechtsgehorsam, insbesondere als allgemeine Warnung und Abschreckung vor Straftaten wirkt. Diese Warnung wendet sich an alle, die es angeht: Und letztlich gehen Strafen uns alle an, weil wir alle latente Delinquenten sind. Die generelle Abschreckungswirkung der Strafen ist umso höher, je rascher und zuverlässiger die Strafe den Delikten zu folgen pflegt. Sie wird aber anscheinend auch durch die Strenge der Strafen gestärkt. [...]

Die spezialpräventive Wirkung der Strafe liegt in der Vorsorge, dass gerade dieser Täter nicht erneut straffällig wird. Unter diesem Aspekt erscheint die Strafe als ein Instrument, den Täter selbst von künftigen Straftaten abzuschrecken, ihn zu erziehen und, wenn er hierdurch nicht „sozialisiert" werden kann, als Instrument, die Gesellschaft vor diesem Täter zu sichern. Solche spezialpräventiven Zwecke verfolgt das moderne Strafrecht vielfach auf Kosten des Vergeltungsgedankens. Ein Beispiel dafür bietet die Strafaussetzung zur Bewährung. Durch sie will man vor allem erstmalige Gelegenheitstäter vor dem ungünstigen Milieu der Strafvollzugsanstalten bewahren und ihnen zugleich (durch die drohende Nachholung der Strafe) einen verstärkten Anreiz zu künftigem straffreien Verhalten geben. Auch der Strafvollzug selbst soll ein Versuch sein, den Täter zu erziehen, um ihn dahin zu bringen, in sozialer Verantwortung ein Leben ohne Straftaten zu führen. [...]

[2.] Nach der „absoluten" Straftheorie bildet die Vergeltung allein schon einen zureichenden Grund der Strafe. Hier denkt man sich also (anders als in den „relativen" Straftheorien) die Funktion der Strafe losgelöst von pragmatischen Aufgaben: Der Grund der Strafe wird lediglich in der Vergangenheit gesucht.

Daher ist nach dieser Theorie eine Strafe auch dann zu verhängen, wenn sie keinerlei sozialen Nutzen mehr stiftet. [...]

[3.] Nach beiden hier erwogenen Straftheorien setzt Strafe Schuld voraus. Schuld wiederum setzt voraus, dass man überhaupt anders handeln konnte, als man gehandelt hat. [...]

[4.] Schon die bisherigen Überlegungen haben zu dem Ergebnis geführt: Der Schutzzweck allein ist kein zureichender Grund für eine Strafe. Nur eine Strafe, die nicht bloß Präventivmaßnahme, sondern zugleich Vergeltung ist, achtet den Täter als Person, die einer Selbstbestimmung fähig ist. Strafe als reine Präventivmaßnahme macht aus dem Täter im Fall der Generalprävention ein bloßes Mittel zum Zweck, im Fall der Spezialprävention ein bloßes Behandlungsobjekt. Andererseits ergeben sich auch Bedenken dagegen, in der Vergeltung allein schon einen zureichenden Grund der Strafe zu sehen; Strafe scheint nur dann gerechtfertigt zu sein, wenn sie zugleich eingesetzt wird, um künftige Rechtsverletzungen zu verhindern. Und doch zögert man, diesen Gedanken konsequent zu Ende zu führen: Schuldet der Staat nicht z. B. den Hinterbliebenen eines Ermordeten, denen er die Privatrache aus der Hand genommen hat (und vielleicht nicht nur ihnen), Genugtuung, auch dann noch, wenn diese nicht zu präventiven Zwecken erforderlich ist? Sollte etwa der nationalsozialistische Schreibtischtäter, der im Vollzug staatlicher Weisung Tausende von Juden in ein Vernichtungslager schickte, straflos ausgehen? Die Notwendigkeit einer Spezialprävention bestand in solchen Fällen dann nicht, wenn der Täter später als wohl angepasster Bürger nicht deliktsanfälliger war als jeder andere. Über eine generalpräventive Funktion der Strafe könnte man vielleicht diskutieren. Selbst wenn man sie aber in den genannten Fällen verneinte, hätte man nicht leichthin auf eine Strafe – und das hieße dann eben doch: auf eine Vergeltung um ihrer selbst willen – verzichtet.

8 Stellen Sie die genannten Straftheorien in einem Schaubild dar und diskutieren Sie im Kurs deren Vorteile, aber auch deren Nachteile.

9 Ordnen Sie die Position von Kant (M 7) einer der Straftheorien zu.

10 Wie würden sich die Vertreter der verschiedenen Straftheorien zur Todesstrafe positionieren? Mit welcher Straftheorie kann man für die Todesstrafe, mit welcher dagegen argumentieren?

11 Diskutieren Sie den im Text angesprochenen Fall des „Schreibtischtäters". Würden Sie ihn noch bestrafen?

3.3 Flucht und Asyl: der Anspruch auf ein menschenwürdiges Leben – Singer, Hösle

Bootsflüchtlinge und die Cap Anamur II

M 11

Die „Cap Anamur II", ein Schiff der deutschen Hilfsorganisation Cap Anamur, war im Juni 2004 mit Hilfsgütern beladen auf dem Weg in den Irak, als die Mannschaft zwischen Libyen und der südlich von Sizilien gelegenen Insel Lampedusa ein überfülltes Schlauchboot entdeckte, das zu sinken drohte. Die „Cap Anamur II" nahm die 37 Afrikaner aus dem Boot an Bord. Der Kapitän steuerte die sizilianische Küste an, weil der Hafen von Lampedusa nach seiner Auffassung als zu klein für die Ausmaße der „Cap Anamur II" erschien. Die italienischen Behörden verweigerten dem Schiff jedoch die Genehmigung, sich der Küste zu nähern, mit der Begründung, die Flüchtlinge seien in maltesischen Gewässern aufgegriffen worden. Sie vertraten den Standpunkt, die Afrikaner hätten in Valetta von Bord gehen und gegebenenfalls dort Asylanträge stellen sollen. Erst nach einem dreiwöchigen Tauziehen ließ Italien die „Cap Anamur II" in den Hafen von Empedocle einfahren. Elias Bierdel, der frühere Vorsitzende der Hilfsorganisation Cap Anamur, Stefan Schmidt, der Kapitän des Schiffes, und der Erste Offizier Wladimir Daschkewitsch wurden unter dem Verdacht der Schlepperei verhaftet. Die Anklage argumentierte, die Flüchtlinge hätten nach Malta gebracht werden müssen, da sie in dessen Hoheitsgewässern gerettet worden seien. Die italienische Staatsanwaltschaft forderte daher je vier Jahre Gefängnis und eine Geldstrafe von 400 000 Euro für Bierdel und Schmidt. Nach einem fast dreijährigen Prozess sprach das Gericht im sizilianischen Agrigent am 07. 10. 2009 alle drei Angeklagten frei.

Die an Bord befindlichen Flüchtlinge kamen in Abschiebehaft und wurden, bis auf einen, der bei seiner Ankunft in Italien noch minderjährig war, einen Monat später nach Ghana abgeschoben. Ihre Asylanträge waren in erster Instanz abgelehnt worden.

In Italien ist das Problem des Flüchtlingsstroms übers Mittelmeer hoch aktuell. Nachdem das Land 36 500 gestrandete Bootsflüchtlinge im Jahr 2008 zählte, gibt es seit Mai 2009 die umstrittene Praxis der direkten Abschiebungen vom Meer aus. Dabei bringt die Küstenwache oder die Finanzpolizei die Menschen, die oft schon tagelang in überfüllten, seeuntüchtigen Fischerbooten unterwegs sind, direkt wieder nach Libyen zurück, ohne dass die zuvor italienischen Boden betraten oder Antrag auf Asyl stellen konnten. Hilfsorganisationen wie etwa das Flüchtlingshochkommissariat der UN (UNHCR) kritisierten wiederholt, Italien verstoße auf diese Weise gegen die Genfer Flüchtlingskonvention.

INFO

Flucht und Asyl

Das Grundgesetz, die Menschenrechtskonvention und die Genfer Flüchtlingskonvention schützen das Recht von Flüchtlingen auf Asyl [sichere Zuflucht, temporäre Aufnahme]: *„Keiner der vertragsschließenden Staaten wird einen Flüchtling auf irgendeine Weise über die Grenzen von Gebieten ausweisen oder zurückweisen, in denen sein Leben oder seine Freiheit wegen seiner Rasse, Religion, Staatsangehörigkeit, seiner Zugehörigkeit zu einer bestimmten sozialen Gruppe oder seiner politischen Überzeugung bedroht sein würde."* (Genfer Flüchtlingskonvention von 1951, Artikel 33 (1))

Seit 1993 wurde das Asylgrundrecht in Deutschland durch die sogenannte Drittstaatenregelung eingeschränkt, die in Kraft tritt, wenn Flüchtlinge aus sicheren Herkunftsstaaten oder sicheren Drittstaaten eingereist sind. Das bedeutet, dass Asylanten nicht als solche anerkannt werden können, wenn sie aus sicheren Drittstaaten kommen. Diese Drittstaatenregelung gilt in der gesamten EU. In der politischen Praxis führt das dazu, dass z. B. Italien, das aufgrund seiner geografischen Lage für Flüchtlinge häufig der erste sichere Drittstaat ist, Flüchtlinge z. T. gar nicht erst in das Land lässt. Für Wirtschaftsflüchtlinge gibt es keine Schutzbestimmungen.

1 Versetzen Sie sich in die Lage des Kapitäns: Hätten Sie die Bootsflüchtlinge trotz einer möglichen Strafe bis nach Empedocle gebracht? Sollte man gegen bestehende Gesetze Menschen in ein Land bringen?

2 Welche Gründe haben die Flüchtenden wohl, um ihre gefährliche Reise nach Europa anzutreten? Stellen Sie Vermutungen an. Verteilen Sie in Ihrem Kurs ein Referat über die Hintergründe dieses Falls und ähnlicher Fälle.

3 Wie müssten Ihrer Auffassung nach Industrieländer wie Italien mit Bootsflüchtlingen aus Afrika umgehen? Hat der Grund der Flucht Auswirkungen auf Ihre Entscheidung?

▼ Im Folgenden geht es um die grundsätzliche Frage, ob es rechtens ist, dass Europa Gesetze erlässt, die den Zustrom von Flüchtlingen unterbinden.

Der australische Philosoph Peter Singer (* 1946) hat folgendes Gedankenexperiment zu diesem Thema entworfen:

M 12 Peter Singer: Der Bunker (1994)

Es ist Februar 2002, und die Welt schätzt den Schaden ab, den der Atomkrieg im Nahen Osten gegen Ende des vorigen Jahres anrichtete. Weltweit ist jetzt und etwa für die nächsten acht Jahre der Messwert der Radioaktivität so hoch, dass nur die Menschen, die in Atombunkern aushalten, sicher sein können, einigermaßen gesund zu überleben. Für die anderen, die ungefilterte Luft atmen und Speisen und Wasser mit hoher radioaktiver Belastung zu sich nehmen müssen, sind die Aussichten düster. Aller Wahrscheinlichkeit nach werden in den nächsten zwei Monaten 10 % an Strahlenkrankheiten sterben; von weiteren 30 % ist zu erwarten, dass sie sich innerhalb von fünf Jahren tödliche Krebserkrankungen zuziehen; und auch bei den Übrigen wird die Krebsrate zehnmal höher als normal sein, während das Risiko von Missbildungen bei ihren Kindern fünfzigmal größer ist als vor dem Krieg.

Natürlich gehören die zu den Glücklichen, die weitsichtig genug waren, sich in die Atombunker einzukaufen, welche Immobilienspekulanten angesichts der wachsenden internationalen Spannungen am Ende der neunziger Jahre gebaut hatten. Die meisten dieser Bunker wurden als unterirdische Dörfer konzipiert, und jedes verfügt über ausreichende Räumlichkeiten und Vorräte für die Bedürfnisse von 10 000 Menschen über einen Zeitraum von zwanzig Jahren. Die Dörfer werden mit vorab beschlossenen demokratischen Verfassungen selbstverwaltet. Auch haben sie ausgeklügelte

Sicherheitssysteme, die es ihren Bewohnern ermöglichen, wen immer sie wollen, in den Bunker aufzunehmen, und sich gegen alle anderen abzuschotten.
Die Nachricht, dass es nicht nötig sein werde, sehr viel länger als acht Jahre in den Bunkern auszuharren, ist selbstverständlich von den Mitgliedern einer unter der Erde lebenden Gemeinschaft mit dem Namen „Hafen der Fairness" freudig aufgenommen worden. Aber sie hat auch zu den ersten ernsten Spannungen zwischen ihnen geführt. Denn über dem Schacht, der zum „Hafen der Fairness" hinabführt, halten sich Tausende auf, die sich in keinen der Bunker eingekauft haben. Diese Menschen kann man über Fernsehkameras am Eingang sehen und hören. Sie bitten um Aufnahme. Sie wissen, wenn man sie schnell in einen Bunker aufnimmt, werden sie den schlimmsten Auswirkungen der radioaktiven Strahlung, der sie ausgesetzt sind, entgehen. Zunächst, bevor bekannt war, wie lange es bis zur sicheren Rückkehr nach draußen dauern würde, erhielten diese Bitten so gut wie keine Unterstützung aus dem Bunker. Jetzt jedoch spricht viel mehr dafür, wenigstens einige aufzunehmen. Da die Vorräte nur acht Jahre reichen müssen, werden sie auch mehr als die doppelte Zahl der Menschen, die gegenwärtig in den Bunkern leben, ernähren können. Die Unterbringung der Leute bereitet kaum größere Probleme: „Hafen der Fairness" wurde so angelegt, dass es als luxuriöses Refugium dienen kann, wenn es nicht für einen wirklichen Notfall gebraucht wird, und es verfügt über Tennisplätze, Swimmingpools und eine große Sporthalle. Wenn nun jeder zustimmen würde, sich durch Aerobic im eigenen Wohnzimmer fit zu halten, wäre es möglich, einfachen, aber angemessenen Schlafraum für all die zu schaffen, die mit den gestreckten Vorräten ernährt werden können.

4 Entwickeln Sie in Kleingruppen einen begründeten Vorschlag, wie Sie als Bewohner mit dem Problem umgehen wollen. Eine Gruppe Ihres Kurses kann in der Zeit eine fiktive Rede vorbereiten, die ein Vertreter der Flüchtlinge vor dem Volksentscheid hält und die über die Kamera in das Innere des Bunkers übertragen wird.

5 Aus der Sicht der Menschenrechte: Dürfte man überhaupt dafür stimmen, niemanden aufzunehmen?

6 Inwieweit sehen Sie Parallelen zur Flüchtlings- und Asyldebatte? Ist das von Radioaktivität geprägte Land ein passendes Bild? Gilt das etwa für Bürgerkriegsflüchtlinge genauso wie für Wirtschaftsflüchtlinge?

7 Peter Singer meint, das Gedankenexperiment bilde die Situation zwischen den Entwicklungsländern und den Industrieländern ab (er macht keinen Unterschied zwischen Wirtschaftsflüchtling und politischem Flüchtling). Welche Lehren für die Wirklichkeit müsste man denn Ihrer Ansicht nach aus dem Gedankenexperiment ziehen?

Die Ethik des Rettungsboots nach Garrett Hardin

M 13

Im Kontext der Diskussion um Entwicklungs- und Nothilfe hat der amerikanische Biologe und Ökologe Garrett Hardin (1915–2003) 1977 Thesen unter dem Titel „Lifeboat-Ethics" veröffentlicht und dabei folgendes bekannte Bild geschaffen: Die Bürger der reichen Nationen sind wie die Insassen eines Bootes und die Bürger der armen Länder wie Schiffbrüchige im Wasser, die zum Ertrinken verurteilt sind, wenn sie nicht ins Boot aufgenommen werden. Das Boot ist bereits überfüllt, und seine Insassen sehen sich der Alternative gegenüber, entweder keine Schiffbrüchigen mehr aufzunehmen oder aber das Boot zu überladen mit der Konsequenz, dass alle ertrinken.

8 Beziehen Sie das Bild Hardins vom Rettungsboot auf die Fälle von Wirtschaftsflüchtlingen und politischen Flüchtlingen. Wie müsste man, die Angemessenheit des Bildes vorausgesetzt, mit Flüchtlingen umgehen?

9 Beschreiben und interpretieren Sie M 14. Vergleichen Sie die Aussage mit der Rettungsbootethik von Hardin.

10 Sind Ihrer Meinung die Darstellungen in M 13 und in M 14 dem heutigen Problem angemessen?

M 14

11 Viele Menschen finden es richtig, politisch Verfolgten Asyl zu gewähren, sie möchten Wirtschaftsflüchtlingen dieses Recht allerdings verweigern. Welche Argumente könnten diese Menschen haben?

Der deutsche Philosoph Vittorio Hösle (* 1960) lehrt in den USA. Er ist Beiratsmitglied im „Komitee für eine Demokratische UNO“ und gehört zum Unterstützerkreis der „Global Marshall Plan-Initiative“, die u. a. für eine Überwindung der Armut und eine gerechtere Globalisierung eintritt.

M 15 Vittorio Hösle: Wirtschaftsflüchtlinge (1997)

Die Ausweisung und Abweisung von Menschen, die vom Tode bedroht sind, ist moralisch inakzeptabel. Dies gilt besonders für politisch Verfolgte, aber auch für Bürgerkriegsflüchtlinge. Wirtschaftsflüchtlinge können hingegen nicht geduldet werden, und zwar nicht aus Hartherzigkeit, sondern weil man mit demselben Betrag, den ihr Aufenthalt kostet, wesentlich mehr Menschen, die mindestens ebenso bittere Not leiden, in ihrem eigenen Lande unterstützen kann und soll. Der Ausländer muss im Gastland zumindest alle Abwehrrechte der Staatsbürger genießen, denn sie folgen aus der Würde des Menschen, nicht aus den Rechten des Staatsbürgers, die keineswegs die anderen Rechte konstituieren, sondern diese vielmehr nur ergänzen. Bei den sozialen Grundrechten darf, ja soll man die Frage mit stärkeren Einschränkungen bejahen; denn auch wenn elementare Leistungsrechte all denjenigen zustehen müssen, die ein Aufenthaltsrecht haben, kann ihre zu großzügige Fassung kontraproduktiv sein, nämlich dazu führen, dass nur noch wenigen die Einreise gestattet wird, weil der Einzelne eine größere Belastung darstellt.

12 Formulieren Sie das Argument von Hösle mit eigenen Worten. Welche Auffassung vertreten Sie in dieser Frage?

Menschenwürde ist ein wichtiges Stichwort in der Debatte um Flucht und Asyl. Die Allgemeine Erklärung der Menschenrechte aus dem Jahre 1948 legt in Artikel 1 die Menschenwürde als normativen Rahmen zugrunde, aus dem die Menschenrechte sich zu ihrem Schutz ergeben. Was aber ist Menschenwürde, welche (Menschen-)Rechte lassen sich aus ihr ableiten und wie müsste man aus ihrer Sicht in der Debatte um Flucht und Asyl argumentieren?

13 Bei dem heutigen Verständnis von Menschenwürde geht man immer wieder auf die Bestimmung von Kant zurück (S. 220). Untersuchen Sie, ob sich aus dieser allgemeinen Bestimmung konkrete Menschenrechte ableiten lassen, und stellen Sie diese zusammen.

14 Vergleichen Sie die von der UN aufgestellten Menschenrechte (http://www.un.org/depts/german/grunddok/ar217a3.html) mit Ihren eigenen Lösungen. Teilen Sie die Rechte in 1. bürgerliche und politische und 2. soziale und wirtschaftliche Menschenrechte ein.

15 Bereiten Sie eine Podiumsdiskussion zu der Frage vor, wie zukünftig mit Flüchtlingen umgegangen werden soll. Verteilen Sie z. B. folgende verschiedene Rollen: Menschenrechtler (z. B. von pro-Asyl), Konsequentialisten (Singer-Anhänger), Vertreter der aufnehmenden Länder, Rettungsbootethik-Anhänger.

3.4 Globale Gerechtigkeit – Singer, Pogge

Armut und Ungleichverteilung

M 16

Absolute Armut

Es gibt in vielen Teilen der Welt absolute Armut. Für Individuen in den ärmsten Regionen gilt:

- Eine achtmal höhere Rate der Kindersterblichkeit;
- Eine dreimal geringere Lebenserwartung;
- Eine 60% niedrigere Quote von Erwachsenen, die lesen und schreiben können;
- Ein Grad der Ernährung, der für jeden zweiten aus der Bevölkerung unter den akzeptablen Maßstäben liegt;
- Und für Millionen von Säuglingen zu wenig Proteine für eine optimale Entwicklung des Gehirns.

Der Begriff „Absolute Armut“ umfasst Lebensbedingungen, die „sich jenseits jeder vernünftigen Definition von menschlicher Würde befinden“ (nach Peter Singer).

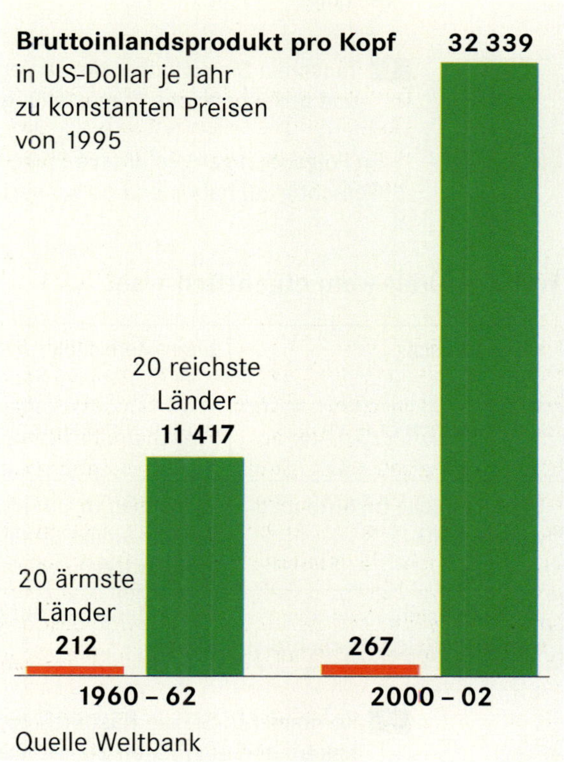

Jean Ziegler: Empört euch!

Sehr verehrte Damen und Herren, alle fünf Sekunden verhungert ein Kind unter zehn Jahren. 37 000 Menschen verhungern jeden Tag, fast eine Milliarde sind permanent schwerstens unterernährt. Derselbe World-Food-Report der FAO, der diese Opferzahlen gibt, sagt, dass die Weltlandwirtschaft problemlos das Doppelte der Weltbevölkerung normal ernähren könnte. Schlussfolgerung: Es gibt keinen objektiven Mangel, also keine Fatalität für das tägliche Massaker des Hungers, das in eisiger Normalität vor sich geht. Ein Kind, das an Hunger stirbt, wird ermordet. [...]

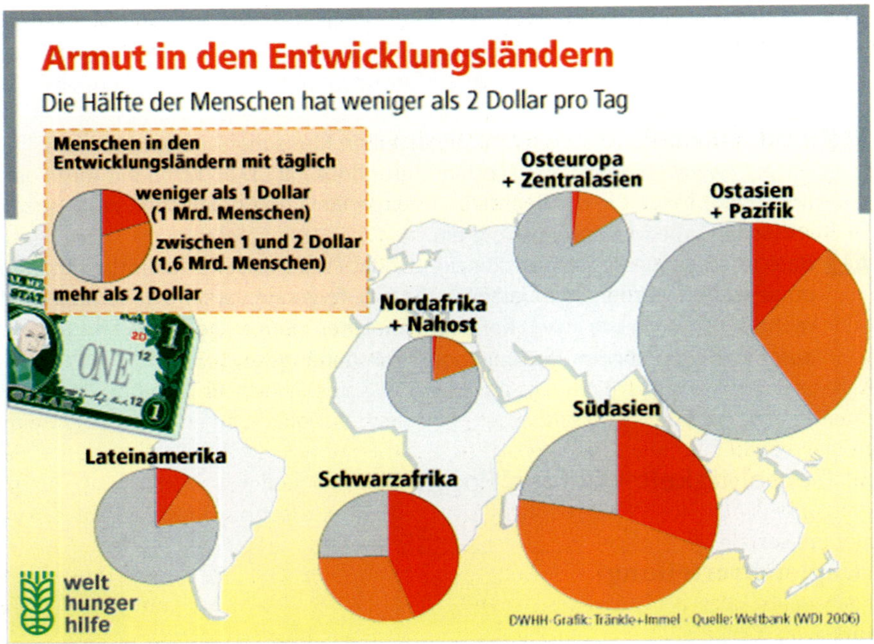

1 Tauschen Sie sich über die Zahlen und Diagramme aus und überlegen Sie politische und philosophische Fragestellungen oder Forderungen, die Sie daraus ableiten.

Im Folgenden geht es um die Frage, ob die ärmsten Länder einen Anspruch auf globale Gerechtigkeit haben und ob wir verpflichtet sind, für gerechtere Verhältnisse zu sorgen.

M 17 Wer schuldet wem eigentlich was?

Jeder Mensch	allen Menschen im eigenen Land	Überwindung der Profit-/ Lustmaximierung ohne Folgenabschätzung für andere
Die einzelnen Staaten	armen Kindern in der ganzen Welt	Rettung vor dem Hungertod
Überstaatliche Institutionen wie die UNO	Menschen in Ländern, die zur gemeinsamen „Staatenfamilie“ (z. B. Europa) gehören	Gleiche Ausgangsbedingungen/Chancen auf dem Markt
Große internationale und transnationale Unternehmen	allen Menschen auf der ganzen Welt	Ausgleichende Verteilung von Gütern

2 Kombinieren Sie die Kästchen so, dass Sätze gebildet werden, die Sie für zutreffend halten, und begründen Sie sie. Diskutieren Sie in der Lerngruppe.

Der Politik- und Wirtschaftswissenschaftler Horst Afheldt (* 1924) setzte sich schon früh mit der Globalisierung auseinander.

Horst Afheldt: Solidarität mit der ganzen Welt (1994)

M 18

Welche Ziele [...] der Wirtschaft gesetzt werden sollten, ist im Prinzip in Kontinentaleuropa nicht strittig. Zu den Zielen für die Wirtschaft gehört soziale Sicherheit, Vollbeschäftigung und Massenwohlstand. Dazu gehört auch der Erhalt der Umwelt. [...]

Einen vom Konsens der Bürger getragenen Staat, erst recht gar einen Sozialstaat gibt's [...] nicht umsonst. Wenn es ihn denn überhaupt noch einmal geben sollte, müssen Bedingungen erfüllt sein, die mit weltweitem Freihandel kollidieren. Stimmt der Ausspruch Mitterands [franz. Staatspräsident, 1981–1995] heute noch, es werde entweder ein soziales Europa geben oder kein Europa, dann müsste mit dem endgültigen Scheitern des europäischen Sozialstaates im freien Welthandel auch die Europaidee zu Grabe getragen werden. Das aber heißt, wer Europa will, hat andere Interessen als den weltweiten freien Markt. [...]

Sozialstaat fordert Solidarität. Aber auch die gibt es nicht umsonst. Solidarität mit der ganzen Welt führt zu nichts – wer mit allen solidarisch sein will, ist letztlich mit niemand solidarisch. Also muss man sich entscheiden, welchen Werten man Vorrang geben will. Damit werden notwendigerweise Interessen anderer verletzt. Einen Sozialstaat in Europa muss man deshalb erkämpfen wollen und erkämpfen können. [...]

Die erste notwendige Bedingung ist, das Unterlaufen des sozialstaatlichen Lohnniveaus durch immer billigere Produktionen aus Billiglohnländern zu unterbinden. Im Klartext: Handelshindernisse für solche Importe aufzubauen. Das älteste [...] Handelshindernis heißt: Schutzzölle. Die Wirtschaft durch Schutzzölle zu sichern, nennt man Protektionismus.

Das Wort Protektionismus bedeutet eigentlich etwas Positives: Schutz und Sicherheit sind ja allgemein hoch angesehene Werte.

Die Verpflichtung zu helfen

M 19

Der australische Philosoph Peter Singer (* 1946) ist der Ansicht, dass wir angesichts der Not in einigen Teilen der Welt eine Verpflichtung haben zu helfen. Dies macht er durch sein „Teichbeispiel" klar: Wenn ein Kind in einen Teich fällt, sollte ein Erwachsener, der gerade vorbei kommt, hineinwaten und es retten. Denn, so Singer, wenn es in unserer Macht steht, etwas Schreckliches zu verhindern, ohne dass dabei etwas von vergleichbarer moralischer Bedeutung geopfert wird, dann sollten wir es tun. Die Menschen, die unter gravierender Armut leiden, sind, wie Singer verdeutlichen möchte, in einer ähnlichen Lage wie das ertrinkende Kind. Auch sie sind vom Tod bedroht, und wir können, z.B. durch Spenden, zumindest einige von ihnen retten. Das Argument sieht dann wie folgt aus:

Erste Prämisse: Wenn wir etwas Schlechtes verhüten können, ohne irgendetwas von vergleichbarer moralischer Bedeutsamkeit zu opfern, sollten wir es tun.

Zweite Prämisse: Absolute Armut ist schlecht.

Dritte Prämisse: Es gibt ein bestimmtes Maß von absoluter Armut, das wir verhüten können, ohne irgendetwas von vergleichbarer moralischer Bedeutung zu opfern.

Schlussfolgerung: Wir sollten ein bestimmtes Maß von absoluter Armut verhüten.

Zwar gibt Singer zu, dass jede Zahlenangabe, wie hoch die finanzielle Hilfe sein sollte, willkürlich bleiben muss, trotzdem schlägt er vor, dass die Menschen, die über ein durchschnittliches Einkommen verfügen, 10 % dieses Einkommens abgeben sollten.

Der Philosoph Thomas Pogge (* 1953) ist der Auffassung, die gegenwärtigen institutionellen Strukturen stellten eine kollektive Menschenrechtsverletzung dar. Bei den Regeln, die diese Strukturen u. a. ausmachen, hat er solche zu internationalem Handel, Krediten, Investitionen, Rohstoffgebrauch oder geistigem Eigentum im Sinn. Zwei gravierende Strukturdefizite der Weltwirtschaftsordnung sind beispielsweise das Rohstoff- und das Kreditprivileg für Diktatoren.

M 20 Thomas Pogge: Weltarmut als Menschenrechtsverletzung (2006)

Wenn die Weltwirtschaftsordnung entscheidend dazu beiträgt, dass weltweit Armut weiterbesteht, und wenn die Regierungen, die in unserem Namen handeln, maßgeblich zur Gestaltung und Aufrechterhaltung dieser Ordnung beitragen, dann bringt die Deprivation entfernt lebender Bedürftiger nicht nur positive Hilfspflichten, sondern auch strengere, negative Pflichten, andere nicht zu schädigen, ins Spiel. [...]

Wohlhabende Bürger und Staaten haben gewiss moralische Pflichten, Menschen in lebensbedrohlicher Armut zu helfen (wenigstens sofern die Kosten solcher Hilfe für uns bequem tragbar sind). Aber das Etikett [Armenhilfe] lenkt davon ab, dass hier auch strengere, negative Pflichten im Spiel sind – etwa die Pflicht, von uns verursachte schwere Schädigungen zu minimieren, und die Pflicht, ungerechte Verhältnisse nicht zum Nachteil ihrer Opfer auszunutzen. Diese beiden negativen Pflichten sind für uns relevant, wenn wir (manchmal im Zusammenspiel mit den die Entwicklungsländer dominierenden „Eliten") eine Weltordnung durchsetzen, deren mangelnde Fairness uns bereichert und vielerorts Armut verschärft. Ist dies der Fall, dann fügen wir den Armen schweren Schaden zu und nutzen außerdem (von uns selbst geschaffene) ungerechte Verhältnisse zum Nachteil ihrer Opfer aus. Um diese Verletzungen negativer Pflichten zu vermeiden, müssen wir die Armen zumindest entschädigen. Eine solche Entschädigung ist nicht Hilfe, sondern Verminderung der Schäden, die wir ihnen dadurch antun, dass wir sie einer ungerechten Weltordnung unterwerfen, von deren Durchsetzung wir auf ihre Kosten profitieren. Eine solche Entschädigung ist nicht „Umverteilung" von Reichen an Arme, sondern Korrektur einer ungerechten institutionellen Umverteilung von Armen an Reiche. [...]

An Beispielen lässt sich leicht zeigen, welch großes Gewicht [z. B. der ersten der] beiden negativen Pflichten in anderen Kontexten beigelegt wird. Am Rande einer Landstraße befindet sich ein verletztes Kind, das nach einem Unfall sofort in ein Krankenhaus gebracht werden muss, wenn sein Bein gerettet werden soll. Ein Mann könnte dies tun, tut es aber nicht. Dieser Mann verdient seiner unterlassenen Hilfeleistung wegen scharfe moralische Kritik. Wenn er aber der Fahrer war, der durch Fahrlässigkeit die Verletzung des Kindes selbst verschuldet hat, dann steht moralisch für ihn mehr auf dem Spiel. Wenn er das Kind nicht ins Krankenhaus bringt, vergrößert er damit die Schädigung, die er ihm angetan haben wird. Und ebenso, wie wir die Unterlassung des Mannes als verwerflicher ansehen, wenn er der fahrlässige Autofahrer (und nicht nur unbeteiligter Zeuge) war, sollten wir auch unsere Vernachlässigung der Weltarmut als verwerflicher einschätzen, wenn diese Armut durch eine ungerechte Weltordnung bedingt ist, an deren Durchsetzung wir mitwirken.

3 Erarbeiten Sie die Positionen von Aftheldt, Pogge und Singer, indem Sie zunächst versuchen, die jeweilige Position auf eine zentrale Aussage zu reduzieren. Begründen Sie anschließend diese Aussage mit zwei oder drei weiteren Sätzen aus der Sicht des jeweiligen Autors. Anschließend überlegen Sie sich Gegenargumente. Gestalten Sie ein Gespräch der drei schriftlich.

4 Beurteilen Sie die Positionen im Plenum. Zur differenzierteren Beurteilung der Position von Singer können Sie auch die Diskussion zwischen Peter Singer und William Easterly auf http://bloggingheads.tv/diavlogs/24804 hinzuziehen.

Der Philosoph Henning Hahn (* 1972) setzt sich in seiner Einführung in das Problem der globalen Gerechtigkeit mit Peter Singers Position auseinander.

M 21 Henning Hahn: Globale Gerechtigkeit (2009)

Trotzdem ist mit Singers Grundposition eine moralisch problematische Instrumentalisierung gutstehender Personen verbunden. Wenn der Einzelne im Angesicht gravierenden Elends tatsächlich verpflichtet wäre, alles ihm Mögliche zu tun, um dieses Elend zu beseitigen, dann ist diese Verpflichtung strukturell endlos. Eine solche Person ist [...] auf eine unangemessene Weise eine Geisel (hostage) ihrer Verpflichtungen und gibt dabei [...] ihre Integrität als eigenständige Person preis. Diese Kritik lässt sich an folgendem Beispiel verdeutlichen: Peter ist passionierter Bergsteiger. Seine Vorstellung vom guten Leben ist weitgehend darin erfüllt, dass er einmal im Jahr eine mehrwöchige Expedition unternimmt. Diese Expeditionen sind sein Lebenselixier. Er arbeitet auf sie hin, zehrt von den Erinnerungen an die letzte und lebt in Vorfreude auf die nächste. Kurz, sein Leben wäre ohne das Bergsteigen nicht das gleiche.

Es ist völlig ungeklärt, wie sich ein Freiraum für solche lebenserfüllenden Projekte im Angesicht schwerer Armut rechtfertigen ließe. Einerseits gehören derartige Projekte zu einer sinnvollen menschlichen Existenz, andererseits verwandeln sich alle Tätigkeiten vor dem Hintergrund schwerer Armut in einen Luxus, der sich nicht gegen das unermessliche Leid hungernder Menschen rechtfertigen lässt.

Unterschwellig handelt es sich hier um einen Widerstreit zwischen Freiheit und Gerechtigkeit und damit um einen unversöhnlichen Gegensatz zweier moralisch eigenberechtigter Werte. Kennzeichen eines solchen Widerstreits ist, dass es kein übergeordnetes Prinzip gibt, an dem sich über die Rangordnung von Freiheits- und Gerechtigkeitsansprüchen entscheiden ließe. Die politische Theorie ist deswegen gefordert, nach institutionellen Lösungen zu suchen, die eine größtmögliche Freiheit in einer möglichst gerechten Welt gewährleisten. Und da dies im Zeitalter der Globalisierung nicht mehr auf Grundlage der klassischen Staatsphilosophie geleistet werden kann, stehen für viele Gerechtigkeitstheoretiker globale Institutionen im Vordergrund.

5 Stellen Sie dar, wieso es bei dem Problem der globalen Gerechtigkeit um einen Widerstreit von Freiheit und Gerechtigkeit geht.

Verantwortung und Gerechtigkeit bei Emanuel Lévinas

M 22

André Comte-Sponville unterscheidet Moral und Politik, indem er die moralische Tugend der Großzügigkeit der politischen Tugend der Solidarität gegenüberstellt (s. S. 262 M 24). In ganz ähnlicher Weise unterscheidet Emanuel Lévinas Verantwortung von Gerechtigkeit. In seinem ersten Hauptwerk hat Lévinas eine radikale Theorie der Verantwortung entwickelt, die keine Grenzen kennt. Nach dem Blick in das Antlitz des bedürftigen anderen kann das Subjekt seiner Verantwortung nicht mehr entgehen, weil es hier seine eigentliche Bestimmung spürt (vgl. S. 437 M 11). In seinem zweiten Hauptwerk begründet Lévinas aber dann den Unterschied der moralischen Verantwortung zu dem politischen Prinzip der Gerechtigkeit mit dem Blick auf eine mögliche dritte Person, die genau so bedürftig ist wie der andere, der das Subjekt aber nicht mehr in dem gleichen Maße gerecht werden kann wie dem anderen. „Der Dritte führt einen Widerspruch ein. [...] Von selbst findet nun die Verantwortung eine Grenze, entsteht die Frage: ‚Was habe ich gerechterweise zu tun?'" „Die Beziehung mit dem Dritten ist eine unablässige Korrektur dieser Asymmetrie der Nähe. [...] Es entsteht Abwägen, Denken, Objektivieren." Nicht auf Grund von moralischer Schlechtigkeit oder bösem Willen, sondern auf Grund der Endlichkeit und der Tatsache, dass das Subjekt sich nicht zerteilen kann, kann es seiner Verantwortung nie ganz gerecht werden.

Das ethische Prinzip der Verantwortung ist also von dem politischen Prinzip der Gerechtigkeit zu unterscheiden.

6 Machen Sie sich mithilfe von M 22 den Unterschied zwischen einer ethischen und einer politischen Argumentation im Sinne von Lévinas klar. Was ist der Unterschied zwischen moralischem und politischem Engagement gegenüber der Dritten Welt?

7 Welcher der Philosophen, die Sie in diesem Unterkapitel kennengelernt haben, argumentiert politisch und welcher moralisch?

4. Politische Philosophie der internationalen Beziehungen (Weltinnenpolitik) – Krieg und Frieden

4.1 Politik und die Entstehung oder Verhinderung von Krieg – Schmitt, Morgenthau

Bertolt Brecht (1898–1956) verfasste das Drama „Mutter Courage und ihre Kinder" 1938/39 im schwedischen Exil; es spielt während des Dreißigjährigen Krieges zwischen 1624 und 1636. Darin versucht die Marketenderin ihr Geschäft mit dem Krieg zu machen und damit ihren Lebensunterhalt zu bestreiten. Nur ihre drei Kinder kann sie nicht vor dem Krieg retten; sie fallen ihm alle zum Opfer. In der folgenden Szene unterhält sie sich mit dem Feldprediger und dem Koch über die Rolle der Könige und deren Motive für das Führen von Kriegen.

M 1 Bertolt Brecht: Mutter Courage

Der Feldprediger: Unser König hat nur die Freiheit im Aug gehabt. Der Kaiser hat alle unterjocht, die Polen so gut wie die Deutschen, und der König hat sie befreien müssen.

Der Koch: [...] Freilich, wenn einer nicht hat frei werden wollen, hat der König keinen Spaß gekannt. Zuerst hat er nur Polen schützen wolln vor böse Menschen, besonders dem Kaiser, aber dann ist mitn Essen der Appetit gekommen, und er hat ganz Deutschland geschützt. Es hat sich nicht schlecht widersetzt. So hat der gute König nix wie Ärger gehabt von seiner Güte und Auslagen, und die hat er natürlich durch Steuern reinbringen lassen müssen, was böses Blut erzeugt hat, aber er hat sichs nicht verdrießen lassen. Er hat eins für sich gehabt, da war Gottes Wort, das war noch gut. Denn sonst hätts noch geheißen, er tuts für sich und weil er Gewinst haben will. So hat er immer ein gutes Gewissen gehabt, das war ihm die Hauptsach. [...]

Mutter Courage: [...] Wenn man die Großkopfigen reden hört, führens die Krieg nur aus Gottesfurcht und für alles, was gut und schön ist. Aber wenn man genauer hinsieht, sinds nicht so blöd, sondern führn die Krieg für Gewinn. Und anders würden die kleinen Leut wie ich auch nicht mitmachen.

1 Fassen Sie zusammen, warum nach Ansicht der Gesprächspartner die Könige und „Großkopfigen" Kriege führen.

▼ Im Folgenden soll es um das Problem gehen, ob der materielle Gewinn wirklich der wichtigste Grund ist, dessentwegen Kriege geführt werden.

2 Schreiben Sie die Szene weiter, in dem Sie den Koch und den Feldprediger auf die Ausführungen von Mutter Courage antworten lassen. Welche Gründe könnte es in der Politik außer dem materiellen Gewinn noch geben?

Der Jurist und Staatsrechtler Carl Schmitt (1888–1985) war der führende Rechtsgelehrte im Dritten Reich. Nach dem Zweiten Weltkrieg verlor er deshalb seinen Lehrstuhl.

Carl Schmitt: Der Begriff des Politischen (1932)

M 2

Die spezifische Unterscheidung, auf welche sich politische Handlungen und Motive zurückführen lassen, ist die Unterscheidung von Freund und Feind. [...]
Ebenso wie das Wort Feind ist hier das Wort Kampf im Sinne einer seinsmäßigen Ursprünglichkeit zu verstehen. Es bedeutet nicht Konkurrenz, nicht den „rein geistigen" Kampf der Diskussion, nicht das symbolische „Ringen", das schließlich jeder Mensch irgendwie immer vollführt, weil nun einmal das ganze menschliche Leben ein „Kampf" und jeder Mensch ein „Kämpfer" ist. Die Begriffe Freund, Feind und Kampf erhalten ihren realen Sinn dadurch, dass sie insbesondere auf die reale Möglichkeit der physischen Tötung Bezug haben und behalten. Der Krieg folgt aus der Feindschaft, denn diese ist seinsmäßige Negierung eines anderen Seins. [...]
Der Krieg [...] hat keinen normativen, sondern nur einen existenziellen Sinn, und zwar in der Realität einer Situation des wirklichen Kampfes gegen einen wirklichen Feind, nicht in irgendwelchen Idealen, Programmen oder Normativitäten. [...] Auch mit ethischen und juristischen Normen kann man keinen Krieg begründen. Gibt es wirklich Feinde in der seinsmäßigen Bedeutung, wie es hier gemeint ist, so ist es sinnvoll, aber nur politisch sinnvoll, sie nötigenfalls physisch abzuwehren und mit ihnen zu kämpfen. [...] Solange ein Volk in der Sphäre des Politischen existiert, muss es [...] die Unterscheidung von Freund und Feind selber bestimmen. Darin liegt das Wesen seiner politischen Existenz. Hat es nicht mehr die Fähigkeit oder den Willen zu dieser Unterscheidung, so hört es auf, politisch zu existieren. [...]
Es kann feierlich die Erklärung abgeben, dass es den Krieg als Mittel für die Lösung internationaler Streitfälle verdammt und auf ihn „als Werkzeug nationaler Politik" verzichtet [...]. Entfällt diese Unterscheidung, so entfällt das politische Leben überhaupt. Es steht einem politisch existierenden Volk keineswegs frei, durch beschwörende Proklamationen dieser schicksalvollen Unterscheidung zu entgehen. Erklärt ein Teil des Volkes, keinen Feind mehr zu kennen, so stellt er sich nach Lage der Sache auf die Seite der Feinde und hilft ihnen, aber die Unterscheidung von Freund und Feind ist damit nicht aufgehoben. [...] Dadurch, dass ein Volk nicht mehr die Kraft oder den Willen hat, sich in der Sphäre des Politischen zu halten, verschwindet das Politische nicht aus der Welt. Es verschwindet nur ein schwaches Volk. [...]
In einer überaus systematischen Weise umgeht oder ignoriert das liberale Denken den Staat und die Politik und bewegt sich statt dessen in einer typischen, immer wiederkehrenden Polarität von zwei heterogenen Sphären, nämlich von Ethik und Wirtschaft, Geist und Geschäft, Bildung und Besitz. Alles liberale Pathos wendet sich gegen Gewalt und Unfreiheit. Jede Beeinträchtigung, jede Gefährdung der individuellen, prinzipiell unbegrenzten Freiheit, des Privateigentums und der freien Konkurrenz heißt „Gewalt" und ist eo ipso etwas Böses. Was dieser Liberalismus von Staat und Politik noch gelten lässt, beschränkt sich darauf, die Bedingungen der Freiheit zu sichern und Störungen der Freiheit zu beseitigen. [...]
So kommt es zu einem ganzen System entmilitarisierter Begriffe [...]. Immer ist dabei zu beachten, dass diese liberalen Begriffe sich in einer typischen Weise zwischen Ethik („Geistigkeit") und Ökonomik (Geschäft) bewegen und von diesen polaren Seiten her das Politische als eine Sphäre der „erobernden Gewalt" zu annihilieren suchen [...]. Ethisches Pathos und materialistisch-ökonomische Sachlichkeit verbinden sich in jeder typisch liberalen Äußerung und geben jedem politischen Begriff ein verändertes Gesicht. So wird der politische Begriff des Kampfes im liberalen Denken auf der wirtschaftlichen Seite zur Konkurrenz, auf der andern, „geistigen" Seite zur Diskussion; an die Stelle einer klaren Unterscheidung der beiden verschiedenen Status „Krieg" und „Frieden" tritt die Dynamik ewiger Konkurrenz und ewiger Diskussion.

3 Erarbeiten Sie den Begriff des Politischen bei Carl Schmitt und stellen Sie heraus, welche Beziehung zum Krieg er beschreibt.

4 Überprüfen Sie, inwieweit der „Liberalismus" nach Carl Schmitt „unpolitisch" ist und inwieweit er selbst zum Feindbild wird.

5 Vergleichen Sie die Ausführungen Carl Schmitts mit der Position von Hannah Arendt zur Pluralität (vgl. S. 56).

Der Gymnasiallehrer Hans-Michael Bernhardt und der Philosoph und Soziologe Hans-Joachim Lieber (* 1923) beschäftigen sich auf ganz andere Weise mit dem Begriff des Feinbildes.

M 3 Hans-Michael Bernhardt: Die Funktion von Feindbildern (1994)

Historisch relevante Feindbilder sind in der Regel in der gesellschaftlichen und politischen, besonders der nationalen Sphäre angesiedelt. Ihre über den Einzelnen hinausgehende Wirksamkeit rührt daher, dass sie an wirkliche, Großgruppen tangierende Probleme anknüpfen und einen – allerdings verzerrten – milieu- und schichtenspezifischen Realitätsbezug aufweisen. Feindbilder versprechen tief verunsicherten, sich subjektiv bedroht fühlenden gesellschaftlichen Gruppen eine Wertsteigerung oder die Neukonstitution ihrer Identität. Der Konflikt mit der als feindlich betrachteten Gruppe führt zur Veränderung der eigenen, deren innere Widersprüche und Gegensätze integrierbar scheinen. Die der Feindgruppe im Sinne eines negativen Gegenbildes zugewiesenen Eigenschaften ermöglichen Rückschlüsse auf das erwünschte Selbstbild. [...] Die Anschuldigungen und Diffamierungen aber, die Feindbilder enthielten, kontrastierten in auffälliger Weise mit den für die eigene Welt als positiv angesehenen Werten. Das negative Gegenbild des Bösen ermöglichte die Wiederaufrichtung und Bewahrung der eigenen Welt, war demnach eine „Selbstdefinition durch Feindmarkierung“. Charakteristisch für die Verfechter derartiger manichäischer Weltbilder war, sich als Leidtragende, als verfolgte Unschuld sehen zu wollen. Man wähnte sich von Feinden umgeben und sah es prinzipiell als gerechtfertigt an, als bedrängtes Opfer in einer existenziell bedrohlichen Situation gewaltsamen Widerstand zu leisten. Auf gesellschaftlicher Ebene hatten manichäische Weltbilder integrierende Wirkung, indem sie – unter Ausgrenzung von „Feinden“ – den inneren Zusammenhalt heterogener Bevölkerungsgruppen stärkten.

M 4

M 5 Hans-Joachim Lieber: Freund-Feind-Denken und totalitäre Ideologien (1985)

In der Totalitarismusforschung wurde dieses Freund-Feind-Denken schließlich als konstitutives Element jedes totalitären Systems erkannt und ausgewiesen. Es nimmt diese zentrale Stellung ein, weil es politische Orientierung für jeden Einzelnen nicht nur vereinfacht, sondern weil eine solche Simplifizierung die zuvor genannte Immunisierungsstrategie und Identitätsgewinnung der Gesamtgruppe im Bewusstsein des Einzelnen besser durchsetzbar macht. Ihr Resultat ist nämlich die Emotionalisierung, Schematisierung, Schwarzweiß-Malerei, Radikalisierung von Fühlen, Denken und Handeln. Vorbereitet, durchgesetzt und verstärkt wird solche politische Orientierung an Freund-Feind-Alternativen durch das, was etwa in der kommunistischen Theorie „Erziehung zu Liebe und Hass“ als oberstem Erziehungsideal genannt wird und wofür es in der nationalsozialistischen Ideologie auffällige, in der Wortwahl fast identische Parallelen gibt. [Der österreichische Philosoph] Kurt Salamun hat die zentrale Stellung des alternativen Freund-Feind-Denkens in totalitären Ideologien für so dominant gehalten, dass er die darin zum Zuge kommenden „dichotomischen Deutungsschemata“ und die mit ihnen verbundenen „dämonisierten Feind-Stereotypen“ als vorrangige Strukturelemente ideologischer Denkweisen und Aussagesysteme überhaupt bezeichnete.

6 Erfassen Sie die Hauptaussagen von Bernhardt und Lieber.

7 Beschreiben Sie das Propaganda-Plakat der Nationalsozialisten „Bolschewismus ohne Maske“ (M 4) und beurteilen Sie, inwieweit es den Vorstellungen Schmitts von Politik entspricht.

8 Überprüfen Sie, inwiefern Sie bei Carl Schmitt Anzeichen für eine „ideologische Denkweise“ finden.

Richard David Precht: Politische Eliten und das Instrument der Propaganda (2010) M 6

Die allermeisten Kriege in der Geschichte der Menschheit haben sich für die Mehrheit der Bevölkerung nicht „gelohnt“, allenfalls für einige profitierende Eliten. Sowohl die irrationalen vorteilslosen Kriege für alle wie die gezielten Raubkriege der Führungseliten sind eng verknüpft mit dem bewussten oder unbewussten Einjagen von Angst. Und all dies lässt den Schluss zu, dass Furcht „generell die wichtigere Emotion im Kontext des Krieges“ ist als Aggressivität. [...] Wenn wir uns streiten und bekämpfen, dann eher aus Sorge um unser Selbstbild oder unser Selbstwertgefühl, als deshalb, weil es uns egal wäre. Mit anderen Worten: Das gestörte Selbstwertgefühl ist eine schlimmere Bedrohung für die Menschheit als jede egoistische Absicht. Denn die Mutter aller Aggressionen ist nicht das Streben nach dem Bösen und auch nicht das rücksichtslose Durchsetzen von Interessen – es ist die Angst um unser Leib und Leben und die gefühlte Bedrohung unseres Selbstwertgefühls. In diesem Punkt unterscheiden sich primitive Kriege nur unwesentlich von modernen Kriegen: Ohne die Furcht und ohne die Dämonisierung des Gegners ist kaum eine Armee zu mobilisieren. Ein Blick etwa auf den Zweiten Weltkrieg belehrt unmissverständlich darüber. Der Grund seines Zustandekommens war kein Nahrungsmangel, nicht die Suche nach geeigneten Frauen zur Paarung, kein Territorium, das tatsächlich verteidigt werden musste, und auch kein Aggressionsüberschuss in der vergleichsweise friedlichen Weimarer Republik. Seine Gründe lagen vielmehr in der – biologisch unnötigen – Gier nach Bodenschätzen im Osten, dem gezielt geschürten Revanchismus und einer irrationalen Angst, angefeuert durch den Wahn rücksichtsloser Führungseliten.

9 Klären Sie die Rolle von Führungseliten beim Entstehen von Kriegen.

10 Bewerten Sie den Begriff des Politischen bei Carl Schmitt vor dem Hintergrund von M 3 bis M 5.

11 Fassen Sie zusammen, inwiefern Kriege nicht nur dafür geführt werden, um möglichst großen Gewinn zu erzielen.

12 Diskutieren Sie, welche Bedeutung einer unabhängigen Berichterstattung und einer freien Presselandschaft zukommt.

Der amerikanische Politikwissenschaftler und Jurist Hans-Joachim Morgenthau (1904–1980) gilt als Begründer eines Realismus in der Lehre von den Internationalen Beziehungen.

Hans J. Morgenthau: Diplomatie und Frieden (1963) M 7

Es ist die eigentliche Aufgabe einer klugen Diplomatie, die um Erhaltung des Friedens bemüht ist, Mittel zu wählen, die für die Erreichung ihrer Ziele geeignet sind. [...] Um den Interessen seines Landes und den Interessen des Friedens zu dienen, muss der diplomatische Vertreter einer Großmacht daher Überredungskunst aufwenden, die Vorteile eines Kompromisses hervorheben, der anderen Seite aber auch die militärische Stärke seines Landes vor Augen führen. Die Kunst der Diplomatie besteht darin, jedem dieser drei Mittel zum gegebenen Zeitpunkt den richtigen Nachdruck zu verleihen.

Vier Grundregeln: [...]

1. Befreiung der Diplomatie vom Kreuzzugsgeist.
2. Umschreibung der Ziele der Außenpolitik in den Begriffen der nationalen Interessen und Unterstützung durch adäquate Machtmittel.
3. Beurteilung der Lage vom Standpunkt anderer Nationen.

4. Kompromissbereitschaft in nicht lebenswichtigen Fragen.

In ihrer friedenserhaltenden Aufgabe hat die Diplomatie oft versagt, aber auch viele Erfolge errungen. Manchmal versagte sie, weil niemand ihren Erfolg wünschte […]. Diplomatie ist das beste Mittel zur Erhaltung des Friedens, das eine Gesellschaft souveräner Nationen bieten kann; unter den Bedingungen der modernen Weltpolitik und des modernen Krieges reicht es aber nicht mehr aus.

13 Beschreiben Sie die Aufgabe der Diplomatie nach Morgenthau und bewerten Sie seine Methode zur Vermeidung von Krieg.

4.2 Gibt es einen gerechten Krieg? – Thomas von Aquin, Hösle

Im folgenden Interview des „Spiegel“ nimmt der während der Libyen-Krise (2011) amtierende Bundesverteidigungsminister Thomas de Maizière (* 1954) Stellung zur Frage, warum sich die Bundeswehr in Afghanistan, nicht aber am NATO-Einsatz in Libyen beteiligt, nachdem der UN-Sicherheitsrat eine entsprechende Resolution verabschiedet hatte.

M 8 Thomas de Maizière: „Wir beteiligen uns nicht“

De Maizière: Wir haben uns aus wohlerwogenen Gründen gegen eine militärische Beteiligung am Libyen-Einsatz entschieden. […]

Spiegel: Am Vorabend der Nato-Luftschläge haben Sie im ZDF gesagt: „Kann es […] wegen Öl darum gehen, dass wir jetzt plötzlich eingreifen? Wir können nicht alle Diktatoren der Welt mit internationalem Krieg beseitigen.“ Würden Sie das so noch einmal sagen?

De Maizière: Ja. Es gibt zwar die völkerrechtlich verankerte „Verantwortung zum Schutz“ der Zivilbevölkerung in einem Land, wenn die dortige Regierung massiv Menschenrechte verletzt. Aber heißt das, man darf eingreifen? Oder heißt das, man muss sogar? Ich meine jede militärische Aktion muss darauf geprüft werden, ob das Ziel mit angemessenen Mitteln in einer angemessenen Zeit zu erreichen ist und wie man wieder herauskommt. Jede. […]

Spiegel: Der Nato-Partner Türkei grenzt an Syrien, wo es derzeit brodelt. Könnte dieser Konflikt auf das Bündnisgebiet übergreifen?

De Maizière: Das gegenwärtige Regime in Damaskus ist für die Welt unerträglich, aber wir müssen auch ehrlich zugeben: Ein Zerfallen Syriens wäre sehr schwierig für die ganze Region. Wir haben sicher in der Vergangenheit Stabilität überbewertet und Demokratie unterbewertet. Die Entwicklung im Nahen Osten zeigt aber auch, dass es am besten wäre, wir hätten Demokratie und Stabilität.

Spiegel: Vielleicht müssen Sie sich bald die Frage stellen, ob die Nato in Syrien eingreifen soll.

De Maizière: Nein. Es gilt das Gleiche wie für Libyen. Wir beteiligen uns nicht. […]

1 Wie begründet de Maizière, dass sich Deutschland nicht am Libyen-Einsatz beteiligt hat?

Im Folgenden geht es um das Problem, inwieweit sich Kriege überhaupt rechtfertigen lassen.

2 Beschreiben Sie das Bild von Banksy und formulieren Sie eine Vermutung darüber, welche Position zum Krieg der Künstler ausdrückt.

3 Positionieren Sie sich auf einer Linie zwischen den beiden Polen „Kriege können überhaupt nicht gerechtfertigt werden“ und „es kann auch in bestimmten Fällen gute Gründe geben, in denen ein kriegerischer Einsatz zu rechtfertigen ist“. Tauschen Sie sich über die Gründe ihrer Positionierung aus.

M 9

Thomas von Aquin (1225–1274) ist der wohl berühmteste Philosoph und Theologe des Mittelalters.

Thomas von Aquin: Über das Erlaubtsein des Krieges (1266/1273)

M 10

Zu einem gerechten Krieg sind drei Dinge erforderlich: Erstens die Vollmacht des Fürsten, auf dessen Befehl hin der Krieg zu führen ist. Denn es ist nicht Sache der Privatperson, einen Krieg zu veranlassen; weil sie ihr Recht vor dem Gericht des Vorgesetzten verfechten kann. [...] Da aber die Sorge für die öffentliche Ordnung den Fürsten anvertraut ist, ist es auch ihre Sache, die öffentliche Ordnung der ihr unterstehenden Stadt oder des Königreichs oder einer Provinz zu schützen. [...] So ist es auch ihre Aufgabe, mit dem Schwert des Krieges die öffentliche Ordnung gegen äußere Feinde zu schützen. [...] Zweitens ist ein gerechter Grund verlangt. Es müssen nämlich diejenigen, die mit Krieg überzogen werden, dies einer Schuld wegen verdienen. [...] Drittens wird verlangt, dass die Kriegführenden die rechte Absicht haben, nämlich entweder das Gute zu mehren oder das Böse zu meiden. Deshalb sagt Augustinus [...]: „Bei den wahren Verehrern Gottes haben auch die Kriege Friedenscharakter bekommen, insofern sie nicht aus Gier oder Grausamkeit, sondern aus Eifer für den Frieden geführt werden, um die Bösen in die Schranken zu weisen und die Guten zu unterstützen.“ Es kann aber vorkommen, dass der Krieg wegen einer verkehrten Absicht unerlaubt wird, obwohl die Vollmacht dessen, der ihn erklärt, rechtmäßig ist und ein gerechter Grund vorliegt.

4 Stellen Sie die drei erforderlichen Bedingungen für gerechte Kriege zusammen.

5 Erläutern Sie, inwieweit „verkehrte“ Absichten (Z. 23f.) einen Krieg unerlaubt machen können.

Leo N. Tolstoi (1828–1910) war einer der erfolgreichsten russischen Schriftsteller des 19. Jahrhunderts. Sein Roman „Krieg und Frieden“ von 1868/69 über den Feldzug gegen Napoleon wurde weltberühmt. In einem Vortrag vor dem Weltfriedenskongress in Stockholm 1910 fasst er die wichtigsten pazifistischen Vorschläge zusammen.

M 11 Leo N. Tolstoi: Du sollst nicht töten (1909)

Daher brauchen wir, die wir hier versammelt sind, wollen wir unser Ziel wirklich erreichen, als Gegenmaßnahme gegen das Übel des Krieges nur eines zu tun: dieses Dilemma in aller Bestimmtheit und Klarheit sowohl denen vor Augen führen, die den Regierungen angehören, wie auch den Massen des Volkes, welche die Armee ausmachen. Um das aber tun zu können, müssen wir nicht nur klar und offen die Wahrheit wiederholen, dass der Mensch den Menschen nicht töten darf, sondern auch darlegen, dass es für Menschen der christlichen Welt keinerlei Erwägungen geben kann, welche die Verbindlichkeit dieser Wahrheit aufheben.
Ich möchte unserer Versammlung daher vorschlagen, einen Aufruf an alle Völker [...] zu verfassen und zu veröffentlichen, in dem wir klar und bestimmt aussprechen, was alle wissen, was aber niemand oder doch fast niemand sagt, dass nämlich der Krieg nicht, wie heute von den meisten anerkannt wird, eine besonders gute und lobenswerte, sondern wie jeder Mord eine garstige und verbrecherische Angelegenheit ist – sowohl für diejenigen, die das Kriegshandwerk aus freien Stücken wählen, wie auch für die, die das aus Furcht vor Strafe oder aus eigennützigen Beweggründen tun.
Was diejenigen anlangt, die das Kriegshandwerk aus freien Stücken wählen, so möchte ich vorschlagen, in dem Aufruf klar und bestimmt auszusprechen, dass dieser Beruf trotz allem Pomp und Glanz, mit dem man ihn umgibt, und trotz des allgemeinen Beifalls, den man ihm zollt, ein verbrecherischer und schändlicher Beruf ist, und zwar um so verbrecherischer und schändlicher, je höher die Stellung ist, die einer im Militärstand bekleidet. Ebenso möchte ich vorschlagen, den Menschen aus dem Volke, die sich durch Strafandrohung oder Bestechung für den Kriegsdienst werben lassen, klar und bestimmt zu sagen, wie schwer sie sowohl gegen ihren Glauben wie auch gegen Sittlichkeit und gesunden Menschenverstand verstoßen, wenn sie sich bereit erklären, in die Armee einzutreten.

6 Beschreiben Sie den Gedankengang, der Tolstoi zur Ablehnung eines jeden Krieges veranlasst.

7 Informieren Sie sich im Internet über weitere pazifistische Positionen und Argumente und tragen Sie diese zusammen.

Der Philosoph Vittorio Hösle (* 1960) geht in seinem umfangreichen Werk über Moral und Politik auch auf die Frage ein, wie sich militärische Aktionen heute rechtfertigen lassen.

M 12 Vittorio Hösle: Gerechte Kriege (1997)

Keine Entscheidung darf einem Staatsmann schwerer fallen als die zu einem Krieg (bzw. Bürgerkrieg). [...] Die mit Abstand wichtigsten unter den moralischen Kriegsgründen sind Notwehr und Nothilfe. Aus ihnen ergibt sich unmittelbar die Legitimität einer Verteidigungspolitik, die den Zweck verfolgt, Angriffe abzuwehren bzw. möglichst durch deutliche Abschreckung und ausdrückliche Warnung zu verhindern; denn die konkrete Gewaltanwendung sollte immer nur ultima ratio sein. Es ist sehr unplausibel, nur Privaten ein Recht auf Selbstverteidigung zuzugestehen, nicht aber Staaten – denn Staaten vertreten die Interessen von Privaten. [...] Ein Notwehrrecht besteht im Allgemeinen schon dann, wenn die Grenzen des eigenen Staates mit Gewalt überschritten werden, denn der moderne Staat ist wesentlich durch Territorialität bestimmt [...].
Leichter als der Verzicht auf eine sinnvollerweise mögliche Notwehr ist die Verweigerung zwischenstaatlicher Nothilfe zu vertreten, denn der Einsatz des Lebens eigener Staatsbürger ist eine so schwierige Entscheidung, dass man jene Staatsmänner nicht ohne Weiteres verdammen darf, die von dem Unrecht, das anderswo in der Welt geschieht, die Augen abwenden. [...] Da man nicht allen helfen kann, ist es aufgrund der menschli-

chen Natur naheliegend, dass die Fälle, in denen man sich zur Hilfe entschließt, diejenigen sind, in denen auch eigene Interessen betroffen sind. Ohne seine Ölvorkommen hätten die USA die Besetzung Kuwaits vermutlich hingenommen. Aber das bedeutet nicht, dass Nothilfe illegitim wird, wenn für sie, neben humanitären Gründen, auch egoistische sprechen [...].

Allerdings gibt es [...] Situationen, in denen die Weigerung, Nothilfe zu leisten, moralisch kaum gerechtfertigt werden kann. So versteht es sich [...] von selbst, dass vertragliche Verpflichtungen einzuhalten sind [...].

Es war mehrfach von der innenpolitischen Struktur der kriegführenden Staaten die Rede – kann auch sie ein Kriegsgrund sein? Das noch geltende positive Völkerrecht lehnt Interventionen, die nicht als Notwehr oder Nothilfe gedeutet werden können, aufgrund des Prinzips der Nicht-Einmischung in innere Angelegenheiten ab. [...] Nur Staaten, die elementare naturstaatsrechtliche Prinzipien anerkennen, haben einen Anspruch auf die Respektierung ihrer Entscheidungen und auf den grundsätzlichen Verzicht auf jede Intervention; die Absetzung eines blutrünstigen Tyrannen, der sein eigenes Volk oder auch nur eine Minderheit mordet, durch eine fremde Macht kann dagegen schwerlich als ungerecht angesehen werden.

Natürlich können Interventionen nur dann gerechtfertigt sein, wenn von der legalen Regierung die grundlegendsten Menschenrechte verletzt werden, also eine große Zahl Menschen ermordet oder versklavt wird; die militärische Intervention muss ferner erforderlich sein, um jene Menschen zu retten, Aussichten auf Erfolg haben, und ihre moralischen Kosten müssen in einem Verhältnis zu dem gewünschten Resultat stehen. Die moralische Rechtfertigung einer Intervention ist, ceteris paribus, noch leichter, wenn ein Bürgerkrieg tobt oder gar nur noch Anarchie herrscht – im letzteren Fall besteht gar kein Staat mehr, dessen Rechte verletzt würden.

M 13

Horst Haitzinger, 1999

8 Arbeiten Sie heraus, welche Gründe Hösle für das Führen von Kriegen anerkennt. Welche Möglichkeit sieht Hösle für sogenannte humanitäre Interventionen?

9 Beschreiben Sie die Karikatur „Taube und Falke“ (M 13) und ordnen Sie den beiden Kontrahenten begründet die Positionen von Tolstoi und Hösle zu.

10 Bewerten Sie die beiden Positionen vor dem Hintergrund internationaler Konflikte und nehmen Sie begründet Stellung, inwieweit humanitäre Interventionen zu rechtfertigen sind.

4.3 Frieden zwischen Staaten – Kant

M 14

Bertolt Brecht: Mutter Courage

Mutter Courage: Mir tut so ein Feldhauptmann oder Kaiser leid, er hat sich vielleicht gedacht, er tut was übriges und was, wovon die Leute reden, noch in künftigen Zeiten, und kriegt ein Standbild, zum Beispiel er erobert die Welt, das ist ein großes Ziel für einen Feldhauptmann, er weiß es nicht besser. Kurz, er rackert sich ab, und dann scheiterts am gemeinen Volk, was vielleicht ein Krug Bier will und ein bissel Gesellschaft, nix Höheres. Die schönsten Plän sind schon zuschanden geworden durch die Kleinlichkeit von denen, wo sie ausführen sollten, denn die Kaiser selber können ja nix machen, sie sind angewiesen auf die Unterstützung von ihre Soldaten und dem Volk, wo sie grad sind, hab ich recht?

Der Feldprediger, lacht: Courage, ich geb Ihnen recht, bis auf die Soldaten. Die tun, was sie können. Mit denen da draußen zum Beispiel, die ihren Branntwein im Regen saufen, getrau ich mich hundert Jahr einen Krieg nach dem andern zu machen und zwei auf einmal, wenns sein muß, und ich bin kein gelernter Feldhauptmann.

Mutter Courage: Dann meinen Sie nicht, daß der Krieg ausgehen könnt?

Der Feldprediger: Weil der Feldhauptmann hin ist? Sein Sie nicht kindisch. Solche finden sich ein Dutzend, Helden gibt's immer.

Mutter Courage: Sie, ich frag Sie das nicht nur aus Hetz, sondern weil ich mir überleg, ob ich Vorrät einkaufen soll, was grad billig zu haben sind, aber wenn der Krieg ausgeht, kann ich sie dann wegschmeißen.

Der Feldprediger: Ich versteh, daß Sies ernst meinen. Es hat immer welche gegeben, die gehen herum und sagen: „Einmal hört der Krieg auf." Ich sag: daß der Krieg einmal aufhört, ist nicht gesagt. Es kann natürlich zu einer kleinen Paus kommen. Der Krieg kann sich verschnaufen müssen, ja, er kann sogar sozusagen verunglücken. Davor ist er nicht gesichert, es gibt ja nix Vollkommenes allhier auf Erden. Einen vollkommenen Krieg, wo man sagen könnt: an dem ist nix mehr auszusetzen, wird's vielleicht nie geben. Plötzlich kann er ins Stocken kommen, an was Unvorhergesehenem, an alles kann kein Mensch denken. Vielleicht ein Übersehn, und das Schlamassel ist da. Und dann kann man den Krieg wieder aus dem Dreck ziehn! Aber die Kaiser und Könige und der Papst wird ihm zu Hilf kommen in seiner Not. So hat er im ganzen nix Ernstliches zu fürchten, und ein langes Leben liegt vor ihm.

1 In dem ironisch gemeinten Textausschnitt macht sich Mutter Courage Sorgen um das Fortbestehen des Krieges, von dem sie letztlich lebt. Wie reagiert der Feldprediger? Inszenieren Sie eine kurze Szene zwischen Mutter Courage und dem Feldprediger auf der Grundlage von Brecht und versuchen Sie jeweils den richtigen Ton der Personen zu treffen.

Im Folgenden geht es um die Frage, ob es eine Möglichkeit gibt, Kriege auf Dauer abzuschaffen.

2 Stellen Sie sich vor, Sie kommen als Vertreter der wichtigsten Staaten im UN-Sicherheitsrat zusammen und sind sich einig darüber, dass man Kriege abschaffen müsste. Formulieren Sie den Entwurf eines entsprechenden Vertrages, der folgende Artikel enthält:

I. Aufzählung der Vorbedingungen
II. Vereinbarungen in Bezug auf
   1. das Staatsrecht (Staatsaufbau und Verhältnis der Bürger zum Staat)
   2. Völkerrecht (Verhältnis der Völker/Staaten untereinander).

Immanuel Kant (1724–1804) bereitete mit seinem Werk einen neuzeitlichen Friedensbegriff vor, der völkerrechtliche Prinzipien erörtert, ohne die Menschenrechte der Individuen zu verneinen. Seine Ideen werden noch heute als Wegbereiter für die Charta der Vereinten Nationen gewertet.
Die Formulierungen der Vorbedingungen nennt Kant Präliminarartikel, die der Beschlüsse sind die Definitivartikel.

Immanuel Kant: Zum ewigen Frieden (1795)

M 15

Die Präliminarartikel zum ewigen Frieden unter Staaten

- „Es soll kein Friedensschluss für einen solchen gelten, der mit dem geheimen Vorbehalt des Stoffs zu einem künftigen Kriege gemacht worden." [...]
- „Es soll kein für sich bestehender Staat (klein oder groß, das gilt hier gleichviel) von einem anderen Staate durch Erbung, Tausch, Kauf oder Schenkung erworben werden können." [...]
- „Stehende Heere (miles perpetuus) sollen mit der Zeit ganz aufhören." [...]
- „Es sollen keine Staatsschulden in Beziehung auf äußere Staatshändel gemacht werden." [...]
- „Kein Staat soll sich in die Verfassung und Regierung eines anderen Staats gewalttätig einmischen." [...]
- „Es soll kein Staat im Kriege mit einem anderen solche Feindseligkeiten erlauben, welche das wechselseitige Zutrauen im künftigen Frieden unmöglich machen müssen: als da sind Anstellung der Meuchelmörder, Giftmischer, Anstiftung des Verrats in dem bekriegten Staat etc." [...]

3 Sind die von Kant geforderten Vorbedingungen für den „ewigen Frieden" heute noch realistisch?
Versetzen Sie sich in die Rolle von Regierungsmitgliedern und diskutieren Sie die Vorschläge Kants.

Immanuel Kant: Erster Definitivartikel zum ewigen Frieden: „Die bürgerliche Verfassung in jedem Staate soll republikanisch sein" (1795)

M 16

Die erstlich nach Prinzipien der Freiheit der Glieder einer Gesellschaft (als Menschen); zweitens nach Grundsätzen der Abhängigkeit aller von einer einzigen gemeinsamen Gesetzgebung (als Untertanen); und drittens die nach dem Gesetz der Gleichheit derselben (als Staatsbürger) gestiftete Verfassung – die einzige, welche aus der Idee des ursprünglichen Vertrags hervorgeht, auf der alle rechtliche Gesetzgebung eines Volks gegründet sein muss – ist die republikanische. Diese ist also, was das Recht betrifft, an sich selbst diejenige, welche allen Arten der bürgerlichen Konstitution ursprünglich zum Grunde liegt [...].

Nun hat aber die republikanische Verfassung, außer der Lauterkeit ihres Ursprungs, aus dem reinen Quell des Rechtsbegriffs entsprungen zu sein, noch die Aussicht in die gewünschte Folge, nämlich den ewigen Frieden; wovon der Grund dieser ist. – Wenn (wie es in dieser Verfassung nicht anders sein kann) die Beistimmung der Staatsbürger dazu erfordert wird, um zu beschließen, „ob Krieg sein solle, oder nicht", so ist nichts natürlicher, als dass, da sie alle Drangsale des Krieges über sich selbst beschließen müssten (als da sind: selbst zu fechten, die Kosten des Krieges aus ihrer eigenen Habe herzugeben; die Verwüstung, die er hinter sich lässt, kümmerlich zu verbessern; zum Übermaße des Übels endlich noch eine, den Frieden selbst verbitternde, nie (wegen naher, immer neuer Kriege) zu tilgende Schuldenlast selbst zu übernehmen), sie sich sehr bedenken werden, ein so schlimmes Spiel anzufangen: Da hingegen in einer Verfassung, wo der Untertan nicht Staatsbürger, die also nicht republikanisch ist, es die unbedenklichste Sache von der Welt ist, weil das Oberhaupt nicht Staatsgenosse, sondern Staatseigentümer ist, an seinen Tafeln, Jagden, Lustschlössern, Hoffesten u. dgl. durch den Krieg nicht das mindeste einbüßt, diesen also wie eine Art von Lustpartie aus unbedeutenden Ursachen beschließen, und der Anständigkeit wegen dem dazu allezeit fertigen diplomatischen Korps die Rechtfertigung desselben gleichgültig überlassen kann.

[...]

Der Republikanism ist das Staatsprinzip der Absonderung der ausführenden Gewalt (der Regierung) von der gesetzgebenden; der Despotism ist das der eigenmächtigen Vollziehung des Staats von Gesetzen, die er selbst gegeben hat, mithin der öffentliche Wille, sofern er von dem Regenten als Privatwille gehandhabt wird.

4 Erläutern Sie den Prozess der Entscheidungsfindung in einem republikanischen Staat und einem absolutistischen Staat nach Kant. Welche Staatsform trägt das geringere Risiko kriegerischer Akte in sich?

5 Überprüfen Sie, inwieweit auch demokratische Staaten Kriege führen, z. B. durch eine Internetrecherche oder ein Referat. Inwieweit ist die These vom demokratischen Frieden haltbar?

M 17 Immanuel Kant: Dritter Definitivartikel zum ewigen Frieden: Das Weltbürgerrecht soll auf Bedingungen der allgemeinen Hospitalität eingeschränkt sein (1795)

Es ist hier, wie in den vorigen Artikeln, nicht von Philanthropie, sondern vom Recht die Rede, und das bedeutet Hospitalität (Wirtbarkeit) das Recht eines Fremdlings, seiner Ankunft auf dem Boden eines andern wegen, von diesem nicht feindselig behandelt zu werden. Dieser kann ihn abweisen, wenn es ohne seinen Untergang geschehen kann; so lange er aber auf seinem Platz sich friedlich verhält, ihm nicht feindlich begegnen. Es ist kein Gastrecht, worauf dieser Anspruch machen kann (wozu ein besonderer wohltätiger Vertrag erfordert werden würde, ihn auf eine gewisse Zeit zum Hausgenossen zu machen), sondern ein Besuchsrecht, welches allen Menschen zusteht, sich zur Gesellschaft anzubieten, vermöge des Rechts des gemeinschaftlichen Besitzes der Oberfläche der Erde, auf der, als Kugelfläche, sie sich nicht ins Unendliche zerstreuen können, sondern endlich sich doch nebeneinander dulden müssen, ursprünglich aber niemand an einem Orte der Erde zu sein mehr Recht hat, als der andere. [...]

Da es nun mit der unter den Völkern der Erde einmal durchgängig überhand genommenen (engeren oder weiteren) Gemeinschaft so weit gekommen ist, dass die Rechtsverletzung an einem Platz der Erde an allen gefühlt wird: so ist die Idee eines Weltbürgerrechts keine phantastische und überspannte Vorstellungsart des Rechts, sondern eine notwendige Ergänzung des ungeschriebenen Kodex, sowohl des Staats- als Völkerrechts zum öffentlichen Menschenrechte überhaupt, und so zum ewigen Frieden, zu dem man sich in der kontinuierlichen Annäherung zu befinden nur unter dieser Bedingung schmeicheln darf.

6 Fassen Sie zusammen, worin das Recht auf Hospitalität besteht, und überlegen Sie, warum ein solches Recht für dauerhaften Frieden wichtig sein könnte.

M 18 Immanuel Kant: Erster Zusatz: Von der Garantie des ewigen Friedens (1975)

3. So wie die Natur weislich die Völker trennt, welche der Wille jedes Staats, und zwar selbst nach Gründen des Völkerrechts, gern unter sich durch List oder Gewalt vereinigen möchte: so vereinigt sie auch andererseits Völker, die der Begriff des Weltbürgerrechts gegen Gewalttätigkeit und Krieg nicht würde gesichert haben, durch den wechselseitigen Eigennutz. Es ist der Handelsgeist, der mit dem Kriege nicht zusammen bestehen kann, und der früher oder später sich jedes Volks bemächtigt. Weil nämlich unter allen, der Staats-

macht untergeordneten Mächten (Mitteln) die Geldmacht wohl die zuverlässigste sein möchte, so sehen sich Staaten (freilich wohl nicht eben durch Triebfedern der Moralität) gedrungen, den edlen Frieden zu befördern, und, wo auch immer in der Welt Krieg auszubrechen droht, ihn durch Vermittelungen abzuwehren, gleich als ob sie deshalb im beständigen Bündnisse ständen; denn große Vereinigungen zum Kriege können, der Natur der Sache nach, sich nur höchst selten zutragen, und noch seltener glücken. – – Auf die Art garantiert die Natur, durch den Mechanism in den menschlichen Neigungen selbst, den ewigen Frieden; freilich mit einer Sicherheit, die nicht hinreichend ist, die Zukunft desselben (theoretisch) zu weissagen, aber doch in praktischer Absicht zulangt, und es zur Pflicht macht, zu diesem (nicht bloß schimärischen) Zwecke hinzuarbeiten.

7 Beschreiben Sie, wie der Handelsgeist Motor zum ewigen Frieden sein kann.

8 Vergleichen Sie den Gedankengang von Kant mit dem von Fromm und Bolz (S. 250f.)

9 Vergleichen Sie die zentralen Aspekte von Kant mit den von Ihnen entwickelten Friedensverträgen (Arbeitsanregung 2).
Welche Gemeinsamkeiten und Unterschiede können Sie feststellen?

Asymmetrische Kriege

M 19

Wenn Kant über den Krieg schreibt, hat er den klassischen Staatenkrieg des 18. Jahrhunderts, den so genannten Kabinettskrieg, vor Augen, also den Krieg zwischen souveränen Staaten um Territorien und Herrschaftsansprüche, der in der Kriegsführung bei aller Brutalität dennoch gewissen Regeln folgte, z. B. Kriegserklärung, Entscheidung durch „Schlachten“, Waffenstillstände, Friedensschluss. Demgegenüber geht der Politikwissenschaftler Herfried Münkler (* 1951) von der These aus, dass diese Form des Krieges ein „historisches Auslaufmodell“ sei. Die militärischen Auseinandersetzungen in Gegenwart (und Zukunft) seien vielmehr „asymmetrisch“: Es kämpften nicht mehr gleichartige Gegner miteinander; es gebe keine Fronten mehr; Gefechte zwischen militärischen Kräften seien selten; „große Schlachten“ fehlten völlig, so dass sich die militärischen Kräfte gegenseitig eher schonten und sich die Gewalt stattdessen gegen die Zivilbevölkerung richte.

10 Diskutieren Sie mit anderen Kursteilnehmern die Frage, ob die „asymmetrischen Kriege“ der Gegenwart Kants Vorstellungen von einem „ewigen Frieden“ gegenstandslos machen.

4.4 Utopie Weltstaat? – Kant, Höffe, Horn

Aldous Huxleys Vorstellung vom Weltstaat

M 20

Der britische Schriftsteller Aldous Huxley (1894–1963) zeichnet in seinem Buch „Schöne neue Welt“ (1932) eine zukünftige Gesellschaft, die von weitreichenden Eingriffen eines Weltstaats in das Leben der Individuen geprägt ist. So planen Familien ihren Nachwuchs nicht auf natürliche Art und Weise, sondern der Weltstaat übernimmt die „Produktion“ künstlich befruchteter Eizellen, um das Fortbestehen der Gesellschaft zu gewährleisten. Der Nachwuchs wird von vorneherein in verschiedene Kasten eingeteilt, die später jeweils wieder streng vorgegebene Aufgaben und Lebenswege zu erfüllen haben. So ist nicht jeder zum Manager oder Geschäftsführer geboren. Der größte Teil wird zu Fabrikarbeiten „gezüchtet“. Damit scheint sich der in unterschiedliche Welträte eingeteilte und dennoch zentralistisch wirkende Weltstaat jedoch nicht zufriedenzugeben. Vielmehr stellt er seinen Einwohnern eine Droge und „Fühlkino“ zur Verfügung, damit es ihnen auch an nichts mangele. Doch verbirgt sich dahinter das Kalkül, nichts dem Zufall zu überlassen. Materiell sorgt der Weltstaat für alles, was einer unreflektierten hedonistischen Bedürfnisbefriedigung entspricht; alles, was die Regierbarkeit des Weltstaates stören oder gefährden könnte, verbietet er hingegen. Die Führung des Weltstaats rechtfertigt diese Maßnahmen damit, dass es die einzige Möglichkeit sei, globale Probleme und Krisen zu lösen.

1 Diskutieren Sie, ob der skizzierte Weltstaat angemessen und legitim handelt und ob es wünschenswert ist, in einem solchen Weltstaat zu leben.

▼ Im Folgenden soll es um die Frage gehen, ob ein Weltstaat allgemein wünschenswert ist.

M 21

M 22

2 Vergleichen Sie das Signet der Vereinten Nationen mit der Zeichnung des Karikaturisten Ivan Steiger. Was will Steiger zum Ausdruck bringen?

M 23

Immanuel Kant: Zweiter Definitivartikel zum ewigen Frieden. „Das Völkerrecht soll auf einen Föderalismus freier Staaten gegründet sein“ (1795)

Völker, als Staaten, können wie einzelne Menschen beurteilt werden, die sich in ihrem Naturzustande (d. i. in der Unabhängigkeit von äußern Gesetzen) schon durch ihr Nebeneinandersein lädieren, und deren jeder, um seiner Sicherheit willen, von dem andern fordern kann und soll, mit ihm in eine, der bürgerlichen ähnliche, Verfassung zu treten, wo jedem sein Recht gesichert werden kann. Dies wäre ein *Völkerbund*, der aber gleichwohl kein Völkerstaat sein müsste. Darin aber wäre ein Widerspruch; weil ein jeder Staat das Verhältnis eines *Oberen* (Gesetzgebenden) zu einem *Unteren* (Gehorchenden, nämlich dem Volk) enthält, viele Völker aber in einem Staate nur ein Volk ausmachen würden, welches [...] der Voraussetzung widerspricht. [...]

Da die Art, wie Staaten ihr Recht verfolgen, nie, wie bei einem äußern Gerichtshofe, der Prozess, sondern nur der Krieg sein kann, durch diesen aber und seinen günstigen Ausschlag, den Sieg, das Recht nicht entschieden wird, und durch den *Friedensvertrag* zwar wohl dem diesmaligen Kriege, aber nicht dem Kriegszustande (immer zu einem neuen Vorwand zu finden) ein Ende gemacht wird [...], gleichwohl aber von Staaten, nach dem Völkerrecht, nicht eben das gelten kann, was von Menschen im gesetzlosen Zustande nach dem Naturrecht gilt, „aus diesem Zustande herausgehen zu sollen“ (weil sie, als Staaten, innerlich schon eine rechtliche Verfassung haben, und also dem Zwange anderer, sie nach ihren Rechtsbegriffen unter eine erweiterte gesetzliche Verfassung zu bringen, entwachsen sind), indessen dass doch die Vernunft vom Throne der höchsten moralisch gesetzgebenden Gewalt herab, den Krieg als Rechtsgang schlechterdings verdammt, den Friedenszustand dagegen zur unmittelbaren Pflicht macht, welcher doch ohne einen Vertrag der Völker unter sich, nicht gestiftet oder gesichert werden kann: – so muss es einen Bund von besonderer Art geben, den man den Friedensbund (foedus pacificum) nennen kann, der vom Friedensvertrag (pactum pacis) darin unterschieden sein würde, dass dieser bloß einen Krieg, jener aber alle Kriege auf immer zu endigen suchte. Dieser Bund geht auf keinen Erwerb irgend einer Macht des Staats, sondern lediglich auf Erhaltung und Sicherung der Freiheit eines Staats, für sich selbst und zugleich anderer verbündeten Staaten, ohne dass diese doch sich deshalb (wie Menschen im Naturzustande) öffentlichen Gesetzen, und einem Zwange unter denselben unterwerfen dürfen. – Die Ausführbarkeit (objektive Realität) dieser Idee der Föderalität, die sich allmählich über alle Staaten erstrecken soll und so zum ewigen Frieden hinführt, lässt sich darstellen. Denn wenn das Glück es so fügt: dass ein mächtiges und aufgeklärtes Volk sich zu einer Republik (die ihrer Natur nach zum ewigen Frieden geneigt sein muss) bilden kann, so gibt diese einen Mittelpunkt der föderativen Vereinigung für andere Staaten ab, um sich an sie anzuschließen, und so den Freiheitszustand der Staaten, gemäß der Idee des Völkerrechts, zu sichern, und sich durch mehrere Verbindungen dieser Art nach und nach immer weiter auszubreiten.

Dass ein Volk sagt: „Es soll unter uns kein Krieg sein; denn wir wollen uns in einem Staat formieren, d. i. uns selbst eine oberste gesetzgebende, regierende und richtende Gewalt setzen, die unsere Streitigkeiten friedlich ausgleicht" – das lässt sich verstehen. – Wenn aber dieser Staat sagt: „Es soll kein Krieg zwischen mir und andern Staaten sein, obgleich ich keine oberste gesetzgebende Gewalt erkenne, die mir mein und der ich ihr Recht sichere", so ist es gar nicht zu verstehen, worauf ich dann das Vertrauen zu meinem Rechte gründen wolle, wenn es nicht das Surrogat des bürgerlichen Gesellschaftsbundes, nämlich der freie Föderalism ist, den die Vernunft mit dem Begriffe des Völkerrechts notwendig verbinden muss, wenn überall etwas dabei zu denken übrig bleiben soll.

Bei dem Begriffe des Völkerrechts, als eines Rechts zum Kriege, lässt sich eigentlich gar nichts denken (weil es ein Recht sein soll, nicht nach allgemein gültigen äußern, die Freiheit jedes Einzelnen einschränkenden Gesetzen, sondern nach einseitigen Maximen durch Gewalt, was Recht sei, zu bestimmen), es müsste denn darunter verstanden werden: dass Menschen, die so gesinnt sind, ganz recht geschieht, wenn sie sich untereinander aufreiben, und also den ewigen Frieden in dem weiten Grabe finden, das alle Gräuel der Gewalttätigkeit samt ihren Urhebern bedeckt. – Für Staaten im Verhältnisse untereinander kann es nach der Vernunft keine andere Art geben, aus dem gesetzlosen Zustande, der lauter Krieg enthält, herauszukommen, als dass sie, ebenso wie einzelne Menschen, ihre wilde (gesetzlose) Freiheit aufgeben, sich zu öffentlichen Zwangsgesetzen bequemen, und so einen (freilich immer wachsenden) Völkerstaat (civitas gentium), der zuletzt alle Völker der Erde befassen würde, bilden. Da sie dieses aber nach ihrer Idee vom Völkerrecht durchaus nicht wollen, mithin, was in thesi richtig ist, in hypothesi verwerfen, so kann an die Stelle der positiven Idee einer Weltrepublik (wenn nicht alles verloren werden soll) nur das negative Surrogat eines den Krieg abwehrenden, bestehenden, und sich immer ausbreitenden Bundes den Strom der rechtscheuenden, feindseligen Neigung aufhalten, doch mit beständiger Gefahr ihres Aufbruchs [...].

3 Erläutern Sie die Behauptung, Friedensverträge machten dem Kriegszustande kein Ende (vgl. Z. 39 ff.).

4 Stellen Sie die „Konzeptionen" von Friedensbund und Weltrepublik einander gegenüber.

5 Überprüfen Sie, welche dieser beiden Konzeptionen Kant befürwortet, und geben Sie die von ihm angeführten Gründe an.

6 Prüfen Sie, an welcher Stelle Kant die Argumentation von Thomas Hobbes (S. 272) aufgreift und auf das Verhältnis der Staaten untereinander bezieht.

M 24 Otfried Höffe: Für und wider eine Weltrepublik (1997)

Gegen ein Weltreich, das alle Einzelstaaten einschmilzt, bestenfalls zu Provinzen degradiert, spricht noch ein prinzipielles Argument. Von der Rechtsvernunft geboten ist die globale Staatlichkeit nicht schlechthin, sondern lediglich für den bestehenden Rest an Rechtlosigkeit. Hier erhält das Subsidiaritätsprinzip einen neuen Anwendungsbereich: Gerade, weil für die primäre Rechtssicherung schon die Einzelstaaten verantwortlich sind, genügt für deren Koexistenz eine sekundäre Staatsordnung, während den Einzelstaaten der Rang von Primärstaaten bleibt. Im Rahmen des universalen Rechtsgebots stehen der internationalen Rechtsgemeinschaft nur wenige Restaufgaben zu. Die Fragen des Zivil- und des Strafrechts, die des Arbeits- und Sozialrechts [...], diese und andere der vertrauten Staatsaufgaben verbleiben in der Zuständigkeit der Primärstaaten. Der Kompetenz des Sekundärstaates sind sie wenigstens zunächst entzogen; allenfalls subsidiär, im Sinne einer Delegation von den Einzelstaaten zur Weltrepublik, mag eine Kompetenzerweiterung zulässig sein. [...] Die Bürgerschaft der einzelnen Staaten autorisiert ihre Regierung, zugunsten der Weltrepublik auf einen Teil der Souveränität zu verzichten. [...] Der Völkerstaat [...] trägt für die Sicherheit und das Selbstbestimmungsrecht der Einzelstaaten Sorge und für – fast – nichts sonst. Er verfügt durchaus über die oberste Gewalt, allerdings eingeschränkt auf einen minimalen Kompetenzbereich, vor allem auf die zwischenstaatlichen und nicht auf die innerstaatlichen Konflikte. [...]
Weil für die Rechtssicherheit öffentliche Gewalten unabdingbar sind, gehört zu einer Weltrepublik ein Weltparlament (bestehend aus zwei Kammern: einem Weltrat – die Staatenkammer – [...] – und einem Welttag – die Bürgerkammer [...]), ferner eine Weltjustiz und eine Weltexekutive. Die Weltorganisation, die heute dafür in Frage kommt, die Vereinten Nationen, kennt zwar Ansätze. [...] Trotzdem kommt man nicht umhin, sich einzugestehen, dass die Vereinten Nationen hinsichtlich ihrer Hauptaufgabe, der Friedenssicherung, versagen. Bestenfalls verstehen sie sich darauf, lokale Konflikte zu beherrschen. Selbst diese Aufgaben lösen sie aber nur zufällig, dort nämlich, wo die Interessen der größeren Mächte konvergieren. Dagegen fehlt ein politischer Wille, der den Krieg [...] grundsätzlich ächtet und gegen Annexionen beispielsweise nicht nur selektiv vorgeht. [...] Hier taucht ein Recht auf politische Intervention auf, ein Recht, zumindest gegen Genozide vorzugehen. Dabei ist erneut eine strenge Gleichbehandlung geboten: Man darf sich nicht gegen gewisse Völkermorde sensibel, gegen andere teilnahmslos verhalten.
Sobald diese Aufgabe verlässlich erfüllt wird, dürfte sich die Weltrepublik einer zweiten Kompetenzerweiterung zuwenden. Sie ergibt sich aus dem Umstand, dass Einzelstaaten nur soweit legitim sind, wie sie Menschenrechte nicht elementar verletzen. Dort, wo Einzelstaaten dieser Bedingung widersprechen, müsste sich die Weltrepublik für den innerstaatlichen Menschenrechtsschutz einsetzen: durch Überwachungsorgane, durch Berichtsverfahren und durch das Recht, vor dem Organ der Weltjustiz Individual- und Gruppenbeschwerden vorzutragen.
Zweifelsohne gibt es weitere Rechtsaufgaben, die den Handlungsbereich von Einzelstaaten überschreiten, folglich in die Zuständigkeit einer Weltrepublik fallen: etwa grenzüberschreitende ökologische Beeinträchtigungen, die Bekämpfung des internationalen Terrorismus, die des internationalen Drogenhandels und der Verbreitung von ABC-Waffen. [...] Aufgrund derartiger Kompetenzen ist die Weltrepublik nicht ganz so minimalstaatlich, wie sie zunächst erscheint. Auch dann, bei einer erweiterten Minimalstaatlichkeit bleibt aber der sekundärstaatliche Charakter der Weltrepublik erhalten.

INFO

Subsidiaritätsprinzip

Unter dem Subsidiaritätsprinzip versteht man das Prinzip in föderalistischen Systemen, dass zunächst die untersten politischen Einheiten (z. B. Kommunen und Gemeinden) politische Probleme selbst lösen. Erst wenn untere Einheiten Probleme nicht mehr allein bewältigen können oder Probleme größere Zusammenhänge berühren, haben übergeordnete Einheiten (z. B. Bund und Länder) die Zuständigkeit, gesetzliche Regelungen zu treffen. Es gibt also eine Zuständigkeitsverteilung und eine Abgrenzung der Kompetenzen. Damit hängt etwa auch die Frage zusammen, inwieweit die Mitgliedstaaten weitere Kompetenzen an die EU-Ebene abtreten (vgl. Vertrag von Lissabon).

7 Beschreiben Sie, wie eine Weltstaatlichkeit nach Höffe aussehen könnte. Verwenden Sie zentrale Begriffe aus dem Text.

8 Überprüfen Sie, inwieweit Höffe den Ausführungen von Kant folgt und inwiefern er davon abweicht.

Christoph Horn: Der supranational-leviathanische Weltstaat (2002)

M 25

Es gehört zu den grundlegenden Einsichten der frühneuzeitlichen Staatsphilosophie, dass nur dem Staat, nicht den Religionen oder Weltanschauungen die übergreifende Vermittlungs- und Integrationsfunktion mit Blick auf die Gesellschaft zukommen kann. Denn nur auf dieser Basis lässt sich eine Pluralität von einander ausschließenden Konzeptionen des guten Lebens koordinieren. Der Staat ist dabei als eine neutrale, übergreifende Institution zu betrachten, welche die Interessen seiner Bürger gleichberechtigt gelten lässt, Interessenkonflikte in fairer Weise austrägt und Regelverstöße unter Strafandrohung stellt sowie ahndet. Aus diesem Grund muss der Staat über Organe der Entscheidungsfindung wie über Instrumente der Implementierung seiner Entscheidungen verfügen. Aufgrund dieser Tatsache verdient er die Bezeichnung „Leviathan". [...] Wer die Auffassung vertritt, ein Staat müsse hinsichtlich Regelungskompetenz und Durchsetzungsmacht einem Ungeheuer gleichen, handelt sich damit noch keineswegs die Hobbessche These ein, ein solcher Staat müsse monarchistisch oder gar absolutistisch verfasst sein. Offenkundig muss nur die Regelungskompetenz des Staates so groß sein, dass sich alle zu erwartenden Probleme durch sie bewältigen lassen. [...]

An Höffe kann man demgegenüber die einfache Frage richten, wie seine Weltrepublik, die sich von der Figur des Leviathan distanziert, überhaupt funktionieren sollte. [...] Man fragt sich, wo hier die Grenze zwischen Einzel- und globalstaatlicher Kompetenz verläuft, wodurch sie begründet ist und wie der Kompetenzvorrang in einem Konfliktszenario zu beschreiben wäre. [...] Auf welche Weise könnte eine Delegation von unten nach oben je zur Etablierung einer supranationalen Zwangsgewalt führen? Auf welche Weise könnte eine Höffesche Weltrepublik einem ihrer Einzelstaaten eine Weisung erteilen, sei es denn, dieser wäre aus freien Stücken zu ihrer Befolgung bereit? Eine sekundäre Weltrepublik wäre offenkundig kaum mehr als ein beratendes und empfehlendes Gremium, bestenfalls ein internationales Schiedsgericht – in jedem Fall eine Institution ohne Weisungsbefugnis und Durchsetzungsmacht. Sie bliebe ein Spielball der Einzelstaaten [...].

Mein abschließender Einwand betrifft daher die Organisationsprinzipien, durch die das Höffesche Modell einer Weltrepublik bestimmt ist [...]. Kein Staat kann sich im Augenblick seiner hypothetischen Gründung, also beim legitimatorisch-konstruierten Übergang vom status naturalis zum status civilis, mit einer irgendwie eingeschränkten Rolle begnügen. Vielmehr muss mit jedem staatsbegründenden Vertragsschluss [...] eine umfassende Kompetenz oder eine Gesamtzuständigkeit des Staates verbunden sein. Kein Staat kann von vorneherein abschätzen, welche Aufgaben sich ihm stellen und welche nicht und wie sich sein Aufgabenbereich im Laufe der Zeit modifizieren könnte. [...]

Die Unabsehbarkeit jener Eingriffskompetenz, die man einem Staat zugestehen muss, wird nirgends greifbarer als im Fall eines Weltstaats, der auf hochkomplexe globale Situationen zu reagieren hat. Im Normalfall könnte man auf der Basis der Prinzipien Föderalismus und Subsidiarität Kompetenzen sehr weitgehend von oben nach unten delegieren; aber es sind dramatische Fälle vorstellbar, in denen ein Weltstaat diese Kompetenzverteilung rückgängig machen müsste.

9 Analysieren Sie die Position und die dazugehörige Argumentation von Horn in Bezug auf den Weltstaat.

10 Arbeiten Sie heraus, inwiefern sich Horn gegen Höffe wendet.

11 Fassen Sie zusammen, was Sie über die Konzeption eines Friedensbundes, eines komplementären Weltstaates und eines supranational-leviathanischen Weltstaates herausgefunden haben (M 20, M 23 – M 25).

12 Erörtern Sie, inwiefern ein Weltstaat in Zukunft wünschenswert und/oder sinnvoll ist. Nehmen Sie begründet Stellung.

13 Beurteilen Sie, inwieweit die Einrichtung eines Weltstaats realistisch erscheint.

Übungen zur Klausur

Karl Otto Hondrich: Auf dem Weg zu einer Weltgewaltordnung

Viel und ausgiebig war im Vorfeld des neuen Irak-Krieges von Recht, Rechtfertigungen, Resolutionen die Rede. Doch geht es für die Vereinigten Staaten in diesem Krieg um noch Wichtigeres - zu beweisen, dass sie als überlegene Ordnungsmacht nach dem 11. September 2001 bereit sind, eine militärische Drohung auch wahr zu machen. Die Handlungsfähigkeit der Hegemonialmacht[1] ist entscheidend für den Frieden in einer Welt, in der - obwohl vielfach verdrängt - Gewalt immer wieder auch grundlegend ist. Denn Ordnung und Freiheit stellen sich nicht einfach her durch Gleichverteilung, sondern durch Unterdrükkung von Gewalt durch noch größere Gewalt. [...]

Wir führen Gewalt auf individuelle Schuld und Schurken zurück. Einzelne Führer oder die von ihnen Verführten für böse oder dumm, für zu stark oder zu schwach zu halten - das ist auch heute noch die geläufigste Kriegserklärung. Sie übersieht dabei allerdings etwas Entscheidendes: Gewalt ist keine Eigenschaft von Einzelnen, sondern entsteht als Wechselwirkung zwischen Menschen. Sie wird nicht nur durch niedrige Neigungen, sondern auch durch hohe Werte hervorgerufen. Als Versuch, eigene Werte (und Interessen) auch um den Preis durchzusetzen, andere und sich selbst zu verletzen, gibt es Gewalt, solange Menschen verletzlich sind und solange Werte im Widerstreit sich behaupten wollen. [...]

Die Einsicht ist bitter. Aber es führt kein Weg an ihr vorbei: Je höher und schneller sich Gesellschaft entwickelt und je weiter sie sich als Weltgesellschaft dehnt, desto verletzlicher werden die Menschen und ihre Kulturen, desto durchsetzungseifriger, desto konfliktreicher, kurz: desto gewaltträchtiger.

Die Gewalt wächst in der Latenz[2], geborgen und verborgen. Ausbrechen kann sie überall und jederzeit. Wie ist sie in Schach zu halten? Durch Verträge zwischen Gleichen und Gleichberechtigten, lautet die prompte Antwort. In ihr drückt sich eine tiefe und weithin geteilte moralische Intuition aus: Die Ordnung sei am besten, die sich durch Freiheit und Gleichheit, als Gleichgewicht und Gleichverteilung einstelle. Die Vorstellung trügt. [...]

Das „Gleichgewicht der Kräfte" zwischen Stämmen, Fürsten und Staaten: Immer brach es zusammen - zuletzt im Kalten Krieg - oder lud zu gewaltsamen Machtproben ein. Daraus erst ging die Bändigung von Gewalt hervor. Nicht durch Recht, sondern durch Gewalt selbst, nicht durch Gleichverteilung, sondern im Gegenteil durch äußerste Ungleichverteilung und Konzentration der Gewalt beim Staat entstand die Gewaltfreiheit, die wir heute als zivile Gesellschaft genießen. [...]

Immer mehr Staaten, Banden, Terrorgruppen verschaffen sich die modernsten Waffen, um bei der Ordnung der Gewalt mitzumischen - und vergrößern die Unordnung der Gewalt. Dies schreit nach einer Weltgewaltordnung.

Wie soll sie aussehen? Lauter gleichberechtigte Staaten, wie es das Credo der UNO will? Die Staaten fordern auch das gleiche Recht auf Waffen. Zur Sicherheit trägt das nicht bei. Ordnung heißt, machen wir uns nichts vor, nicht Gleichverteilung, sondern Unterdrückung von Gewalt durch noch größere Gewalt. Die größere Unterdrückung gewährt mehr Sicherheit als die kleinere. [...]

Den Anspruch, Ordnungsmacht zu sein, können viele erheben - aber nur der Krieg macht die Probe aufs Exempel. Er ist ein Beispiel, eine Stichprobe und ein Glied in einer Kette. Keine Ordnungsgewalt ist gewaltig genug, um alle Gewalt gleicher- und gerechtermaßen zu unterdrücken. Jede Ordnung kann nur Exempel statuieren und enthält, in deren Auswahl, ein Element des Eigeninteresses und der Willkür. [...]

Die Vereinigten Staaten sind, nach dem Untergang des Sowjetimperiums und vor dem Aufgang Chinas und Indiens, die einzige Gewaltmacht auf der Welt, die sich dieser Aufgabe wirklich stellt. [...] Die Welt ist US-hegemonial verfasst, weil es eine Ordnung ohne Gewalt nicht gibt; weil es eine Gewaltordnung ohne Hegemonie nicht gibt und weil es keinen andern Hegemon gibt, der die Vielfalt, die Widersprüche und die Träume der Welt so sehr in sich vereint wie die Vereinigten Staaten. Wer von ihrer Hegemonie nichts wissen will, der kann die Hoffnung auf Weltfrieden begraben.

Hondrich, Karl O.: Auf dem Weg zu einer Weltgewaltordnung. Der Irak-Krieg als Exempel. Aus: NZZ, 1. 4. 2005.

Worterläuterungen

[1] Hegemonie: die Vorherrschaft eines Staates, [2] Latenz: verborgenes Vorhandensein, [3] marodieren: plündern

1 Stellen Sie das Ausgangsproblem und die zentrale These dar und erarbeiten Sie den Argumentationsgang.

2 Vergleichen Sie die Position Hondrichs mit der von Immanuel Kant. Stellen Sie dafür zuvor die Friedensidee Kants in ihrem Begründungszusammenhang dar.

3 Beurteilen Sie beide Positionen und diskutieren Sie, wie man den Weltfrieden am besten sichern kann.

Zu erwartende Schülerleistung und Bewertung:

Inhaltliche Leistung

Aufg. 1	**Anforderung: Korrekte, vollständige und begrifflich präzise Rekonstruktion des Textes** Der Schüler oder die Schülerin	**Max. Punkte**
1	• stellt das Anliegen des Textes dar: Argumentative Entfaltung einer Legitimation des Irak-Krieges mit dem Ziel der Herstellung eines Weltfriedens.	4 (II)
2	• stellt die zentrale These dar: Der Weltfrieden kann nur durch die Errichtung einer Gewaltordnung hergestellt werden, deswegen ist die Handlungsfähigkeit der Hegemonialmacht für den Frieden in der Welt wichtig.	4 (I)
3	• erarbeitet den Argumentationsgang des Textes: – Gewalt entsteht aus dem Widerstreit von Interessen und Werten, je weiter die Weltgesellschaft sich dehnt, desto konflikt- und gewaltträchtiger wird sie. – Die Lösung durch ein Gleichgewicht der Kräfte ist labil, fördert eher die Gewalt; – Die Unsicherheit durch die Verteilung der Gewalt auf verschiedene Staaten, Banden und Terrorgruppen lässt sich nur beantworten durch eine Hegemonialmacht. – Die USA sind die einzige Gewaltmacht, die mit einer auch durch Gewalt durchgesetzten Weltordnung für Frieden sorgen können.	12 (I)
4	• erarbeitet den Argumentationsgang unter Berücksichtigung der Sprechakte.	6 (II)
		26
Aufg. 2	**Anforderung: Einbringung von theoretisch und begrifflich differenziertem Fachwissen** Der Schüler oder die Schülerin	
1	• stellt die grundlegende Position Kants, dass Frieden durch eine weltumspannende Rechtsordnung gewährleistet werden soll, in ihrem Zusammenhang und in ihrer Systematik (Präliminarartikel, drei Definitivartikel ...) dar.	10 (I)
2	• arbeitet als Gemeinsamkeiten bzw. Ähnlichkeiten der Ansätze von Hondrich und Kant heraus: (i) Beide verstehen Gewalt als Grundlage von Recht; (ii) Beide sehen in der Zentralisierung von Gewalt die Lösung für Frieden.	9 (II)
3	• arbeitet als Unterschiede zwischen den beiden Positionen heraus: (i) Während Kant einen idealen Entwurf beschreibt, erscheint Hondrichs Ansatz als pragmatischer Lösungsvorschlag; (ii) Hondrich beschreibt Gewalt als Lösung, Kant sieht diese Lösung im Recht; (iii) bei Hondrich gibt es eine Einmischungsnotwendigkeit, bei Kant Einmischungsverbot	9 (II)
		28
Aufg. 3	**Anforderung: eigenständige und stimmige Begründung der Beurteilung** Der Schüler oder die Schülerin	
1	• nimmt Stellung zu der Schlüssigkeit der Positionen von Hondrich und Kant.	5 (III)
2	• führt in seiner Diskussion an, dass Hondrichs Konzept zur Friedenssicherung – ein Rezept bietet, sehr pragmatisch und unkompliziert zwischenstaatliche Gewalt zu unterdrücken. – die Gefahr birgt, dass ein Staat die Macht an sich reißt, der, ggf. auf Kosten der Menschenrechte, nur eigene Interessen verfolgt.	8 (III)
3	• führt in seiner Diskussion an, dass Kants Konzept zur Friedenssicherung ... – auf globaler Ebene dem westlichen Staatsideal für Einzelstaaten nahekommt. – in der Form des Modells eines Bundes freier, autonomer Staaten (Surrogat) immer eine Gefährdung für den Frieden beinhaltet.	8 (III)
4	• formuliert eine begründete Stellungnahme.	5 (III)
		26

Darstellungsleistung

Anforderung:	
schlüssige, klare gedankliche Strukturierung des Textes	5
präzise und differenzierte Sprache mit einer adäquaten Verwendung der Fachterminologie	5
sprachlich richtig sowie syntaktisch und stilistisch sicher	5
sichere und transparente Verbindung von Sachdarstellung, Analyse und Bewertung Belegung der Aussagen durch angemessene und korrekte Nachweise (Zitate)	5
Darstellungsleistung insgesamt	20

Wahrheit und Wissen – Erkenntnistheorie, Logik, Wissenschaftstheorie

Die Enzyklopädie „Margarita philosophica" des Gregor Reisch (um 1470–1525; vgl. S. 341 f.) bietet einen Überblick über das gesamte Wissen des späten Mittelalters. An der Spitze der Wissenschaften steht die Theologie (die Gottesgelehrsamkeit), die die vier großen abendländischen Kirchenlehrer, die Heiligen Augustinus, Gregorius, Hieronymus und Ambrosius (von links nach rechts) repräsentieren Am unteren Bildrand stehen der Grieche Aristoteles und der Römer Seneca für die weltliche Philosophie der Zeit, die Naturphilosophie und die Moralphilosophie. Im Innenkreis der Darstellung finden sich die allegorischen Personifikationen der *septem artes liberales, der sieben freien Künste,* die die Grundlage der Bildung ausmachen, mit ihren typischen Attributen: *Logik, Rhetorik* und *Grammatik (sog. Trivium)* sowie *Arithmetik, Musik, Geometrie* und *Astronomie (sog. Quadrivium)* (von links nach rechts). Im oberen Teil des Innenkreises erscheint die Philosophie der Natur, der Vernunft und der Moral, den Gegenständen der drei „höheren Studien", als eine geflügelte Frau mit drei Köpfen.

René Magritte: Die Beschaffenheit des Menschen, 1933

„Wer die **Wahrheit** in die Sinne verlegt, der hat den Glauben an seine Sinne; indem er seine Sinneseindrücke zweimal glaubt, zweimal setzt, einmal subjektiv und einmal objektiv, stellt er Übereinstimmung zwischen Schein und Wirklichkeit her und nennt es *Wahrheit*, dass identische Dinge identisch sind. Wer die Wahrheit in sein Urteil verlegt, gibt dem Wahrheitsbegriff womöglich noch geringeren Inhalt: Einmal urteilt er (selbstverständlich richtig, d.h. nach seinem besten logischen Gewissen), sodann glaubt er an die Richtigkeit seines richtigen Urteils und nennt diesen seinen Glauben die *Wahrheit*.“ *(Fritz Mauthner)*

Bisher nahm man an, alle unsere **Erkenntnis** müsse sich nach den Gegenständen richten; aber alle Versuche, über sie etwas a priori auszumachen, wodurch unsere Erkenntnis erweitert würde, gingen unter dieser Voraussetzung zunichte. Man versuche es daher einmal, ob wir nicht in den Aufgaben der Metaphysik damit besser fortkommen, dass wir annehmen, die Gegenstände müssen sich nach unserer Erkenntnis richten, welches so schon besser mit der verlangten Möglichkeit einer Erkenntnis derselben a priori zusammenstimmt, die über Gegenstände, ehe sie uns gegeben werden, etwas feststellen soll. *(Immanuel Kant)*

Die Erkenntnisweise der Wissenschaft steht in einer Reihe mit anderen Ausprägungen des Geistes. Sie gibt eine bestimmte Weise von Wissen, gegenüber anderen Wissensweisen bleibt sie stumm.

Lange Zeit schien es, als ob durch sie alle anderen und älteren Ausprägungen des Geistes als Irrtümer und Unwissenheiten erwiesen wären.

Heute nimmt sich die Wissenschaft in ihre Grenzen zurück. Sie bietet Möglichkeiten der Daseinsbewältigung. Mehr nicht. Die alten Sinnfragen bleiben im Recht. Es ist wichtig, die Wissensweise der Wissenschaft zu kennen und ihre Grenzen vor Augen zu haben. *(Heinrich Rombach)*

1. Was wissen wir von der Wirklichkeit?

1.1 „Dubito ergo sum“ – Descartes, Maturana

Zu den Werken der deutschen Literatur, die weltliterarischen Rang besitzen, gehört Johann Wolfgang von Goethes (1749–1832) „Faust“. Dessen Erster Teil erschien im Jahre 1808. Goethes Dichtung greift einen alten Stoff auf. Im Zentrum steht eine historisch und damit auch außerhalb der Literatur fassbare Gestalt mit dem überlieferten Namen Johann Georg Faust. Er lebte etwa zwischen 1480 und 1540, war berühmt oder berüchtigt wegen seiner vorgeblichen Heilkunst, die wohl aus einer Mischung von Medizin, Astrologie und Alchemie bestand. Als Scharlatan verrufen, rankten sich um seine Person bald sagenhafte Zuschreibungen: So soll er mit seinem teuflischen Diener Mephistopheles einen Vertrag geschlossen haben. Wenn der Teufel vierundzwanzig Jahre lang jeden seiner Wünsche erfüllt haben würde, sollte ihm Fausts Seele gehören.
Bei Goethe wird die Handlung durch eine Wette ausgelöst: Im „Prolog im Himmel“ wettet der Teufel in Gestalt des nicht uncharmanten Zynikers Mephistopheles mit „dem Herrn“ um die Seele Fausts, „des Doktors“. Mephisto werde es mit allen seinen Verführungskünsten letztlich nicht gelingen, die Seele Fausts vom rechten Wege abzubringen.
Danach beginnt die Handlung des Dramas mit einer nächtlichen Szene im Arbeitszimmer Fausts. Faust tritt uns als Gelehrter entgegen. Gequält von Selbstzweifeln, sinniert er in einem großen Monolog über den Sinn seiner Existenz und die fragwürdigen Erfolge seiner Arbeit.

M 1

Johann Wolfgang von Goethe: Faust I (Nacht)

Faust: Habe nun, ach! Philosophie,
Juristerei und Medizin,
Und leider auch Theologie
Durchaus studiert, mit heißem Bemühn.
Da steh' ich nun, ich armer Tor,
Und bin so klug als wie zuvor!
Heiße Magister, heiße Doktor gar,
Und ziehe schon an die zehen Jahr'
Herauf, herab und quer und krumm,
Meine Schüler an der Nase herum –
Und sehe, dass wir nichts wissen können!
Das will mir schier das Herz verbrennen.
Zwar bin ich gescheiter als alle die Laffen,
Doktoren, Magister, Schreiber und Pfaffen;
Mich plagen keine Skrupel noch Zweifel,
Fürchte mich weder vor Hölle noch Teufel –
Dafür ist mir auch alle Freud' entrissen,
Bilde mir nicht ein, was Rechts zu wissen.
Bilde mir nicht ein, ich könnte was lehren,
Die Menschen zu bessern und zu bekehren.

M 2

Georg Friedrich Kersting: Faust im Studierzimmer, 1829

1 Der Mann, den Goethe uns am Anfang seines Stücks vorstellt, wird offensichtlich ungeachtet seiner äußeren Erfolge von existenziellen Zweifeln heimgesucht. Erläutern Sie anhand des Textes, was Faust als sein Problem und dessen Gründe ansieht.

2 Goethe und Kersting stellen uns Faust als einen Gelehrten vor. Stellen Sie aus Text und Bild die Attribute zusammen, die Faust als einen solchen kennzeichnen.

3 Betrachten Sie M 2 genau und prüfen Sie, ob es dem Maler des Bildes gelungen ist, die Gemütslage Fausts zu erfassen.

4 Faust heute! Vergleichen Sie die Auffassung des Protagonisten in einer modernen „Faust"-Inszenierung – soweit das anhand eines Szenenfotos möglich ist – mit der Auffassung in M 2.

5 Wo man früher von „Gelehrten" sprach, spricht man heute von „Wissenschaftlern". Nobelpreisträger sind besonders prominente Vertreter diese Berufsgruppe. Können Sie sich Faust als Nobelpreisträger vorstellen? Worin unterscheidet er sich von einem modernen Wissenschaftler?

Szenenfoto aus der Wiener Burgtheater-Inszenierung von 2009

Die philosophische Position, die aus den Worten Fausts spricht („ich sehe, dass wir nichts wissen können ..."), bezeichnet man als Skeptizismus. Es geht im Folgenden um die Frage, welche Bedeutung der Skeptizismus für das Erkennen und Handeln hat.

6 Nehmen Sie versuchsweise die Position eines radikalen Skeptikers ein und ziehen Sie bisher für wahr Gehaltenes in Zweifel. Gibt es Grenzen für diese Haltung? Gibt es Überzeugungen, die Sie auf keinen Fall oder nur um den Preis Ihrer eigenen Glaubwürdigkeit anzweifeln können?

In seinem philosophischen Hauptwerk, den so genannten „Meditationen", beschreibt der französische Philosoph René Descartes (1596–1650) seine Suche nach einem unerschütterlichen Fundament aller Erkenntnis (vgl. auch S. 145 ff.).

René Descartes: Der Weg zur Gewissheit (1641) M 3

Schon vor einer Reihe von Jahren habe ich bemerkt, wie viel Falsches ich in meiner Jugend habe gelten lassen und wie zweifelhaft alles ist, was ich hernach darauf aufgebaut, dass ich daher einmal im Leben alles von Grund aus umstoßen und von den ersten Grundlagen an neu beginnen müsse, wenn ich jemals für etwas Unerschütterliches und Bleibendes in den Wissenschaften festen Halt schaffen wollte. Indessen schien mir dies ein gewaltiges Unternehmen zu sein, und ich wartete daher dasjenige reifere Alter ab, dem keines mehr folgen würde, das geeigneter wäre, sich der Wissenschaften gründlich anzunehmen. [...] So habe ich denn heute zur rechten Zeit meine Gedanken aller Sorgen entledigt, mir ungestörte Muße in einsamer Zurückgezogenheit verschafft und werde endlich ernsthaft und unbeschwert zu diesem allgemeinen Umsturz meiner Meinungen schreiten. Dazu wird es indessen nicht nötig sein zu zeigen, dass sie alle falsch sind, denn das würde ich wohl niemals erreichen können; da es jedoch nur vernünftig ist, bei dem nicht ganz Gewissen und Unzweifelhaften ebenso sorgsam seine Zustimmung zurückzuhalten wie bei offenbar Falschem, so wird es, sie alle zurückzuweisen, genügen, wenn ich in einer jeden irgendeinen Grund zu zweifeln antreffe. Auch brauche ich sie deswegen nicht alle einzeln durchzugehen, was eine endlose Arbeit wäre; ich werde vielmehr, da bei untergrabenen Fundamenten alles darauf Gebaute von selbst zusammenstürzt, den Angriff sogleich auf eben die Prinzipien richten, auf die sich alle meine früheren Meinungen stützten.

7 Beschreiben Sie die Rolle, in der das „Ich“ dieses Textes sich selbst sieht.
8 Formulieren Sie mit Ihren eigenen Worten, welches „Projekt“ das „Ich“ Descartes’ eigentlich verfolgt.
9 Erläutern Sie, welche Funktion Descartes der Skepsis im Rahmen dieses Projekts zuweist.
10 Wie soll das Unternehmen, dessen Beginn hier geschildert wird, organisiert werden, damit es überhaupt Aussicht auf Erfolg hat?

Der chilenische Biologe Humberto Maturana (* 1928) gilt neben anderen als Begründer einer „Schule“ innerhalb der Erkenntnistheorie, die unter dem Etikett „Radikaler Konstruktivismus“ firmiert.

M 4

Humberto Maturana: Was erkennen wir, wenn wir erkennen? (1987)

Wenn der Leser die Aussagen in diesem Buch *ernst genommen* hat, wird er sich gezwungen sehen, *alles* was er tut – ob beim Sehen, Schmecken, Auswählen, Ablehnen oder Sprechen – als eine Welt anzusehen, die er in Koexistenz mit anderen Menschen mittels der von uns beschriebenen Mechanismen *hervorbringt.* [...]
Die vorgelegte Betrachtungsweise versetzt uns zweifellos in eine kreisläufige Situation, die ein [...] Schwindelgefühl bei uns hervorrufen mag [...]. Dieses Schwindelgefühl rührt daher, dass wir *keinen festen Bezugspunkt* mehr haben, an dem wir unsere Beschreibungen verankern und mit Bezug auf den wir ihre Gültigkeit behaupten und verteidigen können. In der Tat ist es so: Wenn wir die Existenz einer objektiven Welt voraussetzen, die von uns als den Beobachtern unabhängig und die unserem Erkennen durch unser Nervensystem zugänglich ist, dann können wir nicht verstehen, wie unser Nervensystem in seiner strukturellen Dynamik funktionieren und dabei eine Repräsentation dieser unabhängigen Welt erzeugen soll. Setzen wir jedoch *nicht* eine von uns als Beobachtern unabhängige Welt voraus, scheinen wir zuzugestehen, dass alles relativ ist und dass alles möglich ist, da es keine Gesetzmäßigkeiten gibt. So sind wir mit dem Problem konfrontiert zu verstehen, wie unsere Erfahrung – unsere Lebenspraxis – mit einer uns umgebenden Welt gekoppelt ist, die erfüllt zu sein scheint von Regelmäßigkeiten, die in jedem einzelnen Fall das Ergebnis unserer biologischen und sozialen Geschichte sind.
Wieder müssen wir auf einem Grat wandern und vermeiden, in eines der Extreme – das repräsentationistische (Objektivismus) oder das solipsistische (Idealismus) – zu verfallen. Ein weiteres Ziel [...] war es, einen solchen Mittelweg zu finden: die Regelmäßigkeit der Welt, die wir in jedem Moment erfahren, zu verstehen, ohne einen Bezugspunkt vorauszusetzen, der unabhängig von uns ist und der unsere Beschreibungen und kognitiven Annahmen als Gewissheiten erscheinen lassen könnte. In der Tat: Der ganze Mechanismus der Erzeugung unserer selbst als Beschreiber und Beobachter sagt uns, dass unsere Welt – als die Welt, die wir in Koexistenz mit anderen hervorbringen – immer genau jene Mischung von Regelmäßigkeit und Veränderlichkeit aufweisen wird, jene Kombination von Festigkeit und Flüchtigkeit, die so typisch ist für die menschliche Erfahrung, wenn wir sie genauer unter die Lupe nehmen.

M 5

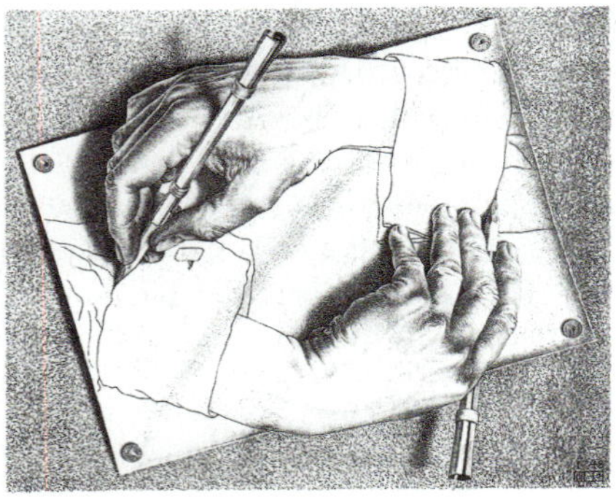

Maurits C. Escher: Zeichnen, 1948

11 Beschreiben Sie mit Ihren eigenen Worten den Schwindel erregenden Prozess, in den wir nach Maturana unweigerlich verwickelt werden, wenn wir über die Grundlagen unserer Erkenntnis nachdenken.

12 Immer wieder werden die Bilder des holländischen Malers Maurits C. Escher (1898–1972) herangezogen, wenn man nach graphischen Umsetzungen für solche zirkulären Prozesse sucht. Zeigen Sie am Beispiel M 5, wie der Maler vorgeht, um beim Betrachter das „Schwindelgefühl" zu erzeugen, von dem Maturana spricht.

13 Der Skeptizismus hat verschiedene Facetten. Entwickeln Sie ein Schaubild (eine Mindmap), in welchem Sie die drei hier erarbeiteten Positionen übersichtlich erfassen und mögliche Konsequenzen des Skeptizismus andeuten.

14 Der Philosoph Martin Seel (* 1954) sieht in der Skepsis eine Tugend. Er schreibt: „Skepsis ist die Kardinaltugend des rationalen Unglaubens. Sie ist ein Heilmittel gegen übertriebene Selbstgewissheit, das der Pflege unserer schwankenden Gewissheiten dient. Ein Allheilmittel ist sie dennoch nicht. Eine gesunde Skepsis nämlich schließt Skepsis gegenüber der Skepsis mit ein." Diskutieren Sie mit anderen Kursteilnehmern die Frage, was es für das Erkennen und Handeln bedeuten könnte, wenn man im Sinne von Seel „ein tugendhafter Skeptiker" sein wollte.

1.2 Wissen durch andere? – Hume, Reid

Im Zweiten Teil von Goethes „Faust", der erst wenige Monate nach dem Tode des Dichters veröffentlicht wurde, kommt es zu einer eigentümlichen Wiederholung der so genannten „Schüler-Szene" aus dem Ersten Teil der Tragödie (vgl. S. 337).

Johann Wolfgang von Goethe: Faust II/2 (Hochgewölbtes gotisches Zimmer)

M 6

Baccalaureus: [...]
Doch was soll ich heut erfahren!
War's nicht hier vor so viel Jahren,
[...]
Wo ich diesen Bärtigen traute,
Mich an ihrem Schnack erbaute?

Aus den alten Bücherkrusten
Logen sie mir, was sie wussten,
Was sie wussten, selbst nicht glaubten,
[...]
Mephistopheles:
Mich freut, dass ich Euch hergeläutet.
Ich schätzt' euch damals nicht gering;
[...]
Baccalaureus:
Mein alter Herr! Wir sind am alten Orte;
Bedenkt jedoch erneuter Zeiten Lauf
Und sparet doppelsinnige Worte;
Wir passen nun ganz anders auf.
[...]
Mephistopheles:
Wenn man der Jugend reine Wahrheit sagt,
Die gelben Schnäbeln keineswegs behagt,
Sie aber hinterdrein nach Jahren
Das alles derb an eigener Haut erfahren,
Dann dünkeln sie, es käm' aus eignem Schopf;
Da heißt es denn: der Meister war ein Tropf.
Baccalaureus:
Ein Schelm vielleicht! – denn welcher Lehrer spricht
Die Wahrheit uns direkt ins Angesicht?
Ein jeder weiß zu mehren wie zu mindern,
Bald ernst, bald heiter klug zu frommen Kindern.
Mephistopheles:
Zum Lernen gibt es freilich eine Zeit;
Zum Lehren seid Ihr, merk' ich, selbst bereit.
[...]
Baccalaureus:
Erfahrungswesen! Schaum und Dust!
Und mit dem Geist nicht ebenbürtig.
Gesteht! Was man von je gewusst,
es ist durchaus nicht wissenswürdig.

1 Untersuchen Sie diesen Ausschnitt aus dem Dialog zwischen Mephistopheles und dem ehemaligen Schüler, der mittlerweile den ersten akademischen Grad des Bakkalaureus (heute: des Bachelors) erreicht hat und selbst zu lehren sich anschickt, im Hinblick darauf, wie der in die Jahre gekommene Schüler seine (akademischen) Lehrer sieht.

2 Wenn Sie einmal annehmen, dass Goethe in einem solchen Dialog eigene Erfahrungen und Überzeugungen einbringt, wie würden Sie dann Goethes Auffassung von Schul- und Universitätsunterricht charakterisieren?

Das Allermeiste dessen, was wir wissen oder zu wissen glauben, verdanken wir der Begegnung und dem Umgang mit dem Wissen anderer. Deswegen geht es im Folgenden um die Frage, ob das Wissen, das auf dem Zeugnis anderer beruht, zuverlässig ist.

3 Für das Lernen durch Belehrung sind Sie selbst Experte und Expertin aufgrund langjähriger Schulerfahrung. In jedem Unterrichtsfach wird Ihnen Fachwissen vermittelt. Nehmen Sie beliebige Beispiele aus zwei oder drei Unterrichtsfächern, die Sie mögen. Hat die Person des Lehrers oder der Lehrerin für Sie etwas mit der Zuverlässigkeit des Wissens in dem betreffenden Fach zu tun? Notieren Sie Ihre Überlegungen zu diesen Fragen in Stichworten und tauschen sich darüber mit Ihrer Nachbarin oder mit Ihrem Nachbarn aus.

4 Wer heute etwas nicht weiß, „geht ins Internet“. Eine erste Adresse ist für viele die so genannte „freie Enzyklopädie“ Wikipedia: Ein elektronisches Lexikon für alle, an dessen Entwicklung prinzipiell auch alle wiederum teilnehmen können. Die Teilhabe aller an der Weiterentwicklung des Lexikons ist natürlich Theorie. Versuchen Sie einmal, bei Wikipedia einen Artikel über Ihr aktuelles Lieblingsbuch zu veröffentlichen. Sie werden sehr rasch feststellen, dass beileibe nicht jeder zu jedem Thema bei Wikipedia einen Artikel einstellen kann. Informieren Sie sich (bei Wikipedia) über den Aufbau der Enzyklopädie und über die Verfahren bei der Wissenserzeugung. Welcher Zusammenhang besteht zwischen den Einschränkungen für die Veröffentlichung von Artikeln etwa bei Wikipedia und dem Problem der Zuverlässigkeit des Wissens durch andere?

In seinem grundlegenden Werk zur Erkenntnistheorie untersucht der Philosoph Thomas Grundmann (* 1960) auch die unterschiedlichen Quellen unseres Wissens.

M 7 Thomas Grundmann: Wissen durch andere (2008)

Würden wir alles, was wir durch Informanten wissen, für einen Moment einklammern, dann würde unser gesamtes Wissen so weit zusammenschrumpfen, dass wir fast nichts mehr wüssten. [...] Wenn man Wissen durch andere erwirbt, dann spricht man auch vom *Wissen durch das Zeugnis anderer.* Dabei ist der Begriff Zeugnis (engl. *testimony*) viel weiter zu verstehen als das förmliche Zeugnis, das etwa ein Zeuge vor Gericht oder bei der Polizei ablegt. [...] Angesichts der eminenten Bedeutung des Zeugnisses anderer für unser Wissen ist es erstaunlich, dass die Bedeutung dieser Wissensquelle von Erkenntnistheoretikern erst sehr spät entdeckt worden ist.

5 Aufgrund Ihrer „Krimi“-Erfahrungen kennen Sie selbstverständlich die Problematik von Zeugen. Benennen Sie Probleme, die sich aufgrund dieser Analogie für den Fall des Wissens durch andere ergeben könnten.

6 Grundmann deutet ein Gedankenexperiment an (vgl. Z. 1 f.). Führen Sie dieses Experiment für sich durch. Was bleibt von Ihrem Wissen übrig?

7 Im „World Wide Web“ kursiert unendlich vieles, was den Anspruch erhebt, Wissen zu repräsentieren. Diskutieren Sie Möglichkeiten, die Berechtigung dieses Anspruchs zu überprüfen.

Während die kontinentaleuropäische Philosophie die erkenntnistheoretischen Probleme des Wissens durch andere eher vernachlässigt, finden sich in der angelsächsischen Philosophie, z. B. bei David Hume (1711–1776) dazu substanzielle Beiträge.

David Hume: Worauf wir uns verlassen (1748)

M 8

Ein kluger Mann bemisst [...] seinen Glauben nach den Beweisen. Bei Folgerungen, die auf einer untrüglichen Erfahrung ruhn, erwartet er den Erfolg mit der höchsten Gewissheit und betrachtet die früheren Erfahrungen als einen vollen Beweis für das kommende Dasein dieses Ereignisses. In andern Fällen geht er vorsichtiger zu Werke; er erwägt die entgegengesetzten Erfahrungen; er untersucht welche Seite die Mehrzahl der Fälle für sich hat; dieser Seite neigt er sich zweifelnd und zögernd zu, und wenn er endlich sein Urteil fällt, so überschreitet seine Sicherheit nicht das, was man gewöhnlich Wahrscheinlichkeit nennt. Jede Wahrscheinlichkeit findet deshalb einen Gegensatz in den Erfahrungen und Beobachtungen, wo die eine Seite die andere überwiegt und ein dem entsprechendes Maß von Sicherheit hervorbringt. [...] Immer müssen die entgegengesetzten Fälle, so weit sie dies sind, erwogen, und die kleinere Zahl von der größern abgezogen werden, um den Grad der höhern Gewissheit genau zu erkennen.

Um diese Grundsätze auf ein Beispiel anzuwenden, so gibt es keine Art von Folgerungen, die gebräuchlicher, üblicher und für das Leben notwendiger ist als die, welche sich von dem Zeugnis der Menschen und den Berichten der Augenzeugen und Zuschauer ableitet. [...] Es genügt die Bemerkung, dass unsere Gewissheit in all diesen Fällen sich nur aus dem Grundsatz ableitet, dass menschliches Zeugnis von uns als wahr befunden worden sind und die Berichte der Zeugen gemeinhin mit den Tatsachen übereingestimmt haben. Da es ein allgemeiner Grundsatz ist, dass die Dinge keine wahrnehmbare Verknüpfung miteinander haben, und dass alle Schlüsse von dem Einen auf das Andere sich lediglich auf die Erfahrung von deren regelmäßigen und beständigen Verbindung stützt, so kann man offenbar keine Ausnahme von diesem Grundsatze zu Gunsten des menschlichen Zeugnisses machen, dessen Verknüpfung mit einem andern Umstande an sich selbst so wenig wie bei andern Beispielen notwendig ist. Wäre das Gedächtnis nicht bis zu einem gewissen Grade treu; wären die Menschen nicht durchschnittlich der Wahrheit und den Grundsätzen der Ehrlichkeit zugetan; schämten sie sich nicht, auf einer Lüge entdeckt zu werden; wäre dies alles nicht durch die Erfahrung als Eigenschaften der menschlichen Natur erkannt, so würde man nicht das geringste Gewicht auf menschliches Zeugnis legen. Ein Irrsinniger oder als lügnerisch und niederträchtig bekannter Mensch findet niemals Glauben. [...]

8 Wodurch ist nach Hume die Zuverlässigkeit eines Zeugnisses gewährleistet?

9 Erörtern Sie, inwieweit Sie Humes Argumentation als überzeugend empfinden.

10 Im Rahmen seiner Überlegungen zur Zuverlässigkeit von Zeugen und Zeugnissen verwendet Hume eine methodische Regel zur Bestätigung und Widerlegung, die in der Geschichte der Wissenschaftstheorie eine prominente Rolle gespielt hat. Welche Schlussfolgerungen lassen sich aus bestätigenden Beobachtungen ziehen? Alle Schwäne, die ihm bei einem Besuch im Zoo unter die Augen kommen, sind weiß. Aus dieser Beobachtung zieht ein Vogelliebhaber den Schluss, dass die Gefiederfarbe der Schwäne weiß ist. Was halten Sie von dieser Schlussfolgerung?

Der schottische Philosoph Thomas Reid (1710–1796) sieht die Zuverlässigkeit unseres Wissens durch andere anthropologisch begründet. Seine einschlägige Abhandlung mit dem Titel „An Inquiry into the Human Mind on the principles of Common Sense“ wartet noch auf eine Übersetzung.

M 9 Thomas Reid: Das angeborene Vertrauen in die Zuverlässigkeit anderer (1764)

We know by experience that men *have* used such words to express such things; but all experience is of the *past,* and can, of itself, give no notion or belief of what is *future.* How come we, then, to believe, and to rely upon it with assurance, that men, who have it in their power to do otherwise, will continue to use the same words when they think the same things? Whence comes this knowledge and belief – this foresight, we ought rather to call it – of the future and voluntary actions of our fellow-creatures? [...]

There is [...] in the human mind an early anticipation neither derived from experience, nor from reason, nor from any compact or promise, that our fellow-creatures will use the same signs in language, when they have the same sentiments. This is, in reality, a kind of prescience of human actions; and it seems to me to be an original principle of the human constitution, without which we should be incapable of language, and consequently incapable of instruction.

The wise and beneficent Author of Nature, who intended that we should be social creatures, and that we should receive the greatest and most important part of our knowledge by the information of others, has, for these purposes, implanted in our natures two principles that tally with each other.

The first of these principles is, a propensity to speak truth, and to use the signs of language so as to convey our real thoughts. This principle has a powerful operation, even in the greatest liars; for where they lie once; they speak truth a hundred times. Truth is always uppermost, and is the natural issue of the mind. It requires no art or training, no inducement or temptation, but only that we yield to a natural impulse. Lying, on the contrary, is doing violence to our nature; and is never practised, even by the worst men without some temptation. [...]

By this instinct, a real connection is formed between our words and our thoughts, and thereby the former become fit to be signs of the latter, which they could not otherwise be. And although this connection is broken in every instance of lying and equivocation, yet these instances being comparatively few, the authority of human testimony is only weakened by them, but not destroyed.

Another original principle implanted in us by the Supreme Being, is a disposition to confide in the veracity of others, and to believe what they tell us. This is the counterpart to the former; and, as that may be called *the principle of veracity,* we shall, for want of a more proper name, call this *the principle of credulity.*

[...] It is evident that, in the matter of testimony, the balance of human judgment is by nature inclined to the side of belief; and turns to that side of itself, when there is nothing put into the opposite scale. If it was not so, no proposition that is uttered in discourse would be believed, until it was examined and tried by reason; and most men would be unable to find reasons for believing the thousandth part of what is told them. Such distrust and incredulity would deprive us of the greatest benefits of society, and place us in a worse condition worse than that of savages. [...]

In a word, if credulity were the effect of reasoning and experience, it must grow up and gather strength, in the same proportion as reason and experience do. But, if it is the gift of Nature, it will be strongest in childhood, and limited and restrained by experience; and the most superficial view of human life shows, that the last is really the case, and not the first.

11 Was macht nach Reid einen Menschen und sein Zeugnis vertrauenswürdig?

12 Diskutieren Sie die Prämissen, auf denen die Argumentation Reids beruht.

13 Beurteilen Sie die beiden der menschlichen Natur zugeschriebenen Triebkräfte, der zur Wahrhaftigkeit gemäß dem „principle of veracity“ und der zum Vertrauen gemäß dem „principle of credulity“) (Z. 49 f.).

14 Aus den Worten Reids spricht eine optimistische Einschätzung der Zuverlässigkeit menschlicher Zeugnisse. Was bedeutet es für das Wissen aufgrund des Zeugnisses anderer, wenn man das optimistische (und religiös grundierte) Menschenbild von Reid nicht teilt?

15 Notieren Sie die Attribute, die geeignet sind, die Zuverlässigkeit der dargestellten Person zu unterstreichen. Stellen Sie noch einmal die Gründe zusammen, die dafür sprechen, dass das Zeugnis anderer eine zuverlässige Erkenntnisquelle ist. Überprüfen Sie, ob diese Gründe auf die zu Anfang des Abschnitts erwähnten „Wissensautoritäten" (Lehrer, wikipedia) zutreffen.

Mephisto sucht die Bekanntschaft mit Frau Marthe Schwerdtlein, einer Nachbarin, um eine Begegnung zwischen Faust und der von ihm begehrten Margarete zu arrangieren. Frau Marthe ist von ihrem Ehemann verlassen worden, der als Soldat in die Welt gezogen ist.

Johann Wolfgang von Goethe: Faust I (Der Nachbarin Haus)

M 10

Mephistopheles: [...]
Ihr Mann ist tot und lässt sie grüßen.
[...]
Marthe:
O sagt mir doch geschwind!
Ich möchte gern ein Zeugnis haben,
Wo, wie und wann mein Schatz gestorben und begraben.
[...]
Mephistopheles:
Ja, gute Frau, durch zweier Zeugen Mund
Wird allerwegs die Wahrheit kund;
Habe noch gar einen feinen Gesellen,
Den will ich Euch vor den Richter stellen.

16 Klären Sie im Rückgriff auf die Überlegungen in M 8 und M 9, welche unausgesprochenen Voraussetzungen in die Geltung des von Mephisto benutzten Rechtsbrauchs eingehen. Diskutieren Sie die Frage, inwieweit Mephistopheles im Falle des Herrn Schwerdtlein als zuverlässiger Gewährsmann gelten kann.

1. 3 Apriorische Erkenntnis oder Sinneswahrnehmung? – Platon, Locke

An den Wissenschaften verzweifelnd, sucht Faust nach anderen Quellen der Erkenntnis.

Johann Wolfgang von Goethe: Faust I (Nacht)

M 11

Es möchte kein Hund so länger leben!
Drum hab' ich mich der Magie ergeben,
Ob mir durch Geistes Kraft und Mund
Nicht manch Geheimnis würde kund;
Dass ich nicht mehr mit sauerm Schweiß
Zu sagen brauche, was ich nicht weiß;
Dass ich erkenne, was die Welt
Im Innersten zusammenhält,
Schau' alle Wirkenskraft und Samen,
Und tu' nicht mehr in Worten kramen.

1 Beschreiben Sie die Gegenüberstellung von „in Worten kramen" und „schauen" in Ihrer eigenen Sprache.

2 Schauen hat etwas mit Intuition zu tun. Erinnern Sie sich an Beispiele, wo Sie etwas „intuitiv erkannt" haben.

3 Die Verse 382 f. (Z. 7 f.) gehören zu den berühmtesten Goethe-Zitaten. Überlegen Sie, woran das liegen könnte.

Faust sucht – wie Descartes und jeder von uns – Gewissheit. Im Folgenden geht es um die Frage, ob es überhaupt Quellen sicherer Erkenntnis gibt.

4 Sie wissen viel, umso mehr, je länger Sie darüber nachdenken. Sie verfügen über solides Schulwissen, brauchbares Handlungswissen, wohlerwogenes Orientierungswissen. Vielleicht fallen Ihnen auch andere Möglichkeiten ein, Ihre Wissensbestände zu ordnen und einzuteilen. Suchen Sie für jede der von Ihnen unterschiedenen „Gruppen" von Wissen mindestens zwei Beispiele und notieren Sie diese. Versuchen Sie in einem nächsten Schritt, für sich zu klären, aus welchen Quellen diese Wissensbestände stammen. Tauschen Sie sich mit Ihrem Nachbarn oder Ihrer Nachbarin über die Ergebnisse Ihres Nachdenkens aus. Legen Sie dann eine knappe Übersicht über die „Herkünfte" Ihres Wissens an.

Am Ende des sechsten Buches von Platons „Politeia" berichtet Sokrates, wie er ein Gleichnis erzählt habe.

M 12 Platon: Das Liniengleichnis

„[...] Du hältst also die fest: es gibt diese zwei Reiche: das *Sichtbare* und das *Erkennbare*. [...]" „Stelle sie dir wie eine Linie vor, die in zwei ungleiche Teile geteilt ist; nimm die Teile und unterteile sie nochmals in gleichem Verhältnis; der eine stellt das Gebiet des Sichtbaren dar, der andere das des Erkennbaren. Nach ihrer relativen Klarheit und Unklarheit hast du im sichtbaren Teil als einen Abschnitt die Abbilder. Ich verstehe darunter zuerst die Schatten, dann die Spiegelbilder im Wasser." [...]„Den anderen Abschnitt denke dir dann für die Dinge, denen die Bilder ähneln [...]." „Gibst du auch dies zu: in Bezug auf Wahrheit und Unwahrheit verhält sich das Abbild zu seinem Original wie die Meinung zum Wissen."

„Natürlich!"

„Überlege nun, wie man den Teil des Erkennbaren unterteilen soll." [...] „Diesen erfasst der denkende Geist selbst mit der Kraft der Dialektik, er verwendet die Hypothesen nicht als letzten ‚Grund', sondern als echte ‚Voraussetzungen', wie Stufen und Stützpunkte; mit ihrer Hilfe dringt er bis zum voraussetzungslosen Urbeginn des Ganzen vor, hält sich an ihm und dann wieder an dem, was von ihm abhängt, und steigt so wieder herab und zurück zum Ende, ohne irgendwo das Sichtbare zu Hilfe zu nehmen, sondern nur mithilfe der Ideen und durch sie und wieder zu ihnen, bei denen er endet." [...] „[D]u sprichst da wohl von einer gewaltigen Aufgabe. So viel jedoch verstehe ich: du stellst fest, dass die Welt des Seienden und Erkennbaren, die durch die Wissenschaft der Dialektik erfasst wird, klarer ist als die Welt, welche die sogenannten Fachwissenschaften betrachten; denn für sie sind schon die Hypothesen Urgründe; ihre Betrachter werden genötigt, ihren Stoff durch Überlegung, nicht mithilfe der sinnlichen Wahrnehmung zu betrachten; weil sie aber nicht bis zum letzten Urgrund hinaufsteigen, sondern nur von den Hypothesen ausgehen, haben sie deiner Meinung nach keine letzte Erkenntnis um diese Gegenstände, die aber – zusammen mit dem Urgrund – auch rein erkennbar wären. Du nennst also die Methode der Geometriker und ähnlicher nicht eigentliche Erkenntnis, sondern ein Nachdenken, das in der Mitte zwischen dem bloßen Meinen und der eigentlichen Erkenntnis liegt."

„Das hast du ausgezeichnet dargelegt", sagte ich. „Nach diesen vier Teilen nimm auch vier seelische Verhaltensweisen an: Erkenntnis beim höchsten; Nachdenken beim zweiten; dem dritten gib das Meinen und dem letzten das Vermuten, und ordne sie analog, indem du annimmst, sie hätten in dem Maße an der Klarheit Anteil, in dem sie an der Wahrheit teilhaben."

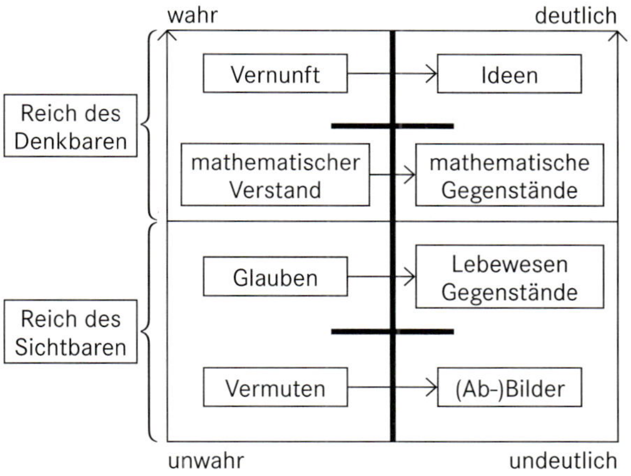

5 Ordnen Sie die Begriffe aus M 12 den Bezeichnungen aus dem nebenstehenden Schema zu.

6 Das Liniengleichnis greift auf mathematische, genauer: geometrische, Vorstellungen zurück. Welche Rolle spielt die Mathematik in dem von Sokrates/Platon hier skizzierten Seins- und Erkenntniszusammenhang?

7 Nach einer alten Überlieferung soll über dem Eingangsportal zu Platons eigener Schule, der Akademie, die Inschrift gestanden haben: „Keiner, der sich in Geometrie nicht auskennt, soll hier eintreten." Beziehen Sie dieses Motto auf die im Liniengleichnis vorgestellten Einteilungen.

Zu Anfang des siebenten Buches der „Politeia" berichtet Sokrates von einem anderen Gleichnis, das er seinem Gesprächspartner Glaukon erzählt habe.

Platon: Das Höhlengleichnis

M 13

Stelle dir nämlich Menschen vor in einer höhlenartigen Wohnung unter der Erde, die einen nach dem Lichte zu geöffneten und längs der ganzen Höhle hingehenden Eingang habe, Menschen, die von Jugend auf an Schenkeln und Hälsen in Fesseln eingeschmiedet sind, so dass sie dort unbeweglich sitzen bleiben und nur vorwärts schauen, aber links und rechts die Köpfe wegen der Fesselung nicht umzudrehen vermögen; das Licht für sie scheine von oben und von der Ferne von einem Feuer hinter ihnen; zwischen dem Feuer und den Gefesselten sei oben ein Querweg; längs diesem denke dir eine kleine Mauer erbaut [...].

So stelle dir nun weiter vor, längs dieser Mauer trügen Leute allerhand über diese hinausragende Gerätschaften, [...] während, wie natürlich, einige der Vorübertragenden ihre Stimme hören lassen, andere schweigen.

Ein wunderliches Gleichnis, sagte er, und wunderliche Gefangene!

Leibhaftige Ebenbilder von uns! sprach ich. Haben wohl solche Gefangene von ihren eigenen Personen und von einander etwas anderes zu sehen bekommen als die Schatten, die von dem Feuer auf die ihrem Gesichte gegenüberstehende Wand fallen?

Unmöglich, sagte er [...].

Ferner, ist es nicht mit den vorübergetragenen Gegenständen ebenso? [...]

Wenn sie nun mit einander reden könnten, würden sie nicht an der Gewohnheit festhalten, den vorüberwandernden Schattenbildern, die sie sahen, dieselben Benennungen zu geben?

Notwendig.

Weiter: Wenn der Kerker auch einen Widerhall von der gegenüberstehenden Wand darböte, sooft jemand der Vorübergehenden sich hören ließe, – glaubst du wohl, sie würden den Laut etwas anderem zuschreiben als den vorüberschwebenden Schatten? [...]

Überhaupt also, fuhr ich fort, würden solche nichts für wahr gelten lassen als die Schatten jener Gebilde? [...]

Betrachte nun, fuhr ich fort, wie es bei ihrer Lösung von ihren Banden und bei der Heilung von ihrem Irrwahne hergehen würde, wenn solche ihnen wirklich zuteil würde: Wenn einer entfesselt und genötigt würde, plötzlich aufzustehen, den Hals umzudrehen, herumzugehen, in das Licht zu sehen, und wenn er bei allen diesen Handlungen Schmerzen empfände und wegen des Glanzgeflimmers vor seinen Augen nicht jene Dinge anschauen könnte, deren Schatten er vorhin zu sehen pflegte: Was würde er wohl dazu sagen, wenn ihm jemand erklärte, dass er vorhin nur ein unwirkliches Schattenspiel gesehen, dass er jetzt aber dem wahren Sein schon näher sei und sich zu schon wirklicheren Gegenständen gewandt habe und daher nunmehr auch schon richtiger sehe? Und wenn man ihm dann nun auf jeden der vorüberwandernden wirklichen Gegenstände zeigen und ihn durch Fragen zur Antwort nötigen wollte, was er sei, – glaubst du nicht, dass er ganz in Verwirrung geraten und die Meinung haben würde, die vorhin geschauten Schattengestalten hätten mehr Realität als die, welche er jetzt gezeigt bekomme?

[...]

Und nicht wahr, wenn man ihn zwänge, in das Licht selbst zu sehen, so würde er Schmerzen an den Augen haben, davonlaufen und sich wieder jenen Schattengegenständen zuwenden, die er ansehen kann, und würde dabei bleiben, diese wären wirklich deutlicher als die, welche er gezeigt bekam? [...]

Wenn aber, fuhr ich fort, jemand ihn aus dieser Höhle mit Gewalt den rauen und steilen Aufgang zöge und ihn nicht losließe, bis er ihn an das Licht der Sonne herausgebracht hätte, – würde er da wohl nicht Schmerzen empfunden haben [...] und, nachdem er an das Sonnenlicht gekommen, die Augen voll Blendung haben und also gar nichts von den Dingen sehen können, die jetzt als wirkliche ausgegeben werden? [...]

Also einer allmählichen Gewöhnung daran, glaube ich, bedarf er, wenn er die Dinge über der Erde schauen soll. Da würde er nun erstlich die Schatten am leichtesten anschauen können und die im Wasser von den Menschen und den übrigen Wesen sich abspiegelnden Bilder, sodann erst die wirklichen Gegenstände selbst. Nach diesen zwei Stufen würde er die Gegenstände am Himmel und den Himmel selbst erst des Nachts, durch Gewöhnung seines Blickes an das Sternen- und Mondlicht, leichter schauen als am Tage die Sonne und das Sonnenlicht. [...]

Und endlich auf der vierten Stufe, denke ich, vermag er natürlich die Sonne, das heißt nicht ihre Abspiegelung im Wasser oder in sonst einer außer ihr befindlichen Körperfläche, sondern sie selbst in ihrer Reinheit und in ihrer eigenen Region anzublicken sowie ihr eigentliches Wesen zu beschauen. [...]

Und nach solchen Vorübungen würde er über sie die Einsicht gewinnen, dass sie die Urheberin der Jahreszeiten und Jahreskreisläufe ist, dass sie die Mutter von allen Dingen im Bereiche der sichtbaren Welt und von allen jenen allmählichen Anschauungen gewissermaßen die Ursache ist.

Ja, entgegnete er, offenbar muss er zu diesen Einsichten nach jenen Vorübungen gelangen.

Wenn er nun an seinen ersten Aufenthaltsort zurückdenkt und an die dortige Weisheit seiner Mitgefangenen: wird er da wohl nicht sich wegen seiner Veränderung glücklich preisen und jene bedauern?

Ja, sicher.

[...] Wenn ein solcher wieder hinunterkäme und sich wieder auf seinen Platz setzte: würde er da nicht die Augen voll Finsternis bekommen, wenn er plötzlich aus dem Sonnenlicht käme?

Ja, ganz sicherlich, sagte er.

Aber wenn er nun, während sein Blick noch verdunkelt wäre, wiederum im Erraten jener Schattenwelt mit jenen ewig Gefangenen wetteifern sollte, und zwar ehe seine Augen wieder zurechtgekommen wären [...], würde er da nicht ein Gelächter veranlassen, und würde es nicht von ihm heißen, weil er hinaufgegangen wäre, sei er mit verdorbenen Augen zurückgekommen, und es sei nicht der Mühe wert, nur den Versuch zu machen, hinaufzugehen? Und wenn er sich gar erst unterstände, sie zu entfesseln und hinaufzuführen, – würden sie ihn nicht ermorden, wenn sie ihn in die Hände bekommen und ermorden könnten?

[...]

M 14

Edmond Le Chevallier-Chevignard: Platons Höhlengleichnis, 1855

8 Das von Sokrates erzählte Gleichnis enthält (wie jeder Text) „Leerstellen“, die von einem Leser gefüllt werden (können). Was könnte der in die Höhle Zurückgekehrte in einer kurzen Ansprache an seine ehemaligen Gefährten sagen, bevor er darangeht, „sie zu entfesseln und hinaufzuführen“ (Z. 119)?

9 Informieren Sie sich allgemein über Gleichnisse. In Gleichnissen lassen sich Bildebene und Bedeutungsebene unterscheiden. Sammeln Sie möglichst viele Bildelemente und versuchen Sie, diesen Bildelementen Bedeutungen zuzuordnen. Beginnen Sie mit dem Bild der „unterirdischen Behausung“ selbst ...

10 Wie kann der Erzähler des Gleichnisses behaupten, die Gefangenen in der Höhle seien „leibhaftige Ebenbilder von uns“ (Z. 19)?

11 Die Gleichnis-Erzählung hat immer wieder Versuche provoziert, das Erzählte in ein Bild zu transformieren. Welche Episoden der Geschichte lassen sich in M 14 erkennen? Vergleichen Sie diese Darstellung mit den Abbildungen S. 76 und S. 402.

12 Das Gleichnis beschreibt den Weg eines Menschen aus der Tiefe des unterirdischen Gefängnisses an die Oberfläche der Erde und zurück in die Tiefe. Welche Stationen lassen sich auf diesem Weg unterscheiden? Ordnen Sie den einzelnen Stationen (des Aufstiegs) Erkenntnisweisen zu.

Platon lässt den Erzähler Sokrates selbst eine Deutung des Erzählten geben.

Platon: Das Höhlengleichnis

M 15

Das Gleichnis hier also, mein lieber Glaukon, fuhr ich fort, ist nun in jeder Beziehung auf die vorhin ausgesprochenen Behauptungen anzuwenden: Die mittels des Gesichts sich uns offenbarende Welt vergleiche einerseits mit der Wohnung im unterirdischen Gefängnisse, und das Licht des Feuers in ihr mit dem Vermögen der Sonne; das Hinaufsteigen und das Beschauen der Gegenstände über der Erde andererseits stelle dir als den Aufschwung der Seele in die nur durch die Vernunft erkennbare Welt vor, – und du wirst dann meine subjektive Ansicht hierüber haben [...]. Aber meine Ansichten hierüber sind nun einmal die: im Bereiche der Vernunfterkenntnis sei die Idee des Guten nur zu allerletzt und mühsam wahrzunehmen, und nach ihrer Anschauung müsse man zur Einsicht kommen, dass es für alle Dinge die Ursache von allen Regelmäßigkeiten und Schönheiten sei, indem es erstlich in der sichtbaren Welt das Licht und dessen Urprinzip erzeugt, sodann auch in der durch die Vernunft erkennbaren Welt selbst Urprinzip ist und sowohl die objektive Wahrheit als auch unsere Vernunfteinsicht gewährt; ferner zur Einsicht kommen, dass das Wesen des Guten ein jeder erkannt haben müsse, der verständig handeln will, sei es in seinem eigenen Leben oder im Leben des Staates.
[...]

Wohlan denn, fuhr ich fort, teile auch noch folgende Ansicht mit mir und finde es gar nicht auffallend, dass die, welche zu jener Erkenntnis gelangt sind, gar keine Lust haben, sich mit den Händeln der Menschen abzugeben, sondern dass sie immer zum Verweilen im Überirdischen sich gezogen fühlen; begreiflich wohl ja doch, wofern auch hier nach dem vorerwähnten Gleichnisse es sich so verhält.

13 Vergleichen Sie Ihre Deutung des Gleichnisses mit der von Sokrates.

14 Versuchen Sie herauszufinden, ob es Parallelen zwischen dem Schicksal des Erzählers Sokrates und dem „Schicksal" des Protagonisten in dem von ihm erzählten Gleichnis gibt (vgl. S. 76 ff.).

15 Seit Platon hat man den Weg des Protagonisten im Gleichnis immer wieder auch als einen „Bildungsweg" gedeutet. Welche Vorstellungen verbinden Sie mit dieser Deutung?

Im England des 17. Jahrhunderts formiert sich eine Schule der Erkenntnistheorie, die in der sinnlichen Erfahrung die Quelle aller Erkenntnis sucht. Einer ihrer wichtigsten Vertreter ist John Locke (1632–1704).

John Locke: *Sensations* und *reflections* (1690)

M 16

Wir wollen also annehmen, die Seele sei, wie man sagt, ein weißes, unbeschriebenes Blatt Papier, ohne irgendwelche Vorstellungen; wie wird sie nun damit versorgt? [...] Woher hat sie all den Stoff für die Vernunft und das Wissen? Ich antworte darauf mit einem Worte: *Von der Erfahrung.* All unser Wissen ist auf diese gegründet, und von ihr leitet es sich im letzten Grunde ab. Unser Beobachten, entweder der äußern wahrnehmbaren Dinge oder der innern Vorgänge in unserer Seele ist es, was den Verstand mit dem Stoff zum Denken versieht.

Sie sind die beiden Quellen des Wissens, aus der alle Vorstellungen, die wir haben oder natürlicherweise haben können, entspringen.

Zunächst führen die Sinne in Berührung mit einzelnen sinnlichen Gegenständen verschiedene Vorstellungen von Dingen der Seele zu, je nach dem Wege, auf dem diese Gegenstände die Sinne erregen. So gelangen wir zu den Vorstellungen des Gelben, Weißen, Heißen, Kalten, Weichen, Harten, Bittern, Süßen und allen sogenannten sinnlichen Eigenschaften. Mit diesem „Zuführen" meine ich, dass die Sinne von äußern Gegenständen das der Seele zuführen, was die Vorstellung in ihr hervorbringt. Diese große Quelle unserer meisten Vorstellungen, die ganz von unsern Sinnen abhängen und durch sie in den Verstand übergeführt werden, nenne ich die *Sinnes-Wahrnehmung* [sensation].

Zweitens ist die andere Quelle, aus der die Erfahrung den Verstand mit Vorstellungen versieht, die Wahrnehmung der Vorgänge in unserer eigenen Seele, wenn sie sich mit den erlangten Vorstellungen beschäftigt. Wenn die Seele auf diese Vorgänge blickt und sie betrachtet, so versehen sie den Verstand mit einer andern Art von Vorstellungen, die von Außendingen nicht erlangt werden können; dahin gehören das Wahrnehmen, das Denken, Zweifeln, Glauben, Begründen, Wissen, Wollen und alle jene verschiedenen Tätigkeiten der eigenen Seele. Indem wir uns deren bewusst sind und sie in uns betrachten, so empfängt unser Verstand dadurch ebenso bestimmte Vorstellungen wie von den unsere Sinne erregenden Körpern. Diese Quelle von Vorstellungen hat jeder ganz in sich selbst, und obgleich hiervon keinem Sinn gesprochen werden kann, da sie mit äußerlichen Gegenständen nichts zu tun hat, so ist sie doch den Sinnen sehr ähnlich und könnte ganz richtig innerer Sinn genannt werden. Allein da ich jene Quelle schon Sinneswahrnehmung nenne, so nenne ich diese: *Selbstwahrnehmung* [reflection], da die von ihr gebotenen Vorstellungen von der Seele nur durch Wahrnehmung ihres eigenen Tuns in ihr gewonnen werden können [...]. Diese beiden Dinge, d. h. die stofflichen, als die Gegenstände der Sinne, und die Vorgänge innerhalb unserer Seele als die Gegenstände der Selbstwahrnehmung sind für mich der alleinige Ursprung aller unserer Vorstellungen.

Offen gestanden, erscheint mir dies als der einzige Weg, wie die Vorstellungen der Dinge in den Verstand gelangen; sollten andere angeborene Vorstellungen oder eingeflößte Grundsätze besitzen, so mögen sie sich deren erfreuen [...]. Ich kann nur das sagen, was ich in *mir* finde [...]. Ich will nicht belehren, sondern erforschen; ich muss deshalb nochmals bekennen, dass die innere und äußere Wahrnehmung die einzigen Wege sind, die ich für das Wissen der Seele auffinden kann. Sie sind die einzigen Fenster, durch welche Licht in diesen dunklen Raum dringt; denn mir scheint der Verstand einer gegen das Licht ganz verschlossenen Kammer zu gleichen; nur eine kleine Öffnung ist geblieben, um die äußern sichtbaren Bilder oder Vorstellungen von den Außendingen einzulassen; blieben die in einen solchen Raum eindringenden Bilder darin, und zwar in einer Ordnung, dass sie sich leicht finden ließen, so würde er in hohem Maße dem Verstande des Menschen rücksichtlich aller sichtbaren Gegenstände und deren Vorstellungen gleichen. [...]

Bisher habe ich die Vorstellungen betrachtet, bei deren Aufnahme die Seele sich nur leidend verhält, und welche in den einfachen, durch die Sinnes- und Selbstwahrnehmung empfangenen Vorstellungen bestehen, die die Seele nicht selbst erzeugen kann und aus denen jedwede andere Vorstellung besteht. Allein so wie die Seele bei Aufnahme aller einfachen Vorstellungen sich nur leidend verhält, so ist sie doch auch mannigfach tätig und bildet aus diesen einfachen Vorstellungen alle andern, wobei jene ihr als Stoff und Grundlage dienen. Die Tätigkeiten in Bezug auf diese einfachen Vorstellungen sind hauptsächlich dreierlei Art: 1. ein *Verbinden* mehrerer einfachen zu *einer* zusammengesetzten Vorstellung; die letzten entstehen nur auf diese Weise; 2. ein *Zusammenstellen* zweier Vorstellungen, gleichviel ob einfach oder zusammengesetzt, und ein Aneinanderbringen derselben in der Art, dass sie beide mit einem Blick übersehen werden, ohne jedoch sie zu verbinden; auf diese Weise gewinnt die Seele alle Beziehungs-Vorstellungen [relations]; 3. ein *Abtrennen* derselben von allen andern in der Wirklichkeit sie begleitenden Vorstellungen; dies ist das Abtrennen, wodurch die allgemeinen Vorstellungen gebildet werden. Hieraus erhellt, dass die Kraft des Menschen und deren Wirkungsweise in der stofflichen und in der geistigen Welt sich so ziemlich gleich sind. In beiden hat der Mensch keine Macht, den Stoff zu schaffen oder zu vernichten; alles, was er vermag, ist, diesen Stoff zu verbinden, nebeneinander zu stellen oder zu trennen. [...] Durch dieses Vermögen der Seele, ihre Vorstellungen herbeizuholen und zu verbinden, vermag sie die Gegenstände ihres Denkens weit über das, was ihr die Selbst- und Sinneswahrnehmung bietet, zu vermehren und zu vermannigfachen; sie bleibt aber dabei immer auf diese zwei Quellen beschränkt, welche ihr zuletzt den Stoff für all ihre Gebilde liefern, da die einfachen

Vorstellungen allein den Dingen selbst entlehnt sind und die Seele davon nicht mehr oder andere haben kann, als ihr zugeführt worden sind. Sie kann weder Vorstellungen von sinnlichen Eigenschaften über die hinaus haben, die ihr durch die Sinne von außen zugeführt werden, noch andere Arten der Tätigkeit eines denkenden Wesens vorstellen, als die sie in sich selbst findet. Hat sie aber einmal diese Vorstellungen erlangt, so bleibt sie nicht auf die Wahrnehmung und das, was ihr von außen sich bietet, beschränkt, sondern kann durch ihre eigene Kraft diese Vorstellungen verbinden und dadurch zusammengesetzte bilden, die sie als solche nie empfangen hat.

M 17

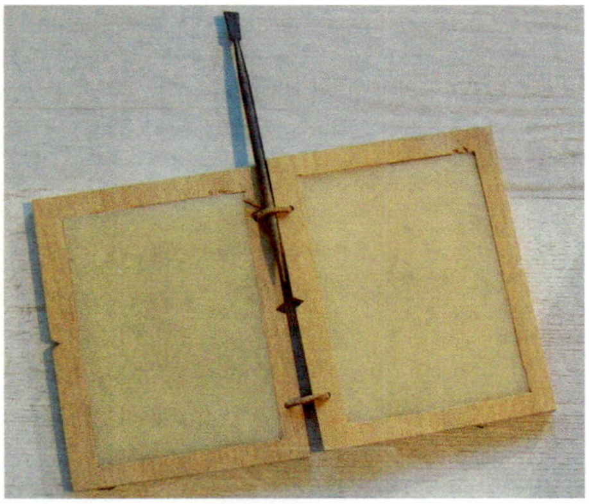

Antike Wachstafel mit Stilus

16 Locke geht von der Annahme aus, dass der menschliche Geist bei der Geburt einem unbeschriebenen Blatt Papier vergleichbar sei (vgl. Z. 2). In der Philosophiegeschichte hat sich zur Bezeichnung dieser anfänglichen Beschaffenheit unseres Geistes der Ausdruck „tabula rasa" eingebürgert. Die Abbildung M 17 illustriert diese Vorstellung. Zeigen Sie anhand geeigneter Beispiele, wie die mit diesem Bild verknüpfte Bedeutung der Prägung und des Eindrucks dem von Locke vorgestellten Erwerb von Wissen und Erkenntnissen entspricht.

17 Erklären Sie den von Locke vorausgesetzten Begriff der Erfahrung.

18 Beschreiben Sie anhand eines Beispiels das Zusammenspiel von passivem Empfangen von Vorstellungen (Ideen) und deren aktiver Verarbeitung im Erkenntnisprozess.

19 Inszenieren Sie ein Streitgespräch zwischen Platon und Locke zu den Fragen „Was ist gewiss?" und „Wie lässt sich Gewissheit erreichen?".

20 Sie haben im Vorangegangenen konträre erkenntnistheoretische Grundpositionen kennengelernt. Wie würden Sie Ihre eigene erkenntnistheoretische Überzeugung beschreiben? Tendieren Sie zu einer der im Unterricht besprochenen, oder konnte weder Platon noch Locke Sie überzeugen?

1. 4 Medial vermittelte Wirklichkeit: Begriff und Anschauung – Kant

Am 22. März 1801 berichtet der Dichter Heinrich von Kleist (1777–1811) seiner Verlobten Wilhelmine von Zenge in einem Brief von seiner Begegnung „mit der neueren sogenannten Kantischen Philosophie".

Heinrich von Kleist: Brief an Wilhelmine von Zenge (1801)

M 18

Dir muss ich jetzt daraus einen Gedanken mittheilen, indem ich nicht fürchten darf, dass er Dich so tief, so schmerzhaft erschüttern wird, als mich. [...] Wenn alle Menschen statt der Augen grüne Gläser hätten, so würden sie urtheilen müssen, die Gegenstände, welche sie dadurch erblicken, sind grün – und nie würden sie entscheiden können, ob ihr Auge ihnen die Dinge zeigt, wie sie sind, oder ob es nicht etwas zu ihnen hinzuthut, was nicht ihnen, sondern dem Auge gehört. So ist es mit dem Verstande. Wir können nicht entscheiden, ob das, was wir Wahrheit nennen, wahrhaft Wahrheit ist, oder ob es uns nur so scheint. Ist das letzte, so ist die

Wahrheit, die wir hier sammeln, nach dem Tode nicht mehr – und alles Bestreben, ein Eigenthum sich zu erwerben, das uns auch in das Grab folgt, ist vergeblich – Ach, Wilhelmine, wenn die Spitze dieses Gedankens Dein Herz nicht trifft, so lächle nicht über einen Andern, der sich tief in seinem heiligsten Innern davon verwundet fühlt. Mein einziges, mein höchstes Ziel ist gesunken, und ich habe nun keines mehr -.

1 Was mag an der „neueren sogenannten Kantischen Philosophie" so Besonderes sein, dass sie bei jemandem, der sich mit ihr näher beschäftigt, eine solche Erschütterung auslöst? Formulieren Sie Ihre Vermutungen.

2 Können Sie sich vorstellen, dass die Lektüre eines philosophischen Textes in Ihnen Empfindungen auslöst, die den von Kleist beschriebenen entsprechen?

Im Folgenden geht es um die Frage, ob unsere Erkenntnis durch den Gegenstand oder der Gegenstand durch unsere Erkenntnis bestimmt wird.

3 Mithilfe moderner Bildbearbeitungsprogramme kann heute bekanntlich jeder Computernutzer Bilder verändern. Eine der leichteren Übungen besteht in der Manipulation, die schon Kleist beschreibt. Wir setzen uns keine grünen Brillen auf, um eine Landschaft zu betrachten; vielmehr benutzen wir in unserem Bildbearbeitungsprogramm Farbfilter, um unserem Landschaftsbild jede gewünschte Farbe zu verpassen. Betrachten wir derartige Manipulationen unter erkenntnistheoretischer Perspektive: Was wäre, wenn wir uns vorstellten, dass wir kein Bildbearbeitungsprogramm aus der Außenwelt benutzen, sondern dass sich dieses Programm in unserem Gehirn befindet? Was wäre, wenn wir uns außerdem vorstellten, dass wir dieses Programm nicht steuern können? Vielmehr umgekehrt: Dieses Programm steuert unsere Wahrnehmung des Landschaftsbildes. Und was wäre schließlich, wenn wir wissen wollten, wie die Landschaft unabhängig von dem in unserem Gehirn agierenden Bildbearbeitungsprogramm aussieht, ob sie überhaupt Farben zeigt, und wenn ja, welche?

Nicht nur für die Ethik (vgl. S. 209 ff.), sondern auch für die Entwicklung der Erkenntnistheorie bedeuten die einschlägigen Überlegungen von Immanuel Kant (1724–1804) nichts weniger als „Meilensteine".

Immanuel Kant: Die Kopernikanische Wende (1787)

M 19

Bisher nahm man an, alle unsere Erkenntnis müsse sich nach den Gegenständen richten; aber alle Versuche, über sie a priori etwas durch Begriffe auszumachen, wodurch unsere Erkenntnis erweitert würde, gingen unter dieser Voraussetzung zunichte. Man versuche es daher einmal, ob wir nicht in den Aufgaben der Metaphysik damit besser fortkommen, dass wir annehmen, die Gegenstände müssen sich nach unserem Erkenntnis richten, welches so schon besser mit der verlangten Möglichkeit einer Erkenntnis derselben a priori zusammenstimmt, die über Gegenstände, ehe sie uns gegeben werden, etwas festsetzen soll. Es ist hiemit eben so, als mit den ersten Gedanken des Kopernikus bewandt, der, nachdem es mit der Erklärung der Himmelsbewegungen nicht gut fort wollte, wenn er annahm, das ganze Sternheer drehe sich um den Zuschauer, versuchte, ob es nicht besser gelingen möchte, wenn er den Zuschauer sich drehen, und dagegen die Sterne in Ruhe ließ.

4 Informieren Sie sich über den speziellen Beitrag des im heute polnischen Toruń geborenen Nikolaj Kopernik, deutsch Nikolaus Kopernikus, zur Astronomie.

5 Kopernikus' Hauptwerk trägt den Titel „De revolutionibus orbium coelestium" („Von den Umdrehungen der Himmelskörper", 1543). Erläutern Sie, wie Kant mit verschiedenen Bedeutungen des Begriffs „revolutio" spielt.

6 Versuchen Sie mit eigenen Worten zu beschreiben, worin Kant selbst das Besondere seiner Philosophie in Analogie zu dem Unternehmen des Kopernikus sieht.

Immanuel Kant: Die Unterscheidung von Erkenntnis a priori und empirischer Erkenntnis (1787)

M 20

Dass alle unsere Erkenntnis mit der Erfahrung anfange, daran ist gar kein Zweifel; denn wodurch sollte das Erkenntnisvermögen sonst zur Ausübung erweckt werden, geschähe es nicht durch Gegenstände, die unsere Sinne rühren und teils von selbst Vorstellungen bewirken, teils unsere Verstandestätigkeit in Bewegung bringen, diese zu vergleichen, sie zu verknüpfen oder zu trennen, und so den rohen Stoff sinnlicher Eindrücke zu einer Erkenntnis der Gegenstände zu verarbeiten, die Erfahrung heißt? Der Zeit nach geht also keine Erkenntnis in uns vor der Erfahrung vorher, und mit dieser fängt alle an.

Wenn aber gleich alle unsere Erkenntnis mit der Erfahrung anhebt, so entspringt sie darum doch nicht eben alle aus der Erfahrung. Denn es könnte wohl sein, dass selbst unsere Erfahrungserkenntnis ein Zusammengesetztes aus dem sei, was wir durch Eindrücke empfangen, und dem, was unser eigenes Erkenntnisvermögen (durch sinnliche Eindrücke bloß veranlasst) aus sich selbst hergibt, welchen Zusatz wir von jenem Grundstoffe nicht eher unterscheiden, als bis lange Übung uns darauf aufmerksam und zur Absonderung desselben geschickt gemacht hat.

Es ist also wenigstens eine der näheren Untersuchung noch benötigte und nicht auf den ersten Anschein sogleich abzufertigende Frage: ob es ein dergleichen von der Erfahrung und selbst von allen Eindrücken der Sinne unabhängiges Erkenntnis gebe. Man nennt solche Erkenntnisse a priori und unterscheidet sie von den empirischen, die ihre Quellen a posteriori, nämlich in der Erfahrung, haben.

[...]

Es kommt hier auf ein Merkmal an, woran wir sicher ein reines Erkenntnis von empirischen unterscheiden können. Erfahrung lehrt uns zwar, dass etwas so oder so beschaffen sei, aber nicht, dass es nicht anders sein könne. Findet sich also erstlich ein Satz, der zugleich mit seiner Notwendigkeit gedacht wird, so ist er ein Urteil a priori; ist er überdem auch von keinem abgeleitet, als der selbst wiederum als ein notwendiger Satz gültig ist, so ist er schlechterdings a priori. Zweitens: Erfahrung gibt niemals ihren Urteilen wahre oder strenge, sondern nur angenommene und komparative Allgemeinheit (durch Induktion), so dass es eigentlich heißen muss: So viel wir bisher wahrgenommen haben, findet sich von dieser oder jener Regel keine Ausnahme. Wird also ein Urteil in strenger Allgemeinheit gedacht, d. i. so, dass gar keine Ausnahme als möglich verstattet wird, so ist es nicht von der Erfahrung abgeleitet, sondern schlechterdings a priori gültig. Die empirische Allgemeinheit ist also nur eine willkürliche Steigerung der Gültigkeit, von der, welche in den meisten Fällen, zu der, die in allen gilt, wie z. B. in dem Satze: alle Körper sind schwer; wo dagegen strenge Allge-

meinheit zu einem Urteile wesentlich gehört, da zeigt diese auf einen besonderen Erkenntnisquell desselben, nämlich ein Vermögen des Erkenntnisses a priori. Notwendigkeit und strenge Allgemeinheit sind also sichere Kennzeichen einer Erkenntnis a priori, und gehören auch unzertrennlich zueinander. [...]
Dass es nun dergleichen notwendige und im strengsten Sinne allgemeine, mithin reine Urteile a priori, im menschlichen Erkenntnis wirklich gebe, ist leicht zu zeigen. Will man ein Beispiel aus Wissenschaften, so darf man nur auf alle Sätze der Mathematik hinaussehen; will man ein solches aus dem gemeinsten Verstandesgebrauche, so kann der Satz, dass alle Veränderung eine Ursache haben müsse, dazu dienen; ja in dem letzteren enthält selbst der Begriff einer Ursache so offenbar den Begriff einer Notwendigkeit der Verknüpfung mit einer Wirkung und einer strengen Allgemeinheit der Regel, dass er gänzlich verloren gehen würde, wenn man ihn, wie Hume tat, von einer öftern Beigesellung dessen, was geschieht, mit dem, was vorhergeht, und einer daraus entspringenden Gewohnheit (mithin bloß subjektiven Notwendigkeit) Vorstellungen zu verknüpfen, ableiten wollte.

7 Arbeiten Sie die Kantische Unterscheidung von „anfangen" und „entspringen" (vgl. Z. 1 f., 12, 14) im Bezug auf die Erkenntnis heraus.

8 Erläutern Sie anhand des Textes die für Kants Argumentation so wichtige Unterscheidung von „a priori" und „a posteriori".

Grundlegend für die Erkenntnistheorie im Sinne Kants ist seine Unterscheidung von analytischen (rationalistischen) und synthetischen (empiristischen) Urteilen. In seiner eigenen Theorie versucht Kant Empirismus und Rationalismus miteinander zu versöhnen. Beim Begriff „Urteil" denken wir heute in erster Linie an Gerichtsentscheidungen. In der philosophischen Tradition hat der Begriff des Urteils jedoch eine andere Bedeutung.

M 21 Analytische und synthetische Urteile

Analytische Urteile:
1. Alle Körper sind ausgedehnt. (Kants Beispiel)
2. Menschen sind vernunftbegabte Wesen.
3. Junggesellen sind nicht verheiratet.

Synthetische Urteile:
1. Alle Körper sind schwer. (Kants Beispiel)
2. Die meisten Menschen handeln vernünftig.
3. Junggesellen sind meist unglücklich.

Indem Kant das Begriffspaar „analytisch" und „synthetisch" mit dem Begriffspaar „a priori" und „a posteriori" verknüpft, erhält er im Prinzip vier Gruppen von Urteilen:

- analytische Urteile a posteriori,
- synthetische Urteile a posteriori,
- analytische Urteile a priori,
- synthetische Urteile a priori.

Von besonderem Interesse ist für Kant die letztgenannte Gruppe. Ihre Bedeutung zeigt sich auch darin, dass Kant sich ihrer bedient, um die Ausgangsfrage seiner Erkenntnistheorie zu präzisieren. Sie lautet: Wie sind synthetische Urteile a priori möglich? Für Kant – anders als für viele seiner Nachfolger (vgl. S. 373 ff.) – steht außer Frage, dass es derartige Urteile gibt. Er findet sie vor allem in der Mathematik („Die Gerade ist die kürzeste Linie zwischen zwei Punkten.") und in der Physik, aber auch in der Metaphysik vor.

9 Erläutern Sie anhand der Beispiele, wie Kant in seinen Überlegungen den Begriff des „Urteils" gebraucht.

10 Betrachten Sie ebenso Kants Unterscheidung von „analytisch" und „synthetisch" im Bezug auf Urteile. Benutzen Sie hierfür auch eine weitere von Kant getroffene Unterscheidung. Die einen nennt er nämlich auch „Erläuterungsurteile", die anderen „Erweitungsurteile".

11 Etwas anspruchsvollere Fragen sind diese: Warum ist die Gruppe der analytischen Urteile a posteriori leer, d. h. ohne Vertreter?

12 Was macht eigentlich die synthetischen Urteile a priori für Kant so interessant, dass er die Aufgabe seiner gesamten erkenntnistheoretischen Bemühungen in die Frage fassen kann, wie diese Urteile möglich seien?

Immanuel Kant: Rezeptivität und Spontaneität (1787)

M 22

Unsre Erkenntnis entspringt aus zwei Grundquellen des Gemüts, deren die erste ist, die Vorstellungen zu empfangen (die Rezeptivität der Eindrücke), die zweite das Vermögen, durch diese Vorstellungen einen Gegenstand zu erkennen (Spontaneität der Begriffe); durch die erstere wird uns ein Gegenstand gegeben, durch die zweite wird dieser im Verhältnis auf jene Vorstellung (als bloße Bestimmung des Gemüts) gedacht. Anschauung und Begriffe machen also die Elemente aller unsrer Erkenntnis aus, so dass weder Begriffe, ohne ihnen auf einige Art korrespondierende Anschauung, noch Anschauung ohne Begriffe, ein Erkenntnis abgeben *können*. Beide sind entweder rein oder empirisch. Empirisch, wenn Empfindung (die die wirkliche Gegenwart des Gegenstandes voraussetzt) darin enthalten ist; rein aber, wenn der Vorstellung keine Empfindung beigemischt ist. Man kann die letztere die Materie der sinnlichen Erkenntnis nennen. Daher enthält reine Anschauung lediglich die Form, unter welcher etwas angeschaut wird, und reiner Begriff allein die Form des Denkens eines Gegenstandes überhaupt. Nur allein reine Anschauungen oder Begriffe sind a priori möglich, empirische nur a posteriori.

Wollen wir die Rezeptivität unseres Gemüts, Vorstellungen zu empfangen, so fern es auf irgend eine Weise affiziert wird, Sinnlichkeit nennen: so ist dagegen das Vermögen, Vorstellungen selbst hervorzubringen, oder die Spontaneität des Erkenntnisses, der Verstand. Unsre Natur bringt es so mit sich, dass die Anschauung niemals anders als sinnlich sein kann, d.i. nur die Art enthält, wie wir von Gegenständen affiziert werden. Dagegen ist das Vermögen, den Gegenstand sinnlicher Anschauung zu denken, der Verstand. Keine dieser Eigenschaften ist der andern vorzuziehen. Ohne Sinnlichkeit würde uns kein Gegenstand gegeben und ohne Verstand keiner gedacht werden. Gedanken ohne Inhalt sind leer, Anschauungen ohne Begriffe sind blind. Daher ist es eben so notwendig, seine Begriffe sinnlich zu machen (d.i. ihnen den Gegenstand in der Anschauung beizufügen), als, seine Anschauungen sich verständlich zu machen (d.i. sie unter Begriffe zu bringen). Beide Vermögen, oder Fähigkeiten, können auch ihre Funktionen nicht vertauschen. Der Verstand vermag nichts anzuschauen und die Sinne nichts zu denken. Nur daraus, dass sie sich vereinigen, kann Erkenntnis entspringen. Deswegen darf man aber doch nicht ihren Anteil vermischen, sondern man hat große Ursache, jedes von dem andern sorgfältig abzusondern, und zu unterscheiden. Daher unterscheiden wir die Wissenschaft der Regeln der Sinnlichkeit überhaupt, d.i. Ästhetik, von der Wissenschaft der Verstandesregeln überhaupt, d.i. der Logik.

13 Wie stellt Kant sich das Funktionieren des menschlichen Erkenntnisvermögens vor? Sortieren Sie dafür zunächst die Begriffe, die inhaltlich zusammengehören.

14 Vergleichen Sie die Auffassung Kants über Erkenntnis und deren Ursprung mit den Auffassungen des Rationalismus (Descartes; s. S. 319) und des Empirismus (Locke; s. S. 329 ff.). Organisieren Sie dazu ein Streitgespräch, in dem jede der drei Positionen (Rationalismus, Empirismus, Kritizismus) durch einen kompetenten (von der Position vielleicht sogar überzeugten) Repräsentanten vertreten wird.

Immanuel Kant: Erkenntnis zeigt Wirklichkeit immer nur als Erscheinung (1787)

M 23

Wir haben also sagen wollen: dass alle unsre Anschauung nichts als die Vorstellung von Erscheinung sei; dass die Dinge, die wir anschauen, nicht das an sich selbst sind, wofür wir sie anschauen, noch ihre Verhältnisse so an sich selbst beschaffen sind, als sie uns erscheinen, und dass, wenn wir unser Subjekt oder auch nur die subjektive Beschaffenheit der Sinne überhaupt aufheben, alle die Beschaffenheit, alle Verhältnisse der Objekte im Raum und Zeit, ja selbst Raum und Zeit verschwinden würden, und als Erscheinungen nicht an sich selbst, sondern nur in uns existieren können. Was es für eine Bewandtnis mit den Gegenständen an sich und abgesondert von aller dieser Rezeptivität unserer Sinnlichkeit haben möge, bleibt uns gänzlich unbekannt. Wir kennen nichts als unsere Art, sie wahrzunehmen, die uns eigentümlich ist, die auch nicht notwendig jedem Wesen, obzwar jedem Menschen, zukommen muss. Mit dieser haben wir es lediglich zu tun. Raum und Zeit sind die reinen Formen derselben, Empfindung überhaupt die Materie. Jene können wir allein a priori, d.i. vor aller wirklichen Wahrnehmung erkennen, und sie heißet darum reine Anschauung; diese aber ist das in unserm Erkenntnis, was da macht, dass sie Erkenntnis a posteriori, d.i. empirische Anschauung heißt. Jene hängen unsrer Sinnlichkeit schlechthin notwendig an, welcher Art auch unsere Empfindungen sein mögen; diese können sehr verschieden sein. Wenn wir diese unsre Anschauung auch zum höchsten Grade der Deutlichkeit bringen könnten, so würden wir dadurch der Beschaffenheit der Gegenstände an sich selbst nicht näher kommen. Denn wir würden auf allen Fall doch nur unsre Art der Anschauung, d.i. unsere Sinnlichkeit, vollständig erkennen und diese immer nur unter den dem Subjekt ursprünglich anhängenden Bedingungen, von Raum und Zeit; was die Gegenstände an sich selbst sein mögen, würde uns durch die aufgeklärteste Erkenntnis der Erscheinung derselben, die uns allein gegeben ist, doch niemals bekannt werden.

15 Erkenntnis liefert uns nach Kant bloß Erscheinungen. In diesem „bloß“ liegt eine Einschränkung, ebenso in dem Wortbestandteil „Schein“. Ist also unsere Erkenntnis „bloß(er) Schein“? Zeigen Sie, worin diese Beschränkungen liegen könnten.

16 Der Ausdruck „Erscheinung“, den Kant hier verwendet, erinnert an das „Höhlengleichnis“ von Platon (s. S. 327 f.). Betrachten Sie noch einmal die bei Platon unterschiedenen Stufen der Erkenntnis im Lichte der Aussagen Kants. Wie sähe eine Interpretation des „Höhlengleichnisses“ aus, wenn man ihr die Position Kants zugrunde legte?

17 Sie haben verschiedene erkenntnistheoretische Positionen kennengelernt, die in der Geschichte der Philosophie „echte philosophische Schwergewichte“ vertreten haben und die entsprechend einflussreich waren. Wenn Sie sich für eine dieser Positionen entscheiden müssten, welche wäre das? Und wie würden Sie Ihre Entscheidung begründen?

18 Vergleichen Sie die erkenntnistheoretische Position von Kant mit denjenigen von Platon und Locke. Zeigen Sie die Unterschiede an einem Alltagsbeispiel, z. B. der Wahrnehmung eines Baumes.

M 24 Realität oder Illusion?

Im Roman „Das Buch der Illusionen“ (2002) des amerikanischen Schriftstellers Paul Auster (* 1947) beschreibt der Protagonist am Schluss einen Film eines geheimnisvollen, für verschollen gehaltenen Regisseurs mit dem Titel „Das Innenleben des Martin Frost“. Er handelt von dem unverhofften Zusammentreffen eines Schriftstellers, Martin Frost, und einer Philosophiestudentin namens Claire und derer kurzer, leidenschaftlicher Liebe. Nachdem Claire eine Krankheit halbwegs überstanden hat, liest sie Martin im Bett aus einem Text von Kant vor: „... dass die Dinge, die wir anschauen, nicht das an sich selbst sind, wofür wir sie anschauen ... und dass, wenn wir unser Subjekt oder nur die subjektive Beschaffenheit der Sinne überhaupt aufheben, all die Beschaffenheit, alle Verhältnisse der Objekte im Raum und Zeit, ja selbst Raum und Zeit verschwinden würden.“ Martin, der an einer Geschichte schreibt, die große Ähnlichkeit mit der Begegnung zwischen ihm und Claire hat, ist besorgt, als Claire einen Rückfall bekommt. Als sie immer schwächer wird, drängt sie ihn, die Geschichte zu Ende zu schreiben. Schließlich gibt sie kein Lebenszeichen mehr von sich. Da wirft Martin ein Blatt nach dem anderen seiner Geschichte ins Kaminfeuer, und sie erholt sich zusehends. Als sie sieht, was er getan hat, macht sie ihm Vorwürfe: „Aber das geht nicht. Das ist nicht erlaubt.“ Am Schluss fährt die Kamera zurück und zeigt das Haus in fünfzig Meter Entfernung. „Es steht im Nichts“.

19 Halten Sie diese Geschichte für eine angemessene literarische Darstellung von Kants Theorie der Erscheinung? Begründen Sie Ihre Meinung. Schreiben Sie gegebenenfalls eine eigene Umsetzung Ihres Verständnisses.

2. Wie denken wir richtig? Wann denken wir falsch? – Einführung in die Logik

2.1 Urteilen: gültige Schlüsse und Fehlschlüsse – Blackburn, Aristoteles

Mephistopheles will Faust durch die Welt geleiten und ihm alle nur denkbaren neuen Erfahrungen verschaffen. Während Faust sich zur Reise rüstet, empfängt Mephisto in seiner Maske einen jungen Mann, der sich auf der Reise zu einer Universität befindet. Der angehende Student sucht den berühmten Dr. Faust auf, um sich von ihm beraten zu lassen.

Johann Wolfgang von Goethe: Faust I (Schülerszene)

M 1

Schüler:
Ich wünschte, recht gelehrt zu werden,
Und möchte gern, was auf der Erden
Und in dem Himmel ist, erfassen,
Die Wissenschaft und die Natur.
[...]
Mephistopheles:
Mein teurer Freund, ich rat' Euch drum
Zuerst Collegium Logicum.
Da wird der Geist Euch wohl dressiert,
In spanische Stiefeln eingeschnürt,
Dass er bedächtiger so fortan
Hinschleiche die Gedankenbahn,
Und nicht etwa, die Kreuz und Quer,
Irrlichteliere hin und her.
[...]
Der Philosoph, der tritt herein,
Und beweist Euch, es müsst' so sein:
Das Erst' wär' so, das Zweite so,
Und drum das Dritt' und Vierte so;
Und wenn das Erst' und Zweit' nicht wär',
Das Dritt' und Viert' wär' nimmermehr.

1 Notieren Sie alle Stellen, die auf Mephistos kritische Einstellung zur Logik (und zur Philosophie seiner Zeit) hinweisen.

2 Mit den „spanischen Stiefeln" (Z. 11) spielt Goethe auf ein grausames Folterinstrument der (spanischen) Inquisition an, das bei deren Verhören benutzt wurde. Erläutern Sie die in diesem Bild zum Ausdruck kommende Funktion der Logik.

3 Vergleichen Sie das „Bild" der Logik, das Mephisto vor dem Schüler ausbreitet, mit Ihren eigenen Vorstellungen von Logik.

4 „Zuerst Collegium Logicum" – Mit dem Studium der Logik solle der Student beginnen, empfiehlt Mephistopheles in Vertretung und in der Gestalt eines Gelehrten. In den Ohren eines modernen Studenten klänge es wohl eher befremdlich, wenn er bei einer Studienberatung den Rat erhielte, sich zunächst einmal mit Fragen der Logik zu befassen. Dennoch gibt es auch heutzutage Studiengänge, bei denen man sich im Grundstudium mit Disziplinen zu beschäftigen hat, die mit dem eigentlichen Studienfach wenig zu tun zu haben scheinen. Informieren Sie sich.

Es geht im Folgenden um die Frage, ob die Logik ein Instrument zur Disziplinierung des Geistes ist, oder den „Werkzeugkasten" des „richtigen Denkens" und des „korrekten Schließens" liefert.

5 Der Vater fragt beim Abendessen seinen zwölfjährigen Sohn, ob er seine Hausaufgaben erledigt habe. Die Antwort des Sohnes: „Logisch!" Was ist an der Behauptung des Sohnes eigentlich „logisch"? Untersuchen Sie die Verwendung der Kennzeichnung „logisch" in verschiedenen Situationskontexten. Prüfen Sie dabei, wann das Prädikat „logisch" im Sinne einer besonderen Auszeichnung eingesetzt wird.

Der an englischen und US-amerikanischen Universitäten lehrende Philosoph Simon Blackburn (* 1944) beschäftigt sich mit den „großen Fragen der Philosophie“, um „Menschen für Ideen zu begeistern“.

M 2 Simon Blackburn: [„Zuerst Collegium Logicum“] (2001)

Wir wollen richtig urteilen. Wir suchen zuverlässige Methoden, um die Wahrheit von falschen Meinungen zu unterscheiden [...]. Aber welche sind diese zuverlässigen Methoden und was sind ihre Kriterien? [...]

Der erste Teil eines Beweises ist die Prämisse, die Voraussetzung. Sie ist der Ausgangspunkt, also das, was im Rahmen dieses Beweises angenommen oder vorausgesetzt wird. Ein Beweis kann eine oder mehrere Prämissen haben. Von den Prämissen wird die Schlussfolgerung abgeleitet. Wenn wir über den Beweis nachdenken – vielleicht weil wir zögern, die Schlussfolgerung anzunehmen –, dann haben wir zwei Möglichkeiten. Erstens können wir eine oder mehrere Prämissen zurückweisen. Und zweitens können wir die Art des Schließens bezweifeln, durch die die Schlussfolgerung aus den Prämissen abgeleitet wurde. Die erste Reaktion bedeutet, dass eine der Voraussetzungen *falsch* ist, die zweite, dass die Schlussfolgerung *ungültig* ist. Natürlich können gegen ein Urteil auch beide Einwände erhoben werden, aber sie sind völlig unabhängig voneinander, und die Wörter „falsch“ und „ungültig“ machen diese Unterscheidung deutlich.

Im täglichen Leben kritisiert man Beweise aus wieder anderen Gründen. Die Prämissen können nicht sehr vernünftig sein. [...] Auch aus Voraussetzungen, die sich widersprechen, kann kein richtiger Beweis abgeleitet werden. Unter bestimmten Umständen kann es taktlos oder geschmacklos sein, gewisse Dinge zu diskutieren. Aber „logisch“ ist kein anderes Wort für „vernünftig“. Die Logik fragt, ob Beweise gültig sind, nicht ob es vernünftig ist, das Thema zu behandeln. Umgekehrt können Leute, die wir unlogisch nennen, durchaus richtige Argumente vortragen, wenn sie auch in anderer Art verdreht sind. [...]

Der griechische Philosoph Aristoteles (384–322 v. Chr.) hat als Erster versucht, eine systematische Klassifizierung von gültigen und ungültigen Beweisformen aufzustellen. Er erkannte, dass jede Theorie ihre Urteile systematisch ordnen muss, und zwar nach ihrer Art, zu schließen, oder, wie er es nannte, ihrer Form. Eine berühmte Urteilsform, die den Namen [...] *modus ponens* trug, wurde durch folgende Symbole wiedergegeben:

p; wenn p dann q; folglich q.

Hier stehen *p* und *q* jeweils für irgendeine Information oder Behauptung. Die Form des Beweises bleibt gleich, ob er nun von Kühen oder Philosophen handelt. Die Logik untersucht die Formen von Informationen, nicht einzelne Aussagen. [...] Wir wollen, dass unsere Urteile gültig sind. Das heißt: Wir wollen, dass es „keine Möglichkeit“ gibt, dass unsere Schlussfolgerungen falsch sein könnten, wenn die Prämissen richtig sind. Also müssen wir prüfen, ob es irgendeine Möglichkeit gibt, dass eine Gruppe von Dingen, die Prämissen, wahr sein kann, ohne dass ein anderes Ding, die Schlussfolgerung ebenfalls wahr ist. Dafür brauchen wir eine wissenschaftliche „Erfassung der Möglichkeiten, nach denen Sätze wahr sein können“. [...]

Die erste der klassischen Voraussetzungen besagt, dass für jede Behauptung (*p*, *q*, ...) einer von zwei *Wahrheits*werten gilt: Sie kann entweder wahr oder falsch sein, aber nicht beides. Die zweite Voraussetzung lautet, dass die Relationen, die in der Logik eine Rolle spielen, vor allem „und“, „nicht“, „oder“ und „wenn – dann“, charakterisiert werden können durch ihren Einfluss auf die Wahrheitswerte.

Betrachten wir „nicht-*p*“. Nicht-*p* [...] ist die Negation von *p*: Sie bedeutet, dass *p* falsch ist. Da *p* nach der ersten Voraussetzung nur wahr oder falsch sein kann, bedeutet die Funktion „nicht“ die Umkehrung des Wahrheitswertes. [...] Man kann das in folgender Wahrheitswerttafel zusammenfassen:

p	*non-p*
W	*F*
F	*W*

Die Tabelle zeigt uns das Ergebnis wahr oder falsch für jede Zuordnung eines Wahrheitswerts zu einer Aussage. (Diese Zuordnung heißt Interpretation). Wir können für „und“ eine ähnliche Tabelle aufstellen. Doch müssen wir hier eine größere Zahl von Kombinationen betrachten. Wir nehmen an, dass „und“ zwei Behauptungen verbindet, von denen jede wahr oder falsch sein kann. So müssen wir vier Ergebnisse oder Interpretationen betrachten:

p	*q*	*p + q*
W	*W*	*W*
W	*F*	*F*
F	*W*	*F*
F	*F*	*F*

Dies sind die Wahrheitswerte für alle möglichen Kombinationen – die Konjunktion – der Wahrheitswerte wahr und falsch mit den Aussagen der Formel p + q: die vier Interpretationen dieser Formel.

6 Seit alters verwenden die Logiker den Ausdruck „Urteil", um einen zentralen Gegenstand ihrer Untersuchungen zu bezeichnen. Das führt gelegentlich bei Nicht-Philosophen zu Missverständnissen, weil dieser Ausdruck in der Umgangssprache in einem anderen Sinne gebraucht wird. Was unterscheidet das „Urteil" im Sinne der Logik von Urteilen im Alltagsverständnis?

7 Sie haben die Wahrheits(werte)tafel für die Funktion „und" kennengelernt. Versuchen Sie von einem Beispiel ausgehend, die Wahrheitswertetafel für die Funktion „oder" zu konstruieren.

8 Das Deutsche kennt – wie andere Sprachen auch – die Unterscheidung zwischen einem „einschließenden" und einem „ausschließenden Oder". Können Sie diese Unterscheidung anhand der Wahrheitswertetafeln zeigen?

9 Die Wahrheitswertetafel für die sogenannte „Implikation" sieht folgendermaßen aus:

p	q	$p \rightarrow q$
W	W	W
W	F	F
F	W	W
F	F	W

Prüfen Sie, inwieweit diese Interpretation mit unserem alltagssprachlichen Verständnis einer „Wenn-dann"-Verknüpfung übereinstimmt. Wenn Sie p mit dem Satz „Der Eiffelturm steht in Berlin" und q mit „Bonn liegt am Rhein" belegen, dann ist die Implikation laut Definition „wahr", denn p ist falsch und q ist wahr. Erscheint Ihnen das „logisch"?

In der Geschichte der Logik nimmt der griechische Philosoph Aristoteles (384–322 v. Chr.) eine einzigartige Stellung ein. Denn das von ihm geschaffene System hat die Geschichte der Logik für mehr als zweitausend Jahre ganz entscheidend beeinflusst, ja sogar bestimmt. Vieles von dem, was noch heute im Bereich der Logik gelehrt und gelernt wird, geht auf sein Werk zurück. Der folgende Text enthält den Kern dessen, was man später als „assertorische (feststellende, behauptende) Syllogistik" des Aristoteles bezeichnet hat.

Aristoteles: Erste Analytik

M 3

Wir werden jetzt sagen, wodurch und wann und wie ein Syllogismus zustande kommt [...].

Wenn sich also drei Termini zueinander so verhalten, dass der letzte in dem mittleren (als im) ganzen ist, und der mittlere (als) im ganzen im ersten ist oder nicht ist, so ergibt sich notwendig aus den äußeren (Termini) ein vollendeter Schluss.

[...] Denn wenn A von jedem B und B von jedem C, muss A von jedem C ausgesagt werden. [...] Ähnlich auch, wenn A von keinem B und B von jedem C, wird A keinem C zukommen. [...] Wenn aber der eine Terminus sich allgemein, der andere sich partikulär zum anderen (verhält), dann – falls das Allgemeine zum größeren äußeren (Terminus) gesetzt wird, bejahend oder verneinend, und das Partikuläre zum kleineren bejahend – muss der Schluss vollendet sein. [...] Es komme nämlich A jedem B und B einigen C zu [...], es muss A einigen C zukommen. Und wenn A keinem B zukommt, B aber einigen C, (dann) muss A einigen C nicht zukommen.

Im hohen Mittelalter verfasste ein Kleriker namens Petrus Hispanus (1210–1277) ein Werk, das unter dem Titel „Summulae logicales" für lange Zeit die populärste Einführung in die auf Aristoteles zurückgehende Logik war. Um das Studium der Logik in einer Zeit zu erleichtern, in der Lehrbücher selten und teuer waren, hat der Autor mnemotechnische Bezeichnungen als Gedächtnisstützen geschaffen, die noch heute benutzt werden:

M 4 Logische Gedächtnisstützen nach Petrus Hispanus

Die beiden ersten Vokale aus dem Lateinischen „**affir**mo" (ich bejahe) und „**nego**" (ich verneine) werden für die folgenden Formalisierungen benutzt (vgl. zum Folgenden auch Kap 1. 6):

S**a**P, d.h. „P kommt **jedem** S zu", z.B. Mensch kommt **jedem** Philosophen zu, bzw. **Alle** Philosophen sind Menschen;

S**i**P, d.h. „P kommt **einigen** S zu", z.B. Philosoph kommt **einigen** Menschen zu, bzw. **Einige** Menschen sind Philosophen;

S**e**P, d.h. „P kommt **keinem** S zu", z.B. Philosoph kommt **keinem** Pferd zu, bzw. **Kein** Pferd ist ein Philosoph.

S**o**P, d.h. „P kommt **einigen** S **nicht** zu", z.B. Philosoph kommt **einigen** Menschen **nicht** zu, bzw. **Einige** Menschen sind **keine** Philosophen.

Diese Formalisierungen werden auch benutzt, um die in der – auf Aristoteles zurückgehenden – Syllogistik allein aufgrund ihrer Form gültigen Schlüsse zu kennzeichnen. Jeder Schluss besteht aus zwei Prämissen, die durch einen vermittelnden Begriff (**M**ittelbegriff) verknüpft sind, und einer Konklusion. Gemäß der Position von **M** lassen sich insgesamt vier Figuren unterscheiden. In der sogenannten Ersten Figur (gemäß der Stellung des Mittelbegriffs: M*P und S*M, also S*P) gibt es vier gültige Syllogismen (genannt: Modi), die mit den mnemotechnischen Namen: B**a**rb**a**r**a**, **Ce**la**rent**, D**a**r**ii** und F**e**r**io** charakterisiert werden.

Barbara	**Celarent**	**Darii**	**Ferio**
MaP: Säugetiere gebären lebende Junge SaM: Delphine sind Säugetiere	MeP: Kein Rechteck ist ein Kreis SaM: Alle Quadrate sind Rechtecke	MaP SiM	MeP SiM
SaP: Delphine gebären also lebende Junge	SeP: Also ist kein Quadrat ein Kreis	SiP	SoP

10 Zeigen Sie anhand von Beispielen auch die Gültigkeit der beiden Modi Darii und Ferio.

11 In Zeiten, in denen man Wissen im Gedächtnis speichern musste, stand die Mnemotechnik hoch im Kurs. Ihre Überreste finden sich bis heute im Schulunterricht, wenn auch eher in scherzhafter Form: „Drei, drei, drei – bei Issus Keilerei". Suchen Sie weitere Beispiele für solche das Gedächtnis unterstützende Merkverse („Eselsbrücken").

12 Erörtern Sie, welche Auswirkungen es auf die Organisation, den Erwerb und die Vermittlung von Wissen hätte, wenn uns keine Bücher (natürlich auch kein Internet) und keine Aufzeichnungsmöglichkeiten mehr zur Verfügung stünden (weil Pergament ebenso teuer und kostbar ist wie Bücher).

Den Lebensbeschreibungen antiker Philosophen von Diogenes Laertios (3. Jahrhundert n. Chr.) verdanken wir viele Hinweise auf verschollene Werke und die in ihnen enthaltenen Gedanken. Hier findet sich auch der Bericht über eine Gruppe von Philosophen, die sich vornehmlich mit logischen Problemen befasst hätten und die man später unter der Sammelbezeichnung „megarisch-stoische Schule" eingeordnet hat. Ihr Gründer soll ein gewisser Eukleides von Megara (von daher der Name) gewesen sein.

Diogenes Laertios: Fangschlüsse oder Trugschlüsse

M 5

In der Nachfolge des Eukleides steht auch der Milesier Eubulides, der in der Dialektik viele (Fang-)Schlüsse vorlegte wie *Der Lügner, Der Getarnte, Die Elektra, Der Verhüllte, Sorites, Der Gehörnte, Der Kahlkopf.*

Der Lügner: „Wenn ich lügend sage, dass ich lüge, lüge ich oder sage ich Wahres?"
„Du sagst Wahres."
„Wenn ich Wahres sage und sage, dass ich lüge, lüge ich."
„Du lügst offenbar."

Der Verhüllte (lat.: *velare*): erkennst Du diesen Verhüllten? Nein! Es ist Dein Vater! Daraus folgt: Du erkennst Deinen Vater nicht.

Der Gehörnte (lat.: *cornutus,* von *cornus* = Horn): Was du nicht verloren hast, das hast du noch. Hörner hast du nicht verloren. Daraus folgt: Du hast Hörner.

13 Die Bezeichnung „Fangschlüsse" weist darauf hin, dass es bei dieser Art von Schlüssen um etwas anderes geht als um „falsches Denken". Welche Absichten könnten sich mit der Formulierung solcher Schlüsse verbinden?

14 Platon nennt die Gegner seiner Philosophie „Sophisten". Obwohl in dieser Bezeichnung das griech. Wort für „weise", „Weisheit" steckt, ist es um den Ruf der Sophisten schlecht bestellt. Sophisten sollen nämlich mit verschiedenen „Tricks" arbeiten. Auch die so genannten „Fangschlüsse" werden mit diesen Tricks in Verbindung gebracht. Erläutern Sie diesen Zusammenhang.

15 Fassen Sie noch einmal zusammen, worin sich die Verwendung des Prädikats „logisch" im Alltag und in der philosophischen Argumentation unterscheiden.

16 Schauen Sie sich M 1 an und nehmen Sie kritisch Stellung zu Mephistopheles' Charakterisierung der Logik.

17 1. Der nächste Satz ist falsch. Der vorhergehende Satz ist wahr.
2. „Weißt du, was ‚heterologische' Wörter sind?" „Das sind doch solche Wörter, die selbst nicht sind, was sie besagen. Zum Beispiel ‚lang' ist nicht lang." „Ja, und ‚autologische' Wörter besitzen im Unterschied dazu die Merkmale, die sie bezeichnen, also etwa ‚dreisilbig'." „Ist dann das Wort ‚heterologisch' heterologisch oder autologisch?" „Angenommen, ‚heterologisch' ist ein autologisches Wort, dann ist es, was es besagt, nämlich heterologisch. Das aber steht im Widerspruch zur Annahme, dass es ein autologisches Wort sei." „Und angenommen ‚heterologisch' ist ein heterologisches Wort?" „Dann ist es nicht, was es besagt. Und also ist es autologisch." „Aber dann ergibt sich ein Widerspruch zur Annahme, dass es heterologisch sei." „So ist es heterologisch und autologisch zugleich." Und nun?

2.2 Die Aufgabe der Logik – Frege, Salmon

Mit der Logik auf Jagd

M 6

Die folgende Abbildung trägt den (vollständigen) Titel „TYPUS LOGICAE" und stammt aus dem Buch „Margarita philosophica". Sein Verfasser Georg Reisch (um 1470–1525) war Angehöriger des Ordens der Karthäuser. Das 1503 erstmals erschienene Werk will das gesamte Wissen (seiner Zeit) vorstellen und wurde das am weitesten verbreitete Lehrbuch der Philosophie und des enzyklopädischen Wissens. Die auf dem Holzschnitt wiedergegebene Darstellung der Logik steckt voller allegorischer Anspielungen. Jedes Bildelement steht für einen Begriff oder ein Problem der (traditionellen scholastischen) Logik.
In einer bekannten Darstellung der Geschichte der Logik aus dem 19. Jahrhundert findet sich folgende Beschreibung:
„Ein Jäger geht auf die Jagd; *Sonus* [Ton = Art der Redeweise] und *Vox* [Stimme] sind sein Hüfthorn [kleines Signalhorn, das an einer Kordel über der Schulter ge-

tragen wurde], aus welchem *duae praemissae* [die beiden Prämissen (eines Syllogismus)] als zwei Rosen hervorgehen; der das Horn haltende Arm bedeutet *Argumenta* [die logischen Argumente]; auf seiner Brust ist *Conclusio* [Schlussfolgerung] geschrieben; *Syllogismus* [logischer Schluss] ist sein Waidmesser, *Quaestio* [strittige Frage] der Bogen in seiner rechten Hand; [...]; vor ihm springen zwei Jagdhunde, ein schöner *Veritas* [Wahrheit] und ein hässlicher *Falsitas* [Falschheit]; Gegenstand der Jagd ist ein Hase *Problema* [s. unten]."

1 Der Philosoph und Soziologe Niklas Luhmann schreibt 1992 über den gleichen Sachverhalt: „In der Formulierung des Problems werden Bedingungen der Erkennbarkeit von Lösungen vorgegeben, und das steigert, je nach der Hintergrundsdramatik der Problemstellung, die Spannung, mit der man nach Lösungen sucht, und den Aha-Effekt, der das Finden der Lösung begleitet." Vergleichen Sie diese Formulierung mit der mittelalterlichen Darstellung.

2 Wir kennen das Sprichwort: Jemand „weiß, wie der Hase läuft". Diese aus der Jägersprache stammende Redewendung lässt sich auf die Abbildung übertragen. Erläutern Sie diesen Zusammenhang.

▼ Im Folgenden geht es um die Frage, ob es Probleme gibt, zu deren Lösung die Logik nötig ist.

3 Notieren Sie Stichworte, die Ihnen einfallen, wenn Sie über Ihre eigene Einstellung zur Logik nachdenken. Welche Erwartungen, welche Befürchtungen verbinden Sie mit (der) Logik? Was meinen Sie zu der folgenden Aussage: „Logik bleibt das Rückgrat der westlichen Zivilisation. Sie bildet den Zusammenhalt unserer Systeme von Philosophie, Wissenschaft und Recht. Und Logik bestimmt auch unseren Alltag, ob es um unsere Sprache geht oder um einen schlichten Gebrauchsgegenstand wie unser Handy"?

Eine Schlüsselstellung in der historischen Entwicklung der modernen Logik kommt dem Mathematiker und Philosophen Gottlob Frege (1848–1925) zu.

M 7 Gottlob Frege: Die Gesetze des Wahrseins (1918)

Wie das Wort „schön" der Ästhetik und „gut" der Ethik, so weist „wahr" der Logik die Richtung. Zwar haben alle Wissenschaften Wahrheit als Ziel; aber die Logik beschäftigt sich noch in ganz anderer Weise mit ihr. Sie verhält sich zur Wahrheit etwa so wie die Physik zur Schwere oder zur Wärme. Wahrheiten zu entdecken, ist Aufgabe aller Wissenschaften: Der Logik kommt es zu, die Gesetze des Wahrseins zu erkennen. Man gebraucht das Wort „Gesetz" in doppeltem Sinne. Wenn wir von Sittengesetzen und Staatsgesetzen sprechen, meinen wir Vorschriften, die befolgt werden sollen, mit denen das Geschehen nicht immer im Einklange steht. Die

Naturgesetze sind das Allgemeine des Naturgeschehens, dem dieses immer gemäß ist. Mehr in diesem Sinne spreche ich von Gesetzen des Wahrseins. Freilich handelt es sich hierbei nicht um ein Geschehen, sondern um ein Sein. Aus den Gesetzen des Wahrseins ergeben sich nun Vorschriften für das Fürwahrhalten, das Denken, Urteilen, Schließen. Und so spricht man wohl auch von Denkgesetzen. Aber hierbei liegt die Gefahr nahe, Verschiedenes zu vermischen. Man versteht vielleicht das Wort „Denkgesetz" ähnlich wie „Naturgesetz" und meint dabei das Allgemeine im seelischen Geschehen des Denkens. Ein Denkgesetz in diesem Sinne wäre ein psychologisches Gesetz. Und so kann man zu der Meinung kommen, es handle sich in der Logik um den seelischen Vorgang des Denkens und um die psychologischen Gesetze, nach denen es geschieht. Aber damit wäre die Aufgabe der Logik verkannt; denn hierbei erhält die Wahrheit nicht die ihr gebührende Stellung. Der Irrtum, der Aberglaube hat ebenso seine Ursachen wie die richtige Erkenntnis. Das Fürwahrhalten des Falschen und das Fürwahrhalten des Wahren kommen beide nach psychologischen Gesetzen zustande. Eine Ableitung aus diesen und eine Erklärung eines seelischen Vorganges, der in ein Fürwahrhalten ausläuft, kann nie einen Beweis dessen ersetzen, auf das sich dieses Fürwahrhalten bezieht. Können bei diesem seelischen Vorgange nicht auch logische Gesetze beteiligt gewesen sein? Ich will das nicht bestreiten; aber wenn es sich um Wahrheit handelt, kann die Möglichkeit nicht genügen. Möglich, dass auch Nichtlogisches beteiligt gewesen ist und von der Wahrheit abgelenkt hat. Erst nachdem wir die Gesetze des Wahrseins erkannt haben, können wir das entscheiden; dann aber werden wir die Ableitung und Erklärung des seelischen Vorganges wahrscheinlich entbehren können, wenn es uns darauf ankommt zu entscheiden, ob das Fürwahrhalten, in das es ausläuft, gerechtfertigt ist. Um jedes Missverständnis auszuschließen und die Grenze zwischen Psychologie und Logik nicht verwischen zu lassen, weise ich der Logik die Aufgabe zu, die Gesetze des Wahrseins zu finden, nicht die des Fürwahrhaltens oder Denkens. In den Gesetzen des Wahrseins wird die Bedeutung des Wortes „wahr" entwickelt.

4 Erläutern Sie anhand des Textes, welche Aufgabe der Logik nach Frege zukommt und welche denkbaren Alternativen nicht in die Zuständigkeit der Logik fallen.

5 Erläutern und begründen Sie die für Frege so grundlegende Unterscheidung von Logik und Psychologie.

Der amerikanische Philosoph Wesley C. Salmon (1925–2001) verfasste ein Lehrbuch der Logik, das sich erklärtermaßen an solche Leser wendet, die „Grundkenntnisse in der Logik für nützlich" halten.

Wesley C. Salmon: Der Bereich der Logik (1973)

M 8

Die Logik beschäftigt sich mit Argumenten und Schlüssen. Eine ihrer Hauptaufgaben besteht darin, Methoden bereitzustellen, die es ermöglichen, die logisch gültigen von den logisch ungültigen Argumenten und Schlüssen zu unterscheiden. [...]

Ein Argument besteht aus mehr als nur einer Aussage: Es besteht aus einer Konklusion und den Gründen, die zu ihrer Stützung angegeben werden. Solange die Gründe nicht angegeben worden sind, liegt uns kein Argument zur Analyse vor. [...] Wenn man die Behauptungen, für die keine Gründe angegeben worden sind, von Konklusionen von Argumenten unterscheidet, dann heißt das nicht, dass man sie verwirft. Es geht nur darum, die Bedingungen für die Anwendbarkeit der Logik offenzulegen. [...] Mit Argumenten versucht man oft zu überzeugen, und darin besteht eine ihrer wichtigen und legitimen Aufgaben; die Logik hat es aber nicht mit der Überzeugungskraft von Argumenten zu tun. Argumente, die im logischen Sinn nicht korrekt sind, überzeugen tatsächlich oft, während logisch fehlerfreie Argumente häufig nicht überzeugen. Die Logik befasst sich mit einer objektiven Beziehung zwischen Begründung und Konklusion. Ein Argument kann logisch korrekt sein, selbst wenn niemand es dafür hält; oder es kann logisch inkorrekt sein, selbst wenn jeder es akzeptiert. [...] Wenn ein Argument der logischen Analyse unterzogen wird, geht es um die Relevanzfrage [Stehen die Prämissen in der richtigen Beziehung zur Konklusion?] Die Logik befasst sich mit der Beziehung zwischen Prämissen und Konklusion und nicht mit der Wahrheit von Prämissen. [...] In einem logisch korrekten Argument stehen die Prämissen in der folgenden

Beziehung zur Konklusion: Wenn die Prämissen wahr sind, ist das ein guter Grund, die Konklusion für wahr zu halten. [...] Die Prämissen eines logisch inkorrekten Arguments können die Konklusion scheinbar stützen, obwohl sie es in Wirklichkeit nicht tun. [...] Selbst wenn die Prämissen eines logisch inkorrekten Arguments wahr sind, ist das kein guter Grund, die Konklusion für wahr zu halten. Die Prämissen eines logisch inkorrekten Arguments sind für die Konklusion nicht wirklich relevant.

6 Notieren Sie die Begriffe, die für Salmon das Aufgabenfeld der Logik bezeichnen.

7 Diskutieren Sie die Frage, welchen Sinn Aussagenzusammenhänge haben könnten, die den „logischen TÜV“ nicht bestehen und als „unlogisch“ qualifiziert werden.

8 Ob Argumente logisch korrekt oder inkorrekt sind, entscheidet sich für Salmon nach der Relevanz der Verknüpfung von Prämissen und Konklusion.
Welche Art der Verknüpfung macht Argumente für Salmon korrekt?

9 Vergleichen Sie die Positionen von Frege und Salmon mit Ihren eigenen Erwartungen hinsichtlich dessen, was Logik leisten soll.

10 Prüfen Sie die beiden folgenden Argumente auf ihre logische Korrektheit hin und begründen Sie Ihre Einschätzung auf der Basis von M 7 und M 8:
1. Prämissen: Alle Säugetiere sind sterblich.
Alle Pferde sind sterblich.
Konklusion: Alle Pferde sind Säugetiere.
2. Jeder der Schöffen eines Gerichts war Mitglied einer Partei. Herr Maier war einer der Schöffen des Gerichts; deshalb war Herr Maier Mitglied einer Partei.

2.3 Von der Begriffsanalyse zur Existenzaussage – Anselm von Canterbury, Thomas von Aquin

Bevor Faust sich mit Mephistopheles auf den Weg durch die Welt begibt, soll er aus einem unansehnlichen alten Stubenhocker in einen attraktiven jungen Mann verwandelt werden. Dazu bedarf es der Zauberei. Deswegen führt der Weg Faust und Mephisto zunächst in die Hexenküche, wo Faust einen Trank erhält, der ihn verjüngt.

M 9 Johann Wolfgang von Goethe: Faust I (Hexenküche)

Mephistopheles:
Mein Freund, die Kunst ist alt und neu.
Es war die Art zu allen Zeiten,
Durch Drei und Eins, und Eins und Drei
Irrtum statt Wahrheit zu verbreiten.
So schwätzt und lehrt man ungestört;
Wer will sich mit den Narrn befassen?
Gewöhnlich glaubt der Mensch, wenn er nur Worte hört,
Es müsse sich dabei doch auch was denken lassen.

1 Was sich wie Nonsens liest, ist in Wirklichkeit eine Attacke gegen die christliche Lehre von einem dreieinigen Gott. Fassen Sie knapp zusammen, worin diese Kritik besteht.

Unsere Phantasie scheint grenzenlos zu sein. Es gibt nichts, was wir uns nicht ausmalen könnten, um es dann in einen Begriff zu fassen. Und von vielen Erzeugnissen unserer Phantasie wissen wir, dass sie kein reales Äquivalent in der Wirklichkeit besitzen. Gleichwohl gibt es eine Reihe von Begriffen, von denen wir gern genau dies sicher wüssten.

Im Folgenden geht es um die Frage, ob es Begriffe gibt, deren Inhalten man notwendigerweise eine Existenz außerhalb unseres Denkens zusprechen muss.

2011 veröffentlichte die Schriftstellerin Sibylle Lewitscharoff (* 1954) einen Roman mit dem Titel „Blumenberg". Der Titel verweist auf den Protagonisten dieser Geschichte. Es ist der Philosoph Hans Blumenberg (1920–1996), der viele Jahre lang als Professor an der Universität Münster lehrte. Das knappe Nachwort weist das Werk als eine Hommage aus, eine Huldigung der Autorin für den „verehrten Philosophen". Der Roman beginnt mit den folgenden Sätzen.

Sibylle Lewitscharoff: Blumenberg (2011)

M 10

Blumenberg hatte gerade eine neue Kassette zur Hand genommen, um sie in das Aufnahmegerät zu stecken, da blickte er von seinem Schreibtisch auf und sah ihn. Groß, gelb, atmend; unzweifelhaft ein Löwe. Der Löwe sah zu ihm her, ruhig sah er zu ihm her aus dem Liegen, denn der Löwe lag auf dem Bucharateppich, in geringem Abstand zur Wand. Es musste ein älterer Löwe sein, vielleicht nicht mehr ganz bei Kräften, aber mit der einzigartigen Kraft begabt, da zu sein. Das erkannte Blumenberg zumindest auf den zweiten Blick, während er noch um Beherrschung rang.

2 Stellen Sie Vermutungen an, wie die Umwelt (Blumenbergs Familie, seine Studenten, die lokale Presse) wohl auf den Löwen reagieren.

3 Was könnte der Löwe mit dem Philosophen vorhaben wollen?

4 Wie würden Sie reagieren, wenn Sie neben Ihrem Arbeitsplatz plötzlich einen Löwen entdeckten?

5 Der Löwe in diesem Roman besitzt die „einzigartige Kraft", „da zu sein". Was könnte mit diesem Satz gemeint sein? Notieren Sie Ihre Vermutungen und tauschen sich darüber mit anderen Kursteilnehmern aus.

Albrecht Dürer: Der Heilige Hieronymus im Gehäus', 1514

Ein Löwe im Arbeitszimmer ist ein ungewöhnliches Ereignis. Ist er ein Teil der Wirklichkeit oder ein Produkt der Einbildungskraft des Protagonisten oder der Autorin? Für gewöhnlich verlangen wir Hinweise oder Beweise, um zwischen solchen Alternativen entscheiden zu können. Nun gibt es in der Philosophie mindestens einen Fall, bei dem derartige Beweise überflüssig sein sollen. Der mittelalterliche Theologe und Philosoph Anselm, Mönch und später Erzbischof von Canterbury (1033–1109), hat einen solchen Fall untersucht und kommt dabei zu einem überraschenden Ergebnis.

M 11 Anselm von Canterbury: Der ontologische Gottesbeweis (1077/1078)

[1] So denn, Herr, der Du die Glaubenseinsicht schenkst, gib mir, soweit Du es für nützlich erachtest, dass ich verstehe, dass Du bist, wie wir es glauben, und dass Du das bist, was wir glauben. [2] Und zwar glauben wir, dass Du etwas bist, über das hinaus nichts Größeres gedacht werden kann. [...] [9] Und gewiss kann das, über das hinaus Größeres nicht gedacht werden, kann, nicht allein im Verstande sein. [10] Denn wenn es nur im Verstande allein ist, so kann man denken, es sei auch in der Wirklichkeit, was größer ist. [11] Wenn also das, über das hinaus Größeres nicht gedacht werden kann, im Verstande allein ist, so ist eben das, über das hinaus Größeres nicht gedacht werden kann, dasjenige, über das hinaus Größeres gedacht werden kann. [12] Das aber kann mit Sicherheit nicht der Fall sein. [13] Es existiert also ohne Zweifel etwas, über das hinaus Größeres nicht gedacht werden kann, [und zwar] sowohl im Verstande als auch in der Wirklichkeit.

6 Paraphrasieren Sie die einzelnen Schritte, aus denen sich der Gedankengang Anselms zusammensetzt.

7 Im Schlussabschnitt von M 11 findet sich eine Formulierung, die stark an eine Floskel erinnert, die früher im Mathematikunterricht unter jeden Beweisgang geschrieben wurde: q. e. d., d. h. „quod erat demonstrandum; was zu beweisen war“. Versuchen Sie Ähnlichkeiten zwischen einem (indirekten) Beweisverfahren in der Mathematik und dem Beweisgang Anselms zu erkennen.

8 Adressat von Anselms Beweis ist nicht der von der Existenz eines Gottes ohnehin überzeugte Gläubige; vielmehr soll auch der Ungläubige durch diesen Beweis überzeugt werden. Diskutieren Sie die Frage, ob Anselms Beweis überzeugend ist oder nicht – unabhängig von Ihrer persönlichen Einstellung zum Problem der Existenz Gottes.

Einer der bedeutendsten Kenner der mittelalterlichen Philosophie bezeichnet Anselms Argument als einen „Geniestreich“, der kein Vorbild gehabt habe. Die Argumentation Anselms, die es unter dem Titel „ontologischer Gottesbeweis“ in der Geschichte der Philosophie zu hohem Ansehen gebraucht hat, ist nicht unwidersprochen geblieben. Anselm hat schon zu seinen Lebzeiten einen Kontrahenten gefunden, der seine Argumentation zu widerlegen versucht hat. Sein überlieferter Name ist „Gaunilo (von Marmoutiers)“, und wie alle Philosophen des Mittelalters entstammt er dem geistlichen Stand. Gaunilo hat an Anselms Argument einiges auszusetzen.

M 12 Gaunilo von Marmoutiers: Kann Gottes Nicht-Sein gedacht werden?

[5] [...] Wenn davon die Rede sein soll, dass im Verstande ist, was zumindest nicht der Wahrheit einer bestimmten Wirklichkeit nach gedacht werden kann, dann bestreite ich nicht, dass dies so auch in meinem Verstande ist. Weil es dadurch aber keineswegs beanspruchen kann, auch in Wirklichkeit zu sein, gestehe ich ihm dieses Sein so lange ganz und gar nicht zu, bis mir anhand eines unzweifelhaften Arguments der Beweis dafür erbracht wird. Wer nun behauptet, dieses Argument sei eben das, dass sonst das, was größer ist als alles, nicht das, was größer ist als alles, wäre, der beachtet nicht recht, zu wem er spricht. Ich nämlich behaupte ja noch gar nicht, vielmehr bestreite oder bezweifle ich sogar, das jenes Größer als ... einer wahren Wirklichkeit nach existiert, und ich gestehe ihm kein anderes Sein zu als jenes – wenn es denn Sein genannt werden darf –, angesichts dessen mein Geist bestrebt ist, sich nur einem vernommenen Lautgebilde nach eine sonst gänzlich unbekannte Sache künstlich vorzustellen. Wie also kann mir daraus der Beweis dafür erbracht werden, jenes Größer als ... habe der Wahrheit der Wirklichkeit nach Existenzbestand, weil es, wie feststehe, größer als alles sei, wo ich dies doch noch bestreite oder bezweifle bis zu dem Grade, dass ich behaupte, nicht einmal in meinem Verstande oder Denken sei es irgendwie größer als das, was dort an Zweifelhaftem und Ungewissem reichlich begegne? Zuerst nämlich muss ich darüber Gewissheit erlangen, dass

eben das Größer als ... irgendwo wirklich existiert, und dann erst dürfte es aufgrund dessen, dass es größer ist als alles, unzweifelhaft auch in sich selbst Existenzbestand besitzen.

[6] Ein Beispiel: Man erzählt sich, irgendwo im Ozean gebe es eine Insel, die einige wegen der Schwierigkeit oder vielmehr Unmöglichkeit, das, was nicht existiert, aufzufinden, ergänzend verschwundene Insel nennen und die, so geht die Sage, noch weit mehr, als es von den Inseln der Glückseligkeit berichtet wird, unermesslich reich sei an lauter kostbaren Gütern und Annehmlichkeiten, niemandem gehöre, von keinem bewohnt werde und alle anderen bewohnten Länder durch ein Übermaß an Besitztümern allenthalben übertreffe. Dass dies so sei, könnte mir jemand sagen, und ich vermöchte diese Rede, die ja keine Schwierigkeiten aufweist, ohne Weiteres verstehen. Wenn er dann aber, als ergäbe sich dies folgerecht, mit der Zusatzbehauptung fortführe: Du kannst nun nicht mehr daran zweifeln, dass diese unter allen Ländern vortrefflichste Insel wahrhaft irgendwo in Wirklichkeit existiert, steht es doch für dich außer Zweifel, dass sie auch in deinem Verstande ist; und weil es vortrefflicher ist, nicht allein im Verstande, sondern auch in Wirklichkeit zu sein, deshalb existiert sie notwendig so, denn wenn das nicht der Fall wäre, wäre jedes andere Land, das in Wirklichkeit existiert, vortrefflicher als sie, und so wäre sie, obwohl von dir bereits als unter allen Ländern vortrefflichstes verstanden, nicht das vortrefflichste – wenn er, so sage ich, mir dadurch einreden wollte, an der wahrhaften Existenz dieser Insel dürfe nicht mehr gezweifelt werden, nähme ich entweder an, er erlaube sich einen Scherz, oder ich wäre unschlüssig, wen ich für törichter halten sollte, mich, wenn ich ihm beipflichtete, oder ihn, wenn er glaubte, für das wesentliche Sein dieser Insel auch nur irgendwie einen sicheren Beweis erbracht zu haben, es sei denn, er hätte erst eben ihre Vortrefflichkeit ausschließlich unter dem Gesichtspunkt, dass es eine wahrhaft und unzweifelhaft existierende Wirklichkeit ist, nachgewiesen, nicht jedoch nur so, wie auch etwas Falsches oder Ungewisses in meinem Verstande ist.

9 Versuchen Sie zunächst einmal herauszufinden, gegen welchen „Bestandteil" von Anselms Argument sich Gaunilos Einwand richtet.

10 Fassen Sie Gaunilos Einwand mithilfe seines Beispiels mit Ihren eigenen Worten zusammen.

11 Halten Sie Gaunilos Einwand für stichhaltig?

Fast zwei Jahrhunderte später hat der berühmteste Theologe und Philosoph des Mittelalters, Thomas von Aquin (ca. 1225–1274), in seiner den Anfängern der Theologie gewidmeten „Summa theologica" Anselms Argumentation noch einmal aufgegriffen.

Thomas von Aquin: Gott und seine Schöpfung (1266/1273)

M 13

Vielleicht versteht einer, der das Wort „Gott" hört, gar nicht, dass damit etwas bezeichnet ist, über das hinaus Größeres nicht gedacht werden kann. Manche haben ja geglaubt, Gott sei ein Körper. Aber auch angenommen, dass jeder einsieht, mit diesem Worte „Gott" würde das Gesagte bezeichnet, nämlich das, über das hinaus Größeres nicht gedacht werden kann, so folgt daraus dennoch nicht, dass er einsieht, das durch dieses Wort Bezeichnete sei in Wirklichkeit, sondern nur, [es sei] im Begreifen des Verstandes. Und man kann auch nicht folgern, dass es in Wirklichkeit sei, wenn man nicht annimmt, dass es in Wirklichkeit etwas gibt, über das hinaus Größeres nicht gedacht werden kann. Aber gerade das nehmen diejenigen nicht an, die behaupten, Gott sei nicht.

12 Fassen Sie Thomas' Position mit Ihren eigenen Worten zusammen.

13 Vergleichen Sie seine Position mit dem von Gaunilo formulierten Einwand gegen die Argumentation Anselms.

14 „Kann das Nicht-Sein Gottes gedacht werden?" bzw. „Muss Gott als existierend gedacht werden?" – Stellen Sie einander gegenüber, was für und was gegen eine bestimmte Antwort auf die beiden Fragen spricht.

Der Löwe vom Anfang dieses Kapitels begleitet den Philosophen Blumenberg nicht nur bei der Arbeit am Schreibtisch. Als der Philosoph einen kranken Freund aufsuchen will, sich in der ihm wenig bekannten Wohngegend des Freundes verfährt und nach einem Passanten Ausschau hält, um ihn nach dem Weg zu fragen, trifft er dabei auf eine alte Nonne. Von ihr erhält er tatsächlich die gewünschte Auskunft.

M 14 Susanne Lewitscharoff: Blumenberg (2011)

Als er sich mit einem Abschiedsgruß zum Gehen wenden wollte, fragte sie: Wen haben Sie denn dabei? Blumenberg drehte sich überrascht um – und Tatsache – der Löwe hatte ihn begleitet, war hinter ihm hergeschlichen, ohne dass es ihm aufgefallen war. Er folgt mir seit zwei Tagen, sagte Blumenberg, aber für gewöhnlich bemerkt ihn kein Mensch. So! Die Nonne stieß das S mit ungewöhnlicher Schärfe hervor: Dann handelt es sich um eine Auszeichnung! Vielleicht. Da bin ich mir leider nicht so sicher, wie Sie es offenbar sind. [...]

15 Was bedeutet diese kleine Episode für die Frage nach der Existenzform des Löwen in Lewitscharoffs Roman?

16 Worin könnte das „Auszeichnende“ einer Begleitung durch einen Löwen liegen?

Die Frage eines Beweises für die Existenz (eines) Gottes hat sich keineswegs erledigt. Im Jahre 2007 hat der Philosoph Robert Spaemann (* 1927) unter dem durchaus provozierend gemeinten Titel „Der letzte Gottesbeweis“ einen solchen Gottesbeweis veröffentlicht (vgl. S. 409).

2.4 Wahrheit als Erkenntnisziel – Frege, Habermas

M 15 Jesus vor Pilatus (Joh 18,33-38)

33 Da ging Pilatus wieder hinein ins Prätorium [Richthaus] und rief Jesus und fragte ihn: Bist du der König der Juden? [...] 36 Jesus antwortete: Mein Reich ist nicht von dieser Welt. [...] 37 Da fragte ihn Pilatus: So bist du dennoch ein König? Jesus antwortete: Du sagst es, ich bin ein König. Ich bin dazu geboren und in die Welt gekommen, dass ich die Wahrheit bezeugen soll. [...] 38 Spricht Pilatus zu ihm: Was ist Wahrheit? Und da er das gesagt hatte, ging er wieder hinaus zu den Juden und spricht zu ihnen: Ich finde keine Schuld an ihm.

1 Bilden Sie mit einem anderen Teilnehmer Ihres Kurses ein „Arbeits-Duo“. Einer von Ihnen gibt einen Regisseur, der einen Film über das Leben des Jesus von Nazareth drehen will. Der andere übernimmt die Rolle des Darstellers des Pilatus. Diskutieren Sie, wie Pilatus seine berühmte Frage „Was ist Wahrheit?“ sprechen sollte, um ihr die Bedeutung zu geben, die Sie beide für die angemessene halten.

2 Die Frage des Pilatus lässt unterschiedliche Deutungen zu. Was könnte Pilatus wissen wollen? Wäre es auch denkbar, dass Pilatus überhaupt nichts wissen will, dass er mit seiner Frage eine ganz andere Intention verfolgt? Spielen Sie denkbare Varianten der Frage und möglicher Antworten durch.

Wissen meint auch die Wahrheit der Überzeugung. Und rechtfertigende Gründe sollen dafür bürgen, dass die auf sie gestützte Überzeugung wahr ist; wenigstens sollen sie dafür sorgen, dass die Wahrheit dieser Überzeugung wahrscheinlicher wird. Aus diesem Grunde ist die Klärung des Begriffs der Wahrheit und ihrer Natur für die Erkenntnistheorie unverzichtbar. Im Folgenden geht es um die Frage, ob unsere Erkenntnisbemühungen um die Wahrheit erfolgreich sein können.

3 Was meint man eigentlich damit, wenn man das Prädikat „wahr“ verwendet? Definieren Sie Ihr Verständnis von Wahrheit (s. S. 469).

Nikolai N. Ge: Was ist Wahrheit?, 1890

Der Philosoph Thomas Grundmann (* 1960) untersucht die Frage, welches Verständnis von Wahrheit für die Erkenntnistheorie relevant ist.

Thomas Grundmann: Die propositionale Wahrheit (2008)

M 16

Worum es wirklich geht, wenn wir Wissen erlangen wollen, ist die *propositionale* Wahrheit. Dabei handelt es sich um eine Eigenschaft von Sätzen, Überzeugungen, Vorstellungen oder Propositionen, die einen Gegenstand als so-oder-so beschaffen darstellen (repräsentieren) und dabei dieses Ding so darstellen, wie es wirklich ist. Die Träger des Wahrheitswertes (im Folgenden kurz: Wahrheitswertträger) müssen also erstens einen Bedeutungsgehalt propositionaler Art haben. Sie müssen besagen, dass etwas so-und-so beschaffen ist bzw. dass etwas der Fall ist. Und dieser Gehalt muss zweitens erfüllt sein, damit der Wahrheitswertträger den Wahrheitswert „wahr“ hat. Ansonsten hat er den Wahrheitswert „falsch“. Nur Gebilde mit propositionalem Gehalt können wahr oder falsch sein. Dieser kritische Wahrheitsbegriff ist der Begriff der Wahrheit, der für die Erkenntnistheorie von zentraler Bedeutung ist.

4 Erläutern Sie das in M 16 zum Ausdruck kommende Wahrheitsverständnis.

5 Was würde Grundmann, von seinem Wahrheitsverständnis ausgehend, mit der im Johannesevangelium (14,6) überlieferten Aussage Jesu „Ich bin die Wahrheit“ anfangen?

In der Geschichte der Wahrheitstheorien nimmt der Philosoph und Mathematiker Gottlob Frege (s. M 7) eine prominente Position ein.

Gottlob Frege: Wahrheit als Korrespondenz – und das Scheitern der Korrespondenztheorie (1918)

M 17

Das Wort „wahr“ erscheint sprachlich als Eigenschaftswort. Dabei entsteht der Wunsch, das Gebiet enger abzugrenzen, auf dem die Wahrheit ausgesagt wird [...]. Man findet die Wahrheit ausgesagt von Bildern, Vorstellungen, Sätzen und Gedanken. Es fällt auf, dass hier sichtbare und hörbare Dinge zusammen mit Sachen vorkommen, die nicht mit den Sinnen wahrgenommen werden können. Das deutet darauf hin, dass Verschiebungen des Sinnes vorgekommen sind. In der Tat! Ist denn ein Bild als bloßes sichtbares, tastbares Ding eigentlich wahr? Und ein Stein, ein Blatt ist nicht wahr? Offenbar würde man das Bild nicht wahr nennen, wenn nicht eine Absicht dabei wäre. Das Bild soll etwas darstellen. Auch die Vorstellung wird nicht an sich wahr genannt, sondern nur im Hinblick auf eine Absicht, dass sie mit etwas übereinstimmen solle. Danach kann man vermuten, dass die Wahrheit in einer Übereinstimmung eines Bildes mit dem Abgebildeten bestehe. Eine Übereinstimmung ist eine Beziehung. Dem widerspricht aber die Gebrauchsweise des Wortes „wahr“, das kein Beziehungswort ist, keinen Hinweis auf etwas anderes enthält, mit dem etwas übereinstimmen solle. Wenn ich nicht weiß, dass ein Bild den Kölner Dom darstellen solle, weiß ich nicht, womit ich das Bild vergleichen müsse, um über seine Wahrheit zu entscheiden. Auch kann eine Übereinstimmung ja nur dann vollkommen sein, wenn die übereinstimmenden Dinge zusammenfallen, also gar nicht verschiedene Dinge sind. Man soll die Echtheit einer Banknote prüfen können, indem man sie mit einer echten stereoskopisch zur Deckung zu bringen sucht. Aber der Versuch, ein Goldstück mit einem Zwanzigmarkschein stereoskopisch zur Deckung zu bringen, wäre lächerlich. Eine Vorstellung mit einem Dinge zur Deckung zu bringen, wäre nur möglich, wenn auch das Ding eine Vorstellung wäre. Und wenn dann die erste mit der zweiten vollkommen übereinstimmt, fallen sie zusammen. Aber das will man gerade nicht, wenn man die Wahrheit als Übereinstimmung einer Vorstellung mit etwas Wirklichem bestimmt. Dabei ist es gerade wesentlich, dass das Wirkliche von der Vorstellung verschieden sei. Dann aber gibt es keine vollkommene Übereinstimmung, keine vollkommene Wahrheit. Dann wäre überhaupt nichts wahr; denn was nur halb wahr ist, ist unwahr. Die Wahrheit verträgt kein Mehr oder Minder. Oder doch? Kann man nicht festsetzen, dass Wahrheit bestehe, wenn die Übereinstimmung in einer gewissen Hinsicht stattfinde? Aber in welcher? Was müssten wir dann aber tun, um zu entscheiden, ob etwas wahr wäre? Wir müssten untersuchen, ob es wahr wäre, dass – etwa eine Vorstellung und ein Wirkliches – in der festgesetzten Hinsicht übereinstimmten. Und damit ständen wir wieder vor einer Frage derselben Art, und das Spiel könnte von neuem beginnen. So scheitert dieser Versuch, die Wahrheit als eine Übereinstimmung zu erklären. So scheitert aber auch jeder andere Versuch, das Wahrsein zu definieren. Denn in einer Definition gäbe man gewisse Merkmale an. Und bei der Anwendung auf einen besonderen Fall käme es dann immer darauf an, ob es wahr wäre, dass diese Merkmale zuträfen. So drehte man sich im Kreise. Hiernach ist es wahrscheinlich, dass der Inhalt des Wortes „wahr“ ganz einzigartig und undefinierbar ist.

6 Am Anfang dieses Textes entwickelt Frege in aller Kürze ein Wahrheitstheorie, die in der Geschichte der Philosophie unter der Bezeichnung „Korrespondenztheorie“ eine wichtige Rolle gespielt hat. Versuchen Sie den Kerngedanken dieser Theorie für sich so zu formulieren, dass sie in der Lage sind, in einer philosophischen Diskussion als Verfechter der Korrespondenztheorie der Wahrheit aufzutreten.

7 Mit welchen Argumenten kritisiert Frege diese altehrwürdige „Korrespondenztheorie“?

8 Wie sieht Freges eigene Wahrheitstheorie aus?

9 Wenn Sie sich im Streit um die „richtige“ Wahrheitstheorie positionieren müssten – welcher Ansatz überzeugt sie eher?

Der Philosoph Jürgen Habermas (* 1929) hat einen immer wieder zitierten Beitrag zur Wahrheitstheorie geleistet.

M 18 Jürgen Habermas: Wahrheit im Konsens (1973)

Von Informationen sagen wir, dass sie zuverlässig (oder unzuverlässig) sind. Die Zuverlässigkeit einer Information bemisst sich an der Wahrscheinlichkeit, mit der aus dieser Information abgeleitete Verhaltenserwartungen (in Handlungszusammenhängen) erfüllt werden. Es mag sein, dass wir die pragmatische Beziehung zwischen Kognition und Erfahrungsgegenständen mithilfe des Korrespondenzbegriffs explizieren können (obgleich dabei nicht übersehen werden darf, dass Objektivität der Erfahrung in allgemeinen subjektiven Bedingungen der Möglichkeit von Erfahrung begründet ist). Wahrheit hingegen ist keine Eigenschaft von Informationen, sondern von Aussagen. Sie bemisst sich nicht an Prognosewahrscheinlichkeiten, sondern an der eindeutigen Alternative, ob der Geltungsanspruch von Behauptungen diskursiv einlösbar oder nicht einlösbar ist. Wahr nennen wir Aussagen, die wir begründen können. Der Sinn von Wahrheit, der in der

Pragmatik von Behauptungen impliziert ist, lässt sich erst hinreichend klären, wenn wir angeben können, was „diskursive Einlösung" von erfahrungsfundierten Geltungsansprüchen bedeutet. Genau dies ist das Ziel einer Konsensustheorie der Wahrheit.
Dieser Auffassung zufolge darf ich dann und nur dann einem Gegenstand ein Prädikat zusprechen, wenn auch jeder andere, der in ein Gespräch mit mir eintreten könnte, demselben Gegenstand das gleiche Prädikat zusprechen würde. Ich nehme, um wahre von falschen Aussagen zu unterscheiden, auf die Beurteilung anderer Bezug – und zwar auf das Urteil aller anderen, mit denen ich je ein Gespräch aufnehmen könnte (wobei ich kontrafaktisch alle die Gesprächspartner einschließe, die ich finden könnte, wenn meine Lebensgeschichte mit der Geschichte der Menschenwelt koextensiv wäre). Die Bedingung für die Wahrheit von Aussagen ist die potenzielle Zustimmung aller anderen. Jeder andere müsste sich überzeugen können, dass ich dem Gegenstand x das Prädikat p berechtigterweise zuspreche, und müsste mir dann zustimmen können. Wahrheit meint das Versprechen, einen vernünftigen Konsensus zu erzielen.

10 Beschreiben und erläutern Sie das von Habermas explizierte Wahrheitsverständnis.

11 Interpretieren Sie die in Habermas' Beschreibung seines Verständnisses von Wahrheit vorkommenden Konjunktive im Zusammenhang mit dem Ausdruck „kontrafaktisch" (vgl. Z. 32).

12 Wahrheit als Zustimmungsfähigkeit – An welche Voraussetzungen ist dieses Konzept gebunden?

13 „Was ist Wahrheit?" lautete die vieldeutige Frage des Pilatus. Sie haben im Vorangehenden einige Antworten der Philosophie kennengelernt. Stellen Sie die wichtigsten Merkmale der verschiedenen Konzepte von Wahrheit zusammen.

Die erkenntnistheoretische Wahrheit ist das eine; eine andere Sicht auf Wahrheit kommt in einem Text des Schriftstellers der Aufklärung Gotthold Ephraim Lessing (1729–1781) zum Ausdruck.

Gotthold Ephraim Lessing: Eine Duplik (1778)

M 19

Nicht die Wahrheit, in deren Besitz irgendein Mensch ist, oder zu sein vermeinet, sondern die aufrichtige Mühe, die er angewandt hat, hinter die Wahrheit zu kommen, macht den Wert des Menschen. Denn nicht durch den Besitz, sondern durch die Nachforschung der Wahrheit erweitern sich seine Kräfte, worin allein seine immer wachsende Vollkommenheit bestehet. Der Besitz macht ruhig, träge, stolz –
Wenn Gott in seiner Rechten alle Wahrheit, und in seiner Linken den einzigen immer regen Trieb nach Wahrheit, obschon mit dem Zusatze, mich immer und ewig zu irren, verschlossen hielte, und spräche zu mir: wähle! Ich fiele ihm mit Demut in seine Linke und sagte: Vater gib! die reine Wahrheit ist ja doch nur für dich allein.

14 Erläutern Sie, welche Bedeutung Lessing der Wahrheit zuschreibt.

15 „Wenn Gott in seiner Rechten ..." – Warum sollte man sich eigentlich diese einmalige Chance der Wahrheitserkenntnis entgehen lassen?

3. Der Wissenserwerb in der Wissensgesellschaft: Soll ich studieren? – Was soll ich studieren?

3.1 Bildung durch Wissenschaft? – Fichte, Mommsen

Mephistopheles praktiziert in der schon mehrfach herangezogenen „Schülerszene" – modern gesprochen – eine Studienberatung, indem er einem in akademischen Fragen unerfahrenen jungen Mann Ratschläge für das Studium erteilt.

M 1 **Johann Wolfgang von Goethe: Faust I (Schülerszene)**

Schüler:
Ich bitt' Euch, nehmt Euch meiner an!
[...]
Möchte gern was Rechts hieraußen lernen.
Mephistopheles:
Da seid ihr eben recht am Ort.
Schüler:
Aufrichtig, möchte schon wieder fort:
In diesen Mauern, diesen Hallen
Will es mir keineswegs gefallen.
Es ist ein gar beschränkter Raum,
Man sieht nichts Grünes, keinen Baum,
Und in den Sälen auf den Bänken
Vergeht mir Hören, Sehn und Denken.
Mephistopheles:
Das kommt nur auf Gewohnheit an.
So nimmt ein Kind der Mutter Brust
Nicht gleich am Anfang willig an,
Doch bald ernährt es sich mit Lust.
So wird's Euch an der Weisheit Brüsten
Mit jedem Tage mehr gelüsten.

1 Ganz spontan hat der Schüler keinen guten Eindruck von der Universität. Was stört ihn eigentlich an ihrem Ambiente?

2 Wenn Sie Eindruck machen wollen, dann sprechen Sie von der Universität als der „Alma Mater". Informieren Sie sich über Herkunft und Bedeutung dieser Bezeichnung. Beschreiben Sie, wie Mephistopheles (Goethe) in den oben zitierten Versen mit der alten Bezeichnung spielt.

Im Folgenden geht es um die Frage, ob das akademische Studium über die qualifizierte Ausbildung für einen gut bezahlten Beruf hinaus auch etwas „Rechts" im Sinne von Weisheit und Bildung vermitteln soll.

3 Nach vielen Jahren Schule haben Sie sicherlich bestimmte Erwartungen hinsichtlich eines künftigen Lebensabschnitts als Student oder Studentin.
Formulieren Sie Ihre Erwartungen in Hinsicht auf
- den Zweck und den Ertrag eines akademischen Studiums;
- die mit dem akademischen Studium verbundenen Schwierigkeiten und Herausforderungen, etwa schon im Hinblick auf die Wahl des „richtigen" Studienfachs.

Diskutieren Sie über Ihre Erwartungen mit Mitschülern, wenn möglich aber auch mit Freunden, die bereits studieren.

Universitäten gibt es seit dem Mittelalter. Sie haben Zeiten der Blüte erlebt und Zeiten des Niedergangs. Es sind vor allem die Zeiten des Niedergangs, die eine Rückbesinnung auf den eigentlichen Zweck und die Aufgaben der Universität begünstigen. 1806 erlitt Preußen im Krieg gegen Frankreich eine vernichtende Niederlage. In deren Gefolge gewannen reformorientierte Kräfte die Oberhand. Neben vielem anderen mussten auch die Universitäten des Landes reformiert werden. Auch damals bekannte Philosophen beteiligten sich mit eigenen Vorschlägen an dem Projekt einer Universitätsreform. Einer der damals populärsten war Johann Gottlieb Fichte (1762–1814).

Johann Gottlieb Fichte: Warum und wie man studiert (1807)

M 2

Man studiert ja nicht, um lebenslänglich und stets, dem Examen bereit, das Erlernte in Worten wieder von sich zu geben, sondern um dasselbe auf die vorkommenden Fälle des Lebens anzuwenden, und so es in *Werke* zu verwandeln; es nicht bloß zu wiederholen, sondern etwas anderes daraus und damit zu machen; es ist demnach auch hier letzter Zweck keineswegs das Wissen, sondern vielmehr die Kunst, das Wissen zu gebrauchen. [...] Wohl aber gehört hierher die Frage, auf welche Weise man denn die Wissenschaft selbst so zum freien und auf unendliche Weise zu gestaltenden Eigentume und Werkzeuge erhalte, dass eine fertige Anwendung derselben auf das, freilich auf anderm Wege zu erkennende, Leben möglich werde.
[...] Es macht sich vieles von selbst in unserm Geiste, und legt sich demselben gleichsam an, durch einen blinden und uns selber verborgen bleibenden Mechanismus. Was also entstanden, ist nicht mit klarem und freiem Bewusstsein durchdrungen, es ist auch nicht unser sicheres und stets wieder herbeizurufendes Eigentum [...]. Was wir hingegen mit dem Bewusstsein, *dass* wir es tätig erlernen, und dem Bewusstsein der *Regeln* dieser erlernenden Tätigkeit auffassen, das wird zufolge dieser eigenen Tätigkeit und dem Bewusstsein ihrer Regeln ein eigentümlicher Bestandteil unsrer Persönlichkeit und unseres, frei und beliebig zu entwickelnden, Lebens.
Die freie Tätigkeit des Auffassens heißt Verstand. Bei dem zuerst erwähnten mechanischen Erlernen wird der Verstand gar nicht angewendet, sondern es waltet allein die blinde Natur. Wenn jene Tätigkeit des Verstandes und die bestimmten Weisen, wie dieselbe verfährt, um etwas aufzufassen, *wiederum* zu klarem *Bewusstsein erhoben* werden, so wird dadurch entstehen eine besonnene Kunst des Verstandesgebrauchs im Erlernen. Eine kunstmäßige Entwicklung jenes Bewusstseins der Weise des Erlernens – im Erlernen irgendeines Gegebenen – würde somit, unbeschadet des jetzt aufgegebenen Lernens, zunächst nicht auf das Lernen, sondern auf die Bildung des Vermögens zum Lernen ausgehen. [...] [D]enn man weiß gründlich und unvergesslich nur das, wovon man weiß, wie man dazu gelangt ist. Sodann wird, indem nicht bloß das zuerst Gegebene gelernt, sondern an ihm zugleich die Kunst des Erlernens überhaupt gelernt und geübt wird, die *Fertigkeit* entwickelt, ins Unendliche fort nach Belieben leicht und sicher alles andere zu lernen; und es entstehen *Künstler* im Lernen. Endlich wird dadurch alles Erlernte oder zu Erlernende ein sicheres Eigentum des Menschen, womit er nach Belieben schalten könne, und es ist somit die erste und ausschließende Bedingung des praktischen Kunstgebrauchs der Wissenschaft im Leben herbeigeführt und erfüllet. Eine Anstalt, in welcher mit Besonnenheit, und nach Regeln, das beschriebene Bewusstsein entwickelt und die dabei beabsichtigte Kunst geübt würde, wäre, was folgende Benennung ausspricht: *eine Schule der Kunst des wissenschaftlichen Verstandesgebrauches.* [...]
Kunstfertigkeit kann nur also gebildet werden, dass der Lehrling nach einem bestimmten Plane des Lehrers unter desselben Augen selber arbeite, und die Kunst, in der er Meister werden soll, auf ihren verschiedenen Stufen von ihren ersten Anfängen an bis zur Meisterschaft, ohne Überspringen regelmäßig fortschreitend, ausübe. Bei unserer Aufgabe ist es die Kunst wissenschaftlichen Verstandesgebrauchs, welche geübt werden soll. Der Lehrer gibt nur den Stoff, und regt an die Tätigkeit; diesen Stoff bearbeite der Lehrling selbst; der Lehrer muss aber in der Lage bleiben, zusehen zu können, ob und wie der Lehrling diesen Stoff bearbeite, damit er aus dieser Art der Bearbeitung ermesse, auf welcher Stufe der Fertigkeit jener stehe, und auf diese den neuen Stoff, den er geben wird, berechnen könne. Nicht bloß der Lehrer, sondern auch der Schüler muss fortdauernd sich äußern und mitteilen, so dass ihr gegenseitiges Lehrverhältnis werde eine fortlaufende Unterredung, in welcher jedes Wort des Lehrers sei Beantwortung einer durch das unmittelbar Vorhergegangene aufgeworfenen Frage des Lehrlings, und Vorlegung einer neuen Frage des Lehrers an diesen, die er durch

seine nächstfolgende Äußerung beantworte; und so der Lehrer seine Rede nicht richte an ein ihm völlig unbekanntes Subjekt, sondern an ein solches, das sich ihm immerfort bis zur völligen Durchschauung enthüllt; dass er wahrnehme dessen unmittelbares Bedürfnis, verweilend, und in andern und wieder andern Formen sich aussprechend, wo der Lehrling ihn nicht gefasst hat, ohne Verzug zum nächsten Gliede schreitend, wenn dieser ihn gefasst hat; wodurch denn der wissenschaftliche Unterricht aus der Form einfach fortfließender Rede, die er im Buchwesen auch hat, sich verwandelt in die dialogische Form, und eine wahrhafte Akademie, im Sinne der Sokratischen Schule, an welche zu erinnern wir gerade dieses Wortes uns bedienen wollten, errichtet werde.

4 Erläutern Sie, worin für Fichte der Sinn des akademischen Studiums liegt.

5 Fichte konzipiert die neu zu errichtende Universität als eine „Schule der Kunst des wissenschaftlichen Verstandesgebrauchs“ (Z. 57 f.). Mit dieser Bezeichnung ist ein ganzes Programm verbunden. Notieren Sie Ihre Überlegungen, wie die Lehre an den Universitäten gestaltet werden müsste, damit Fichtes Programm Realität würde, und diskutieren Sie diese mit Mitschülern.

6 Erläutern Sie, wie Fichte sich das Verhältnis von Lehrenden und Lernenden an der Universität vorstellt.

1874 eröffnet der berühmte Historiker Theodor Mommsen (1817–1903) als Rektor der Universität Berlin das akademische Jahr mit einer Ansprache an angehende Studenten der Geschichte mit einer Rede.

M 3 Theodor Mommsen: Aus einer „Rektoratsrede“ (1874)

[...] So lassen Sie uns denn, meine Herren, die gemeinschaftliche Arbeit lehrend wie lernend beginnen, in vollem Bewusstsein der Schwierigkeiten der Aufgabe, und ebendarum mit dem vollen und ganzen Entschluss, ihrer Herr zu werden. Wo die Gefahr ist, da ist die Ehre. Es gibt bequemere Wege ins Leben als den, der durch unsere Hörsäle führt; eben darum gehen diesen Weg die Besten. Die Matrikel [Eintragung in das Verzeichnis der Studenten] des deutschen Studenten ist immer noch ein Adelsbrief, durch den er eintritt in die Reihe der freiwilligen Kämpfer für Recht und Wahrheit und geistige Freiheit. Sie ist aber auch ein Schuldbrief: Wer sie annimmt, verpflichtet sich damit, in diesem Kampf seinen Mann zu stehen und die schlimmen Feinde aller geistigen Entwicklung, die Trägheit, die Vieltuerei, die Scheinbildung nicht über sich Herr werden zu lassen. [...]

7 Formulieren Sie mit eigenen Worten, welches Verständnis des akademischen Studiums in den Worten Mommsens zum Ausdruck kommt.

8 Sieht man einmal vom Pathos der Rede Mommsens ab – wie beurteilen Sie seine Sicht des Studiums?

9 Worin sehen die zu ihrer Zeit berühmten Universitätslehrer den möglichen Gewinn und die Gefahren eines akademischen Studiums? Vergleichen Sie die in der Vergangenheit formulierten Einschätzungen mit Ihren aktuellen Erwartungen an ein akademisches Studium.

10 Ein ausgesprochenes Reizthema ist die Einführung oder Abschaffung von Studiengebühren. Organisieren Sie eine Podiumsdiskussion in Form eines Rollenspiels (s. S. 471) zum Pro und Contra von Studiengebühren. Zunächst müssen die Rollen für die unterschiedlichen Standpunkte (Studentenvertreter, Elternvertreter, Hochschullehrer, Bildungspolitiker, Finanzpolitiker) festgelegt werden. Arbeiten Sie in kleinen Gruppen die zum jeweiligen Interessenstandpunkt passenden Argumente aus. Diskutieren Sie unter Leitung eines Moderators.

3.2 Die „philosophische Idee“ der Universität – Humboldt

Im zweiten Teil des „Faust“ findet sich die aus dem ersten Teil bereits bekannte „Schülerszene“ gewissermaßen gespiegelt. Wagner, im ersten Teil noch der „Famulus“, der Gehilfe Fausts, hat mittlerweile Karriere gemacht.

Johann Wolfgang von Goethe: Faust II, 2

M 4

Hochgewölbtes enges gotisches Zimmer, ehemals Faustens, unverändert
Mephistopheles:
[...]
Doch Euer Meister, das ist ein Beschlagner:
Wer kennt ihn nicht, den edlen Doktor Wagner,
Den Ersten jetzt in der gelehrten Welt!
Er ist's allein, der sie zusammenhält,
Der Weisheit täglicher Vermehrer.
Allwissbegierige Horcher, Hörer
Versammeln sich um ihn zuhauf.
Er leuchtet einzig vom Katheder;
Die Schlüssel übt er wie Sankt Peter,
Das Untre so das Obre schließt er auf.

1 Wagner, im Ersten Teil der Tragödie noch der unterwürfige Gehilfe Fausts, hat inzwischen in der akademischen Welt einen Ruf erlangt, der selbst den seines Lehrmeisters Faust übertrifft (vgl. Z. 6 ff.). Die Ironie der Darstellung erreicht ihren Höhepunkt, wenn Wagner als der „Erste“ in der wissenschaftlichen Welt mit „Sankt Peter“ verglichen wird. Deuten Sie diesen Vergleich.

2 Was lässt sich aus diesen Versen über die Schülerschaft des Dr. Wagner herauslesen, und was über die Institution Universität?

M 4 verweist auf Fragen, um die es im Folgenden geht: Was zeichnet den akademischen Lehrer aus? Wie sollte das Verhältnis zwischen Lehrenden und Lernenden an der Universität (im Unterschied etwa zur Schule) aussehen? Welchem Zweck dient die Universität?

3 Die Bezeichnung Universität geht auf das Lateinische „universitas“ zurück. Dieses Wort wiederum ist die Abkürzung für einen längeren Ausdruck. Informieren Sie sich über die Etymologie der Bezeichnung „Universität“.

4 Die Hauptgebäude von Universitäten tragen oft über dem Hauptportal (und/oder in ihrem Siegel) einen Leitspruch, der dem Selbstverständnis der jeweiligen Universität Ausdruck verleiht. Einige Beispiele: „Dem lebendigen Geist“ (Heidelberg, gegründet 1386); „Der Forschung, der Lehre, der Bildung“ (Hamburg, 1919); „Attempto!“ (dt. Ich wag's!; Tübingen, 1477); „Die Wahrheit wird euch frei machen“ (Joh 8,32; Freiburg/Brsg., 1457); „Wissen schafft Brücken“ (Technische Universität Dresden, 1828);
„Hinc lucem et pocula sacra“ (dt. „Von hier Erleuchtung und heiliges Wissen“; Cambridge, 1209); „Die Luft der Freiheit weht“ (Stanford/Kalifornien, 1891 – in deutscher Sprache!); „Non nova, sed nove“ (dt. „Nicht die neuen Dinge, sondern eine neue Weise“; Universität Rey Juan Carlos, Madrid, 1996).
Welches Motto entspricht Ihrer Vorstellung von Universität am ehesten?

5 Stellen Sie sich vor, Sie seien reich genug, um eine Universität gründen und unterhalten zu können. Welche Devise würden Sie „Ihrer“ Universität geben?

Im Jahre 1809 liegt Preußen nach der militärischen Niederlage gegen Frankreich buchstäblich am Boden. Neben vielem anderen sind auch die Universitäten des Landes in einem beklagenswerten Zustand. Mit ihrer Reform beauftragt der preußische König Friedrich Wilhelm III. einen Diplomaten und Privatgelehrten, der selbst nie eine Schule besucht und sein Universitätsstudium nach wenigen Semestern abgebrochen hat. Sein Name: Wilhelm von Humboldt (1767–1835). Die auf seinen Vorschlag 1810 gegründete Universität in Berlin hat Epoche gemacht und trägt seit 1949 den Namen ihres Gründers (und den seines Bruders Alexander).

M 5 Wilhelm von Humboldt: Über die innere und äußere Organisation der Universität [= „höhere wissenschaftliche Anstalt“] (in Berlin) (1809)

Der Begriff der höheren wissenschaftlichen Anstalten [= Universitäten], als des Gipfels, in dem alles, was unmittelbar für die moralische Cultur der Nation geschieht, zusammenkommt, beruht darauf, dass dieselben bestimmt sind, die Wissenschaft im tiefsten und weitesten Sinne des Wortes zu bearbeiten, und als einen nicht absichtlich, aber von selbst zweckmäßig vorbereiteten Stoff der geistigen und sittlichen Bildung zu seiner Benutzung hinzugeben.

Ihr Wesen besteht daher darin, innerlich die objective Wissenschaft mit der subjectiven Bildung, äußerlich den vollendeten Schulunterricht mit dem beginnenden Studium unter eigener Leitung zu verknüpfen, oder vielmehr den Übergang von dem einen zum anderen zu bewirken. Allein der Hauptgesichtspunkt bleibt die Wissenschaft. Denn sowie diese rein dasteht, wird sie von selbst und im Ganzen, wenn auch einzelne Abschweifungen vorkommen, richtig ergriffen.

Da diese Anstalten ihren Zweck indes nur erreichen können, wenn jede, soviel als immer möglich, der reinen Idee der Wissenschaft gegenübersteht, so sind Einsamkeit und Freiheit die in ihrem Kreise vorwaltenden Principien. Da aber auch das geistige Wirken in der Menschheit nur als Zusammenwirken gedeiht, und zwar nicht bloß, damit einer ersetze, was dem anderen mangelt, sondern damit die gelingende Tätigkeit des einen den anderen begeistere und allen die allgemeine, ursprüngliche, in den Einzelnen nur einzeln oder abgeleitet hervorstrahlende Kraft sichtbar werde, so muss die innere Organisation dieser Anstalten ein ununterbrochenes, sich immer selbst wiederbelebendes, aber ungezwungenes und absichtsloses Zusammenwirken hervorbringen und unterhalten.

Es ist ferner eine Eigentümlichkeit der höheren wissenschaftlichen Anstalten, dass sie die Wissenschaft immer als ein noch nicht ganz aufgelöstes Problem behandeln und daher immer im Forschen bleiben, da die Schule es nur mit fertigen und abgemachten Kenntnissen zu tun hat und lernt. Das Verhältnis zwischen Lehrer und Schüler wird daher durchaus ein anderes als vorher. Der erstere ist nicht für die letzteren, beide sind für die Wissenschaft da; sein Geschäft hängt mit an ihrer Gegenwart und würde, ohne sie, nicht gleich glücklich vonstatten gehen; er würde, wenn sie sich nicht von selbst um ihn versammelten, sie aufsuchen, um seinem Ziele näherzukommen durch die Verbindung der geübten, aber eben darum auch leichter einseitigen und schon weniger lebhaften Kraft mit der schwächeren und noch parteiloser nach allen Richtungen mutig hinstrebenden.

Was man daher höhere wissenschaftliche Anstalten nennt, ist, von aller Form im Staate losgemacht, nichts anderes als das geistige Leben der Menschen, die äußere Muße oder inneres Streben zur Wissenschaft und Forschung hinführt. Auch so würde einer für sich grübeln und sammeln, ein anderer sich mit Männern gleichen Alters verbinden, ein Dritter einen Kreis von Jüngern um sich versammeln. Diesem Bilde muss auch der Staat treu bleiben, wenn er das in sich unbestimmte und gewissermaßen zufällige Wirken in eine festere Form zusammenfassen will. [...] Er muss sich eben immer bewusst bleiben, dass er nicht eigentlich dies bewirkt noch bewirken kann, ja, dass er vielmehr immer hinderlich ist, sobald er sich hineinmischt, dass die Sache an sich ohne ihn unendlich besser gehen würde, und dass es sich eigentlich nur so damit verhält:

- dass, da es nun einmal in der positiven Gesellschaft äußere Formen und Mittel für jedes irgend ausgebreitete Wirken geben muss, er die Pflicht hat, diese auch für die Bearbeitung der Wissenschaft herbeizuschaffen;
- dass etwa nicht bloß die Art, wie er diese Formen und Mittel beschafft, dem Wesen der Sache schädlich werden kann, sondern der Umstand selbst, dass es überhaupt solche äußeren Formen und Mittel für etwas ganz Fremdes gibt, immer notwendig nachteilig einwirkt und das Geistige und Hohe in die materielle und niedere Wirklichkeit herabzieht;

- und dass er daher nur darum vorzüglich wieder das innere Wesen vor Augen haben muss, um gut zu machen, was er selbst, wenngleich ohne seine Schuld, verdirbt oder gehindert hat. [...]
Dies vorausgeschickt, sieht man leicht, dass bei der inneren Organisation der höheren wissenschaftlichen Anstalten alles darauf beruht, das Princip zu erhalten, die Wissenschaft als etwas noch nicht ganz Gefundenes und nie ganz Aufzufindendes zu betrachten, und unablässig sie als solche zu suchen.

6 Arbeiten Sie heraus, worin Humboldt die besondere Aufgabe der Universität sieht und wie die Universität seiner Überzeugung nach verfasst sein muss, damit sie ihrer Aufgabe gerecht zu werden vermag.

7 Worin liegt für Humboldt der Sinn einer Beschäftigung mit der Wissenschaft?

8 Die „Einheit von Forschung und Lehre" gilt als das Markenzeichen der Universität im Humboldtschen Sinne. Untersuchen Sie die Überlegungen Humboldts zur inneren und äußeren Organisation der Universität im Hinblick auf dieses spezielle Merkmal.

9 Untersuchen Sie, welche Rolle Humboldt dem Staat gegenüber der Universität zuweist.

10 Legen Sie eine Tabelle der Merkmale an, die nach Fichte M 3 und Humboldt einen wahren akademischen Lehrer, das der Universität angemessene Verhältnis zwischen Lehrenden und Lernenden und eine Universität, die mehr ist als eine Berufsvorbereitungsstätte, kennzeichnen.

Gegenwärtig befinden sich die Universitäten in einem Umbruch, dessen Ende und dessen Ergebnisse noch nicht abzusehen sind.

Urs Hafner: Die Universität nach „Bologna" – ein Dienstleistungsunternehmen (2011) M 6

Nehmen wir an, ein Gelehrter aus der ersten Hälfte des 20. Jahrhunderts würde von einer heutigen [...] Universität zum Professor berufen [...]. Einmal auf seinem Lehrstuhl installiert, würde er seinen Augen nicht trauen, nicht nur wegen der vielen Frauen – der vielen Studentinnen und einiger weniger Professorinnen. „Was um Himmels willen", würde er sich sagen, „hat denn meine Tätigkeit mit Leitbildern, messbaren Zielsetzungen und Wirkungsindikatoren zu tun? Wieso machen der Rektor und der Geschäftsführer mir Vorschriften, weshalb muss ich mich andauernd rechtfertigen?"
[...] Am meisten würde sich unser irritierter Akademiker [...] wohl über die große Selbstverständlichkeit wundern, mit der man heute vorwiegend in betriebs- und planwirtschaftlichen Kategorien über die Universität spricht. Man braucht die einst selbstverwaltete Korporation, die den Professoren und ihren Studenten viel akademischen Freiraum gewährte, nicht zu idealisieren, um sich an der Phantasielosigkeit zu stören, mit der dieser außergewöhnliche Ort reorganisiert wird – außergewöhnlich in dem Sinne, als er die Gesellschaft auch mit dem konfrontieren können sollte, was sie lieber nicht wissen will.
Wahrscheinlich wäre unser Gast befremdet, dass man zwar von universitärer Bildung spricht, aber meistens Lernen meint, also das standardisierte Memorieren von vorgegebenen Wissensinhalten. Die leicht zu überprüfen sind.
Vielleicht würde er vorsichtig anmerken, dass man das Geheimnis geglückter Bildung, jenen krisenbehafteten Prozess also, durch den ein junger Mensch klüger wird und Autonomie erlangt, technokratisch nicht in den Griff bekommt.

11 Informieren Sie sich anhand des Internets über die Zielsetzungen, die der so genannte „Bologna-Prozess" verfolgt.

12 Beschreiben Sie, welche Veränderungen der Autor im Hinblick auf die Universität feststellt.

13 Beurteilen Sie den Wandel der Universität zu einem Dienstleistungsunternehmen aus unterschiedlicher Perspektive – der des künftigen Studenten, der eines Bildungssachverständigen, der des Steuerzahlers, der eines Firmeninhabers, der in seinem Betrieb Akademiker beschäftigt.

3.3 Wissenschaftskulturen? – Snow, Vico

Nachdem die Logik abgehandelt ist, wendet sich Mephistopheles in der „Schülerszene" den eigentlichen Wissenschaften zu, die man zur Entstehungszeit von Goethes „Faust" an einer Universität studieren konnte.

M 7 Johann Wolfgang von Goethe: Faust I (Schülerszene)

Mephistopheles:
Erklärt euch, eh' ihr weiter geht,
Was wählt ihr für eine Fakultät?
[...]
Schüler:
Zur Rechtsgelehrsamkeit kann ich mich nicht bequemen.
Mephistopheles:
Ich kann es Euch so sehr nicht übel nehmen.
Ich weiß, wie es um diese Lehre steht.
Es erben sich Gesetz' und Rechte
Wie eine ew'ge Krankheit fort,
Sie schleppen von Geschlecht sich zum Geschlechte
Und rücken sacht von Ort zu Ort.
[...]
Vom Rechte, das mit uns geboren ist,
Von dem ist leider! nie die Frage.
[...]
Schüler:
Fast möchte' ich nun Theologie studieren.
Mephistopheles:
Ich wünschte nicht, Euch irre zu führen.
Was diese Wissenschaft betrifft,
Es ist so schwer, den falschen Weg zu meiden,
Es liegt in ihr so viel verborgnes Gift,
Und von der Arznei ist's kaum zu unterscheiden.
Am besten ist's auch hier, wenn ihr nur Einen hört,
Und auf des Meisters Worte schwört.
Im Ganzen – haltet euch an Worte!
Dann geht ihr durch die sichre Pforte
Zum Tempel der Gewissheit ein.
Schüler:
Doch ein Begriff muss bei dem Worte sein.
Mephistopheles:
Schon gut! Nur muss man sich nicht allzu ängstlich quälen;
Denn eben wo Begriffe fehlen,
Da stellt ein Wort zur rechten Zeit sich ein.
Mit Worten lässt sich trefflich streiten,
Mit Worten ein System bereiten,
An Worte lässt sich trefflich glauben,
Von einem Wort lässt sich kein Jota rauben.
[...]
Mephistopheles:
[...] Der Geist der Medizin ist leicht zu fassen;
Ihr durchstudiert die groß' und kleine Welt
Um es am Ende gehen zu lassen,
Wie's Gott gefällt.
[...]
Ihr seid noch ziemlich wohlgebaut,
An Kühnheit wird's Euch auch nicht fehlen,
Und wenn ihr euch nur selbst vertraut,
Vertrauen euch die andern Seelen.

1 Arbeiten Sie die aus der satirischen Übertreibung Mephistos hervorstechende Kritik an den drei Wissenschaften der „höheren Fakultäten" heraus.

2 Wie stellt die Karikatur (M 8) die experimentellen Naturwissenschaften dar? Vergleichen Sie diese Darstellung mit der Art und Weise, wie Mephisto die Theologie, die Rechtswissenschaft und die Medizin charakterisiert.

3 Wenn wir heute von Wissenschaften sprechen, dann haben wir eher nicht die von Mephistopheles angeführten vor Augen. Welche Disziplinen gelten heute als Paradebeispiele der Wissenschaften? Finden Sie dafür eine Erklärung.

4 Wissenschaftler genießen in unserer Gesellschaft (immer noch) ein hohes Ansehen. Das zeigt sich etwa daran, dass für jedes Problem ein entsprechender Experte aus einer Wissenschaft gesucht und gefunden wird. Was macht eigentlich die besondere Glaubwürdigkeit von Wissenschaftlern aus?

Im Folgenden geht es um die Frage, ob es die eine Wissenschaft gibt, die ungeachtet der verschiedenen Disziplinen einen bestimmten Typus von Wissen erzeugt, oder ob jede Wissenschaft aufgrund der ihr eigentümlichen Zugriffsweisen ein je eigenes Wissen schafft.

5 Die Unterrichtswerke, die Sie in der Schule benutzen, orientieren sich an den wissenschaftlichen Bezugsdisziplinen der jeweiligen Schulfächer. Vergleichen Sie einige der Lehrwerke miteinander und versuchen Sie herauszufinden, ob diese ein bestimmtes „Bild“ von ihrer jeweiligen Bezugsdisziplin transportieren.

M 8

Der englische Physiker und Romancier C(harles) P(ercy) Snow (1905–1980) propagierte 1959 seine These von den „Zwei (Wissenschafts-)Kulturen“ und löste damit eine bis heute andauernde Diskussion aus.

C. P. Snow: Die zwei Kulturen (1959)

M 9

Ich glaube, das geistige Leben der gesamten westlichen Gesellschaft spaltet sich immer mehr in zwei diametrale Gruppen auf. Wenn ich vom geistigen Leben spreche, so möchte ich darunter auch einen großen Teil unserer Praxis mitverstanden wissen, denn ich wäre der Letzte, der zugeben würde, dass da im tiefsten Grunde ein Unterschied gemacht werden kann. [...] Zwei diametrale Gruppen also: auf der einen Seite haben wir die literarisch Gebildeten, die ganz unversehens, als gerade niemand aufpasste, die Gewohnheit annahmen, von sich selbst als von „den Intellektuellen“ zu sprechen, als gäbe es sonst weiter keine. [...] Literarisch Gebildete auf der einen Seite – auf der anderen Naturwissenschaftler, als deren repräsentativste Gruppe die Physiker gelten. Zwischen beiden eine Kluft gegenseitigen Nichtverstehens, manchmal [...] Feindseligkeit und Antipathie, in erster Linie aber mangelndes Verständnis. Man hat ein seltsam verzerrtes Bild voneinander. Selbst im Bereich der Gefühle ist die Einstellung so grundverschieden, dass sich nur schwer eine gemeinsame Basis findet. Die literarisch Gebildeten neigen dazu, die Naturwissenschaftler für dreist und überheblich zu halten. [...]

Die Gegenspieler der Naturwissenschaftler haben die tiefeingewurzelte Vorstellung, jene seien immer seichte Optimisten, die nicht merken, wo die Menschheit steht. Andrerseits glauben die Naturwissenschaftler, den literarisch Gebildeten gehe jede Voraussicht ab, sie kümmerten sich kaum um ihre Mitmenschen, und sie seien in einem tieferen Sinne antiintellektuell und eifrig darauf bedacht, Kunst und Denken auf das existenzielle Moment zu beschränken. [...]

Diese Aufspaltung in zwei Pole ist ein reiner Verlust für uns alle. Für uns als Volk und als Gesellschaft. Es ist ein Verlust gleichzeitig in praktischer, in geistiger und in schöpferischer Hinsicht. [...] [I]m Augenblick möchte ich mich auf den Verlust in geistiger Hinsicht konzentrieren.

[...] Das Aufeinandertreffen zweier Fächer, zweier Disziplinen, zweier Kulturen – und schließlich doch auch zweier Gruppen von bedeutenden Geistern – sollte doch schöpferische Impulse auslösen. In der Geschichte geistiger Bemühungen waren das die Momente, in denen so mancher Durchbruch sich ereignete. Jetzt ist diese Chance wieder gegeben, aber gewissermaßen in einem Vakuum, weil die Angehörigen der zwei Kulturen nicht miteinander reden können.

6 Legen Sie eine Tabelle an: eine Spalte für die Attribute, mit denen Snow die „Wissenschaftler“ kennzeichnet, eine zweite für die Kennzeichnung der „literarisch Gebildeten“, die wir eher als „Geisteswissenschaftler“ bezeichnen würden, und eine dritte für die Kennzeichnungen ihrer Beziehungen.

7 Diskutieren Sie mit anderen Kursteilnehmern die Frage, ob sich für die Gegenüberstellung von „Geisteswissenschaftlern" und „Naturwissenschaftlern" auch in dem für Sie überschaubaren Raum der Schule Belege finden lassen.

Die beiden einander teils ignorierenden, teils befehdenden Kulturen, von denen Snow spricht, setzt er mit den Geisteswissenschaften auf der einen und den Naturwissenschaften auf der anderen Seite gleich. Den Standpunkt der Naturwissenschaften formuliert der Physiker Jürgen Ehlers (1929–2008):

M 10 Jürgen Ehlers: Das Wissen der Physik (2000)

Nach wie vor geht es den Physikern, und ich meine auch den anderen Naturwissenschaftlern, darum, dass sie logisch-konsistente Begriffsgebäude aufstellen, eben ihre Theorien, die sie, so weit es geht, Punkt für Punkt durch Experimente überprüfen. An dieser Grundhaltung, an diesem Verfahren, ein logisch-konsistentes Aussagensystem zu haben, das an vielen Stellen möglichst direkt mit Experimenten oder Beobachtungen verknüpft ist, hat sich auch durch die Quantenphysik nichts geändert. Wir haben gelernt, dass einige Vorstellungen, die aus der klassischen Physik kamen, nicht haltbar sind. Zum Beispiel sind Elektronen und Protonen, die Bausteine der Atome, keine Billardkügelchen, sondern sie haben unerwartete Eigenschaften, die man nicht mehr mit anschaulichen Worten beschreiben kann. Aber das ändert nichts daran, dass das, was wir über diese Dinge herausbringen, personenunabhängig überprüfbar ist. Objektiv heißt für uns hauptsächlich, es hängt nicht an einer bestimmten Person. Wenn Physiker ihr Resultat mitteilen, dann sagen sie nicht, Herr Meyer hat in der und der Stimmung nach dem Frühstück das und das gefunden, sondern wir teilen mit, er hat gefunden, der Wirkungsquerschnitt für die und die Reaktion ist so und so groß.

8 Formulieren Sie das, was Ehlers als das „Kerngeschäft" der Naturwissenschaften ansieht, mit Ihren eigenen Worten.

9 Immer wieder kann man hören und lesen, der für die Naturwissenschaften konstitutive Begriff der Objektivität sei aus der Mitte der Naturwissenschaften selbst, etwa durch die Relativitätstheorie Einsteins, in Frage gestellt worden. Vergleichen Sie damit die von Ehlers formulierte Position.

Den Erkenntnisanspruch der Vertreter der „anderen Kultur" hat bereits zwei Jahrhunderte früher der aus Neapel gebürtige und dort auch tätige Philosoph Giambattista Vico (1668–1744) formuliert, allerdings in einer uns Heutigen eher fremd anmutenden Sprache:

M 11 Giambattista Vico: Das Wissen über die vom Menschen geschaffene Welt (1725/1744)

Doch in dieser Nacht voller Schatten, die für unsere Augen das entfernteste Altertum bedeckt, erscheint das ewige Licht, das nicht untergeht, von jener Wahrheit, die man in keiner Weise in Zweifel ziehen kann: dass diese historische Welt ganz gewiss von den Menschen gemacht worden ist: und darum können (denn sie müssen) in den Modifikationen unseres eigenen menschlichen Geistes ihre Prinzipien aufgefunden werden. Dieser Umstand muss jeden, der ihn bedenkt, mit Erstaunen erfüllen: wie alle Philosophen voll Ernst sich bemüht haben, die Wissenschaft von der Welt der Natur zu erringen; welche, da Gott sie geschaffen hat, von ihm allein erkannt wird; und vernachlässigt haben, nachzudenken über die Welt der Nationen, oder historische Welt, die die Menschen erkennen können, weil sie die Menschen geschaffen haben. Diese erstaunliche Wirkung wird hervorgebracht von der Armut des menschlichen Geistes [...]: dass er aufgeschluckt und begraben vom Körper, von Natur geneigt ist, nur die körperlichen Dinge wahrzunehmen, und einer allzu großen Anstrengung und Mühe bedarf, um sich selbst zu begreifen; so wie das körperliche Auge zwar alle Gegenstände außer sich sieht, aber des Spiegels bedarf, um sich selbst zu erblicken.

M 12

René Magritte: La Condition Humaine (Die Beschaffenheit des Menschen), 1948

10 In dem Dunkel, das über den frühen Phasen der Menschheitsgeschichte liegt, leuchtet nach Vico das Licht einer Vernunftwahrheit. Formulieren Sie diese Wahrheit, die sich ihm im Licht der Vernunft enthüllt.

11 Zu Vicos Lebzeiten begann der Triumphzug der neuzeitlichen Naturwissenschaften, der in der zweiten Hälfte des 19. Jahrhunderts seinen Höhepunkt erreichte. Erläutern Sie, welche Position Vico im Hinblick auf die neuen Naturwissenschaften einnimmt.

12 Das Bild von Magritte M 12 und der Text von Vico enthalten Elemente, die Sie aus dem „Höhlengleichnis“ (S. 327) kennen. Wie lässt sich ein Zusammenhang herstellen zwischen Magrittes „Beschaffenheit des Menschen“, der „Höhle“ Platons und dem Text Vicos?

13 Die begriffliche Gegenüberstellung von Natur- und Geisteswissenschaften kennt nur das Deutsche; im englischsprachigen Raum unterscheidet man hingegen die „Sciences“ und die „Humanities“ oder „Cultural Studies“. Suchen Sie für beide Begriffspaare nach Anknüpfungspunkten in den voranstehenden Texten.

14 Denken Sie noch einmal an die Ausgangsfrage in M 7 zurück, die Mephistopheles an den Rat suchenden Schüler gestellt hatte: „Was wählt ihr für eine Fakultät?“ Betrachten Sie diese Frage als an sich gerichtet und formulieren Sie Ihre Überlegungen, wie Sie weiter vorgehen wollen, um die Entscheidung für eine bestimmte Fakultät für sich selbst herbeizuführen.

4. Welches Wissen schaffen die Wissenschaften? – Probleme der Wissenschaftstheorie

4.1 Die Wissenschaft von der Natur – Helmholtz, Popper

M 1 Johann Wolfgang von Goethe: Die Natur (1783)

Natur! Wir sind von ihr umgeben und umschlungen – unvermögend aus ihr herauszutreten, und unvermögend tiefer in sie hineinzukommen. [...]. Wir leben mitten in ihr und sind ihr fremde. Sie spricht unaufhörlich mit uns und verrät uns ihr Geheimnis nicht. Wir wirken beständig auf sie und haben doch keine Gewalt über sie.

1 Goethe deutet hier ein Naturverständnis an, das Sie vielleicht befremdet. Was erscheint Ihnen hieran ungewohnt?

2 Während Ihrer gesamten Schulzeit beschäftigen Sie sich auch mit Naturwissenschaften. Sie haben Unterricht in den Fächern Physik, Chemie und Biologie. Ihr Gegenstand ist die Natur. Überlegen Sie, wie diese Fächer ihren Gegenstand auffassen.

3 Vergleichen Sie Ihr eigenes intuitives Naturverständnis mit demjenigen Goethes auf der einen und demjenigen der naturwissenschaftlichen Fächer auf der anderen Seite.

Im Folgenden geht es um die Frage, welche Auffassung der Natur für die Naturwissenschaften maßgeblich ist.

4 Befragen Sie Experten der Naturwissenschaften, z. B. die Naturwissenschaftslehrkräfte Ihrer Schule, nach dem Verständnis von Natur, das sie für die von ihnen vertretene Disziplin (Physik, Chemie oder Biologie) als leitend ansehen. Vergleichen Sie die Antworten, die Sie erhalten haben. Wo zeigen sich Gemeinsamkeiten?

Die vorneuzeitliche Wissenschaft von der Natur wird gern als Naturphilosophie abgetan und für überholt erklärt. Dabei hat diese Wissenschaft Hypothesen formuliert, die sich dem annähern, „was die Welt im Innersten zusammenhält ..." (Goethe: Faust I, V. 383). Der griechische Philosoph Aristoteles (384–323 v. Chr.) berichtet in seiner „Metaphysik" von solchen Hypothesen.

M 2 Aristoteles: Der Urgrund aller Dinge

Von den ältesten Philosophen nun waren die meisten der Ansicht, dass die Ursachen von materieller Art allein als die Prinzipien aller Dinge zu gelten hätten. Das, woraus alle Dinge stammen, woraus alles ursprünglich wird und worin es schließlich untergeht, während die Substanz unverändert bleibt und sich nur in ihren Akzidenzen wandelt, dies bezeichnen sie als das Element und als das Prinzip der Dinge. [...]
Was dagegen die Anzahl und die nähere Bestimmung eines derartigen Prinzips betrifft, so findet sich darüber keineswegs bei allen die gleiche Ansicht. *Thales*, der erste Vertreter dieser Richtung philosophischer Untersuchung, bezeichnet als solches Prinzip das Wasser. Auch das Land, lehrte er deshalb, ruhe auf dem Wasser. Den Anlass zu dieser Ansicht bot ihm wohl die Beobachtung, dass die Nahrung aller Wesen feucht ist, dass die Wärme selber daraus entsteht und davon lebt; woraus aber jegliches wird, das ist das Prinzip von allem. War dies der eine Anlass zu seiner Ansicht, so war ein andrer wohl der Umstand, dass die Samen aller Wesen von feuchter Beschaffenheit sind, das Wasser aber das Prinzip für die Natur des Feuchten ausmacht.

5 Am Anfang formuliert Aristoteles eine Art von „Programm“ für eine Wissenschaft von der Natur, einer „Physik“. Beschreiben Sie dieses Programm mit eigenen Worten.

6 Ein Beispiel für eine wissenschaftliche Beschäftigung mit der Natur im aristotelischen Sinne liefert Thales (von Milet). Informieren Sie sich über diesen Philosophen, dessen Lehren und Wirken in einer Reihe von Anekdoten überliefert ist.

7 Welche Belege führt Aristoteles in seinem Bericht zugunsten von Thales' Annahme an, das Wasser sei das Prinzip, der Ursprung der Natur?

In einer der Vorreden zu seiner „Kritik der reinen Vernunft“ beschreibt Immanuel Kant (1724–1804), wie der theoretische Umgang mit der Natur mithilfe der von ihm so genannten „Experimentalmethode“ den Status einer Wissenschaft erreicht habe.

Immanuel Kant: Erleuchtung für die Naturwissenschaften (1787)

M 3

Als Galilei seine Kugeln die schiefe Fläche mit einer von ihm selbst gewählten Schwere herabrollen, […] ließ, […] so ging allen Naturforschern ein Licht auf. Sie begriffen, dass die Vernunft nur das einsieht, was sie selbst nach ihrem Entwurfe hervorbringt, dass sie mit Prinzipien ihrer Urteile nach beständigen Gesetzen vorangehen und die Natur nötigen müsse, auf ihre Fragen zu antworten, nicht aber sich von ihr allein gleichsam am Leitbande gängeln lassen müsse; denn sonst hängen zufällige, nach keinem vorher entworfenen Plane gemachte Beobachtungen gar nicht in einem notwendigen Gesetze zusammen, welches doch die Vernunft sucht und bedarf. Die Vernunft muss mit ihren Prinzipien, nach denen allein übereinkommende Erscheinungen für Gesetze gelten können, in einer Hand, und mit dem Experiment, das sie nach jenen ausdachte, in der anderen, an die Natur gehen, zwar um von ihr belehrt zu werden, aber nicht in der Qualität eines Schülers, der sich alles vorsagen lässt, was der Lehrer will, sondern eines bestallten Richters, der die Zeugen nötigt, auf die Fragen zu antworten, die er ihnen vorlegt. Und so hat sogar Physik die so vorteilhafte Revolution ihrer Denkart lediglich dem Einfalle zu verdanken, demjenigen, was die Vernunft selbst in die Natur hineinlegt, gemäß, dasjenige in ihr zu suchen (nicht ihr anzudichten), was sie von dieser lernen muss und wovon sie für sich selbst nichts wissen würde. Hiedurch ist die Naturwissenschaft allererst in den sicheren Gang einer Wissenschaft gebracht worden, da sie so viel Jahrhunderte durch nichts weiter als ein bloßes Herumtappen gewesen war.

M 4

8 Als Inbegriff der neuzeitlichen Revolutionierung wissenschaftlicher Naturerfassung gilt der Italiener Galileo Galilei (1564–1642) durch seine Untersuchung, wie Körper fallen. Kant spielt auf diese Untersuchungen an (vgl. Z 1 ff.). Beschreiben Sie den Versuch Galileis anhand von M 4. Welche Elemente greift Kant auf, welche hat er vernachlässigt?

9 Worin sieht Kant den Fortschritt in den Naturwissenschaften begründet, der sie vom „bloßen Herumtappen“ (Z. 31) in den Stand einer Wissenschaft geführt hat?

10 Vergleichen Sie Kants Position mit derjenigen von Francis Bacon. Belegen Sie Gemeinsamkeiten und Unterschiede an den Texten (vgl. S. 58 ff.).

Der zu seiner Zeit berühmte Physiologe und Physiker Hermann von Helmholtz (1821–1894) hat sich immer wieder auch mit den erkenntnistheoretischen Voraussetzungen seiner Wissenschaft auseinandergesetzt, indem er die Frage der realen Existenz der Außenwelt auf der Grundlage seiner sinnesphysiologischen Untersuchungen zu klären versuchte.

M 5 Hermann von Helmholtz: Wissenschaftlicher Realismus (1878)

Insofern die Qualität unserer Empfindungen uns von der Eigentümlichkeit der äußeren Einwirkung, durch welche sie erregt ist, eine Nachricht gibt, kann sie als ein *Zeichen* derselben gelten, aber nicht als ein *Abbild.* Denn vom Bilde verlangt man irgendeine Art der Gleichheit mit dem abgebildeten Gegenstande [...]. Ein Zeichen aber braucht gar keine Ähnlichkeit mit dem zu haben, dessen Zeichen es ist. Die Beziehung zwischen beiden beschränkt sich darauf, dass das gleiche Objekt, unter gleichen Umständen zur Einwirkung kommend, das gleiche Zeichen hervorruft, und dass also ungleiche Zeichen immer ungleicher Einwirkung entsprechen.

Der populären Meinung gegenüber, welche auf Treu und Glauben die volle Wahrheit der Bilder annimmt, die uns unsere Sinne von den Dingen liefern, mag dieser Rest von Ähnlichkeit, den wir anerkennen, sehr geringfügig erscheinen. In Wahrheit ist er es nicht; denn mit ihm kann noch eine Sache von der allergrößten Tragweite geleistet werden, nämlich die Abbildung der Gesetzmäßigkeit in den Vorgängen. Jedes Naturgesetz sagt aus, dass auf Vorbedingungen, die in gewisser Beziehung gleich sind, immer Folgen eintreten, die in gewisser anderer Beziehung gleich sind. Da Gleiches in unserer Empfindungswelt durch gleiche Zeichen angezeigt wird, so wird der naturgesetzlichen Folge gleicher Wirkungen auf gleiche Ursachen, auch eine ebenso regelmäßige Folge im Gebiete unserer Empfindungen entsprechen.

Wenn Beeren einer gewissen Art beim Reifen zugleich rotes Pigment und Zucker ausbilden, so werden in unserer Empfindung bei Beeren dieser Form rote Farbe und süßer Geschmack immer zusammen finden.

Wenn also unsere Sinnesempfindungen in ihrer Qualität auch nur *Zeichen* sind, deren besondere Art ganz von unserer Organisation abhängt, so sind sie doch nicht als leerer Schein zu verwerfen, sondern sie sind eben Zeichen von *etwas*, sei es etwas Bestehendem oder Geschehendem, und was das Wichtigste ist, das *Gesetz* dieses Geschehens können sie uns abbilden.

11 Helmholtz bringt den für die Naturwissenschaften leitenden wissenschaftlichen (im Gegensatz zu einem „naiven") Realismus „auf den Punkt". Fassen Sie seine Argumentation zugunsten der Annahme einer realen Außenwelt zusammen.

Im Unterschied zur Geisteswissenschaft, die nach dem Philosophen Wilhelm Dilthey (1833–1911) Zeugnisse des menschlichen Erlebens verstehen will, verfolgt die Naturwissenschaft das Ziel, Vorgänge der Natur zu „erklären". Was damit eigentlich gemeint ist, hat in der Wissenschaftstheorie des vergangenen Jahrhunderts zu intensiven Diskussionen geführt.

M 6 Carl Gustav Hempel: Die Funktion kausaler Erklärungen (1965)

Was ist das Wesen der Erklärungen, die die empirischen Wissenschaften liefern können? [...]

Unter den mannigfaltigen Faktoren, die Ansporn und Triebkraft für die wissenschaftliche Forschung liefern, spielen zwei tiefe und unabdingbare menschliche Bedürfnisse wohl die wichtigste Rolle. Das eine ist praktischer Natur. Der Mensch will in seiner Welt nicht nur überleben, sondern seine strategische Position in ihr auch ständig verbessern. Daher ist es für ihn wichtig, Änderungen in seiner Umwelt in verlässlicher Weise vorauszusehen und – wenn möglich – zu seinem Vorteil zu steuern. [...]

Das zweite Hauptmotiv für das wissenschaftliche Streben des Menschen ist unabhängig von solch praktischen Belangen; es liegt im reinen Wissensdrang, im endlosen Streben, sich selbst und seine Welt erkennend zu erfassen und zu verstehen. [...]

Karl Raimund Popper: Kausale Erklärungen (1934)

M 7

Einen Vorgang „kausal erklären" heißt, einen Satz, der ihn beschreibt, aus *Gesetzen und Randbedingungen* deduktiv ableiten. Wir haben z. B. das Zerreißen eines Fadens „kausal erklärt", wenn wir festgestellt haben, dass der Faden eine Zerreißfestigkeit von 1 kg hat und mit 2 kg belastet wurde. Diese „Erklärung" enthält mehrere Bestandteile; einerseits die Hypothese: „Jedesmal, wenn ein Faden mit einer Last von einer gewissen Mindestgröße belastet wird, zerreißt er" – ein Satz, der den Charakter eines Naturgesetzes hat; andrerseits die besonderen, nur für den betreffenden Fall gültigen Sätze [...]: „Für diesen Faden hier beträgt diese Größe 1 kg", und: „Das an diesem Faden angehängte Gewicht ist ein 2-kg-Gewicht."

Wir finden also zwei verschiedene Arten von Sätzen, die erst gemeinsam die vollständige „kausale Erklärung" liefern: [1] *allgemeine Sätze* – Hypothesen, Naturgesetze – und [2] *besondere Sätze*, d. h. Sätze die nur für den betreffenden Fall gelten – die „Randbedingungen". Aus den allgemeinen Sätzen kann man mithilfe der Randbedingungen den besonderen Satz deduzieren: „Dieser Faden wird ... [...]." Wir nennen diesen Satz eine (besondere oder singuläre) *Prognose.*
Die Randbedingungen pflegt man manchmal auch „Ursache" zu nennen (dass dem Faden mit der Zerreißfestigkeit von 1 kg eine Last von 2 kg angehängt wurde, ist die Ursache, dass er reißen musste usw.) und die Prognose „Wirkung" [...].

12 Notieren Sie einige Stichworte, die Ihnen zum Begriff der Erklärung einfallen.

13 Welchen Zwecken dienen wissenschaftliche Erklärungen?

14 Beschreiben Sie anhand eines selbst gewählten Beispiels, wie „Erklären" im Sinne Poppers/Hempels funktioniert.

15 Vergleichen Sie ihre eigenen Assoziationen zum Begriff der Erklärung mit dem von Popper explizierten Begriffsverständnis.

16 Naturerkenntnis richtet sich von ihren historisch greifbaren Ursprüngen bis heute auf die Erkenntnis von Ursachen für beobachtete Naturphänomene. Allerdings wandelt sich dabei das Verständnis von Ursache. Beschreiben Sie anhand der bereits bearbeiteten Texte, welches Verständnis von Ursache für die jeweiligen Autoren maßgeblich ist.

17 Das von Hempel und Popper beschriebene Modell einer „kausalen Erklärung", die so genannte „deduktiv-nomologische Erklärung", deckt nicht unsere landläufige Vorstellung von „Kausalität" in der Natur ab. Beschreiben Sie Ihre Vorstellungen einer in der Natur wirkenden Kausalität.

18 Vergleichen Sie ihre Vorstellungen auf der einen und das „Hempel-Popper-Schema" auf der anderen Seite mit einer berühmt gewordenen Äußerung des französischen Mathematikers und Astronomen Pierre Simon Laplace (1749–1827): „Gegenwärtige Ereignisse sind mit den vorhergehenden auf Grund des evidenten Prinzips verbunden, dass eine Sache nicht zu existieren anfangen kann, ohne eine Ursache zu haben, die sie hervorbringt. [...] Wir müssen also den gegenwärtigen Zustand des Universums als Wirkung des vorhergehenden Zustandes ansehen und als Ursache des auf ihn folgenden. Eine Intelligenz, die für einen gegebenen Augenblick alle Kräfte in der Natur und die jeweilige Situation all ihrer Elemente kennen würde [...], würde in einer einzigen Formel die Bewegungen der größten Körper und der leichtesten Atome überblicken."

4.2 Ignoramus aut ignorabimus? Grenzen der Wissenschaft – Du Bois-Reymond, Janich

Offen blieb in der bereits erarbeiteten Passage aus Fausts Eingangsmonolog (vgl. S. 318) die Frage, *warum* der Protagonist eigentlich an der Möglichkeit des Wissens verzweifelt. Im Text finden wir keine Antwort auf diese Frage. Ein erster Hinweis auf eine mögliche Antwort ergibt sich, wenn man berücksichtigt, dass sich Goethe zu der Zeit, als er den Monolog verfasste, intensiv mit dem Lehrgedicht des Schweizer Dichters und Medizinprofessors Albrecht von Haller (1708–1777) beschäftigte hatte. 1729 hatte Haller unter dem Titel „Die Alpen“ ein Lehrgedicht veröffentlicht.

M 8 Albrecht von Haller: Falschheit der menschlichen Tugenden (1729)

Wie unterscheidest du die Wahrheit und den Traum?
Wie trennt im Wesen sich das Feste von dem Raum?
Der Körper rauen Stoff, wer schränkt ihn in Gestalten,
Die stets verändert sind und doch sich stets erhalten?
[...]
Dies lehre, großer Geist, die schwache Sterblichkeit,
Worin dir niemand gleicht und alles dich bereut!
Doch suche nur im Riss von künstlichen Figuren,
Beim Licht der Ziffer-Kunst, der Wahrheit dunkle Spuren;
Ins Innre der Natur dringt kein erschaffner Geist,
Zu glücklich, wann sie noch die äußre Schale weist!
Du hast nach reifer Müh und nach durchwachten Jahren
Erst selbst, wie viel uns fehlt, wie nichts du weißt, erfahren!

1 In dieser Passage des Gedichts werden – in der Sprache der Zeit – physikalische Problemen formuliert, für die die zeitgenössischen Wissenschaften noch keine Lösung kannten. Beschreiben Sie einige dieser Probleme mithilfe naturwissenschaftlicher Fachtermini, die Sie aus dem Unterricht kennen.

2 Auf die Frage nach dem Grund für Fausts Verzweiflung am Wissen (vgl. Eingangsmonolog) geben die letzten Verse des Lehrgedichts von Haller eine Antwort „Doch suche nur im Riss ...“ Formulieren Sie diese Antwort mit Ihren eigenen Worten.

Im Folgenden geht es um das Problem, ob die Unzugänglichkeit der Natur eine prinzipielle Grenze für die Wissenschaften bedeutet, oder ob es nur eine Frage der Intensivierung der Forschung ist, bis die Natur ihre letzten Geheimnisse preisgibt.

3 Der lateinische Ausdruck „ignoramus“ steht in der Bedeutung „Wir wissen (es) nicht“ für die Erfahrung, dass der Mensch vieles Wissbare (noch) nicht weiß. Der Ausdruck lässt offen, ob angesichts der geradezu explosionsartigen Erweiterung unseres Wissens ein Zeitpunkt vorstellbar ist, wo die Menschheit alles, was es zu wissen gibt, auch tatsächlich weiß. Diskutieren Sie mit Ihren Mitschülern die Frage, was jeder von ihnen von einer derartigen Vision hält.

Der Dichter (Minister und Naturforscher) Goethe hat sich ein halbes Leben lang mit dem englischen Naturforscher Isaac Newton (1643–1727) und dessen Experimenten zur Erklärung der Farben auseinandergesetzt. Am Anfang stand ein kleines Experiment Newtons, von dem dieser in seiner 1704 erschienenen Schrift „Opticks" berichtet. Mithilfe einer bestimmten Versuchsanordnung hatte er das Licht so reduziert, dass nach dem Gesetz der Brechung der farblose Lichtstrahl in verschiedenfarbige Strahlen zerlegt wird. Mit einer Linse ließen sich diese Strahlen wieder zu farblosem Licht synthetisieren. Dieses eher unspektakuläre Experiment ist für Goethe Ausdruck des „Sündenfalls" der experimentellen Naturwissenschaft, der er sein grundsätzlich anderes Verständnis eines wissenschaftlichen Umgangs mit der Natur entgegensetzt.

Johann Wolfgang von Goethe: Über Newton (um 1809)

M 9

Isaak Newton, geboren 1642, gestorben 1727

Unter denen, welche die Naturwissenschaften bearbeiten, lassen sich vorzüglich zweierlei Arten von Menschen bemerken.

Die ersten, genial, produktiv und gewaltsam, bringen eine Welt aus sich selbst hervor, ohne viel zu fragen, ob sie mit der wirklichen übereinkommen werde. Gelingt es, dass dasjenige, was sich in ihnen entwickelt, mit den Ideen des Weltgeistes zusammentrifft, so werden Wahrheiten bekannt, wovor die Menschen erstaunen und wofür sie jahrhundertelang dankbar zu sein Ursache haben. Entspringt aber in so einer tüchtigen genialen Natur irgendein Wahnbild, das in der allgemeinen Welt kein Gegenbild findet, so kann ein solcher Irrtum nicht minder gewaltsam um sich greifen und die Menschen Jahrhunderte durch hinreißen und übervorteilen.

Die von der zweiten Art, geistreich, scharfsinnig, behutsam, zeigen sich als gute Beobachter, sorgfältige Experimentatoren, vorsichtige Sammler von Erfahrungen; aber die Wahrheiten, welche sie fördern, wie die Irrtümer, welche sie begehen, sind gering. Ihr Wahres fügt sich zu dem anerkannten Richtigen oft unbemerkt oder geht verloren; ihr Falsches wird nicht aufgenommen, oder wenn es auch geschieht, verlischt es leicht.

Zu der ersten dieser Klassen gehört Newton, zu der zweiten die besseren seiner Gegner. Er irrt, und zwar auf eine entschiedene Weise. [...]

In einem knappen Aphorismus hat Goethe, das, was er für die „Irrtümer" Newtons ansieht, so zusammengefasst:

Der Newtonische Versuch, auf dem die herkömmliche Farbenlehre beruht, ist von der vielfachsten Komplikation; er verknüpft folgende Bedingungen.

Damit das Gespenst erscheine, ist nötig:

1. ein gläsern Prisma;
2. dieses dreiseitig,
3. klein;
4. ein Fensterladen;
5. eine Öffnung darin;
6. diese sehr klein;
7. Sonnenbild, das hereinfällt;
8. in einer gewissen Entfernung, in einer
9. gewissen Richtung aufs Prisma fällt;
10. sich auf einer Tafel abbildet,
11. die in einer gewissen Entfernung hinter das Prisma gestellt ist.

Nehme man von diesen Bedingungen 3., 6. und 11. weg, mache die Öffnung groß, man nehme ein großes Prisma, man stelle die Tafel nah heran, und das beliebte Spektrum kann und wird nicht zum Vorschein kommen.

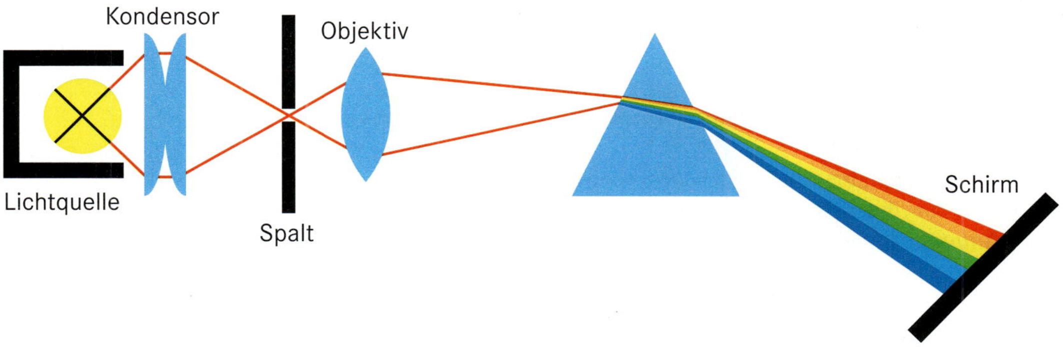

4 Das Ergebnis von Newtons Versuch, das Spektrum des sichtbaren Lichts, wird in der in englischer Sprache abgefassten Schrift „Opticks" mit dem aus dem Lateinischen stammenden Ausdruck „spectrum" bezeichnet. Goethe jedoch tut so, als stünde an dieser Stelle im Englischen nicht „spectrum", sondern das damit eng verwandte „spectre", das er dann als „Gespenst" übersetzt (vgl. Z. 35). Erläutern Sie die mit dieser (bewusst fehlerhaften) Übersetzung verbundene Aussageabsicht.

5 Vergleichen Sie Goethes Kritik an der Wissenschaftsauffassung Newtons mit der Position von Francis Bacon, die Sie in S. 58 ff. kennengelernt haben.

Vor der Versammlung deutscher Naturforscher und Ärzte in Leipzig hat der damals berühmte Berliner Physiologe Emil du Bois-Reymond (1818–1896) eine Rede „Über die Grenzen des Naturerkennens" gehalten, die einen heftigen Streit unter Naturwissenschaftlern und Philosophen ausgelöst hat.

M 10 Emil du Bois-Reymond: Ignorabimus (1872)

Gegenüber den Rätseln der Körperwelt ist der Naturforscher längst gewöhnt mit männlicher Entsagung sein „Ignoramus" auszusprechen. Im Rückblick auf die durchlaufene siegreiche Bahn trägt ihn dabei das stille Bewusstsein, dass, wo er jetzt nicht weiß, er wenigstens unter Umständen wissen könnte und dereinst vielleicht wissen wird. Gegenüber dem Rätsel aber, was Materie und Kraft seien, und wie sie zu denken vermögen, muss er ein für allemal zu dem viel schwerer abzugebenden Wahrspruch sich entschließen: „Ignorabimus".

[...] Ich werde jetzt, wie ich glaube, in sehr zwingender Weise dartun, dass nicht allein bei dem heutigen Stand unserer Kenntnis das Bewusstsein aus seinen materiellen Bedingungen nicht erklärbar ist, was wohl jeder zugibt, sondern dass es auch der Natur der Dinge nach aus diesen Bedingungen nicht erklärbar sein wird. Die entgegengesetzte Meinung, dass nicht alle Hoffnung aufzugeben sei, das Bewusstsein aus seinen materiellen Bedingungen zu begreifen, dass dies vielmehr im Laufe der Jahrhunderte oder Jahrtausende dem alsdann in ungeahnte Reiche der Erkenntnis vorgedrungenen Menschengeiste wohl gelingen könne: dies ist der zweite Irrtum, den ich in diesem Vortrage bekämpfen will. [...]

6 Was meint Du Bois-Reymond mit seiner in der Folge berühmt gewordenen Formel des „ignorabismus"?

7 Mit seiner Formel polemisiert Du Bois-Reymond gegen die damals populären Versuche, Phänomene des Bewusstseins auf physikalisch-physiologische Tatbestände zurückzuführen. In der neurophysiologischen Forschung der Gegenwart sind ähnliche Tendenzen wirksam. Vgl. Sie S. 140 ff. und informieren Sie sich über die aktuelle Hirnforschung und die von manchen daraus abgeleiteten Konsequenzen.

8 Versuchen Sie mithilfe einer Internet-Recherche herauszufinden, ob die Probleme, die 1872 für die Wissenschaften ewig rätselhaft bleiben sollten, 140 Jahre später als gelöst gelten können.

M 11 Peter Janich: Grenzen des wissenschaftlichen Erkennens (1992)

Ich werde [...] im Folgenden die *Grenzen des Naturerkennens,* und zwar des wissenschaftlichen, in den *Grenzen der Natur des Erkennens* suchen [...]. Der heutige Wissenschaftstheoretiker betont [...], dass die Experimentier-, Mess- und Beobachtungsapparate „künstliche" oder, mit dem griechischen Wort, „technische" Einrichtungen sind, die von Menschen zu bestimmten Zwecken gebaut oder verwendet werden.

Die logischen und mathematischen Eigenschaften von Maßgrößen [...] sind damit selbstverständlich keine Eigenschaften der Natur, sondern gerade die künstlich herbeigeführten Eigenschaften der Messgeräte. [...] Die

Grenzen wissenschaftlicher Naturerkenntnis sind deshalb durch den begrifflichen Rahmen, der die Zwecke und damit die entscheidenden Eigenschaften der unverzichtbaren wissenschaftlichen Apparate festlegt, schon vorgegeben [...]. Der Anspruch, überhaupt Erkenntnis von der Natur zu haben, fällt also notwendig zusammen mit der Setzung logischer und methodischer Vorgaben, die die Allgemeinheit und Überprüfbarkeit der Resultate sichern. Die Grundlagen der Naturerkenntnis sind nicht empirisch [...], sondern gelten [...] *apriorisch.*

[Ich] möchte [...] eine zweite, noch viel wichtigere Setzung betrachten, die unserer Naturerkenntnis Grenzen vorgibt.

Die moderne Naturwissenschaft begann ihren Siegeszug mit der klassischen Physik im 17. Jahrhundert [...] dadurch, dass die Physik aus der aristotelischen Form einer Diskussionswissenschaft heraustrat und eine Experimentalwissenschaft wurde. Damit wurde zugleich die aristotelische Vier-Ursachen-Lehre* durch einen strengen, experimentalistischen Kausalbegriff abgelöst. [...] Der strenge Kausalbegriff der klassischen Physik ist an eine technische Intervention, an den künstlichen Eingriff in die Natur gebunden. [...] Wir würden keine Naturgesetze im Sinne moderner Naturwissenschaft kennen, wenn wir nicht den interventionistischen Kausalbegriff der experimentellen Erfahrung akzeptierten.

Hier führt die erkenntnistheoretische Analyse modernen Naturerkennens auf ein Grundproblem [...]. Für die griechische Antike stand *physis* (Natur) im Gegensatz zu *téchne,* lateinisch *ars,* deutsch Kunst. Natur war das Nicht-Künstliche [...]. Für die neuzeitliche Form der Naturerkenntnis gilt dagegen, dass sich Natur nur noch technisch zeigt. Den historischen Entschluss der Väter der klassischen Physik, Naturgesetze als Kausalgesetze nach Maßgabe von Experimenten zu formulieren, verdanken wir zwar die brillante technische Effizienz dieser Naturwissenschaft, aber wir schulden ihr auch den nur noch technischen Umgang mit der Natur.

* *Aristoteles unterscheidet in seiner „Physik" vier Typen von Ursachen: 1. die „Materialursache", 2. die „Formalursache", 3. die „Wirkursache" und 4. die „Zweckursache".*

9 Die wissenschaftliche Erkenntnis der Natur findet ihre Grenzen nicht in der Natur, sondern in der Besonderheit unseres Erkennens der Natur. Erläutern Sie diese Grundthese von Janich.

10 Janich behauptet die „erkannte Natur" sei für den Menschen immer schon eine „kultürliche Natur". Begründen Sie diese Behauptung aus dem Text.

11 Sind alternative Weisen des Umgangs mit der Natur gegenüber dem im Text beschriebenen Naturerkennen denkbar?

Johann Wolfgang von Goethe: Aphorismus (1829)

M 12

Der Mensch an sich selbst, insofern er sich seiner gesunden Sinne bedient, ist der größte und genaueste physikalische Apparat, den es geben kann; und das ist eben das größte Unheil der neuern Physik, dass man die Experimente gleichsam vom Menschen abgesondert hat und bloß in dem, was künstliche Experimente zeigen, die Natur erkennen, ja was sie leisten kann, dadurch beschränken und beweisen will.

12 Nehmen Sie kritisch Stellung zu M 12 und beziehen Sie sich dabei auf die vorangehenden Texte.

13 Informieren Sie sich über das CERN in Genf und über die dort stattfindende Suche nach dem so genannten „Gottes-Teilchen", dem Higgs-Boson. Stellen Sie eine Verbindung zu den Überlegungen her, die Sie in diesem Kapitel kennengelernt haben.

14 Die Natur des menschlichen Erkennens setzt dem Erkennen der Natur Grenzen. Ist es darüber hinaus denkbar, dass die Natur selbst berechtigte Ansprüche gegen den Menschen hat, die durch bestimmte Erkenntnisweisen oder durch bestimmte Arten der Nutzung der Natur durch den Menschen verletzt würden? Diskutieren Sie einen solchen Gedanken auf mögliche Pro- und Contra-Argumente hin.

4.3 Darf Wissenschaft alles, was sie kann? Die Verantwortung der Wissenschaft – Lehmann, Hoerster

M 13 Johann Wolfgang von Goethe: Faust II, 2 (Laboratorium)

Wagner:
Es wird ein Mensch gemacht
Mephistopheles:
Ein Mensch? Und welch verliebtes Paar
Habt ihr ins Rauchloch eingeschlossen?
Wagner:
Behüte Gott! Wie sonst das Zeugen Mode war,
Erklären wir für eitel Possen. [...]
Wenn sich das Tier noch weiter dran ergetzt,
So muss der Mensch mit seinen großen Gaben
Doch künftig höhern, höhern Ursprung haben. *(zum Herd gewendet)*
Es leuchtet! seht! – Nun lässt sich wirklich hoffen,
Dass, wenn wir aus viel hundert Stoffen
Durch Mischung – denn auf Mischung kommt es an –
Den Menschenstoff gemächlich komponieren.

1 Informieren Sie sich mithilfe einer Internet-Recherche über den der Öffentlichkeit präsentierten Stand der Reproduktionsmedizin.

2 Informieren Sie sich auf gleichem Wege über den aktuellen Erkenntnisstand zur Bedeutung der sexuellen Zeugung für die Evolution des Lebens, die Wagner hier für „eitel Possen“ (Z. 8) erklärt.

3 Diskutieren Sie mit einem Partner/einer Partnerin die Frage, was Sie beide bereit wären zu investieren, um ein „Wunschkind“ ganz nach Ihren Vorstellungen zu erhalten.

Im Folgenden geht es um die Frage, ob die Wissenschaften oder die Wissenschaftler alles erforschen dürfen, was sie erforschen können.

4 Stellen Sie sich vor, Sie wirken in einem Gremium zur Vergabe von Forschungsmitteln mit. Dem Gremium liegt ein Antrag einer Forschergruppe vor, die ein Verfahren entwickeln will, mit dessen Hilfe aus jeder Geburt eine Zwillingsgeburt werden kann. Damit ließe sich die Fertilitätsrate in der Bevölkerung verdoppeln. Formulieren Sie in Gruppen Argumente zur Befürwortung und zur Ablehnung dieses Antrags. Welche Überlegungen bestimmen Ihre jeweiligen Entscheidungen?

Probleme, die sich aus den Erfolgen der Reproduktionsmedizin ergeben, sind keine innerphilosophischen Probleme. Sie beschäftigen viele gesellschaftliche Gruppen, u. a. auch die großen Religionsgemeinschaften. Hier die Position von Karl Kardinal Lehmann (* 1936), des ehemaligen Vorsitzenden der deutschen katholischen Bischofskonferenz, und dem Rechtsphilosophen Norbert Hoerster (* 1937).

M 14 Karl Kardinal Lehmann: Der Status von Embryonen (2008)

Embryonale Stammzellen haben das Potenzial, sich in jede der mehr als 200 Zellarten des menschlichen Körpers zu verwandeln. Sie gehören daher zu den begehrtesten Ressourcen der Medizin. [...] Dabei wird das Gewicht der Frage erkennbar, wie der moralische, auch ontologische Status und die rechtliche Qualität des Embryos eingeschätzt werden. Denn in jedem Fall ist die Forschung mit embryonalen Stammzellen [...] ein

grundlegender Eingriff in die Integrität des Embryos und sein Lebensrecht. Wie immer man sonst argumentiert: Der Embryo wird getötet, um Forschung betreiben zu können. Er wird – ganz im Sinne des Kantschen Denkens – nicht als Zweck an sich, sondern nur als bloßes Mittel behandelt. [...] Hier können nicht alle Argumente bis ins Detail dafür vorgelegt werden, dass der Embryo von seiner Entstehung her, also von der Vereinigung von Ei- und Samenzelle, von Anfang an ein Mensch ist. Es gibt keinen Moment in der Entwicklung, an dem man sagen könnte, erst hier werde der Embryo zum Menschen. [...] Der Mensch wird nicht zum Menschen, sondern ist von Anfang an Mensch. Betrachtet man diesen Anfang, handelt es sich gewiss um einen Prozess, der in Schritten, Stufen und Phasen verläuft. Aber es handelt sich in jedem Stadium um einen embryonalen Menschen. Es gibt in diesem Ablauf keine Zäsur, von der sich sagen ließe, hier entstehe etwas völlig Neues. In diesem Sinne gelten, gewiss heute differenzierter gesehen, die Argumente für die Kontinuität, Identität und Potenzialität des Embryos. [...]
Diesem Befund widerspricht nicht, dass man von der Forschung her gezielt in der Entwicklung des Embryos Stufen und Phasen beschreibt, die man auch mit verschiedenen Namen belegen mag [...]. Aber ich kann keinen überzeugenden Grund erkennen, warum dieses Beschreiben einzelner Phasen und Stadien gleichgesetzt werden kann mit einer grundlegenden ethischen und rechtlichen Abstufung im Menschsein und so auch im Blick auf den Würdeschutz.

Norbert Hoerster: Das Recht auf Leben? (2008)

M 15

Der einzelne Mensch mit einem eigenen Lebensrecht darf niemals [...] dem Nutzen der Gesellschaft geopfert werden.
Die alles entscheidende Frage lautet also: Ist der Embryo – genau wie das Kleinkind – bereits ein „Mensch"? Man muss diese Frage richtig verstehen. Ohne Zweifel ist der Embryo bereits ein Mensch im biologischen Sinn – ein menschliches Wesen [...]. Daraus allein folgt jedoch nicht, dass dieses menschliche Wesen im Frühstadium seiner Existenz bereits als Mensch im Vollsinn, also auch im moralischen und rechtlichen Sinn des Wortes – als Inhaber des Menschenrechts auf Leben – betrachtet werden muss. Dies ist vielmehr eine normative, ethische Frage, die sich allein auf sprachlicher Ebene nicht entscheiden lässt. [...] Worauf es ankommt, ist allein dies: Gibt es im Fall des jeweils zur Debatte stehenden Rechtes hinreichende ethische Gründe, dieses Recht dem betreffenden Lebewesen bzw. Menschen früher oder später oder vielleicht gar nicht zuzusprechen?
Warum soll ein menschliches Wesen überhaupt ein Recht auf Leben erhalten? Und warum sollen andere Lebewesen (wie Tiere und Pflanzen) kein Recht auf Leben erhalten? [...] Oder ist einfach davon auszugehen, dass zwar allen menschlichen Wesen von Beginn ihrer Existenz an, dass aber keinem einzigen Tier ein Recht auf Leben zusteht? Als in sich schlüssig kann diese letztere Sichtweise wohl nur dann erscheinen, wenn man die christliche Lehre von der Gottebenbildlichkeit speziell des Menschen und von seiner Beseelung zum Zeitpunkt der Befruchtung voraussetzt. Doch diese Lehre kann in einem modernen, religiös neutralen Staat kaum zur Grundlage des Lebensrechtes gemacht werden. Das heißt: Wir müssen nach einer säkularen, jedermann nachvollziehbaren Begründung für das Lebensrecht überhaupt und für seinen Beginn Ausschau halten.
Eine solche, von empirischen Tatsachen ausgehende Begründung sieht nach meiner Sichtweise wie folgt aus. Das Recht auf Leben ist für den normalen Menschen deshalb von einzigartiger Bedeutung, weil es einem typisch menschlichen Interesse am Überleben dient. Damit ist Folgendes gemeint: Menschen haben gewöhnlich im doppelten Sinn des Wortes so etwas wie ein Überlebensinteresse. Sie haben sowohl den unmittelbaren Wunsch, auch in Zukunft noch zu leben, als auch stets neue, mehr oder weniger konkrete zukunftsbezogene Absichten und Wünsche (wie den Wunsch, in einem Monat in den Urlaub zu fahren), die ohne das eigene Überleben nicht realisierbar sind. Genau dieses spezifisch menschliche Überlebensinteresse haben Tiere nicht, da ihr bewusstes Leben ausschließlich auf die Gegenwart bzw. unmittelbare Zukunft fixiert ist [...]. Das Überlebensinteresse, wie es Menschen haben, beruht dabei auf dem Umstand, dass Menschen dazu in der Lage sind, sich als in Vergangenheit und Zukunft identische Individuen wahrzunehmen, die über ihre eigene Vergangenheit und Zukunft reflektieren können.
Aber nicht nur Tieren fehlt das genannte spezifisch menschliche Überlebensinteresse. Auch menschliche Embryonen haben dieses Interesse ganz offenbar nicht. [...] Wenn Embryonen aber das spezifisch menschliche Überlebensinteresse aufgrund ihrer Entwicklung noch nicht haben können, dann ist es ethisch auch nicht begründet, ihnen bereits ein Recht auf Leben zuzusprechen.

5 Dürfen menschliche Embryonen zu Forschungszwecken benutzt (und verbraucht) werden? Vergleichen Sie die Positionen der beiden Autoren im Hinblick auf diese Frage.

6 Lehmann ist u.a. auch ein renommierter Professor der (katholischen) Theologie, der zweite Philosoph und auch Jurist. Findet das in ihren Argumentationen einen Niederschlag?

7 Welche der beiden Argumentationen überzeugt Sie eher?

8 Wie müsste man argumentieren, um eine „mittlere Position" (zwischen Lehmann und Hoerster) einzunehmen?

Manfred Eigen (* 1927), ein renommierter Chemiker, der für seine Arbeiten 1967 den Nobelpreis erhielt, beantwortet die hier zur Diskussion stehende Frage folgendermaßen.

M 16 Manfred Eigen: Wissen – Können – Dürfen? (1988)

Wissen und Können haben einen ethischen Aspekt. Darf man das, was man weiß und kann, auch wirklich anwenden? Ja, dürfen wir überhaupt alles, was erforschbar ist, wirklich erforschen? Ist nicht gelegentlich Zurückhaltung angezeigt, gibt es nicht gar absolute Tabus?

Die Molekularbiologen haben zu Beginn der Ära der Gentechnologie [...] diese Frage gestellt. Auf der Asilomar-Konferenz in Kalifornien sind sie selber für ein Moratorium [eine Aufschiebung der Entscheidung] eingetreten. Die Handhabung der neuen Technik [der Gentransplantation] sollte so lange eingeschränkt bleiben, bis die Fragen nach möglichen Gefahren und Auswirkungen beantwortet werden könnten. [...] [N]achdem klar geworden war, dass Genübertragung in der Natur Routine ist, [war] [d]as Moratorium [...] überholt. Als man erkannte, welch wertvolle Erkenntnisse [...] auf diesem Wege zu gewinnen waren, wurde die Forschung auf diesem Gebiet erheblich intensiviert. Ohne Wissen sind Entscheidungen dieser Art nicht zu fällen. Das Können ist die Drehscheibe zwischen Wissen und Dürfen.

Ob wir etwas können oder nicht, müssen wir ausprobieren. Gerade das ist nicht immer problemlos, vor allem im Bereich der Biologie. Man darf nur dann etwas ausprobieren, wenn die Konsequenzen überschaubar sind. Wissen, Können und das Anwenden dessen, was man kann, werden in der öffentlichen Diskussion nicht klar genug auseinandergehalten. Die ethische Fragestellung bezieht sich in erster Linie auf das Dürfen. Wie sieht es damit in der Biotechnologie aus?

Dürfen wir Gene verpflanzen? [...] Dürfen wir lebende Organismen [...] manipulieren und in die Umwelt einschleusen? Dürfen wir gar neuartige Organismen, Chimären, kombinieren? Dürfen wir, was wir können?

Die generelle Antwort lautet: nein! Eine Pauschalantwort ist aber keine gute Antwort. Jeder einzelne Fall muss sorgfältiger Bewertung unterzogen werden. [...]

Ohne Zweifel: je mehr wir wissen, um so weniger davon dürfen wir anwenden. Gerade aus diesem Grunde müssen wir eben noch mehr wissen. Es ist notwendig, bei jedem Schritt, den wir tun, zu überlegen, welches Risiko wir eingehen. Doch ebenso notwendig ist es, zu fragen, was geschehen würde, wenn wir diesen Schritt nicht tun. Wir sollten allen misstrauen, die uns überreden wollen, etwas Bestimmtes zu tun oder es zu unterlassen, wenn sie nicht vorher eine saubere Bilanz für beide Möglichkeiten aufgestellt haben. [...]

Ethik in einer im Wandel begriffenen Welt ist nichts Endgültiges. Sie baut auf Wissen, das sich ständig erweitert, und sie reagiert auf die sich ständig verändernde Wirklichkeit.

9 Als „aktiver" Naturwissenschaftler muss der Autor ein Interesse daran haben, in seinen Forschungen möglichst wenig eingeschränkt zu werden. Zeigen Sie, wo dieses Interesse die Argumentation Eigens bestimmt.

10 Welche Konsequenzen ergeben sich im Hinblick auf die Freiheit der Forschung, wenn die von Eigen geforderte wissenschaftliche Abwägung des Nutzens und des Risikos eines Forschungsvorhabens prinzipiell unter dem Vorbehalt der Unsicherheit steht?

11 „Darf Wissenschaft, was sie kann?" – Stellen Sie Positionen und Argumente einander gegenüber.

12 Nach einem Bericht der „Neuen Zürcher Zeitung“ (08. 02. 12) ist es Forschern vom Medizinischen Zentrum Erasmus in Rotterdam gelungen, die in der Natur vorkommende Mutation von Vogelgrippeviren im Labor mit Frettchen als Versuchstieren zu imitieren. Das Resultat ist ein Virus, das für Menschen nicht nur tödlich, sondern auch hoch ansteckend ist.
Diskutieren Sie mit anderen Kursteilnehmern die Frage, ob es angesichts derartiger Risiken der Forschung eine Institution nach Art eines „Wissenschafts-TÜV“ zur politischen Kontrolle der Wissenschaft geben sollte oder ob es nicht wenigstens möglich sein sollte, die Veröffentlichung von Untersuchungen mit derartigen Ergebnissen durch entsprechende Gremien zu untersagen oder einzuschränken.

4. 4 Wissenschaft als Gegenstand der Philosophie – Popper, Kuhn

Der in manchen Wissenschaften beschlagene Faust, der gleichwohl an seinem Wissen verzweifelt, sucht nach anderen Wegen, um Erkenntnis der Natur zu erlangen.

Johann Wolfgang von Goethe: Faust I (Nacht)

M 17

Bilde mir nicht ein, was Rechts zu wissen,
Bilde mir nicht ein, ich könnte was lehren,
Die Menschen zu bessern und zu bekehren.
[...]
Es möchte kein Hund so länger leben!
Drum hab' ich mich der Magie ergeben,
Ob mir durch Geistes Kraft und Mund
Nicht manch Geheimnis würde kund;
Dass ich nicht mehr mit saurem Schweiß
Zu sagen brauche, was ich nicht weiß;
Dass ich erkenne, was die Welt
Im Innersten zusammenhält.

1 Notieren Sie einige Assoziationen, die Sie mit dem Begriff „Magie“ verbinden.

2 Faust scheint sich durch Magie ein vertiefteres Verständnis der Natur zu versprechen, als es ihm die Wissenschaft zu geben vermag. Denken Sie in diesem Zusammenhang an Harry Potter und seine Freunde; in der Hogwarts-Schule für Hexerei und Zauberei gibt es Fächer, in denen Wissenschaft und Magie eine eigentümliche Symbiose eingegangen sind. Informieren Sie sich.

Wenn die Wissenschaft selbst zum Gegenstand der Betrachtung und Analyse wird, dann befindet man sich auf einer Meta-Ebene, auf der Ebene der Wissenschaftstheorie. Im Folgenden geht es exemplarisch um die viel diskutierte wissenschaftstheoretische Frage, wie wissenschaftlicher Fortschritt zu Stande kommt.

3 Dass die Wissenschaften, vor allem die Naturwissenschaften seit den Zeiten eines Francis Bacon oder Galilei gewaltige Fortschritte gemacht haben, wird niemand ernsthaft bestreiten wollen. Das zeigt besonders eindringlich auch ein Vergleich der rasanten Entwicklung der Wissenschaften in Europa mit der wissenschaftlichen Stagnation in anderen Regionen dieser Erde, in denen es in früheren Zeiten ebenfalls eine hochentwickelte Wissenschaft gab, also China, Indien oder den islamischen Ländern. Stellen Sie Vermutungen an, welche Umstände und Faktoren den wissenschaftlichen Fortschritt begünstigen oder behindern, und diskutieren Sie diese Vermutungen mit anderen Kursteilnehmern.

Wolfgang Stegmüller (1923–1991), einer der bedeutendsten Vertreter der Wissenschaftstheorie aus dem vergangenen Jahrhundert, beschreibt die Zielrichtungen seiner Bemühungen.

M 18 Wolfgang Stegmüller: Die moderne Wissenschaftstheorie (1969)

Die moderne Wissenschaftstheorie ist aus dem Bestreben hervorgewachsen, philosophische Fragestellungen mit demselben Maß an Genauigkeit, an begrifflicher Klarheit, an intersubjektiver Verständlichkeit und Überprüfbarkeit, kurz: an wissenschaftlicher Verantwortlichkeit, zu behandeln wie dies in den Einzelwissenschaften in Bezug auf deren Fachprobleme geschieht. Was in Mathematik, Natur- und Geisteswissenschaften längst eine Selbstverständlichkeit geworden ist, darum geht in der gegenwärtigen Philosophie noch immer der Kampf. Im Grunde begann dieser Kampf schon vor endloser Zeit: mit dem Beginn der Philosophie selbst. Doch ist erst in der Neuzeit der Gegensatz in Bezug auf das wissenschaftliche Niveau zwischen dem, was in den Einzelwissenschaften angetroffen wird, und dem, worauf man in der philosophischen Fachliteratur [...] stößt, immer krasser und unerträglicher geworden. So jedenfalls muss es dem unvoreingenommenen kritischen Geist erscheinen: saubere Begriffsanalysen, klare Begründungen und vorsichtiges Abwägen hypothetischer Annahmen dort; nach wie vor kaum durchschaubare Vermengung von begrifflichem mit bildhaft-mythologischem Denken, unfundierte spekulative Wortklaubereien und Sprachträumereien hier. Kein Wunder, dass sich immer wieder nach Klarheit strebende Geister dazu entschlossen, ihre wissenschaftlichen Energien in andere Beschäftigungen zu investieren als in philosophische – oder sich auf historisierende Betrachtungen zurückzuziehen, womit sich die Philosophie in einen Spezialzweig der Geschichtswissenschaft aufzulösen droht.

Den unleugbar stärksten Impuls hat die moderne wissenschaftliche Philosophie von der Logik empfangen. Hier entstand nach mehr als zweitausendfünfhundertjähriger Stagnation eine Disziplin, welche mit den übrigen Wissenschaften hinsichtlich Klarheit und Genauigkeit nicht nur konkurrieren konnte, sondern diese an Exaktheit sogar übertraf. Die Entwicklung der modernen Logik vollzog sich in den letzten drei Jahrzehnten stürmischer als in den meisten anderen Wissenschaften. [...]

Von den analytischen Philosophen der Gegenwart wird die bislang entwickelte moderne Logik gewöhnlich nicht als Forschungsobjekt, sondern *als Handwerkszeug* bei der Behandlung wissenschaftstheoretischer Fragen benützt, welche die Erfahrungserkenntnis betreffen. Damit sind wir von der Philosophie der Logik und Mathematik zum *zweiten großen Themenkreis der modernen Wissenschaftstheorie* gelangt. Die nicht angefochtene Ausgangsbasis aller dieser Untersuchungen bildet die Einsicht, zu der schon die englischen Empiristen im Verlauf ihrer Auseinandersetzungen mit den rationalistischen Metaphysikern gekommen sind: dass es nicht möglich ist, „durch reines Nachdenken allein" eine Wirklichkeitserkenntnis zu gewinnen, sondern dass sich alles Wissen um die uns umgebende Realität auf Erfahrung stützen muss. Mit dem Ausdruck „Erfahrung" wird jedoch – und dies kann nicht nachdrücklich genug betont werden – keine Antwort auf irgendeine philosophische Frage gegeben. Vielmehr wird mit diesem Wort, wie gerade die *empiristischen* Philosophen zu ihrer immer größer werdenden Bestürzung feststellen mussten, nur ein Hinweis auf einen ungeheuer umfassenden und schwierigen Problemkomplex gegeben, von dessen Entwirrung und befriedigender Lösung wir sozusagen noch Lichtjahre entfernt sind. [...]

Schließlich sei, last not least, auf einen weiteren wichtigen Komplex verwiesen, der in den letzten Jahren immer mehr in den Vordergrund getreten ist. Gemeint sind *„sprachlogische Untersuchungen"* im weitesten Sinne des Wortes. Da die moderne Wissenschaftstheorie in unmittelbarem Zusammenhang mit dem entstanden ist, was man im Englischen als „linguistic approach to philosophy" bezeichnet, nimmt diese Art von Untersuchungen sogar eine gewisse zentrale Stellung ein. [...] Dazu gehört etwa das Problem der scharfen Unterscheidbarkeit in *analytische und synthetische Aussagen* oder die bis heute nicht befriedigend beantwortete Kantische Frage, ob es *synthetische Propositionen a priori* gibt. [...]

Bei der eben versuchten Skizze der wissenschaftstheoretischen Problemkreise haben wir einige Male etwas großsprecherisch von den zu erwartenden „Lösungen" bestimmter Probleme geredet. Vielleicht wird es sich erweisen, dass mehrfach die bescheidenere Zielsetzung einer Problemdiskussion an die Stelle einer Lösung um jeden Preis zu treten hat. [...] Wer sich mit moderner Logik und Grundlagenforschung beschäftigt, muss sich, sei es auch widerstrebend, die Auffassung zu eigen machen, dass es *die* Logik und *die* Mathematik nicht gibt, sondern dass Alternativmöglichkeiten existieren, Logik und Mathematik als wissenschaftliche Disziplinen zu betreiben. Ebenso sollte sich der Wissenschaftstheoretiker so früh wie möglich mit dem Gedanken vertraut machen, dass es nicht nur eine, sondern verschiedene Rekonstruktionsmöglichkeiten dessen gibt, was man wissenschaftliche Erkenntnis nennt, und dass wir vielleicht niemals einen vollständigen Überblick über alle diese Möglichkeiten gewinnen werden.

4 Erläutern Sie, welche Vorwürfe Stegmüller gegenüber der Philosophie erhebt, und prüfen Sie diese Vorwürfe auf ihre Stichhaltigkeit, indem sie beliebige Texte von Philosophen aus diesem Band untersuchen.

5 Stegmüller beschreibt die moderne Wissenschaftstheorie als ein großangelegtes Forschungsprogramm im Hinblick auf die Philosophie selbst, dessen Ausgang durchaus ungewiss ist. Vergegenwärtigen Sie sich die Schwerpunkte dieses Programms und überlegen Sie, welchen Nutzen derartige Forschungen haben könnten.

Eine der Fragen, die eine bestimmte „Schule" innerhalb der Wissenschaftstheorie in den vergangenen Jahrzehnten intensiv diskutiert hat, ist die Frage, wie man sich den „wissenschaftlichen Fortschritt" erklären kann.

Karl Raimund Popper: Wie gelangen die Wissenschaften zu neuen Erkenntnissen? (1973)

M 19

Die Methode der Wissenschaft ist die Methode der kühnen Vermutungen und der sinnreichen und ernsthaften Versuche, sie zu widerlegen.

Eine kühne Vermutung ist eine Theorie mit großem Gehalt – größerem jedenfalls als die Theorie, die wir mit ihr überwinden möchten.

Dass unsere Vermutungen kühn sein sollten, folgt unmittelbar aus dem, was ich über das Ziel der Wissenschaft und die Annäherung an die Wahrheit gesagt habe: Kühnheit oder großer Gehalt ist mit großem Wahrheitsgehalt verbunden; [...]

Doch eine Zunahme des Wahrheitsgehalts ist keine *Garantie* für steigende Wahrheitsähnlichkeit; da die Zunahme des Gehalts eine rein logische Angelegenheit ist und mit ihr eine Zunahme des Wahrheitsgehalts einhergeht, ist das einzige Betätigungsfeld für die wissenschaftliche Diskussion – und besonders für empirische Prüfungen – die Frage, ob der Falschheitsgehalt ebenfalls zugenommen hat oder nicht. Das konkurrierende Streben nach Wahrheitsähnlichkeit wird also, besonders unter dem empirischen Gesichtspunkt, zum konkurrierenden Vergleich der Falschheitsgehalte (was manche Leute als paradox empfinden). [...] Wir können uns nie absolute Sicherheit verschaffen, dass unsere Theorie nicht hinfällig ist. Alles, was wir tun können, ist, nach dem Falschheitsgehalt unserer besten Theorie zu fahnden. Das tun wir, indem wir sie zu widerlegen versuchen, das heißt, indem wir sie im Lichte unseres ganzen objektiven Wissens und mit aller Erfindungskraft streng prüfen. Es ist natürlich immer möglich, dass die Theorie falsch ist, auch wenn sie alle Prüfungen besteht; das ist bei unserem Streben nach Wahrheitsähnlichkeit möglich. *Doch wenn unsere Theorie alle diese Prüfungen besteht, dann haben wir wohl guten Grund zu der Vermutung, dass sie – die, wie wir wissen, größeren Wahrheitsgehalt hat als ihr Vorgänger – wohl keinen größeren Falschheitsgehalt hat.* Und wenn wir die neue Theorie gerade auf den Gebieten, auf denen ihr Vorgänger scheiterte, nicht widerlegen können, dann können wir das als einen objektiven Grund für *die Vermutung* anführen, *dass die neue Theorie eine bessere Annäherung an die Wahrheit ist als die alte.*

6 Das von Nikolaus Kopernikus (1473–1543) entwickelte heliozentrische Weltsystem stellte zu seiner Zeit sicherlich eine „kühne Vermutung" im Sinne Poppers dar. Informieren Sie sich über das geozentrische Modell (Ptolemaios) und das heliozentrische Modell (Kopernikus) und prüfen Sie die Frage, ob man eigentlich der Kopernikanischen Theorie eine „größere Wahrheitsähnlichkeit" gegenüber dem traditionellen geozentrischen System der antiken Astronomie zusprechen kann.

7 Wie hätte Kopernikus im Sinne von Popper vorgehen müssen, um eine Überlegenheit seiner neuen Theorie oder Hypothese gegenüber der althergebrachten zu „beweisen"?

8 Die Widerlegung empirisch gehaltvoller Hypothesen wäre ein Forschungsprogramm im Sinne Poppers. Ein in einem großen Chemiewerk angestellter Chemiker hat einen Wirkstoff entdeckt, von dem er aufgrund seiner speziellen Zusammensetzung vermutet, er könnte eine beachtliche Heilwirkung haben. Wie wird dieser Chemiker Ihrer Ansicht nach vorgehen, um seine Vermutung zu überprüfen?

9 Popper unterstellt offenbar, dass es (irgendwo) eine Wahrheit gibt, der sich wissenschaftliche Theorien weniger oder mehr annähern. Was halten Sie von dieser Auffassung?

In der kritischen Auseinandersetzung mit Popper hat der amerikanische Philosoph Thomas S. Kuhn (1922–1996) ein anderes Modell des wissenschaftlichen Fortschritts entwickelt. Dabei unterscheidet Kuhn verschiedene Phasen der Wissenschaftsentwicklung.

M 20 Thomas S. Kuhn: Die Entstehung des Neuen in der Wissenschaft – wissenschaftliche Revolutionen (1962)

Am Anfang des sechzehnten Jahrhunderts begann eine wachsende Zahl der besten Astronomen Europas zu erkennen, dass das astronomische Paradigma bei Anwendungen auf seine eigenen traditionellen Probleme versagte. Diese Erkenntnis war die Voraussetzung für die Ablehnung des ptolemäischen Paradigmas durch Kopernikus und für dessen Suche nach einem neuen. [...]

Wir wollen also annehmen, dass Krisen eine notwendige Voraussetzung für das Auftauchen neuer Theorien sind, und fragen als nächstes danach, wie die Wissenschaftler auf sie reagieren. [...] Wenn sie auch beginnen mögen, den Glauben zu verlieren und an Alternativen zu denken, so verdammen sie doch nicht das Paradigma, das sie in die Krise hineingeführt hat. Das heißt also, sie behandeln die Anomalien nicht als Gegenbeispiele, obwohl Anomalien im Vokabular der Wissenschaftsphilosophie genau das sind. [...] [W]enn eine wissenschaftliche Theorie einmal den Status eines Paradigmas erlangt hat, wird sie nur dann für ungültig erklärt, wenn ein anderer Kandidat bereitsteht, um ihren Platz einzunehmen. Kein bisher durch das historische Studium der wissenschaftlichen Entwicklung aufgedeckter Prozess hat irgendeine Ähnlichkeit mit der methodologischen Schablone der Falsifikation durch unmittelbaren Vergleich mit der Natur. [...] [Erst] [w]enn eine Anomalie mehr zu werden scheint als lediglich ein weiteres Rätsel der normalen Wissenschaft, so hat der Übergang zur Krise und zur außerordentlichen Wissenschaft begonnen. [...] Der Übergang von einem krisenhaften Paradigma zu einem neuen, aus dem eine neue Tradition der normalen Wissenschaft hervorgehen kann, ist weit von einem kumulativen Prozess entfernt, wie ihn eine Präzisierung oder eine Ausdehnung des alten Paradigmas darstellen würde. Es ist vielmehr der Neuaufbau, der einige der elementarsten theoretischen Verallgemeinerungen des Gebiets wie auch viele seiner Paradigmamethoden und -anwendungen verändert. [...] Wenn der Übergang abgeschlossen ist, hat die Fachwissenschaft ihre Anschauungen über das Gebiet, ihre Methoden und ihre Ziele geändert.

M 21

10 Den oben abgebildeten Holzschnitt hat Camille Flammarion, ein französischer Astronom des 19. Jahrhunderts, in Auftrag gegeben und 1888 in einer seiner populärwissenschaftlichen Schrift veröffentlicht. Versuchen Sie, die Darstellung im Sinne Kuhns zu deuten.

11 Sind Ihnen im Fachunterricht Beispiele für „außerordentliche Forschung" und „wissenschaftliche Revolutionen" im Sinn von Kuhn begegnet?

12 Welchem Typ der bei Kuhn unterschiedenen Wissenschaftsformen gehören eigentlich die in der Schule verwendeten Lehrbücher an? Begründen Sie Ihre Entscheidung.

13 Kuhns Thesen zur Entwicklung der Wissenschaft haben viele Kritiker auf den Plan gerufen, vor allem unter den Philosophen. Worin könnte für Philosophen das „Anstößige" der Thesen Kuhns liegen?

14 Wie vollzieht sich in den Wissenschaften der Fortschritt? Stellen Sie die Positionen von Popper und Kuhn einander gegenüber.

15 Suchen Sie in Ihren naturwissenschaftlichen Schulbüchern nach Beispielen des von Kuhn untersuchten Paradigmenwechsels in den Wissenschaften. Sie werden möglicherweise überrascht feststellen, dass die gängigen Schulbücher zum Thema der wissenschaftlichen Revolutionen nicht sehr ergiebig sind. Stellen Sie Vermutungen an, womit das zusammenhängen könnte.

Übungen zur Klausur

David Hume: Eine Untersuchung über den menschlichen Verstand (1748)

Jedermann wird zugeben, dass ein beträchtlicher Unterschied zwischen den Perzeptionen des Geistes besteht, wenn jemand den Schmerz übermäßiger Hitze oder die Lust mäßiger Wärme empfindet und wenn er später diese Wahrnehmung in seinem Gedächtnis zurückruft oder durch seine Einbildungskraft vorausnimmt. Diese Vermögen können vielleicht die Perzeptionen der Sinne nachahmen oder kopieren, aber nie die Stärke und Lebendigkeit des ursprünglichen Gefühls vollkommen erreichen. [...] Man kann deshalb alle Perzeptionen des Geistes in zwei Klassen oder Arten teilen, die sich durch den verschiedenen Grad ihrer Stärke und Lebhaftigkeit unterscheiden. Die minder eindringlichen und lebendigen nennt man gewöhnlich *Gedanken* oder Ideen. Für die andere Art fehlt es der englischen wie den meisten anderen Sprachen an einem Wort [...]. Nennen wir sie daher ein wenig frei *Eindrücke* [...]. Unter der Bezeichnung *Eindruck* verstehe ich also alle unsere lebhafteren Perzeptionen, wenn wir hören, sehen, fühlen, lieben, hassen, begehren oder wollen. Eindrücke sind von Ideen unterschieden, welche die weniger lebhaften Perzeptionen sind, deren wir uns bewusst werden, wenn wir uns auf eine jener obenerwähnten Wahrnehmungen oder Regungen besinnen. [...] Ob nun gleich das Denken diese unbegrenzte Freiheit zu besitzen scheint, so werden wir doch bei näherer Untersuchung finden, dass es in Wirklichkeit durch sehr enge Grenzen eingeschlossen ist und all diese schöpferische Kraft des Geistes auf weiter nichts hinauskommt als auf die Fähigkeit der Verbindung, Umstellung, Vermehrung oder Verminderung des Stoffes, den uns Sinne und Erfahrung liefern. Denken wir uns einen goldenen Berg, so verbinden wir nur zwei widerspruchslose Ideen, *Gold* und *Berg*, die uns von früher bekannt sind. [...] Kurz, aller Stoff des Denkens ist entweder von unserem äußeren oder inneren Gefühl abgeleitet. Einzig die Mischung und Zusammensetzung fällt dem Geist und dem Willen zu. Oder, um mich philosophisch auszudrücken: Alle unsere Ideen oder schwächeren Perzeptionen sind Kopien unserer Eindrücke oder lebhafteren Perzeptionen. [...] Dies zu beweisen, werden hoffentlich folgende zwei Gründe ausreichen. Erstens: wir finden bei der Zergliederung unserer Gedanken und Ideen immer, seien sie auch noch so zusammengesetzt oder erhaben, dass sie sich in einfache Ideen auflösen, die ein früheres Empfinden oder Gefühl kopieren. Selbst solche Ideen, welche auf den ersten Blick am weitesten von diesem Ursprung entfernt scheinen, erweisen sich bei näherer Prüfung als daraus entsprungen. Die Idee Gottes im Sinne eines allwissenden, allweisen und allgütigen Wesens entsteht aus der Besinnung auf die Vorgänge in unserem eigenen Geiste und aus der Steigerung dieser Eigenschaften der Güte und Weisheit ins Grenzenlose. [...] Zweitens: Wenn zufällig jemand wegen eines organischen Fehlers für eine Art von Wahrnehmung nicht empfänglich ist, so finden wir immer, dass er ebenso unempfänglich für die entsprechenden Ideen ist. Ein Blinder kann sich keinen Begriff von Farben machen, noch ein Tauber von Tönen. Wenn einer von beiden den ihm fehlenden Sinn zurückerhält, so öffnet sich mit diesem neuen Einlass für seine Wahrnehmungen auch ein neuer Einlass für die Ideen, und es macht ihm keine Schwierigkeit, sich diese Gegenstände vorzustellen. [...]

Hume, David: Eine Untersuchung über den menschlichen Verstand. Übers. v. *Raoul Richter.* Durchges. u. überarb. v. *Lambert Wiesing.* Frankfurt/M.: Suhrkamp 2007. S. 26–29.

1 Stellen Sie das Ausgangsproblem und die zentralen Thesen des Textes dar und erarbeiten Sie seinen Argumentationsgang.

2 Vergleichen Sie die hier von Hume formulierte erkenntnistheoretische Position mit mindestens einer anderen Ihnen bekannten.

3 Beurteilen Sie die verschiedenen Positionen und begründen Sie Ihr Urteil.

Zu erwartende Schülerleistung und Bewertung:

Inhaltliche Leistung

Aufg. 1	**Anforderung: Korrekte, vollständige und begrifflich präzise Rekonstruktion des Textes** Der Schüler oder die Schülerin	**Max. Punkte (AGF)**
1	• stellt heraus, dass der Autor sich mit der Frage auseinandersetzt, wie die Inhalte des Bewusstseins eingeteilt werden können;	6 (I)
2	• stellt heraus, dass Hume eine grobe Unterscheidung nach Ideen und Eindrücken vornimmt;	4 (I)
3	• arbeitet heraus, wie Hume das Kriterium dieser Unterscheidung einführt, erläutert und begründet;	4 (I)
4	• erläutert, wie Hume anhand eines Beispiels das Zustandekommen menschlicher Erkenntnis als die Verknüpfung von „Inhalten" deutet, die die Erfahrung liefert;	6 (I)
5	• erläutert die beiden Argumente, die Hume zur Begründung seiner Position anführt;	4 (I)
		24

Aufg. 2	**Anforderung: Einbringung von theoretisch und begrifflich differenziertem Fachwissen** Der Schüler oder die Schülerin	
1	• stellt eine oder mehrere erkenntnistheoretische Positionen (Platon, Locke) in ihren Grundzügen dar;	10 (I)
2	• erläutert Gemeinsamkeiten und Unterschiede zwischen der empiristischen Position Humes und der zum Vergleich herangezogenen von Platon (oder Locke), etwa im Hinblick auf den für beide Positionen zentralen Begriff der „Ideen";	10 (II)
3	• bringt weitere aus dem Unterricht erwachsene Überlegungen zu Voraussetzungen und Konsequenzen der hier in Frage stehenden erkenntnistheoretischen Positionen ein;	10 (II)
		30

Aufg. 3	**Anforderung: eigenständige und stimmige Begründung der Beurteilung** Der Schüler oder die Schülerin	
1	• nimmt Stellung zu der Schlüssigkeit des Argumentationsgangs in dem Text von Hume;	6 (III)
2	• diskutiert Einwände, die die Vertreter der zur Diskussion stehenden erkenntnistheoretischen Positionen gegeneinander ins Feld führen, auf ihre Stimmigkeit und Überzeugungskraft hin;	12 (III)
3	• formuliert eine begründete Stellungnahme zu den behandelten Positionen, – in der er z. B. begründet darlegt, warum er eine der beiden Positionen bevorzugt; – in der er/sie begründet darlegt, warum ihm/ihr keine der behandelten Positionen wirklich überzeugend erscheint;	8 (III)
		26

Darstellungsleistung

Anforderung:	
schlüssige, klare gedankliche Strukturierung des Textes	5
präzise und differenzierte Sprache bei korrekter Verwendung der Fachterminologie	5
sprachlich richtig sowie syntaktisch und stilistisch sicher	5
sichere und transparente Verbindung von Sachdarstellung, Analyse und Bewertung Belegung der Aussagen durch angemessene und korrekte Nachweise (Zitate)	5
Darstellungsleistung insgesamt	20

Auf der Suche nach dem Unbedingten – Religionsphilosophie und Metaphysik

Es war sehr früh am Morgen, die Straßen rein und leer, ich ging zum Bahnhof. Als ich eine Turmuhr mit meiner Uhr verglich, sah ich, dass es schon viel später war, als ich geglaubt hatte, ich musste mich sehr beeilen, der Schrecken über diese Entdeckung ließ mich im Weg unsicher werden, ich kannte mich in dieser Stadt noch nicht sehr gut aus, glücklicherweise war ein Schutzmann in der Nähe, ich lief zu ihm und fragte ihn atemlos nach dem Weg.

Er lächelte und sagte: „Von mir willst du den Weg erfahren?" „Ja", sagte ich, „da ich ihn selbst nicht finden kann." „Gibs auf, gibs auf", sagte er und wandte sich mit einem großen Schwunge ab, so wie Leute, die mit ihrem Lachen allein sein wollen.

(Franz Kafka)

Die Bedeutung der Mythen

Der fallende Uranos hatte dem Kronos vorausgesagt, dass einst auch ihn einer seiner Söhne entthronen werde. Darum verschlang der Gott gleich nach der Geburt alle Kinder, die er mit Rhea gezeugt: die Söhne Hades und Poseidon, die Töchter Hestia, Demeter und Hera.

(Peterich nach Hesiod)

Es ist Ideologie, was Menschen von Zeit zu Zeit dazu bringt, einander für Götter oder Ungeziefer zu halten. *(Terry Eagleton, 1993)*

Metaphysische Gottesvorstellungen

Und das Gute darf man auf niemand anderen zurückführen; von dem Schlechten aber muss man irgendwelche andere Ursachen aufsuchen, nicht aber die Gottheit. *(Platon)*

Plato ist langweilig. - Ich finde ihn so abgeirrt von allen Grundinstinkten der Hellenen, so vermoralisiert, so präexistent-christlich – er hat bereits den Begriff „gut" als obersten Begriff –, dass ich von dem ganzen Phänomen Plato eher das harte Wort „höherer Schwindel" als irgendein andres gebrauchen möchte. *(Friedrich Nietzsche)*

Religionskritik – Argumente und Einwände

Entweder will Gott die Übel beseitigen und kann es nicht, oder er kann es und will es nicht, oder er kann es nicht und will es nicht, oder er kann es und will es. *(Epikur)*

Der Widerspruch verliert an Schärfe, sobald wir die Möglichkeit bedenken, dass die unleugbare Unvollkommenheit und Mangelhaftigkeit der Welt also vielleicht damit zusammenhängt, dass sie einer noch nicht vollendeten Schöpfung entspringt. *(Hoimar von Ditfurth)*

Die Bedeutung der Transzendenz für die Frage nach dem Sinn des Lebens

's ist nicht zum Aushalten.

(Georg Büchner: Danton)

Wegen dieses Jenseits haben wir die Beziehung, die das Ich mit dem Anderen verbindet, Idee des Unendlichen genannt. *(Emmanuel Lévinas)*

Robert Smithson: Spiral Jetty, 1970

1. Die Bedeutung der Mythen

1.1 Antike Mythen und ihre Rückkehr in den modernen Medien – D'Holbach, Armstrong

M 1

Eckart Peterich: Die Anfänge der Welt nach Hesiods „Theogonia" (1958)

Im Anfang, so erzählt der Dichter Hesiod in seiner Schöpfungsgeschichte der Götter, war das Chaos: die Leere, das ungeformte Nichts. Aus dem Chaos ging Gaia, die Erde, hervor; neben ihr erschien als gestaltende Kraft Eros, die im All wirkende Liebe. Gaia zeugte aus sich allein Uranos, den Himmel, und Pontos, das Meer. [...] Durch Uranos gebar sie die riesigen einäugigen Kyklopen, die Erfinder der Blitze, und die Titanen, zwölf gewaltige Söhne und Töchter, Väter und Mütter späterer Göttergeschlechter. [...] Denn im Anfang war Uranos der höchste Gott. Da ihm seine eigenen Geschöpfe, die Kyklopen, zu mächtig wurden, warf er sie in den Tartaros, die finsterste und fernste Unterwelt. Gaia aber forderte die Titanen auf, die gefangenen Brüder zu befreien. Nur der jüngste von ihnen, Kronos [dt. die Zeit], wagte den Kampf. Die Erde ließ in ihren Tiefen das erste Eisen wachsen, schmiedete eine Sichel daraus, und mit dieser Waffe entmannte Kronos den Vater. Aus dem Blute des Uranos gingen die Erinnyen, die Göttinnen der Blutrache, hervor, auch die gewaltigen Giganten, ein den Titanen ähnliches Geschlecht bewaffneter Riesen. Kronos aber wurde durch dieses Verbrechen König über die Schöpfung.

Der fallende Uranos hatte dem Kronos vorausgesagt, dass einst auch ihn einer seiner Söhne entthronen werde. Darum verschlang der Gott gleich nach der Geburt alle Kinder, die er mit Rhea gezeugt. [...] Um nun Zeus, ihren Letztgeborenen, vor dem Schicksal seiner Geschwister zu bewahren, verbarg ihn Rhea auf dem kretischen Berge Ida und ließ Kronos statt des Kindes einen in Windeln gewickelten Stein verschlingen. In einer Höhle wuchs das göttliche Knäblein auf. [...] Als Zeus aber erwachsen war, zog er gegen den Vater, zwang ihn, seine unsterblichen Brüder und Schwestern wieder auszuspeien, und entfesselte im Bunde mit ihnen den Titanenkampf um die Weltherrschaft, in dem ein Teil der Titanen auf seiner Seite focht, ein anderer dem Kronos beistand. Doch Zeus befreite die Kyklopen aus der Unterwelt; der Blitz, den sie für ihn schmiedeten, ward seine Waffe, der Olymp, Griechenlands höchster Berg, seine Burg. [...] Felsen und ganze Berge schleuderten die riesigen Kämpfer; bis in die Tiefen des Tartaros hallte die Schöpfung wider vom Tosen dieser Schlacht. Kronos unterlag, und Zeus gewann die Weltherrschaft. Er teilte sie mit seinen Brüdern, gab Hades die Unterwelt, Poseidon das Meer und behielt sich selbst als Sitz und Thron der obersten Gewalt den Himmel vor.

M 2

Francisco de Goya: Saturn verschlingt seine Kinder, 1823

1 Das Bild des spanischen Malers Goya stellt eine Szene aus Hesiods „Theogonie" dar. Untersuchen Sie, welche das sein könnte.

Geschichten, in denen Götter, d. h. Wesen mit übernatürlichen und ungeheuren Eigenschaften, in das Weltgeschehen eingreifen, nennt man Mythen (vgl. S. 58 ff.). Im Folgenden geht es um das Problem der Glaubwürdigkeit von Mythen.

2 Stellen Sie die Stellen in M 1 zusammen, die Ihnen besonders unwahrscheinlich und ungeheuer erscheinen.

3 Vergleichen Sie die Erzählung von der Entstehung der Welt nach Hesiod mit einer naturwissenschaftlichen Erklärung.

4 Untersuchen Sie, welches Grundmuster sich in den Beziehungen der Götter bei Hesiod erkennen lässt.

5 In manchen heutigen Geschichten oder Filmen taucht ein ähnliches Grundmuster auf. Stellen Sie Beispiele zusammen.

6 Francisco de Goya gilt als einer der ersten politisch engagierten Maler. So hat er z. B. den brutalen Krieg Napoleons gegen Spanien in einer Reihe von Radierungen in damals ungewöhnlich realistischer Weise dargestellt. Stellen Sie Vermutungen an, warum er wohl für sein berühmtes Ölgemälde gerade dieses Motiv aus Hesiods Theogonie aufgreift.

Paul Thiry d'Holbach (1723–1789), ein materialistischer Philosoph der Aufklärung in Frankreich, schrieb seine Werke pseudonym, damit er nicht wegen der heftigen Kritik an der katholischen Kirche und dem absolutistischen Staat angeklagt werden konnte. Seine Deutung des Mythos ist typisch für eine Form von Aufklärung, die jeden Glauben an einen Gott verwirft (Atheismus).

Paul Thiry d'Holbach: Die materialistische Deutung des Mythos – Die Götter als unbegriffene Naturkräfte (1770)

M 3

Das ist also der wirkliche Ursprung der Mythologie. [...] Die ersten Lehrer der Völker und ihre Nachfolger, die die gleiche Autorität zu behaupten wussten, sprachen zu den Völkern nur in Fabeln, Rätseln, Allegorien und behielten sich das Recht vor, sie zu deuten. Dieser geheimnisvolle Ton war notwendig: einmal, um ihre eigene Unwissenheit zu verbergen, zum anderen, um ihre Macht über eine Menge zu bewahren, die gewöhnlich nur das respektiert, was sie nicht begreifen kann. Die Erklärungen wurden stets vom Interesse, vom Betrug oder von der ausschweifenden Einbildungskraft diktiert, und sie trugen nur dazu bei, die Natur und ihre Teile, die man ursprünglich zu beschreiben beabsichtigt hatte, von Jahrhundert zu Jahrhundert unkenntlicher zu machen; die Natur wurde durch eine Menge fiktiver Personen ersetzt, deren besondere Züge die verschiedenen Teile der Natur veranschaulichten; die Völker beteten diese Personen an, ohne den wahren Inhalt der sinnbildlichen Fabeln, die man von ihnen erzählte, zu erfassen; jene ideellen Personen und ihre materiellen Abbilder, in denen man eine göttliche und geheimnisvolle Kraft verborgen glaubte, waren die Gegenstände ihres Kultes, ihrer Ängste, ihrer Hoffnungen; die erstaunlichen und unglaublichen Handlungen dieser Kultgegenstände waren eine unerschöpfliche Quelle der Bewunderung und der Träume, die von Geschlecht zu Geschlecht weitergegeben wurden und die, weil sie für die Existenz der Diener Gottes notwendig waren, die Verblendung der Menge nur vergrößerten; diese erriet nicht, dass man die Natur, ihre Teile, ihre Tätigkeiten, die Leidenschaften des Menschen und ihre Fähigkeiten mit einem Wust von Allegorien [sinnbildliche Redeweise] beladen hatte; die Menge hatte nur Augen für die sinnbildlichen Personen, die diesen Dingen als Hülle dienten; sie schrieb ihnen ihr Wohl und ihre Leiden zu; sie verfiel in allen Arten von Torheit und Raserei, um jene Personen den menschlichen Wünschen geneigt zu machen; da also die Menge die Wirklichkeit der Dinge nicht kannte, artete ihr Kult oft in grausamste Ausschweifungen und in lächerlichste Torheiten aus.

Alles beweist uns also, dass die Natur und ihre verschiedenen Teile überall die ersten Gottheiten der Menschen gewesen sind. [...] Priester schmückten diese Gottheiten mit tausend wunderbaren und schrecklichen Attributen aus; das Volk betete sie an und demütigte sich vor diesen Wesen, die so wenig empfänglich waren für Liebe oder Hass, für Güte oder Bosheit – und wurde, wie wir in der Folge sehen werden, böse und verderbt, um diesen Mächten, die man ihm immer selbst als hasserfüllt darstellte, zu gefallen. [...] Sie bemerkten niemals, dass alle ihre Erfindungen und die Wörter, die sie sich ausgedacht hatten, nur ihrer tatsächlichen Unwissenheit als Maske dienten und dass ihr gesamtes angebliches Wissen sich darauf beschränkte, durch tausend Umschweife zu sagen, dass sie nicht zu begreifen vermöchten, wie die Natur wirkt. Wir täuschen uns immer selbst, wenn wir die Natur nicht studieren; wir irren uns stets dann, wenn wir über ihre Grenzen hinauszustreben versuchen; allein, wir sind bald gezwungen, zu ihr zurückzukehren – oder die Dinge, die wir viel besser erkennen würden, wenn wir sie ohne Vorurteil betrachten wollten, durch unverständliche Wörter zu ersetzen. Kann sich ein Theologe wirklich für aufgeklärter halten, weil er die unbestimmten Wörter *Geist, unkörperliche Substanz, Gottheit* usw. an die Stelle der verständlichen Wörter Materie, Natur, Beweglichkeit, Notwendigkeit gesetzt hat? [...]

7 Fassen Sie zusammen, warum nach Meinung d' Holbachs die Mythen entstanden sind.

8 Stellen Sie dar, welche negativen Folgen seiner Meinung nach der Glaube an die Mythen hat.

9 Stellen Sie Erwägungen an, ob und wieweit d' Holbachs Auffassung zum Wahrheitsgehalt der Mythen heute allgemein verbreitet ist.

Die amerikanische Religionsphilosophin Karen Armstrong (* 1944) glaubt nicht, dass wir ohne Mythen auskommen können.

M 4 Karen Armstrong: Wir sind mythenschaffende Lebewesen (2005)

Heutzutage benutzt man das Wort „Mythos“ häufig, um auszudrücken, dass etwas schlicht nicht wahr ist. [...] Seit dem 18. Jahrhundert haben wir eine wissenschaftliche Sicht der Geschichte entwickelt; uns interessiert in erster Linie, was tatsächlich geschah. Wenn Menschen in der vormodernen Welt über die Vergangenheit schrieben, interessierten sie sich mehr dafür, was ein Ereignis bedeutete. Ein Mythos schilderte ein Ereignis, das sich gewissermaßen einmal zugetragen hatte, zugleich aber ständig passierte. [...] Mythologie ist eine Kunstform, die über die Geschichte hinaus auf das Zeitlose der menschlichen Existenz verweist und uns hilft, jenseits des chaotischen Flusses zufälliger Ereignisse den Kern der Wirklichkeit zu erfassen.

Schon immer gehörte ein Transzendenzerlebnis zur menschlichen Erfahrung. Wir suchen Momente der Ekstase, in denen wir uns tief berührt und vorübergehend über uns selbst hinausgehoben fühlen. [...] Einer der traditionellsten Wege zur Ekstase war die Religion, doch wenn Menschen sie nicht mehr in Tempeln, Synagogen, Kirchen oder Moscheen finden, suchen sie sie andernorts: in Kunst, Musik, Lyrik, Rock, Tanz, Drogen, Sex oder Sport. Wie Lyrik und Musik sollte die Mythologie uns in Verzückung bringen, selbst angesichts des Todes und der Verzweiflung, in die uns die Aussicht auf Auslöschung stürzen mag. Leistet ein Mythos das nicht mehr, so hat er sich überlebt und stirbt.

Es wäre daher falsch, Mythen als niedere Denkweise anzusehen, auf die man verzichten könne, wenn Menschen das Zeitalter der Vernunft erreicht haben. Die Mythologie stellt keinen frühen Versuch der Geschichtsschreibung dar und nimmt nicht für sich in Anspruch, in ihren Erzählungen objektive Tatsachen zu schildern. Wie ein Roman, eine Oper oder ein Ballett ist ein Mythos eine Fiktion, ein Spiel, das unsere fragmentarische, tragische Welt verwandelt und uns hilft, neue Möglichkeiten zu erkennen, indem es fragt: „Was wäre, wenn?“ – eine Frage, die auch zu einigen unserer wichtigsten Erkenntnisse in Philosophie, Wissenschaft und Technik geführt hat. [...]

Wir sind mythenschaffende Lebewesen und haben im 20. Jahrhundert einige äußerst destruktive moderne Mythen erlebt, die in Massakern und Völkermord endeten. [...] Sie waren nicht vom Geist der Mitmenschlichkeit, von Achtung vor der Heiligkeit allen Lebens oder von „Hinwendung“ durchdrungen, wie Konfuzius es nannte. Diese destruktiven Mythologien versuchten in rassistischer, ethnischer, religiöser und egoistischer Engstirnigkeit andere zu dämonisieren, um sich selbst zu erhöhen. [...]

Wir brauchen Mythen, die uns helfen, uns mit allen Mitmenschen zu identifizieren, nicht nur mit den Angehörigen unseres ethnischen, nationalen oder ideologischen Stammes. Wir brauchen Mythen, um die Bedeutung der Mitmenschlichkeit zu erkennen.

10 Fassen Sie zusammen, was Karen Armstrong unter Mythos versteht und welches Verständnis sie für falsch hält.

11 Untersuchen Sie, inwieweit sich die ihrer Meinung nach falsche Sichtweise des Mythos in dem Text d'Holbachs wiederfindet.

Claus Eurich: Fernsehmythen (1998)

M 5

Als Gewohnheitsmedium ritualisiert das Fernsehen nicht nur den Alltag, sondern es liefert auch Weltdeutungen. [...] Das Medium Fernsehen steht allerdings noch für mehr. Es schafft und transportiert Mythen: [...] Die quasi-magische Ausdruckskraft des Bildes, die die des Wortes so weit und auf eine universelle Weise übersteigt, kommt in dem Transport des Mythos voll zur Wirkung. Mythen aber sind von der Sehnsucht nach Verwirklichung nicht zu trennen. [...] Mythen im Medium Fernsehen sind die unserer Zeit angemessene mythische Spielart, was Form, Inhalt und Vermittlungsweise betrifft. Sie sind, so Umberto Eco, von schlichtester Allgemeinheit, sofort wiedererkennbar und zielen damit auf die Verflüchtigung der Individualität und Konkretheit menschlicher Erfahrungen und Vorstellungen. [...] Die Medienmythen als Massenprodukte garantieren eine bequeme Weise ihrer Aneignung, denn sie geben alles aufbereitet vor, ohne die Erfordernisse anspruchsvoller, individueller Transferleistungen. Und sie haben durch die vereinheitlichte Weise ihrer Herstellung und den hohen Grad ihrer Vergesellschaftung eine quasi universale Bedeutung. Dies gilt in besonderer Weise überall da, wo Mythisierungen sich mit Produkten und deren Warencharakter verbinden und wo alles Übernatürliche aufgelöst ist, hin zum Typischen, Wiedererkennbaren und leicht Konsumierbaren. [...] Welcher Mythisierungen nun bedient sich das Medium?

Entsprechend der thematischen, szenischen und genretypischen Angebotsvielfalt bleibt kaum ein Motiv ausgenommen. Der Zuschauer wird mit hineingenommen in den ewigen Kampf zwischen Gut und Böse, Terror und Gerechtigkeit, in den Glanz von Stärke, Macht und Einfluss, in das Erleben von Glück, Lebensfreude, Wohlstand, Besitz und Überfluss. In den Bildern kommt das „Paradies" ganz nahe, und die Hölle erlaubt einen Blick in ihre Untiefen. Fülle und Erfüllung scheinen greifbar, und sie überdecken das an anderer Stelle ins Haus gelieferte Grauen.

Im Medium ereignet Liebe sich in Vollendung, präsentiert Schönheit sich ohne Makel, explodieren Gefühle als unwiderstehliche Naturgewalt. Vergänglichkeit scheint aufgehoben, Helden erscheinen als unsterblich und im Letzten unangreifbar, Frauenkörper ewig jung. Der Rebell sprengt alle Ketten und unterliegt nur der magischen Verführungskraft des Weiblichen. Die graue Maus des Mittelmaßes erfährt Verwandlung hin zum Heroischen. Zeit fließt nicht träge dahin, sondern präsentiert sich verdichtet, entscheidungsbezogen, dramatisch zugespitzt auf die Vorbereitung und das Sich-Ereignen des Show-Downs. Alle Zeit ist Ereignis-Zeit [...] und damit von einer Bedeutung, die über den Augenblick hinausweist.

Vor allem in der Fernsehwerbung drückt das Mythische sich mit aller Kraft und Verführungskunst aus. Hier liegt ja auch der Sinn darin, die Tiefenstruktur, bis ins Unbewusste des Einzelnen hinein, zu erreichen und anzusprechen. Unmittelbar und oft unglaublich verdichtet und perfektioniert zugleich fließen Bedürfnis und Befriedigung, Sehnsucht und Erfüllung im Produkt zusammen und ineinander. Mythisch-religiöse Motive in der Werbung ruhen oft versteckt in den Bildern und sind in ihrem Wesen nur schwer zu entschlüsseln, wirken aber mit der ganzen Kraft des menschheitsgeschichtlich großen mythischen Motivs, einer Kraft, die sich hier als magische Wirkkraft zeigt. Zumeist jedoch geschieht der Rückgriff auf mythisch-religiöse Motive und der Appell an die Ursehnsucht des Menschen nach dem Heiligen schamlos und direkt. Das verheißene Land tritt dem Menschen als Heilsversprechen in der Form der Ware gegenüber. Das Göttliche hat seinen Preis, doch der ist für (fast) jedermann erschwinglich. Das Göttliche und das Heilige in der Werbung allerdings kennen auch kein Ankommen. Bescheidenheit und Genügsamkeit grenzen an Abfall vom Wesentlichen. Der Produktreigen muss weitergehen, und jede Innovation rückt noch ein wenig näher an den paradiesischen Heilshorizont.

Wie im Film und in anderen Bereichen des Fernseh-Fiktionalen auch hebt das Mythische in der Werbung die Trennung von Rationalität, Lebenswelt, Traum- und Phantasiearbeit und dem Utopischen auf. Alles ist ineinander verwoben, findet seine Steuerung allerdings durch den Appell an Phantasieprozesse und deren Anregung.

M 6

M 7

12 Stellen Sie die Merkmale zusammen, die Eurich für den Mythos nennt.

13 Welche von diesen meint er im Fernsehen wiederfinden zu können?

14 Untersuchen Sie, inwieweit die Bilder zu dem Film „Spiderman" (M 6) und der Porsche-Werbung (M 7) seiner Beschreibung des Mythos entsprechen.

15 Vergleichen Sie den Text mit den Deutungen des Mythos von d'Holbach (M 3) und Armstrong (M 4). Welche Unterschiede und Ähnlichkeiten können Sie feststellen?

16 Überprüfen Sie, welches Verständnis des Mythos Ihnen entgegenkommt und welches Sie ablehnen, und begründen Sie Ihre Stellungnahme.

17 Stellen Sie weitere Beispiele für Mythen im Fernsehen und in der Werbung zusammen.

18 Der Medientheoretiker Norbert Bolz schrieb 1998: „Hollywood ist ein Selektionsmechanismus zur Optimierung von Mythen. Werbung und Hollywood schaffen die Mythen, die den Horizont unserer Kultur umstellen." Suchen Sie Beispiele für Mythen im Film und diskutieren Sie die These.

19 Im Anschluss an die Marx'sche Theorie vom Fetischcharakter der Ware hat der Philosoph Walter Benjamin die These aufgestellt, dass der Kapitalismus eine Kultreligion sei. Diskutieren Sie die These und untersuchen Sie, ob gegebenenfalls in dieser Religion auch Opfer dargebracht werden. Lesen sie dazu den Aufsatz des Innsbrucker Theologen und Philosophen Wolfgang Palaver (http://www.uibk.ac.at/theol/leseraum/texte/283.html?print=1).

1.2 Der Mythos als Begründung der Werte – Kolakowski, Girard

Hesiod: Die Bedeutung der griechischen Götter (um 700 v. Chr.)

M 8

Als nun die seligen Götter den mühsamen Kampf beendet und mit den Titanen um die Vorrechte gerungen hatten, da forderten sie nach Gaias (Erde) Rat den weitblickenden olympischen Zeus auf, König und Herrscher der Unsterblichen zu werden. Er aber teilte ihnen alle Ehrenrechte nach Gebühr zu.

Als Götterkönig machte Zeus Metis (Klugheit) zur ersten Gattin, die weiseste unter Göttern und sterblichen Menschen. Doch als diese die helläugige Göttin Athene gebären sollte, da täuschte er sie listig mit schmeichelnden Worten und barg Metis nach dem Rat Gaias und des sternreichen Himmels in seinem Leib. Dies nämlich rieten sie ihm, damit nicht ein anderer der ewigen Götter an seiner Stelle die Herrschergewalt übernehme. Denn Metis sollte, so war es bestimmt, sehr kluge Kinder gebären [...]. Doch zuvor barg Zeus Metis in seinem Leib, damit ihm die Göttin künde, was gut sei und böse.

Als zweite führte er die glänzende Themis (Satzung) heim, die Mutter der Horen Eunomia (gute Gesetze), Dike (Recht) und der blühenden Eirene (Frieden), die über das Tun der sterblichen Menschen wachen. Auch die Moiren (Zuteilerinnen) gebar sie, denen der Rat erteilende Zeus höchste Ehre verlieh, [...] die den sterblichen Menschen Gutes und Schlimmes zuteilen.

Eurynome, eine Tochter des Okeanos, höchst lieblich von Aussehen, gebar Zeus die drei schönwangigen Chariten, Aglaia (die Glänzende), Euphrosyne (Frohsinn) und die liebliche Thalia (Festfreude).

[...] Dann wieder liebte Zeus die schönhaarige Mnemosyne, die ihm die Musen mit ihren goldenen Stirnbändern gebar; neun sind es, denen Feste gefallen und Beglückung durch Lieder.

Leto gebar, mit dem aigisführenden Zeus in Liebe vereint, Apollon (Licht und Künste) und die pfeilfrohe Artemis (Jagd), Kinder, die lieblicher sind als alle himmlischen Götter.

Als letzte erkor Zeus Hera zur blühenden Gattin; diese gebar, mit dem König der Götter und Menschen in Liebe vereint, Hebe (Jugend), Ares (Krieg) und Eileithyia (Geburt). Er selbst gebar aus seinem Haupt die helläugige Athene, die schreckliche, Kämpfe erregende Heerführerin und unbesiegliche Herrin, der Kampflärm gefällt und Kriege und Schlachten. Hera aber gebar den berühmten Hephaistos, doch ohne Liebesgemeinschaft (sie grollte ihrem Gatten und stritt mit ihm); dieser Sohn überragt alle Himmlischen an Kunstgeschick. [...] Mafia, die Tochter des Atlas, teilte das heilige Lager des Zeus und gebar ihm den ruhmvollen Hermes, den Herold der Götter.

M 9

1 Untersuchen Sie, welche der von Hesiod geschilderten Szenen in der griechischen Vasenmalerei (M 9) dargestellt ist

2 Fassen Sie zusammen, welche Bedeutung Hesiod Zeus im griechischen Götterhimmel zuschreibt.

3 Beachten Sie die Bedeutung der Götternamen. Welche Werte scheinen für die Griechen eine besondere Bedeutung gehabt zu haben?

Der Philosoph Charles Taylor stellt 2009 in einem Buch die rhetorische Frage „Können die Werte, die wir für verbindlich erachten, erfunden werden?“ Die Griechen begründeten die wichtigsten Werte in ihrem Leben, indem sie diese mit ihren Göttern in Verbindung brachten. Im Folgenden geht es um die Frage, ob die Menschen auch heute noch so etwas wie Götter brauchen, um ihre Werte zu begründen.

4 Als wichtige Werte werden oft genannt: gute Freunde haben; an Gott glauben; das Leben in vollen Zügen genießen; eigenverantwortlich leben und handeln; ein gutes Familienleben führen; einen hohen Lebensstandard haben; fleißig und ehrgeizig sein; sozial Benachteiligten helfen; das tun, was die andern auch tun; Phantasie und Kreativität entwickeln; eigene Bedürfnisse durchsetzen. Ergänzen Sie die Liste und bringen Sie diese in eine persönliche Rangfolge.

5 Vergleichen sie diese mit der Rangfolge, die die Werte insgesamt in Ihrem Kurs erreichen.

6 Vergleichen Sie Ihre Rangfolge und die Ihres Kurses mit den Umfragen der Shellstudie 2010 nach den wichtigsten Werten der Jugendlichen http://www-static.shell.com/static/deu/downloads/youth_study_2010_values.pdf.

7 Manchmal spricht man davon, dass jemand seine Familie seinem Erfolg im Berufsleben geopfert hat oder umgekehrt. Diskutieren Sie darüber, wie die Rangfolge der Werte zustande kommt und welche Rolle solche und ähnliche Opfer spielen.

M 10

Manfred Frank: Die Rechtfertigung von Lebenszusammenhängen und Werten durch den Mythos (1982)

Die oder eine Leistung des Mythos, wo immer er nicht als toter Bildungszierat überliefert wird, liegt im normativen Bereich und hat zu tun mit der Frage der Rechtfertigung von Lebenszusammenhängen in sozialen Einrichtungen. Das lässt sich an Mythen-Erzählungen der Antike veranschaulichen: In ihnen wird ein in Natur oder Menschentum Existierendes bezogen auf eine Sphäre des Heiligen und durch diesen Bezug begründet. „Begründet" meint hier: hergeleitet von, aber nicht im Sinne eines einfachen Ursache-Bezugs wie in den Naturwissenschaften, sondern im Sinne einer Rechtfertigung. „Etwas rechtfertigen" oder (wie die Romantiker gern sagten) „etwas beglaubigen" aber heißt: es auf einen Wert zu beziehen, der zwischen den Menschen unumstritten ist. Und zwischen Menschen (einer Population) unumstritten ist in einem radikalen Sinn nur das, was für heilig – für unanfechtbar, für allgegenwärtig und für allvermögend – gilt.

Mit einem Wort: dass eine Sache da ist und wie sie funktioniert, sind Angelegenheiten, die ganz unabhängig von der Frage untersucht werden können, ob diese Sache auf einen Sinn beziehbar ist, der sie rechtfertigt. [...] Das mythische Bedürfnis verlangt – allem voran – nach Rechtfertigung; und die Legitimation ist etwas, das vom analytischen Geist nicht geleistet werden kann und von ihm auch nicht angestrebt wird. Die Mythen im Namen des analytischen Geistes kritisieren (also: ihrer Nichtigkeit überführen), heißt demnach: die Vernunft halbieren und ein Bedürfnis veröden, das sich mit Gewissheit Ersatzziele suchen wird, die ihrerseits desto skeptischer zu beurteilen sein werden, je mehr die analytische Vernunft sich von ihnen abgekehrt hat und sie in Wildwuchs verkommen lässt. Tatsächlich *existiert* aber ein Bedürfnis nach einem sinnhaften Aufbau der Welt, d.h. nach einem Regel- und Werte-System, aus dem heraus die empirischen Tatsachen nicht nur als gegeben und so oder so beschaffen hingenommen, sondern darüber hinaus als begründet und legitimiert verstanden werden können. Wer dies Verlangen nach Transzendenz abschaffen wollte, brächte den Menschen nicht nur – in einem sentimentalen Sinn – um seine „Sehnsucht nach dem Unendlichen" (die ist, als unstillbar, vielleicht gar nicht so beneidenswert), sondern gäbe vor allem die Instanz auf, in deren Namen die Absurdität und die Gleichgültigkeit der Welt angeklagt werden können: Ihm bliebe nur die Empfehlung zum bedingungslosen Sichabfinden mit dem, was ist, es sei, wie es wolle, also die Kapitulation vor der Faktizität und die Resignation ins Sinnlose.

8 Beschreiben Sie, was der Philosoph Manfred Frank (* 1945) unter der Legitimierung der Werte versteht.

9 Erarbeiten Sie, wieso nach Frank nur der Mythos die Werte legitimieren kann.

Der polnische Philosoph Leszek Kolakowski (1927–2009) wurde 1966 aus der kommunistischen Partei ausgeschlossen und durfte in Polen nicht mehr lehren. Seit 1970 arbeitete er als Professor in Oxford. In seinem Buch über die „Gegenwärtigkeit des Mythos“ schreibt er:

Leszek Kolakowski: Die Welt der Werte ist eine mythische Realität (1972)

M 11

Die Welt der Werte ist eine mythische Realität. [...] Daher ist jeder meiner Appelle, jeder der Geschichte gegenüber erhobene Anspruch, jedes Werten von Ereignissen entweder unbegründet oder aber im Mythos begründet.

Recht wird [...] jeder behalten, der vor der Gefahr des Mythos warnt. Der Mythos kann in vielerlei Hinsicht eine Bedrohung darstellen. [...] Er ist [...] gefährlich, weil er seine Teilhaber von der Verantwortung für die eigene Situation befreien, das Verlangen nach Freiheit ausdörren lassen und deren Wert selbst in Frage stellen kann.

Das legitime Bedürfnis nach dem Mythos angesichts der legitimen Selbstverteidigung vor der Gefahr des Mythos, dieser Zusammenstoß bildet den neuralgischen Punkt unserer Zivilisation. Die Flucht vor dem Mythos [...] führt [...] zur Nachgiebigkeit gegenüber der Penetranz der unmittelbaren Fakten, zum Einverständnis mit der ewigen Zerstreuung, zur Billigung eines Lebens, das in die pure Sukzession der Ereignisse abgleitet, von denen sich jedes einzelne in sich selbst erschöpft und die in ihrer Summe auf nichts verweisen; sie ist die Angst angesichts der Fragen nach der Zufälligkeit der Welt und sucht nach Mitteln, diese Angst zu betäuben; sie kann somit nicht frei sein von Verlogenheit.

Die Suche nach dem Mythos ist meistens der Versuch, eine fürsorgende Obrigkeit ausfindig zu machen, die die Fragen nach den letzten Dingen mühelos löst, die einen mit einer verlässlichen Wertskala ausrüstet, mit einem Schilderwald umgibt, eine Obrigkeit, die einen von der Freiheit befreit und von neuem in den Kokon der Säuglingshaftigkeit einwickelt, die dem müßiggängerischen Bedürfnis nach Unterwerfung Recht gibt; doch auch eine solcherweise erworbene Zufriedenheit pflegt von Verlogenheit nicht frei zu sein.

Gibt es die Möglichkeit, dass der Mythos in seinen unausweichlichen sozialen Werten ohne die Bedrohung des mythologischen Terrors funktioniert? [...]

Wenn unter den sozialen Funktionen des Mythos also unersetzbare und spezifische gegeben sind, neben jenen instrumentalen Funktionen, die der Mythos gegenüber allen Zweigen des Lebens erfüllt, so kann die bloße Gegenwart dieser Funktionen keine Vorentscheidung über die Grenzen der bösartigen Auswucherung der Mythologie enthalten. Was wir mit Sicherheit wissen, ist, dass der Glaube an die vorgefundenen [...] Werte notwendig ist zur Aufrechterhaltung jeglicher menschlicher Gemeinschaft und dass es zugleich gefährlich ist zu glauben, dass diese Werte in irgendeinem Augenblick abgeschlossen und erschöpft seien, dass sie von der situationsgebundenen Interpretation und der situationsgebundenen Verantwortlichkeit befreien könnten. Die Mythologie kann nur dann sozial fruchtbar sein, wenn sie einem permanenten Verdacht ausgesetzt ist, wenn sie ständig von Wachsamkeit umgeben wird, die ihrer natürlichen Neigung entgegenwirkt, sich in ein Narkotikum zu verwandeln.

10 Stellen Sie dar, inwieweit Kolakowski das Bedürfnis nach dem Mythos für berechtigt hält und wann er darin eine Gefahr sieht.

11 Erarbeiten Sie, welche Argumente von Frank sich schon in dem zehn Jahre vorher erschienen Text von Kolakowski finden.

12 Nehmen Sie Stellung zu der These Kolakowskis, dass „jedes Werten von Ereignissen entweder unbegründet oder im Mythos begründet“ (Z. 3 ff.) ist.

Der französisch-amerikanische Kulturwissenschaftler René Girard (* 1923) sieht einen besonderen Zusammenhang zwischen den begehrten Werten einer Gesellschaft und dem Ursprung des Mythos.

M 12 René Girard: Der Ursprung religiöser Riten und Mythen im Opfer (1978)

Wenn ein Individuum einen Artgenossen die Hand nach einem Gegenstand ausstrecken sieht, ist es sogleich versucht, dessen Geste nachzuahmen. [...] Wenn das Mimetische [Nachahmung] beim Menschen die grundlegende Rolle spielt, auf die alles hinweist, muss zwangsläufig eine Nachahmung des Erwerbens oder, so man lieber will, eine Aneignungsmimesis bestehen, deren Wirkungen zu besehen und deren Konsequenzen zu erwägen sind. [...] Man braucht bloß eine Anzahl der gleichen Spielsachen und gleichviel Kinder in ein leeres Zimmer zu bringen, und man wird wahrscheinlich sehen, dass die Verteilung nicht ohne Streitigkeiten vor sich geht. [...] Wir müssen der Logik des mimetischen Konflikts und der aus ihm resultierenden Gewalttätigkeit bis ans Ende nachgehen. Je mehr die Rivalitäten sich zuspitzen, desto mehr vergessen die Rivalen die Gegenstände, die diese im Prinzip verursachen, und desto stärker sind sie voneinander fasziniert. Die Rivalität läutert sich von allem, um was es dabei äußerlich geht; sie wird zur puren, zur Prestigerivalität. Jeder Rivale wird für den anderen das anbetungswürdige und hassenswerte Modell-Hindernis, zu dem, den man gleichzeitig niedermachen und in sich aufnehmen muss. [...]

Auf die Opposition jedes gegen jeden folgt brüsk die *Opposition aller gegen einen.* Auf die chaotische Vielzahl der Einzelkonflikte folgt plötzlich die Einfachheit eines einzigen Antagonismus [Kampf]: Die ganze Gemeinschaft steht auf der einen Seite und auf der anderen das Opfer. Es leuchtet ohne Weiteres ein, wieso dieses Opfer die Lösung bringt: Die ganze Gemeinschaft ist wieder solidarisch auf Kosten eines Opfers, das nicht nur unfähig ist, sich zu verteidigen, es ist auch viel zu machtlos, um Rache heraufzubeschwören; seine Vernichtung wird nicht neue Wirren hervorrufen und die Krise nicht wieder ausbrechen lassen, denn sie eint alle. [...]

Die Gemeinschaft stillt ihren Rachedurst an diesem willkürlichen Opfer in der absoluten Überzeugung, die einzige Ursache ihres Übels gefunden zu haben. Sie ist daraufhin befreit von Gegnern, geläutert von jeder Feindschaft gegenüber denen, auf die sie einen Augenblick zuvor eine äußerste Wut hatte.

Die Rückkehr zur Ruhe scheint zu bestätigen, dass das betreffende Opfer für die mimetischen Wirren, welche die Gemeinschaft aufgewühlt hatten, verantwortlich war. Die Gemeinschaft kommt sich gegenüber ihrem Opfer als vollkommen passiv vor; dieses erscheint hingegen als der für die Affäre allein Verantwortliche. Man braucht bloß zu erfassen, dass die Umkehrung der realen Beziehung zwischen dem Opfer und der Gemeinschaft sich in der Lösung der Krise fortsetzt, um einzusehen, warum dieses Opfer als sakral gilt. Es gilt als ebenso verantwortlich für die Rückkehr zur Ruhe wie für die vorausgehenden Wirren. Man nimmt sogar an, es habe seinen Tod selbst herbeigeführt. [...]

Man begreift ohne Weiteres, dass diese Gemeinschaft nunmehr gänzlich von einem Friedenswillen beseelt, gänzlich auf die Aufrechterhaltung des wunderbaren Waffenstillstands ausgerichtet ist, der ihr von diesem furchtbaren und wohltätigen Wesen, von dem sie gewissermaßen heimgesucht worden ist, vermittelt erscheint. Somit wird sie alle ihre künftigen Handlungen unter das Zeichen dieses Wesens stellen, als ob es Weisungen dieser Art hinterlassen hätte.

Im Glauben, stets von dem Hingeopferten geleitet zu sein, lässt sich die Gemeinschaft also vom noch ganz frischen Erlebnis der Krise und ihrer Lösung leiten, um die ihr geschenkte unsichere Gnadenfrist zu sichern. [...] Die Menschen begreifen den Mechanismus ihrer Versöhnung nicht; das Geheimnis seiner Wirkkraft bleibt ihnen verborgen; deshalb bemühen sie sich, alles so genau wie möglich zu reproduzieren. Sie sehen bloß, dass der Rettungsmechanismus erst auf dem Höhepunkt des brudermörderischen Kampfes ausgelöst worden ist. [...]

In den Mythen lässt sich die von der Sakralisierung oft verdeckte Aggressivität gegen das Opfer herausfinden. [...] Wie in den Ritualen lässt sich auch in den Mythen das Opfer – der Held – töten als der Verantwortliche für Verbrechen, welche die Gemeinschaft zerrütten. So wie die zentrale Handlung der Rituale die – oft kollektive – Ermordung des Opfers ist, ist die zentrale Szene der Mythen die – oft kollektive – Ermordung des vergöttlichten Helden.

M 13

13 Was versteht Girard unter „mimetischem Konflikt“ (Z. 13)?

14 Welche Beispiele könnte man dafür anführen? Vergleichen Sie die mimetische Rivalität beim Fußballspiel (M 13) und in einem Fall von Mobbing in einer Klasse.

15 Stellen Sie dar, wie Girard die Bereitschaft der Menschen erklärt, ihren Göttern Opfer zu bringen.

16 Sammeln Sie Zahlen und Fakten über Verkehrsopfer und Kriegsopfer. Diskutieren Sie unter Berücksichtigung der Thesen Girards, warum man auch in diesen Fällen von Opfern spricht und ob auch hier „Göttern“ geopfert wird.

17 „Aufklärung schlägt in Mythologie zurück.“ Diese These vertraten die Philosophen Max Horkheimer und Theodor W. Adorno in ihrem 1944 im amerikanischen Exil entstandenen Buch „Dialektik der Aufklärung“ (vgl. S. 69 f.). Untersuchen Sie, inwieweit die vorangegangenen Texte und Beispiele diese These bestätigen.

18 „Nichts ähnelt dem mythischen Denken mehr als die politische Ideologie“, schrieb der französische Anthropologe Claude Lévi-Strauss 1967. Prüfen Sie, ob die folgende Definition von Ideologie von J. Barion der Behauptung von Levi-Strauss’ entspricht. „Ideologien haben die Tendenz zur Ganzheit, sie wollen ein Ganzes an Überzeugungen und Wertungen geben, und zwar über die Welt als Ganzes und über den Menschen und seine Lebenswelt [...]. Wo immer der Anspruch erhoben wird, Wissen und strenge Gewißheit über eine Wirklichkeit als Ganzes zu haben, dürfen wir von Ideologie sprechen.“

19 Untersuchen Sie an einer Ihnen bekannten politischen Ideologie, in welchen Punkten Sie die These von Levi- Strauss’ bestätigen können.

20 Ordnen Sie den fünf politischen Ideologien a) Faschismus, b) Kommunismus, c) Anarchismus, d) Konservativismus und e) Liberalismus folgende mythische Wertungen und Überzeugungen zu: 1. Der freie Merkt wird alles richten; 2. Die Macht der Arbeiterklasse bringt das Heil der Menscheit; 3. Das Heil liegt in einer anderen Welt ohne staatliche Zwänge; 4. Nur die auf den Vater ausgerichtete traditionelle Familie bringt das Glück; 5. Der stärksten Kampfgemeinschaft soll die Welt gehören.

1.3 Wörtliches und symbolisches Verständnis des Mythos – Sproul, Tillich

M 14

1 Unsterblichkeit ist eine Eigenschaft, die in den Mythen nur einem Gott zukommt. Stellen Sie mögliche Gründe zusammen, warum der österreichische Fußballrekordmeister SK Rapid Wien auf einem von ihm angebotenen Wallpaper diesen Text gewählt hat und warum er wohl kaum wörtlich genommen werden kann.

Im Folgenden geht es um das Problem, ob und wie man überhaupt über Gott reden kann.

2 Im Aufruf an das deutsche Volk, den Kaiser Wilhelm II. am Beginn des Ersten Weltkriegs schrieb, heißt es am Schluss: „Wir werden uns wehren bis zum letzten Hauch von Mann und Ross, und wir werden diesen Kampf bestehen auch gegen eine Welt von Feinden. Noch nie ward Deutschland überwunden, wenn es einig war. Vorwärts mit Gott, der mit uns sein wird, wie er mit den Vätern war."
Welchen dieser drei Sätze kann man am ehesten bestreiten? Stellen Sie Gründe dafür zusammen.

M 15

Barbara Sproul: Mythen dürfen nicht buchstäblich genommen werden (1991)

Nimmt man [...] die Aussagen irgendeines Mythos buchstäblich, so ist das ein großer Fehler. Man verwechselt dann die Wertungen des Mythos mit wissenschaftlichen Tatsachen, was zu den schlimmsten Formen von Religiosität führen kann. Denn eine derartige Buchstäblichkeit bringt einen Glauben hervor, der das Bewusstsein eher spaltet als eint. Wer der Auffassung ist, ein bestimmter Mythos habe einen absoluten Wert, untergräbt die Macht des Mythos zur Sinngebung in der Welt. Er verwandelt Mythen in Hindernisse für eine Sinngebung, statt in eine Quelle der Sinngebung. Erstarrt in der Zeit, beschreiben aus Mythen abstrahierte Dogmen dann eine Welt, die von unserer aktuellen Wirklichkeit meilenweit entfernt und ohne Bedeutung für sie ist. Die Anhänger des Mythos werden auf diese Weise ihrer Gegenwart und deren Entwicklung entfremdet. Es sind dann blind glaubende Menschen, die gezwungen sind, Denken und Empfinden – und die Wahrhaftigkeit in beidem – der Sicherung ihrer Glaubensinhalte zu opfern. Diese Art von Buchstabenglauben ist der eigentliche Götzendienst, der Gegensatz zum echten Glauben.

Fasst man aber viele Mythen gleichzeitig ins Auge, so schützt man sich vor dieser Art Kirchturmreligion und den darin lauernden Gefahren des Dogmatismus und falschen Glaubens. Ein Vorteil, der sich aus der Beschäftigung mit den Mythen ergibt, ist es denn auch, dass wir sie – und analog dazu unsere eigenen – eben als Mythen verstehen lernen. [...]

Die Buchstabengläubigen fürchten insgeheim immer, dass sie allein schon durch das Eingeständnis, ihre Mythen seien Mythen, und dadurch, dass sie sie mit anderen Mythen vergleichen, den Eindruck erwecken könnten, ihre Mythen seien unwahr, bloße Projektionen der relativen und besonderen Bedingungen, unter denen sie geschaffen wurden, auf das Phantasiereich des Absoluten und Universellen. Und die Buchstabenungläubigen, die fälschlicherweise von vornherein unterstellen, alle Mythen seien falsch, schließen sich nur zu gern diesem Vorurteil an. Beide Gruppen sind davon überzeugt, dass die Diskrepanzen zwischen einzelnen Mythen, die zum Vorschein kommen, wenn man die Aussagen verschiedener Mythen kennenlernt und miteinander vergleicht, unbedingt dazu führen müssen, dass man nun alle Mythen für unwahr hält. Denn wie könnten alle Mythen wahr sein, wenn sie jeweils ganz Unterschiedliches aussagen? [...] Wie es die buddhistische Parabel so schön ausdrückt: Man sollte nicht den Finger, der auf den Mond weist, für den Mond selbst halten. Die Entdeckung, dass Mythen Erzeugnisse von Menschen sind, befreit uns sowohl von blindem Glauben als auch von blindem Unglauben. Wir verstehen dann, dass Schöpfungsmythen nicht bloße Projektionen des menschlichen Geistes in den leeren Raum sind. Es sind vielmehr Antworten auf eine wirklich existierende Welt, die alle, sei es auch in ihrer jeweiligen Bedingtheit, ihren Anhängern eine unbedingte Realität sichtbar machen. Akzeptieren wir das, so wird es uns auch möglich sein, hinter den verschiedenen Sprachen der Mythen die ihnen allen gemeinsame Bedeutung, hinter der Unterschiedlichkeit der Religionen die ihnen gemeinsame Offenbarung zu erkennen. Wir können dann unsere Aufmerksamkeit vom Zeigefinger auf den Mond selbst verlagern.

In einem Gespräch, das Marcel Griaule, ein französische Ethnologe, der den [...] Mythos der Dogon aufschrieb, mit Ogotemmeli führte (dem weisen Mann der Dogon, der den Mythos erzählte), wurde Griaule plötzlich von Neugier gepackt. Wie weit hatte Ogotemmeli einen Sinn für die Feinheiten der Sprache und für Metaphorik entwickelt? Wie wörtlich fasste er seinen Mythos auf? Das wusste Griaule nicht, und deshalb fragte er Ogotemmeli nach der Anzahl der Tiere, die auf den Stufen eines Kornspeichers saßen, von dem Ogotemmeli behauptete, er sei vom Himmel herabgekommen. [...] „Wie können sich all diese Tiere auf einer Treppenstufe aufhalten, die nur eine Elle breit und eine Elle hoch ist?“, fragte er. Ogotemmeli erklärte mit Bedacht: „Alles das sagt man doch in Worten ... Alles ist Symbol. Auf den Stufen waren die Symbole der Antilopen, die Symbole der kahlköpfigen Adler, das Symbol der gefleckten Hyäne .., alles, was sich durch ein Symbol ausdrückt, hat leicht auf einer Stufe von einer Ellenlänge Platz.“ Und Griaule berichtet weiter: „Für das Wort ‚Symbol‘ benutzte er einen zusammengesetzten Ausdruck, dessen buchstäbliche Bedeutung lautet: ‚Wort dieser niederen Welt‘.“

3 Erläutern Sie, was die buddhistische Parabel von dem Zeigefinger und dem Mond für das Verständnis des Mythos bedeutet.

4 Erklären Sie, was Ogotemmeli, der weise Mann der Dogon, mit dem Ausdruck „Wort einer niederen Welt“ (Z. 87) meint.

Der Religionsphilosoph und Theologe Paul Tillich (1886–1965) musste 1933 wegen seiner Kritik des Nationalsozialismus als Ersatzreligion Deutschland verlassen und lehrte bis zu seinem Tod sehr erfolgreich in den USA. Über den Zusammenhang von Mythos und Symbol schrieb er:

Paul Tillich: Mythen müssen symbolisch verstanden werden (1961)

M 16

Der Mensch macht alles, was ihn unbedingt angeht, zum Gott. Wenn die Nation das unbedingte Anliegen eines Menschen ist, so wird der Name dieser Nation zu einem geheiligten Namen, und die Nation erhält göttliche Qualitäten, die kaum noch etwas mit ihrer Wirklichkeit und ihren Funktionen zu tun haben. Die Nation symbolisiert und tritt dann an die Stelle des wahren Unbedingten. Dadurch wird sie zu einem Götzen. [...]

Der Grund dafür, dass diese Verwandlung alltäglicher Realitäten in Symbole möglich ist, liegt im Charakter des Unbedingten und in der Natur des Glaubens selbst. Das, was wahrhaft unbedingt ist, transzendiert unendlich den Bereich der endlichen Realität. Deshalb kann keine endliche Realität das wahrhaft Unbedingte direkt und zutreffend ausdrücken. [...] Ganz gleich, ob wir es Gott nennen oder nicht, was immer wir auch aussagen von dem, was uns unbedingt angeht, es hat symbolische Bedeutung, es weist über sich selbst hinaus. Der Glaube kann sich auf keine andere Weise adäquat ausdrücken. [...] Glaube als Ergriffensein von dem, was uns unbedingt angeht, hat keine andere Sprache als die des Symbols.

Glaubenssymbole erscheinen nicht isoliert. Sie sind in „Göttergeschichten“ zusammengefasst (die Bedeutung des griechischen Wortes „Mythos“). [...] Solch eine Welt des Mythos wurde vielleicht am eindrucksvollsten im alten Griechenland entwickelt. Doch finden sich viele der geschilderten Merkmale in jeder Mythologie. [...] Man kann einen Mythos durch einen anderen ersetzen, aber man kann den Mythos nicht aus dem geistigen Leben des Menschen entfernen. Denn Mythos ist die Verbindung von Symbolen, die ausdrücken, was uns unbedingt angeht. Ein Mythos, der als Mythos verstanden, aber nicht beseitigt oder ersetzt wird, kann „gebrochener Mythos“ genannt werden. [...] Alle mythologischen Elemente in der Bibel, im Dogma und in der Liturgie müssen als solche erkannt werden. Aber man sollte an ihnen als Symbole festhalten und sie nicht durch wissenschaftliche Surrogate ersetzen wollen. Es gibt keinen Ersatz für Symbole und Mythen, sie sind die Sprache des Glaubens. Die radikale Kritik am Mythos wird dadurch hervorgerufen, dass das primitive mythologische Bewusstsein dem Versuch, den Mythos als Mythos zu deuten, hartnäckig Widerstand leistet. [...] Wer in einer ungebrochenen mythologischen Welt lebt, fühlt sich sicher und geborgen. Er leistet jedem Versuch der „Brechung des Mythos“, wodurch sein symbolischer Charakter bewusst gemacht und ein Element der Ungewissheit geschaffen wird, oft geradezu fanatischen Widerstand. Dieser Widerstand wird von allen autoritären Systemen, seien sie religiöser oder politischer Art, unterstützt. Denn die Autoritäten wünschen, dass die Menschen unter ihrer Kontrolle sicher leben und die Macht derer, die die Kontrolle ausüben, unbestritten anerkennen. [...] Die Voraussetzung für solches Missverstehen des Symbols ist die Annahme, dass Gott ein Wesen sei, das unter den Kategorien von Zeit und Raum steht, an einem bestimmten Ort wohnt, den Lauf der Dinge beeinflusst und von ihnen beeinflusst wird wie jedes andere Lebewesen in der Welt. Solches Missverständnis beraubt Gott seiner Unbedingtheit und, religiös gesprochen, seiner Majestät; es zieht Gott herunter auf die Ebene des Endlichen und Bedingten.

[...] Ein Glaube, der seine Symbole wörtlich versteht, wird zum Götzenglauben. Er nennt etwas unbedingt, das weniger ist als unbedingt.

5 Fassen Sie zusammen, wie es nach Paul Tillich zur Entstehung von Mythen und Symbolen kommt.

6 Erläutern Sie, worin er die Bedeutung des „gebrochenen Mythos“ (Z. 34 f.) sieht.

7 Die amerikanischen Religionswissenschaftlerinnen Barbara Sproul M 15 hat offensichtlich Gedanken von Paul Tillich übernommen. Stellen Sie diese zusammen und prüfen Sie, wo sie sich von ihm unterscheidet.

8 Ein einem Gedicht von Josef von Eichendorff heißt es:
„Sie hat mir Treu versprochen,
gab mir ein'n Ring dabei,
sie hat die Treu gebrochen,
das Ringlein sprang entzwei.“
Interpretieren Sie die Stelle mithilfe des Infokastens.

9 Stellen Sie einige mythische Erzählungen der Ihnen bekannten Religionen zusammen und untersuchen Sie, ob diese alle symbolisch verstanden werden können.

INFO

Symbol:

Ein Symbol ist ursprünglich ein Zeichen, das seine Bedeutung dadurch bekommt, dass zwei Hälften zusammengebracht werden (griechisch: *symballein*), die für sich allein genommen keinen Sinn ergeben. Wenn man die unwahrscheinlichen Bilder eines Mythos symbolisch verstehen will, muss man sie als die eine Hälfte des Symbols mit dem eigenen unbegreiflichen Leben als der anderen Hälfte in Verbindung bringen und sich fragen: „Was hat das Symbol mit meinen Gefühlen und meinem Leben zu tun?“

2. Metaphysische Gottesvorstellungen

2.1 Gott und die unwandelbare Idee des Guten – Platon, Nietzsche

Im Kampf um Troja hat Agamemnon, der Anführer der Griechen, deren größten Helden, Achill, in seiner Ehre verletzt, indem er eine von Achill erbeutete schöne Sklavin für sich beanspruchte. Achill zieht sich daraufhin schmollend zurück. Die Meergöttin Thetis, die Mutter Achills, bittet Zeus, den Trojanern so lange Siege zu schenken, bis die Griechen ihren Sohn wieder angemessen ehren. Hera, die Gemahlin des Göttervater Zeus, hat das Gespräch beobachtet und sorgt sich um die Griechen. Deshalb stellt sie Zeus zur Rede.

Homer: Ilias, ein Streit im Olymp

M 1

Welch ein Wort, [...] du Schrecklicher, hast du geredet!
Nie doch hab ich zuvor mich erkundiget oder geforschet,
Sondern ganz in Ruhe beschließest du, was dir genehm ist.
Doch nun sorg ich im Herzen und fürchte mich, dass dich beschwatze
[...] die silberfüßige Thetis.
Denn sie saß in der Frühe bei dir, und umschlang dir die Kniee.
Ihr dann winkend, vermut ich, gelobtest du, dass du Achilleus
Ehren willst und verderben der Danaer [der Griechen] viel an den Schiffen.
Gegen sie rief antwortend der Herrscher im Donnergewölk Zeus:
Immer, du Wunderbare, vermutest du; spähest mich immer!
Doch nicht schafft dein Tun dir das mindeste; sondern entfernter
Wirst du im Herzen mir stets, was dir noch schrecklicher sein wird;
Wenn auch jenes geschieht, so wird mirs also gelieben!
Sitze denn ruhig und schweig, und gehorche du meinem Gebote.
[...]
Jener sprachs: da erschrak die hoheitblickende Here;
Schweigend saß sie nunmehr und bezwang die Stürme des Herzens.
[...]
Jetzo begann Hephaistos, der kunstberühmte, zu reden,
Seiner Mutter zu Gunst, der lilienarmigen Here:
Heillos [...] wird solches zuletzt, und gar unerträglich,
Wenn ihr beid' um Sterbliche nun euch also entzweiet
Und zu Tumult aufreizet die Himmlischen! Nichts ja genießt man
Mehr von der Freude des Mahls; denn es wird je länger, je ärger!
Jetzt ermahn ich die Mutter, wiewohl sie selber Verstand hat,
Unserem Vater zu nahn mit Gefälligkeit, dass er hinfort nicht
Schelte, der Vater Zeus, und uns zerrütte das Gastmahl.
Denn sobald er es wollte, der Donnergott des Olympos,
Schmettert' er uns von den Thronen; denn er ist mächtig vor allen.
[...]
Duld, o teuerste Mutter, und fasse dich, herzlich betrübt zwar!
Dass ich nicht, du Geliebte, mit eigenen Augen es sehe,
Wann er dich straft: dann sucht ich umsonst, wie sehr ich mich härmte,
Rettung: schwerlich ja mag dem Olympier einer begegnen!
Denn schon einmal vordem, als abzuwehren ich strebte,
Schwang er mich hoch, bei der Ferse gefasst, von der heiligen Schwelle.

M 2

Jean-Auguste-Dominique Ingres: Jupiter und Thetis, 1811

Ganz den Tag hinflog ich, und spät mit der sinkenden Sonne
Fiel ich in Lemnos hinab und atmete kaum noch Leben;
Aber der Sintier Volk empfing mich Gefallenen freundlich.
Sprachs; da lächelte sanft die lilienarmige Here,
Lächelnd darauf entnahm sie der Hand des Sohnes den Becher.
Jener schenkte nunmehr auch der übrigen Götterversammlung
Rechts herum, dem Kruge den süßen Nektar entschöpfend.
Doch unermessliches Lachen erscholl den seligen Göttern,
Als sie sahn, wie Hephaistos in emsiger Eil umherging.

1 Fassen Sie zusammen, weshalb es zu einem Streit zwischen Zeus und seiner Gattin Hera kommt.

2 Beschreiben Sie unter Rückgriff auf den Text, welche Situation der französische Maler J. A. Ingres darstellt (M 2).

3 Erläutern Sie, wie Homer das Verhältnis von Zeus zu Hera und seinem Sohn Hephaistos schildert.

4 Erklären Sie, wie es Hephaistos gelingt, den Streit zu schlichten.

Im Folgenden geht es um das Problem, ob Gott so wie bei Homer als unberechenbar und rücksichtslos oder als der oder das eigentlich Gute gedacht und dargestellt werden müsste.

5 Stellen Sie sich vor, Sie hätten die Möglichkeit, den Olymp zu besuchen und Zeus Ihre Meinung zu den beschriebenen Vorgängen zu sagen. Was würden Sie ihm sagen?

Sokrates entwirft in Platons (427–347 v. Chr.) Dialog „Politeia" das Idealbild eines gerechten Staates und berichtet von einem Gespräch mit seinem Schüler Adeimantos über die richtige Erziehung für diesen Staat.

M 3 Platon: Die Gottheit ist gut und unveränderlich

Fürs erste also müssen wir die Märchendichter beaufsichtigen und wenn das Märchen, das sie gemacht haben, gut ist, dieses wählen; wo nicht, es verwerfen. [...] Von denen aber, die sie in jetziger Zeit erzählen, müssen wir die meisten verbannen.

Welche denn? fragte er. [...]

Diejenigen, versetzte ich, welche Hesiod und Homer uns erzählt haben und die andern Dichter; denn diese haben ja unwahre Märchen den Menschen verfasst und erzählt und tun es noch.

Welche meinst du denn, fragte er, und was hast du an ihnen zu tadeln? [...]

Fürs erste, erwiderte ich, ist die größte und auf das Größte sich beziehende Unwahrheit, die ihr Erfinder nicht schön ersonnen hat, dass Uranos das getan habe, was Hesiod von ihm aussagt, und wie dann Kronos ihn bestraft habe. [vgl. S. 382] Dann, was Kronos getan und von seinem Sohne erlitten, das dürfte man nach meiner Ansicht, auch wenn es wahr wäre, Unverständigen und Jungen nicht leicht so erzählen, sondern man müsste am liebsten davon schweigen: und falls man genötigt wäre, es zu erzählen, so müssten es möglichst wenige unter dem Siegel des Geheimnisses hören, nachdem sie geopfert hätten, und zwar nicht bloß ein Schwein, sondern ein großes und schwer zu erschwingendes Opfer, damit es möglichst wenige zu hören bekämen.

Allerdings, erwiderte er, sind diese Erzählungen bedenklich.

[...] Auch darf man nicht vor den Ohren eines Kindes sagen, dass, wer die äußerste Ungerechtigkeit begehe, nichts Auffallendes tue, noch auch, wer seinen ungerecht handelnden Vater auf beliebige Weise züchtige, sondern dass er dann gerade ebenso handle wie die ersten und größten unter den Göttern.

Nein, bei Zeus, versetzte er, ich halte selbst auch das nicht für passend zu erzählen.

Auch nicht, fuhr ich fort, überhaupt, dass die Götter gegen einander Krieg führen und einander nachstellen und bekämpfen – denn es ist auch nicht wahr –, wofern die, welche uns das Gemeinwesen zu bewachen haben, das für die größte Schande halten sollen, leicht mit einander in Feindschaft zu geraten; es fehlt viel, dass man ihnen die Märchen von den Gigantenkämpfen erzählen und vormalen dürfte und viele und mancherlei andere Feindschaften der Götter und Helden gegen ihre Verwandten und Angehörigen. [...] Ferner die Fesselung der Hera durch ihren Sohn und des Hephaistos Hinabwerfen durch seinen Vater, wie er seiner geschlagenen Mutter beistehen will, und alle die Götterkämpfe, welche Homer gedichtet hat, dürfen nicht in den Staat aufgenommen werden, mögen sie nun einen andern geheimen Sinn haben oder nicht; denn das Kind vermag nicht zu beurteilen, was einen solchen Sinn hat und was nicht; sondern die Vorstellungen, die man in diesem Alter aufnimmt, werden gern fast unaustilgbar und unverrückbar. Darum muss man wohl den größten Wert darauf legen, dass die Erzählungen, die sie zuerst hören, möglichst schön auf die Tugend hinweisen. [...]

Wir sind jetzt nicht Dichter, ich und du, Adeimantos, sondern Gründer eines Staates. Solche Gründer müssen das Gepräge kennen, das die Dichter ihren Märchen aufzudrücken haben, und von dem ihnen keine Abweichung zu gestatten ist; aber sie müssen nicht selbst Märchen machen.

Das ist wahr, erwiderte er; aber eben dieses, das Gepräge, – welches wäre es etwa in Betreff der Götterlehre?

Ungefähr folgender Art, antwortete ich. Das, wie die Gottheit ist, muss man doch wohl immer von ihr aussagen. [...] Nun ist aber wohl die Gottheit gut und muss so bezeichnet werden?

Allerdings. [...]

So wäre denn auch [...] die Gottheit, als gut, nicht von allem bei den Menschen Ursache, wie die Menge behauptet, sondern nur von wenigem, an dem meisten aber unschuldig; denn des Guten wird uns viel weniger als des Schlechten. Und das Gute darf man auf niemand anderen zurückführen; von dem Schlechten aber muss man irgendwelche andere Ursachen aufsuchen, nicht aber die Gottheit.

Du scheinst mir vollkommen Recht zu haben.

Man darf also, fuhr ich fort, weder den Homer gelten lassen, noch einen andern Dichter, der unbedachterweise in Bezug auf die Götter diesen Fehler begeht, [...] dass die Gottheit, die doch gut ist, für jemand Ursache von Schlechtem werde, dagegen muss man auf alle Weise ankämpfen, dass es niemand sage in seinem Staate, wenn er wohleingerichtet sein soll.

[...]

Nun ist aber doch die Gottheit und das Göttliche in jeder Beziehung aufs beste beschaffen?

Natürlich.

Auf diesem Wege also bekäme der Gott am wenigsten viele Gestalten.

Allerdings. [...]

Und wenn dies sich so verhält, glaubst du, Adeimantos, dass ein Gott oder Mensch irgend sich selbst schlechter mache?

Unmöglich, antwortete er.

So ist es also, fuhr ich fort, auch für einen Gott unmöglich, sich zu ändern: vielmehr, scheint mir, da jeder von ihnen möglichst schön und gut ist, so bleibt er immer einfach in seiner Gestalt. [...].

Dass die Idee des Guten der Gegenstand der größten Wissenschaft ist, das hast du schon öfter gehört, und dass gerechte Handlungen usw. erst durch die Teilnahme an ihm heilsam und nützlich werden. Und auch jetzt weißt du wohl schon, [...] dass wir vom Wesen jenes Guten noch keine vollkommene Wissenschaft besitzen. Wenn wir aber dieses nicht erfasst haben, so weißt du, dass ohne dieses Wesenhafte, hätten wir auch alle übrigen Wissenschaften, nichts uns nütze ist, geradeso als wenn wir etwas besäßen, ohne dass es ein Gut für uns wäre. Oder glaubst du, es bringe einen Gewinn, die ganze Welt zu besitzen, ohne dass das Gute dabei ist? Oder in alles Übrige der Welt Einsicht zu haben, vom eigentlichen wesenhaften Schönen und Guten aber keine zu haben?

Nein, bei Zeus, antwortete er, ich gewiss nicht!

Ferner musst du auch das bereits wissen, dass es in Bezug auf das eigentliche wesenhafte Gute bis jetzt zweierlei Ansichten gibt: Dem großen rohen Haufen ist Sinnenlust das eigentliche Gute, den Gebildeteren verständige Einsicht. [...] Die die Sinnenlust als das Gute Bestimmenden, schweben sie vielleicht in einem gerin-

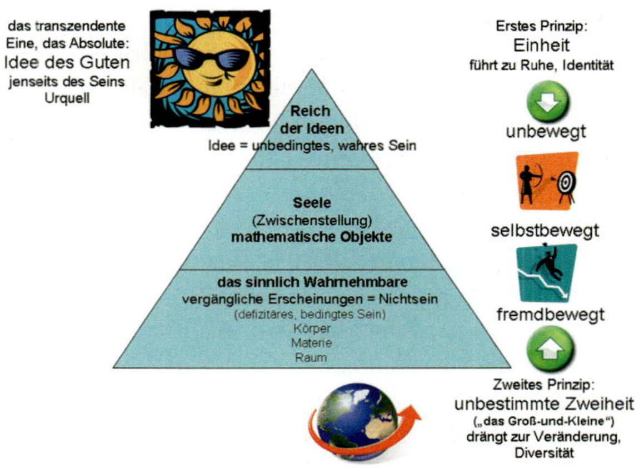

Platons ungeschriebene Lehre

geren Irrtume als ihre Gegner? Oder müssen auch diese, in die Enge getrieben, einräumen, es gebe auch Sinnenlüste mit Übeln?

Ja, sicher.

Sie kommen also in den Fall, zuzugeben, dass Güter und Übel einerlei sind, nicht wahr?

[...] Die Meinung wenigstens hege ich, dass die einzelnen gerechten und schönen Handlungen oder Dinge ohne ein gründliches Wissen, inwiefern sie gut sind, an dem einen schlechten Hüter über sich haben werden, der von jenem Gegenstande keine gründliche Kenntnis hat, und ich vermute, dass vor jener Kenntnis niemand in jene einzelnen guten und schönen Handlungen usw. eine klare Einsicht bekommen werde. [...] Unsere Staatsverfassung hat erst dann die abschließende Gestaltung bekommen, wenn ein solcher Hüter über sie die Oberaufsicht hat, der in den genannten Beziehungen zur vollkommenen Wissenschaft gelangt ist? [...] Deshalb müssen Philosophen als diejenigen „die das ewig unwandelbare Sein zu erfassen vermögen" und die nicht „im mannigfaltigen und wandelbaren Sein herumtappen", die „Hüter des Staates" sein.

6 Fassen Sie zusammen, wie Sokrates nach Platon die Mythen Hesiods und Homers beurteilt.
7 Erläutern Sie, wie diese Geschichten in seinem Idealstaat behandelt werden sollen.
8 Erörtern Sie, wieweit Sie diese Behandlung für berechtigt halten.
9 Erläutern Sie, welche Vorstellung von der Gottheit Platon gegen Hesiod und Homer setzt.
10 Vergleichen Sie seine Vorstellung von Gott mit seiner Idee des Guten.
11 Untersuchen Sie, wie Platons Verständnis der Gottheit zu seiner Bestimmung des Philosophen passt.
12 Erörtern Sie, inwieweit Platons Vorstellung Ihrem Verständnis von Gott entspricht.

M 4

Kurt Flasch: Das Hofstaatmodell der Religion und dessen Kritik in der griechischen Philosophie (2010)

Manche verstehen [...] alles Religiöse als Verehrung der Ahnen. Oder als Einhalten des Festkalenders. Ein [...] Modell zeichnet das Gottesreich als Hofstaat und bringt Einzelübungen und Einzelaussagen unter dieses Bild. Gott heißt dann „der Herr". Er wird nach dem Muster des Pharao oder des persischen Großkönigs gedacht. Er ist umgeben von Heerscharen, die quasi-militärisch den Willen des Herrn vollziehen. Er verlangt Gehorsam; Diskussionen über seine Anordnungen sind verpönt. Zum Hofstaat-Modell der Religion gehört: Der Herr wird von seinen Dienern beim Herrschen gesehen, bewundert und gelobt. Er will gepriesen werden. Sein Personal übt Botendienst, dient als Eingreiftruppe und spendet viel Applaus. Es herrscht klare Hierarchie, auch unter den Dienern. Ein solches Gesamtbild prägt Lebensdeutung und -führung. Wichtig ist, sich die Gunst des Herrn zu verschaffen und zu erhalten; sein Zorn ist fürchterlich. Sieg im Krieg ist Gottes Gunst. Fragt man z. B., was Recht ist, lautet die Antwort: Recht ist, was der Herr will. Fragt man, was der Donner ist, so spricht darin der göttliche Zorn, der Regenbogen sagt Versöhnung an.

[...] Es gibt in historischer Zeit, ich meine: seit wir geschriebene Quellen haben, konkurrierende Gesellschaftsbilder und Religionskonzepte. [...] Als sie miteinander zu diskutieren begannen, entstand die Philosophie: Sie ist als ein späteres Phänomen zu unterscheiden von der Produktion von Mythen, großen Erzählungen und generellen Festsetzungen. Sie ist eine griechische Erfindung, zwischen Homer und Parmenides entstanden als Selbstverpflichtung, Rechenschaft zu geben von seinen Behauptungen. [...] Die Philosophie hat in die griechische Religion eingegriffen. Sie sagte den Göttern Homers, dass sie jetzt, in einer anderen Zeit, nicht mehr machen können, was ihnen gerade einfällt. Sie setzte Kriterien für sie fest. Wenn sie jetzt noch als Götter gelten wollen, müssen sie besonnen sein, gerecht und gut. Sonst sind sie keine wahren Götter, sondern Volksphantasien oder Erfindungen der Dichter, und Dichter lügen viel, sagt Aristoteles, wie vor ihm Heraklit und Platon. Der allein verehrenswürdige Gott ist der den Kriterien von Wahrheit, Güte und Gerechtigkeit entsprechende Gott. Damit ging ein reinigendes Gewitter über die Volksreligion und über Homer nieder. Man solle ihn auspeitschen, riet Heraklit; Platon war höflicher und ließ ihn nur an die Grenze des Staates führen und ehrenvoll verabschieden. [...] Damit begann eine neue Zeit. Jetzt setzten Philosophen, zunächst nur für Gebildete, fest, was ein wirklicher, ein wahrer Gott sein kann. Ihr Tun war ebenso fromm wie aufsässig. Gott, sagt Platon, muss gut sein. Er beobachtet nicht eifersüchtig das Können der Menschen; er ist uns nicht böse, weil wir wissen wollen. Der Gott der Philosophen, das war damals der Gott der Reinigung, der ethischen Sublimierung der Götter des Volkes und Homers. Er war das Ende der Hofstaatreligion.

13 Fassen Sie zusammen, wie Kurt Flasch das Verhältnis von Platon und anderen griechischen Philosophen zu den Göttern Homers schildert.

14 Prüfen Sie, wieweit der Text aus Homers „Ilias" (M 1) dem von Flasch geschilderten Hofstaatmodell der Religion entspricht.

Völlig anders bewertet der Philosoph Friedrich Nietzsche (1844–1900) die vor allem auf Platon zurückgehenden Veränderungen in der Bewertung der griechischen Götterwelt und der Religion.

Friedrich Nietzsche: Platons Idealismus als höherer Schwindel (1889)

M 5

Plato ist langweilig. – Zuletzt geht mein Misstrauen bei Plato in die Tiefe: Ich finde ihn so abgeirrt von allen Grundinstinkten der Hellenen, so vermoralisiert, so präexistent-christlich – er hat bereits den Begriff „gut" als obersten Begriff –, dass ich von dem ganzen Phänomen Plato eher das harte Wort „höherer Schwindel" oder, wenn man's lieber hört, Idealismus – als irgendein andres gebrauchen möchte. Man hat teuer dafür bezahlt, dass dieser Athener bei den Ägyptern in die Schule ging (– oder bei den Juden in Ägypten? ...). Im großen Verhängnis des Christentums ist Plato jene „Ideal" genannte Zweideutigkeit und Faszination, die den edleren Naturen des Altertums es möglich machte, sich selbst misszuverstehn und die *Brücke* zu betreten, die zum „Kreuz" führte ... Und wie viel Plato ist noch im Begriff „Kirche", in Bau, System, Praxis der Kirche! – Meine Erholung, meine Vorliebe, meine *Kur* von allem Platonismus war zu jeder Zeit *Thukydides* [griechischer Historiker]. Thukydides und, vielleicht, der Principe Macchiavells [eine Anleitung für den Fürsten, wie er seine Macht erhalten kann] sind mir selber am meisten verwandt durch den unbedingten Willen, sich nichts vorzumachen und die Vernunft in der *Realität* zu sehn – *nicht* in der „Vernunft", noch weniger in der „Moral" ... Von der jämmerlichen Schönfärberei der Griechen ins Ideal, die der „klassisch gebildete" Jüngling als Lohn für seine Gymnasial-Dressur ins Leben davonträgt, kuriert nichts so gründlich als Thukydides. [...] Der *Mut* vor der Realität unterscheidet zuletzt solche Naturen wie Thukydides und Plato: Plato ist ein Feigling vor der Realität – *folglich* flüchtet er ins Ideal; [...]

Friedrich Nietzsche: Platon – der größte Feind der Kunst (1887)

M 6

Die [...] Kunst, in der gerade die *Lüge* sich heiligt, der *Wille zur Täuschung*, der das gute Gewissen zur Seite hat, ist dem asketischen Ideale [dem Verzicht auf sinnliche Genüsse zugunsten höherer Ziele] viel grundsätzlicher entgegengestellt als die Wissenschaft: So empfand es der Instinkt Platos, dieses größten Kunstfeindes, den Europa bisher hervorgebracht hat. Plato *gegen* Homer: das ist der ganze, der echte Antagonismus – dort der „Jenseitige" besten Willens, der große Verleumder des Lebens, hier dessen unfreiwilliger Vergöttlicher, die *goldene* Natur. [...]

Überall sonst, wo der Geist heute streng, mächtig und ohne Falschmünzerei am Werke ist, entbehrt er jetzt überhaupt des Ideals – der populäre Ausdruck für diese Abstinenz ist „Atheismus" –: *abgerechnet seines Willens zur Wahrheit.* [...] Der unbedingte redliche Atheismus (– und *seine* Luft allein atmen wir, wir geistigeren Menschen dieses Zeitalters!) steht demgemäß *nicht* im Gegensatz zu jenem Ideale, wie es den Anschein hat; er ist vielmehr nur eine seiner letzten Entwicklungsphasen, eine seiner Schlussformen und inneren Folgerichtigkeiten – er ist die Ehrfurcht gebietende *Katastrophe* einer zweitausendjährigen Zucht zur Wahrheit, welche am Schlusse sich die *Lüge im Glauben an Gott* verbietet. [...] ... An diesem Sich-Bewusstwerden des Willens zur Wahrheit geht von nun an – daran ist kein Zweifel – die Moral *zugrunde:* jenes große Schauspiel in hundert Akten, das den nächsten zwei Jahrhunderten Europas aufgespart bleibt, das furchtbarste, fragwürdigste und vielleicht auch hoffnungsreichste aller Schauspiele ...

15 Erklären Sie, weshalb Nietzsche für das „Phänomen Plato“ den Ausdruck „höherer Schwindel“ (M 5, Z. 6) gebraucht.

16 Erklären Sie, weshalb er ihn als den größten Kunstfeind Europas bezeichnet.

17 An anderer Stelle bezeichnet Nietzsche die Metaphysiker in bewusster Anspielung als „Hinterweltler“. Stellen Sie Vermutungen an, was er damit sagen will.

18 Erläutern Sie, warum nach Nietzsche am Willen zur Wahrheit die Moral zugrunde gehen wird, und erklären Sie, warum er darin nicht nur ein furchtbares, sondern auch ein hoffungsreiches Schauspiel sieht.

M 7 Leszek Kolakowski: Denkfehler in Nietzsches Metaphysikkritik (1988)

Weshalb sollten wir wünschen, dass das, was wir akzeptieren, nicht bloß akzeptabel ist nach pragmatischen Kriterien [...], sondern außerdem wahr im metaphysischen Sinne? [...] Darauf antwortet Nietzsche, dieses Verlangen nach einer über die Nützlichkeit hinausgehenden Wahrheit sei nur eines der zahlreichen Symptome der menschlichen Schwäche, ein Symptom unserer Unfähigkeit, auf uns selbst zu vertrauen, die Bürde unserer Einsamkeit zu ertragen, unseren Willen als den letzten Grund alles dessen, woran wir glauben, anzuerkennen und einzusehen, dass wir unseren Grund in uns selbst haben und dass keine universale Ordnung der Dinge uns schützt.

Das mag schon sein, nur folgt aus der Annahme, er habe Recht gehabt, nicht, dass wir im Unrecht sind, wenn wir uns unsere Schwäche eingestehen; es könnte ja sein, dass das Gefühl der Schwäche nicht nur ursächlich erklärbar, sondern sehr wohl begründet ist in eben jener Ordnung der Dinge, die Nietzsche abtat, um stattdessen das ewige Chaos zu preisen (vor dem ihm zugleich graute), aus dem der in sich selbst wurzelnde, unbezwingbare Wille hervorgehen sollte, ein leerer, inhaltloser Wille. Allerdings war er in diesem Punkt wie auch in den meisten übrigen Bereichen seines Philosophierens nicht frei von Widerspruch: Er glorifizierte den Geist des Zweifels, aber wenn es so etwas wie Wahrheit nicht gibt, kann es auch keinen Zweifel geben. Wenn ich etwas bezweifele, bedeutet das zugleich, dass ich glaube, dass etwas wahr ist, nur kann ich nicht entscheiden, was es ist. Wenn man die Eigenschaft „wahr“ abschafft, wird das Zweifeln sinnlos.

Im Übrigen folgt aus der Tatsache, dass wir eine Ordnung brauchen, noch nicht, dass es keine Ordnung gibt, auch wenn Nietzsche zu Recht darauf hinweist, dass man Argumenten, die für Überzeugungen vorgebracht werden, welche unseren Wünschen entsprechen, von vornherein mit Argwohn begegnen sollte. Angenommen, wir benötigen eine Ordnung und wir wünschen, dass sie wirklich sei – so spricht das nicht dagegen, dass sie wirklich ist und nicht bloß ein Produkt unseres Wunschdenkens.

19 Erläutern Sie, welchen Denkfehler Kolakowski bei Nietzsche meint entdeckt zu haben.

20 Prüfen Sie, ob Sie seiner Argumentation folgen können.

Alfred North Whitehead (1861–1947) startete erst nach seiner Pensionierung als Professor für Mathematik mit 63 Jahren eine philosophische Karriere in Harvard. 1929 entwarf er eine neue Metaphysik, die im Unterschied zu Platon Gott nicht als unveränderlich versteht.

M 8 Alfred N. Whitehead: Die fließende Welt als Folgenatur Gottes (1929)

Die unheilvolle Trennung von Fluss und Beständigkeit führt zu dem Begriff eines völlig statischen Gottes von höchster Realität, im Verhältnis zu einer ganz und gar fließenden Welt von mangelhafter Realität. Wenn aber die Gegensätze, statisch und fließend, einst so erklärt worden sind, dass sie in ihrer Getrenntheit verschiedene Wirklichkeiten charakterisieren, dann birgt das Wechselspiel zwischen dem, was statisch, und all dem, was fließend ist, auf jeder Erklärungsstufe einen Widerspruch. Zu solchen Philosophien gehört der Begriff des „Scheins“ als notwendiges Grundprinzip – die Vorstellung von der „bloßen Erscheinung“. Auf dieses Problem läuft letzten Endes die platonische Philosophie hinaus.

[...] Wir haben es nicht allein mit dem Problem von Fließen und Beständigkeit zu tun. Das Problem ist ein doppeltes: Wirklichkeit mit Beständigkeit, die das Fließen zu ihrer Vervollständigung braucht; und Wirklichkeit mit Fließen, das zu seiner Vervollständigung auf Beständigkeit angewiesen ist. Der erste Teil des Problems betrifft die Vervollständigung von Gottes Urnatur durch die Ableitung seiner Folgenatur aus der zeitlichen Welt. Der zweite betrifft die Vervollständigung jedes fließenden wirklichen Ereignisses durch seine objektive Unsterblichkeit, die kein „stetiges Vergehen" zulässt, das heißt, „immerwährend" ist.

Dieses doppelte Problem kann nicht in zwei voneinander getrennte Probleme geschieden werden. Jeder Aspekt lässt sich nur mithilfe des je anderen erklären. Die Folgenatur Gottes ist die fließende Welt, die durch ihre objektive Unsterblichkeit in Gott „immerwährend" wird. Auch verlangt die objektive Unsterblichkeit wirklicher Ereignisse die uranfängliche Beständigkeit Gottes, durch welche das kreative Fortschreiten sich selbst immer wieder herstellt, ausgestattet mit dem anfänglichen subjektiven Ziel, das von der Relevanz Gottes für die evolvierende [sich entwickelnde] Welt abgeleitet ist. [...]

Die Probleme des Fließens Gottes und des Immerwährenden in der vergänglichen Erfahrung finden ihre Lösung in ein und demselben Faktor des Universums. Dieser Faktor ist die zeitliche Welt, wie sie durch ihre Aufnahme- und Erneuerungsfähigkeit als eine Einlösung des uranfänglichen Strebens vervollkommnet wird, das die Grundlage aller Ordnung bildet. Auf diese Weise wird Gott durch die individuelle, fließende Erfüllung endlicher Tatsachen vervollständigt, und die zeitlichen Ereignisse erreichen ihre Vollständigkeit in ihrer immerwährenden Einheit mit ihrem transformierten Selbst, das zur Übereinstimmung mit der zeitlosen Ordnung geläutert wird. [...]

Die Revolten des zerstörerischen Übels, die immer eigennützig sind, werden in ihre Trivialität als bloß individuelle Tatsachen abgewiesen; und doch wird das Gute, zu dem sie trotz allem an individueller Freude, individuellem Leid und an Einführung der erforderlichen Kontraste führten, durch seine Relation zu dem vollendeten Ganzen gerettet. [...] Das Bild – und es ist nur ein Bild –, das Bild, anhand dessen man sich dieses tätige Wachstum der Natur Gottes am besten vorstellen kann, ist das einer zärtlichen Fürsorge dafür, dass nichts verloren geht. Die Folgenatur Gottes ist sein Urteil über die Welt. Er rettet die Welt, so wie sie in die Unmittelbarkeit seines eigenen Lebens übergeht.

M 9

21 Erklären Sie die Grafik (M 9) unter Heranziehung des Textes von Whitehead.
22 Vergleichen Sie Whiteheads Gottesvorstellung mit der Platons.
23 Prüfen Sie, ob Nietzsches Metaphysikkritik auch auf Whitehead zutreffen könnte.
24 Untersuchen Sie, welche Auswirkungen die unterschiedlichen metaphysischen Vorstellungen für die Bewertung der Ereignisse in der Welt haben können.

2.2 Die Wirklichkeit der Ideen und die Wirklichkeit der Medien – Weber, Bolz

M 10

Jan Saenredam: Platons Höhlengleichnis, 1604

1 Beschreiben Sie M 10 genau. Ziehen Sie zur Erklärung der einzelnen Bildelemente den Text von Platons Höhlengleichnis hinzu (S. 75, 327). Achten Sie vor allem auf die rechte Hälfte. Über dem Bild steht in lateinischer Sprache: „Das Licht kam in die Welt, und die Menschen wurden mehr durch die Finsternis als das Licht erfreut.“ Der Satz aus dem Anfang des Johannesevangeliums (Joh 1,5) ist hier auf Platons Lehre von den ewigen Ideen zu beziehen.

Im Folgenden geht es um die Frage, welche Bedeutung Platons Ideenlehre heute noch für uns haben kann.

2 Ersetzen Sie M 10 durch eine eigene der heutigen Zeit gemäße Darstellung (Collage, Zeichnung o. Ä.). Fällen Sie eine begründete Entscheidung, ob sie den Satz über dem Bild von 1604 auch in Ihrer Darstellung hinzufügen wollen.

3 Manchmal wird Platons Höhle mit der Situation in einem Kino verglichen. Stellen Sie Ähnlichkeiten und Unterschiede zusammen.

Der bis heute wichtigste deutsche Soziologe Max Weber (1864–1920) sprach nach dem Ersten Weltkrieg in einer berühmt gewordenen Rede vor Studenten über die Frage, wo die wirkliche Realität zu finden ist.

Max Weber: Platons Entdeckung der ewigen Wahrheit (1919)

M 11

Wenn Sie sich erinnern an das wundervolle Bild zu Anfang des siebten Buches von Platons „Politeia“: jene gefesselten Höhlenmenschen, deren Gesicht gerichtet ist auf die Felswand vor ihnen, hinten liegt die Lichtquelle, die sie nicht sehen können, sie befassen sich daher nur mit den Schattenbildern, die sie auf die Wand wirft, und suchen ihren Zusammenhang zu ergründen. Bis es einem von ihnen gelingt, die Fesseln zu sprengen, und er dreht sich um und erblickt: die Sonne. Geblendet tappt er umher und stammelt von dem, was er sah. Die anderen sagen, er sei irre. Aber allmählich lernt er, in das Licht zu schauen, und dann ist seine Aufgabe, hinabzusteigen zu den Höhlenmenschen und sie emporzuführen an das Licht. Er ist der Philosoph, die Sonne aber ist die Wahrheit der Wissenschaft, die allein nicht nach Scheingebilden und Schatten hascht, sondern nach dem wahren Sein.

Ja, wer steht heute so zur Wissenschaft? Heute ist die Empfindung gerade der Jugend wohl eher die umgekehrte: Die Gedankengebilde der Wissenschaft sind ein hinterweltliches Reich von künstlichen Abstraktionen, die mit ihren dürren Händen Blut und Saft des wirklichen Lebens einzufangen trachten, ohne es doch je zu erhaschen. Hier im Leben aber, in dem, was für Platon das Schattenspiel an den Wänden der Höhle war, pulsiert die wirkliche Realität: Das andere sind von ihr abgeleitete und leblose Gespenster und sonst nichts. Wie vollzog sich diese Wandlung? Die leidenschaftliche Begeisterung Platons in der „Politeia“ erklärt sich letztlich daraus, dass damals zuerst der Sinn eines der großen Mittel allen wissenschaftlichen Erkennens bewusst gefunden war: des Begriffs. Von Sokrates ist er in seiner Tragweite entdeckt. [...] Hier zum ersten Mal schien ein Mittel zur Hand, womit man jemanden in den logischen Schraubstock setzen konnte, so dass er nicht herauskam, ohne zuzugeben: entweder dass er nichts wisse: oder dass dies und nichts anderes die Wahrheit sei, die ewige Wahrheit, die nie vergehen würde, wie das Tun und Treiben der blinden Menschen. Das war das ungeheure Erlebnis, das den Schülern des Sokrates aufging. Und daraus schien zu folgen, dass, wenn man nur den rechten Begriff des Schönen, des Guten oder auch etwa der Tapferkeit, der Seele – und was es sei – gefunden habe, dass man dann auch ihr wahres Sein erfassen könne, und das wieder schien den Weg an die Hand zu geben, zu wissen und zu lehren: wie man im Leben, vor allem: als Staatsbürger, richtig handle. Denn auf diese Frage kam den durch und durch politisch denkenden Hellenen alles an. Deshalb betrieb man Wissenschaft. [...] Vorausgesetzt ist [auch heute], dass das, was bei wissenschaftlicher Arbeit herauskommt, wichtig im Sinn von „wissenswert“ sei. Und da stecken nun offenbar alle unsere Probleme darin. Denn diese Voraussetzung ist nicht ihrerseits mit den Mitteln der Wissenschaft beweisbar. Sie lässt sich nur auf ihren letzten Sinn deuten, den man dann ablehnen oder annehmen muss, je nach der eigenen letzten Stellungnahme zum Leben.

4 Stellen Sie dar, worin Weber die Bedeutung von Platons Höhlengleichnis sieht.

5 Stellen Sie die Textpassagen zusammen, aus denen sich entnehmen lässt, dass diese Bedeutung seiner Ansicht nach auch in der modernen Zeit nicht verloren gehen sollte.

Der Medienwissenschaftler und Philosoph Norbert Bolz (* 1953) sieht die Bedeutung von Platons Höhlengleichnis im Zeitalter der Medien anders als Max Weber.

Norbert Bolz: Die Medien verändern den Begriff der Wirklichkeit (1995)

M 12

Platon sagt [...] nicht, dass die Menschen in der Höhle dumm und unwissend seien. Die Gefangenen der Höhle kennen zwar nicht das Licht der Idee, aber sie haben durchaus auch ein Wissen: Sie beschreiben die Verhältnisse der Schatten, die Reihenfolge ihres Erscheinens und sagen den jeweils nächsten Schattenauftritt voraus. Wohl oder übel verzichten sie auf das wahrhaft Seiende und begnügen sich mit der Exaktheit von Prognosen. Das heißt aber im Klartext: Nichts anderes fesselt die Höhlenbewohner als die bewegten Schatten ihrer Scheinwelt – das nannte man später dann Kinematographie. Platons Höhle ist ein Kino und die Gefangenen sind das Publikum. Man ist ja auch von einem guten Film „wie gefesselt".

Wir können heute in Platons Sophisten die Ahnherrn der Simulation erkennen. Man muss nur annehmen, dass die Regisseure jener Schattenprozession keine Betrüger, sondern Funktionäre des Publikums sind. Und ihre Aufgabe ist es, die Wirklichkeit ästhetisch zu ersetzen. Wenn es dabei zu einem Feedback zwischen den Sophisten am Regiepult und den Zuschauern kommt, kann von Täuschung und Manipulation natürlich nicht mehr die Rede sein. Dem entspricht ein neuer Wirklichkeitsbegriff, der nicht mehr durch Technik, Wissen und Kompetenz definiert wird. Die von Sokrates so scharf gezogene Grenzlinie zwischen Wissen und Meinung verwischt sich wieder. Unsere Wirklichkeit ist eine Wirklichkeit des Scheins.

[...] Seit die neuen Medien und Computertechnologien in unsere Lebenswelt eingedrungen sind, hat sich unser Wirklichkeitsbegriff dramatisch verändert. Man kann aus der Geschichte lernen, dass der Wirklichkeitsbegriff einer Lebenswelt immer dann problematisch wird, wenn sich die Bedeutung seines Gegenbegriffs ändert – und der Gegenbegriff zu „Wirklichkeit" ist natürlich „Schein". Seit wir Techniken der Simulation und virtuellen Realität haben, wird fraglich, ob die alte Unterscheidung zwischen Realem und Imaginärem überhaupt noch einen Sinn hat. Das klingt zunächst wie ein herber Verlust, kann aber auch als großer emanzipatorischer Impuls erfahren werden. Was ich damit meine, ist: Die Techniken der Simulation bringen die Befreiung vom Götzen „Wirklichkeit".

Dass das, was wir „wirklich" nennen, eine Konstruktion ist, wissen Philosophen schon lange. Realitätsgerechtigkeit ist immer eine Sache von Hilfskonstruktionen. In diesem Sinne hat der Neukantianer Vaihinger eine Philosophie des Als-Ob entwickelt. Seither können wir wissen: Fiktionen sind nicht das Gegenteil der Wirklichkeit, sondern Instrumente ihrer Konstruktion. Es geht nicht ohne. Unmittelbarkeit gibt es nicht. Man könnte also mit einer bewusst paradoxen Formulierung sagen: Die Realität ist fiktiv.

[...] Heute machen wir den Schritt vom Als-Ob zur Simulation, von der Konstruktion der einen Welt zur Projektion vieler möglicher Welten. Am Ende wird die Unterscheidung von Schein und Wirklichkeit sinnlos. Simulation und Virtual Reality sind nicht mehr „Schein" im kritischen Sinne. Der Grund ist ganz einfach: Wenn wir auf Wahrheit verzichten, droht auch kein Schein mehr. [...] In der Welt der Simulation wird das Reale zur Obsession. Wir erfahren es nur in dem Schock der Gewalt, die einen Schirm durchschlägt. Alles andere ist Inszenierung, Präparat.

6 Warum hält Bolz die Unterscheidung von Schein und Wirklichkeit für sinnlos?

7 „Fiktionen" werden oft als Wahngebilde abgetan. Demgegenüber haben sie für Bolz eine lebensdienliche Funktion. Versuchen Sie, sich das anhand von Beispielen klarzumachen.

8 Bei der Frage nach der Realität der Ideen sieht Joseph G. Moore zwei Möglichkeiten. Ideen sind entweder erfunden oder entdeckt. Ordnen Sie die Ansichten Bolz' und Webers diesen Möglichkeiten zu und belegen Sie Ihre Zuordnung.

M 13 Joseph G. Moore: Hat Platon die ewigen Ideen entdeckt oder erfunden? (2007)

Das ist eine wichtige Frage, die sehr eng mit ehrwürdigen metaphysischen Rätseln verquickt ist, die meiner Ansicht nach noch immer nicht gelöst wurden. Tatsächlich handelt es sich hier im Grunde um die Frage, die schon Plato vor 2400 Jahren beschäftigte. Das Problem dreht sich weniger darum, wie wir die Begriffe „Erfindung" und „Entdeckung" verwenden (obwohl das auch interessant ist), sondern vielmehr um den ungeklärten Status der „Ideen", die wir entdecken beziehungsweise erfinden.

Wir reden über Ideen oft, als ob sie die speziellen, in Zeit und Raum beschränkten Episoden des Denkens transzendierten, in denen sie aufscheinen. Wir sprechen davon, dass Newton und Leibniz unabhängig voneinander die Idee der Infinitesimalrechnung entwickelten. Wenn wir es so formulieren, verleihen wir der Vorstellung Ausdruck, dass ein und dieselbe Idee (oder dasselbe Ideengebäude) existierte und angewendet wurde, als Newton damit arbeitete und als Leibniz es zu anderer Zeit, an anderem Ort tat. [...]

Wenn man solche Aussagen über Ideen ernst und buchstäblich nimmt, scheinen wir der Vorstellung verhaftet, dass Ideen unabhängig von den konkreten Denkvorgängen existieren, die sie hervorbringen. Aber wann und wo existieren diese Ideen: immer und überall? Jenseits von Zeit und Raum? In einem platonischen Himmel oder einem mysteriösen Äther? Keine Antwort scheint befriedigend, aber wir brauchen eine, sonst können wir nicht verstehen und darüber reden, wie Ideen in unseren Gedanken auftauchen.

Auf dem Gebiet der Zahlen stoßen wir auf ein ähnliches Rätsel: Wir reden, als ob Zahlen sich von den Symbolen (zum Beispiel „2" oder „n") unterschieden, die wir für ihre Notation verwenden. Wenn wir beispielsweise die Gleichung 2 + 5 = 7 von der Tafel löschen, zerstören wir nicht die Zahl 2. Gleichermaßen existieren Zahlen unabhängig von allen Vorstellungen, die ich in meinem Geist von ihnen vielleicht habe – wenn ich sterbe, sterben die Zahlen nicht mit mir! Aber wo, wann und wie existieren Zahlen dann? Und wie interagieren wir mit ihnen? [...]

Meiner Ansicht nach ist diese Frage weiterhin ungelöst und verstörend. Da wird mir jeder zustimmen, der Metaphysik wirklich mag – und jeder, der sie echt hasst.

9 Überprüfen Sie das von dem amerikanischen Philosophen Moore angesprochene Problem an der Frage: Wie breit ist eine mathematische Gerade?

2.3 Lässt sich Gott beweisen? – Thomas von Aquin, Spaemann

Edwin A. Abbott: Eine unvorstellbare Dimension

M 14

„Ich nenne unsere Welt Flächenland – nicht weil wir sie so nennen, sondern um euch, meinen glücklichen Lesern, die ihr das Privileg genießt, im Raume zu leben, ihre Natur besser erklären zu können. Stellt euch ein weitausgedehntes Blatt Papier vor, auf dem sich gerade Linien, Dreiecke, Quadrate, Fünfecke, Sechsecke und andere Figuren, anstatt an einem festen Ort zu bleiben, frei hin und her bewegen, jedoch ohne das Vermögen, sich darüber hinaus zu erheben oder darunter zu sinken, etwa wie Schatten – nur scharf umrissen und mit leuchtenden Kanten – und ihr werdet eine ziemlich exakte Vorstellung von meinem Land und meinen Landsleuten haben. Ach! Vor einigen Jahren hätte ich noch gesagt: von meinem Universum, doch nun ist mein Denken einer höheren Schau geöffnet. In einem solchen Land ist es (wie ihr sofort erkennen werdet) unmöglich, dass irgend etwas der Art existieren könnte, was ihr einen „festen Körper" nennt; aber wahrscheinlich nehmt ihr zunächst an, dass wir zumindest durch ihren Anblick die Dreiecke, Quadrate und anderen Figuren unterscheiden können, wie sie sich, so wie oben beschrieben, umherbewegen. Im Gegenteil – nichts davon können wir sehen, wenigstens nicht so, dass wir eine Figur von der anderen unterscheiden könnten. Nichts war für uns sichtbar oder konnte auch nur sichtbar sein, außer Geraden."

Mit diesen Worten beginnt „Flächenland". Ein Quadrat beschreibt seine zweidimensionale Welt. Eines Tages sieht das Quadrat zu Hause in Flächenland einen Kreis,

dessen Umfang sich dauernd verändert, vergleichbar einem Ball, der mühelos durch ein Blatt Papier taucht. Es handelt sich um den Besuch einer Kugel aus „Raumland". Die Kugel schildert dem Quadrat die Welt der drei Dimensionen. Das Quadrat versteht diese Dimension nicht und wird von der Kugel nach „Raumland" entführt. Das weiterhin zweidimensionale Quadrat bekommt einen Einblick in die dreidimensionale Gesellschaft von „Raumland" und versucht, mit der Kugel über die Frage weiterer Dimensionen zu spekulieren. Die Kugel lässt sich darauf nicht ein und bringt das Quadrat nach „Flächenland" zurück. Hier versucht das Quadrat von seinen Erlebnissen zu berichten und wird ins Gefängnis gebracht! Unsicher, ob es wachte oder träumte schließt das Quadrat wie folgt: „Prometheus wurde einst in Raumland gefesselt, weil er den Menschen das Feuer herabgebracht hatte, doch ich – armer Prometheus des Flächenlandes – liege hier im Gefängnis, weil ich meinen Landsleuten nichts herabgebracht habe. Doch lebe ich in der Hoffnung, dass diese meine Erinnerungen auf irgendeine Weise, ich weiß nicht wie, ihren Weg in die Gehirne der Menschheit irgendeiner Dimension finden und ein Geschlecht von Rebellen hervorbringen mögen, die sich weigern, sich in einer beschränkten Dimensionalität einschließen zu lassen."

1 Erklären Sie, wieso das Quadrat den Bewohnern von Flächenland nicht beweisen kann, dass es ein Raumland gibt.

Im Folgenden geht es um das Problem, ob man beweisen kann, dass es einen Gott gibt.

2 „Beweise mir, dass du mich liebst!" Erörtern Sie, ob und wie man diesem Verlangen entsprechen kann.

3 Stellen Sie Sätze zusammen, die mit „Es gibt erwiesenermaßen eine(n) ..." beginnen, und vergleichen Sie sie mit dem Satz „Es gibt erwiesenermaßen Gott".

4 Dietrich Bonhoeffer, der wichtigste Theologe der sogenannten „Bekennenden Kirche", der wegen seiner Beteiligung an der Widerstandsbewegung gegen Hitler 1944 hingerichtet wurde, hat in seiner Habilitation formuliert: „Einen Gott, den es gibt, gibt es nicht." Stellen Sie Vermutungen an, was er damit gemeint haben könnte.

Der wohl berühmteste Theologe und Philosoph des Mittelalters, Thomas von Aquin (1226–1274), beschreibt fünf Wege, das Dasein Gottes zu beweisen.

M 15 Thomas von Aquin: Fünf Wege, das Dasein Gottes zu beweisen

Der erste und nächstliegende geht von der Bewegung aus. Es ist eine sichere, durch das Zeugnis der Sinne zuverlässig verbürgte Tatsache, dass es in der Welt Bewegung gibt. Alles aber, was in Bewegung ist, wird von einem anderen bewegt. Denn in Bewegung sein kann etwas nur, sofern es unterwegs ist zum Ziel der Bewegung. Bewegen aber kann etwas nur, sofern es irgendwie schon im Ziel steht. Bewegen [im weitesten Sinne] heißt nämlich nichts anderes als: ein Ding aus seinen Möglichkeiten überführen in die entsprechenden Wirklichkeiten. Das kann aber nur geschehen durch ein Sein, das bereits in der entsprechenden Wirklichkeit steht. [...] Also muss alles, was in Bewegung ist, von einem anderen bewegt sein. Wenn demnach das, wovon etwas seine Bewegung erhält, selbst auch in Bewegung ist, so muss auch dieses wieder von einem anderen bewegt sein, und dieses andere wieder von einem anderen. Das kann aber unmöglich so ins Unendliche fortgehen, da wir dann kein erstes Bewegendes und infolgedessen überhaupt kein Bewegendes hätten. [...] Wir müssen also unbedingt zu einem ersten Bewegenden kommen, das von keinem bewegt ist [vgl. Aristoteles: Phys. Buch 8]. Dieses erste Bewegende aber meinen alle, wenn sie von „Gott" sprechen.

Der zweite Weg geht vom Gedanken der Wirkursache aus. Wir stellen nämlich fest, dass es in der sichtbaren Welt eine Über- und Unterordnung von Wirkursachen gibt; dabei ist es niemals festgestellt worden, und ist auch nicht möglich, dass etwas seine eigene Wirk- oder Entstehungsursache ist. Denn dann müsste es sich selbst im Sein vorausgehen, und das ist unmöglich. [...] Wir müssen also notwendig eine erste Wirk- oder Entstehungsursache annehmen: und die wird von allen „Gott" genannt.

Der dritte Weg geht aus von dem Unterschied des bloß möglichen und des notwendigen Seins. Wir stellen wieder fest, dass es unter den Dingen solche gibt, die gerade so gut sein wie auch nicht sein können. Darunter fällt alles, was dem Entstehen und Vergehen unterworfen ist. Es ist aber unmöglich, dass die Dinge dieserart immer [...] gewesen sind; denn das, was möglicherweise nicht ist, ist irgendwann einmal auch tatsächlich nicht da oder nicht da gewesen. Wenn es also für alle Dinge gelten würde, dass sie möglicherweise nicht da sind oder nicht da gewesen sind, dann muss es eine Zeit gegeben haben, wo überhaupt nichts war. Wenn aber das wahr wäre, könnte auch heute nichts sein. Denn was nicht ist, fängt nur an zu sein durch etwas,

was bereits ist. Gab es aber überhaupt kein Sein, dann war es auch unmöglich, dass etwas anfing zu sein, und so wäre auch heute noch nichts da, und das ist offenbar falsch. Also kann nicht alles in den Bereich jener Dinge gehören, die [selbst, nachdem sie sind] gerade so gut auch nicht sein können; sondern es muss etwas geben unter den Dingen, das notwendig [d. h. ohne die Möglichkeit des Nichtseins] ist. [...] Wir müssen also ein Sein annehmen, das durch sich notwendig ist und das den Grund seiner Notwendigkeit nicht in einem anderen Sein hat, das vielmehr selbst der Grund für die Notwendigkeit aller anderen notwendigen Wesen ist. Dieses notwendige Sein aber wird von allen „Gott" genannt. Der vierte Weg geht aus von den Seins-[= Wert-] Stufen, die wir in den Dingen finden. Wir stellen nämlich fest, dass das eine mehr oder weniger gut, wahr, edel ist als das andere. Ein Mehr oder Weniger wird aber von verschiedenen Dingen nur insofern ausgesagt, als diese sich in verschiedenem Grade einem Höchsten nähern. So ist dasjenige wärmer, was dem höchsten Grad der Wärme näher kommt als ein anderes. Es gibt also etwas, das „höchst" wahr, „höchst" gilt, „höchst" edel und damit im höchsten Grade „Sein" ist. Denn nach Aristoteles ist das „höchst" Wahre auch das „höchst" Wirkliche [2 Metaph., cap. 1, 903b 30]. [...] So muss es auch etwas geben, das für alle Wesen Ursache ihres Seins, ihres Gutseins und jedweder ihrer Seinsvollkommenheiten ist: und dieses nennen wir „Gott".
Der fünfte Weg geht aus von der Weltordnung. Wir stellen fest, dass unter den Dingen manche, die keine Erkenntnis haben, wie z. B. die Naturkörper, dennoch auf ein festes Ziel hin tätig sind. Das zeigt sich darin, dass sie immer oder doch in der Regel in der gleichen Weise tätig sind und stets das Beste erreichen. Das beweist aber, dass sie nicht zufällig, sondern irgendwie absichtlich ihr Ziel erreichen. Die vernunftlosen Wesen sind aber nur insofern absichtlich, d. h. auf ein Ziel hin tätig, als sie von einem erkennenden geistigen Wesen auf ein Ziel hingeordnet sind, wie der Pfeil vom Schützen. Es muss also ein geistig-erkennendes Wesen geben, von dem alle Naturdinge auf ihr Ziel hingeordnet werden: und dieses nennen wir „Gott".

Thomas von Aquin: Für wen gelten die Gottesbeweise?

M 16

Man hüte sich davor, andere durch Beweise zum Glauben hinführen zu wollen. Einmal tut das der Würde des Glaubens Abbruch. Denn die Wahrheit des Glaubens übersteigt alle menschliche Vernunft. Zweitens sind solche Argumente meistens billig (frivolae) und geben so den Ungläubigen Anlass zu Spott, weil sie dann meinen, unser Glaube hinge von derlei Begründungen ab.

5 Stellen Sie die fünf Wege von Thomas von Aquin übersichtlich dar.

6 Die ersten drei Beweise werden manchmal unter dem Namen „kosmologischer Gottesbeweis" zusammengefasst. Prüfen Sie, was sie gemeinsam haben.

7 Begründen Sie, welche Beweise Sie besonders und welche Sie weniger überzeugend finden.

8 Beschreiben Sie, wie Thomas selbst die Überzeugungskraft von Gottesbeweisen einschätzt.

Gottfried Wilhelm Leibniz (1646–1716), der wichtigste deutsche Vertreter des Rationalismus, den man auch den letzten Universalgelehrten genannt hat, greift einen der Beweise von Thomas von Aquin auf und führt den Gedanken weiter.

Gottfried Wilhelm Leibniz: Gott ist die einzige notwendige Substanz (1710)

M 17

Gott ist die erste Ursache aller Dinge: denn die beschränkten Dinge, wie alles, was wir sehen und erfahren, sind zufällig und besitzen nichts, was ihnen notwendige Existenz verleiht; ist es doch offenbar, dass Zeit, Raum und Materie, an sich einheitlich und gleichförmig und gegen alles gleichgültig, andere Bewegungen und Gestalten in anderer Anordnung, erhalten konnten. Es gilt also, den Grund für die Existenz der Welt, als den Zusammenschluss aller zufälligen Dinge, aufzusuchen, und zwar in der Substanz, die den Grund ihrer Existenz in sich selbst trägt und die darum notwendig und ewig ist. Diese Ursache muss mit Verstand begabt sein: Denn die existierende Welt ist zufällig, und unendlich viele andere Welten sind ebenso möglich und streben sozusagen ebenso wie sie nach der Existenz. Daher muss die Ursache der Welt auf alle Welten Rücksicht oder Bezug genommen haben, will sie eine von ihnen zur Existenz bestimmen. Diese Rücksicht oder Beziehung einer existierenden Substanz auf bare Möglichkeiten kann nichts anderes als der sie vorstellende Verstand, und das Herausgreifen einer derselben nichts anderes als der sie erwählende Willensakt sein. Die Macht dieser Substanz gibt dem Willen Wirksamkeit. Die Macht geht auf das Sein, die Weisheit oder der Verstand auf das Wahre, der Wille auf das Gute. Diese mit Verstand begabte Ursache muss außerdem in jeder Weise unendlich sein, ihre Macht, Weisheit und Güte müssen unbedingt vollkommen sein; denn sie umfasst jede Möglichkeit. Da alles miteinander in Verbindung steht, so lässt sich auch nicht mehr als eine Ursache annehmen. Ihrem Verstande entquillt jede Wesensbeschaffenheit, ihr Wille ist Ursprung jeder Existenz. Dies ist in wenigen Worten der Beweis für einen einzigen Gott, für seine Vollkommenheiten und für die Entstehung der Dinge aus ihm.

9 Vergleichen Sie den Beweis von Leibniz mit denen von Thomas von Aquin. Welchen Gedanken übernimmt er von ihm? Was fügt er hinzu?

M 18 Norbert Hoerster: Widerlegung des kosmologischen Gottesbeweises (2005)

Mehr Aussicht auf Erfolg als die bislang erörterten Versuche eines kosmologischen Gottesbeweises scheint [...] eine Version dieses Beweises zu bieten, die von so bedeutenden Denkern wie Thomas von Aquin und Gottfried Wilhelm Leibniz vertreten wird. Nach dieser Version ist Gott nicht die Erstursache (im zeitlichen Sinn des Wortes), sondern der metaphysische Grund, die denknotwendige Existenzvoraussetzung aller Ereignisse. Besonders Leibniz macht diesen Unterschied zwischen den beiden Versionen sehr deutlich. [...] Gott ist also keineswegs so etwas wie die erste Ursache der Welt; Gott ist überhaupt keine Ursache. Gott ist vielmehr jener metaphysisch notwendige Grund der Welt, dessen Existenz und Wirken eine nicht mehr hinterfragbare Erklärung dafür bieten, dass die Welt als Gesamtereignis aller in ihr stattfindenden, ursächlich miteinander verknüpften Einzelereignisse existiert. [...] Diese Version des kosmologischen Argumentes erscheint zwar logisch in sich schlüssig; sie ist jedoch an Voraussetzungen einer bestimmten metaphysischen Begrifflichkeit gebunden, die von einem empirisch-wissenschaftlichen Standpunkt aus kaum nachvollziehbar sind. Betrachten wir die wichtigsten dieser Voraussetzungen. Was bedeutet es, nach dem *Grund* von etwas zu fragen, dessen *Ursache* einem bekannt ist? Wieso ist die Frage nach dem Grund eines Ereignisses eine andere, weitergehende Frage als die Frage nach der Ursache dieses Ereignisses? [...]

Wieso verstehe ich die Welt besser, wenn ich annehme, dass ein von mir als notwendiges, ewiges Wesen postulierter „Gott“ ihr Grund ist? Angenommen, dieser Gott existiert wirklich. Was weiß ich dann über diesen Gott – außer dass er ein ewig existentes „Etwas“ ist, das den „Grund“ der Welt bildet? Kenne ich irgendwelche sonstigen seiner Eigenschaften? Wohl kaum, jedenfalls nicht auf Basis des kosmologischen Argumentes.

Wir wollen jedoch einmal annehmen, ich kann der Frage nach dem Grund der Welt trotz allem einen gewissen Sinn abgewinnen, und beantworte sie dem kosmologischen Beweis entsprechend. Dann lautet natürlich meine nächste Frage: Was ist der Grund *Gottes?* Die Vertreter des kosmologischen Beweises möchten diese Frage allerdings nicht zulassen. Gott, so sagen sie, haben wir von vornherein so begriffen, dass er, wenn er existiert, *notwendig* existiert und insofern den Grund seiner Existenz in sich selbst trägt; die Frage nach dem Grund Gottes stellt sich deshalb nicht.

Diese Antwort aber, falls man auch sie für nachvollziehbar hält, provoziert die Gegenfrage: Wenn ein solcher Begriff Gottes sinnvoll ist, was spricht dann dagegen, bereits die *Welt* in ihrer Gesamtheit als ewig und notwendig existent zu begreifen, also als etwas, das den Grund seiner Existenz in sich selbst trägt? Denn erstens ist die Welt ein Etwas, dessen Existenz wir gewiss sein können und über das wir schon manche Einzelkenntnisse besitzen. Und zweitens ersparen wir uns so die Annahme der Existenz eines weiteren Etwas, von dem wir überhaupt nichts wissen. [...] Denker wie Thomas von Aquin und Leibniz würden [...] der Auffassung entgegentreten, dass man bereits das Universum so begreifen kann, dass es den Grund seiner Existenz in sich selbst trägt. Sie würden wie folgt argumentieren: Das Universum kann in seiner Existenz gar nicht notwendig, sondern nur kontingent sein. Unter einem Ereignis, das *kontingent* ist, verstehen sie dabei etwas, das existiert, in seiner Existenz aber von etwas anderem Existierenden abhängt und insofern in seiner Existenz nicht völlig unabhängig und damit aus sich selbst heraus notwendig ist. Kontingent sind danach insbesondere alle – ursächlich ermittelten – Einzelereignisse im Universum. Denn jedes dieser Ereignisse ist in seiner Existenz von einem anderen Ereignis, das ihm zeitlich vorausgeht, abhängig. Keines dieser Ereignisse besitzt eine Eigenständigkeit oder in seinem Wesen angelegte innere Notwendigkeit. Da nun, wie gesagt, aber sämtliche Einzelereignisse im Universum kontingent sind, muss, so das Argument, auch das Universum als solches kontingent sein. Also kann es in seiner Existenz nicht notwendig sein, das heißt den Grund seiner Existenz in sich selbst tragen.

Dieser ohne Weiteres vollzogene Schluss von der Kontingenz aller Einzelereignisse auf die Kontingenz des Ganzen ist jedoch nicht zwingend. Denn es gilt ganz generell: Was auf jedes einzelne Glied einer Gruppe zutrifft, muss keineswegs auch auf die Gruppe als solche, die Gruppe insgesamt, zutreffen. Man betrachte folgende Beispiele. Jeder Spieler einer Fußballmannschaft hat einen Erzeuger; trotzdem hat die Mannschaft als solche keinen Erzeuger. Oder: Jeder einzelne Spieler einer Mannschaft kann von durchschnittlicher Qualität sein; trotzdem kann die gesamte Mannschaft – wegen ihres perfekten Zusammenspiels – von überragender Qualität sein.

Es ist also keineswegs ausgeschlossen, dass die Welt als Ganze in dem genannten Sinn notwendig ist, obschon jedes Ereignis in ihr nur kontingent ist. [...] Selbst wenn man mit dem Konzept von etwas notwendig Existierendem als letztem Grund für alles nur kontingent Existierende tatsächlich einen Sinn verbinden kann, dann fehlt einem immer noch ein schlüssiges Argument für die Behauptung, dass dieses notwendig Existierende nur ein außerhalb der Welt existentes Wesen sein kann. Und außerdem: Worin die spezifische Notwendigkeit gerade dieses göttlichen Weltursprungs liegen soll, bleibt um nichts weniger im Dunkeln als das Wesen ebendieser Notwendigkeit, sofern man sich entschließt, sie bereits der Welt als solcher zuzuschreiben.

10 Fassen Sie zusammen, welche Einwände Hoerster gegen Thomas von Aquin und Leibniz vorbringt.

11 Überprüfen Sie, inwieweit Sie diesen folgen können.

12 Erörtern Sie die Frage, ob eine Fußballmannschaft ein Beispiel für eine nicht erzeugte Gruppe ist.

Der Philosoph Robert Spaemann (* 1927) erläutert in einem Interview mit der Zeitung „Rheinischer Merkur" seinen Versuch eines neuen Gottesbeweises.

Robert Spaemann: Der Gottesbeweis aus der Grammatik (2009)

M 19

RM: Der Evolutionsbiologe Richard Dawkins hält den Glauben an die Existenz Gottes für eine Illusion. In seinem Buch „Der Gotteswahn" macht er den biblischen Schöpfungsbericht lächerlich, weil er den wissenschaftlichen Erkenntnissen widerspreche.

Spaemann: Dawkins reagiert so ähnlich wie die Gefangenen in Platons Höhlengleichnis. In unsere Zeit übersetzt, würden wir heute sagen: Die Leute sitzen im Kino. Was sie auf der Leinwand sehen, halten sie schlechthin für die Wirklichkeit. Niemand käme auf den Gedanken, dass ein Projektor diese beweglichen Bilder und Handlungen an die Leinwand projiziert. Und die Kinobesucher würden sich lustig machen, wenn jemand von einem Projektor faseln würde. Sie verstünden die Filmgeschichte auch ohne Projektor; sie ist ja doch innerlich vollkommen logisch aufgebaut und läuft nach plausiblen Regeln ab. Warum müssen wir dann annehmen, dass die ganze Geschichte aus einem Projektor hervorgeht? So ähnlich argumentiert Dawkins. Aber die Schöpfungslehre spricht nicht davon, wie sich die Wirklichkeit im Laufe von Jahrmillionen entwickelt hat, sondern wem dieses Ganze, das Universum, in jedem Augenblick zu verdanken ist. Es ist der Glaube an den „Projektor", der das Ganze an die Wand wirft; denn ohne „Projektor" spielt sich nichts mehr ab. [...]

RM: Platon hat auch die Philosophen und Theologen des Mittelalters wie Anselm von Canterbury oder Thomas von Aquin mit den fünf kosmologischen Beweisen für die Existenz Gottes mit inspiriert. Sind diese Gottesbeweise noch zeitgemäß?

Spaemann: Ich kann jetzt nicht auf die einzelnen Gottesbeweise eingehen, sondern nur grundsätzlich sagen: Die mittelalterlichen Gottesbeweise machen alle die stillschweigende Voraussetzung der Verstehbarkeit der Welt. Die Welt wende uns ein lesbares Gesicht zu, weil sie von Gott geschaffen ist. [...] Für mich sind die mittelalterlichen Gottesbeweise gute Argumente, die allerdings voraussetzen, was in ihnen selbst nicht vorkommt, nämlich die Existenz Gottes, also eben das, was sie beweisen wollen.

Im 19. Jahrhundert verwirft Friedrich Nietzsche die Glaubensthese Kants und verkündet lautstark: „Gott ist tot, es lebe der Übermensch." Im bisherigen philosophischen Denken war der Glaube an die Existenz Gottes weitgehend Voraussetzung für Wahrheit. Hat Nietzsche die Wahrheit auch zu Grabe getragen?

Spaemann: Nietzsche musste eingestehen, dass „auch wir Aufklärer, wir freien Geister des 19. Jahrhunderts, noch an dem festhalten, was der Glaube Platons war und was der Glaube des Christentums ist, dass Gott die Wahrheit und dass die Wahrheit göttlich ist". Wenn wir aber nicht mehr an Gott glauben können, wie er meint, dann können wir auch nicht mehr an Wahrheit glauben. Dann gibt es nur die subjektive Perspektive: Jeder hat seine eigene Perspektive auf die Welt. Der vollkommene Relativismus. Niemand kann sagen, wie es wirklich ist. Das gibt es nur, wenn es Gott gibt. Nietzsche geht noch einen Schritt weiter, wenn er sagt: Mit dieser Erkenntnis zerstört die Aufklärung sich selbst; denn sie lebte von dem Pathos der Wahrheit; sie wollte die Menschheit über die Wahrheit belehren und aufklären, weg von Illusionen, weg vom Aberglauben. Aber nun führe die Aufklärung dazu, die Idee Gottes zu beseitigen, womit sie ihre eigenen Voraussetzungen beseitigt.

Deshalb sah Nietzsche in seinem Nihilismus, mit dem man nicht auf die Dauer leben könne, ein Durchgangsstadium. Jenseits des Nihilismus erwartete er eine Welt mit neuen selbst geschaffenen Mythen, die mit Wahrheit nichts zu tun haben. [...]

In Ihrem Buch „Der letzte Gottesbeweis" zitieren Sie Nietzsche mit den Worten: „Wir werden Gott nicht los, weil wir noch an die Grammatik glauben." Wie deuten Sie diesen Satz?

Spaemann: Da muss ich etwas ausholen. Wenn wir hier im Garten sitzen, wird es immer wahr sein, dass wir hier gesessen haben. Unser Gespräch hat stattgefunden. Nach unserer Grammatik impliziert jede Aussage eine Aussage im Futurum exactum. Wenn ich jetzt lese, dann werde ich hinterher gelesen haben. Wenn Sie und ich später gestorben sind, dann erinnert sich niemand mehr an dieses Gespräch. Es wäre dennoch Unsinn zu behaupten, es würde einmal der Moment kommen, wo wir nicht hier gesessen haben. Die Realität bleibt.

Nun behaupte ich, wenn wir nicht die Realität eines absoluten Bewusstseins annehmen, in dem alles, was geschieht, für immer aufgehoben ist, dann kann niemand erklären, was es heißt, dass etwas gewesen ist. Es ist dann weg. Wenn also dem Gewesensein nicht eine Wirklichkeit entspricht, und das ist die Wirklichkeit Gottes, dann gibt es kein Gewesensein. Wenn ich diese grammatische Struktur leugne, dann lebe ich im Absurden. Das meint wohl Nietzsche, wenn er sagt: „Wir werden Gott nicht los, solange wir an die Grammatik glauben." [...] Wenn wir uns selbst als denkende Wesen ernst nehmen wollen, dann müssen wir Gott annehmen und uns selbst relativieren. Wenn wir ihn aber leugnen, leugnen wir uns selbst als wahrheitsfähige Wesen.

13 Erläutern Sie, was nach Spaemanns Meinung der Glaube an Gott mit der Grammatik zu tun hat.

14 Stellen Sie in einer Tabelle die Argumente zusammen, die für und die gegen die Möglichkeit sprechen, Gott beweisen zu können.

2.4 Wissen, Meinen und Glauben: Was können wir von Gott wissen? – Meister Eckhart, Kant

In Goethes Drama „Faust" (s. auch das Kapitel „Wahrheit und Wissen..., S. 316 ff.) macht der vielseitig gelehrte Wissenschaftler einem einfachen unschuldigen Mädchen den Hof und versucht sie zu verführen. Margarete (Gretchen) möchte darauf eingehen, hat aber auch Bedenken.

Johann Wolfgang von Goethe: Faust I (Martens Garten)

M 20

Margarete:
Versprich mir, Heinrich!
Faust:
Was ich kann!
Margarete:
Nun sag, wie hast du's mit der Religion?
Du bist ein herzlich guter Mann,
Allein ich glaub, du hältst nicht viel davon.
Faust:
Lass das, mein Kind! Du fühlst, ich bin dir gut;
Für meine Lieben ließ' ich Leib und Blut,
Will niemand sein Gefühl und seine Kirche rauben.
Margarete:
Das ist nicht recht, man muss dran glauben.
[...]
Glaubst du an Gott?
Faust:
Mein Liebchen, wer darf sagen:
Ich glaub' an Gott?
Magst Priester oder Weise fragen,
Und ihre Antwort scheint nur Spott
Über den Frager zu sein.
Margarete:
So glaubst du nicht?
Faust:
Misshör mich nicht, du holdes Angesicht!
Wer darf ihn nennen?
Und wer bekennen:
Ich glaub' ihn.
Wer empfinden,
Und sich unterwinden
Zu sagen: Ich glaub ihn nicht?
Der Allumfasser,
Der Allerhalter,
Fasst und erhält er nicht
Dich, mich, sich selbst?
[...]
Erfüll davon dein Herz, so groß es ist,
Und wenn du ganz in dem Gefühle selig bist,
Nenn es dann, wie du willst,
Nenn's Glück! Herz! Liebe! Gott!
Ich habe keinen Namen
Dafür! Gefühl ist alles;
Name ist Schall und Rauch,
Umnebelnd Himmelsglut.
Margarete:
Das ist alles recht schön und gut;
Ungefähr sagt das der Pfarrer auch,
Nur mit ein bisschen andern Worten.

M 21

James Jacques Tissot: Faust und Margarete im Garten, 1861

1 Erarbeiten Sie ein passendes Standbild zu der Szene und vergleichen Sie die Körperhaltungen mit denen von Faust und Gretchen in M 21.
2 Erklären Sie, warum Faust die Frage nicht mit „Ja" oder „Nein" beantwortet .
3 Erörtern Sie, ob sich Gretchen mit der Antwort zufrieden geben sollte.
4 Formulieren Sie eine eigene Antwort auf die Frage Gretchens (Z. 16).

Im Folgenden geht es um das Problem, ob man überhaupt etwas von Gott wissen kann.

5 Gott, Freiheit und Unsterblichkeit sind nach Immanuel Kant die wichtigsten Themen der Metaphysik. Er nennt diese 1781, in der Vorrede zu seiner „Kritik der reinen Vernunft", „einen Kampfplatz endloser Streitigkeiten", weil auf sie, wie auf alles, was jenseits aller Erfahrung liegt, der „Probierstein der Erfahrung" nicht mehr angewandt werden kann. Erläutern Sie, was er damit meint.
6 Zeigen Sie, dass man zu diesen Themen gegensätzliche Thesen aufstellen kann.
7 Demonstrieren Sie Beispiele dieser „endlosen Streitigkeiten", indem Sie eine Podiumsdiskussion zu den Themen durchführen, in der diese gegensätzlichen Thesen vertreten werden.

Immanuel Kant hat sich immer wieder mit der Frage befasst, was man von Gott wissen kann.

M 22 Immanuel Kant: Unser Verstand ist zur Erkenntnis Gottes nicht ausgerüstet (1781)

Ich behaupte nun, dass alle Versuche eines bloß spekulativen Gebrauchs der Vernunft in Ansehung der Theologie gänzlich fruchtlos und ihrer inneren Beschaffenheit nach null und nichtig sind; [...] folglich, wenn man nicht moralische Gesetze zum Grunde legt, oder zum Leitfaden braucht, es überall keine Theologie der Vernunft geben könne. [...] Zu der Erkenntnis eines höchsten Wesens [...] wird ein transzendenter Gebrauch derselben erfordert, wozu unser Verstand gar nicht ausgerüstet ist. Soll das empirisch gültige Gesetz der Kausalität zu dem Urwesen führen, so müsste dieses in die Kette der Gegenstände der Erfahrung mitgehören; alsdenn wäre es aber, wie alle Erscheinungen, selbst wiederum bedingt. Erlaubte man aber auch den Sprung über die Grenze der Erfahrung hinaus, vermittelst des dynamischen Gesetzes der Beziehung der Wirkungen auf ihre Ursachen: welchen Begriff kann uns dieses Verfahren verschaffen? Bei weitem keinen Begriff von einem höchsten Wesen, weil uns Erfahrung niemals die größte aller möglichen Wirkungen (als welche das Zeugnis von ihrer Ursache ablegen soll) darreicht. Soll es uns erlaubt sein, bloß, um in unserer Vernunft nichts Leeres übrig zu lassen, diesen Mangel der völligen Bestimmung durch eine bloße Idee der höchsten Vollkommenheit und ursprünglichen Notwendigkeit auszufüllen: so kann dieses zwar aus Gunst eingeräumt, aber nicht aus dem Rechte eines unwiderstehlichen Beweises gefordert werden. [...]

Das höchste Wesen bleibt also für den bloß spekulativen Gebrauch der Vernunft ein bloßes, aber doch *fehlerfreies Ideal*, ein Begriff, welcher die ganze menschliche Erkenntnis schließt und krönt, dessen objektive Realität auf diesem Wege zwar nicht bewiesen, aber auch nicht widerlegt werden kann, und, wenn es eine Moraltheologie geben sollte, die diesen Mangel ergänzen kann, so beweist alsdenn die vorher nur problematische transzendentale Theologie ihre Unentbehrlichkeit, durch Bestimmung ihres Begriffs und unaufhörliche Zensur einer durch Sinnlichkeit oft genug getäuschten und mit ihren eigenen Ideen nicht immer einstimmigen Vernunft.

8 Was versteht Kant unter einem „bloß spekulativen Gebrauch der Vernunft in Ansehung der Theologie“ (Z. 1 ff.)? Nennen Sie mögliche Beispiele.

9 Fassen Sie zusammen, was Kant von den bisher vorgelegten Gottesbeweisen hält.

M 23 Immanuel Kant: Ich musste das metaphysische Wissen aufheben, um zum Glauben Platz zu bekommen (1787)

Ich kann also *Gott, Freiheit und Unsterblichkeit* zum Behuf [Nutzen] des notwendigen praktischen Gebrauchs meiner Vernunft nicht einmal annehmen, wenn ich nicht der spekulativen Vernunft zugleich ihre Anmaßung überschwänglicher Einsichten *benehme*, weil sie sich, um zu diesen zu gelangen, solcher Grundsätze bedienen muss, die, indem sie in der Tat bloß auf Gegenstände möglicher Erfahrung reichen, wenn sie gleichwohl auf das angewandt werden, was nicht ein Gegenstand der Erfahrung sein kann, wirklich dieses jederzeit in Erscheinung verwandeln, und so alle *praktische Erweiterung* der reinen Vernunft für unmöglich erklären. Ich musste also das *Wissen* aufheben, um zum *Glauben* Platz zu bekommen, und der Dogmatismus [ungeprüftes Wissen] der Metaphysik, d.i. das Vorurteil, in ihr ohne Kritik der reinen Vernunft fortzukommen, ist die wahre Quelle alles der Moralität widerstreitenden Unglaubens, der jederzeit gar sehr dogmatisch ist.

M 24 Immanuel Kant: Der Glaube ist subjektiv notwendig (1800)

Es gibt hiernach *drei Arten oder Modi* des Fürwahrhaltens: *Meinen, Glauben* und *Wissen*. - Das Meinen ist ein *problematisches*, das Glauben ein *assertorisches* und das Wissen ein *apodiktisches* Urteilen. Denn was ich bloß meine, das halte ich, im Urteilen, mit Bewusstsein nur für problematisch; was ich glaube, für assertorisch, aber nicht als objektiv, sondern nur als subjektiv notwendig (nur für mich geltend); was ich endlich weiß, für apodiktisch gewiss, d. i. für allgemein und objektiv notwendig (für alle geltend); gesetzt auch, dass der Gegenstand selbst, auf den sich dieses gewisse Fürwahrhalten bezieht, eine bloß empirische Wahrheit wäre. [...] So wäre z. B. unser Fürwahrhalten der Unsterblichkeit bloß problematisch, wofern wir nur so handeln, als ob wir unsterblich wären; assertorisch aber, so wir glauben, dass wir unsterblich sind und apodikitisch endlich: so fern wir alle wüssten, dass es ein anderes Leben nach diesem gibt.

		Subjektive Notwendigkeit	Objektive Notwendigkeit
Meinen			
Glauben			
Wissen			

10 Übertragen Sie das Raster zu Meinen, Glauben und Wissen in Ihr Heft und kreuzen Sie die zutreffenden Felder an. Tragen Sie in die freie Spalte die Adjektive apodiktisch, assertorisch und problematisch ein.

11 Finden Sie Beispiele für die drei Formen des Fürwahrhaltens.

Immanuel Kant: Es ist moralisch notwendig, das Dasein Gottes anzunehmen (1788)

M 25

Glückseligkeit ist der Zustand eines vernünftigen Wesens in der Welt, dem es, im Ganzen seiner Existenz, alles nach Wunsch und Willen geht [...]. Nun gebietet das moralische Gesetz, als ein Gesetz der Freiheit, durch Bestimmungsgründe, die von der Natur [...] ganz unabhängig sein sollen. [...] Also ist in dem moralischen Gesetze nicht der mindeste Grund zu einem notwendigen Zusammenhang zwischen Sittlichkeit und der ihr proportionierten Glückseligkeit eines zur Welt als Teil gehörigen, und daher von ihr abhängigen, Wesens, welches eben darum durch seinen Willen nicht Ursache dieser Natur sein, und sie, was seine Glückseligkeit betrifft, mit seinen praktischen Grundsätzen aus eigenen Kräften nicht durchgängig einstimmig machen kann. Gleichwohl wird in der praktischen Aufgabe der reinen Vernunft [...] ein solcher Zusammenhang als notwendig postuliert: Wir sollen das höchste Gut (welches also doch möglich sein muss) zu befördern suchen. Also wird auch das Dasein einer von der Natur unterschiedenen Ursache der gesamten Natur, welche den Grund dieses Zusammenhanges, nämlich der genauen Übereinstimmung der Glückseligkeit mit der Sittlichkeit, enthalte, postuliert. Diese oberste Ursache aber soll den Grund der Übereinstimmung der Natur [...] mit einem Gesetze des Willens der vernünftigen Wesen, [...] als dem Bewegungsgrunde derselben, d. i. mit ihrer moralischen Gesinnung enthalten. Also ist das höchste Gut in der Welt nur möglich, so fern eine oberste Ursache der Natur angenommen wird, die eine der moralischen Gesinnung gemäße Kausalität hat. Nun ist ein Wesen, das der Handlungen nach der Vorstellung von Gesetzen fähig ist, eine Intelligenz (vernünftig Wesen) und die Kausalität eines solchen Wesens nach dieser Vorstellung der Gesetze ein Wille desselben. Also ist die oberste Ursache der Natur, sofern sie zum höchsten Gute vorausgesetzt werden muss, ein Wesen, das durch Verstand und Willen die Ursache (folglich der Urheber) der Natur ist, d. i. Gott. Folglich ist das Postulat der Möglichkeit des höchsten abgeleiteten Guts (der besten Welt) zugleich das Postulat der Wirklichkeit eines höchsten ursprünglichen Guts, nämlich der Existenz Gottes. Nun war es Pflicht für uns das höchste Gut zu befördern, mithin nicht allein Befugnis, sondern auch mit der Pflicht als Bedürfnis verbundene Notwendigkeit, die Möglichkeit dieses höchsten Guts vorauszusetzen, welches, da es nur unter der Bedingung des Daseins Gottes stattfindet, die Voraussetzung desselben mit der Pflicht unzertrennlich verbindet, d. i. es ist moralisch notwendig, das Dasein Gottes anzunehmen.

12 Erläutern Sie, weshalb es nach Kant moralisch notwendig ist, das Dasein Gottes anzunehmen

13 Vergleichen Sie Kants Gedankengang mit den kosmologischen Gottesbeweisen und prüfen Sie, ob man in vergleichbarer Weise von einem moralischen Beweis Gottes sprechen kann.

M 26 Paul Tillich: Gott ist kein Wesen neben anderen, dessen Existenz bewiesen werden kann (1958)

Die Idee von Gott und die Symbole, deren man sich zu seiner Beschreibung bedient, sind Ausdruck für das tiefste Anliegen des Menschen. Wenn man sie auf die horizontale Ebene überträgt, wird aus Gott ein Wesen neben anderen Wesen gemacht, dessen Existenz oder Nicht-Existenz bewiesen werden soll. Vielleicht ist nichts so symptomatisch für den Verlust der Tiefendimension als der Streit um die Frage, ob Gott existiere oder nicht, ein Streit, in dem beide Seiten Unrecht haben; denn die Frage selbst ist falsch und konnte überhaupt erst aufgeworfen werden, nachdem die Dimension der Tiefe verloren war. Nachdem der Mensch sich von der Dimension der Tiefe abgeschnitten und sich ihrer Symbole beraubt hat, wird er selbst zu einem Teil der horizontalen Ebene. Er verliert seine Identität und wird zu einem Ding unter Dingen, zu einem Faktor in dem Prozess von errechneter Produktion und berechnetem Verbrauch.

M 27

Paul Klee: Grenzen des Verstandes, 1927

14 Erklären Sie, warum nach Paul Tillich (vgl. S. 393) Beweise für die Existenz Gottes die Wirklichkeit Gottes verfehlen müssen.

15 Untersuchen Sie, welches Argument er von Kant übernommen hat und wie sich seine Argumentation von der Kants unterscheidet.

Der bedeutendste deutsche Mystiker des Mittelalters, der Generalvikar des Dominikanerordens Meister Eckhart (1260–1328), dessen Lehre nach seinem Tode der Papst in Avignon teilweise als Irrglaube verurteilt hat und die erst im 19. Jahrhundert wiederentdeckt wurde, erklärt in einer seiner Predigten:

M 28 Meister Eckhart: Gott ist nicht gut (um 1325)

Gott ist namenlos, denn weder kann man von ihm sprechen noch ihn kennen [...]. Daher ist es nicht wahr, wenn ich sage, dass „Gott gut ist“. Ich bin gut, doch Gott ist nicht gut! Tatsächlich würde ich sogar sagen, dass ich besser als Gott bin, denn was gut ist, kann besser werden und was besser werden kann, kann das Beste werden! Wenn Gott nun nicht gut ist, kann er nicht besser werden, er kann nicht der Beste werden. Diese drei sind weit von Gott entfernt: „gut“, „besser“, „das Beste“, denn er ist völlig transzendent [...]. Auch solltest du nicht wünschen, irgend etwas von Gott zu verstehen, denn er ist jenseits allen Verstehens [...] Wenn du etwas von ihm verstehst, dann ist er nicht darin, und wenn du etwas von ihm verstehst, fällst du in Unwissenheit, du wirst wie ein Tier, denn der tierische Teil in Geschöpfen ist das, was Unwissen ist.

16 Vergleichen Sie Meister Eckharts Aussagen über Gott mit denen Platons (M 3).

17 Würden Sie diese Aussagen auch verurteilen?

18 Paul Klee hat sein Bild „Grenzen des Verstandes“ (M 27) genannt. Beschreiben Sie, wie er dieses abstrakte Thema dargestellt hat.

19 Prüfen Sie, inwieweit das Bild Ihrem Verständnis der Position Eckharts, Kants und/oder Tillichs entspricht.

3. Religionskritik – Argumente und Einwände

3.1 Gott und das Leid – Epikur, Leibniz

April 1794: Danton, neben Marat und Robespierre einer der wichtigsten Anführer der Französischen Revolution, die 1793 zur Enthauptung des Königs Ludwig XVI. führte, will das Morden beenden, nachdem 1400 Gegner der Revolution auf die Guillotine geschickt wurden. Als Anführer der Gemäßigten wird er von den Radikalen Robespierre und St. Just zusammen mit seinen Freunden vor dem Revolutionstribunal angeklagt, sich zu bereichern, mit den Gegnern der Revolution gemeinsame Sache zu machen und der Revolution in den Rücken zu fallen. Georg Büchner (1813–1837) schildert im dritten Akt seines Dramas „Dantons Tod" (1835) ein Gespräch der Freunde Dantons im Gefängnis über Gott.

Georg Büchner: Dantons Tod, III/1 (Das Leid ist der Fels des Atheismus)

M 1

Chaumette (zupft Payne am Ärmel): Hören Sie, Payne, [...] ich habe heute Kopfweh, helfen Sie mir ein wenig mit Ihren Schlüssen, es ist mir ganz unheimlich zu Mut.

Payne: So komm [...]. – Es gibt keinen Gott, denn: Entweder hat Gott die Welt geschaffen oder nicht. Hat er sie nicht geschaffen, so hat die Welt ihren Grund in sich, und es gibt keinen Gott, da Gott nur dadurch Gott wird, dass er den Grund alles Seins enthält. – Nun kann aber Gott die Welt nicht geschaffen haben; denn entweder ist die Schöpfung ewig wie Gott, oder sie hat einen Anfang. Ist letzteres der Fall, so muss Gott sie zu einem bestimmten Zeitpunkt geschaffen haben, Gott muss also, nachdem er eine Ewigkeit geruht, einmal tätig geworden sein, muss also einmal eine Veränderung in sich erlitten haben, die den Begriff Zeit auf ihn anwenden lässt, was beides gegen das Wesen Gottes streitet. Gott kann also die Welt nicht geschaffen haben. [...]

Chaumette: Ei wahrhaftig, das gibt mir wieder Licht; ich danke, danke.

Mercier: Halten Sie, Payne! Wenn aber die Schöpfung ewig ist?

Payne: Dann ist sie schon keine Schöpfung mehr, dann ist sie eins mit Gott oder ein Attribut desselben, wie Spinoza sagt; dann ist Gott in allem, in Ihnen, Wertester, [...] und in mir; das wäre so übel nicht, aber Sie müssen mir zugestehen, dass es gerade nicht viel um die himmlische Majestät ist, wenn der liebe Herrgott in jedem von uns Zahnweh kriegen, den Tripper haben, lebendig begraben werden oder wenigstens die sehr unangenehmen Vorstellungen davon haben kann.

[...]

Mercier: Und die Moral?

Payne: Erst beweist ihr Gott aus der Moral und dann die Moral aus Gott! – Was wollt ihr denn mit eurer Moral? Ich weiß nicht, ob es an und für sich was Böses oder was Gutes gibt, und habe deswegen doch nicht nötig, meine Handlungsweise zu ändern. Ich handle meiner Natur gemäß, was ihr angemessen, ist für mich gut, und ich tue es, und was ihr zuwider, ist für mich bös, und ich tue es nicht und verteidige mich dagegen, wenn es mir in den Weg kommt. Sie können, wie man so sagt, tugendhaft bleiben und sich gegen das sogenannte Laster wehren, ohne deswegen ihre Gegner verachten zu müssen, was ein gar trauriges Gefühl ist. [...]

Mercier: Aber eine Ursache muss doch da sein.

Payne: Wer leugnet dies; aber wer sagt Ihnen denn, dass diese Ursache das sei, was wir uns als Gott, d.h. als das Vollkommne denken? Halten Sie die Welt für vollkommen?

Mercier: Nein.

Payne: Wie wollen Sie denn aus einer unvollkommnen Wirkung auf eine vollkommne Ursache schließen? [...] Ist's nicht sehr menschlich, uns Gott nur als schaffend denken zu können? Weil wir uns immer regen und schütteln müssen, um uns nur immer sagen zu können: wir sind! müssen wir Gott auch dies elende Bedürfnis andichten? Müssen wir, wenn sich unser Geist in das Wesen einer harmonisch in sich ruhenden, ewigen Seligkeit versenkt, gleich annehmen, sie müsse die Finger ausstrecken und über Tisch Brotmännchen kneten? [...] Schafft das Unvollkommne weg, dann allein könnt ihr Gott demonstrieren, Spinoza hat es versucht. Man kann das Böse leugnen, aber nicht den Schmerz; nur der Verstand kann Gott beweisen, das Gefühl empört sich dagegen. Merke dir es [...], warum leide ich? Das ist der Fels des Atheismus. Das leiseste Zucken des Schmerzes, und rege es sich nur in einem Atom, macht einen Riss in der Schöpfung von oben bis unten.

1 Stellen Sie dar, welche Gründe nach Payne gegen den Glauben an Gott sprechen.

2 Erklären Sie, warum Payne die Frage „Warum leide ich?“ als den „Fels des Atheismus“ bezeichnet.

Im Folgenden geht es um das Problem, wie Gott Leid in der angeblich von ihm geschaffenen Welt zulassen kann. Die Frage nennt man auch seit 1710 nach einem Hauptwerk des Philosophen G. W. Leibniz das Problem der Theodizee, d. h. der Rechtfertigung Gottes angesichts des Leides.

M 2

3 „Das leiseste Zucken des Schmerzes macht einen Riss in der Schöpfung“ (Z. 82 ff.), sagt Payne, der in „Dantons Tod“ als Experte für Religionskritik auftritt. Der senkrechte Strich auf dem Bild einer Galaxie (M 2) ist nicht etwa dieser Riss in der Schöpfung, sondern die Teilung der Doppelseite des Buches, aus dem das Bild entnommen wurde. Wie kann man sich aber diesen Riss in der Schöpfung vorstellen? Stellen Sie Beispiele zusammen, die man als einen Riss in der Schöpfung betrachten könnte. Welche davon stellen Ihrer Meinung nach den Glauben an einen Schöpfergott in Frage?

Der Philosoph und Mathematiker Gottfried Wilhelm Leibniz (1646–1716), der u.a. auch die Infinitesimalrechnung erfand, glaubt, eine Erklärung für die Gerechtigkeit Gottes angesichts der Übel in der Welt geben zu können, die vorher nicht möglich gewesen sei.

Gottfried Wilhelm Leibniz: Gott schafft notwendigerweise die beste aller möglichen Welten (1710)

M 3

19. Die Alten hatten nur schwache Vorstellungen von den göttlichen Werken, und der heilige Augustinus, dem die modernen Entdeckungen noch fehlten, geriet in Schwierigkeiten, als er das Übergewicht des Bösen entschuldigen wollte. Den Alten erschien nur unsere Erde als bewohnt. [...] Heutzutage aber muss man, welche Grenzen man auch dem Weltall zu- oder abspricht, anerkennen, dass es unzählige Erden gibt, von derselben und noch größerer Ausdehnung als die unsrige, und dass diese ebenso wohl Anspruch auf vernünftige Bewohner haben, obgleich es keine Menschen zu sein brauchen. Die Erde ist nur ein Planet, d.h. einer der sechs Haupttrabanten unserer Sonne: und da alle Fixsterne ebenfalls Sonnen sind, so sieht man, wie wenig Bedeutung unserer Erde unter den sichtbaren Dingen zukommt, da sie doch nur ein Anhängsel eines derselben ist. [...] So verliert sich der bekannte Teil des Universums, verglichen mit dem unbekannten, den wir dennoch annehmen müssen, beinah in Nichts, und alle Übel, die man uns entgegenhalten kann, haben nur Geltung, bezogen auf dieses Beinah-Nichts: Muss man da nicht sagen, dass alle Übel, verglichen mit den Gütern dieser Welt, auch nur ein Beinah- Nichts sind? [...]

8. [Gottes] überlegene Weisheit konnte in Verbindung mit einer nicht weniger unendlichen Güte einzig und allein das Beste erwählen. Denn wie ein geringes Übel eine Art Gut und ein geringes Gut eine Art Übel ist, wenn es ein größeres Gut verhindert, so hätte man Ursache, die Handlungen Gottes zu tadeln, wenn es ein Mittel gäbe, es besser zu machen. Und wie in der Mathematik ohne ein Maximum und Minimum, kurz ohne etwas bestimmt Unterschiedenes, alles gleichförmig verläuft, oder wenn dies nicht möglich ist, überhaupt nichts geschieht, so lässt sich dasselbe von der vollkommenen Weisheit sagen, die gleichen Regelmäßigkeiten untersteht wie die Mathematik: Gäbe es nicht die beste aller möglichen Welten, dann hätte Gott überhaupt keine erschaffen. [...]

9. Kann ein Gegner diesem Argument nicht beikommen, so wird er vielleicht auf unsere Schlussfolgerung mit einem entgegengesetzten Argument antworten: Er wird sagen, die Welt hätte ja sündlos und ohne Leiden sein können; aber was ich bestreite, ist, dass sie dann besser wäre. Wissen muss man, dass in jeder möglichen Welt alles miteinander in Verbindung steht: Jedwedes Universum ist ein Ganzes aus einem Stück, gleich dem Ozean; die geringste Bewegung breitet sich in beliebige Entfernung aus, wenn sie auch schwächer und schwächer wird, entsprechend dieser Entfernung: So hat Gott ein für allemal alles im Voraus geregelt, er, der die Gebete, die guten und schlechten Handlungen und alles andere voraussah; und jedes Ding hat vor seiner Existenz idealiter zu dem Entschlusse beigetragen, der über das Dasein aller Dinge gefasst wurde. Darum kann in der Welt nichts ohne Schaden an seiner Wesensart, oder (wie bei einer Zahl), wenn man will, an seiner numerischen Individualität verändert werden. Wenn somit das geringste Übel, das in der Welt eintrifft, fehlte, es wäre nicht mehr diese Welt, die, alles in allem, von dem sie auswählenden Schöpfer als die beste befunden worden ist.

10. Zwar kann man sich Welten ohne Sünde und ohne Unglück vorstellen, und so etwas daraus machen wie die Romane von Utopien [...]; aber diese Welten würden im Übrigen der unsrigen erheblich nachstehen.

4 Stellen Sie die Gründe zusammen, die Leibniz zu der Theodizee, d.h. der Rechtfertigung Gottes angesichts der Übel in der Welt, anführt.

5 Erläutern Sie, welche Bedeutung in diesem Zusammenhang sein gegenüber dem Altertum gewandeltes Bild des Kosmos hat.

M 4 Franz M. Wuketits: Evolution gibt keine Antwort auf die Sinnfrage (2000)

Es muss klar gesagt werden, dass die Kategorien „Gut“ und „Böse“ in der Evolution nicht vorkommen, und dass in der Evolution kein Platz für Sentimentalitäten bleibt. Gott in der Evolution zu suchen, ist daher ein hoffnungslos naives Unterfangen, das letztlich schwer enttäuschen muss. Der oft beschworene allmächtige und gütige Gott steht in Anbetracht des unsäglichen Leidens in dieser Welt auf verlorenem Posten. Wir können uns nicht ausmalen, wie viele einzelne Lebewesen täglich – jede Stunde, jede Minute, jede Sekunde – von anderen Lebewesen und von über sie hereinbrechenden Naturkatastrophen (Überflutungen, Kälteeinbrüchen, Dürrekatastrophen, Erdbeben, Vulkanausbrüchen usw.) erbarmungslos niedergemetzelt werden. Wozu soll das alles gut sein? Wozu sollen viele Millionen von Arten in der Erdgeschichte ausgestorben sein? Wozu sollen unschuldige Kinder grausamen Krankheiten zum Opfer fallen oder verhungern? Eine sowohl rational als auch emotional befriedigende Antwort darauf kann uns keine der Religionen liefern. Auch die Evolutionstheorie liefert darauf keine befriedigende Antwort – aber sie stellt die Sinnfrage erst gar nicht, sondern konfrontiert uns mit den „harten Tatsachen“. (4)

Es sollte heute jedenfalls nicht überraschen, dass Biologen Gott nicht mehr benötigen. Wie sich indes Menschen als humane Wesen benehmen und trotz der Sinnlosigkeit der Welt ihrem eigenen Leben Sinn verleihen können, ist keine religiöse, sondern eine psychologische und soziale Frage, die jeder für sich beantworten muss. (5)

6 Stellen Sie die Gründe zusammen, die den österreichischen Biologen Wuketits (* 1955) zu der Ansicht führen, dass die Evolutionstheorie zu einer negativen Antwort auf die Theodizee-Frage führen muss.

M 5 Hoimar von Ditfurth: Die Evolution als Augenblick der Schöpfung (1984)

Ich halte es für sinnvoll, ernstlich darüber nachzudenken, ob es sich bei dem Prozess, der sich unseren unvollkommenen Gehirnen als der so quälend langwierig sich hinziehende Prozess der kosmischen und biologischen Entwicklung präsentiert, in Wahrheit nicht um den Augenblick der Schöpfung handeln könnte. [...]

Dass kosmische und biologische Evolution die Projektionen des Schöpfungsereignisses in unseren Gehirnen sind. Dass die Entwicklungsgeschichte der unbelebten und der belebten Natur die Form ist, in der wir „von innen“ die Schöpfung miterleben, die „von außen“, aus transzendentaler Perspektive, in Wahrheit also, der Akt eines Augenblicks ist.

Naturwissenschaftler werden dieser Deutung nicht widersprechen. Mehr noch: Sie allein waren in der Lage, die Voraussetzungen zu schaffen, die eine solche Deutung überhaupt erst ermöglichen. Die Theologen sollten sich dafür interessieren. Denn wie von selbst bieten sich vor dem Hintergrund dieses Entwurfs Antworten auf einige Fragen an, die im Rahmen des bisherigen Verständnisses offen geblieben waren.

Dazu gehört, um damit zu beginnen, das alte Problem der Theodizee, der „Rechtfertigung Gottes“. Wie lässt es sich erklären, wie kann, schärfer und von der Position des Gegners aus formuliert, Gott dafür entschuldigt werden, dass er eine Welt geschaffen hat, die von allem Anfang an erfüllt ist mit Leiden jeder nur denkbaren Art – Schmerzen und Angst und Krankheit? Wie kommt das Böse in die Welt, wenn diese Welt die Schöpfung Gottes ist? Seit den Tagen des Hiob muss jeder gläubige Mensch mit der Frage fertig werden, wie die Unvollkommenheit der Welt mit der Allmacht Gottes in Einklang zu bringen ist.

Der Widerspruch verliert an Schärfe, sobald wir die Möglichkeit bedenken, dass die Welt, die wir erleben, eine „Schöpfung *in nascendo*“ (im Entstehen) sein könnte. Nicht das fertige, von Seiten Gottes abgeschlossene und von ihm gleichsam entlassene Schöpfungsprodukt. Dass die unleugbare Unvollkommenheit und Mangelhaftigkeit der Welt also vielleicht damit zusammenhängt, dass sie einer noch nicht vollendeten Schöpfung entspringt.

7 Erläutern Sie, wie der Naturwissenschaftler v. Ditfurth nach seinem Verständnis von Evolution eine Antwort auf die Theodizee-Frage für möglich hält.

Die Mutter des deutsch-jüdischen Philosophen Hans Jonas (1903–1993; vgl. S. 223 ff.) wurde in Auschwitz ermordet. Angesichts der Frage, wie Gott Auschwitz zulassen konnte, schreibt er:

Hans Jonas: Der Mythos von einem werdenden Gott als Antwort auf die Theodizee-Frage (1984)

M 6

[Ich] half mir mit einem selbsterdachten *Mythos* – jenem Mittel bildlicher, doch glaublicher Vermutung, das Plato für die Sphäre jenseits des Wissbaren erlaubt. [...] Der Mythos zeichnet das Bild eines werdenden Gottes. Es ist ein Gott, der in der Zeit hervorgeht, anstatt ein vollständiges Sein zu besitzen, das mit sich identisch bleibt durch die Ewigkeit. [...] Die ontologische Entgegensetzung, die klassisches Denken zwischen Sein und Werden behauptet hatte, wobei das Werden dem Sein unterlegen und kennzeichnend für die niedere, körperliche Welt ist, schloss jeden Schatten eines Werdens von dem reinen, absoluten Sein der Gottheit aus. Aber dieser hellenische Begriff hat niemals gut zum Geiste und zur Sprache der Bibel gestimmt; und der Begriff eines göttlichen Werdens kann tatsächlich besser mit ihr vereint werden.

Denn was besagt der werdende Gott? [...] Auch wenn wir davon absehen, dass schon die Schöpfung als solche, als Akt und als Dasein seines Ergebnisses, ja schließlich eine entscheidende Änderung im Zustand Gottes darstellt, insofern er nun nicht mehr allein ist, so bedeutet sein fortlaufendes Verhältnis zum Geschaffenen, wenn dies erst einmal existiert und sich im Flusse des Werdens dahinbewegt, eben dies, dass er etwas mit der Welt erfährt, dass also sein eigenes Sein von dem, was in ihr vorgeht, beeinflusst wird. Das gilt schon für das bloße Verhältnis begleitenden Wissens, ganz zu schweigen von dem des Interesses. Also, wenn Gott in irgendeiner Beziehung zur Welt steht – und das ist die kardinale Annahme der Religion –, dann hat hierdurch allein der Ewige sich „verzeitlicht" und wird fortschreitend anders durch die Verwirklichungen des Weltprozesses.

[...]

Nur von einem gänzlich unverstehbaren Gott kann gesagt werden, dass er zugleich absolut gut und absolut allmächtig ist und doch die Welt duldet, wie sie ist. Allgemeiner gesagt, die drei Attribute in Frage – absolute Güte, absolute Macht und Verstehbarkeit – stehen in einem solchen Verhältnis, dass jede Verbindung von zweien von ihnen das dritte ausschließt. [...] Nach Auschwitz können wir mit größerer Entschiedenheit als je zuvor behaupten, dass eine allmächtige Gottheit entweder nicht allgütig oder (in ihrem Weltregiment, worin allein wir sie erfassen können) total unverständlich wäre. Wenn aber Gott auf gewisse Weise und in gewissem Grade verstehbar sein soll (und hieran müssen wir festhalten), dann muss sein Gutsein vereinbar sein mit der Existenz des Übels, und das ist es nur, wenn er nicht *all*-mächtig ist. Nur dann können wir aufrechterhalten, dass er verstehbar und gut ist und es dennoch Übel in der Welt gibt. Und da wir sowieso den Begriff der Allmacht als zweifelhaft in sich selbst befanden, so ist es dieses Attribut, das weichen muss.

[...]

Verzichtend auf seine eigene Unverletzlichkeit, erlaubte der ewige Grund der Welt, zu sein. Dieser Selbstverneinung schuldet alle Kreatur ihr Dasein und hat mit ihm empfangen, was es vom Jenseits zu empfangen gab. Zudem er sich ganz in die werdende Welt hineingab, hat Gott nichts mehr zu geben: Jetzt ist es am Menschen, ihm zu geben. Und er kann dies tun, indem er in den Wegen seines Lebens darauf sieht, dass es nicht geschehe oder nicht zu oft geschehe, und nicht seinetwegen, dass es Gott um das Werdenlassen der Welt gereuen muss.

8 Stellen Sie dar, in welcher Weise der selbsterdachte Mythos eines werdenden Gottes für Hans Jonas eine Möglichkeit ist, mit der Frage fertig zu werden, wie Gott die Massenvernichtung der Juden zulassen konnte.

9 Stellen Sie die Ähnlichkeiten und Unterschiede zwischen dem Gottesverständnis von Jonas und Whitehead (S. 400 f.) zusammen.

Eine andere Lösung des Theodizee-Problems versucht der evangelische Theologe und Religionsphilosph Hermann Deuser (* 1946).

M 7 Hermann Deuser: Das Theodizee-Problem als Resultat eines metaphysischen Gottesbegriffes (2009)

Die mythischen Göttererzählungen helfen [...], Leiden und Böses anschaulich zu machen; sie [die Götter] können deshalb aber auch vom wirklichen Geschick ganz abgekoppelt werden bzw. diesem selbst ausgeliefert erscheinen. Erst wenn ein und derselbe Gott für alles Geschaffene verantwortlich gesehen wird, kann [die] Klage als Anklage rückhaltlos adressiert werden. [...]
Zu einem Theorieproblem ersten Ranges kommt es erst dann, wenn ein theistischer Gottesbegriff aus absoluten (positiven) Eigenschaften so definiert wird, dass die menschlichen (negativen) Erfahrungen erklärungsbedürftig werden, weil letztere zumindest Gottes Allmacht, Güte und Allwissenheit nicht mehr sinnvoll zugeordnet werden können: Wenn Gott als Schöpfer alles vermag, Gutes will und die Folgen kennt – dann kollidiert dieser Gottesbegriff mit der furchtbaren Qualität des Leidens und des Bösen im Einzelnen und der unübersehbaren Quantität negativer Ereignisse im Ganzen der Welt. Die klassische Formulierung des Problems kann auf Epikur (341–270 v. Chr.) zurückgreifen: „Entweder will Gott die Übel beseitigen und kann es nicht, oder er kann es und will es nicht, oder er kann es nicht und will es nicht, oder er kann es und will es.

- Wenn er nun will und nicht kann, so ist er schwach, was auf Gott nicht zutrifft.
- Wenn er kann und nicht will, dann ist er missgünstig, was ebenfalls Gott fremd ist.
- Wenn er nicht will und nicht kann, dann ist er sowohl missgünstig wie auch schwach und dann auch nicht Gott.
- Wenn er aber will und kann, was allein sich für Gott geziemt, woher kommen dann die Übel und warum nimmt er sie nicht weg?“

Die Lösungsstrategien sind begrenzt, und auch die von Leibniz genutzte Differenzierung der Übel in metaphysische („Unvollkommenheit“), physische („Leiden“) und moralische („Sünde“) ändert nichts an dem Gesamtproblem, dass eine offensichtlich ungenügende Welt zugleich Gottes gute Schöpfung, in Leibniz mathematisch-philosophischer Diktion: „die beste [...] aller möglichen Welten“, sein muss. Lässt sich das nicht nur dann aufrechterhalten, wenn zugleich der Begriff der Allmacht begrenzt, das Übel abgeschwächt, die Weltentwicklung optimistischer und der böse Wille als vermeidbare Schuld der Menschen verstanden werden? Alle diese Wege sind gegangen worden und werden weiter ausprobiert. Im Kern gibt es drei Möglichkeiten: Erstens könnte versucht werden, das Göttliche und das Übel als das Nicht-Göttliche zu trennen, d.h. das Problem dadurch zu lösen, dass das erkennbar Negative entweder gar nicht oder nicht religiös erklärt wird. Zweitens kann eingeräumt werden, dass das unwidersprechliche Auftreten der Übel mit dem Gottesbild zu tun hat, und dann kommt es entweder zur Verteidigung Gottes (Theodizee im Wortsinn) oder zu atheistischen Konsequenzen. Schließlich kann drittens eingeräumt werden, dass von der primären Stellung des (religiösen) Gottesbildes her die negativen Erfahrungen gerade als dafür einschlägig ernst genommen werden müssen, und dann kommt es zur Revision oder Ersetzung des theistischen Gottesbegriffs bzw. zu Denkmodellen, die beiden Seiten ungeschmälert gerecht werden wollen – wie Leibniz es versucht hat.

10 Stellen Sie dar, warum nach Deuser das Theodizee-Problem in mythischen Göttererzählungen nicht auftritt.

11 Untersuchen Sie, inwieweit Epikurs „klassische“ Formulierung des Theodizee-Problems eine Reaktion auf Platons Gottesvorstellung darstellt (S. 396 ff.).

12 Prüfen Sie, ob Deuser bei seinen drei Möglichkeiten der Beantwortung der Theodizee-Frage auch die Lösungen von Ditfurths und Jonas' berücksichtigt hat.

13 Stellen Sie sich vor, Sie hätten Epikur, Wuketits, Leibniz, v. Ditfurth und Jonas zu einer Gesprächsrunde in die Aula eingeladen, damit interessierte Schüler anderer Kurse die Ergebnisse Ihrer Frage nach der Theodizee aus erstem Mund erfahren. Sie moderieren das Gespräch und fassen es in einem Verlaufsprotokoll zusammen. Sie können und sollten dabei auch auf Zitate aus den Texten zurückgreifen und kursiv setzen.

3.2 Wenn es Gott nicht gibt – Feuerbach, Marx, Freud

Goethe plante als junger Dichter ein Drama über Prometheus, dessen Geschichte Sie auf den Seiten 110 und 121 kennenlernen können. Aus dem Dramenfragment ist dieser Hymnus erhalten.

Johann Wolfgang von Goethe: Prometheus (1773)

M 8

Bedecke deinen Himmel, Zeus,
Mit Wolkendunst!
Und übe, dem Knaben gleich,
Der Diesteln köpft,
An Eichen dich und Bergeshöhn!
[...]
Ich kenne nichts Ärmer's
Unter der Sonn' als euch, Götter.
Ihr nähret kümmerlich
Von Opfersteuern
Und Gebetshauch
Eure Majestät
Und darbtet, wären
Nicht Kinder und Bettler
Hoffnungsvolle Toren.
[...]
Wer half mir wider
Der Titanen Übermut?
Wer rettete vom Tode mich,
Von Sklaverei?
Hast du's nicht alles selbst vollendet,
Heilig glühend Herz?
Und glühtest jung und gut,
[...]
Ich dich ehren? Wofür?
Hast du die Schmerzen gelindert
Je des Beladenen?
Hast du die Tränen gestillet
Je des Geängsteten?
Hat nicht mich zum Manne geschmiedet
Die allmächtige Zeit
Und das ewige Schicksal,
Meine Herrn und deine?

Wähntest du etwa,
Ich sollte das Leben hassen,
In Wüsten fliehen,
Weil nicht alle Knabenmorgen-
Blütenträume reiften?

Hier sitz' ich, forme Menschen
Nach meinem Bilde,
Ein Geschlecht, das mir gleich sei,
Zu leiden, weinen,
Genießen und zu freuen sich,
Und dein nicht zu achten,
Wie ich.

1 Stellen Sie dar, wie der Titan Prometheus über den obersten olympischen Gott Zeus spricht, wie er die Menschen beschreibt, die an die Götter glauben, und im Gegensatz dazu die Menschen, die zu ihm gehören.

2 Beschreiben Sie, wie der Bildhauer Emil Hundrieser an dem 1901 geschaffenen Brunnen in Berlin (M 9) die Haltung des Prometheus und der Menschen (in Gestalt der Frau im Vordergrund) zum Ausdruck bringt.

M 9

Emil Hundrieser: Prometheus, 1901

In Goethes Gedicht will Prometheus Menschen formen, die sich wie er gegen die Götter empören. Dabei wird aber immer noch vorausgesetzt, dass es die Götter gibt. Im Folgenden geht es um das Problem, was sich für den Menschen ändern würde, wenn es keinen Gott gäbe, wie es der Atheismus behauptet.

3 Welche Folgen hätte es, wenn der Mensch die Stelle einnehmen würde, die in vielen traditionellen Weltbildern Gott einnimmt? Stellen Sie eine Liste von Möglichkeiten und Schwierigkeiten zusammen, die sich aus dieser Vorstellung ergeben.

In der Nachfolge des französischen Materialismus (vgl. S. 383) und in Auseinandersetzung mit dem Idealismus seines Lehrers Georg Wilhelm Friedrich Hegel entwarf Ludwig Feuerbach (1804–1872) als erster in Deutschland eine radikale Kritik der Religion.

M 10 Ludwig Feuerbach: Der Mensch ist dem Menschen ein Gott (1841)

Wir haben bewiesen, dass der Inhalt und Gegenstand der Religion ein durchaus menschlicher ist, bewiesen, dass das Geheimnis der Theologie die Anthropologie, des göttlichen Wesens das menschliche Wesen ist. Aber die Religion hat nicht das Bewusstsein von der Menschlichkeit ihres Inhalts; sie setzt sich vielmehr dem Menschlichen entgegen, oder wenigstens, sie gesteht nicht ein, dass ihr Inhalt menschlicher ist. Der notwendige Wendepunkt der Geschichte ist daher dieses offne Bekenntnis und Eingeständnis, dass das Bewusstsein Gottes nichts andres ist als das Bewusstsein der Gattung, dass der Mensch sich nur über die Schranken seiner Individualität oder Persönlichkeit erheben kann und soll, aber nicht über die Gesetze, die Wesensbestimmungen seiner Gattung, dass der Mensch kein andres Wesen als absolutes, als göttliches Wesen denken, ahnden, vorstellen, fühlen, glauben, wollen, lieben und verehren kann als das menschliche Wesen.

Unser Verhältnis zur Religion ist daher kein nur verneinendes, sondern ein kritisches; wir scheiden nur das Wahre vom Falschen – obgleich allerdings die von der Falschheit ausgeschiedne Wahrheit immer eine neue, von der alten wesentlich unterschiedne Wahrheit ist. Die Religion ist das erste Selbstbewusstsein des Menschen. Heilig sind die Religionen, eben weil sie die Überlieferungen des ersten Bewusstseins sind. Aber was der Religion das Erste ist, Gott, das ist, wie bewiesen, an sich, der Wahrheit nach das Zweite, denn er ist nur das sich gegenständliche Wesen des Menschen, und was ihr das Zweite ist, der Mensch, das muss daher als das Erste gesetzt und ausgesprochen werden. Die Liebe zum Menschen darf keine abgeleitete sein; sie muss zur ursprünglichen werden. Dann allein wird die Liebe eine wahre, heilige, zuverlässige Macht. Ist das Wesen des Menschen das höchste Wesen des Menschen, so muss auch praktisch das höchste und erste Gesetz die Liebe des Menschen zum Menschen sein. Homo homini Deus est – dies ist der oberste praktische Grundsatz –, dies der Wendepunkt der Weltgeschichte. Die Verhältnisse des Kindes zu den Eltern, des Gatten zum Gatten, des Bruders zum Bruder, des Freundes zum Freunde, überhaupt des Menschen zum Menschen, kurz, die moralischen Verhältnisse sind an und für sich selbst wahrhaft religiöse Verhältnisse. Das Leben ist überhaupt in seinen wesentlichen Verhältnissen durchaus göttlicher Natur. [...] Im Christentum werden die moralischen Gesetze als Gebote Gottes gefasst; es wird die Moralität selbst zum Kriterium der Religiosität gemacht; aber die Moral hat dennoch untergeordnete Bedeutung, hat nicht für sich selbst die Bedeutung der Religion. Diese fällt nur in den Glauben. Über der Moral schwebt Gott als ein vom Menschen unterschiedenes Wesen, dem das Beste angehört, während dem Menschen nur der Abfall zukommt. Alle Gesinnungen, die dem Leben, dem Menschen zugewendet werden sollen, alle seine besten Kräfte vergeudet der Mensch an das bedürfnislose Wesen. Die wirkliche Ursache wird zum selbstlosen Mittel, eine nur vorgestellte, eingebildete Ursache zur wahren, wirklichen Ursache. Der Mensch dankt Gott für die Wohltaten, die ihm der andere selbst mit Opfern dargebracht. Der Dank, den er seinem Wohltäter ausspricht, ist nur ein scheinbarer, er gilt nicht ihm, sondern Gott. Er ist dankbar gegen Gott, aber undankbar gegen den Menschen. So geht die sittliche Gesinnung in der Religion unter! So opfert der Mensch den Menschen Gott auf! Das blutige Menschenopfer ist in der Tat nur ein rohsinnlicher Ausdruck von dem innersten Geheimnis der Religion.

4 Feuerbach spricht von einem notwendigen Wendepunkt der Geschichte. Stellen Sie dar, worin dieser besteht.

5 Erläutern Sie, welche Bedeutung die Liebe in seinem Text einnimmt.

Nach dem Tod von Karl Marx veröffentlichte sein langjähriger Freund und Unterstützer Friedrich Engels (1820–1895) eine Schrift über Feuerbach, die die Bedeutung von dessen Religionskritik in Frage stellt.

Friedrich Engels: Feuerbachs Religion der Liebe (1885)

M 11

Der wirkliche Idealismus Feuerbachs tritt zutage, sobald wir auf seine Religionsphilosophie und Ethik kommen. Er will die Religion keineswegs abschaffen, er will sie vollenden. Die Philosophie selbst soll aufgehn in Religion.

„Die Perioden der Menschheit unterscheiden sich nur durch religiöse Veränderungen. Nur da geht eine geschichtliche Bewegung auf den Grund ein, wo sie auf das Herz des Menschen eingeht. Das Herz ist nicht eine Form der Religion, so dass sie auch im Herzen sein sollte; es ist das Wesen der Religion."

Religion ist nach Feuerbach das Gefühlsverhältnis, das Herzensverhältnis zwischen Mensch und Mensch, das bisher in einem phantastischen Spiegelbild der Wirklichkeit – in der Vermittlung durch einen oder viele Götter, phantastische Spiegelbilder menschlicher Eigenschaften – seine Wahrheit suchte, jetzt aber in der Liebe zwischen Ich und Du sie direkt und ohne Vermittlung findet. Und so wird bei Feuerbach schließlich die Geschlechtsliebe eine der höchsten, wenn nicht die höchste Form der Ausübung seiner neuen Religion. [...]

Der Idealismus besteht hier bei Feuerbach darin, dass er die auf gegenseitiger Neigung beruhenden Verhältnisse der Menschen zueinander, Geschlechtsliebe, Freundschaft, Mitleid, Aufopferung usw., nicht einfach als das gelten lässt, was sie ohne Rückerinnerung an eine, auch für ihn der Vergangenheit angehörige, besondre Religion aus sich selbst sind, sondern behauptet, sie kämen erst zu ihrer vollen Geltung, sobald man ihnen eine höhere Weihe gibt durch den Namen Religion. Die Hauptsache für ihn ist nicht, dass diese rein menschlichen Beziehungen existieren, sondern dass sie als die neue, wahre Religion aufgefasst werden. Sie sollen für voll gelten, erst wenn sie religiös abgestempelt sind. Religion kommt her von religare und heißt ursprünglich Verbindung. Also ist jede Verbindung zweier Menschen eine Religion. Solche etymologischen Kunststücke bilden das letzte Auskunftsmittel der idealistischen Philosophie. Nicht was das Wort nach der geschichtlichen Entwicklung seines wirklichen Gebrauchs bedeutet, sondern was es der Abstammung nach bedeuten sollte, das soll gelten. Und so wird die Geschlechtsliebe und die geschlechtliche Verbindung in eine „Religion" verhimmelt, damit nur ja nicht das der idealistischen Erinnerung teure Wort Religion aus der Sprache verschwinde.

Ja, die Liebe ist überall und immer der Zaubergott, der bei Feuerbach über alle Schwierigkeiten des praktischen Lebens hinweghelfen soll – und das in einer Gesellschaft, die in Klassen mit diametral entgegengesetzten Interessen gespalten ist. Damit ist denn der letzte Rest ihres revolutionären Charakters aus der Philosophie verschwunden, und es bleibt nur die alte Leier: Liebet euch untereinander, fallt euch in die Arme ohne Unterschied des Geschlechts und des Standes – allgemeiner Versöhnungsdusel!

Kurz und gut. Es geht der Feuerbachschen Moraltheorie wie allen ihren Vorgängerinnen. Sie ist auf alle Zeiten, alle Völker, alle Zustände zugeschnitten, und eben deswegen ist sie nie und nirgends anwendbar und bleibt der wirklichen Welt gegenüber ebenso ohnmächtig wie Kants kategorischer Imperativ. [...] Vom Feuerbachschen abstrakten Menschen kommt man [...] nur zu den wirklichen lebendigen Menschen, wenn man sie in der Geschichte handelnd betrachtet.

6 Friedrich Engels, der Freund und Mitarbeiter von Karl Marx, hört bei Feuerbach „nur die alte Leier" (Z. 53 f.). Erläutern Sie, worin deren „Melodie" besteht.

7 Stellen Sie dar, welchen Fehler Engels bei Feuerbach kritisiert.

Karl Marx (1818–1883) schreibt zwar in einer Frühschrift in Anspielung auf das Werk Feuerbachs, dass in Deutschland die Kritik der Religion im Wesentlichen beendet sei. Er sieht aber den Menschen ganz anders als Feuerbach und kommt deshalb auch zu einer anderen Auffassung über die Möglichkeit, die Religion zu überwinden.

M 12 Karl Marx: Religion als Opium des Volkes (1843)

Der Mensch, das ist kein abstraktes, außer der Welt hockendes Wesen. Der Mensch, das ist die Welt des Menschen, Staat, Sozietät. Dieser Staat, diese Sozietät produzieren die Religion, ein verkehrtes Weltbewusstsein, weil sie eine verkehrte Welt sind. Die Religion ist die allgemeine Theorie dieser Welt, [...] ihre moralische Sanktion, ihre feierliche Ergänzung, ihr allgemeiner Trost- und Rechtfertigungsgrund. Sie ist die phantastische Verwirklichung des menschlichen Wesens, weil das menschliche Wesen keine wahre Wirklichkeit besitzt. Der Kampf gegen die Religion ist also mittelbar der Kampf gegen jene Welt, deren geistiges Aroma die Religion ist.

Das religiöse Elend ist in einem der Ausdruck des wirklichen Elendes und in einem die Protestation gegen das wirkliche Elend. Die Religion ist der Seufzer der bedrängten Kreatur, das Gemüt einer herzlosen Welt, wie sie der Geist geistloser Zustände ist. Sie ist das Opium des Volks.

Die Aufhebung der Religion als des illusorischen Glücks des Volkes ist die Forderung seines wirklichen Glücks: Die Forderung, die Illusionen über seinen Zustand aufzugeben, ist die Forderung, einen Zustand aufzugeben, der der Illusionen bedarf. Die Kritik der Religion ist also im Keim die Kritik des Jammertales, dessen Heiligenschein die Religion ist.

Die Kritik hat die imaginären Blumen an der Kette zerpflückt, nicht damit der Mensch die phantasielose, trostlose Kette trage, sondern damit er die Kette abwerfe und die lebendige Blume breche. Die Kritik der Religion enttäuscht den Menschen, damit er denke, handle, seine Wirklichkeit gestalte wie ein enttäuschter, zu Verstand gekommener Mensch, damit er sich um sich selbst und damit um seine wirkliche Sonne bewege. Die Religion ist nur die illusorische Sonne, die sich um den Menschen bewegt, solange er sich nicht um sich selbst bewegt.

Es ist also die Aufgabe der Geschichte, nachdem das Jenseits der Wahrheit verschwunden ist, die Wahrheit des Diesseits zu etablieren. Es ist zunächst die Aufgabe der Philosophie, die im Dienste der Geschichte steht, nachdem die Heiligengestalt der menschlichen Selbstentfremdung entlarvt ist, die Selbstentfremdung in ihren unheiligen Gestalten zu entlarven. Die Kritik des Himmels verwandelt sich damit in die Kritik der Erde, die Kritik der Religion in die Kritik des Rechts, die Kritik der Theologie in die Kritik der Politik.

[...]

Die Kritik der Religion endet mit der Lehre, dass der Mensch das höchste Wesen für den Menschen sei, also mit dem kategorischen Imperativ, alle Verhältnisse umzuwerfen, in denen der Mensch ein erniedrigtes, ein geknechtetes, ein verlassenes, ein verächtliches Wesen ist.

M 13

Flugblatt von 1843: Der preußische Adler frisst die Leber des gefesselten Karl Marx

8 Die Darstellung von 1843 (M 13) zeigt Marx nach dem Verbot der von ihm in Köln herausgegebenen Zeitung als den an die Druckerpresse gefesselten Prometheus, zu dem die Elenden flehend aufsehen. Verbinden Sie die Darstellung mit Passagen aus dem Text.

9 Lenin schreibt 1905 „Religion ist das Opium für das Volk". Erläutern Sie, worin der Unterschied zwischen dieser Auffassung und der von Karl Marx liegt.

Robert C. Tucker: Der Mythos des Karl Marx (1963)

M 14

Am Ende ist schließlich, wie Marx annimmt, ein Punkt erreicht, an dem die Despotie [willkürliche Herrschaft] des Kapitals absolut unerträglich wird. Dann läutet das Grabgeläute für das Privateigentum, der Gesamtarbeiter entreißt Monsieur Kapital die Welt des fremden Reichtums, womit das Ungeheuer vernichtet ist und alle Feindseligkeit aufhört. Befreit von dem Trieb des Kapitals nach Selbstausdehnung hört die Arbeit auf, Arbeit zu sein, und verwandelt sich in spontanes, menschliches, produktives Leben. Die geschichtliche Welt von Kapital und Arbeit wird am Ende eine Welt, die weder Kapital noch Arbeit kennt, eine Welt der „freien Entwicklung eines jeden".

Dies ist der Marxsche Mythos vom Kampf zwischen Arbeit und Kapital. Er ist ein durch und durch moralischer Mythos, eine Erzählung von Gut und Böse, eine Geschichte vom Kampf zwischen konstruktiven und destruktiven Kräften, die um den Besitz der Welt ringen. Der zugrunde liegende Gedanke ist der des ursprünglichen Marxismus: die Aufspaltung des Menschen gegen sich selbst und seine Entmenschung unter der Despotie der Habsucht, seine schließliche Befreiung und die Befreiung seiner Produktivität von dieser Despotie, indem die entfremdete Welt des Privateigentums erobert wird. Es hat sich nur geändert, dass jetzt der entfremdete Mensch in zwei geteilt ist. Die im Innern im Streit liegenden Kräfte des Schöpferischen und des Willens zur unendlichen Selbstausdehnung werden jetzt als Klassenmächte gesehen und gezeigt, die auf dem Schlachtfeld der Gesellschaft zusammenstoßen.

Wenn ich von einem Marxschen Mythos vom Kampf zwischen Arbeit und Kapital rede, liegt dabei natürlich nicht in meiner Absicht, zu behaupten, dass es zur Zeit von Marx keinen Streit zwischen Arbeit und Kapital gegeben habe oder heute keinen gebe. [...] Mein Hinweis auf das „Mythische" gilt speziell und ausschließlich der besonderen Marxschen *Sichtweise* dieses Kampfes, seiner besonderen Art der Auffassung von diesem Kampf zwischen Arbeit und Kapital. Unter dieser Beleuchtung wird zugleich verständlich, warum Marx das Schlagwort von der „gerechten Verteilung" als „veralteten Phrasenkram" verwarf und warum er sich heftig gegen alle Vorstellungen stemmte, dass der in der Welt herrschende Kampf etwas mit der verteilenden Gerechtigkeit zu tun habe. Gerechtigkeit bedeutet ja zugleich ein gerechtes Abwägen, eine Abgrenzung gegenseitiger Ansprüche, eine Ausgleichung. Diese Idee konnte in der Kampfsituation in der Welt, wie Marx sie sah, nicht angewendet werden. Zwischen Mächten, die den *zwiegespaltenen Menschen* repräsentieren, ist ein gerechter Ausgleich, eine Abgrenzung gegenseitiger Ansprüche nicht denkbar. [...]

Das Suchen nach Freiheit und Harmonie im Menschen lief auf die Vorstellung hinaus, dass der Mensch die Freiheit verwirklichen könnte, wenn er die Gesellschaft in eine vollkommen harmonische, staatenlose Assoziation der ganzen Nation verwandelte.

Dies war eine falsche Vorstellung, die nur die völlige Unfähigkeit widerspiegelt, die notwendigen Bedingungen für die gesellschaftliche Freiheit zu erkennen. Wenngleich im inneren Leben Freiheit und Eins-Sein zusammengehören, trifft dies doch nicht für das gesellschaftliche Leben zu. In ihm ist zur Freiheit ein Gefüge relativ autonomer kleinerer Gemeinschaften innerhalb des größeren sozialen Ganzen ebenso erforderlich, wie es politischer, gesetzlicher und anderer Vorkehrungen bedarf, die für einen geordneten und offenen Austrag der vielfältigen Spannungen und Widersprüche Sorge tragen, ohne die es keine Gesellschaft gibt. Wenn man, wie Marx, das Suchen nach einem Eins-Werden des gespaltenen Menschen mit dem Suchen nach einem Eins-Werden der Gesellschaft verwechselt, bringt man die gesellschaftliche Freiheit sehr leicht in Gefahr. Diese Befürchtung findet ihre Bestätigung in den Erfahrungen Russlands nach der Machtergreifung durch die Partei Lenins, der den Marxismus in der Welt verwirklichen wollte.

10 Der amerikanische Politologe Tucker (1918–2010) ist der Ansicht, dass auch Marx von der Religion nicht loskommt, und entdeckt bei ihm einen „moralischen Mythos" (Z. 15 f.). Erläutern Sie, worin dieser besteht.

Sigmund Freud (1856–1939), der Entdecker der unbewussten Triebe im Menschen, die seit der Kindheit verdrängt werden [vgl. S. 13 ff.], hält die Religion für eine Form der Neurose, einer geistigen Krankheit.

M 15 Sigmund Freud: Religion als Narkotikum (1927)

Dass die Wirkung der religiösen Tröstungen der eines Narkotikums gleichgesetzt werden darf, wird durch einen Vorgang in Amerika hübsch erläutert. Dort will man jetzt den Menschen – offenbar unter dem Einfluss der Frauenherrschaft – alle Reiz-, Rausch- und Genussmittel entziehen und übersättigt sie zur Entschädigung mit Gottesfurcht. Auch auf den Ausgang dieses Experiments braucht man nicht neugierig zu sein.

Ich widerspreche Ihnen also, wenn Sie weiter folgern, dass der Mensch überhaupt den Trost der religiösen Illusion nicht entbehren kann, dass er ohne sie die Schwere des Lebens, die grausame Wirklichkeit, nicht ertragen würde. Ja, der Mensch nicht, dem Sie das süße – oder bittersüße – Gift von Kindheit an eingeflößt haben. Aber der andere, der nüchtern aufgezogen wurde? Vielleicht braucht der, der nicht an der Neurose leidet, auch keine Intoxikation, um sie zu betäuben. Gewiss wird der Mensch sich dann in einer schwierigen Situation befinden, er wird sich seine ganze Hilflosigkeit, seine Geringfügigkeit im Getriebe der Welt eingestehen müssen, nicht mehr der Mittelpunkt der Schöpfung, nicht mehr das Objekt zärtlicher Fürsorge einer gütigen Vorsehung. Er wird in derselben Lage sein wie das Kind, welches das Vaterhaus verlassen hat, in dem es ihm so warm und behaglich war. Aber nicht wahr, der Infantilismus [das Zurückbleiben auf der Stufe eines Kindes] ist dazu bestimmt, überwunden zu werden? Der Mensch kann nicht ewig Kind bleiben, er muss endlich hinaus, ins „feindliche Leben". Man darf das *„die Erziehung zur Realität"* heißen.

11 Erläutern Sie, welchen Zusammenhang Freud zwischen Religion und Infantilismus sieht.

12 Marx nennt die Religion „das Opium des Volkes" und Sigmund Freud ein Narkotikum für Infantile. Machen Sie deutlich, worin die Ähnlichkeiten und worin die Unterschiede liegen.

13 Nehmen Sie Stellung zu den unterschiedlichen Ansätzen der Religionskritik bei Feuerbach, Marx und Freud.

M 16 Hermann Lübbe: Religion als Kontingenzbewältigungspraxis (1986)

Die radikale Religionskritik erklärt die Religion für ein Pseudokompensat [verlogener Ersatz] von Lebensmängeln, die sich im Verlauf gesellschaftlich-politischer und intellektueller Emanzipationsprozesse, statt illusionär, schließlich real beheben lassen, so dass, mit dem Wegfall ihrer vormodernen, voraufgeklärten Nötigkeitsgründe die Religion selber verschwindet. [...] Zum Ärgernis wird hiernach die Religion, wenn wir in frommer Selbstbescheidung unter Bedingungen verharren, die objektiv voll emanzipierte Selbstverwirklichung bereits möglich machen. Wo Menschen im Medium der Wissenschaft sich der Wirklichkeit stellen sollten, machen sie dann stattdessen sich religiös etwas vor. Wo einzig Erkennen, Handeln und Kämpfen ihre Lage verbessern könnte, bedienen sie stattdessen religiös ihre Bedürftigkeiten und Getriebenheiten durch infantilen Rückzug in zwangsneurotisch befestigte Wunschwelten.

Der Realität religiösen Lebens bleibt man indessen näher, wenn man, stattdessen, von der umgekehrten These ausgeht, dass die Religion die kulturelle Form humaner Beziehung auf genau diejenigen Lebenstatsachen ist, auf die sich intellektuelle und politische Aufklärungs- oder Emanzipationsprogramme prinzipiell gar nicht beziehen können.

Bei Theologen [...] ist, zum Beispiel, von jenen „Grunderfahrungen" die Rede, „die wir Christen Kontingenzerfahrungen nennen", und als „Erfahrungen der Angst, des Leids, der Not, der Einsamkeit und des Verlorenseins" etc. [...]

Die hier [...] vorgeschlagene Kennzeichnung der Religion als Kultur des Verhaltens zum Unverfügbaren oder als Kontingenzbewältigungspraxis [...] soll den Blick auf einige fundamentale Gegebenheiten des Lebens richten, auf die wir in religiöser Lebenspraxis bezogen sind und in Bezug auf die es zugleich absurd wäre anzunehmen, dass diese Gegebenheiten über Aufklärungs- und Emanzipationsprozesse abänderungsfähig wären. Hat man das verstanden, so hat man weder ein religionswissenschaftliches Studium hinter sich gebracht, noch ist man gar religiös geworden. Man hat sich lediglich mit einem wichtigen Grund bekanntgemacht, der uns zu erkennen erlaubt, wieso die Erwartung, mit der Vollendung der Aufklärung werde mit vielem anderen zugleich auch die Religion verschwinden, eine illusionäre Erwartung sein musste.

14 Der Philosoph Hermann Lübbe (* 1926) referiert einige Argumente radikaler Religionskritik. Ordnen Sie diese den Ihnen bekannten Religionskritikern zu.

15 Erläutern Sie, warum seiner Meinung nach die radikale Religionskritik, die die Religion als Illusion betrachtet, selbst auf einer Illusion beruht.

3.3 Kritik an der Moral des Christentums – Nietzsche, Girard

Der Verhaftung Dantons und seiner Freunde geht eine Diskussion zwischen den bisherigen Anführern der Revolution, Robespierre und Danton, voraus. Darin geht es um die Frage, wann die Hinrichtungen beendet werden sollen.

Georg Büchner: Dantons Tod, I/6 (Die Tugend muss durch den Schrecken herrschen) M 17

Robespierre: Ich sage dir, wer mir in den Arm fällt, wenn ich das Schwert ziehe, ist mein Feind, seine Absicht tut nichts zur Sache; wer mich verhindert, mich zu verteidigen, tötet mich so gut, als wenn er mich angriffe.

Danton: Wo die Notwehr aufhört, fängt der Mord an; ich sehe keinen Grund, der uns länger zum Töten zwänge.

Robespierre: Die soziale Revolution ist noch nicht fertig; wer eine Revolution zur Hälfte vollendet, gräbt sich selbst sein Grab. Die gute Gesellschaft ist noch nicht tot, die gesunde Volkskraft muss sich an die Stelle dieser nach allen Richtungen abgekitzelten Klasse setzen. Das Laster muss bestraft werden, die Tugend muss durch den Schrecken herrschen.

Danton: Ich verstehe das Wort Strafe nicht. Mit deiner Tugend, Robespierre! Du hast kein Geld genommen, du hast keine Schulden gemacht, du hast bei keinem Weibe geschlafen, du hast immer einen anständigen Rock getragen und dich nie betrunken. Robespierre, du bist empörend rechtschaffen. Ich würde mich schämen, dreißig Jahre lang mit der nämlichen Moralphysiognomie zwischen Himmel und Erde herumzulaufen, bloß um des elenden Vergnügens willen, andre schlechter zu finden als mich. - Ist denn nichts in dir, was dir nicht manchmal ganz leise, heimlich sagte: du lügst, du lügst!

Robespierre: Mein Gewissen ist rein.

Danton: Das Gewissen ist ein Spiegel, vor dem ein Affe sich quält; jeder putzt sich, wie er kann, und geht auf seine eigne Art auf seinen Spaß dabei aus. Das ist der Mühe wert, sich darüber in den Haaren zu liegen. Jeder mag sich wehren, wenn ein andrer ihm den Spaß verdirbt. Hast du das Recht, aus der Guillotine einen Waschzuber für die unreine Wäsche anderer Leute und aus ihren abgeschlagenen Köpfen Fleckkugeln für ihre schmutzigen Kleider zu machen, weil du immer einen sauber gebürsteten Rock trägst? Ja, du kannst dich wehren, wenn sie dir drauf spucken oder Löcher hineinreißen; aber was geht es dich an, solang sie dich in Ruhe lassen? [...] Bist du der Polizeisoldat des Himmels? Und kannst du es nicht ebenso gut mit ansehn als dein lieber Herrgott, so halte dir dein Schnupftuch vor die Augen.

Robespierre: Du leugnest die Tugend?

Danton: Und das Laster. Es gibt nur Epikureer [Für Epikur war die Lust der höchste Maßstab] [...]. Jeder handelt seiner Natur gemäß, d.h. er tut, was ihm wohltut. – Nicht wahr, Unbestechlicher, es ist grausam, dir die Absätze so von den Schuhen zu treten?

Robespierre: Danton, das Laster ist zu gewissen Zeiten Hochverrat.

1 Stellen Sie die Tugenden zusammen, die Robespierre vertritt.

2 Stellen Sie die unterschiedlichen Auffassungen der Tugend von Danton und Robespierre einander gegenüber.

3 Erklären Sie, warum Robespierre nach diesem Gespräch meint, Danton beseitigen zu müssen.

Im Folgenden geht es um die Frage, ob eine tugendhafte Haltung das Leben eher behindern als fördern kann.

4 Danton wirft Robespierre vor, dass seine Betonung der Tugend und des Gewissens die Lust verleugnet, zur Schreckensherrschaft führt und lebensfeindliche Auswirkungen hat. Stellen Sie eine Reihenfolge zusammen, aus der deutlich wird, welche der folgenden Tugenden Ihrer Meinung nach das Leben eher fördern und welche es eher behindern: Höflichkeit, Sparsamkeit, Uneigennützigkeit, Enthaltsamkeit, Aufrichtigkeit, Treue, Liebe, Pünktlichkeit, Sauberkeit, uneingeschränkte Wahrheitsliebe.

In einer nach seinem Tod zusammengestellten Sammlung von Texten kritisiert Friedrich Nietzsche (1844–1900) auf dem Hintergrund seiner Herrenmoral und seiner Nähe zum Sozialdarwinismus (vgl. S. 118 ff. u. S. 236 ff.) das Christentum und die christlichen Tugenden.

M 18 Friedrich Nietzsche: Das Christentum als Verbrechen am Leben der Gattung (um 1885)

Damit, dass das Christentum die Lehre von der Uneigennützigkeit und Liebe in den Vordergrund gerückt hat, hat es durchaus noch nicht das Gattungs-Interesse für höherwertig angesetzt als das Individual-Interesse. Seine eigentlich *historische* Wirkung, das Verhängnis von Wirkung, bleibt umgekehrt gerade die *Steigerung des Egoismus*, des Individual-Egoismus bis ins Extrem (- bis zum Extrem der Individual-Unsterblichkeit). Der Einzelne wurde durch das Christentum so wichtig genommen, so absolut gesetzt, dass man ihn nicht mehr *opfern* konnte: Aber die Gattung besteht nur durch Menschenopfer ... Vor Gott wurden alle „Seelen" *gleich:* Aber das ist gerade die gefährlichste aller möglichen Wertschätzungen! Setzt man die Einzelnen gleich, so stellt man die Gattung in Frage, so begünstigt man eine Praxis, welche auf den Ruin der Gattung hinausläuft: Das Christentum ist das Gegenprinzip *gegen die Selektion.* Wenn der Entartende und Kranke („der Christ") so viel Wert haben soll wie der Gesunde („der Heide"), [...] so ist der natürliche Gang der Entwicklung gekreuzt und die *Unnatur zum* Gesetz gemacht ... Diese allgemeine Menschenliebe ist in praxi die *Bevorzugung* alles Leidenden, Schlechtweggekommenen, Degenerierten: Sie hat tatsächlich die Kraft, die Verantwortlichkeit, die hohe Pflicht, Menschen zu opfern, heruntergebracht und abgeschwächt. Es blieb, nach dem Schema des christlichen Wertmaßes, nur noch übrig, sich selbst zu opfern: Aber dieser *Rest* von Menschenopfer, den das Christentum konzedierte und selbst anriet, hat, vom Standpunkte der Gesamt-Züchtung aus, gar keinen Sinn. Es ist für das Gedeihen der Gattung gleichgültig, ob irgendwelche Einzelne sich selbst opfern (- sei es in mönchischer und asketischer Manier oder mithilfe von Kreuzen, Scheiterhaufen und Schafotten, als „Märtyrer" des Irrtums). Die Gattung braucht den Untergang der Missratenen, Schwachen, Degenerierten: Aber gerade an sie wendete sich das Christentum, als *konservierende* Gewalt, sie steigerte noch jenen an sich schon so mächtigen Instinkt der Schwachen, sich zu schonen, sich zu erhalten, sich gegenseitig zu halten. Was ist die „Tugend" und „Menschenliebe" im Christentum, wenn nicht eben diese Gegenseitigkeit der Erhaltung, diese Solidarität der Schwachen, diese Verhinderung der Selektion? Was ist der christliche Altruismus, wenn nicht der Massen-Egoismus der Schwachen, welcher errät, dass wenn alle füreinander sorgen, jeder Einzelne am längsten erhalten bleibt? ... Wenn man eine solche Gesinnung nicht als eine extreme *Unmoralität*, als ein Verbrechen am Leben empfindet, so gehört man zur kranken Bande und hat selber deren Instinkte ... Die echte Menschenliebe verlangt das Opfer zum Besten der Gattung – sie ist hart, sie ist voll Selbstüberwindung, weil sie das Menschenopfer braucht. Und diese Pseudo-Humanität, die Christentum heißt, will gerade durchsetzen, dass *niemand geopfert wird* ...

5 Erklären Sie, wieso Nietzsche die christliche Gesinnung für ein Verbrechen am Leben hält.

René Girard: Nietzsches Kampf gegen die christliche Kritik der Opfer (1999)

M 19

Die Mythen gründen auf einer einmütigen Verfolgung. Das Judentum und das Christentum zerstören diese Einmütigkeit, um die zu Unrecht verurteilten Opfer zu verteidigen, um die zu Unrecht legitimierten Henker zu verurteilen. Diese schlichte, aber grundlegende Feststellung hatte, wie unglaublich das auch scheinen mag, vor Nietzsche niemand gemacht, kein Christ hatte sie je gemacht! In diesem spezifischen Punkt ist Nietzsche die ihm gebührende Ehre zu erweisen. Doch über diesen Punkt hinaus deliriert der Philosoph nur noch. Statt in der Verkehrung des mythischen Schemas eine unbestreitbare, allein vom Juden-Christentum verkündete Wahrheit zu erkennen, tut Nietzsche alles, um diese Stellungnahme zugunsten der Opfer zu diskreditieren. [...]
Um das Jüdisch-Christliche zu diskreditieren, bemüht sich Nietzsche zu zeigen, dass dessen Stellungnahme zugunsten der Opfer in einem kleinlichen Ressentiment wurzelt. Da die ersten Christen vor allem den unteren Schichten angehörten, beschuldigt er sie, sie würden mit den Opfern sympathisieren, um ihr Ressentiment gegen das aristokratische Heidentum zu befriedigen. Es ist dies die berühmte „Sklavenmoral". [...]
Wenn das Christentum die Opfer des Opfermechanismus rehabilitiert, wird es nicht von suspekten Hintergedanken geleitet. Es lässt sich nicht von einem mit gesellschaftlichem Ressentiment durchsetzten „Humanitarismus" verführen. Es berichtigt die Illusion der Mythen. [...] Da Nietzsche in diesem Punkt für die Mimetik und deren Ansteckungen blind ist, sieht er nicht, dass die Stellungnahme der Evangelien keineswegs einem Vorurteil zugunsten der Schwachen und gegen die Starken entspringt, sondern der heroische Widerstand gegen die gewalttätige Ansteckung ist, die Hellsichtigkeit einer kleinen Minderheit, die sich dem ungeheuerlichen Herdeninstinkt des dionysischen Lynchmordes widersetzt. [...]
Um der eigenen Entdeckung auszuweichen und um die mythologische Gewalt zu verteidigen, muss Nietzsche das Menschenopfer rechtfertigen, was er, sich ungeheuerlicher Argumente bedienend, ohne Zögern tut. Er überbietet noch den schlimmsten Sozialdarwinismus. Um der drohenden Degenerierung zu entgehen, gibt er zu bedenken, müssen sich die Gesellschaften ihres wertlosen Menschenballasts entledigen.
[...]
Die moderne Sorge um die Opfer unter Leichenbergen begraben: Das war die nationalsozialistische Art, Nietzscheaner zu sein. Diese Interpretation, heißt es, hätte den armen Nietzsche entsetzt. Das ist vermutlich richtig. Der Philosoph teilte mit vielen Intellektuellen seiner und unserer Zeit die Leidenschaft für unverantwortliche Übertreibungen. Zu ihrem Unglück sind die Philosophen nicht allein auf dieser Welt. Echte Fanatiker umgeben sie und spielen ihnen zuweilen den schlimmsten Streich, den man ihnen spielen kann: Sie nehmen sie beim Wort. Seit dem Zweiten Weltkrieg hat eine ganze Welle jüngerer Intellektueller, alle dem Nazismus feindlich gesinnt, aber nihilistischer denn je und Nietzsche mehr denn je verpflichtet, Berge von Sophismen [Spitzfindigkeiten] angehäuft, um ihren Lieblingsdenker von jeder Verantwortung für das verheerende nationalsozialistische Abenteuer zu entlasten. Nietzsche bleibt dennoch Autor der einzigen Texte, die imstande sind, die nationalsozialistische Ungeheuerlichkeit aufzuklären.

M 20

6 Stellen Sie den Zusammenhang dar, den Girard zwischen der Lehre Nietzsches und dem Nationalsozialismus sieht.

7 Untersuchen Sie den Zusammenhang von Girards Nietzsche-Kritik und seiner Erklärung des Opfermechanismus (S. 390).

8 Das Bild (M 20) zeigt Hitler bei einem seiner mehrfachen Besuche im Nietzsche-Archiv in Weimar. Nietzsche hat den deutschen Nationalismus verabscheut. Erschließen Sie aus den Texten von Nietzsche und Girard, was Hitler trotzdem an Nietzsche geschätzt haben könnte. Ziehen Sie auch S.118 f., S. 236 ff. und S.256 hinzu.

4. Die Bedeutung der Transzendenz für die Frage nach dem Sinn des Lebens

4.1 Die Absurdität des Lebens – Camus, Nagel

Nachdem Danton erfahren hat, dass Robespiere ihn beseitigen will, treiben seine Freunde ihn an, etwas dagegen zu unternehmen.

M 1 Georg Büchner: Dantons Tod, II/1 („'s ist nicht zum Aushalten")

Camille: Rasch, Danton, wir haben keine Zeit zu verlieren!
Danton (er kleidet sich an): Aber die Zeit verliert uns. – Das ist sehr langweilig, immer das Hemd zuerst und dann die Hosen drüber zu ziehen und des Abends in's Bett und morgens wieder herauszukriechen und einen Fuß immer so vor den andern zu setzen, da ist gar kein Absehen, wie es anders werden soll. Das ist sehr traurig, und dass Millionen es schon so gemacht haben, und dass Millionen es wieder so machen werden, und dass wir noch obendrein aus zwei Hälften bestehen, die beide das nämliche tun, so dass alles doppelt geschieht. Das ist sehr traurig.
Camille: Du sprichst in einem ganz kindlichen Ton.
Danton: Sterbende werden oft kindisch.
Lacroix: Du stürzest dich durch dein Zögern in's Verderben, du reißest alle deine Freunde mit dir. Benachrichtige die Feiglinge, dass es Zeit ist, sich um dich zu versammeln [...]. Du musst dich deinem Zorn überlassen. Lasst uns wenigstens nicht entwaffnet und erniedrigt wie der schändliche Hébert sterben.
[...]
Lacroix: Warum hast du es dazu kommen lassen?
Danton: Dazu? Ja, wahrhaftig, es war mir zuletzt langweilig. Immer im nämlichen Rock herumzulaufen und die nämlichen Falten zu ziehen! Das ist erbärmlich. So ein armseliges Instrument zu sein, auf dem eine Saite immer nur einen Ton angibt!
'S ist nicht zum Aushalten. Ich wollte mir's bequem machen. Ich hab' es erreicht, die Revolution setzt mich in Ruhe, aber auf andere Weise, als ich dachte.

1 Wie kommt Danton zu der Äußerung „'s ist nicht zum Aushalten" (Z. 29)? Stellen Sie mögliche Motive zusammen.

Vieles im Leben wiederholt sich in absurder Weise. Im Folgenden geht es um das Problem, ob deswegen das Leben keinen Sinn hat.

2 Beschreiben Sie oder erzählen Sie von Situationen, die man als absurd bezeichnen kann.

Der neben Sartre wichtigste französische Philosoph des Existenzialismus, Albert Camus (1913–1960), interpretiert in seinem bekanntesten Werk den „Mythos von Sisyphos" im Sinne einer beispielhaften Haltung gegenüber dem Absurden.

M 2 Albert Camus: Sisyphos, der ewige Rebell – Der Held des Absurden (1942)

Die Götter hatten *Sisyphos* dazu verurteilt, unablässig einen Felsblock einen Berg hinaufzuwälzen, von dessen Gipfel der Stein von selbst wieder hinunterrollte. Sie hatten mit einiger Berechtigung bedacht, dass es keine fürchterlichere Strafe gibt als eine unnütze und aussichtslose Arbeit. [...]

Über *Sisyphos* in der Unterwelt wird uns nichts weiter berichtet. Mythen sind dazu da, von der Phantasie belebt zu werden. So sehen wir nur, wie ein angespannter Körper sich anstrengt, den gewaltigen Stein fortzubewegen, ihn hinaufzuwälzen und mit ihm wieder und wieder einen Abhang zu erklimmen; wir sehen das verzerrte Gesicht, die Wange, die sich an den Stein schmiegt, sehen, wie eine Schulter sich gegen den erdbedeckten Koloss legt, wie ein Fuß ihn stemmt und der Arm die Bewegung aufnimmt, wir erleben die ganz menschliche Selbstsicherheit zweier erdbeschmutzter Hände. Schließlich ist nach dieser langen Anstrengung (gemessen an einem Raum, der keinen Himmel, und an einer Zeit, die keine Tiefe kennt) das Ziel erreicht. Und nun sieht *Sisyphos*, wie der Stein im Nu in jene Tiefe rollt, aus der er ihn wieder auf den Gipfel wälzen muss. Er geht in die Ebene hinunter. [...] Heutzutage arbeitet der Werktätige sein Leben lang unter gleichen Bedingungen, und sein Schicksal ist genauso absurd. Tragisch ist er aber nur in den wenigen Augenblicken, in denen der Arbeiter bewusst wird. *Sisyphos*, der ohnmächtige und rebellische Prolet der Götter, kennt das ganze Ausmaß seiner unseligen Lage: Über sie denkt er während des Abstiegs nach. Das Wissen, das seine eigentliche Qual bewirken sollte, vollendet gleichzeitig seinen Sieg. Es gibt kein Schicksal, das durch Verachtung nicht überwunden werden kann.

Wenn der Abstieg so manchen Tag in den Schmerz führt, er kann doch auch in der Freude enden. Damit wird nicht zuviel behauptet. *Ich* sehe wieder *Sisyphos* vor mir, wie er zu seinem Stein zurückkehrt und der Schmerz von neuem beginnt. [...] Aber die niederschmetternden Wahrheiten verlieren an Gewicht, sobald sie erkannt werden. [...] „Allen Prüfungen zum Trotz – mein vorgerücktes Alter und die Größe meiner Seele sagen mir, dass alles gut ist." So formuliert der *Ödipus* des Sophokles [...] den Sieg des Absurden. Antike Weisheit verbindet sich mit modernem Heroismus. [...] Glück und Absurdität entstammen ein und derselben Erde. Sie sind untrennbar miteinander verbunden. Irrtum wäre es, wollte man behaupten, dass das Glück zwangsläufig der Entdeckung des Absurden entspringe. Wohl kommt es vor, dass das Gefühl des Absurden dem Glück entspringt. [...] Es vertreibt aus dieser Welt einen Gott, der mit dem Unbehagen und mit der Vorliebe für nutzlose Schmerzen in sie eingedrungen war. Es macht aus dem Schicksal eine menschliche Angelegenheit, die unter Menschen geregelt werden muss. Darin besteht die ganze verschwiegene Freude des *Sisyphos*. Sein Schicksal gehört ihm. Sein Fels ist seine Sache. Ebenso lässt der absurde Mensch, wenn er seine Qual bedenkt, alle Götzenbilder schweigen. [...] Der absurde Mensch sagt Ja, und seine Mühsal hat kein Ende mehr. Wenn es ein persönliches Geschick gibt, dann gibt es kein übergeordnetes Schicksal oder zumindest nur eines, das er unheilvoll und verächtlich findet. Darüber hinaus weiß er sich als Herr seiner Zeit. Gerade in diesem Augenblick, in dem der Mensch sich wieder seinem Leben zuwendet (ein Sisyphos, der zu seinem Stein zurückkehrt), bei dieser leichten Drehung betrachtet er die Reihe unzusammenhängender Taten, die sein Schicksal werden, seine ureigene Schöpfung, die in seiner Erinnerung geeint ist und durch den Tod alsbald besiegelt wird. Überzeugt von dem rein menschlichen Ursprung alles Menschlichen, ist er also immer unterwegs – ein Blinder, der sehen möchte und weiß, dass die Nacht kein Ende hat. Der Stein rollt wieder.

Ich verlasse *Sisyphos* am Fuße des Berges! Seine Last findet man immer wieder. Nur lehrt Sisyphos uns die größere Treue, die die Götter leugnet und die Steine wälzt. Auch er findet, dass alles gut ist. Dieses Universum, das nun keinen Herrn mehr kennt, kommt ihm weder unfruchtbar noch wertlos vor. Jedes Gran dieses Steins, jeder Splitter dieses durchnächtigten Berges bedeutet allein für ihn eine ganze Welt. Der Kampf gegen Gipfel vermag ein Menschenherz auszufüllen. Wir müssen uns Sisyphos als einen glücklichen Menschen vorstellen.

M 3

Sisyphos wälzt den Stein auf seinen Berg, um 510 v. Chr.

3 Erklären Sie, wieso Camus die Tätigkeit des Sisyphos (vgl. M 3) als absurd bezeichnet.

4 Beschreiben Sie das Verhältnis des Sisyphos zu den Göttern in der Sicht Camus'.

5 Untersuchen Sie, welche Ähnlichkeiten Camus im Leben des Menschen heutzutage zum Leben des Sisyphos sieht.

6 Erläutern Sie, was Camus unter „modernem Heroismus“ (Z. 44) versteht.

Der amerikanische Philosoph Robert C. Solomon (1942–2007) kritisiert Camus’ „modernen Heroismus“.

M 4 Robert C. Solomon: Die Eitelkeit des Sisyphos (1976)

Weshalb ist Sisyphos eigentlich glücklich? Und weshalb geht uns dieser Höhepunkt in seiner Darstellung als „Held des Absurden“ so nahe? Weil wir alle die pervers ambivalente Lust am Leiden kennen, die wir uns kurz vor der totalen Vernichtung noch erlauben. Nachdem wir fast alles verloren haben und uns nichts von unserem Stolz, unserer Würde, Ehre, Liebe, nicht einmal mehr Hass oder Wut geblieben sind, wenden wir uns wie ein von einem außer Rand und Band geratenen Jagdhund gestelltes Eichhörnchen todesmutig dem Verfolger zu, blecken in einem Akt hoffnungslosen Aufbegehrens die Zähne und schlagen damit überraschenderweise den übermächtigen Gegner aus dem Felde (wenn auch vielleicht nur deshalb, weil der inzwischen die Lust an dem Treiben verloren hat). Das Glück der Empörung ist die Erleichterung darüber, einen letzten Rest von Würde gerettet zu haben. Sisyphos teilt sein Glück mit jeder von Camus’ traurigen, verurteilten Gestalten und letztlich mit uns allen; es ist das bittersüße Wiederaufleben einer kindlichen Rachsucht, einer Rache, die sich keinen Zwang antun muss (keine Verhaltensregeln kennt) und in nichts anderem gipfelt als der billigen Befriedigung der eigenen Eitelkeit.

Sobald der Scheinheroismus des Sisyphos entlarvt ist und die hässliche Grimasse des Ressentiments zutage tritt, verliert Camus’ Jeremiade [Klagelied] gegen das Absurde jede Überzeugungskraft. Sein Sisyphos muss in höhnischer Verachtung die Götter verfluchen und „Himmel und Erde anklagen“ [...]. Von Camus’ naiver Verachtung ist es nur ein kleiner – den Charakter und die Gesinnung betreffender – Schritt zur schadenfrohen, perversen Grausamkeit eines Marquis de Sade. Knapp anderthalb Jahrhunderte vor „Der Mythos von Sisyphos“ hatte der Marquis ebenfalls eine angeblich gleichgültige Welt verflucht. Doch wo Sisyphos sich mit stummem, untertänigem Hohn begnügte, betrachtete der Marquis die phantasierten oder ausgelebten „sadistischen“ – Ausschweifungen in Form von Vergewaltigung, Mord und Sodomie als die logische Konsequenz aus einer ähnlichen Grundhaltung.

7 Erklären Sie, wieso Solomon von „Scheinheroismus“ (Z. 24) bei Camus spricht.

8 Erläutern Sie, worin Solomon die Ähnlichkeit in den Grundhaltungen von Camus und Marquis de Sade sieht.

Der amerikanische Philosoph Thomas Nagel (* 1937) entwickelt ein anderes Verständnis des Absurden als Camus.

M 5 Thomas Nagel: Das Absurde als Resultat der Selbstüberschätzung (1986)

Betrachtet man sein Tun und Treiben wie aus großer Höhe und vergisst, dass man selbst darin verwickelt ist, ja dass man zur Spezies Mensch gehört, so verspürt man zwar etwas Mitgefühl mit dem armen Teufel da unten: schwache Freude ob seiner Erfolge und milde Anteilnahme an seinen Enttäuschungen. Da er nun mal da ist, kann er natürlich nichts anderes tun, als sich abstrampeln, bis er stirbt, und sich um Dinge bemühen, die nach den Maßstäben seiner Lebensform etwas bedeuten. Aber erlitte er Schiffbruch, würde das nicht viel ausmachen, und vollends egal wäre es, falls er überhaupt nicht existierte. [...]

Für einige Philosophen ist der Körper das Gefängnis der Seele. Die Seele residiert im Körper, so Platon, und wird durch dessen Bedürfnisse infiltriert und befleckt; sie droht von ihrem niedersten Teil beherrscht zu werden: den Begierden. Ich habe mit der unausbleiblichen Verwicklung des objektiven Selbst in ein bestimmtes, kontingentes Einzelleben einen analogen Vorgang beschrieben – der nicht die Seele verdirbt, sondern das Gefühl des Absurden erzeugt. Das Absurde ist aber nicht so sehr die Folge der animalischen Aspekte des Lebens, denn halbwegs wichtige Urteile brauchen nicht an einen instinktiven Überlebenstrieb anzuknüpfen. Das Problem stellt sich vor allem durch die vorgeblich sinnvollen höheren Interessen, die für das menschliche Leben typisch sind. Durch die für den Menschen ebenso typische Inanspruchnahme durch sein *eigenes* Leben und seine *eigenen* Ambitionen wird es noch verschärft.

Das lädt zu einer schnellen Lösung des Problems ein. Vielleicht können wir der Absurdität entgehen, wenn wir alles dafür tun, dass die Menschen mit dem Notwendigsten versorgt sind. Das Ausmaß an Elend in der Welt ist gewaltig, und viele von uns könnten die Bekämpfung von Hunger, Krankheit und Folter zu ihrer Lebensaufgabe machen.

Solche Ziele scheinen dem Leben einen Sinn zu geben, der über alle Zweifel erhaben ist. Doch obgleich es lohnende oder sogar zwingende Ziele sind, können sie unser Problem nicht aus der Welt schaffen. Zugegeben, eine so schlechte Welt wie die unsere hat den einen Vorteil, dass es an offensichtlich sinnvollen Aufgaben nicht mangelt. Aber wie könnte die Hauptsache des Lebens die Ausrottung aller Übel sein? Elend, Armut und Ungerechtigkeit hindern die Menschen, die positiven Ziele zu verfolgen, die man im Leben angeblich erreichen kann. Wären all diese Ziele sinnlos und der Kampf gegen das Elend alles, was zählte, so wäre das Leben wirklich absurd. Dasselbe gilt für die Idee, anderen zu helfen sei der einzig sinnvolle Lebensinhalt. Wie soll, falls niemandes Leben für sich einen Sinn hat, ein Leben sinnvoll werden, indem man es den sinnlosen Leben anderer widmet? [...]

Demut steht zwischen nihilistischer Selbstdistanzierung und blinder Selbstüberschätzung. Sie verpflichtet uns nicht dazu, bei jedem Verzehr eines Hamburgers an die kosmische Beliebigkeit unseres Geschmackssinns zu denken. Wir können aber versuchen, die üblichen Exzesse der Eitelkeit, des Neides, der Einbildung, des Konkurrenzdenkens und des Stolzes zu vermeiden – auch des Stolzes auf unsere Kultur, auf unseren Staat und auf sonstige Errungenschaften der Spezies Mensch. Das Menschengeschlecht hat, trotz seiner Geschichte, eine starke Neigung zur Selbstbeweihräucherung. Aber es ist möglich, ein ganzes Leben von der Sorte, die wir zu leben bekommen, durchzustehen, ohne es maßlos zu überschätzen. [...] Unsere natürliche Fixiertheit auf uns selbst zusammen mit unserer Fähigkeit, das Übersteigerte dieser Haltung zu sehen, bringt uns in eine absurde Lage, die sich nicht ändern lässt – auch dann nicht, wenn es gelingen sollte, die subjektive und objektive Sicht durch eine Annäherung der Standpunkte ein wenig miteinander zu versöhnen.

9 Erläutern Sie, wieso nach Nagel die „Selbstbeweihräucherung“ (Z. 65 f.) den Menschen in eine absurde Lage bringt.

10 Vergleichen Sie die Haltungen von Camus, Solomon und Nagel zur Absurdität des Lebens. Stellen Sie eine begründete Vermutung an, ob Nagel sich der Kritik Solomons an Camus anschließen würde.

11 „Die eigene Person allzu wichtig nehmen und nicht über sich selbst lachen können, ist immer ein Zeichen von Humorlosigkeit. Wo der Abstand zu sich selbst fehlt, da fehlt auch der Humor.“ Beschreiben Sie Ähnlichkeiten und Unterschiede zwischen diesem Verständnis des Humors bei dem Psychologen Phillip Lersch (vgl. S.138) und Nagels Begriff von Demut.

4.2 Erfahrungen der Transzendenz in der Natur und in der Liebe – Joas, Lévinas

In dem Roman „Mysterien“ des norwegischen Schriftstellers Knut Hamsun (1859–1952) zieht sich die Hauptperson Johann Nagel gern in die Natur zurück.

M 6

Knut Hamsun: Mysterien (1892)

Eine bebende Freude durchzog ihn, er fühlte sich hingerissen, verzaubert, und versteckte sich förmlich in dem grellen Sonnenschein, der ihn umgab. Die Stille machte ihn ganz benommen vor Zufriedenheit, nichts störte ihn, nur in der Luft oben rauschte der weiche Ton, der Ton des ungeheuren Stampfwerkes. Gott, der sein Rad trat. Im Walde ringsum rührte sich nicht ein Blatt und nicht eine Nadel. Nagel kroch zusammen, schüttelte sich und zog vor Behagen die Knie unter sich an, weil alles so gut war. Etwas rief nach ihm, und er antwortete ja. Dann stemmte er sich auf die Ellbogen und sah um sich. Niemand war da. Noch einmal sagte er ja und lauschte; aber niemand zeigte sich. Das war doch sonderbar, er hatte so deutlich rufen hören. Aber er dachte nicht mehr darüber nach, vielleicht war es nur eine Einbildung gewesen, auf jeden Fall wollte er sich nicht mehr stören lassen. Er war in einem rätselhaften Zustand, erfüllt von seelischem Wohlbehagen. Jeder Nerv in ihm war wach, Musik zog durch sein Blut, er fühlte sich mit der ganzen Natur, mit der Sonne und den Bergen und allem anderen verwandt, spürte aus Bäumen und Erdhaufen und Halmen sich von seinem eigenen Ichgefühl umrauscht. Seine Seele wurde groß und volltönend wie eine Orgel, und niemals mehr konnte er vergessen, wie die milde Musik in seinem Blut gleichsam auf und nieder schwebte.

1 Stellen Sie dar, was das Besondere an diesem „rätselhaften Zustand“ (Z. 17 f.) ist, den Hamsun beschreibt.

Eine Erfahrung, die über die alltägliche Erfahrung hinausgeht, nennt man Transzendenzerfahrung (*transcendere* = überschreiten). Im Folgenden geht es um die Frage, ob es in jedem menschlichen Leben Transzendenzerfahrungen gibt.

M 7

Lyonel Feininger: Vogelwolke, 1926

2 Nach Ansicht einiger Kunsthistoriker will Lyonel Feininger in seinem Bild (M 7) eine Erfahrung darstellen, die den Raum der Alltagserfahrungen überschreitet. Nennen Sie Merkmale, an denen man diesen Eindruck ablesen könnte.

3 Geben Sie dem Menschen am linken unteren Bildrand eine Stimme und lassen Sie ihn sein Naturerlebnis in der Ich-Form beschreiben.

Der deutsche Religionssoziologe Hans Joas (* 1948) geht u. a. der Frage nach, ob der Mensch Religion braucht.

Hans Joas: Über Erfahrungen der Selbsttranszendenz (2004)

M 8

Ich schlage also vor, auf eine Art von Erfahrungen zu reflektieren, die nicht selber schon Gotteserfahrungen darstellen, ohne die wir aber nicht verstehen können, was Glaube, was Religion eigentlich ist. Ich nenne diese Erfahrungen Erfahrungen der Selbsttranszendenz. Dies bedeutet: Erfahrungen, in denen eine Person sich selbst übersteigt, nicht aber, zumindest zunächst nicht, im Sinne einer moralischen Überwindung ihrer selbst, sondern im Sinne eines Hinausgerissenwerdens über die Grenzen des eigenen Selbst, eines Ergriffenwerdens von etwas, das jenseits meiner selbst liegt, einer Lockerung oder Befreiung von der Fixierung auf mich selbst. Diese Selbsttranszendenz ist zunächst also nur bestimmt als eine Richtung weg von sich selbst, wie es ja in dem etwas altväterlichen deutschen Wort „Ergriffensein“ schön zum Ausdruck kommt. [...] Alle Menschen kennen solche Erfahrungen. [...] In Knut Hamsuns Roman „Mysterien“ [M 6] finden sich alle Attribute der Erfahrung der Selbsttranszendenz bei einer Erfahrung ekstatischer Vereinigung mit der Natur. Aber wir kennen ähnliche Erfahrungen, die wir mit anderen Menschen machen. Man denke etwa an ein Gespräch, das über den Austausch von Belanglosigkeiten, von Informationen oder Argumenten hinausgeht, in dem man plötzlich das Gefühl hat, von jemandem in tieferen Schichten der eigenen Persönlichkeit intuitiv verstanden zu werden, so dass man den Mut entwickelt, über prägende Ereignisse des eigenen Lebens oder über vielleicht bisher kaum eingestandene Regungen zu sprechen. Auch ein solches Gespräch stellt die Erfahrung einer Überschreitung der Grenzen des Selbst dar, das sich dem Gedächtnis einprägen wird und das über lange Zeit hinweg eine leichte Bindung an den Partner dieses Gesprächs, eine größere Leichtigkeit, bei der nächsten Begegnung miteinander umzugehen, hinterlässt. Vielfach gesteigert findet sich diese Erfahrung natürlich in der Liebe und im Verlieben. Das Gefühl der Begegnung ist hier von alters her und in vielen Kulturen als Wiederbegegnung gedeutet worden, als habe man sich schon immer gekannt oder sei vom Himmel oder den Ahnen füreinander bestimmt. Das drückt gewiss die anders nicht spontan erklärbare Wucht aus, mit der sich hier zwei Menschen, vielleicht schon nach wenigen Augenblicken – und Augenblicke im wörtlichen Sinne sind es oft bloß – im anderen erkennen und vom anderen angenommen empfinden. Die Frage Außenstehender, was man denn an diesem Liebespartner so anziehend finde, wird meist als unangemessen empfunden, weil es eben nicht einzelne Merkmale oder Eigenschaften des anderen sind, in die wir uns verlieben, sondern eine ganze Person, für die es keinen rationalen Nenner gibt. Sexuelle Erfahrungen, könnte man sagen, verknüpfen die Vereinigung mit einer anderen Person mit der Vereinigung mit der Natur, da wir hier ein wechselseitiges Verstehen, aber auch die Freude über die Schönheit des anderen Körpers, die Freude, dass mein Körper als schön empfunden und geliebt wird, und eine Lust erleben können, die uns über das Alltägliche hinaushebt und die wiederum zu den stärksten Quellen für affektiv tiefsitzende menschliche Bindungen wird.

4 Fassen Sie zusammen, was der Soziologe Hans Joas unter Selbsttranszendenz versteht.

5 Erläutern Sie, weshalb er diese vor allem in der Begegnung mit der Natur und in der Liebe für möglich hält.

6 Können Sie sich auch andere Lebenssituationen der Selbsttranszendenz denken?

7 Machen Sie Vorschläge, welche Bedeutung man der geheimnisvollen Tür im Zusammenhang von Transzendenz zuschreiben könnte.

8 Können Sie sich auch andere Lebenssituationen der Selbsttranszendenz denken?

M 9

Der polnisch-britische Soziologe und Philosoph Zygmunt Bauman (* 1925) kritisiert – angeregt durch das Werk der Psychologen Otto Rank und Ernest Becker – die Suche nach Transzendenz in der Liebe.

M 10 Zygmunt Bauman: Das Scheitern der Suche nach Transzendenz in der Liebe (1994)

Die letzte Zufluchtsstätte der Transzendenz scheint die Liebesbeziehung zu sein. Für Otto Rank ist die Abhängigkeit des modernen Menschen von seinem Liebespartner „die Folge des Verlustes kollektiver Ideologien (besonders der Religion)". Da er Gott und dessen säkulare Nachahmer verloren hat, verlangt der moderne Mensch nach einem „notwendig gewordenen Ersatz der allgemeinen Ideologien durch eine persönliche Ideologie". [...] Das heißt nicht, dass die Liebe ein Kind der modernen Verlassenheit ist. Wohl aber ist die Situation der Moderne, die aus der Bankrotterklärung bewährter früherer Überlebensstrategien resultiert, dafür verantwortlich, dass der Liebe eine neue Last aufgebürdet wird, die ihr zuvor niemand zugemutet hat. Nun wird vom Liebespartner erwartet, er solle Raum für Transzendenz schaffen, Transzendenz sein. [...] Mein eigenes, durch die Sterblichkeit seiner körperlichen Hülle beschränktes Selbst soll dadurch eine stellvertretende Unsterblichkeit erlangen, dass es seine persönliche Bindung zerreißt und freigesetzt wird. [...] Es mag davon träumen, dass die Sterblichkeit des Selbst in diesem Prozess durch das reine Meisterstück besiegt wird, den hoffnungslos sterblichen, individuellen Körper zu verlassen. Der neue Rettungsanker des Überlebens ist jedoch ein anderer Körper und ein anderes Selbst, das ebenso wie das meinige in den wechselseitigen Konflikt verstrickt ist, aus dem nur Ausflüchte vorgeben, einen Ausweg zu weisen. Da der andere Körper ebenfalls schwimmt, wird er kaum den Anker festhalten können. „Wir wollen ein Objekt haben, das ein wahrhaft idealtypisches Bild unserer selbst reflektiert. Aber kein menschliches Objekt vermag dies ... Keine

menschliche Beziehung könnte die Last der Göttlichkeit tragen" – so lautet Ernest Beckers Fazit über das Schicksal der Liebe. [...]
Schließlich habe ich meine Unsterblichkeit in ein anderes sterbliches Wesen investiert, und diese Tatsache wird auch die leidenschaftlichste Hingabe des Partners nicht lange verbergen können. Anders als Gott oder der gesalbte Despot hat mein Liebespartner den entschiedenen Nachteil, dass ich ihn ständig sehe, dass ich ihn aus der Nähe beobachte, und zwar auch in Situationen, die auf brutale Weise die Wahrheit seiner oder ihrer körperlichen Sterblichkeit deutlich machen.

9 Erklären Sie, warum nach Ansicht Baumans die Suche nach Transzendenz in der Liebe scheitern muss.

In Auseinandersetzung mit Sartre (vgl S. 171 f.) beschreibt der französische Philosoph Emanuel Lévinas (1906–1995) in der Begegnung mit dem Antlitz des anderen die Möglichkeit einer besonderen Erfahrung der Transzendenz, die nicht hinter unserer Welt liegt.

Emmanuel Lévinas: Das egoistische Bedürfnis und die Transzendenz in der Sehnsucht nach dem anderen (1963)

M 11

Das Bedürfnis [le besoin] ist die Angst des Ich um sich, die ursprüngliche Form der Identifikation, die wir Egoismus genannt haben. Das Bedürfnis ist die Angleichung der Welt mit dem Ziel der Koinzidenz mit sich selbst oder des Glückes. [...] Dem sich selbst zugewandten Subjekt, [...] dem es nach der Formel Heideggers „in seinem Sein um dieses Sein selbst geht"; dem Subjekt, das sich derart als Sorge um sich selbst bestimmt und das im Glück sein „Für-sich" vollzieht –, stellen wir das Begehren [le désir – besser zu übersetzen als „Sehnsucht"] des anderen entgegen. [...] Der andere ist weder mein Feind (wie er es bei Hobbes und Hegel ist) noch meine Ergänzung, wie noch im Staat Platons, der nur zustande kommt, weil jedem Individuum etwas an seinem Bestand fehlt. Das Begehren des anderen entsteht in einem Wesen, dem nichts fehlt, oder genauer, es entsteht jenseits all dessen, was ihm fehlen oder was es befriedigen kann. Dieses Begehren des anderen, das unser soziales Sein selbst ist, ist nicht eine einfache Beziehung zum Sein, in der sich, gemäß unseren Eingangsformulierungen, das andere in das Selbe verwandelt.
Im Begehren richtet sich das Ich auf den anderen; so gefährdet es die selbstherrliche Identifikation des Ichs mit sich selbst, nach der allein das Bedürfnis sich sehnt und die vom Bewusstsein des Bedürfnisses vorweggenommen wird. [...] Die Beziehung zum anderen stellt mich in Frage, sie leert mich von mir selbst; sie leert mich unaufhörlich, indem sie mir so unaufhörlich neue Quellen entdeckt. [...]
Sartre, der allerdings die Analyse zu früh beendet, sagt treffend, der andere sei ein bloßes Loch in der Welt. [...] Die Epiphanie [göttliche Erscheinung] des absolut anderen ist Antlitz, in dem der andere mich anruft und mir durch seine Nacktheit, durch seine Not, eine Anordnung zu verstehen gibt. Seine Gegenwart ist eine Aufforderung zu Antwort. [...] Von daher bedeutet Ichsein, sich der Verantwortung nicht entziehen können. Dieser Auswuchs an Sein, diese Übertreibung, die man Ichsein nennt, [...] vollzieht sich als Anwachsen der Verantwortung. [...]
So bedeutet die Anwesenheit des Antlitzes eine nicht abzulehnende Anordnung, ein Gebot, das die Verfügungsgewalt des Bewusstseins einschränkt. Das Bewusstsein wird durch das Antlitz in Frage gestellt. [...] Das Ich verliert die unumschränkte Koinzidenz mit sich, seine Identifikation, durch die das Bewusstsein siegreich auf sich zurückkommt, um in sich selbst zu ruhen. [...]
Der andere, der im Bewusstsein diese ethische Bewegung hervorruft und der das gute Gewissen der Koinzidenz des Selben mit sich selbst durcheinanderbringt, bringt einen Zuwachs mit sich. [...] Dies ist das Begehren: von einem anderen Feuer verzehrt werden als dem des Bedürfnisses, das die Sättigung löscht; über das hinaus denken, was man denkt. Wegen dieses nicht assimilierbaren Zuwachses, wegen dieses Jenseits, haben wir die Beziehung, die das Ich mit dem anderen verbindet, Idee des Unendlichen genannt. [...]
Sind wir dem Verbot, das Jenseits als Welt hinter unserer Welt zu suchen, auch genügend treu geblieben? [...] Das Antlitz ist gerade die einzige Erschließung, in der das Bedeuten des Transzendenten nicht die Transzendenz vernichtet, um sie einer immanenten Ordnung einzufügen.

10 Zeigen Sie Ähnlichkeiten und Unterschiede zwischen der Beziehung zum Antlitz des anderen nach Lévinas und zu der Vorstellung der Transzendenz in der Liebe bei Joas.

11 Untersuchen Sie, inwieweit die Zweifel an der Möglichkeit der Transzendenz in der Liebe bei Bauman auch die Beziehung zu dem anderen bei Lévinas betreffen.

12 Es kann „nichts als lebendig auch nur, erfahren werden, was nicht ein dem Leben Transzendentes zugleich verhieße. Dieses Transzendente ist also, und es ist zugleich nicht, – und über diesen Widerspruch lässt sich wohl sehr schwer, wahrscheinlich überhaupt nicht, hinaus denken.“ Suchen Sie aus den vorausgehenden Texten Stellen, die diese beiden Sätze des Philosophen Theodor W. Adorno (1903-1969) bestätigen oder widerlegen.

M 12 Georg Büchner: Dantons Tod, I/1 (Wir sind Dickhäuter)

Danton: Sieh die hübsche Dame, wie artig sie die Karten dreht! Ja wahrhaftig, sie versteht's; man sagt, sie halte ihrem Manne immer das cœur und anderen Leuten das carreau hin. Ihr könntet einen noch in die Lüge verliebt machen.

Julie: Glaubst du an mich?

Danton: Was weiß ich? Wir wissen wenig voneinander. Wir sind Dickhäuter, wir strecken die Hände nacheinander aus, aber es ist vergebliche Mühe, wir reiben nur das grobe Leder aneinander ab – wir sind sehr einsam.

Julie: Du kennst mich, Danton.

Danton: Ja, was man so kennen heißt. Du hast dunkle Augen und lockiges Haar und einen feinen Teint und sagst immer zu mir: lieber Georg! Aber (*er deutet ihr auf Stirn und Augen*) da, da, was liegt hinter dem? Geh, wir haben grobe Sinne. Einander kennen? Wir müssten uns die Schädeldecken aufbrechen und die Gedanken einander aus den Hirnfasern zerren.

13 Joas und Bauman vertreten unterschiedliche Ansichten über die Möglichkeit der Transzendenz in der Liebe. Schreiben Sie die Stellen heraus, die in dem Dialog zwischen Danton und Julie für die eine oder die andere Ansicht sprechen.

14 Der Soziologe und Philosoph Niklas Luhmann (1927–1998) hat erklärt, dass die Funktion der Transzendenz in der Sinngebung menschlichen Lebens besteht. Überprüfen Sie den Zusammenhang von Sinn und Transzendenz an den Personen in Büchners Stück.

4.3 Der vorgegebene oder der selbst gegebene Sinn des Lebens – Sartre, Weischedel

Nachdem Danton wegen angeblicher Verschwörung verhaftet wurde, muss er sich vor dem Vorsitzenden des Revolutionstribunals Herrmann verantworten.

M 13 Georg Büchner: Dantons Tod, III/4;7 (Im Angesicht des Todes)

Herrmann (zu Danton): Ihr Name, Bürger.

Danton: Die Revolution nennt meinen Namen. Meine Wohnung ist bald im Nichts und mein Name im Pantheon der Geschichte.

Herrmann: Danton, der Konvent beschuldigt Sie, mit [...] den Fremden und der Fraktion Ludwigs des XVII. konspiriert zu haben.

Danton: Meine Stimme, die ich so oft für die Sache des Volkes ertönen ließ, wird ohne Mühe die Verleumdung zurückweisen. Die Elenden, welche mich anklagen, mögen hier erscheinen, und ich werde sie mit Schande bedecken. Die Ausschüsse mögen sich hierher begeben, ich werde nur vor ihnen antworten. Ich habe sie als Kläger und als Zeugen nötig. - Sie mögen sich zeigen.

[...]

Herrmann (schellt): Hören Sie die Klingel nicht?

Danton: Die Stimme eines Menschen, welcher seine Ehre und sein Leben verteidigt, muss deine Schelle überschreien. [...] Meine Stimme hat aus dem Golde der Aristokraten und Reichen dem Volke Waffen geschmiedet. Meine Stimme war der Orkan, welcher die Satelliten des Despotismus unter Wogen von Bajonetten begrub. (*Lauter Beifall*)

Herrmann: Danton, Ihre Stimme ist erschöpft, Sie sind zu heftig bewegt. Sie werden das nächste Mal Ihre Verteidigung beschließen, Sie haben Ruhe nötig. - Die Sitzung ist aufgehoben.

Danton: Jetzt kennt Ihr Danton – noch wenige Stunden, und er wird in den Armen des Ruhmes entschlummern.

[Im Gefängnis, sprechen seine mitangeklagten Freunde, der Rechtanwalt Lacroix, der Generalleutnant Philippeau und der Verleger einer satirischen Zeitschrift, Camille Desmoulins, mit ihm über seinen Auftritt vor dem Tribunal:]

Lacroix: Du hast gut geschrieen, Danton, hättest du dich etwas früher so um dein Leben gequält, es wäre jetzt anders. Nicht wahr, wenn der Tod einem so unverschämt nahe kommt und so aus dem Hals stinkt und immer zudringlicher wird?

[...]

Danton: Wär' es ein Kampf, dass die Arme und Zähne einander packten! Aber es ist mir, als wäre ich in ein Mühlwerk gefallen und die Glieder würden mir langsam systematisch von der kalten physischen Gewalt abgedreht. So mechanisch getötet zu werden!

Camille: Da liegen allein, kalt, steif in dem feuchten Dunst der Fäulnis; vielleicht, dass einem der Tod das Leben langsam aus den Fibern martert – mit Bewusstsein vielleicht sich wegzufaulen!

Philippeau: Seid ruhig, meine Freunde! Wir sind wie die Herbstzeitlose, welche erst nach dem Winter Samen trägt. Von Blumen, die versetzt werden, unterscheiden wir uns nur dadurch, dass wir über dem Versuch ein wenig stinken. Ist das so arg?

Danton: Eine erbauliche Aussicht! Von einem Misthaufen auf den andern! Nicht wahr, die göttliche Klassentheorie? Von prima nach sekunda, von sekunda nach tertia und so weiter? Ich habe die Schulbänke satt, ich habe mir Gesäßschwielen wie ein Affe darauf gesessen.

Danton: [...] Ich kann nicht sterben, nein, ich kann nicht sterben. Wir müssen schreien, sie müssen mir jeden Lebenstropfen aus den Gliedern reißen.

1 Erläutern Sie, wie Danton sein Leben angesichts des Todes empfindet.

2 Das Wort „Sinn“ bedeutet nach seinem germanischen Wortstamm ein Ausgerichtetsein auf etwas (G. Scherer). Stellen Sie dar, worauf das Leben der Personen in den beiden Szenen ausgerichtet ist.

3 Beschreiben Sie, wie Danton sich vor dem Revolutionsausschuss und im Vergleich dazu vor seinen Freunden darstellt.

4 Untersuchen Sie, wie man den Unterschied erklären könnte.

5 Erläutern Sie, wie Phillipeau mit dem Wissen um den nahen Tod fertig zu werden versucht.

6 Erklären Sie, warum Danton dieser Versuch nicht gefällt.

M 14

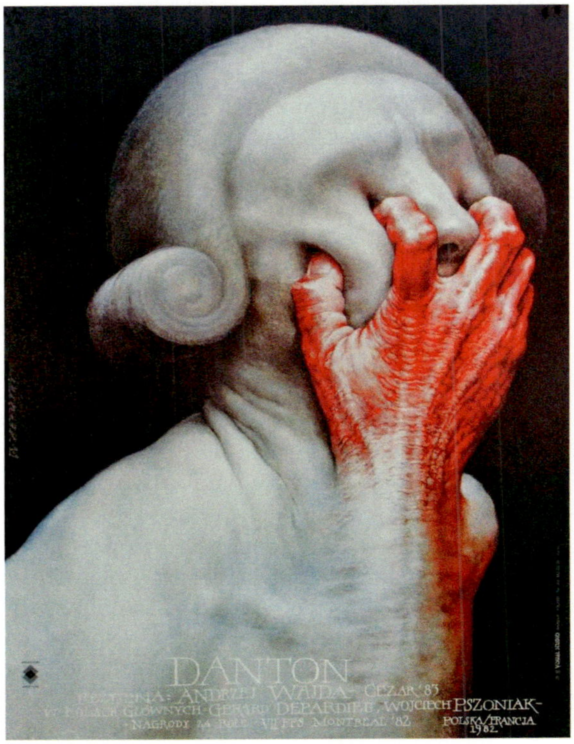

Wiesław Wałkuski: Filmplakat zu „Danton“, 1982

Im Folgenden geht es um das Problem, ob das Leben angesichts des unausweichlichen Todes überhaupt einen Sinn haben kann.

7 Zu einer Verfilmung von „Danton" hat Wieslaw Walkuski, ein polnischer Grafiker, das Bild (M 14) als Plakat entworfen. Stellen Sie Überlegungen an, was ihn zu dieser Darstellung bewogen haben könnte. Verbinden Sie das Plakat mit Stellen aus dem Text von Büchners Stück.

Der Religionssoziologe Thomas Luckmann (* 1927) sieht das menschliche Leben in verschiedene vorgegebene Sinnschichten „eingebettet".

M 15 Thomas Luckmann: Religiöse Symbole für die letzte Sinnwirklichkeit (1991)

Die Gewohnheiten des täglichen Lebens erhalten ihren Sinn durch ihre Einbettung in verschiedene biografische, gesellschaftliche und geschichtliche Sinnschichten. Der Sinn des täglichen Lebens wird erfasst, indem er den Sinnschichten zugeordnet wird, die den Alltag transzendieren. Alltägliche Gewohnheiten sind Teil einer vertrauten Welt, einer Welt, in der man sich durch gewöhnliches Handeln zurechtfinden kann. Ihre „Realität" kann mithilfe der gewöhnlichen Sinneswahrnehmung gewöhnlicher Menschen erfasst werden. Es handelt sich um eine Wirklichkeit, die konkret, unproblematisch und, wie wir nun sagen können, „profan" ist. Die Bedeutungsschichten hingegen, auf die sich das alltägliche Leben letztlich stützt, sind weder konkret noch unproblematisch. [...] Der Wirklichkeitsbereich, der die alltägliche Welt transzendiert, wird als geheimnisvoll und andersartig erfahren. Wenn das tägliche Leben „profan" ist, so erscheint die transzendente Wirklichkeit als „heilig".

Die Beziehung zwischen der alltäglichen Welt und dem heiligen Wirklichkeitsbereich ist indirekt. Dazwischen liegen viele abgestufte Sinnschichten, die die trivialen und „profanen" Routinen an die letzte Bedeutung einer Biografie, einer historischen Tradition u. a. vermitteln. Es gibt allerdings auch eine ganz andere Art von Erfahrung, die sich dann einstellt, wenn die Routinen des täglichen Lebens zusammenbrechen. Solche Erfahrungen reichen von der Hilflosigkeit im Angesicht unkontrollierbarer natürlicher Ereignisse bis zum Wissen um den Tod. Sie werden regelmäßig von Angst oder Ekstase (oder einer Mischung aus beidem) begleitet. Erfahrungen dieser Art werden in aller Regel als unmittelbare Äußerungen der Wirklichkeit des sakralen Bereichs aufgefasst. Sowohl der „letzte Sinn" des Alltagslebens wie auch der Sinn außergewöhnlicher Erfahrungen haben also ihren Ort in diesem „anderen", „heiligen" Wirklichkeitsbereich.

8 Nennen Sie Beispiele für Situationen, in denen die „Routinen des täglichen Lebens zusammenbrechen" (Z. 26 f.).

9 Beschreiben Sie, wie sich nach Luckmann der Sinn des Alltagslebens von der letzten Sinnwirklichkeit unterscheidet.

M 16 Jean Paul Sartre: Es ist an Ihnen, dem Leben einen Sinn zu geben (1945)

Der Existentialist denkt im Gegensatz dazu [zu einem bestimmten Typ weltlicher Moral, der Gott leugnet, aber die vorgegebenen Werte unverändert beibehalten will]: Es ist sehr unangenehm, dass Gott nicht existiert, denn mit ihm verschwindet jede Möglichkeit, Werte in einem intelligiblen Himmel zu finden; es kann kein a priori Gutes mehr geben, da es kein unendliches und vollkommenes Bewusstsein gibt, es zu denken; nirgends steht geschrieben, dass das Gute existiert, dass man ehrlich sein soll, nicht lügen darf, denn wir befinden uns ja auf einer Ebene, wo es nichts gibt außer den Menschen. [...]

Da ich Gottvater beseitigt habe, braucht es ja wohl jemanden, die Werte zu erfinden. Man muss die Dinge nehmen, wie sie sind. Und im Übrigen, wenn wir sagen, dass wir die Werte erfinden, so bedeutet das nichts anderes als: das Leben hat *a priori* keinen Sinn. Bevor Sie leben, ist das Leben nichts, es ist an Ihnen, ihm

einen Sinn zu geben, und der Wert ist nichts anderes als dieser Sinn, den Sie wählen. [...]
Der Existentialismus ist nicht so sehr ein Atheismus in dem Sinn, dass er sich in dem Beweis erschöpfte, Gott existiere nicht. Er erklärt vielmehr: Selbst wenn Gott existierte, würde das nichts ändern; das ist unser Standpunkt. Nicht, dass wir glauben, Gott existiere, doch wir meinen, das Problem ist nicht seine Existenz; der Mensch muss sich selbst wiederfinden und sich davon überzeugen, dass nichts ihn vor sich selbst retten kann, und sei es auch ein gültiger Beweis der Existenz Gottes.

10 Erläutern Sie, warum Sartre meint, dem Leben einen Sinn selbst geben zu müssen.

11 Ziehen Sie die Textausschnitte aus der gleichen Rede Sartres, aus der dieser Text entnommen ist, auf S. 168 f. hinzu und stellen Sie dar, wie seine Ansicht über die Sinngebung zu seiner Auffassung von Freiheit passt.

Wilhelm Weischedel: Die Sinnkette (1972)

M 17

Forscht man dem Phänomen des Sinngebens eindringlicher nach, dann zeigt sich: Das Sinngebende muss selber sinnhaft sein, um dem Sinnhaften, das in ihm seinen Sinn findet, Sinn verleihen zu können. [...] Das Verstehen von Sinn aber vollzieht sich so, dass es sich gleichsam an der Kette der Sinnverweisungen und Bedeutungen entlangtastet, um einen immer umfassenderen Sinn zu finden. [...]
Über Sinnhaftigkeit oder Sinnlosigkeit des Einzelnen lässt sich nicht von diesem her, sondern lediglich von einem möglichen umfassenden Sinn her begründet urteilen. Nur wenn es einen solchen Gesamtsinn gibt, ist auch das einzelne Sinnhafte in seiner Sinnhaftigkeit gerechtfertigt. Man kann diesen Zusammenhang als den Grundsatz der Rückstrahlung des umfassenden Sinnes auf die Einzelsinne formulieren.
Das besagt natürlich nicht, dass jedem Menschen in seinem täglichen Dasein dieser Zusammenhang von Einzelsinn und umfassendem Sinn bewusst wäre. Es kann durchaus sein, dass ein Mensch [...] nie anders als im unmittelbaren Gefühl der Sinnhaftigkeit seines Tuns lebt. Wenn aber einmal die philosophische Frage nach dem Sinn dieses Tuns erwacht ist, kann sie nirgends haltmachen als bei einem umfassenden Sinn. [...] Der Philosophierende hat nicht mehr die Naivität des Lebens im Bewusstsein der Sinnhaftigkeit. Immer wieder wird er dazu getrieben, diese infrage zu stellen, solange, bis er vor dem Problem eines umfassenden Sinnes steht. Immer wieder wird er vor die unheimlichen Fragen gestellt: Ist dieses mein Tun sinnhaft? Ist mein Dasein sinnhaft? Ist das Dasein überhaupt sinnhaft?
Was nun den umfassenden Sinn als solchen angeht, so muss er zwar, um anderem Sinn verleihen zu können, selber sinnhaft sein. Sofern er aber wirklich umfassend ist, kann seine Sinnhaftigkeit nicht, wie die eines jeden anderen Sinnhaften, in einem höheren Sinnhaften gründen, auf das er deutete und von dem her er seine Sinnhaftigkeit erhielte. Er müsste also – gesetzt, es gäbe ihn – seinen Grund und seine Bedeutung in sich selber tragen. Insofern kann man ihn als den unbedingten Sinn bezeichnen; denn unbedingt sein besagt ja: seinen Grund nicht in einem anderen Bedingenden haben. So kommt die genauere Betrachtung des umfassenden Sinnes zu dem Grundsatz der Notwendigkeit eines unbedingten Sinnes zur Ermöglichung von bedingtem Sinn. [...] Wo also die Frage nach der Sinnhaftigkeit des Einzelnen ernstlich gestellt wird, da kann sie nur entweder bei einem unbedingten Sinn oder bei der absoluten Sinnlosigkeit enden.

12 Erklären Sie, was der Philosoph Weischedel (1905–1975) unter einer „Sinnkette" (Z. 6) und dem „unbedingten Sinn" (Z. 42) versteht.

13 Vergleichen Sie die Vorstellungen von Sinn in den Texten von Luckmann, Sartre und Weischedel. Ordnen Sie die Positionen auf einer Strecke mit den Polen „Einen vorgegebenen Sinn finden" und „Einen Sinn selbst erfinden" an.

14 Nehmen Sie Stellung zu den drei Positionen

15 Die Künstler Lucio Fontana und Robert Smithson haben um 1970 zwei sehr unterschiedliche Kunstwerke geschaffen (M 18 und M 19): Fünf Schnitte in einer rot gefärbten Leinwand und eine spiralige Mole im Großen Salzsee in Utah/USA. Untersuchen Sie, ob man diese mit dem Inhalt der Texte von Luckmann, Sartre und/oder Weischedel in Verbindung bringen kann. Schreiben Sie passende Textpassagen heraus.

M 18

Lucio Fontana: Raumkonzept Erwartung, 1965

M 19

Robert Smithson: Spiral Jetty, 1970

16 Suchen Sie nach weiteren künstlerischen Darstellungen einer transzendenten Sinndimension und erklären Sie, wie Sie die Verbindung zu den erarbeiteten Texten sehen.

4.4 Teilhabe oder Selbstbehauptung im Wissen um den Tod – Tugendhat, Becker

M 20

Georg Büchner: Dantons Tod, IV/3 (Beim Sterben sind wir hilflos und nackt)

Danton: Will denn die Uhr nicht ruhen? Mit jedem Picken schiebt sie die Wände enger um mich, bis sie so eng sind wie ein Sarg.

Ich las einmal als Kind so 'ne Geschichte, die Haare standen mir zu Berg.

Ja, als Kind! Das war der Mühe wert, mich so groß zu füttern und mich warm zu halten. Bloß Arbeit für den Totengräber!

Es ist mir, als röch' ich schon. Mein lieber Leib, ich will mir die Nase zuhalten und mir einbilden, du seist ein Frauenzimmer, was vom Tanzen schwitzt und stinkt und dir Artigkeiten sagen. Wir haben uns sonst schon mehr miteinander die Zeit vertrieben.

Morgen bist du eine zerbrochene Fiedel; die Melodie darauf ist ausgespielt. Morgen bist du eine leere Bouteille, der Wein ist ausgetrunken, aber ich habe keinen Rausch davon und gehe nüchtern zu Bett. Das sind glückliche Leute, die sich noch besaufen können. Morgen bist du eine durchgerutschte Hose; du wirst in die Garderobe geworfen, und die Motten werden dich fressen, du magst stinken, wie du willst.

Ach, das hilft nichts. Jawohl, 's ist so elend, sterben müssen. Der Tod äfft die Geburt, beim Sterben sind wir so hilflos und nackt wie neugeborne Kinder. Freilich, wir bekommen das Leichentuch zur Windel. Was wird es helfen?

1 Vergleichen Sie die Haltung Dantons zu der verrinnenden Zeit in diesem Monolog mit der in M 1 S. 430.

▼ Im Folgenden geht es um das Problem, wie Menschen mit dem Wissen um den eigenen Tod umgehen können.

2 Angesichts des sicheren Todes gebraucht Danton drei Sprachbilder, die er alle mit „Morgen bist du ...“ einleitet. Welche anderen Sprachbilder könnte man ebenso anführen? Schreiben Sie möglichst unterschiedliche Formulierungen auf je ein Blatt und versuchen Sie sich mit Ihren Mitschülern auf eine Möglichkeit zu einigen, wie diese an der Wand oder der Tafel angeordnet werden könnten.

Ernst Tugendhat: Loslassen oder Kämpfen angesichts des Todes (1996)

M 21

Es ist ein alter Topos [feststehende Redefigur], dass der Mensch angesichts des Todes sich seiner Geringfügigkeit und der Geringfügigkeit seiner Sorgen bewusstwerden kann. [...] Im gewöhnlichen Leben und auch gerade in der Depression neigt jeder dazu, sich als Universum zu sehen, aber es ist ein Irrtum: Ich bin *in* der Welt, diese ist das Universum, und ich nur eine Partikel. Der Tod und schon das Altern enthalten die Chance, diesen Irrtum einzusehen und sich gewissermaßen innerhalb des Theaters auf die Seite zu stellen, aus dem Zentrum heraus. Im gewöhnlichen Leben liegt die Vorstellung nahe, dass mein Bewusstsein vielmehr das Theater ist, deswegen empfindet der Depressive diese Leere, obwohl doch das Theater der Welt, wenn man nicht gerade z. B. in einem Konzentrationslager ist, voller Leben ist. Und deswegen erscheint das Aufhören des Lebens, wenn ich das nicht sehe, nicht als ein im Theater Zurück- und schließlich aus ihm Heraustreten, sondern als Aufhören des Theaters selbst, und das wirkt unvorstellbar im Sinn von schrecklich. Für denjenigen hingegen, der den Tod zum Anlass nehmen kann, sich aus dem Zentrum zurückzunehmen, das Napoleonische abzustreifen, verändern sich die Gewichte. [...] So gesehen, legt der Tod auf die Frage, vor die er stellt, selbst eine Antwort nahe, aber es ist nicht leicht, sie zu ergreifen.

Warum nicht? [...] Es ist ja wirklich ein Irrtum, sich als Zentrum der Welt zu sehen, aber es ist, darin muss man Nietzsche Recht geben, ein Irrtum, ohne den kein Mensch und kein Lebewesen lebensfähig wäre. Wer sich selbst nicht über alles wichtig nimmt, ist nicht lebensfähig. [...] Als Säugling ist jeder allemal für sich das ganze Theater, das Universum. Im Aufkommen und Wachsen des Realitätssinns spaltet sich das dann: Wir lernen, dass wir das Universum uns gegenüber haben und unsere Wünsche mit ihm in Einklang bringen müssen. Aber nach wie vor sind unsere Wünsche das für uns Ausschlaggebende, wir halten an diesem Mikrokosmos fest, und wir würden unsere Lebensfähigkeit verlieren, wenn wir uns nicht gegen die Grenzen stemmten, die uns die Realität vorgibt. Jeder Weg hinauf, alle Kreativität, jeder Einsatz, aber wohl auch alles Obensein, alles Glück setzt diese Selbstzentriertheit voraus und impliziert das Risiko der Verzweiflung. [...] Man könnte die Gelassenheit vielleicht ihrerseits unter den Realitätssinn subsumieren, weil sie sich besonders dann nahelegt, wenn das Festhalten als irrational erscheint, ähnlich wie wir ein Übermaß an Emotionen zu vermeiden versuchen, wo wir dieses als realitätsunangemessen erkennen, ohne deswegen die Emotionalität als solche zu verachten. Das führt schließlich zur Frage nach der anzustrebenden Ausgewogenheit zwischen Festhalten und Kämpfen einerseits und Loslassen andererseits. Denn um Ausgewogenheit scheint es sich doch handeln zu müssen. Die schlichte Lebensverneinung, wie der Buddha sie lehrte, wirkt ebenso fragwürdig wie die sture Selbstbehauptung. Das Loslassen, die Gelassenheit, ist im Übrigen eine Haltung, die wir uns nicht nur dem Tod gegenüber wünschen, sondern in allem unseren Tun und Trachten, und doch wissen wir, dass die Gelassenheit, wenn sie nicht nur als Grenzmöglichkeit verstanden wird, zur Gleichgültigkeit und Apathie führen würde. So scheint unser Leben in einer Gratwanderung zwischen diesen gegensätzlichen Haltungen zu bestehen, deren Verlauf wohl jeder für sich finden muss.

3 Erklären Sie, was Tugendhat mit dem „Napoleonischen“ (Z. 22) meint.

4 Erläutern Sie, von welcher Gratwanderung er am Ende des Textes spricht.

M 22

Selbstbehauptung oder Teilhabe angesichts des Wissens um den Tod nach Werner Becker

Nach dem Philosophen Werner Becker (1937–2009) müssen wir nicht nur die Religion, sondern unsere gesamte Kultur, die politischen Ideologien und auch die atheistischen Philosophien als Versuche verstehen, mit der Tatsache fertig zu werden, dass wir um unseren Tod wissen, aber ihn uns nicht vorstellen können und nicht wahrhaben wollen. Man kann in seinem Gedankengang vier Schritte unterscheiden:

In einem ... Schritt des Gedankengangs bei Werner Becker geht es um die Kosten und den Erfolg der Versuche, mit der Todesangst fertig zu werden.
Die Religionskritik hat immer nur die Versuche, an einem göttlichen Wesen und seiner Unsterblichkeit teilhaben zu wollen, für illusionär gehalten und die Anerkennung der Sterblichkeit als verheißungsvollen Weg zu einer befreienden Autonomie gepriesen. Werner Becker betont dagegen, dass auch der Weg der Selbstbehauptung zum Scheitern verurteilt sei, weil die Positionen gesellschaftlicher Anerkennung, die die Todesangst verblassen lassen, knapp sind. Immer nur ganz wenige könnten hoffen, sich einen Namen gemacht zu haben, der noch einige Zeit im Gedächtnis der Menschheit bleiben wird, und selbst die wenigen werden einmal vergessen sein. Der Kampf um die knappen Positionen gesellschaftlicher Anerkennung entspricht dem von Hobbes beschriebenen Kampf aller gegen alle. Besonders zerstörerisch wird er, wenn aus der Erkenntnis der Knappheit die Dilemmaentlastung wie im Nationalismus oder Kommunismus in einem heroischen Kollektivsubjekt gesucht wird.

In einem ... Schritt geht es um die spezifische Ausprägung des menschlichen Individualitätsbewusstseins und die Ausprägung charakteristischer Lebensstile.
Ist der Mensch sich einmal seiner Endlichkeit bewusst geworden, bleiben ihm auf der lebenspraktischen Ebene eigentlich nur zwei grundlegende Möglichkeiten, die allerdings im gelebten Alltag meist in widersprüchlicher Weise vermengt sind:
Der eine Weg bedeutet einen weitgehenden Verzicht auf Ausgestaltung der eigenen Individualität durch „Externalisierung“ alles Besonderen. Dieser findet seine Bestimmung letztlich nur in der Teilhabe an einem überindividuellen unsterblichen Wesen. Mythisierung kann man als den Versuch betrachten, das Dilemma von Besonderheit und Einzigartigkeit auf der einen Seite und von Vergänglichkeit und Bedeutungslosigkeit auf der anderen Seite dadurch zu lösen, dass die Vorstellung von Individualität auf ein unsterbliches Wesen übertragen wird. In der verehrenden Teilhabe an diesem Wesen kann der Mensch zwar nicht selbst der Sterblichkeit entgehen, aber an Unsterblichkeit und Unvergänglichkeit in einer wie auch immer gearteten Form teilhaben.
Der andere ist der Weg des Heroismus oder der Individuation. Er versucht mit der Todesangst dadurch fertig zu werden, dass das Selbst seine Größenphantasien auslebt und seine Individualität möglichst grandios inszeniert. Er bedeutet eine Steigerung durch Theatralik „grandioser Selbstinszenierung“. Man könnte auch sagen, es ist der Weg des Größenwahns und der Angeberei. Beide Versuche, mit der Todesangst fertig zu werden, sind kulturprägend. Als Beispiele für den ersten Weg nennt Becker alle religiösen und metaphysischen Bewegungen und speziell den Platonismus und das Christentum. Beispiele für den zweiten Weg findet Becker nicht erst seit der Renaissance, in der nach Jacob Burckhardt die Idee des Individuums erst entstanden ist, sondern schon in den Heldensagen aller Völker.

In dem ... Schritt geht es um das Bewusstwerden der Sterblichkeit, das den Menschen grundlegend vom Tier unterscheidet. Der Mensch kann darauf mit Annahme oder Abwehr reagieren, kann aber nicht mehr dahinter zurück. Indem er sich bewusst geworden ist, dass der Tod nicht nur das andere Tier in seinem Rudel oder seiner Herde bedroht und schmerzhaft erfasst, sondern auch unausweichlich ihn selbst erreichen wird, hat er von der Frucht der Erkenntnis des Guten und Bösen genossen, ist aus dem Paradies des zeitlosen Lebens herausgefallen und weiß, dass er sterblich ist. Mit der Anerkennung der Tatsache der eigenen Sterblichkeit verbindet sich das existenzielle Dilemma des Menschen. Nach Werner Becker bewirkt der Umstand, dass jeder das Schicksal des Todes mit einem jedem teilt, nicht, „dass der Eindruck der Einmaligkeit durch den Eindruck der Gleichheit ersetzt werden könnte“.
Einerseits akzeptiert man, wie alle sterblich zu sein. Andererseits versteht man sich, in Auflehnung dagegen, als einzige mögliche Ausnahme. Die Intensität der Dramatisierung, mit der die Auflehnung gegen das Sterbenmüssen einhergeht, macht zugleich den zentralen Gehalt des Individualitätsbewusstseins aus. Die spezifische Art und Weise, wie ein Mensch auf das Wissen um den Tod reagiert, prägt in besonderer Weise seinen Charakter.

In einem ... Schritt kann man auf der theoretischen Ebene Teilhabe und Selbstbehauptung als grundlegende kulturelle Betätigungen unterscheiden. Mit Ausnahme von Max Stirner (s. S. 000) ist die Selbstbehauptung nirgendwo unverhüllter als Idee der möglichst grandiosen Selbstinszenierung ausformuliert als bei Nietzsche. Auch das Unternehmertum im Kapitalismus ist für Werner Becker ein Beispiel für die Haltung der Selbstbehauptung angesichts des Todes. Die Wirtschaftswissenschaften in der Tradition von Adam Smith haben seiner Meinung nach verkannt, dass das antreibende Motiv des Kapitalisten nicht die Habsucht ist, sondern das Streben nach dem knappen „Positionsgut“ der gesellschaftlichen Anerkennung als hervorragender Unternehmer.

M 23

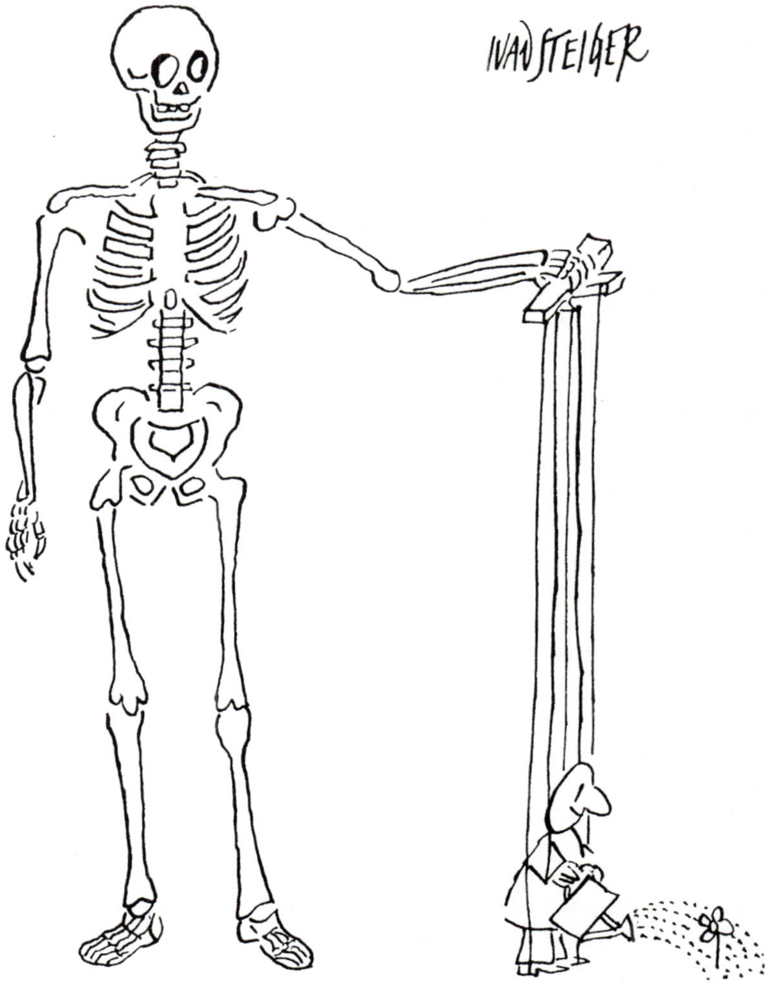

5 Die vier Schritte des Gedankengangs in dem Buch von Werner Becker, sind hier in einer falschen Reihenfolge wiedergegeben. Versuchen Sie, die richtige Reihenfolge wieder herzustellen.

6 Vergleichen Sie die Theorien von Tugendhat und Becker. Wo gibt es Ähnlichkeiten? Worin bestehen Unterschiede?

7 Interpretieren Sie die Zeichnung M 23 auf den Hintergrund der Theorien von Tugendhat und Becker. Welche der beiden passt besser zu dieser Darstellung?

Übungen zur Klausur

Leszek Kolakowski: Falls es keinen Gott gibt (1982)

Das Heilige wird uns in der Erfahrung unseres Versagens geoffenbart. Religion ist in der Tat das Bewusstsein menschlicher Unzulänglichkeit, sie wird in dem Eingeständnis der Schwäche gelebt. Das war es, was Nietzsche am Christentum so hasste, wie sein Antichrist“ und andere Schriften belegen. [...] Das Christentum brachte den Menschen deutlich ihre Bedingtheit und die Endlichkeit des Lebens, die Vergänglichkeit des Körpers, die Beschränktheit der Vernunft und der Sprache und die Macht des Bösen in uns zu Bewusstsein und verdichtete dieses Bewusstsein in der Lehre von der Erbsünde; damit sprach es eindeutig der prometheischen Seite der Aufklärung Hohn, und so sollte es denn auch unausweichlich wegen seiner „antihumanistischen“ Tendenz gegeißelt werden. [...]

In diesem allgemeinen Sinne ist aber jede Religion, die Religion schlechthin, „antihumanistisch“ oder antiprometheisch. Schon im Phänomen des Heiligen und im Akt der Anbetung kommt zum Ausdruck, dass der Mensch sich seiner mangelnden Selbstgenügsamkeit bewusst ist, seiner sowohl ontologischen als auch moralischen Schwäche, die zu überwinden er allein nicht stark genug ist. Die religiöse Literatur sämtlicher Zivilisationen belegt das reichlich, und im höchsten Grade bezeugen es so unsterbliche Monumente des Geistes wie das Buch Hiob und die Evangelien. Die großen Propheten des Atheismus – von Lukrez bis hin zu Feuerbach und Nietzsche – waren sich dessen auch eindeutig bewusst; sie leugneten nicht die Tatsache der menschlichen Schwäche, weigerten sich aber – zumindest viele von ihnen –, deren ontologische Dauerhaftigkeit anzuerkennen. Die unwandelbare Botschaft des prometheischen Atheismus lautet: „Die Selbsterschaffung des Menschen kennt keine Grenzen, Böses und Leid sind kontingent, das Leben ist unendlich erfinderisch, nichts ist – in moralischer oder geistiger Hinsicht – nur deshalb gültig, weil es während der ganzen bisherigen Geschichte als gültig angenommen wurde, die Tradition besitzt keine Autorität, der menschliche Geist bedarf keiner Offenbarung und keiner Lehre von außen, Gott ist nichts anderes als der Mensch, der sich und seine Vernunft unterdrückt.“ Die unwandelbare Botschaft der religiösen Anbetung lautet: „Die Distanz vom Endlichen zum Unendlichen ist immer unendlich; was wir auch schaffen, es ist früher oder später zum Untergang verurteilt, das Leben ist zum Scheitern verurteilt, und der Tod ist unüberwindlich, es sei denn, wir hätten teil an der ewigen Realität, die nicht unser Werk ist, sondern von der wir abhängen; wir können sie – wie auch immer undeutlich und unzureichend – erkennen, und sie ist die Quelle all unseres Wissens von Gut und Böse; anderenfalls sind wir, was den Erwerb der Regeln von Gut und Böse betrifft, allein unseren Leidenschaften ausgeliefert, und sie sind in der Regel böse und machen uns untereinander zu Feinden; nichts kann diese Leidenschaften bändigen – nur das Vertrauen, Gott habe sich wahrhaftig offenbart.“ Und so stehen wir vor zwei unversöhnlichen Auffassungen von der Welt und von unserer Stellung in ihr [...].

[...] Es führt von all den unwiderleglichen Zeugnissen menschlicher Not kein logisch haltbarer Weg zu dem großen himmlischen Arzt; aus der Tatsache, dass wir krank sind, folgt nicht, dass wir geheilt werden können. [...] Es scheint demnach, als seien die zulässigen Optionen entweder eine sinnvolle Welt, gelenkt von Gott, verdorben durch die Menschen und geheilt durch den Erlöser, oder eine absurde Welt ohne Ziel, im Nichts endend, nichtiges Spielzeug eines unpersönlichen Schicksals, das weder Strafen noch Belohnungen erteilt und sich um Gut oder Böse nicht kümmert. Unter dieser Voraussetzung mag der prometheische Atheismus als eine kindische Selbsttäuschung erscheinen, als Vorstellung einer gottlosen Welt, die der endgültigen Fröhlichkeit entgegeneilt. Wenn wir von dieser Lösung absehen, bleiben uns die beiden soeben genannten Optionen, ohne dass wir aber darüber hinaus eine intellektuell verlässliche Richtschnur hätten, um zwischen ihnen die Wahl zu treffen. Gott gibt der Welt Sinn, macht sie verständlich, aber Er erklärt sie nicht im üblichen Wortsinne (wie etwa ein Erdbeben mit tektonischen Verschiebungen erklärt wird). Auf der anderen Seite ist es *prima facie* nicht absurd, zu glauben, dass die Welt tatsächlich absurd ist.

(Kolakowski, Leszek: Falls es keinen Gott gibt. Freiburg/Brsg.: Herder 1992. S. 184ff.)

1 Stellen Sie das Ausgangsproblem und die zentrale These des Textes dar und erarbeiten Sie seinen Argumentationsgang.

2 Stellen Sie die vom Autor angesprochenen atheistischen Auffassungen in Grundzügen dar und vergleichen Sie diese mit den Aussagen des Textes.

3 Bewerten Sie die unterschiedlichen Positionen und begründen Sie Ihr Urteil.

Zu erwartende Schülerleistung und Bewertung:

Inhaltliche Leistung

Aufg. 1	Anforderung: Korrekte, vollständige und begrifflich präzise Rekonstruktion des Textes Der Schüler oder die Schülerin	Max. Punkte
1	• stellt heraus, dass der Autor sich mit der Frage beschäftigt, wie eine religiöse Haltung im Verhältnis zu atheistischen Positionen einzuschätzen ist;	6 (I)
2	• stellt heraus, dass Kolakowski Religion mit dem Bewusstsein menschlicher Schwäche und atheistische Positionen mit der „prometheischen“ Weigerung verbindet, diese als dauerhaft anzuerkennen;	4 (I)
3	• erarbeitet, dass K. einen Sinn der Welt nur mit der religiösen Haltung verbindet, während die Welt in der Sicht des „prometheischen“ Atheismus seiner Meinung nach absurd ist;	4 (I)
4	• erarbeit, dass K. die Berechtigung der beiden unvereinbaren Haltungen anerkennt und betont, dass eine Entscheidung über deren Richtigkeit nicht rational zu begründen ist;	4 (I)
5	• erarbeitet den Argumentationsgang unter Berücksichtigung der Sprechakte.	6 (I)
		24

Aufg. 2	Anforderung: Einbringung von theoretisch und begrifflich differenziertem Fachwissen Der Schüler oder die Schülerin	
1	• stellt eine oder mehrere atheistische Positionen (Feuerbach, Marx oder Nietzsche) in Grundzügen dar;	10 (I)
2	• prüft, wieweit man diese nachvollziehbar unter dem Merkmal der „Selbstschaffung des Menschen“ als „prometheisch“ bezeichnen kann. Dabei können die graphischen Selbstdarstellungen von Marx und/oder Nietzsche herangezogen werden;	8 (II)
3	• prüft, wieweit Kolakowskis Behauptung zutrifft, dass diese Positionen nur eine absurde Welt ohne Ziel kennen;	6 (II)
4	• prüft, ob die atheistische Position der Stärke des Menschen besser rational beweisbar ist als die religiöse der Schwäche.	6 (II)
		30

Aufg. 3	Anforderung: eigenständige und stimmige Begründung der Beurteilung Der Schüler oder die Schülerin	
1	• nimmt Stellung zu der Schlüssigkeit des Argumentationsgangs in dem Text Kolakowkis;	6 (III)
2	• diskutiert, ob Kolakowski mit der Gegenüberstellung der beiden Positionen wirklich die wesentlichen Möglichkeiten im Verhältnis von Religiosität und Atheismus erfasst hat;	6 (III)
3	• diskutiert, ob Kolakowski die beiden Positionen gleichwertig dargestellt hat.	8 (III)
4	• formuliert eine begründete Stellungnahme zu beiden Positionen, – in der er/sie z. B. ausführt, warum er/sie eine der beiden Positionen präferiert, oder zeigt, dass beide Orientierungen sich nicht ausschließen müssen.	6 (III)
		26

Darstellungsleistung

Anforderung:	
schlüssige, klare gedankliche Strukturierung des Textes	5
präzise und differenzierte Sprache mit einer adäquaten Verwendung der Fachterminologie	5
sprachlich richtig sowie syntaktisch und stilistisch sicher	5
sichere und transparente Verbindung von Sachdarstellung, Analyse und Bewertung Belegung der Aussagen durch angemessene und korrekte Nachweise (Zitate)	5
Darstellungsleistung insgesamt	20

Die wichtigsten Begriffe der einzelnen Unterkapitel zur Selbstkontrolle der Sachkompetenz

Einführung in philosophisches Denken

1. Einführung in die Anthropologie

Anthropologie: Unter Anthropologie versteht man in der Philosophie die Beschäftigung mit der Frage, was den Menschen zum Menschen macht, was also seine wesentlichen Merkmale ausmacht. Dabei geht es auf der einen Seite um eine inhaltliche Bestimmung der grundlegenden Merkmale, die einen Menschen auszeichnen, auf der anderen Seite auch um die Abgrenzung zum Tier und zur Maschine. Die Bedeutung des Wortes erklärt sich aus dem Ursprung: *anthropos* (griech.): der Mensch; *-logie* (griech.): die Wissenschaft von ...

Geschlechteridentität: Simone de Beauvoir stellt in ihrem Werk „Das andere Geschlecht" (1951) dar, dass es keine natürlichen, also anthropologischen Unterschiede zwischen Männern und Frauen gibt. Alle Unterschiede, die sich auf das Geschlecht beziehen, seien lediglich ein Produkt der Gesellschaft. Als Konsequenz folgt daraus die Forderung nach vollkommener Gleichstellung der Frau.

Instanzenmodell: Sigmund Freud (1938) behauptet, dass die Psyche des Menschen, sein Seelenleben, auf eine bestimmte Weise strukturiert sei. Freud selbst verwendet den Begriff des „Psychischen Apparats", der aus drei Teilen besteht, dem „Es", das im Wesentlichen sämtliche Triebe wie Sexualität, Aggression usw. enthält, dem „Über-Ich", in dem alle moralischen Regeln, Traditionen, Wertvorstellungen und gesellschaftlichen Ansprüche gespeichert sind, und dem „Ich", das mithilfe des „Realitätsprinzips" zwischen beiden vermitteln muss.

Kultur und Triebsublimierung: Nach Freud (1930) ist es weder möglich noch wünschenswert, seine Triebe ungehemmt auszuleben. Damit das Individuum aber trotz dieser mangelnden Möglichkeit ein gelungenes Leben führen kann, müssten die Triebe auf ein anderes Ziel gelenkt, also abgelenkt werden. Diese Ablenkung nennt Freud „Sublimierung". Große kulturelle Errungenschaften lassen sich nach Freud nur durch sublimierte Triebe erklären.

Unterbewusstsein: Nach Sigmund Freud (1915) besteht die menschliche Seele aus verschiedenen Schichten. Das bewusste Erleben stellt nur einen kleinen Teil dessen dar, was in unserer Psyche repräsentiert ist. Die meisten dieser Repräsentationen seien unterhalb des eigentlich bewusst Erlebten und dem Individuum nur bedingt zugänglich, zum Beispiel im Traum oder der Hypnose. Allerdings spielen nach Freud die im Unterbewusstsein gespeicherten Inhalte eine große Rolle, da sie direkte Auswirkungen auf das bewusste Erleben und Empfinden haben können.

2. Einführung in die Ethik

Charakter: Arthur Schopenhauer (1860) beschreibt die *moralische Klassifizierung der Charaktere* als die von der Natur hervorgebrachte und handlungsbestimmende Ausprägung der drei Triebfedern des Handelns, d. h. als das Verhältnis der Ausprägungen von Egoismus, Bosheit und Mitleid.

Ethik: Der Begriff bezeichnet die philosophische Reflexion moralischer Fragen. Für Schopenhauer ist die Ethik und die gesamte Philosophie immer deskriptiv, und so beschreibt er eine *Gefühlsethik* (auch *Motivationsethik)*, die Mitleidsethik, bei der nicht die Vernunft die moralische Handlung leitet, sondern das Gefühl. Im Zusammenschluss der Grundtugend der Gerechtigkeit [Maxime 1] mit dem Gefühl des Mitleids [Maxime 2] ergibt sich für Schopenhauer als Basis der Ethik: „Verletze niemanden! Hilf allen, so viel du kannst!"

Höflichkeit: Nach Schopenhauer (1830) ist die Höflichkeit die konventionelle und systematische Verleugnung des Egoismus im alltäglichen Umgang miteinander und „anerkannte Heuchelei". Nach Comte-Sponville (1995) ist die Höflichkeit die notwendige Vorstufe zur Entwicklung moralischen Urteilens und Handelns.

Liebe: Als äußerster Ausdruck der Bejahung des Willens zum Leben ist für Schopenhauer (1859) das Gefühl der Liebe, gleichgesetzt mit „Geschlechtsliebe", eine Form des Egoismus und verursacht Leiden. Comte-Sponville (1995) beschreibt die Liebe als das Gute selbst und als Ideal der Motivation des Handelns.

Mitleid: Die Macht des Egoismus ist nach Schopenhauer (1840) nur dadurch zu brechen, dass ich mich mit dem anderen identifiziere, mit ihm mitempfinde; sein Wohl und Wehe wird dann unmittelbar meine Handlungsmotivation. Für Schopenhauer ist das „alltägliche Phänomen des Mitleids" die eigentliche moralische Triebfeder und führt zur „Echten Menschenliebe", denn für ihn ist die Liebe, die kein Mitleid ist, Selbstsucht. Für Comte-Sponville (1995) ist die Botschaft Christi, die Predigt der Nächstenliebe, die erhabenere, die Botschaft Buddhas, die Predigt des Mitleids, jedoch die realistischere Handlungsmotivation.

Weltwille: *Weltwille* setzt Schopenhauer auch als sinngleichen Ausdruck neben den *Willen zum Leben*. Den Weltwillen als Urgrund der Welt beschreibt er als ein blindes, drängendes, üppiges Leben-Wollen, das sich überall und jeden Augenblick ins Dasein drängt. Die Bejahung des Willens zum Leben im Egoismus verursacht und vermehrt nach Schopenhauer das Leiden in der Welt und ist deswegen antimoralisch.

3. Einführung in die Politische Philosophie

Arbeit: Nach Karl Marx (1844) kann sich der Mensch in der Arbeit selbst verwirklichen, so wie der Künstler in seinem Werk einen bleibenden Ausdruck für sein Leben und Erleben findet. In der kapitalistischen Gesellschaft aber ist der Mensch gezwungen, Arbeitskraft gegen Lohn zu verkaufen. Ein Fabrikarbeiter, der stets nur ein und denselben Handgriff tut, verübt eine entfremdete Arbeit und kann sich nicht selbst verwirklichen. Erst durch die Aufhebung des Privateigentums an Produktionsmitteln in der sozialistischen Gesellschaft wird die Arbeit wieder menschlich. Nach Hannah Arendt (1958) jedoch dient Arbeit nur dem Erhalt des eigenen Lebens und des Gattungslebens. Ergebnisse der Arbeit werden konsumiert, d. h. verbraucht, sie muss deshalb endlos wiederholt werden. Arbeit gehört zum Leben aller Lebewesen und ist kein besonderes Merkmal des Menschen. Arendt kritisiert, dass Marx Arbeiten und Herstellen verwechsle.

Handeln: Das Handeln ist nach Arendt eine wirklich menschliche Tätigkeit, die sich zwischen verschiedenen Individuen abspielt. Ein Mensch allein kann nie handeln. Handeln besteht in politischer Interaktion, wozu auch Kommunikation mit anderen zählt. Das Verfassen von Büchern, auch politischen, oder philosophischen Schriften ist nach Arendt hingegen Herstellen und kein Handeln, weil hier das konkrete Gegenüber fehlt.

Herstellen: Nach Hannah Arendt ist das Herstellen eine Möglichkeit für den Menschen, der Gewissheit zu entfliehen, dass sein Leben endlich ist. Der Mensch schafft sich eine künstliche Welt mit Dingen, Artefakten (Ergebnisse des Herstellens), die gebraucht und nicht verbraucht werden und seine eigene Existenz möglicherweise überdauern.

Macht/Gewalt: Macht entspricht nach Arendt (1970) der positiven menschlichen Fähigkeit, sich mit anderen zusammenzuschließen und politisch tätig zu werden. Wenn wir von jemandem sagen, er „habe die Macht", heißt das in Wirklichkeit, dass er von einer bestimmten Anzahl von Menschen ermächtigt ist, in ihrem Namen zu handeln. Gewalt kann Macht eine Zeitlang künstlich ersetzen, ist aber niemals legitim. Sie ist im Gegensatz zur Macht durch ihren instrumentalen Charakter gekennzeichnet, d. h. Gewalt ist immer abhängig von bestehenden Gewaltmitteln, z. B. Waffen, die dazu dienen sollen, die menschliche Stärke zu vervielfachen oder zu ersetzen.

Politik: Die Politik gestaltet nach H. Arendt das Zusammen- und Miteinandersein der Verschiedenen. An der Vielfalt der Menschen, der Pluralität, hat sich Politik zu bewähren. Eine totalitäre Politik wird versuchen, diese zu beseitigen.

4. Einführung in die Wissenschaftstheorie

Fortschritt: Aus dem Wissen über die Natur und dessen Nutzung für den Menschen soll nach Bacon (1620) Fortschritt im Sinne einer Verbesserung der Lebensbedingungen der Menschen entstehen. Diese geschieht auf zweierlei Weise: 1. Durch die Erforschung der Natur kann sie der Mensch erklären und Mythen als Erklärungen ablösen. 2. Das Wissen über die Natur schafft eine sehr konkrete Verbesserung der materiellen Lebensbedingungen.

Idole: Idole verstellen nach Bacon (1620) einen unvoreingenommenen Blick auf die Natur und die Gesetze der menschlichen Gemeinschaft. Sie wirken also wie Götzen oder – modern gesagt – wie Ideologien, die ein falsches Weltbild vermitteln.

Induktive Erkenntnis: Nach Bacon (1620) erlangt der Mensch Erkenntnis durch Forschung über „die Ursachen des Naturgeschehens, die geheimen Bewegungen in den Dingen und die inneren Kräfte der Natur" mithilfe des induktiven Verfahrens. Dabei sollte man folgendermaßen vorgehen: Informationen sammeln, Experimente durchführen, Registrieren und Ordnen der Ergebnisse, Überprüfung der Versuche, kausale Zusammenhänge herstellen, Nachprüfen der Experimente durch Wiederholung, neue Experimente durchführen, Auswerten, Erweiterung der Erkenntnis zu größeren Erfahrungskomplexen, Formung allgemeingültiger Regeln und Grundsätze.

Naturbeherrschung: Nach Horkheimer/Adorno (1944) und Hans Jonas (1972) führt Bacons Auffassung des Wissens als Macht über die Natur zu einer Überschätzung des Menschen mit unkontrollierbaren und unheilvollen Folgen für die Gesellschaft und die Natur. Bacon meint jedoch, dass man die Natur nur beherrschen kann, wenn man ihr gehorcht.

Wissenschaft: Die Wissenschaft hat nach Francis Bacon (1620) den Zweck, die Ursachen des Naturgeschehens zu ergründen, zum Nutzen für die Menschheit, d. h. der materiellen Wohlfahrt, beizutragen und die „Grenzen der menschlichen Macht auszudehnen".

5. Einführung in Erkenntnistheorie und Metaphysik

Erkenntnis: Nach Hume gibt es Wahrnehmungen (*perceptions*) nur im Augenblick. Dass das wahrnehmende Ich und die wahrgenommene Außenwelt auf Dauer existieren, kann ich nur aus Gewohnheit annehmen. Der von Francis Bacon als sicherer Weg zur Erkenntnis empfohlene Induktionsschluss, der von einem wiederholten in Experimenten erwiesenen Vorkommen ein sicheres Wissen ableiten will, ist also unzuverlässig. Karl Popper stimmt dem zu, geht aber noch weiter. Er meint, dass jede Erkenntnis immer nur eine Vermutung (hypothetisch) sein kann.

Metaphysik: Gegenstand der Metaphysik sind die der Welt zugrundeliegenden ersten Prinzipien. In diesem weiten Sinne gilt die Metaphysik nicht als Teilgebiet, sondern als alle Themen der Philosophie durchdringende Disziplin, sofern sie sich mit eben diesen Prinzipien auseinandersetzt. Im engeren Sinne bezeichnet der Begriff das theoretische Gebiet, welches sich mit Fragestellungen beschäftigt, die über das sinnlich Wahrnehmbare hinausgehen.

Unsterblichkeit der Seele: Sokrates zeigt durch eine Analyse des Begriffs Seele, dass diese vom Tod nicht erreichbar ist. Seine Erkenntnis gewinnt er durch einen Analogieschluss: Genauso wie die Zahl Drei mit dem Begriff des Ungeraden notwendig verknüpft ist, ist auch der Begriff der Seele mit dem Begriff des Lebendigen notwendig verknüpft. Daraus folgt für Sokrates eine Trennung von Leib und Seele im Tode, da der Leib durch den Tod stirbt, die Seele aber stets als lebendig gedacht werden muss. Sie kann demnach durch den Tod nicht erreicht werden. - David Hume nimmt dagegen an, dass die Frage nach der Unsterblichkeit der Seele für den Menschen keine Relevanz hat. Er argumentiert, dass die Seele immer schon hätte existieren müssen,wenn sie tatsächlich unvergänglich wäre. An eine Existenz vor der Geburt erinnert sich jedoch kein Mensch.

Wirklichkeit/Scheinwelt: Platon vertritt die These, die Wirklichkeit sei für den Menschen nur mittels der Vernunft zu erkennen. Der Leib und seine Bedürfnisse stehen einer absoluten Erkenntnis im Wege. So gesehen, lebt der Mensch in einer Scheinwelt, da sein Erkenntnisvermögen durch den Körper beeinträchtigt werde. Die vollständige Erfassung der Wirklichkeit lasse sich demnach entweder überhaupt nicht oder erst nach dem Tod erreichen, wenn die Seele vom Leib getrennt ist. Zu Lebzeiten bleibe dem Philosophen nur die Möglichkeit, soweit wie möglich von seinem Körper abzusehen. – David Hume betont dagegen, dass wir eine Vorstellung der Wirklichkeit nur über die Sinneseindrücke erhalten können. Das Material unseres Denkens ist uns demnach vorgegeben.

Wissen/Meinen: Sokrates' Anliegen ist es, das vermeintliches Wissen seiner Mitbürger einer kritischen Prüfung zu unterziehen. Er fordert jeden dazu auf, seine Überzeugungen gegen kritische Fragen verteidigen zu können. Auf diesem Weg nähert sich Sokrates der Wahrheit an. Gleichzeitig ist er aber auch davon überzeugt, dass der Mensch die Wahrheit niemals vollständig und mit Sicherheit erkennen kann.

6. Einführung ins Philosophieren

Begriff: Sieht man davon ab, dass man unter „Begriff" bestimmte Wörter, nämlich die Begriffsnamen versteht, ist mit „Begriff" in der Philosophie meist eine Allgemeinvorstellung gemeint. Der Begriffsinhalt, seine Intension, besteht aus seinen Merkmalen. Der Begriffsumfang, seine Extension, umfasst alles, was unter ihn fällt: Unterbegriffe und Gegenstände.

Definition: Begriffsbestimmung. Es gibt die Realdefinition, die Nominaldefinition (Festlegungsdefinition) und die Feststellungsdefinition, die die übliche Verwendung eines Begriffs wiedergibt.

Homonymie oder **Äquivokation:** Mehrdeutigkeit eines Begriffs (im Sinne des Begriffsnamens).

Logik: Ihr Gegenstand sind Begriff, Aussage, Schluss im Allgemeinen und Gesetze des vernünftigen Denkens. Mithilfe der Logik kann man überprüfen, ob das, was jemand äußert, im Sinne einer Folgerichtigkeit und inneren Stimmigkeit richtig ist.

Philosophie: wörtlich „Liebe zur Weisheit". Einige ihrer Disziplinen sind: Anthropologie, Ethik, politische Philosophie, Metaphysik, Wissenschaftstheorie, Logik, Sprachphilosophie. Der Philosophie geht es um Allgemeines im Sinne des Endgültigen, Grundsätzlichen und Übergreifenden. Sie stellt Methoden bereit, die der kritischen Analyse von Begriffen, Argumenten und Texten überhaupt dienen.

Satz vom (zu vermeidenden) Widerspruch: Grundsatz vernünftigen Denkens und Sprechens. Grundform: A ist nicht Nicht-A.

Schluss: Der kategorische Schluss enthält nur kategorische, d. h. einfache, behauptende Aussagen und ist immer gültig. Beim hypothetischen Schluss besteht mindestens eine der beiden Prämissen aus einem Satzgefüge mit einem konditionalen (hypothetischen) Nebensatz. Er ist also nur unter den genannten Bedingungen gültig.

Schlussfolgerung/Syllogismus: Aus zwei Aussagen, den Prämissen, die in einem bestimmten Verhältnis zueinander stehen, kann man eine dritte Aussage, die Konklusion oder den Schluss, nach einer Regel herleiten. Wahr ist die Konklusion, wenn die beiden Prämissen wahr sind und die Herleitung korrekt erfolgt.

Sprechakt (im engen Sinne): Handlung, die jemand ausführt wird, *indem* er spricht. Verben, die einen solchen Sprechakt benennen, heißen *performative* Verben, z. B. fragen, antworten, begründen, zitieren, veranschaulichen. Die Bestimmung von Sprechakten eines Textes macht seine Struktur deutlich.

Wesen und Möglichkeiten des Menschen: Anthropologie

1. Der Mensch im Kampf ums Dasein

Evolution: Charles Darwin (1859) prägte maßgeblich die Evolutionstheorie, die davon ausgeht, dass sich alle Lebewesen, also auch der Mensch, rein biologisch über die Mechanismen der Mutation und Selektion entwickelt haben. Er hat damit die Vertreter des „Kreationismus“ gegen sich aufgebracht, die behaupten, dass der Mensch als Krone der Schöpfung unmittelbar von Gott geschaffen wurde.

Kampf: Mit dem Begriff des „Kampfes“ verbindet sich eine anthropologische Grundfrage: Ist der Mensch von Natur ein Wesen, dass sich in bestehende Ordnungen einfügt und kooperativ verhält, oder ist der Mensch ein Wesen, dass mit den anderen um den besten Platz in einer Hierarchie kämpft. R. Dawkins (1976) kommt zu dem Schluss, dass Menschen durch Gene geprägt sind, die sie zu Kampfmaschinen machen.

Natürliche Selektion und Geist: Folgt man der Evolutionstheorie Darwins, kann man den Menschen in seiner biologischen Entwicklung als „nackten Affen“ verstehen. Andere wenden dagegen ein, dass damit nur ein Teil der natürlichen Entwicklung beschrieben sei. Vielmehr habe der Mensch im Verlauf seiner Entwicklungsgeschichte so etwas wie „Geist“ entwickelt. M. Scheler (1928) sieht im Geist des Menschen genau die Qualität, die den Menschen zum Menschen macht. H. Plessner (1982) sieht im Geist und in der Kultur den notwendigen Ersatz für die fehlende Mitte des Menschen, seine Exzentrizität. Der Evolutionspsychologe G. Miller (2000) erklärt den Geist als Resultat der sexuellen Auslese.

Sozialdarwinismus: Mit Sozialdarwinismus bezeichnet man eine Theorie, die davon ausgeht, dass es in der Evolution zu einer ständigen Höherentwicklung und Vervollkommnung kommt. Diese Höherentwicklung erfolge aber nicht nur durch biologische Prozesse, sondern vielmehr auch durch soziale Prozesse, bei denen für eine Gesellschaft schädliche Elemente ausgesondert werden sollten. Auch in einer Gesellschaft sollten so nur die Starken überleben und alles Schwache ausgemerzt werden. Viele Äußerungen Friedrich Nietzsches (1888) gehen in diese Richtung.

2. Menschliche Spezifika: Was macht den Menschen zum Menschen?

Gefühl und Emotion: Nach D. Dörner (1996) ist ein Gefühl ein physiologischer Prozess, der, abhängig von psychischen Parametern und Motivkomplexen, quasi mechanisch abläuft und deswegen auch künstlich herstellbar ist. Dabei versteht er den Prozess selbst als das Gefühl, nicht das subjektive Erleben des Gefühls. H. Lenk (1994) betont, dass Gefühle und Emotionen wertgeladen sind. Sie können nicht auf rein biologisch-physiologischer Basis erklärt werden; die physiologischen Erregungszustände werden überlagert und treten in Wechselwirkung mit Emotionsschemata, die die persönlichen Wertmaßstäbe enthalten. Lenk unterscheidet zwischen Gefühlen und Emotionen: Emotionen sind durch Zeichenverwendungen (v. a. Sprache) verfeinerte Gefühle.

Kultur und Technik: Nach A. Gehlen (1976) erschafft sich das organische Mängelwesen „Mensch“ durch Kultur und Technik eine zweite Natur, durch die es lebensfähig wird. Kultur und Technik kompensieren nicht nur die organischen Mängel, sondern auch die durch diese entstehende Weltoffenheit. G. Anders sieht ein prometheisches Gefälle darin, dass der Mensch der von ihm geschaffenen Technik nicht mehr gewachsen ist (1956).

Sprache: D. Perler und M. Wild (2005) sprechen Lebewesen einen Geist zu, wenn vier Kriterien erfüllt sind: Bewusstsein, intentionale Zustände, Sprache und logisches Denken. Auch schon für R. Descartes (1667) ist der Geist durch Sprache und Denken gekennzeichnet. Sprache bedeutet dabei, Worte zusammenzufügen zu einer Rede und dadurch Gedanken verständlich zu machen. Sprache zeigt dadurch, dass Denkprozesse stattfinden. Nach Descartes verfügen nur Menschen, nicht aber Tiere über Geist. P. Singer (1984) zeigt jedoch, dass einige Tiere über Bewusstsein und Sprache verfügen. Nach M. Tomasello (2008) haben aber Menschen im Gegensatz zu Tieren die Fähigkeit und die Motivation, mit anderen gemeinsame Ziele und gemeinsame Aufmerksamkeit, also bei der Kommunikation eine sogenannte geteilte Intentionalität auszubilden.

Streben nach Anerkennung und Humor: Ohne den Begriff explizit zu nennen, ist nach W. Sofsky (1996) das Streben nach Anerkennung eine Strategie mit dem (nur dem Menschen zukommenden) Todesbewusstsein umzugehen. In der Kultur versucht der Mensch seinem Leben Bedeutung zu verleihen, die eine Form von Ewigkeit verspricht. Strategien sind z. B. die Vergegenständlichung in Artefakten oder Heldentaten. Sofsky verweist aber auch auf einen anderen Weg mit dem Tod umzugehen, den Weg, den W. Becker (vgl. S. 442ff.) den Weg der Teilhabe nennt, z. B. an einem ewigen Wesen oder einer überpersönlichen Institution. F. Fukuyama (1992) argumentiert in der Nachfolge Hegels, dass der Mensch von anderen als Mensch anerkannt werden möchte. Da die einzigartige Eigenschaft des Menschen sei, sein Leben zu riskieren, führe die Begegnung mit anderen Menschen zu einem Kampf, in dem die Gegner dadurch, dass sie ihr Leben riskieren, die Anerkennung des Gegners erzwingen wollen. A. Comte-Sponville (1996) definiert den Humor in

Abgrenzung zur Ironie, die das Lachen des Kampfes darstellt, als eine demütige Tugend. Humor breche die Ernsthaftigkeit auf und dadurch den Stolz, ohne oberflächlich zu sein. In der Frage nach Sinn und Wert des Lebens stelle er die Absurdität des Lebens fest, amüsiere sich aber darüber. Durch diese Kennzeichnung des Humors könnte man ihn auch als einen dritten Weg im Umgang mit dem Todeswissen neben der Selbstbehauptung im Kampf um Annerkennung und der Teilhabe ansehen.

3. Gehirn und Bewusstsein

Bewusstsein/Selbstbewusstsein: Der Begriff des Bewusstseins steht als Oberbegriff für verschiedenartige mentale Prozesse und Zustände. Seit Descartes' „cogito ergo sum“ (1641) ist das Bewusstsein als Grundlage aller inneren Zustände von zentraler Bedeutung in der Philosophie. Das Bewusstsein stellt gewissermaßen das Fundament für sämtliche Formen des Fühlens, Denkens, Wollens und Erlebens dar. Der Begriff des *Selbstbewusstseins* bezeichnet das Wissen des Subjekts um das Vorhandensein solcher Bewusstseinsakte. Das Selbstbewusstsein stellt einen Vorgang der Reflexion dar, in dem das Ich als Subjekt sich selbst, d.h. die in ihm ablaufenden mentalen Prozesse als Objekt betrachtet. J. G. Fichte (um 1800) hat darin einen Zirkel entdeckt. Es war ihm klar, dass es nicht möglich ist, das Ich als ein bewusstes Subjekt aufzufassen, das sich selber zum Objekt macht.

Gehirn und Geist: Geist umfasst die Gesamtheit aller mentalen Zustände. Die Begriffe Geist, Bewusstsein und Seele werden häufig synonym verwendet. Im Zentrum der modernen Philosophie des Geistes steht besonders die Frage nach dem Verhältnis von Geist und Materie (Leib-Seele-Problem oder auch Geist-Körper-Problem). Neurowissenschaftler wie D. Dörner (1999) vertreten häufig eine Form des Physikalismus oder Reduktionismus und gehen davon aus, dass sich geistige Prozesse auf neuronale Vorgänge im Gehirn reduzieren lassen. Andere wie G. Roth (1997) und A. Noe (2010) vertreten die Auffassung, dass der Geist eine andere Form von Realität hat als das Gehirn.

Künstliche Intelligenz (KI): Die KI-Forschung geht davon aus, dass Denken prinzipiell auch außerhalb des menschlichen Körpers möglich sein müsse. Dabei greift sie vor allem auf Computer zurück, die so programmiert werden, dass sie menschenähnliches, intelligentes Verhalten zeigen. Ein zentrales Problem hierbei ist die Definition des Begriffs „Intelligenz“. Auch ist fraglich, ob entsprechend programmierte Rechner tatsächlich eine Form von Intelligenz besitzen, oder ob sie lediglich intelligentes Verhalten simulieren und es dem Beobachter daher nur so erscheint, als verfügten sie über die rationalen Fähigkeiten eines Menschen. Aus diesem Grund werden zwei Formen der KI unterschieden.

Seele: Die Seele gilt zumeist als eine Art unsichtbarer Lebenskraft, die den Körper bewegt und ihm erst seine Lebendigkeit verleiht. In Philosophie und Religion existieren unterschiedliche Seelenkonzeptionen, in denen die Seele als immateriell oder materiell, als unsterblich oder sterblich betrachtet werden kann. Sieht man die Seele im Gegensatz zum Körper, spricht man von Dualismus. Einen solchen Leib-Seele-Dualismus vertreten u.a. Platon und Descartes. Für Platon (um 370 v. Chr.) stellt der Körper das Gefängnis der Seele dar, von dem sie sich im Akte des Philosophierens zu lösen versucht. Descartes' strikte Trennung von res cogitans (Seele) und res extensa (Leib) wirft die Frage auf, wie die ihrer Art nach vollkommen gegensätzlichen Substanzen aufeinander Einfluss nehmen können.

4. Die Freiheit des Menschen

Angst: Nach J.-P. Sartre (1943) eröffnet das Gefühl der Angst dem Menschen allererst das Bewusstsein, frei zu sein. Er spricht von einem schwindelerregenden Gefühl der Freiheit angesichts der Fülle unendlicher Möglichkeiten, seine eigene Zukunft zu gestalten. Die Freiheit stellt in diesem Sinne eine Last dar, hat aber zugleich ihre positive Seite: Von nichts und niemanden in seiner Existenz abhängig, ist der Mensch im Unterschied zu allen anderen Dingen und Lebewesen in der Welt dazu „verurteilt“, sein Wesen (Essenz) in voller Verantwortlichkeit erst selbst zu erschaffen; andererseits ist er dabei auch niemanden außer sich selber Rechenschaft schuldig.

Determinismus: Nach Meinung der Deterministen unterliegt alles, was in der Welt geschieht, auch menschliche Willenshandlungen, einer vollständig kausalen Bedingtheit. Der Wille sei entweder durch innere und/oder äußere bzw. materielle Ursachen bestimmt. Dies steht der Idee des freien Willens und dem Prinzip von Verantwortung und Schuld entgegen, welches die Ethik wie die Rechtssprechung begründet. Nach Auffassung der Neurobiologen dirigieren die neuronalen Prozesse, was der Mensch will. Sie gehen davon aus, dass sich menschliches Denken wie alle anderen Phänomene in der Natur physikalisch erklären lassen, indem sie alle geistigen Prozesse auf Gehirnaktivitäten zurückzuführen suchen. P. Bieri (2005) spricht in diesem Zusammenhang von einem Kategorienfehler. Die physikalische Welt wird durch das Prinzip von Ursache und Wirkung bestimmt. Eine Entscheidung für eine Handlung folgt jedoch einem mehr oder weniger sinnvollen Grund und nicht einer Ursache.

Handlungsfreiheit/Willensfreiheit: Handlungsfreiheit besteht darin, dass der Mensch seinem Willen folgen kann, ohne von etwas oder jemanden gehindert zu werden. Von Willensfreiheit spricht man hingegen, wenn der Mensch den Willen selbst frei bestimmen kann. Wann immer der Mensch also etwas *aus eigenem Antrieb* tut, bestimmt er sich selbst. Freies Handeln ist danach nur unter der Bedingung *eigener* Zwecksetzungen denkbar. Dies bezeichnet I. Kant (1785) als *Kausalität aus Freiheit*. Diese Selbstbestimmung (Autonomie) beweist sich ihm zufolge dann, wenn der Mensch gegen seine Neigungen und egoistischen Motive aufgrund *vernünftiger Einsicht* handelt. Der Wille ist danach ein Vermögen, nach Prinzipien zu handeln, wobei die eigene innere Gesetzlichkeit der Vernunft den Willen bestimmt.

Liebe: Nach J.-P. Sartre (1943) ist die Liebe ein gegenseitiger Betrug, in dem jeder versucht, den anderen dazu zu bringen, seine Freiheit aufzugeben und die eigene anzuerkennen. Dadurch, dass jeder nur geliebt werden will, ist keiner bereit, sich zu binden. H. Frankfurt (2004) dagegen geht davon aus, dass Menschen lieben wollen, weil sie sich um jemanden kümmern wollen. Sie suchen eine Aufgabe und einen Sinn in ihrem Leben. In diesem Sinn lässt sich die Liebe als höchste Möglichkeit von Freiheit verstehen, weil der Mensch in ihr sich selbstbestimmt bindet. Wer liebt, will gar nicht mehr anders können.

Die Reflexion der Moral: Ethik

1. Begründung und Legitimation ethischen Handelns

Altruismus: Der Altruismus wendet den Blick auf den Selbstverzicht des Einzelnen zum Wohle anderer. In seiner extremsten Form endet der Altruismus in der völligen Selbstaufgabe. J. Butler (1726) wendet sich explizit gegen das egoistische Menschenbild von Th. Hobbes, indem er die Existenz des Egoismus zwar nicht kategorisch leugnet, aber neben der Selbstliebe im Rahmen einer moralphilosophischen Argumentation weitere handlungsbestimmende Neigungen des Menschen differenziert. R. D. Precht (2010) begründet kooperatives Verhalten des Menschen als soziales Wesen über das anthropologische Bedürfnis nach Anerkennung, das konsequent durch „demokratische, kooperative und verantwortungsbewusste Milieus" vorgelebt werden müsse.

Egoismus: bedeutet so viel wie Eigenliebe und bezeichnet die Einstellung, dass jedem Menschen sein eigenes Interesse am wichtigsten ist. M. Stirner (1845) entwickelte eine Theorie der radikalen Ich-Liebe, in der er Moral allein aus dem Eigeninteresse des Individuums, seinem natürlichen Egoismus, ableitet: „Egoistisch ist es, keiner Sache einen eigenen oder ‚absoluten' Wert beizulegen, sondern ihren Wert in Mir zu suchen." A. Camus (1942) hingegen verband in seiner Philosophie des Existenzialismus Solidarität und Egoismus. Dabei akzentuierte er „das Dasein des Menschen als eines Individuums unter anderen Individuen".

Moral und Ethik: K. Bayertz (2006) versteht unter Moral einen traditionell bestimmten und kulturell geprägten Komplex aus Normen, Werten oder Idealen, der dem Individuum einer Gesellschaft einen Lebensleitfaden/ein Orientierungssystem bereitstellt. Davon grenzt er die Ethik als „Bemühen um die systematische Grundlegung und Ausarbeitung eines Leitfadens der Lebensführung" ab, die „Orientierung auf einer theoretisch und methodisch reflektierten Ebene zu erarbeiten sucht".

Wert, Norm, Gewissen: Zur Beantwortung der Frage „Was soll ich tun?" sind Werte und Normen entscheidende Orientierungshilfen und Bewertungsmaßstäbe, nach denen wir unser Handeln ausrichten und reflektieren. L. Kohlberg unterscheidet sechs Stufen des moralischen Urteils. H. Lenk (1994) definiert Normen als kontextgebundene Verhaltens- oder Handlungserwartungen. N. Hartmann (1926) entwickelt eine „materielle Werteethik", im Zuge derer er die Objektivität von Werten zu begründen sucht. Er spricht von einem „idealen Ansichsein [der Werte], das vom realen Sein der uns umgebenden Welt grundsätzlich unabhängig ist". Dieses zeigt sich seiner Meinung nach im Gewissen.

2. Glück für Einzelne – Glück für alle: Eudaimonía und Nützlichkeit

Glück: Epikur (um 300 v. Chr.) versteht darunter Lustbefriedigung, weder Schmerz noch Verwirrung zu empfinden, Selbstgenügsamkeit als Lebensziel; Aristoteles das vollkommene und selbstgenügsame Gut und das Endziel des Handelns unter Einschluss von Lust und Vernunft. J. St. Mill sieht quantitativ und qualitativ verstandene *happiness* im Sinne von *pleasure* (Lust) und Frei-Sein von *pain* (Unlust) den einzigen wünschenswerten Endzweck jeglichen Handelns.

Nützlichkeit, Nützlichkeitsprinzip: ist für utilitaristische Ethiker der Maßstab für die Moralität einer Handlung: für J. Bentham (1789) überwiegen die (quantifizierten) positiven Folgen einer Handlung für deren Beteiligte und Betroffene die negativen Folgen; dies lässt sich mithilfe des hedonistischen Kalküls feststellen; J. St. Mill (1871) meint damit die Gesamtheit der Handlungsregeln und Handlungsvorschriften, durch deren Befolgung ein von Glück geprägtes Leben für die gesamte Menschheit im größtmöglichen Umfang erreichbar ist – Kurzformel: „größtes Glück für die größte Zahl" oder „größtmögliche Übereinstimmung der Einzel-Interessen mit den Interessen des Ganzen".

Tugend: Für Aristoteles (um 340 v. Chr.) ist Tugend eine Verhaltensdisposition, die durch die vernünftig bestimmte Mitte zwischen Übermaß und Mangel geprägt ist.

Utilitarismus: Konzeption einer Ethik, die die Moralität einer Handlung an ihren Folgen misst, nämlich ihrer Nützlichkeit für die Beförderung des Glücks möglichst vieler Beteiligter und Betroffener. Varianten: *Handlungsutilitarismus:* Spielart des Utilitarismus, die dessen Nützlichkeitsprinzip unmittelbar auf die konkrete in Frage stehende Handlung bezieht (Vertreter: Bentham, Mill). *Präferenzutilitarismus:* konsequentialistisch-ethische Richtung, die die Interessen („Präferenzen") aller von einer Handlungsentscheidung Betroffenen so berücksichtigt, dass diese weitestgehend befriedigt werden, und die das zum Maßstab des Handelns und Entscheidens macht – mit der Folge, dass Einzelinteressen auch gegen das Gemeinschaftsinteresse gewahrt werden müssen (Vertreter: P. Singer). *Regelutilitarismus:* Spielart des Utilitarismus, die dessen Nützlichkeitsprinzip nicht auf die konkrete in Frage stehende Handlung bezieht, sondern auf Regeln, die auf die konkrete Situation anzuwenden sind. Damit nimmt der Regelutilitarismus prinzipienethische Elemente in seine Anwendung auf, während seine Begründung utilitaristischen Prinzipien folgt (Vertreter: W. K. Frankena, 1963).

3. Pflicht und Verantwortung

Anthropozentrische/Biozentrische Ethik: H. Jonas (1979) unterscheidet eine anthropozentrische Ethik, die nur den Menschen berücksichtigt, und eine biozentrische Ethik, die alles Lebendige berücksichtigt. Eine Zukunftsethik muss eine biozentrische Ethik sein. Für Jonas tragt jedes Lebendige seinen Zweck in sich selbst.

Autonomie/Heteronomie: Unter Autonomie versteht Kant die Selbstgesetzgebung des Sittengesetzes, denn dieses stammt aus der reinen praktischen Vernunft; ihre Verwirklichung ist Freiheit. Diese steht im Gegensatz zur Heteronomie, der Fremdgesetzgebung, zu der Kant u. a. die Bestimmung des Willens durch Streben nach Glück, durch ein Gefühl oder eine Neigung oder durch den Willen Gottes zählt.

Kategorischer Imperativ: Kant verwendet den Ausdruck „Imperativ" im Sinne eines Sollenssatzes. Imperative sind Gebote der Vernunft. Kant unterscheidet zwei Arten von Imperativen, 1. die hypothetischen Imperative, die nur bedingt gültig sind. Diese stellen nur Ratschläge der Klugheit und Regeln der Geschicklichkeit dar, und 2. den kategorische Imperativ, der dem Sittengesetz entspricht. Er gilt unbedingt, also unter jeder Bedingung; Formen: Universalisierungs-Formel, Naturgesetz-Formel, Mensch-Zweck-Formel. H. Jonas erweitert den kategorischen Imperativ durch die Formel: „Handle so, dass die Wirkungen deiner Handlung verträglich sind mit der Permanenz echten menschlichen Lebens auf Erden."

Menschenwürde: Innerer, absoluter Wert des Menschen. Er verpflichtet dazu, einem jeden Menschen gegenüber Achtung zu erweisen, d. h. ihn als Selbstzweck zu behandeln. Zu unterscheiden von dem absoluten Wert ist der relative, äußere Wert. Kant bezeichnet ihn als Preis. Was nur einen Preis hat, ist austauschbar, kann durch etwas Äquivalentes ersetzt werden. Die von Kant gemeinte Würde des Menschen ist eine allgemeine und gleiche Menschenwürde, unabhängig von der Standeswürde und unabhängig von der Tugend des Menschen.

Pflicht: Handeln aus Pflicht und damit aus Achtung vor dem Sittengesetz steht nach I. Kant (1785) im Gegensatz zu einem Handeln aus Neigung. Nur einem Handeln aus Pflicht, das aus gutem Willen geschieht, entspricht der Moralität. Ein Handeln, das pflichtgemäß aussieht, aber nicht wirklich aus Pflicht, sondern aus Neigung geschieht, entspricht dagegen nur der Legalität.

Verantwortung: Verantwortung bedeutet für H. Jonas die als Pflicht anerkannte Sorge um ein anderes Sein, die bei Drohung seiner Verletzlichkeit zur „Besorgnis" wird. Im Sinne einer Zukunftsethik muss sich die Verantwortung von einer Heuristik der Furcht leiten lassen: Furcht lässt Gefahren deutlicher erkennen und dient als Ansporn zum Handeln. Die von Jonas gemeinte Furcht bezieht sich auf das Unheil, das künftigen Generationen durch eine entfesselte Technik drohen kann.

4. Ethik weiterdenken – Standpunkte beziehen

Ethische Ansätze: N. Luhmann (1989) warnt explizit vor der Reduzierung der Ethik auf das Verständnis von Moral und Sitte. Ethik solle vielmehr vor der Moral warnen. R. Spaemann (1982) betont, dass die scheinbar gegensätzlichen ethischen Ansätze – Deontologie und Teleologie – keineswegs unvereinbar seien. Der gemeinsame Kern sei die Frage nach der Verantwortung für unser Handeln, das in jedem Fall die Autonomie des anderen sichern müsse.

Ethischer Naturalismus: Der ethische Naturalismus ist der Versuch, moralische Werte und Normen mit Bezug auf die Natur zu begründen. Nach D. Birnbacher (2006) ist jedoch dieser Versuch zum Scheitern verurteilt. Denn 1. geht die Natur mit den Lebewesen nicht moralisch um, 2. hat die Moral die Aufgabe, die natürlichen Triebregungen zu domestizieren und zu kultivieren, und 3. gehören alle Handlungen, auch die schlimmsten Verbrechen, zur Natur. Eine Ableitung von einem Sollen aus dem Sein, also der Moral von dem Naturzustand, der nur beschrieben werden kann, beruht nach G. Moore und D. Hume auf einem naturalistischen Fehlschluss.

Gut und Böse: Das Gute ist der moralische Grundwert, der weder einen bestimmten Zweck („gut zu etwas") noch eine Aufgabe („gut für jemand") erfüllt und nicht an einem Vergleichswert gemessen werden kann. Eine Person ist nicht per se gut oder böse, sondern ist zu beidem befähigt. I. Kant sieht das Böse in einer willkürlichen Umkehr der Triebfedern des Handelns (1793). Die Selbstliebe ist nicht mehr der Moralität unterstellt, sondern dominiert sie. H. Arendt hat dagegen Taten vor Augen, die anscheinend nicht aus Selbstliebe getan wurden, sondern von Tätern, die sozusagen selbstlos ihre Verantwortung als Person gänzlich leugneten.

Lebenskunst: Die Lebenskunst ist nach W. Schmid (1998) die Kunst, sein eigenes Lebens schöpferisch unter Realisierung von möglichst vielen Möglichkeiten zu gestalten. W. Kersting kritisiert, dass die Kriterien für die Wahl der Existenzweisen und der Lebensformen ungeklärt sind. Die Lebenskunst richte sich an einem Autonomiemythos aus.

Den Vielen gerecht werden: Politische Philosophie

1. Politische Philosophie des Sozialstaats und der Wirtschaft

Gerechtigkeit: Nach J. Rawls (1971) ist die ungleiche Verteilung der Güter nur dann gerecht, wenn sich aus ihr Vorteile für jedermann ergeben, besonders für die schwächsten Mitglieder der Gesellschaft (Differenzprinzip). Nach O. Höffe (1996) hat der Staat nicht die Aufgabe, für Verteilungsgerechtigkeit (iustitia distributiva) zu sorgen. Der Sozialstaat lässt sich jedoch auch auf der Basis der Tauschgerechtigkeit (iustitia commuativa) rechtfertigen.

Gleichheit: Nach W. Kersting (2002) kann man die egalitaristische Lehre von der Gleichheit aller ablehnen und dennoch an der Progressivsteuer festhalten. Sie ist ein Ausgleich dafür, dass die Einkommensstärksten von dem kooperativen System des Sozialstaates überproportional profitieren. Nach F. Nietzsche ist der Sozialismus, der die Menschen gleich machen will, eine aus dem Neid geborene krankhafte Lehre gegen das Gesetz des Lebens, immer mehr haben zu wollen.

Konkurrenz: Für K. Marx (1844) ist sie eine notwendige Konsequenz des kapitalistischen Produktionssystems und nicht eine zufällige Folge der Habgier einzelner Kapitalisten. E. Fromm (1976) dagegen sieht in ihr eine Folge der Habgier, die zu ewigem Kampf um den größten Anteil der Güter führt. Nach N. Bolz (2002) ist Konkurrenz eine Möglichkeit der friedlichen Ermäßigung des Kampfs ums Dasein zu einem unblutigen Kampf um Anerkennung. Nach F. A. v. Hayek (1976) ist Konkurrenz das Merkmal eines fairen Spiels. Kritiker fragen jedoch, ob man von einem fairen Spiel sprechen kann, wenn die Startchancen bei weitem nicht für alle gleich sind.

Solidarität: Nach A. und W. Weimer (1994) ist brüderliches Teilen und Solidarität nur in der Familie und nicht im Staat angebracht. K. Bayertz (1996) sieht dagegen einen grundlegenden Unterschied zwischen staatlich institutionalisierter Solidarität und Brüderlichkeit. Nach A. Comte-Sponville (2010) unterscheidet sich die Solidarität als politische Tugend von der Großzügigkeit als moralische Tugend dadurch, dass sie nicht uneigennützig ist, sondern allen zugute kommt, weil sie den gesellschaftlichen Frieden erhält.

Umverteilung durch Progressivsteuer: Nach Marx und Engels (1848) fordert der Kommunismus die Enteignung der Kapitalisten, die die Arbeiterklasse angeblich zuvor enteignet hatten. Ein Weg dazu ist eine starke Progressivsteuer. Nach F. A. v. Hayek (1976) ist Progressivsteuer eine aus Neid entstandene Praxis, mit der eine Mehrheit eine Minderheit diskriminiert und damit den Arbeitsansporn nimmt.

2. Politische Philosophie des freiheitlichen Rechtsstaats

Demokratie: Nach J. J. Rousseau die Herrschaft des in seinen Augen unfehlbaren und unteilbaren Volks- oder Gemeinwillens. Demokratien zielen jedoch K. R. Popper (1945) zufolge nicht darauf, einen idealen Gesellschaftszustand herbeizuführen, sondern durch schrittweise Veränderungen Missstände zu beheben. Ihr wichtigstes Merkmal ist das Recht und die Möglichkeit, schlechte Regierungen ohne Gewaltanwendung loszuwerden.

Gemeinschaft und Gesellschaft: F. Tönnies (1887) betrachtete Verbundenheit und Verständnis als wesentlich für Gemeinschaft. Gesellschaft sei dagegen durch Eigeninteresse und Tauschbeziehungen geprägt. W. Becker (1996) macht jedoch darauf aufmerksam, dass in einer modernen Industriegesellschaft die Sehnsucht nach Gemeinschaft politisch nicht ohne totalitären Zwang zu verwirklichen ist.

Gemeinwille: Unter Gemeinwille (volonté générale) versteht J. J. Rousseau (1762) nicht die Summe der Einzelwillen (volonté de tous) und sondern das, was die Individuen als Gemeinschaftswesen „wirklich" wollen. Dabei entsteht das Problem, wer diesen Gemeinwillen bestimmen kann. Er ist mehr an dem Ideal der Gemeinschaft als an der Gesellschaft orientiert und birgt die Gefahr des Totalitarismus.

Gesellschaftsvertrag: Gedankenfigur, mit der Hobbes, Locke und Rousseau zu zeigen versuchen, auf welche Form politischer Herrschaft sich freie Individuen einigen würden, um den Naturzustand zu überwinden. Diesen beschreibt Hobbes (1651) als einen Krieg aller gegen alle. Auch J. Locke (1689) sieht darin einen Zustand der Unsicherheit, während J. J. Rousseau (1762) es bedauert, dass die Menschen in der Gesellschaft davon entfremdet sind.

Gewaltenteilung: J. Locke plädiert gegen Th. Hobbes dafür, die Staatsgewalt in eine ausführende und eine gesetzgebende Gewalt aufzuteilen. Montesqieu ergänzt diese Unterscheidung durch die richterliche Gewalt.

Rechtsstaat: ein Staat, dessen Entscheidungen und Entscheidungsverfahren Gesetzen unterworfen sind. Aus diesem Grundprinzip ergeben sich nach P. C. Mayer-Tasch weitere rechtsstaatliche Prinzipien, wie z. B. die Gewaltenteilung.

Totalitarismus: C. J. Friedrich (1965) nannte als Merkmal totalitärer Staaten das Vorherrschen einer Ideologie, d. h. einer Lehre, die einen vollkommenen Endzustand der Gesellschaft verspricht und den Bürgern vorschreibt, wie sie ihr Leben zu gestalten haben. Auch die zentrale Lenkung der Wirtschaft und den Staatsterror führen Experten als Merkmale an.

3. Recht und Menschenrecht im Zeitalter der Globalisierung

Globale Gerechtigkeit: Globale Gerechtigkeit ist nach P. Singer (1994) angesichts des Elends in weiten Teilen der Welt nur durch weitgehende Hilfsmaßnahmen der westlichen Welt zu erreichen, die gegenüber dem Elend eine positive Hilfspflicht habe. Auch T. Pogge (2006) sieht globale Gerechtigkeit nicht verwirklicht, weil die gegenwärtigen institutionellen Strukturen eine kollektive Menschenrechtsverletzung darstellten. Die Menschen der westlichen Welt hätten die negative Pflicht, diese Strukturen zu ändern. H. Afheldt (1994) betont dagegen, dass Solidarität mit der ganzen Welt den Sozialstaat in Europa gefährde.

Menschenrechte, Grundrechte: subjektive/persönliche Rechte, die allen menschlichen Individuen gleichermaßen zustehen, die allein aufgrund ihres Menschseins mit gleichen Rechten ausgestattet sind, die universell (d. h. überall und jederzeit) gelten und unveräußerlich und unteilbar sind.

Recht auf Asyl: Das Recht auf Asyl ist grundgelegt in der Allgemeinen Erklärung der Menschenrechte. Nach V. Hösle (1997) ist das Recht auf Asyl eine moralische Verpflichtung, die aus der Würde des Menschen folgt. Wirtschaftsflüchtlinge dagegen können nach Hösle nicht geduldet werden, weil mit dem gleichen Geld, das der Aufenthalt kostet, mehr Not in den Ländern selbst gelindert werden kann. P. Singer (1994) legt dagegen in seinem Gedankenexperiment nahe, dass man nicht zwischen politisch Verfolgten und Wirtschaftsflüchtlingen trennen könne.

Recht und Naturrecht: U. Wesel weist dem Recht vier Funktionen zu: 1. Ordnungsfunktion; 2. Gerechtigkeitsfunktion; 3. Herrschaftsfunktion; 4. Herrschaftskontrollfunktion. Nach G. Radbruch (1946) steht dem positiven, niedergeschriebenen Recht ein sogenanntes Naturrecht oder auch Vernunftrecht gegenüber, ein Recht, das sich in positiver Form im Wesentlichen in den Menschenrechten wiederfindet. Ungerechten Gesetzen könne der Rechtscharakter abgesprochen werden, wenn sie dessen Idealen in einem unerträglichen Maße entgegenstehen. E. Riezler (1962) dagegen nimmt die Position der Rechtspositivisten ein. Wegen des Bedürfnisses nach Rechtssicherheit und weil es kein einheitliches Vernunftrecht gebe, dürfe nur das festgelegte positive Recht gelten.

Strafgerechtigkeit: Nach der relativen Straftheorie liegt die Rechtfertigung der Strafe darin, künftige Delikte zu verhüten; dies ist in Form der Generalprävention (Bestrafung eines Täters motiviert durch Abschreckung die Allgemeinheit, sich an Rechtsnormen zu halten) und in Form der Spezialprävention (Bestrafung zielt darauf, dass dieser einzelne Täter nicht wieder straffällig wird) denkbar. Nach der absoluten Straftheorie ist die Vergeltung ein zureichender Grund für die Strafe.

4. Politische Philosophie der internationalen Beziehungen – Krieg und Frieden

Freund-Feind-Denken: Für C. Schmitt (1932) besteht der Begriff des Politischen in der Unterscheidung zwischen Freund und Feind. Ein Volk, das diese Unterscheidung nicht treffen will, hört politisch auf zu existieren. Die Begriffe Feind, Kampf und Krieg gehören zur politischen Existenz dazu. H. J. Lieber (1985) identifiziert dagegen das Denken in Freund-Feind-Schemata als ein Strukturelement ideologischer Denkweisen. H. M. Bernhard (1994) erklärt die integrierende Wirkung manichäischer Weltbilder mit der klaren Gegenüberstellung von Gut und Böse damit, dass die Ausgrenzung von Feinden den inneren Zusammenhalt heterogener Bevölkerungsgruppen stärken und die fehlende Gemeinsamkeit ersetzen kann.

Frieden: Als Friedensbedingungen nennt I. Kant (1795), dass Staaten republikanisch (modern: demokratisch) aufgebaut sein sollen, weil die Bevölkerungen selbst dem Krieg zustimmen müssen. Das wird seltener passieren, da sie damit auch unmittelbar über die Kosten entscheiden. Kant meint, dass der Handelsgeist tendenziell den Frieden fördere, weil er mit dem Kriege dem Eigennutz der Wirtschaftspartner widerstrebe.

Gerechte Kriege: Nach Thomas von Aquin (um 1270) ist der Krieg berechtigt, wenn erstens die Vollmacht des Fürsten, zweitens ein gerechter Grund und drittens die rechte Absicht, das Gute zu mehren oder Böses zu meiden, vorliegen. L. Tolstoi (1909) führt als Pazifist das christliche Tötungsverbot gegen den Krieg an. V. Hösle (1997) spricht von einem gerechten Krieg nur bei Notwehr oder Nothilfe. Interventionen als Nothilfe sind trotz des Nichteinmischungsprinzips gerechtfertigt, wenn fundamentale Menschenrechtsverletzungen vorliegen.

Weltstaat: I. Kant (1795) kommt zu dem Schluss, dass ein (homogener) Weltstaat zwar normativ das richtige Ziel sei, auf Grund der nicht zu umgehenden einzelstaatlichen Souveränität jedoch ein Friedensbund das realistischere Ziel sei. Auch dieser geht völkerrechtlich über den Status einmaliger Friedensverträge hinaus, bedeutet jedoch keine supranationale Weltstaatlichkeit. In der Moderne plädiert O. Höffe (1997) für eine sekundäre (komplementäre) Weltrepublik, die die Regelungsdefizite des internationalen Systems ausgleicht, die Einzelstaaten jedoch als Primärstaaten bestehen lässt. Chr. Horn (2002) argumentiert dagegen für einen homogenen Weltstaat, der in gewisser Weise leviathanisch sein müsse, nämlich regelungsbefugt und durchsetzungsfähig. Nur diese Weltrepublik ist letztlich dazu in der Lage, globale Probleme wirklich zu lösen.

Wahrheit und Wissen: Erkenntnistheorie, Logik und Wissenschaftstheorie

1. Was wissen wir von der Wirklichkeit?

A priori/a posteriori: In der Philosophie I. Kants (1787) bezeichnet eine Erkenntnis a posteriori eine empirische Erkenntnis, die ihren Ursprung in der Erfahrung hat. Eine apriorische Erkenntnis ist dagegen „vor aller wirklichen Wahrnehmung" und „schlechterdings von aller Erfahrung unabhängig". Apriorische Erkenntnisse sind nicht nur „von der Erfahrung unabhängig", sondern sie zeichnen sich auch durch „Notwendigkeit und strenge Allgemeinheit" aus. Die Klärung der Möglichkeit apriorischer Erkenntnis ist nach Kant ein wichtiges Anliegen der Philosophie, denn in induktiver Erfahrungserkenntnis (vgl. F. Bacon) ist nur „angenommene und komparative Allgemeinheit" erreichbar.

Idee: Einen Zugang zum platonischen Grundgedanken der „Idee" liefert die Frage: Was ist unabhängig von beliebigen Einzelmeinungen für alle „dasselbe"? Nach der Aussage des „Höhlengleichnisses" sind Ideen geistige Gegenstände, die von der Sinnenwelt getrennt sind, die uns aber nach einem schwierigen Erkenntnis- qua Bildungsprozess zugänglich werden, so dass wir sie nicht nur erkennen, sondern auch praktisch anwenden können. Bei J. Locke (1690), wird „Idee", unter ausdrücklichem Verzicht auf alle aprioristischen Momente bei Platon, zum Leitbegriff einer empirischen Bestandsaufnahme der Bewusstseinsinhalte. „Idea" ist Inbegriff all dessen, was durch innere *(reflection)* wie durch äußere Wahrnehmung *(sensation)* gegeben ist. *„Sensation"* und *„reflection"* sind die alleinigen Quellen, die das im Ausgangszustand als „tabula rasa" konzipierte Bewusstsein mit Inhalten, den Ideen, füllen.

Skepsis/Skeptizismus: Als „Skeptiker" gilt ein Philosoph, der die Grundlagen der Erkenntnis in Frage stellt. Als „Skeptiker" gilt aber auch jemand, der es ablehnt, sich in Dingen festzulegen, zu denen man im Allgemeinen eine feste Meinung hat. R. Descartes (1641) betont die grundlegende Unterscheidung zwischen dem von ihm praktizierten „methodischen Zweifel" als einem Instrument, um zu einem unumstößlichen Fundament der Erkenntnis zu gelangen, und einem „skeptischen Zweifel" nur um des Zweifelns willen. Maturana (1987) versteht Skeptizismus als Negation sicherer Erkenntnis, M. Seel (2011) als eine Lebenseinstellung, die die Grenzen des menschenmöglichen Wissens und Könnens im Blick behält.

Zeugnis (anderer): Eine Gruppe von Philosophen spricht dem, was wir durch das Zeugnis anderer erfahren, den Status des Wissens rundweg ab. Eine zweite Gruppe, die so genannten „Reduktionisten", sind zwar bereit, das Zeugnis anderer als (abgeleitete) Erkenntnisquelle anzuerkennen, allerdings nur unter der Bedingung, dass sich dieses Zeugnis auf vermeintlich grundlegendere Quellen (Wahrnehmung, induktives Schließen) zurückführen lässt (Hume, 1748). Nur eine dritte Gruppe, die so genannten „Anti-Reduktionisten", akzeptieren das Zeugnis anderer als eigenständige Erkenntnisquelle, die denselben erkenntnistheoretischen Status besitzt wie etwa Wahrnehmung oder Erinnerung (Reid, 1764).

2. Wie denken wir richtig? Wann denken wir falsch? – Einführung in die Logik

Argument: sowohl der *Grund*, der eine strittige Annahme überzeugend macht, als auch das gesamte *Argumentationsschema* (Prämissen plus Konklusion), das einem Beweis zugrunde liegt. Die Philosophie interessiert sich seit alters vor allem für solche Argumente, die als Elemente (Prämissen) logisch gültiger Schlussformen fungieren und damit schlüssige Beweise ermöglichen, sofern die Prämissen wahr sind. Denn bei logisch gültiger Schlussform und wahren Prämissen muss auch die Konklusion wahr sein. Aristoteles war der erste, der insgesamt 14 gültige Schlussformen als sog. Syllogistik systematisierte.

Ontologischer Gottesbeweis: Gottesbeweise sind Ausdruck eines Selbstbewusstseins, mithilfe des Verstandes die Existenz einer den Menschen in jeder Hinsicht übersteigenden Wesenheit beweisen zu können. Die Besonderheit des so genannten ontologischen Gottesbeweises Anselms von Canterbury (um 1077/78) liegt darin, dass dieser Existenzbeweis allein aus einem Begriff Gottes geführt wird.

Urteil: Begriff aus der Rechtssprache. An die rechtssprachliche Verwendung knüpft eine rhetorische Gebrauchsweise an. Die Untersuchung der Gerichtsrede als einer eigenständigen Redegattung gehört seit der Antike zu den klassischen Aufgaben der Rhetorik. Von der rechtssprachlichen und rhetorischen Verwendung ist die logisch-erkenntnistheoretische zu unterscheiden. „Urteile" gehören neben „Aussagen", „Behauptungen" oder „Propositionen" zu den sprachlichen Gebilden, die nach traditioneller Auffassung wahr oder falsch sein können.

Wahrheit: Der Begriff bezieht sich im Kontext von Erkenntnistheorie und Logik auf Gedanken und Äußerungen, die entweder wahr sind oder falsch. Voraussetzung dafür ist ein propositionaler [auf einen Sachverhalt bezogener] Gehalt. Eine besonders prominente Rolle spielt die Korrespondenztheorie der Wahrheit als der „Angleichung des Dinges und des Verstandes" („adaequatio rei et intellectus") (G. Frege, 1918). Davon zu unterscheiden ist die Konsenstheorie von J. Habermas (1973), die Wahrheit in dem Konsens aller an der Wahrheit Interessierten sucht.

3. Der Wissenserwerb in der Wissensgesellschaft – Soll ich studieren? Was soll ich studieren?

Natur- vs. Geisteswissenschaften: Bis in die Gegenwart wird die auf W. Dilthey und W. Windelband zurückgehende Unterscheidung von „nomothetischem" naturwissenschaftlichem und „idiographischem" geisteswissenschaftlichem Denken kontrovers diskutiert. Im formalen Charakter ihrer jeweiligen Erkenntnisziele schien man das Prinzip der Abgrenzung zwischen Natur- und Geisteswissenschaften gefunden zu haben: Die einen suchen allgemeine Gesetzmäßigkeiten, um Beobachtungen erklären zu können, die anderen wollen besondere geschichtliche Tatsachen als Ausdruck des geistigen Lebens verstehen.

Studium: „Studium" bezeichnet die lernende oder forschende Beschäftigung mit wissenschaftlichen oder künstlerischen Gegenständen und Inhalten. Der Ausdruck steht ursprünglich für Zuneigung, die auch die Neigung einschließt, sich mit etwas geistig und mit dem Ziel eines Erkenntnisgewinns eingehender zu beschäftigen. Heute dient das Studium oft nur dazu, in möglichst kurzer Zeit eine beruflich nutzbare Ausbildung zu vermitteln.

Universität: Die „universitas magistrorum et scholarium" verfügte seit dem 13. Jh. als eine „Kommunität", eine Gemeinschaft eigenen Rechts über die „libertas scholastica", eine genossenschaftliche Autonomie und Vorform der späteren Lehrfreiheit. Vollmitglieder der sich in vier Fakultäten gliedernden Universität waren die Magister. Als oberste Fakultät galt die Theologie, darunter rangierten die juristische als sozial angesehenste und die medizinische Fakultät. In der untersten, der Artisten-Fakultät, wurden die „artes liberales" gelehrt, das Grundlagenwissen für alle höheren Studien. Die neuhumanistische Universitätsidee, die 1810 in der Gründung der Universität Berlin ihren Ausdruck fand, solle dem Menschen „die Einsicht in die reine Wissenschaft" unter der notwendigen Bedingung der Freiheit und der „hülfereichen" Bedingung der Einsamkeit ermöglichen (W. v. Humboldt, 1809). Gegenwärtig ist man dabei, die Universitäten nach betriebswirtschaftlichen Kriterien zu Produktionsstätten für eine möglichst hohe Zahl von Absolventen mit akademischen Abschlüssen umzubauen.

4. Welches Wissen schaffen die Wissenschaften? – Probleme der Wissenschaftstheorie

Forschung mit humanen embryonalen Stammzellen: Aus frühen Embryonalstadien werden durch die Zerstörung des Embryos humane embryonale Stammzellen (ES-Zellen) gewonnen, die sowohl für die klinische als auch für die Grundlagenforschung genutzt werden. Untersucht wird, wie sich ES-Zellen kultivieren, differenzieren, gewinnen und für bestimmte Ziele, etwa Therapien, nutzen lassen. Die Diskussion dreht sich um die Fragen, ob dieses Verfahren als Mittel zur Erreichung solcher Ziele ethisch vertretbar ist und ob und in welchem Ausmaß mögliche moralische Schutzansprüche des Embryos verletzt werden. In Deutschland darf ausschließlich an importierten ES-Zellen geforscht werden.

Grenzen des Erkennens (der Natur): Der Sinnesapparat, mit dessen Hilfe der Mensch Natur wahrnimmt (anschaut, riecht, schmeckt, hört und ertastet), bestimmt zusammen mit den ordnenden Tätigkeiten des Verstandes nach Goethe die Reichweite und die Grenzen einer behutsamen Erkenntnis der Natur, der ein hohes Maß an Selbstgesetzlichkeit zugebilligt wird. Für P. Janich (1992) bedeutet die für die neuzeitliche Naturwissenschaft konstitutive experimentelle Methode eine Art von Filter, der nur passgenaue Wahrnehmungen durchlässt. Seine Skepsis gegenüber den Erklärungsansprüchen der Naturwissenschaften bringt E. du Bois-Reymond in der Formel des „ignorabimus" zum Ausdruck, in der er zwei grundsätzliche Grenzen des Naturerkennens unterstellt: prinzipiell unerkennbar sei zum einen das Wesen von Materie und Kraft und zum anderen das Verhältnis zwischen den Zuständen des Bewusstseins und ihren materiellen Grundlagen.

Natur: Der Begriff hat zwei Grundbedeutungen: 1. Beschaffenheit, Wesen; 2. Werden, Wachstum. Aristoteles (um 340 v. Chr.), der als erster den Begriff der „physis" reflektiert, verknüpft diese beiden Grundbedeutungen und deutet ihn als die Gesamtheit aller natürlichen Seienden in ihrem Wesen und nach dem Gesetz ihres Werdens und Vergehens. Für I. Kant (1787) wird die Natur zum Gegenüber für ein menschliches Subjekt, das die Rolle eines Richters übernimmt, damit die Natur gezwungen werden kann, ihre Erscheinungen in einer vom Subjekt systematisch geplanten Reihenfolge preiszugeben.

Wissenschaftlicher Fortschritt: Der wissenschaftliche Fortschritt vollzieht sich nach K. R. Popper (1972) als eine Abfolge von Versuch und Irrtum. Er ähnelt hierin der Evolution der Arten. Grundsätzlich gilt, dass alle Erkenntnis unvollkommen ist. Naturgesetze oder Theorien sind hypothetisch und werden immer nur vorläufig akzeptiert. Th. Kuhn (1962) unterscheidet verschiedene Phasen in der Wissenschaftsentwicklung. Die akzeptierte, auf sicheren Grundlagen ruhende Wissenschaft bezeichnet er als normale Wissenschaft, die hinsichtlich ihres Zieles, der stetigen Ausweitung des Umfangs und der Exaktheit wissenschaftlicher Kenntnisse, durchaus erfolgreich ist. Im Laufe dieses kontinuierlichen Prozesses treten aber irgendwann unüberwindliche Anomalien auf. Damit wird die Wissenschaft reif für eine revolutionäre Veränderung und einen Paradigmenwechsel.

Auf der Suche nach dem Unbedingten: Metaphysik und Religionsphilosophie

1. Die Bedeutung der Mythen

Mythos: Nach d' Holbach (1770) entsteht der Mythos dadurch, dass Priester die Kräfte der Natur, die sie selbst nicht begreifen können, personifizieren und beschwören, um ihre Macht zu erhalten. Nach K. Armstrong (2005) und C. Eurich (1998) stellt der Mythos dagegen eine Kunstform dar, die auf das Zeitlose der menschlichen Existenz verweist und deshalb auch heute noch unabhängig vom naturwissenschaftlichen Fortschritt bedeutsam ist.

Symbol: Nach P. Tillich (1961) wird ein Glaube, der die Symbole für das Unbedingte wörtlich nimmt und dadurch das Bedingte zum Unbedingten macht, zum Götzenglauben und führt zum Fanatismus, den man heute als Fundamentalismus bezeichnen würde. In seiner Nachfolge betont auch die amerikanische Religionswissenschaftlerin B. Sproul (1991), dass die Mythen nicht wörtlich, sondern symbolisch verstanden werden müssen, wenn sie ihre Macht zur Sinngebung behalten sollen.

Wertesystem: Nach M. Frank (1982) existiert ein Bedürfnis nach einem sinnhaften Aufbau der Welt, d.h. nach einem Regel- und Werte-System, aus dem heraus die empirischen Tatsachen nicht nur als gegeben hingenommen, sondern darüber hinaus als begründet und legitimiert verstanden werden können. Diese Legitimierung leistet der Mythos. Auch nach L. Kolakowski (1972) ist die Welt der Werte eine mythische Realität. Daher sei jeder Appell, jeder der Geschichte gegenüber erhobene Anspruch, jedes Werten von Ereignissen entweder unbegründet oder aber im Mythos begründet. Es gibt nach ihm jedoch auch die Gefahr einer Flucht vor der Verantwortung in den Mythos. Wenn die Wertungen als Wissen über das Ganze der Wirklichkeit gelten, wird der Mythos zur Ideologie. Nach R. Girard (1978) verdeckt der Mythos die Tatsache, dass die Werte, die eine Gemeinschaft zusammenhalten und mit denen sie ihre innere (mimetische) Rivalität bewältigt, nur auf Kosten eines Opfers zu Stande kommen.

2. Metaphysische Gottesvorstellungen

Glauben und Wissen: Meister Eckhart (um 1325) lehrt, dass man von Gott nichts wissen kann, auch nicht, dass er gut ist. I. Kant (1781) will das metaphysische Wissen aufheben, um zum Glauben Platz zu bekommen. An die Stelle einer logischen tritt bei ihm eine moralische Gewissheit. Auch nach P. Tillich (1958) ist Gott kein Wesen, dessen Existenz bewiesen werden kann, weil er dadurch ein Wesen neben anderen und nicht mehr ein Symbol für die Dimension der Tiefe des Seins wäre.

Gottesbeweis: Thomas von Aquin (um 1270) meint, Gott auf fünf Wegen als den ersten Bewegenden, die erste Ursache, das einzig Notwendige, die Ursache aller Vollkommenheit und das Ziel, auf das die Natur aller Dinge hingeordnet ist, beweisen zu können. Auch G. W. Leibniz (1710) meint, dass neben allem Zufälligen Gott als das einzig Notwendige existieren müsse. N. Hoerster (2005) wendet dagegen ein, dass der notwendige Grund der Welt nicht notwendig außerhalb ihrer liegen muss. Nach R. Spaemann (2009) ist schon der Glaube an die Wahrheit eines Satzes ein Beweis für die Existenz Gottes. Eine Wirklichkeit ohne Gott ist für ihn wie ein Kino ohne Projektor.

Idee und Wirklichkeit: Nach Platon ist die Wirklichkeit, die wir mit den Sinnen wahrnehmen, nur der vergängliche Schatten der ewigen Ideen. M. Weber (1919) sieht auch in der Moderne noch die Aufgabe der Wissenschaft darin, Begriffe zu finden, die die ewigen Wahrheiten widerspiegeln. N. Bolz (1995) hält dagegen die Unterscheidung von Schein und Wirklichkeit im Medienzeitalter für sinnlos. Nach G. Moore (2007) ist es bis heute ungeklärt, ob die Ideen, z.B. die Zahlen, unabhängig von konkreten Denkvorgängen existieren oder nur erfunden sind.

Metaphysische Gottesvorstellungen: Nach Platon (um 370 v. Chr.) ist die Gottheit unveränderlich, schön und gut. Damit ist die unveränderliche Gottheit von der sich wandelnden Welt getrennt. A. N. Whitehead (1929) meint deshalb, dass Gottes Sein als Prozess aufzufassen sei, in dem zwar die Urnatur Gottes beständig, aber von der veränderlichen Welt nicht getrennt ist, weil diese seine fließende Folgenatur darstellt. Nach F. Nietzsche (1889) sind alle metaphysischen Gottesvorstellungen Wunschprodukte für Feiglinge, die die Sinnlosigkeit des Lebens nicht aushalten. Nach L. Kolakowski (1988) folgt jedoch daraus, dass wir eine metaphysische Wahrheit brauchen, noch nicht, dass es keine Wahrheit gibt.

3. Religionskritik – Argumente und Einwände

Kritik des Christentums: Fr. Nietzsche (um 1887) kritisiert das Christentum, weil es aus Mitleid die Partei alles Schwachen, Niedrigen, Missratenen genommen hat und damit im Widerspruch zu den Erhaltungsinstinkten des starken Lebens steht. R. Girard (1999) sieht in Nietzsches Kritik an der Stellungnahme zugunsten der Opfer die Gefahr, dass er zur Bejahung von Menschenopfern getrieben wird, die dann von den Faschisten in die Tat umgesetzt wurden.

Religionskritik: Nach L. Feuerbach (1841) führt das Eingeständnis, dass „das Bewusstsein Gottes nichts andres ist als das Bewusstsein der Gattung" und „dass der Mensch kein andres Wesen als absolutes, als göttliches Wesen denken, lieben und verehren kann als das menschliche Wesen", zur Kritik der Religion. Fr. Engels (1885) meint jedoch, dass Feuerbach die Gottesliebe nur durch die neue Religion der Menschenliebe ersetzt habe. Im Unterschied zu Lenin ist für K. Marx (1843) Religion nicht das Opium *für das Volk*, sondern das Opium *des Volkes*. Ihre Kritik soll nicht einfach nur zu der Forderung führen, das illusorische Glück des Volkes aufzuheben, sondern muss dazu führen, den Zustand aufzuheben, der der Illusionen bedarf. Nach R. Tucker (1963) ersetzt Marx allerdings die Religion nur durch einen Mythos vom Kampf zwischen Arbeit und Kapital. Auch für S. Freud (1927) ist Religion eine Art Droge, nämlich ein Narkotikum für Infantile, das Illusionen erzeugt. Anders als Marx glaubt er nicht, dass es einen Zustand geben werde, der Illusionen überflüssig macht.

Theodizee: Nach Epikur (um 300 v. Chr.) kann oder will Gott die Übel in der Welt nicht beseitigen. Beides spricht gegen ihn. G. W. Leibniz (1710) findet jedoch eine Rechtfertigung Gottes angesichts des Leides in der Welt, die er Theodizee nennt. Weil Gott unter allen möglichen Welten notwendigerweise die mit dem geringsten Leid geschaffen hat, ist die Schöpfung Gottes gerechtfertigt. H. Deuser (2009) macht darauf aufmerksam, dass das Theodizeeproblem nicht in den Mythen, sondern erst dann auftritt, wenn ein theistischer Gottesbegriff mit absolut positiven Eigenschaften vorausgesetzt wird. F. M. Wuketits (2009) betont, dass die Leiden, die die Evolution mit sich bringt, einen allmächtigen und gütigen Gott fragwürdig machen. H. von Ditfurth (1984) vermutet dagegen, dass die unleugbare Unvollkommenheit und Mangelhaftigkeit der Welt vielleicht damit zusammenhängt, dass sie einer noch nicht vollendeten Schöpfung entspringt. Nach H. Jonas (1984) ist das Gutsein Gottes mit der Existenz des Übels vereinbar, wenn man auf das Attribut der Allmacht verzichtet.

4. Die Bedeutung der Transzendenz für die Frage nach dem Sinn des Lebens

Absurdität: A. Camus (1942) sieht in der anstrengenden, unnützen und aussichtslosen Arbeit ein Beispiel für die Absurdität des Lebens. Indem man sie als eigenes Schicksal bejaht, könne man glücklich werden. R. Salomon (1976) beurteilt dagegen den „Scheinheroismus" bei Camus nur als die Befriedigung von Rachsucht und Eitelkeit. Nach Th. Nagel (1986) bringt uns unsere natürliche Fixiertheit auf uns selbst zusammen mit unserer Fähigkeit, das Übersteigerte dieser Haltung zu sehen, in eine absurde Lage, die sich nicht ändern lässt.

Sinn: Man kann zwischen vorgegebenem und selbst gegebenem Sinn unterscheiden. Nach Th. Luckmann (1991) ist der profane Sinn des alltäglichen Lebens vorgegeben und in andere, abgestufte transzendente und schließlich heilige Sinnschichten eingebettet. J.-P. Sartre (1946) dagegen meint, dass jeder dem Leben selbst einen Sinn geben müsse. W. Weischedel (1972) erklärt, ob das Sinngebende selbst sinnhaft ist, lässt sich nur von einem umfassenden Sinn her beurteilen. Die dadurch entstehende Sinnkette ist nur sinnvoll, wenn es einen unbedingten Sinn gibt.

Teilhabe oder Selbstbehauptung: Nach E. Tugendhat (1996) geht es angesichts des Todes um eine anzustrebenden Ausgewogenheit zwischen Festhalten und Kämpfen einerseits und Loslassen und sich Zurücknehmen andererseits. Die beiden gegensätzlichen Haltungen entsprechen den zwei möglichen Wegen, die es nach W. Becker (2000) angesichts des Wissens um den eigenen Tod gibt: dem Weg der Selbstbehauptung, der Inszenierung der Individualität und des Heroismus oder dem des Verzichts auf Individuation und der Teilhabe an einem imaginierten ewigen Wesen.

Transzendenz: Für H. Joas (2004) ist das „Ergriffenwerdens von etwas, das jenseits meiner selbst liegt" eine Erfahrung der Selbsttranszendenz, die man z. B. in der Natur oder in der Liebe machen könne. Nach Z. Bauman (1994) dagegen muss die Suche nach Transzendenz in der Liebe an der Hinfälligkeit des anderen scheitern. Nach E. Lévinas (1963) kann man im Antlitz des anderen die Spur einer Transzendenz erkennen, die sich nicht in eine immanente Ordnung einfügen lässt, weil sie dem Bedürfnis, diese zu bestätigen, gerade entgegensteht.

Methodensammlung zu den einzelnen Lernphasen

(Das Schema der Lernphasen finden Sie auf S. 9; die Methoden können Sie auch in anderen Lernphasen anwenden.)

Wahrnehmungen, Beobachtungen und Erfahrungen verstehen und erklären (Hinführung)

Planspiel

In einem Planspiel sollen Sie durch Simulation einer Praxissituation einen möglichst realen Einblick in gezielte Probleme und Zusammenhänge gewinnen, eigene Entscheidungen treffen und Konsequenzen ihres Handelns erfahren. In gemeinsamer Interaktion sollen Sie ein konkretes Problem unter vorgegebenen Bedingungen lösen, was ein hohes Maß an planerischen, strategischen und kreativen Fähigkeiten Ihrerseits erfordert. Zudem stellt das Planspiel hohe Anforderungen an Ihre soziale Kompetenz, welche in der Interaktion mit der Gruppe von Bedeutung ist. Dabei treffen Sie gemeinsam Entscheidungen, diskutieren Meinungsverschiedenheiten, führen Gespräche und Verhandlungen, und nehmen zuletzt eine Auswertung der Ergebnisse vor (in Anlehnung an: http://methodenpool.uni-koeln.de/planspiel/frameset_planspiel.html). Dabei erfolgt die Simulation in folgenden Schritten:

1. Zunächst wird Ihnen das Setting, die Ausgangssituation (z. B. Überlebende auf einer einsamen Insel), vorgestellt, aus welcher sich ein konkretes Problem ergibt, welches Sie in der Gruppe gemeinsam lösen müssen. Es ist wichtig, dass Sie sich wirklich auf die gegebene Ausgangssituation einlassen.
2. In einem nächsten Schritt spricht Ihnen der Spielleiter, z. B. die Fachlehrerin, konkrete Rollen zu, an deren Vorgaben Sie sich in der Interaktion mit der Gruppe genau zu halten haben. Während dieser Phase dürfen Sie nicht aus der Rolle heraustreten, sondern müssen die eingenommene Perspektive wahren. Ein oder mehrere Gruppenmitglieder fungieren als Beobachter, die später die Auswertung leiten.
3. In einem letzten Schritt nehmen Sie innerhalb der Gruppe mithilfe eines Beobachtungsbogens eine Auswertung des Planspiels vor und diskutieren den Spielverlauf in der Gruppe. Die Ergebnisse der einzelnen Gruppen können Sie im Anschluss im Plenum besprechen, analysieren und vertiefen.

Beispiel: Führen Sie ein Planspiel zum Thema Pluralität durch, in dem Sie den Wert unterschiedlicher Fähigkeiten auf einer einsamen Insel nach einem Flugzeugabsturz erkunden können.

Bildanalyse mit der GEIST- Methode

Das so genannte GEIST-Verfahren leitet zu einer strukturierten Analyse eines Bildes an. Die Anfangsbuchstaben der fünf aufeinander folgenden Schritte der Analyse bilden das Akronym (Initialwort) GEIST. Folgende Schritte sollen nacheinander durchgeführt werden:

1. **G**efühle, Gedanken, Stimmungen angesichts des Bildes äußern.
2. **E**lemente des Bildes benennen – z. B.: Welche Personen, Gegenstände oder Geschehnisse werden dargestellt? Welche Formen und Farben beherrschen das Bild? Wie ist das Bild aufgebaut?
3. **I**nterpretation des Bildes wagen – z. B. Welches Bild der Welt oder des Menschen wird sichtbar?
4. **S**innfrage beantworten: Welchen Zusammenhang sehen Sie zwischen Bild, Thema des Kapitels und Ihrer Lebenswelt?
5. **T**ragweite des Bildes beurteilen – z. B.: Bringt mich das Bild in meinem Selbst- und Weltbild weiter? Trägt das Bild weiter als der Text? Spricht das Bild mehr an als Worte?

Das Bild „Ideale Partnerin“ (1966/67) von Allen Jones soll hier zur Veranschaulichung der Phasen dienen. Mögliche Ergebnisse der Phasen könnten sein:

1. Erotik, „Warum ist das Gesicht nicht abgebildet?“, Künstlichkeit ...
2. Nackte Frau ohne Arme und ohne Gesicht, nur der Mund und ein Teil der Haare sind erkennbar; angedeuteter Rock, hochhackige Schuhe, Erotikmarker ...
3. Das Bild lässt sich als Kritik an gängigen (männlichen) Vorstellungen von einer Partnerin lesen, die vor allen Dingen den Körper in seiner sexuellen Dimension in den Vordergrund stellen. In diesen Vorstellungen wird die Frau eher zum Gebrauchsgegenstand als zu einer Person, passend dazu fehlen der Frau im Bild die Augen und jeder persönlichkeitsprägende Zug. Stattdessen wirkt sie austauschbar.

4. Es gibt Bereiche in der Gesellschaft, in denen Frauen als Objekte behandelt werden; als Partnerin wünschen sich die meisten Männer jedoch eine Frau mit eigener Persönlichkeit.
5. Das Bild ist drastischer und damit einprägsamer als ein Text. Mir war jedoch bereits vorher klar, dass Frauen in einigen Bereichen des Lebens auf ihre Körperlichkeit reduziert werden.

(*Münnix, G./Kalcher, J./Baranowski, A.*: Horizonte Praktischer Philosophie, 9/10. Leipzig Klett 2002. S. 17)

Konflikte bearbeiten, Gespräche führen (Problemstellung)

Wertkonflikte bearbeiten – eine Dilemmasituation diskutieren

In unserem Alltag werden wir nicht selten vor die Wahl zwischen zwei Alternativen gestellt, die uns in einen Wertkonflikt geraten lassen, aus dem es keinen einfachen Ausweg gibt, weil beide Entscheidungsmöglichkeiten sich gegenseitig ausschließen. Solch eine Entscheidungssituation lässt sich dann als Dilemma bezeichnen, wenn die Frage „Was soll ich tun?“ an uns gerichtet wird und ein Handeln oder Bewerten verlangt. Um einen solchen Wertkonflikt zu bearbeiten, empfiehlt sich folgendes Vorgehen im Plenum, in Kleingruppen und abschließender Einzelarbeit, um die Werte und Orientierungen, die in der Entscheidung miteinander konkurrieren, genauer zu charakterisieren und den eigenen Standpunkt zu bestimmen:

1. Vergewissern Sie sich, dass Sie die Entscheidungssituation verstanden haben. Stellen Sie, wenn nötig, Rückfragen. Prüfen Sie, ob es sich bei der vorgestellten Situation tatsächlich um ein Dilemma handelt (s. Definition oben).
2. Stimmen Sie in Ihrem Kurs über die Entscheidungsfrage ab (Spontanabstimmung).
3. Finden Sie sich in Gruppen mit den Kursteilnehmern zusammen, die die gleiche Entscheidung gefällt haben, und suchen Sie Argumente für Ihre Entscheidung.
4. Hierarchisieren Sie Ihre Argumente, beginnen Sie mit dem stärksten.
5. Ordnen Sie Ihren Argumenten konkrete Werte zu.
6. Stellen Sie sich gegenseitig im Plenum Ihre drei stärksten Argumente mit den dazugehörigen Werten vor.
7. Diskutieren Sie Ihre Ergebnisse, indem Sie sich die Argumente vorstellen und die Situation genauer analysieren (Rahmenbedingungen, das Verhältnis der handelnden Personen, alternative Handlungsmöglichkeiten).
8. Prüfen Sie, ob Ihnen die Positionen der Philosophen, die Sie im Unterricht kennengelernt haben, für die Lösung des Dilemmas hilfreich erscheinen.
9. Stimmen Sie erneut ab. Falls sich das Abstimmungsergebnis verändert hat (s. Arbeitsschritt 2), suchen Sie gemeinsam nach einer Erklärung dafür. Reflektieren Sie Ihre Ergebnisse im Plenum: Was hat Sie in Ihrem Urteil sicher gemacht? Gibt es zwischen beiden Gruppen deutliche Übereinstimmungen oder klare Unterschiede? Wie erklären Sie sich diese?
10. Stellen Sie Ihr abschließendes eigenes Urteil schriftlich dar, indem Sie – wie bei einer Waage – eine persönliche Gewichtung der Argumente und Werte vornehmen.

Beispiel: Das Heinz-Dilemma, S. 186.

Vier-Ecken-Gespräch

Das Vier-Ecken-Gespräch ist eine Möglichkeit zur Problemfindung oder zur selbstgesteuert-intuitiven Problemlösung. Unterschiedliche Ansichten zu einem Thema oder einer Frage werden gut sichtbar (z. B. auf DIN A4-Blättern) an die vier Ecken des Arbeitsraums geheftet. Alle Schüler und Schülerinnen, die diese Meinung vertreten oder sich kritisch mit ihr auseinandersetzen wollen, versammeln sich dort, begründen ihre Ansicht und entwickeln Vorschläge für weitergehende Fragen und die angemessene Vorgehensweise. Natürlich können Sie, wenn es mehr als vier Ansichten gibt, wie bei der Frage nach der sozialen Gerechtigkeit (S. 253 ff.), auch die Seitenwände nutzen.
Es ist sinnvoll, dass Sie sich in Einzelarbeit auf das Gespräch in einer der Ecken vorbereiten, bevor Sie dort Ihre Position einnehmen, damit Sie sich nicht von der Wahl der anderen Kursteilnehmer beeinflussen lassen.
Anschließend ist eine Diskussion im Plenum möglich. Dabei kann man eine bewährte Übung zur Regel machen, dass man das Argument der vorangehenden Gruppe erst wiederholt, bevor man das eigene vorträgt.
Beispiel: Was ist soziale Gerechtigkeit?, S. 253 ff.

Standpunkte beziehen

Die Methode Stand-Punkte ist besonders geeignet, wenn es darum geht, dass Sie sich deutlich positionieren sollen. Michael Wittschier erläutert die Methode folgendermaßen: „Ein bestimmter argumentativer Standpunkt lässt sich im eigentlichen Sinne des Wortes auch dadurch ‚vertreten‘, dass man sich mit seiner Person an einer bestimmten Stelle im Raum positioniert und dadurch seiner Meinung im doppelten Sinne – verbal und nonverbal – Ausdruck verleihen kann. Besonders wenn es um unausweichliche Entscheidungssituationen wie bei Dilemmata geht, bietet es sich an, dass die Schüler eine erste Standortbestimmung auf einer Pro-Contra-Linie im Kursraum vornehmen und von dort aus ihre Stellungnahme erläutern, offensiv verteidigen und ggf. auch verändern.“ Die Standpunktmethode spitzt nicht nur Meinungsverschiedenheiten kontrovers zu, sondern provoziert auch ein ständiges rationales Abwägen der vorgetragenen Argumente. „Besonders interessant sind hierbei die noch unentschiedenen Schüler ‚aus der Mitte'. Sie sind am ehesten gefordert, wenn es darum geht, die argumentative Überzeugungskraft vorgetragener Fakten und Beispiele zu beurteilen und sollten auch explizit dazu aufgefordert werden." (*Wittschier, Michael:* Gesprächsschlüssel. München: Oldenburg 2012)

In einer Variante kann man auf dem Boden des Klassenraums mithilfe von Kreppklebeband eine Linie aufkleben. Beide Enden der Linie werden mit einer Position besetzt. Wichtig dabei ist, dass in der Mitte der Linie ein etwa 20 cm breiter Streifen frei bleiben muss, da sonst keine klare „Stellungnahme" erfolgen kann. Im nächsten Schritt können sich die so gebildeten Gruppen untereinander Argumente für ihre Position überlegen und einen Sprecher wählen. Im letzten Schritt wird dann unter Verwendung der vorhandenen Argumente diskutiert. Am Schluss der Diskussion positionieren sich die Teilnehmer erneut, so dass man sehen kann, ob sich durch die Diskussion etwas am vorherigen Meinungsbild geändert hat.

In einer weiteren Variante kann man die beiden Endpositionen auch auf der Tafel markieren und mit einer Linie verbinden. Die Schüler nehmen Stellung, indem sie den Anfangsbuchstaben ihres Namens mehr oder weniger weit von einer der beiden Endpositionen entfernt an die Tafel schreiben.

Beispiel: Monika Haeger: Die Wahrheit muss raus, S. 230 f.

Die IM Monika Haeger ist als „böse" zu bezeichnen.	Die IM Monika Haeger ist nicht als „böse" zu bezeichnen.

Gedankliche Kreativität entwickeln (selbstgesteuert-intuitive Problemlösung)

Fokusmethode

Bei der Fokusmethode steht ein zentraler Satz, erst einmal unabhängig von dem Text, aus dem er stammt, wie in einem Fokus zur Diskussion, indem er z. B. an die Tafel geschrieben wird.

Die Schüler formulieren Fragen, die der Satz aufwirft und die im weiteren Verlauf des Textes beantwortet werden sollten.

Diese Methode können Sie zur Erschließung von Texten verwenden. Sie erleichtert nicht nur das Verständnis der vorgegebenen oder selbst gewählten zentralen Textstelle, sondern auch das Verstehen des weiteren Textes.

Die Methode dient vor allem:

- der Erarbeitung des Textes durch die Feststellung offener Fragen,
- der Klärung der zentralen Begriffe und Aussagen der Texte,
- der Erleichterung des Verständnisses des weiteren Textes durch vorausgegangene Antizipation möglicher Antworten,
- der vertieften Betrachtung des weiteren Textes durch Suche nach Antworten auf die eigenen Fragen. (Nach: *Diesenberg, N./Neugebauer, H. G.*: Unterrichtsideen – Textarbeit im Philosophieunterricht der Sekundarstufe II. Stuttgart: Klett 1996. S. 201).

Beispiel: S. 69 dient die Methode dazu, eine Diskussion über eine These nachvollziehen zu können, die angeblich auf Bacon zurückgeht.

Kreatives Schreiben

Zur Philosophie gehören nicht nur diskursive, sondern auch literarisch-fiktionale Texte.

a) *Texte über Texte oder Theorien*
- Das fiktive Gespräch zwischen Philosophen unterschiedlicher Zeiten oder Positionen über ein Thema, zu dem sie sich, jeder auf seine Weise, geäußert haben;
- Das fiktive Interview mit einem Philosophen;
- Die Verwandlung geschlossener Passagen klassischer Texte in kurze Geschichten;
- Die narrative Skizze zur Veranschaulichung und Konkretisierung von abstrakteren Stellen aus philosophischen Werken;
- Der innere Monolog eines fiktiven Menschen bei der Lektüre eines philosophischen Textes;
- Der fiktive Brief, z. B. über einen im Unterricht besprochenen philosophischen Text.

b) *Phantastische Literatur*
- Mythos – Gedankenexperiment – Utopie – Fantasy-Geschichte – Sciencefiction – Fabel.

c) *Weitere Textsorten*
- Eine *fiktive Biografie* kann die Antwort auf die Frage sein, wie man sich ein sinnerfülltes oder sinnleeres Leben vorstellt.
- In *fiktiven Porträts* können Tugenden und Laster Gestalt annehmen.
- *Fiktive Dialoge* zwischen Gesprächspartnern, deren Auffassung, Kenntnisstand oder Alter unterschiedlich sind, bieten die Möglichkeit, Begriffe wie Wahrheit, Liebe, Gerechtigkeit, Tod, Freiheit, Toleranz zu diskutieren.
- In *erzählerischen Miniaturen* kann man unter dem Aspekt einer philosophisch bedenkenswerten Prämisse Tun, Denken und Fühlen von Menschen ausschnitthaft darstellen.
- Das *fiktive Tagebuch* gibt die Möglichkeit, die Gedanken und Gefühle eines Menschen zu formulieren, der in einer Konfliktsituation steckt, der eine für seinen Lebensweg wichtige Entscheidung zu treffen hat, der einem philosophischen Problem nachgeht, usw.

- Die *fiktive Rede* verlangt einen genau umrissenen Adressatenkreis und gewinnt ihre Kraft aus der angemessenen Sprache und den auf diesen Kreis zugeschnittenen Argumenten und Beispielen.

Als philosophisch relevante fiktionale Texte sind weiterhin denkbar: *die Ansprache, das Fallbeispiel, die Anekdote, die der Illustration dienende Kurzgeschichte, die Dilemma-Geschichte, das Gedicht* und *das Beratungsgespräch eines praktischen Philosophen*.

Beispiel: Dialog mit den Menschen in Platons „Höhle", S. 75.

Das Gedankenexperiment

Gedankenexperimente sind wohldurchdachte Was-wäre-wenn-Überlegungen, die dem Erkenntnisgewinn im Zusammenhang mit bedeutsamen Fragen dienen. Folgende Merkmale charakterisieren das Gedankenexperiment in einem engeren Sinne:

1. Zu jedem Gedankenexperiment gehört eine Versuchsanordnung. Sie besteht aus einer oder mehreren Annahmen, die nicht nur fiktiv, sondern manchmal sogar *kontrafaktisch* oder *irreal* sind: Sie widersprechen dem, was es in der Wirklichkeit gibt oder überhaupt möglich ist. Einleitungen solcher Annahmen sind z.B.: - *Angenommen, man könnte ... - Gehen wir einmal davon aus, dass ... - Wenn X nun die Eigenschaften c, d und e hätte ...*

Beispiel: „Nehmen wir einmal an, ein Wissenschaftler hätte eine Pille erfunden, die irdische Unsterblichkeit verleiht."

2. Der Formulierung der Versuchsanordnung folgt die Experimentieranweisung meist in Form einer Frage. Beim o.g. Beispiel könnte sie lauten: „Sollte der Wissenschaftler seine Erfindung geheimhalten?" oder „Würdest du die Pille nehmen?"
3. Das eigentliche Gedankenexperiment, die Durchführung, besteht in den Überlegungen, die zur Beantwortung der aufgeworfenen Frage führen.
4. Das Gedankenexperiment dient der Beantwortung einer übergeordneten Frage. Diese könnte beim o.g. Beispiel lauten: „Darf der Mensch alles machen, was machbar ist?" oder „Welchen Sinn hat der Tod für unser Leben?"

Fasst man den Begriff des Gedankenexperiments weiter, gehören auch Formen dazu, deren Annahmen nicht irreal, wenn auch fiktiv oder unwahrscheinlich sind: 1. Das Gedankenexperiment als *Ersatz für ein Realexperiment*, das nicht durchgeführt kann oder darf. 2. Die Analyse eines unwahrscheinlichen, extremen *Fallbeispiels*. 3. Die positive oder negative *Utopie*. 4. Die *experimentelle Umkehrung*: „Nehmen wir an, es verhielte sich gerade umgekehrt, als gewöhnlich geglaubt wird!" 5. Das *Verfahren des fremden Blicks*. Man betrachtet Bekanntes z. B. aus der Sicht eines Außerirdischen.

Beispiel: Der Aufenthalt des Philonous bei Olyphem, S. 92.

Rangliste aufstellen

Eine gute Methode, sich die eigenen Werte bewusst zu machen und darüber sich mit anderen austauschen zu können, besteht darin, vorgegebene Werte, Tugenden oder Präferenzen in eine persönliche Rangliste zu bringen. Welcher Wert ist mir der wichtigste? Welcher ist weniger wichtig? Welcher ist mir egal? Welchen lehne ich eventuell sogar ab?

Beispiele: Die Auflistung der Tugenden und Haltungen (S. 427f.), die nach Lebensförderlichkeit geordnet werden sollen. Die Auflistung der Werte (S. 387ff.), die in eine persönliche Rangfolge gebracht werden sollen, bevor Sie diese mit der Rangfolge des Kurses und der repräsentativen Umfrage der Shell-Studie (S. 388) vergleichen können. Die Fragen zu den Gefühlen S. 132ff.: Welche weiteren Gefühle neben der Liebe kennen Sie? Legen Sie eine Sammlung und ordnen Sie diese nach dem Schema „Welches sind die wichtigsten?" Zeichnen Sie evtl. eine Landkarte der Gefühle.

Die gleiche Methode lässt sich auch in der Transferphase angewandt werden.

Beispiel: Die sieben Argumente gegen die Theorie A. v. Hayeks werden gewichtet von „leuchtet mir sehr ein" bis „leuchtet mir überhaupt nicht ein" (S. 252).

Wertkonflikte bearbeiten – eine Fishbowl-Diskussion führen

Um ein Thema am Ende eines Erkenntnisprozesses zu vertiefen und/oder unterschiedliche Gruppenergebnisse zu diskutieren, kann man die sogenannte Fishbowl-Diskussion einsetzen. Sie gibt Ihnen die Möglichkeit, sich über einen oder mehrere Gruppensprecher über Ihre Positionen auszutauschen und Ihre eigene Argumentation in der direkten Konfrontation mit der Gegenperspektive kritisch zu reflektieren. Vor allem können Sie mittels dieser Methode Ihr Gesprächsverhalten trainieren und überprüfen.

Bauen Sie zur Durchführung folgende Sitzordnung in Ihrem Kursraum auf:

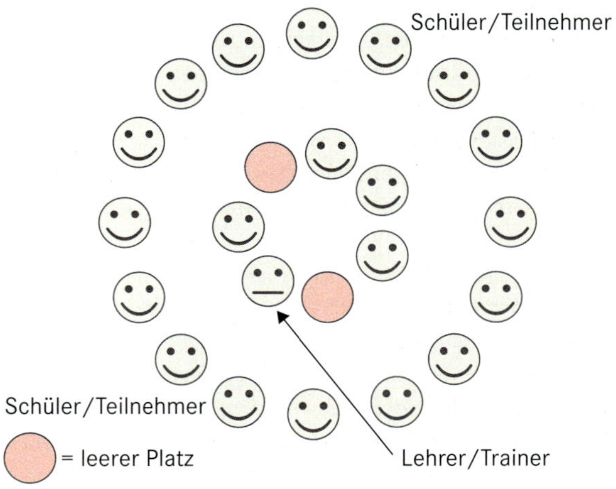

Gleichzeitig können die Beobachter aktiv an der Diskussion teilnehmen, indem sie die leeren Plätze besetzen und ihre Beiträge einbringen. Besonders sinnvoll ist dies, wenn Sie als Beobachter direkte Fragen an einen oder mehrere Diskussionsteilnehmer haben oder Ihnen auffällt, dass die Diskussion ins Stocken gerät.

Ablauf:

- Ein Moderator aus Ihren Reihen oder Ihr Lehrer erläutert das Thema.
- Im Innenkreis diskutieren die Sprecher der Gruppen die Thematik.
- Die Teilnehmer im Außenkreis hören aktiv zu und können sich bei Bedarf an der Diskussion beteiligen, indem sie die leeren Plätze einnehmen. Nach ihrer Frage oder der Darstellung ihres Standpunktes setzen sich die Beobachter wieder zurück in den Außenkreis.
- Eine Fishbowl-Diskussion kann nur gelingen, wenn Gesprächsregeln im Vorfeld verbindlich vereinbart und eingehalten werden.
- Falls Sie im Innenkreis einen Moderator einsetzen, muss dieser als unparteiische Person auftreten, die das Wort erteilt, alle Meinungen zulässt, die Runde beruhigt, an die Einhaltung der Regeln erinnert und Diskussionsergebnisse bündelt und zusammenfasst.
- Die Beobachter sollten einen vorher vereinbarten Beobachtungsbogen erhalten, um die Diskussion kriteriengeleitet auswerten zu können. Etwa: Wie argumentieren die einzelnen Teilnehmer? Werden Gesprächsregeln eingehalten? Werden überzeugende Argumente vorgebracht? Bleiben alle beim Thema?

Diskussion mit Redekärtchen

Neben einer inhaltlichen Vorstrukturierung kann auch eine formale Vorgabe die Effektivität einer Diskussion erhöhen. Wenn sich in einer Diskussionsgruppe „immer dieselben" beteiligen und dabei den Zurückhaltenderen sowohl die Chancen als auch die Motivation zur Beteiligung nehmen, können Redekärtchen („Talking Chips") hilfreich sein, um die Rede-Anteile einerseits zu bremsen und andererseits – bei den eher Passiven und Zurückhaltenden – zu forcieren. Die Teilnehmerinnen und Teilnehmer z. B. einer Fishbowl-Diskussion erhalten alle eine gewisse gleiche Anzahl solcher Redekärtchen, jede und jeder in einer anderen Farbe. Bei seinem/ihrem Rede-Beitrag muss jeder Diskussionsteilnehmer eines seiner Rede-Kärtchen in die Mitte werfen. Wer alle seine Redekärtchen investiert hat, scheidet aus der Diskussion aus. Die Anzahl der Redekärtchen pro Teilnehmer hängt von der Gesamtzahl der Diskussionsteilnehmer, der voraussichtlichen Ergiebigkeit des Themas und der zeitlichen Dauer der Diskussion ab. So sind z. B. bei einer 30-minütigen Fishbowl-Diskussion mit vier Innenkreis-Beteiligten maximal vier Redekärtchen pro Teilnehmer sinnvoll. Denn damit sind vier 90-Sekunden-Beiträge aller Diskutanten möglich, und dem Moderator sowie dem Außenkreis bleiben noch sechs Minuten Diskussionszeit zur Verfügung.

Wirkung: Die dominanten Vielredner werden sich genauer überlegen, wann sie in die Diskussion eingreifen, weil sie ja auch noch in späteren Phasen der Diskussion ihren Beitrag leisten wollen. Die in konventionellen Diskussionen eher „erdrückten" und dann resignierenden Kursteilnehmer werden schnell merken, dass ihre Zurückhaltung offenbar und evtl. peinlich wird, weil ihr Stapel an Redekärtchen im Vergleich zu dem anderer Teilnehmer kaum kleiner wird und sie übrig bleiben, wenn die meisten anderen die Diskussionsrunde schon verlassen mussten, und sie werden sich – sekundär, aber wirksam motiviert – daher stärker beteiligen.

Beispiel: Entspricht die Position und Argumentation des Stadtvogts im gegebenen Konfliktentscheidungsfall dem/unserem moralischen Empfinden?", S. 204.

Texte und andere Medien auf ihren philosophischen Gehalt hin erschließen (angeleitet-kontrollierte Problemlösung)

Texterschließung mit der Västeras-Methode

In einer Einzelarbeitsphase lesen alle Schülerinnen und Schüler einen vorgegebenen Text. Während des Lesens markieren sie dabei einzelne Textstellen mit den folgenden vorgegebenen Symbolen, die jeweils die nachstehende Bedeutung haben.

? *„Diesen Begriff oder diese Aussage habe ich nicht verstanden, ist mir unklar oder fragwürdig."*

! *„Diese Aussage oder dieses Argument hat mir eine wichtige Einsicht vermittelt, die ich für die Erfassung des Textgedankens, für unabdingbar halte."*

↑ *„Diese Textstelle hat mich persönlich angesprochen und ist für mich existenziell wichtig."*

≠ *„Diese Aussage oder diese Auffassung lehne ich ab."*

In der zweiten Phase diskutieren die Kursteilnehmer den Text anhand ihrer Markierungen. Es ist darauf zu achten, dass jedes Gruppenmitglied dazu Gelegenheit erhält, sich zu seinen Markierungen zu äußern. Ob man sich zu dem Pfeil mitteilen möchte, bleibt jedem selbst überlassen. Eine solche Mitteilung kommentieren und diskutieren die anderen nicht. Eine Diskussion könnte aber zu den Textstellen erfolgen, die mit einem Blitz versehen worden sind.

Beispiel: Erschließung des Textes „Sokratisches Nichtwissen", S. 78.

Bildlich denken

Auch Philosophen benutzen oft Sprachbilder, um das von ihnen Gemeinte zu verdeutlichen. Wenn diese Sprachbilder für den Text zentral sind, lohnt es sich, ihnen nachzugehen und sie in Gedanken oder auch auf Papier oder auf der Tafel auszumalen. Die Fähigkeit, innere Bilder aufzubauen, ist besonders beim Lesen gefordert, weil hier nichts anderes wahrgenommen wird als Schriftzeichen. Die Anleitung der Vorstellungsbildung kann im Unterricht für das Textverständnis fruchtbar gemacht werden, vor allem, wenn in den Texten selbst sprachlich vermittelte Bilder (Gleichnisse, Metaphern, Beispiele, Modelle etc.) verwendet werden, die mit begrifflicher Bedeutung beladen sind oder eine argumentative Funktion haben. Eine bewusste Auseinandersetzung mit der vom Text hervorgerufenen Bildlichkeit erzeugt also für das Textverständnis einen begrifflichen Mehrwert. Sie wird in zwei Phasen verlaufen: 1. der erzählenden Beschreibung der wesentlichen Elemente der bildhaften Darstellung und 2. der Begriffspräzisierung und -entfaltung unter Bezugnahme auf die Ergebnisse der ersten Phase. (Vgl. *Wittschier, M.*: Textschlüssel Philosophie. München: Bayerischer Schulbuchverlag 2010. S. 66).

Beispiel: Im Text M 17, S. 441, ist von einer Sinnkette die Rede. Sie können überlegen, wie man sich diese vorstellen soll. Ist es ein Goldkette oder eine Eisenkette? Kann man sie sich umlegen, liegt sie irgendwo herum, oder ist sie an einer bestimmten Stelle aufgehängt? Wenn ja, woran?

Visualisierung/grafische Umsetzung eines Textes

Bei der grafischen Umsetzung eines Textes geht es darum, nicht nur die wesentlichen inhaltlichen Aussagen wiederzugeben, sondern diese in einen sachlogisch angemessenen Zusammenhang zu stellen. Der logische Verlauf des Ausgangstextes ist dabei Ausgangspunkt und Maßstab für die Angemessenheit. Begriffe ohne Anschauung sind leer, heißt es bei Kant. Will sagen, wir verstehen Sachverhalte besser, wenn sie grafische oder zeichnerische Unterstützung erfahren. Eben das soll auch die Visualisierung, also die sichtbar machende Darstellung von Begriffen, Problemzusammenhängen und Sachverhalten, leisten. Sie soll Verständlichkeit und Deutlichkeit herstellen und gleichzeitig zu weiterer Auseinandersetzung führen. Während allerdings in machen Bereichen, wie z. B. der Geometrie, die verwendeten Zeichen und Formen vorgegeben sind, geht es bei der Visualisierung um Kreativität und Aktivität.

Beispiel: Wenn Sie das Thema „Gewalt" zeichnerisch/grafisch auf einem Plakat darstellen sollen, begeben Sie sich auf die Suche nach passenden Begriffen, Assoziationen, Szenen und Bildern. Sie können z. B. einen Comic entwerfen oder eine Gewaltszene zeichnen. Möglich ist auch, nur Symbole zu verwenden oder mit Fotos und/oder Zeitungsüberschriften eine Collage anzufertigen.

Nach dieser Phase der kreativen Produktion werden die Ergebnisse in der Regel den Mitschülern präsentiert. Sinnvoll ist nun, dass es zu einem Gespräch über die Darstellungsformen und Inhalte kommt. Ziel ist es dabei nicht, in einer Art Wettbewerb die gelungenste Visualisierung des Themas ausfindig zu machen, sondern sich über die Bandbreite des Themas und die Perspektiven und Schwerpunkte, die es enthält, zu verständigen und auch von den kreativen Sichtweisen und Bearbeitungen der anderen zu profitieren.

Das gängige Tafelbild ist ja häufig ein Versuch des Lehrers, die Inhalte eines Textes stichwortartig und mit erklärenden Symbolen versehen festzuhalten. Es spricht nichts dagegen, wenn Sie das auch einmal selbst in die Hand nehmen. So sind Missverständnisse des Textes leichter ausfindig zu machen und zu klären.

PLATO-Methode

Ähnlich wie bei der GEIST-Methode ist PLATO ein Akronym, das aus den Anfangsbuchstaben für die einzelnen Unterrichtsschritte gebildet ist. Die Methode hilft Ihnen dabei, philosophische Texte systematisch zu erschließen. Lesen Sie hierzu den Text und bearbeiten Sie die fünf Schritte in der vorgegebenen Reihenfolge.

P	**P**roblem, Thema, Frage des Textes benennen.
L	**L**ösungsvorschlag, Position, Antwort des Textes erfassen.
A	**A**rgumentation des Textes darlegen – z. B.: Von welchen Voraussetzungen geht der Text aus? Welche Gründe werden genannt, welche Schlussfolgerungen gezogen?
T	**T**ragfähigkeit der Argumente prüfen – z. B.: Können die Gründe überzeugen? Stimmen die Definitionen? Taugen die Begriffe? Wird Wichtiges außer Acht gelassen?
O	**O**rientierung finden: Vermag der Text Sinn zu stiften? Passt die Perspektive in die heutige Welt oder meine Lebenswelt? Erweitert der Text meinen Horizont?

Tabelle aus: *Wittschier, M.*: Textschlüssel Philosophie. 30 Erschließungsmethoden mit Beispielen. München: bsv 2010. S. 114.

Beispiel: Die Analyse des Textes von Thomas Metzinger, S. 153f.

Strukturlegekärtchen

Diese Methode hilft, nach der Beschäftigung mit schwierigen Texten den Überblick zu bewahren. Dazu ist es unerlässlich, sich Klarheit darüber zu verschaffen, in welchem Verhältnis die wichtigsten Begriffe zu einander stehen. Die folgenden Schritte helfen, dieses Ziel zu erreichen.

1. Schreiben Sie die Ihrer Meinung nach zentralen Begriffe des Textes heraus.
2. Begriffsklärung: Klären Sie, was die fraglichen Begriffe im Zusammenhang der Texte bedeuten, versuchen Sie, dem Banknachbarn (der Banknachbarin) die Bedeutung zu erklären. (Es kann vorkommen, dass dieselben Worte in den Texten eine andere Bedeutung haben als im Alltag oder bei anderen Autoren, z. B. verwendet Platon das Wort „Idee" anders als in der heutigen Alltagssprache üblich.)
3. Schreiben Sie die Begriffe auf die Kärtchen.

Struktur-Legen: Ordnen Sie die Begriffe/Wortverbindungen so an, dass Zusammenhänge oder Verbindungen, wie sie in dem Text erläutert werden, erkennbar werden und eine inhaltslogische Struktur entsteht. Dadurch, dass Sie die Begriffe ausgeschnitten haben, lassen sie sich solange schieben, bis Sie mit der Struktur einverstanden sind (eine absolut verbindliche Lösung gibt es nicht). Tipp: Auf bedeutungsähnliche und gegensätzliche Begriffe achten und die Ähnlichkeit oder Gegensätzlichkeit durch die Anordnung der Kärtchen verdeutlichen. Veranschaulichen Sie ihre Beziehungen durch Pfeile und Symbole.

4. Besprechung der Struktur in Partnerarbeit
5. Präsentation einiger Strukturierungsbeispiele vor der Klasse (mit Hilfe des OHP), um evtl. Korrekturvorschläge zu berücksichtigen.
6. Evtl. Begriffskärtchen auf Papierbogen kleben und sie durch Pfeile und andere Symbole miteinander verbinden, so dass die Beziehung zwischen den Begriffen klar ersichtlich wird.

Diese Methode und ihr Ergebnis unterscheiden sich stark von einer Mindmap, denn anders als bei dieser sollen bei einem Struktogramm keine freien Assoziationen verbunden werden, sondern es dient dazu, sich Strukturen zu verdeutlichen und eine inhaltliche Logik abzubilden.

Diese Methode kann einmal der Texterschließung dienen. Sie können sich mit der Strukturlegetechnik einem Text in seiner Struktur schrittweise nähern und ihn abbilden (nutzbar bei allen schwierigeren Sachtexten z. B. bei der Vorarbeit zu einer Klausur).

Zum anderen können Sie die Strukturlegetechnik auch nutzen, um das erworbene Wissen am Ende einer Unterrichtsreihe in einen logischen Zusammenhang zu bringen, z. B. in Form eines Begriffsnetzes (s. S. 470). Dafür müssten Sie die wichtigsten Begriffe der Reihe auf Kärtchen schreiben.

Beispiel: Zusammenfassende Darstellung der Theorien von Hobbes, Locke und Rousseau, S. 273 ff.

Textinterview

Die ursprünglichste Form der philosophischen Kommunikation ist das (sokratische) Gespräch – der lebendige Austausch von Gedanken im Wechselspiel von Frage und Einwand sowie Erklärung und Argumentation. Das Textinterview soll Ihnen ermöglichen, in einen Dialog mit dem Verfasser des Textes zu treten und den Text in seinen zentralen Aussagen als bewusst wahrgenommene Antwort auf eine von Ihnen gestellte Frage zu verstehen.

Das setzt eine genaue Analyse des Textes in seinem argumentativen Zusammenhang voraus. Die an den Philosophen gestellten Fragen können themen- oder aufgabenbezogen, zeitlos oder aktuell sein, und er kann bei dem fiktiven Interview wörtlich mit einzelnen Zitaten, aber auch mit ganzen Sinnabschnitten antworten. Beim Einsatz des Interviews in einer Erarbeitungsphase zum ersten Textverständnis empfiehlt es sich, eher zeitlose Fragen zu stellen und den Philosophen mit Einzelzitaten oder kurzen Textabschnitten antworten zu lassen. Die Methode verlangt von Ihnen eine eigenständige und zugleich kreative Auseinandersetzung mit dem Text und schärft dabei Ihren Blick für die zentralen Aussagen und Gedanken. Der fiktive Charakter des Interviews legt es nahe, mehrere Interviews vorzustellen und miteinander zu vergleichen.

Beispiel: Zur Einübung können Sie die Fragen des fiktiven Interviews mit Kant zum guten Willen (S. 213 f.) untersuchen, indem Sie es mit dem Originaltext vergleichen (*Kant, I.*: Grundlegung zur Metaphysik der Sitten, Anfang).

Textpuzzle

Es handelt sich wie beim Gruppenpuzzle um eine Kombination von arbeitsgleicher und arbeitsteiliger Gruppenarbeit, bei der jeder eine Aufgabe hat und Verantwortung für das gemeinsame Ergebnis übernehmen muss. Mit der Methode des Textpuzzles können Sie auch schwierige und längere Texte selbständig erarbeiten. Das geht in folgenden vier Schritten:

1. Ein längerer Text wird in mehrere Abschnitte eingeteilt, die sich gegenseitig ergänzen, aber auch unabhängig von den anderen verstanden werden können. In der *Stammgruppe* einigt man sich, wer welchen Abschnitt oder welches Blatt übernimmt. Die Stammgruppen sollten mit großen Buchstaben benannt (A, B, C, D, usw.), die Abschnitte oder Blätter sollten durchnummeriert werden (1, 2, 3, 4, usw.).
2. Anschließend setzt man sich in den *Expertengruppen* mit den Schülern aus den anderen Stammgruppen zusammen, die genau denselben Abschnitt oder genau dasselbe Blatt haben. Die Expertengruppen haben also dann auch nur eine Nummer und keinen Buchstaben. Hier diskutiert man darüber, wie der vorgegebene Textabschnitt zu verstehen ist und wie Kontrollfragen für die Stammgruppe formuliert werden können.
3. Nachdem Sie sich so gegenseitig zu Experten für Ihren Textabschnitt ausgebildet haben, gehen Sie wieder in Ihre Stammgruppe. Sie sind nun der Einzige in der Gruppe, der den jeweiligen Textabschnitt genau kennt, und informieren die anderen Gruppenmitglieder über die Ergebnis-

se der Arbeit in der Expertengruppe. Sie können Rückfragen beantworten und den anderen auch Fragen stellen, um zu kontrollieren, ob diese Sie richtig verstanden haben. Gemeinsam bringen Sie dann Ihre Textabschnitte in eine sinnvolle Reihenfolge und erarbeiten ein Plakat oder eine Folie, die den Sinn und die Bedeutung des gesamten Textes oder der verschiedenen Textblätter möglichst anschaulich zusammenfasst.
4. Die Plakate oder Folien präsentieren Sie vor dem Kurs und vergleichen sie mit denen der anderen Stammgruppen.

Beispiel: Die Methode eignet sich besonders für die angeleitet-kontrollierte Problemlösung; sie bietet sich aber auch wie im Falle von M 22, S. 444, zur Zusammenfassung und Festigung des Erlernten innerhalb einer Reihe an.

Reziprokes Lesen

Die Texterschließungsmethode „Reziprokes Lesen" ist ein Verfahren, durch das die Kursteilnehmer in Gruppen von 4 bis 5 angeleitet werden, einen philosophischen Text gemeinsam langsam und genau zu lesen, um dadurch ein vertieftes Verständnis zu erlangen.

Die Teilnehmer übernehmen bei der Analyse von Abschnitt zu Abschnitt des Textes abwechselnd die Rolle des Gesprächsleiters und fordern die Anwendung einer festen Abfolge von Texterschließungsstrategien ein. Nachdem der erste Abschnitt des Textes still gelesen und anschließend laut vorgelesen worden ist, hat die Gruppenleiterin/der Gruppenleiter das erste Wort. Er strukturiert das Gespräch wie folgt:

1. Er stellt Fragen, die aus dem Text heraus beantwortet werden können.
2. Er formuliert und schlägt eine Zusammenfassung des Textabschnitts vor.
3. Er fordert zu Worterklärungen und zur Erläuterung unklarer Textstellen auf.
4. Er „wagt" zum Abschluss seines Rollenparts eine Vorhersage dessen, was der folgende Textabschnitt wohl bringen wird.

Alle Gruppenmitglieder wenden die Strategien an: „Sie antworten, fragen ihrerseits, ergänzen, verbessern, klären, fordern Klärungen ein, stellen Hypothesen auf und prüfen – und das viele Male." Der Gruppenleiter moderiert das Analysegespräch. Beispiel: Hans Lenk: Emotionen als Wertungen, S. 135.

Umgang mit fremdsprachigen Texten

Philosophen haben sich im Laufe der zweieinhalbtausendjährigen Philosophiegeschichte immer bestimmter „Leitsprachen" bedient, um ihre Gedanken zu artikulieren und sie damit zugleich einer öffentlichen Diskussion zuzuführen. Grob unterteilt, lassen sich folgende „Hauptsprachen" unterscheiden: Bis zum 1. Jahrhundert v. Chr. dominiert das Griechische, bis ins 18. Jahrhundert das Lateinische, bis 1933 das Deutsche und seither das Englische.

Im Philosophie-Unterricht stellt die Übersetzung auch eine Möglichkeit dar, ein bestimmtes Textverständnis darzulegen und zu diskutieren.

Durchführung: Ein erstes Lesen dient dazu, ein Vorverständnis zu entwickeln. Im zweiten Lese-Durchgang arbeiten Sie durch genauere Untersuchungen im Umfeld der Kernbegriffe die wichtigsten Argumente heraus. Dazu müssen Sie ggf. einzelne Passagen mithilfe eines Wörterbuches genauer übersetzen. Zum Schluss fertigen Sie eine Arbeitsübersetzung des Textes an, d. h. eine vorläufige Übersetzung, die auf den Inhalt fokussiert und die Fragen der Stilistik und Eleganz beiseite lässt.

Beispiel: Text von Thomas Reid, S. 324.

Begriffe erklären und angemessen verwenden (Festigung)

Informieren Sie sich ... Internet-Recherche

Sie kennen solche Recherchen aus ihrem privaten und schulischen Umfeld. Für Recherchen im Rahmen dieses Buches bietet sich die Online-Enzyklopädie wikipedia an. Wichtig wäre es dennoch, alle im Internet verfügbaren Informationen mit einer guten Portion Misstrauen zu betrachten und sich bewusstzumachen,

- dass Veröffentlichungen im World Wide Web so gut wie keiner Qualitätskontrolle unterliegen,
- dass auch die beste Suchmaschine nur einen Bruchteil der Dokumente erfasst, die im Netz vorhanden sind,
- dass gleichwohl eine schier unüberschaubare Menge von Informationen zur Verfügung steht, die es schwer macht, die Spreu vom Weizen zu trennen, das heißt, in diesem Angebot mit vertretbarem Aufwand hochwertige Informationen herauszufiltern.

Durchführung: Recherche bei philosophischen Internet-Portalen, wie z. B.:

1. Philosophie im Internet – Internetportale für den Philosophieunterricht (Bildungsserver des Landes Hessen): http://lernarchiv.bildung.hessen.de/sek_ii/philosophie/philinternet/index.html
2. Wikipedia Philosophie: http://de.wikipedia.org/wiki/Portal:Philosophie
3. Philosophy around the Web – rund um das Thema Philosophie (in englischer Sprache) entwickelt von dem englischen Philosophielehrer Peter J. King: http://users.ox.ac.uk/%7Eworc0337/phil_index.html
4. Stanford Encyclopedia of Philosophy: http://plato.stanford.edu/ (die umfangreichste und ständig erweiterte Online-Enzyklopädie der Philosophie in englischer Sprache).

Verfahren der Selbstevaluation – das „Philosophie-Logbuch“

Wenn die allgemeinbildende Schule u. a. die Aufgabe hat, das „Lernen des Lernens“ zu befördern, wie es in einem der Schulpläne des preußischen Bildungsreformers Wilhelm von Humboldt heißt, so erfordert das auch, dass Sie sich kontinuierlich oder in gewissen Abständen Rechenschaft geben über das, was Sie gelernt haben. Sie praktizieren damit zugleich auf propädeutische Weise eine ur-philosophische Methode, denn die Forderung der Rechenschaftslegung (griech. *logon didonai*) entspringt dem platonischen Vernunftverständnis und hat die existenzielle Implikation, sein Leben so zu führen, dass man am Ende die Rechenschaft vor einer unbestechlichen Instanz nicht zu fürchten braucht. Einer bescheideneren Rechenschaftslegung dient das „Philosophie-Logbuch“.

Wenn des „Philosophie-Logbuch“ nicht so kontinuierlich geführt wird, wie das etwa bei der Führung eines Schiffes ganz selbstverständlich ist, dann sollte es wenigstens am Ende eines Unterrichtsabschnitts in Form einer Rückbesinnung genutzt werden. Offen bleiben muss die Frage, ob es über die Einträge im „Philosophie-Logbuch“ zu einem Austausch mit einem Partner oder in einer Kleingruppe kommen kann. Die Kladde (das Heft o. Ä.) hat Seiten mit folgenden Überschriften:

- Welche Einsichten habe ich im Philosophieunterricht gewonnen, die mich in irgendeiner Weise „weitergebracht“ haben?
- Was hat mich angeregt, genauer darüber nachzudenken und mir ggf. weitere Informationen zu verschaffen?
- Was habe ich nicht verstanden, obwohl ich den Eindruck habe, es könnte eigentlich interessant oder wichtig sein?
- Was ist für mich ohne Bedeutung geblieben?
- Wie fällt meine Bilanz aus, wenn ich den Ertrag des Unterrichts zu meinem eigenen Engagement ins Verhältnis setze?

Streitgespräch zwischen Vertretern (Philosophen) unterschiedlicher Positionen

Das Streitgespräch stellt ein genuin philosophisches Medium der Problembearbeitung dar. Kontroversen sind – wie der Philosophiehistoriker Kurt Flasch unter dem etwas reißerischen Titel „Kampfplätze der Philosophie“ (2008) vorführt – „der Philosophie immanent“.

Vorbereitung: Kleine Gruppen, die jeweils eine der zuvor bearbeiteten philosophischen Positionen repräsentieren, resümieren, fassen zusammen, bündeln die wichtigsten Argumente zugunsten einer der im Streitgespräch antretenden Positionen und die wichtigsten Gegenargumente. Einer aus der Gruppe wird ausgelost, um die Position öffentlich, d. h. vor der gesamten Lerngruppe zu vertreten. Man kann noch eine dritte Rolle besetzen, die gleichfalls vorbereitet werden muss, nämlich die des Moderators, der freilich nicht wie ein Journalist im Fernsehen (Talkshows) agieren und die Teilnehmer aufeinander hetzen soll, sondern nur noch einmal die Problemstellung klar vorstellen und auf die Einhaltung von Gesprächsregeln achten soll. Der Moderator könnte sich allerdings auch als interessierter Zeitgenosse geben, der quasi die Interessen des Publikums vertritt und stellvertretend Fragen an die Diskutanten stellen kann.

Alternative: Aus dem Publikum können jederzeit (oder nach einer ersten Runde zwischen den Diskutanten) Fragen an die Teilnehmer des Streitgesprächs gestellt werden.

Durchführung: Die „Streithähne“ (Diskutanten) tragen die Namen der Repräsentanten der von ihnen vertretenen Positionen und sprechen sich auch so an, also Herr Platon oder Herr Hume.

Zeitumfang: Es muss genügend Zeit zum wechselseitigen Austausch der Argumente, zur Auseinandersetzung mit Fragen aus dem Publikum und für eine Phase der Auswertung. vorhanden sein.

Auswertung: Zuerst kommen die Teilnehmer zu Wort (eigene Gefühle, „gefühlter“ Erfolg bei der Wahrnehmung der Position: „Wie überzeugend war ich?“).

Dann ist das Publikum an der Reihe. Es gibt Rückmeldungen – unter Beachtung des Kriteriums: Wie überzeugend hat der Darsteller die Position Platons „rübergebracht“?

Abschließend treten alle noch einmal einen Schritt zurück:

- Ist etwas klarer geworden an der Position x?
- * Haben sich neue Fragen ergeben?
- * Wie könnten Interessenten an diesen Fragen weiterarbeiten?

Beispiel: Diskussion zwischen Platon und Locke (oder deren Anhängern), S. 326 ff.

Begriffe definieren und angemessen verwenden

Obwohl es nicht gerade angenehm ist, widerlegt zu werden, ist es ein Gebot vernünftigen Argumentierens, so klar zu sprechen oder zu schreiben, dass im Prinzip jeder die eigenen Aussagen kritisieren kann. Wer in einer Diskussion oder einem Aufsatz z. B. eine bestimmte politische Maßnahme als ungerecht bezeichnet, sollte erklären, was er mit „Ungerechtigkeit“ meint, denn dieser Ausdruck wird ja sehr unterschiedlich verwendet. Am genauesten geht vor, wer durch eine ausführliche Definition den Inhalt eines zentralen Begriffes angibt. *Definitionen* (von lateinisch *de* = ab, *finis* = Grenze) dienen der Abgrenzung von Begriffen und kommen in verschiedenen Formen vor. Eine Form der Definition ist die *festsetzende Definition*, bei der man festlegt, wie der Ausdruck, um dessen Definition es einem geht, von nun an verstanden werden soll oder wie man dies oder jenes von jetzt an der Abkürzung halber bezeichnen möchte. Eine andere Form der Definition ist die *beschreibende Definition*. Diese besteht darin, dass man eine bestimmte

bestehende Übereinkunft über die Bedeutung sprachlicher Ausdrücke vereinbart. Wenn Sie die Bedeutung eines Ausdrucks im Lexikon nachschlagen und den dort gefundenen Eintrag übernehmen, haben Sie eine beschreibende Definition geliefert. Solche Definitionen können im Unterschied zu den festsetzenden Definitionen wahr oder falsch sein, je nachdem, ob sie die Verwendungsweise des definierten Wortes richtig wiedergeben.
Von einer *Real- oder Wesensdefinition* spricht man, wenn man den nächst höheren Gattungsbegriff *(genus proximum)* und die besondere Differenz *(differentia specifica)* miteinander verbindet. In der Definition von „Mensch" als „vernunftbegabtem Lebewesen" ist der Begriff „Lebewesen" der nächst höhere Gattungsbegriff und „vernunftbegabt" die besondere Differenz, d. h. das, was Menschen wesenhaft von anderen Lebewesen unterscheiden soll.
Beispiel: Definieren Sie Ihr Verständnis von Wahrheit (S. 348 ff.)

Begriffsnetz/Baumdiagramm

Nach strukturalistischer Ansicht bekommen Worte ihre Bedeutung als Begriff nur dadurch, dass sie von anderen unterschieden werden und in Opposition zu ihnen stehen. Der einzelne Begriff steht also in einem Netz von anderen Begriffen und erhält dadurch seinen Stellenwert und seine Bedeutung. Um sich die Bedeutung eines Begriffs und den Zusammenhang, in dem er steht, klar zu machen, ist es deshalb sinnvoll, das Netz der Begriffe aufzuzeichnen. Das kann am Ende einer Unterrichtseinheit oder einer Unterrichtsreihe geschehen, kann aber auch im Sinne einer fortlaufenden Planung und Ergebniskontrolle *(advanced organizer)* am Anfang oder Ende jeder Unterrichtstunde vorgenommen werden. Die genaue Zuordnung der einzelnen Begriffe kann ähnlich wie bei den Strukturlegekärtchen in der Festigungsphase Anlass zu fruchtbaren Diskussionen geben, aus denen sich weitergehende Fragestellungen ergeben können.
Beispiel: Arthur Schopenhauer: Deskriptive Gefühlsethik (S. 38 ff.)

Mindmap

Eine besondere Art von Begriffsnetz stellt das Baumdiagramm (auch Stemma genannt) dar. Indem man zu einem Begriff den jeweiligen Oberbegriff (vgl. S. 95 ff.) sucht und zu diesem wieder den Oberbegriff, kommt man zu einer

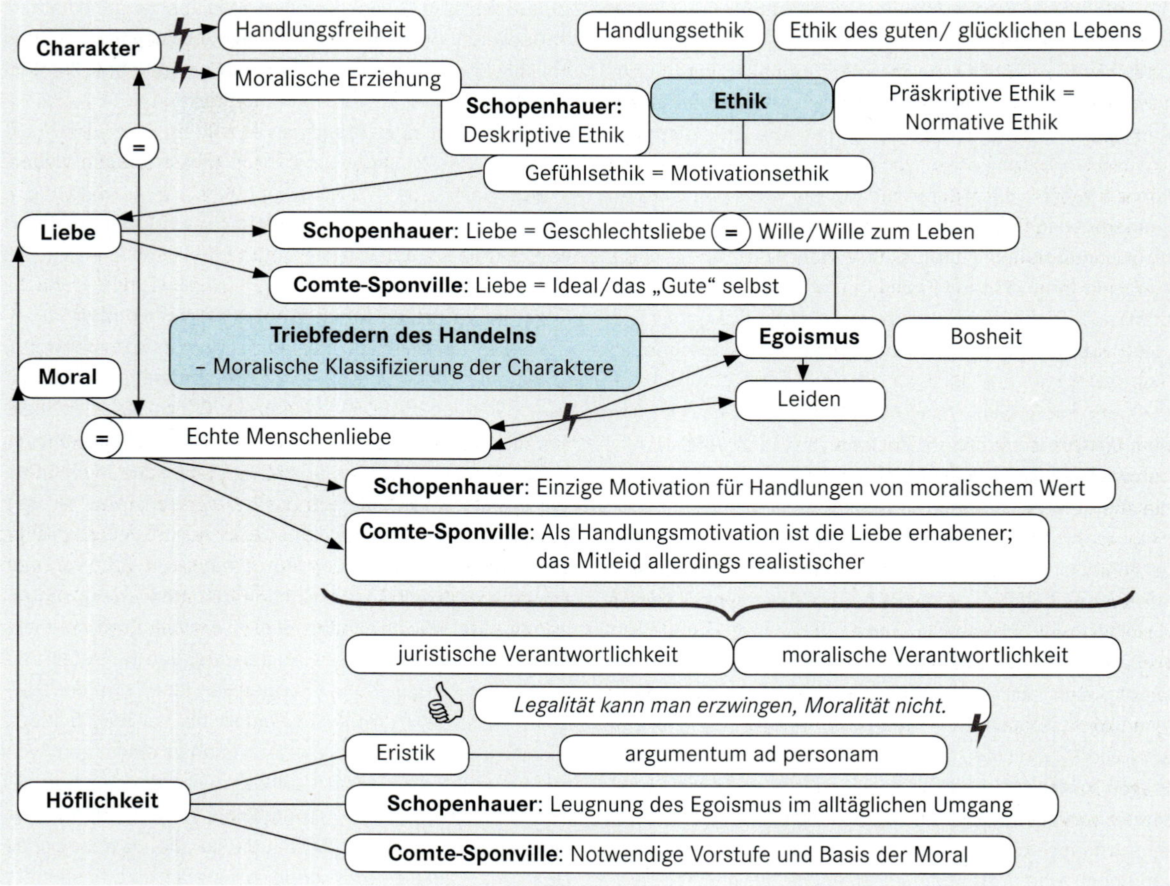

wurzel- oder baumartigen Struktur. Man kann auch umgekehrt von einem Oberbegriff ausgehen und Unterbegriffe suchen. Wenn dies in verschiedene Richtungen geht, führt das zu einer sog. Mindmap, mit der man z. B. in der Hinführungsphase einer Unterrichtseinheit in Form eines Brainstorming assoziative Einfälle festhalten und vorläufig ordnen kann.

Argumentieren, Beurteilen und Kritik üben (Transfer)

Essay
Eine Textsorte, die Ihrem persönlichen Nachdenken über einen Begriff, eine These, ein Zitat, eine Sache oder ein Phänomen Raum gibt, ist der Essay (frz. *essai* = Versuch, Abhandlung). In einem Essay genügt es nicht, Begriffe nur zu definieren, Aussagen nur zu interpretieren oder Phänomene nur zu beschreiben, vielmehr soll das „Nachdenken über", also das Reflektieren, zum Ausdruck kommen. Das bedeutet: Sie sollten den Gegenstand Ihres Nachdenkens beurteilen, bewerten, nach seinem Sinn fragen, seine Problematik benennen oder seine Bedeutung für den Menschen erkunden. Der Essay wird dadurch philosophisch, dass Sie nicht nur Meinungen vortragen, sondern auch argumentieren und dass Sie sich nicht in Konkretes verlieren, sondern auch ins Allgemeine und Grundsätzliche vorstoßen. Anschauliche Beispiele für das Allgemeine sind allerdings erwünscht. Sie erleichtern dem Leser das Verständnis und können zeigen, dass Sie nicht nur mit Begriffen spielen, sondern – was wünschenswert ist – eigene Erfahrungen einbeziehen. Möglich sind auch erzählende Passagen: Sie verleihen Ihrem Essay Eindringlichkeit und Überzeugungskraft.
Wenn Sie auf Wissen aus dem Unterricht zurückgehen, ist dies in Ordnung. Sie dürfen Ihnen vertraute philosophische Positionen aufgreifen. Auf jeden Fall sollten Sie jedoch aus dem Eigenen schöpfen. Sie wissen unendlich mehr, als Ihnen bewusst ist. In Ihnen liegt eine Welt von Vorstellungen, die ans Licht geholt werden sollten.
Es kommt beim Essay keineswegs darauf an, nur sichere Erkenntnisse wiederzugeben oder hieb- und stichfeste Antworten auf die sich stellenden Fragen zu geben. Sie dürfen auch ausdrücklich Vermutungen anstellen und Formulierungen verwenden wie „vielleicht", „möglicherweise", „möglich wäre", „denkbar wäre", „dagegen ließe sich einwenden", „man könnte darauf hinweisen" und „vorstellen könnte man sich auch". Ihr Essay darf im Extremfall weitgehend aus Fragen bestehen: Sinnvolle Fragen zu stellen, ist oft schwerer, als vorgegebene Fragen zu beantworten.

Philosophisches Tagebuch
Sie können für sich selbst, aber auch gemeinsam im Kurs ein philosophisches Tagebuch anlegen. In diesem können Sie Ihre Gedanken zu den Themen, die im Unterricht angesprochen wurden oder auch zu anderen Fragen, die Sie für wichtig halten, essayartig festhalten und anderen zur Diskussion stellen. Es hat sich bewährt, dass ein solches Tagebuch am Anfang jeder Stunde weitergeben wird und dann auch erst einmal nur von dem gelesen wird, der es als nächste(r) übernimmt. Er/sie kann auf die vorangehenden Gedanken eingehen oder ein neues Thema anschneiden. Am Schluss des Halbjahres wird das Tagebuch für alle, die sich beteiligt haben, zur Erinnerung an den Kurs und die Zeit, in der es entstanden ist, kopiert.

Rollenspiel
In einem Rollenspiel sollen Sie einen handlungsorientierten Einblick in bestimmte Problembereiche und Zusammenhänge bekommen. In gemeinsamer Interaktion soll ein konkretes Problem unter vorgegebenen Bedingungen gelöst werden. Sie benötigen somit planerische, strategische, kreative und soziale Fähigkeiten, um in der Situation zu bestehen. Ein Rollenspiel kann – ähnlich wie das Planspiel (s. S. 461) – in folgenden Schritten erfolgen:

1. Zunächst wird Ihnen das Setting, die Ausgangssituation vorgestellt, aus welcher sich ein konkretes Problem ergibt.
2. In einem nächsten Schritt werden ihnen durch den Spielleiter, z. B. Fachlehrer, konkrete Rollen zugewiesen, an deren Vorgaben Sie sich in der Interaktion mit der Gruppe genau zu halten haben.
3. Während der Durchführung dürfen Sie nicht aus der Rolle heraustreten („aus der Rolle fallen"), sondern müssen die eingenommene Perspektive wahren. Ein oder mehrere Gruppenmitglieder fungieren als Beobachter, die später die Auswertung leiten.
4. In einem letzten Schritt nehmen Sie mithilfe von Beobachtungsbögen eine Auswertung des Rollenspiels vor. Sie können sowohl methodische, als auch inhaltlich-argumentative Beobachtungsaufträge verteilen.

Beispiel in Form einer Podiumsdiskussion: Lassen sich die von Kant geforderten Bedingungen für den „ewigen Frieden" umsetzen? Versetzen Sie sich in die Rolle von Regierungsmitgliedern und diskutieren Sie die Vorschläge Kants (S. 306 ff.).

Text- und Bildquellenverzeichnis

Namentlich nicht gezeichnete Texte und Materialien stammen von den Verfassern der Kapitel.

Einführungskurs in philosophisches Denken

1. Einführung in die Anthropologie – Sigmund Freud und Simone de Beauvoir

M 1: *Homer:* Odyssee, 6. Gesang. Übers. v. *Johann Heinrich Voss.* Hrsg. v. *Peter von der Mühll.* Wiesbaden: Löwit o. J. S. 79f.; **S. 12:** Szenenfoto aus „Die Odyssee". Regie: Franco Rossi. Stuttgart: MCOne 2007; **M 2:** *Sartre, Jean Paul:* Was ist Literatur? Übers. v. Hans Georg Brenner. Hamburg: Rowohlt 1958. S. 32; **M 3:** *Freud, Sigmund:* Die Traumdeutung [1900]. Aus: Gesammelte Werke (Studienausgabe), Bd. 2. Hier nach: Das große Lesebuch. Hrsg. v. *Cordelia Schmidt-Hellerau.* Frankfurt/M.: Fischer 2006. S. 73f.; **S. 13:** Foto AKG/Imagno, Berlin; **M 4:** *Ders.:* Einige Bemerkungen über den Begriff des Unbewussten in der Psychoanalyse. In: Ges. Werke, Bd. 8. Frankfurt/M.: S. Fischer 1989. S. 430–439; S. 14: „She dreams of a Joyride". Foto Jan von Holleben, Berlin; **M 5:** *Freud, Sigmund:* Das Unbewusste. Die Rechtfertigung des Unbewussten. In: Ges. Werke, Bd. 10. S. 264–267; S. 15: Foto v. Sergej Khackimullin/fotolia.com; **M 6:** *Stölzl, Christoph:* Der Hausherr der Seele. Aus: ZEIT-Geschichte, 1/2006; **M 7:** s. M 1. 12. Gesang. S. 162f.; **S. 17:** Herbert James Draper (1863–1920): Odysseus und die Sirenen, 1909. Öl auf Leinwand, 176,9 x 213,4 cm. Hull/England, Ferens Art Gallery – Foto Bildarchiv Steffens, Mainz//Bridgeman Art Library; **S. 18:** Zeichnung aus eule2003. Freies Eulen-Gymnasium, Oberhaching. © Bernd Zerhusen; **M 8:** *Böhme, Hartmut:* Natur und Subjekt. Frankfurt/M.: Suhrkamp 1988. S. 4; **M 9:** *Freud, Sigmund:* Abriss der Psychoanalyse. Frankfurt/M.: Fischer 1962. S. 7–9; **M 10:** © Uli Stein/Catprint Media, Langenhagen; **M 11:** *Freud, Sigmund:* Schriften zur Geschichte der Psychoanalyse. Hrsg. v. *Ilse Grubrich-Simitis.* Frankfurt/M.: S. Fischer 1971; **M 12:** *Rorty, Richard:* Mein Jahrhundertbuch: „Vorlesungen zur Einführung in die Psychoanalyse" von Sigmund Freud. Übers. v. *Christa Krüger.* Aus: Die Zeit, 20. 5. 1999; **M 13:** *Freud, Sigmund:* Das Unbehagen in der Kultur. Frankfurt/M.: Fischer 1961. S. 105–110; **S. 22:** Bauchtanz © Art-Expressions, Sachsenburg/Oldisleben; **M 14:** Ebd. S. 139f.; **M 15:** Postkarte © Edgar.de, Hamburg; **M 16:** *Gay, Peter:* Freud. Eine Biographie für unsere Zeit. Übers. v. *Joachim A. Frank.* Frankfurt/M.: S. Fischer 1989. S. 579; **M 17:** *Beauvoir, Simone de:* Das andere Geschlecht – Sitte und Sexus der Frau (1951). Übers. v. *Uli Aumüller u. Grete Osterwald.* Reinbek: Rowohlt TB 2009. S. 334, 73, 76f.; **S. 25:** Abb. http://pimentacomlimao.wordpress.com/category/feminismo; **M 18:** Ebd. S. 675ff.; **M 19:** *Meyer, Ursula*: Einführung in die feministische Philosophie. Aachen: Ein-Fach [3]2004. S. 61.

2. Einführung in die Ethik – Arthur Schopenhauer

M 1: *Lechner, Auguste*: Die Abenteuer des Odysseus. Innsbruck: Tyrolia 1974. Zit. nach d. Taschenbuchausgabe: Würzburg: Arena [5]2010. S. 16–18; **M 3:** *Schopenhauer, Arthur*: Werke, Bd. III. Hrsg. v. *Ludker Lütkehaus*. Zürich: Haffmans 1988. S. 406–412. M 3 A/B, M 3C ebd. S. 415; **M 4:** Gustav Vigeland (1869–1953): Sturheit, um 1930. Granit. Oslo, Vigelands Park © 2012 VG Bild-Kunst, Bonn – Foto T. Busse; **M 5:** Filmplakat zu „Natural Born Killers". Regie: Oliver Stone, USA, 1994; **M 6:** [1]: s. M 3, Bd. I. S. 357ff.; [2]: Bd. III. S. 410f.; **M 8:** *Homer*: Odyssee, Zweiter Gesang. Übers. v. *Johann Heinrich Voss*. Hrsg. v. *Peter von der Mühll*. Wiesbaden: Löwit o. J. S. 17f.; **M 9:** s. M 3. Bd. II. S. 619, 330; [1] *Schopenhauer, Arthur*: Die Kunst, Recht zu behalten. Neuenkirchen: Phänomen 2007. S. 68f. – [2] *Ders.*: Werke, Bd. IV. s. M 3. S. 452f. – [3] Ebd. Bd. III. S. 554; **M 10:** Ebd. Bd. V. S. 559f.; **S. 33:** Wilhelm Busch (1832–1908): Arthur Schopenhauer, 1860. Zeichnung. Frankfurt/M., Stadt- u. Universitätsbibliothek, Schopenhauer-Archiv – Foto AKG/Berlin; **M 11:** *Comte-Sponville, André*: Ermutigung zum unzeitgemäßen Leben. Ein kleines Brevier der Tugenden und Werte. Übers. v. *Josef Winiger*. Reinbek: Rowohlt 2010. S. 22–30; **M 12:** *Homer*: Odyssee. Fünfter Gesang. s. M 8. S. 66f.; **S. 35:** Max Beckmann (1884–1950): Odysseus und Kalypso, 1943. Öl auf Leinwand, 150 x 116 cm. Hamburg, Kunsthalle © 2012 VG Bild-Kunst, Bonn; **M 13:** s. M 3. Bd. II. S. 618ff.; **M 14:** s. M 11. S. 276–278; **M 16:** *Lechner, A.*: s. M 1. S. 166f.; **M 17:** Pieter Lastman (1583–1633): Odysseus und Nausikaa, 1619. Öl auf Holz, 90 x 115 cm. Augsburg, Staatsgalerie; **M 19:** s. M 3. Bd. III. S. 563–565; **M 20:** s. M 11. S. 148f.; **M 21 l:** Erdbeben in Haiti, 12. 1. 2010 – Foto IFRC/Eric Quintero/Österreichisches Rotes Kreuz, **ro:** Behindertensport – Foto Paul Trummer, Mauren/FL, **ru:** http://de.academic.ru/pictures/dewiki/76/Legebat.jpg, **M:** Ludwig Sigismund Ruhl (1794–1887): Arthur Schopenhauer, um 1818. Öl auf Leinwand, 58 x 48 cm. Frankfurt/M., Schopenhauer-Archiv.

3. Einführung in die Politische Philosophie – Karl Marx und Hannah Arendt

M 1: Illustration von Lorenz Withalm; **M 2:** *Lechner, Auguste*: Die Abenteuer des Odysseus. Innsbruck: Tyrolia 1974. Zit. n.d. Taschenbuchausgabe: Würzburg: Arena [5]2010. S. 286f.; **M 3:** *Hobbes, Thomas*: Der Krieg aller gegen alle. Aus: *Ders.*: Leviathan. Übers. v. *Dorothee Tidow*. Reinbek: Rowohlt [2]1969. S. 98ff.; **M 4:** *Marx, Karl*: Der Klassenkampf. Aus: *Ders./Engels, Friedrich*: Manifest der kommunistischen Partei. MEW, Bd. 4. Berlin: Dietz 1967. S. 480ff.; **M 5:** *Ders.*: Entfremdete Arbeit. Aus: *Dies.*: Ökonomisch-philosophische Manuskripte. In: Ebd. Ergänzungsbd. 1. Berlin: Dietz 1968. S. 465–588; **M 7:** *Arendt, Hannah*: Arbeiten und Herstellen. Aus: *Dies.*: Vita Activa. München: Piper 1992. S. 81–95; **S. 49:** Fotos s. http://www.hannah-arendt.de/; **M 8:** *Arendt, Hannah*: Das Handeln. Aus: Was ist Politik? Fragmente aus dem Nachlass. Zit. n.: Denken ohne Geländer. Texte und Briefe. Hrsg. v. *Heidi Bohnet* u. *Klaus Stadler*. München/Zürich: Piper 2005. S. 84ff.; **M 9:** s. M 7. S. 114ff.; **M 10:** *Homer*: Odyssee, Zweiundzwanzigster Gesang. Übers. v. *Johann Heinrich Voss*. Hrsg. v. *Peter von der Mühll*. Wiesbaden: Löwit o. J. S. 290f.; **S. 51:** John Flaxman (1755–1826): Odysseus tötet die Freier, um 1794. Zeichnung; **M 11:** *Arendt, Hannah*: Politik und Gewalt. Aus: *Dies.*: Macht und Gewalt. München/Zürich: Piper 1970. S. 36–38; **M 12:** Ebd. S. 43–57; **M 13:** *Dies.*: Die Banalität des Bösen. Aus: *Dies.*: Eichmann in Jerusalem. Ein Bericht von der Banalität des Bösen. München: Piper 1964. S. 16f., 173; **M 14:** Fotos akg, Berlin; **M 15:** *Arendt, Hannah*: Die Pluralität der Menschen. Aus: s. M 8. S. 74f., 106; *dies.*: s. M 7. S. 214.

4. Einführung in die Wissenschaftstheorie – Francis Bacon

M 1: www.brajahotel.com/dump/Poseidon.jpg; **M 2:** *Homer*: Odyssee, Fünfter Gesang. Übers. v. *Johann Heinrich Voss*. Hrsg.

v. *Peter von der Mühll*. Wiesbaden: Löwit o. J. S. 70f.; **M 3:** *König, Ralf*: Prototyp. Reinbek: Rowohlt 2008. S. 104, 106; **S. 62:** John Vanderbank (1694–1739): Francis Bacon, 1731 (?). Öl auf Leinwand, 76,5 cm x 63,2 cm. London, National Portrait Gallery; **M 5, 6:** *Bacon, Francis*: Die Kunst der Naturbeherrschung. Aus: *Ders.*: Neues Organon, Tlbd. I. Hrsg. v. *Wolfgang Krohn*. Hamburg: Meiner 1990. S. 271f.; **M 7:** Rembrandt Harmensz. van Rijn (1606–1668): Die Anatomiestunde des Dr. Nicolaes Tulp, 1632. Öl auf Leinwand, 169,5 cm x 216,5 cm. Den Haag, Mauritshuis – Foto J. Blauel/Artothek, Weinheim; **M 8:** Westdeutscher Rundfunk, Köln, WDR 5: Wissenschaft in der Renaissance: Leonardo – Wissenschaft und mehr. Schwerpunkt: Die Geschichte der Medizin. Folge 6: *Billig, Susanne/Geist, Petra*: Renaissance – Der Mensch wird seziert. Sendedatum: 10. Dezember 2007; **M 9:** © Beat Sigel, Büren/CH; **M 10:** *Porter, Roy*: Die Kunst des Heilens. Eine medizinische Geschichte der Menschheit von der Antike bis heute. Heidelberg: Spektrum 2003. S. 172–183; **M 11:** s. M 5, 6. S. 13ff.; **M 12:** Ebd. S. 81–105; **M 13:** Ebd. S. 107–109; **M 14:** Foto Corbis, Berlin; **M 17:** Foto Reuters; **M 18:** Zeichnung Carlos Latuff, Rio de Janeiro; **M 19, 20:** *Horkheimer, Max/Adorno, Theodor W.*: Ohnmacht als Folge des Fortschritt. Aus: *Dies.*: Dialektik der Aufklärung. Vorrede. Frankfurt/M.: S. Fischer 2010. S. 4f., 9–19; **M 21:** *Jonas, Hans*: Die Unheildrohung des Baconischen Ideals. Aus: *Ders.*: Das Prinzip Verantwortung. Suhrkamp. Frankfurt/M.: Suhrkamp 1992. S. 251–254.

5. Einführung in Erkenntnistheorie und Metaphysik – Sokrates und David Hume

M 1: Matrix (USA, 1999); Regie und Drehbuch: Larry und Andy Wachowski; Hamburg: Warner Bros. 1999 © Village Roadshow Films – eigene Transkription; **M 2:** Szenenfoto aus „Matrix"; **M 3:** www.dalheim.samupc.lu/images/Optisch/illusion_5.jpg; **M 4:** *Platon*: Phaidon. Übers. v. *Daniel Friedrich Schleiermacher*. Reinbek: Rowohlt 1967. S. 18f.; **M 5:** *Hume, David*: Ein Traktat über die menschliche Natur, Bd. 1. Mit neuer Einf. hrsg. v. *Reinhard Brandt*, übers. v. *Theodor Lipps*. Hamburg: Meiner [2]1989; **S. 76 o:** http://www.litigationps.com/.a/6a01156e439be2970c01538e2889c2970b-800w – **u:** Raffael (1483–1520): Die Schule von Athen (Ausschnitt), 1509–1511. Fresko. Vatikan, Stanza della Segnatura – Bildarchiv Steffens/Bridgeman Art Library; **M 8:** *Platon*: Apologie. Übers. v. *Manfred Fuhrmann*. Stuttgart: Reclam 2008. S. 20ff.; **M 9:** *Disselbeck, Klaus*: Sokrates als Vorbild. In: Ethik & Unterricht, 1/2002. S. 6f.; **M 10:** *Platon*: Kriton. S. M 8. S. 49f.; **M 11:** Jacques-Louis David (1748–1825): Der Tod des Sokrates, 1787. Öl auf Leinwand, 130 x 197 cm. New York, Metropolitan Museum; **M 12:** José Benlliure y Gil (1855–1937): Die Barke Charons, um 1895. Öl auf Leinwand, 103 x 176 cm. Valencia, Museo de San Pio V – Foto Bildarchiv Steffens, Mainz/Bridgeman Art Library; **M 13:** *Lechner, Auguste*: Die Abenteuer des Odysseus. Würzburg: Arena [5]2010. S. 55f.; **M 14:** s. M 8. S. 36ff.; **M 15:** s. M 13. S. 63; **M 16:** *Platon*: Zehn Bücher vom Staate. Übers. v. *Wilhelm Siegmund Teuffel* u. *Wilhelm Wiegand*. Stuttgart 1855; **M 17:** *Drollinger, Carl Friedrich*: Über die Unsterblichkeit der Seele. In: *Ders.*: Gedichte (1743). Stuttgart: Metzler 1972. S. 17ff.; **M 18:** s. M 4. S. 53ff.; **M 19:** *Hume, David*: In: Die Naturgeschichte der Religion. Über Aberglaube und Schwärmerei. Über die Unsterblichkeit der Seele. Über Selbstmord. Hrsg. u. übers. v. *Lothar Kreimendahl*. Hamburg: Meiner [2]2000. S. 79ff.; **M 20:** Duane Michals: The Spirit leaves the Body, 1968. © Duane Michals; **M 21:** http://www.update-seele.de/uploads/pics/Identit_02.jpg; **M 22, 23:** s. M 5. S. 326f.; 261f.; **S. 88:** Zeichnung v. Ralph Edney. Aus: *Osborne, Richard*: Philosophie. Eine Bildergeschichte für Einsteiger. Übers. v. *Birger Brinkmeier*. München: Fink 1996. S. 92; **M 24:** *Popper, Karl R.*: Das Problem der Induktion (1953, 1974). In: Ausgewählte Texte zu Erkenntnistheorie, Philosophie der Naturwissenschaften, Metaphysik, Sozialphilosophie. Hrsg. v. *David Miller*. Tübingen: Mohr/Siebeck [2]1997. S. 87ff.; **M 25:** *Ders.*: Objektive Erkenntnis. Ein evolutionärer Entwurf. Übers. v. *Hermann Vetter*. Hamburg: Hoffmann und Campe 1973.

6. Einführung ins Philosophieren

S. 91: Jakob Jordaens (1593–1678): Odysseus und Polyphem, um 1670. Öl auf Leinwand, 61 x 97 cm. Moskau, Puschkin Museum; **M 3:** *Pieper, Josef*: Das Viergespann. München: Kösel 1964. S. 67f.; **S. 93:** www.yatego.com/textildruck-frankfurt/p,4b4cbf; **S. 100:** news.bbc.co.uk/2/hi/in_pictures/5242072.stm; **S. 102:** Aus: *Boring, E. G.*: My wife and my mother-in law. In: *Ders.*: A new ambiguous figure. Aus: Journal of Psychology, 42/1930; **M 15:** *Lichtenberg, Georg Christoph*: Sudelbücher. Aus: Schriften und Briefe, Bd. 1. Hrsg. v. *Wolfgang Promies*. München: Hanser 1968. S. 195 (Nr. C 194); **M 16:** Saul Steinberg (1914–1999): Ohne Titel, um 1958. Aus: Steinberg's Labyrinth. Reinbek: Rowohlt 1961. o. S. © Steinberg Foundation/2012 VG Bild-Kunst, Bonn.

Wesen und Möglichkeiten des Menschen: Anthropologie

S. 108: nach Leonardo da Vinci (1452–1519): Die Proportionen des Menschen, 1485/1490. Federzeichnung, 34,3 x 24,5 cm. Venedig, Galleria dell' Accademia;
S. 109: Gehirn im Tank. Szenenfoto aus dem Film „Die Stadt der verlorenen Kinder". Regie: Jean-Pierre Jeunet u. Marc Caro. Frankreich 1995; nach: *Müller, Olaf L.*: Moralische Beobachtung und andere Arten ethischer Erkenntnis. Plädoyer für Respekt vor der Moral. Paderborn: Mentis 2008; **ur:** Foto Gerhard Altmann/Pixelio.

1. Der Mensch im Kampf ums Dasein – Darwin

S. 110: Heinrich Füger (1751–1818): Prometheus bringt der Menschheit das Feuer, 1817. Öl auf Leinwand, 55 x 41,5 cm. Kassel, Neue Galerie – Foto Ute Brunzel/Bildarchiv Steffens/Bridgeman Art Library; **M 1:** *Schwab, Gustav*: Prometheus. Berlin (DDR): Kinderbuchverlag o. J. S. 7; **M 2:** *Ferry, Luc*: Leben lernen. Die Weisheit der Mythen. München: Kunstmann 2009. S. 112; **M 3:** Hans Canon (1829–1885): Der Kreislauf des Lebens (Ausschnitt), 1884/85. Deckenfresko. Wien, Naturhistorisches Museum; **M 4 l:** Foto pressmaster@fotolia.com – **r:** Foto Michael Kappeler/ddp images, Hamburg; **M 5:** FAZ-net, GK Soziobiologie 5. Aus: FAZ, 19. 07. 2006. S. 32; **M 6:** *Dawkins, Richard*: Das egoistische Gen. Übers. v. *Karin de Sousa Ferreira*. Heidelberg: Spektrum 1994. Rowohlt 1996, S. 114 f., 154., 90f., 38, 96; **S. 113:** Foto http://cs.wikipedia.org/wiki/Soubor:Tiger_chasing_a_deer_cropped.jpg; **S. 114:** Collage zum Thema Evolution auf Planet Schule, www.planet-schule.de (SWR), Fotos Alamy u. SST/mauritius images, akg-images, WDR-Pressestelle/Fotoredaktion/ddp; **M 7:** Foto Johann Brandstetter/okapia, Frankfurt/M.; **M 8:** *Darwin, Charles*: Über die Entstehung der Arten durch natürliche Zuchtwahl oder die Erhaltung der begünstigten Rassen im Kampfe ums Dasein. Übers. v. *Heinrich G. Bronn*. Stuttgart: Schweizerbart [9]1899. S. 565; **M 9:** *Whitehead, Alfred N.*: Die Funktion der Vernunft. Übers. u. hrsg. v. *Eberhard Bubser*.

Stuttgart: Reclam 1995. S. 8f.; **M 10:** *Miller, Geoffrey F.*: Die sexuelle Evolution. Partnerwahl und die Entstehung des Geistes. Übers. v. *Jorunn Wissmann*. Heidelberg/Berlin: Spektrum 2000. S. 190f., 30, 147, 151; **M 11:** Foto Stefan Ochs; **M 12:** *Nietzsche, Friedrich*: Der Anti-Christ, Kap. 2. In: Werke, Bd. II. Hrsg. v. *Karl Schlechta*. München: Hanser 1955. S. 1165f.; **M 13:** *Ders.*: Anti-Darwin. Aus: Götzen-Dämmerung. In: Ebd. S. 998f.; **M 14:** *Tugendhat, Ernst*: Der Wille zur Macht. Aus: DIE ZEIT, 38/2000; **M 15:** *Ditfurth, Hoimar von*: Innenansichten eines Artgenossen. Meine Bilanz. Düsseldorf: Claassen 1990. S. 112f.; **M 16:** s. M 1; **S. 121:** André Durand (* 1947): Prometheus stiehlt das Feuer, 1997. Öl auf Leinwand, 140,5 x 152,5 cm; **M 17:** s. M 2. S. 162; **M 18:** *Scheler, Max*: Die Sonderstellung des Menschen. Aus: *Ders.*: Die Stellung des Menschen im Kosmos. Bern/München: Francke 1975. S. 37ff.; **S. 123:** © Stadt Bad Wörishofen; **M 19:** *Plessner, Helmuth*: Mit anderen Augen. Aspekte einer philosophischen Anthropologie. Stuttgart: Reclam 1982. S. 14f., 17f.

2. Menschliche Spezifika: Was macht den Menschen zum Menschen?

S. 118: Filmplakat „A. I.", Regie Steven Spielberg © 2001 Warner Bros. and DreamWorks; **M 2:** Schach mit Affen Aus: natur & kosmos, Juli/1999; **M 4:** *Descartes, René*: Abhandlung über die Methode des richtigen Vernunftgebrauchs und der wissenschaftlichen Wahrheitsforschung [1637]. Übers. v. *Kuno Fischer*. 1863; **S. 128:** Foto John Cancalosi/Okapia, Frankfurt/M. - Montage: Inst. f. Biopsychologie d. Ruhr-Universität, Bochum; **M 6:** *Singer, Peter*: Praktische Ethik. Übers. v. *Oscar Bischoff* u. *Jean-Claude Wolf*. Stuttgart: Reclam [2]1994. S. 120, 148-155; **M 7:** *Tomasello, Michael*: Die Ursprünge der menschlichen Kommunikation. Übers. v. *Jürgen Schröder*. Frankfurt/M.: Suhrkamp 2009. S. 52ff., 98ff., 190ff.; **M 8:** *Gehlen, Arnold*: Der Mensch, seine Natur und seine Stellung in der Welt. Wiesbaden: Athenaeum 1976. S. 33ff.; **M 9:** Abb. v. Bill Sanderson. Aus: New Scientist, 13. 5. 1976; **M 10:** *Anders, Günther*: Die Antiquiertheit des Menschen. Über die Seele im Zeitalter der zweiten industriellen Revolution. München: C. H. Beck 1956. S. 267ff.; **M 11:** „A. I." - Transkription; **S. 132:** Szenenfoto aus „A. I.", s. S. 118; **M 12:** Dietrich Dörner im Gespräch mit Klaus Madzia und Matthias Müller von Blumencron. In: Der Spiegel, 9/1996; **M 13:** *Lenk, Hans*: Von Deutungen zu Wertungen. Eine Einführung in aktuelles Philosophieren. Frankfurt/M.: Suhrkamp 1994. S. 150ff; **M 14:** Ebd.; **M 15:** Bild aus dem Video „All is full of love" von Björk; **M 16:** s. M 11; **S. 136:** „A. I."-Szenenfoto, s. S. 118; **M 17:** *Sofsky, Wolfgang*: Traktat über die Gewalt Frankfurt/M.: S. Fischer 1996. S. 214ff.; **M 18:** *Fukuyama, Francis*: Das Ende der Geschichte. Wo stehen wir? Übers. v. *Helmut Dierlamm, Ute Mihr* u. *Karl Heinz Dürr*. München: Kindler 1992. S. 207f.; **M 19:** *Lersch, Philipp*: Aufbau der Person. München: Barth [11]1970. S. 342f.; **M 20:** *Comte-Sponville, André*: Ermutigung zum unzeitgemäßen Leben. Ein kleines Brevier der Tugenden und Werte. Übers. v. *Josef Winiger, Nicola Volland* u. *Una Pfau*. Reinbek: Rowohlt 1996. S. 264ff., 268ff., 273.

3. Gehirn und Bewusstsein

M 1: Szenenfoto aus „A. I.", Regie Steven Spielberg © 2001 Warner Bros. and DreamWorks; **M 2:** *Kurzweil, Ray*: Die Enträtselung des Gehirns. Aus: *Pitscheneder, Robert*: Das Gehirn nachbauen. http://www.focus.de/wissen/wissenschaft/forschung-und-technik-das-gehirn-nachbauen_aid_191543.html. [28. 10. 2011]; **M 3:** Die Simulanten - Ein Gespräch mit John R. Searle über das Bewusstsein von Maschinen. http://www.zeit.de/2001/39/200139_p-searle_intervi.xml. [28. 10. 2011]; **M 4:** Luigi Schiavonetti (1765-1810): Die Seele verlässt den Körper, 1808. Illustration zu William Blakes „Grave", 1808. Kupferstich, 16,2 x 22,5 cm; Yale, Center for British Art, Paul Mellon Collection - Bildarchiv Steffens/Bridgeman Art Library; **M 6:** *Platon*: Gorgias. Aus: Sämtliche Werke, Bd. 1. Übers. v. *Friedrich Schleiermacher*. Hrsg. v. *Walter F. Otto, Ernesto Grassi* u. *Gert Plamböck*. Hamburg: Rowohlt 1957. S. 279f.; **M 7:** *Descartes, René*: Eine unbezweifelbare Erkenntnis. Aus: *Ders.*: Meditationen über die Grundlagen der Philosophie. Hrsg. v. *Lüder Gäbe*. Hamburg: Meiner 1993. S. 21f.; **M 8:** Ebd. S. 22-24; **M 9:** Zeichnung aus: *Specht, Rainer*: Descartes mit Selbstzeugnissen und Bilddokumenten. Reinbek: Rowohlt [7]1995. S. 122f.; **M 10:** *de La Mettrie, Julien Offray*: Der Mensch eine Maschine. Übers. v. *Theodor Lücke*. Stuttgart: Reclam 2001. S. 25ff.; **S. 148:** Szenenfoto aus „A. I.", s. M 1; **M 12:** s. M 7. S. 24f.; **M 13:** *Henrich, Dieter*: Bewusstes Leben. Untersuchungen zum Verhältnis von Subjektivität und Metaphysik. Stuttgart: Reclam 1999. S. 15; **M 14:** Römisches Mosaik, um 200. Rom, Museo Nazionale delle Terme - Foto Erich Lessing/AKG, Berlin; **M 15:** Titel Uni-Spiegel, 2/2009. Hamburg: Spiegel; **M 16:** *Dörner, Dietrich*: Bauplan für eine Seele. Reinbek: Rowohlt [2]2008. S. 15ff.; **M 17:** *Roth, Gerhard*: Das Gehirn und seine Wirklichkeit. Kognitive Neurobiologie und ihre philosophischen Konsequenzen. Frankfurt/M.: Suhrkamp 1997. S. 324-332; **M 18:** *Metzinger, Thomas*: Der totale Flugsimulator und der kleine rote Pfeil. http://sammelpunkt.philo.at:8080/874/1/Schimpansen.html. [28. 10. 2011]; **M 19:** *Noë, Alva*: Du bist nicht dein Gehirn. Übers. v. *Christiane Wagler*. München/Zürich: Piper [3]2011. S. 12-60; **M 20:** Zeichnung v. Hans-Georg Rauch, s. M 16. S. 24.

4. Die Freiheit des Menschen

S. 157: Plakat zu „Into the Wild", Regie: Sean Penn © 2008 Universum Film, München; **M 1:** Text und Szenenfoto aus ebd.; **M 2:** *Sartre, Jean Paul*: Das Sein und das Nichts. Übers. v. *Justus Streller*. Hamburg: Rowohlt 1952. S. 70-74; **S. 150:** GAMMA/Studio X, Paris; **M 3:** *Gehlen, Arnold*: Anthropologische Forschung. Zur Selbstbegegnung und Selbstentdeckung des Menschen. Reinbek: Rowohlt 1961. S. 71f.; **M 4:** Zeichnung v. Walter Kurowski, Oberhausen; **M 5:** Transkription aus M 1; **M 7:** *Kant, Immanuel*: Kritik der reinen Vernunft. Hrsg. v. *Jens Timmermann*. Hamburg: Meiner 1998. S. 637ff.; **M 8:** *Ders.*: Grundlegung zur Metaphysik der Sitten. Hrsg. v. *Bernd Kraft* u. *Dieter Schönecker*. Hamburg: Meiner 1999. S. 75, 82ff.; **M 9:** *Schopenhauer, Arthur*: Die Welt als Wille und Vorstellung, Bd. 1. Stuttgart: Reclam 1997. S. 410ff.; **M 10:** Titelbild „Gehirn&Geist - Dossier",1/2003. Heidelberg: spektrum; **M 11:** *Bieri, Peter*: Unser Wille ist frei. Aus: Der Spiegel, 2/2005. S. 124f.; **M 12:** Transkription aus M 1; **M 13:** Die ägyptischen Gottheiten Hathor und Chnum. © Alfred Ballabene; **M 14:** *Sartre, Jean-Paul*: Der Existentialismus ist ein Humanismus, und andere philosophische Essays. Neu übers. v. *Vincent von Wroblewsky*. Reinbek: Rowohlt [2]2002. S. 148ff.; **M 15:** Ebd. S. 154f.; **M 16:** Ebd. S. 150f., 172; **M 17:** *Jaroszewski, Tadeusz M.*: Der „verlassene" Mensch Jean Paul Sartres. Frankfurt/M.: Marxistische Blätter 1975. S. 88; **S. 171:** Szenenfoto aus M 1; **M 19:** René Magritte (1898-1967): Die Liebenden, 1928. Öl auf Leinwand, 54 x 73 cm. New York, Richard S. Zeisler Collection - Foto Bildarchiv Steffens, Mainz/Bridgeman Art Library; **M 20:** *Frankfurt, Harry G.*: Gründe der Liebe. Übers. v. *Martin Hartmann*. Frankfurt/M.: Suhrkamp 2005. S. 57ff.; **S. 174:** Klausurtext: *Nagel, Thomas*: Was bedeutet das alles? Eine ganz kurze Einführung in die Philosophie. Übers. v. *Michael Gebauer*. Stuttgart: Reclam 2008. S. 32ff.

Die Reflexion der Moral – Ethik

S. 176 l: Foto AKG, Berlin – **r:** *Watzlawick, Paul*: Anleitung zum Unglücklichsein. München: Piper 1988 – **u:** Zeichnung Gerhard Mester, Wiesbaden; **S. 177 o:** *Brüggemann, Annette*: Interview m. Richard David Precht am 9. 9. 2010. http://www.randomhouse.de/webarticle/webarticle.jsp?aid=8509 (20. 11. 2011) – **M:** Plakat zu „Ein Volksfeind", mit freundl. Genehmigung der Festspiele Reichenau – *Mill, John Stuart*: Der Utilitarismus. Übers. v. *Dieter Birnbacher*. Stuttgart: Reclam 1976. S. 30 – *Jonas, Hans*: Das Prinzip Verantwortung. Versuch einer Ethik für die technologische Zivilisation. Frankfurt/M.: Suhrkamp 1984. S. 36 – *Arendt, Hannah*: Über das Böse. München: Piper 2007. S. 87 – *Schmid, Wilhelm*: Philosophie der Lebenskunst. Frankfurt/M.: Suhrkamp [6]2000. S. 71 – **ru:** Salvador Dalí (1904–1989): Kind beobachtet die Geburt des neuen Menschen, 1943. Öl auf Leinwand, 45,5 x 50 cm. St. Petersburg/Florida, Salvador Dalí Museum – Foto Bildarchiv Steffens/Bridgeman Art Library.

1. Begründung und Legitimation ethischen Handelns

M 1: *Molière*: Don Juan oder Der steinerne Gast. Übers. v. *Wolf Graf Baudissin*. Berlin: Neues Leben 1989. S. 40f.; **M 2:** Max Slevogt (1868–1932): Der Sänger Francisco d'Andrade in der Rolle des Don Giovanni, 1902. Öl auf Leinwand, 210 x 170 cm. Berlin, Alte Nationalgalerie – Foto AKG, Berlin; **M 3:** *Stirner, Max*: Der Einzige und sein Eigentum und andere Schriften (1845). Hrsg. v. *Hans G. Helms*. München: Hanser 1968. S. 35f.; **S. 179:** Max Stirner. Zeichnung – Foto AKG, Berlin; **M 4:** *Camus, Albert*: Der Mythos von Sisyphos. Ein Versuch über das Absurde. Reinbek: Rowohlt 1965. S. 62ff.; **S. 180:** Foto AKG, Berlin; **M 5:** *Molière*: s. M 1. S. 444f.; **M 6:** http://www.zeit.de/karriere/beruf/2010-11/egoismus-karriere-erfolg (20. 11. 2011); **S. 182:** http://rappenau.dlrg.de/typo3temp/pics/2de0053e57.jpg (19. 11. 2011); **M 7:** *Brüggemann, Annette*: Interview m. Richard David Precht am 9. 9. 2010. http://www.randomhouse.de/webarticle/webarticle.jsp?aid=8509 (20. 11. 2011); **M 8:** *Butler, Joseph*: Eine Widerlegung des Egoismus. Aus: *Birnbacher, Dieter/Hoerster, Norbert* (Hrsg.): Texte zur Ethik Übers. v. *D. Birnbacher*. München: dtv 1976. S. 178f.; **S. 183:** Joseph Butler. Zeichnung; **M 9:** *Molière*: s. M 1. S. 418ff.; **M 10:** Heinz-Dilemma. Aus: *Kohlberg, Lawrence*: Zur kognitiven Entwicklung des Kindes. Übers. v. *Nils Thomas Lindquist*. Frankfurt/M.: Suhrkamp 1974. S. 66; **M 11:** Schema v. M. Wittschier, Wipperfürth; **M 12:** *Aufenanger, Stefan* u. a.: Erziehung zur Gerechtigkeit. Unterrichtspraxis nach L. Kohlberg. München: Kösel 1981. S. 16f.; **M 13:** *Hartmann, Nicolai*: Einführung in die Philosophie. Göttingen: Vandenhoeck & Ruprecht [4]1956. S. 151ff., 169; **S. 189:** © Cornelia Weinert, Wuppertal – Foto M. Tettinger, Solingen; **M 14:** *Gilligan, Carol*: Moralische Orientierung und moralische Entwicklung. In: *Nunner-Winkler, Gertrud* (Hrsg.): Weibliche Moral. Frankfurt a. M./New York: Campus 1991. S. 80f., 88ff., 99f.; **M 15:** s. M 1. S. 457f.; **M 16:** *Bayertz, Kurt*: Warum überhaupt moralisch sein? München: C. H. Beck 2004. S. 34; **M 17:** *Russell, Bertrand*: Moral und Politik. Übers. v. *Ruth Gillischewski*. München: Nymphenburger 1972. S. 33f.

2. Glück für Einzelne – Glück für alle: Eudaimonía und Nützlichkeit

S. 193: Plakat zu „Ein Volksfeind", mit freundl. Genehmigung der Festspiele Reichenau; **M 2:** *Ibsen, Henrik*: Ein Volksfeind. Aus: Sämtliche Werke, Bd. 4. Berlin: S. Fischer 1907; **M 3:** *Epikur*: Brief an Menoikeus. Aus: *Ders.*: Von der Überwindung der Furcht. Hrsg. u. übers. v. *Olof Gigon*. München/Zürich: Artemis 1983; **M 4**: *Aristoteles*: Die Nikomachische Ethik. Übers. v. *Olof Gigon*. München: dtv [8]2010. S. 105, 108, 114ff., 345ff.; **M 5:** s. M 2; **M 6 ol:** AKG, Berlin – **Ml:** Foto AP, Frankfurt – **or:** Gustav Vigeland (1869–1953): Ärgerlicher Junge, um 1930. Granit. Oslo, Vigelands Park © 2012 VG Bild-Kunst, Bonn; **M 7:** s. M 4. S. 140ff., 147, 131f.; **M 8:** Foto Hansjörg Lipp; **M 9:** s. M 2; **M 10:** Foto dpa-picture alliance; **M 11:** *Bentham, Jeremy*: Eine Einführung in die Prinzipien der Moral und der Gesetzgebung, Kap. IV: Wie der Wert einer Menge an Freude oder Leid gemessen werden kann. [1789]. Übers. v. *Annemarie Pieper*. Aus: *Höffe, Otfried* (Hrsg.): Einführung in die utilitaristische Ethik. Tübingen: Francke/UTB [2]1992. S. 79–82; **M 12:** *Mill, John Stuart*: Der Utilitarismus. [1871]. Übers. v. *Dieter Birnbacher*. Stuttgart: Reclam 1976. S. 13–18, 30–31; **M 13 ol:** Dorffest – **or:** http://www.hilfreich.de/sites/default/files/imagecache/article_image/images/games_playing_father_son_game%20station_0.jpg (14. 12. 2011) – **ul:** http://www.bz-berlin.de/multimedia/archive/00309/public-viewing_3091896.jpg, (14. 12. 2011) – **ur:** http://treffpunkt-schweden.com/assets/Aktivitaeten/Fussball/Sarah-DeVries-Kinder-Fussball-588x420.jpg (14. 12. 2011); **M 15:** s. M 2; **M 16:** dpa-picture alliance; **M 17:** *Cohen, Martin*: 99 Philosophische Rätsel. Frankfurt a. M./New York: Campus [2]2001. S. 35f.; **M 19:** *Singer, Peter*: Praktische Ethik [1979]. Übers. v. *Oscar Bischoff* u. s*Jean-Claude Wolf*. Stuttgart: Reclam [2]1994. S. 29ff., 128f.

3. Pflicht und Verantwortung – Kant, Jonas

S. 209: Emil Doerstling (1859–1940): Kant und seine Tischgenossen, 1892. Königsberg, Dom – Foto AKG, Berlin; **M 3:** *Kant, Immanuel*: Grundlegung zur Metaphysik der Sitten. Aus: Werke, Bd. 6. Hrsg. v. *Wilhelm Weischedel*. Darmstadt: WBG 1983. S. 23ff.; **M 4:** *Henrik Ibsen*: Ein Volksfeind. Aus: Sämtliche Werke, 4. Bd. Berlin: S. Fischer 1907; **M 5:** *Schiller, Friedrich*: Xenien von Schiller und Goethe (388/389). Aus: Werke, Bd. 1. Hrsg. v. *Gerhard Fricke* u. *Herbert G. Göpfert*. München: Hanser [5]1973. S. 299f.; **M 6:** s. M 4; **M 7:** s. M 3. S. 18f.; **S. 213:** Fotomontage v. Till Engels, Düsseldorf; **M 8:** s. M 4; **M 10:** s. M 3. S. 29f.; **M 11:** s. M 4; **M 12:** Banksy: No future; **M 13:** s. M 3. S. 51, 61; **M 14:** Ebd. S. 52ff.; **M 15:** dpa picture-alliance, Frankfurt/M.; **M 16:** s. M 3. S. 59ff.; **M 18:** Ebd. S. 61ff.; **M 19:** Zeichnung v. Peter von Tresckow. Aus: *Ders.*: Kennen wir uns nicht? Frankfurt/M.: Zweitausendeins 1997. o. S.; **M 20:** *Patzig, Günther*: Der Kategorische Imperativ in der Ethik-Diskussion der Gegenwart. Aus: Gesammelte Schriften, I: Grundlagen der Ethik. Göttingen: Wallstein 1994. S. 243f.; **M 21:** s. M 4; **M 22:** *Jonas, Hans*: Philosophische Untersuchungen und metaphysische Vermutungen. Frankfurt a. M./Leipzig: Insel 1992. S. 128; **M 23:** *Ders.*: Das Prinzip Verantwortung. Versuch einer Ethik für die technologische Zivilisation. Frankfurt/M.: Suhrkamp 1984. S. 131f.; s. M 22. S. 391; **M 24:** s. ebd. S. 36; s. M 22. S. 137; **M 25:** *Jonas, Hans*: Technik, Medizin und Ethik. Zur Praxis des Prinzips Verantwortung. Frankfurt/M.: Insel 1985. S. 46.

4. Ethik weiterdenken – Standpunkte beziehen

M 1: *Hesse, Hermann*: Die Romane und großen Erzählungen, 3. Bd.: Demian. Wanderung. Frankfurt/M.: Suhrkamp 1977. S. 9ff.; **M 2:** Maurits Cornelis Escher (1898–1972): Kreislimit IV, Engel und Teufel, 1960 © Cordon Art, Baarn/Holland; **M 3:** *Kant, Immanuel*: Der Hang zum Bösen. Aus: Werke, Bd. 7. Hrsg. v. *Wilhelm Weischedel.* Darmstadt: WBG [5]1975. S. 680f.; **M 4:** *Arendt, Hannah*: Über das Böse. Eine Vorlesung zu Fragen der Ethik. München: Piper 2007. S. 85ff., 100–102; **M 5:** Bundeszentrale für politische Bildung/rbb: DVD-Edition „Kontraste. Auf den Spuren einer Diktatur." Film: „Die Wahrheit muss raus – Bekenntnisse einer Stasi-Agentin". Kontraste, 16. Oktober 1990. Berlin [2]2005; **M 6:** s. M 1. S. 55ff.; **M 7:** Saul Steinberg (1914–1999): Untitled, 1948. Tinte auf Papier, 36,2 x 28,6 cm. © Saul Steinberg Foundation, New York/2012 VG Bild-Kunst, Bonn; **M 8:** *Schmid, Wilhelm*: Philosophie der Lebenskunst. Eine Grundlegung. Frankfurt/M.: Suhrkamp [6]2000. S. 71ff.; **M 9:** *Kersting, Wolfgang/ Langbehn, Claus* (Hrsg.): Kritik der Lebenskunst. Frankfurt/M.: Suhrkamp 2007. S. 56f.; **M 10:** *Schmid, Wilhelm: Der Tod macht das Leben klarer.* In: DER SPIEGEL, 20. 12. 2008; **S. 234:** Foto Bilderbox, Breitbrunn/Österreich; **M 11:** s. M 1. S. 30ff.; **M 12:** dpa-Bildfunk; **M 13:** *Nietzsche, Friedrich*: Jenseits von Gut und Böse. Aus: Werke, Bd. II. Hrsg. v. *Karl Schlechta*. München: Hanser 1955. S. 729ff.; **M 14:** *Ders.*: Zur Genealogie der Moral. Aus: Ebd. S. 779f.; **M 15:** *Schröder, Winfried*: Moralischer Nihilismus, Radikale Moralkritik von den Sophisten bis Nietzsche. Stuttgart: Reclam 2005. S. 55, 69ff.; **M 16:** *Birnbacher, Dieter*: Natürlichkeit. Berlin: de Gruyter 2006. S. 49ff.; **M 17:** Vereinte Nationen: Allgemeine Erklärung der Menschenrechte v. 10. 12. 1948. In: Bundeszentrale für politische Bildung (Hrsg.): Menschenrechte. Dokumente und Deklarationen. Schriftenreihe Bd. 397. Bonn [4]2004. S. 54f.; **S. 239:** Informationen zur politischen Bildung, 305/4/2009. Foto KonzeptQuartier, Linda Spokojny, Fürth; **M 18:** s. M 1. S. 120f.; **M 19:** Saul Steinberg (s. M 7): Untitled, 1961. Tinte auf Papier. © s. M 7; **M 20:** *Luhmann, Niklas*: Paradigm lost: Über die ethische Reflexion der Moral. Rede von Niklas Luhmann anlässlich der Verleihung des Hegel-Preises 1989. Frankfurt/M.: Suhrkamp 1990. S. 40ff.; **M 21:** *Spaemann, Robert*: Wer hat wofür Verantwortung? Kritische Überlegungen zur Unterscheidung von Gesinnungsethik und Verantwortungsethik. Vortrag anlässlich der Verleihung der Thomas-Morus-Medaille 1982. In: *Geach/Inciarte/Spaemann*: Persönliche Verantwortung. Köln: Adamas 1982. S. 220ff.; **M 22:** *Krauel, Torsten*: Gäfgens Blutgeld. In: Die Welt, 5. 8. 2011; **S. 244:** Klausurtext: *Frankena, William*: Zwei Formen des Utilitarismus. *Ders.*: Analytische Ethik. Hrsg. u. übers. v. *Norbert Hoerster.* München: dtv [1]1963. S. 55–57.

Den Vielen gerecht werden: Politische Philosophie

S. 246 Mr: Alfred Kubin (1877–1959): Der Krieg, 1903. Lithographie, 22,7 x 30 cm. Dresden, Kupferstichkabinett/© 2012 Bild-Kunst, Bonn – Foto AKG, Berlin; **u:** Foto Natacha Pisarenko/ddp images (AP), Hamburg; **S. 247:** *Fromm, Erich*: Haben oder Sein. Die seelischen Grundlagen einer neuen Gesellschaft. München: dtv 1979. S. 111f. – *Bolz, Norbert*: Das konsumistische Manifest. München: Fink 2002. S. 74 – *Rousseau, Jean-Jacques*: Vom Gesellschaftsvertrag oder Grundsätze des Staatsrechts. Hrsg. u. übers. v. *Hans Brockard* u. *Eva Pietzcker*. Stuttgart: Reclam 1986. S. 17f. – *Becker, Werner*: Gemeinschaft und Gesellschaft (http://www.philosophy.ru/iphras/library/deupaper/INHALT.htm) – **Mr:** „Das Boot ist voll". Aus: contraste, November 1999 – **ur:** Zeichnung v. Horst Haitzinger, München.

1. Politische Philosophie des Sozialstaats und der Wirtschaft

M 1: *Hauptmann, Gerhart*: Die Weber, 1. Akt (1892). Hrsg. v. *Hans Schwab-Felisch*. Frankfurt/M u. a.: Ullstein 1982. S. 7ff; **S. 234:** Karl Wilhelm Hübner (1814–1879): Die schlesischen Weber, 1844 (Ausschnitt). Öl auf Leinwand, 77,5 x 104 cm (Original verschollen; Zweitfassung). Düsseldorf, Kunstmuseum; **M 2:** August Deusser (1870–1942): Reiterkampf, 1913–1917. Öl auf Leinwand, 53,5 x 60,5 cm. Antonie Deusser-Stiftung, Bad Zurzach/CH; **M 3:** *Marx, Karl*: Lohnarbeit und Kapital. Aus: Werke, Bd. 6. MEW. Berlin: Dietz 1959. S. 417f.; **M 4:** *Ders.*: Ökonomisch-philosophische Manuskripte aus dem Jahre 1844. Ebd., Bd. 40. S. 510f.; **M 5:** *Fromm, Erich*: Haben oder Sein. Die seelischen Grundlagen einer neuen Gesellschaft. München: dtv 1979. S. 111f.; **M 6:** *Bolz, Norbert*: Das konsumistische Manifest. München: Fink 2002. S. 60f., 74; **M 7:** *von Hayek, Friedrich August*: Recht, Gesetzgebung und Freiheit, Bd. 2: Die Illusion der sozialen Gerechtigkeit. Eine neue Darstellung der liberalen Prinzipien der Gerechtigkeit und politischen Ökonomie. Landsberg: Moderne Industrie 1981. S. 161, 184, 188f.; **M 9:** s. M 1. 4. Akt. 51ff.; **M 10:** Emil Orlik (1870–1932): Plakat zur Erstaufführung der „Weber", 1897. © Deutsches Historisches Museum, Berlin; **M 11:** Ergebnis der Emnid-Umfrage 2003. Aus: Die Welt, 30. 6. 2003; **M 12:** *Marx, Karl/Engels, Friedrich*: Manifest der kommunistischen Partei. Aus: *Marx, K.*: Frühschriften. Hrsg. v. *S. Landshut*. Stuttgart: Kröner 1968. S. 547f.; **M 13:** Grafik © wissenmedia, München; **M 14:** *von Hayek, Friedrich August*: Die Verfassung der Freiheit. Tübingen: Mohr/Siebeck [3]1991. S. 388ff., 407; **M 15:** *Kersting, Wolfgang*: Kritik der Gleichheit. Über die Grenzen der Gerechtigkeit und der Moral. Weilerswist: Velbrück 2002. S. 90ff.; **M 16:** *Nietzsche, Friedrich*: Der Wille zur Macht. Versuch einer Umwertung aller Werte. Ausgew. u. geordnet v. *Peter Gast* unter Mitwirkung v. *Elisabeth Förster-Nietzsche*. Stuttgart: Kröner [12]1980. S. 91f.; **M 17:** s. M 1. 5. Akt. S. 66ff.; **M 18:** Justitia in Cudrefin/CH; **M 19:** *Rawls, John*: Eine Theorie der Gerechtigkeit. Frankfurt/M.: Suhrkamp [10]1998. S. 579, 121; **M 20:** *Höffe, Otfried*: Soziale Gerechtigkeit als Tausch. Aus: *Bayertz, Kurt* (Hrsg.): Politik und Ethik. Stuttgart: Reclam 1996. S. 241ff.; **M 21:** Foto www.gusnews.net; **M 22:** *Weimer, Alois/Weimer, Wolfram*: Der Manager und die Ethik. Aus: *Dies.* (Hrsg.): Mit Platon zum Profit. Ein Philosophie-Lesebuch für Manager. Frankfurt/M.: FAZ-Wirtschaftsbücher 1994. S. 153f.; **M 23:** *Bayertz, Kurt*: Staat und Solidarität. Aus: s. M 21. S. 308, 314f., 318, 325, 327; **M 24:** *Comte-Sponville, André*: Glück ist das Ziel, Philosophie der Weg. Übers. v. *Heiner Kober*. Zürich: Diogenes 2010. S. 34ff.

2. Politische Philosophie des freiheitlichen Rechtsstaats

M 1: *Jung Chang*: Die wilden Schwäne. Die Geschichte einer Familie. Drei Frauen in China von der Kaiserzeit bis heute. Übers. v. *Andrea Galler* u. *Karlheinz Dürr*. München: Droemersche Verlagsanstalt 2004. S. 308ff.; **M 2:** Foto AKG, Berlin/AP; **M 3, 4:** wikipedia; **M 5:** *Vollnhals, Clemens*: Politik und Zeitgeschichte. Aus: APuZ, 39/2006; http://www.bpb.de/publikationen/ESBXAN,1,0,Der_Totalitarismusbegriff_im_Wandel.html#art1; **M 6:** *Mayer-Tasch, Peter C.*: Politische Theorie des Verfassungsstaats. Wiesbaden: VS [2]2009. S. 35, 37; **M 7:** Foto centropa.org; **M 8:** *Popper, Karl R.*: Die offene Gesellschaft und ihre Feinde, 1: Der Zauber Platons. Übers. v. *Paul K. Feyerabend*. München: Francke/UTB 1980. S. 213–215; **M 9:** s. M 1. S. 309f.; **M 12:** Foto AKG, Berlin; **M 13:** *Becker, Werner*: Gemeinschaft und Gesellschaft (http://www.philosophy.ru/iphras/library/deupaper/INHALT.htm); **M 14:** *Platon*: Der Staat, VIII. Buch, 543a. Aus: Werke, Bd. III. Übers. v. *Friedrich Schleiermacher*. Reinbek: Rowohlt 1967. S. 246; **M 15:** Ebd. S. 325ff.; **M 16:** http://sportfotos.photoshelter.com/gallery-image/Fussball-2-Bundesliga-FC-Ingolstadt-TSV-1860-Muenchen; **M 17:** http://www.rp-online.de/public/druckversion/aktuelles/panorama/ausland/807829; **S. 272:** Foto David de la Paz/dpa picture-alliance/landov; **M 18, 20, 21:** *Hobbes, Thomas*: Leviathan. Übers. v. *Jacob Peter Mayer*. Stuttgart: Reclam 1980. S. 112ff., 186; **M 19:** dto. Titel. AKG, Berlin; **M 22, 24–26:** *Locke, John*: Über die Regierung (The Second Treatise of Government). Hrsg. v. *Peter C. Mayer-Tasch*, übers. v. *Dorothee Tidow*. Stuttgart: Reclam 1999. S. 71, 95ff., 111, 174f.; **M 23:** Foto Rolf Sistermann, Köln; **M 27:** s. M 18. S. 197; **M 28:** *Rousseau, Jean-Jacques*: Vom Gesellschaftsvertrag oder Grundsätze des Staatsrechts. Hrsg. u. übers. v. *Hans Brockard* u. *Eva Pietzcker*. Stuttgart: Reclam 1986. S. 17f.; **M 30:** *Locke, John*: Ein Brief über Toleranz. Hrsg. u. übers. v. *Julius Ebbinghaus*. Hamburg: Meiner 1957. S. 47ff.; **M 32:** Cruikshank, George (1792–1878): Die Waffen der Radikalen, 1819. Kolorierte Radierung, 36,9 x 26,7 cm. Hannover, Wilhelm Busch Museum – Foto AKG, Berlin.

3. Recht und Menschenrecht im Zeitalter der Globalisierung
M 1: Nach: *Chang, Jung*: Wilde Schwäne. Die Geschichte einer Familie. Drei Frauen in China von der Kaiserzeit bis heute. Übers. v. *Andrea Galler* u. *Karlheinz Dürr*. München: Droemersche Verlagsanstalt 2004; **S. 281:** Demütigung von in Ungnade gefallenen Funktionären während der Kulturrevolution. Foto Li Zhensheng, Press Images/Agentur Focus; **M 2:** *Wesel, Uwe*: Geschichte des Rechts. Von den Frühformen bis zur Gegenwart. München: C. H. Beck [3]2006. S. 61; **M 3:** *Radbruch, Gustav*: Gesetzliches Unrecht und übergesetzliches Recht. Aus: Süddeutsche Juristen-Zeitung, 5/1946. S. 105ff.; **M 4:** *Riezler, Erwin*: Rechtspositivismus. Aus: *Maihofer, Werner* (Hrsg.): Naturrecht oder Rechtspositivismus. Darmstadt: WBG 1962. S. 242–252; **S. 284:** Foto Imago stock + photo, Berlin (Xinhua); **M 6:** s. M 1. S. 214ff.; **S. 285:** Foto AP, Frankfurt/M.; **M 7:** *Kant, Immanuel*: Werke, Bd. VII. Hrsg. v. *Wilhelm Weischedel*. Darmstadt: WBG 1983. S. 454f.; **S. 286:** Foto Album/Oronoz/AKG, Berlin; **M 8:** *Camus, Albert*: Die Guillotine. Betrachtungen zur Todesstrafe. Aus: *Ders.*: Fragen der Zeit. Übers. v. *Guido G. Meister*. Reinbek: Rowohlt 1997. S. 103–156; **M 9:** nach: http://www.amnesty.de/de/2910/download_materialien/htm_dateien/pro_contra_argumente_ts.htm; **M 10:** *Zippelius, Reinhold*: Rechtsphilosophie. München: C. H. Beck [4]2003. S. 110f.; **S. 289:** Foto Arturo Rodriguez/ddp images (AP), Hamburg; **M 13:** Die Ethik des Rettungsboots nach Garrett Hardin. Nach: *Kesselring, Thomas*: Ethik der Entwicklungspolitik: Gerechtigkeit im Zeitalter der Globalisierung. München: C. H. Beck 2003. S. 35; **M 14:** Karikatur „Das Boot ist voll". Aus: contraste, November 1999; **M 15:** *Hösle, Vittorio*: Moral und Politik. München: C. H. Beck 1997. S. 939f.; **M 16:** Grafik „BIP pro Kopf" © Weltbank – Grafik „Armut in den Entwicklungsländern" © Deutsche Welthungerhilfe, 2006 – *Ziegler, Jean*: http://www.sueddeutsche.de/kultur/dokumentation-jean-ziegler-nicht-gehaltene-rede-zur-eroeffnung-der-salzburger-festspiele-1.1124001; **M 18:** *Afheldt, Horst*: Wohlstand für niemand? Die Marktwirtschaft entlässt ihre Kinder. München: Kunstmann 1994. S. 216; **M 20:** *Pogge, Thomas*: Globale Armut. Erklärung und Verantwortung. Aus: *Koller, Peter* (Hrsg.): Die globale Frage. Empirische Befunde und ethische Herausforderungen. Wien: Passagen 2006. S. 101f., 117f.; **M 21:** *Hahn, Henning*: Globale Gerechtigkeit. Eine philosophische Einführung. Frankfurt/M.: Campus 2009. S. 40f.

4. Politische Philosophie der internationalen Beziehungen – Krieg und Frieden
M 1: *Brecht, Bertolt*: Mutter Courage und ihre Kinder, 3. Szene. In: Werkausgabe edition suhrkamp, Bd. 4. Frankfurt/M.: Suhrkamp 1967. S. 1374f.; **S. 298:** Szenenfoto „Mutter Courage und ihre Kinder" bei den Luisenburg-Festspielen Wunsiedel 2009 mit Rosel Zech als Courage, Peter Kaghanovitch als Koch und Ulrich Gebauer als Feldprediger – Foto: Bessermann; **M 2:** *Schmitt, Carl*: Der Begriff des Politischen [1932]. Berlin: Duncker & Humblot [3]1991. S. 26, 33, 49ff., 69ff.; **M 3:** *Bernhardt, Hans-Michael*: Voraussetzungen, Struktur und Funktion von Feindbildern. Vorüberlegungen aus historischer Sicht. Aus: *Jahr, Christoph/Mai, Uwe/Roller, Kathrin* (Hrsg.): Feindbilder in der deutschen Geschichte. Berlin: Metropol 1994. S. 14, 17; **M 4:** Plakat, 1937. Washington, Library of Congress; **M 5:** *Lieber, Hans-Joachim*: Ideologie. Eine historisch-systematische Einführung. Paderborn: Schöningh 1985. S. 116; **M 6:** *Precht, Richard David*: Die Kunst kein Egoist zu sein. München: Goldmann 2010. S. 205f.; **M 7:** *Morgenthau, Hans J.*: Macht und Frieden. Grundlegung einer Theorie der Internationalen Politik. Gütersloh: Bertelsmann 1963. S. 452, 471, 473f., 478f.; **M 8:** *de Maizière, Thomas*: Wir beteiligen uns nicht. In: Spiegel, 25/2011. S. 25ff; **S. 302o:** Foto John Moore/getty images, München – **u:** Foto Albert Foss/Ullstein, Berlin; **M 9:** Banksy: Ohne Titel; **M 10:** *Thomas von Aquin*: Summa theologica, II.II, q. 40, Bd. 17 B. Hrsg. v. d. Albertus-Magnus-Akademie Walberberg. Heidelberg (u. a.): Kerle 1966. S. 83ff.; **M 11:** *Tolstoi, Leo*: Du sollst nicht töten. Aus: Gesammelte Werke, Bd. 15: Philosophische und sozialkritische Schriften. Berlin: Rütten & Loening 1974. S. 681–688, 221; **M 12:** *Hösle, Vittorio*: Moral und Politik. München: C. H. Beck 1997. S. 1022, 1027, 1029f., 1037ff.; **M 13:** Zeichnung v. Horst Haitzinger, München; **M 14:** s. M 1. 6. Szene, S. 1400ff.; **S. 287:** Foto Campbell/dpa picture-alliance,Frankfurt/M.; **M 15–M 18:** *Kant, Immanuel*: Zum ewigen Frieden. Hrsg. v. *R. Malter*. Stuttgart: Reclam 2008. S. 3ff.; 10ff.; 21, 24, 33; **M 21:** http://galtsgulch.de/blog/wp-content/uploads/2011/03/UN-flag1.png; **M 22:** Ivan Steiger, München; **M 23:** s. M 15–M 18, S. 16, 18ff.; **M 24:** *Höffe, Ottfried*: Für und wider eine Weltrepublik. In: Internationale Zeitschrift für Philosophie, 1/1997. S. 218, 225, 227, 231ff; **M 25:** *Horn, Christoph*: Kann man eine supranationale Zwangsgewalt befürworten, ohne auf selbständige Einzelstaaten zu verzichten? Aus: *Gosepath, Stefan/Merle, Jean-Christophe* (Hrsg.): Weltrepublik, Globalisierung und Demokratie. München: C. H. Beck 2002. S. 153, 161ff; **S. 314:** Klausurtext: *Hondrich, Karl O.*: Auf dem Weg zu einer Weltgewaltordnung. Der Irak-Krieg als Exempel. Aus: NZZ, 1. 4. 2005.

Wahrheit und Wissen – Erkenntnistheorie, Logik, Wissenschaftstheorie

S. 316: Die Philosophie, die Künste und die Wissenschaften. Titelseite der „margarita philosophica" von Gregor Reisch, 1503. Kolorierter Holzschnitt – Foto interfoto, München; **S. 317:** René Magritte (1898–1967): Die Beschaffenheit des Menschen, 1933. Öl auf Leinwand, 100 x 81 cm. Washington, National Gallery of Art © 2012 VG Bild-Kunst, Bonn – Foto Bildarchiv Steffens/Bridgeman Art Library/Giraudon – **ro:** *Kant, Immanuel*: Kritik der reinen Vernunft. Aus: Werke, Bd. 3. Hrsg. v. *Wilhelm Weischedel*.

Darmstadt: WBG 1983. S. 25 – **u:** *Mauthner, Fritz*: Wörterbuch der Philosophie. Zürich: Diogenes 1980. S. 564 – **ru:** *Rombach, Heinrich*: Leben des Geistes. Freiburg/Brsg.: Herder 1977. S. 259.

1. Was wissen wir von der Wirklichkeit?

M 1: *Goethe, Johann Wolfgang von*: Faust I. Aus: Werke, Bd. 3. Hrsg. v. *Erich Trunz*. München: C. H. Beck 1998. S. 20; **M 2:** Georg Friedrich Kersting (1785–1847): Faust im Studierzimmer, 1829. Öl auf Leinwand, 68 x 53 cm. Privatbesitz – Foto AKG, Berlin; **S. 319:** Szenenfoto aus der Wiener Burgtheater-Inszenierung von 2009 mit Tobias Moretti als Faust, Regie: Matthias Hartmann; **M 3:** *Descartes, René*: Meditationen über die Grundlagen der Philosophie. Hrsg. v. *Ludger Gäbe*. Hamburg: Meiner 1959. S. 31; **M 4:** *Maturana, Humberto R./Varela, Francisco J.*: Der Baum der Erkenntnis. Die biologischen Wurzeln des menschlichen Erkennens. Übers. v. *Kurt Ludewig*. München: Goldmann 1990. S. 258f. © 1987 Scherz Verlag, Bern; **M 5:** Maurits C. Escher (1898–1972): Zeichnung, 1948. Lithographie, 28,5 x 34 cm © Cordon Art, Baarn/Holland; **M 6:** *Goethe, Johann Wolfgang von*: Faust II/2. s. M 1. S. 206f.; **M 7:** *Grundmann, Thomas*: Analytische Einführung in die Erkenntnistheorie. Berlin/New York: de Gruyter 2008. S. 529f.; **M 8:** *Hume, David*: Untersuchung in Betreff des menschlichen Verstandes. Philosophie von Platon bis Nietzsche, S. 15339–15341; **M 9:** *Reid, Thomas*: An Inquiry into the Human Mind on the Principles of Common Sense. In: *Beanblossom, Ronald E./Lehrer, Keith* (Eds.): Thomas Reid's Inquiry and Essays. Indianapolis: Hackett 1983. p. 93ff.; **S. 325:** Zeichnung „Trust me, I'm a doctor" http://listedasprobable.typepad.com/.a/6a01156f224d03970c0115708270d0970c-800wi; **M 10, 11:** s. M 1. S. 93f., 20; **M 12:** *Platon*: Der Staat (Politeia). Übers. v. *Karl Vretska*. Stuttgart: Reclam 1980. S. 310ff.; **S. 327:** Übersicht zum Liniengleichnis. Aus: *Bort, M.*: Platon. Freiburg/Brsg.: Herder 1999. S. 95; **M 13, 15:** *Platon*: Politeia, 514a–517a. Übers. v. *Wilhelm Siegmund Teuffel* u. *Wilhelm Wiegand*, 1855/56. Aus: Die digitale Bibliothek der Philosophie, S. 13573; **M 14:** Edmond de Chevallier-Chevignard (1825–1902): Platons Höhlengleichnis, 1855. Stich – Mary Evans/Interfoto, München; **M 16:** *Locke, John*: Versuch über den menschlichen Verstand. Übers. v. *Julius Heinrich von Kirchmann*, 1872/73. Aus: Philosophie von Platon bis Nietzsche, S. 13855–57, 13964–68; **M 17:** Wachstafel mit Stilus. http://de.academic.ru/pictures/dewiki/119/wachstafel.jpg; **M 18:** *Kleist, Heinrich von:* Sämtliche Briefe. Hrsg. v. *Dieter Heimböckel*. Stuttgart: Reclam 2011. S. 213; **M 19, 20, 22, 23:** *Kant, Immanuel*: Kritik der reinen Vernunft. B XVI. Aus: Werke, Bd. 3. Hrsg. v. *Wilhelm Weischedel*. Darmstadt: WBG 1983. S. 25, 45ff., 97f., 87.

2. Wie denken wir richtig? Wann denken wir falsch? – Einführung in die Logik

M 1: *Goethe, Johann Wolfgang von*: Faust I. Aus: Werke, Bd. 3. Hrsg. v. *Erich Trunz*. München: C. H. Beck 1998. S. 62f.; **M 2:** *Blackburn, Simon*: Denken. Die großen Fragen der Philosophie. Übers. v. *Gudrun Schäfer*. Darmstadt: WBG 2001. S. 171ff.; **M 3:** *Aristoteles*: Erste Analytik, Kap 4. Zit. n.: *Bocheński, Joseph M.*: Formale Logik. Freiburg i. Brsg./München: Alber [3]1970. S. 74f.; **M 5:** *Diogenes Laertios*: Leben und Lehre der Philosophen. Übers. v. *Fritz Jürß*. Stuttgart: Reclam 1998. S. 134; **S. 342:** *Reisch, Gregor*: Margarita philosophica. Typus logicae. Freiburg/Brsg.: Joannes Schottus Argentinensis 1503. O. S.; **M 7:** *Frege, Gottlob*: Der Gedanke. Eine logische Untersuchung. In: *Ders.*: Logische Untersuchungen. Hrsg. v. *Günther Patzig*. Göttingen: Vandenhoeck & Ruprecht 1966. S. 30f.; **M 8:** *Salmon, Wesley C.*: Logik. Übers. v. *Joachim Buhl*. Stuttgart: Reclam 1983. S. 7ff.; **M 9:** s. M 1. S. 82f.; **M 10:** *Lewitscharoff, Sibylle*: Blumenberg. Berlin: Suhrkamp 2011. S. 9; **S. 345:** Albrecht Dürer (1471–1528): Der Heilige Hieronymus im Gehäus', 1514. Kupferstich, 24,7 x 18,8 cm. Dresden, Kupferstich – Foto AKG, Berlin; **M 11:** *Anselm von Canterbury*: Proslogion/Anrede. Übers. v. *Robert Theis*. Stuttgart: Reclam 2005. S. 21ff.; **M 12:** *Gaunilo von Marmoutiers*: Kann Gottes Nicht-Sein gedacht werden? Die Kontroverse zwischen Anselm von Canterbury und Gaunilo von Marmoutiers. Übers. v. *Burkhard Mojsisch*. Mainz: Dieterich 1989. S. 73–77; **M 13:** *Thomas von Aquin*: Gott und seine Schöpfung. Texte. Übers. v. *Paulus Engelhardt*. Freiburg/Brsg.: Herder 1963. S. 53f.; **M 14:** s. M 10. S. 66f.; **M 15:** Joh 18,33-38. Aus: Die Bibel. Nach d. Übers. *Martin Luthers* [1984]. Stuttgart: Deutsche Bibelgesellschaft 1990; **S. 349:** Nikolai N. Ge (1831–1894): Was ist Wahrheit?, 1890. Öl auf Leinwand, 233 x 171 cm. Moskau, Tretjakow Galerie – Foto AKG/Ria Nowosti, Berlin; **M 16:** *Grundmann, Thomas*: Analytische Einführung in die Erkenntnistheorie. Berlin/New York: de Gruyter 2008. S. 35; **M 17:** s. M 7. S. 31ff.; **M 18:** *Habermas, Jürgen:* Wahrheitstheorien. In: *Fahrenbach, Helmut* (Hrsg.): Wirklichkeit und Reflexion. Walter Schulz zum 60. Geburtstag. Pfullingen: Neske 1973. S. 218f.; **M 19:** *Lessing, Gotthold Ephraim*: Eine Duplik. Aus: Werke, Bd. 3. Hrsg. v. *Kurt Wölfel*. Frankfurt/M.: Insel 1967. S.321f.; **S. 351:** Foto Hans Mentzschel, Hopfen.

3. Der Wissenserwerb in der Wissensgesellschaft: Soll ich studieren? – Was soll ich studieren?

M 1: *Goethe, Johann Wolfgang von*: Faust I. Aus: Werke, Bd. 3. Hrsg. v. *Erich Trunz*. München: C. H. Beck 1998. S. 61f.; **S. 332:** Szenenfoto aus dem Film „Faust" von Peter Gorski (1960) mit Gustav Gründgens als Mephisto und Uwe Friedrichsen als Schüler. © Kinowelt Medien; **M 2:** *Fichte, Johann Gottlieb*: Deduzierter Plan einer zu Berlin zu errichtenden höhern Lehranstalt. Aus: *Müller, Ernst* (Hrsg.): Gelegentliche Gedanken über Universitäten. Leipzig: Reclam 1990. S. 62ff.; **M 3:** *Mommsen, Theodor*: Über die historische Schulung: In: *Stern, Fritz/Osterhammel, Jürgen* (Hrsg.): Moderne Historiker. München: C. H. Beck 2011. S. 26; **M 4:** *Goethe, Johann Wolfgang von*: Faust II/2. s. M 1. S. 204; **M 5:** *Humboldt, Wilhelm von*: Werke, IV. Band: Schriften zur Politik und zum Bildungswesen. Hrsg. v. *Andreas Flitner* u. *Klaus Giel*. Darmstadt: WBG 1964. S. 255ff.; **M 6:** *Hafner, Urs*: Die Hochschule – ein ganz besonderer Ort. In: Neue Zürcher Zeitung, 14. 11. 11. S. 32; **M 7:** s. M 1. S. 62, 64; **M 8:** Zeichnung v. Joscha Sauer. Aus: *Ders.*: Nichtlustig. Hamburg: Carlsen 2003. o. S.; **M 9:** *Snow, C(harles) P(ercy)*: Die zwei Kulturen. Literarische und naturwissenschaftliche Intelligenz. Übers. v. *Grete* u. *Eberhardt Felten*. Stuttgart: Klett 1967. S. 11ff., 18, 22f.; **M 10:** *Ehlers, Jürgen*: „Man müsste Gelegenheiten für Gespräche schaffen". Interview mit Hazel Rosenstrauch. In: Gegenworte, 6/2000. Hrsg. v. d. Berlin-Brandenburgischen Akademie der Wissenschaften. Berlin: Akademie. S. 13; **M 11:** *Vico, Giambattista*: Die neue Wissenschaft über die gemeinschaftliche Natur der Völker. Übers. v. *Erich Auerbach*. Reinbek: Rowohlt 1966. S. 51f.; **M 12:** René Magritte (1898–1967): La condition humaine (Die Beschaffenheit des Menschen), 1948. Gouache und Kreide auf Papier. Collection Jasper Johns © 2012 VG Bild-Kunst, Bonn – Foto AKG, Berlin.

4. Welches Wissen schaffen die Wissenschaften? – Probleme der Wissenschaftstheorie

M 1: *Goethe, Johann Wolfgang von*: Werke, Bd. 13. Hrsg. v. *Erich Trunz*. München: C. H. Beck 1998. S. 45; **M 2:** *Aristoteles*: Metaphysik. Philosophie von Platon bis Nietzsche, S. 4103f.; **M 3:** *Kant, Immanuel*: Kritik der reinen Vernunft. Aus: Werke, Bd. 3. Hrsg. v. *Wilhelm Weischedel*. Darmstadt: WBG 1983. S. 23f.; **M 4:** Unbek. Maler: Galileo Galilei führt sein Experiment der Schiefen Ebene vor, 19. Jahrhundert; **M 5:** *Helmholtz, Hermann von*: Die Thatsachen in der Wahrnehmung. In: *Ders.*: Reden und Vorträge, Bd. 2. Braunschweig: Vieweg [3]1884. S. 226f.; **M 6:** *Hempel, Carl Gustav*: Aspekte wissenschaftlicher Erklärung. Übers. v. *Wolfgang Lenzen*. Berlin: de Gruyter 1977. S. 1; **M 7:** *Popper, Karl Raimund*: Logik der Forschung. Tübingen: J. C. B. Mohr [11]2005. S. 31f.; **M 8:** *Haller, Albrecht von*: Die Alpen. Hrsg. v. *Ludwig Hirzel*. Frauenfeld: Huber 1882; **M 9:** s. M 1. Bd. 14. S. 142f.; **M 10:** *Du Bois-Reymond, Emil*: Über die Grenzen des Naturerkennens. In der zweiten allgemeinen Sitzung der 45. Versammlung Deutscher Naturforscher und Ärzte zu Leipzig am 14. August 1872 gehaltener Vortrag; **M 11:** *Janich, Peter*: Grenzen der Naturwissenschaft. Erkennen als Handeln. München: C. H. Beck 1992. S. 229ff.; **M 12:** *Goethe, Johann Wolfgang von*: Aphorismus. Aus: s. M 1. Bd. 8. S. 473; **M 13:** *Ders.*: Faust II/2. s. M 1. S. 209f.; **S. 370:** Engelbert Seibertz (1813–1905): Mephisto erschafft einen Homunculus, 1854. Stich. Paris, Bibliothèque des Arts Decoratifs – Foto Bildarchiv Steffens/Bridgeman Art Library; **M 14:** *Lehmann, Karl Kardinal*: http://www.bpb.de/themen/EZO1J9.html; **M 15:** *Hoerster, Norbert*: http://www.bpb.de/themen/1WLHON.html; **M 16:** *Eigen, Manfred*: Wir müssen wissen, wir werden wissen. Aus: *Lenk, Hans* (Hrsg.): Wissenschaft und Ethik. Stuttgart: Reclam 1991. S. 34ff.; **M 17:** s. M 1. Bd. 3. S. 20; **M 18:** *Stegmüller, Wolfgang*: Probleme und Resultate der Wissenschaftstheorie und Analytischen Philosophie, Bd. I: Wissenschaftliche Erklärung und Begründung. Berlin: Springer 1969. S. XVff.; **M 19:** *Popper, Karl Raimund:* Objektive Erkenntnis. Ein evolutionärer Entwurf. Übers. v. *Hermann Vetter*. Hamburg: Hoffmann und Campe 1973. S. 95f.; **M 20:** *Kuhn, Thomas S.*: Die Struktur wissenschaftlicher Revolutionen. Frankfurt/M.: Suhrkamp 1973. S. 99ff.; **M 21:** Camille Flammarion (1842–1925): L'atmosphère météorologie populaire, Paris 1888. Holzschnitt – Foto AKG, Berlin; **S. 378:** *Hume, David*: Eine Untersuchung über den menschlichen Verstand. Übers. v. *Raoul Richter*. Durchges. u. überarb. v. *Lambert Wiesing*. Frankfurt/M.: Suhrkamp 2007. S. 26–29.

Auf der Suche nach dem Unbedingten – Metaphysik und Religionsphilosophie

S. 380 ol: *Kafka, Franz*: Gib's auf. Aus: *Ders.*: Sämtliche Erzählungen. Hrsg. v. *Paul Raabe*. Frankfurt/M.: Fischer TB 1970. S. 320f. – **or:** Aus: Umschlag „Griechische Mythologie" Bonechi Verlag, Florenz – **ul:** Bruder Klaus-Feldkapelle, Mechernich-Wachendorf, Foto ThomasMayer Archiv, Neuss – **ur:** Zeichnung v. Hardin. Aus: *Dennett, Daniel C.*: Darwins gefährliches Erbe. Hamburg: HoCa 1997. S. 460; **S. 381 or:** Rapid Wien – *Ditfurth, Hoimar von*: Wir sind nicht nur von dieser Welt. Naturwissenschaft, Religion und die Zukunft des Menschen. München: dtv 1984. S. 143ff. – **ul:** Robert Smithson (1938–1973): Spiral Jetty, 1970. Schlamm, Salzkristalle, Steine, Länge 500 m, Breite 5 m. Rozel Point, Great Salt Lake, Utah/USA. © Vaga/James Cohan Gallery, New York.

1. Die Bedeutung der Mythen

M 1: *Peterich, Eckart*: Götter und Helden der Griechen. Kleine Mythologie. Frankfurt/M: Fischer 1958. S. 13f.; **M 2:** Francisco de Goya (1746–1828): Saturn verschlingt eines seiner Kinder, 1819/1823. Fresko, auf Leinwand übertragen, 148 x 83 cm. Madrid, Museo del Prado – Foto AKG, Berlin/Rabatti-Domingie; **M 3:** *d'Holbach, Paul Thiry*: System der Natur oder von den Gesetzen der physischen und der moralischen Welt (1770). Übers. v. *Fritz-Georg Voigt*. Berlin: Aufbau 1978; **M 4:** *Armstrong, Karen*: Eine kurze Geschichte des Mythos Übers. v. *Ulrike Bischoff*. Berlin: Berlin 2005. S. 12f., 120f.; **M 5:** *Eurich, Claus*: Mythos Multimedia. Über die Macht der neuen Technik. München: Kösel 1998. S. 110ff.; **M 6:** Szenenfoto aus dem Film „Spiderman 2", 2004; **M 7:** Mit freundlicher Genehmigung der Dr.-Ing. Porsche AG, Stuttgart; **M 8:** *Hesiod*: Theogonie. Übers. u. hrsg. v. *Otto Schönberger*. Stuttgart: Reclam 1999. S. 67ff.; **M 9:** Die Geburt der Athene, ca. 570–560 v. Chr. Attische, schwarzfigurige Dreibeinvase, Höhe 14 cm, ø 24 cm. Paris, Louvre; **M 10:** *Frank, Manfred*: Der kommende Gott. Vorlesungen über die Neue Mythologie, I. Teil. Frankfurt/M.: Suhrkamp 1982. S. 10ff., 68ff.; **M 11:** *Kolakowski, Leszek*: Die Gegenwärtigkeit des Mythos. Übers. v. *Peter Lachmann*. München: Piper 1973. S. 41, 47f., 132f.; **M 12:** *Girard, René*: Das Ende der Gewalt. Übers. v. *A. Berz*. Freiburg/Brsg.: Herder 1983. S. 19f., 37, 36, 38f., 49; **M 13:** http://www.hannover96.de/CDA/fileadmin/0910Dateien/Bilder/Spielszenen/Pinto/zweikampf.jpg; **M 14:** Plakat des SK Rapid, Wien; **M 15:** *Sproul, Barbara C.*: Schöpfungsmythen der östlichen Welt. Übers. v. *Konrad Dietzfelbinger*. München: Diederichs 1993. S. 17ff., 41; **M 16:** *Tillich, Paul*: Wesen und Wandel des Glaubens. Berlin: Ullstein 1963. S. 56f., 60f., 62ff.

2. Metaphysische Gottesvorstellungen

M 1: *Homer*: Ilias, Erster Gesang. Übers. v. *Johann Heinrich Voß*. Wiesbaden: Löwit o. J. S. 17f.; **M 2:** Jean-Auguste-Dominique Ingres (1780–1867): Jupiter und Thetis, 1811. Öl auf Leinwand, 331 x 257 cm. Aix-en-Provence, Musée Granet – Foto Erich Lessing/AKG, Berlin; **M 3:** *Platon*: Der Staat. Buch VI 505a. Übers. v. *W. Wigand*. 1855; **S. 397:** Grafik zu „Platons ungeschriebene Lehre". Aus: wikipedia; **M 4:** *Flasch, Kurt*: Meister Eckhart. Philosoph des Christentums. München: C. H. Beck 2010. S. 36f.; **M 5:** *Nietzsche, Friedrich*: Götzen-Dämmerung. Aus: Werke, Bd. 2. Hrsg. v. *Karl Schlechta*. München: Hanser 1981. S. 1028f.; **M 6:** *Ders.*: Zur Genealogie der Moral. Ebd. S. 892, 897ff.; **M 7:** *Kolakowski, Leszek*: Der metaphysische Horror. Übers. v. *Friedrich Griese*. München: C. H. Beck 2002. S. 35; **M 8:** *Whitehead, Alfred N.*: Prozess und Realität. Übers. v. *Hans Günther Holl*. Frankfurt/M.: Suhrkamp 1979. S. 619f., 617f.; **M 9:** Grafik v. Rolf Sistermann; **M 10:** Jan Saenredam (1565–1607): Platons Höhlengleichnis, 1604. Kupferstich; **M 11:** *Weber, Max*: Wissenschaft als Beruf. Stuttgart: Reclam 1995. S. 21ff.; **M 12:** *Bolz, Norbert*: Inszenierte Welt. Aus: *Fehr, Michael* (Hrsg.): Platons Höhle: das Museum und die elektronischen Medien. Köln: Wienand 1995. S. 161f.; **M 13:** *Moore, Joseph G.*: Hat Platon die ewigen Ideen entdeckt oder erfunden? Aus: *George, Alexander* (Hrsg.): Was ist das Gegenteil von einem Löwen? Philosophen von heute beantworten außergewöhnliche Fragen. Übers. v. *Martin Bauer*. München: Heyne 2007. S. 22f; **M 14:** *Abbott, Edwin A.*: Flächenland – ein mehrdimensionaler Roman, verfasst von einem alten Quadrat. Übers. v. *Joachim Kalka*. Stuttgart: Klett-Cotta 1982. S. 239; **S. 405:** Plakat zum Film „Flatland" © 2007 Flat World Productions, Austin/Texas; **M 15:** *Thomas von Aquin*: Summa theologica, Bd. 1. Artikel 3, Frage 2. Übers. v. Dominikanern u. Benediktinern. Hrsg. v. Kath. Akademieverband. Salzburg: Pustet. HTML-Fassung *Lothar Seidel*, Frankfurt/M. 1998; **M 16:** *Ders.*: Quaestiones quodlibetales, 3,31. Aus: „Dummheit ist Sünde". Thomas von Aquin im Interview m. *Hans Konrad Zander*. Ostfildern: © Patmos Verlag der Schwabenverlag [3]2010. S. 58; **M 17:** *Leibniz, Gottfried Wilhelm*: Die Theodizee. Übers. v. *Artur Buchenau*. Hamburg: Meiner [2]1968. S. 100; **M 18:** *Hoerster, Norbert*: Die Frage nach Gott. München: C. H. Beck 2005. S. 22ff; **M 19:** *Spaemann, Robert:* „Wie ein Kino ohne Projektor". Gespräch mit Robert Spaemann v. *Günther Klempnauer.* Rheinischer Merkur, 12. 11. 2009; **M 20:** *Goethe, Johann Wolfgang von*: Faust I (Martens Garten). Aus: Werke, Bd. 3. Hrsg. v. *Erich Trunz*. München: C. H. Beck 1998. S. 109f.; **M 21:** James Jacques Tissot (1836–1902): Faust und Margarete im Garten, 1861. Öl auf Leinwand, 117 x 78 cm. Paris, Musée d'Orsay; **M 22, 23:** *Kant, Immanuel*: Kritik der reinen Vernunft. Aus: Werke, Bd. 4. Hrsg. v. *Wilhelm Weischedel*. Darmstadt: WBG 1983. S. 559ff., 33; **M 24:** *Ders.*: Logik, Einleitung IX. Ebd. Bd. 5. S. 494f.; **M 25:** *Ders.*: Kritik der praktischen Vernunft. Aus: Ebd. Bd. 6. S. 255f.; **M 26:** *Tillich, Paul*: Die verlorene Dimension. Hamburg: Furche 1962. S. 9ff.; **M 27:** Paul Klee (1879–1940): Grenzen des Verstandes, 1927. Öl/Aquarell auf Leinwand, 56,3 x 41,3 cm. München, Pinakothek der Moderne – Foto Bayer & Mitko/Artothek, Weilheim; **M 28:** *Meister Eckhart*: Selected Writings. Sermon 28 (DW 83, W 96). London: Penguin 1994. S. 236–237. Aus: *Butler, Judith*: Das Undarstellbare der Politik. Zur Hegemonietheorie Ernesto Laclaus. Wien: Turia und Kant 1998.

3. Religionskritik – Argumente und Einwände

M 1: *Büchner, Georg*: Dantons Tod. Aus: Werke und Briefe. Hrsg. v. *Werner R. Lehmann*. München: Hanser 1980. S. 42ff.; **S. 415:** Titel der Audio-CD zur Aufführung von „Dantons Tod" am Volkstheater Rostock, mit freundl. Genehmigung von Random House audio, München; **M 2:** Milchstraße. Foto von J. Carpenter, T. H. Jarrett u. R. Huf. Aus: Geo-Kompakt, 1. S. 32/33; **M 3:** *Leibniz, Gottfried Wilhelm*: Die Theodizee. Übers. v. *Artur Buchenau*. Hamburg: Meiner [2]1968. S. 108f., 101f.; **M 4:** *Wuketits, Franz M.*: Biologie und Religion. Warum Biologen ihre Nöte mit Gott haben. Aus: PdN-BioS, 6/2000. S. 2ff.; **M 5:** *Ditfurth, Hoimar von*: Wir sind nicht nur von dieser Welt. Naturwissenschaft, Religion und die Zukunft des Menschen. München: dtv 1984. S. 143ff.; **M 6:** *Jonas, Hans*: Der Gottesbegriff nach Auschwitz. Aus: *Ders.*: Philosophische Untersuchungen und metaphysische Vermutungen. Frankfurt/M.: Suhrkamp 1994. S. 193, 198f., 202ff., 207; **M 7:** *Deuser, Hermann*: Religionsphilosophie. Berlin: de Gruyter 2009. S. 492f.; **M 8:** *Goethe, Johann Wolfgang von*: Prometheus. Aus: Werke, Bd. 1. Hrsg. v. *Erich Trunz*. München: C. H. Beck 1998. S. 44ff.; **M 9:** Emil Hundrieser (1846–1911): Prometheus, 1901. Brunnenplastik an der Fassade der Universität der Künste, Berlin – Foto J. W. Siebert; **M 10:** *Feuerbach, Ludwig*: Das Wesen des Christentums, Kap. 28. Stuttgart: Reclam 1969. S. 400ff; **M 11:** *Engels, Friedrich*: Feuerbach und der Ausgang der klassischen deutschen Philosophie. Aus: *Marx, Karl/Ders.*: Ausgewählte Schriften, Bd. II. Berlin: Dietz 1970. S. 350f.; **M 12:** *Marx, Karl*: Zur Kritik der Hegelschen Rechtsphilosophie. Einleitung. Aus: *Ders./Engels, Friedrich*: Werke, Bd. 1. Studienausgabe. Hrsg. v. *Iring Fetscher*. Frankfurt/M.: Fischer 1966. S. 17f., 24; **M 13:** Anonym: Karl Marx als Prometheus, der preußische Adler hackt ihm die Leber aus. Allegorie auf die Unterdrückung der von Karl Marx redigierten Rheinischen Zeitung, 1843. Lithographie – Foto AKG/Berlin; **M 14:** *Tucker, Robert C.*: Karl Marx. Die Entwicklung seines Denkens von der Philosophie zum Mythos. Übers. v. *Wolfgang Kessel*. München: C. H. Beck 1963. S. 294f., 324f.; **M 15:** *Freud, Sigmund*: Die Zukunft einer Illusion. Frankfurt/M.: Fischer [4]1970. S. 129; **M 16:** *Lübbe, Hermann*: Religion nach der Aufklärung. München: Fink [3]2004. S. 150; **M 17:** s. M 1. S. 23ff.; **M 18:** *Nietzsche, Friedrich*: Das Christentum als Verbrechen am Leben der Gattung. Aus: Werke, Bd. III. Hrsg. v. *Karl Schlechta*. München: Hanser 1956. S. 799f.; **M 19:** *Girard, René*: Ich sah den Satan vom Himmel fallen wie einen Blitz. Eine kritische Apologie des Christentums. Übers. v. *Elisabeth Mainberger-Ruh*. München: Hanser 1999. S. 214ff; **M 20:** Hitler vor der Nietzschebüste im Nietzsche-Archiv Weimar, 1932. Zeitgeschichtliches Bildarchiv H. R. Hoffmann, München.

4. Die Bedeutung der Transzendenz für die Frage nach dem Sinn des Lebens

M 1: *Büchner, Georg*: Dantons Tod. Aus: Werke und Briefe. Hrsg. v. *Werner R. Lehmann*. München: Hanser 1980. S. 28f.; **M 2:** *Camus, Albert*: Der Mythos von Sisyphos. Ein Versuch über das Absurde. Übers. v. *Hans Georg Brenner* u. *Wolfdietrich Rasch*. Reinbek: Rowohlt [8]1965. S. 98ff.; **M 3:** Sisyphos wälzt den Stein auf seinen Berg, um 510 v. Chr. Detail einer attischen schwarzfigurigen Vase. Leiden, National Museum of Antiquities; **M 4:** *Solomon, Robert C.*: Gefühle und der Sinn des Lebens. Übers. v. *Hans Günther Holl*. Frankfurt/M.: Zweitausendeins 2000. S. 66ff.; **M 5:** *Nagel, Thomas*: Wichtigkeit. Übers. v. *Cornelius Wertmüller*. Aus: *Fehige, Christoph/Meggle, Georg/Wessels, Ulla* (Hrsg.): Der Sinn des Lebens. München: dtv 2000. S. 227; **M 6:** *Hamsun, Knut*: Mysterien. Aus: Ges. Werke, Bd. 1. Hrsg. v. *J. Sandmeier*. München: Langen 1921. S. 250; **M 7:** Lyonel Feininger (1871–1956): Vogelwolke, 1926. Öl auf Leinwand, 43,8 x 71,1 cm. Cambridge/Mass., The Havard University Art Museum © 2012 VG Bild-Kunst, Bonn; **M 8:** *Joas, Hans*: Braucht der Mensch Religion? Über Erfahrungen der Selbsttranszendenz. Freiburg/Brsg. u. a.: Herder 2004. S. 16ff.; **M 9:** Mit freundlicher Genehmigung der Fa. Union Invest, Frankfurt/M.; **M 10:** *Bauman, Zygmunt*: Tod, Unsterblichkeit und andere Lebensstrategien. Frankfurt/M.: Fischer 1994. S. 43ff.; **M 11:** *Lévinas, Emmanuel*: Die Spur des Anderen. Untersuchungen zur Phänomenologie und Sozialphilosophie. Übers. v. *Wolfgang Nikolaus Krewani*. Freiburg i. Brsg./München: Alber 1987. S. 218ff.; **M 12, 13:** s. M 1. S. 8, 47f., 54f.; **M 14:** Filmplakat v. Wiesław Wałkuski zu „Danton", 1982; **M 15:** *Luckmann, Thomas*: Die unsichtbare Religion. Frankfurt/M.: Suhrkamp 1991. S. 95f.; **M 16:** *Sartre, Jean-Paul*: Der Existentialismus ist ein Humanismus, und andere philosophische Essays. Neu übers. v. *Vincent von Wroblewsky*. Reinbek: Rowohlt [2]2002. S. 124, 140, 142; **M 17:** *Weischedel, Wilhelm*: Der Gott der Philosophen. Grundlegung einer philosophischen Theologie im Zeitalter des Nihilismus, 2. Bd. Darmstadt: WBG 1972. S. 170ff.; **M 18:** Lucio Fontana (1899–1968): Raumkonzept, Erwartung, 1965. Wasserfarben auf Leinwand, 73,5 x 60,2 cm. Privatsammlung © 2012 VG Bild-Kunst, Bonn – Foto © Christie's Images/Bildarchiv Steffens/Bridgeman Art Library; **M 19:** s. S. 381; **M 20:** s. M 1. S. 59f.; **M 21:** *Tugendhat, Ernst*: Über den Tod. Aus: *Ders.*: Aufsätze 1992–2000. Frankfurt/M.: Suhrkamp 2001. S. 87f.; **M 22:** nach: *Becker, Werner*: Das Dilemma der menschlichen Existenz: die Evolution der Individualität und das Wissen um den Tod. Stuttgart/Berlin/Köln: Kohlhammer 2000; **M 23:** Ivan Steiger, München; **S. 446:** Klausurtext: *Kolakowski, Leszek*: Falls es keinen Gott gibt. Freiburg/Brsg.: Herder 1992. S. 184ff.

Trotz vielfältiger Bemühungen ist es nicht in allen Fällen gelungen, die Inhaber der Rechte an Texten oder Bildern ausfindig zu machen. Der Verlag wird berechtigte Ansprüche im Rahmen der üblichen Vereinbarungen abgelten.